教育部哲學社會科學研究重大課題攻關項目

「十一五」國家重點圖書出版規劃項目·重大工程出版規劃

國家社會科學基金重大項目

北京大學「九八五工程」重點項目

儒藏

精華編一七八册

史部史評類

儒藏

北京大學《儒藏》編纂與研究中心

《儒藏》精華編第一七八册

首席總編纂　季羡林

項目首席專家　湯一介

總編纂　湯一介　龐樸　孫欽善　安平秋（按年齡排序）

本册主編　羅炳良

《儒藏》精華編凡例

一、中國傳統文化以儒家思想爲中心。《儒藏》爲儒家經典和反映儒家思想、體現儒家經世做人原則的典籍的叢編。收書時限自先秦至清代結束。

二、《儒藏》精華編爲《儒藏》的一部分，選收《儒藏》中的精要書籍。

三、《儒藏》精華編所收書籍，包括傳世文獻和出土文獻。傳世文獻按《四庫全書總目》經史子集四部分類法分類，大類、小類基本參照《中國叢書綜録》和《中國古籍善本書目》，於個别處略作調整。凡單書已收入入選的個人叢書或全集者，僅存目録，並注明互見。出土文獻單列爲一個部類，原件以古文字書寫者一律收其釋文文本。韓國、日本、越南儒學者用漢文寫作的儒學著作，編爲海外文獻部類。

四、所收書籍的篇目卷次，一仍底本原貌，不選編，不改編，保持原書的完整性和獨立性。

五、對入選書籍進行簡要校勘。以對校爲主，確定内容完足、精確率高的版本爲底本，精選有校勘價值的版本爲校本。出校堅持少而精，以校正誤爲主，酌校異同。校記力求規範、精煉。

六、根據現行標點符號用法，結合古籍標點通例，進行規範化標點。專名號除書名號用角號（《》）外，其他一律省略。

七、對較長的篇章，根據文字内容，適當劃分段落。正文原已分段者，不作改動。千字以内的短文一般不分段。

八、各書卷端由整理者撰寫《校點説明》，簡要介紹作者生平、該書成書背景、主要内容及影響，以及整理時所確定的底本、校本（舉全稱後括注簡稱）及其他有關情況。重複出現的作者，其生平事蹟按出現順序前詳後略。

九、本書用繁體漢字豎排，小注一律排爲單行。

《儒藏》精華編第一七八册

史部 史評類

讀通鑒論

〔清〕王夫之　撰

李暢然　校點

目録

讀通鑒論卷五

讀通鑒論卷七……………一七三

讀通鑑論卷十……二八四

讀通鑑論卷十三

讀通鑑論卷十五

讀通鑒論卷十七

讀通鑑論卷十八

讀通鑒論卷十九

讀通鑒論卷二十

讀通鑑論卷二十一……六六六

讀通鑑論卷二十二……六九八

讀通鑑論卷二十三……………………………七三一

讀通鑑論卷二十五…………………………八一一

讀通鑑論卷二十六…………………………八三八

讀通鑑論卷二十九……九六四

校點説明

王夫之(一六一九—一六九二),湖南衡陽人,字而農,號薑齋,中年後别署賣薑翁、一壺道人、雙髻外史等。因晚年隱居湘西石船山,自號船山老農,學者稱船山先生。與黄宗羲、顧炎武並稱爲明末清初三大思想家。

王夫之青少年時代求學於嶽麓書院,師從吴道行,崇禎十一年(一六三八)肄業。吴道行教以湖湘家學,傳授朱張之道,形成了王夫之湖湘學統中濟世救民的基本脉絡。崇禎十五年,二十四歲的王夫之考中舉人,準備赴京會試,但會試因爲李自成農民起義的衝擊而延期。清順治五年(一六四八),王夫之在衡陽舉兵反清,戰敗,投奔南明永曆政權,任命爲行人司行人介子,以反對王化澄幾陷大獄。至桂林依瞿式耜,桂林陷没,乃決心隱遁。自三十三歲起,王夫之四處躲避,甚至變姓名爲瑶人,輾轉湘西以及郴永漣邵間。順治十七年湖南恢復安定,王夫之徙居衡陽金蘭鄉,築室「敗葉廬」,人稱「湘西草堂」。從此授徒自給,在貧病中專心著述,致力於學術思想的總結。康熙三十一年(一六九二)正月初二病逝,享年七十四歲。

王夫之在後半生四十多年中,著述百餘種,内容涉及哲學、政法、歷史、文學、教育倫理、文字、天文曆算等,尤以哲學成就卓著,主要著作有《詩廣傳》、《周易内外傳》、《尚書引義》、《讀四書大全説》、《張子正蒙注》、《老子衍》、《莊子通》、《思問録》、《讀通鑒論》、《宋論》、《黄書》、《噩夢》、《楚辭通釋》等。同治年間曾國藩推崇王船山,命弟國荃於金陵刊刻《船山遺書》,共收録七十七種二百五十卷,其著作始得以廣爲流佈。

《讀通鑒論》是王夫之的一部史論,六十九歲開始動筆,逝世前才完成。它借《資治通鑒》所載史實,系統地評論自秦至五代之間漫長的封建社會歷史，分析歷代成敗盛衰得失，臧否人物，總結經驗，引古鑒今，探求歷史發展規律，尋求漢族復興的大道。全書三十卷，其中秦一卷，西漢四卷，東漢四卷，三國一卷，晉四卷，宋、齊、梁、陳、隋各一卷，唐八卷，五代三卷，卷末附《敘論》四篇。全書内容豐富，痛恨明王朝的腐敗政治，主張改革；反對分裂，主張國家統一，反對民族壓迫，還以樸素的唯物主義對宋明道學進行了批判。不僅貫穿着他的史學理論，集中表現了發展進化的歷史觀，也滲透了他的政治、哲學等思想。

據其子王敔《薑齋公行述》，王夫之在晚年作《讀通鑒論》和《宋論》，「以上下古今興亡得失之故，製作輕重之原。諸種卷帙繁重，皆楷書手録。貧無書籍紙筆，多假之故人門生，書成因以授之；其藏於家與子孫言者，無幾焉。」《讀通鑒論》今湖南博物館所藏一九五一年收自邵陽東鄉太平曾家所收抄本二十卷（簡稱「邵陽曾氏抄本」），乃船山五世從孫嘉怡所抄，不避清諱，與刻本文字差異較多，但多不及刻本佳善，故或係初稿（詳楊堅《船山全書》本編校後記）。刻本俱源出清同治四年（一八六五）金陵書局《重刊船山遺書》本三十卷卷末一卷，民國二十二、二十四年上海太平洋書店又排印過《船山遺書》。單行本有光緒二十四年申昌書莊石印本、二十七年簡青書局石印本、民國十七年上海中華書局《四部備要》排印本；此外光緒二十九年上海官書局鉛印本爲十卷（未目驗）。與《宋論》合行的有光緒二十五年黄慶曾、董昌達武昌刻《王船山先生讀通鑒論》，二十六年湖南經元書局、大文書局和澹雅書局的《船山史論》本；民國三年上海會文堂書局石印《標目讀通鑒論》合並爲十六卷（卷十六爲卷末），民國閒上海商務印書館鉛印本《王船山讀通鑒論》同，但無標目。此外尚有光緒三十一年上海環地福書局石印《王船山先生經史論八種》本。現代整理本有兩種：一九七五年中華書局舒士彦點校本，一九八八年嶽麓書社《船山全書》楊堅以前者爲基礎補校。

此次校點《讀通鑑論》，以《續修四庫全書》影印清同治四年湘鄉曾氏金陵節署刻本爲底本，以邵陽曾氏抄本爲校本，並參考了劉毓崧、馬宗霍等人的校記，以及中華書局整理本，特别是嶽麓書社整理本。每條之内，適當依文義分段。底本校本皆無目録，多數單行或與《宋論》合刊本依帝王擬了簡目。光緒二十六年湖南經元書局、大文書局和澹雅書局的《船山史論》本所編目録，於各論皆擬標題，更便閲讀；民國三年上海會文堂書局石印《標目讀通鑑論》所擬則不及前者爲佳。此次校點的目録選用前者。本次校點，底本避清帝諱俱回改，不出校；避民族問題諱，則回改並於首見處出校。由於適逢湖南省圖書館長年閉館，校本皆轉據嶽麓書社整理本，特予説明，敬請讀者諒之。

校點者　李暢然

讀通鑑論卷一

衡陽王夫之譔

秦始皇

一　變封建爲郡縣

兩端争勝，而徒爲無益之論者，辨封建者是也。郡縣之制，垂二千年而弗能改矣。合古今上下皆安之，勢之所趨，豈非理而能然哉？天之使人必有君也，莫之爲而爲之。故其始也，各推其德之長人、功之及人者而奉之，因而尤有所推以爲天子。人非不欲自貴，而必有奉以爲尊人之公也。安於其位者習於其道，因而有世及之理，雖愚且暴，猶賢於草野之罔據者。如是者數千年而安之矣。彊弱相噬而盡失其故，至於戰國，僅存者無幾，豈能役九州而聽命於此數諸侯王哉？於是分國而爲郡縣，擇人以尹之。郡縣之法，已在秦先。秦之所滅者六國耳，❶非盡滅三代之所封也。則分之爲郡，分之爲縣，俾才可長民者皆居民上以盡其才而治民之紀，亦何爲而非天下之公乎？

古者諸侯世國，而後大夫緣之以世官，勢所必濫也。士之子恒爲士，農之子恒爲農，而天之生才也無擇，則士有頑而農有秀；秀不能終屈於頑，而相乘以興，又勢所

❶「六」，原誤作「七」，今據《通鑑·秦紀始皇二十六年》司馬光言改。

必激也。封建毁而選舉行，守令席諸侯之權，刺史牧督司方伯之任，雖有元德顯功，而無所庇其不令之子孫。❶勢相激而理隨以易，意者其天乎！陰陽不能偏用，而仁義相資以爲亨利，雖聖人其能違哉！選舉之不慎而守令殘民，世德之不終而諸侯亂紀，兩俱有害，而民於守令之貪殘，有所藉於黜陟以蘇其困。❷故秦漢以降，天子孤立無輔，祚不永於商周；而若東遷以後，交兵毒民，異政殊俗，横斂繁刑，艾削其民，迄之數百年而不息者亦革焉，則後世生民之禍亦輕矣。郡縣者，非天子之利也，國祚所以不長也；而爲天下計，利害不如封建之滋也多矣。❸嗚呼！秦以私天下之心而罷侯置守，而天假其私以行其大公，存乎神者之不測有如是夫！

世其位者習其道，法所便也；習其道者任其事，理所宜也。法備於三王，道著於孔子，人得而習之。賢而秀者，皆可以奬之以君子之位而長民。聖人之心，於今爲烈。選舉不慎而賊民之吏代作，天地不能任咎，而況聖人！未可爲郡縣咎也。若夫國祚之不長，爲一姓言也，非公義也。秦之所以獲罪於萬世者，私己而已矣。斥秦之私而欲私其子孫以長存，又豈天下之大公哉！

二　孔鮒以無用儲天下之用

孔鮒藏書，陳餘危之。鮒曰：「吾爲無

❶「所」，邵陽曾氏抄本作「能」。
❷「困」，邵陽曾氏抄本作「怨」。
❸「利」，邵陽曾氏抄本作「則」。

用之學，知吾者唯友。❶秦非吾友，吾何危哉？」嗚呼！能爲無用之學以廣其心而遊於亂世，非聖人之徒而能若是乎？《詩》曰：「握粟出卜，自何能穀？」穀者在我而已，何用卜爲？屈其道而與天下靡，利在而害亦伏；以其道而與天下亢，身危而道亦不競。君子之道，儲天下之用而不求用於天下。知者知之，不知者以爲無用而已矣。故曰其愚不可及也。秉道以自安，慎交以遠物，存黄、農、虞、夏於盜賊禽獸之中，奚不可穀，而安用卜爲？莊周懲亂世而欲爲散木，言無用矣而無以儲天下之大用。握粟憂深而逃羿彀，其有細人之情乎！知進退存亡而不失其正，易簡以消天下之險阻，非聖人之徒，其孰與歸？

三　胡亥殺兄而亡

商始興而太甲放，周始興而成王危，秦并天下而扶蘇自殺，漢有天下而惠帝弗嗣，唐則建成死於刃，宋則德昭不令其終，汔乎建文之變而憯尤烈。天下初定，人心未靖，則天命以之不康，湯武且不能弭，後代勿論已。然而胡亥殺兄，旋以死亡，太甲、成王終安其位，則伊尹、周公之與趙高，相去不但若霄壤也。

秦始皇之宜短祚也不一，而莫甚於不知人。非其不察也，惟其好諛也。託國於趙高之手，雖中主不足以存，况胡亥哉！漢高之

❶「唯」，原作「爲」，今據邵陽曾氏抄本改。《通鑑·秦紀始皇三十四年》記孔鮒此言作「惟」。

知周勃也，宋太祖之任趙普也，未能已亂而足以不亡。建文立而無託孤之舊臣，則兵連禍結而尤爲人倫之大變。徐達、劉基有一存焉，奚至此哉？雖然，國祚之所以不傾者，無諛臣也。

二世

一　周市辭不王魏

陳嬰之不自立也，周市之不王魏也，其情均也，而周市賢矣。市曰：「天下昏亂，忠臣乃見。」義之所不敢出，害不敢自之而遠。❶居尊以爲天下不義之魁，「負且乘，致寇至」，灼然易見而人不能知。非不知也，無志義以持其心，流俗之蠱之者進矣。陳嬰非幸而有其母，亦殆矣哉！市之一言，所謂「大浸稽天而不溺，疾雷破山而不震」者乎！陳餘自矜儒者，而不能守義以自王。周市雖死而如生，陳餘碌碌以死，又何稱焉？

二　李斯言古今人所不忍言

李斯之對二世曰：「明主滅仁義之塗，絶諫爭之辯，犖然行恣睢之心。」盡古今，概賢不肖，無有忍言此者，而昌言之不忌。嗚呼，亦何至此哉！斯亦嘗學於荀卿氏矣，亦嘗與始皇謀天下而天下并矣。豈其飛廉、惡來之所不忍言者而言之不忌，斯之心其固以爲然乎？苟非二世之愚，即始皇之驕悖，能受此言而不譴乎？斯抑謂天下後世之不以

❶「害不敢」，邵陽曾氏抄本作「則害亦」。

己爲戎首而無所恤乎？無他，畏死患失之心迫而有所不避耳。

夫死亦何不可畏也？失不可患，而亦何必於失也？前所以自進者非其道，繼所以自效者非其功，後所以自保者非其術，退所以自置者無其方，則失果可患而死果可畏。欲無畏無患，以不言其所不忍言，又奚得乎！天下無必死之塗，而亦無可幾幸之得。正志於早而後無所迫，則不忍不敢之心以全。早之不能圖度於正，❶迨其後失有形、死有機，雖欲不爲此言而不得。不待上蔡東門之歎，肺肝先已自裂。斯豈果無人之心哉？《易》曰：「履霜堅冰至。」辨人於早，不若自辨於早也。

三　李斯以督責之術導諛勸淫

人皆有不忍人之心，而衆怒之不可犯，衆怨之不可任，亦易喻矣。申、商之言，何爲至今而不絶邪？志正義明如諸葛孔明而效其法，學博志廣如王介甫而師其意，無他，申、商者，乍勞長逸之術也。無其心而用其術者，孔明也；用其實而諱其名者，介甫也；乃若其不容掩之藏，則李斯發之矣。李斯曰：「行督責之術，然後絶諫争之路。」申不害曰：「有天下而不恣睢，命之曰以天下爲桎梏。」諍争絶，桎梏脱，則雖日勞於刑名文籍之中，而耽酒嗜色、佚游驕樂，可晏享而不輟。苟未忘逸豫之情者，惡能不以此爲兩得之術哉！

任法則人主安而天下困，任道則天下逸而人主勞。無一切之術以自恣睢，雖非求治之主，不能高居洸瀁於萬民之上，固矣。以

❶「之」，原無，今據邵陽曾氏抄本補。

孔明之淡泊而盡瘁也，以介甫之土木其形而好學深思也，然且樂奉名法者，何也？儉以耳目，勤以耳目，而心思從其康逸也。賢者且然，況令狐綯、張居正之挾權勢者哉！使讀李斯之言，知其爲導諛勸淫之術也，能勿靦然而汗下與？

四　范增立楚王説無與於興亡

懷王之立，非項氏之意也，范增之説，以爲從民望而已。臣主之名立，而其心不相釋。項氏成而懷王固不能有三楚，❶懷王念此至悉，故一乘項梁之敗而奪上將軍之權以授宋義。義適遇其際而獲懷王之心，故與計事而大悦，非悦其滅秦之計，悦其奪項之計也。宋義壁於安陽而項羽斬之，非憤其救趙之遲，憤其奪己之速也。❷義之壁安陽而不進也，非欲乘秦趙之敝，欲得當以收項羽之兵也。其遣子相齊而送之無鹽也，非不恤士卒之飢寒以自侈，爲懷王樹外援於齊而因以自固也。

宋義死，諸將慴然，曰：「首立楚者，將軍家也。」羽之情見矣，義之情亦見矣，懷王之不能終安於項氏，情亦見矣。救趙則命宋義，入關則命沛公。梁死羽孤，爲偏裨於宋義旌牙之下，爲懷王謀項者之計得矣，而抑無以服楚人之心。幸而秦之君，二世也；其相，趙高也；其將，章邯、王離也：無有能乘臣主之隙以閒楚耳。不然，雖沛公且無以自持，況義之淺謀、羽之徒勇者乎！

於是而知君臣之非獨以名爲義也。天

❶「三」，原無，今據邵陽曾氏抄本補。

❷「也」，原無，今據邵陽曾氏抄本補。

之所秩，性之所安，情之所順，非是則不能以終日。范增立楚之説，董公縞素之謀，不足與於興亡久矣。

五　趙高約楚滅秦宗室

秦之所殄滅而降辱者，六王之後也；戍之徒之而寡其妻、孤其子者，郡縣之民也；而剸二世之首，欲滅宗室，約楚降而分王關中者，趙高也。故怨在敵國，而敵國或有所不能；怨在百姓，而百姓或有所不忍；狎及小人，而禍必發於小人。故曰：「唯女子與小人爲難養也。」聖人且難之，況中主以降乎？

小人之心，智者弗能測也，剛者弗能制也。料其必不能，而或能之矣；料其必不欲，而或欲之矣。項羽之暴也，沛公之明也，章邯之怨方新也，盡天下欲食高之肉而寢處其皮也，使高滅嬴氏之宗，開關以講於諸侯，豈能免於刀俎，而況受納地之封乎！則以智者料高，而固知其與秦相終始；以愚者料高，而亦決其與秦同齏粉也。然而必弑胡亥以徼幸於一得，豈徒胡亥之愚，矢入幄而不覺哉？明而熟於計者，未有謂爲且然者矣。禍福之外有無藉之欲焉，死生之外有無方之譎焉，俄頃之閒有忽變之情焉。利亦有所不喻，而無所不逞，而後君子莫能爲之防。故聖人且猶難之，誠哉其難之也！「濡有衣袽，終日戒。」終日者，無竟之辭也。舍禔躬慎微而求馭之之術，不墮其阱中者鮮矣。

六　法密不能勝天下

孰謂秦之法密能勝天下也？項梁有櫟陽逮，蘄獄掾曹咎書抵司馬欣而事得免。其他請託公行、貨賄相屬而不見於史者，不知凡幾也。項梁，楚大將軍之子，秦之所尤忌者，欣一獄掾，馳書而難解。則其他位尊而權重者，抑孰與御之？法愈密，吏權愈重；死刑愈繁，賄賂愈章。塗飾以免罪罟，而天子之權倒持於掾史。南陽諸劉屢殺人而王莽不能問，皆法密吏重有以蔽之也。

設大辟於此，設薄刑於彼，細極於牛毛，而東西可以相竄。見知故縱，蔓延相逮，而上下相倚以匿姦。閏位之主竊非分而寢寐不安。藉是以箝天下，而爲天下之所箝，固其宜也。受天命，正萬邦，德足以威而無疚媿者，勿效爾爲也。寬斯嚴，簡斯定。吞舟漏網而不敢再觸梁笱，何也？法定於一王而獄吏無能移也。

讀通鑑論卷一終

讀通鑒論卷二

衡陽王夫之譔

漢高帝

一　沛公欲留居咸陽

有天下者而有私財，則國患貧以迄於敗亡。錮其心，延及其子孫，❶業業然守之以爲固，而官天地、府萬物之大用，皆若與已不相親而任其盈虚。鹿橋、鉅臺之愚，後世開創之英君皆習以爲常，❷而貽謀不靖，非僅生長深宮、習奄人汙陋者之過也。滅人之國，入其都，彼之帑皆我帑也，則據之以爲天子之私。唐克西京，而隋氏之有在唐；宋入周宮，而五代之積在宋；蒙古遁，而大都之藏輦而之於南畿。嗚呼！奢者因之以侈其嗜欲，儉者因之以卑其志趣，❸赫然若上天之寶命、祖宗之世守，在此懷握之金貲而已矣。禍切剥牀，而求民不已以自保其私，垂至其亡而爲盜資，夫亦何樂有此哉？

漢王之入秦宮而有豔心，見不及此。樊噲曰：「將欲爲富家翁邪？」英達之君而見不及噲者，多矣。范增曰：「此其志不在小。」豈徒一時取天下之雄略乎？以垂訓後嗣，而文景之治至於盡免天下田租而國不憂

❶「則國患貧」至「延及其子孫」，原脱，今據邵陽曾氏抄本補。

❷「習」，原誤作「席」，今據邵陽曾氏抄本改。

❸「儉」，邵陽曾氏抄本作「吝」。

貧，數百年君民交裕之略，定於此矣。天子而斤斤然以積聚貽子孫，則貧必在國；士大夫斤斤然以積聚貽子孫，❶則敗必在家；庶人斤斤然以積聚貽子孫，則後世必飢寒以死。周有大賚，散之唯恐不速，故延及三十世。而亡之日，上無覆宗之慘，民亦無凍餒流奪之傷。❷後之王者聞樊噲「富翁」之誚，尚知懲乎！

二 項羽重爵賞非矣

韓信數項羽之失曰：「有功當封爵者，印刓敝，忍不能予。」繇斯言也，信之所以徒任爲將而不與聞天下之略，且以不保其終者，胥在是矣。封爵者，因乎天之所予而隆之，❸非人主所以市天下也。且爵賞亦豈必其足榮哉？榮，以其難得而已。人主輕之，天下獵之；人主重之，天下榮之。宋藝祖許曹彬下江南授使相，彬早知不得而安焉，故封爵不侈而彬服。非然，則更始之侯林立而不救其亡，期於必得之不足歆也。羽不惜屈己以下人而靳天爵，何遽非道而必亡乎；漢高天下既定之後，侈於封矣，反者數起，武帝奪之而六寓始安。承六王之敝，人思爲君，而亟予之土地人民以恣其所欲爲，管、蔡之親不相保，而況他人乎？以天下市天下而己乃爲天子，君臣相貿而期報已速，固不足以一朝居矣。

抑信之爲此言也，欲以脅高帝而市之也。故齊地甫定即請王齊，信之懷來見矣。

❶「然」，原脱，今據邵陽曾氏抄本及上下文例補。
❷「流」，邵陽曾氏抄本作「攘」。
❸「隆」，邵陽曾氏抄本作「予」。

挾市心以市主，主且窺見其心，貨已讎而有餘怨。雲夢之俘、未央之斬，伏於請王齊之日，而幾動於登壇之數語。刀械發於志欲之妄動，未有爽焉者也。信之言曰：「以天下城邑封功臣，何所不服？」爲人主者可有是心，❶而臣子且不可有是語，況乎人主之固不可以是心市天下乎！「言不必信，行不必果。」宋祖之慎，曹彬之明，保泰居盈之道得之矣，奚必踐姑許之言而褻天之景命哉？

若夫項羽之所以失者，非吝封爵之故，信之説不如陳平之言之允也。陳平曰：「項王所任愛，非諸項即妻之昆弟，雖有奇士，不能用。」故羽非盡不知人，有蔽之者也。瑣瑣姻亞，踞膴仕，持大權，而士惡得不蔽？雖然，亦有繇爾。羽，以詐興者也；事懷王而弑之，屬宋義而戕之，漢高入關而抑之，田榮之衆來附而斬艾掠奪之。積忮害者，以己度人而疑人之忮己；輕殘殺者，大怨在側而怨不可狎。左顧右盻，亦唯是兄弟姻黨之足恃爲援。則使輕予人以權，己且爲懷王，己且爲宋義。惴惴慄慄，戈戟交於夢寐，抑惡能不厚疑天下哉？然而其疑無救也。爲漢王之腹心者項伯也，其兄弟也；追而迫之刭者，吕馬童也，其故人也。從之於大敗之餘者三十餘騎，而兄弟姻亞不與焉。懷慝求援而終以孤立，非刓印不與者甚己而賊之，其親戚之叛已久矣。

不疚於天則天無不祐，不媿於人則人皆可馭。正義以行乎坦道，而居天下之廣居；無所偏黨，而賞罰可以致慎而無所徇。得失之幾在此而不在彼，明矣。不然，舍親賢，行誘餌，賤名器，以徇游士貪夫之競躁，固項羽

❶「可」上，邵陽曾氏抄本有「即」字。

之所不屑爲者也。

三　爲義帝發喪無關大計

名義云者，因名以立義，爲可繇不可知之民言也。不知義矣，爲之名以使之顧而思，抑且欲其顧而思而不但名也，況君子之以立民極而大白於天下者哉！謂董公說高帝爲義帝發喪爲漢之所以興者，率天下後世而趨於僞，必此言。夫忠孝，非人所得而勸也。如其勸之，動其不敢不忍之心而已。心生而後有事，事立而後有禮，禮行而後有名。名者，三累之下。天下爲之名，而忠孝者不欲自居。高帝無哀義帝之心，天可欺乎？人可愚乎？彭城之敗，幾死幾亡，而縞素之名不能爲之救，則塗飾耳目以故主復讎之名，無當於漢之興，明矣。

雖然，以此正項籍之罪，使天下恥戴之爲君長也則有餘。何也？籍者，芈氏之世臣也；援立義帝者，項梁之以令諸侯者也。劉氏世不臣於楚，其屈而君懷王也，項氏制之耳。高帝初無君懷王之心，則可不哀懷王之死。爲天下而討弑君之賊，非人弑己君而有守官之責者也。故發喪之後，高帝亦終不挾此以令天下；而數羽之罪，不嫌以背約不王己於秦爲首。則董公之說亦權用之一時，而高帝亦終不以信諸心。嗚呼！貌爲君子者日言心而以名爲心，日言義而以名爲義，告子惡得不以義爲外而欲戕賊之乎？

秦滅六國，互相噬而彊者勝耳。若其罪，莫甚於殄周。❶楚幸不亡於秦，而楚且爲秦。非其世臣，非其遺胄，抑何必戴楚以爲

❶「莫」上，邵陽曾氏抄本有「則」字。

君？戴楚者，項氏之私義也。漢亦何用引項氏之義以爲己義乎！此義不明，但有名而即附諸義焉。李嗣源，夷裔也，名爲唐而唐之；李昪，不知其爲誰氏之子也，名爲唐而又唐之。有名而無義，名爲義而義不生於心，論史者之亂義久矣。中國立極之主，祖考世戴之君，明明赫赫在人心而不昧；臣子自有獨喻之忱，行其不敢不忍者，而豈但以名哉！

四　韓信貪功擊齊

毒天下而以自毒者，其唯貪功之人乎！酈生説下齊，齊已受命，而漢東北之慮紓，項羽右臂之援絶矣。黥布，盜也，一從漢背楚而終不可叛，況諸田之耿介可以保其安枕於漢也亡疑。乃韓信一啓貪功之心，從蒯徹之説，疾擊已降，而酈生烹，歷下之軍，蹀血盈野，諸田卒以殄其宗。慘矣哉，貪功之念發於隱微，而血已漂鹵也！

龍且亦猶是也，軍於高密，客説以深壁勿戰，令齊王招散民反漢而歸己，漢客兵，不容於久留而必潰敗。以全三軍，奠楚勢，而保齊，豈不賢於浪戰以死亡乎？且則曰：「救齊，不戰而降之，吾何功？」雖其後勝敗不同，而且之心亦信之心也。信以其毒毒齊，而齊民駢死，田氏以亡；且以其毒自毒，而濰水涌流，楚軍大覆，田氏不救。舉人之宗社人民存亡生死之大而不滿忮人之谿壑，毒螫人而蠚蠆亦死。信幸破齊以自請王齊，而未央之誅已伏於此，且亦以其身斃於濰水之上。然則貪功而毒人，亦自讎其項領而速之斮也。悲哉，愚不可瘳已！

李左車下全燕而燕不叛，隨何收九江而

黥布無疑，善用人者亦何利有貪功之人以賊天下而多其釁哉！　漢雖有齊而力已疲，楚覆救齊之兵而項王大懼，忮人不黜而能定天下，未之有也。

五　漢王能收韓信軍

韓信下魏破代而漢王收其兵，與張耳破趙而漢王又奪其兵，何以使信帖然聽命而抑不解體以颺去哉？　此漢王之所以不可及也。制之者氣也，非徒氣也，其措置予奪之審有以大服之也；結之者情也，非徒情也，無所偏任，無所聽熒可使信坦然見其心也。吾之所爲，無不可使信知之矣。　信固知己之終爲漢王倚任而不在軍之去留也，故其視軍之屬漢也無以異於己。　無疑無怨，何所靳而生其忮甚乎？　假使奪信軍而授之他人，假使疑信之反而奪其軍以防之，項王一印之刓而信叛，三軍之重，豈徒一印之予奪乎？

心不可使人知者，以柔用之而敗，以剛用之而速亡。有所偏聽、怙黨而疑人者，不能制之而死於其人，能制之而其人速叛以去。武王曰：「予有亂臣十人，同心同德。」十人之同乎武王，武王同之也。

六　漢王速奪韓信軍

漢王甫破項羽，還至定陶，即馳奪韓信軍，天下自此寧矣。大敵已平，信且擁彊兵也何爲？　故無所挾以爲名而抗不聽命，既奪之後，弗能怨也。　如姑緩之，使四方卒有不虞之事，有名可據，信兵不可奪矣。　奪之速而安，以奠宗社，以息父老子弟，以斂天地之殺機，而持征伐之權於一王，乃以順天休命，而人得以生。

且信始不從蒯徹之言與漢爲難者，項未亡也。參分天下，鼎足而立，蒯徹狂惑之計耳。昔者韓嘗以此持天下之縱横，然吞於秦而不救，其覆軌矣。信反於齊，則張耳扼其西，彭越控其南，鼎足先折而徒爲天下蟊賊。信知其不可而拒徹，計之深也。項王滅，漢王倦歸於關中，信起而乘之，乃可以得志。徹之説，信豈須臾忘哉？卞莊子小死大斃一舉而兩得之術，俟時而發，發不旋踵矣。其曰「不忍背漢」者，姑以謝徹耳。削王而侯，國小而無兵，尚欲因陳豨以發難；擁三齊之勁旅，西嚮而虎視，尚誰忌哉？

或曰宋太祖之奪藩鎮也類此，而又非也。信者，非石守信、高懷德之儔也。❶割地而王，據屢勝之兵，非陳橋擁戴之主也。❷故宋祖懲羹吹齏而自弱，漢高拔本塞源以已亂，審輕重者唯其權，❸不在形迹之閒也。

七　漢王首封破秦之吴芮無諸

漢王初即皇帝位，未封子弟功臣，而首以長沙王吴芮、閩粤王無諸，此之謂「大略」。二子者，非有功於滅項者也，追原破秦之功而封之。以天下之功爲功而不功其功，此之謂「大公」。楚漢争於北，而南方無事，久於安則亂易起，立王以鎮撫之，此之謂「制治於未亂」。以項羽宰天下不公爲罪而討之，反其道而首録不顯之績，此之謂「不遐遺，得尚于中行」。若此者，内斷之心，非留侯所得

❶「儔」下，邵陽曾氏抄本有「匹」字。

❷「主」上，邵陽曾氏抄本有「臣」字。

❸「審輕重者唯」，原作「迹同而事異」，今據邵陽曾氏抄本改。

與，況蕭何、陳平之小智乎？量周天下者，事出於人所不慮，若迂遠而實協於人心，此之謂「不測」。

八　兵出於農易罷

秦、項已滅，兵罷歸家，何其罷歸之易而歸以即乎安？古者兵皆出於農，無無家者也，罷斯歸矣。漢起巴蜀、三秦之卒，用九江、齊、趙之師，不戰其地，不擾其人，無閭井之怨，歸斯安矣。後世召募失業之民，欲歸而無所歸，則戰爭初息而遣歸之也難。善師古者旁通而善用之，則漢抑有「民相聚山澤不書名數者，復其故爵田宅，教訓而優恤之」之詔，是可爲後世師者也。無所侵傷於民而禁其仇殺，非有官爵田里而爲之授以隙地，寬假以徭役而命爲稍食之胥卒。以此散有餘之卒，熟計而安存之，奚患亡術哉？高帝甫一天下而早爲之所，國不糜，農不困，兵有所歸。下令於流水之源而條委就理，不謂之有「大略」也得乎！

九　斬丁公忘恩非義

以大義服天下者，以誠而已矣，未聞其以術也，奉義爲術而義始賊。義者，心之制也，非天下之名也。心所勿安而忍爲之以標其名，天下乃以義爲拂人之心而不和順於理。夫高帝當窘迫之時，豈果以丁公爲可殺而必殺之哉？當誅丁公之日，又豈果能忘丁公之免己而不以爲德哉？欲懲人臣之叛其主，而先叛其生我之恩，且囂然曰是天下之公義也，則借義以爲利，而吾心之惻隱亡矣。

夫義，有天下之大義焉，有吾心之精義焉。精者，純用其天良之喜怒恩怨以爲德威刑賞，而不雜以利者也。使天下知爲臣不忠者之必誅而畏即於刑，乃使吾心違其恩怨之本懷，矯焉自誣以收其利，然則義爲賊仁之斧而利之囮也乎？故赦季布而用之，善矣，足以勸臣子之忠矣。若丁公者，廢而勿用可也，斬之則導天下以忘恩矣。恩可忘也，苟非刑戮以隨其後，則君父罔極之恩，孰不可忘也？嗚呼，此三代以下，以義爲名爲利而悖其天良之大慝也！

十　留侯從赤松子遊非爲保身

留侯欲從赤松子遊，司馬温公曰：「明哲保身，子房有焉。」未足以盡子房也。子房之言曰：「家世相韓，爲韓報讎。」身方事漢，而暴白其終始爲韓之心，無疑於高帝之妒。❶其忘身以伸志也，光明磊落，坦然直剖心臆於雄猜天子之前。且曰：「願棄人閒事，從赤松子遊。」視漢之爵禄爲鴻毛而非其所志。忠臣孝子青天皎日之心，不知有榮辱，不知有利害，豈嘗逆億信之必夷、越之必醢，而廑以全身哉！抑惟其然，而高帝固已喻其志之貞而心之潔矣，是以舉太子以託之，而始終不忮。

嗚呼！惟其誠也，是以履虎尾而不疚；即不幸而見疑，有死而已矣，弗能內懷忠而外姑爲佞也。曹操之惎毒也，徐庶懷先主之知，終始不與謀議，而操無能害，況高帝之可以理感者乎？若夫未忘故主，而匿情委曲以避患，謝靈運之所以身死而名辱。

❶「妒」，邵陽曾氏抄本作「忌怒」。

「本自江海人，忠義感君子」，孰聽之哉？

十一　中國有北胡之禍始韓王信之叛降

中國有北胡之禍，❶自冒頓始；冒頓之闌入句注、保太原，自韓王信之叛降始。信失韓之故封而徙於太原，其欲甘心於漢久矣。請都馬邑，近塞而易與胡通。數使之胡求和，陽爲漢和而陰自爲降地。畜不逞以假手於冒頓，不待往降之日而早知其志在胡矣。

非韓信則冒頓不逞，非石敬瑭則邪律氏不横，求如郭子儀與吐蕃、回紇有香火緣而無貳心者，今古無兩人。然則以狡焉不逞之彊帥置之邊徼，未有不決隄焚林以殘劉我中夏者也，❷此非古今之大痛，相沿而昧焉者乎！❸飢鷹猘犬不畜之樊圈而軼之颺飛奰走之地，冀免禍於目前而首禍於千古，甚哉，高帝之偷也！

十二　魯兩生惑於管子衣食足而後禮義興之邪説

魯兩生責叔孫通興禮樂於死者未葬、傷者未起之時，非也。將以爲休息生養而後興禮樂焉，則抑管子「衣食足而後禮義興」之邪説也。子曰：「自古皆有死，民無信不立。」信者，禮之幹也；禮者，信之資也。有一日之生，立一日之國，唯此大禮之序、大樂之和不容息而已。死者何以必葬？傷者何以必

❶「有北胡」，原作「夷狄」，今據邵陽曾氏抄本改。
❷「我中夏」，原作「内地」，今據邵陽曾氏抄本改。
❸「此非古今之大痛相沿而昧焉者乎」，原脱，今據邵陽曾氏抄本補。

恤？此敬愛之心不容昧焉耳。敬焉而序有必順，愛焉而和有必浹，動之於無形聲之微而發起其莊肅樂易之情，則民知非苟於得生者之可以生，苟於得利者之可以利，相恤相親，不相背棄，而後生養以遂。故晏子曰：「唯禮可以已亂。」然則立國之始，所以順民之氣而勸之休養者，非禮樂何以哉？譬之樹然，生養休息者，枝葉之榮也；有序而和者，根本之潤也。今使種樹者曰待枝葉之榮而後培其本根，豈有能榮枝葉之一日哉？故武王克殷，駕甫脱而息貫革之射，修禋祀之典，成《象武》之樂。受命已末，制作未備，而周公成其德，不曰我姑且休息之而以待百年也。

秦之苛嚴，漢初之簡略，相激相反，而天下且成乎鄙倍。舉其大綱以風起於崩壞之餘，亦何遽不可？而非直無不可也。非是，則生人之心、生人之理日頹靡而之於泯亡矣。唯叔孫通之事十主而面諛者未可語此耳，則苟且以背於禮樂之大原，遂終古而不與於三王之盛。使兩生者出，而以先王安上治民、移風易俗之精意，舉大綱以與高帝相更始，如其不用而後退，未晚也。乃必期以百年而聽目前之滅裂，將百年以内，人心不靖，風化未起，汲汲於生養死葬之圖，則德色父而誶語姑，亦誰與震動容與其天良，而使無背死不葬、捐傷不恤也哉！

衛輒之立，亂已極矣。子曰：「禮樂不興則刑罰不中，民無所措手足。」務本教也。漢初亂雖始定，高帝非輒比也。輒可興而謂高帝不可，兩生者非聖人之徒與？何其與孔子之言相刺謬也！於是而兩生之所謂禮樂者可知矣，謂其文也，非其實也。大序至和之實不可一日絶於天壤，而天地之産、中和之應以瑞相祐答者，則有待以備乎文章聲容之盛，未之逮耳。然草創者不爽其大綱而後起者可藉，又奚必人之嫺於習而物之給於用邪？故兩生者非不知權也，不知本也。

十三　蕭何以壯麗示威

蕭何曰：「天子以四海爲家，非壯麗無以示威。」其言鄙矣，而亦未嘗非人情也。游士之屨集於公卿之門，非必其能貴之也；❶蔬果之饋集於千金之室，非必其能富之也。釋老之宫飾金碧而奏笙鐘，媚者匍伏以請命，非必服膺於其教也，莊麗動之耳。愚愚民以其榮觀，心折魂熒而戢其異志，抑何爲而不然哉？特古帝王用之之懷異耳。

古之帝王昭德威以柔天下，亦既灼見民情之所自戢而納之於信順已。奏九成於圜丘，因以使之知天；崇宗廟於七世，因以使之知孝；建兩觀以縣法，因以使之知治；營靈臺以候氣，因以使之知時；立兩階於九級，因以使之知讓。即其歆動之心迪之於至德之域，視之有以燿其目，聽之有以盈其耳，登之降之、進之退之有以詒其安。然後人知大美之集，集於仁義禮樂之中，退而有以自愜。非權以誘天下也，至德之榮觀本有如是之洋溢也。賢者得其精意，愚不肖者矜其聲容，壯麗之威至矣哉，而特不如何者徒以宫室相誇而已。不責何之弗修禮樂以崇德威，而責其弗儉。徒以儉也，儉於欲亦儉於德。蕭道成之鄙吝，遂可與大禹並稱乎？

❶「必其」，原誤倒，今據邵陽曾氏抄本及下文改。

十四　高帝重挫賈人爲知政本

國無貴人，民不足以興；國無富人，民不足以殖。任子貴於國而國愈偷，賈人富於國而國愈貧。任子不能使之弗貴，而制其貴之擅；賈人不能使之弗富，而奪其富之驕。高帝初定天下，禁賈人衣錦綺、操兵乘馬，可謂知政本矣。

嗚呼！賈人者，暴君汙吏所亟進而寵之者也。暴君非賈人無以供其聲色之玩，汙吏非賈人無以供其不急之求，❶假之以顔色而聽其燀煌，復何忌哉？賈人之富也，貧人以自富者也。牟利易則用財也輕，志小而不知裁，智昏而不恤其安，欺貧懦以矜夸，而國安得不貧，民安得而不靡？高帝生長民閒而習其利害，重挫之而民氣蘇。然且至孝文之世，后服帝飾如賈生所譏，則抑末崇本之未易言，久矣。

十五　婁敬禍天下

婁敬之小智足以動人主，而其禍天下也烈矣。遷六國後及豪傑名家居關中，以爲彊本而弱末，似也；遣女嫁匈奴，生子必爲太子，諭以禮節，無敢抗禮，而漸以稱臣，以爲用夏而變夷，似也。眩於一時之利害者，無不動也。乃姑弗與言違生民之性，姑弗與言裂人道之防；❷就其説以折之，敬之説惡足以逞哉！

富豪大族之所以彊者，因其地也。諸田

❶「不」，邵陽曾氏抄本作「緩」。

❷「姑弗與言裂人道之防」，原脱，今據邵陽曾氏抄本補。

非勃海魚鹽之利不足以彊，屈、昭、景非雲夢澤藪之資不足以彊，世家非姻亞之盛、朋友之合、小民之相比而相屬，不足以彊。棄其田里，違其宗黨，奪其所便，拂其所習，羈旅寓食於關中土著之閒，不十年而生事已落，氣焰沮喪。曹子桓云：「客子常畏人。」諒矣哉！畏人者尚能自彊以爲國彊邪？固不如休息餘民而生聚之也。故貧民尚可徙也，舍其瘠土而移其窳俗，可使彊也，豪傑大族摧折凋殘而日以衰。聚失業怨咨之民於輦轂之下，弱則靡而悍則懟，豈有幸乎？而當時之爲虐甚矣。

夷狄之有餘者，猛悍也，❶其不足者智巧也，非但其天性然，其習然也。性受於所生之氣，習成於幼弱之時。天子以女配夷，臣民狃而不以爲辱，夷且往來於中國，❷而中國之女子婦於胡者多矣。胡雛雜母之氣而狎其言語，駤戾如其父，慧巧如其母，益其所不足以佐其所有餘。故劉淵、石勒、高歡、宇文黑獺之流，其狡獪乃凌操、懿而駕其上，則禮節者徒以長其文姦之具，因以屈中國而臣之也有餘，而遑臣中國哉！

凡斯二者，皆敬之邪佞。以此破之，將孰置喙？而徙民之不仁、和親之無恥，又不待辨而折者也。

十六　常山郡守尉失城不誅

陳豨之反，常山郡亡其二十城，周昌請誅其守尉，高帝曰：「是力不足，亡罪。」守尉

❶「夷狄」，原作「匈奴」，今據邵陽曾氏抄本改。下同，不一一出校。

❷「中國」，原作「內地」，今據邵陽曾氏抄本改。下同，不一一出校。

視屬城之亡而不效其死力，昌之請誅，正也。雖然，有辨。寇自内發，激之以反，反而不覺，覺而匿不以聞，不爲之備，不亟求援，則其誅勿赦也無疑；寇自外發，非其所激，非所及覺，覺而兵已壓境，備而不給，待援不至，其宥也無疑。故立法者無一成之法而斟酌以盡理，斯不損於國而無憾於人。陳豨之反非常山之所能制而能早覺者也，故周昌之按法，不如高帝之原情。雖然，止於勿誅而已矣，其人不可復用也。所謂「近死之心不可復陽也」。

十七　面諛之叔孫通諫易太子

叔孫通之諫易太子也，曰：「臣願伏誅，以頸血汙地。」烈矣哉！❶ 夫抑有以使之然者。高帝之明可以理喻也，呂后之權足恃也，留侯、四皓之屬爲之羽翼，而詭隨者憚高帝而不敢競也。通知必不死，即死而猶有功，何憚而不爭？嗚呼！以面諛事十餘主之通，而犯顔骨鯁也可使如此。上有明君，下有賢士大夫，則佞者可忠，❷柔者可彊，天下豈患無人材哉？匪上知與下愚，未有不待獎而成者也。

惠帝

一　惠帝時曹參不得不因

曹參因蕭何之法而治，非必其治也，唯

❶「烈矣哉」上，邵陽曾氏抄本有「通如是其」四字。
❷「則」，原無，今據邵陽曾氏抄本補。

其時之不得不因也。高帝初崩，母后持權於上，惠帝孱弱而不自振，非因也，抑將何爲哉？魯兩生曰：「禮樂百年而後興。」唯惠帝之時言此爲宜爾。周公之定禮也，流言未靖，東郊未定，商、奄未殄，不遑及也。參非周公之德而值其時，乃欲矯草創之失以改易一代之典，則人心不寧而亂即於此起。《易》於《益》之初曰：「利用爲大作，元吉无咎。」元吉而後无咎，利者非其利也，風淫於上而雷迅於下，其吉難矣。

夫飭大法、正大經，安上治民、移風易俗，有本焉有末焉，有質焉有文焉。立綱修紀，撥亂反正，使人知有上下之辨、吉凶之則者，其本也；緣飾以備其文章，歸於允協者，其末也。末者非一日之積也，文者非一端之飾也。豫立而不可一日緩者，其本質也；俟時而相因以益者，其末文也。

高帝之時不可待也，而兩生之説非矣。無以植其本，則後起者無藉以興，❶而錮人心風俗於簡略慢易之中，待之百年而民俗益偷，雖有其志而無其徵，雖有其主而無其臣。故迄乎武帝，僅得董仲舒之疏漏，而曲學阿世之公孫弘者且進也，❷不足以有爲矣。此高帝不夙、兩生不出之過也。

惠帝、曹參之時不可不因也。有周之遺文，六國之遺老，雖有存者，可與釐定蕭何之法、叔孫通之禮，以折衷三代，昭示來茲。而母后悍，權姦張，内難且作，更張未幾而禍發於中，勢將指創制顯庸爲釁端，天下抑且以修明制作爲戒。其弊也，《詩》《書》道圮，俗學苟容，人心趨靡，彝倫日斁，漸漬以益流爲

❶「以興」，原作「也」，今據邵陽曾氏抄本改。
❷「也」，邵陽曾氏抄本作「焉」。

偷薄，所必然矣。

嗚呼！方正學死，而讀書之種絶於天下，則漢之猶有賈、董、臧、綰以存古道於百一者，非曹參有以養之乎？故唯曹參者可以因也，時也；前此而爲高帝，當敦其質，後此而爲文景，必致其文，時也。兩生傲而不出，文景讓而不遑，違乎時，違乎道矣。

二　漢不當聚勁兵於南北軍

語曰：「明王有道，守在四夷。」制治保邦之道至矣。《書》曰：「迪惟有夏，乃有室大競。」競以德也，非競以兵也。《詩》曰：「邦畿千里，惟民所止。」民所止也，非兵所聚也。《易·萃》之象曰：「除戎器，戒不虞。」《萃》聚二陽於四五，而分四陰於上下。陽，文德也；陰，武功也。近九五者陽而屏陰於外，内文外武而後不虞以戒矣。❶

漢聚勁兵於南北軍，而兵積彊於天子之肘腋，以是爲競王室、鞏邦畿、戒不虞之計焉。然天子豈能自將之哉？必委之人。而人不易信，則委之外戚，委之中官，以爲暱我而可無虞者。乃吕禄掌北軍，吕産掌南軍，吕后死，且令據兵衛宫以遂其狂逞，而劉氏幾移於吕。其後竇、梁、何進與中官迭相握符，而恣誅殺以脅天子者，蹀血相仍。即其未亂也，人主之廢立，國事之措置，一聽命於大將軍，而丞相若其府史。使利器不操於其手，則三公九卿持清議於法宫之上，而孰敢恣睢以逞乎？天下散處而可以指臂使者也。兵者，衛四夷而聽命於帥者也，近在肘

❶「外武」，原作「教」，今據邵陽曾氏抄本改。「而」下，邵陽曾氏抄本無「後」字。

腋而或掣之矣。周勃佹得而成，竇武佹失而敗，人主贅立於上而莫必其操縱，則亦危矣。

唐當天寶之前，無握禁兵於輦轂者，故撲二張、諸武如縛雞之易。借曰不競，然且安、史犯闕而旋踵以平。貞元以後，魚朝恩、吐突承璀、王守澄、劉季述所挾以驕，而廢主弒君如吹枯而振槁，其所恃者，豈非天子所欲聚以自競之兵乎？垂及五代，郭氏攘於前，趙氏奪於後，不出郊關而天下以移。究所以御夷狄而除盜賊者，❶又不藉此也。則天子未能有兵，聚兵以授人之亂而已。

邊徼之備不修，州郡之儲不宿，耀武於法宮明堂之側。舍德而欲以觀兵，棄略而欲以銜勇，天子之服天下，豈以左矛右戟遙震遐方而使讋乎？唯兵在外而守在夷也，則外戚奄宦遼遠而不相及，❷利不足以相啖，威不足以相灼，怵然畏天下之議其後而無挾以爭。即有逆臣猝起以犯順，亦互相牽曳而終以潰敗。推而大之，舜禹之舞干而三苗效順，亦惟不與天下競勇而德威自震，胥此道焉耳矣。嗚呼！聚兵於王室以糜天下於轉輸，祗以召亂而弗能救亡，豈非有天下者之炯戒哉？

文帝

一 袁盎諫帝待周勃謙讓

誠以安君之謂忠，直以正友之謂信。忠信爲周，君子周而上下睦，天下寧矣。周勃平

❶「狄」，原作「裔」，今據邵陽曾氏抄本改。

❷「外」，原誤作「內」，今據邵陽曾氏抄本改。

諸呂，迎立文帝，而有德色，非有罔上行私之慝也，不學無術而忘其驕耳。袁盎與俱北面事君，尊卑雖殊，固有同寅之義，規而正之，勃豈遽怙而不改？藉其不改而後廷折之，勃過不掩而文帝之情亦釋矣。乃弗規弗折而告文帝曰：「丞相驕，陛下謙讓，臣主失德。」斯言出而釁忌生，勃之禍早伏而不可解，險矣哉！

帝之謙，非失德也，尊有功而禮大臣，亦何非太甲、成王之盛心？而導之以猜刻，此之謂不忠。諒其心之無他，弗與規正而行其讒閒，此之謂不信。盎之險詖，推刃鼂錯而奪之權，於勃先之矣。小人之可畏如此夫！

乃抑有姦不如盎者，淺而躁，褊迫而不知大體，擊於目即騰於口，貽禍臣主，追悔而弗及，非盎類而害與盎等。故人主之宜遠躁人，猶其遠姦人也，則親親尊賢之道，其全矣乎！

二　文帝僞謙不終

《易》曰：「謙亨，君子有終。」君子而後有終，非君子而謙，未有能終者也。故「撝」也，「鳴」也，「勞」也，而終之以「侵伐」，雖「吉」、「无不利」，而固非以「君子」之道「終」矣。君子之謙，誠也。雖帝王不能不下丘民以守位，雖聖人不能不下芻蕘以取善。理之誠然者，殫心於此，而誠致之天下；見爲謙而非有謙也，而後可以有終。故讓，誠也；任，亦誠也。堯爲天下求賢，授之舜而不私丹朱，與禹之授啓、湯之授太甲、武王之授成王，一也，皆誠也；舜受於堯，啓受於禹，與泰伯之去句吳、❶伯夷之逃孤竹，一也，皆誠

❶「去」，邵陽曾氏抄本作「適」。

也。若夫據謙爲柄，而「撝」之，而「鳴」之，而「勞」之，則姑以此謝天下而不自居於盈，則早已有填壓天下之心，而禍機伏而必發，故他日「侵伐」而「无不利」。黄老之術離誠而用僞，久矣。取其「鳴謙」之辭，驗其「侵伐」之事，心跡違，初終貿，抑將何以自解哉！故非君子，未有能終其謙者也。

有司請建太子，文帝詔曰：「楚王，季父也；吴王，兄也；淮南王，弟也。」諸父昆弟之懿親，宜無所施其僞者。而以觀其後，吴濞、楚戊、淮南長無一全其軀命者。尺布斗粟之謡，取疚於天下而不救。然則詔之所云，以欲翕固張之術，處於謙以利用其忍，亦險矣哉！

且夫言者，機之所自動也。吴、楚、淮南聞斯語而歆動其妄心，則雖欲撲之而不得。故曰「火生於木而焚生火之木」，自生而自尅也。文帝亦何利焉？至於侵伐而天下亦殆矣。君子立誠以修辭，言其所可行，行焉而無所避，使天下洞見其心，而鬼神孚之；兵革之萌銷於心，而機不復作。則或任焉而無所用謙，或讓焉而固誠也，非有僞而託於「鳴」者也，何「侵伐」之「利」哉！

三　賈誼欲興禮樂宜先勸文帝以學

漢興，至文帝而天下大定。賈誼請改正朔，易服色，定官名，興禮樂，斯其時矣。魯兩生百年而後興之説謬矣，雖然，抑豈如誼之請遽興之而遂足以興邪？武帝固興之矣，唐玄宗欲興之矣，拓拔、宇文之羶，蔡京之佞，亦竊欲興之矣。❶文帝從誼之請，而一

❶「拓拔」至「興之矣」，原作「拓拔氏宇文氏及宋之蔡京亦皆欲興之矣」，今據邵陽曾氏抄本改。

旦有事於制作，不保其無以異於彼也。於是而興與不興交錯，以凋喪禮樂，而先王中和之極遂斬於中夏。

夫誼而誠欲興也，當文帝之世，用文帝之賢，導之以中和之德，正之於非僻之萌，養之以學問之功，廣之以仁義之化，使涵泳於義理之深，則天時之不可逆而正朔必改，人事之不可簡而服色官名之必定，至德之不可斁而禮樂之必興。怵惕而不安於其心，若倦於遊而思返其故。抑且有大美之容、至和之音髣髴於耳目之閒而迫欲遇之，則以文從質，以事從心，審律吕於銖絫之閒，考登降於周旋之際，一出其性之所安、學之所裕，以革故而鼎新，不待歷歲年而燦然明備矣。誼之不勸以學而勸以事，則亦詔相工瞽之末節，方且行焉而跛倚，聞焉而倦卧，情文不相生，焉足以興？故文帝之謙讓誠有歉於此也，固帝反求而不容自誣者也。禮樂不待興於百年，抑不可遽興於一日，無他，惟其學而已矣。

或曰：成王幼沖，德未成而周公亟定宗禮，何也？曰：周公之自定之也，非成王之能也。迨其後成王日就月將而緝熙於光明，乃以用周公之所制而不慚。誼固非周公，藉令其能如周公，而帝以黄老之心行中和之矩範，自顧其不類而思去之，又奚能以終日乎？

四　文帝罷衛將軍軍及太尉官合將與相爲一

文帝罷衛將軍軍，不欲使兵之冗集於京師也；罷太尉官屬丞相，不欲兵柄輕有屬也。合將與相而一之，故匈奴侵上郡而灌嬰以丞相出將，以是爲三代文武同塗之遺制與？抑論之罷衛軍，罷太尉，未嘗不宜也。天子者不待擁兵以爲威，假待之以爲威，則固不可更授其制於一人。乃若合將相於一而即相以將，則固不可。灌嬰者可將者也，非可相者也，其可相者則又非可將者也。故三代之制不可行於後世者有二：農不可兵，兵不可農；相不可將，將不可相也。

且夫古之將相合一者，列國之事爾。楚之令尹，楚之帥也；晉之將中軍，晉之相也。所以然者，何也？列國無議禮、制度、考文之事，無百揆、四門、大麓之典。其執政者不必有燮陰陽、興教化、敘刑賞之任。而其爲帥也，亦鄰國之不輯，相遇於中原，以一矢相加遺而猶有禮焉，非如後世之有天下者與夷狄盜賊争社稷之存亡也。其謂之將相者，今一郡之倅判而已，又其小者，一縣之簿尉而已。若天子，則吉甫、山甫、方叔、南仲各任其任而不相攝。然則三代且不然，而况後世統萬方之治亂，司邊徼之安危者乎？

蓋相可使之御將而不可使爲將，將可與相並衡而不可與六卿並設。宋之以樞密司兵而聽於相，庶幾近之矣。以樞密總天下之戎務而兵有專治，以宰相司樞密之得失而不委以專征。斟酌以倣三代之遺意而因時爲節宣，斯得之與！閹臣督師而天下速斃，嗚呼，殆矣夫！

五 審食其死漢大臣無敢請治淮南

審食其之死，文帝傷淮南王長之志，赦而弗治，亦未爲失也；漢廷之大臣無有敢請治之者，國無人矣。張釋之爲廷尉雖在食其已死之後，而追請正邢侯、雍子之刑，抑非事遠而不可問，姑市其直於太子、梁王之行馳道而緘口於淮南，則其直也，蓋「見可」「知難」之直，畏彊御而行於所可伸者也。天子詘於情而廷臣挫於勢，故其後王安欲反而謂漢廷諸臣如吹枯振落之易，其啓侮於諸侯久矣，張釋之其尤乎！

六　文帝以譽毁召遣季布未足爲病

以一人之譽而召季布，以一人之毁而遣季布，天下將窺其淺深。雖然，何病？人主威福之大權，豈以天下莫能窺爲不測哉？布之悻悻於罷去而仰詰人主以取快，其不足以爲御史大夫明矣，使酒難近之實自露而不可掩矣。文帝之失，輕於召布也，非輕於罷布也。慎用大臣而不吝於改過，聞人之言，遲之一月而察其非誣，默然良久，而曰：「河東吾股肱郡，故特召君。」所以養臣子之恥也，非慚也；如其慚邪，抑以輕於召布而媿其知人之不夙也。

七　賈誼之學不純與陸贄互有低昂

賈誼、陸贄、蘇軾之三子者，迹相類也。贄與軾，自以爲誼也；[1]人之稱之者，亦以爲類也。贄蓋希誼矣而不能爲誼，然有愈於誼者矣；軾且希贄矣而不能爲贄，況乎其猶欲希誼也。

奚以明其然邪？誼之説，豫教太子以端本，奬廉隅以善俗，[2]贄弗逮焉。而不但此，傅梁懷王，王墮馬斃，誼不食死，贄弗能

[1]「誼」，原作「類」，今據邵陽曾氏抄本改。

[2]「奬」上，邵陽曾氏抄本有「崇」字。

也。所以知其不能者，與竇參爲難之情勝於憂國也。顧誼之爲學駁而不純，幾與贄等，而任智任法，思以制匈奴、削諸侯，其三表五餌之術，是嬰稚之巧也；❶其削吴楚而益齊，私所親而不慮貽他日尾大之憂，❷是僕妾之智也。贄之所勿道也。故輔少主、嬰孤城，仗節守義以不喪其貞者，贄不如誼；而出入紛錯之中，調御輕重之勢，斟酌張弛以出險而經遠也，誼不如贄。是何也？誼年少，憤盈之氣未履艱屯，而性之貞者略恒疏，則本有餘而末不足，斯誼與贄輕重之衡有相低昂者矣。

若夫軾者，惡足以頡頏二子乎？酒肉也，佚遊也，情奪其性者久矣；寵禄也，禍福也，利勝其命者深矣。志役於雕蟲之技以聳天下而矜其慧，學不出於揣摩之術以熒天下而讎其能。習於其父儀、秦、鞅、斯之邪說，遂欲以攬天下而生事於平康之世。文飾以經術而自曰吾誼矣，詭測夫利害而自曰吾贄矣；迷失其心而聽其徒之推戴，且曰吾孟子矣；俄而取道於異端，抑曰吾老聃矣、吾瞿曇矣。若此者，誼之所不屑，抑贄之所不屑也。絳、灌之非誼曰：「擅權紛亂。」於誼爲誣，於軾允當之矣。藉授以幼主危邦，惡足以知其所終哉？乃欲推而上之，列於誼與贄之閒，宋玉所云「相者舉肥」也。

王安石之於誼，似矣，而誼正；誼之於方正學，似矣，而正學醇。正學淩誼而上之，且不能以戢禍亂而幾爲咎首，然則世無所求於己，己未豫圖其變，端居臆度而欲取四海而經營之，未有能濟者也。充誼之志，當正

❶「是」，原脱，今據邵陽曾氏抄本補。
❷「尾」，原誤作「莫」，今據邵陽曾氏抄本改。

學之世，盡抒其所藴，見諸施行，殆可與齊、黃並驅乎？贄且不能，而軾之浮靡又勿論已。❶故抗言天下者，人主弗用而不足惜，惟贄也能因事納忠，則明君所銜勒而使馳驅者也。

八　文帝使民得自鑄錢不知利權宜制之自上

文帝除盜鑄錢令，使民得自鑄，固自以爲利民也。夫能鑄者之非貧民，貧民之不能鑄，明矣。姦富者益以富，樸貧者益以貧，多其錢以斂布帛、菽粟、紵漆、魚鹽、果蓏，居贏以持貧民之緩急，而貧者何弗日以貧邪？耕而食，桑苧而衣，洿池而魚鼈，圈牢而牛豕，伐木藝竹而材，貧者力以致之而獲無幾。富者雖多其隸傭，而什取其六七焉。然以視鑄錢之利，❷相千萬而無算。即或貸力於貧民，而雇值之資亦僅耳，抑且仰求而後可分其濡潤焉，❸是驅人聽豪右之役也。

故先王以虞衡司山澤之産而節之，使不敢溢於取盈，非吝天地之産，限人巧而使爲上私利也。❹利者，公之在下而制之在上，非制之於豪强而可云公也。推此義也，鹽之聽民自煮，茶之聽民自採而上勿問焉，亦名美而實大爲荑稗於天下。

或曰：鹽可詭得者也，茶之利猶夫耕之粟，而奚爲不可？曰：古之耕也以助，今之耕也以貢。助以百畝爲經，貢以户口爲率。法圮於兼并，而仍存其故。茶之於民也，非

❶「浮靡又」，原作「淫邪也」，據邵陽曾氏抄本改。
❷「然」，原脱，今據邵陽曾氏抄本補。
❸「濡」，原誤作「波」，今據邵陽曾氏抄本改。
❹「爲上私利」，邵陽曾氏抄本作「無能自爲」。

賴以生如粟也。制於粟而不制於茶，即有斷山之勞而亦均於逐末。故漆林之稅二十而五，先王不以爲苛。惡在一王之土，食地之力，可任狡民之舍稼穡以多所營，而不爲之裁制邪？抑末以勸耕，獎樸而禁姦，煮海種山之不可聽民自擅，而況錢之利，坐收逸獲，以長豪黠而奔走貧民，爲國姦蠹者乎！又其甚者，[1]金銀鉛錫之礦，其利倍蓰於鑄錢而爲爭奪之釁端，乃或爲之説曰：聽民之自採以利民。弄兵戕殺而不爲禁，人亦何樂乎有君？

九　制錢宜重以精

鑄錢輕重之準，以何爲利？曰：此利也不可以利言也，而利莫有外焉矣。如以利，則榆莢綫環尚矣，殺雜鉛錫者尚矣，然而行未久而日賤，速敝壞而不可以藏。故曰：此利也不可以利言也。

且夫五穀、絲苧、材木、魚鹽、蔬果之可爲利，以利於人之生而貴之也。金玉珠寶之僅見而受美於天也，故先王取之以權萬物之聚散。然亦曰以是爲質，可以致厚生之利而通之，非果以爲寶而人弗得不寶也。然既僅有僅見，而因天地自然之質也。銅者，天地之産繁有而人習賤之者也，自人制之範以爲錢，遂與金玉珠寶爭貴而制粟帛材蔬之生死。然且不精不重，則何弗速敝壞而爲天下之所輕？其唯重以精乎，則天物不替而人功不偷，猶可以久其利於天下。

故長國家者知天人輕重之故，而勿務一時詭得之獲。一錢之費，以八九之物力人功

[1]「又其甚者」，原脱，今據邵陽曾氏抄本補。

成之，利亦未有既也。即使一錢之費如一錢焉，而無用之銅化爲有用，通計初終，而多其貨於人閒以饒益生民而利國，國之利亦溥矣。一錢之費用十之八九，則盜鑄無利而止。錢一出於上，而財聽命於上之發斂，與萬物互相通以出入，而有國者終享其利。故曰：不以利言而利莫有外也。則「五銖」之輕，不如「開元」之重；殽雜鉛錫，不如金背漆背之精。通計之而登耗盈虛之數見，非淺人所易知也。以苟且偷僞之情與天地之德產争美利，❶未有能勝者也。

十　淮南王長死袁盎請斬丞相御史

淮南王長反形已具，丞相御史奏當棄市，正也，所謂「人臣無將，將則必誅」者也。文帝赦而徙之，與蔡叔、郭鄰之罰等，臣子法伸而天子之恩紀不斬。長憤恚不食而死，「怙終賊刑」，免於討，足矣。袁盎請斬丞相御史，憸人之心不可窮詰，有如此者。或者其欲以恩私外市諸侯而背天子，挾莊助外交之心以冀非望，未可知也。抑或憎妒大臣之軋己，而欲因事驅逐以立威於廷而攘大位，❷未可知也。文帝避殺弟之名，置盎不譴而參用其說。盎之無憚以逞，面欺景帝，迫鼂錯而陷之死，終執兩端，與吴、漢交市，而言之不衷也顯矣。盎，故俠也，俠者之心故不可致詰者也。有天下而聽任俠人，其能不亂者鮮矣！

❶「僞」，原作「俗」，今據邵陽曾氏抄本改。
❷「大」，原作「人」，今據邵陽曾氏抄本改。

十一　賈生不當貶道以誘君

嗚呼，自漢以後，治之不古也有自矣。太甲、高宗、成王之姿，非必其軼文帝而上之，然而伊尹之訓、傅説之命、周公之告，曰「無安厥位惟危」，曰「不惟逸豫，惟以亂民」，曰「所其無逸」，未嘗貶道以誘之易從也。豈其如賈生之言曰：「使爲治，勞志慮，苦身體，乏鐘鼓之樂，勿爲可也。樂與今同，而欲立經陳紀，爲萬世法。」斯其爲言，去李斯之言也無幾。何也？以法術制天下而怙以恬嬉，則其法雖異於秦之法，而無本以立威於末，勞天下而以自豫，其能以是一朝居乎？❶使天下而可徒以法治而術制焉，裁其車服而風俗即壹，❷修其文辭而廉恥即敦，削奪諸侯而政即咸統於上，則夏商法在，而桀紂又何以亡？

夫文帝而幸非縱欲偷樂之主也，其未免於田獵鐘鼓之好而姑以自逸，未有以易之耳。得醇儒以沃乃心，浸灌以道義之腴，建中和而興王道，諸侯奚而不服，風俗奚而不移，廉恥奚而不崇？而先導諛以冀讎其説，文帝幸不爲胡亥耳，文帝而胡亥，誼雖欲自異於李斯也不能。乃後世或猶稱之曰「善誘其君以興治」，下惡得有臣，上惡得有君哉？

十二　賈生論教太子尚未得立教之本

賈生之論教太子，本論也；雖然，尤有本焉。士庶之子，杯酒之耽，博弈之好，奪其

❶「其」，原脱，今據邵陽曾氏抄本補。
❷「車」，原作「衣」，今據邵陽曾氏抄本改。

欲而教之，且反脣曰「夫子未出於正」矣。況天子之子，淫聲曼色交於前，婦人宦寺羅於側，欲有與導，淫有與宣。爲君父者忘志慮之勞，憚身體之苦，逐鐘鼓馳驅之樂，徒設嚴師以閒之於步履拜揖之閒，使其聽也，一偶人之威儀耳。成帝穆穆皇皇，而淫荒以滋亂，況其聞風志蕩，徒怨君父之我奪而思快於一旦乎！

成王幼而武王崩，無所取儀型也，則周公詠《豳風》，❶陳王業之艱難；作《無逸》，舉前王之乾惕。遥立一文武以爲之鵠，亦惟文武之果可以爲鵠，而後周公非空言以冀其觀感。❷如其以逸樂爲德，以法術爲治，以聲音笑貌爲道，❸以師保傅之諄諄爲教，此俗儒之徒以苦人，而父子師友之閒相蒙以僞，曾不如文帝之身治黄老術而以授其子之足使信從也。故賈生之論非立教之本論也。

十三　後世戮辱大臣

等賢而上之則有聖人，等貴而上之則有天子。故師一善者，希聖之積也；敬公卿大夫者，尊王之積也。此陛尊、廉遠、堂高之説也。郡縣之天下，夷五等，而天子孤高於上，舉群臣而等夷之，賈生所以有戮辱太迫、大臣無恥之歎焉。嗚呼，秦政變法，而天下之士廉恥泯喪者五六矣。漢僅存之，唐宋僅延之，女真、蒙古主中國而盡喪之。❹洪武興，思以復之而終不可復。誠如是其笞辱而不

❶「詠」，邵陽曾氏抄本作「賦」。

❷「空言」，原作「徒設」，今據邵陽曾氏抄本改。

❸「聲音笑」，邵陽曾氏抄本作「虛文飾」。

❹「女真」至「喪之」，原作「而訖不能延之」，今據邵陽曾氏抄本改。

作矣，奚望其上憂君國之休戚，下畏小民之怨讟乎？身爲士大夫，俄加諸膝，俄墜諸淵，習於訶斥，歷於桎梏，褫衣以受隸校之淩踐，既使之隱忍而幸於得生，則清議之譏在没世而非即唾其面，❶詛呪之作在窮簷而不敢至乎其前，又奚不可之有哉？

雖然，爲士大夫亦有以致之矣。❷蕭何出獄而仍相，周勃出獄而仍侯。不能禁上之不以囚隸加己，而何不可禁己之無侯以相也？北寺之獄、廷杖之辱，死諍之臣弗避焉，忠也；免於獄，不死於杖，沾沾然自以爲榮，而他日復端笏垂紳於堂陛，是亦不可以已乎？如鄒爾瞻之復爲九卿也，於虧體辱親之罪奚避焉？人主曰是嘗與囚隸同撻繫而不以爲恥者也。是惡足改容而禮乎？上弗奬之，下安受之；下既安之，上愈賤之。仁宗之寬厚，❸李祭酒之剛直，且荷校而不能引退，夷風漸染，君臣道喪，❹斯則賈生所宜痛哭者也。

十四　辱大臣爲辱國

子之於父母，可寵可辱而不可殺。身者，父母之身也，故寵辱聽命而不慚。至於殺，則父母之自戕其生，父不可以爲父，子不能免焉，子不可以爲子也。臣之於君，可貴可賤、可生可殺而不可辱。刑賞者，天之所

❶「在」上，原衍「非」字，馬宗霍校記云：「『非』字誤衍，當刪。」今據刪。「没」，邵陽曾氏抄本作「後」。

❷「大」，原誤作「夫」，今據上下文及邵陽曾氏抄本改。

❸劉毓崧校勘記云：「李時勉官祭酒而荷校國學門在英宗時。此言『寬厚』則是仁宗，非英宗矣。然仁宗朝時勉雖嘗下獄且爲金瓜撲折脅骨，而無荷校之事，且彼時以翰林改御史，尚未爲大司成也。」

❹「夷風漸染君臣道喪」，原脱，今據邵陽曾氏抄本補。

以命人主也，貴賤生死，君即逆而吾固順乎天。至於辱，則君自處於非禮，君不可以爲君，臣不知媿而順承之，臣不可以爲臣也。故有盤水加劍，聞命自弛而不可捽。抑臣之異於子，天之秩也。人性之順者不可逆，健者不可屈也。賈生之言以動文帝，而當時之大臣抑有聞而媿焉者乎？微直當時，後世之詔獄廷杖而尚被章服以立人之朝者，抑有媿焉者乎？使詔獄廷杖而有人自裁者，❶人君之辱士大夫尚可懲也。高忠憲曰：「辱大臣，是辱國也。」大哉，言乎！故沈水而逮問之禍息。魏忠賢且革其凶威，況人主哉？

十五　賈誼衆建諸侯而少其力爲陽予陰奪之術

漢初封諸侯王之大也，去三代未遠，民之視聽猶習於封建之舊而怨秦之孤，故勢有所不得遽革也。秦政、李斯以破封建爲萬世罪，而賈誼以諸侯王之大爲漢痛哭，亦何以異於孤秦？而論者若將黥刖秦而揖進賈生以坐論，數十年之閒，是非之易如水火。甚矣，夫論史者之惛惛也！

誼之言曰：「衆建諸侯而少其力。」以爲是殆三代之遺制也與？三代之衆建而儉於百里，非先王故儉之也，故有之國不可奪，有涯之宇不可擴也。且齊、魯之封，徵之《詩》與《春秋傳》皆踰五百里，亦未嘗狹其地而爲之防也。割諸王之地而衆建之，富貴驕淫之子童心未改，皆使之南面君人，坐待其陷於非辟以易爲褫爵。❷此陽予陰奪之術，於骨

❶「人」，邵陽曾氏抄本作「能」。
❷「爵」，邵陽曾氏抄本作「削」。

肉若仇讎之相逼而相縻以術，誼之志亦奚以異於嬴政、李斯？ 而秦，陽也；誼，陰也，而誼憯矣！ 漢之剖地以王諸侯，承三代之餘，不容驟易。 然而終不能復者，七國亂於前，秦革於後，將滅之鐙餘一焰，其勢終窮，可以無煩賈生之痛哭。 即爲漢謀，亦唯是鞏固王室，修文德以靜待其自定，無事怵然以驚也。 乍見封建之廢而怵然驚，乍見諸侯之大而怵然驚，庸人之情，不參古今之理勢而唯目前之駭，未有不賊仁害義而啓禍者。 言何容易哉？

至其論淮南之封侯而憂白公、子胥、鱄諸、荊軻之事，則周公之封蔡仲也，曰：「爾尚蓋前人之愆。」將亦憂蔡仲剸刃以衝成王之胸乎？ 於是而誼之刻薄寡恩不可掩矣。 淮南之終叛也，皆以爲誼言之中也。 誼昌言於廷曰：「安且爲白公、子胥。」而安能無以白公、子胥爲志哉？ 然則淮南之叛，誼導之矣。 淮南王長之廢，國法也；其子受封，親親之仁也。 淮南終得國，而長猶然文帝之弟，安猶然文帝之從子，白公、子胥也乎哉？ 不引而親之，顧推爲讎而慮之，以殺機往者以殺機報，身爲天子司天下之生殺，❶日取天下而慮其讎，蔑不讎矣。 甚哉，誼之不聞道而祇爲術也！

十六　賈誼議益梁淮陽二國之封其言自相背盭

賈誼畏諸侯之禍，議益梁與淮陽二國之封亘江河之界以制東方，何其言之自相背盭也！ 誼曰：「秦日夜苦心勞力以除六國，今

❶「身」，原無，今據邵陽曾氏抄本補。

高拱以成六國之勢。」則其師秦之智以混一天下，不可掩矣，乃欲增益梁、淮陽而使橫亘於江河之閒。今日之梁、淮陽即他日之吳、楚也，吳、楚制而梁、淮陽益驕，而使橫亘於江河之閒以塞漢東鄉之户，孰能御之哉？己之昆弟則親之信之，父之昆弟，則疑之制之。逆於天理者其報必速，吾之子孫能弗以梁、淮陽爲蝥蠆而讎之乎？

夫封建之不可復也，勢也，雖然，習久而變者必以其漸。秦惟暴裂之一朝，而怨滿天下。漢略師三代以建侯王，而其勢必不能久延，無亦徐俟天之不可回、人之不思返而後因之。七國之變未形，遽起而翦之，則亦一秦也。封建之在漢初，鐙炬之光欲滅，而姑一耀其焰。智者因天，仁者安土，俟之而已。誼操之已蹙，而所爲謀者抑不出封建之殘局，特一異其迹以緩目前爾。繇此言之，則誼亦知事之必不可以百年，而姑以憂貽子孫也。封建之盡革，天地之大變也，非仁智不足以與於斯，而誼何爲焉？

十七　徙民實邊之策非不可行

鼂錯徙民實邊之策偉矣！寓兵於農之法後世不可行於腹裏，而可行於塞徼。天氣殊而生質異，地氣殊而習尚異。故滇黔西粤之民自足以捍蠻苗，而無踰嶺以窺内地之患。非果蠻苗弱而北狄彊也，土著者制其吭，則深入而畏邊民之擣其虚也。

雖然，有未易者焉。沿邊之地肥磽不齊，徙而授以瘠壤，不逃且死者寡。吏失其人，綏撫無術，必反而爲北狄用。此二患者，輕於言徙，必逢其咎，而實邊之議遂爲永戒。錯之言曰：「相其陰陽之和，嘗其水泉之味。」始事之不可不密也。地誠磽矣，雖有山谿之險，且置之爲甌脱而移塞於内，無憂也。我所不得居，亦彼所不能據也。若夫吏人之得失，在人而不在法，然法善以待人，則人之失者鮮矣。後世之吏於邊者，非羸貧無援之乙科則有過遷補之茸吏，未有能入而爲臺諫郎官者，未有擢而爲監司郡守者。以日暮塗窮衰颯之心而僅延簪紱之氣，能望其憂民體國而固吾圉哉？若擇甲科之選，移守令課最之賢者以爲之吏，寬其法制，俾盡其材，以拊循而激勸之，輕徭賦以安之，通商賈、教樹畜以富之，廣學宫之選以榮之，寵智能豪儁之士以勵之，則其必不爲北狄用以乘中國之釁者可以保之百年，邊日以彊而坐待狄之自敝。故曰：錯之言偉矣。

特其曰：「絶匈奴不與和親，其冬來南，壹大治則終身創矣。」此則未易言也。非經營於數十年之久，未能效也。羈縻以和親而徐修實邊之策，或不待大治而自不敢南犯；其不悔禍而冒昧以逞與，大治之，無慮其不克矣。

十八　入粟拜爵免罪計亦未失

入粟而拜爵免罪，鼂錯之計亦未失也。其未爲失計也，❶非謂爵可輕而罪得以貲免也，謂其可以奪金錢之貴而授之粟也。輕齎折色有三易焉：官易收，吏易守，民易輸。三易以趨苟簡之利便。而金奪其粟之貴，則寧使民勞於輸、官勞於收、吏勞於守而勿徇其便。此參數十世而能純成其利，非俗吏之所知也。

❶「也」，邵陽曾氏抄本作「者」。

雖然，入粟六百石而拜爵上造，一家之主伯亞旅力耕而得六百石之贏餘者幾何？無亦彊豪挾利以多占，役人以佃而收其半也？無亦富商大賈以金錢籠致而得者也？如是則重農而農益輕，貴粟而金益貴。處三代以下，欲抑彊豪富賈也難，而限田又不可猝行，則莫若分別自種與佃耕而差等以爲賦役之制。人所自占爲自耕者，有力不得過三百畝，審其子姓丁夫之數以爲自耕之實，過是者皆佃耕之科。輕自耕之賦而佃耕者倍之，以互相損益而協於什一之數。水旱則盡蠲自耕之稅，而佃耕者非極荒不得輒減。若其果能躬親勤力，分任丁壯，多墾厚收，饒有贏餘，乃聽輸粟入邊，拜爵免罪。而富商大賈居金錢以斂粟，及彊豪濫占、佃耕厚斂多畜者，不得與。如此則奪金之貴而還之粟，可十年而得也。充錯之説，補錯之未逮，任牧民於良吏，嚴拜爵免罪之制於畫一，乃不窒礙而行遠。不然，輸粟之令且變而爲輕齎折色，天下益汲汲於金錢，徒以亂刑賞之大經，爲敗亡之政而已矣。

十九　肉刑不可復

肉刑之不可復，易知也。如必曰古先聖王之大法以止天下之惡，未可泯也，則亦君果至仁，吏果至恕，井田復，封建定，學校興，禮三王而樂六代，然後復肉刑之辟未晏也。不然，徒取愚賤之小民折割殘毁，以唯吾制是行而曰古先聖王之大法也，則自欺以誣天下，憯孰甚焉？

抑使教養道盡，禮樂復興，一如帝王之世，而肉刑猶未可復也。何也？民之仁也，期以百年必世，而猶必三代遺風未斬之日也。風未移，俗未易，犯者繁有而毀支折體之人積焉，天之所不祐也。且也，古未有笞杖，而肉刑不見重；今既行笞杖，而肉刑駭矣。故以曹操之忍而不敢嘗試，況不爲操者乎？張蒼之《律》曰：「大辟論減等，已論而復有笞罪，皆棄市。」嚴矣。雖然，固《書》所謂「怙終賊刑」者也。故詳刑者師文帝之詔、❶張蒼之令，可也。

二十　殺人自告得減免

漢有殺人自告而得減免之律，其將導人以無欺也與！所惡於欺者，終不覺而讎其慝也。夫既已殺人矣，則所殺者之父兄子弟能訟之，所司能捕獲之，其惡必露，勢不可得而終匿也，而惡用自告爲？小人爲惡而掩蔽於君子之前，與昌言於大廷而無作赧也，孰爲猶有恥乎？自度律許減免而覬覦漏網者從而減之，則明張其殺人之膽而惡乃滔天。匿而不告者鼠也，告而無諱者虎也。教鼠爲虎，欲使天下無欺而成其無忌憚之心，將何以懲？故許自告者，所以開過誤自新之路，而非可以待凶人。凶人而自匿，民彝其猶有未斁，不較瘥乎？

二十一　後世可輕於什一

什一之賦，三代之制也。孟子曰：「重之則小桀，輕之則小貉。」言三代之制也。天子之畿千里。諸侯之大者或曰百里或曰五百里，其小者不能五十里。有疆埸之守，有甲兵之役，有幣帛饔飧牢餼之禮，有宗廟社

❶「詳」，邵陽曾氏抄本作「祥」。

稷牲幣之典，有百官有司府史胥徒祿食之衆，❶其制不可勝舉。《聘義》所云「古之用財者不能均」，如此是已。故二十取一而不足。然而有上地、中地、下地之差，有一易、再易、萊田之等，則名什一，而折衷其率，亦二十而取一也。

自秦而降，罷侯置守矣。漢初封建，其提封之廣蓋有倍蓰於古王畿者，而其官屬典禮又極簡略，率天下以守邊，而中邦無會盟侵伐之事。若郡有守，縣有令，非其伯叔甥舅之交，而饋問各以其私。社稷粗立而祀典不繁。一郡之地廣於公侯之國，而掾史郵徼曾不足以當一鄉一遂之長。合天下以贍九卿群司之內臣，而不逮《周禮》六官之半。是古取之一圻而用豐，今取之九州而用儉，其視三代之經費，❷百不得一也。什一而征，將以厚藏而導人主之宣欲乎？不然亦奚用此厚斂爲也？

文帝十三年，除田租稅；景帝元年，復收半租，三十而稅一。施及光武之世，兵革既解，復損十一之稅如景帝之制。誠有餘而可以裕民也。封建不可復行於後世，民力之所不堪，而勢在必革也。❸

二十二　文帝短喪猶有古遺意

漢文短喪而孝道衰於天下，乃其繇來有漸也。先王權衡恩義之精意相沿以晦，而若强天下以難從也。《禮》曰：「事親致喪三年，事君方喪三年。」方也者，言乎其非致也。

❶「衆」，邵陽曾氏抄本作「粟」。

❷「視三代」，原作「他國家」，今據邵陽曾氏抄本改。

❸「勢在必革」，邵陽曾氏抄本作「此亦其一」。

嗣君之喪，致喪也；外而諸侯，內而公卿大夫，方喪也。苟其爲方喪，則郊可攝，社稷五祀可祭，會盟征伐可從事，於臣也奚病？弟子之喪師也，群居則絰，出則否。以意通之，然則臣爲君喪，有事焉而攝吉以行，可矣。《昏禮》之辭曰：「三族之不虞。」君不與焉，則冠昏且得行矣。天地社稷，越紼而行事，則祭固不廢矣。文帝之詔曰：「損其飲食，絕鬼神之祭祀，以重吾不德。」蓋秦有天下，尊君已侈，禁天下以嚴，❶制天下之飲食，絕其祭祀，失先王之精義而溢分以爲物情之難堪，❷非三代之舊也。

抑文帝之詔，統吏民而壹之，則無差等也。《禮》有之：「諸侯爲天子斬衰。」惟諸侯也。「公士大夫之衆臣爲其君斬衰，布帶繩屨。」《傳》曰：「近臣，君服斯服矣。」是從服也，非近臣則殺矣。「庶人爲國君齊衰三月。」國君云者，對在國之民而言，於天子則畿內之民也，不施及天下明矣。統天下之臣民禁其嫁娶祠社、飲酒食肉，皆秦之苛法也。秦統而重之，文帝統而輕之，皆昧分殊之等，而禮遂以亡。

唯夫嗣君者，雖天子固子也。達於庶人，性之無可斁，一也。同姓之諸侯王，爵則古諸侯也，自漢以下無民事焉，無兵事焉，尤其可伸者也。宰輔以下至於外吏之卑者，一也，皆臣也。吉凶雜用，推布帶繩屨之禮而通焉。特非涖祀，則降采而素焉可矣。郡縣之天下無內外之殊，通庶人三月之制，施及天下可矣。

唯是「諒闇」之禮，舉兵戎刑賞之大政皆

❶「以」，邵陽曾氏抄本作「已」。

❷「爲」，邵陽曾氏抄本作「强」。

總已以聽於冢宰，抑有難行於今者。非但冢宰之難其人而僭亂爲憂也。古之天子所治者，千里之畿爾，四夷之守，藩衛任之。彊臣内擅，諸侯得而問罪焉。外内相制，而諸侯之生死予奪非朝廷所得意爲恩威，❶則冢宰亦不得以意亂之。郡縣之天下，統四海之治，總萬方之賦，兼四裔之守。監司守令刑賞聽命而莫有恒經。是非交錯，恩威互致，冢宰孰敢以一身任之？非但無伊、周之德也，與百僚同拔於貢舉資格之中，望自不足以相涖也。故欲行諒闇之制，❷伸孝子之情，定天下之志，體先王之精意而無有弊，非窮理盡性以適時措之宜者未易言也。沿三代之遺文於殘闕之後，矯嬴政之過而不内反諸心，外揆之時，達於事之無不可遂，則文帝之短喪遂以施行於萬世，而有志者莫挽，不亦悲乎！

夫文帝猶有古之遺意也。已下棺，服大功十五日、小功十四日、纖七日，未葬以前固皆斬衰也。《禮》：「天子七月而葬。」虞祔卒哭，將已期矣，期而小祥，古有受服焉。大功小功者，受服之變也；纖，禫服也。雖短之，猶未失古之意，而促已甚。文帝以己亥崩，乙巳葬，合而計之，四十三日耳。景帝速葬而速除，不懷甚矣。以日易月，非文帝之制也，愈趨而愈下也。

二十三　文帝之籌七國非賈誼鼂錯所能測

文帝崩，年四十有六，閲三年而吴王濞

❶「死」，邵陽曾氏抄本作「殺」。
❷「諒闇」，原作「商周」，今據邵陽曾氏抄本改。

反。濞之令曰：「寡人年六十有二。」則其長於文帝也，十有三年。當文帝崩，濞年五十有九，亦幾老矣。詐病不覲，反形已著，賈誼、鼂錯日晝策而憂之。文帝豈不知濞之不可銷弭哉？賜以几杖而啓釁無端，更十年而濞即不死，亦以衰矣。趙、楚、四齊，庸劣無大志，濞不先舉，弗能自動。故文帝籌之已熟而持之已定。文帝幸不即崩，坐待七國之瓦解而折箠以收之。是誼與錯之憂，文帝已憂之，而文帝之所持非誼與錯所能測也。

吉凶之消長在天，動靜之得失在人。天者人之所可待，而人者天之所必應也。物長而窮則必消，人靜而審則可動。故天常有遞消遞長之機以平天下之險阻，而恒苦人之不相待。智者知天之消長以爲動靜，而恒苦於躁者之不測其中之所持。若文帝者，可與知時矣；可與知時，殆乎知天矣。知天者，知天之幾也。夫天有貞一之理焉，有相乘之幾焉。知天之理者善動以化物，知天之幾者居靜以不傷物，而物亦不能傷之。以理司化者，君子之德也；以幾遠害者，黃老之道也。降此無道矣。庸人不測，恃其一罅之知，物方未動，激之以動；激之以動，而自詫爲先覺。動不可止，毒遂中於天下而流血成渠，國幸存而害亦憯矣！嗚呼，謀人家國者可不慎哉！❶自非桀紂，必有懷來。有一罅之知者慎密以俟之，毋輕於言，而天下之禍可以息。

讀通鑒論卷二終

❶「家」，邵陽曾氏抄本作「之」。

讀通鑒論卷三

衡陽王夫之譔

景帝

一　吴王濞以反爲名太子謂其兵難以借人

甚哉，名義之重也！生乎人之心，而爲鍼鉅劍刃以刺人於隱者也。故名以生實，而義不在外。苟違乎此，疑在肘腋而先戰乎心。夫欲有所爲而無可信之人，必危；有可信之人而固不敢信，必敗。吴太子之諫王濞曰：「王以反爲名，此兵難以借人，人亦且反王。」以此疑田禄伯，不遣循江、淮入武關而坐困於下邑。其不信禄伯而因以敗也，則太子任其失。藉令假禄伯以兵，而禄伯且反也，亦未可知。是兩窮之術，而姑保其可疑。太子固曰：「王以反爲名，兵難以借人。」名不正，義不直，浮鼓其忿欲以逞，其中之鉅刃常不去於肺肝。是以無名無義而欲有爲於天下，即以之攻無道而不克，❶况以之犯順哉？故自疑者必疑人，信人者必自信也。自不可信，人不可保，疑之而驟功，信之而禍亦起。苻堅以不疑而亡於慕容垂，安慶緒以不疑而亡於史思明。吴太子之言，固天理顯露之一幾，以震小人而褫之，惡能强哉！惡能强哉！

❶「之」，原脱，今據邵陽曾氏抄本補。

二　文帝任亞夫制吳

文帝且崩，戒景帝曰：「即有緩急，周亞夫可任將兵。」則文帝未嘗須臾忘制吳也。故几杖之賜，欲以銷其雄心而待其自敝，❶非玩也。中有所恃，則可静以待動而不爲禍先，無已則固有以勝之矣。柔而不陷於弱，本立焉耳。鼂錯者焉知此？迫而無以應，則請上自將而身居守，有亞夫之可恃而不知任也，身之不保，宜矣哉！故柔而玩、競而不知自彊之術，兩者異出而同歸於敗。

三　亞夫請以梁委吳獲景帝甚梁之心

周亞夫請以梁委吳，絶其食道，景帝許之。梁求救而亞夫不聽，上詔亞夫救梁而亞夫不奉詔。於是而亞夫之情可見，景帝之情亦可見矣。委梁於吳以敝吳，而即以敝梁。梁之存亡於漢無大損益，而今日之梁爲他日之吳楚，則敝梁於吳而恃以永安。亞夫以是獲景帝之心，不奉詔而不疑；景帝之使救也，亦聊以謝梁而緩太后之責也，故可弗奉詔而不疑也。

嗚呼，景帝之心忍矣哉！❷而要所以致之者，太后之私成之也。帝初立，年三十有二，太子榮已長，而太后欲傳位於梁王。景帝曰：「千秋萬歲後傳於王。」探太后之旨而姑爲之言也。竇嬰正辭而太后怒，則景帝之甚梁久矣。亞夫委之，敝而弗救，與帝有密約矣。不然，兄弟垂危，詔人往援，不應而不

❶「銷」下，邵陽曾氏抄本有「耗」字。
❷「哉」，原脱，今據邵陽曾氏抄本補。

罪，景帝能審固持重如此其定哉？❶后愈私之，帝愈甚之，梁其不爲叔段、公子偃者，幸也。

故兄弟之際，非父母所得而與。親者自親，愛者自愛；信者自信，猜者自猜。全中人於不相激，而使賢者得自伸其恩義，則以養子孫於和平坦易之中而無隱情以相傾。太后婦人不足以知此，爲君子者尚其鑒諸！

四　韓安國田叔守貞以全仁孝

國無人而不可與立，彝倫斁也。韓安國泣請於梁王，而羊勝、公孫詭伏誅；田叔悉燒獄辭，而梁王之罪解。以誠信行於家國骨肉之閒，彝倫危而得安，漢之人才所以卓越乎後世也。鄒陽見王信而讎其説，策士之小慧耳。假天性合離之權於閨房，陽之智與勝、詭等，自詑其巧，而不知適成乎亂。安國也、叔也，守貞以全仁孝之大者也，非佞人之得有功也。

五　法寬而任鷙擊之吏何如法嚴而任寬仁之吏

法嚴而任寬仁之吏，則民重犯法而多所矜全；法寬而任鷙擊之吏，則民輕犯法而無辜者卒罹而不可活。景帝詔有司讞不能決，移讞廷尉，讞而後讞不當，讞者不爲失，立法寬矣。乃郅都、甯成相繼爲中尉，則假法於殘忍之小人，姑寬爲之法以使愚民輕於蹈阱，而幸其能出而終不免也。且也讞不當而不爲罪，無論失之僭也，即失出而弗譴，亦以

❶「景帝」，邵陽曾氏抄本作「帝其」。

導賕吏之鬻獄，而淫威之逞，冤民且無如之何也。於是而高帝寬大之意斬，武帝嚴酷之風起矣。嚴之於法而無可移，則民知懷刑；寬之以其人而不相尚以殺，則民無濫死。故先王樂進長者以司刑獄，而使守畫一之法，雷電章於上，雨露潤於下，斯以合天理而容保天下與！❶

六　富人子得爲官

算資十而得官，景帝減而爲四，爭之於銖兩之閒，亦惡足以善風俗乎？ 應劭曰：「古者疾吏之貪，衣食足，知榮辱，貲盈十萬，乃得爲吏。」劭所云古者何古也，殆秦人之法也。 舉富人子而官之，以謂其家足而可無貪，畏刑罰而自保，然則畏人之酗飲，而延醉者以當筵乎？ 富而可爲吏，吏而益富，富而可貽其吏於子孫？ 毀廉恥，奔貨賄，薄親戚，獵貧弱，幸而有貲，遂居人上，民之不相率以攘奪者，無幾也。 自非嬴氏爲君、商鞅爲政，未有念及此以爲得計者也。 嗚呼，亦有自來矣！ 世之亂也，一策行而取卿相，一戰勝而有封邑。 故草野貧寒之子忘軀命，遊於刀鋸鼎鑊之下以弋獲官邑。 於是而如餒者之得食焉，快貪饕而忘哽噎。 於是天下苦之，人主厭之，而矯之以任富人之子，以是爲愈於彼也。 雖然，豈必無以養天下之廉恥而需此哉？ 矯枉者之枉甚於所矯，而天下之枉不可復伸。 爲君子者，清品類，慎交遊，遠挾策趨風之賤士，以使人主知所重輕焉。 何至貽朝廷以菲薄貧士，而移側陋之心，❷問居

❶「法嚴」至「天下與」，此條原無，今據邵陽曾氏抄本補。

❷「貧士而移」，原作「賢智輕」，今據邵陽曾氏抄本改。

嬴而揖進之哉？

七　漢初富庶自困辱商賈始

班固敘漢初之富庶詳矣。蓋承六國之後，天下合而爲一，兵革息，官吏省，饋享略，置郵簡，合天下而僅奉一人，以一王而府天下，粟帛貨賄流通，關徼弛而不滯，上下之有餘宜矣。嗚呼！後之天下猶漢也，而何爲憂貧孔棘，而上下交征之無已也？班固推本所由，富庶原於節儉。而曰：「高帝令賈人不得衣絲乘車，重租税以困辱之。孝惠、高后雖弛其禁，然市井之子孫不得仕宦爲吏。量吏禄、度官用以賦於民，山川園池市井租税，自天子至於封君，皆取其入爲私奉養，不領於經費。」知言也夫！

尤要者，則自困辱商賈始。商賈之驕侈，以罔民而奪之也，自七國始也。七國者各君其國，各有其土，有餘不足，各産其鄉，遷其地而弗能爲良。戰争頻而戈甲旌旄之用繁，賂遺豐而珠璣象貝之用亟，養游士、務聲華而游宴珍錯之味侈。益之以驕奢之主，後宮之飾、狗馬鴈鹿袨服殊玩之日新，而非其國之所有。於是而賈人者越國度險，羅致以給其所需。人主大臣且屈意下之以遂其所欲得，而賈人遂以無忌憚於天下。故窮耳目之玩、遂旦暮之求者，莫若奬借賈人之利，而貧寒之士亦資之以霑濡。賈人日以尊榮，而其罔利以削人之衣食，陽與而陰取者，天下之利。天子之權倒柄授之，而天下奚恃以不貧？且其富也不勞，則其用也不恤，相競以奢，而殄天物以歸糜爛。弗困弗辱而愚民榮之，師師相效，乃至家無斗筲而衣絲食粲，極於道殣而不悔。故生民者農而戕民者賈。

無道之世，淪胥而不救，上下交棘而兵戎起焉。非此之懲，國固未足以立也。高帝之令、班固之言，洵乎其知本計也。

人主移於賈而國本凋，士大夫移於賈而廉恥喪。許衡自以爲儒者也，而謂「士大夫欲無貪也，無如賈也」，楊維楨、顧瑛遂以豪逞而敗三吳之俗。濠、泗之遷，受興王之罰，而後天下寧。移風易俗，古今一也。

武帝

一　封建貢士之法不可行於郡縣之世

董仲舒請使列侯郡守歲貢士二人，賢者賞，所貢不肖者有罰，以是爲三代鄉舉里選之遺法也，若無遺議焉。夫爲政之患，聞古人之效而悦之，不察其精意，不揆其時會，欲姑試之而不合，則又爲之法以制之，於是法亂弊滋，而古道遂終絶於天下。

郡縣之與封建殊，猶裘與葛之不相沿矣。古之鄉三年而賓興，貢士唯鄉大夫之所擇，封建之時會然也。成周之制，六卿之長非諸侯入相，則周、召、畢、榮、毛、劉、尹、單也。所貢之士位止於下大夫，則雖賓興，而側陋顯庸者亡有。且王畿千里，侯國抑愈狹矣。地邇勢親，鄉黨之得失是非，旦夕而與朝右相聞。以易知易見之人才供庶事庶官之冗職，臧否顯而功罪微。賓興者，聊以示王者之無棄材耳，非舉社稷生民之安危生死而責之賓興之士也。

郡縣之天下，統中夏於一王。郡國之遠者，去京師數千里；郡守之治郡，三載而遷。地遠則賄賂行而無所憚，數遷則雖賢者，亦僅採流俗之論，識晉謁之士，而孤幽卓越者不能遽進於其前。且國無世卿，廷無定位，士苟聞名於天下，日陟日遷，而股肱心膂之任屬焉。希一薦以徼非望之福，矯僞之士何憚不百欺百讎以迎郡守一日之知，其誠僞淆雜甚矣。於是而懸賞罰之法以督之使慎，何易言慎哉？

知人則哲堯所難也，故鯀殛而僉曰試可者勿罪。生不與同鄉，學不與同師，文行之華實，孝友之真僞，不與從事相覺察，偶然一日之知，舉刑賞以隨其後，賞之濫而罰者冤，以帝堯之難責之中材，庸詎可哉？ 其弊也，必樂得脂韋括囊之士容身畏尾，持祿以幸無尤。又其甚者，舉主且爲交託營護，而擿發者且有投鼠忌器之嫌。則庸駑競乘而大姦營窟，所必至矣。

聞一鄉之有月旦矣，未聞天下之有公論也。一鄉之稱，且有鄉原；四海之譽，先集僞士。故封建選舉之法不可行於郡縣。《易》曰：「變通者，時也。」三代之王者，其能逆知六國彊秦以後之朝野而豫建萬年之制哉？且其後漢固行之矣，而背公死黨之害成，至唐宋而不容不變。故任大臣以薦賢，因以開諸科目可矣，限之以必薦而以賞罰隨其後，一切之法非所可執也。❶

封建也，學校也，鄉舉里選也，三者相扶以行，孤行則躓矣。用今日之才任今日之事，所損益可知已。而仲舒曰：「三王之盛易爲，堯舜之名可及。」談何容易哉？

❶「非所可執」，原作「必敝者」，今據邵陽曾氏抄本改。

二　董仲舒專以六藝之科孔子之術取士

鄉舉之法與太學相爲經緯。鄉所賓興皆學校之所教也。學校之教行之數十年，而鄉舉行焉。所舉不當者罰之，罰其不教也，非罰其不知人也。仲舒之策首重太學，庶知本矣。不推太學以建庠序於郡國，而責貢士於不教之餘，是以失也。

經天下而歸於一正，必同條而共貫，雜則雖矩範先王之步趨而迷其真。惟同條而共貫，統天下而經之，則必乘時以精義，而大業以成。仲舒之策曰：「不在六藝之科、孔子之術者，皆絶其道。」此非三代之法也，然而三代之精義存矣。何也？六藝之科、孔子之術，合三代之粹而闡其藏者也。故王安石以經義取士，踵仲舒而見諸行事，可以行之千年而不易。安石之經學不醇矣，然不能禁後世之醇而能禁後世之非經。元祐改安石之法而並此革之，不知通也。温體仁行保薦以亂之，重武科以亢之，楊嗣昌設社塾以淆之，於是乎士氣偷，姦民逞，而生民之禍遂極。皆仲舒之罪人也，況孔子乎？若夫割裂鞶帨而無實也，司教者之過也。雖然，以視放言綺語、市心惡習、睨徑竇以徼詭遇者，不猶愈乎？❶習其讀，粗知其義，雖甚小人且以是爲夜氣之雨露，教亦深矣。

三　淮南王安諫伐南越書挾私以訐武帝

淮南王安之諫伐南越，不問而知其情

❶「愈」，邵陽曾氏抄本作「賢」。

也。讀其所上書，❶訐天子之過以摇人心，背漢而德己，豈有憂國恤民仁義之心哉？越之不可不收爲中國也，天地固然之形勢，即有天下者固然之理也。天地之情，形見於山川而情寓焉。水之所繞，山之所蟠，合爲一區，民氣即能以相感。中國之形，北阻沙漠，西北界河、湟，西隔大山，❷南窮炎海，自合浦而北至於碣石，皆海之所環也。形勢合則風氣相爲噓吸，風氣相爲噓吸則人之生質相爲儔類，生質相爲儔類則性情相屬而感以必通。南越，固海内之壤也。五嶺者，培塿高下之恒也，未能踰夫大行、殽函、劍閣、黽阨之險也。若夫東甌之接吴、會，閩、越之連餘干，尤股掌之相屬也。其民雞犬相聞，田疇相入，市買相易，❸昏姻相通，而畫之以爲化外，則生類之性睽而天地之氣閡矣。孟子曰：「吾聞用夏變夷者。」帝王之至仁大義存乎變，而安曰：「天地所以隔内外。」不亦傎乎？顧其所著書侈言窮荒八殥九州之大，乃今又欲分割天地於山海圍聚之中，「將叛之人其辭慚」，當亦内媿於心矣。

夫窮内而務外，有國之大戒，謂夫東越大海、西絶流沙也。《書》曰：「宅南交。」則交阯且爲堯封，而越居其内。越者，大禹之苗裔，先王所以封懿親者也，非荒遠之謂也。新造之土，賦不可均，如安所云「貢酎不輸大内，一卒不給上事」，誠有之矣。且城郭兵防、建官立學之費仰資於縣官，以利計之，不無小損。然使盜我邊鄙，害我穡事，置兵屯戍，甚則興師御之，通計百年之利，小惔而大

❶「上」，邵陽曾氏抄本作「著」。
❷「山」，原作「川」，今據邵陽曾氏抄本改。
❸「買」，邵陽曾氏抄本作「賈」。

傷，明王之所賤而抑豈仁人之所忍乎？

君子之於禽獸也，以犬馬之近人，則勒之靮之、馴之撫之而登其用。顧使山圍海遶，天合地屬之人民，先王聲教所及者，悍然於彝倫之外，弗能格焉。代天子民者其容恝棄之哉？武帝平甌、閩，開南越，於今爲文教之郡邑。而宋置河朔、燕、雲之民，畫塘水三關以絶之，使漸染夷風，而彝倫泯喪，❶於是天地文明之氣日移而南，天且歆漢之功而厭宋之偷矣。安挾私以訐武帝，❷其言雖辯，❸明者所弗聽也。

四　汲黯不知救多欲之失在行仁義

言有迹近而實異者，不可不察。申公曰：「爲治不在多言，顧力行何如耳。」汲黯曰：「陛下内多欲而外施仁義，奈何欲效唐、虞之治乎？」於以責武帝之崇儒以虚名而亡實，相似也。然而異焉者，申公之言，儒者立誠之辭也；汲黯之言，異端賊道之説也。

黯之自爲治也，一以黄老爲師，託病卧閨閤而任丞史，曹參之餘智耳，而抑佐以傲忽之氣。其曰「奈何欲效唐、虞」，則是直以唐、虞爲不足效，❹而廢禮樂文章，苟且與民相安而已。内多欲則仁義不能行，固也。乃匹夫欲窒其欲而無仁義以爲之主，則愈窒而發愈驟，況萬乘之主，導其欲者之無方乎？故患仁義之不行，而無禮以養躬，無樂以養心耳。如其日漸月摩，涵濡於仁義之腴，以莊敬束其筋骸，益以彊固；以忻豫滌其志

❶「而彝倫泯喪」，原脱，今據邵陽曾氏抄本補。
❷「武帝」，邵陽曾氏抄本作「上」。
❸「其」，原脱，今據邵陽曾氏抄本補。
❹「足」，原作「必」，今據邵陽曾氏抄本改。

氣，益以清和。則其於欲也，如月受日光，明日生而不見魄之闇也，何憂乎欲之敗度而不可制與？故救多欲之失者，唯仁義之行。而黃老之道以滅裂仁義，秕穅堯舜，偷休息於守雌之不擾，是欲救火者不以水，而豫撤其屋，宿曠野以自詫無災也。黯挾其左道，非侮堯舜，脅其君以從己而毀先王僅存之懿典，曰：「仁義者，乃唐、虞三代已衰之德。」孟子曰：「言則非先王之道。」又曰：「吾君不能謂之賊。」黯之謂與？武帝之不終於崇儒以敷治，而終惑於方士以求僊，黯實有以啓之也。

嚴助稱「黯輔少主，賁、育不能奪」，恃其氣而已。劉安憚黯而輕公孫弘，安固黃老之徒，畏其所崇尚而輕儒耳，非果有以信黯之大節而察弘之陋也。主少國疑，唯行仁義者可以已亂。周公几几於有踐之籩豆，沖人安焉。充黃老之操，「汎兮其可左右」，亦何所不至哉？黯其何堪此任也！

五　李廣程不識各得將兵之一長

太史公言：「匈奴畏李廣之略，士卒亦樂從廣而苦程不識。」司馬温公則曰：「傚不識，雖無功猶不敗；傚李廣，鮮不覆亡。」二者皆一偏之論也。以武定天下者，有將兵，有將將；爲將者，有攻有守，有將衆，有將寡。不識之正行伍，擊刁斗，治軍簿，守兵之將也；廣之簡易，人人自便，攻兵之將也。束伍嚴整，斥堠詳密，將衆之道也；刁斗不警，文書省約，將寡之道也。嚴謹以攻，則敵窺見其進止而無功；簡易以守，則敵乘其罅隙而相薄。將衆以簡易，則指臂不相使而易潰；將寡以嚴謹，則拘牽自困而取敗。故廣與不識各得其一長，而存乎將將者爾。將兵者不一術，將將者兼用之，非可一律論也。人主，將將者也；大將者，將兵而兼將將者也。

三代而下農不可爲兵，則所將之兵類非孝子順孫，抑非簡以馭之，使之樂從，固無以制其死命。則治軍雖嚴，而必簡易以爲之本。非春秋列國馳驟不出於畛軌，追奔不踰於疆域，賦農以充卒，夕解甲而旦相往來，可以準繩相糾，而但無疏漏即可固圉之比也。故嚴於守而簡於攻，閒其縱而去其苦，有微權焉，此豈可奉一法以爲衡而固執之哉？

班超以簡而制三十六國之命，子勇用之而威亦立；諸葛孔明以嚴而司馬懿不敢攻，姜維師之而終以敗。古今異術，攻守異勢，鄰國與夷狄盜賊異敵。太史公之右廣而左不識，爲漢之出塞擊匈奴言也；温公之論，其猶坐堂皇、持文墨以遥制閫外之見與？

六　王恢不知漢之所以困於匈奴

王恢言：「全代之時，北有彊胡之敵，内連中國之兵，尚得養老長幼，種樹以時，匈奴不敢輕侵。」夫恢抑知代之所以安而漢之所以困乎？恢言以不恐之故，非也。漢窮海内之力與匈奴争，而勝敗相貿。夷狄貪鷙而不恥敗，何易言恐也？全代之安者，代弗繫天下之重輕也。匈奴即有代，而南有趙，東有燕，不能震動使之瓦解。燕趙起而爲敵方新，勢且孤立而不能安枕於代，而覬覦之情以沮。天下既一於漢，則一方受兵而天下摇。率天下之力以與競，匈奴坐以致天下之兵，一不勝而知中國兵力止此也，惡得如全代之時，曾莫測七國之淺深哉？❶ 西漢都關中而匈奴迫甘泉，東漢都雒陽而上谷、雲中被其患，唐復都長安而突厥、回紇、吐蕃乘西墉以入。宋都汴，契丹攻澶、魏，卒使女直舉河北以入汴，元昊雖屢勝而請和。天子之所在，鄭重以守之，彼即睨是爲中國全力之所注，因殫其全力以一逞，❷幸而勝，❸則天下若棟折而榱自崩。❹ 且京師者，金帛子女之所輳也，其朵頤而甘心者非旦夕矣。繇此推之，代之所以捍匈奴而有餘者，唯無可欲而不繫中國之安危，故不争也。

南蠻之悍雖不及控弦介馬之猛，然其凶頑巽發而不畏死，亦何憚而不爲？乃閒嘗竊發，終不出於其域。非其欲有所厭也，得滇、黔、邕、桂而於中國無損，天子遥制於數千里之外，養不測之威，則據非所安而夢魂早爲之震疊。中國之人心亦恬然俟其懈以制之而不告勞，亦不失守以土崩。滇、粵可以制南，燕、代可以制北，其理一也。

女直、蒙古之都燕，所以遠南方也。中國之全力在於南，天子孤守於北，何爲者乎？代以一國制匈奴則有餘，秦以天下則不足，漢唐任之邊臣而苟全，天子都燕，一失而不復收，其效大可睹矣。威以養而重，事以静而豫，如是者之謂大略。

七　主父偃徐樂嚴安初上書徼主言皆不悖於道

主父偃、徐樂、嚴安皆天下之憸人也，而

❶「哉」，原脱，今據邵陽曾氏抄本補。
❷「逞」，原誤作「遇」，今據邵陽曾氏抄本改。
❸「幸而勝」，原作「幸覆敗之」，今據邵陽曾氏抄本改。
❹「則」，原脱，今據邵陽曾氏抄本補。

其初上書以徼武帝之知，皆切利害而不悖於道。然則言固不足以取人矣乎？夫人未有樂爲不道之言者也，則夫人亦未有樂爲不道之行者也。士之未遇，與民相邇，與天下之公論相習；習而欲當於人心，則其言善矣；言之善也，而人主不得不爲之動。迨其已得當於人主，而人主之所好而爲者不在是；上而朝廷，下而郡邑，士大夫之所求合於當世者，又不在是。遂與人主之私好、士大夫懷禄結主之風尚相習。習而欲合乎時之所趨，則其行邪而言亦隨之。故不患天下之無善言也，患夫天下之爲善言者行之不顧也；不患言之善而人主不動也，患夫下之動上也以謣謣於俄頃，而下之動於上也，目熒耳易、心傾神往而不能自守也。

中人者，情生其性而性不制其情。移其情者，在上之所好、俗之所尚而已。使天下而有道，徐樂、嚴安、主父偃亦奚不可與後先而疏附哉？故文之有四友，惟文王有之也。若夫窮居而以天下爲心，不求當於天下之論；遇主而以所言爲守，不數變以求遂其私：此龍德也，非可輕責之天下者也。

八　徐樂瓦解土崩之説非古今成敗通軌

徐樂土崩瓦解之説，非古今成敗之通軌也。土崩瓦解，其亡也均而勢以異。瓦解者，無與施其補葺而坐視其盡；❶土崩者，或欲支之而不能也。秦非土崩也，一夫呼而天下蠭起，不數年而社稷夷、宗枝斬，亡不以漸，蓋瓦解也。棟本不固，榱本不安，東西南北分裂以墜，俄頃分潰而更無餘瓦，天下視

❶「與」，邵陽曾氏抄本作「所」。

其亡而無有爲之救者，蓋當其瓦合之時已無有相浹而相維之勢矣。隋、元亦猶是也。

周之日削，而三川之地始入於秦；漢之屢危，而後受篡於魏；唐之京師三陷，天子四出，而後見奪於梁；宋之一汴二杭三閩四廣，而後終沈於海：此則土崩也。或支庶猶起於遐方，或孤臣猶守其丘壟，城陷而野有可避之寧宇，社移而下有逃祿之遺忠：蓋所以立固結之基者雖極深厚，而蠹蝕亦歷日月而深，無可如何也。土崩者必數百年而繼以瓦解，瓦解已盡而天下始寧。際瓦解之時，天之害氣、人之死亡、彝倫之戕賊於是而極，其圮壞而更造之君相甚重矣，固有志者所不容不以敘倫撥亂自責也。

九　主父偃既被親幸論事與初上書自相攻背

主父偃之初上書曰：「蒙恬攻胡，辟地千里，以河爲境，暴兵露師，死者不可勝計，蜚芻輓粟，百姓靡敝，天下始畔秦。」立論嚴矣。迨其爲郎中，被親幸，乃言：「河南地肥饒，外阻河，蒙恬城之以逐匈奴，廣中國，滅胡之本。」遂力請於武帝，排衆議，繕蒙恬所爲塞，因河爲固，漕運山東，民勞國虛。同此一人，同此一事，不數年而蒙恬之功罪、河南之興廢，自相攻背如此其甚。由是言之，辨姦者豈難知哉？聽之勿驟，參酌之勿忘，而已曙矣。武帝兩聽而不疑，其爲江充所惑以戕父子之恩，宜矣哉！

十　賈誼之策行於主父偃之時

分藩國，推恩封王之子弟爲列侯，決於主父偃而始於賈誼。誼之説至是而始讎，時爲之也。當誼之時，侯王彊，天下初定，吴、楚皆深鷙驕悍而不聽天子之裁制，未能遽行也。武帝承七國敗亡之餘，諸侯之氣已熸，偃單車臨齊而齊王自殺，則諸王救過不遑而以分封子弟爲安榮，偃之説乃以乘時而有功。因此而知封建之必革而不可復也，勢已積而俟之一朝也。高帝之大封同姓，成周之餘波也；武帝之衆建王侯而小之，唐宋之先聲也。一主父偃安能爲哉？天假之，人習之，浸衰浸微以盡泯。治天下者以天下之禄位公天下之賢者，何遽非先王之遺意乎？司馬氏懲曹魏之孤，欲反古而召五胡之亂，豈其智不如偃哉？不明於時故也。

十一　荀悦三游之説等學問志節之士於儀秦劇郭之流

公孫弘請誅郭解而游俠之害不滋於天下，偉矣哉！游俠之興也，上不能養民而游俠養之也。秦滅王侯、奬貨殖，民乍失侯王之主而無歸，富而豪者起而邀之，而俠遂横於天下。雖然，逆彌甚者失彌速，微公孫弘，其能久哉？若夫荀悦三游之説，等學問志節之士於儀、秦、劇、郭之流，誣民啓亂，師申商之小智而沿漢末嫉害黨錮諸賢之餘習爾。曹操師之以殺孔融、奪漢室，朱温師之以殲清流、移唐祚。流波曼衍，小人以之亂國是而禍延宗社。韓侂胄之禁僞學，張居正、沈一貫之毁書院，皆承其支流餘裔以横行者也。

雖然，郭解族而游俠不復盛於後世，❶若夫學問志節之士，上失教，君子起而教之，人之不淪胥於禽獸者賴此也。前禍雖烈，後起復盛，天理之在人心，豈悦輩小人所能終掩之乎？游行之譏，祇見其不知量而已矣。

十二　公孫弘之詐不在布被

汲黯責公孫弘布被爲詐，弘之詐豈在布被乎？黯不斥其大而擿其小，細矣。黯非翹細過以訐人者。黯之學術專於黄老，甘其食、美其衣，老氏之教也。以曾、史爲桎梏，以名教爲蹄衡羈絡，爲善而不欲近名，大白而欲若辱，❷故黯之言曰：「奈何欲效唐虞之治？」弘位三公，禄甚多，布被爲詐，堯舜富有四海而茅茨土階，黯固以爲詐而不足效也。弘起諸生，四十而貧賤，安於布被則布被已耳，弘之詐豈在此乎？黯沈酣於黄老，欲任情以遠名而見以爲詐焉耳。

十三　淮南王安學老氏以自殺

淮南王安著書二十篇，稱引天人之際，亦云博矣。而所謀興兵者率兒戲之策，所與偕者又童昏之衡山王賜及太子遷爾。叛謀不成，兵不得舉，自剄於宮庭，其愚可哂，其狂不可瘳矣。

成皋之口何易塞，三川之險何易據？知無能與衛青敵而欲徼幸於刺客，安即反，其能當青乎？即刺青，其能當霍去病乎？

❶「盛」，原誤作「然」，今據邵陽曾氏抄本改。

❷「若」，原誤作「不」，今據邵陽曾氏抄本改。

公孫弘雖不任爲柱石臣，而豈易説者？起貧賤爲漢三公，何求於淮南，而敢以九族試雄主大將之歐刀邪？ 内所恃者，徒巧亡實之嚴助；外所挾者，輕僄亡賴之左吴、趙賢、朱驕。首鼠兩端之伍被，懷異志於肘腋而不知。安之愚至於如此，固高煦、宸濠之所不屑爲，而安以文詞得後世之名。由此言之，文不足以辨人之智愚若此乎！

而非然也。取安之書而讀之，原本老氏之言而雜之以辯士之游辭。老氏者挾術以制陰陽之命，而不知其無如陰陽何也。所挾者術，則可以窺見氣機盈虚之釁罅而乘之以逞志。乃既已逆動静之大經而無如陰陽何矣，則其自以爲窺造化而盗其藏，而天下無不可爲者，一如嬰兒之以莛擊賁、育，徒自雄也。❶率其道，使人誕而喪所守，狂逞而不思其居。安是之學，其自殺也不亦宜乎？ 夫老氏者，教人以出於吉凶生死之外而不知其與凶爲徒也，讀劉安之書可以鑒矣。

十四　張湯誅伍被非酷

張湯治獄爲酷吏魁，而其決於誅伍被也則非酷也，法之允也。被者，反覆傾危之姦人，持兩端以貿禍者也。❷不誅之又且詭遇於漢廷，主父偃、江充之姦，被任之有餘矣。被之始諫安也，非果禁安使勿反，稱引漢德，爲他日免脱計耳。已而爲安畫反謀矣，俄而又以謀反蹤跡告矣。「宫中荆棘」之諫，「侯無異心、民無怨氣」之語，蓋亦事後自陳、規

❶「徒」，原作「且」，今據邵陽曾氏抄本改。
❷「貿」，邵陽曾氏抄本作「賈」。

救其死之游辭，而誰與聽之哉？與人謀逆而又首告，縱舍勿誅則讒賊相踵，亂不可得而弭矣。故湯之持法非過，而被之誅死允宜也。

嗚呼！爲伍被者不足道。君子不幸陷於逆亂之廷，可去也則亟去之耳。不然，佯狂瘖疾以避之。又不然，直詞以折之。弗能折，則遠引自外而不與聞。身可全則可無死，如其死也，亦義命之無可避者，安之而已。過此則無術矣。謀生愈亟則逢禍愈烈，兩端不寧則一途靡據。故曰：有道則知，無道則愚。誠於愚者有全生，無用術以求生；有義死，無與亂以偕死者也。

十五　武帝開闢遐荒爲天所牖

遐荒之地有可收爲冠帶之倫，則以廣天地之德而立人極也，非道之所可廢且抑以紓邊民之寇攘而使之安。雖然，此天也，非人之所可强也。天欲開之，聖人成之。聖人不作，則假手於時君及智力之士以啓其漸。以一時之利害言之則病天下，通古今而計之則利大而聖道以弘。天者，合往古來今而成純者也。禹之治九州，東則島夷，西則因桓，南暨於交，北盡碣石，而堯、舜垂衣裳之德訖於遐荒。禹乘治水之功，因天下之動而勞之，以是聲教暨四海，此聖人善因人以成天也。

漢武撫已平之天下，民思休息，而北討匈奴，南誅甌、越，復有事西夷，馳情宛、夏、身毒、月氏之絕域。天下静而武帝動，則一時之害及於民而怨讟起。雖然，抑豈非天牖之乎？玉門以西水西流，而不可合於中國，天地之勢即天地之情也。張騫恃其才力强通之，固爲亂天地之紀。而河西固雍、涼之餘矣，若夫駹也、冉也、邛僰也、越嶲也、滇也，則與我邊鄙之民犬牙相入，聲息相通，物產相資，而非有駤戾冥頑不可嚮邇者也。武帝之始，聞善馬而遠求耳，騫以此而逢其欲，亦未念及牂柯之可闢在內地也。然因是而貴筑、昆明垂及於今而爲冠帶之國，此豈武帝、張騫之意計所及哉？故曰：天牖之也。

君臣父子之倫、《詩》《書》禮樂之化，聖人豈不欲普天率土而沐浴之乎？時之未至，不能先焉。迨其氣之已動，則以不令之君臣役難堪之百姓，而即其失也以爲得，即其罪也以爲功，誠有不可測者矣！天之所啓，人爲效之，非人之能也；聖人之所勤，人弗守之，則罪在人而不在天。江浙閩楚文教日興，迄於南海之濱、滇雲之壤，理學節義文章事功之選肩踵相望，天所佑也，漢肇之也。石敬瑭割土於契丹，宋人棄地於女直，冀州堯舜之餘民化爲禽俗，❶即奉冠帶歸一統，❷而黨邪醜正，與宮奄比以亂天下非天也，❸人喪之也。將孰俟焉以廓風沙霾曀之宇，❹使清明若南國哉？❺

十六　武帝深知日磾

武帝游宴後宮閱馬，嬪御滿側，金日磾於數十人之中獨不敢竊視，武帝以此知日磾，重用之而受託孤之命，非細行也。蓋日磾非習於君子之教而規行矩步以閑非禮者

❶「化」，原爲空格，今據邵陽曾氏抄本補。「禽俗」，原爲空格，今據邵陽曾氏抄本補。

❷「冠帶」，原爲空格，今據邵陽曾氏抄本補。

❸「黨邪」至「奄比」，原爲空格，今據邵陽曾氏抄本補。

❹「俟」，原爲空格，今據邵陽曾氏抄本補。

❺「清明」，原爲空格，今據邵陽曾氏抄本補。「南國」，原爲空格，今據邵陽曾氏抄本補。

也，不期而謹於瞻視焉，不期而敦其敬畏焉，不期而非所視者勿視焉，勿曰細行也。神不守於中，則耳目移於外而心不知。讓千乘之國而變色於簞豆，却千金之璧而失聲於破甑，才足以解紛，勇足以却敵，而介然之頃莫能自制其耳目：豈細故哉？君子黈纊以養目，琇瑩以養耳，和鸞佩玉以養肢體，兢兢乎難之而恐不勝於俄頃。貞生貞死，❶任大任而無憂惑，此而已矣。武帝之知人，卓矣哉！諸葛公年廿七而昭烈倚爲腹心，關羽、張飛所莫測也；武帝擧日磾於降胡，左右貴戚所莫測也。知人之哲非人所易測，久矣。

諸葛公之感昭烈，豈僅以三分鼎足之數語哉？神氣之閒有不言而相喻者在也。乃既有言矣，則昭烈之知益審而關、張之疑益迷。日磾之受知非有言也，故武帝之知深矣。衛、霍之見知，猶衆人之常也。心持於黍米而可以動天地，自非耳食道聽之庸流，豈待言而後相知哉？

十七　武帝徙荒民於朔方新秦邊因以實

武帝之勞民甚矣，而其救飢民也爲得。虛倉廥以振之，寵富民之假貸者以救之，不給則通其變而徙荒民於朔方、新秦者七十餘萬口，仰給縣官，給予産業，民喜於得生而輕去其鄉以安新邑，邊因以實。此策鼂錯嘗言之矣，錯非其時而爲民擾，武帝乘其時而爲民利。故善於因天而轉禍爲福，國雖虛，民以生，邊害以紓，可不謂術之兩利而無傷者乎？史譏其費以億計，不可勝數，然則疾視民之死亡而坐擁府庫者爲賢哉？司馬遷之

❶ 下「貞」字，原脱，今據邵陽曾氏抄本補。

史，謗史也，無所不謗也。

十八　李廣名譽動人不足任將帥

以名譽動人而取文士，且也躋潘岳於陸機，擬延年於謝客，非大利大害之司也，而軒輊失衡，公論猶絀焉，況以名譽動人而取將帥乎？將者，民之死生、國之存亡所係者也。流俗何知而爲之流涕，士大夫何知而爲之扼腕？浸授以國家存亡安危之任，而萬人之揚詡不能救一朝之喪敗。故以李廣之不得專征與單于相當爲憾者，流俗之簧鼓、士大夫之臭味，安危不繫其心而漫有云者也。

廣出塞而未有功，則曰「數奇」，無可如何而姑爲之辭爾。其死而知與不知皆爲垂涕，廣之好名市惠以動人於此見矣。三軍之事、進退之機，操之一心，事成而謀不泄，悠悠者惡足以知之？廣之得此譽也，家無餘財也，與士大夫相與而善爲慷慨之談也。嗚呼，以笑貌相得，以惠相感，士大夫流俗之褒譏僅此耳，可與試於一生一死之際，與天爭存亡，與人爭勝敗乎？衛青之令出東道避單于之鋒，非青之私也，陰受武帝之戒而慮其敗也。方其出塞，武帝欲無用而固請以行，士大夫之口嘖嘖焉，武帝亦聊以謝之而姑勿任之，其知廣深矣。不然，有良將而不用，趙黜廉頗而亡，燕疑樂毅而僨，而武帝何以收絕幕之功？忌偏裨而掣之，陳餘以違李左車而喪趙，武侯以沮魏延而無功，而衛青何以奏賓顏之捷？則置廣於不用之地，姑以掣匈奴，將將之善術非士大夫流俗之所測，固矣。東出而迷道，廣之爲將概可知矣。廣死之日，寧使天下爲廣流涕，而弗使天下爲漢之社稷、百萬之生靈痛哭焉，不已愈乎？廣之爲將，弟子壯往之氣也。「輿尸」之凶，武帝戒之久矣。

岳飛之能取中原與否，非所敢知也。其獲譽於士大夫之口，感動於流俗之心，正恐其不能勝任之在此也。受命秉鉞，以軀命與勁敵争死生，樞機之制，豈談笑慰藉、苞苴牘竿之小智以得悠悠之歡慕者所可任哉？

十九　汲黯出守外郡屬李息攻排張湯

忠佞不並立。立人之廷者，讒不必憂，讒不可避，而必爲國除蟊賊以安社稷，斯國之衛也。雖然，食其禄不避其難，居其職不委其責。去而隱，屏而在外，則亦終遠小人而不與爲緣爾，非取於必勝以自快也。所惡於佞者，惡其病國而已不可挽也，非與爲仇讎而必欲得位以與勝也。汲黯之惡張湯，允矣。君任之以諷議，則攻擊之無餘以報君之知；既無言責而出守外郡，則抑效忠於淮陽而臣道以盡。復固請爲中郎，補過拾遺以冀與湯争榮辱，何爲者邪？引國家之公是公非爲一己之私恨，干求持權以幾必勝，氣矜焉耳，以言乎自靖則未也。或曰：屈原放而不忘蕭艾之怨，非乎？曰：屈原，楚之宗臣也，張儀、靳尚之用，楚國危亡之界也，而黯豈其倫哉？婞婞然屬李息以攻排而必快其志，氣矜焉耳，非君子之道也。

二十　張湯用詐而死於詐

張湯治囚導官，見魯謁居之弟，陰爲之而佯不省，姦人詭祕之術也。而謁居弟以之而怨湯，湯以之而死。詐者卒死於詐，鬼神不可欺，而人不可術御也。禍生非所能測矣，姦人挾此術以讎姦而終以自覆也，固然，曾君子而爲之乎？

周顗弗擇而以施之王導，遂與湯同受其禍，愚矣哉！王敦之罪不加於導，身爲大臣，何嫌何疑不引以自任而用姦人之詐乎？陽與陰取，欲翕固張，顗沈溺於老氏之教而不知其蹈張湯之回遹。爲此術者，小以滅身，大以僨國，是以君子惡夫術之似智而賊智也。《節》之初六曰：「不出户庭，无咎。」密也。密者，慎之謂也，非隱其實，顧反用之以示不測之謂也。祕而詭，雖無邪而犯神人之忌，可不戒哉？

二十一　武帝誅薦欒大之丁義

樂成侯丁義薦欒大，大詐窮而義棄市。小人不恥不仁，不畏不義。小懲而大誡，小人之福也；懲一人而天下誡，國家之福也。義之薦大，非武帝獎之弗薦也。弗與懲之，繼義而薦者相踵矣。義既誅，大臣弗敢薦方士者，畏誅而自不敢嘗試也。義誅，而公孫卿之寵不復如文成、五利之烜赫。其後求僊之志亦息矣，無有從臾之者也。故刑賞明而僉壬戢。武帝淫侈無度而終不亡，賴此也夫！

二十二　兒寬以儒術贊封禪

鬼神日流行於兩閒，而以怳忽無象、搖

天下之耳目而疑之。立教者不能矯謂之無，精意莫傳，淺陋者遂託焉。佛老之教雖詖也，然其始教未嘗倚乎鬼神，乃其流裔一淫於鬼神，而並悖其虛無寂滅之初心。豈徒佛老然哉？君子之道流而誣者亦有之。魏晋以下，佛老盛，而鬼神之説託佛老以行，非佛老也，巫之依附於佛老者也。東漢以前，佛未入中國，老未淫巫者，鬼神之説依附於先王之禮樂《詩》《書》以惑天下。儒之駁者屈君子之道以證之，故駁儒之妄同於緇黄之末徒，天下之愚不肖者有所憑藉於道，而妖遂繇人以興而不可息。漢之初爲符瑞，其後爲讖緯，駁儒以此誘愚不肖而使信先王之道，嗚呼，陋矣！

武帝之淫祠以求長生，方士言之，巫言之耳。兒寬，儒者也，其言王道也琅琅乎大言之無慚矣，乃附會緣飾以贊封禪之舉，❶與公孫卿之流相爲表裏。武帝利賴其説，采儒術以文其淫誕，先王之道一同於後世緇黄之徒而滅裂極矣。沿及於讖緯，則尤與蓮教之託浮屠以鼓亂者均出一軌。嗚呼！儒者先裂其防以啓妄，佛老之慧者且應笑其狂惑而賤之。漢儒之毀道徇俗以陵夷聖教，其罪復奚逭哉？

蓋鬼神者，君子不能謂其無而不可與天下明其有。有於無之中而非無有於無之中，而又奚能指有以爲有哉？不能謂其無，六經有微辭焉，郊廟有精意焉，故妄者可託也。天下之喻微辭、察精意以知幽明之故者，鮮矣。無已則寧聽佛老之徒徇愚不肖而誘之，俾淫妄者一以佛老爲壑，而先王之道猶卓然有其貞勝。則魏晋以下，儒者不言鬼神，迄

❶「乃」，原作「巧」，今據邵陽曾氏抄本改。

於宋而道復大明，佛老之淫祀張，聖道之籓籬自固，不猶愈乎？

二十三　瓠子宣防治河不如無治

治河之道易知而無能行。盤庚曰：「無總於貨寶，生生自庸。」古今之通弊盡此矣。中國之形如箕，西極之山，箕之膺也；南北交夾，連山以趨於海，箕之兩脅也；其中爲汙下平衍，達於淮、泗之浦，箕之腹與舌也。近山者土潤而黏以堅，汙下而平衍者土燥而輕以脆。蓋壤散沙塵自高迤下而積以虛枵，河出山而徑其中，隨所衝決而皆無滯，若有情焉，豫審其易歸於海之地而唯便以趨耳。當堯之時，未出山而先阻，故倚北山之麓，奪濟、漯以入海，其地堅也。是以垂之千餘年，至周定王之世而始決，因其倚山也。禹乘之而分二渠，疏九河，紓豫、徐之災。河偶順而禹適乘之，有天幸焉，非禹可必之萬世者也。南岸本弱也，日蝕日薄而必決，至決而南而不可復北，神禹生於周漢之餘，且將如之何哉？漢武之塞瓠子而可塞也，其去決也未久，北河尚浚而可强之使從也。不百年而終不可挽矣。則梁、楚、淮、泗之野，固河所必趨之地，雖或强之，終必不從。至於宋，而王安石尚欲回使北流，其愚不可瘳矣。

徐、豫、兖南之境，是天所使受河之歸者也。河之赴海也必有所奪以行，而後安流而不溢。所奪者必大川也，漯也、濟也、漳也，皆北方之大川也。自河陰而東，南迤於徐，北迤於汶，水皆散而無大川以專受其奪，則唯意橫流而地皆可奪矣。顧其地沙鹵磽脆，不宜於稻粱，抑無金錫梗枏竹箭桑麻之利，而其人嗜利懷姦，狡者日富而拙者日瘠，蓋中國之陋壤也。然則河既南而不可復北，而南山之麓順汝、蔡以東，帶濮、霍而迤於江浦，抑河所必不能齕蝕之者，後世弗庸治也。棄數邑之汙壤，并州縣而遷之，減居者之賦，制遷者之産，於國家所損者無幾而治河之勞永弛矣。然而不可行者，在廷惜田賦之虚籍，憚建置之暫費，而土著之豪肩貨賄、戀田廬以疾呼而相撓也。

孟諸，藪也；濠、泗之野，牧豕之地也。爲萬世之利，任其爲河可也。故苟無貪水利之心，河可無治；如其大有爲也，因河之所衝，相其汙下，多爲渠以分釃之而盡毁其隄，神禹再興，無以易此。抑必待氾濫之時，河自於徐、泗曠衍之浦瀠滁而有大川之勢，於以施功，尤自然之獲矣。如其未也，姑捐利以釋河勿治而徐俟之後世，其猶愈乎！瓠子宣防，數十年之塗飾，爲戲而已矣。

二十四　杜周留獄連逮之害

《旅》之象曰：「先王以明慎用刑而不留獄。」離，明也；艮，止也。明而慎，可以止矣。而必求明於無已，則留獄經歲，動天下而其害烈矣。漢武帝任杜周爲廷尉，一章之獄連逮證佐數百人，小者數十人，遠者數千里，奔走會獄，所逮問者幾千餘萬人。嗚呼，民之憔悴，亦至此哉！緣其始，固欲求明慎也。非同惡者不能盡首惡之凶，非見知者，不能折彼此之辯，非被枉者不能白實受之冤：三者具而可以明慎自旌矣。居明慎之功，謝虚加之責，而天下絡繹於徽纆。明慎不知止而留獄，酷矣哉！

且夫證佐不具而有失出失入之弊，不能保也。雖然，其失出也則罪疑而可輕者也，即其失入也亦必非矜慎自好者之無纖過而陷大刑者也。若夫賕吏豪民之殃民也，民既受其殃矣，朝廷苟有以暴明其罪，心已恔矣，奚必廷指之而後快？其所朘削於弱民者已失而固無望其復得，安居休息而凋殘之餘尚可以蘇。復驅之千里之勞，延之歲月之久，迫之追呼之擾，困之旅食之艱，甚則拘之於犴獄，施之以五木：是飲堇幸生而又食之以附萴，哀我憚人何不幸而遇此明慎之執法邪？故臺諫之任，風聞奏劾；巡察之任，訪逮豪猾：事狀明而不煩證佐，其得無留之旨與？法密而天下受其荼毒，明慎而不知止，不如其不明而不慎也。

二十五　漢武捕盜過急

治姦以迫則姦愈匿，而盜其尤者也。盜之初覺也，未有不駭而急竄者也；當其爲盜之日，未有不豫謀一可匿之穴以伏者也。求之愈急則匿益固，匿之者亦恐其連坐而固匿之，則雖秦政之威，不能獲項伯於張良之家，況一有司而任數不可詰之隸卒乎？迨其漸久而上之求之也舒，則盜不能久處槖閉之中，匿者亦倦而厭之，則有復歸田里、翺翔都市而無忌者，於是而獲之易於圈豕。夫不才之有司豈以盜之賊民病國爲憂哉？畏以是爲罪譴耳。

武帝之發覺而捕弗滿品者，二千石以下至小吏，主者皆死，則欲吏之弗匿盜不上聞而以禁其竊發也，必不可得矣。秦之亡於盜也，吏匿故也。故高帝三章之法唯曰「盜者抵罪」而責之不急。盜者，人之所衆惡者也，使人不敢惡盜而惡逐盜之法，盜惡得而不昌？善治盜者，無限以時日，無寬以赦後，獲之爲功，而不獲無罪，人將唯盜是求而無所憚，盜乃惡得而不絶？ 嗚呼！ 上失其道而盜起，雖屢獲伏法，仁者猶爲之惻然，況憑一往之怒立一切之法，以成乎不可弭之勢哉？ 漢武有喪邦之道焉，此其一矣。

二十六　史氏陰德之説壞人心風俗

善者非以賞故善也。 王者以賞勸善，志士蒙其賞而猶恥之，小人則懷賞以飾善，而僞滋生而賞滋濫。 乃流俗復有陰德之説，謂可勸天下以善，而挾善以求福於鬼神，俗之偷也，不可救藥矣。

陰德之説，後世浮屠竊之以誘天下之愚不肖，冀止其惡。 然充其説，至於活一昆蟲、施一簞豆而豫望無窮之利。 迨其死無可徼之幸，而又期之他生。 驅愚民，脅君子，而道遂喪於人心。 東漢以上浮屠未入中國，而先爲此説者史氏也，則王賀陰德之説是也。

賀逐盜而多所縱舍。 法之平也不可枉，人臣之職也；人之無罪也不可殺，並生之情也。 而賀曰：「吾所活者萬人，後世其興乎？」市沾沾之恩而懷私利之心，王莽之詐，賀倡之矣。 故王氏之族終以滅而爲萬世亂賊之渠魁，以受《春秋》之鈇鉞。 史氏以陰德稱之，小人懷惠，壞人心，敗風俗，流爲浮屠之淫辭，遂以終古而不息。 近世有吳江袁黄者以此惑天下，而愚者惑焉，夫亦知王賀之挾善徼天而終赤其族乎？

二十七　漢謫七科猶有重農正俗之意

漢發七科謫充戰士征胡，法已苛矣，乃猶有正俗重農之意焉。 吏有罪，一也，使爲吏者惜官箴而重自愛也；亡命，二也，使民有罪自伏而不逃亡以詭避也；贅壻，三也，使民不舍其父母而從妻以逆陰陽之紀也；賈人，四也；故有市籍，五也；父母有市籍，六也；大父母有市籍，七也。農人力而耕之，賈人詭而獲之以役農人而驕士大夫。壞風俗，傷貧弱，莫此甚焉。重其役者，猶周制賈出車牛乘馬之賦以抑末而崇本也。漢去古未遠，政雖苛暴，不忘賤貨利、重天倫、敦本業之道焉。至於唐，承五胡十六國之夷習，❶始驅農民以爲兵。讀杜甫《石壕吏》之詩，爲之隕涕。漢即不可法，成周之遺制，甲兵之資取之於商賈，非萬世可行之法乎？❷

二十八　武帝任才而詘於道

情之所發、才之所利皆於理有當焉，而特有所止以戒其流，則才情皆以廣道之用。止才情之流者，性之貞也。故先王之情深矣，其才大矣，以通天下之志、成天下之務而一順乎道。武帝曰：「朕不變更制度，後世無法；不出師征伐，天下不安。爲此者不得不勞民。若後世又如朕所爲，是襲亡秦之迹也。」有是心，爲是言，而豈不賢乎？戒後世以爲情，立大法、謹大防以爲才，固通志成務者所不廢也。然而終以喪德而危天下者，才利而遂無所擇，情動而因濫於他也。因是而慕神僊、營宮室、侈行遊，若將見爲游刃有餘之資，可以唯吾意而無傷，而淫侈妖巫之氣暗引之而流。無他，才無所詘而忘其詘於道，情無所定而不知定以性也。固其得於天者，偏於長而即有

❶「夷」，原脱，今據邵陽曾氏抄本補。
❷「非」，原脱，今據邵陽曾氏抄本補。

所短。而方其崇儒訪道，董仲舒、兒寬之流言道言性，抑皆性道之郛郭而昧其精覈，無能傲所不逮而引之深思以自樂其天也。

雖然，武帝之能及此也，故昭帝、霍光承之，可以布寬大之政而無改道之嫌。宋神宗唯不知此，而司馬君實被三年改政之譏，爲小人假紹述以行私之口實。則武帝之爲此言也，其賢矣乎！

二十九　劉屈氂攻戾太子爲昌邑王地

劉屈氂之攻戾太子也，非果感於周公誅管、蔡之言而行辟也。武帝曰：「丞相無周公之風矣。」其詞緩，未有督責屈氂之意，則陳大義以責太子而徐爲解散也。豈繄無術而必出於死戰？此其心欲爲昌邑王地耳。太子誅而王以次受天下，路人知之矣。其要結李廣利，徇姻亞而樹庶孽，屈氂之慝非一日之積矣。然而屈氂旋誅。姦人戕天性以儌非望，未有能幸免者矣。顧孰使險如屈氂而爲相也？則武帝狎寵姬、任廣利而爲之左右也。用人假耳目於私昵而不保其子，悲夫！

三十　遷史爲李陵文過

司馬遷挾私以成史，班固譏其不忠，亦允矣。李陵之降也，罪較著而不可掩。如謂其孤軍支虜而無援，則以步卒五千出塞，陵自衒其勇而非武帝命之不獲辭也。陵之族也則嫁其禍於李緒，追其後李廣利征匈奴，陵將三萬餘騎追漢軍，轉戰九日，亦將委罪於緒乎？如曰陵受單于之制，不得不追奔轉戰者，匈奴豈伊無可信之人？令陵有兩祖之心，單于亦何能信陵而委以重兵，使深入而與漢將相持乎？遷之爲陵文過若不及，而抑稱道李廣於不絶以奬其世業。遷之書爲背公死黨之言，而惡足信哉？

爲將而降，降而爲之效死以戰，雖欲浣滌其污，而已緇之素不可復白，大節喪則餘無可浣也。關羽之復歸於昭烈，幸也。假令白馬之戰不敵顔良而死，則終爲反面事讎之匹夫而又奚辭焉？李陵曰「思一得當以報漢」，媿蘇武而爲之辭也。其背逆也，❶固非遷之所得而文焉者也。

三十一　武帝惑於上官桀之佞而託以孤

忠邪亦易辨矣，而心迹相疑當其前者，亦易惑焉。武帝所託孤者三人，而上官桀爲戎首，與霍光、金日磾若緇素之別。乃自其得當於帝者推之，其迹顯，其心見矣。光出入殿門，進止有常度；日磾在上左右，目不忤視者數十年：非以逢帝之欲而爲爾也，以自敦其行而不失素履之貞也。❷桀謝馬瘦之責，而曰：「聞上不安，日夜憂懼，意不在馬。」言未卒，泣數行下。桀非與國休戚之臣，厩令之職在馬而已，其泣也，何爲而泣也？慎以自靖者，君子之徒也；佞以悦人者，小人之徒也。君子知有己，故投之天下之大而唯見己之不可失；小人畏罪徼寵，迎人之喜怒哀樂而自忘其躬。於此審之，忠邪之不相雜久矣。

唯我爲子故盡孝，唯我爲臣故盡忠。顧七尺之躬，耳目在體而心函於內，忠臣孝子

❶「逆」，原誤作「道」，今據邵陽曾氏抄本改。
❷「素」，原誤作「爲」，今據邵陽曾氏抄本改。

非以是奉君父而但踐其身心之則。光與日磾天性近之而特未學耳，桀烏足與齒哉？武帝以待光、日磾者待桀，不知桀也，且不知光、日磾也。知人之難，唯以己視人而不即其人之自立其身者視之也。

讀通鑒論卷三終

讀通鑑論卷四

衡陽王夫之譔

漢昭帝

一　金日磾不受封

金日磾，降夷也而可爲大臣，德威勝也。武帝遺詔封日磾及霍光、上官桀爲列侯，日磾不受封，光亦不敢受。日磾病垂死，而後强以印綬加其身。日磾不死，光且憚之，況桀乎？桀之逆，日磾亡而光受其欺也。霍光妻子之驕縱，至弒后謀逆以亡其家，無日磾鎮撫之也。光之不終，於受封見之矣。日磾沒，而光施施自得，拜侯封而若不及，早已食上官桀之餌而爲其所阱。利一時之榮寵，喪其族於十年之後，「厲熏心」，鮮不亡矣。光之咎非但不學無術也。利賴之情淺，雖有憸人與其煽妻逆子，惡得而乘之？若日磾者，又豈嘗學而有他術哉？

二　匈奴擊烏桓非便

策者曰：「夷狄相攻，中國之利。」嗚呼，安所得亡國之言而稱之邪？孱君懦將、痿痹之謀臣所用以恣般樂怠傲而冀天幸者也。楚不滅庸、夔、群舒，不敢問鼎；吳不取州來、破越、勝楚，不敢争盟；冒頓不滅東胡，不敢犯漢；女直不滅遼，蒙古不滅金，不敢亡宋。夷狄非能猝彊者也，其猝彊者則又其將衰而無容懼者也。劉淵之鷙不再世而即絶，元昊之凶有寧夏而不敢踰環慶之塞，惟其驟起也。若夫若爝火在積薪之下，日吞其儔類，浸以熒熒，而中國不知；如或知之，覆以自慰曰：❶此吾之利也。乃地浸廣，人浸衆，戰數勝，膽已張，遂一發而不可遏。火蘊於積薪之下，焰既騰上，焦頭爛額而無所施救矣。趙充國藉藉稱夙將，而曰：「烏桓數犯塞，匈奴擊之，於漢便。」此宋人借金滅遼、借元滅金之禍本也。充國之不以此誤漢，其餘幾矣！霍光聽范明友追匈奴便擊烏桓，匈奴繇是恐，不能復出兵，韙矣哉！

三　傅介子詐誘樓蘭

人與人相於，信義而已矣；信義之施，人與人之相於而已矣，未聞以信義施之虎狼與蠭蠆也。楚，固祝融氏之苗裔而周先王所封建者也。宋襄公奉信義以與楚盟，秉信義以與楚戰，兵敗身傷而爲中國羞。於楚且然，況其與狄爲徒而螫噬及人者乎！樓蘭王陽事漢而陰爲匈奴閒，傅介子奉詔以責而服罪。夷狄不知有恥，何惜於一服？未幾而匈奴之使在其國矣。信其服而推誠以待之，必受其詐；疑其不服而興大師以討之，既勞師絶域以疲中國，且挾匈奴以相抗，兵挫於堅城之下，殆猶夫宋公之自衄於泓也。傅介子誘其主而斬之，以奪其魄而寒匈奴之膽，詎不偉哉！故曰：夷狄者，❷殲之不爲

❶「覆」，邵陽曾氏抄本作「復」。

❷「夷狄」，原爲空格，今據邵陽曾氏抄本補。下同，不一一出校。

不仁，奪之不爲不義，誘之不爲不信。何也？信義者，人與人相於之道，非以施之非人者也。❶

四 嚴延年劾奏霍光非能守正

嚴延年劾奏霍光擅廢立，無人臣禮，其言甚危，其義甚正，若有敢死之氣而不畏彊御。或曰：光行權，而延年守天下之大經，爲萬世防。延年安得此不虞之譽哉？其後霍氏鴆皇后，謀大逆，以視光所行爲何如？延年何以噤不復鳴邪？光之必有所顧忌而不怨延年，宣帝有畏於霍氏，必心利延年之説而不責延年，延年皆慮之熟矣。犯天下之至險而固非險也，則乘之以沽直作威，而庸人遂敬憚之。既熟慮誅戮之不加而抑爲庸人之所敬憚，延年之計得矣。前乎上官桀之亂，後乎霍禹之逆，使延年一訐其姦，而刀鋸且加乎身，固延年所弗敢問也。矯詭之士每翹君與大臣危疑不自信之過，言之無諱以立名，而早計不逢其禍，此所謂「言辟而辨，行僞而堅」者也。有所擊必有所避，觀其避以知其擊，君子豈爲其所罔哉？

宣帝

一 霍光立宣帝受封

爵賞者，人君馭下之柄，而非但以馭下也，即以正位而凝命也；辭受者，人臣自靖

❶「非人」，原爲空格，今據邵陽曾氏抄本補。下同，不一一出校。

之節，而非但以自靖也，即以安上而遠咎也。故賞有所不行，爵有所不受，而國家以寧。草昧之始，君與開國之臣爲天下而已亂；迨其中葉，外寇内姦不逞於宗社而殃及兆民，大臣代君行討，底定以綏之，而天下蒙安。斯二者，君爵之而非私，下受之而無慚，霍光豈其然哉？

昌邑之廢，光之不幸也。始者廢長立少，不擇而立昌邑，光之罪也。始不慎而輕以天下授不肖，已而創非常之舉，以臣廢君而行震世之威。若夫迎立宣帝，固以親以賢行其所無事者，非其論功之地也。宣帝紀定策功，加封光以二萬户，侯者五人，關内侯者八人。宣帝之爲此，失君道矣。已爲武帝曾孫，遭家不造，以賢而立乎？其位所固有也。震矜以爲非望之福，德戴己者而酬之，然則覬非望者可縣爵賞以貿天下之歸，而天位亦危矣。爵賞行，而宣帝之立亦不正矣，以爵賞貿而得之者也。光不引咎以謝嚴延年之責，晏然受之而不辭，他日且爲霍山請五等之榮，則光之廢主乃以邀功而貿賞，又何怪其妻之鴆后而子之謀逆乎？則抑何異司馬昭、蕭道成之因以篡，苗傅、劉正彦之敢於行險以徼幸乎？

論者曰：「光不學無術。」學，何爲者也？非攬古今之成敗而審趨避之術也。諸葛公有云：「非澹泊無以明志。」又云：「學須靜也。」惟澹與靜以養廉恥之心，以明取舍之節，以昭忠孝之志，純一於天性，終遠於利名。故可貴可賤，可履虎尾而不咥、可乘高墉而射隼，居震世之功而不媿於屋漏。無他，無欲故靜。皎然白其志於天下，流俗不能移，妻子不能亂。君以順天休命而無私，臣以致命遂志而不困。光之不學，未能學乎此也，非此之學而學於術以巧爲避就。曹操蓋嘗自言老而好學矣，曾不如金日磾之顓愚暗合乎道也。

二　夏侯勝數武帝之惡爲無禮

宣帝欲尊武帝爲世宗，薦盛樂，過矣。然其過也，所謂君子之過，失於厚也。夏侯勝訟言訐之，如將加諸鈇鉞者。子貢曰：「惡訐以爲直者。」殆是謂乎？《春秋》之法，「爲尊者諱，爲親者諱」。《春秋》，以正亂臣賊子之罪，垂諸萬世者也。桓、宣弑立而微其辭，尊則君，親則祖，未有不自敬愛其尊親而可以持天下之公論者也。

宣帝者，武帝之曾孫也。假令有人數夏侯勝乃祖乃父之惡於勝前，而勝晏然樂聽之，其與禽獸奚擇哉？而勝以加諸其君而無忌，是證父攘羊之直也，而天理滅矣。苟其曰武帝之奢縱而澤不及民，萬世之公論，不可泯也。則異代以後，何患無按事迹而覈功罪者？鯀不以配帝而掩圮族之惡，吾弗從臾以效尤可爾。留直道以待後人，全恩禮以盡臣道，各有攸宜，倒行則亂。惡武帝之無恩於下，❶而已顧無禮於上，宣帝按不道之誅，不亦宜乎？

三　魏相劾霍光於死後

霍光死而魏相興，此後世大臣興廢而國政變更、人材進退之始也。霍光非盡不可與言者也，嚴延年廷劾之而勿罪，田延年所與

❶「下」下，原有「天」字，今據下句刪。「下天」或當作「天下」，亦通。

共廢立者而不阿，悍妻行弒欲自舉發，特荏苒而不能自勝耳。上書者以副封先達領尚書者而後奏，光亦懲昌邑之失而正少主之視聽，特未深知宣帝之明而持之太過耳。相當光之時，奏記於光，俾去副封可也；昌言於廷，俾宣帝敕光去之可也。爲人臣者，言苟當於紀綱之大，雖有所不避，況光之猶可與言而無挾以不相聽從者乎？待光之死而後言之，相之心不純乎忠，而後世翹故相以樹新黨者，相實爲之倡。是殆授興革之權於大臣，而人主幸大臣之死以行己意。上下睽，朋黨興，國事數變。至於宋，而宰相易，天子爲之改元。因是而權臣有感於此，則戀位以免禍，樹黨以支亡，迭虛迭盈而國爲之敝。斯其爲害，三代亡有也，高、文、景、武之世亦亡有也。故曰：自相始也。

抑相之進也，言正而心詖，迹貞而行詭，所因者許廣漢也，聽起伏於外戚而莫能自遂也。司馬温公奉宣仁太后改新法，而章惇、邢恕猶指宮闈以爲口實，況緣外戚以取相乎？君子之慎始進也，枉尺而直尋，不爲也。春秋之世，不因大夫而立功名者，顔、曾、冉、閔而已；漢之不因外戚，後世之不因宦寺者，鮮矣。此風俗邪正、國事治亂之大辨也。

四　緩刑不如定律

路温舒之言緩刑，不如鄭昌之言定律也。宣帝下寬大之詔而言刑者益淆，上有以召之也。律令繁而獄吏得所緣飾以文其濫，雖天子日清問之，而民固受罔以死。律之設也多門，於彼於此而皆可坐，意爲重輕，賄爲出入，堅執其一說而固不可奪。於是吏與有司争法，有司與廷尉争法，廷尉與天子争法，辨莫能折，威莫能制也。巧而彊者持之，天子雖明，廷尉雖慎，卒無以勝一獄吏之姦而脱無辜於阱。即令遣使歲省而欽恤之，抑惟大凶巨猾因緣請屬以逃於法，於貧弱之冤民亡益也。唯如鄭昌之説，斬然定律而不可移，則一人制之於上而酷與賄之弊絶於四海，此昌之説所以爲萬世祥刑之經也。

夫法之立也有限，而人之犯也無方。以有限之法盡無方之慝，是誠有所不能該矣。於是而律外有例，例外有奏準之令，皆求以盡無方之慝而勝天下之殘。於是律之旁出也日增而猶患其未備。夫先王以有限之法治無方之罪者，豈不審於此哉？以爲國之蠹、民之賊、風俗之蜚蜮，去其甚者，如此律焉足矣，即是可以已天下之亂矣。若意外無方之慝，世不恒有，苟不比於律，亦可姑俟其惡之已稔而後誅，固不忍取同生並育之民，逆億揣度，刻畫其不軌而豫謀操蹙也。律簡則刑清，刑清則罪允，罪允則民知畏忌，如是焉足矣。

抑先王之將納民於軌物而弭其無方之姦頑者，尤自有教化以先之，愛養以成之，而不專恃乎此。則雖欲詳備之而有所不用，非其智慮弗及而待後起之增益也。乃後之儒者惡惡已甚，不審而流於申韓。無知之民苟快洩一時之忿，稱頌其擿發之神明，而不知其行自及也。嗚呼，可悲矣夫！

五　霍光禍萌驂乘

霍光之禍，萌於驂乘。司馬温公曰「光久專大柄，不知避去」，固也。雖然，驂乘於初謁高廟之時，非歸政之日也，而禍已伏。雖避去，且有疑其諉者。而讒賊閒起，同朝離貳，子弟不謹，竇融所以不免，而奚救於禍？夫驂乘之始，宣帝之疑畏，胡爲而使然邪？張安世亦與於廢立而宣帝亡猜，無他，聲音笑貌之閒，神若相逼，而光不知，帝亦情奪意動而不知所以然也。❶

子夏問孝，子曰：「色難。」豈徒子之於父母哉？上之使民，朋友之相結，賓主之相酬，言未宣，事未接，而早有以移民之情。惟神與氣，不可强制之，俄頃而獲人心者也。《詩》云：「温温恭人，惟德之基。」德之用大矣，而温恭爲之基。温恭者，仁之榮也，仁榮内達而德資以行，豈淺鮮哉？子曰：「切切偲偲，怡怡如也，可謂士矣。」非便辟之謂也。其氣静者，貌不期而恭；其量遠者，色不期而温。善世而不伐，德博而化，寬以居之，仁以守之，學問以養之，然後和氣中涵而英華外順。嗚呼，此豈霍光之所及哉！立震世之功名，以社稷爲己任，恃其氣以行其志，氣動而猝無以持，非必驕而神已溢，是以君子難言之也。

周公處危疑而几几，孔子事闇主而與與，則雖功覆天下，終其身以任人之社稷而固無憂。夫周孔不可及矣，德不逮而欲庶幾焉者，其在曾子之告孟敬子乎！敬其身以遠暴慢，心御氣而道御心。有惴惴之小心，斯有温温之恭德，雖有雄猜之主、忮害之小人，亦意消而情得。故君子所自治者身也，非色莊以求合於物也。量不弘，志不持，求不爲霍光而不可得，豈易言哉！

❶「也」，原作「邪」，今據邵陽曾氏抄本改。

六　趙廣漢以刻覈得民譽

流俗之毁譽其可徇乎？趙廣漢，虔矯刻覈之吏也，懷私怨以殺榮畜而動摇宰相，國有此臣以剥喪國脈而壞民風俗也，不可復救。乃下獄而吏民守闕號泣者數萬人。流俗趨小喜而昧大體，蠭涌相煽以群迷，誠亂世之風哉！

小民之無知也，貧疾富，弱疾彊，忌人之盈而樂其禍，古者謂之罷民。夫富且彊者之不恤貧弱而以氣淩之，誠有罪矣。乃驕以横，求以忮，互相妨而相怨，其惡惟均。循吏拊其弱而教其彊，勉貧者以自存而富者之勢自戢，豈無道哉？然治定俗移而民不見德。酷吏起而樂持之以示威福，鷙擊富彊而貧弱不自力之罷民爲之一快。廣漢得是術也，任無籍之少年，遇事蠭起，敢於殺戮以取罷民之祝頌。於是而民且以貧弱爲安榮，而不知其幸災樂禍，偷以即於疲慵，而不救其死亡。其黠者抑習爲陰憯，伺人之過而齕齧之，相讎相殺，不至於大亂而不止。愚民何知焉？酷吏之餌、酷吏之阱也。而鼓動競起，若恃之以爲父母。非父母也，是其嗾以噬人之猛犬而已矣。

宣帝以刻覈稱，而首誅廣漢刻覈之吏，論者猶或冤之。甚矣，流俗之惑人，千年而未已，亦至此乎！包拯用而識者憂其致亂，君子之遠識非庸人之所能測，久矣。

七　蕭望之不肯出爲左馮翊

蕭望之之不終也，宜哉！宣帝欲任之爲宰相而試以吏事，出爲左馮翊，遂憤然謝病，帝使金安上諭其意乃就。望之而有恥之心也，聞安上之論，可媿死矣！

世之衰也，名爲君子者外矜廉潔而内貪榮寵，位高則就之，位下則辭之。夫爵禄者，天之秩而人君制之者也。恃其經術奏議之長，擇尊榮以爲己所固得。充此志也，臨大節而不以死易生、不以賤易貴以衛社稷也，能乎？處己卑而高視禄位，攬非所得以爲己據，誠患失之鄙夫，則亦何所不可哉？其或以伉直見也，徒畏名義以氣矜自雄耳，非心所固恥而不爲者也。人主輕之，小人持之，而終不免於禍，不亦宜乎？武帝以此薄汲黯而終不用，黯得以令終，武帝可謂善馭矣；宣帝温諭以驕望之，非望之之福也。

八　張敞釋宣帝之忌昌邑

居心之厚薄，亦資識與力以相輔。識淺則利害之惑深，力弱則畏避之情甚。夫苟利害惑於無端而畏避已甚，則刻薄殘忍加於君臣父子而不恤。

張敞非昌邑之故臣也，宣帝有忌於昌邑，使敞覘之。敞設端以誘王，俾盡其狂愚之詞，告之帝而釋其忌，復授以侯封，卒以令終，敞之厚也。徐鉉，李煜之大臣也，國破身降，宋太宗使覘煜，而以怨望之情告，煜以之死。鉉之於煜以視敞於昌邑，誰爲當生死衛之者？而太宗之寬仁抑不如宣帝之多猜，鉉即稍示意旨，使煜遜詞，而己藉以入告，夫豈必逢太宗之怒？則雖爲降臣，猶有人之心焉。鉉遂躬爲操刃之戎首而忍之，獨何心乎？無他，敞能知人臣事君之義，導主以忠厚，而明主必深諒之，其識勝也。且其於寵辱禍福之際寡所畏忌，其力定也。而鉉孱且愚，險阻至而惘所擇，乃其究也，終以此見薄於太宗而不得用。小人之違心以殉物也，亦何益乎？

有見於此而持之，則雖非忠臣孝子，而名義之際有餘地以自全；無見於此而不克自持，則君父可捐以殉人於色笑。若鉉者，責之以張敞之爲而不能，況其進此者乎？故君之舉臣，士之交友，識闇而力柔者，絕之可也。一旦操白刃而相嚮，皆此儔也。

九 厚恤尹翁歸朱邑之死

尹翁歸卒，家無餘財，宣帝賜其子黃金百斤以奉祭祀，於朱邑亦然。非徒其財也，榮莫至矣。故重祿者非士所希望以報忠者也，而勸士者在此。刻畫人以清節而不恤其供祭祀、養父母、畜妻子之計，幸而得廉士也，則亦刻覈寡恩、苛細以傷民氣之褊夫而流爲酷吏，然且不能多得，而漁獵小民以求富者，藉口以無忌而不慚。

唐宋以前，詔祿賜予之豐，念此者至悉，猶先王之遺意也。至於蒙古，私利而削祿。洪武之初，無能改焉。祿不給於終歲，賞不踰於百金，得百軒輗而天下不足以治，況三百年而僅一軒輗乎？城垂陷、君垂危而問飼猪，彼將曰救死而不贍，復奚恤哉？

十 韋玄成避嗣父爵

漢人學古而不得其道，矯爲奇行而不經，適以喪志。若韋玄成避嗣父爵，詐爲狂疾，語笑昏亂，何爲者也？所貴乎道者，身也，辱其身而致於狂亂，❶復何以載道哉？

❶「而」，邵陽曾氏抄本作「再」。

箕子之佯狂，何時也？虞仲斷髮文身，過矣，蓋逃於句吴而從其俗以安，非故爲之也。然而虧體辱親，❶且貽後嗣以僭王猾夏之巨惡矣。且古之諸侯非漢諸侯之比也，國人戴之，諸大夫扳之，非示以必不可君則不可得而辭也。若夫玄成者，避兄而不受爵，以義固守，請於天子，再三辭而可不相强，奚用此穢亂辱身之爲以驚世哉？丞相史責之曰：「古之辭讓，必有文義可觀，乃能垂榮於後。」摘其垂榮之私意而勉之以文義，玄成聞此，能勿媿乎？士守不辱之節，不幸而至於死，且嶽立海騰以昭天下之大義。從容辭讓之事，誰爲不得已者？而喪其常度，拂其恒性，亦愚矣哉！韋氏世治經術，而玄成以愚。學以啓愚也，不善學者復以益其愚，則漢人專經保殘之學陷之於尋丈之閒也。

十一　元康之世穀石五錢蓋史氏溢辭

史稱宣帝元康之世，比年豐稔，穀石五錢，而記以爲瑞，蓋史氏之溢辭，抑或偶一郡縣粟滯不行，守令不節宣而使爾也。一夫之耕，上農夫之獲得五十石足矣，終歲勤劳而僅獲二百五十錢之貲。商賈居贏，月獲五萬錢，而即致一萬石之儲，安得有農人孳孳於南畝乎？金粟之死生，民之大命也，假令農人有婚喪之事，稍費百錢已空二十石之困積，一遇凶歲，其不餒死者幾何邪？故善養民者有常平之廪，有通糴之政，以權水旱、達遠邇，而金粟交裕於民，厚生利用並行，而民乃以存。腐儒目不窺牖，將謂民苟得粟以飽

❶「體」，原作「禮」，今據邵陽曾氏抄本改。

而無不足焉，抑思無布帛以御寒，無鹽酪蔬肉以侑食，無醫藥以養老疾，無械器以給耕炊，使汝當之，能勝任焉否邪？❶

十二　趙充國以持重制夷初起

趙充國之策羌也，制狡夷初起之定算也。夷狡而初起，其鋒銛利，謀勝而不憂其敗。謀勝而不憂其敗則致死而不可攖，敗之不憂則不足以持久而易潰。其徒寡，其積不富，其黨援不堅，而中國之吏士畏之不甚。是數者利於守而不利於攻，不易之道也。

狡夷之初起亦微矣，而中國恒爲之敝。有震而矜之者而人心摇，有輕而蔑之者而國謀不定。彼豈足以敝我哉？嘗試與争而一不勝，則脅降我兵卒，掠奪我芻糧，闌據我險要，而彼勢日猖，黨而援之者益信其必興而交以固。盛兵以往，潰敗以歸，而我吏士之心遂若疾雷之洊加而喪其魄。故充國持重以臨之，使其貧寡之情形灼然於吾吏士之心目，彼且求一戰而不可得，地促而糧日竭，兵連而勢日衰，黨與疑而心日離。能用是謀而堅持之，不十年而如堅冰之自解於春日矣。

雖然，一人謀之已定，而繼之者難也。充夷無恥者，困則必降，降而不難於復叛。充國未老，必且有以懲艾而解散之，而辛武賢之徒不能，故羌禍不絶於漢世。然非充國也，羌之禍漢，小則爲宋之元昊，大則爲拓拔之六鎮也，而拓拔氏以亡矣。

❶「史稱」至「否邪」，此條原無，今據邵陽曾氏抄本補。

十三　充國欲以數歲勝敵

宣帝之詔充國曰：「將軍不念中國之費，欲以數歲而勝敵，將軍誰不樂此者？」嗚呼，此鄙陋之臣以惑庸主而激無窮之害者也！幸充國之堅持而不爲動，不然，漢其危矣！

爲國者，外患內訌，不得已而用兵。謂之不得已，則不可得而速已矣；謂之不得已，則欲已之，亦惟以不已者已之而已矣。何也？誠不可得而已也，舉四海耕三餘九之積用之一隅，民雖勞亦不得不勞，國雖虛亦不得不虛。鄙陋之臣以其稱鹽數米於炷廚之意計而爲國謀，庸主遂信以爲憂國者，而害自此生。司農怠於輓輸，忌邊帥之以軍興相迫，窳敝之有司畏後事之責，猾胥疲民一倡百和，鼓其欲速之辭，而害自此成。茫昧徼功之將帥承朝廷吝惜之指，翹老成之深智沈勇以爲耗國毒民，乃進蕩平之速效，而害自此烈矣。

充國之至金城也以神爵元年之六月，其振旅而旋以二年之五月，持之一年而羌以瓦解，則所云欲以數歲而勝敵者，蓋老成熟慮之辭，抑恐事不必速集，而鄙陋之庸臣且執前言以相責耳，❶非果有數歲之費以病國勞民，顯矣。甚矣，國無老臣而庸主陋臣之自誤也！憚數歲之勞，遽期事之速效，一蹶不振，數十年兵連禍結而不可解，國果虛，民果困，盜賊從中起而遂至於亡。以田夫販豎數米量鹽之智捐天下而陸沈之，哀哉！

❶「庸」，邵陽曾氏抄本作「廷」。

十四　漢循吏多求名僞飾

宣帝重二千石之任而循吏有餘美，龔遂、黄霸、尹翁歸、趙廣漢、張敞、韓延壽皆藉藉焉。迹其治之得失，廣漢、敞、霸皆任術而託迹於道。廣漢、敞以虔矯任刑殺而霸多僞飾，寬嚴異而求名太急之情一也。延壽以禮讓養民，庶幾於君子之道，而爲之已甚者亦飾也。翁歸雖察而執法不煩，龔遂雖細而治亂以緩，較數子之閒，其愈矣乎？要此數子者，唯廣漢專乎俗吏之爲，而得流俗之譽爲最，其餘皆緣飾以先王之禮教，而世儒以爲漢治近古，職此繇也。

夫流俗之好尚，政教相隨以濫；禮文之緣飾，精意易以相蒙。兩者各有小著之效，

而後先王移風易俗、緣情定禮之令德永息於天下，救之者其惟簡乎？故夫子言南面臨民之道而甚重夫簡，以法術之不可任，民譽之不可干，中和涵養之化不可以旦夕求也。

如廣漢者弗足道矣，繼廣漢而興，爲包拯、海瑞者，尤弗足道矣。至於霸、延壽、翁歸，循其迹而爲之，何遽不如三代？而或以侈敗，或以僞譏，何爲其致一時之感歆，反出廣漢下乎？雖然，亡其實而猶踐其迹，俾先王之顯道不絶於天下，以視廣漢與敞之所爲，猶荑稗與五穀，[1]不可以熟不熟計功也。褊躁以徇流俗之好惡，效在一時而害中於人心，數百年而不復，亦烈矣哉！

[1] 「與」上，邵陽曾氏抄本有「之」字。

十五　《春秋》大不伐喪非以待夷狄

蕭望之曰：「恩足以服孝子，誼足以動諸侯，故《春秋》大士匄之不伐喪。」遂欲輔匈奴之微弱，救其災患，使貴中國之仁義，亦奚可哉？恩足以服孝子，非可以服夷狄者也；誼足以動諸侯，非可以動夷狄者也。梁武拯侯景於窮歸而死於臺城，宋徽結女直於初起而囚於五國。輔其弱而彊之，彊而弗可制也；救其患而安之，安而不可復搖也。漢之於匈奴，豈晉之於齊均爲昏姻盟會之友邦哉？望之之説《春秋》也，失之矣。

十六　黄霸以賞誘吏爲治道之蠹

蘇威以五教督民而民怨，黄霸以興化條奏郡國上計而民頌之。蓋霸以賞誘吏而威以罰督民，故恩怨殊焉，而其爲治道之蠹，一也。耕者讓畔，行者讓路，道不拾遺，傳記有言之以張大聖人之化者矣，而《詩》《書》所載、孔門所述未嘗及焉。故稱盛治之民曰「士慤女憧」，言乎其樸誠而不詭於文也。故曰：「禮不下庶人，刑不上大夫。」禮之不可望庶人，猶大夫之不待刑也，聖人之訓炳如日星矣。

孔子没，大義乖，微言絶。諸子之言激昂好爲已甚，殆猶佛老之徒侈功德於無邊，而天地日月且爲之移易也。夫聖人之化豈期之天下哉？堯有不令之子，舜有不恭之弟，周公有不道之兄，孔子有不朽不雕之弟子，艸野無知而從容中道於道路，有是理哉？以法制之，以刑束之，以利誘之，民且塗飾以自免，是相率爲僞，君子之所惡也。

漢之儒者辭淫而義詭，流及於在位，襲之以爲政，霸之邪也有自來矣。君子之道如天地之生物，各肖其質而使安其分，斯以爲盡人物之性而已矣。

十七　常平流爲青苗

耿壽昌常平之法，利民之善術也，後世無能行之者，宋人倣之，而遂流爲「青苗」。故曰：非法之難而人之難也。三代封建之天下，諸侯各有其國，其地狹，其民寡，其事簡，則欲行常平之法也易。然而未嘗行者，以生生之計，寬民於有餘，民自得節宣焉，不必上之計之也。上計之而民視以爲法，視以爲法則憚而不樂於行，而黠者又因緣假借以讎其姦。故三代之制裕民而使自爲計耳，雖提封萬井之國，亦不能總計數十年之豐歉而早爲之制也。郡縣之天下，財賦廣，而五方之民情各異，其能以一切之治爲治乎？然則常平之制不可行與？曰：常平者，利民之善術，何爲而不可行也？因其地，酌其民之情，良有司制之，鄉之賢士大夫身任而固守之，可以百年而無弊，而非天子所可以齊一天下者也。壽昌行之而利，亦以通河東、上黨、太原、弘農之粟於京師而已矣。

十八　蕭望之不可大受

宣帝臨終屬輔政於蕭望之，其後望之被譖以死而天下冤之。夫望之者，固所謂可小知而不可大受者也。望之於宣帝之世建議屢矣，要皆非人之是，是人之非，矯以與人立異，得非其果得，失非其固失也。匈奴內潰，群臣議滅之，望之則曰：「不當乘亂而幸災。」呼韓邪入朝，丞相御史欲位之王侯之下，望之則曰：「待以不臣，謙亨之福。」韓延壽，良吏也，忌其名而訐其小過，以陷之死；丙吉，賢相也，則倨慢無禮而以老侮之。且不但已也，出補平原太守則自陳而請留，試之左馮翊則謝病而不赴。迹其所爲，蓋攬權自居，翹人過以必伸，激水火於廷而怙位以自尊者也。若此者，其懷禄不舍之情，早爲小人之所挾持；而拂衆矯名，抑爲君子所不信。身之不保，而安能保六尺之孤哉？見善若驚，見不善如讎，君子猶謂其量之有涯而不可以任大，況其所謂善者不必善，所謂不善者非不善乎？

宣帝之任之也，將以其經術與？挾經術而行其偏矯之情，以王安石之廉介而禍及天下，而望之益之以侈。抑以其議論與？則華而不實，辯而窒，固君子之所惡也。主父偃、徐樂豈無議論之近正，而望之抑奚以異？蓋宣帝之爲君也，恃才而喜自用，樂聞人過以示察者也，故於望之有臭味之合焉。以私好而託家國之大，其不傾者鮮矣！

元帝

一　蕭周張劉借援躁進喜事之人

朋黨之興始於元帝之世，流風所染，千載不息，士得虛名獲實禍而國受其敗，可哀也夫！蕭望之、周堪、張猛、劉更生，固雅意欲爲君子者也。其攻史高、弘恭、石顯以弼主於正，固君子之道也。夫君子者，豈徒由其道而遂以勝天下之邪哉？君子所秉以匡君而靖國者，蹇蹇之躬，可生可死，可貴可賤，可行非常之事，可定衆論之歸，而不倚人以爲援。若夫進賢以衛主而公其善於天下，則進之在己而舉錯一歸之君。且必待之身安交定之餘，而不急試之危疑之日。然且避其名而弗居，以使賢士大夫感知遇於吾君而勉思報禮。身已安，交已定，道已行，小人已遠，則善士之進自拔以其彙，而不肖者不敢飾説以干。於身爲君子，於國爲大臣，恃此道也。

今蕭、周二子者，奉遺詔，秉國政，輔柔弱之主，甫期年耳。元帝浮慕之而未嘗知之。使二子果以抑群小、清政本爲遠圖，身任之，以死繼之，其孰敢不震疊焉？乃其所爲有異是者。鄭朋欲附之，望之受之，周堪聽之，華龍聞其風而欲附焉。□□□□□□□□□□□□□而楊興、❶諸葛豐之徒皆仰望而欲攀倚。以此思之，則此數子者必縣朝廷之禄位以引躁進喜事之人而望其援，訟其直以擊恭、顯。身爲大臣，國是不決，乃借資於浮薄之徒，或激或叛，以成不可解之禍，嗚呼，四子者果捐軀以報上，獨立不懼，而奚以此聞聲附和之宵人爲哉？縣汲引以誘人，利則從，害則叛，固其常也。況乎風相煽，譌相傳，一時之氣焰，小民之視聽且駭，而況孱主孤立於群小之閒乎？

故朋黨之興，必有敗類以相附而貽小人之口實。使爲君子者遠爵賞之權，泯交遊之迹，不歆便佞之推戴，不假新進以攻排，無瑕可求，孤立自任，則敗類惡得而乘之？狄仁傑且以制諸武之凶，李沆終不受梅詢、曾致堯之惑，大臣之道當如此矣。四子而能然也，元帝雖孱，恭、顯雖横，亦孰與相激而令宣帝之業隳於一朝乎？

❶ 此處十三字空格，邵陽曾氏抄本無。

申屠嘉之困鄧通，困之而已；韓魏公之逐内豎，逐之而已：何所藉於群不逞而爲之羽翼？司馬温公任二蘇以抑王安石，而秦觀、張耒以狹邪匪人緣之以忝清流之選，故終絀於紹述之黨。楊、左廣結臺諫以抗魏忠賢，而汪文言以無賴賫郎竊附以召禍。浮薄之徒，一得當於君子而使酒狂歌，呼盧詭傲以嗣蕭艾蘭茝之音，其氣羶，其焰緑，爲君子者可勿豫戒之哉？

二　四科銷天下之氣節

元帝詔四科舉士，即以此第郎官之殿最：一曰質樸，二曰敦厚，三曰遜讓，四曰有行。蓋孱主佞臣懲蕭、周、張、劉之骨鯁，而以柔惰銷天下之氣節也。自是以後，漢無剛正之士，遂舉社稷以奉人而自詡其敦厚樸讓之多福。宣帝曰：「亂我家者，❶必太子也。」其言驗矣。

雖然，有自來矣。極重必反者，勢也。文景武昭之世，賢不肖雜進而質樸未亡，君子無赫赫之名而小人亦無難見之惡。氣矜如汲黯，名勝如賈誼，人主甚器其材而終不顯；至於逞風采以徼人主之知，動天下之色，如主父偃、徐樂、終軍、東方朔以洎刑名聚斂之臣，皆旋用而旋棄。迨宣帝切於求治，以文法爲尚，而天下翕然從之，於是而沽名銜直之士矯爲人所不能以自旌，氣焰足以淩人主而人主厭其苛覈，非但貴戚宦寺之疾之也。魏相以之赤霍氏之族，蕭望之以之持丙吉之短，張敞以之攻黄霸之私，勢已成乎

❶「家」，原作「國家」，今據《漢書》、《通鑒》及邵陽曾氏抄本改。

極重，則其反而相獎以詭隨也。天下且樂其易與，而況乎人主之與戚宦哉？

屈伸之理，一彼一此；情僞之遷，一虛一盈。故人主馭天下之人材，不輕示人以好惡而酌道之平，誠慎之也，畏其流，而尤畏其反也。

三　馮奉世討羌功及後世

趙充國持重以破羌，功莫盛矣，二十餘年而羌人復反，吾故曰：難乎其爲繼也。當充國時，求戰不得、坐而自困之羌，心灰而不敢競者，閱二十年而皆已衰老。後起之胡雛未嘗躬受挫抑，將曰：漢但能自守而不能有加於我，前人無能爲而受其困，我別有以制漢而漢窮矣。藉令充國未老，天子終以西事任之，抑必有鋭師以繼之於挫折之餘。而辛武賢之徒弗能也，外忌充國之功而内實私幸之以偷安。故馮奉世曰：「守戰之備久廢不簡，夷狄有輕邊吏之心。」彡姐驕狂而驟起，實有由來矣。於是而奉世之決於進討，功不可泯；韋玄成、鄭弘之固陋，罪抑不可掩矣。

羌之初起也，持重以困之而自敝，萬全之道也。過此而彡姐踵亂，非先零比矣。一起一敗而不能無疑畏焉。已燼之炷，狂焰一熺而膏不給，勝則前，敗則降，習先零故事而無致死之心，是其必當勦除也明甚。故奉世決於大舉，合六萬人以擣之於初起，蓋與充國之策異術而同功。奉世不可師充國之守，充國不可用奉世之攻，因時度敵而善其操縱，其道一也。

夫羌地亘河、湟，南接秦、隴，於長安爲肘腋。力雖小而驕之則大，種雖散而使之相并則合。使其得志以逞，非但唐之回紇、宋之元昊已也。迨乎東漢，幸而都雒耳，使都長安，庸臣師玄成、鄭弘之説，葺闕以召侮，羌且逼王畿城下而莫懲，漢其亡於羌乎！奉世翦之於始，張奐、段熲夷滅之於後，羌乃不能爲中國腹心之患。其後雖姚弋仲之桀雄，不乘劉、石之餘而不敢起。垂至於今二千年，秦、隴、河、岷、階、文之閒，巖險甌脱而防閑不設，則二漢之猷遠矣。馮奉世首建大議以申天討，善體充國之意而通其變，民到于今受其賜，非玄成等偷安一時之所能知也。

四　貢禹匡衡以學事主

貢禹、匡衡之言，其不醇者蓋亦鮮矣。禹曰：「天生聖人，蓋爲萬民，非自娛樂而已。」衡曰：「天人之際，精祲有以相盪，善惡有以相推，宜省靡麗、考制度、近忠正、遠巧佞以崇至仁。」又曰：「聰明疏通者戒於太察，寡聞少見者戒於壅蔽，勇猛剛彊者戒於太暴，仁愛溫良者戒於無斷，湛静安舒者戒於後時，廣心浩大者戒於遺忘。」又曰：「婚姻之禮正，然後品物遂而天命正，孔子論《詩》以《關雎》爲始，此綱紀之首、王教之端也。」又曰：「聖人動静游燕所親，物得其序。」又曰：「佞巧之姦因時而動，聖人慎防其端，禁於未然，不以私恩害公義。」又曰：「正家而天下定矣。」讀其文，繹其義，想見其學，非公孫弘、兒寬之勦舊聞而無心得者所及，亦且非韋玄成、薛廣德之擇焉而不精者所可與匹儔也。

論者謂元帝柔而少斷，禹與衡不以爲言而但就帝之長孜孜以恭謹節儉相獎，爲禹、衡之罪，過矣。元帝所以優游不斷者，惟其心之不清、幾之不慎而中不適有主也。則其所爲恭謹節儉，亦唯其名而無其實。天子之尊富，即省之又省而以溺其志者尚多。燕閒游息之下，史高、石顯豈無導侈之爲？而特未甚耳。不然，何知其邪而不能去乎？❶由是言之，使無禹、衡之正，稱《詩》《禮》精嚴之旨以防其流，則以帝之柔而益以驕淫，安所得十六年之安，內無寇攘而外收絕域之功乎？

君子出所學以事主，與激於時事之非而彊諫之臣異。以諫爲道者，攻時之弊而不恤矯枉之偏；以學事主者，規之以中正之常經，則可正本以達其義類而裁成剛柔一偏之病，主即不悟，猶可以保其大綱而不亂。故以孔子之聖告荏弱之哀公，唯規之以人道政本之大端，而不屑取奔越之禍豫爲之防。夫豈不達於時變哉？以道豫立而變自消也。

且衡之言曰：「近忠正，遠邪佞，寡聞少見者戒於壅蔽，仁愛溫良者戒於無斷。」固已盡元帝之所短，而特不爲矯枉之論導之鷙擊耳。夫可喻者則微言而喻矣，不可喻者雖痛哭流涕以談，而固不喻也。是以君子之言有體有要而不詭於大常。補偏救弊之術，二子有所不尚，夫亦猶行君子之道乎！

論者徒見蕭望之、周堪之死不以罪咎元帝而因以咎禹、衡。乃石顯之姦惡不及於天下而海內晏安，則儒者雍容涵養之功亦豈可誣哉？漢之中亡也，成、哀之奢縱成之，非元帝優柔致之也，又奚可以張禹、孔光之罪罪二子也？

❶「去」，邵陽曾氏抄本作「決去之」。

五　焦延壽京房說易妖妄

邪說之行於天下，必託於君子之道。釋氏之言心性亦君子之言也，老氏之言道德亦君子之言也。天下以其言爲君子之雅言，❶遂謂其有當於治與道而信之，故六經之支說皆以破道而有餘，焦延壽、京房之於《易》是已。

《易・乾》、《坤》之策三百六十，當期之日，取其象之一端大略而言。《屯》、《蒙》以下之策，老少雜而非三百六十者多矣。期之日三百六十有五而有餘分，不盡如《乾》、《坤》之策也。聖人觀天地人物之變而達其會通，以爲是肖其大綱耳，亦猶二篇之策萬一千五百二十以象萬物而物固不可以萬計也。故曰：「神无方而易无體。」「周流六虛，不可爲典要。」二子者乃欲限六十四卦之爻以各當一日，無以處餘四卦，不得已而以《震》、《兑》、《坎》、《離》居分至之位，則不知二分二至在六十卦之外而爲之綱維邪？抑二分二至一日而二卦以異於餘卦邪？東《震》、西《兑》、南《離》、北《坎》者，位也；二分二至之日，時也。時經而位緯，二子取而錯亂之也，何居？故延壽者，筮史日者之流，以小術測陰陽之迹，似不足以知天化而敘治理。房是之學，乃敢以與人宗社哉？

其爲術也，立典要以爲方體，於是而有八宮世應之說。抑自《乾》至《剥》而窮，又不得已而措《晉》、《大有》於其末。垂至於今，鬻技之卜師相因以斷吉凶之大故而不能明

❶「言」，原脱，今據邵陽曾氏抄本補。馬宗霍校記：「『其』下有『言』是，當據增。」

言其所以然之理，徒以惑民而徼幸。然則延壽與房雖欲辭爲妖妄之魁也而不得。何也？非天理之自然則皆妖也。房以是欲與石顯、五鹿充宗競貞邪於天人之際，吾未見妖之足勝邪也。邪者獲罪於人，妖者獲罪於天，妖尤烈矣。

或曰：房之按日以候氣，分卦以徵事，所言者亦與當時之得失禍福合，❶何也？曰：石顯之邪，而君德以昏，國是以亂，衆耳衆目具知之矣。事既已然，取而求之，合於其術，謂其合則合矣，猶鳥之鳴也謂之播穀則播穀矣，謂之提壺則提壺矣，謂之春歸則春歸矣，遂若果然者，❷而實固非也。勢已成，形已見，謂天之象數亦然，亦惡從而辨之？故日月之有災眚，歲時之有水旱，禽蟲艸木之有妖蠥，人民之有疴沴，山川之有崩沸，吾知其不祥而有國者弗可不恐懼以修省耳。銖纍而分之，刻畫而求之，幸而弋獲之妖人，以是取顯名、致厚利而惑天下，《王制》所謂「假於鬼神時日卜筮以疑衆，殺」，其宜膺天刑久矣。房内挾此以與邪臣競，❸自殺其軀而邪益張，宜矣哉！何也？託君子之道，誣聖人之教，矯造化之神，三者皆獲罪於天而不可逭者也。

六　京房考課之法不可行

京房考課之法迂謬而不可舉行，即使偶試而效焉，其不可也固然。何也？法者，非一時、非一人、非一地者也。房曰：「末世以

❶「者」，原誤作「其」，今據邵陽曾氏抄本改。

❷「取而求之」至「果然者」，原作「取而求其所以然者」，今據邵陽曾氏抄本改。

❸「内」，邵陽曾氏抄本作「乃」。

毀譽取人，故功業廢而致災異。」毀譽之不當者多也，然而天下之公論存焉。雖甚拂人之性，亦不能謂堯暴而跖仁也。舍此而一以功業程之，此申韓之陋術而益之以拘迫，不肖者塗飾治具以文其貪庸，不逮則鞭策下吏、桎梏民庶以副其期會，災不在天，異不在物，而民已窮，國已敝矣。

先後異時也，文質相救而互以相成。一人之身，老少異狀，況天下乎？剛柔異人也，不及者不可强，有餘者不可裁，清、任各有當，而欲執其中則交困也。南北異地也，以北之役役南人而南人之脆者死，以南之賦賦北土而北土之瘠也盡；以南之文責北士則學校日勞鞭扑，以北之武任南兵則邊疆不救危亡。其閒損乃以益，殺乃以生，簡乃以備，一視爲吏者居心之仁暴、憂國之誠僞。而唯考課其一切之功能，此王莽所以亂天下者，房爲之開先矣。❶塾師之教童子也有定課，而童子益愚；耕夫之馭牛也有定程，而牛以敝。梏四海九州彊智柔和於房一人之意見，截鶴脛以續鳧，其不亡也何待焉？

蓋房之爲術，以小智立一成之象數，天地之化且受其割裂，聖人之教且恣其削補。道無不圓也而房無不方，大亂之道也，侮五行而椓二儀者也。鄭弘、周堪從而善之，元帝欲試行之，蓋其補綴排設之淫辭有以熒之爾。取天地人物、古今王霸學術治功，斷其長，擢其短，令整齊瓜分如弈者之局、廚人之飣也，此愚所以聞邵子之言而疑也，而況房哉！

❶「房」下，邵陽曾氏抄本有「殆」字。

七　元帝伏王氏篡弑之禍

漢之亡非元帝之咎也。帝弱而寡斷，然而無所傷於天下，石顯僅逞於異己而惡不及於民，國之元氣未斲焉。故曰非元帝之咎也。王氏，元后之族也。王鳳爲大將軍録尚書事爲篡弑之階，然非元帝之寵后族而早任之，帝崩，成帝乃假鳳以大權而帝無遺命。故曰：非元帝之咎也。雖然，其所自來，抑豈非元帝隱伏之咎肇於不測哉？帝以成帝耽燕樂爲不能勝大位而欲立山陽王，識之早也。重易國儲，聞史丹之諫而止，亦正也。然知成帝之不克負荷，而不擇賢臣以輔正之，幸傅昭儀而遲回於山陽，遘重疾而忽忽不定，聞史丹之諫，知命之已促，而徒有善輔之言，無託孤之遺命，以聽哲婦孺子之自求親信，而王鳳進矣。

成帝之在東宮也，既爲元帝之所憎而孤危甚，摇摇於廢立之閒者將十年。匡衡、史丹亦但以大義規元帝，而非必與成帝爲腹心。所竊竊然憂、翕翕然私語而計者，徒王鳳耳；元后寵衰而憂禍之及，所與竊竊然憂、翕翕然私語而計者，亦鳳兄弟耳。人情出危險之中而思故時之同患者，未有不深信而厚倚之。故成帝一立而顧瞻在廷，無有如鳳之親己者，豈復憂他日之攘己乎？嗚呼，於是而知叔孫舍之不賞私勞以殺豎牛，卓乎其不可及已！

天位者，天所位也；人君者，人所歸也。爲主器之長子，膺祖宗之德澤，非竊非奪，天人所不能違。而翕訾以相保，呴沫以相憐，私憂過計，貪天功爲己力，此其人亦何足任而戴之不忘乎？唐玄宗知張説之姦，懷其潛邸之恩而不能遠，以召均、珀之逆，況楊復恭之以家奴而門生天子乎？❶ 嗚呼，自非攘功擅權之小人，孰敢以大寶之攸歸自任爲己績者？ 趙汝愚不欲行內禪之賞，可法也而猶存其迹也；丙吉護宣帝於獄而終不自白，故能相天子以成中興之業。 然則漢文却周勃之私言，世廟罷新都之政柄，不得謂之刻覈而寡恩，成帝之碌碌何足以語此哉？ 元帝不能顧命史丹而使鳳得以私勞惑庸主，亦其暱愛山陽而憒然不恤之咎與！ 故曰：隱伏之咎肇於不測也。

讀通鑑論卷四終

❶ 「楊復恭」，邵陽曾氏抄本作「仇士良」，底本已徑改，詳劉毓崧《校勘記自序》。

讀通鑒論卷五

衡陽王夫之譔

成帝

一 王氏之篡非始於杜欽黨姦

讀杜欽進諫之章與其奏記王鳳之書及論王章之事，竟以王氏之篡歸禍始於欽之黨姦，非平情之論也。成帝之無道也足以亡國。王鳳初起，猶修飾而有類於社稷之臣，其視張放、淳于長、史育之導欲以宣淫者不若也。❶五侯之專、莽之篡，豈欽之所能前知哉？士志於有爲而際昏庸之主，思有所造於國家，不得自達於上，不獲已而見大臣之可與言者，因之以效「納約自牖」而「遇主於巷」，所謂救失火而不暇問主人者也。故以陳蕃之剛正而依竇武以行其志，能早知自別以遠嫌者鮮矣。至於鳳已成乎專偪，心知其誤而卒不能自拔，欽固有無可如何者，而其情亦可愍矣。

故君子之愛身也甚於愛天下，忘身以憂天下，則禍未發於天下而先伏於吾之所憂也。外戚也、宦寺也、女主也、夷狄也，❷一失其身，雖有扶危定傾之雅志，不得自救其陷溺，未有身自溺而能拯人之溺者也。孔子行

❶「史育」，邵陽曾氏抄本作「趙欽」。
❷「夷狄也」，原脫，今據邵陽曾氏抄本補。下同，不一一出校。

乎季孫而魯幾治，非孔子，固弗敢也。聖人之大用，中材所不敢效也，雖然，聖人豈有不測之術哉？齊人服，郈、費墮，季斯一受女樂而即決於行，無所凝滯，而必不與之推移。則一旦釋然忘前此之功業而逌然以去，無他，純乎道而無私焉耳。聖人不可學而可學者，此也。鳳之專、王氏之盛、成帝之終不足與有爲，威福下移，形勢已成，欽胡爲其荏苒而不去也？能去則去，則雖因季斯而不損其聖；❶事已不可而尚惜其位，則欽雖持義之正而不免於黨姦。雖然，若欽者固未易言去也。諫鳳不聽而去之，且無名而爲其所忌，故非聖人不能去，不能去而可不早慎擇所從哉？君子度德以自處。女主也、外戚也、宦寺也、夷狄也，即可與有爲而必遠之夙，人道之大戒也。賈捐之、楊興、崔浩、婁師德、張説、許衡，❷一失其身而後世之譏評無爲之原情以貸者，皆欽之類也。可勿戒乎？

二　元后以柔道亡漢

亡西漢者，元后之罪通於天矣。論者徒見其吝璽不予、流涕漢廟、用漢伏臘而憐之，婦人小不忍之仁惡足以蓋其亡漢之大慝哉？今有殺人者流涕袒免而撫其尸曰「吾弗忍也」，而孰聽之？

漢懲吕氏之禍，不舉國柄而授之外戚久矣。霍氏之持權，武帝拔霍光於下僚，與胡厩吏等，非緣后族也，其既也則以廢闔立

❶「則」，原脱，今據邵陽曾氏抄本及下一句補。

❷「崔浩」、「許衡」，原脱，今據邵陽曾氏抄本補。馬宗霍校記云：「按崔浩仕於北魏，許衡仕於元，此亦刻本有所諱而删之。」

明、安社稷之功也。宣帝之於史氏，元帝之於許氏，以恩澤侯而已矣。成帝年已二十，元帝未有屬王氏之遺命焉。王鳳起自衛尉，一旦而持天下之柄，孰爲之邪？五侯並日而封，楊興、駟勝争之而不得；荀參以異父弟强成帝以封侯，帝不聽而猶寵以侍中；劉向諫而不聽，王章争而見殺，垂涕不食以激成帝之誅章；劉向抗疏不已，成帝歎息悲傷，卒受制而不能決。鳳死而音代，音死而商代，商死而根代，根死而莽代，一以世及之法取漢之天下，而使相嗣以興，非后之内主於宫中，亦豈能蔓引綿延之如此哉？

且夫王氏之横未嘗不可撲也。成帝察其奢僭不軌，而音、商、立、根藉稾負斧鑕以待罪；王立結淳于長之姦露，成帝下有司按治，而立殺其子以滅口。計其爲人，非能險騺於吕之産、禄，武之三思、懿宗也，乃吕氏私其族而終以國事付平、勃，武氏私其姪而終以國事付狄、婁，元后則籠劉氏之宗社於其鞶帨而以授之私親。逮乎哀帝之立，姑退莽以脅哀帝而蠱在廷之心，縱董賢之不逞，乘其敗以進莽，使恣行其鴆主之毒，晏然處之而不一詰。攝則使之攝矣，假則使之假矣，豈徒莽之姦足以恣行無忌哉？老妖不死，日蝕月虧以殄漢而必亡之久矣，故曰「罪通於天」也。

婦人之道，柔道也，反其德而爲剛，雖惡易折。《大畜》之五曰：「豶豕之牙，吉。」牙可豶也，而吕、武以之，周勃、狄仁傑豶之而吉矣。《姤》之初曰：「羸豕孚蹢躅。」羸云者，不壯而柔者也，以柔而結人心者也，而蹢躅之凶不可禁，元后以之，雖劉向痛哭以陳言，成帝悲傷而懼禍，而無如后之涕泣者何也。莽已篡，漢已滅，姑以一泣逃天下後世之誅而誰信之？不然，莽之惎毒無有於其子，后果有思漢之心，莽其能戴之没世而生榮死哀以相報哉？女禍之烈莫如王氏，而論者猶寬之，蹢躅之乎，且以孚後世而免於史氏之誅，❶亦險矣哉！

三　貢禹匡衡議毀郊廟

成哀之世，天地宗廟之祀倏廢倏興，以兒嬉而玩鬼神，甚矣。其廢而復興也，或以天子之病，或以繼嗣之不立，小人徼福之術，固不足道。其廢也，始於貢禹而成於匡衡，所持者三代之典禮也。宗廟遠，有毀而無立者，義也。誠所不至，不敢黷焉，義所以盡仁也。儒者之言禮，文而已矣；以文而毀，猶之乎以文而立。夫漢之嗣君於其所不廢之祀，而能以誠格之乎？執是以論，舉凡天地祖宗之祀皆可毀矣，而何但七世以上與五時之郊也？「苟非其人，道不虛行。」宮室之侈、妃嬪之衆、服膳之奢、樂之淫、刑之濫、官之冗、賦之重，一能汰其所餘以合於三代，而後議郊廟之毀未晚也。

且三代之斬祀於七世，豈徒然乎？抑創法者自開國之君，守約以待子孫之易盡其情而無僞，非祖宗立之而後王毀之也。自漢以降，百爲不師古，禮樂之精意泯焉，而獨於祧廟致嚴於祖宗之廢興，何其徇末而斲其本也？況古之祧也，於大禘而合食，則雖廢而不忘；後世無禘而徒祧，幾於忘其所自出。然則廢五時以伸上帝之孤尊，古之可法者也；制以七世而毀廟，古之未可遽法者也。君子之言禮，非但以其文也。

❶「之」，原脱，今據邵陽曾氏抄本補。

四　劉向憂王氏勢盛言宜援近宗室

進言者極其辭而必有所避就，非但以遠嫌而杜小人之口實也，道存焉矣。嫌已遠而小人無閒以指摘，則君之聽不熒而言乃爲功於宗社。劉向憂王氏之勢盛而移漢，見之遠，慮之切，向死而漢亡，所繫亦大矣哉！而於進言有未得者，故成帝雖感而終不能庸，小人之黨且有挾以上摇主聽而下惑人心。

其言曰：「王氏、劉氏且不並立，宜援近宗室。」斯豈向所宜言者乎？以事言之，劉氏之賢無有踰於向者，樞筦之任不歸王氏必歸向矣，未有斥人之姦而自任者也。且劉氏、王氏豈頡頏而並論以爭衰王者？頡頏而並論，婦人勃豀之說也。且假之以頡頏之名而王氏張，彼將曰：天下非彼則我也。況乎吕氏之禍與吴、楚、淮南、燕、廣陵互相盈虚，則外戚反脣而相譏，豈患無辭哉？以道言之，選賢任能以匡扶社稷者，天下之公也。堯之舉禹、皋，禹之任稷、契，湯之託伊尹，高宗之立傅説，文王之任閎、散，皆非懿親也。周道親親而周、召以庸，管、蔡以誅。師尚父，邑姜之父，且以佐燮伐而位太師。王氏誠不可任，博求之天下，豈繫無賢？而必曰援近宗室，舉大義而私之一家，又豈五帝三王之道哉？

向於是而失言矣。以爲獨任，則不可有自請之情；以爲博選宗室之賢，則歆之黨逆，向且不能保之於子，而況他乎？成帝悟而不終，群姦聞而不憚，未必非向之言有以召之也。故進言者匪道是循，徒以致寇，而可不慎哉！

能用之，亦何遽不爲贊治之臣乎？

五　谷永能言處置諸王之道

漢諸王之以禽獸行廢者不一。漢廷無有能據道以處此者，而谷永能言之。其曰：「帝王不窺人私而《春秋》爲尊者諱。」此義行，迄乎東漢，穢德不章，永之言，其利溥矣。夫人之有恥，自恥者也；恥心蕩而刑殺不能止，故知刑殺者非可以善風俗、已禍亂者也。漢之於此，既無家法以正之於先，而縱苛察之吏、告訐之小人揚之於後。無他，忌侯王之彊，日思翦艾以圖安，而紈袴膏粱卒投於阱而無從辨。嗚呼，甚如是矣，惡得不拱手而授之賊臣哉？以刑制淫而固不可制，假暗昧以鋤彊而祇以自弱。谷永者，王氏之私人也，而慮能及此，故知永者附權臣非有移鼎之心，寵利未忘，規一時之進取而已。漢

六　張禹爲子孫黨王氏

老之戒在得，至於老而所需於天下者微矣，得奚足以亂其心哉？子孫之情長而道義之氣餒，引子孫之得爲己得，於是瀕死而不忘。張禹之初與王根異也，猶有生人之氣也，慮及子孫而行尸走肉，遂禍人之宗社，冒萬世之羞，朱雲欲以齒劍而不慚。夫人爲不善而貽怨於子孫，誠不可爲也；身之無過，質之鬼神而不疚，則亦奚患哉？且夫禍福亦何常之有？假令王氏早敗而按同惡之誅，禹之子孫又能保其富貴乎？故禍福者，天也；失得者，人也。老而憂子孫，引天之吉凶以私之没世，其愚不可瘵矣。成帝不輯折檻以旌朱雲，則所以待禹者亦可知矣。禹

且不自保，而況其子孫？

七　谷永王氏私人而言不可廢

谷永非杜欽之比也。永雖無黨王篡漢之遠圖，而資王氏以榮寵，因爲之羽翼焉；與欽之誤合於小人，欲悔而不能也，其情異矣。顧於此得人君聽言之道焉。永，王氏之私人也，其心，王氏之心也。若其言，則固成帝膏肓之藥石，可以起漢於死而生之也。夫王氏之固結而不解，帝忌之而不能黜，豈非以躬耽淫侈，畏昌邑之罰？而内護趙、李，外庇張放、淳于長之私心，有所恧縮而倒授以權哉？寵驕妒之妾，飲食倖臣之家，加賦重斂以縱游而失百姓之心，是持宗社以遺人之道也。使帝感永之言，悔過自艾，正己齊家而憂社稷，賢臣進、庶務理、民情悦，以戴漢而不忘，權姦之謀自日以寢，而豈必誅戮放廢以傷母氏之心乎？故曰：「君子不以人廢言。」永之諫不行，雖忘軀憂國之臣與姦賊爭死生，而無救於禍敗。則讀永書者，勿問其心可也。

八　何武請分置三公

何武欲分宰相之權而建三公，自成帝垂及東漢，行之二百餘年，至曹操而始革。丞相，秦官也；三公，殷、周之制也。古者合文武爲一塗，故分論道之職爲三；秦以相治吏，以尉治兵，文武分而合三公之官於一相。漢置相而闔政專歸於大將軍，承秦之分而相無戎政之權，大將軍總經緯之任。故何武有戒心焉，分置三公，以大司馬參司空、司徒之閒，冀以分王氏之權。乃名乍易而實不可更，莽之終以大司馬篡也，亦其流極重而不可挽也。然而武之法行之終代而不易者，以防微杜漸之術固人主之所樂用也。

若以古今之通勢而言之，則三代以後，文與武固不可合矣，猶田之不可復井、刑之不可復肉矣。殷周之有天下也，以戎功，其相天子者皆將帥，伊尹、周公始皆六軍之長也。以將帥任國政，武爲尚而特緣飾之以文，是取武臣而文之，非取文臣而武之也。列國之卿各以軍帥爲執政，敦《詩》《書》，説禮樂，文之於既武之後，秉周制也。所以必然者，三代寓兵於農，兵不悍而治民之吏即可以治兵。其折衝而敵愾者，一彼一此，疆埸之事，甲未釋而幣玉通，非有獷夷大盜爭存亡於鋒刃之下者也。而秦漢以下不然，則欲以三公制封疆原野之生死，孰勝其任而國不爲之敝哉？則漢初之分丞相、將軍爲兩塗，事隨勢遷而法必變。遵何武之説，不足以治郡縣之天下固矣。特漢初之專大政以大將軍，而丞相僅承其意指，如田千秋、楊敞、韋玄成、匡衡名爲公輔，奉權臣以行法，則授天下於外戚武臣之手，而禍必滋。故武之説可以救一時之欹重，而惜乎其言之晚也。相不可分也，將相不可合也，漢以後之天下以漢以後之法治之。子曰：「所損益，可知也。」

九　成哀之世惟王嘉爲大臣

成哀之世所可任爲大臣者，王嘉而已矣。師丹之視翟方進，尋丈之閒耳，皆以其身試權姦之好惡而不能出其樊籠，即有所欲言而必資以自達也。師丹之劾董弘、何武之援王莽，屈於時之所尚而不得不爲之羽翼。

無他，王、傅二女主交相起伏，漢已無君與大臣久矣。方進之附淳于長也，欲與王氏忤，而長固王后之姊子也。長之不類尤出諸王之上，資之以與諸王抗，而方進之欲不死也奚能？熒惑之變，駕言移禍於宰相，王氏之嫉也深，❶雖微熒惑，方進其能免乎？武與丹浮沈於積陰之閒，一彼一此，小有所效，而俱爲女主效妒媢之功，其不被顯戮，幸爾。

嗚呼，至於成哀之季而無可爲矣！君子慎所趨以自全，辭大位而不居，其庶幾乎！一受其事，則非如王嘉之必死以自靖而負咎於天人也，必不可浣。莊生曰「遊羿之彀中」，謂此時也。遊其彀中而死焉，君子之徒也；遊其彀中而免焉，小人之徒也；遊其彀中，避死而得死焉，刑戮之民也。慎之哉！

哀帝

一　孔光以無恥亡漢

人之能爲大不韙者，非其能無所懼也，唯其能無所恥也。故血氣之勇不可任而猶可器使，唯無所恥者，國家用之而必亡。成帝欲用孔光爲丞相，刻侯印、書贊而帝崩，是日光於大行前拜受丞相博山侯印綬，汲汲然惟恐緩而改圖，一如乞者之於墦閒，唯恐其餕之不餘而遽長跽以請也。張放者，幸臣也，帝崩，且思慕哭泣而死，而光矯凶爲吉，

❶「也」，原脱，今據邵陽曾氏抄本補。

犯天下之惡怒。然且卒無惡怒之者，光豈能不懼哉？冥然無恥，而人固容之也。

始爲廷尉，則承王莽之指鴆殺許后，若無所懼也而實無可懼也，莽爲內主，天下無有難之者也。既則議爲傅太后築別宮，力請逐傅遷歸故郡，抗定陶王之議，奪其立廟京師，若無所懼也而非無所懼也，內主有人，群臣相保，故師丹獲不測之禍而光自若也。恥心蕩然，而可清可濁無不可爲，以得寵而避辱。王嘉瀕死，猶對獄吏曰：「賢孔光而不能進。」亦惡知光之譖其迷國罔上，陷嘉於死，機深不測也哉？而嘉云然者，其兩端詭合以誘嘉，抑可知已。

拜謁迎送、執臣主之禮於董賢者，光也；莽既乘權，去賢如敝屣者，光也；拱手以天下授之賊臣，幸早死而不與佐命之賞者，光也；莽既誅，猶無有聲言其惡以殄其世者，光也。嗚呼，人苟自盡喪其恥，則弑父與君而罪不及，亦險矣哉！有國者不辨之於早，徒忌鷙悍之彊臣而容厚顏之鄙夫，國未有不喪者也。故管子曰：「廉恥，國之維也。」

二　限田之法擾民

限田之說，董仲舒言之武帝之世，尚可行也而不可久；師丹乃欲試之哀帝垂亡之日，卒以成王莽之妖妄而終不可行。武帝之世可行者，去三代未遠，天下怨秦之破法毒民而幸改以復古，且豪彊之兼并者猶未盛而盤據之情尚淺。然不可久者，暫行之而弱者終不能有其田，彊者終不能禁其兼也。至於哀帝之世，積習已久，彊者怙之而弱者亦且安之矣。必欲限之，徒以擾之而已矣。

治天下以道，未聞以法也。道也者，導之也，上導之而下遵以爲路也。封建之天下，天子僅有其千里之畿，且縣内之卿士大夫分以爲禄田也；諸侯僅有其國也，且大夫士分以爲禄田也；大夫僅有其采邑，且家臣還食其中也；士僅有代耕之禄也，則農民亦有其百畝也，皆相若也。天子不獨富，農民不獨貧，相倣相差而各守其疇。其富者必其貴者也，且非能自富，而受之天子、受之先祖者也，上以各足之道導天下而天下安之。降及於秦，封建廢而富貴擅於一人。其擅之也，以智力屈天下也。智力屈天下而擅天下，智力屈一郡而擅一郡，智力屈一鄉而擅一鄉，莫之教而心自生、習自成。乃欲芟夷天下之智力，均之於柔愚，而獨自擅於九州之上，雖日殺戮而祇以益怨，彊豪且詭激以脅愚柔之小民而使困於田。於是限之而可行也，則天下可徒以一切之法治，而王莽之化速於堯舜矣。

限也者，均也；均也者，公也。天子無大公之德以立於人上，獨滅裂小民而使之公，是仁義中正爲帝王桎梏天下之具，而躬行藏恕爲迂遠之過計矣。況乎賦役繁、有司酷、里胥横，後世愿樸之農民得田而如重禍之加乎身，則彊豪之十取其五而奴隸耕者，農民且甘心焉。所謂「上失其道，民散久矣」者也。輕其役，薄其賦，懲有司之貪，寛司農之考，民不畏有田而彊豪無挾以相并，則不待限而兼并自有所止。若窳惰之民有田而不能自業以歸於力有餘者，則斯人之自取，雖聖人亦無如之何也。

三　廷臣倚王傅二氏

成哀之世，漢豈復有君臣哉？婦人而已矣。彭宣、何武、唐林皆所謂錚錚者也，而所争者僅一傅喜之去留而已。哀帝之初，傅氏與王氏争而傅氏勝；哀帝之亡，王氏與傅氏争而王氏勝。勝者乘權而不勝者憤，二氏之榮枯舉朝野而相激以相訟，悲夫！

當傅遷之傾邪而推喜以抑遷，亦何異乎王根、王立之驕横而推莽邪？其言曰：「喜，傅氏賢子，議論不合而退，百寮莫不恨之。」傅氏之賢子何當於天下之安危、劉宗之存亡？而百寮何所容其恨？又何異乎王莽、王仁之就國而天下多冤王氏者？傅喜幸而未敗爾。莽之廢，吏民叩闕而訟冤，賢良對策而交奬，僞謙所誘，人心翕歸，而賢者不免，且較喜而彌甚。喜之賢，其孰信之？以四海之大，豈緊無人可託孤寄命者？唯區區王、傅二嫗之愛憎是争。嗚呼，率天下而奔走於閨房之嚬笑，流俗之溺流而不反如是哉！

故聖王之治以正俗爲先，以辨男女内外之分爲本。權移於婦人而天下沈迷而莫能自拔，孰爲爲之而至此極？元后之陰狡、成帝之昏愚，豈徒召漢室之亡哉？數十年中原無丈夫之氣，而王莽之亂暴骨如山矣。

四　李尋昌言母后不宜與政

歷成、哀、平之三季，環朝野而如狂，所僅能言人之言者，一李尋而已，其他皆所謂人頭畜鳴也。尋推陰陽動静之義，昌言母后之不宜與政，豈徒以象數徵吉凶哉？天地之經、治亂之理，人道之別於禽獸者，在此也。婦人司動而陰乘陽，陽從陰，履霜而冰堅，豕孚而蹢躅。天下有之，天下必亡；國有之，國必破；家有之，家必傾。父子、君臣、兄弟、朋友之倫以之而泯，厚生、正德、利用之道以之而蔑。故曰：尋之言，言人之言而別於禽獸也。婦者，所畜也；母者，所養也。失其道，則母之禍亦烈矣，豈徒婦哉？

夫國有君子，國可不亡。尋昌言之無誅而不能救漢之亡，又何也？尋非其人也。陰之干陽，其變非一。女子之干丈夫也，夷狄之干中夏也，❶鬼之干人也，皆陰之干陽也。尋知乾之剛、陰之靜矣，鬼亦陰也，靜以聽治於人者也。顧其識不及此，聽甘忠可、夏賀良之邪說，惑上以妖，終以貶死燉煌，爲天下笑，則亦以陰干陽，等於婦人之煽處爾。載鬼一車而欲懲負塗之豕，奚其可？故陰陽動靜之理大矣，其變繁矣，其辨嚴矣。立人之道以匡扶世教，無一而可苟焉者也。

五　賈讓平當言治河

治河之策，賈讓爲千古之龜鑑，而平當之數言決矣。當言「經義有決河深川，而無隄防壅塞之文」，此鯀所以殛、禹所以興，而以堯、舜之聖不能與橫流之水爭勝者也。讓言「古之立國者必遺川澤之分，度水勢所不及」。殷所以世有河患而盤庚奮然依山以避災，無他，唯無總於貨寶而已。細人之情，怙田廬之利，貪瀕河之土，動天下以從其欲，貽沈沒於子孫而偷享其利，既古今之通弊矣。

❶「夷狄之干中夏也」，原脱，今據邵陽曾氏抄本補。

而後世之謀臣要君勞民以陻塞，逆五行之敘者，其不肖之情有二焉：其所謂賢者，竭民力，積一簣以障滔天而暫遏之，瀕河之民且歌謠而禱祀焉，遂以功顯於廷，名溢於野，故好事者踵起以嘗試而不絕。其不肖者，則公帑之出納浩煩而無稽，易爲侵牟；民夫之賃傭乘威以指使，而乾没任意。享其利而利其災，河濱之士大夫與其愚民及其姦胥交起以贊之，爲危詞痛哭以動上聽。宜乎自漢以來千五百年，奔走天下於河，言滿公車，牘滿故府，疲豫、兖、徐三州之民供一河之谿壑，而一旦潰敗，胥爲魚鼈，而但咎陻塞之不固也。可悲矣夫！

古今之異者，南北之殊流耳，其理勢則一也。繇讓之言而推其利病之原，非河之病民，而民之就河貪利以觸其害耳。貪退灘之壤，民有其土而國有其賦，鋒端之蜜截舌而甘之者不恤也。❶使能通百年之算，念天下之廣，猶是民也，徙之而於國無傷，其愈於陻塞疲役之貧勞困斃，❷與潰決之漂蕩淹溺也，孰爲利害哉？數千年而不出鯀之覆轍，君不明，而貪功嗜利之臣民積習而不可破，平當之言、賈讓之策，縣巨燭於廣廷，而昧者猶擿埴以趨也，不亦悲乎？

六　耿育請掩趙昭儀之惡

谷永請諱諸侯王之獸行以全人道之恥，議之正者也；耿育請掩趙昭儀殺皇子之惡以隱成帝之惑，議之不正者也。二説相似而貞邪分，精義以立法，不可不辨。永之正者，

❶「鋒」，邵陽曾氏抄本作「蜂」。

❷「勞困」，邵陽曾氏抄本作「困勞」。

《凱風》之不怨也；育之不正者，《小弁》之怨也。淫妒之嬖妾操刃以絶祖宗之胤胄而曲爲之覆，天子之子不死於妖孽者，其餘幾何哉？《春秋》成而亂臣賊子懼，故書「文姜遜於齊」、「哀姜遜於邾」以昭大義，而不以逐母爲嫌。昭儀之惡，宗廟所不容，況非嫡后君母，而可縱之乎？

甚哉，育言之誖也！❶曰：「知陛下有賢聖通明之德，廢後宮就館之漸，絶微嗣以致位。」是成帝戕父子之恩以爲未然之迂圖，其孰信之？育若曰昭儀不殺皇子則哀帝不得而立，以蠱帝心而縱妖孽，是哀帝本不與於篡弑之謀而育陷之使入也。《春秋》嚴黨賊之誅，哀帝不能免而育之罪不可逭矣。解光問罪之爰書不伸，趙氏宮官之大罰不正，宮闈肆毒於社稷而莫之問，故元后黨王莽以弑平帝、廢孺子而無所顧忌。胡三省者乃謂其合《春秋》爲尊者諱之義。邪説張而賈繼春資之以讎其庇李選侍之姦。清議不明，非一時一事之臧否已也。

七　鮑宣陳七亡七死並臚舉可任之賢

鮑宣七亡七死之章陳漢必亡之券以儆哀帝，正本之論也。王莽之姦姦而愚，非有操、懿之才，其於國又未有劉裕之功，輕移於衽席之上而莫之禁，莽其何以得此哉？唯民心先潰於死亡而莽以私恩市之也。藉非成帝之耽女寵、哀帝之暱頑童，縱其鬻吏賊民而蠱民以寇攘，莽亦上官桀、霍禹之續爾，而漢祚奚其亡？張放、淳于長，王氏之先驅也；傅遷、董賢，王氏之勸駕也；曹爽、何晏，

❶「言之」，原作「之言」，今據邵陽曾氏抄本改。

司馬懿之嚆矢也；李林甫、楊國忠，安祿山之前茅也；蔡京、童貫、史彌遠、賈似道，女直、蒙古之倀鬼也：而非君之溺於寵樂以忘民之死也不成。不然，孔光、揚雄之流亦嘗與聞名教，而宗室群臣以及四海之民豈遽能以片餌誘嬰兒而輒棄其母乎？故宣陳亟救死亡之言，知探本矣，愈於劉向之欲挽横流而堙諸其下也。

雖然，宣之言猶有病焉。後世言事之臣增闇主之疑而授姦臣以傾妒之口實，皆此繇也。宣言「慎選舉，大委任，以儆官邪而免民於死亡」是矣，勿亦姑言賢者之當任以聽人主之自擇，待有問焉而後可臚列傅喜、何武、孔光、彭宣、龔勝之賢以告，未晚也。今乃不然，若天子之左右一唯其所建置，而君不得以司取舍之權，衆不得以參疇咨之議，則偪上有嫌而朋黨之謗興。且喜、武諸人皆大臣也，自不能邀人主之知而安其位，宣能以疏遠片言取必於同昏之廷乎？知不可得而故言之，❶授姦人以背憎之資。石介遇明主而激黨禍，況庸君佞倖權姦交亂之天下哉？進言者不知其道，徒以得後世之稱而無益於時，皆此一時之氣矜爲之也。又況宣所稱者，龔勝而外，吾未見有大臣之操焉。孔光巨姦而與於清流，宣失言矣。盈廷之士氣，漢室之孤忠唯一王嘉，而不能訟其屈抑。然則鮑宣者，亦一時氣激之士而未足以勝匡主庇民之任者乎！

八　元后一旦舉天下授之王氏

《易》曰：「伏戎于莽，三歲不興。」不興

❶「故」，邵陽曾氏抄本作「固」。

者，慮其興之辭也。三歲而不興，逮其興而燎原之焰發於俄頃矣。哀帝崩，元后一聞之，即日駕之未央宮，馳召王莽，詔諸發兵符節、百官奏事、中黄門、期門兵皆屬莽。此高帝馳入趙壁奪韓信、張耳軍之威權，后以一老嫗斷然行之，雷迅風烈而無疑畏，其提攜劉氏之天下授之王氏，在指顧之閒耳。非伏之三歲，爪牙具而羽翼成，安能爾哉？

甚矣，悍婦之威！英雄所不能決，帝王所不能持，而指麾輕於鴻毛，至此極也！司馬懿之殺曹爽、劉裕之克劉毅、朱温之争李克用，大聲疾呼，深慮陰謀，頳顔流汗，喋血以争而僅得者，元后偃息談笑而坐收之。故莽有伏戎藏於平蕪蔓艸之中，無有險阻之形而不可測也。三歲伏而一旦興，有國者可不戒哉？

九　何武舉公孫禄

何武以忤王莽而死，可以爲社稷之臣乎？未也。武與公孫禄謀云：「吕、霍、上官幾危社稷，不宜外戚大臣持權。」此漢室存亡之紐也。乃當其時，内而元后爲伏莽之戎，外而孔光爲翼戴之姦，武僅以孤立之勢撲始然之火，既處於不敵之數矣。國之安危、身之生死徒藉於一言，而言非可恃也，所恃者浩然之氣勝之耳。公孫禄豈可終保者哉？而與之更相稱説，武舉禄，禄即舉武，標榜以示私，授巨姦以朋黨之譏，則氣先餒而惡足以勝之？禄惟詭隨，乃以幸免；武不欲爲禄之詭隨矣，則足以殺其軀而已矣。心不可質鬼神，道不可服小人，出没於寵辱之中而欲援已傾之天下，以水濺沸膏，欲息其焰而焰愈烈，非直亡身，國因以喪，悲夫！

十　彭宣與董賢孔光並居臺輔

平當、彭宣皆見稱於班固，宣未可與當並論也。當臨受侯封，卧病不起以固辭之，知世不可爲，鬱邑以死，可謂知恥矣。當之在位，丁、傅持權，而史稱帝雖寵任丁、傅而政自己出，異於王氏，則當逡巡以死而不忝無實之封，於自守之道未失也。若宣者，位司空，爲漢室輔，王莽殺兩后，誅異己，腹心爪牙交布朝廷，而元后爲國賊之内主，此正宣肝腦塗地，激天下忠烈之氣以救一綫之危者，而爲全軀保妻子之謀，謝不能以引退，尚足爲人臣子乎？龔勝、邴漢且猶在梅福之下，所任異也，而況宣位三公之重哉？宣者，與董賢、孔光並居臺輔而不慚者也，其生平可知矣。班固曰：「見險而止。」率天下以疾視君父之死亡而不恤，必此言夫！

平　帝

一　王莽速移漢祚由儒術之僞

元壽二年六月，哀帝崩。明年正月，益州貢白雉，群臣陳莽功德，號安漢公，天下即移於莽。以全盛無缺之天下，未浹歲而遷，何其速也！上有闇主而未即亡，故桓、靈相踵而不絕；下有權姦而未即亡，故曹操終於魏王，司馬懿殺曹爽、奪魏權，歷師、昭迄炎而始篡。天下者待一人以安危，而一人又待天下以興廢者也。唯至於天下之風俗波流簧鼓而不可遏，國家之勢乃如大隄之決，不終旦潰以無餘。故莽之篡如是其速者，合天下奉之以篡，莽且不自意其能然而早已然也。

莽之初起，人即仰之矣；折於丁、傅，而訟之者滿公車矣；元后拔之廢置之中，而天下翕然戴之矣。固不知莽之何以得此於天下，而天下糜爛而無餘如疫癘之中人，無能免也。環四海以狂奔，氾濫滔天，而孰從挽之哉？夫失天下之人心者，成、哀之淫悖爲之，而蠱天下之風俗者不在此。宣、元之季，士大夫以鄙夫之心，挾儒術以飾其貪頑。故莽自以爲周公則周公矣，自以爲舜則舜矣。周公矣，舜矣，無惑乎其相騖如狂而戴之也。當僞之初起也，匡衡、貢禹不度德，不相時，舍本逐末，興明堂辟雍，倣《周官》飾學校於衰淫之世。孔光繼起爲僞之魁，而劉歆諸人鼓吹以播其淫響。而且經術之變，溢爲五行災祥之説。陽九百六之數，易姓受命之符，甘忠可雖死而言傳，天下翕然信天命而廢人事，乃至走傳王母之籌而禁不能止。故莽可以白雉、黃龍、哀章銅匱惑天下，而愚民畏天以媚莽，則劉向實爲之俑，而京房、李尋益導之以浸灌人心，使疾化於妖也。子曰：「無爲小人儒。」儒而小人，則天下無君子，故龔勝、邴漢、梅福之貞而無能以死衛社稷，非畏禍也，畏公議之以悖道違天加己也；小人而儒，則有所緣飾以無忌憚，故孔光諸姦施施於明堂辟雍之上而不慚。莽之將授首於漢兵且以孔子自擬，愚昧以爲萬世笑而不疑。《傳》曰：「國有道，聽於人；國無道，聽於神。」古之聖人絶地天通以立經世之大法，而後儒稱天稱鬼以疑天下，雖警世主以矯之使正，而人氣迷於恍惚有無之中以自亂。即令上無闇主，下無姦邪，人免於飢寒死亡，而大亂必起。風俗淫則禍眚生於不測，亦孰察其所自始哉？

漢之僞儒詭其文而昧其真，其淫於異端也，巫史也，其效亦既章章矣。近世小人之竊儒者，不淫於鬼而淫於釋。釋者，鬼之精者也。以良知爲門庭，以無忌憚爲蹊徑，以墮廉恥、捐君親爲大公無我。故上鮮失德，下無權姦，而萍散波靡，不數月而奉宗社以貽人，較漢之亡爲尤亟焉。小人無憚之儒，害風俗以陸沈天下，禍烈於蛇龍猛獸而幸逸其誅。有心者能勿伸斧鉞於定論乎？

二　王莽竊君子之道以亡

君子之道，以經世者，唯小人之不可竊者而已；即不必允協於先王之常道而可以經世，❶亦唯小人之所不可竊者而已。君子經世之道，有質有文。其文者，情之已深，自然而昭其美者也；抑忠信已浹於天下，天佑而人順之，固可以緣飾而增其華者也，是則皆質之餘，而君子不恃之以爲經世之本。於是而小人竊之，情隱而不可見，天命人心不能自顯，則竊而效之，亦遂以爲君子之道在於此而無慚。然則小人之所可竊者非君子之尚，明矣。

封建、井田、肉刑，三代久安長治用此三者，然而小人無能竊也。何也？三者皆因天因人以趣時而立本者也。千八百國各制其國，而漢之王侯僅食租稅；五刑之屬三千，而漢高約法三章；田畝之稅十一，而漢文二十稅一，復盡免之：小人無能竊也。何也？雖非君子之常道，然率其情而不恤其

❶「王」，原誤作「生」，今據邵陽曾氏抄本改。

文，小人且惡其害己而不欲效也，非文也。《七月》之詩，勸農之事也，而王莽竊之，命大司農部丞十三人，人部一州以勸農桑，似矣。養生、送死、嫁娶、宫室、器服之有制，禮之等也，而王莽竊之，定制度吏民之品，似矣。若此類，君子之道蓋有出於是者，而小人不損其欲，不勞其力，不妨其惡，持空文，立苛禁，一旦以君子之道自居而無難。則以此思之，君子經世之大猷不在此，明矣。何也？農桑者，小民所自勸也，非待法而驅也；制度者，士大夫遵焉，庶人所弗能喻，惟國無異政，家無殊俗，行之以自然耳，非一切之法限之，不得而繼之以刑者也。然而竊倣之而即似，雖不效而可以自欺，遂以施施於天下曰：「吾既以行君子之道矣。」故文者，先王不容已而世有損益，初不使後世效之者也。仁義有同情，則張弛有異用。❶承百王之敝而仍有首出庶物之功名，乃能立高明闊遠之崖宇，而小人望之如天之不可企及。無他，誠而已矣。誠則未有可竊者也。

三　嚴詡誠於僞

天下相師於僞，不但僞以迹也，並其心亦移焉而誠於僞；❷故小人之誠不如其無誠也。誠者，虚位也；知、仁、勇，實以行乎虚者也。故善言誠者必曰誠仁、誠知、誠勇，而不但言誠。陵陽嚴詡當王莽之世，以孝行爲官，任潁川守，謂掾史爲師友，有過不責，郡事大亂。王莽徵爲美俗使者，詡去郡時，據地而哭，謂己以柔徵，必代以剛吏，哀潁川之

❶「仁義」至「異用」，原脱，今據邵陽曾氏抄本補。

❷「焉」，原無，今據邵陽曾氏抄本補。

士類必罹於法。此其呴沫之仁，蓋亦非僞託其迹也。始於欲得人之歡心而與人相暱，爲之熟，習之久，流於輭媚者，浸淫已深而不自覺。蓋習於莽之僞俗，日蒸月變，其羞惡是非之心迷復而不返。乃試思其泣也，涕淚何從而隕？則詰之以僞而詡不服，欲謂之非僞而詡其能自信乎？

嗚呼！僞以迹，而公論自伸於迹露之日；僞以誠，而舉天下以如狂，莫有能自信其哀樂喜怒者，於是而天理民彝澌滅盡矣。故天下數萬蚩蚩之衆，奔走以訟莽稱莽而翕然不異，夫豈盡無其情而俱爲利誘威脅哉？僞中於心腎肺腸，則且有前刀鋸、後鼎鑊而不恤者。蔡邕之歎董卓、姚崇之泣武曌，發於中而不能自已。甚哉，誠於僞之害人心！膏肓之病，非藥石之所能攻也。

四　翟義以討賊莽號召天下

陳涉、吴廣敗死而後胡亥亡，劉崇、翟義、劉快敗死而後王莽亡，楊玄感敗死而後楊廣亡，徐壽輝、韓山童敗死而後蒙古亡：犯天下之險以首事，未有不先自敗者也。亂人不恤其死亡，❶貞士知死亡而不畏，其死亡也，乃暴君篡主相滅之先徵也，先死以殉之可矣。勝、廣、玄感、壽輝、山童皆挾徼幸之心以求逞其志，非其能犯難以死爭天下者也，天將亡秦、隋、蒙古而適承其動機也。二劉、翟義不忍國讎，而奮不顧身以與逆賊爭存亡之命，非天也，其志然也，而義尤烈矣。義知事不成而忘其死，智不逮子房而勇倍之矣。

❶「人」，原作「士」，今據邵陽曾氏抄本改。

當莽之篡，天下如狂而奔赴之，孔光、劉歆之徒援經術以導諛，上天之神、虞舜之聖、周公之忠，且爲群不逞所誣而不能白。義正名其賊以號召天下於魔魅之中，故南陽諸劉一起而莽之首早隕於漸臺。然則勝、廣、玄感、山童、壽輝者，天貿其死以亡秦、隋；而義也、崇也、快也，自輸其肝腦以拯天之衰而伸莽之誅者也。不走而死，義尤烈哉！

王莽

一　劉歆附王莽被禍

王莽未滅而劉歆先殺，歆未死而族先滅。哀哉，劉向之澤不保其子孫而從學之門人與俱燼也！甄豐也，王舜也，皆推戴莽以分膏潤者也。鬼奪其魄而豐以亂誅，舜以悸死，於是而知鬼神之道焉。推戴已成而心不自寧，此心之動，鬼神動之也，二氣之良能所見幾而不可掩也。故皆不得其死而歆之罰爲尤酷焉。《易》曰：「小人而乘君子之器，盜思奪之矣。」歆，小人也。蒙父向之餘烈，自命於儒林以竊先王之道。君子之器其可乘乎？貌君子而實依匪類者，罰必重於小人。聖人之學、天子之位、天之所臨，皆不可竊者也。使天下以竊者爲君子而王道斬、聖教夷，姚樞、許衡之倖免焉，幸而已矣。❶

二　嚴尤諫伐匈奴非定論

嚴尤之諫伐匈奴，爲王莽謀之則得爾，

❶「姚樞」至「而已」，原脱，今據邵陽曾氏抄本補。

而後世亟稱之爲定論，非也。莽之召亂自伐匈奴始，欺天罔人而疲敝中國，禍必於此而發。尤不敢言莽不可伐匈奴而言匈奴不可伐，避莽之忌而諱之，豈果如蝨蝱之幸不至前，無事求諸水艸之藪以撲之哉？

秦之毒天下而亡，阿房也，驪山也，行遊無度而誅殺不懲也，非築城治障斥遠匈奴之害也；漢武之疲敝天下，建章也，柏梁也，禱祠祈僊而馳驅海嶽也，貪一馬而興萬里之師也，非埽幕南之王庭以翦艾匈奴之害也。秦得天下於力戰，民未休息而築戍之役暴興，則民怨起；漢承文、景休息之餘，中國無事而乘之以除外偪之巨猾，故武帝之功至宣、元而收，垂及哀、平而單于之臣服不貳。莽之得天下更悖於秦而亟用其不知兵之赤子，是其爲秦之續也必劇於秦。尤心知之而不敢訟言耳，❶豈可以爲定論而廢漢武之功哉？

兵者，毒天下者也，聖王所不忍用也。自非鱗介爪牙與我殊類而干我藩垣，絶我人極，不容已於用也，則天下可以無兵。故莽之聚兵轉饟以困匈奴，爲久遠計者未嘗非策，而嚴尤之欲深入霆擊也，亦轉計之謬焉者。莽非其人，莽之世非其時，故用莽之術而召天下之亂。自非莽也，尤之策與趙普之棄燕、雲也，均偷安一時而禍在奕世矣。

三　陳咸孫辭謝王莽存漢典章

西漢之亡也，龔勝、薛方、郭欽、蔣詡、陳咸皎然不辱，行迹相侔而未可等也。薛方詭辭以免，何以處夫嚴光、周黨際盛世而隱者乎？君子名之必可言也，言可孫而不可誣。

❶「言」下，邵陽曾氏抄本有「之」字。

謂王莽爲唐虞則唐虞矣，謀諸心，出諸口，方亦何以自安乎？莽之逆以僞而不足以延，苟有識者無不知也，知之則必避之矣。避臣莽之誅於他日，抑避忤莽之禍於當時，方之工於術也，其得與龔勝齒哉？視紀逡、兩唐而慧焉者爾。欽、詡則可謂自好矣。咸謝病不應，辭亦孫矣，而悉收漢之律令書文壁藏之，豈徒以俟漢氏中興之求哉？誠有不忍者矣。子之慕親也，愛其手澤；臣之戀主也，閔其典章。典章者，即先王神爽之所在也，故以知咸有不忍之心也。嗚呼！勝以死自靖，咸以生存漢，惻怛之生心一也。微二子，吾孰與歸？

四　郅惲引天文曆數令莽就臣位復漢室

天下相習於怪，無不怪也。郅惲引天文曆數上書王莽，令就臣位，復立漢室，可不謂怪乎？以莽之慘，無不可殺者而惲免於死，莽誣天而以天誣人，故忌天而不加刑，惲故持之盈而發之無憚耳。惲以此故智閉門不納光武而蒙賞，世皆驚其奇而偉其志操，而不知爲君子所必斥爲怪而不欲語者也。怪士不懲，天下不平。使明主戮之，而天下猶惜之。大經不正，庶民習於邪慝，流俗之論以怪爲奇，若此類者衆矣。

讀通鑑論卷五終

讀通鑑論卷六

衡陽王夫之譔

後漢更始

一　更始受新市平林推戴

爲名而有所推奉者，其志不堅；人爲名而尊己者，其立不固。項梁之立懷王，新市、平林之立更始是已。天下憤楚之亡而望劉氏之再興，人之同情也，而非項梁與張卬、王鳳、朱鮪之情也。懷王、更始不思其反，受其推戴而尸乎其位，名豈足以終繫天下而戢桀驁者私利之心乎？懷王任宋義，抑項羽，而禍發於項氏；更始終恃諸將而無與捍赤眉之鋒。徇不堅之志，立不固之基，疑之信之，無往而非召禍之門。

嗚呼，其危也，非一旦一夕之故也，而士之處斯世也難矣！彼以名而立君而我弗事焉，則世且責我以名義，順而與之則今日之輸忱且爲他日黨賊之地。苟或所以退不保其身，進不全其節也。嬴氏之暴、楚之亡、莽之篡、漢之中絕，苟有心者，孰不憤焉？而斟酌於從違在閒不容髮之頃，一往之志義未審而仆其生平，無他，不揣其實而爲名所動也。慎之哉！

二　伯升不欲立更始

力均則度義，義均則度德。力可恃也，

義可恃也，至於德而非可以自恃矣。伯升果有天下之志，與更始力相上下而義相匹，則以德相勝而天下惡能去己？諸將之欲立更始，無亦姑聽之而待其自弊？如其不弊，則天且授之，人且歸之，而惡能與争？如其弊，則姑順諸將之欲，自全於禍福之外，遵養以待時。故高帝受巴、蜀、漢中之封，而待三秦之怨、三齊之反以屈項羽，而羽終屈。伯升不知出此，婞婞然與張卬、朱鮪争，夫天下之大寶豈有可自争而自得者乎？其見害於諸將也，不揆而犯難也。李軼且扼腕而思害焉，況他人乎？

三　更始受赤眉之降而亡

王莽既誅，更始定都雒陽，赤眉帥樊崇將渠帥二十餘人入見，安危存亡之大機也。於此失之，而更始之亡决矣。定天下之紛亂者，規模有可素定而未可全定也。莽之未誅，漢之力全注於莽；莽平，群盗方興而未戢，固其所不豫謀者。一旦而莽誅矣，釋其重憂而相慶以大定，猝然授以赤眉而不容其躊躕以審處，豫謀所不及矣。莽未誅，赤眉者，莽之赤眉也；莽已誅，赤眉者，漢之赤眉也。以新造之邦代莽而受赤眉之巨難，周章失措而不知所裁，及其算失事敗，而後知前此之疏。當其時，氣乍盈而易弛，機至速而難留。善已亂者，俄頃定之而永靖，將謂其有不測之智勇而不知非然也。神不偏注於所重，而固有餘力以待變也。故攖大敵、舉大事、謀大功，斂精專氣以求成者之非難；而大敵已滅、大事已決、大功已就，正天人交相責而艱難萃於一人之身，此則中材以下者所不及謀，而大有爲者立不拔之基以應萬變之遷流，權不可設而道則不窮也。

更始君臣惡足以及此哉？其遣使諭降赤眉也，亦憂其不降耳。不知不降之不足憂，而降之之憂更大。然則無前定之道，無抑姑置赤眉而急自治；未能如聖哲之坐制於俄頃也，則無如緩之以俟其定。將天自有不測之吉凶，人自有猝然之離合，可降也而後降之，可討也而後討之，夫亦可謂因天乘時而順俟天命矣。其始也無餘力以待之，其繼也又弗能姑置焉。更始之亡所以決於樊崇之入見也。

四　光武拒更始

光武之拒更始與昭烈之逐劉璋，一也；論者苛求昭烈而舍光武，失其平矣。劉焉之於昭烈，分不相臨，光武則固受更始大司馬之命矣。更始起於漢室已亡之後，人戴之以嗣漢之宗社；劉焉當獻帝之世，坐視宗邦之陵夷，方且據土而自尊：則焉父子有可逐之罪而更始無之。如曰更始不能安位而存漢，則璋之弱又豈足以保三巴而不授之曹操乎？然則以忠信堅貞之義相責，而昭烈有辭，光武無辭矣。

乃光武之不與篡逆同罰也，則固有說。更始之立非光武兄弟之志也。張卬、朱鮪動搖人心而不能遏，則奉更始而君之。受其鈇鉞之賜，皆出於弗獲已而姑以自全。君臣之義，生於人心者也。天下方亂，君臣未定，無適主之分義，同興討賊之師，勢均德齊而志不屬。故更始不任爲光武之君，拒之而心固不疚。義非外也，信諸心者無大疚焉，斯可矣。唯然，則光武可逸不忠之罰，昭烈可釋不信之咎，皆非可執一切之信義以相糾者也，而於昭烈乎何誅？

五　更始舍雒陽而都長安

更始不足以有爲，史極言之，抑有溢惡之辭。欲矜光武之盛而掩其自立之非，故不窮更始之惡則疑光武之有慚德也。乃若更始之亡也，則舍雒陽而西都長安也。當是時，赤眉在濮陽，城頭子路、力子都在河濟閒，力子都，《後漢書·任光傳》作刁子都。《通鑑注》云：「《姓譜》：力，黄帝佐力牧，漢有力子都。」今從之。[1]銅馬、大彤等賊在燕趙，李憲在淮南，天下所岌岌未定者，東方也。而遽避勞趨逸，欲擁關以自固，則天下深見其不可恃而競扼其虛。顧欲長保故宫之富貴以自封殖，是猶狐兔倚窟以安而韓盧騰躑於外，甫一出而必不免於獲也。王莽誅，關中無事，隗囂委宗族而從己。於斯時也，得一重臣如寇恂者鎮撫長安而安集之，爲雒陽之根本，而都雒以彈壓山東，光武即解體於河北，其能遽收河內、下河東而無所顧畏邪？赤眉已降之餘，不能馳騁任志如踐無人之境，必矣。

蓋更始所任爲大臣者，類皆群盜之長，貪長安之富盛而藉口於復高帝之舊業以爲廓清，其錚錚小異如朱鮪、劉嘉、鮑永之流，亦不勝盈廷譾詘之論，則塞顛當之户，耽燕雀之嬉，固其宜也。光武得士於崛起之中而任之，既無盜賊之習氣，及天下甫定，復不以任三公而別用深識之士，虛建西都而定宅雒陽以靖東方之寇：皆懲更始之失而反其道。老子曰：「不善人，善人之資。」更始之失，光

[1] 正文「力子都」，邵陽曾氏抄本作「刁子都」，注作：「爰曾字子路，起兵盧城頭，衆二十餘萬。刁子都六七萬。」

武之資也。

六　更始挑禍匈奴

匈奴之禍，至元、成之世而大息矣。東漢之初，因盧芳而大爲中國害，非徒王莽之激之，抑更始挑之也。更始尸位於關中，赤眉横行於曹、濮，蕭王異志於河北，公孫述割據於巴蜀，斯時也，豈有德有威足以及匈奴？而輕以一介之使，循故事以求匈奴之順己，召其侮而授之以嫚詞，自取之矣。故嚴尤之諫，爲王莽言也。伐之不可，和之不能，夷狄焉知仁義？勢而已矣。更始之勢曾莽之不若，而欲匈奴修呼韓邪之已事，不度德，不量力，貽數十年邊關之禍。陳遵者，洵妄人也。易世而後，微竇憲、耿秉之矯矯，漢其危矣！

光　武

一　光武不逞氣矜

昆陽之戰，光武威震天下，王業之興肇此矣。王邑、王尋之師號稱百萬以臨瓦合之漢兵，存亡生死之界也。諸將欲散歸諸城，光武決迎敵之志，諸將不從，臨敵而撓，傾覆隨之。光武心喻其吉凶而難以曉譬於群劣，則固慨慷以争、痛哭以求必聽之時也。乃微笑而起，俟其請而弗迫與之言，萬一諸將不再問而遽焉駭散，能弗與之俱糜爛乎？嗚呼，此大有爲者所以異於一往之氣矜者也！尋、邑之衆且壓其項背，諸將欲散而弗及，光武知之矣。知其欲散而弗及，而又迫與之爭以引其喧囂之口，相長而益餒其氣，則不爭而得，爭之而必不得者也。而且不僅然也。藉令敵兵不即壓境以相迫，諸將驚潰而敵躡之，王邑無謀，嚴尤不決，兵雖衆而無紀，外盛而中枵，則諸將潰敗之餘，敵兵驕懈，我乃從中起以乘之，夫豈無術以處此？而特不如今此之易耳。諸將自亡而光武固不可亡，項梁死而高帝自興，其明驗已。一笑之下，綽有餘地，而何暇與碌碌者爭短長邪？

而尤不僅然也。得失者，人也；存亡者，天也。業以其身任漢室之興廢，則尋、邑果可以長驅，諸將無能以再振，事之成敗、身之生死委之於天，而非人之所能强。苟無其存其亡一笑而聽諸時會之量，則情先靡於軀命，雖慷慨痛哭與諸將競，亦居然一諸將之情也。以偶然億中之一策懷憤而求逞，尤取敗之道，而何愈於諸將之紛紜乎？

天下之大，死生之故、興廢之幾，非曠然超於其外者不能入其中而轉其軸。故武王之《詩》曰：「勿貳爾心。」慎謀於未舉事之前，坦然忘機於已舉事之後，天錫帝王以智，而必錫之以勇。勇者非氣矜也，泊然於生死存亡而不失其度者也。光武之笑起而不與諸將爭前却，大有爲者之過人遠也，尤在此矣。

二　光武徇河北

懷王遣高帝入關而高帝之王業定，更始遣光武徇河北而光武之王業定。大有爲者之初起，不欲躬爲戎首，抑必藉人以興。迨其威名已著而追隨於行隊之閒，則得失興喪之樞不任己而因人。稍欲持權，而禍已發於肘腋，宋義之所以死於項羽，伯升之所以死於李軼、朱鮪也。

然則項羽禁高帝不令入關，更始聽朱鮪而拒劉賜之請，不委河北於光武，羽與更始可以終保大位而無與爭乎？曰：不能也。禽之相制以氣，人之相役以道。項羽有韓信、陳平而不能禁其不去，更始有隗囂而不能服，無以役之也。藉令置高帝、光武於股掌之上，用之不能，殺之不可，羽與更始且自困於無術。三齊甫受封而旋叛，彭越、陳餘、英布翱翔桀驁以需時，王郎蠭起於河北，赤眉反戈而西嚮：羽與更始終無以固其位而徒召亂於無已。爾朱兆且不能得之於高歡，況二帝之涵育者深乎？故以范增、朱鮪爲忠謀者，愚也，無救於敗而徒亂天下也。無御豪傑定四海之道而操疑忌以困人，其亡愈速矣。

三　光武待王郎盆子不用權術

王者代天而行賞罰，參之以權謀則逆天而天下不服，非但論功行賞、按罪制刑於臣民也。武王封武庚於東國，不得不封也，天也；周公相成王誅武庚，不得不誅也，天也。三代以上，諸侯有道，天下歸之，則爲天子；天子無道，天下叛之，退爲諸侯。武庚，宜侯者也，不得不封；武庚宜安侯服而欲復干天命，不得不誅。既代天以賞罰，則洞然與四海公其衮鉞，而無所委曲於操縱以爲駕馭之術。蘇洵氏唯不知此，故以權術測王者之舉動而成乎小人之邪説。

王郎遣杜威納降，威爲郎請萬户侯封，光武曰：「顧得全身可矣。」劉恭爲盆子乞降，恭問所以待盆子者，帝曰：「待以不死耳。」大哉，王言！奉天以行賞罰而意智不與焉，斯乃允以繼天而爲之子。王郎者，妖人也。妖人倡亂，不可不誅。以其降而姑貰之，終拒其降而斬之以懲天下之妖妄，而天下定。盆子者，愚而爲人立者也。愚且賤而欲干天位也，可誅；非其志而聽命於人也，可宥。待以不死而授之散秩以養之，義正而仁亦裕矣。所尤難者，光武決於一言，而更無委曲之辭以誘之，明白洞達，與天下昭刑賞之正，故曰：大哉王言，體天無私而爲之子也。

爲權術之説者則不然，心惡之而姑許之，謂可以輯群雄之心，使劉永之儔相仍而革面。獨不見唐高祖之待李密，其後竟如之何也？狙詐興而天下相長以僞，故終唐之世，藩鎮倏叛倏服以與上相市，而兵不可戢。然則權者非權也，僞以長亂而已矣。《湯誥》曰：「有罪不敢赦，帝臣不蔽，簡在帝心。」誠帝心也，豈憂天下之有不服哉？何所葸畏而與人相爲駔儈乎？故言權術以籠天下者，妾婦之智而已矣。

四　殺李軼封朱鮪

馮異招李軼於雒陽，軼報曰：「千載一會，思成斷金。」異斬武勃，軼閉門不救，是宜受其款而雒陽可速下也。光武則宣露其書，使朱鮪殺軼。軼本與伯升俱起，諂事諸將，忌伯升而譖殺之，光武欲得而甘心久矣。軼死而雒陽之圍經年始拔。事有寧勞而不貪近功以申大義者，此是也。乃殺伯升者朱鮪之本志，軼特徇鮪而從之者爾。帝之於鮪也，使岑彭説之曰：「舉大事者不忌小怨。鮪降，官爵可保。河水在，吾不食言。」鮪降而拜將軍，封列侯，傳封累世。同怨而異報，達於理者之制恩怨，非常情之所可測也如此。

雖然，亦惡有不可測哉？伯升初起，始發於李軼，迎光武而與建謀，則軼固光武兄弟所倚爲腹心也。更始立，朱鮪、張卬暴貴，軼遽背而即於彼。因勢而遷者，小人之恒也，亦何至反戈推刃而無餘情哉？及光武初定河北，始有入關之志。更始委三十萬之重兵於軼守雒陽，而李松甫敗於赤眉，軼又窺長安之不固而思附光武，靦然納斷金之言而不慚。光武曰：「季文多詐，不能得其要領。」特假手於鮪以殺之而討猶未伸，非可以鮪例之也。

鮪起於平林，先光武以舉事，與伯升未有交也。奉更始而爲更始謀殺伯升者，亦范增之愚忠耳。更始之諸將，類皆賊也，而鮪獨異。殺伯升，留光武而不遣，知有更始而不恤其他。諸將挾功而欲自王，更始弗能違也，鮪獨守高帝之約，辭膠東之封。受命守雒，百戰以與寇恂、馮異爭死生之命。及長安破，更始降於赤眉，雒陽孤立無援，且堅壁固守，以殺伯升爲慚而不降。故通更始之廷所可與有爲者，唯鮪一人而已，於事君之義、立身之恥殆庶幾焉。藉令光武以怨軼者怨鮪而拒戮之，則以私怨而廢天下之公，且將獎人臣之操異志以介從違，而何以勸忠乎？子曰：「以直報怨。」直者，理而已矣。於軼何可忘，而於鮪何容芥蔕也？

五　卓茂敦實行遠虛名

效卓茂之爲，可以化今之人乎？曰：

何爲其不可也？效卓茂之爲，遂可以化人乎？❶曰：何爲其可也？所以然者何也？素履无咎，居心無僞，而抑於大節不失焉，則行之也和順而無矯物之情，篤實而不期功名之立，動之以天而物弗能違矣。非然，則嚴詡之以亂潁川者，所謂「鄉原，德之賊也」。王莽之當國，上下相率以僞，效茂之迹以誇德化者非直一嚴詡也。莽皆樂推之以誘天下，彼亦樂附莽而成其利達。莽居攝而茂以病免，名不照於當時而莽無求焉。❷自拔於流俗，而居約以自汙，敦實行而遠虛名，茂自此遠矣。

且其諭部民之言曰：「人所以群居不亂異於禽獸者，以有仁愛禮義，知相敬事也。」擴愚賤之昏瞀而示以天理流行之實，夫豈託迹寬仁以干譽者之所能及此乎？茂唯有此，雖無皦皦之名而志終不降，雖違物情之順而不爽天性之貞。自非然者，恭而諂，寬而弛，樸而鄙，無得於心，不全其大，徒飾爲從容平易之容。石建以之獵顯名厚實而不保其子之令終，天不可罔，人固不可重欺也。故欲學茂者，無但求之事爲之迹也。

六　馮衍移怨恨於妻子

鮑永、馮衍審知更始之亡而後降，正也。然既已事主不終，納款以免戰争攻守之禍，豈更有无妄之福可容其覬望乎？鮑永以立功而受封，雖可受之而無疚，要亦聽新主之自爲予奪耳。馮衍曰：「天命難知，人道易守。守道之臣，何患死亡？」苟知此矣，在貧

❶「人」，邵陽曾氏抄本作「之」。
❷「照」，邵陽曾氏抄本作「炫」。

如富，在賤如貴，悠游卒歲，俟命而無求，豈不成乎大丈夫哉？而怏怏失志，移怒忿於妻子，抒怨懟於文辭，然則昔之阻孤城、抗大敵而不降者，正留一不挑之節，爲夫死更嫁之地。衍之生平敗於此矣。光武終廢而不用，不亦宜乎？

七　光武激彭寵使速反

光武之處彭寵，不謂之刻薄而寡恩不得矣。王郎之亂，微耿況與寵之力不及此。天下粗定，置寵若忘而以年少驕躁之朱浮位於其上，寵惡能不怨邪？泄浮之奏以激寵，使速反而殪之，誠不知光武之何心。意者寵之初發突騎助光武討王郎，寵無固志，特爲吳漢、王梁所脅誘而耿況、寇恂從臾之，以此有隙焉，而雖功亦罪乎？夫天下競起，疑王疑帝，豈易測之於風塵之下？既有功於己而拯其急，則固未可忘也。光武能忍於反側子而不能忍於寵也，何邪？

乃寵之不得其終也，亦有以自取矣。耿況之始歸光武亦寇恂決之也，乃既決於聽恂矣，則遣其子弇親將而來，稱帝之議，弇無所避而密陳之，故寇恂雖見委任而不能掩況父子之輸忠。寵弗然也，從漢與梁之策，即遣漢與梁任之，資以兵衆，而成漢與梁之豐功，寵無與焉。漢與梁馳驅於中原而已晏坐於漁陽，何其不自樹立，倒柄以授人邪？寵之愚不應至是，則寵有猶豫之情可知矣。光武而興，則漢與梁爲己效功；光武而敗，則漢與梁任其咎，而己猶擁郡以處於事外。嗚呼！處亂世，擁重兵，勢不可以無事，非儒生策士徘回顧慮之時也。❶慮未可以委身，

❶「回」，邵陽曾氏抄本作「徊」。

則竇融雖後至而無猜，審可以託迹，則得喪死生決於一念。若其姑與之而留餘地以自處，犯英主之大忌，受群言之交擿，未有能免者也。《易》曰：「需于泥，致寇至。」敬慎且危，而況悍妻群小之交煽乎？亂世之去就，決之以義而已。義定而守之以信，則凶而可以无咎。需者事之賊，非欲其躁也，無兩端以窺伺之謂也。寵之不免，非旦夕之故矣。雖然，略其心，紀其績，以不忘患難之初心，則物自順焉。光武之刻薄寡恩也，不得以寵之詐愚而謝其咎也。

八　光武取天下以柔道

光武之得天下，較高帝而尤難矣。建武二年已定都於雒陽，而天下之亂方興。帝所得資以有爲者，獨河北耳。而彭寵抑叛於幽州，五校尚橫於內黃。關以西，鄧禹雖入長安，赤眉環繞其外，禹弗能制焉。酈、宛、堵鄉、新野、弘農近在咽頰之間，寇叛接跡而相爲牽制，不異更始之在長安時也。劉永、張步、董憲、蘇茂橫亘東方，爲陳、汝眉睫之患，隗囂、公孫述姑置而可徐定者勿論焉。其視高帝出關以後僅一項羽，夷滅之而天下即定，難易之差，豈不遠哉？

或曰：項羽，勁敵也，赤眉、五校、劉永、張步、董憲、蘇茂、董訢、蘇況、隗囂皆非羽倫，則光武易。夫寇豈有常哉？項羽之彊也而可使弱，弱者亦何不可使彊也？曹操慮袁紹之難平，而卒與争衡者，周瑜之一隅；苻堅蕩慕容、姚氏之積寇，而一敗不支於謝玄之一旅。時之所興，勢之所湊，人爲之效其羽翼，天爲之長其聰明。燎原之火一爓未滅，而猝已焚林。詎可量邪？且合力而與争者一塗，精專志定，無旁撓焉，而惡得不易；分勢而四應者雜起，左伏右起，無寧日焉，而惡得不難？使以高帝滎陽之相持而遇光武叢生之敵，乘閒擣虛而掣其後，羽不待約而人爲之犄角，高帝不能支矣。則甚矣光武之難，而光武之神武不可測也！

乃微窺其所以制勝而蕩平之者，豈有他哉？以静制動，以道制權，以謀制力，以緩制猝，以寬制猛而已。帝之言曰：「吾治天下，以柔道行之。」非徒治天下也，其取天下也亦是而已矣。柔者非弱之謂也，反本自治，順人心以不犯陰陽之忌也。孟子曰：「行法以俟命。」光武其庶幾乎？高帝之興，群天下而起亡秦，競智競力，名義無所伉，人心無所惑也。光武則乘思漢之民心以興，而玄也、盆子也、孺子嬰也、永也、嘉也俱爲漢室之胄，未見其分之有所定也。苟有分義以相搖，則智力不足以相屈，故更始亡而故將猶挾以逞志。然則光武所以屈群策群力而獨伸焉者，舍道其何以哉？天下方割裂而聚鬬，而光武以道勝焉。即位未久，修郊廟、享宗祖，定制度，行爵賞，舉伏湛、徵卓茂，勉寇恂以綏河内，命馮異使撫關中，一以從容鎮静結已服之人心而不迫於争戰，然而桀驁彊梁之徒皆自困而瓦解。是則使高帝當之，未必其能耆定如此也，而光武之規模宏遠矣。

嗚呼！使得天下者皆如高帝之興而無光武之大猷承之於後，則天下後世且疑湯、武之誓誥爲虛文，而唯智力之可以起收四海。曹操何所憚而不爲天子，石虎、朱温亦何能寒海内之心而不永戴之哉？三代而下，取天下者唯光武獨焉，而宋太祖其次也，不無小疵而大已醇矣。

九　光武鄧禹持重同而勝敗異

赤眉之棄長安，西走安定，非鄧禹之力能驅之也。食盡而旁掠，固不以安定爲終焉之計而必返乎長安。鄧禹不乘其有可潰之勢，躡其後以蹙之，而入長安晏坐以待其歸，河決癰潰，容可御乎？於是退之雲陽，士氣已餒，而還攻之於堅城之下，其敗宜矣。故善用兵者，知時而已。赤眉食盡，引兵東歸，時異乎昔，則唯扼之於險而可制其死命。禹乃違光武之令，就關內而與爭，何昔之怯而今之忿也？

然光武終能遏之於宜陽而盡降之，曾不恤歸師勿掩之戒，塞決河而斂潰癰，則又何也？嚴陳以待，求戰不得，求走不能，弗犯其鋒，稍遲之而氣即餒矣。帝以持重而挫其方決之勢，禹以持重而失之方潰之初。相時之變定幾於頃刻，非智之所能知、勇之所能勝。岳鵬舉曰：「運用之妙，存乎一心。」心不忘而時自應於其會，此未可以一成之論論之也。

十　獎重厚之吏以撫難馭之衆

所貴乎史者，述往以爲來者師也。爲史者記載徒繁而經世之大略不著，後人欲得其得失之樞機以效法之無繇也，則惡用史爲？

光武之始徇河北，銅馬諸賊幾數百萬，及破之也，潰散者有矣，而受其降者數十萬人。斯時也，光武之衆未集，猶資之以爲用也。已而劉茂集衆十餘萬而降之於京、密，朱鮪之衆且三十萬而降之於雒陽，吳漢、王梁擊檀鄉於漳水，降其衆十餘萬於鄴東，五狡之衆五萬人降之於苐陽，❶餘賊之擁立孫登者五萬人降之於河北；赤眉先後降者無算。其東歸之餘尚十餘萬人，降之於宜陽，吴漢降青犢，馮異降延岑、張邯之衆，蓋延降劉永之餘，王常降青犢四萬餘人，耿弇降張步之卒十餘萬：蓋先後所受降者，指窮於數。戰勝矣，威立矣，乃幾千萬不逞之徒聽我羈絡，又將何以處之邪？高帝之興也，恒患寡而亟奪人之軍，光武則兵有餘而撫之也不易，此光武之定天下所以難於高帝也。

夫民易動而難静，而亂世之民爲甚。當其捨耒而操戈，或亦有不得已之情焉，而要皆游惰驕桀者也。迨乎相習於戎馬之閒，掠食而飽，掠婦而妻，馳驟喧呶，行歌坐傲，則雖有不得已之情而亦忘之矣。盡編之於伍而耕夫之粟不給於養也，織婦之布不給於衣也，縣官宵夜以持籌不給於餽餫也；盡勒之歸農而田疇已蕪矣，四肢已惰矣，恣睢狂蕩，不能受屈於父兄鄉黨之前矣。故一聚一散，傾耳以聽四方之動而隨風以起，誠無如此已動而不復静之民氣何矣！而光武處之也，不十年而天下晏然，此必有大用存焉。史不詳其所以安輯而鎮撫之者何若，則班固、荀悦徒爲藻帨之文而無意於天下之略也，後起者其何徵焉？

無已而求之遺文以髣髴其大端，則徵伏湛、擢卓茂，奬重厚之吏以調御其囂張之氣，使惰歸而自得其安全。民無懷怨怒以擯之不齒，吏不吝教導以納之矩矱，日漸月摩而消其形迹，數百萬人之浮情害氣以一念斂之而有餘矣。蓋其覿文匿武之意早昭著於戰争未息之日，潛移默易，相喻於不言。當其

❶「苐」下，邵陽曾氏抄本注有「音希」二字。

從戎之日已早有歸休之志，而授以田疇廬墓之樂，亦惡有不帖然也？❶自三代而下，唯光武允冠百王矣，何也？前而高帝，後而唐宋，皆未有如光武之世，胥天下以稱兵，數盈千萬者也。通其意，思其變，函之以量，貞之以理，豈易言哉，豈易言哉？

十一 光武失御隗囂之道

光武報隗囂書稱字以與頡頏，用敵國禮，失御囂之道矣，是以失囂。囂者異於狂狡之徒，猶知名義者也。始起西州，歃血告於漢祖之神靈，知漢未絕於天，願爲中興之元功耳。更始疑欲殺之，亦奔歸秦隴而恥與張卬、謝祿同逆。達其情，奬之以義，正名之爲君臣而成其初志，囂將以爲得知己而願委身焉。名義者，囂所素奉之名也，待以敵國而置之名義之外以相籠絡，囂且謂更始之始尊我而終忌我，今猶是也，奚以委身而相信哉？文帝之下尉佗也，佗本無戴漢之心，下之而驕氣以平，非可與囂比者也。懷疑未決而又重授以疑，雖慷慨論列如馬援，無能觿其猜忮矣。

十二 漢郡吏於守義猶君臣

上下相親，天下之勢乃固。故三代之王者不與諸侯爭臣民，立國數百年，其亡也猶修天子之事守而不殄其宗社。漢承秦而罷侯置守，守非世守而臣民亦迭易矣。然郡吏之於守，引君臣之義，效其忠貞，死則服之，免官而代爲之恥，曲全其名，重恤其孤幼，乃

---

❶「亦惡」，原作「惡亦」，今據邵陽曾氏抄本改。

至變起兵戎而以死衛之。如楚郡劉平遇龐萌之亂，伏太守孫萌身上，號泣請代，身被七創，傾血以飲萌。如此類者，盡東漢之世，不一而足。蓋吏之於守，其相親而不貳也，天子不以沽恩附勢爲疑，廷臣不以固結朋黨爲非，是以上下親而迭相維繫以統於天子。故盜賊興而不能如黄巢、方臘之僭，夷狄競而不能成永嘉、靖康之禍，三代封建之遺意施於郡縣者未斁也。

延及後世，黨議興而惟恐人之不離，告訐起而惟恐部民之不犯其上，將以解散臣民而使專尊天子，而不知一離而不可復合，惡能以一人爲羈絡於清宫，而徧縻九州之風馬牛哉？導民以義而民猶趨利以忘恩，導民以親而民猶背公以瓦解，如之何更獎以刻薄犯順之爲也？三代以下唯漢絶而復興，後世弗及焉，有以夫！

十三　光武信符命

言一發而不可收，習相沿而不能革，無聖人出，則須其自已而後已。班彪之説隗囂，竇融之決志以從光武，皆以符命爲徵。彪與融處亂世而身名以全，皆所謂豪傑之士也，然而所據者在此，況其他之瑣瑣者乎？仲尼没，七十子之徒流風日遠，舍理言天而窺天以數，賢者不能自拔而疑信參焉。劉楊造癭楊之讖以惑衆，張豐寶肘石之璽以自迷，皆緣之以釀亂而亡其身。光武之明，且恐非此而無以動天下，刻畫五行、割裂六藝者二百餘年，迨魏晋而始衰，害固如是之烈也！

孔子贊《周易》以前民用，道而已矣，陰陽柔剛仁義之外無道也。至於漢乃有道外之數以亂道，更千年而濂、雒闡其微以距邪説，邵康節猶以其授於陳摶、穆修者，冒三聖之顯道以測皇王之升降，非君子之所知也。其殆京房、夏賀良之餘燼，乘風而一煽者乎？

十四　光武賜書竇融

疑信相參之際，人有隱情而我亦與之隱，則疑終不釋。豁然發其所疑而示之以信，豈有不測之明威哉？無不可共見之心而已。竇融在河西懷疑不決，好事者且以尉佗之説進，此融所祕而不敢以告者也。光武賜書，開兩端以擿發之而河西震服。凡光武之詘群雄者，胥此道也。

蓋有所隱而不敢宣者，畏人之知。抑料人雖知我而無能禁我也，更相與隱之，則彼且畏我之含殺機以暗相制。不則謂其疑己而無如己何矣，曉然曰：予既已知汝必有之情矣而終不以爲罪，且亦不禁汝之勿然，而吾固無所懼也。則相諒以明恩而無姑相隱忍之情以示懦。此非權術之爲也，恃在己而不幸人之弗相害，洞然知合離得失之數，仰聽之天，俯任之人，術也而道在其中。此光武之奇而不詭於正者與？

十五　光武在戰争不忘經術

起於學士大夫，習經術，終陟大位者三：光武也，昭烈也，梁武帝也。故其設施與英雄之起於艸澤者有異，而光武遠矣。

昭烈習於儒而淫於申韓，歷事變而權術蕩其心。武侯年少而急於勳業，是以刑名亂之。梁武篡，而反念所學，名義無以自容，不獲已而聞浮屠之法有「心亡罪滅」之旨可以自覆，故託以自飾其惡，愚矣。然而士大夫釋服入見者，面無毀容則終身不録，終不忍使大倫絶滅於天下，❶人道猶藉以僅存，固愈於蕭道成之唯利是尚也。光武則可謂勿忘其能矣。天下未定，戰爭方亟，汲汲然式古典，修禮樂，寬以居，仁以行，而緣飾學問以充其美。見龍之德，在飛不舍。三代以下稱盛治，莫有過焉。故曰：光武遠矣。

嗚呼！古無不學之天子，後世乃有不學之相臣。以不學之相臣輔艸澤之天子，治之不古自高帝始，非但秦也。秦以亡而漢以興，亡者爲後戒而興者且爲後法。人紀之存，不亦難乎！

十六　隗囂據隴以待變

王元説隗囂據隴自守以待四方之變，其亡也宜矣。天下方亂，士思立功名而民思息肩於鋒刃，能爲之主者，衆所待也。人方待我，而我待人乎？待者，害之府也。無已，則儒生懷道術以需時而行者待求治之主，不則武夫以方剛之膂力欲有所效者待有爲之君，是兩者可待也。若夫欲創非常之業，目不營乎四海，心不周乎萬民，力不足以屈群策群力而御之，謀不能先天下而建廓清之首功，乃端坐苟安，待人之起而投其隙。所待者而賢於我，則我且俛首而受制；所待者與己齊力而或不己若，則幸雖制彼而無以服天

❶「終」，邵陽曾氏抄本作「固」。

下之心。鷸蚌漁人之術，其猶鼠之俟夜乎，而何以爲天下雄也？擁重兵，據險地，謀臣武士亦足以用，但立一待人之心而即已自處於坐困之塗。延頸企之，仰窺天，俯視地，四顧海内而幸其蠭起，亂人而已。亂人者未有不亡者也。

十七　嚴光不仕非《蠱》之上九

嚴光之不事光武，以視沮、溺、丈人而尤隘矣。沮、溺、丈人知道不行，弗獲已而廢君臣之義者也，故子曰：「隱者也。」隱之爲言藏道自居而非無可藏者也。光武定王莽之亂，繼漢正統，修禮樂，式古典，其或未醇，亦待賢者以道贊襄之，而光何視爲滔滔之天下而亟違之？倘以曾與帝同學而不屑爲之臣邪，禹、皋陶何爲胥北面事堯而安於臣舜邪？

若周黨者，則愈僻矣。召而至三，徵而就車，偃蹇伏而不拜，忿鷙之氣施於君臣禮法之下，范升劾其不敬，罪奚辭焉？黨聞《春秋》報讎之説，非君非父之慘，稱兵以與人相仇殺，黨其北宫黝之徒與？黝固無嚴諸侯，黨亦無嚴天子也。賜帛而罷之，恥孰甚焉？帝覆載以容之，而黨藐乎小矣。

王良應召而受禄，雖無殊猷而恭儉以居大位，於君子之道尚不遠矣。故君子者以仕爲道者也，非夷狄盜賊，❶未有以匹夫而抗天子者也。范希文曰：「《蠱》之上九，子陵有焉。」非其時而憑高以爲尚，則《比》之「无首」而已矣，惡足法哉？

❶「夷狄」，原爲空格，今據邵陽曾氏抄本補。

十八　來歙游説無溢詞

來歙使隗囂，憤然爲危激之辭質責囂，欲刺之而囂不能加害。史稱歙有信義，言行不違，往來游説皆可覆按，故西州士大夫敬愛而免之。信義之於人，大矣哉！

士處紛争之世，往來傳命而失信義者有二，而亂人不與焉：習於説術者，以爲薦樸誠於雄猜狙詐之前，則且視爲迂拙而見詘；以巧馭巧，以辯馭辯，機發於不測而易以動人，而不知有盡之慧敵多方之詐，固不勝而適逢其怒也。又或胸無主而眩於物者，兩雄相猜，其中未易測也，而所争所欲，和與戰、合與離兩端而已。欲翕固張，薄爲望而厚爲責，有溢美溢惡之辭焉。乃無定情而驚其誇説，因而信之，遂與傳之，而固不可覆按也，則未有欺而欺者多矣，欺已露而追悔無及也。是兩者失信失義而抑取憎於人者多矣，故莊周非知道者，而其言游説則盡矣。勿傳其溢詞而信義可以不失。歙其明於此而持之固乎？履虎尾而不咥，素以往而已矣。

十九　減省吏職非不易之法

建官之法與選舉用異而體合，難言之矣。省官將以息民，而士之待用者滯於進而無以勸人於善。不省則一行之士可自試以交奬於才能，然而役多民勞，苦於不給，且也議論滋多，文法滋繁，責分而權不一，任事者難而事多牽制以疑沮。吏省而法簡，則墨吏暴人，擁權自恣，無以相察，而胥史豪彊易避就以讎其姦。故一興一廢、一繁一簡之際，難言之也。天下有定理而無定法。定理者，知人而已矣，安民而已矣，進賢遠姦而已矣；無定法者，一興一廢、一繁一簡之間，因乎時而不可執也。亂之初息，不患士之不勸於功名也而患其競。一夫有技擊之能，一士有口舌刀筆之長，嘗以試之紛糾之際而幸讎，效者接踵焉。而又多與以進取之塗，蕩其心志，則捐父母、棄墳墓、舍田疇以冒進者不息。唯官省而難容，乃退安於静處，而爵禄貴、廉恥興焉。且也，民當墊隘之餘，偷安以自免之情勝。其有犯不軌者，類皆暴横恣睢，惡顯而易見，不則疲敝亡賴而不知避就者，未容有深姦奇巧，詭於法而難於覺察者焉。則網疏吏寡，而治之也有餘。抑百務艸創而姑與天下以休息，雖有不舉，且可俟之生遂之餘，則郡縣闊遠而事爲不詳正以綏不寧而使之大定，此則省官之法善矣。

若夫天下已定，人席於安矣，政教弛而待張矣。於斯時也，士無詭出歧塗以倖功名之路，温飽安居而遂忘於進，則衣冠之胄、俊秀之子亦且隳志於庠序而自限於農圃。非多爲之員、廣爲之科以引掖之於君子之塗，則樸率之風流爲鄙倍，而《詩》《書》禮樂不足以興方起之才。且彊暴不足以逞而匿爲巧詐，豪民日以磐固而玩法自便，則百里一亭，千里一邑，長吏疏，掾督缺，而耳目易窮。乃官習於簡略而事日以積，教化之詳、衣裀之備，官不給而無以齊民，事不夙而無以待變。是則并官以慎選而不能盡天下之才，省吏以息民而無以理萬民之治。吝爵吝權之害豈淺於濫冗哉？故曰：理有定而法無定，因乎其時而已。

光武建武六年，河北初定，江淮初平，關中初靖，承王莽割裂郡縣、改置百官苛細之後，抑當四海紛紜、蛇龍競起之餘，徼幸功名之情中於人心而未易滌，并省四百餘縣，吏職減損，十置其一，斯其時乎，斯其時乎！要之，非不易之法也。

二十　竇融責隗囂以仁人之言

竇融之責隗囂曰：「兵起以來，城郭皆爲丘墟，生民轉於溝壑。天運少還，而將軍復重其難，孤幼將復流離，言之可爲酸鼻。」仁人之言，其利溥如此哉！

說人罷兵歸附而以彊弱論，我居彊而孰甘其弱？激之已耳。以天命論，天視聽自民視聽，置民不言而託之杳茫之符瑞，妄人不難僞作以惑衆而亂益滋。唯融之爲言也如此，囂雖不能聽而已愴於心，心愴而氣奪矣。秦隴之民聞之，固將怨囂而不樂爲之死，漢之荷戈以趨、負糧以饋者，亦知上之非忍毒我而禍自彼發，不容已也。其利溥矣！

然而融之爲此言也，則非以是爲制囂之柄而離秦隴之心使去囂也。何以知其然也？使融而操此以爲術，則言之不能如是之深切。而融全河西以歸命，實踐此言以免民於死，非徒言也。竇氏之裔與漢終始，一念之永，百年之澤矣。

二十一　光武不聽江馮請督察三公

治之敝也，任法而不任人。夫法者，豈天子一人能持之以徧察臣工乎？勢且仍委之人而使之操法。於是舍大臣而任小臣，舍舊臣而任新進，舍敦厚寬恕之士而任徼幸樂禍之小人。其言非無徵也，其於法不患不相傅致也，於是而國事大亂。江馮請令司隸校尉督察三公，陳元争之，光武聽元而黜馮之邪説，可謂知治矣。臣下之相容，弊所自生也；臣下之相訐，害所自極也。如馮之言，陪隸告其君長，子弟訟其父兄，洵然三綱淪、五典斁，其不亡也幾何哉？

大臣者，日坐論於天子之側者也。用人行政之得失，天子日與酬辨，而奚患不知？然而疑之也。有故則天子不親政而疏遠大臣，使不得日進乎前，於是大臣不能復待天子之命而自行其意。天子既疏遠而有不及知，猶畏鬼魅者之畏暗也，且無以保大臣之必不爲姦，而督察遂不容已。媢疾苛覈之小人乃以撓國政而離上下之心，其所訐者未嘗不中也，勢遂下移而不可止。藉令天子修坐論之禮，勤内朝外朝之問，互相諮訪以析大政之疑，大臣日侍黼扆，無隙以下比而固黨，則臺諫之設，上以糾君德之愆，下以達萬方之隱，初不委以毛鷙攻擊之爲，然而面欺擅命之慝，大臣固有所不敢逞，又焉用督察爲哉？

況大臣者非一旦而加諸上位也。天子親政，則其爲侍從者日與之親，其任方面者以其實試之功能驗之於殿最而延訪之，則擇之已夙，而豈待既登公輔之後乎？唯怠以廢政，驕以傲人，則大臣之得失不審，於是恃糾虔之法，以爲不勞而治也。於是法密而心離，小人進而君子危，不可挽矣。

二十二　隗囂毒未及天下

乘亂以起兵者類不得其死，而隗囂獨保首領以終。囂之所爲蓋非犯陰陽之忌而深天下之怨者，不亦宜乎！藉其子純弗叛以逃，雖世其家可也。囂之所以不終事漢者，懲於更始之敗而葸以失之也。以身託人而何容易哉，則固不容不慎，慎而過焉，遂成乎葸，於是而毀家存漢之心不能固守而成乎逆。然而兵不越隴而毒未及於天下，鄭興、馬援、申屠剛去之而不留，來歙刺之而不殺，隱然有名義在其心而不忘，其異於公孫述、張步、董憲之流遠矣。惜哉，其不奉教於竇融耳！卑屈而臣於公孫述，則勢蹙而無聊之爲也。其怙終而不聽光武之招，則媿於馬、竇而恐笑其不夙也。葸而成乎愚，而固不安於戕忍詭隨之爲，乃以善其死而免於顯戮，天維顯思，自求自取之謂也。

二十三　不任將帥以宰輔

任爲將帥而明於治道者，古今鮮矣，而光武獨多得之。來歙刺傷，口占遺表，不及軍事而亟薦段襄，曰：「理國以得賢爲本。」此豈武臣之所及哉？歙也，祭遵也，寇恂也，吴漢也，皆出可爲能吏，入可爲大臣者也。然而光武終不任將帥以宰輔，諸將亦各安於韎韐而不欲與於鼎鉉。嗚呼，意深遠矣！故三代以下，君臣交盡其美，唯東漢爲盛焉。

二十四　郭伋敢昌言不宜專用南陽故舊

苟爲欲治之君，樂其臣之敢言者有矣，而敢言之士不數進。非徒上無能容之也，言出而君怒，怒旋踵而可息矣，左右大臣得爲居閒而解之。藉其終怒不釋，乃以直臣而觸暴君，貶竄誅死，而義可以自安且自伸也。唯上之怒有已時，而在旁之怨不息，乘閒進毁，且翹小過以敗人名節，則身與名俱喪。逮及子孫族黨交遊而皆受其禍，則雖有骨鯁之臣，亦遲回而怯於一言。故能容敢言者非難，而能安敢言者爲難也。

光武以支庶之餘起於南陽，與其人士周旋辛苦，百戰以定天下，其專用南陽人而失天下之賢儁，雖私而抑不忘故舊之道也。且南陽將吏功成爵定，亦未聞驕倨侈汰以亂大法，夫豈必斥遠而防制之？乃郭伋以疏遠之臣，外任州郡，慷慨而談，無所避忌，曰：「當簡天下賢俊，不宜專用南陽故舊。」孤立不懼赫奕之閥閱以昌言於廷，然而帝不怒也，且自鄧禹以降，勛貴盈廷，未有忿疾之者。伋固早知其不足畏而言之無尤。誠若是，士惡有不言，言惡有不敢哉？諸將之賢也，帝有以鎮撫之也，奬遠臣以忠鯁而化近臣於公坦，帝之恩威於是而不可及矣。宋祖懷不平於趙普，而雷德驤猶以鼎鐺見責，曲折以全直臣而天子不能行其意。伋言之也適然，帝聽之也適然，南陽勛舊聞之也適然，嗚呼，是可望之三代以下哉？

二十五　吳漢逼成都以取敗

建武十二年，天下已定，所未下者，公孫述耳。三方競進，蹙之於成都，述糧日匱、氣日衰、人心日離，王元且負述而歸我，此其勿庸勞師亟戰而可坐收也，較然矣。觸其致死之心，徼幸而猶圖一逞，未易當也。吳漢逼成都而取敗，必然之勢矣。光武料之於千里之外而不爽，非有不測之智也，知其大者而已。

故善審勢者，取彼與我而置之心目之外，然後籠舉而規恢之，則細微之變必察。耳目騖於可見之形而內生其心，則智役於事中而變生於意外。《詩》云：「不出于熲。」出于潁者，其明哲無以加焉。昆陽之拒尋、邑，邯鄲之蹙王郎，光武固嘗以亟戰得之矣。彼一時也，吳漢效之，而惡得不敗！

二十六　公孫述時蜀人士多弔詭

公孫述之廷不可仕也，雖然，述非王莽比矣，不得已而姑與周旋以待時，不亦可乎？李業、王皓、王嘉遽以死殉之，過矣。述之初據蜀也，猶未稱帝，威亦未淫也。察其割據之雄心，慮相污陷，夫豈無自全之術哉？乃因循於田里家室之中，事至而無餘地，居危亂之邦，無道以遠害，畏溺而先自投於淵：介于石而見幾者若此乎？

譙玄薦賄以免，則尤可醜矣。處亂世而多財，辱人賤行以祈生，殆所謂「負且乘，致寇至」者與？哀、平之季，廉恥道喪，一變而激爲弔詭，蜀人尤甚焉。匹夫匹婦之諒惡足與龔勝絜其孤芳哉？

二十七　忠臣不和非定論

晉平公喜其臣之競，而師曠譏其不君。爲人君者欲其臣之競，無以異於爲人父者利其子之争也。光武之詔任延曰：「善事上官，勿失名譽。」其言若失君人之道而意自深。延曰：「忠臣不和，和臣不忠。上下雷同，非陛下之福。」《考異》曰：「《延傳》作『忠臣不私，私臣不忠』。按高峻《小史》作『忠臣不和，和臣不忠』，意思爲長，又與上語相應，今從之。」然則尊卑陵夷，相矯相訐，以興訟獄而沮成事，抑豈天子之福乎？

夫欲使上官之履正而奉公也，但擇其人而任之。夫既使居上位矣，天子無能納諸道而制其進退，乃恃下吏之騂戾以翹其過而爲異同，於是乎相勸以傲，而事之廢興、民之利病、法之輕重，人得操之以行其意。其究也，下吏抗上官而庶民抗下吏，怨讟生，飛語興，毁譽無恒，訟獄蠭起，天子亦何恃以齊天下使綱在綱，有條而不紊乎？ 陰陽之氣不和，則災沴生，臣民之心不和則兵戎起。共、驩不和於舜，禹，管、蔡不和於周、召，如是而可以爲忠臣乎？

光武歎息曰：「卿言是也。」爲延之説所摇與，抑姑以取其一節之亢直而善成其和衷與？ 以爲治理之定論則非矣。

二十八　公孫述修禮樂器

道非直器也，而非器則道無所麗以行。故能守先王之道者，君子所效法而師焉者也；能守道之器者，君子所登進而資焉者也。王莽之亂，法物凋喪，公孫述賓賓然亟修之。其平也，益州傳送其瞽師、樂器、葆車、輿輦，漢廷始復西京之盛。於此言之，述未可盡貶也。

述之起也非亂賊，其於漢也抑非若隗囂之已北面而又叛也。於一隅之地存禮樂於殘缺，備法物以昭等威，李業、費貽、王皓、王嘉何爲視若戎狄亂賊而拒以死邪？ 自述而言，無定天下之略，無安天下之功，飾其器、惘其道，徇其末、忘其本，坐以待亡，則誠愚矣；自天下而言，群競於智名勇功，幾與負爪戴角者同其競鬨，則述存什一於千百，俾後王有所考而資以成一代之治理，不可謂無功焉。馬援，倜儻之士也，斥述爲井蛙，後世因援之鄙述而幾令與孟知祥、王建齒，不亦誣乎？

漢道中圮，而述儲文物以待光武；五代塗炭，而李氏儲文藝以待宋太宗：功俱未可没也。宋失汴梁而鐘律遂亡，近者南都陷而渾儀遂毁。❶使當世而有公孫述也，可勿執李、費、二王之硜硜以拒之也。

二十九　梁統議殺人不宜減死

高帝初入關，約法三章，「殺人者死」，無待察其情而壹之以上刑。蓋天下方亂，民狎於鋒刃，挾讎争利以相殺者不可卒弭，壹之以死而無容覆勘，約法寬而獨於此必嚴焉，以止殺也。王嘉當哀帝之世，輕殊死刑八十一事，手殺人者減死一等。❷建武中梁統惡其輕，請如舊章。甚矣，刑之難言也。殺人一也，而所繇殺之者異。有積忿深毒，懷貪競勢，乘便利而殺之者；有兩相爲敵，一彼一此，非我殺彼則彼殺我，偶勝而殺之者；有一朝之忿，雖無殺心，拳勇有餘，要害偶中，而遂成乎殺者。斯三者，原情定罪，豈可概之而無殊乎？然而爲之法曰：察其所自殺而輕重之，則猾民伏其巧辯，訟魁曲爲證佐，賕吏援以游移，而法大亂。故王嘉、梁統之論各得其一而皆有未允。❸甚矣，法之難言也。

夫法，一而已矣，一故不可干也，以齊天下而使欽畏者也。故殺人者死，斷乎不可詞費而啓姦也，乃若所以欽恤民情而使死無餘憾者，則存乎用法之人耳。清問下民者，莫

❶「近」，原作「乃」，今據邵陽曾氏抄本改。
❷「王嘉」至「一等」，原作「王嘉當元哀之世輕殊死刑百一十五事其四十二事手殺人者減死一等」，今據邵陽曾氏抄本改。
❸「故王嘉」至「未允」，原脱，今據邵陽曾氏抄本補。

要乎擇刑官而任之，以求情之道。《書》曰：「刑故無小，赦過無大。」故與過之分豈徒幕外彎弓不知幕中有人而死於射之謂乎？横逆相加，操殺己之心以來而幸勝以免於推刃，究其所以激成而迫於勢者，亦過之類也；猝然之忿怒，彊弱殊於形體，要害不知規避，不幸而成乎殺者，亦過之類也。一王懸法於上而不開以減死之科，刑官消息於心而盡其情理之别，則果於殺人者從刑故之條，而不幸殺人者慎赦過之典。法不觖而刑以祥，存乎其人而非可豫爲制也。

夫法既一矣，而任用刑者之矜恕，則法其不行矣乎？而抑有道焉。凡斷刑於死者必決於天子之廷，於是而有失出失入之罰以儆有司之廢法。既任吏之寬恤而又嚴失出以議其後，則自非仁人輕位禄而全惻隱者，不能無惕於中而輕貸人以破法。夫有司者豈無故而縱有罪以自麗於罰乎？❶ 非其請託則其薦賄，廷議持衡而二患懲，則法外之仁可以聽賢有司之求瘼，而何忍一人死復繼之以一人乎？若曰殺人而可不死也，人將相戕而不已也而亡慮也。雖減死而五木加之，犴狴拘之，流放徒隸以終其身，自非積忿深毒、懷貪競勢之凶人，亦孰樂有此而昧於一逞也乎？

三十　光武治盜以緩

治盜之法莫善於緩，急者未有不終之以緩者也。且盜之方發而畏捕也，彊則相拒，弱則驚竄伏匿而莫測其所在。緩之而拒之氣餒矣，不能久匿而復往來於其邑里族黨

❶ 「麗」，邵陽曾氏抄本作「抵」。

矣，一夫之力擒之而有餘矣，吏不畏其難獲而被罪也，人孰無惡盜之情而奚縱之？惟求之已急也，迫之以拒，駭之以匿，吏畏不獲而被罪而不敢發覺，夫然後展轉浸淫而大盜以起，民以之死，而國因以亡。

光武之法，吏雖逗留、回避、故縱者皆勿問，聽以禽討爲效。牧守令長畏愞選怯不敢捕者皆不以爲罪，祇取獲賊多少爲殿最。唯匿蔽者乃罪之。此不易之良法，而愚者弗能行久矣。

三十一　南頓以上四世之廟不可除

張純、朱浮議宗廟之制，謂禮爲人子事大宗降其私親，請除春陵節侯以下四親廟，以先帝四廟代之。光武抑情從議，以昭穆禰元帝而祠其親於章陵，異於後世之苟私其親者，而要未合於禮之中也。

爲人子者必有所受命而後出爲人後，内則受命於父以往，外則受命於所後之父母而來，若哀帝之於成帝是已。故尊定陶爲皇而自絶於成帝，非也。若内無所禀，外無所承，唯己之意與人之扳己而繼人之統，此唯天子之族子以宗社爲重，可以不辭，而要不得與受命出後者均。何也？父子之恩義非可以己之利與臣民之推戴而薄其所生，誣所後者以無命爲有命也。況乎光武之興，自以武功討篡逆而復宗祊，其生也與元帝之崩不相逮，而可厚誣乎哉？成、哀、平，不成乎君者也，廢焉可也。元帝於昭穆爲諸父而未有失德，勿毁而列於世，得矣，以爲己所後而禰之，不可也。光武之功德足以顯親，南頓令而上，雖非積累之澤，而原本身之所自來，則視組紺以上而尤親。尊者自尊也，親者自親也，人子不敢以非所得而加諸親，故組紺之祀得用天子之禮樂而特不追王。則南頓以上四世之廟不可除，而但無容加以皇稱而已。後世之禮，勢殊道異，難執先代之相似者以爲法而貴通其意。光武之事，三代所未有也，七廟之制，不必刻畫以求肖成周。節侯以下與元帝以上並祀而溢於七廟之數，亦奚不可？所難者唯祫祭耳。然使各以其昭穆，君先臣後，從太祖而合食，禮原義起，豈與哀帝之厚定陶、歐陽修之崇濮王、張孚敬之帝興獻同其紊大分而傷彝倫乎？

若純與浮之言大宗，則尤謬矣。大宗者，非天子之謂也。《禮》曰：「別子爲祖，繼別爲宗。」宗者，百世不遷，而天子之位，父死子繼，兄終弟及，乃至本支絶而旁親立，國中斬而支庶興，初非世次相承而不可越。故天子始興而母弟爲大宗。尊者嗣位，親者嗣宗。宗者，一姓之獨尊也；位者，天下之同尊也：天子之非大宗明矣。大宗無後，就大宗之支子以次而嗣，遞相衍以百世而昭穆不亂，故以宗爲重而絶其私親。天子不與於宗子之中者也，嗣位也，非嗣宗也，不拘於昭穆之次，孫可以嗣祖，叔父可以嗣從子者也。使漢而立大宗焉，抑唯高帝之支子相承不絶，天下雖亡而宗不圮，非王莽所得簒而光武亦弗能嗣焉。純與浮不考於《周禮》，合宗與位而一之，於周且悖，而況漢乎？疏漏寡聞，任氣以矯時王之制，其與歐陽修、張孚敬之說，❶異失而同歸矣。

❶「説」上，邵陽曾氏抄本有「邪」字。

三十二　使陰興受顧命

王氏之禍，烈矣！光武承之，百戰而劉宗始延，懲往以貽後，顧命太子而垂家法，夫豈無社稷之臣而唯陰識、陰興之是求？識雖賢，何知其不爲莽之恭；識雖不僞，能保後之外戚皆如識乎？飲堇而幸生，復飲以冶葛，卒使竇、梁、鄧、何相踵以亡漢。光武之明而昏於往鑒如是者，何也？

帝之易太子也，意所偏私而不能自克。盈廷不敢争，而從臾之者，自郅惲之佞外無人焉，若張湛者且潔身引退以寓其不滿之意矣。東海雖賢，郭況雖富而自逸，光武不能以自信，周旋東海而優郭氏，皆曲意以求安，非果有鳲鳩之仁也。於是日慮明帝之不固而倚陰氏以爲之援，故他日疾作而使陰興受顧命領侍中，且欲以爲大司馬而舉國授之。

嗚呼，人苟於天倫之際有私愛而任私恩，則自天子以至於庶人，鮮不違道而開敗國亡家之隙，可不慎哉？卒之帝崩而山陽王荆果假郭況以稱亂，則帝之託陰氏以固太子之黨，亦非過慮也。雖然，慮亦過，不慮亦過。慮以免一時之患而貽數世之危，固不如其弗慮也。

三十三　光武知西域不足爲有無

漢之通西域也，曰「斷匈奴右臂」。君諱其貪利喜功之心，臣匿其徼功幸賞之實，❶而爲之辭爾。夫西域豈足以爲匈奴右臂哉？班固曰：「西域諸國各有君長，兵衆分弱，無

❶「幸」，邵陽曾氏抄本作「倖」。

所統一。雖屬匈奴,不相親附。匈奴能得其馬畜旃罽而不能與之進退。」此當時實徵理勢之言也。抑考張騫、傅介子、班超之伏西域也,所將不過數十人,屯田之卒不過數百人,而殺其王、破其國,翱翔寢處其地而莫之敢讎。若是者,曾可以爲漢而制匈奴乎,可以黨匈奴而病漢乎?且匈奴之犯漢也,自遼左以至朔方,橫亘數千里,皆可闌入,抑何事南繞玉門,萬里而窺河西?則武帝、張騫之誣也較著。光武閉關而絕之,曰:「東西南北自在也。」灼見其不足爲有無而決之矣。

夷狄而爲中國害,其防之也,勞可不恤而慮不可不周。如無能害而徼其利,則雖無勞焉而禍且伏,雖無患焉而勞已不堪,明者審此而已矣。宋一亡於金,再亡於元,皆此物也。用夷攻夷,適足以爲黠夷笑。王化貞之愚,❶其流毒慘矣哉!

三十四　馬援貪功取厭

光武之於功臣,恩至渥也。位以崇,身以安,名以不損,而獨於馬援寡恩焉,抑援自取之乎?

宣力以造人之國家而卒逢罪譴者,或忌其彊,或惡其不孫,而援非也,爲光武所厭而已矣。老氏非知道者,而身世之際有見焉。其言曰:「功成名遂身退。」蓋亦察於陰陽屈伸之數以善進退之言也。平隴下蜀,北御匈奴,南定交阯,援未可以已乎?武谿之亂,帝愍其老而不聽其請往,援固請而行。天下已定,功名已著,全體膚以報親,安祿位以戴

❶「化貞」,原爲空格,今據邵陽曾氏抄本補。下同,不一一出校。

君，奚必馬革裹尸而後爲愉快哉？光武於是而知其不自貴也。不自貴者，明主之所厭也。夫亦曰：苟非貪俘獲之利，何爲老於戎馬而不知戒乎？明珠之謗有自來矣。老而無厭，役人之甲兵以逞其志，誠足厭也。故身死名辱，家世幾爲不保，違四時衰王之數，拂寒暑進退之經，好戰樂殺而忘其正命，是謂逆天之道。老氏之言，豈欺我哉？《易》之爲教，立本矣，抑必趣時。趣之爲義精矣，有進而趣時，未往而先倦非趣也；有退而趣時，已過而猶勞非趣也。「日昃之離，不鼓缶而歌，則大耋之嗟，凶。」援之謂與？

三十五　宗均折簡收群蠻

事難而易處之則敗，事易而難圖之亦敗。❶易其難者，敗而知其難，將改圖而可有功；難其易者，非急悔而姑置焉，易者將成乎難而禍不息矣。武陵蠻之叛也，劉尚之全軍僨焉，馬成繼往而無功焉，馬援持之於壺頭而兵之死者大半，援亦殞焉。及乎援已死，兵已疲，戰不可、退不能，若有旦夕殲潰之勢，而宗均以邑長折簡而收之，群蠻帖服，振旅以還，何其易也！其易也，豈待今日而始易哉？當劉尚、馬援之日早已無難慴伏，而貪功嗜殺者不知耳。使非均也，以疲勞之衆與蠻固爭，蠻冒死以再覆我軍，雖飢困而勢已十倍矣。

嗚呼！一隅之亂，坐困而收之，不勞而徐定。庸臣張皇其勢以摇朝廷之耳目，冒焉與不逞之虜争命，一潰再潰。助其焰以燎

❶「亦」上，邵陽曾氏抄本有「則」字。

原，而遂成乎大亂。社稷丘墟，生民左衽，❶厲階之人，死不償責矣。

三十六　内徙南單于非計

漢詔南單于徙居西河美稷，人極之毁自此始矣。非但其挾戎心以乘我也，狎與之居而漸與之安，風俗以蠱，婚姻以亂，服食以淫，五帝三王之天下流泆解散，而元后父母之大寶移於非類，❷習焉而不見其可恥也，閒有所利而不見其可畏也。技擊詐謀有時不逮，呴沫狎媟或以示恩，而且見其足以臨我。愚民玩之，黠民資之，乃至一時之賢豪委順而趨新焉。迤及於千歲以後，而忘其爲誰氏之族矣。臧宫、馬武請北伐，光武曰：「吾恐季孫之憂不在顓臾。」奈之何延之於蕭牆之内也？

三十七　張佚桓榮不足稱師儒之選

明帝英敏有餘而蘊藉不足，光武選師儒而養以六經之教，得其理矣，然而張佚、桓榮未足以稱此。豈當時無閒起之豪傑，守先王之道以待學者，可以爲王者師乎，抑有其人而光武未之能庸也？

奚以知佚、榮之不稱也？帝欲使陰識傅太子，張佚正色而争之，是矣。帝遂移太傅之命以授佚，自非聖人以天自處而無疑、與夫身爲懿親、休戚與俱而無容辭，未有可受命者也。佚乃自博士超擢，居之而不讓，惡可以爲帝王師？桓榮受少傅之車馬印

❶「左衽」，原爲空格，今據邵陽曾氏抄本補。
❷「非」，原爲空格，今據邵陽曾氏抄本補。

綬，陳之以詑諸生，施施然曰：「今日所蒙，稽古之力也。可不勉哉？」抱君子謀道之憂者，聞斯言也，有不汗面者乎？ 而足以爲帝王師乎？

嗚呼！ 師道之難也，於《蒙》之象見之。人心之險莫險於利祿之得失，惟以艮止之德遏欲以静正，不獲其身，不見其人，而後夏楚收威，行於胄子。身教立，誠心喻，德威著，塞蒙心之貪戾而相沐以仁讓。故曰：「蒙以養正，聖功也。」身之不正，何以養人哉？ 滎與佚區區抱一經以自潤，欲以動太子之敬信，俾忘勢讓善而宜人，詎可得乎？ 賴明帝之不爲成帝也，非然，滎與佚之情亦奚以愈於張禹邪？ 故曰：「能自得師者王。」光武之豫教、太子之尊師而所得僅若此，王道之所以不興與？

三十八　退呂進薄亂之亂

以祖妣配地祇於北郊，漢之亂典也；光武以呂后幾危劉氏，改配薄后，亂之亂者也。呂氏之德不足以配地矣，薄后遂勝任而無歉乎？ 開國之君配天而無歉者，非以其能取天下貽子孫也。宇内大亂，庶民不康，三綱淪，五典斁，天莫能復其性，暴政奪人居食，兵戎絶其生齒，地莫能遂其養。王者首出，誅惡削僭，以兵治而期於無兵，以刑治而期於無刑。飢者食，寒者衣，散之四方者逸以居，於是而得有其父子、兄弟、夫婦、朋友以相親而相遜。代天以奠兆民而相天地之不足，則臣子推崇之以配天，以是爲與天通理也。母后，一姓之妣也，配祖於宗廟而私恩伸矣。位非其位也，君授之也；德非其德也，元后爲民父母，母道亦君所任，非后所任也。吕后不足以配地，薄后其能堪此乎？故曰：亂也。象之不仁，舜不得不以爲弟；丹朱之不肖，堯不得不以爲子。天倫者，受之於天，非人所得而予奪者也。夫婦之道受命於父母而大昏行焉，出以其道而自夫制焉。爲人子孫而逆操其進退已不道，而奚以治幽明哉？文姜之逆也，而《春秋》書曰「夫人」；僖公致成風以抑哀姜，而《春秋》書曰「用致」。吕后之罪聽後世之公論，非子孫所得黜也；薄后非高帝之伉儷，非子孫所得命也。告祠高廟，退吕進薄，幸先君之無知，唯己意以取必焉。舜不能使瞽瞍之不子象，而光武能使高帝之不妻吕后哉？慕容垂追廢可足渾氏，夷狄忿戾之恒也。❶崔鴻譏其以子廢母，致其子寶弒母而無忌。人君垂家法以貽子孫，順天理而人情自順、大義自正。如謂光武借此以儆宫闈，乃東漢之禍卒成於后族，徒爲逆亂，而又奚裨邪？故曰：亂之亂者也。

讀通鑑論卷六終

❶ 「夷狄忿戾之恒也」，原脱，今據邵陽曾氏抄本補。

讀通鑒論卷七

衡陽王夫之譔

明帝

一　明帝墓祭爲至孝惻隱

明帝即位之元年，率百官朝於先帝之陵，上食奏樂，郡國計吏以次占其郡國穀價及民疾苦，❶遂爲定制。迨後靈帝時，蔡邕從駕上陵，見其威儀，察其本意，歎明帝至孝惻隱之不易奪，而古不墓祭之未盡也，邕於是乎知通矣。

夫云古不墓祭，所謂古者，自周而言之，蓋殷禮也。孔子於防墓之崩，泫然流涕曰：「古不修墓。」其云古者亦殷禮也。孔子，殷人也而用殷禮，示不忘故也。然而泫然流涕，則聖人之情亦見矣。殷道尚鬼，貴神而賤形，禮魂而藏魄，故求神以聲，坐尸以獻，是亦一道也，而其弊也流於墨氏之薄葬。若通幽明一致而言之，過墓而生哀，豈非夫人不自已之情哉？

且夫謂神之不可以方所求，❷既離形而形非神，墓可無求，亦曰魂氣無不之也。❸夫既無不之矣，則亦何獨墓之非其所之也？朝踐於堂，事尸於室，祝祭於祊，於彼乎，於

❶ 下「郡國」，原無，邵陽曾氏抄本有「郡」字，今據《後漢書·禮儀志上》補完。

❷ 「之不可以方所求」，原脱，今據邵陽曾氏抄本補。

❸ 「氣」下，邵陽曾氏抄本有「之」字。

此乎？孝子之求親也無定在，則墓亦何非其所在？始死之設重也，瓦缶也；既虞而作主也，桑栗也。土木之與人，異類而不親，而孝子事之如父母焉，以爲神必依有形者以麗而不舍也，豈繄形之所藏，曾瓦缶桑栗之不若哉？墓者，委形之藏也；孫者，委形之化也。以爲非其靈爽之故則皆非故矣，以爲形之所委則皆其體之遺矣。事尸之禮，生死異塗，❶以孫爲形之遺而事之如生，乃於其形之藏而棄之於朽壤乎？夫物各依於其類，不得其真則以類求之。形之與神，魂之與魄，相依不舍以没世，則神如有依，不違此也審矣。

孝者，生於人子之心者也。神之來格者，思之所成也。過墓而有哀愴之情，孝生於心而神即於此成焉。且也，是形也爲人子者寒而温之，暑而清之，疾痛疴癢而抑搔之，事之生平，一旦而朽壤置之，曰有尊形者在焉，其情恝，其道過高而亡實。莊也、墨也皆嘗以此爲教而賊人惻隱之良，雖爲殷道，自匪殷人，何爲效之哉？子曰：「其或繼周者，雖百世可知也。」損益於禮之中而不傷仁義，百世之後，王者有作，前聖不得而限之矣。故曰：「喪，與其易也寧戚。」執古禮以求合，抑情以就之，「易」之屬也；情有所不忍，雖古所未有而必伸，「戚」之屬也，守章句以師古者又何譏焉？

二　明帝於光武崩未期年即修禮樂毋乃過急過泰

養老之典有本有標，文其標也。文抑以

❶「生死異塗」，原脱，今據邵陽曾氏抄本補。

動天下之心而生其質，則本以生標，標以蔭本，枝葉榮而本益固矣。養老于庠，袒而割牲，執醬而饋，執爵而酳，標也；制民田里，教之樹畜，免其從政，不饑不寒，而使得養其老，本也。王者既厚民之生，使有黍稷、酒醴、絲絮、雞豚可以養其老矣，然恐民之怙其安飽而孝弟之心不生也，於是修其禮於太学，躬親執勞，惇憲乞言，以示天子之必有尊而齒爲天下之所重，乃以興起斯民之心而不敢憑壯以遺老，則標以蔭本而道益榮。明帝修三老五更之禮，養李躬、桓榮，盡敬養之文，於時之天下，果使家給户饒，遂其衣帛食肉以奉其父母乎，抑尚未也？民未給養而徒修其文，則固無以興起孝弟而虚設此不情之儀節矣。雖然，文與質相輔以成者也，本與標相扶以茂者也。以天下之未給而不遑修其禮焉，俟之俟之而終於廢墜矣。修其文以感天下之心，抑可即此以自感其心，俯仰磬折之下顧文而思之，必有以踐之，而仁澤之下流亦將次第而舉矣。明帝之時，内寇靖，邊陲無警，承光武之餘澤，猶挹水於江、承火於燧也。則文以滋質，標以蔭本，亦不得曰虚致此不情之儀節也。乃若其不可者，《記》曰：「敬老，爲其近於父也。」以近父故敬，則敬老以父而推爾。光武崩曾未期年而雍容于冠冕笙磬之下，不已急乎？躬與榮憑故几受饋，而寢門之視膳，天奪吾歡，則固有憯怛而不寧者。明帝、東平王蒼皆斬焉衘恤之子也，王亟請之，帝輒行之，无已泰乎？是則斲本而務其末也。❶

❶「養老」至「末也」，此條原無，今據邵陽曾氏抄本補。

三　郡守入爲三公非擇相法

明帝永平三年，以左馮翊郭丹爲司徒，郡守入爲三公，循西漢之制也，而尤不待内遷而速拔之以升。其後邢穆、鮑昱皆以太守踐三公之位，其重吏事也甚矣。是道也，以獎郡守，使勸進於治理，重其權而使安於其職，則得也；若以善三公之選，則有不貴於此者。何也？道者，事之綱也；天下者，郡之積也。即事而治之，目與綱並舉而不可有遺；即道而統之，舉其綱而不得復察其目：此郡守、三公詳簡之殊也。以郡守纖悉必察之能贊君道而攝大綱，則瑣細而虧其大者多矣。

五方之政，剛柔之性異於天，磽瘠之産異於地，一郡之利病施於百里以外，❶則利其病而病其利。郡守之得民也，去其郡之病以興其利而民心悦矣，遂以概之於天下，是强山國以舟，澤國以車，徒爲病而或足以斃也。然則郡守果賢，固未可坐論清宫而平章四海。況乎名之所自成、實之所自損，黄霸之賢且以鴿雀之欺，爲鼎足羞，況不能如霸者而遽以宗社託之乎？是則旦郡守而夕三公，廟堂無廣大從容之化，其弊也，飾文崇法以傷和平正直之福，非細故也。明帝勤吏事而不足與於治道，未可爲後世擇相法也。

四　文法廉吏不足以止姦

宗均去檻穽而九江之虎患息，其故易知也。人與虎争而人固不勝矣，檻穽者，人所與虎争之具也，有所恃而輕與虎遇，蹈危而不

❶「以」，邵陽曾氏抄本作「之」。

覺，虎與人兩斃之術也。均之令曰：「江淮之有猛獸，猶北土之有雞豚。」謂其繁有而不可使無也。常存一多虎於心目而無恃以不恐，則自遠其害。推此道也以治民之姦，可矣。

故其論治，謂文法廉吏不足以止姦，亦以雞豚視姦而姦者詘，與天下息機而天下之機息也。文法之吏恃文法以與姦競而固不勝，廉吏恃廉以弗懼於姦而姦巧以傷之。惟其有恃也，而遂謂姦之不足防也。挈大綱，略細法，訟魁猾胥不得至於公廷矣，奚以病吾民哉？均之所挾持者宏遠矣。劉先主、諸葛武侯尚申韓而蜀終不競，包拯、海瑞之悁疾，尤其不足論者已。

五　事浮屠召禍

楚王英始事浮屠而以反自殺，笮融課民盛飾以事浮屠而以劫掠死於鋒刃，梁武帝捨身事浮屠而以挑禍樂殺亡其國。邪說暗移人心，召禍至烈，如此哉！

浮屠之教以慈愍爲用，以寂靜爲體，以貪、嗔、癡爲大戒。而英、融、梁武好動嗜殺，含怒不息，迷乎成敗以召禍，若與其教相反而禍發不爽，何也？夫人之心，不移於迹而移於其情量之本也。情量一移，反而激之，制於此者大潰於彼，潰而不可復收矣。浮屠之說窮大失居，謂可旋天轉地而在其意量之中，則惟意所規，無不可以得志。習其術者侈其心而無名義之可守。且其爲教也，名爲慈而實忍也。髮膚可忍也，妻子可忍也，君父可忍也，情所不容已而急絕之，則憤然一決而無所恤矣。

又其爲說也，禁人之欲而無所擇，於是謂一飲一食、一衣一宿，但耽著而無非貪染也。至於窮極無厭，毒流天下，而其爲貪染亦與寸絲粒米之貪同其罪報而無差別。則既不能不衣食以爲物累，又何憚於窮極之貪饕而不可爲乎？迫待之，則舉手揚目而皆桎梏；寬假之，則成毀一同而理事皆可無礙，心亡罪滅而大惡冰釋，暴逆凶悖無非夢幻泡影，一悟而悉歸於空。故學其學者，未有不驕戾以快於一逞者也。

桎梏一脱，任翱翔於劍鋒虎吻以自如一真法界，放屠刀，出淫坊而即獲法身。操之極而繼以縱，必然之勢也。英何憚而不反？融何恤而不掠？衍何忌而不納叛怒鄰以驅民於鋒刃哉？趙閱道、張子韶、陸子静之不終於惡，幸也，王欽若、張商英、黄潛善則已禍人家國矣。

六　丁鴻逃爵非義

讓國之義，伯夷、泰伯爲昭矣。子臧、季札循是以爲節，而漢人多效之。丁鴻逃爵，鮑駿責之曰「《春秋》之義不以家事廢王事」，允矣而猶未盡也。漢之列侯非商周之諸侯也。古之諸侯有其國，君其民，制其治，蓋與天子迭爲進退者也，君道也；漢之列侯食租衣税而無宗社人民之守，臣道也。君制義，臣從義，從天子之義，非己所得制也。古之諸侯受之始祖，天子易位而國自如；漢之列侯受之天子，天子失天下則不得復有其封。國非己所得私也，何敢以天子之爵禄唯己意而讓之也？

且君子之讓國非徒讓其禄也。叔齊之賢，王季、文王之德，故伯夷、泰伯以保國康民、興王制治之道德勳名讓之。若祿，則己所不屑，而可以非分之得污弟爲愛弟乎？鴻弟盛而賢也，不必侯而可以功名自見也；如其不能，則亦温飽以終身而已矣。祿食者，簞食豆羹之類也，讓者小而受者媿。商周之義惡可效之後世乎？讀古人書，欲學之而不因時以立義，鮮不失矣。子曰：「以與爾鄰里鄉黨乎！」受列侯之封，分祿以與弟，斯得矣，侯豈鴻所得讓者哉？

七　粟斛三十錢

史有溢詞，流俗羨焉，君子之所不取。紀明帝之世，百姓殷富，曰「粟斛三十錢」。使果然也，謀國者失其道，而民且有餒死之憂矣。

一夫之耕，中歲之獲，得五十斛止矣。古之斛，今之石也。終歲勤勞而僅得千五百錢之利，口分租稅徭役出於此，婦子食於此，養老養疾死葬婚嫁給於此，鹽酪耕具取於此，固不足以自活，民猶肯竭力以耕乎？所謂米斛三十錢者，盡天下而皆然乎，抑偶一郡國之然而訛傳之也？使盡天下而皆然，尚當平糴收之以實邊儆，以御水旱，而不聽民之狼戾。然而必非天下之盡然也，則此極其賤而彼猶踊貴，當國者宜以次輸移而平之，詎使粟死金生，成兩匱之苦乎？

故善爲國者，粟常使不多餘於民以啓其輕粟之心而使農日賤，農日賤則游民商賈日驕。故曰：「粟貴傷末，粟賤傷農。」傷末之與傷農，得失何擇焉？太賤之後必有餓殍，明帝之世，不聞民有餒死之害，是以知史之爲溢詞也。雖然，亦必有郡國若此者矣，故

曰謀國者失其道也。此同宣帝論，去其一可耳。❶

八　明帝疑忌兄弟

廣陵王荆、楚王英、淮陽王延以逆謀或誅或削。夫三王者誠狂悖矣，乃觀北海王睦遣中大夫入覲，大夫欲稱其賢而歎曰：「子危我哉！大夫其對以孤聲色狗馬是娱是好，乃爲相愛。」則明帝之疑忌殘忍，夫亦有以致之也。

且三王者未有如濞、興居之弄兵狂逞也。綏之無德，教之無道，愚昧無以自安，而姦人乘之以告訐，則亦惡知當日之獄辭非附會而增益之哉？楚獄興而虞延以死。延以舜之待象者望帝，意至深厚也，而不保其生。寒朗曰：「公卿口雖不言，而仰屋竊歎。」則臣民之爲寒心者多矣。作圖讖，事淫祀，豈不可教？而必極無將之辟以加之，則諸王之寢棘履冰如睦所云者，善不敢爲而天性之恩幾於絶矣。

西京之亡非諸劉亡之也，漢之復興，諸劉興之也，乃獨於兄弟之閒致其猜毒而不相舍。聞睦之言，亦可爲之流涕矣。身没而外戚復張，有以也夫！

九　班超之定西域不足爲智勇

班超之於西域，戲焉耳矣。以三十六人横行諸國，取其君，欲殺則殺，欲禽則禽，古今未有奇智神勇而能此者。蓋此諸國者地

❶「此同」至「可耳」，原無，今據邵陽曾氏抄本補。馬宗霍校記：「(觀此注)則知今刻本宣帝少一論，蓋據此注而去之也。然意同而詞異，存之可以互參。」參看宣帝第十一論。

狹而兵弱，主愚而民散，不必智且勇，而制之有餘也。萬里之外，孱弱之夷，苟且自王，實不能踰中國一亭長。其叛也不足以益匈奴之勢，其服也不足以立中夏之威。而欺弱淩寡，撓亂其喙息以詫奇功，超不復有人之心，而今古豔稱之，不益動妄人以爲妄乎？發穴而攻螻蛄，入沼而捕鰍鯈，曰：「智之奇、勇之神也。」有識者笑之久矣。

光武閉玉門，絶西域，班固贊其盛德。超，固之弟也。嘗讀固之遺文，其往來報超於西域之書，述竇憲殷勤之意而羨其遠略，則超與固非意異而不相謀也。其立言也如彼，其兄弟相奬、誣上徼幸以取功名也如此，弄文墨、趨危險者之無定情，亦至此乎！班氏之傾危自叔皮而已然，流及婦人而辯有餘，其才也不如其無才也。

章帝

一　第五倫議棄耿恭

陳湯幸郅支之捷，傅介子徼樓蘭之功，漢廷議者欲絀而勿録，可矣。介子、湯無所受命，私行以徼幸，既已遂其所圖而又奬之，則妄徼生事之風長而邊釁日開。若第五倫之欲棄耿恭也，則無謂矣。

恭之屯車師也，竇憲奏遣之，明帝命之。金蒲城者，漢所授恭使守者也。車師叛，匈奴驕，圍之經年，誘以重利，脅以必死，而恭不降。車師之屯，其當與否，非事後所可歸咎於恭也。恭所守者先帝之命，所持者漢廷之節，死而不易其心，斯不亦忠臣之操乎？車師可勿屯而恭必不可棄，明矣。倫獨非人臣子與？而視忠於君者如芒刺之欲去體，何也？鮑昱曰：「匈奴後犯塞，陛下將何以使將？」是已而猶以利害言爾，非腹心手足痛癢與俱之誼也，且先帝之命在焉。❶山陵無宿草，忿疾而委其銜命之臣於原野，怨懟君父以寄其惡怒於孤臣，倫之心，路人知之矣。倫之操行矯異，無孝友和順之天良，自其薄待從兄以立名而已然，是詎足爲天子之大臣乎？

二　章帝即位聽鮑昱陳寵亟矯明帝之明察

「三年無改於父之道。」道者，剛柔質文之謂也。剛柔質文皆道之用也，相資以相成，而相勝以相節，則極重而必改，相制而抑以相生，消息之用存乎其閒。非即有安危存亡之大，則俟之三年而非需滯，於是而孝子之心遂，國事亦不以相激而又墮於偏。明帝之明察誠有過者，而天下初定，民不知法，則其嚴也乃使後人可得而寬者也。章帝初立，鮑昱、陳寵急撟先君之過，第五倫起而持之，視明帝若胡亥之慘而已爲漢高，章帝聽而速改焉，將不得復爲人子矣。

人君當嗣位之初，其聽言也，尤不容不慎也。臣下各懷其志於先君之世而或不得逞，先君沒，積憤懣以求伸，遂若魚之脫於鉤而唯其洋洋以自得。斯情也，名爲謀國而實挾怨懟君父之心，幸其死以鳴豫者也，爲人

❶「鮑昱曰」至「先帝之命在焉」，原作「鮑昱之議是已然猶未及於先帝之命也」，今據邵陽曾氏抄本補。

子者奈何其殉之？且君而尚寬弛與，則人臣未有不悦矣；君而尚嚴察與，則人臣未有不怨矣。故察吏治、精考覈、修刑典，皆臣下之所大不利焉者。幸先君之没，屬望於新君，解散法紀以遂其優游，嘖有煩言，無所顧忌。立心若此而殉之以干臣民之譽，過聽之病成乎忘親，而可不慎哉？

明帝之過於明察也，非法外而加虔劉如胡亥之爲也，盡法而無欽恤之心耳。其法是，其情則過；其情過，其法固是也。即令大獄之興，羅於囚隸者有迫待矜釋者焉，章帝自得以意爲節宣，姑即事而貸之，漸使向寬以待他日，則先帝之失不章，嗣君之孝不損，而臣民之禁忌樂育亦從容調燮以適於中，無或驟釋其銜勒以趨於痿痹，俾姦宄探朝廷之意旨以罔戒於吞舟。今陳寵之言曰：「蕩滌煩苛之法。」帝之詔曰：「進柔良，理冤獄。」皆唯亟反明帝以表異。君若臣相勸於縱弛，一激一反，國事幾何而不亂哉？

故剛柔文質，道原並建，而大中即寓其閒。因其剛而柔存焉，因其文而質立焉，有道者之所尚也。懷忿懟而遽更張之，如攻仇讎，如救暴亂，大快於一時，求逞而不忌，其弊也又相反而流以爲天下蠹。爲此説者，佞人也，明主之所放流者也。此道不明，唐宋以降，爲君子者矯先君之枉以爲忠孝，他日人更矯之，一激一隨，法紀亂，朋黨興，國因以敝。然後知三年無改之論，聖人以示子道也而君道亦莫過焉矣。

三　東京外戚之害始於明德馬后

稱母后之賢，至明德馬后而古今無異詞。讀其詔，若將使人涕下者，后蓋好名而巧於言者也。建初二年大旱，言者以爲不封外戚之故，姦人邪説言之而罔所媿忌，亦至此哉！

夫人不從上之言而窺上之心以爲從，久矣。言者之無媿忌，有致之者也。章帝屢欲封諸舅，后屢却之，受封已定，復有萬年長恨之語，人皆以謂封諸馬者章帝强爲之，非后意也。乃后没未幾，奏馬防兄弟奢侈踰僭，悉免就國，且有死於考掠者，同此有司而與大旱請封之奏邈不相蒙也。姦人反覆以窺上意，則昔之請封爲后之所欲，後之劾治爲章帝之所積憤而欲逞，明矣。是以知帝之强封諸舅，陽違后旨而實不獲已以徇母之私也。

車騎之盛，丁寧戒責，而操國之兵柄討羌以爲封侯地，第五倫争之而不克。兵柄在握，大功既建，復飾恭儉以要譽。此王莽之故智，后所屬望於諸馬者將在是乎？東京外戚之害遂終漢世而國繇以亡，自馬氏始，后爲之也。故言不足以徵心，譽不足以考實。馬后好名而名成，工於言而言傳，允矣其爲「哲婦」矣。哲婦之尤，當時不覺，後世且不知焉，以欺世而有餘，可不畏哉？

四　第五倫言劉豫駟協務爲嚴苦

論守令之賢，曰清、慎、勤。三者修而守令之道盡矣乎？夫三者，報政以優，令名以立，求守令之賢未有能置焉者也。雖然，持之以爲標準而矜之以爲風裁，則民之傷者多而俗以詭，國亦以不康。矜其清則待物也必刻，矜其慎則察物也必細，矜其勤則求物也必煩。夫君子之清，清以和；君子之慎，慎以簡；君子之勤，勤以敬其事而無位外之圖。於己不浼，非盡天下而使嚴於簞豆也；於令不妄，非拘文法而求盡於一切也；於心不逸，非顛倒雞鳴之衣裳以使人從我而不息也。君子修此三者以宜民而善俗，用宰天下可矣，然而課政或有所不逮，而譽望減焉，名實之相詭久矣。第五倫言「陳留令劉豫、冠軍令駟協務爲嚴苦，吏民愁怨，議者反以爲能」，謂此也。使豫與協不衒其曲廉小謹勤勞之跡，豈有予之以能名者？欲矯行以立官坊而不學，則三者之蔽，民愁而俗詭。故曰：「君子學道則愛人。」弦歌興而允爲民父母，豈僅恃三者哉？

五　直言極諫補外吏

納諫之道亦不易矣。君無爵賞以勸之則言者不進，以爵賞勸之，言者抑不擇而進，故納諫難也。抑有道於此，士之有見於道而思以匡君者，非以言讎爵賞也，期於行而已矣。故明君行士之言即所以報士，而爵賞不與焉。子曰：「君子不以言舉人。」此之謂與？

且夫進言者繩君之愆而匡之，則言雖未工而知其爲忠直之士，心識其人而以爵賞繼其後，其失焉者鮮矣。若夫所言者求群臣之得失而抑揚之，取政事之沿革而敷陳之，其言允，洵可行矣，而人之賢不肖未可知也。此而以爵賞酬焉，則佞人雜進而奚保其終哉？

抑其言是矣，其人非不肖矣，因其言之不諱而置之左右，使旦夕納誨焉。上既唯言是取，人且引言爲己任而欲終其敢言之名，於是吹求在位者無已而毛舉庶務之廢興以爲言資。將有事止於此而言且引之以無窮，非姦而斥之姦，非賢而奬之賢。事不可廢而欲已之，事不可興而欲行之。荒唐苛細之論皆以塞言之責，而國是亂。故言者可使言也，未可使盡言也；可使盡言也，不可使引伸爲無已之言也。斟酌之權在乎主心，樂聞諫而不導人以口給，爵賞之酬，其可輕乎哉？

章帝於直言極諫之士，補外吏而試其爲，非無以酬之而不引之以無涯之辯，官守在而賢不肖抑可徵焉，庶幾得之。

六　廢太子慶立肇

與賢者在於得人，與子者定於立嫡。立嫡者，家天下一定之法也，雖然，嫡子不必賢則無以君天下而保其宗祏，故必有豫教之道以維持而不即於咎。太甲顛覆典刑而終遷仁義，以伊尹也。乃夫人氣質之不齊，則固有左伊尹右周公而不能革其惡者。和嶠困於晉惠帝之愚而教且窮，故漢元、晉武守立適之法卒以亡國。則知適子之不可教而易之以安宗社，亦詎不可？古之人何弗慮而守一成之侀以不通其變乎？君子所垂法以與萬世同守者，大經而已。天下雖危，宗社雖亡，亦可聽之天命而安之。何也？擇子之説行，則後世暱寵嬖而易元良爲亡國敗家之本，皆託之以濟其私。君子不敢以一時之利害啓無窮之亂萌，道盡而固可無憂也。

光武以郭后失寵而廢太子彊，❶群臣莫敢争者，幸而明帝之賢，得以掩光武之過。而法之不臧，禍發於異世，故章帝廢慶立肇而群臣亦無敢争焉。嗚呼！肇之賢不肖且

❶「彊」，原誤作「疆」，今據《後漢書》及邵陽曾氏抄本改。

勿論也，章帝崩，肇甫十歲而嗣大位，欲不倒太阿以授之婦人而不能。終漢之世，沖、質、蠡吾、解瀆皆以童昏嗣立，權臣哲婦貪幼少之尸位以唯其所爲，而東漢無一日之治，此其禍章帝始之而實光武貽之也。故立適與豫教並行而君父之道盡，過此以往，天也，非人之所能爲也，而又奚容億計哉？

七　張紆釋獲殺降

不測之恩威無常經，謀略之士所務也，謂足以震人於非所期而莫敢不服。雖然，豈足恃哉？張紆守隴西，羌人反，其酋號吾首亂入寇，追而生得之，紆釋之遣歸。已而迷吾寇金城塞，紆與戰，敗之，迷吾將人衆詣臨羌納降，紆以毒酒殺之。戰而獲則釋之，降而來則殺之。紆以是爲不測之恩威也，於是而羌禍之延於秦隴者幾百年而後定。一生一殺，不可測者如是也，彼將何據以爲順逆之從哉？

戰而禽，禽而釋，何憚乎不戰？勝可以逞，敗猶可以生也。降而來，來而殺，何利乎降？降而必死，不如戰而得生，其不決計相尋於死鬬者鮮矣。故恩威者必有準者也，在己可白而在物可信也。感其恩者不渝，畏其威者不可犯，乃以服天下而莫敢不服。尚勿輕言不測哉！

八　章帝柔處外戚

西漢之衰自元帝始，未盡然也；東漢之衰自章帝始，人莫之察也。元帝之失以柔，而章帝滋甚。王氏之禍非元帝啓之，帝崩而王氏始張；竇憲之横，章帝實使之然矣。第五倫言之而不聽，貴主訟之，怒形於言，不須臾而解。周紆忤竇篤而送詔獄。鄭弘以死諫，知其忠，問其疾，而終不能用。若此者，與元帝之處蕭、張、弘、石者無以異。而元帝之柔，柔以己也；章帝之柔，柔以宮闈外戚也，章帝滋甚矣。託仁厚而溺於牀笫，終漢之世，顛越於婦家以進姦雄而隕大命，帝惡能辭其咎哉？

曹子桓曰：「明帝察察，章帝長者。」爲長者於婦人姻婭之閒，脂韋嚅唲以解乾綱，惡在其爲長者哉？范曄稱帝之承馬后也，盡心孝道。乃合初終以觀之，帝亦惡能孝邪？馬后崩未幾而馬氏被譴，有考擊以死者矣。是其始之欲封諸舅，后辭而不得也，非厚舅氏也，面柔於馬后之前而曲順其不言之隱也。其終之廢馬氏於一旦也，非忘母恩也，竇氏欲奪其權，面柔於哲婦之前，而替母黨以崇妻黨也。於母氏，柔也；於諸父昆弟，柔也；於牀闥，柔也；於戚里，柔也；於臣民，柔也；於罪罟，柔也。雖於忠直之士柔也，亦無異於以柔待頑讒者也。柄下移而外戚宦寺怙恩以逞，和、安二帝無成帝之淫昏而漢終不振，章帝之失豈在元帝下哉？

九　巡幸病天下

明帝車駕屢出，歷兗、并、冀、豫、徐、荆之域，章帝踵之。天下不聞以病告，然天下亦惡能不病哉？供億有禁，窺探有禁，踐蹂有禁。能禁者乘輿也，不能盡禁者從官也，不可必禁者軍旅也、臺隸也，天下惡能不病也？天子時出巡游，則吏畏覺察而飾治，治可舉矣。乃使果有循吏於此舉大綱而緩細目，從容以綦乎治，而廢者未能卒興且無以酬天子之省視，於是巧宦以逃責者抑將緣飾其末而置其本以徒擾吏民，天下惡能不病也？

光武之明以立法，二帝之賢以繼治，豈繄不念此而樂爲馳驅以病民者？何也？光武承亂而興，天下盜賊蠭起，己亦蹈之以成大業，故重有疑焉，冀以躬親閲歷補罅整紛而銷姦桀之心，以是爲建威銷萌之大計焉耳。乃國用耗於芻粻，小民狎其舉動，羌禍一起，軍興不給，張伯路一呼於草澤，數年而不解。蔓延相踵，垂及黄巾之起而漢遂亡。盜賊横行以喪天下，前此未有而自漢始之。然則厚疑天下而恃目擊足履以釋憂，徒爲召憂之媒，亦何益乎？

有虞氏五載一巡守，歲不給於道途，所謂「盡信《書》則不如無《書》」也。周制：十有二年，王乃時巡。歷三傳而昭王以死，四傳而穆王以荒。封建之世，天子之治止千里之畿，則有暇以及遠；五服之君各專刑賞之柄，則遥制而不能。然且非虞舜、成王，而利不償害。況以一人統天下而耳目易窮，自非廓然大公，推誠以聽監司郡縣之治，未有能消天下之險阻者也，又況樂酒從禽，遊觀無度，如順、桓二帝之資以爲口實哉！

和帝

一　鄧訓保護諸胡得專力以攻迷唐

議者曰：「夷狄相攻，中國之利。」誰爲此言者？以貽禍於無窮矣。鄧訓力破浮議保護諸胡免於羌難，群胡悦從，訓乃專力以攻迷唐而迷唐遠竄，智矣哉！楚莊吞舒、蓼而後滅陳、破鄭，敗晋於邲；夫差棲越於會稽而後大敗齊師，脅晋於黄池；冒頓破東胡而後困高帝於平城；苻堅吞慕容、捲河西而後大舉以寇晋；蒙古滅金、滅夏，西收欽察畏吾兒，南收六詔，而後舉襄、樊以亡宋。夷狄之起也，恒先并其醜類，而後及於中國。中國偷庸之士猶且曰：「夷狄相攻，吾利也。」地益廣，人益衆，合衆小而成一大，猶疥癬之毒聚爲一癰也。屢勝之氣益壯，習於攻擊之術益熟，得利而其願益奢，我且鼾齁自得，以爲虎鬭於穴而不暇及於牧廄也，禍一發而不可收矣。

善制夷者，力足以相及則撫其弱、抑其彊，以恩樹援，以威制暴，計之上也；力不足以相及，聞其相攻也而憂之，修城堡，繕甲兵，積芻糧，任將訓卒，以防其突出，策之次也。聽其蹄齧以增其彊，幸不我及以緩旦夕之禍，坐斃之術也。其尤烈者，激之獎之助之以收兼弱拾殘之餘利，不知戎心之熟視我吭而思扼之也。悲夫，庸人一言而禍千古，❶有如是夫！

二　袁安任隗奏令南單于反北庭爲萬世長策

南單于降漢，光武置之西河塞内。迨和帝之世，竇憲出塞五千里，大破北匈奴，北單于逃亡，其餘種於除鞬請立，袁安、任隗欲乘朔漠之定，令南單于反北庭，驅逐於除鞬而安其故廬，此萬世之長策也。於除鞬不得立，而漢亡一敵。送南匈奴反北庭，統一匈

❶「禍」、原作空格，今據邵陽曾氏抄本補。「古」，原爲空格，今據邵陽曾氏抄本補。

奴，而南單于抑且以爲恩。乃若陽以施大德於南虜而陰以除中國腹心之蠹，胡心不啓，❶胡氣不驕，胡風不淫於諸夏，❷判然内外之防無改於頭曼以前之舊，劉淵、石勒之禍惡從而起哉？

夷狄闌居塞内，狎玩中國而窺閒乘弱以恣寇攘，必矣。其寇攘也，抑必資中國之姦宄以爲羽翼而後足以逞。使與民雜居而禍烈矣。尤不但此也，民之易動於獷悍慆淫、苟簡喙息而畏禮法之檢束，亦大化之流所易決而難防也。古之聖王憂之切，故正其氏族，别其婚姻，域其都鄙，制其風俗，維持之使若其性，而民之愚也未能安於嚮化而利行之也。廉恥存，風俗正，雖有不利而固不忍於禽行以不容於鄉黨。夷狄入而雜處焉，必且與之相市易矣，必將與之相交遊矣，浸乃與之結昏姻矣。其衣其食、其寢處其男女，蓋有與愚不肖之民甘醉飽、便馳逐而相得者矣。彼惡知五帝三王之前，民之蹄齧棄捐，與禽獸伍，而莫保其存亡之命者，固若此也？則且詫爲新奇，大利於人情，而非毁五帝三王之爲贅疣。然而彊力不若也，安忍儇利不若也，則君之宗之，樂奉而率從之，而不知元后父母之必就吾同類，而戴以德乘時之一人矣。

女奚之釀也，必擇其酸醅而去之，惡其引旨酒而酸之也；慈父之教也，必禁其淫朋而絶之，惡其引樸子而胥淫也。禍莫重於相引，而相害者爲輕。害知御，引不知避也。於是而知袁安、任隗之識遠矣。其言曰：

❶「胡」，原作「戎」，今據邵陽曾氏抄本改。下同，不一一出校。

❷「胡」，原作「夷」，今據邵陽曾氏抄本改。

「光武招懷南單于，非謂可永安内地，正以權計之算扞御北狄。」夫光武豈可謂之權哉？倒置重輕而滅五帝三王之大經也。

三　宦寺亡漢之禍開於光武之不親大臣

孝和之世，袁安、任隗、丁鴻爲三公，何敞、韓稜爲尚書，皆智勇深沈，可與安國家者也。竇憲之黨謀危社稷，帝陰知而欲除之，莫能接大臣與謀，不得已而委之鄭衆，宦寺之亡漢自此始。非和帝寵刑人、疏賢士大夫之咎也，微鄭衆，帝其危矣。揆所自始，其開自光武乎？崇三公之位而削其權，大臣不相親也；授尚書以政而卑其秩，近臣不自固也。故竇憲緣之制和帝不得與内外臣僚相親，而唯與閹宦居。非憲能創錮蔽之法以鉗天子與大臣也，其家法有舊矣。三公堅持匈奴之議而不能違憲之討虜，權輕則固莫能主也。尚書郅壽抗竇憲而自殺，則誅賞待命於權臣也。西漢之亡也，張禹、孔光懸命於王氏之手而宗社移矣。光武弗知懲焉，厚其疑於非所疑者，使沖人孤立於上而權臣制之，不委心膂於刑人，將誰委乎？明主一懷疑而亂以十世。疑之滅德，甚矣哉！

創業之主而委任大臣，非僅爲己計也。英敏有餘，攬大政於一心而濟之以勤，可獨任矣。大臣或有一二端之欺己，而遂厚致其疑。然其疑君子也，必不信小人；君子且疑，而小人愈懼。此豈可以望深宮頤養中材以下之子孫乎？公輔無權，中主不勝其勞，而代言之臣重。代言之臣秩卑，不得與坐論而親扆坐，則秉筆之宦寺持權，禍亂之興，莫挽其流矣。天下皆可疑，胡獨不疑吾子孫之智不逮而暱於宴安也乎？

當其始也，大臣與宦寺猶相與爲二也，朝綱立而士節未墮，則習尚猶端而邪正不相爲借。若袁安、任隗、丁鴻者，雖憂時莫能自效，而必不攀鄭衆以有爲。事不求可，功不求成，自靖以聽天而不假枉尋以直尺，故鄭衆雖有成勞而尚存撿柙。迨及君臣道隔，宦寺勢成，大臣之欲匡君而衛國者且紹介之以行其志，而後宦寺益張而無所忌。楊一清因張永以誅劉瑾，楊漣且不得不左袒王安以抑魏忠賢，則忠端之大臣不能絶内援以有爲，又惡能禁小人之媚奄腐哉？高拱、張居正之廢興，一操於馮保之榮落。上失其道，下莫能自主，禍始於東漢而流毒萬年，不亦憯乎？

四　黨禍始於盡誅竇憲之宗族賓客

朋黨之興，其始於竇憲之誅乎？霍氏之敗也，止其族類之同惡者而不及其餘。王莽篡而伏誅，王閎其族子而免，他勿論已。竇憲之即法也，竇篤、竇景、郭璜、鄧疊之同惡，誅之可也；宋繇以大臣而與比，❶罷之可也；班固之怙勢而橫，竄之可也。盡舉其宗族賓客名之以黨，收捕考治之，黨之名立而黨禍遂延於後世。君子以之窮治小人，小人即以之反噬君子。一廢一興，刑賞聽人情之報復，而人主莫能尸焉。漢唐以還，危亡不救，皆此之繇也，可不悲乎？

❶「宋繇」，《通鑑》作「宋由」。本書「由」皆作「繇」，蓋出明諱或家諱。

子曰：「唯上知與下愚不移。」然則中材之可移者多矣。無所慕而好善，無所懲而惡不善，中心安仁者，天下之一人也。出而欲仕，仕而欲速，非能擇惡而遠之，抑非必擇善而忌之也。人主不能正於上，大臣不能持於下，授姦邪以奔走天下之柄，使陷於惡，無抑内媿於心乎？捐廉恥、迷禍敗，徼一旦之利禄以蹈於水火，仁人所哀矜而不以得情爲喜者也。錮之以黨而蹙之以窮年，實繁有徒，亦且聚族延頸待國事之非而乘之復起。迨其後也，憤毒積，而善類之死生縣於其手而唯其斬艾。國亡人而人亡國，自臣子之迭相衰王釀之，而君亦且無如之何，此抑可爲痛哭者矣！

邪黨之依附者，戚里也，宦寺也，宫闈也。乃陳蕃之死以竇武，亦戚里也；司馬、吕、范之貶以宣仁，亦宫闈也；楊、左之殺以王安，亦宦寺也。彼小人者亦何不可借戚里、宫闈、宦寺之名以加君子哉？子曰：「舉直錯諸枉，能使枉者直。」枉者直則直用之，奚黨之有乎？舜之所誅者共、驩耳，而告司徒曰：「敬敷五教，在寬。」中材之士不絶其利禄之徑而又滌除其僉佞之名，亦何爲不濯磨以自新邪？

張醻曰：「憲等寵貴，群臣阿附唯恐不及，言憲懷伊、吕之忠，比鄧夫人於文母。嚴威既行，皆言當死，不顧其前後。」以此思之，君失道於上，大臣失制於前，使人心摇摇靡定，行不顧言，言不顧心，如飲之狂藥而責其狂，狂可惡而飲之藥者能勿疚乎？君子當思有以處之矣。定國者一人，非天下之自能定也。憤姦邪之馳騁，快誅殛於一朝，博流俗之踊躍，其反也還以自戕而戕國。捶鐵者戒其反覆，任人之宗社曾愛鐵之不若而亟反亟覆以折之也？

五　張酺以專家之學奏曹褒擅制漢禮

章帝命曹褒制漢禮，不參群議，斷自上裁，而褒雜引五經，旁及讖緯以成之。和帝之加元服，亦既用之矣，張酺奏褒擅制、破亂聖術而廢之，褒所定禮遂不傳於世，亦可惜矣。褒之引讖緯以定彝典，其説今閒見於鄭玄，如號上帝以耀寶魄之類，誠陋矣。若其雜引五經以參同異者，初未嘗失，而酺以專家保殘之學，屈公義以伸其私説，其不能通於吉凶哀樂之大用也庸愈乎？

秦廢三代之彝典，制氏、戴氏、后氏僅傳其一曲而不可通之於他，未可執也，且即其存者而猶有不可執者焉。子曰：「殷因於夏禮，所損益可知也。」因者，仁義之藴、中和之藏、彝倫之敘耳。夏、殷、周治法相仍而猶隨時以損益，況郡縣之天下迥異於三代者哉？

即以彝倫之不易者言之：父子，均也，而漢唐無自出之帝，不可强立，王侯無社稷之守，長子之喪不當上視君父。君臣，均也，而令之於守，掾屬之於守令，國相長史之於侯王，生殺廢置統於天子，令共之誼自異於三代侯國之臣。兄弟，均也，侯王無國，公卿不世，孝秀登朝，士農迭爲興廢，宗子不得獨尊，支庶不得終賤。夫婦，均也，同姓而婚姻不通，乃同一姓而所出者異，周、齊、楚、鄭之各有王氏，非本支也；周宗之支，周、魯、滕、邢、孟、仲、臧、南固同姓也；禁異出而不禁同祖，非其本矣。秦獎節婦而出妻再適，不齒於人倫。舅姑視父母，以正家綱，而答拜之儀且適驕其悍婦。然則彝倫之損益得五經之精意而無嫌於損益，多矣。他如覲聘之禮、田獵之制、相見之儀、饋贈之節，郡縣行之而情固不浹，事固不治。是必通變以審天則，窮理以察物宜，曲體乎幽明之故，斟酌乎哀樂之原，使賢者可就，不肖可及，以防淫辟，以辨禽狄，❶而建中和之極用錫萬民，固必參五經之大義微言以出入會通而善其損益。雖或有過焉，可俟後之作者繼起而改之，可勿慮也。若夫專家之學，守其故常，執聞見而迷其精意，亦惡足尚哉？

褒之禮，吾知其必有疵也；雖然，吾知其必有得也。應劭、蔡邕之所傳，語而不詳，永嘉之後，夷禮雜附，而天道人事終於昏翳，惜哉！使褒之禮而傳也，辨其失、存其得，考其異，驗其同，後之人猶有徵焉。張酺以迂執之説致其湮没，是亦古今之大缺陷矣。自宋以後，律吕毁而九宫之淫樂興，冠冕廢而袍韝之胡服濫，❷九獻亡而酹酒之野祭行。乃至郭守敬以介然之熲明廢曆元而棄天紀，徑以爲直，便以爲利，人之且淪於禽獸也，❸悲夫！

六　東漢不任三公之失

東漢不任三公，三公因不足任，上失御而下遂偷也。劉方、張奮亦有名譽，自致大位矣，乃於和帝之世，因仍章帝之柔緩，弗能有補。所詑爲敢言者，爲梁氏報怨，吹求竇氏以迎帝之私情而已。亂先帝夫婦之倫，逢嗣君寡恩之惡，舍舊趨新，犯神人之怨恫而樹援於后族，是尚足爲天子之大臣乎？帝手詔曰：「恩不忍離，義不忍虧。」三公讀此

❶「狄」，原作「獸」，今據邵陽曾氏抄本改。
❷「胡」，原爲空格，今據邵陽曾氏抄本補。
❸「禽獸」，原爲空格，今據邵陽曾氏抄本補。下同，不一一出校。

而不媿以死，非人也。夫當竇后生存之日，竇景横逆，何弗一言匡救？而必待后之死乃踐蹂之如斯其酷邪？竇替梁興而東漢遂大亂，三公爲宫闈妒争之吠犬而廉恥埽地，固其人之不肖，抑漢以論道之職爲養尊處優之餘食贅形，休戚不相共而無以勸之也。則光武作法之涼，不能謝咎矣。

七　邊屯宜蕩佚簡易

班超之告任尚曰：「塞外吏士本非孝子順孫，皆以罪過徙補邊屯，宜蕩佚簡易，寬小過，總大綱。」此後世將兵之善術也，然繇此而言兵者難矣。嚴之則兵心離而無與效死，寬之則恣其驕暴而以病民，故曰：難也。

三代即民即兵，井甸之賦，師還而仍爲鄉鄰，將雖寬而兵自不爲民害。故《師》之象曰「容民畜衆」，寬而無損也。後世之兵出於召募，類皆貪酒嗜色樗蒱淫酗之民，容者所不能容、畜者所不易畜也，其不禁而兵爲民害久矣。然而三代之兵不敢暴於其國，而諸侯相競於侵伐，則出疆而斬木堙井、俘虜掠奪，有所不禁。後世所與出塞之士彌望而皆茅葦，逐盜之兵所克皆爲内地，守法而不内侵，則飢渴暴露，生之不保，而況有所利乎？然則三代兵不毒民，但不毒乎國中而自有餘逞。故後世之言兵者，倍爲難也。無已，則唯達其貪饕淫蕩之情，重其饟犒，椎牛酤酒，優裕有餘，而後可持法而嚴以馭之，而民其不病矣乎？

乃將之嚴也，尤惡其矜名而邀士大夫之譽也。有恤民之心而矜惠民之名，法浮於情而足以召怨。無恤民之實而徒衒清市德，斬刈壯士以要盈廷之薦剡，求兵之以軀命報斗筲之粟，欲其弗鳥獸散也，其可得乎？故獲市井小民之歌頌者，必潰之將也；得學士大夫之稱説者，必敗之將也；多其兵而寡其食，必亡之國也；以名求將而不以功，授將帥殿最之權於清議者，必亂之政也。厚以養之，簡以御之，弗與民雜處而殊之，屯聚之於邊陲而與民相忘以安之，庶幾乎民無所施其恩怨，士大夫無所容其毀譽，爲將者坦然任意以斟酌其恩威，而後兵可得而用也。故曰：難也。

八　漢儒專家相競以意説爲異端

闢異端者，學者之任、治道之本也。乃所謂異端者，詭天地之經，叛先王之憲，離析六經之微言，以誣心性而毀大義者也。非文辭章句、度數沿革之小有合離，偏見小聞所未逮而見爲異者也。六經當秦火之餘，非漢儒則愈亡逸，不可謂無功；而專家以相競，不可謂無罪。善求益者樂取其所不及以徵所已及，麗澤並行，競流以相度越而匯於大川，朋友講習之功，所爲取諸《兑》也；見善而遷，如風之下流，如雷之相應，而十朋之龜弗克違，所爲取諸《益》也。漢之諸儒各有師傳，所傳者皆聖人之道所散見也。而習氣相沿，保其專家以相攻擊，非其所授受者謂之異端，天子聽其説而爲之禁，不已陋與？

徐防位三公，天子所與論道者也。道論定而爲天下則，乃首所建白，禁博士弟子之意説，坐以不修家法之罪。離析聖道，錮蔽後起之聰明，精義隱而浮文昌，道之不亡也幾何哉？宋承其弊，蘇、王二氏之學迭爲廢興而詖淫以逞。延及於今，經義取士，各有師承。塾師腐士拾殘瀋以爲密藏，曾不知心爲何用，性爲何體，三王起於何族，五霸興於何世。畫地爲獄，徽纆不解，非是者謂之破裂文體。因而狂迷之士請以雌黄帖括沈埋烟霧之老生從祀先師。世教衰，正學毁，求斯人之弗化爲異物也，❶惡可得哉？

九　有司因日食奏遣諸王就國

善言天者驗於人，未聞善言人者之驗於天也。宜於事之謂理，順於物之謂化。理化，天也；事物，人也。無以知天，於事物知之爾。知事物者，心也；心者，性之靈、天之則也。漢儒言治理之得失，一取驗於七政五行之災祥順逆，合者偶合也，不合者挾私意以相附會，而邪妄違天，無所不至矣。

和帝之世，正陽之月，日有食之，有司無以塞咎，舉而歸之兄弟諸王留京師之應。嗚呼！天其欲使人主絶毛裏之恩，蔑鞠子之哀，忍忮以逞陽剛之威焰乎？亡周者六國、彊秦，魯、衛終安其分；亡漢者前有王莽，後有袁、曹、孫氏，而先主猶延其祀；亡魏者司馬，亡晋者劉裕，亡唐者朱温，又降而孤立無援，異類乘而滅之，❷兄弟何尤焉？當和帝時，宗支削，外戚張，此正所謂陰逼天位、離火下熸、明夷之世也，而顧責之天子僅有之兄弟。讀和帝之詔，有人之心者不禁其潸然泣下矣。妄人逞妖誣之辭，援天以制人主，賊仁戕義而削社稷之衛，乃至此哉！

夫日食有常度，而值其下者蒙其咎。抑惟懲忿思過以避陰陽之沴，反諸心，徵諸事，察諸物，無往而不用其修省，惡可以一端測

❶「異」，原爲空格，今據邵陽曾氏抄本補。

❷「異」，原爲空格，今據邵陽曾氏抄本補。

哉？雖億中，不足取也，況其妄焉者乎！

安帝 殤帝附。

一 清河王慶有泰伯之賢

司馬遷有言：「伯夷雖賢，得孔子而名益著。」吾於泰伯亦云。三代以下不乏賢者而無與著，賢不著而民不興行，世無有師聖人、樂善之心者也。漢清河王慶，其賢矣！夫慶之廢，章帝之私也。慶廢而安於廢，母以誣死而不怨，怡然與和帝相友愛而篤其敬。竇后没，和帝崇梁氏之禮，慶垂涕念母，欲求作祠堂而守禮不敢言。和帝崩，立襁褓之子於民閒而無所窺望，庶幾乎知命而安土以敦仁者乎！

當東漢時，兄弟以相讓爲誼，劉愷、丁鴻皆聞東海王彊之風以起，然而逃匿顛沛，效伯夷、泰伯而徇其迹，則謂之好名，非苛也。慶從容於章、和之世，悍后之旁，優游輦轂，徐就藩封，執臣禮而處之若忘，德彌隱，志彌深，禮彌謹，行彌庸，其不膺至德之稱，天下後世無有師聖人、樂善之心爲心者也。慶之所爲，亦可謂「民無得而稱」矣。

東海王之安於廢也，母氏固存而不失其尊養也，然且山陽王荆假之以稱亂，無抑彊有可乘之閒而荆乘之。安帝以赤子卧天下之上而無有擁慶以起者，慶有以弭之也，非彊之所能逮也。唐宋王成器委順於玄宗之世，其近之矣。乃玄宗以戡亂之大功，雖嗣睿宗而若其自致，成器固不敢干，非若慶之以私愛相妨而坐廢。成器雖不争，豈能望慶之項背乎？三代以下未嘗無賢也，人不知也。殤帝夭，慶子祐終嗣天位。人所不知,天佑之矣。

二　糾多張墾田競增户口之罪

延平之詔曰:「郡縣欲獲豐穰之譽,多張墾田,競增户口,不畏於天,不媿於人。❶自今以後,將糾其罪。」庶幾乎仁者之怒矣。墾田之不足爲守令功,不待再思而知也。田蕪而思墾之,民之不能一夕安寢而忘焉者,而特力不足耳。其能墾與,吏雖窳,不能奪也;其不能墾矣,吏雖勤,不能勸也。病而不甘食者,慈父不能得之於子,無亦防其强食而噎焉耳。必欲勸之墾也,則無如任其墾而姑不以聞之縣官也。張墾田而民愈不敢墾,欺天罔人,毒流原野而田終以蕪,國終以貧,此孝宣之世竊循吏之名者禍之所延而貪君利之,糾以罰而害其弭乎?

若夫户口之增,其爲欺謾也,尤甚。春秋戰國之世,列國争民以相傾,則以小惠誘鄰國之民而歸已,國遂以彊,非四海平康之道也。郡縣之天下,生齒止於其數,人非茂草灌木蹶然而生,實於此者虚於彼。飛鴻偶有所集,哀鳴更苦,非可藉爲土著也。曷抑問所從來而知增者之爲耗乎?不然,抑將析人父子兄弟而賦及老稚,虐莫甚焉。貪君以爲利,酷吏以爲名,讀延平之詔,知章、和之世,守令之賊民以邀賞者多矣。張伯路之援棘矜而起,非一朝一夕之故也。

❶「不畏於天不媿於人」,原「畏」「媿」二字誤倒,今據《詩經·小雅·何人斯》及《通鑒》改。

三　鄧后以賢后聽政十年天下大困

母后臨朝，❶未有不亂者也。鄧后之視馬后也爲尤賢，馬后賢以名，鄧后較有實矣。厚清河王慶而立其子，詔有司撿敕鄧氏家門非過，遣鄧隲兄弟還第，皆實也，宜乎其賢無以愈也。然而聽政十年，國用不足至於鬻爵，張伯路起於内，羌叛於外，三輔流亡，天下大困，非后致之而孰使然邪？

蓋后之得賢名者，小物之儉約、小節之退讓而已，此里婦之炫其修謹者也。所見所聞不出閨闥，其擇賢辨不肖，審是非、度利害，一唯瑣瑣姻亞之是庸。故任尚屢敗而不黜，一得罪於鄧氏而死不旋踵；徙民蹙地，唯鄧隲之意而人不能争。其尤忮害者，杜根、成翊世進歸政之諫而撲殺於廷，則擅國暱私，糜國於無名之費以空國計，人不得而知者多矣。張禹、尹勤、梁鮪、徐防、張敏、李脩、司馬苞、馬英皆以庸劣之才取容鄧氏而致三公，袁敞錚錚而早不能容，則崇佞替忠，上下相蒙以釀亂而不自覺者多矣。嗚呼！后之始立以賢名，后之終總大政以賢著，干愚賤之譽，而蠹隱於中，蝕木不覺，陰始凝而履霜，亦孰知堅冰之至哉？

故奬婦賢者，❷非良史之辭也；事女主者，❸非丈夫之節也。❹司馬温公歷鑒於漢唐而戴宣仁后以行其志，❺佞者爲之説曰母改子道，豈非過乎？

❶「母后臨朝」，原爲空格，今據邵陽曾氏抄本補。
❷「婦」，原爲空格，今據邵陽曾氏抄本補。
❸「女主」，原爲空格，今據邵陽曾氏抄本補。
❹「丈夫」，原爲空格，今據邵陽曾氏抄本補。
❺「宣仁后」，原爲空格，今據邵陽曾氏抄本補。

四　降羌布在郡縣因徵發而結聚入寇

利之所在，害之所興。抑之已極，其縱必甚。故屈伸相感而利生，情僞相感而害起，屈伸利害之相爲往復，而防之於早以無不利。智者知之明也，而庸愚不知。知者則立法以遠害，不知則徇利以致凶，利害之樞機在此矣。永元之後，降羌布在郡縣，爲吏民豪右所傜役，積以愁怨。及迎段禧之役，徵發羌騎，諸羌犇潰，因結聚入寇，而隴右、三輔、并、益皆殘殺破敗，内亂乘之，漢因以衰。制之不早，火鬱極而燎原，屈伸必然之數也。

中國之智，以小慧制夷狄；❶夷狄之智，以大險覆中國。中國之得勢而驕，則巧以漁其財力；夷狄之得勢而逞，則很以恣其殺掠。此小勝而大不勝之固然也。役其力，聽役矣；侵其財，聽侵矣。債帥墨吏、猾胥豪民施施自得，而不知腰領妻孥之早已在其鋒刃羈絡閒矣。

制吏民而使勿虐之者，下策也。貪猾者幸快其須臾之意欲，刑罰非所畏也。或且獻其佞説，曰「何事苦吾民以奬異類」，如汲黯之言矣。力可役，財可侵，大險之伏不敵小慧，貪猾者何知，近取股掌而弗利之邪？迨及鬱極而熺，蒙其利者死骨已朽而後生食報於毒，亦痛矣哉！

故王者之於夷狄，暴則懲之，順則遠之，各安其所，我不爾侵，而後爾不我虐。《旅獒》之戒，白雉之却，聖人之慮非中主具臣所

❶「夷」，原作「戎」，今據邵陽曾氏抄本改。下三「夷」字同。

測也。

五　魯恭之言刑有得有失

賞以春夏，刑以秋冬。賞者，封國受爵之錫命也；刑者，五刑大辟之即市也。天有恒經，王有恒政，順天以不違其温肅之氣，王道之精微也，而夷狄盜賊之主逞喜怒而不爲之節，則干天而傷民。然其爲義，止此而已。進忠賢者，引之若不及；賞軍功者，勸之使復效。秋冬不舉，萬一溘先朝露，王者之心惻矣，賢者功臣之心亦沮矣。若夫聽訟斷獄，《易》固曰：「明慎用刑而不留獄。」留獄者，法之所爲大擾也。留以俟秋冬，而枉者直者交困於心而不能釋，怨且繇是而深，而變計滋起矣。

且其留而待時也，將拘禁之與？徽纆叢棘之苦劇於笞杖，逮連證佐，浸以賄而游移其初心。若縱之與？自知不免，幾何而不遁也？故夫子取子路之無宿諾。諾不宿，獄不留矣。唯大辟抵罪已定，因之以待秋冬，緩死而不拂天之和氣；肉刑未除，劓、刖、宫、墨，有事刀鋸，不可戾温和之化。王者之慎，慎以此爾。夫豈流刑使即三居，撲刑旋施教誡，縱證佐於南畝，省簿書於掾史之謂哉？

《月令》非三代之書，然其曰：「孟夏斷薄刑。」孟夏，正陽之月也，可以斷刑，則春夏之餘月可知矣。魯恭之言有得有失，言治理者不可不辨。若呴呴之仁，緩之乃以賊之，以是爲順天而愛民，豈理也哉？哀矜清問，則四時皆春，不徒以其文也。

六　任尚爲後世僨帥

和、安之世，漢所任將者，任尚也，軍安得不覆，亂安得不極也？尚嚴急而不知兵，見於班超之説，而猶不僅此。章帝以來，歷三世而國事屢變。竇憲盛，尚則爲憲之爪牙；鄧隲興，尚則爲隲之心膂；憲敗，賓客皆坐而尚自若；西域叛亂，北邊喪師，漢法嚴矣而尚自若。尚者，一後世之「僨帥」也。平襄之敗，死者八千餘人，羌遂大盛而不可制。尚翺翔漢陽者三載，坐視羌人之暴，罰謫弗及，復以侍御史將兵於上黨，遷中郎將，屯於三輔，保禄位、怙兵權而不懼。尚何以得此哉？其輦金帛以曲媚宮闈戚里者可知矣。然則其嚴急也，乃以漁獵吏士而爲結納之資也。三輔殘，國帑空，并、涼、益土死不收，徙不復，羌人力盡而瓦解，尚乃起而與鄧遵爭功以死，天殛之也。尚之誅也，賕贓千萬以上，憲與隲所爲護尚以稔其惡者在此矣。僨帥之興，其始於東漢乎？而鄧隲之爲漢蟊賊可知矣；母后聽政而内外交寇，❶其所繇來亦可知矣。

七　王莽聽民告訐守令啓盜賊窺天之徑

盜賊之興，始於王莽之世。莽篡，天下相師以寇攘，而抑劉崇、翟義以草澤起義先之，未足開盜賊窺天之徑也。張伯路一起而濱海九郡陷没，孫恩、竇建德、黃巢、方臘、李自成踵興而四海鼓動，張伯路實爲之嚆矢焉。

❶「母后」，原爲空格，今據邵陽曾氏抄本補。

三代之盛，大權在天子也。已而在諸侯矣，已而在大夫矣，已而在陪臣矣，浸以下移而在庶人矣。郡縣之天下，諸侯無土，大夫不世，天子與庶人密邇。自宰執以至守令，所爲尊者，榮富而已，其他未有尊也。十姓百家相雄長而莫能制，豐凶不能必之於天，貪廉不能必之於吏，風會移之，怨毒乘之，欻然狂起，抑將何法以弭之哉？

《易》曰：「天險不可升也。」謂上下之分相絶而無能陵也。易國而郡縣，易侯而守令矣。安守令也有體，嚴守令也有道。守令之仁暴，天子之所操也，其次廷臣之所衡也，其次省方之使所糾也，非百姓之所可與持也。賕吏興，上下蔽，天子大臣弗能廉察，激民之重怨而假民以告訐之權，制守令之黜陟誅賞，是進庶人而分天子之魁柄。不肖之吏，弱者偷合於民，彊者相仇而競，豪民視守令如雞豚，可豢也可圈也，可訐也斯可殺也，而何弗可稱兵以脅天子也？盜之所以死此而又興彼也。

《易》曰：「上天下澤，履，君子以辨上下，定民志。」又曰：「小人而乘君子之器，盜思奪之矣。」上下不辨，民志不定，乘君子之器者，無大別於小人。侯王豈有種哉？人可奡岸以制守令之榮辱生死，則人可侯王而抑可天子矣。察吏不嚴於上而聽民之訟上，搖動人心而猶謂能達庶人之情。非審於天綱人紀者莫知其弊也。陵夷天險而授之升，立國者尚知所懲乎！

八　吏民入錢穀得爲關内侯虎賁羽林郎五官大夫官府吏緹騎營士各有差

國帑屢空，軍興不足，不獲已而加賦於民，病民矣而猶未甚也，以官鬻錢穀而減其俸，民病乃篤。鄧后，婦人米鹽銖絫之計也，後人師之，視爲兩利之術，狂愚不可瘳矣。萬不獲已而加賦也，抑必有則。吏方苦其不易徵，未有能因而溢者也。獺不飢，不可使捕；鷹不飢，不可使逐。誘取其錢穀於前而聽其取償於民，吝予之以生計而委之以自掠，雖欲懲貪，詞先訥澀矣。不能使徒步布衣草屨糲食、凍老餒幼以爲國效功也，則烏能禁飢鷹餒獺之攫而無厭哉？乃人主且曰：吾未嘗加賦以病民，民如之何而不急公？上下交怨，而國必亡矣。

三代之世，方百里之國，君卿大夫士世食其禄，下逮於胥史者數百人，饔飧幣帛、車乘芻糧奔走於四方而有餘。一郡之大或兼數圻，禄於朝者幾何人？官於其地者幾何人？守衛繕修公私交際所資於民者幾何事？今之天下，其薄取也，視古而什之二三耳，而古之民足，今之民貧，古之國有餘，今之國不足。下不在民，上不在君，居其閒者爲獺爲鷹，又使飢而教之攫。金死於一門而粟賤於四海，則終歲耕耘，幸無水旱，而道殣相望必矣。

「無野人，莫養君子。」上節宣野人之餘以養賢，而使觀人朵頤以惟攫取之巧拙爲貧富哉？鬻官爵以賤之，減俸以貧之，吏既賤而終不肯貧，廉恥墮，貧窶相迫，避加賦之名，蹈朘削之實。愚者之虐虐於暴君。曾不自知其殃民，民亦不知也，怨不知所自起而益亟矣。

九　龐參説鄧騭徙邊郡入居三輔

漢之彊也，北却匈奴，西收三十六國。未數十年，羌人一梗於河湟。其志止於掠奪，未有窺覦漢鼎之心也，而轉徙五郡，流離其民，僵仆載道，如孤豚之避猛虎。悲哉，誰爲謀國者而彊弱相貿至此極也？任尚債帥也，鄧隲紈袴也，鄧后婦人也。❶婦人尸於上，❷紈袴擅於廷，債帥老於邊，三者合而亡國之道備焉。幸而不亡，民之死也，誰恤之哉？天下未有婦人制命而紈袴、債帥不興者也，未有陰氣凝於上而干戈之慘不流於天下者也。❸故曰：「鶴鳴於九皐，聲聞於野。」氣相召，禍相應，而龐參之邪說始乘之，以愞縮消生人之氣，可不戒哉？

十　鄧后爲鄧氏近親開邸第教學致外戚强盛

鄧后爲鄧氏近親開邸第教學而躬自試之，史稱之以爲美談。漢武開博望苑而太子弄兵，唐高開天策府選文士而宫門蹀血。天子之子且以召難，況后族乎？諺有之曰：「婦人識字則誨淫，❹俗子通文則健訟。」《詩》《書》者，君子所以調性情而忠孝，小人所以啓小慧而悖逆者也。故曰：「民可使繇之，

❶「鄧后婦人」，原爲空格，今據邵陽曾氏抄本補。

❷「婦人」，原爲空格，今據邵陽曾氏抄本補。下一處同，不出校。

❸「陰氣」，原爲空格，今據邵陽曾氏抄本補。

❹「婦人識字則誨淫」，原脱，今據邵陽曾氏抄本補。

不可使知之。」不然，三代王者豈以仁義禮樂吝予斯人？ 而内不及於宫闈，外不私於姻黨，何爲也哉？

鄧后之約飭子弟也屢矣，其辭若足觀者，乃豫章唐檀告其太守曰「方今外戚豪盛，君道微弱」，則后之寵私親以紊朝綱可知矣。假之兵權，復假之以文教，先王經緯天下之大用一授之匪人，國尚孰與立也？ 言治者知兵權之不可旁落，而不知文教之不可下移，未知治道之綱也。 一道德、同風俗，教出於上之謂也。

十一　西域已開不可棄

有其始之，則已之也難，是以君子慎乎其始之也。西域通塞，初無當於中國與匈奴之彊弱。 乃自張騫始之，班超繼之，中國震而矜之，曰：吾以斷匈奴之右臂。 於是匈奴亦因而曰：是可以爲吾右臂也。 迨安帝之世，羌寇起，隴西隔絶，涼州幾棄，匈奴於是因車師攻殺後部司馬，又殺燉煌長史索班，蓋至是而西域不可棄矣。 公卿乃始欲閉玉門、絶西域，置河西隴右剥牀及膚之禍於不恤。 班勇力争其不可，勇之策賢於其父超矣。 非勇之果賢也，時異而勢不容已也。 乃超之出無撓之者，而重撓勇。 勇策不用，漢師不出，匈奴寇抄不息，沈氐因之而亂。❶ 害極於鄧隲之庸愞，而禍始於張騫之挑引，故曰「有其始之，則已之也難」也。

鄭於晋、楚，非果繫重輕，而楚争之晋因争之，晋争之楚益争之，疲天下之兵力百餘年而兩皆無據。 高歡、宇文泰之玉璧，朱友

---

❶ 「氐」，原作「氏」，今據文意改。

貞、李存勗之楊劉，一旦而以存亡繫之，非其存亡之果繫也，力盡於此而餘地皆虚，徒使其土之民人蹂躪而殆無遺種，皆始之者貽之，孰有能包舉興亡勝敗之大而游心於餘地者乎？《易》曰：「非所據而據焉，身必危。」凡見可據者皆非據也，游士炫其謀，武人張其功，後欲已之而不能，故君子必慎乎其始之也。

十二　杜根逃死不投知故

潁川杜根上書鄧后歸政安帝，后怒，撲殺之，得蘇，逃宜城山中爲酒家保，積十五年，后死乃出。或問以何不投知故而自苦，根言：「發露，禍及親故。」智哉，根乎！何也？親故之能託生死者不易得也。非謂夫叛而執之也，爲根之知交者應不至此也。好義之心苟不敵其私利之情，則其氣先餒；好義之心與私利之情相半，即不相半而不能忘，其神必亂。氣餒神亂，耳目不能自主，周旋却顧，示人以可疑，則愈密而愈疏。故義利交戰於胸者必交受其禍。今有人於此而人或投之，鄰里鄉黨不問焉者，以適然聽之也。唯大勇者爲能以適然處變，不然則如酒家之本不覺而固適然者也，非此而必不能矣。嗚呼！士不幸而處亂世，不屈於邪而抑未可以死，緩急固時有矣，而可不慎所依乎？好苛禮而不簡者，恤小利而形於色者，多疑而好謀者，貌愿謹而勤小物者，弔死問疾而多爲容者，皆不可依者也。可弗慎邪？

十三　薛包度己量時辭侍中之徵

處士之徵而不受命者多矣，或志過亢而

不知時者也，或名高而藏其拙者也，或覬公孤師保之尊而躐級以不屑小官者也。吾於薛包獨有取焉。包以至行聞，盡孝友，飭門内之修而已。自盡以求仁而無矯異驚人之節，初未嘗規畫天人，謂己有以利天下也。漢徵之而拜侍中，非其事也，固非其志也。包曰：吾以盡吾門内之修，天子知我徵我以風示天下而德不孤矣。吾未嘗有匡濟之心，而何用仕爲？

奚以知其然也？以包之所爲皆循循乎父子兄弟之閒，非襄楷、郎顗、樊英窺測天人，舍己而求諸人者比也。而漢之授以侍中，抑非其道。侍中者，出入諷議之臣也。當安帝之世，外羌戎，内盜賊，外戚、阿母、宦寺交相煽搆，此大人搏捖斡運見功之地而包之志略固不及此。非天下有不可爲之時，而非包敦篤修能所堪之任也，則漢任之固不以其道矣。善處包者，使分司徒之教職而任之庠序，則得矣。不則使治一郡以興教化、撫貧弱，敷其潔己愛物之德，治績懋焉。如之何以侍中任之邪？包之以死乞免，度己量時之道允協矣，豈志亢名高，薄小位而覬公孤者類哉？

龍有潛也，有見也，有亢也。孔子知不可而爲，聖人之亢也；伊、吕之興，大人之見也；包之終隱，君子之潛也。潛者非必他日之見也，道在潛，終身潛焉可矣。

十四　安帝假權宦寺由鄧后之反激

安帝之不德，豈至如昌邑王賀之荒悖哉？立十五年矣，鄧后寵平原王翼，欲廢帝而立之，杜根請帝親政而撲殺之。視天位如置棋，任其喜怒，后之惡烈於吕、武矣。伊尹之放太甲，未嘗他有援立，示必反之也。昌邑王之不可一日爲君，霍光之不幸，而又幸得宣帝之賢也。且昌邑既廢，始求宣帝於民閒，未嘗豫扳宣帝而後廢昌邑也。鄧后以婦人而輔以碌碌之鄧隲，予奪在手，唯意所授，瀆大倫，玩神器，君子所必誅勿赦也。鄧后死，王聖、李閏乘權而亂政，繇安帝之不君，可謂后之先識而志安社稷乎？

乃抑稽聖、閏之得以蠱帝而逞者，誰使然也？十五載見郊見廟之天子不能自保，大臣弗能救也，小臣越位孤鳴而置之死也，舍保母宦寺而誰依邪？易位之僇辱與死接踵，自非上哲反己自彊以潛消内釁，則免己於死而固其位，奚暇擇阿母宦寺之非而不以爲恩哉？宦寺之終亡漢，李閏、江京始之也，而實鄧后之反激以延進之也。

十五　禁錮贓吏子孫爲亂國重典

建元中，守相坐贓，禁錮二世。劉愷以謂「惡惡止其身，《春秋》之義，請除其禁」，持平之論也。抑《書》曰：「刑亂國，用重典。」從重以挽極重之勢，施之亂國，亦詎不可哉？

人之貪墨無厭，罪罟不恤者，豈其性然？抑其習之浸淫者不能自拔也。身爲王臣，已離飢寒之苦而漁獵不已，愚之不瘳何至於是？斥田廬，藏珠玉，飾第宅，侈婚嫁，潤及子孫，姻亞族黨豔稱弗絶，則相尚以迷，雖身受歐刀而忘之矣。妻妾子女環嚮以相索，始於獻笑，中於垂泣，終則怨讁交加而無一日得安於其室，則自非卓然自立者，且求徽纆叢棘之不加於身，勿寧他日之繫項伏鑕以偷免於旦夕也。一行爲吏，身爲子孫之僕隸，驅使死辱而莫能逃，乃伏法以還，彼且握爵銜憲，施施自得，不復憶祖父之慘傷。嗚呼，孱柔者内偪於淫威，甚於國憲，亦大可矜也已！

故貪墨者，其人也；所以貪墨者，其子孫也。拔本塞源，施以禁錮之罰，俾得謝入室之偏謫，亦詎不可哉？爲子孫者雖擁肥畀立而士類弗齒，即甚不肖，忘情仕進，然世胄恥與爲婚姻，人士羞與爲朋侶，守令可持法以相按治，仇怨可抗顔以相報復。則子孫先怵，妻妾内憂，庸謹之夫亦可藉手以寡怨於百姓。則非但弭生民之蟊賊，且以旌别善類，曲全中材，而風俗亦緐之易矣。惡惡止其身，非此之謂也。三代世禄，士不憂貧，雖貪而無爲子孫計者。先世之澤，不可自一人而斬也。

十六 丞相三公之分合無關得失

治天下之綱紀，非徒以其名也。其實在，其名雖易，綱紀存焉；其實亡，❶其名存，獨爭其名，奚益哉？宰相之任，唐虞之百揆合於一，周之三公分於三。其致治者非分合之爲之，君正於上而任得其人也。其合也，位次於天子；其分也，職别於專司。然而雖分，必有統之者以合其分，要因乎上所重，而天下之權歸之。天子乎以一心而躬親重任，唯待贊襄則一也。自漢以後，名數易而權數移，移之有得有失，論者舉而歸功過於名。夫豈其名哉？操之者之失其實，則末緐以治也。

❶ 「亡」，原誤作「在」，今據邵陽曾氏抄本改。

西漢置丞相而無實，權移於大將軍，故昌邑之廢，楊敞委隨而生死莫能自必。東漢立三公而無實，權移於尚書，故陳忠因災異策免三公上書力争，言選舉誅賞不當一繇尚書。兩漢之異，丞相合而三公分，然其權之上移於將軍下移於尚書同也。晉之中書監猶尚書也，唐之三省猶三公也。宋以參知分宰相之權，南宋立左右相而移權於平章。永樂以降，名爲分任九卿而權歸内閣。或分或合，或置或罷，互相爲監而互相爲因。

若其所以或治或亂者，非此也。人不擇則望輕，心不孚則事礙，天子不躬親而旁撓之者，非外戚則宦寺也。使大將軍而以德選，則任大將軍可矣；使尚書中書而以德進，則任兩省可矣。丞相、三公，其名也，唐虞殷周不相師也。懲權姦而分任於參知，下移於内閣，惡在參知、内閣之不足以擅權而懷姦也？上移於大將軍而僅以寵外戚，下移於内閣而實以授宦寺，豈其名之去之哉？實去之耳。天子不躬親，而日與居者婢妾之與奄腐，不此之防，徒以虛名争崇卑分合之得失，亦末矣。爲公輔争名不如争實，其争實也，争權不如争道。非勵精親政而慎選有德，皆末也。熒惑守心而翟方進賜死，地震而陳褒策免，其時獨無天子乎？

十七　楊震崔瑗受鄧騭閻顯辟召

周之進士也，雖云鄉舉里選而必貢自諸侯與卿大夫，非諸侯與卿大夫，未有能達於天子者也；已而大夫執政，士之仕也必於大夫，非大夫，未有能達於諸侯者也。漢之辟召自州郡，❶非州郡，未有能達於三公者也；非三公，未有能達於天子者也。魏晉之選舉，中正司九品之升降，非中正，未有能達於吏部者也。隋設進士科而唐以下因之，益以明經、學究、童子諸科，與太學上舍之選、學校歲貢之士。逮及任子掾吏，皆特達而登仕籍：士無不可自達於天子，而猶有依附權門、失身匪類、隳其名節者，此尚何所委咎哉！

周末之政在大夫也，聖門之賢，亢志陋巷，顔、閔而已；冉有之失身季氏，子路之失身孔悝，夫豈有康衢之可繇而趨邪徑哉？士之仕也，猶農夫之耕也，無畇畇之隰，則阪田雖确而不能已於藨蓘。故自隋以上，清直端潔之士，限以地，迫以時，失身於薦辟之匪人而不免於公論之彈射，士之不幸也，古之不今若也。

楊伯起之剛方，而譖之者以鄧氏故吏爲其罪。鄧隲辟震而震不能辭，時使然也。崔瑗之持正，欲説閻顯立濟陰王，不能見顯，因陳禪以進説，禪不代達，猶以顯累，終身被斥。瑗受顯之辟召而不能辭，時使然也。夫二子皆有求、路不可奪之節，而浮雲之翳，白日減輝。自非蟄龍屈蠖學顔、閔而終潛德，遭世末流，亦將如之何哉？

後世貢舉法行，舉主門生雖有不相忘之雅，而一峯之於南陽、念菴之於江陵，抗疏劾之而不以爲嫌。然且有别託蹊徑以呈身邪黨者，使當晉漢以上，其不爲郗慮、賈充之躬任弑逆者幾何也？覽伯起、子玉之始終爲之深悼，而士可以不恤其身哉？

❶「郡」下，原衍「公府」二字，今據邵陽曾氏抄本删。

十八　耿寶附王聖江京樊豐死於閻顯

人之至不仁而欲賴以爲寵，人之至不祥而欲附以爲援，天下之至愚成天下之大惡，終陷天下之大刑，其能免乎？

人主即至愚且忍，未有不欲其子爲天子者也。其或有所廢者，必有所立，類皆私嬖妾、寵庶孽而要亦授於其子。安帝僅一子爾，旁無嬖庶，年甫十歲，性猶婉順，而惑於宦寺，忍棄之鐘下而不恤己之無苗裔，此誠古今之至不仁者矣。奄人之祟惡也，毒螫善類，攻異己以行私爾。即至傷及元良，如伊戾、趙高之爲，亦陰有攀附，仍不舍其君之子而但逞於一時。王聖、江京、樊豐之瑣瑣懷忿於王男、邴吉，❶而怨及國本，吾君僅有一子而敢摧折以瀕於死亡，此誠天下之至不祥者矣。而耿寶無知，喪心失志，徇至不祥之人行至不仁之事，惑古今至愚至忍之安帝，賴其寵祿而附險毒之奄妾以爲援。帝死未寒，寶先死於閻顯之手，與聖、豐而俱燼。嗚呼！不可與爲父子者，必不可與爲君臣；不可與爲君臣者，必不可與爲朋友。寶也、顯也、京也、豐也，歧首之蛇還自相噬，而閻后亦因以斃。按順帝雖納周舉之諫，復朝閻后，而數日後閻后輒崩，其死於見迫可知。史諱言之耳。不仁之尤，不祥之甚，未有能終日者也。來歷雖諫，而尸九卿之位，不能早去，比匪之傷，幸而免耳。❷劉授、劉熹、馮石之爲三公，緘默不言，辱人賤行，身逸鈇鉞而恥心蕩然矣。

讀通鑑論卷七終

❶「邴」，邵陽曾氏抄本作「丙」。

❷「來歷」至「而免耳」，原脱，今據邵陽曾氏抄本補。

讀通鑒論卷八

衡陽王夫之譔

後漢順帝

一　順帝朝有君無臣

惜天下之不治者曰：有君無臣。誠有不世出之君矣，豈患無臣哉？所謂有君者，君在中材以下可與爲善，❶而庸讒之臣無能成其美而遏其惡也，則順帝是已。帝之廢居西鐘下也，順以全生，群姦不忌，非不智也；安帝崩，不得上殿親臨，悲號不食，非不仁也；孫程等拯之危亡之中而登天位，一上殿争功而免官就封，不使終持國政，非不斷也；諒虞詡之諫逐張防，聽李固之言出阿母，任左雄之策清吏治，非不明也；樊英、黄瓊、郎顗公車接軫，納翟酺之説廣拓學宫，非不知務也。使得丙吉之量，宋璟、張九齡之節，韓琦之忠，姚崇、杜黄裳之才，清本源、振綱紀以納之於高明弘遠之途，漢其復振矣乎！而桓焉、朱寵、朱倀之流皆衰病瓦全，無生人之氣，塗飾小康，自寡其過，不能取百年治亂之大端謹持其幾。而左雄、虞詡因事納忠之小器，遂爲當時之傑。區區一龐參爲時望所歸，乃悍妻殺子於室而不能禁，本已先缺而求物之正，必不能者。盈庭物望，遽爾歸之，則其時在位之人才，概可知已。帝

❶「下」，邵陽曾氏抄本作「上」。

德不終而漢衰不復，良有以也。

夫豈天於季漢之世吝於生才哉？才焉而不適於用，用焉而不盡其才者多矣，而其故有二：摧之，激之。成於女謁、宦豎、僉人之持權者，則一也。女謁、宦豎、僉人互相起伏，此敗彼興而要不出於其局。其摧焉而不克振者，仰雖憂國，俯抑恤己，清謹自持，苟祈免於清議，天下方倚之爲重，而不知其不足有爲也，則桓焉、朱倀之流是已。近世葉福清、賀江夏以之。其激焉而爲已甚者，又有二焉：一則憤嫉積於中而抑采艸野怨讟之聲以求快於愚賤，事本易而難之，禍未至大而張之，有聞則起，有言必諍，授中主以沽直之譏而小人反挾大體以相難，則李固、陳球之徒是也；近世諫臣大抵如是。一則傷宿蠹之未消，恥新猷之未展，謂中主必不可與有爲，季世必不可以復挽，傲岸物表，清孤自奬而坐失可爲之機，則黄憲、徐稺、陳寔、袁閎之徒是也。唐宋以下無其人矣。激而争者詳於小而略於大，怒湍之水不可以行巨舟；激而去者，決於棄世而忍於憂天，環堵之光不可以照廣野。嗚呼！若是者皆非不可康濟之才而不終其用，繇來久矣，豈一旦一夕之故哉？故雖有可與爲善之君而終無與弘奬而利成之也。悲夫！大權移於女謁、宦豎、僉人，則主雖明，臣雖直，相摧相激以貽宗社生民之禍。不可謂無君抑不可謂無臣，而終不可謂有臣也。此今古敗亡之所以不救也。

二　左雄四十舉孝廉非隘

左雄限年四十乃舉孝廉，論者皆譏其已隘。就孝廉而言之，非隘也。孝廉者嘗爲郡國之吏，以資滿無過而舉，亦中材之表見者爾。至於四十矣，所事非一，守相既無偏好之私，而練習民俗，淹通經律，競競焉寡過以無隕其名，超郡職而登王廷，豈患其晚哉？非然者，始試於掾曹，旋登於王國，倖途百啓，獵進無厭，官常毁而狂狡者撓風化之原，是惡可不爲之制乎？天子能舉人而後可拔非常之士，天子能養士而後可登英少之人。孝廉之舉至於順帝之世而已極乎陋矣，士之欲致貴顯者知有州郡而不知有朝廷也，知有請託扳附而不知有學術事功也，故黄憲之流恥之如浼焉。塞其倖獵之捷徑，尚多得之自好之中人。諸葛孔明、周公瑾英年早見而知己者得之象外，豈孝廉之謂哉？❶

三　馬融言嫁娶喪葬宜儉似是實非

言有似是而實非者，馬融之對策是已。行其說不足以救弊，而導其說則足以蠱人心、毁仁義而壞風俗。融憂民之不足，而言曰：「嫁娶之禮儉則婚者以時矣，喪祭之禮約則終者掩藏矣。」漢之季世，豔后尸政，寺人阿母窮奢極侈以蠹國；私人墨吏横行郡國以吮民，民之貧也，豈婚葬之糜之哉？融避不言而嫁其罪於小民區區未殄滅之孝慈，邪說誣民，充塞仁義，其他日附權門而獻頌，擁絳帳而縱慾，皆此念爲之也。

婚葬者，人事始終之大，故《記》言曰：「先王重用民財，而重用之於禮。」其以獎仁厚、崇廉恥之精意，豈褊夫陋人之所知哉？昔者殷之且亡也，昏姻之禮廢，浮僻之行逞，❷茅束死麕可以誘女，而文王憂之。《關

❶「左雄」至「謂哉」，此條原無，今據邵陽曾氏抄本補。

❷「浮」，邵陽曾氏抄本作「淫」。

雎》之詩曰：「琴瑟友之，鐘鼓樂之。」盛禮樂以宜淑女也。肅雍之車，穠如桃李，豈不節而樂以淫乎？崇閨門之廉隅，防野合之濫觴，故雖梅摽盈筐而不憂其失時。以失時者無損於歸妹之愆期，而懲封羊無血、承筐無實之無攸利也。若夫喪祭，則豈君之忍禁其民，民之忍背死以求財之足者乎？家貧而厚葬，非禮也，喻賢者以俯就，使無以不備物爲哀而傷其生也。士之禄入亦薄矣，而《士喪禮》之所記，衣衾紟絞、罍茵抗席、殷奠三虞之盛，不以貧而殺焉。唯夫嬴政之後，窮天下以役驪山，故漢文裁之以儉以紓生人之急。然天子之儉也自不至於土親膚而傷人子之心，若士民則固弗禁也。墨氏無父，而桐棺之制，戕仁寡恩以牖民於利，孟子斥之爲禽獸矣。罔極之恩，終天之一日，此而不用吾情，何所用吾情者？融不生於空桑而欲蔽錮人子之惻隱，吝餘財以畜妻子。融也，其能免於梟獍之誅乎？嗚呼，此説行而禽獸食人，人將相食，其伊於胡底也？

昏及時而棄禮，則贅壻不知恥，而年未及期者且配非其類以啓淫亂；葬欲速而趨簡，則旦在堂而夕在野，委骼荒崖而野火狐狸灼齧其未冷之骨。其極也，競相索而鬻色以自肥，惑術士之言而焚割枯骸以邀富貴。利心一逞，何有終極？不知先王斟酌質文而輕財賄以全天性之至教，爲不可及也。融也，固名教之罪魁，無足數於人類者也，其何誅焉！

四　李固遣祝良張喬撫循九真交阯嶺外復平

善用天下者恒畜有餘以待天下，而國有

餘威，民有餘情，府有餘財，兵有餘力，叛者有餘畏，順者有餘安。不善用之，小警而大震之，以天下之力争一隅之勝負，雖其勝也，以天下而僅勝一隅，非武也；疲天下而搖之，民怨其上，非情也；民狎於兵而玩兵，非所以安之也。區憐之亂，❶九真、交阯之小釁，而在廷者欲發荆、揚、兖、豫四萬人赴討，廷無人矣。微李固之深識，任祝良、張喬以單車而收萬里之功，漢其危哉！

唯遣吏循撫而不加之兵，將使九真、交阯之人曰：吾之於中國，猶蟁蚋之嘬也，置我於不足較而姑使賢二千石以綏我也，不軌不順，而僅與二單車之使抗，吾其如中國何哉？將使中國之人坦然亡疑而私相語曰：九真、交阯猶蟁蝱之嘬也，一使者單車折之而已款服矣。天下固自定也，無有能搖之者也。使桀驁思逞之人無所施其技擊之勇，無所施其機變之巧，知弄兵而矜智勇曾不如單車一使之從容而折萬里之衝也。將使單車一使之威伸於萬里，則浸假大臣殫謀於廷，大將奮揚於外，抑不知其蕩滌之功何若；而天子之德威赫赫如是，則即有權姦亦無敢生其心以嘗試。故九真、交阯戢耳以聽命，而天下晏然。

嗚呼！梟雄之初起，未必即敢小視天下而睥睨之也，殫天下之力與争勝敗於一旦，而梟雄之膽乃張，中國之情日茶。天寶之亂始於雲南之喪師，宋盡心力於西夏而女真測其荏弱。一良吏制之有餘者，合天下震驚以不足。以瓦注者以金注，未有不自亂者也。播州之巢穴初空，奢藺之連兵遽起；朝

❶「憐」，原誤作「隣」，今據《後漢書》卷八十六及邵陽曾氏抄本改。

鮮之救兵甫旋，遼瀋之嚴關早失。廷無人而貪功者撓之，無餘威無餘祚矣，悲哉！

五　梁商策中國夷狄之短長

梁商之策匈奴曰：「良騎夜合，交鋒決勝，夷狄所長，中國所短；乘城固守以待其衰，中國之長，夷狄之短。」馬續從其教令，而右賢王力屈而降，此萬世之訏謨也。佛貍之彊而不能拔盱眙，完顏亮之衆而不能渡采石。其衰可待，躁者不能待而自敗耳。故楊鎬、❶王化貞之罪，❷死不償責也。

若夫驅除之於盛極將衰之際，則又有異焉。守位者人也，聚人者財也，金粟足以相贍而後守可以繼。彼雖衰而猶承極盛之餘，則彼且倚金粟之餘以困我，與之相守而固不敵，則潰敗也必矣。主者利於守，客者利於攻。主客無定，在因其時而遷。負蕩平天下之大略者，尚其審此哉！

六　張綱諭降賊張嬰未能弭盜

張綱單騎詣賊壘，諭張嬰而降之，言弭盜者侈爲美談，楊鶴、陳奇瑜、熊文燦遥慕其風而禍及宗社。嗚呼！孰知綱之爲此爲梁冀驅之死地，迫於弗獲已而姑以謝一時之責者乎？綱卒未幾而嬰復據郡以反，滕撫斬之而後絶，綱何嘗能弭東南之盜哉？且嬰降而馬勉、華孟相繼以蠭起，滕撫追勦凈盡而江湖始寧，則撫盜之爲盜囮審矣。胥吾民也，小不忍於守令之不若，稱兵以抗君父，又從而撫之。勝則自

❶「鎬」，原爲空格，今據邵陽曾氏抄本補。

❷「化貞」，原爲空格，今據邵陽曾氏抄本補。

帝自王而唯其意，敗則卑詞薦賄而且冒爵賞之加，一勝一敗皆有餘地以自居而不失其尊富，桀猾者何所忌而不盜也？南宋之諺曰：「欲得官，殺人放火受招安。」且逆計他日之官爵而冒以逞，勸之盜而孰能弗盜邪？

夫失業之民隨桀猾所誘脅，盡俘殺之也誠有所不忍，殲其渠魁而籍其黨與以爲邊關之戍卒，則矜全其死命，已不傷吾仁矣。而使仍居其故地，則豈徒渠帥哉？失業之民一染指於潢池而鄉黨不齒，田廬不保，欲使之負耒而爲戢順之民亦終不可得，是寧以撫求其永綏哉？改紀暴政，慎擇良吏，而飭之以寬恤以安未亂之民，而已亂者非可旦夕使順也。弭盜者慎勿輕言撫哉！

均之撫也，祝良、張喬用之交阯而定，張綱用之廣陵而盜益猖，其術同而效異者則又有說。蠻夷之寇邊鄙，進爲寇而退自有其田廬之可居，姻亞鄉閭之可與處，則斂戢以退而固不失其所，撫之斯順矣。生中土，爲編氓，一行爲盜，反而無以自容，使游泳於非逆非順之交，翺翔而終思矯翮，抑且弭之豢之，寵而榮之，望其悔過自懲而不萌異志，❶豈能得哉？❷張綱者，以緩梁冀一時之禍而不暇爲國謀也，何足效哉？

桓帝

一　李固兩欲立清河王蒜卒與俱斃

順帝崩，沖帝殤，質帝弑，李固兩欲立清

❶「懲」下，邵陽曾氏抄本有「以飢寒窘辱」。
❷「能得」，邵陽曾氏抄本作「情也」。

河王蒜而不克，終與蒜而俱斃。夫固而安能必立蒜也？伊尹、周公相湯、武以取天下，位極尊，任極重，而所戴以立者太甲、成王，皆適冢宜立而無容異議者，是以不順之徒、毀室之黨撓之而不敗。若非此而俾天子之立決於一人之意旨，則此一人者伊尹、周公所不敢任，而李固安能必也？天子之立，決於一人之意旨，以爲擇賢而戴之，忠者曰吾所擇者賢也，姦者亦曰吾所擇者賢也。賢無定名，隨毀譽而移焉；忠姦互角，視權之輕重爲憑藉，而姦者常勝。固之言曰：「以天下與人易，爲天下得人難。」唯天子有天下可以與人而後人唯其所擇而授之以天下，身爲人臣而可云爲天下得人乎？固之言不順矣。

漢之亡也，母后、外戚、宦豎操立主之權以持國柄而亂之，其所立者感立己者之德而捐社稷以徇之。夫其漸積使然，豈一朝一夕之故哉？諸呂誅，惠帝子廢，舍齊王而迎立代王者，周勃也；昭帝無後，昌邑廢，迎立宣帝於民閒者，霍光也。夫二子所擇者賢而二子無姦心，則得矣，然此豈可以爲後世法哉？且勃立文帝，而帝目送之曰：「鞅鞅非少主臣。」光立宣帝，而驂乘之日，帝若芒刺。則二子危而漢以安。非然者，跋扈之言出諸口而鴆毒已入其咽。故爲人臣而以爲天下得人爲己任，雖伊尹、周公弗敢任焉，而況李固乎？

自禹以後，傳子之法定，無子而以次相繼，爲母后者不敢擇也，爲大臣者不敢擇也。庶支無覬覦之心，外戚奄人無扳援之望，則雖德之不令而亦唯天所授，❶非臣子所敢以

❶「德」，原作「得」，今據邵陽曾氏抄本改。

意爲從違。故劉子業之凶淫，而沈慶之有死而不敢廢。忠者無所容其忠，姦者無所容其姦，然後權臣不能操天位之取舍以與人主市。宋仁宗之立英宗，高宗之立孝宗，人主自擇之，此則可謂爲天下得人爾。先君無前定之命，嗣子無豫建之實，則如楊廷和之迎興邸，順次而無敢擇焉可也。廷和行其所無事，而世宗曰：「以門生天子待朕。」亦鞅鞅、芒刺之謂矣。然廷和危而天下安。固欲爲天下得人而有擇焉，惡足以敵梁冀之結奄人、挾母后以讎其邪心哉？漢法不善而固無能自審於人臣之義，固争愈力則桓帝之感冀愈深，而冀之惡愈稔。卒與蒜而俱斃也，哀哉！

二　崔寔譬德教除殘爲粱肉治疾

讀崔寔之《政論》而世變可知矣。譬德教除殘爲粱肉治疾，申韓之緒論、仁義之蟊賊也。其後荀悦、鍾繇申言之，而曹孟德、諸葛武侯、劉先主决行之於上，君子之道詘，刑名之術進。激於一時之詭隨，而啓百年嚴酷之政，亦烈矣哉！

司馬温公曰：「慢則糾之以猛，殘則施之以寬。寬以濟猛，猛以濟寬，斯不易之常道。」是言也出於左氏，疑非夫子之言也。夫嚴猶可也，未聞猛之可以無傷者。相時而爲寬猛，則矯枉過正，行之不利而傷物者多矣。能審時而利用之者，其唯聖人乎？非激於俗而毗於好惡者之所得與也。若夫不易之常道，而豈若此哉？

寬之爲失，非民之害。馭吏以寬，而民之殘也乃甚。漢之季世，馭委其轡，馬駘其銜，四牡横奔，皇路傾險者，豈民之遽敢爾哉？外戚奄人作威福以鉗天下，而任貪人於郡邑，使虔劉赤子，而民日在繁霜積雪之下。哀我憚人，而何忍言猛乎？嚴者，治吏之經也；寬者，養民之緯也：並行不悖而非以時爲進退者也。今欲矯衰世之寬，益之以猛，瑣瑣之姻亞、佌佌蔌蔌之富人且日假威以蹙其貧弱，然而不激爲盜賊也不能。猶且追咎之曰：未嘗束民以猛也。憔悴之餘，摧折無幾矣。故嚴以治吏，寬以養民，無擇於時而並行焉，庶得之矣。而猶未也。

以漢季言之，外戚、奄人之族黨肆行無憚，是信刑罰之所不赦也。乃誅殛以快一時之衆志，陽球用之矣，范滂、張儉嘗用之矣，卒以激乎大亂而不可止。然則德教不興而刑罰過峻，即以施之殃民病國之姦而勢且中潰。寔乃曰：「德教除殘，猶以粱肉治疾。」豈知道者之言乎？上之自爲正也無德，其導民也無教，寬則國敝而禍緩，猛則國竸而禍急。言治者不反諸本而治其末，言出而害氣中於百年，申韓與王道争衡而尤勝。鄙哉寔也，其以戕賊天下無窮矣！且夫治病者而恃藥石，爲壯而有餘，偶中乎外邪者言也，然且中病而止，必資粱肉以繼其後。若夫衰老羸弱而病在府藏者，禁其粱肉而攻以藥石，未有不死者也。當世之季葉，元氣已滲洩而無幾，是衰老羸弱之比也，而寔尚欲操砭石、擣五毒以攻其標病乎？智如孟德、賢如武侯而此之不審，天其欲以此時刈孑遺之餘民乎？夫崔寔者，殆百草欲衰而鷤鴂爲之先鳴乎？

三　張奐却羌豪金馬

張奐却羌豪之金馬而羌人畏服。爲將者能不受賊餌以受斃於賊者，鮮矣。豈特中國之盜賊哉？ 敵國之相攻、彊夷之相偪，而未嘗不薦賄以餌邊將。故或以孤軍懸處危地而磐固自安，朝廷誇其堅悍有制寇之勞，乃不知香火之誓、饋問之往還，日相酬酢而人莫之覺也。其事甚祕，其文飾甚密，迨其後知受其餌，欲求自拔而莫之能免。夫爲將者類非潔清自好獨行之士，其能如奐之卓立以建大功者無幾也，而朝廷何以制之哉？中樞不受賄以論功，司農不後時以吝饟，天子不吝賞以酬勞，庶有瘳乎？ 唐高祖不與突厥通則師不可興，石敬瑭不與契丹爲緣則反不能速。即不爾者，鬻國而貪盜賊夷狄之苞苴，爲武人相傳之衣鉢，能無敗亡乎？

四　崔琦上梁冀外戚策

子曰：「不可與言而與言，失言。」謂夫疑可與言而固不可者也，故其咎也失言而已，未足以裁及其身。若夫虎方咥而持其爪，蛇方蟄而禁其齒，非至愚者不爲。然而崔琦獻箴干梁冀之怒，乃曰：「將軍欲使馬鹿易形乎？」其自貽死也，更誰咎哉？ 夫冀仰不知有天，上不知有君，旁不知有四海之人，內不知有己，弑君專殺，鳶肩虎視而亡賴，是可箴也，是虎可持之無咥，蛇可禁之無螫也。琦果有忠憤之心，暴揚於庭而與之俱碎，漢廷猶有人焉；而以責備賢者之微詞施之狂狡，何爲者也？ 冀之爲冀，如此而已矣。藉其爲王莽與？ 則延琦而進之，與溫言而誘使忠己，琦且爲揚雄、劉歆，身全而陷惡益深矣。故若冀輩者，弗能誅之，望望然而去之可爾。以身殉言而無益於救，且不足以爲忠直也，則謂之至愚也奚辭？

五 桓帝倚單超等誅梁冀

桓帝之誅梁冀也，一具瑗制之而如擒鼠於甕。冀，亡賴子耳，誅之也其易如此，然而舉國無人，帝不得已就唐衡而問中人。李固、杜喬死，君孤立於上以聽狂童之驕横。若胡廣之儔，固不足道；乃舉國而無深識定力之士，亦至此哉！

嗚呼！劉瑾之誅也，非張永不能；魏忠賢之誅也，發其惡者一國子生而已。豈盡其威劫之乎？懸利以熏士大夫之心而如霜原之艸，藉藉佗佗而無生氣，國不亡也何恃哉？《易》曰：「藏器於身，待時而動。」故乘高墉以射隼而無不獲。誠篤其忠貞乎，奚待單超等之鋤冀而後揚王庭以呼號也？能勿媿焉否也！

六 桓帝用陳蕃薦徵五處士又徵安陽魏桓並不出

徐穉、姜肱、袁閎、韋著、李曇、魏桓徵而不至，非忘世也，知亂之未訖也。桓之言曰：「後宫千數，其可損乎？廄馬萬匹，其可減乎？左右權豪，其可去乎？」此知本之論也。

梁冀之横也，人知病冀而已矣，冀誅而天下遂若沈疴之去體。黄瓊爲太尉，陳蕃爲尚書令，范滂按察冀州，無知者想望新政。嗚呼，冀之生死烏足繫漢之存亡哉？冀之誅，殆痎瘧之得汗而解也；伏邪在桓帝之膏肓而内豎之以鳩而攻砒也，❶天下無能知者。

❶「鳩」，邵陽曾氏抄本作「硇」。

瓊與蕃且不知，而況蚩蚩之望影以對語者乎？以桓帝爲君而漢無可復爲之理勢，其本撓，其末乍正而傾愈疾，故權姦之殛非必國之福也。況乎帝之誅冀爲鄧香之妻報其登屋之怒，而非以其貪濁枉殺之凶於而國哉！

然則陳蕃之薦五處士爲不知時而妄動乎？曰：此未可以責蕃也。蕃既立乎其位矣，苟可以爲焉，則庶幾於一當。植正人於君側，君其有悛心乎？亦臣子不容已之情也。然而固不能也。故五子者愛道以全身，斯可尚也。

七　賣官未有不亡

亂政不一，至於賣官，而未有不亡者也，國紀盡，民之生理亦盡也。古之天子雖極尊也，而與公侯卿大夫士受秩於天者均，故車服禮秩有所增加而無所殊異。天子之獨備者，大裘、玉輅、八佾、宮縣而已，其餘且下而與大夫士同，昭其爲一體也。故貴士大夫以自貴，尊士大夫以自尊，統士大夫而上有同於天子，重天之秩而國紀以昭。秦漢以下，卿士大夫車服禮秩絕於天子矣，而猶不使之絕也。舉之以行，進之以言，敘之以功，時復有束帛安車之徵，訪之以道。上下有其大辨，君子小人有其大閑，以爲居此位者非其人而不可覬，抑且使天下儌幸之徒望崖而返。卿大夫士且有巍然不可扳躋之等，臨其上以爲天子者，其峻如天而莫之敢陵。賣官之令行，則富者探囊而得，狡者稱貸以營，旦市井而夕廟堂，然則天子者亦何不可以意計營求於天而倖獲之也？而立國之紀埽地而無餘。

古之詔禄下逮於府史胥徒而皆浹，曰以代耕。民耕以養吏而上制之，上斂民以養吏而民不怨。吏知己之養一出於民，而不敢復漁獵於民。且士唯其不謀利而貧也，是以貴；而既得所養矣，抑謀其喪祭冠昏之資而士以安。故以天子而養士，不以士養天子。天子制民之財以養士，而士不求養於民。彼之捐金粟以奉一人之欲，❶非其義也。且非徒邀其榮也，失之於天子而得之於民，賈道行而希三倍之利，上弗能禁焉。且貪人之取償於倍利者，禁之殺之而終不厭。縱千百賈於郡邑以取償於貧弱，民之生理不盡者，亡有也。國無紀，民無生，黠者踰垣而冀非望，弱者泣隅而幸災禍，故曰：國未有不亡者也。

禍始於桓、靈，毒潰於獻帝，日甚日滋，求如前漢之末王莽篡而人思漢，不可復得矣。石虎、高洋之國貧而用汰，不屑也。唐僖宗之猥賤，宋徽宗之驕奢，皇甫鏄、裴垍之牟利，蔡京、賈似道之骫法，不屑也。孰其繼桓、靈而自亡者也？

八 中人監軍自馮緄之請始

中人監軍自馮緄之請始也。夫緄亦惡知蟻穴之決而氾濫，迄於千載乎？緄之請也，以將帥出師，宦官多陷以折耗軍資而誣抵乎罪，使與焉則以箝其口而無辭以相傾。然未幾而緄竟以軍還盜復起免官，則其爲此也，何救於禍？而徒決裂防閑，使內豎操閫外之權，魚朝恩、童貫、盧受、張彝憲小以敗而大以亡，緄之貽害，烈矣哉！

❶「捐」，原誤作「揭」，今據邵陽曾氏抄本改。

漢至此已無可爲矣，無往而非宦官之挾持也。南北軍之唯其頤指，所僅存者疆埸之軍政，皇甫規、張奐幾伸幾詘於宦官之手而猶自行其權藉於師中，緄更引而授之以利器。❶蹇碩之爲八校尉魁也，孰嘗其肯綮而取必於人主以威中外，循故事以行之而逌然矣。

夫漢事不可爲矣，竭其忠貞，繼之以死，亦何懼於謗譖？不然，引身而退耳。防之愈密，縱之愈甚，業已假監軍之權而生死成敗且唯其意旨，他日者，忠臣元老欲去之而不得。緄胡弗思而懼禍之情長以倒行至是乎？推禍原而定罪首，緄不得辭矣。

九　漢末兵强

漢之末造，必亡之勢也而兵彊天下。張奐、皇甫規、段熲皆奮起自命爲虎臣，北虜、西羌斬馘至百萬級，窮山搜谷，殄滅幾無遺種，彊莫尚矣。乃以習於戰而人有憤盈之志，不數十年，矢石交集於中原，❷其幾先動於此乎？

桓、靈之世，士大夫而欲有爲不能也。君必不可匡者也，朝廷之法紀必不可正者也，郡縣之貪虐必不可問者也。士大夫而欲有爲，唯擁兵以戮力於邊徼，其次則驅芟盜賊於中原，名以振，功以不可掩，人情以歸往，闇主權閹抑資之以安居而肆志。故雖或忌之或譖之，而終不能陷之於重辟。於是天下知唯此爲功名之徑而禍之所及者鮮也，士大夫樂習之，凡民亦競尚之，於是而盜日起，

❶「授」，原作「受」，今據邵陽曾氏抄本改。
❷「石」，邵陽曾氏抄本作「口」。

兵日興，究且瓜分鼎峙，以成乎袁、曹、孫、劉之世。故國恒以弱喪，而漢以彊亡。

夫羌虜之於漢末，其害已淺矣，驅之迫之，蹙而殺之，而生類幾絶。非以紓邊疆之急，拯生民之危，扶社稷於不傾，而薙艾之若此其酷。人長樂殺之氣，無虜可殺而自相爲殺。自相殺則自相敝矣，自相敝則僅存之醜類徐起而乘之。故垂百年，三國兵息而五胡之禍起。佳兵不祥，遂舉曠古以來富彊卓立之中夏趨於弱而日畏犬羊之噬搏。漢末之彊，彊之婁尾而姑一快焉者，論世者之所深悲也。

十　仇香知不孝之陳元可化

仇香不致陳元不孝之罰，感而化之，香蓋知元之可化而不驟加之罰也。非盡人之不孝者皆可以化元之道化之也。天下有道，生養遂，風俗醇，無不順之子弟。非其惻隱之性篤而羞惡之心不可泯也，人率其子弟之常而已獨逆焉，則無以自容於鄉閭。乃天下而無道矣，羞惡之心不泯以亡者不數數矣。仇香曰：「吾過元舍，廬落整頓，耕耘以時，此非惡人。」元不孝而於此奚取焉？取其欲自錚錚於鄉閭而羞惡之心有存焉者也。

夫孝者，人之性也，仁之所繇發也。舍其不忍之真而求之於羞惡，亦已末矣。雖然，苟其有羞惡之心，則戢其狂愚，徐俟天良之復，而惻隱亦旋以生。惰四支，暱妻子，侵以自媮，於是而生人之氣乃絶。故《易》曰：「小人不恥不仁。」仁不仁，豈恥不恥之能辨存亡者哉？苶然而甘於猥賤，憒然而生其悍戾，不見不仁之可恥而後天性終迷以不復。故人之無良莫甚於有胸無心而不自攝者也，而後教化之道窮。

仇香知此矣，以其無惰心也知其有恥，以其有恒度也知其不迷。急取其羞惡之心而重用之以徐俟惻隱之生焉，故元終以孝聞。雖有聖人，不能如無恥心者何也。弑父與君，皆介然蹶起，忘亂賊之名爲可惡者也。惰四支，暱妻子，勢窮而逆施。故先王之德教非不如香，而設不孝之誅無如此無恥者何也，殺之而已矣。

十一　桓帝誅中常侍侯覽等宦官益張

巨姦之蠹國殃民而自伏其法，不足以爲大快，於國之存亡無當也。左悺自殺，具瑗貶，侯覽黜，非桓帝之能誅之，非楊秉之能取必於桓帝而誅之，罪已踰涯，自滅焉耳矣。三凶去而宦官之勢益張，黨錮之獄且起，曾何救於漢之危亡哉？

外戚滅，宦官興，大臣無事焉，天子欲行其意以誅僭偪而大臣不與，宦官除君側之姦，事已顯著，而後摘其罪以請誅，未有傾心而聽者。故曰：「人不足與適也，唯大人爲能格君心之非。」能之者，有以能之者也。無堅識定力爲天子除患，則雖日陳堯舜之道而固視之如夢囈。漢之大臣道不足，而與宦豎爭存亡亦晚矣。快一時之人情，去三凶而若拔牛之一毛，不救其亡，固矣。

十二　荀爽策出後宮采女爲探本之論

桓、靈之世，君道澌滅而臣之諫之也亟，探本以立論者，唯荀爽乎！當其時，荼毒生民而椓杙正氣者，無如宦官之甚。乃宦官之於人主，亦何親而過信之？且其聲音笑貌之無可悦者，夫人而知厭惡之矣，而人主暱之，若乳子之依母也，何故？非豔妻哲婦之居閒，則宦官之不敵士大夫久矣。內寵盛而後宦官興，密邇於宮闈而相倚以重，溺君於晏寢而視聽以衰。付詔令刑賞之權於宦官，而牀笫之歡始得晏閒於娱樂。非然，則聲音采色、肥甘輕煖人主自可給其欲，而何藉此嚬笑可憎之刑人爲邪？爽之對策直斥而切言之，女謁遠，奄權自失矣。故曰：探本立論也。

十三　黨錮諸賢誅姦邪舍本攻末

黨錮諸賢，或曰忠以忘身，大節也；或曰激以召禍，畸行也。言畸行者奬容容之福以墮士氣，言大節者較爲長矣，而猶非定論也。人臣捐身以事主，苟有裨於社稷，死之無可辟矣。闇主不庸，讒臣交搆，無所裨於社稷而捐身以犯難，亦自靖之忱也。雖然，太上者直糾君心之非而拂之以正，其次視大權之所倒持、巨姦之爲禍本而不與之俱生，猶忠臣之效也。然一姦去而一姦興，莫之勝擊也。若夫瑣瑣之小人，憑藉權姦而讎其惡者，不勝誅也，不足誅也。君志移，權姦去，則屏息以潛伏而蕭條竄匿，亦惡用多殺以傷和哉？然其流毒於天下，取惡於士大夫，則瑣瑣者易激人怒而使不平，賢者知之則以爲不勝誅、不足誅者也。乃諸賢之無所擇而怒，無所恤而過用其刑殺，但與此曹争勝負，不已細乎？

李膺、杜密，天子之大臣也，匡君之邪而不屈其節也。膺嘗輸作左校矣，非以擊大姦而刑，所擊者一無藉之羊元群而已。既已詘於時而被罔，則悔向之攻末而忘本以争皇極之安傾，夫豈無道焉？所與伉直之流搏殺以快斯須者，一野王令張朔耳，富賈張汎耳，小黄門趙津耳，下邳令徐宣耳，妄人張成耳，是何足預社稷之安危而憤盈以與讎殺者邪？侯覽也，張讓也，蟠踞於桓帝之肘腋而無能一言相及也。殺人者死而誅及全家，大辟有時而隨案即殺，赦自上頒而殺人赦後：若此之爲，倒授巨姦以反噬之名而卒莫能以片語隻詞揚王庭以祛禍本。然則諸君子與姦人争興廢，而非爲君與社稷捐軀命以争存亡乎！擊姦之力弱而一鼓之氣易衰，其不敵凶憝而身與國俱斃，無他，舍本攻末而細已甚也。

直擊嚴嵩而椒山之死以正，專劾魏閹而應山之死以光。黨錮諸賢其不得與二君子頡頏焉，無他，❶岑晊、張儉之流有以累之也與？

靈帝

一　竇武策立靈帝

桓帝淫於色而繼嗣不立，漢之大事孰有切於此者？竇武任社稷之重，陳蕃以番番元老佐之而不謀及此。桓帝崩，大位未定，乃就劉儵而問宗室之賢者，何其晚也！況天位之重、元后之德，豈區區一劉儵寡昧之識片言可決邪？持建置天子之大權，唯其意以爲取舍，得則爲霍光，失則爲梁冀矣。武以光之不學、冀之不軌者爲道，社稷幾何

❶「他」，邵陽曾氏抄本作「亦」。

而不危，欲自免於赤族之禍，詎將能乎哉？武也，一城門校尉也，非受託孤之命如霍光之於武帝也，❶所憑藉以唯意而立君者，太后耳。宮闈外戚之禍，梁氏之覆車不遠，宦官安得不挾以爲名哉？夫武也既不能及桓帝之時諫帝以立儲之大義，抑不於帝崩之後集廷臣於朝堂，辨昭穆、別親疏，序長幼、審賢否，以與大臣公聽上天之命。儵以爲賢而賢之，武謂可立而立之，天子之尊若其分田圃以授亞旅而使治。則立之唯己，廢之唯己，朱瑀惡得不大呼曰武將廢帝爲大逆，而靈帝能弗信哉？漢之亡也，亡於置君，而置君者先族。武不蚤死，❷吾不保其終也。獲誅奄之名以使天下冤之，猶武之幸也夫？

二　盧植説竇武辭侯封

忠直有識之言亦無難聽也，庸主具臣不能聽，毁而家亡而國也，誰其哀之？竇武以椒房之親任立君之事，踵梁冀之所爲，雖心行之無邪與梁冀異，而所爲者亦與冀奚別？録定策功，封聞喜侯，靈帝亦按冀之故事而以施之武。盧植説之曰：「同宗相後，披圖按牒，以次建之，何勳之有？宜辭大賞以全身名。」斯亦皎然如白日之光，昆蟲皆喻於昏旦，而武不能用。悲夫，其自取覆亡也！

夫欲秉國均、匡社稷，誅宦豎、肅官常也，豈不俟而不足以立功？即庸臣之私利

❶「帝」，原脱，今據邵陽曾氏抄本補。
❷「蚤」，邵陽曾氏抄本作「早」。

計之，榮其身，澤其子孫，抑豈今日不俟而終掩抑其大勳，貽子孫以貧賤哉？ 則盧植之説引而上之可以躋善世不伐之龍德，推而下之亦計功謀利者之勿迫求於一旦而致傾仆之善術也。而武不能，且欲引陳蕃以受無名之賞。蕃固知其不可受也，惜乎不知武之不足與共爲社稷之臣也。

三　陳蕃不知竇武不可託

竇武、陳蕃殺，而漢之亡必不可支矣。陳蕃老矣，而誅權豎、安社稷、扶進君子之心不爲少衰，惜乎不知擇而託於竇氏也。然則竇武其非賢乎？ 曰：武非必不賢，而所爲者抑賢者之道，雖然，武即賢而固不可託，且吾不能保武之以賢終也，故重爲蕃惜也。武之可信爲賢者，以其欲抑宦寺以奬王室，且引李膺、杜密、尹勳、劉瑜而登進之。然此豈可決其必賢哉？ 單超之殺梁冀也，尊黄瓊矣，用陳蕃矣，徵徐稺、姜肱、袁閎、李曇、韋著矣，天下固嘗想望其風采而屬望以澄清。然則有所誅逐有所登進，矯時弊以服人，姦人用之俄頃而固不可信。蕃已老，竇武方内倚太后，外受定策之賞，而蕃又惡能保其終乎？

漢之將亡也，天子之廢立操於宫闈，外戚宦寺迭相争勝，孫程廢而梁氏興，梁冀誅而單超起，漢安得有天子哉？ 而蕃所託者猶然外戚也，則授宦者以梁冀復起之名，既無以正天誅而服受戮者之心，且天下亦疑外戚宦寺之互相起滅而不適有正。故張奐亦爲王甫、曹節所惑，欲自祓濯而終不免。蕃之託武非所託也，明甚。然且以老成之識昧焉而不察者，時之所趨，舍是而無能爲也。

嗚呼，以三族之膏血爭賢姦之興廢、社稷之存亡者，豈易言哉？不幸而無如砥之周道，率繇之以行志，則亦埋怨於江潭山谷之閒，齎恨以没焉耳。毫釐之辨不審而事以大潰，賢人君子駢首以死，社稷旋踵而傾，若以膏沃火，欲滅之而益增其焰。蕃之志可哀，而其所爲亦左矣，是以君子重惜之也。

四　三互之禁爲稗政

夫人情亦惟其不相欺耳，苟其相欺，無往而不欺。法之密也，尤欺之所藉也。漢靈之世以州郡相黨，制婚姻之家及兩州人士不得對相監臨，立三互之禁，選用艱難而州郡之貪暴益無所忌。司馬温公述叔向之言：「國將亡，必多制」。若夫開國之始立密法以防欺，未即亡焉而天下之害積矣。

今之爲制，非教官及倉巡驛遞不親民者皆有同省之禁，此漢靈之遺法也。司馬温公曰：「適足爲笑。」誠然有可笑者。名爲一省而相去千里者多矣，名爲異省而雞犬相聞者多矣。同省而聲聞不接，異省而婚媾相連，豈天限地絶，一分省而遂不相及哉？此適足爲笑者也。或爲婚姻或相對治，情相狎，過相匿，所必慮也，而又奚必婚姻對治之相臨乎？展轉以請託，更相匿而互相報，夫豈無私語密緘之足任？已非婚姻已非對治矣，藉手以告曰吾無私也，而交通請屬之無所憚，此又適足爲笑者也。

夫防之嚴而適以長欺，既良然矣，若夫捐禁而鄉郡可守，尤有利焉。自賢者而言之，南北之殊風，澤國土國之殊壤，民異利，士異教，遥相治而見爲利者或害，教以正者或偏，審土之宜以益民，視習之趨以正士，則利果利而教果教矣。自不肖者而言之，酷以墨者之無忌也，突爲其寇讎而翩然拚飛於千里之外，無能如何也，即罷斥以歸休而身得安、子孫得免，無餘慮矣。居其土，與其人俱，當官則吏也，歸里則鄉曲也，刑罰科斂之加非以其正，而鄉人可報之於數十年之後，則惴惴焉一夫勝予，不肖之情戢焉，害亦有所懲矣。

夫王者合天下以爲一家，揭猜疑以求民之莫而行士之志，法愈疏，閑愈正。不可欺者，一王之法、天理之公、人心之良也，而恃區區之禁制也乎？三代之隆也，士各仕於其國而民益親，亡漢之稗政，奈之何其效之！

五 靈帝重文賦蔡邕比之博弈

嗚呼，世愈移而士趨日異，亦惡知其所歸哉？靈帝好文學之士，能爲文賦者待制鴻都門下，樂松等以顯，而蔡邕露章謂其「游意篇章，聊代博弈」，甚賤之也。自隋煬帝以迄於宋，千年而以此取士，貴重崇高，若天下之賢者無踰於文賦之一途。漢所賤而隋唐宋所貴，士不得不貴焉，世之趨而日下亦至此乎？

夫文賦亦非必爲道之所賤也，其源始於《楚騷》，忠愛積而悱惻生以摇蕩性情而伸其隱志，君子所樂尚焉。流及於司馬相如、揚雄而諷諫亦行乎其閒。六代之衰，操觚者始取青妃白，移宮換羽，而爲不實之華，然而雅鄭相雜，其不詭於貞者亦不絶於世。夫蔡邕者亦嘗從事矣而斥之爲優俳，將無過乎？要而論之，樂而不淫，誹而不傷，麗而不蕩，則涵泳性情而蕩滌志氣者，成德成材以後，滿於中而邕於外者之所爲。而以之取士於始進，導幼學以浮華，内遺德行，外略經術，則以導天下之淫而有餘。故邕可自爲也而不樂松等之輒爲之，且以戒靈帝之以拔人才於不次也。

繇是言之，士趨亦何嘗有異哉？上之用之也别耳。於是而王安石之經義雖亦末耳而不傷其本，庶幾乎華實兼茂之道也。元祐革新法而並此革之，過矣。若王鏊、錢福之淺陋，陶望齡、湯賓尹之卑陋，則末流波靡而非作者之涼也。經義者，非徒干禄之器也，士之所研精以極道者也；文賦者，非幼學之習也，志正學充，傷今思古，以待人之微喻者也。而志士崇業以單心，亦可於此而審所從矣。

六　趙苞之失在迎母到官

論爲子爲臣之變，至於趙苞而無可言矣。何也？若苞者，無可爲計，雖君子亦不能爲之計也，無往而非通天之罪矣。以苞之死戰爲能死於官守，苞與手刃其親者均也，爲此論者無人之心。以苞當求所以生母之方，不得已而降於鮮卑。分符爲天子守邑而北面臣虜，終身陷焉，亦不可謂有人之心也。故至於苞而求不喪其心之道，窮矣。此誰使之然哉？苞自處於窮以必喪其心。故曰：無往而非通天之罪也。

爲人子者豈以口腹事親乎？抑豈敢以己之榮施及其母爲愉快乎？故子曰：「老者安之。」求所以安之之方，雖勞不辟，雖死不輟，而況於苞之安其母者甚易乎？苞，東武城人也，所守則遼西也。母所居者，中國之樂土；苞所守者，鮮卑憑陵蹂踐之郊也。胡爲乎甫到官而即迎母以居柳城之絶塞哉？苞於此已不復有人之心矣。以口腹與？禽蟲之愛也；以榮寵與？市井之得金錢而借親以侈華美者之情也。彊寇在肘腋之閒，孤城處斗絶之地，奉衰老婦人以徼幸於鋒鏑之下，苞之罪通於天，奚待破賊以致母死之日邪？故曰：正其本，萬事理。一念之不若而成乎昏昧，母子併命於危城，苞雖死，其可以逭中心之刑辟哉？

或者其愚也，則君子弗獲已而姑爲之計，當羯賊出母示苞之日，自悔其迎母之咎，早伏劍以死，委戰守之事於僚吏，母之存亡、城之安危不計也，則猶可無餘惡也。雖然，晚矣！苞死而母必不可得生，城必不可得存也。

七　蔡邕意氣之士

蔡邕，意氣之士也。始而以危言召禍，終而以黨賊逢誅，皆意氣之爲也。何言之？曰：合刑賞之大權於一人者，天子也；兼進賢退不肖之道以密贊於坐論者，大臣也；而群工異是。姦人之在君側，弗容不擊矣。擊之而吾言用，姦人退，賢者之道自伸焉；吾言不用，姦人且反噬於我，我躬不閲而無容以累君子，使猶安焉，其猶有人乎君側也。君子用而不任，弗容不爲白其忠矣。白之而吾言用，君子進，姦人之勢且沮焉；吾言不用，姦人不得以奪此與彼之名加之於我而猶有所憚焉。邕苟疾夫張顥、偉璋、趙玹、蓋升之爲國蠹也，則專其力以擊之可耳；若以郭禧、橋玄、劉寵之忠而勸之以延訪也，則抑述其德以贊君之敬禮已耳。而一章之中抑彼伸此，若將取在廷之多士而惟其所更張者。爲國謀邪，爲君子謀邪？則抑其一往之意氣以排異己而伸交好者之言耳，庸有聽之者哉？

漢之末造，士論操命討之權，口筆司榮枯之令。汝南、甘陵太學之風波一起，而成乎大亂，非姦人之陷之，實有以自致焉。同於我者爲懿親，異於我者爲仇讎，唯意所持衡而氣爲之淩轢，則邕他日者幸董卓之殺奄人而忘其專橫，亦此意氣爲之矣。橋玄、劉寵之不爲邕所累，幸也。而君子以相形而永廢，朝廷以偏擊而一空，漢亦惡得不亡哉？

八　橋玄棄子攻賊無人心

鮮卑持趙苞之母以脅苞，苞不顧而戰以殺其母，無人之心也；賊劫橋玄之幼子登樓求貨，玄促令攻賊以殺其子，亦無人之心也。母之與子若是其均重乎？非也。使苞之子爲鮮卑所持以脅苞，苞不顧而擊鮮卑，則忠臣之效矣，不以私愛忘君父之託也，而苞則其母也。賊所脅玄以求者，貨耳，貨與子孰親而吝貨以殺其子乎？

或曰：玄非以貨也，賊劫質以脅人，法之所不可容也。夫一區區登樓之賊，殺之不足爲國安，縱之不足爲國危。法者，司隸河南尹之法，非玄之法也，而玄何怙法以忘其天性之恩邪？史氏之言曰：「玄上言，凡有劫質者皆並殺之，不得贖以財貨。由是劫質遂絕。」史之誣也，樂道之以爲溢美之言以覆玄絕恩之咎也。友兄、恭弟、慈父、順妻，苟有劫其親以求貨者，法雖立，孰忍恝置之而不恤？雖嚴刑禁之而必不從。則謂劫質永絕者非果有之，爲誣而已矣。充橋玄之操，藉其爲趙苞也，又奚不可也哉？

九　盜賊託黃老之道以蠱天下

封建廢而權下移，天子之下至於庶人無堂陛之差也，於是乎庶人可淩躐乎天子而盜賊起。嬴政之暴、王莽之逆，盜始橫焉，然未嘗敢與久安長治之天子抗也。至漢之季，公孫舉、張嬰、許生始稱兵僭號而無所憚，積以成乎張角之亂。盜賊輒起於承平之代者，數千年而不息。秦之盜曰悲六國之亡，莽之盜曰思漢室之舊。盜者必有託也，然後可假爲之名以聳天下而翕然以從。至於角而無所託矣，宦寺之毒、郡縣之虐未可以爲名也，於是而詭託之於道。角曰：吾之道，黃帝、老子之道也；乃至韓山童、徐壽輝曰：吾之道，瞿曇之道也。微二氏之支流，亦未足以惑天下而趨之若流。甚哉，二氏之殃民！亦豈其初念哉？而下流必至於此。故孟子曰：「率獸食人，人將相食。」豈過計哉？

雖然，二氏之邪淫而終以亂也，非徒二氏倡之也，爲儒者之言先之以狂惑而二氏之徒效之也。君子之言人倫物理也則人倫物理而已矣，二氏之言虛無寂滅也則虛無寂滅而已矣，無所爲機祥瑞應、劫運往來之說也。何休、鄭玄之治經術，京房、襄楷、郎顗、張衡之論治道，始以鬼魅妖孽之影響亂六籍。而上動天子，下鼓學士，曰此聖人之本天以治人也。於是二氏之徒歆其利，而後曰吾師老子亦言之矣，吾師瞿曇亦言之矣，群然興爲怪誕之語以誘人之信從，而後盜賊藉之以起。儒者倡之，二氏和之，妖人挾之，罪魁戎首將誰歸哉？

齊桓、晋文挾天子以令諸侯，而盜賊挾聖人以惑百姓。天子之權下移於庶人，所挾者亦移焉，而盜賊氾濫乎數千年而不息，禍亦烈矣！端本之治，治佛老而猶非本也，儒而言災祥言運會，妖之始也。三代之聖人殺而勿赦者而後之君子從而尊之，以加一倍之小術測興亡，使與《通書》、《正蒙》相雜以立教，闢邪者容勿辯乎？

十　皇甫嵩乞赦黨人之言於士爲大辱

士可殺不可辱。訶斥之、鞭笞之，爲辱矣，未甚也，加以不道之名而辱乃莫甚焉。子見南子，子路不悦。於聖人何傷焉？而援天以矢之，懼夫以辱名加君子而天下後世謂君子之無妨於辱也。黨人者，君子之徒也。黄巾起，吕强曰：「黨錮積久，人情怨憤。若不赦宥，將與合謀。」吕强，奄人之矯矯者耳，言無足深責；皇甫嵩士大夫而亦爲此言也，黨人之辱不如死之久矣！以君子始，以賊終，則向者王甫、曹節謀危社稷之譖非誣也。嗚呼！李膺、杜密、范滂諸君子者死，而黨人之能卓然自立於死生者無幾，張儉之徒方將以賊起得赦爲幸，而孰知其辱甚於死哉？皇甫嵩之淩蔑善類也，逾於奄人矣。❶

十一　漢不亡於黄巾由朱儁之不納降

用兵之道，服而舍之。自三代之王者以迄五霸，皆以此而綏天下。唯其爲友邦也，王者以理相治，霸者以威相制，理伸威勝而

❶「士可」至「人矣」，此條原無，今據邵陽曾氏抄本補。

志得。滅之不義，屠之不仁，舍其服而天下自不敢復競。封建圮，以庶人而稱兵抗天子，豈此謂哉？朱儁曰：「秦項之際，民無定主，賞附以勸來者。」此後世之權術，不可與三代並論。故以曹操之猜，而關羽之降非其誠款，操猶聽其來去而不加害。或者乃欲於盜賊敗困之餘乞降而受之，其不然審矣。

敗而誅之不可勝誅，而姑予以生，使知懼而感我之不殺，或猶知悔也，且非可施於渠帥者也。殲其魁，赦其餘黨，自我貸之，固不可予以降之名也。予以降之名，抑將授以降之賞，猶然尊高於衆人之上而人胡不盜？以黃巾之徧天下也，不數年而定，漢雖亡，不亡於黃巾之手，則朱儁之所持者定矣。不可以三代之法處秦項之際，況可以處逆民之弄兵以抗國而毒民者乎？庸臣懦將釀無窮之禍，有識者勿爲所亂也。

十二　孫堅勸張温誅董卓

孫堅之欲誅董卓也，張九齡之欲殺安禄山也，❶論者惜其不果而終以長亂。張讓等爲蝨賊於中，李林甫、楊國忠相繼朘削於國。微卓而漢必亡，微禄山而唐必亂，夫豈二豎之果足以移天而沸海乎？何進不召卓而卓何逞？玄宗不寵禄山而禄山何藉？逆未著而以疑殺人，且不勝其殺矣。❷是故後事之論懲其末而弗戒其本，智者所弗尚也。先主勸曹操殺呂布，而爲操勁敵者，先主也。孫堅之沈鷙而懷遠圖，夫豈出卓下哉？張

❶「張九齡」，原誤作「張廷珪」，按《通鑒》、兩《唐書》載張守珪以安禄山兵敗執送京師，張九齡欲殺禄山，本書漢獻帝第十五論有「張九齡之欲殺安禄山」句，今據改。

❷「且」上，邵陽曾氏抄本有「人」字。

温弗假以威福而使卓相制，非無意計焉。不幸而卓惡成，未可以咎温之不豫矣。

十三　傅燮拒趙忠可爲社稷之臣

漢之將亡，有可爲社稷臣者乎？朱儁、盧植、王允未足以當之，唯傅燮乎？討黄巾而有功，趙忠欲致之而予以侯封，燮不受也。當其時，有軍功而拒宦寺，非直賞不及焉，還以受罪。故盧植辱於檻車，王允幾於論死，皇甫嵩奪其印綬。燮拒忠而忠弗能挫，憚其名而弗敢害，燮之德威讋權奄而制之也大矣。

燮之拒忠也，曰：「遇不遇，命也；有功不論，時也。」守正而不競，安命而不爲已甚之辭，坦夷以任天而但盡其在己，自以雅量沖懷適然於寵辱之交，而小人莫能窺其際。其在漢陽也，曰：「吾遭世亂，不能養浩然之志。食人之禄，又欲避其難乎？」方且自遜以引身之不早，而不待引亢爽之氣以自激其必死之心。夫如是，豈小人之所可屈，又豈小人之所可傷哉？若燮者，託以六尺之孤，正色從容而鎮危亂。植也、儁也、允也，智勇形而中藏淺，固不足以測燮之涯量矣。故知燮非徒節義之士也。允矣，其可爲社稷之臣矣！

十四　王芬謀誅諸常侍廢帝立合肥

王芬欲乘靈帝北巡，以兵誅諸常侍，廢帝立合肥侯。使其成也，亦董卓也，天下且亟起而誅之，其亡且速於董卓。卓擁彊兵，專征討，有何進之召爲内主，廢辨立協在大位未定之初，協慧而欲立之者又靈帝之志也，然且不旋踵而關東興問罪之師矣。芬以斗筲文吏猝起一旦，劫二十二年安位之天子，廢之而立疏族，力弱於卓，名逆於卓，人之問罪也豈徒如卓而已乎？況其輕躁狂動而必不能成也乎？曹操料其敗以止其廢立之妄，非其智之過人也，皎然是非禍福之殊途，有心有目無不能辨也。

夫芬之狂何以迷而不覺也哉？陳蕃之子逸從臾之，而襄楷以其術惑之也。故有積憤者不可與圖萬全之術，挾技術者不可與謀休咎之常。陳逸有不戴天之恨，身與俱碎而不恤，閔其志可也而不可從也。若襄楷者，昂首窺天而生覬覦，君子之遠之也夙矣。此擇交定謀者之不可不知也。

十五　袁隗不能止何進召董卓又依卓議廢弘農

何進輔政而引袁隗同録尚書事，隗之望重矣，位尊矣，權盛矣。紹及術與進同謀誅宦官，而隗不能任；進召董卓，曹操、陳琳、鄭泰、盧植皆知必亂，而隗不能止；董卓廢弘農立陳留，以議示隗，而隗報如議：猶然尸位而爲大臣，廉恥之心蕩然矣。然且終死於卓之手而滅其家。故夫有恥者非以智也，而智莫智於知恥。知恥而後知有己，知有己而後知物之輕，知物之輕而後知人之不可與居，而事之不可以不斷。故利有所不專，位有所不受，功有所不分，禍有所不避。不知恥而避禍，是夜行見水而謂之石，不濡其足不止也。以疲老荏弱之情，内不能知子弟之桀驁，外不知姦賊之雄猜，自倚族望之隆，優游而圖免，而可謂有生人之氣乎？ 東漢之有袁氏與有楊氏也，皆德望之巨室，世爲公輔，而隗與彪終以貪位而捐其恥心。 叔孫豹曰：「世祿也，非不朽也。」信夫！ 不朽有三，唯有恥者能之。 隗與彪，其朽久矣！

十六 何進謀誅宦官有七敗

輕重之勢若不可返，返之幾正在是也，而人弗能知也。 宦寺之禍彌延於東漢，至於靈帝而蔑以加矣。 黨人力抗之而死，竇武欲誅之而死，陽球力擊之而死，後孰敢以身蹈水火而姑爲嘗試者？ 然天下之盜蠭起，指數之而挾以爲名。 四海窮民受其子弟賓黨濫大官大邑以朘削無餘者，皆詛呪而望其速亡；誅殺禁錮之子孫宗族，不與共戴天日而願與並命者，日含憤以求一旦之報；士大夫苟非其黨，不獲已而俯出其下者，畜惡怒以俟天誅之期。 桀、紂、幽、厲以聖帝明王之家裔正位爲天下君，而卒至隕滅，況此無賴之刑人，其能長此而無患乎？ 故極重而必返，夫人而可與知也。

夫既夫人而可與知，則一旦撲之，如烈風吹將盡之鐙，甚速而易，必矣。 陳琳曰：「此猶鼓洪鑪燎毛髮。」曹操曰：「誅其元惡，一獄吏足矣。」而何進若持方寸之刃以擬猛虎，其呼將助也不擇人，其撓敗也無決志。 袁紹以豪傑自命，爲進謀主，且憂危展轉而無能爲計，而遣鮑信募泰山之甲、丁原舉孟津之火，甚且召董卓以犯宮闕。 進之心膽失據，而紹無能輔也。 曹操笑而袁紹憂，其智計之優劣，於斯見矣！

所以然者，進以外戚攻宦官，人懲竇氏

之禍，無爲傾心，一也。進之所恃者何后，舉動待后而後敢行，以婦人而敵宦官，智計不及而多爲之蠱，二也。袁隗身爲大臣而疲庸尸位，❶無能以社稷自任，三也。鄭泰、盧植初起於田間，任淺望輕，弗能爲益，楊彪、黄琬無以大殊於袁隗，四也。袁紹兄弟包藏禍心，乘時搆亂而無戮力王室之誠，五也。曹操識之明、持之定，而志懷叵測，聽王室之亂，居静以待動，視何進之迷而但以一笑當之，六也。皇甫嵩、蓋勳顧名義而不欲狂逞，進躁迫而不倚以爲腹心，七也。具此七敗之形勢以誅宦者而固非其所堪，雖欲禍之不中於宗社，其將能乎？

夫内懷奪柄之心，外無正人之助，若何進者，不足論已。已往之覆轍，爲將來鑒。凡皇天之所弗予，志士仁人之所弗予，天下之民受制於威，受餌於利，人心所不戴以爲尊親，而苛暴淫虐，日削月靡，孤人子，寡人妻，積以歲月而淫逞不收，若此者，其滅其亡皆旦夕之閒，河決魚爛而不勞餘力。智者静以俟天，勇者決以自任，勿爲張皇迫遽而驚爲回天轉日之難也，存乎其人而已矣。彼曹操者，固□亦嘗晏坐而笑之矣，❷況其秉道以匡夫不爲操者乎？□□□□□□□□□□□□□□□□□□□□□□❸

十七　蔡邕積怨宦官而就董卓

史紀董卓之辟蔡邕，邕稱疾不就，卓怒曰：「我能族人。」邕懼而應命。此殆惜邕之

❶「庸」，邵陽曾氏抄本作「慵」。
❷「□」，邵陽曾氏抄本不空。
❸此二十二空格，邵陽曾氏抄本無。

才，爲之辭以文其過，非果然也。

卓之始執國柄，亟於名而借賢者以動天下，蓋汲汲焉。除公卿子弟爲郎以代宦官，弔祭陳、竇，復黨人爵位，徵申屠蟠，推進黃琬、楊彪、荀爽爲三公，分任韓馥、劉岱、孔伷、張邈爲州郡，力返桓、靈宦豎之政，竊譽以動天下。蔡邕首被徵，❶豈其禮辭不就而遽欲族之哉？故以知卓之未必有此言也。且使卓而言此矣，亦其粗獷不擇一時奰發之詞，而亦何足懼哉？申屠蟠不至，晏然而以壽終矣；袁紹橫刀揖出，挂節上東門，而弗能追殺之矣。盧植力沮弘農王之廢而止於免官，逌然以去矣；鄭泰沮用兵之議，巽辭而解矣；朱儁、黃琬不欲遷都，而皆全身以退矣。邕以疾辭，未至如數子之決裂，而何爲其族邪？狂夫之言，一怒而無餘，卓之暴，市井亡賴之讕言也，而何足懼邪？

邕之始爲議郎也，程璜之毒、陽球之酷可以指顧殺人而邕不懼，累及叔質，幾同駢首以死而不懼，何其壯也！至是而餒矣。亡命江海者十二年，固貞人志士義命自居之安土也。宦官之怨憤積而快志於一朝，髡鉗之危辱深而圖安於晚歲。非懼禍也，誠以卓能矯宦官之惡而庶幾於知己也，於是而其氣餒矣。以身殉卓，貽玷千古，氣一餒而即於死亡，復誰與恤其當年之壯志哉？

君子之立身，期於潔己。其出而事君也，期於靖國，恩怨去就非有定也。禍在宮闈則宮闈吾所亟違也，禍在閹宦則閹宦吾所亟違也，禍在權姦則權姦吾所亟違也。推而至於僭竊之盜賊、攘奪之夷狄，皆冰炭之乍投而沸、薰蕕之逆風而辨也。所疾惡者在

❶「蔡」，邵陽曾氏抄本作「而」。

此，而又在彼矣，氣運移而貞邪忽易，違之於此而即之於彼，是逃虎而抱蛇、舍砒而含鴆也。能終始數易而不染者，其唯執志如一而大明於義之無方者乎？而邕不能也。始終之怨毒，宦豎而已，此外而篡弒之巨慝不辨矣。非不辨也，己私未忘而寵辱之情移於衰老也。則一往之勁直，烏足以定人之生平哉？《易》曰：「介于石，不終日。」介於石，貞之至也；不終日，見幾而無執一之從違，乃以保其貞也。邕勿論矣。欲養浩然之氣，日新其義而研之以幾，其尚以邕爲戒乎！

十八　申屠蟠非僅知幾之士

申屠蟠徵而不至，論者謂之知幾。幾者，事之微，❶吉凶之先見者也。漢之亡，天下之亂，董卓之不可與一日居，有目者皆見，有耳者皆聞，自非蔡邕之衰老惛迷，孰不知者，而何謂之幾邪？乃若蟠之不可及也，則持志定而安土之仁不失也。卓之徵名賢也，蔡邕畏之矣，荀爽畏之矣，人勸蟠以行，蟠笑而不答。人不可與語也，志不自白也，夷然坦然而險阻消，蟠豈中無主而能然哉？故知其志定而安土之仁不失也。

士苟貞志砥行以自尚，於物無徇焉，於物無侮焉，則虎狼失其暴，蝮蛇失其毒，天下之穰穰而計禍福者，皆足付一笑而已。故莊子曰：「大浸稽天而不溺，大旱金石流而不熱。」豈有神變不測者存乎？貧而安，犯而不校，子孫不累其心，避就不容其巧；當世之安危、生民之疾苦，心念之而不嘗試與謀；文章譽望，聽之後世而不亟於自旌。其

❶「微」，原作「徵」，今據邵陽曾氏抄本改。

止如山，其涵如水，通古今、參萬變以自純，則物所不得而辱矣。此安土之仁，所謂即體以爲用者也，蟠庶幾矣。何以知之？以其笑而不答知之也。而淺人猶謂之曰知幾，若邕與爽，其僅謂之不知幾也與？

讀通鑑論卷八終

讀通鑒論卷九

衡陽王夫之譔

獻帝

一　曹操孫堅討董卓時無窺竊之心

有詭譎鷙悍之才，在下位而速覬非望者，其滅亡必速。故王莽、董卓、李密、朱泚俱不旋踵而殄。又其下者，則爲張角、黄巢、方臘之妄，以自殲而已矣。其得大位，雖奪雖僭，而猶可以爲數十年人民之君長，傳之子孫，無道而後亡，則必其始起也未嘗有窺竊神器之心，而奮志戮力以天下之禍亂爲己任，至於功立威震，上無駕馭之主，然後萌不軌之心以不終其臣節。而獵大寶、❶得天下而不可以一日居，未有或爽者也。

關東之起兵以誅董卓也，自袁紹始。紹之抗卓也，曰：「天下健者，豈惟董公？」其志可知已。及其集山東之兵，聲震天下，董卓畏縮而劫帝西遷以避之，使乘其播遷易潰之勢速進而撲之，卓其能稽天討乎？乃諸州郡之長連屯於河内、酸棗，躊躇而不進，其巽懦無略者勿論也，袁紹與術始志鋭不可當，而猶然棲遲若此，無他，早懷覬覦之志，内顧卓而外疑群公，且幸漢之亡於卓而己得以逞也。

於斯時也，蹶起以與卓争死生，曹操、孫

❶「寶」下，邵陽曾氏抄本有「後」字。

堅而已。操曰：「董卓天亡之時，❶一戰而天下定。」使一戰而天下定，操其能獨有天下乎？既敗於滎陽，且勸張邈等勿得遲疑不進，失天下望，而邈等不用，操乃還軍。當斯時，操固未有擅天下之心可知也。以操爲早有擅天下之心者，因後事而歸惡焉爾。孫堅之始起，斬許生而功已著，參張温之軍事，討邊章而名已立，非不可傑立而稱雄也。奮起誅卓，先群帥而進屯陽人，卓憚之而與和親，乃曰：「不夷汝三族懸示四海，吾死不瞑目。」獨以孤軍進至雒陽，埽除宗廟，修塞諸陵，不自居功而還軍魯陽。當斯時也，可不謂皎然於青天白日之下而無慚乎？故天下皆舉兵向卓，而能以軀命與卓争生死者，堅而已矣，其次則操而已矣。豈袁紹等之力不逮操與堅哉？操與堅知有討賊而不知有他，非紹、術挾姦心以養寇而冀收刺虎持蚌之情者所可匹也。故他日者三分天下而操得其一，堅得其一。堅之子孫且後操而亡，堅之正猶愈於操之速易其心者多矣。

故天下非可以一念興而疾思弋獲者也。漢高之入關中，思亡秦而王關中耳，項羽弑義帝而後有一天下之心，創業之永，天所佑也。董卓死，李、郭亂，袁紹擅河北而忘帝室，袁術竊，劉表僭，獻帝莫能馭，而後曹操之篡志生；曹操挾天子，夷袁紹，降劉琮，而後孫權之割據定。是操之攘漢，袁紹貽之；堅之子孫僭號於江南，曹操貽之也。謂操與堅懷代漢之心於起兵誅卓之日，論者已甚之説，豈諒人情、揆天理、知興廢成敗之定數者

❶「天」，原誤作「未」，今據邵陽曾氏抄本改。《通鑑・漢紀五十一》載操此言正作：「此天亡之時也，一戰而天下定矣。」

乎？以詭譎之智、鷙悍之勇乘閒抵巇，崛起一朝而即思天位，妄人之尤者爾，而何足以臨臣民，貽子孫邪？

孟子曰：「五霸，假之也。」假之云者，非己所誠有，假借古人之名義信以爲道之謂，非心不然而故竊其迹也。無其學，無其德，則假矣。名與義生於乍然之心者，固非僞也。王莽之於周公、張角之於老聃，不可謂之假也。當曹操不受驍騎校尉之職，東歸合衆，進戰滎陽，而孫堅起兵長沙，進屯魯陽，拒卓和親之日，而坐以窺竊神器之罪，則張角、黃巢、方臘可以創業貽子孫，而安禄山、朱泚、苗傅、劉正彥尤優爲之矣。誅非其罪而徒以長姦，深文之害世教，烈矣哉！

二　蔡邕奪四帝廟號

蔡邕之愚，不亡身而不止。愚而寡所言動者，困窮而止；愚而欲與人家國神人之大，則人怒神恫而必殺其軀。邕之應董卓召而歷三臺，此何時也？帝后弑，天子廢，大臣誅夷，劫帝而遷，宗廟燒，陵寢發，人民駢死於原野，邕乃建議奪孝和以後四帝之廟號，舉三代興革之典禮於國危如綫之日，從容而自衒其學術，何其愚也？而不但愚也。漢之宗社岌岌矣，諸廟之血食將斬矣。夫苟痛其血食之將斬，諱先祖之惡而揚其美，❶以昭積功累仁之允爲元后也，猶恐虛名之無補，乃亟取和帝之涼德不足稱宗者而播揚

❶「諱」上，邵陽曾氏抄本有「則」字。

之，是使姦雄得據名以追咎曰：是皆不可以君天下者，而漢亡宜矣。此則人怨神恫，陷大惡而不逭者也。❶

以情理推之，邕豈但愚而已哉？邕之髡鉗而亡命，靈帝使之然也。四帝可宗，則靈帝亦可宗矣。邕蓋欲修怨於靈帝而豫窒其稱宗之路，邕於是而無君之心均於董卓，王允誅之，不亦宜乎？董卓曰：「爲當且爾，劉氏種不足復遺。」邕固曰：「劉氏之祖考不足復尊。」其情一也。故曰：邕非但愚也。雖然，神其可欺，神其可恫乎？則亦愚而已矣。

三　韓馥袁紹上大司馬劉虞尊號

韓馥、袁紹奉劉虞爲主，是項羽立懷王心、唐高祖立越王侑之術也。虞秉正而明於計，豈徇之哉？王芬欲立合肥侯而廢靈帝，合肥侯愚而曹操拒之，合肥以免。劉虞之賢必不受，操知之矣，故但自伸西向之志而不待爲虞計。於是而知操之視紹，其優劣相去之遠也。操非果忠於主者，而名義所在，昭然繫天下之從違，固不敢犯也。未有犯天下之公義而可以屈群雄、動衆庶者也。

或曰：馥、紹之議亦惡乎非義哉？《春秋》之法，君弒而爲弒君者所立，則正其爲篡。梁冀弒質帝而桓立，董卓弒弘農王而獻立，獻不正乎其爲君，則關東諸將欲不奉獻爲主而立虞，惡乎不可？

曰：執《春秋》之法以議桓帝之不正其始，得矣。帝方以列侯求婚於梁氏，趨國門而承其隙，未嘗無覬覦之心焉，則與與聞乎

❶「逭」上，邵陽曾氏抄本有「可」字。

弑者同乎賊。使有仗大義以誅冀者，桓帝服罪而廢焉，宜也。且順、桓之際，漢方無事，而不亟於求君也。若獻帝之立，年方九歲，何進之難，徒步郊野。漢不可一日而無君，帝自以明了動卓之欽仰，弘農廢，扳己以立，未能誓死以固辭，幼而不審，無大臣以匡之，而卓之凶焰且固曰：「劉氏種不復留。」則舍己以延一綫之祀，是亦義也，而況其在幼沖乎？袁紹遷董卓之怨以怒帝，其爲悖逆也明甚。操知之審，而曰：「我自西向。」知帝之可以繫人心，劉虞雖賢，無能遥起而奪之也。桓帝之誅冀以嬖寵之怨，而不忌其弑主之逆；董卓之誅，則已正名之爲賊矣。以賊討卓，則弘農之大讐已復，獻帝可無慚於踐阼矣。視晋景、魯定而尤正焉，而何容苛責之也？

四　袁紹不恤名義罪烈於曹操

所謂雄桀者，雖懷不測之情，而固可以名義馭也。明主起而馭之，功業立而其人之大節亦終賴以全。惟貪利樂禍不恤名義者爲不可馭之使調良，明主興，爲彭越、盧芳以自罹於誅而已，不然則亂天下以爲人先驅，身殪家亡而國與俱敝。曹操，可馭者也；袁紹，不可馭者也。起兵誅卓之時，操與孫堅戮力以與卓争生死，而紹晏坐於河内；孫堅收復雒陽，乘勝以攻卓在旦晚之閒也，而紹若罔聞；關東諸將連屯以偕處，未有釁也，而紹首禍而奪韓馥之冀州；先諸將而内訌者，無賴之公孫瓚也，而紹誘之以首難。然則昔之從臾何進以誅宦官，知進之無能爲而欲乘之以傴漢爾，進不死，紹固不容之，而陳留又豈得終有天下乎？鮑信曰：「袁紹自生亂，是復有一卓也。」孫堅曰：「同舉義兵，將救社稷，逆賊垂破而各若此，吾將誰與戮力？」雖有漢高、光武，欲收紹而使效奔走，必不得也。李密之所以終死於叛賊也。

自其後事而觀之，則曹操之篡成，罪烈於紹。而操豈紹比哉？諸將方爭據地以相噬，操所用力以攻者，黑山白繞也，兖州黃巾也，未嘗一矢加於同事之諸侯。其據兖州自稱刺史雖無殊於紹，而得州於黃巾，非得州於劉岱也。擊走金尚者，王允之賞罰無經有以召之也。然則獻帝而能中興，操固可以北面受賞而不獲罪於朝廷，而不軌之志戢矣。紹擁兵河北以與操爭天下，而操乃據兖州以成爭天下之勢。紹導之，操乃應之；紹先之，操乃乘之。微紹之逆，操不先動。雖操之雄桀智計長於紹哉，抑操猶知名義之不可自我而干而紹不知也。然則雖遇高、光之主，紹亦爲彭越、盧芳而終不可馭，身死家滅而徒爲人先驅。貪利樂禍，習與性成，非一朝一夕之故矣。

五　孫堅因袁術不足爲病

孫堅之因袁術也，猶先主之因公孫瓚也，固未可深責者也。漢高帝嘗因項梁矣，唐高祖下李密而推之矣，以項氏世爲楚將而密以蒲山公之後爲天下所矜也。天下之初亂也，人猶重虛名以爲所歸，故种師道衰老無能爲而金人猶憚之。袁氏四世五公之名烜赫宇內，❶孫堅崛起，不能不藉焉。彼公孫瓚之區區，徒擁衆梟張耳，昭烈且爲之下，而

❶「五」，邵陽曾氏抄本作「三」。

況術乎？夫堅豈有術於心中者哉？賊未討，功未成，以長沙疏遠之守爲客將於中原，始繇術以立大勳而速背之，則術必懷惎毒以撓堅之爲。進與卓爲敵而退受術之掣，劉虞懷忠義而死於公孫瓚，職此繇也。使堅不死，得自達於長安，肯從術以逆終而爲亂賊之爪牙乎？劉表之收荆州也，卓之命也，衆皆討卓而表不從，表有可討之罪焉。因袁術之隙而爲之討表，實自討也。若堅者，雖不保其終之戴漢而固未有瑕也，與術比而姑從之，惡足以病堅哉？

六　管寧習詩書俎豆以存道

管寧在遼東，專講《詩》《書》，習俎豆，非學者勿見，或以寧爲全身之善術，豈知寧者哉？王烈爲商賈以自穢，而逃公孫度長史之辟命，斯則全身之術，而寧不爲也。天下不可一日廢者，道也。天下廢之，而存之者在我。故君子一日不可廢者，學也。舜、禹不以三苗爲憂，而急於傳精一；周公不以商、奄爲憂，而慎於踐籩豆。見之功業者雖廣而短，存之人心風俗者雖狹而長。一日行之習之，而天地之心昭垂於一日；一人聞之信之，而人禽之辨立達於一人。其用之也隱，而摶捖清剛粹美之氣於兩閒，陰以爲功於造化。君子自竭其才以盡人道之極致者，唯此爲務焉。有明王起而因之敷其大用，即其不然，而天下分崩、人心晦否之日，獨握天樞以爭剥復，功亦大矣。

繇此言之，則漢末三國之天下非劉、孫、曹氏之所能持，亦非荀悦、諸葛孔明之所能持，而寧持之也。寧之自命大矣，豈僅以此爲禍福所不及而利用乎？邴原持清議，而寧戒之曰：「潛龍以不見成德。」不見而德成，有密用也。區區當世之得失，其所矜而不忍責、略而不足論者也。白日之耀，非鐙燭之光也。寧誠潛而有龍德矣，豈僅曰全身而已乎？

七　王允不能用曹操孫策以備李郭

王允誅董卓而無以處關東諸將，雖微李傕、郭汜，漢其能存乎？首謀誅卓者袁紹，是固有異志焉而不可任者也。曹操獨進滎陽，雖敗而志可旌；孫堅首破卓而復東都，糞除宗廟，修治陵園，雖死而其子策可用也。急召而録其功以相輔於內，傕、汜失主而氣奪，安敢側目以視允乎？區區一宋翼、王弘，傕、汜且憚之而不敢加害於允，而況操與策也？允之倚翼與弘，皆其所私者也；操與策，非其所能用者也，而又以驕氣乘之，不亡何待焉？

或曰：操非可倚以安者，允而召操，則與何進之召卓也何以異？此又非也。進不能誅宦官而倚卓，進客而卓主矣。允之誅卓，無假於操而威大振，操雖姦，賞之以功，旌之以能，綏之以德，束之以法，操且熟計天下而思自處。故王芬之謀、劉虞之議，必規避之，而不敢以身爲逆。❶當此之時，衆未盛，威未張，允以談笑滅賊之功臨其上而駕御之，操抑豈敢蹈卓之覆軌乎？❷策方少，英鋭之氣，誘掖之以建忠勳也尤易，而奚患召之爲後害哉？允非其人也，智盡於密謀，而量不足以包英雄而馴擾之，加以驕逸而忘

❶「逆」，邵陽曾氏抄本作「先」。
❷「乎」，邵陽曾氏抄本作「者」。

無窮之隱禍，其周章失紀而死於逆臣，不能免矣。

東召孫、曹而西屬涼州之兵於皇甫嵩，則二袁、劉表、公孫瓚不足以逞。二袁、劉表、公孫瓚不逞，而曹操亦無藉以啓跋扈之心。天下可定也，况李傕、郭汜之區區者乎？

八　馬日磾趙岐爲傕汜和解關東

馬日磾、趙岐之和解關東也，誰遣之？於時李傕、郭汜引兵向闕，种拂戰死，天子步出宣平門，王允、宋翼、王弘駢死闕下，宮門之外皆仇敵也，而暇念及於袁、劉、公孫不輯於千里之外邪？故知非獻帝遣之，傕、汜遣之也。關東諸將之起，以誅卓起。傕、汜，卓之部曲也，其引兵犯闕以報卓之讎爲辭。吕布東走，而傕、汜安能不憂誅卓之師浸加於己哉？欲求款於關東而恐其見拒，則姑以天子之詔爲和解之迂説，亦其雖爲卓報仇，而於關東則均爲王臣，無異志也，此不款和而妙爲款和者也。劉表則自刺史而牧矣，曹操上書而優而使之歸矣，徵朱儁爲太僕矣，皆傕、汜以求免於關東之善術也。嗚呼，日磾、岐爲漢之大臣，而受賊之羈絡以聽其頤指，其頑鄙而不知恥，亦至是哉！

夫與賊同立於朝，所難者不能自拔耳。二子者幸而得銜命以出，是温嶠假手以圖王敦之機會也。紹、術、瓚、表雖懷異志，而朱儁、曹操、劉虞、孫策，夫豈不可激厲入援以解天子之困厄？而命之曰和解則以和解畢事，曾不知有問及中朝者，二子將何辭以答也？故遣日磾、岐者，傕、汜也；奔走於諸將之閒，靦顔以嚅囁者，爲傕、汜效也。爲天下賤，不亦宜乎？

九　陶謙受賊臣傕汜州郡之命

曹操父見殺而興兵報之，是也。阬殺男女數十萬人於泗水，偏屠城邑，則慘毒不仁，惡滔天矣。雖然，陶謙實有以致之也。謙別將掩襲曹嵩而殺之，謙可謝過曰不知，然使執殺嵩者歸之於操，使臠割而甘心焉，則操亦無名以逞。乃視嵩之死若獵人之射麏麚，分食其肉而不問所從來，亦何以已暴人之怒哉？

且操之擊謙也，以報私讎而未嘗無可託之公義也。李傕、郭汜稱兵向闕，殺大臣，脅天子，人得而誅者也。謙首唱誅逆之謀，奉朱儁以伐逆而戴主，傕、汜以太僕餌儁，以牧餌謙，其力弱而畏我也可見矣。知其弱，懼其餌，儁雖志義不終，而謙自可奮興以致討。乃聽王朗之謀，邀寵於賊臣而受州牧之命，則欲辭黨逆之誅而無所逭。操執此以告天下，而天下孰爲謙援者乎？蓋謙之爲謙也，貪利賴寵，規眉睫而迷禍福者也。然則曹嵩之輜重，謙固垂涎而假手於別將耳。吮鋒端之蜜，禍及生靈者數十萬人，貪人之毒，可畏也夫！

十　漢亡於王允馬日磾趙岐

國家積敗亡之道以底於亂，狡焉懷不軌之志，思獵得之者，衆矣，而尚有所忌也；天子不成乎其爲君，大臣不成乎其爲臣，授天下以必不可支之形，而後不軌者公然軋奪而無所忌。關東起兵以誅卓而無效死以衛社稷之心，然固未敢逞其攘奪也。至於卓既伏誅，王允有專功之心而不與關東共功名，可收以爲用者勿能用，❶可制之不爲賊者弗能制，而關東之心解矣。允以無輔而亡，李傕、郭汜以無憚而訌。允死，而天下之心遂爲之裂盡。李、郭殺大臣，脅人主，關東疾視而不問，馬日磾、趙岐之庸鄙，受二凶之意旨以和解行，而實爲逆賊結連衡之好，然後關東始堅信漢之必亡。於是而曹操上書之情非復滎陽之志矣。孫堅即不死而不保其終，策以孤立之少年，走劉繇，逐王朗，殺許貢，跳躑於江東矣。張邈、陶謙、吕布、劉備互相攻而不戢矣。二袁之思移漢鼎以歸己，又顯著其跡矣。環視一獻帝而置之若存若亡之閒，以無難紾其臂而奪之。嗚呼！遲之十餘年，而分崩之勢始成。天下何嘗亡漢，而漢自亡。尚孰與憐之而興下泉苞稂之思者乎？

王允非定亂之人也，馬日磾、趙岐則手授天下於群雄者也。漢之終亡，終於此也。

十一　袁紹不能聽沮授迎天子以立名

亂天下者託於名以逞其志，故君子立誠以居正而不競以名，❷則託於名者之僞露以敗而君子伸。亂天下者並其名而去之不忌，則能顧名以立事者，雖非其誠而志欲伸，無可爲名者莫能勝也。管、蔡内挾孺子外挾武庚以爲名，非無名也，自不可敵周公之誠也。項羽立義帝而弑之，並其名而去之矣；漢高爲帝發喪，名而已矣，而天下戴之以誅羽之不義。使義帝而存，漢高之能終事之也，吾不敢信，然而以討項羽則有餘。故胡氏曰：

❶「用」，邵陽曾氏抄本作「收」。
❷「故」，邵陽曾氏抄本作「欲」。

「與其名存而實亡，愈於名實之俱亡。」此三代以下之天下，名爲之維持也大矣。袁紹不用沮授之策，聽淳于瓊而不迎天子於危困之中，授曰：「必有先之者。」而曹操果聽荀彧迎帝以制諸侯。夫無君之心，操非殊於紹也，而名在操，故操可以制紹而紹不能勝操。操之勝也，名而已矣。

雖然，名未易言也。名而可以徒假與，則紹亦何憚而不假？淳于瓊曰：「今迎天子，動則表聞。從之則權輕，違之則拒命。」故曹操遷許以後，外而袁紹恥太尉之命，內而孔融陳王畿之制，董承、劉備、伏完、金禕交起而思誅夷之。入見殿中，汗流浹背以幾幸於免。與紹之恣睢河北唯意欲爲而莫制者，難易之勢，相懸絶也。苟不恤其名而唯利是圖，則淳于瓊之言安知其不長於荀彧哉？假令衣帶詔行，曹操授首於董承、伏完、金禕之手，則授、彧之謀豈不適爲瓊笑？而非然也，出天子於棘籬飢困之中，猶得奉宗廟者二十餘年，不但以折群雄之僭，即忠義之士懷憤欲起，而人情之去就尚且疑且信而不決於從也。瓊之情唯利是圖，受天下之惡名而不恤，紹是之從，欲不亡也，得乎？

名與利，相違者也；實與名，未相違而始相合也。舉世騖於名而忠孝之誠薄，舉世趨於利以舍名，而君臣父子之秩敘遂永絶於人心。故名者，延夫人未絶之秉彝於三代之下者也。夫子於衛輒父子之際，他務未遑而必先正名，蓋有不得已焉耳。

十二　先主受陶謙之命其始不正

劉先主之刺豫州，因陶謙也；其兼領徐州，亦因陶謙也。二袁、曹操皆受命於靈帝之末，吕布、劉表亦拜爵王廷而出者，唯先主未受命也而不得不因人以興。始因公孫瓚，繼因陶謙，周旋於兩不足有爲者之左右而名不登於天府，是以屢出而屢敗。孔北海知之已夙，而何爲不颺於王廷？北海之疏也。敗於吕布而歸許，然後受命而作牧，望乃著於天下。以義揆之，則受陶謙之命兼領二州，其始不正，故終不足以動天下而興漢，亦始謀之不臧哉！

及其爲左將軍，受詔誅操而出奔，乃北奔於袁紹，託非其人矣而非過也。何也？既已受命誅操，則許都之命制自操者，義不得而受也。結孫權而分荆，奪劉璋以收益，可以不受命矣。可不受命而制自己，故雖不足以興漢，而終奄有益州以成鼎足之形。使其於陶謙授徐之日早歸命宗邦，誅傕、汜以安獻帝，紹與操其孰能御之？而計不及此，孔北海亦莫之贊焉，徒與袁術、吕布一彼一此爭衡於徐豫之閒，惜哉！

十三　臧洪食人之罪不可逭

張巡守睢陽，食盡而食人，爲天子守以抗逆賊，卒全江淮千里之命，君子猶或非之。臧洪怨袁紹之不救張超，困守孤城，殺愛妾以食將士，陷其民男女相枕而死者七八千人，何爲者哉？張邈兄弟黨吕布以奪曹操之兗州，於其時，天子方蒙塵而寄命於賊手，超無能恤，彼其於袁、曹均耳。洪以私恩爲一曲之義，奮不顧身，而一郡之生齒爲之併命，殆所謂任俠者與？於義未也，而食人之罪不可逭矣。

天下至不仁之事，其始爲之者未必不託

於義以生其安忍之心。洪爲之而死於俠，❶巡效之而死於忠，❷於是而朱粲之徒相因以起。浸及末世，凶歲之頑民至父子、兄弟、夫妻相噬而心不戚，而人之視蛇蛙也無以異，又何有於君臣之分義哉？

若巡者，知不可守，自刎以徇城可也。若洪，則姑降紹焉，而未至喪其大節。憤興而憯毒，至不仁，而何義之足云？孟子曰：「仁義充塞，人將相食。」夫楊、墨固皆於道有所執者，孟子慮其將食人而亟拒之，臧洪之義不足與於楊、墨，而禍烈焉。君子正其罪而誅之，豈或貸哉？

十四　董承潛召曹操入朝

董承潛召曹操入朝，操至而廷奏韓暹、楊奉之罪，誅罪賞功，矜褒死節，而漢粗安。惜哉，承之行此也晚，而王允失之於先也！當斯時也，漢之大臣死亡已殆盡矣，天子徒步以奔而威已殫矣，從官采梠餓死，而士大夫之氣已奪矣。故董昭謀遷帝於許，尚懼衆心之不厭，而卒無有一言相抗者。若當董卓初誅之日，廷猶有老成之臣，人猶堅戴漢之心，劉虞懷忠於北陲，孫堅立功於雒陽，相制相持，而允之忠勳非董承從亂之比，操亦何敢遽睥睨神器，效董卓之狂愚乎？王允坐失之，董承不得已而試爲之。爲之已晚而無救於漢之亡，然而天下亦自此而粗定。觀於此而益爲允惜，誠可惜而已矣！❸

❶「而死於俠」，原脱，今據邵陽曾氏抄本補。
❷「死於」，原作「保其」，今據邵陽曾氏抄本改。
❸「而已矣」，邵陽曾氏抄本作「也已」。

十五　曹操不殺劉備爲有識

范增之欲殺沛公，孫堅之欲殺董卓，爲曹操謀者之欲殺劉豫州，王衍之欲殺石勒，張九齡之欲殺安禄山，自事後而觀之，其言驗矣，乃更始殺伯升而國終亡，司馬氏殺牛金而家終易。故郭嘉之説曹操勿徒受害賢之名，而曹操笑曰：「君得之矣。」有識者之言，非凡情可測也。

人之欲大有爲也，在己而已矣，未有幸天下之不肖而己可攘賢而自大者也。苟可以大有爲，則雖有英雄，無能爲我難也；苟未可以有爲，則何知天之生豪傑者不再生也？待獺以敺魚，待鸇以敺雀，此封建之天下爲然爾。起於紛亂之世而欲成大業，非能屈天下之英雄不足以建非常之業。忌英雄而殺之，偷勝天下之庸流以爲之雄長，則氣先茶。而忽有閒起之英豪乘之於意外，則神沮志亂而無以自持。若此者，曹操之所不屑爲，而況明主之以道勝而容保無疆者乎？盡己而不憂天下之我勝，君子之道，而英雄繇之。不能髣髴於君子之道而足爲英雄者，未之有也。

十六　勸王問罪非可以責劉表

劉表無戡亂之才，所固然也，然謂曹操方挾天子、擅威福，將奪漢室，而表不能興勤王問罪之師，徒立學校、修禮樂，爲不急之務，則又非可以責表也。表雖有荆州而隔冥阨之塞，未能北向以爭權。其約之以共滅曹氏者，袁紹也，紹亦何愈於操哉？❶紹與操

❶「操」，邵陽曾氏抄本作「曹」。

自靈帝以來皆有兵戎之任，而表出自黨錮，固雍容諷議之士爾。荆土雖安，人不習戰，紹之倚表而表不能爲紹用，表非戡亂之才，何待杜襲而知之？表亦自知之矣。躊躇四顧於袁、曹之閒，義無適從也，勢無適勝也。以《詩》《書》禮樂之虚文示閒暇無争而消人之忌，表之爲表，如此而已矣，中人以下自全之策也。不爲禍先而僅保其境，無袁、曹顯著之逆，無公孫瓚樂殺之愚，故天下紛紜而荆州自若。迨乎身死而子琮舉土以降操，❶表非不慮此，而亦無如之何者也。

杜襲之語繁欽曰：「全身以待時。」襲所待者曹操耳，欽與王粲則邀官爵醼樂之歡於曹丕者也，夫豈能鄙表而不屑與居者哉？諸葛公僑居其土，而云此中足士大夫遨遊，❷亦唯表之足以安之也。天下無主，而徒以責之表乎？

十七　昭烈勸曹操速殺呂布

呂布不死，天下無可定亂之機，昭烈勸曹操速殺之，此操所以心折於昭烈也。當時之競起者衆矣。孫堅，以戡亂爲志者也；劉焉，妄人也而偷以自容；劉表，文士也而無能自立；袁紹雖疏而有略，其規恢較大矣；狂愚而逞者袁術，而猶飾僞以自尊；頑悍而樂殺者公孫瓚，而猶據土以自全；若夫倏彼倏此，唯其意之可器發，旦暮狂馳而不能自信，唯呂布獨也。而有驍勁之力以助其惡，嗾之斯前矣，激之斯起矣，觸之斯鬩矣，蹂躪於中夏而靡所厎止。天下未寧而布先殪，其

❶「琮」，原作「孫」，今據邵陽曾氏抄本改。
❷「足」下，邵陽曾氏抄本有「供」字。

自取之必然也。呂布殪，而天下之亂始有乍息之時。亂人不亡，亂靡有定，必矣。

嗚呼，布之惡無他，無恒而已！人至於無恒而止矣。不自信而人孰信之，不自度而安能度人？不思自全，則視天下之糜爛皆無足恤也。故君子於無恒之人，遠之唯恐不速，絶之唯恐不早，可誅之則勿恤其小惠、小勇、小信、小忠之區區而必誅之，而後可以名不辱而身不危。與無恒者處，有家而家毁，有身而身危，乃至父子、兄弟、夫婦之不能相保。論交者通此義以知擇，三人行，亦必慎之哉！

十八　衛覬請置鹽官賣鹽

漢武、昭之世，鹽鐵論興，文學賢良競欲割鹽利以歸民爲寬大之政。言有似是而非仁義之實者，此類是也。夫割利以與民，爲窮民言也。即在瀕海瀕池之民，苟其貧弱，亦惡能食利於鹽以自潤，所利者豪民大賈而已。未聞割利以授之豪民大賈而可云仁義也。鹽猶粟也，人不可一日無者，而有異。粟則徧海内而生，勤者獲之，惰者匱之，鹽則或懸絶於千里之外而必待命於商賈。上司其輕重，則雖苛而猶有制；一聽之豪民大賈，居贏乘虚，其以厚取於民者無制而民不得不償，故割利以與豪民大賈而民益困。王者官山府海以利天下之用而有制以不重困於民，上下交利之善術也，而奚爲徇寬大之名以交困國民邪？與其重征於力農之民，何如取給於天地之産？鹽政移於下，農民困於郊，國計虚於上。財不理，民非不禁，動浮言以談仁義者亦可廢然返矣。

衛覬曰：「鹽，國之大寶也。」置鹽官賣

鹽,以其直市犂牛給民,勸耕積粟。行之關中,而民以綏,彊敵以折;施及後世,司馬懿拒守於秦蜀之交,諸葛屢匱而懿常裕:皆此爲之本也。覬之爲功於曹氏與棗祇均,而覬尤大矣。

十九　韓嵩詣許非奉戴漢室

韓嵩,智而狡者也。劉表舊與袁紹通,而曹操方挾天子以爲雄長。紹之不敵操也,人皆知之,故杜襲、繁欽、王粲之徒日夕思歸操以取功名,嵩亦猶是而已矣。嵩之勸表以歸操,明言袁、曹之勝敗,而論者謂其奉戴漢室,過矣。

嵩之欲詣許也迫,而固持之以緩。其與表約曰:「守天子之命,義不得爲將軍死。」先爲自免之計以玩弄表於股掌之上,堅辭不行而待表之相强,得志以歸,面折表而表不能殺,亦陳珪之故智,而嵩持之也尤堅。表愚而人去之,操巧而人歸之,以中二千石廣陵守遂珪之志,以侍中零陵守遂嵩之志。珪與嵩之計得,而吕布、劉表之危亡繫之矣。二子者,險人之尤也,豈得以歸漢爲忠而予之?

二十　先主與袁紹連兵非倚紹攻操戴漢

董承受衣帶詔,與先主謀誅曹操。乘操屯官渡拒袁紹之日,先主起兵徐州,勢孤而連和於袁紹。勿論待人者不足以興,即令乘閒而誅操,紹方進而奪漢之權,先主、董承其能制紹使無效操之尤而彌甚乎?不能也。然則此舉也,亦輕發而不思其反矣。董承者,與亂相終始,無定慮而好逞其意計者也。

前之召操與今之連紹，出一軌而不懲，弗責矣，先主亦慮不及此而輕爲去就，何以爲英雄哉？

夫先主之於此，則固有其情矣。其初起也，因公孫瓚，因陶謙，雖爲州牧而權藉已微，固不能與袁、曹之典兵於靈帝之世、與於誅賊之舉者齒，故旋起旋躓而姑託於操。及其受左將軍之命，躬膺天子之寵任，而又承密詔以首事，先主於是乎始得乘權而正告天下以興師。曹操之必篡，心知之矣；袁紹之爲逆，亦心知之矣。脱於操之股掌，東臨徐、豫，孤倡義問以鼓人心，乘機而興，不能更待。紹不可連而連之，姑使與操相持，已因得以收兵略地爲東向之舉，❶而有餘以制群雄。先主之志，如此而已，初未嘗倚紹以破操而幸紹之能戴漢以復興也。董承、种輯亦惡足以知其懷來哉？

故許先主以純臣而先主不受也。其於獻帝特不如光武之於更始，而豈信其可終輔之以盪群凶乎？故連和於紹而不終，未嘗恃紹也。操即滅，紹即勝，先主亦且出於事外而不屑爲紹用。先主之東，操心悔之而不懼，紹遥應之而不堅，亦已知之矣。他日稱尊於益州，此爲權輿。特其待操之篡而後自立焉，故不得罪於名教，而後世以正統加之，亦可勿媿焉。

二十一　袁紹恐先主誅操入許不納田豐之説

曹操東攻先主，田豐説紹乘閒舉兵以襲其後，紹以子疾辭豐而不行。紹雖年老智

❶「已」，邵陽曾氏抄本作「自」。

衰，禽犢愛重，豈至以嬰兒病失大計者？且身即不行，命大將統重兵以躡之，亦詎不可？而紹不爾者，紹之情非豐所知也。操東與先主相距而紹乘之，操軍必驚駭潰歸，而先主追躡之，操且授首，先主誅操入許而擁帝，紹之逆不足以逞而遽與先主爭權。故今日弗進，亦猶昔者擁兵冀州，視王允之誅卓而不爲之援，其謀一也。

豈徒紹哉？先主亦固有此情矣。紹之興兵而南，衆未集，兵未進，雖承密詔與董承約，抑可姑藏少待也。待紹之進黎陽，圍白馬，操戰屢北，軍糧且匱，土山地道交攻而不容退，乃徐起徐、豫之兵，亟向許以拒曹之歸，操且必爲紹禽。而先主遽發以先紹者，亦慮操爲紹禽，而已擁天子之空質，則紹且梟張於外而逼我孤危，將爲王允之續矣。惟先紹而舉，則大功自己以建，而紹之威不張。紹以此制先主，先主亦以此制紹，其機一也。

夫先主豈徒思誅操而縱紹以橫者乎？兩相制，兩相持，而曹操之計得矣。急攻先主而緩應紹，知其陽相用而陰相忌，可無俟其合而迫應其分。先主惡得而不敗，紹惡得而不亡？此其機，先主與紹緘之於心，❶非董承之所察，而田豐欲以口舌爭之，不亦愚乎？

二十二　張魯免於死亡

張魯，妖矣，而卒以免於死亡。非其德之堪也，聽閻圃之諫，拒群下之請，不稱漢寧王，衛身之智足以保身，宜矣。嗚呼！亂世之王公輕於平世之守令，亂世之將相賤於平

❶「先主」，原脱，今據邵陽曾氏抄本補。

世之尉丞。顧影而自笑，夢覺而自驚，人指之而嗤其項背，鬼瞰之而奪其精魂，然而汲汲焉上下相蒙以相尊，愚矣哉！陳嬰、周市之所弗爲，張魯能弗爲，張魯之所不爲，而呂光、杜伏威、劉豫、明玉珍汲汲焉相尊以益其驕，駢首就戮而悔之無及，以死亡易一日之虛尊，且自矜也。人之愚，未有如是之甚者也！

二十三　袁紹恃所據之險而亡

袁紹之自言曰：「吾南據河，北阻燕代，兼戎狄之衆，南向以争天下。」起兵之初，其志早定，是以董卓死，長安大亂，中州鼎沸，而席冀州也自若，紹之亡決於此矣。夫欲有事於天下者，莫患乎其有恃也。己恃之矣，謀臣將帥恃之矣，兵卒亦恃之矣。所恃者險也，而離乎險則喪其恃而智力窮。《坎》之象曰：「王公設險以守其國。」險不可久據而上六出乎險矣。智非所施，力非所便，徽纆之繫、叢棘之置，非人困之矣。山國之人出乎山而窮於原，澤國之人離乎澤而窮於陸。失所恃而非所習，則如蝸牛之失其廬而死於蟻。故袁紹終其身未嘗敢跬步而涉河，非徒紹之不敢，其將帥士卒睨平原廣野、川陸相錯而目眩心熒，莫知所措也。

曹操曰：「任天下之智力，以道御之，無所不可。」在山而用山之智力，在澤而用澤之智力，己無固恃，人亦且無恃心，而無不可恃。此争天下者之善術，而操猶未能也。西至於赤壁，東至於濡須，臨長江之浩瀁而氣奪矣，則猶山陸之材而非無不可者也。何也？操之所以任天下之智力，術也，非道也。術者有所可，有所不可。可者契合而不可者弗能納，則天下之智力，其不爲所用者多矣。其終彊而奪漢者，居四戰之地，恃智恃力而無河山之可恃以生其驕怠也。

然則諸葛勸先主據益州天府之國，亦恃險矣，而得以存，又何也？先主之時，豫、兖、雍、徐已全爲操之所有，而荆、揚又孫氏三世之所綏定，舍益州而無託焉，非果以夔門、劍閣之險、肥沃鹽米之藪爲可恃而恃之也。李特睨劍閣而歎曰：「劉禪有此而不知自存。」夫特亦介晋之亂耳，使其非然，則亦趙廞、李順而已。董璋、王建皆乘亂也，豈三巴巖險之足以偷安兩世哉？

二十四　荀悦仲長統立言得失

荀悦、仲長統立言於紛亂之世以測治理，皆矯末漢之失也，而統爲愈。悦之言專以繩下而操之已亟，申韓之術也。曹操終用之以成乎嚴迫之政，而國隨亡。統則專責之上而戒慆淫以清政教之原，故曰：統爲愈也。

悦之言曰：「教化之廢，推中人而墜於小人之域；教化之行，引中人而納於君子之途。」是也。顧其所云正俗者，聽言責事，舉名察實，則固防天下之胥爲小人而督之也，故曰：申韓之術也。統切切焉以犇私嗜、騁邪慾、宣淫同惡爲戒，誠戒此矣，越軌改制之俗上無與倡，而下惡淫蕩哉？漢之亡也，積順、桓、靈帝三君之不道而天下相效以相怨，非法制督責之所可救，而悦何僅責之於末也？

雖然，統知懲當時之弊而歸責於君，亦不待深識而知其然者也。而推論存亡迭代、治亂周復，舉而歸之天道，則將使曹氏思篡之情亦援天以自信而長其逆。故當紛亂之世，未易立言也。憤前事之失，矯之易偏；避當時之忌，徇之不覺。非超然自拔於危亂之廷，其言未有不失者也。悦爲侍中矣，統爲尚書郎矣，而且得有言乎哉？

二十五　諸葛宛雒秦川兩策不可恃

諸葛公之始告先主也，曰：「天下有變，命一上將將荊州之軍以向宛、雒，將軍身率益州之衆出於秦川。」其後先主命關羽出襄樊而自入蜀，先主没，公自出祁山以圖關中，其略定於此矣。是其所爲謀者，皆資形勢以爲制勝之略也。蜀漢之保有宗社者數十年在此，而卒不能與曹氏爭中原者亦在此矣。

以形勢言，出宛、雒者正兵也，出秦川者奇兵也，欲昭烈自率大衆出秦川而命將向宛、雒，失輕重矣。關羽之覆於吕蒙，固意外之變也，然使無吕蒙之中撓，羽即前而與操相當，羽其能制操之死命乎？❶以制曹仁而有餘，以敵操而固不足矣。宛、雒之師挫則秦川之氣枵，而惡能應天下之變乎？

乃公之言此也，以宛、雒爲疑兵，使彼拒我於宛、雒，而乘閒以取關中，此又用兵者偶然制勝之一策，聲東擊西，摇惑之以相牽制，乘倉猝相當之頃，一用之而得志耳。未可守此以爲長策，規之於數年之前而恃以行之於數年之後者也，敵一測之而事敗矣。謀天下之大而僅恃一奇以求必得，其容可哉？善取天下者，規模定乎大全而奇正因乎時勢。故曹操曰：「任天下之智力，以道馭之，無所不可。」操之所以自許爲英雄，而公乃執一可

❶「能」，原脱，今據邵陽曾氏抄本補。

以求必可，非操之敵矣。

且形勢者，不可恃者也。荊州之兵利於水，一踰楚塞，出宛、雒，而氣餒於平陸；益州之兵利於山，一踰劍閣，出秦川，而情搖於廣野。恃形勢而形勢之外無恃焉，得則僅保其疆域，失則祇成乎坐困。以有恃而應無方，姜維之敗，所必然也。當先主飄零屢挫，託足無地之日，據益州以爲資，可也；從此而畫宛雒、秦川之兩策，不可也。陳壽曰：「將略非其所長。」豈盡誣乎？

二十六　孔明子敬合孫劉之好

身任天下之重，舍惇信而趨事會，君子之所賤，抑英雄之所恥也。功隳名辱而身以死亡，必矣。欲合孫氏於昭烈以共圖中原者，魯肅也；欲合昭烈於孫氏以共拒曹操者，諸葛孔明也。二子者守之終身而不易。子敬以借荊資先主，被仲謀之責而不辭；諸葛欲諫先主之東伐，難於盡諫，而歎法正之死。蓋吳則周瑜、呂蒙亂子敬之謀，蜀則關羽、張飛破諸葛之策，使相信之主未免相疑。然二子者終守西弔劉表東乞援兵之片言，以爲金石之固於心而不能自白，變故繁興之日，微二子而人道圮矣。

且以大計言之，周瑜、關羽競一時之利，或得或喪，而要適以益曹操之凶。魯、葛之謀，長慮遠顧，非瑜與羽徼利之淺圖所可測，久矣。兵之初起也，群雄互角，而操挾天子四面應之而皆碎。此無異故，呂布倏彼倏此而爲衆所同嫉，袁術則與袁紹離矣，袁紹則與公孫瓚競矣，袁譚、袁尚則兄弟相讎殺矣，韓遂則與馬超相疑矣，劉表雖通袁紹，視紹之敗而不恤矣：皆自相滅以授曹氏之滅之也。今所僅存者孫、劉而又相尋於干戈，其不内潰以折入於曹操也不能。則魯、葛定交，合力以與操争存亡，一時之大計無有出於此者。晉文合宋、齊以敗楚，樂毅結趙、魏以破齊，漢高連韓、彭、英布而摧項。已事之師，二子者籌之熟而執之固。瑜與羽交起而亂之，不亦悲乎？

二十七　孔明子敬之信近於義

仲謀之聽子敬，不如其信瑜、蒙；先主之任孔明，而終不違關、張之客氣。天下之終歸於曹氏也，誰使之然也？或曰：操，漢賊也，權亦漢賊也，拒操而睦權，非義也。夫苟充類至盡以言義，則紛争之世無一人之不可誅矣。權逆未成，視操之握死獻帝於其掌中，則有閒矣。韓信請王齊之日、竇融操遲疑之志，亦奚必其皎皎忠貞如張睢陽、文信國而後可與共事？使覈其隱微以求冰霜之操，則昭烈不與孔北海同死而北奔袁紹，抑豈以純忠至孝立大節者乎？

故孫、劉之不可不合，二子之見義爲已審也。其信也近於義，而可終身守者也。先主没，諸葛遽修好於吴，所惜者，肅先亡耳，不然，尚其有濟也。乃其無濟矣，二子之惇信固以存人道於變故繁興之世者也。

二十八　曹操赤壁之兵有數敗

赤壁之戰，操之必敗、瑜之必勝，非一端也。舍騎而舟，既棄長而争短矣。操之兵衆，衆則驕；瑜之兵寡，寡則奮。故韓信以能多將自詑，而謂漢高之不已若也。此其一也。操乘破袁紹之勢以下荆、吴，操之破紹，非戰而勝也，固守以老紹之師而乘其敝也，以此施之於吴則左矣。吴憑江而守，矢石不及，舉全吴以饋一軍，而糧運於無慮之地，愈守則兵愈增、糧愈足而人氣愈壯，欲老吴而先自老，又其一也。北來之軍二十萬，劉表新降之衆幾半之，而恃之以爲水軍之用。新附之志不堅，而懷土思散以各歸其故地者近而易，表之衆又素未有遠征之志者也，重以戴先主之德，懷劉琦之恩，故黄蓋之火一爇而人皆駭散，荆土思歸之士先之矣，此又其一也。積此數敗而瑜之明足以見之。即微火攻，持之數月，而操亦爲官渡之紹矣。知此而兵之所忌與敵之足畏與否也，皆可預料而定也。

二十九　勸劉璋拒先主入蜀者非忠非智

黄權、王累、嚴顔、劉巴之欲拒先主也，智在一曲而不可謂智，忠在一曲而不可謂忠。奚以明其然也？張松曰：「曹公兵無敵於天下，因張魯以取蜀，誰能御之？」諸欲拒先主者曾有能保蜀而不爲操所奪乎？亡有術也。鍾繇之兵已向張魯，危在旦夕，而璋以柔懦待之，奪於曹必矣。與其奪於曹，無如奪於先主，則四子者料先主之必見奪以爲智，知其一曲而不知其大全也，非智也。

四子之於劉焉，豢屬耳，非君臣也。焉雖受命作牧，而漢之危亡，風波百沸，焉勿問焉，割土自擅，志士之所不屑事者也。先主雖不保爲漢室之忠輔，而猶勤勤於定亂，視焉而愈也多矣。戴非其主而怙之，相依爲逆而失名義之大，非忠也。然則張松、法正其賢乎？而愈非也。璋初迎昭烈，二子者遽欲於會襲之。忍矣哉！君子於此勸璋以州授先主而保全之，則得矣，其他皆不忠不智之徒也。

三十　張紘遺牋抉治道得失之源

論治者言得言失，古今所共也。而得不言其所自得，失不言其所自失，❶故牘滿册府，而聽之者無能以取益。張紘將死，遺牋吴主曰：「人情憚難而趨易，好同而惡異，故與治道相反。」斯言抉得失之機於居心用情之際，聞之者而能悟焉，反求之寸心，而聽言用人立政之失焉者鮮矣。

夫人之情不耽逸豫，天下無不可進之善；不喜諛悦，天下無不可納之忠。然而中人之於此，恒諱之也。樂逸豫矣而曰圖難者之迂遠而無益也，喜諛悦矣而曰責善者之失理而非法也。反諸其心而果然乎哉？偷安喜諛，一婦人孺子之愚，而遠大之猷去之。諱其偷安喜諛之情，則利害迫於身而不知避。其迹剛愎者，其情荏苒。急取其柔情而砭之於隱，然後振起其生人之氣。而圖治有本，非汎言得失者令人迷其受病之源而聽之若忘也。奮恥自彊而矯其情之所流，雖聖王之修身立政，又何以加焉？

三十一　荀彧拒加操九錫非忠孝詭

荀彧拒董昭九錫之議，爲曹操所恨，飲藥而卒。司馬温公許之以忠，過矣；乃論者

❶「不」，原誤重，今據邵陽曾氏抄本删。

譏其爲操謀篡而以正論自詭，又豈持平之論哉？彧之智，算無遺策，而其知操也，尤習之已熟而深悉之。違其九錫之議，必爲操所不容矣，姑託於正論以自解。冒虛名，蹈實禍，智者不爲，愚者亦不爲也，而彧何若是？夫九錫之議興，而劉氏之宗社已淪，當斯時也，苟非良心之牿亡已盡者，未有不惻然者也。彧亦天良之未泯，發之不禁耳，故雖知死亡之在眉睫而不能自已。於此亦可以徵人性之善，雖牿亡而不喪，如之何深求而重抑之？

彧之失在委身於操而多爲之謀耳，雖然，初起而即委身於操，與華歆、王朗之爲漢臣而改面戴操者抑有異矣。楊彪世爲公輔而不能亡身以憂國，邴原以名節自命而不能辭召以潔身。蜀漢之臣，惟武侯不可苛求焉，❶其他則皆幸先主爲劉氏之胤，而非其果能與漢存亡者也。然則彧所媿者，管寧耳。當紛紜之世，舍寧而無以自全，乃彧固以才智見，而非寧之流亞久矣。季路、冉有聚斂則從，伐顓臾則爲之謀，旅泰山則不救，而子曰：「弒父與君亦不從也。」至於大惡當前而後天良之存者不昧，禍未成而荏苒以爲之謀，聖人且信其不與於篡弒，善惡固有不相掩矣。

且彧之爲操謀也，莫著於滅袁紹。紹之爲漢賊也不下於操，爲操謀紹，猶爲紹而謀操也。漢之賊，滅其一而未嘗不快，則彧爲操謀，功與罪正相埒矣。若其稱霸王之圖以歆操，則懷才亟見，恐非是而不爲操所用也，則彧之爲操謀也亦未可深辠也。試平情以論之，則彧者，操之謀臣也，操之謀臣，至於

❶「苛」，邵陽曾氏抄本作「苟」。

篡逆而心怵焉其不寧，左掣右曳以亡其身，其天良之不昧者也。并此而以爲詭焉，則誣矣。

三十二　劉璋降先主

《春秋》之法，諸侯失國則名之，賤之也；失國而又降焉，賤甚矣。此三代封建之侯國則然，受之先王，傳之先祖，天子且不得而輕滅焉，爲臣子者有死而無降，義存焉耳。劉焉之牧益州，漢命之。命之以牧，未嘗命之以世。焉死，璋偷立乎其位，益州豈焉所可傳子而璋有宗社之責哉？先主圍成都，璋曰：「父子在州二十餘年，無恩德以加百姓，攻戰三年，肌膏草野，以璋故也，何心能安？」猶長者之言也。論者曰：劉璋暗弱。弱者弱於彊争，暗者暗於變詐，而豈果昏孱之甚乎？其不斷者，不能早授州於先主而多此戰争耳。韓馥之於袁紹、璋之於先主，自知不逮而引退以避之，皆可謂保身之智矣。其屬吏悻悻以争氣矜之雄以毒天下，何足尚哉？

三十三　關羽不終吴好

吴蜀之好不終，關羽以死，荆州以失，曹操以乘二國之離，無忌而急於篡，關羽安能逃其責哉？羽守江陵，數與魯肅生疑貳，於是而諸葛之志不宣而肅亦苦矣。肅以歡好撫羽，豈私羽而畏昭烈乎？其欲并力以抗操，匪舌是出而羽不諒，故以知肅心之獨苦也。

羽争三郡，貪忿之兵也，肅猶與相見而秉義以正告之，羽無辭以荅而悻悻不忘，豈盡不知肅之志氣與其苦心乎？昭烈之敗於長坂，羽軍獨全；曹操臨江，不能以一矢相加遺。而諸葛公東使，魯肅西結，遂定兩國之交，資孫氏以破曹，羽不能有功而功出於亮。劉錡曰：「朝廷養兵三十年，而大功出一儒生。」羽於是以忌諸葛者忌肅，因之忌吴，而葛、魯之成謀遂爲之滅裂而不可復收。

然而肅之心未遽忿羽而墮其始志也，以義折羽，以從容平孫權之怒，尚冀吴蜀之可合，而與諸葛相孚以制操耳。身遽死而授之吕蒙，權之忮無與平之，羽之忿無與制之，諸葛不能力争之隱，無與體之，而成謀盡毁矣。肅之死也，羽之敗也，操之幸先主之孤也，悲夫！

三十四　金禕等謀誅曹操

金禕、耿紀、韋晃欲挾天子伐魏，使其克焉，足以存漢乎？不能也。幸而不敗，又幸而殺操，爾朱兆之死，拓拔氏乃以奔竄而見奪於宇文，非但如董卓之誅，獻帝一日不能安於長安已也。故董承之計非計，而伏完爲甚，至於金禕而尤甚矣。雖然，至於金禕、耿紀、韋晃之時，更無可以全漢之策，而忠臣志士捐三族以與國俱碎，雖必不成，義憤之不容已，亦烈矣哉！

於是而孫權之罪不容誅也。懷憤嫉於先主而請降於操，操無忌矣。關羽出襄、鄧，向宛、雒，而懷忿以與孫氏争，操知之而坐待其敗。普天之下，爲漢臣者唯三子之不恤死而誓與獻帝俱殉社稷耳，其他皆貪忿以逞者。忠臣志士無可俟之機，而又何擇焉？

三十五　先主留羽守荆州致失吴好

關羽，可用之材也，失其可用而卒至於

敗亡，昭烈之驕之也，私之也，非將將之道也。故韓信之稱高帝曰：「陛下能將將。」能將將而取天下有餘矣。先主之入蜀也，率武侯、張、趙以行，而留羽守江陵，以羽之可信而有勇。夫與吳在離合之閒，而恃篤信乎我以矜勇者，可使居二國之閒乎？定孫、劉之交者，武侯也，有事於曹而不得復開釁於吳。❶爲先主計，莫如留武侯率雲與飛以守江陵而北攻襄、鄧，取蜀之事，先主以自任有餘而不必武侯也。然而終用羽者，以同起之恩私，矜其勇而見可任，而不知其忮吳怒吳，激孫權之降操，而魯肅之計不伸也。

然則先主豈特不能將羽哉？且信武侯而終無能用也。疑武侯之交固於吳而不足以快己之志也。故高帝自言能用子房者，以曹參之故舊百戰之功，而帷幄之籌唯子房得與焉。不私其舊，不驕其勇，韓、彭且折，況參輩乎？先主之信武侯也不如其信羽，明矣。諸葛子瑜奉使而不敢盡兄弟之私，臨崩而有「君自取之」之言，是有武侯而不能用，徒以信羽者驕羽，而遂絕問罪曹氏之津。失豈在羽哉？先主自貽之矣。

讀通鑑論卷九終

❶「而」，邵陽曾氏抄本作「則」。

讀通鑒論卷十

衡陽王夫之譔

三國

一 魏懲漢宦官外戚國亡而害及士民者淺

國之亡有自以亡也，至於亡而所自亡之失昭然衆見之矣。後起者因鑒之懲之，而立法以弭之，然所戒在此而所失在彼，前之覆轍雖不復蹈，要不足以自存。漢亡於宦官外戚之交横，曹氏初立即制宦者官不得過諸署令，黄初三年又制后家不得輔政，皆鑒漢所自亡而懲之也。然不再世而國又奪於權臣。立國無深仁厚澤之基，而豫教不修，子孫昏暴，撲火於原而焰發於烓竈，雖厚戒之，無救也。

自其亡而言之，漢之亡也，中絶復興，暴君相繼，久而後失之；魏之亡也不五世，無桀紂之主而速滅：以國祚計之，漢爲永矣。乃自順帝以後數十年閒，毒流天下，賢士駢首以就死，窮民空國以胥溺，盜賊接跡而蔓延；魏之亡也，禍不加於士，毒不流於民，盜不騁於郊：以民生計之，魏之民爲幸矣。故嚴椒房之禁，削埽除之權，國即亡而害及士民者淺，仁人之澤，不易之良法也。

乃昏主則曰：「外戚宦官、内侍禁闥未嘗與民相接，惡從而朘削之？且其侈靡不節，閒行小惠以下施於貧乏，何至激而爲盜？其剥民以致盜者，士大夫之貪暴爲之也。」夫惡知監司守令之毒民有所自哉？紈袴之子、刑餘之人，知諛而已，知賄而已。非諛弗官也，非賄弗諛也，非剥民之膚弗賄也，則毒流四海，填委溝壑，而困窮之民無所控告，猶栩栩然曰：「吾未嘗有損於民，士大夫吮之以爲利而嫁禍於我以爲名。」相激相詆，挾上以誅逐清流，而天下箝口結舌，視其敗而無敢言。漢唐宋之浸敗而浸亡，皆此繇也。其能禁此矣，則雖有奪攘之禍而民不被其災。故司馬篡曹，潛移於上而天下不知。勿曰「防之於此，失之於彼，魏之立法無裨於敗亡」也。

二　魏九品中正亦足以收人才

魏從陳群之議置州郡中正，以九品進退人才，行之百年，至隋而始易，其於選舉之道所失亦多矣。人之得以其姓名與於中正之品藻者鮮也，非名譽弗聞也，非華族弗與延譽也。故晉宋以後，雖有英才勤勞於國而非華族之有名譽者，謂之寒人，不得與於薦紳之選。其於公天爵於天下而奬斯人以同善之道，殊相背戾，而帝王公天下之心泯矣。然且行之六代而未嘗不收人才之用，則抑有道焉。人之皆可爲善者，性也；其有必不可使爲善者，習也。習之於人大矣，耳限於所聞則奪其天聰，目限於所見則奪其天明，父兄熏之於能言能動之始，鄉黨姻亞導之於知好知惡之年，一移其耳目心思而泰山不見，雷霆不聞。非不欲見與聞也，投以所未見未聞，則驚爲不可至而忽爲不足容心也。故曰：「習與性成。」成性而嚴師益友不能勸勉，醲賞重罰不能匡正矣。

是以古之爲法，士之子恒爲士，農之子恒爲農，非絶農人之子於天性之外也，雖欲引之於善而曀霾久蔽，不信上之有日，且必以白晝秉燭爲取明之具，聖人亦無如此習焉何也。故曰：「民可使由之，不可使知之。」不可使知矣，欲滌除而拂拭之，違人之習殆於拂人之性，而惡能哉？則靳取之華胄之子、清流之士，以品隲而進退之，亦未甚爲過也。父母者，乾坤也，即以命人之性者也；師友交遊者，臭味也，即以發人之情者也；見聞行習者，造化也，即以移人之氣體者也。知此則於是以求材焉，有所溢有所漏，然而鮮矣。

唐之舉進士也，不以一日之詩賦而以名望之吹噓，雖改九品中正之制，猶其遺意焉。宋以後糊名易書以求之於聲寂影絶之内，而此意殆絶。然而學校之造士也夙，而倡優隸卒之子弟必禁錮之，則固天之所限而人莫能或亂者。伊尹之耕、傅説之築、膠鬲之賈，託以隱耳，豈草野倨侮、市井錐刀之中，德色父而誶母者，有令人哉？

三　先主不足當正統

以先主紹漢而繫之正統者，爲漢惜也，存高帝誅暴秦、光武討逆莽之功德，君臨已久而不忍其亡也。若先主，則惡足以當此哉？光武之始起也，即正討莽之義而誓死以挫王邑、王尋百萬之衆於昆陽，及更始之必不可爲君而後自立，正大而無慚於祖考也。而先主異是。其始起也，依公孫瓚，依陶謙，以與人争戰，既不與於誅卓之謀，抑未嘗念袁紹、曹操之且簒而思撲之以存劉氏。董承受衣帶之詔，奉之起兵，乃分荆得益而忘之矣。曹操王魏，已亦王漢中矣；曹丕稱帝，已亦帝矣。獻帝未死而發其喪，蓋亦利曹丕之弒而已可爲名矣；費詩陳大義以諫，而左遷矣：是豈誓不與賊俱生而力爲高帝争血食者哉？

承統以後，爲人子孫，則亡吾國者，吾不共戴天之讎也。以苻登之孤弱猶足以一逞，而先主無一矢之加於曹氏。即位三月，急舉伐吳之師。孫權，一驃騎將軍荆州牧耳，未敢代漢以王，而急修關羽之怨，淫兵以逞，豈祖宗百世之讎不敵一將之私忿乎？先主之志見矣，乘時以自王而已矣。故爲漢而存先主者，史氏之厚也，若先主則固不可以當此也。羿篡四十載而夏復興，莽篡十五年而漢復續，先主而能枕戈寢塊，以與曹丕争生死，統雖中絶，其又何傷？尸大號於一隅，既殂而後諸葛有祁山之舉，非先主之能急此也。

司馬温公曰「不能紀其世數」，非也。世數雖足以紀，先主其能爲漢帝之子孫乎？❶

四　諸葛之志不盡行於先主

談君臣之交者競曰先主之於諸葛。伐吳之舉，諸葛公曰：「孝直若在，必能制主上東行。」公之志，能盡行於先主乎？悲哉！公之大節苦心不見諒於當時，而徒以志決身殲遺恨終古，宗澤咏杜甫之詩而悲惋以死，有以也夫！

公之心，必欲存漢者也，必欲滅曹者也。不交吳則内掣於吳而北伐不振，此心也，獨子敬知之耳。孫權尚可相諒，而先主之志異也。夫先主亦始欲自彊，終欲自王，雄心不

❶「漢」，邵陽曾氏抄本作「高」。

戢，與關羽相得耳。故其信公也不如信羽，而且不如孫權之信子瑜也。疑公交吴之深而並疑其與子瑜之合，使公果與子瑜合而有裨於漢之社稷，固可勿疑也，而況其用吴之深心勿容妄揣也哉？先主不死，吴禍不息，祁山之軍不得而出也。迨猇亭敗矣，先主殂矣，國之精鋭盡於夷陵，老將如趙雲與公志合者亡矣。公收疲敝之餘民，承愚暗之沖主以向北方，而事無可爲矣。公故曰：「鞠躬盡瘁，死而後已。」唯忘身以遂志，而成敗固不能自必也。

嚮令先主以篤信羽者信公，聽趙雲之言，輟東征之駕，乘曹丕初篡、人心未固之時，連吴好以問中原，力尚全，氣尚鋭，雖漢運已衰，何至使英雄之血不洒於許、雒而徒流於猇亭乎？公曰：「漢、賊不兩立。」悲哉，其言之也！若先主則固非有宗社存亡之戚也，强之哭者不涕，公其如先主何哉？張良遇高帝而志伸，宗澤遇高宗而志沮。公也，子房也，汝霖也，懷深情而不易以告人一也，而成敗異。公懷心而不能言，誠千秋之遺憾與！

五　諸葛不能從楊顒爲治有體之諫

楊顒之諫諸葛公曰：「爲治有體，上下不可相侵。」大哉，言矣！公謝之，其没也哀之，而不能從，亦必有故矣。公之言曰：「寧静可以致遠。」則非好爲煩苛以競長而自敝者也。

先主之初微矣，雖有英雄之姿，而無袁、曹之權藉，屢挫屢奔，而客處於荆州，望不隆而士之歸之也寡。及其分荆據益，曹氏之勢已盛，曹操又能用人而盡其才，人争歸之，蜀所得收羅以爲己用者，江湘巴蜀之士耳。楚之士輕，蜀之士躁，雖若費禕、蔣琬之譽動當時，而能如鍾繇、杜畿、崔琰、陳群、高柔、賈逵、陳矯者，亡有也。軍不治而唯公治之，民不理而唯公理之，政不平而唯公平之，財不足而唯公足之。任李嚴而嚴亂其紀，任馬謖而謖敗其功，公不得已而察察於纖微，以爲訏謨大猷之累，豈得已乎？

夫大有爲於天下者，必下有人而上有君。而公之託身先主也，非信先主之可爲少康、光武也，恥與荀彧、郭嘉見役於曹氏，以先主方授衣帶之詔，義所可從而依之也。上非再造之君，下無分猷之士，孤行其志焉耳。向令龐統、法正不即於溘亡，徐庶、崔州平未成乖散，先主推心置腹，使關羽之傲、李嚴之險無得閒焉，領袖群才各效其用，公亦何用此營營爲也？公之泣楊顒也，蓋自悼也。

六　漢魏吴以無樂殺之心得保其祚

漢、魏、吴之各自帝也，在三年之中，蓋天下之稱兵者已盡，而三國相争之氣已衰也。曹操知其子之不能混一天下，丕亦自知一篡漢而父子之鋒鋩盡矣。先主固念曹氏之不可摇，而退息乎巖險。孫權觀望曹、劉之勝敗，既知其情之各自帝而息相吞之心，交不足懼，則亦何弗擁江東以自帝邪？權所難者，先主之扼其肘腋耳。先主殂於永安，權乃拒魏而自尊，樂得鄧芝通好以安處於江東。繇此觀之，此三君者皆非有好戰樂殺之情，而所求未得，所處未安，弗獲已而相爲扞格也。

曹氏之戰亟矣，處中原而挾共主，❶其敵

❶「共」，原作「其」，今據邵陽曾氏抄本改。

多，其安危之勢迫，故孫氏之降，知其非誠而受之。敵且盡，勢且安，甘苦自知，而殺戮爲慘亦深念之矣。孫氏則赤壁之外無大戰也。先主則收蜀爭荆而姑且息也。是以三君者，猶可傳之後裔，而不與公孫、袁、吕同殄其血胤。上天之大命集於有德，雖無其德而抑無樂殺之心，則亦予之以安全。天地之心以仁爲復，豈不信哉？

丕之逆也，權之狡也，先主之愎也，皆保固爾後而不降天罰，以其知止而能息民也。逆與狡違道甚矣，而惟愎尤甚。先主甫即位而興伐吳之師，毒民以逞，傷天地之心，故以漢之宗支而不敵篡逆之二國。先主殂，武侯秉政，務農殖穀，釋吳怨以息民，然後天下粗安。蜀漢之祚，武侯延之也，非先主之所克勝也。

七 顧雍爲天子之大臣

蜀漢之義正，魏之勢彊，吳介其閒，皆不敵也。而角立不相下，吳有人焉，足與諸葛頡頏，魏得士雖多，無有及之者也。立國之始，宰相爲安危之大司，而吳之舍張昭而用顧雍，雍者，允爲天子之大臣者也，屈於時而相偏安之國爾。曹氏始用崔琰、毛玠，以操切治臣民，而法粗立。王道息，申、韓進，人心不固而國祚不長，有自來也。諸葛之相先主也，淡泊寧静，尚矣。而與先主皆染申、韓之習，則且與曹氏德齊而莫能相尚。三代以下之材，求有如顧雍者鮮矣：寡言慎動，用人惟其能而無適莫；恤民之利病，密言於上而不衒其恩威；黜小利小功，罷邊將便宜之策以圖其遠大。有曹參之簡靖而不弛其度，有宋璟之静正而不燿其廉。求其德之相若者，曠世而下，唯李沆爲近之，而雍以處兵争之世，事雄猜之主，雍爲愈矣。故曰「允爲天子之大臣」也。雍既秉國，陸遜益濟之以寬仁，自漢末以來數十年無屠掠之慘，抑無苛繁之政，生養休息，唯江東也。獨惜乎吴無漢之正、魏之彊，而終於一隅耳，不然，以平定天下而有餘矣。

八　曹丕延司馬懿以奪魏

魏之亡，自曹丕遺詔命司馬懿輔政始。懿之初起，爲文學掾，豈夙有奪魏之心哉？魏無人，延懿而授之耳。懿之視操，弗能若也：操之威力，割二袁、俘吕布、下劉表、北埽烏桓，而懿無其功；操迎天子於危亂之中，復立漢之社稷，而懿無其名。魏有人，懿不能奪也。魏之無人，曹丕自失之也。而非但丕之失也，丕之詔曹真、陳群與懿同輔政者，甚無謂也。子叡已長，群下想望其風采，大臣各守其職司，而何用輔政者爲？其命群與懿也，以防曹真而相禁制也。然則雖非曹爽之狂愚，真亦不能爲魏藩衛久矣。以群、懿防真，合真與懿、群而防者，曹植兄弟也。故魏之亡，亡於孟德偏愛植而植思奪適之日。兄弟相猜，拱手以授之他人，非一旦一夕之故矣。

漢高意移於趙王，唐高情貳於建成，宋祖受母命而亂與子之法，開國之初所恒有也，而曹氏獨以貽覆宗之禍。天不佑僭人而使並峙於時以生猜制，天之道也。藉其不然，釁雖開於骨肉，必不假秉政握兵之異姓持權以箝束懿親。漢唐宋争於室而姦邪不興於外，豈有患哉？魏之自取滅亡，天邪？

人邪？人之不臧者，天也。

九　孫資諫曹叡應彭綺

兩敵相持而有起兵於腹裏者以遥相應，見爲可恃，恃以夾攻内應者必敗。勿問其爲義也爲賊也，皆不可恃以冒進者也。其爲義也，忠臣志士，孤憤蹶起，而成敗非其所謀。且其果懷忠憤者，一二人耳，其他皆徼利無恒，相聚而不相攝者也。若其爲賊也，則妄人非分之圖，假我以惑衆而亡實者耳，如之何其恃邪？

彭綺，亂人也，借爲魏討吴以爲名，而實賊也。其心恃我之援而已。欻然而興，虐民罔利。而欲恃以爲應援，彼敗而我之鋒亦挫矣。彼可恃也，奚用我爲？彼不可恃矣，而抑安能爲我之恃乎？侯景不足以難魏，適以亡梁，擁大衆、扼争地者且然，況烏合之一旅哉？岳侯恃兩河忠義以伐金，使無金牌之撤，亦莫保其不與俱潰也。孫資諫曹叡之應彭綺，明於料敵矣。

十　武侯早見後主之親小人

諸葛公出師北伐，表上後主，以親賢遠小人爲戒，一篇之中三致意焉。後主失國之繇，早見於數十年之前，公於此無可如何，而唯以死謝寸心耳。賢臣之進，大臣之責也，非徒以言，而必有進之之實。公於郭攸之、費禕、董允、向寵亦既進之無遺力矣，然能進而不能必庸主之親之。庸主見賢而目欲垂，猶賢主見小人而喉欲噦也，無可如何也。雖然，尚可使之在列也。至於小人之親，而愈無可如何矣。卑其秩，削其權，不得有爲焉止矣。愈抑之，庸主愈狎之；愈禁之，庸主愈私之。斂迹於禮法之下而噂沓於帷帟之中，庸主曰：此不容於執政，而固可哀矜者也。綢繆不舍，信其無疵可摘而蠱毒潛中於肸蠁之微。嗚呼，其將如之何哉？

故賢臣不能使親而猶可進，小人可使弗進而不能使弗親。非有伊尹放桐非常之舉，周公且困於流言，況當篡奪相仍之世，而先主抑有「君自取之」之亂命，形格勢禁，公其如小人何哉？歷舉興亡之繇，著其大端而已。何者爲小人，不能如郭、費、董、向之歷指其人而無諱也；指其名而不得，而況能制之使勿親哉？以一死謝寸心於未死之閒，姑無決裂焉足矣。公之遺憾，豈徒在漢、賊之兩立也乎？

十一　諸葛北伐孫資主曹叡攻南鄭

曹孟德推心以待智謀之士，而士之長於略者相踵而興。孟德智有所窮，則荀彧、郭嘉、荀攸、高柔之徒左右之，以算無遺策。迨於子桓之世，賈詡、辛毗、劉曄、孫資皆坐照千里之外，而持之也定。故以子桓之鄙、叡之汰，抗仲謀、孔明之智勇而克保其磐固。

孔明之北伐也，屢出而無功，以爲司馬懿之力能拒之；而早決大計於一言者，則孫資也。漢兵初出，三輔震驚，大發兵以迎擊於漢中，庸詎非應敵之道？乃使其果然，而魏事去矣。漢以初出之全力求敵以戰，其氣鋭；魏空關中之守即險以爭，其勢危：皆敗道也。一敗潰而漢乘之，長安不守，漢且出關以搗宛、雒，是高帝破項之故轍也，魏惡得而不危？資籌之審矣，即見兵據要害，敵即盛而險不可踰，據秦川沃野之粟，坐食而制之，雖孔明之志鋭而謀深，無如此漠然不應者何也。資片言定之於前，而拒諸葛，挫姜維，收效於數十年之後，司馬懿終始所守者，此謀也。魏足智謀之士，昏主用之而不危。故能用人者可以無敵於天下。

十二　祁山之師非孔明初意

魏延請從子午谷直擣長安，正兵也；諸葛繞山而西出祁山，趨秦隴，奇兵也。高帝舍棧道而出陳倉以奇取三秦，三秦之勢散，拊其背而震驚之，而魏異是。非堂堂之陣直前而攻其堅，則雖得秦隴而長安之守自有餘。魏所必守者長安耳，長安不拔，漢固無如魏何。而迂回西出，攻之於散地，魏且以爲是乘閒攻瑕，有畏而不敢直前，則敵氣愈壯而我且疲於屢戰矣。夏侯楙可乘矣，魏見漢兵累歲不出而志懈，卒然相臨，救援未及，小得志焉。彌旬淹月，援益集，守益固，即欲拔一名都也且不可得，而況魏之全勢哉？故陳壽謂應變將略非武侯所長，誠有謂已。

而公謀之數年，奮起一朝，豈其不審於此哉？果畏其危也，則何如無出而免於疲民邪？夫公固有全局於胸中，知魏之不可旦夕亡，而後主之不可起一隅以光復也。其出師以北伐，攻也，特以爲守焉耳。以攻爲守而不可示其意於人，故無以服魏延之心而貽之怨怒。

秦隴者，非長安之要地，乃西蜀之門户也。天水、南安、安定，地險而民彊，誠收之以爲外蔽，則武都、陰平在懷抱之中，魏不能越劍閣以收蜀之北，復不能繞階、文以擣蜀之西，則蜀可鞏固以存而待時以進，公之定算在此矣。公没蜀衰，魏果由陰平以襲漢，夫乃知公之定算，名爲攻而實爲守計也。

公之始爲先主謀，曰：「天下有變，命將出宛、雒，自嚮秦川。」惟直指長安，則與宛、雒之師相應；若西出隴右，則與宛、雒相去千里之外，首尾斷絶而不相知。以是知祁山之師非公初意，主闇而敵彊，改圖以爲保蜀之計耳。公蓋有不得已焉者，特未可一一與魏延輩語也。

十三　武侯任馬謖李嚴之失

武侯之任人，一失於馬謖，再失於李嚴，誠哉，知人之難也！闇者不足以知，而明察者即以明察爲所蔽；妄者不足以知，而端方者即以端方爲所蔽。明察則有短而必見，端方則有瑕而必不容。士之智略果毅者，短長相間，瑕瑜相雜，多不能純。察之密，待之嚴，則無以自全而或見棄，即加意收録，而固不任之矣。於是而飾其行以無過，飾其言以無尤者，周旋委曲以免摘。言果辨，行果堅，而孰知其不可大任者，正在於此。似密似慎，外飾而中枵，惡足任哉？

故先主過實之論不能遠馬謖，而任以三軍；陳震鱗甲之言不能退李嚴，而倚以大計。則唯武侯端嚴精密，二子即乘之以蔽而受其蔽也。於是而曹孟德之能用人見矣，以治天下則不足，以争天下則有餘。蔽於道而不蔽於才，不能燭司馬懿之姦，而荀彧、郭嘉、鍾繇、賈詡惟所任而無不稱矣。

十四　諸葛恃吳敗曹休出師陳倉

城濮之戰，晉文不恃齊、秦也。恃齊、

秦，則必令齊掠陳、蔡而南以牽之於東，秦出武關，下鄢、郢以撓之。滎陽之戰，高帝不恃彭、黥也。恃黥布，則當令布率九江之兵，沿淮而襲之；恃彭越，則越勝而進，越敗而退也。善用人者不恃人，此之謂大略。

吴人敗曹休於石亭，諸葛出陳倉之師，上言曰：「賊疲於西，又務於東，兵法乘勢，此進趨之時也。」其無功宜矣。恃吴勝而乘之，吴且退矣，失所恃而心先沮，氣先折也。蜀定吴交以制魏，此諸葛之成謀，計之善者也。雖然，吴交之必定，亦唯東顧無憂，可決於進爾；及進，而所恃者終在己也。我果奮勇以大挫魏於秦川而舉長安，吴且恃我以疾趨淮、汝，不恃吴而吴固可恃也。己未有必勝之形而恃人以逞，交相恃，交相誤，六國之合從所以不能動秦之毫末，其左驗已。

石亭之役，賈逵以虛聲怖吴而吴退，吴望蜀之乘之，蜀不能應也；陳倉之役，張郃以偏師拒蜀而蜀沮，蜀望吴之牽之，吴不能應也。兩國異心，謀臣異計，東西相距，聲響之利鈍不相及，聞風而馳，風定而止，恃人者不敗足矣，未有能成者也。德必有鄰，修德者不恃鄰；學必會友，爲學者不恃友；得道多助，創業者不恃助。不恃也乃可恃也，故曰：「二人行則得其友。」言致一也。

十五　魏制諸侯入繼大統不得復顧私親

魏制：諸侯入繼大統者，不得謂考爲皇，稱妣爲后，是也。帝后之尊，天之所秩，非天子所得擅以加諸其親，則大統正而天位定也。其曰：「纂正統而奉公義，何得復顧私親？」則襲義而戕仁矣。

所後者以承統而致其尊，因以致其親，

義也；所生者以嗣統而屈其尊，不能屈其親，仁也。親者，與心生以生其心，性之不可掩者也。故古之制服，爲人後者爲所生父母期，不問與所生相去親疏，即與所後者在六世祖免之外而必期，且必正名之曰「所生父母」，未嘗概置諸伯叔之列也。抑此猶爲爲人後者言之，若宋英宗之後仁宗，孝宗之後高宗，固以爲子而子之，則所後所生父母之名各正，而所生者並屈其親。若夫前君之生也，未嘗告宗廟、詔臣民而正其爲後；嗣子之嗣也，未嘗修寢門視膳之儀，立國儲君副之位，臣民推戴而大位歸焉。則亦如光武之於南頓，位號不可僭而天倫不可忘，何得遽謂之私親而族人視之也哉？

天下所重者，統也；人子所不可背者，親也。爲天下而不敢干其統，則天下之義重而己之恩輕。雖有天下而不可沒其生我之恩，則天下敝屣，而親爲重。導諛者獻追尊之僭，矯異者没父母之名。折衷以順天理之固然，豈一偏之説所可亂哉？

十六　魏矯漢末標榜而流爲玄虚奔競

國政之因革，一張一弛而已；風俗之變遷，一質一文而已。上欲改政而下争之，争之而固不勝；下欲改俗而上抑之，抑之而愈激以流。故節宣而得其平者，未易易也。東漢之中葉，士以名節相尚，而交遊品題，互相持以成乎黨論，天下奔走如鶩而莫之能止。桓、靈側聽奄豎，極致其罪罟以摧折之，而天下固慕其風而不以爲忌。曹孟德心知摧折者之固爲亂政，而標榜者之亦非善俗也，於是進崔琰、毛玠、陳群、鍾繇之徒，任法課能，矯之以趨於刑名，而漢末之風暫息者數十年。琰、玠殺，孟德歿，持之之力窮，而前之激者適以揚矣。太和之世，諸葛誕、鄧颺浸起而矯孟德綜實之習，結納互相題表，未嘗師漢末之爲而若或師之。且刓方向圓，崇虚墮實，尤不能如李、杜、范、張之崇名節以勵俗矣。乃遂以終魏之世，迄於晋而不爲衰止。然則孟德之綜核名實也，適以壅已決之水於須臾，而助其流溢已耳。故曰：抑之而愈以流也。

名之不勝實，文之不勝質也，久矣，然古先聖人兩俱不廢以平天下之情。奬之以名者，以勸其實也；導之以文者，以全其質也。人之有情不一矣，既與物交則樂與物而相取，名所不至，雖爲之而不樂於終。此慈父不能得之於子，嚴師不能得之於徒，明君不能得之於臣民者也。故因名以勸實，因文以全質，而天下歡忻鼓舞於敦實崇質之中以不蕩其心。此而可杜塞之以域民於矩矱也，則古先聖人何弗圉天下之躍冶飛揚於鉗網之中也？以爲拂民之情而固不可也。情者，性之依也，拂其情，拂其性矣；性者，天之安也，拂其性，拂其天矣。志鬱而勃然以欲興，則氣亦蝹蜦屯結而待隙以外洩。迨其一激一反，再反而盡棄其質以浮蕩於虚名。利者争託焉，僞者争託焉，激之已極，無所擇而唯其所汎濫。夏侯玄、何晏以之亡魏，王衍、王戎以之亡晋，五胡起，江東僅存，且蔓引以迄於陳隋而不息，非崇質尚實者之激，而豈至此哉？

桓、靈激之矣，奄豎激之矣，死亡接踵而激猶未甚，桓、靈奄豎不能掩其名也。孟德、琰、玠並其名而掩之，而後詭出於玄虚，横流於奔競，莫能禁也。以傅咸、卞壺、陶侃之公忠端亮折之而不勝，董昭欲以區區之辨論使曹叡持法以禁之，其將能乎？聖王不作，禮崩樂壞，政暴法煩，祇以增風俗之浮蕩而已矣。

十七　魏蜀討遼東南中皆以習士於戰

魏伐遼東，蜀征南中，一也，皆用兵謀國之一道也，與隋煬之伐高麗、唐玄之伐雲南異矣。隋唐當天下之方寧，貪功而圖遠，涉萬里以徼幸，敗亡之釁，不得而辭焉。諸葛公之慎，司馬懿之智，舍大敵而勤遠略，其所用心者未易測矣。

兩敵相持，勢相若而不相下，固未得晏然處也。而既不相爲下矣，先動而躁則受其傷，弗容不靜以俟也。靜以俟，則封疆之吏習於固守，六軍之士習於休息，會計之臣習於因循。需之需之，時不可徼而兵先弛；技擊奔命、忘生趨死之情日以翺翔作好而墮其氣，則靜退之禍必伏於不覺。一旦有事，張皇失措，驚憂朒縮，而國固不足以存，況望其起而制人，收長驅越險之功哉？魏之東征、蜀之南伐，皆所以習將士於戰而養其勇也。先主殂，蜀未可以圖中原；孟德父子繼亡，魏未可以并吳、蜀。兵不欲其久安而忘致死之心，諸葛之略、司馬之智，其密用也非人之所能測也。

或曰：習士於戰，有訓練之法，而奚以遠伐爲？嗚呼，此坐而談兵，誤人家國之言耳！步伐也，擊刺也，束伍也，部分也，訓練而習熟者也。兩軍相當，飛矢雨集，白刃拂項，趨於死以争必勝，氣也，非徒法也。有其法不作其氣，無輕生之情而日試於旌旗金鼓之閒，雍容以進退，戲而已矣。習之愈久而士愈無致死之心，不亡何待焉？訓練者，戰餘而教之也，非數十年之中，目不見敵，徒修其文具之謂也。

十八　諸葛亮遺令魏延斷後

武侯遺令魏延斷後，爲蔣琬、費禕地也。李福來請，公已授蜀於琬、禕。而必不可使任蜀者，魏延也。延權亞於公而雄猜難御，琬未嘗與軍旅之任而威望不隆，延先入而挾孱主，琬固不能與争，延居然持蜀於掌腕矣。唯大軍退而延不得孤立於外，楊儀先入而延不得爲主於中，雖憤激而成乎亂，一夫之制耳。

延之亂也，不北降魏而南攻儀，論者謂其無叛心。雖然，豈可保哉？延以偏將孤軍，主帥死而乞活於魏，則亦司馬懿之屬吏而已矣，南轅而不北駕，不欲爲懿下也。使其操全蜀之兵，制朝權而唯其意，成則攘臂以奪漢，不成，將舉三巴以附魏，司馬懿不得折箠而馭之，其降其否亦惡可諒哉？

楊儀，褊小之器耳，其曰：「吾若舉軍就魏，寧當落度如此。」是則即爲懿屈而不慚者。令先歸而延與姜維持其後，蔣琬談笑而廢之，非延匹也。於是而武侯之計周矣。故二將訌而於國無損。不然，將争於内，敵必乘之，司馬懿之智豈不能閒二亂人以捲蜀，而何爲斂兵以退也！

十九　諸葛表主以自明

武侯之言曰：「淡泊可以明志。」誠淡泊矣，可以質鬼神，可以信君父，可以對僚友，可以示百姓，無待建鼓以亟鳴矣。且夫持大權、建大功，爲物望所歸而懷不軌之志者，未有不封殖以厚儲於家者也。以示豆區之恩，以收百金之士，以餌腹心之蠹，以結藩鎮之歡，胥於財而取給。季氏富於周公而魯昭莫能制焉，曹、馬、劉、蕭皆祖此術也。誠淡泊矣，競利名者之所不趨，而子孫亦習於儒素，不問其威望之重輕而固知其白水盟心、衡門歸老之夙圖矣。

乃武侯且表於後主曰：「成都有桑八百株，薄田十五頃，死之日不使內有餘帛、外有贏粟以負陛下。」一若志晦不章、憂讒畏譏之疏遠小臣屑屑而自明者。嗚呼，於是而知公之志苦而事難矣！後主者，未有知者也。所猶能持守以信公者，先主之遺命而已。先主曰：「子不可輔，君自取之。」斯言而入愚昧之心，公非剖心出血以示之，豈能無疑哉？身在漢，兄弟分在魏、吳，三國之重望集於一門，關、張不審，挾故舊以妬其登庸，先主之疑蓋終身而不釋。施及嗣子之童昏，內而百揆，外而六軍，不避嫌疑而持之固，含情不吐，誰與諒其志者？然則後主之決於任公，屈於勢而不能相信以道，明矣。公乃諄諄然取桑田粟帛竭底蘊以告無求於當世，其孤幽之忠貞危疑若此，而欲北定中原、復已亡之社稷也，不亦難乎！

於是而知先主之知人而能任，不及仲謀遠矣。仲謀之於子瑜也、陸遜也、顧雍也、張昭也，委任之不如先主之於公，而信之也篤，豈不賢哉？先主習於申、韓而以教子，其操術也與曹操同，其宅心也亦彷佛焉。自非司馬懿之深姦，則必被掣曳而不能盡展其志略。故曰：公志苦而事難也。不然，公志自明，而奚假以言明邪？

二十 魏將移於司馬高堂隆陳矯言之不力

得直諫之士易，得憂國之臣難。識所不及，誠所不逮；無死衛社稷之心，不足與於憂國之任久矣。若夫直諫者：主德之失，章章見矣；古之爲言也，仁慈恭儉之得，奢縱苛暴之失，亦章章見矣。習古之説而以證今之得失，不必深思熟慮，殷憂鬱勃，引休戚於躬受而斟酌以求寧，亦可奮起有言而直聲動天下矣。

魏主叡之後，一傳而齊王芳廢，再傳而高貴鄉公死，三傳而常道鄉公奪。青龍、景初之際，禍胎已伏，蓋岌岌焉。無有慮此爲叡言者，豈魏之無直臣哉？叡之營土木、多內寵、求神僊、察細務、濫刑賞也，舊臣則有陳群、辛毗、蔣濟，大僚則有高堂隆、高柔、楊阜、杜恕、陳矯、衛覬、王肅、孫禮、衛臻，小臣則有董尋、張茂，極言無諱，不避喪亡之謗詛，至於叩棺待死以求伸，叡雖包容勿罪，而諸臣之觸威以抒忠也，果有身首不恤之忱。漢武、唐宗不能多得於群臣者，而魏主之廷森森林立以相繩糾。然而阽危不救，旋踵國亡。繇是觀之，直諫之臣易得，而憂國之臣未易有也。

高堂隆因鵲巢之變，陳他姓制御之説；問陳矯以司馬公爲社稷之臣，而矯答以未知。然則魏之且移於司馬氏，禍在旦夕，魏廷之士或不知也，知而或不言也。隆與矯知之而不深也，言之而不力也。當其時，懿未有植根深固之黨，未有榮人辱人、生人殺人之威福，而無能盡底蘊以爲魏主告，無他，心不存乎社稷，浮沈之識因之不定，未能剖心刻骨爲曹氏徘徊四顧而求奠其宗祏也。逮乎魏主殂，劉放、孫資延大姦於肘掖之後，❶雖灼見魏之必亡而已無及矣。

以社稷爲憂者，如操舟於洪濤巨浸，脈察其磧岸洑渦之險易，目不旁瞬而心喻之，則折旋於數十里之外而避危以就安也，適其所泊而止。豈舟工之智若神禹哉？心壹於是而生死守之爾。若夫雒陽、崇華銅人土山之縱欲勞民，與夫暴怒刑殺、聽小臣毀大臣、躬親細務而陵下不君，此皆見之聞之，古有明訓，而依道義以長言之，則不必有體國之忠，而但有敢言之氣，固可無所畏避而唯其敷陳者也。抑豈足恃爲宗社生民之託哉？

二十一　陳群削諫草非忠

陳群上封事諫魏主，輒削其草；楊阜觸人主之威以直諫，與人言未嘗不道。袁宏贊群之忠，而譏阜之播揚君惡。夫阜激而太過，誠然矣；以群之削草爲忠臣之極致，又奚得哉？宏曰：「仁者愛人，施之君謂之忠，施之親謂之孝。」非知道之言也。

君父均也，而事之之道異。《禮》曰：「事親有隱無犯，事君有犯無隱。」隱者，知其惡而諱之也。有隱以全恩，無隱以明義，道之準也。君之有過也，諫之而速改，改過之美莫大焉。稱其前之過以表其後之改，固以揚其美之大者也。諫而不聽，君過成矣，即不言，而臣民固已知之矣。導諛之臣方且爲之飾非爲是，弭在廷之口，而諫者更爲之掩覆，於是而導諛之臣益無所忌而唯其欲爲。且己諫而不聽，庶幾人之繼進也。小臣疏

❶「掖」，邵陽曾氏抄本作「腋」。

遠，望近臣之從違以爲語默；近臣養君之慝而蔽下之知，則疏遠欲言之士且徘徊疑沮，而以柔巽揄揚爲風尚。勸忠之道喪於唯諾之習，孤鳴無和，雖造膝而爲痛哭，亦無如怙過之主何矣！

韓愈氏非知道者，擬文王之詩曰：「臣罪當誅兮，天王聖明。」文王而爲此言也，則飛廉、惡來且援爲口實以惑紂，而信比干之死爲當其辜矣，亦何憚而不殫其斮脛炮烙之慘乎？若群者，以全身於暴主之側，孔光溫樹之故智也。謂之曰忠，而同君父於一致，袁宏惡知忠臣之極致哉？

二十二　曹叡妄自祖虞復禘禮

魏主叡之詔曰：「漢承秦亂，廢無禘禮。曹氏世系，出自有虞。以舜配天，以舜妃配地。」其亢地於天，離妣於祖，亂乾坤高卑之位，固不足道矣；妄自祖虞而以廢禘譏漢，尤不知禘者也。

自漢以下，禘之必廢也無疑也。三代而上，君天下者數姓而已，天子之支庶分封爲侯，各受命而有社稷。其後一族衰微則一族之裔孫以德而復陟帝位，無有不繇諸侯祖天子而崛起者也。推創業之主而上之，始受命而有社稷者，其始祖也，商之契、周之稷是也，又推而上之，則固有天下者也，而高辛是也，是爲始祖所自出之帝也。世有社稷而爲君，代相承而譜牒具存，雖歷數十世而雲仍不絕，則所自出之帝雖遠，亦猶父子之相授，淵源不昧。而後此之有天下者，仍還其前此有天下之故業，以示帝位之尊不越神明之胄，非是者不得而干焉。此封建未墜之天下，道固然也。

秦雖無德而猶柏翳之裔，受封西土，可以繼三代而王。使追所自出之帝而禘焉，得矣。至於漢興，雖曰帝堯之苗裔而不可考也。陶唐之子孫受侯封者，國久滅而宗社皆亡，帝堯之不祀久已忽諸。高帝起田閒，爲亭長，自以滅秦夷項之功而有天下，徵家世於若存若亡之餘，懸擬一古帝爲祖，將誰欺？欺天乎？自漢以下之不禘，豈不允哉！

漢曰祖堯也，王莽、曹氏曰祖舜也，唐曰祖臯陶也、老聃也，攀援不可致詰之聖賢以自張大者也。澤所已斬、道所不嗣，誠所不至；以名屬之，以文修之，漠乎其不相及久矣。當其側微，不知其有所祖也；序其譜系，不知其必爲祖也。且遠引而祖之，仁人孝子之事其先，如是而已哉！郭崇韜垂涕汾陽之墓，梁師成追訟眉山之誣，爲姗笑而已，魏主叡其何以異於是？

二十三　魏劉邵作考課法

任人、任法皆言治也，而言治者曰任法不如任人。雖然，任人而廢法，則下以合離爲毁譽，上以好惡爲取舍，廢職業，徇虛名，逞私意，皆其弊也。於是任法者起而摘之曰：是治道之蠹也，非法而何以齊之？故申韓之説與王道而争勝。乃以法言之，《周官》之法亦密矣，然皆使服其官者習其事，未嘗懸黜陟以擬其後。蓋擇人而授以法，使之遵焉；非立法以課人，必使與科條相應，非是者罰也。

法誠立矣，服其官、任其事，不容廢矣。而有過於法之所期者焉，有適如其法之所期者焉，有不及乎法之所期者焉。才之有偏勝也，時之有盈詘也，事之有緩急也，九州之風土各有利病也。等天下而理之，均難易而責之，齊險易豐凶而限之，可爲也而憚於爲，不可爲也而强爲塗飾以應上之所求，天下之不亂也幾何矣？上之所求於公卿百執郡邑之長者，有其綱也：安民也，裕國也，興賢而遠惡也，固本而待變也：此大綱也。大綱圮而民怨於下，事廢於官，虚譽雖騰，莫能掩也。苟有法以授之，人不得以玩而政自舉矣。故曰：擇人而授以法，非立法以課人也。

論官常者曰清也慎也勤也，而清其本矣。弗慎弗勤而能清也，詘於繁而可以居要，充其至，可以爲社稷臣矣；弗清而不慎不勤，其罪易見，而爲惡也淺；弗清矣而慎以勤焉，察察孳孳以規利而避害，夫乃爲天下之巨姦。考課以黜陟之，即其得，而多得之於勤慎以墮其清，況其所謂勤者非勤，而慎者非慎乎？是所謂孳孳爲利，蹠之徒矣。清議者似無益於人國者也，而國無是不足以立。恐其亡實而後以法飭之，《周官》《周禮》、《關雎》《麟趾》之精意所持也，京房術數之小人何足以知此哉？盧毓、劉邵師之以惑魏主，不能行焉必也。雖不能行，而後世功利刑名之徒猶師其説，張居正之毒所以延及百年而不息也。

二十四　魏主叡託司馬懿輔政而兆篡

魏主叡授司馬懿以輔政而懿終篡也，宜哉！法紀立，人心固，大臣各得其人，則卧赤子於天下之上而可不亂。何庸當危病昏瞀之時委一二人，錫以輔政之名，倒魁柄而授之邪？周公之輔成王也，王幼而未有知識。且公之至德，曠古一人；而武王之信公也，以兩聖而相知也。然使無輔政之名，則二叔亦無釁以搆難而沖人晏然矣。漢武之任霍、金、上官也，上官逆，霍氏不終矣。輔政之名由此而立，而抑安足師乎？先主之任諸葛而諸葛受命，當分争之世而後主不足有爲也，兩俱弗獲已而各盡其心耳。先主不能舍後主而別有所立，則不能不一委之諸葛以壹後主之心。

若夫魏主叡，無子而非有適長之不可易也，宗室之子唯其所擇以爲後。當其養芳與詢爲子之日，豈無賢而可嗣者慎簡而豫教之？迨其將殂，芳之爲子已三歲矣，可否孰知，而教訓可夙，何弗擇之於先，教之於後，令可君國而勿墜，而使劉放、孫資得乘其篤疾以晉姦雄於負扆哉？爲天下得人者，得一人爾，得其人而宰輔百執無不得焉。已既無子，唯其意而使一人以爲君，不審其勝任與否而又別委人以輔之，則胡不竟授以天下而免於篡弒乎？漢之自旁支入繼者皆昏庸之器，母后權姦之爲之也，非若叡之自擇而養之也。彼憒憒以死，無意於宗社而委之婦人者，無責耳矣，而魏主叡何爲者也？

宋仁宗之授英宗，高宗之授孝宗，一旦嗣立而太阿在握。有二君之慎，豈至忍死以待巨姦而付以童昏也哉？故宋二宗之立嗣允爲後世法也。輔政者，危亡之本，惡得託周公之義以召禍於永世哉！

二十五　何晏依曹爽用事

史稱何晏依勢用事，附會者升進，違忤者罷退，傅嘏譏晏外靜内躁，皆司馬氏之徒黨邪醜正，加之不令之名耳。晏之逐異己而樹援也，所以解散私門之黨而厚植人才於曹氏也。盧毓、傅嘏懷寵禄，慮子孫，豈可引爲社稷臣者乎？藉令曹爽不用晏言，父事司馬懿而唯言莫違，爽可不死，且爲戴莽之劉歆。若逮其簒謀之已成而後與立異，劉毅、司馬休之之所以或死或亡，而不亦晚乎？爽之不足與有爲也，魏主叡之不知人而輕託之也。乃業以宗臣受顧命矣，晏與畢軌、鄧颺、李勝不與爽爲徒而將誰與哉？或曰：圖存社稷者，智深勇沈而謀之以漸。晏一旦蹶起而與相持，激懿以不相下之勢，而魏因以亡。

夫曹芳以暗弱之沖人孤立於上，叡且有「忍死待君，相見無憾」之語，舉國望風而集者無敢踰司馬氏之閫閾，救焚拯溺而可從容以待乎？懿之不可託也，且勿論其中懷之叵測也，握通國之兵，爲功於閫外，下新城，平遼東，却諸葛，撫關中，將吏士民爭趨以效尺寸，既赫然矣。惡有舉社稷之重付孺子於大將之手，而能保其終者哉？王敦無邊徼之功，故温嶠得制之於衰病；桓温有枋頭之敗，故王、謝得持之以從容。奪孤豚於猛虎之口，雅士無所容其静鎮，智者無所用其機謀，力與相争而不勝，天也，非人之所能爲也。

當是時，同姓猜疏而無權，一二直諒之臣如高堂隆、辛毗者又皆喪亡，曹氏一綫之存亡僅一何晏，而猶責之已甚，抑將責劉越石之不早附劉淵，文宋瑞之不亟降蒙古乎？嗚呼，惜名節者謂之浮華，懷遠慮者謂之銛巧！《三國志》成於晋代，固司馬氏之書也。後人因之掩抑孤忠，而以持禄容身、望風依附之逆黨爲良圖，公論没，人心蠱矣。

二十六　蔣琬欲乘漢沔東下襲魏興上庸

蔣琬改諸葛之圖，欲以舟師乘漢、沔東下，襲魏興、上庸，愈非策矣。魏興、上庸，非魏所恃爲巖險，而其贅餘之地也。縱克之矣，能東下襄、樊，北收宛、雒乎？不能也。何也？魏興、上庸，漢中東迤之餘險，士卒所憑以阻突騎之衝突而依險自固，則出險而魂神已惘，固不能踰閫限以與人相搏也。且舟師之順流而下也，逸矣，無與遏之而戒心弛，一離乎水而衰氣不足以生，必敗之道也。先主與吴共争於水而且潰，況欲以水爲勢而與車騎争於原陸乎？魏且履實地、資宿飽，坐而制之於丹、淯之湄，如蛾赴焰，十撲而九亡矣。

劉裕之泝河、渭以入關中，王鎮惡等以步騎馳擊，而舟師爲其繼，非恃舟師以争人於陸也。姚泓恃拓拔氏爲之守，拓拔氏不爲泓守而泓弛其防，故獲利焉，非獨倚舟師之利，攻人於千里之外也。諸葛之出祁山，以守爲攻即以攻爲守，知習於險者之不利於夷，且自固以待時變，特不欲顯言之以怠衆志耳。琬移屯而東西防遂弛，鄧艾陰平之禍自琬始矣。琬疾動而不能行，司馬懿方謀篡而未暇，故蜀猶以全。不然，此一舉而蜀亡不旋踵矣。

二十七　魏晋以屯田平天下亦因其時因其地

曹孟德始屯田許昌，而北制袁紹，南折劉表；鄧艾再屯田陳、項、壽春，而終以吞吴。此魏、晋平定天下之本圖也。屯田之利有六，而廣儲芻糧不與焉。戰不廢耕，則耕不廢守，守不廢戰，一也；屯田之吏士據所屯以爲己之樂土，探伺密而死守之心固，二也；兵無室家則情不固，有室家則爲行伍之累，以屯安其室家，出而戰，歸而息，三也；兵從事於耕則樂與民親而殘民之心息，即境外之民亦不欲淩轢而噬齕之，敵境之民且親附而爲我用，四也；兵可久屯聚於邊徼，束伍部分不離其素，甲冑器仗以暇而修，卒有調發，符旦下而夕就道，敵莫能測其動静之機，五也；勝則進，不勝則退有所止，不至駭散而内訌，六也。有此六利者，而粟米芻稾之取給以不重困編氓之輸運，屯田之利溥矣哉！ 諸葛公之於祁山也，亦是道也，姜維不能踵之，是以亡焉。

雖然，有其地，有其時矣。許昌之屯乘黄巾之亂，民皆流亡，野多曠土也；兩淮之屯，魏、吴交争之地棄爲甌脱，田皆蕪廢也；五丈原之屯，秦、隴、階、文之閒地廣人稀，羌胡據山澤而棄平土，數百里而皆艸萊也。非是者，可屯之地畸零散布於民田之閒，而分兵以屯之，則一散而不可猝收矣。奪民熟壤以聚屯，民怨而敗速矣。此屯之必以其地也。

屯之於戰争之時，壓敵境而營疆埸，以守爲本，以戰爲心，而以耕爲餘力，則釋耒耜、援戈矛，兩不相妨以相廢。若在四海蕩平之後，分散士卒，雜處民閒，使食利於耕而以戰守爲役，則雖有訓練鈐束之法，日漸月靡於全軀保室、樸鈍偷安之習，而天下於是乎無兵。故唯棗祇、鄧艾、諸葛可以行焉，而後此之祖以安插天下之兵，是弭兵養懦之術也，故陵夷衰微而無與衛國。此屯之必以其時也。法有名同而實異，事同而效異，如此者多矣，謀國者不可不審也。

二十八　管寧能因事導人於善

史稱管寧高潔而熙熙和易，因事而導人以善，善於傳君子之心矣。世之亂也，權詐興於上，偷薄染於下，君不可事，民不能使，而君子仁天下之道幾窮。窮於時，因窮於心，則將視天下無一可爲善之人而拒絶唯恐不夙，此焦先、孫登、朱桃椎之類所以道窮而仁亦窮也。夫君子之視天下，人猶是人也，性猶是性也，知其惡之所自熏，知其善之所自隱，其熏也非其固然，其隱也則如宿艸霜凋而根荄自潤也。無事不可因，無因不可導，無導不可善。喻其習氣之橫流，即乘其天良之未喪，何不可與以同善哉？此則盎然之仁充滿於中，時雨灌注而宿艸榮矣。惜乎時無可事之君，而寧僅以此終，非然，將與伊、傅而比隆矣。

嗚呼！不得之於君，可得之於友，而又不可得矣；不得之薦紳，可得之於鄉黨，而又不可得矣；不得之父老，可得之童蒙，而又不可得矣；此則君子之抱志以没身，而深其悲閔者也。友之不得，君錮之；鄉黨之不得，薦紳熒之；童蒙之不得，父老蔽之。故寧之仁終不能善魏之俗。君也，薦紳也，父老也，君子之無可如何者也。吾盡吾仁焉，而道窮於時不窮於己，亦奚忍爲焦先、孫登、朱桃椎之孤傲哉？

二十九　晏幽飈躁由於師老莊之驕

形可以徵神乎？曰：未嘗不可也。神者，天德之函於地者也；形者，地德之成乎天者也：相函相成而不相舍。神之靈，形受之；形之靈，神傅之：非神孤盪其靈於虚而形頑處也。譬之笙竽然，器洪而聲洪，器纖而聲纖矣；譬之盂水然，器方而水方，器圜而水圜矣。造化者以其神之靈摶造形質，而氣以舒斂焉。榮，隨氣而華，隨氣而黯；衛，隨氣而理，隨氣而亂。内而藏府之精粗，外而筋骸之勁脆，動静語默各如其量而因以發用，❶則明於察形者可以徵神，固矣。管輅之評鄧颺、何晏而言皆屢中，知此而已矣。

然則神可以化形乎？曰：奚爲其不可也？其始也天化之，天之道也；其後也人化之，人之道也。天之道，亭之毒之，用其偶然，故孅惡偏全參差而不齊；人之道，熏之陶之，用其能然，則惡可使孅，偏可使全，變化而反淳。人莫難於御其神，而形其易焉者。昧者不知，曰：「一受其成型而與之終古。」其不知道也久矣。孟子曰：「居移氣，養移體。」榮衛隨養以移，而内而藏府、外而筋骸隨之以移，況動止語默因心而縱斂，因習而率循者哉！

鄧颺之躁徵於形之躁也，不可驟息而息之以静者，颺可得而主也；何晏之幽徵於形之幽也，不可驟張而張之以明者，晏可得而主也。豈有他哉？一旦而知躁與幽之爲不善，操之縱之，懲艾於俄頃，習之制之，熏成於漸次，則二子者，金錫圭璧之章，再見而驚非其故，輅又安能測之哉？乃若二子者終成乎幽躁而使輅言之終驗，其蔽一也。一者何也？曰：驕也。老莊者，驕天下而有餘者也，絶學以無憂，與天而爲徒而後形之不善，一受其成型而廢人道之能然，故禍至而

❶「静」，邵陽曾氏抄本作「止」。

不知其所自召也。地承天而受化，形順神而數移，故管輅之術，君子節取焉而不怙之以爲固然。人之有道也，風雨可使從欲，元氣可使受治，況在躬之榮衛藏府筋骸，與從心之動止語默哉？

三十　王淩非魏之忠臣

王淩可以爲魏之忠臣乎？蓋欲爲司馬懿而不得者也。爲懿不得，而懿愈張矣。齊王芳，魏主叡之所立也，懿殺曹爽而制芳於股掌，其惡在懿，其失在叡，而芳何尤焉？使霍光而有操、懿之心，漢昭亦無如之何，而可責之芳乎？淩誠忠於魏而思存其社稷，正懿閉門拒主、專殺宗臣、覬覦九錫之罪，抗表而入討，事雖不成，猶足以鼓忠義之氣，而懿不能駕禍於楚王以錮曹氏之宗支，使斂迹而坐聽其篡奪。而淩欲廢無過之主以別立君，此其故智，梁、隋之季多效之者，而終以盜鈴。則使淩得志，楚王彪特其掩耳之資。操此心也，惡足以感人心而使效順哉？❶

名義者，邪正存亡之大司也，無義不可以爲名，無名不可以爲義。忠臣效死以爭之，姦雄依附而抑必挾之。以曹操之不軌也，王芬欲立合肥侯以誅宦官，而操審其必敗，勿從也；袁紹欲立劉虞以誅董卓，而操惡其徒亂，勿從也。名正而義因以立，豈特操之智遠過於淩乎？天下未解體於弱主而己先首禍，心之所不安，裁之所必逮也。劉虞賢矣，袁紹弗能惑也；合肥侯聽曹操而安，楚王彪聽王淩而死，非獨自殺，且以啓禍於宗室，胥入司馬之阱中，亦烈矣哉！嗚呼！

❶「感」，原誤作「惑」，今據邵陽曾氏抄本改。

亂人假義而授人以名，義乃永墮而禍生愈速。如是而許之以忠也，則沈攸之、陳霸先皆忠矣。王淩之心，路人知之，無以異於司馬氏而益以愚者也。

三十一　司馬懿解魏法網無尺寸功而肇一統

曹操之篡也，迎天子於危亡之中而措之安土。二袁、吕布、劉表、劉焉群起以思移漢祚，獻帝弗能制而操以力勝而得之。劉裕之篡，馘桓玄，夷盧循，東滅慕容超，西俘姚泓，收復中國五十餘年已覆之土宇，而修晋已墟之陵廟，安帝愚暗，不能自存也。若夫二蕭、陳霸先，功不逮操、裕而篡焉，則不成乎其爲君，而不延其世。由此言之，雖篡有天下，而豈易易哉？

司馬懿之於魏，掾佐而已，拒諸葛於秦川，僅以不敗，未嘗有尺寸之功於天下也。受魏主叡登牀之託，横翦曹爽，遂制孱君，脅群臣，獵相國九錫之命，終使其子孫繼世而登天位，成一統之業。其興也不可遏，而抑必有道焉，非天下之可妄求而得也。曹氏之毆兆民，延人而授之也久矣。

漢之延祀四百，紹三代之久長而天下戴之不衰者，高帝之寬、光武之柔，得民而合天也。漢衰而法弛，人皆恣肆以自得。曹操以刻薄寡恩之姿，懲漢失而以申韓之法鉗網天下。崔琰、毛玠、鍾繇、陳群争附之，以峻削嚴迫相尚。士困於廷，而衣冠不能自安；民困於野，而寢處不能自容。故終魏之世，兵旅亟興，而無敢爲萑葦之寇。乃藴怒於心，思得一解網羅以優游卒歲也，其情亟矣。司馬懿執政，而用賢恤民，務從寬大以結天下之心。於是而自搢紳以迄編甿，乃知有生人之樂。處空谷者，聞人聲而驩然，欒盈之汰，人且歌泣以願爲之死，況懿父子之謀險而小惠已周也乎！王淩之子廣曰：「懿情雖難量，事未有逆。」可謂知言矣。故曰：「得乎丘民爲天子。」

逆若司馬，解法網以媚天下，天且假之以息民。則乘苛急傷民之後，大有爲之君起而蘇之，其爲天祐人助，有不永享福祚者乎？三國鼎立，曹、劉先亡，吴乃繼之。孫氏不師申韓之報也，曹操不足道；諸葛公有道者也，而學於申韓，不知其失，何也？

三十二　蜀漢君臣疏於長養人才

蔣琬死，費禕刺，蜀漢之亡必也，無人故也。圖王業者，必得其地；得其地非得其險要財賦之謂也，得其人也；得其人非得其兵卒之謂也，得其賢也。巴蜀、漢中之地隘矣，其人寡，則其賢亦僅矣。故蔣琬死，費禕刺，而蜀漢無人。雖然，嘗讀常璩《華陽國志》，其人之彬彬可稱者不乏。張魯妖盜而有閻圃，劉焉驕急而有黄權，王累、劉巴，皆國士也。先主所用類皆東州之産，耄老喪亡而固不能繼。蜀非乏才，無有爲主效尺寸者，於是知先主君臣之圖此也疏矣。勤於耕戰，察於名法，而於長養人才、涵育熏陶之道，未之講也。蔣、費亡而僅一姜維，維亦北士也，舍維而國無與託。敗亡之日，諸葛氏僅以族殉，蜀士之登朝參謀議者，僅一姦佞賣國之譙周，國尚孰與立哉？

管仲用於齊，桓公死而齊無人；商鞅用於秦，始皇死而秦無人：無以養之也。寬柔溫厚之德衰，人皆跼蹐以循吏之矩矱，雖有英特之士，摧其生氣以即於瓦合，尚奚恃哉？諸葛公之志操偉矣，而學則申韓也。文王守百里之西土，作人以貽百年之用，鳶飛魚躍，各適其性以盡其能，夫豈申韓之陋所與知哉？

三十三　史文致何晏夏侯玄李豐之罪

何晏、夏侯玄、李豐之死，皆司馬氏欲篡而殺之也。而史斂時論之譏非以文致其可殺之罪，千秋安得有定論哉？當時人士所推而後世稱道弗絕者，傅嘏也，王昶也，王祥也，鄭小同也。數子者以全身保家爲智，以隨時委順爲賢，以靜言處錞爲道，役於亂臣而不怍，視國之亡、君之死，漠然而不動於心，將孔子所謂賊德之鄉原，殆是乎！風尚既然，禍福亦異，天下之圖安而思利者固必褰裳而從之，禄位以全，家世以盛，而立人之道幾於息矣。嗚呼，此無道之世所以崩風壞俗而不可挽也！雖然，有未可以過責數子者存焉。魏之得天下也不以道，其守天下也不以仁，其進天下之士也不以禮，利啗之，法制之，奴虜使之。士生其時，不能秉耒而食，葛屨而履霜也，無管寧之操，則抑與之波流，保其家世已耳。故昶與祥皆垂裔百年而享其名位，兢兢門内之行，自求無過，不求有益於當時。士之不幸，天所弗求全也。狂狷罣於網羅，容容獲其厚福，是或一道也，不可以漢唐宋數百年戴天履地栽培長育之人才忘軀捐妻子以扶綱常者責之也。施及宋齊以降，君屢易而士大夫之族望自若也，皆此焉耳。歐陽永叔傷五代無死節之臣而不念所事之何君也，亦過矣。王彥章之忠，匹夫之諒而已矣，況余闕乎？

三十四　諸葛誕稱臣於吳以討昭

諸葛誕之起兵討司馬昭也，疑賢於王淩、毌丘儉而實未見其愈也。儉與誕皆以夏侯玄之死不自安而徼幸以争權，使其克捷，其不爲劉裕之誅桓玄不能保也。且誕之討昭，何爲也哉？無抑不欲魏社之移於司馬氏矣乎？魏而亡，亡於司馬，亡於吳，無以異也，吳豈爲魏惜君臣之義，誅權姦以安其宗社者哉？誕遣其子靚稱臣於吳以起兵，則昭未篡而已先叛。以叛臨篡，篡者未形而叛者已著。其志悖，其名逆。授司馬昭以討叛之名而惡得不敗邪？使其成也，司馬昭之族甫糜，曹氏之社早屋矣。悲夫，借敵兵以討賊者之亡人家國也，快一朝之忿而流禍無窮！誕實作俑，司馬楚之、劉昶、蕭寶寅相繼以逞，而可許之爲忠乎？

三十五　譙周作仇國論解散人心以媚魏

人知馮道之惡，而不知譙周之爲尤惡也。道，鄙夫也，國已破，君已易，貪生惜利禄，弗獲已而數易其心，而周異是。國尚可存，君尚立乎其位，爲異説以解散人心，而後終之以降，處心積慮，唯恐劉宗之不滅，憯矣哉！讀周《仇國論》而不恨焉者，非人臣也。

姜維之力戰，屢敗而不止，民胥怨之，然其志苦矣。民憚於勞而不知君父之危，所賴以啓其惰心而振其生氣者，士大夫之公論耳。其論曰：「既非秦末鼎沸之時，實有六國並據之勢。」顯然以秦予魏，以韓、燕視蜀，坐待其吞噬，唯面縛輿櫬之一途耳。夫漢之不可復興，天也；蜀之不可敵魏，勢也：無可如何者也。故諸葛身殲而志決，臣子之道，食其禄，終其事，志不可奪，烈於三軍之帥。且使人心不靡於邪説，兵力不銷於荒惰，延之一日而忠臣志士之氣永於千秋。周而無人之心哉！無亦括囊以聽、委之天而弗助其虐之爲咎尚淺乎？夫民之不息，誠不容已於閔恤矣。譬之父母積疢，僕妾勞於將養，則亦酒食以勞之，和煦以拊之，使鼓舞而忘怨已耳。若恤僕妾之疲，廢藥食而聽其酣寢，有人之心者以是爲惻隱哉？

當周之時，黄皓、陳祗蠱庸主而不顧百姓之疾苦。誠念民也，則亦斥姦佞，勸節儉，飭守令以寬廉，使民進而戰鬭，退而休息，可也。周塞目箝口，未聞一讜言之獻，徒過責姜維以餌愚民、媚奄宦，爲司馬昭先驅以下蜀，國亡主辱，已乃全其利禄。非取悦於民也，取悦於魏也，周之罪通於天矣。服上刑者唯周，而馮道末減矣。

三十六　以賞勸言其禍烈於拒諫

王沈刺豫州，下教：「陳長吏得失者給穀五百斛，言刺史寬猛者給穀千斛。」規已寬猛之宜而賜之穀，猶之可爾；陳長吏之得失而賜之穀，險士猾民競起而誣訐其守令，禍可勝言哉？蓋沈者，司馬氏之私人也。司馬氏以好士恤民之虚名，收辨士而要民譽，每下不情之令，行溢賞以誘天下，而沈爲之役，故其教令如是之濫，未容深責也。陳廞、褚䂮入白沈曰：「拘介之士憚賞而不言，貪昧之人慕利而妄舉。」韙哉言乎！可推以盡明主用人聽言之道矣。

拒諫者，古今之所謂大惡也；亟取人言而貪廣聽之名，其惡隱而難知。乃公孫彊因之以亡曹，主父偃因之以亂漢。宋之中葉，上書言因革者牘滿公府，而政令數易，朋黨爭衡，熙、豐、元、紹之間棼如亂絲而國隨以敝。近者民本輕達，賤士乘以希榮，姦相資之肆惡，一夫遽登省掖而天下亟亡。嗚呼，以賞勸言之害較拒諫而尤烈，抑如此哉！然則瑱纊之塞與明聰之達，聖人兼用以應天下，抑何道也？曰：善聽言者，必其善於擇人者也。人而善與，言雖未得，有善者存矣；人而不善與，言雖得，有不善者存矣。唐虞之廷或吁或咈，交相弼違者，唯其爲禹、皐、稷、契也。夫禹、皐、稷、契，視君之失若疢疾之攻於心，視民之病若水火之迫於肌，而視言入而受禄也若穢惡之加於鼻也，何俟於賞以勸之邪？故君子之聽言，先舉其人而後采其言，必不以利禄辱賢者之操，而導不肖者以狷狂無忌也。

察吏有常法，劾吏有常職，不獲已而登斥姦訟枉之言，然非害切於國民而痛切其肌膚，則告訐之宵人耳，誅之可矣。一興一廢，一張一弛，進臣民而酌其可否，既已無疑矣而猶爲異説焉，斥之可矣。言雖甚當，不授以官；其效雖登，必進以禮。大臣坐論，日侍於燕閒；諫諍有官，各責以言職。非是者，雖或兼容並包，而必厚防其生事啓釁之傷。自匪僉人，惡有舍闔門子弟之職，置四民耕讀之恒，棄官守慎修之紀，旦揣夕摩，作爲皦皦炎炎之論，以動人主而僥幸顯名之與厚實哉？舜之耕稼陶漁而取人爲善，人無所利於耕稼陶漁之夫，而言之不善者鮮矣。其爲帝也，以耕稼陶漁之聽聽天下之言，則唯禹、皐、稷、契無私利之心如深山之野人，而後決於從也。故其戒禹曰：「無稽之言勿聽。」而豈以利禄誘嘵嘵之士，使以訐爲直乎？

譖口舌以希利賴者，小人也，塾師也，禍福唯其妄測，文義唯其割裂，得利焉而情盡矣。此求治者所必遠，爲學者所必拒也。人君正己以涖下，節嗜欲、遠宦寺、勤學問、公好惡，則小人之利病、國事之得失，觸之而自知。非不待言也，抑非恃人言而遂足以治也。賞之而政刑亂，朋黨興，廉恥喪，風俗靡，自非姦雄之媚衆以竊國，幾何事此而不亡？此治亂之樞機，不可不審也。

三十七　後主亡蜀非由失陰平之險

後主失德而亡，非失險也；恃險也，恃則未有不失者也。君恃之而棄德，將恃之而棄謀，士卒恃之而棄勇。伏弩飛石恃以却敵，危石叢薄恃以全身。無致死之心，一失其恃，則匍伏奔竄之恐後。扼之於蹊徑而淩峭壁以下攻，則首尾不相顧而潰。故謂後主信巫言而失陰平之守以亡國，非也。陰平守，而亘數百里之山厓谿谷皆可度越，陰平一旅亦贅疣而已。李特過劍閣而歎劉禪之不能守，艸竊之智，乘晉亂以苟延爾。譙縱、王建、孟知祥、明玉珍蹶然而起，熸然而滅，恃險愈甚，其亡愈速矣。

然則諸葛公曰：「益州，天府之國。」其言非乎？彼一時也，先主擁寡弱之資而無尺土，❶舍益州而無自立之地。乃其規畫之全局，則西出秦川，東嚮宛、雒，皆與魏争於平原，而非倚險以固存也。迨乎關羽啓釁於吳，先主忿争而敗，吳交不固，仲謀已老，宛、雒之師不能復出，公乃率孤旅以嚮秦川，事

❶「資」，邵陽曾氏抄本作「卒」。

難而心苦矣。況蔣琬據涪城，姜維據漢樂，顛當守户而天日莫窺，不亡奚待焉？

漢高起自漢中，旋下三秦，急出成皋，是以瀕危而終勝。光武定都雒陽，曹操中據兖州，皆以無險爲險也。周公營雒，至計存焉，而或爲之説曰：「無德易以亡。」聖人既無私天下之心，抑豈欲其子孫之速亡乎？周遷雒，而不絶之系，其亡尤難於夏、殷。亡之難易不在險之有無，明矣。

三十八　馮道承王祥衣盋

司馬昭進爵爲王，荀顗欲相率而拜，王祥曰：「王、公相去一階爾，安有天子三公可拜人者？」驟聞其言，未有不以爲嶽立屹屹，可以爲社稷臣者。馮道之勞郭威曰：「侍中此行不易。」亦猶是也。炎篡而祥爲太保於晋，威篡而道爲中書令於周，則其亢矯以立名而取合於新主，大略可知矣。昭謂祥曰：「今日然後知君見顧之深。」祥所逆揣而知其必然也。矜大臣之節，則太保之重任終授之己也無疑。歷數姓而終受瀛王之爵，道固遠承衣盋於祥也。不吝於篡而吝於一拜，不難於北面爲臣而難折節於未篡之先。天下後世不得以助逆之名相加，萬一篡奪不成如桓玄，可以避責全身，免於佐命之討，計亦狡矣。

以此推之，汲黯揖衛青而曰：「使大將軍有揖客，豈不重乎？」黯之情亦見矣。欲以此求重於權臣，而可謂之社稷臣乎？司馬昭、郭威雖逆，而固非朱温之暴可以理奪者也。使汲黯而遇梁冀，王祥、馮道而遇朱温，抑豈能爾哉？若夫社稷臣者，以死衛主而從容以處，期不自喪其臣節，如謝安之於桓温，狄仁傑之於武氏，亦豈矯矯自矜以要權姦之知遇乎？

讀通鑒論卷十終

讀通鑑論卷十一

衡陽王夫之譔

晋泰始元年起。

一　晋封同姓害愈於魏削宗室

魏削宗室而權臣篡，晋封同姓而骨肉殘，故法者非所以守天下也，而懷、愍陷没，琅邪復立國於江東者幾百年，則晋爲愈矣。天下者，非一姓之私也，興亡之修短有恒數，苟易姓而無原野流血之慘，則輕授他人而民不病。魏之授晋，上雖逆而下固安，無乃不可乎？然而三代王者建親賢之輔，必欲享國長久而無能奪，豈私計哉？

人之所以異於禽獸者，非其利病生死之知擇也，則君子之爲天下君以別人於禽獸者，亦非但恤其病而使之利，全其生而使無死也。原於天之仁則不可無父子，原於天之義則不可無君臣。均是人而戴之爲君，尊親於父，則旦易一主，夕易一主，稽首匍伏，以勢爲從違而不知恥，生人之道蔑矣。以是而利，不如其病之；以是而生，不如其死之也。先王重不忍於斯民，非姑息之仁以全軀保妻子、導天下於魚蟲之聚者，慮此深矣。然則晋保社稷於百年，而魏速淪亡於三世，其於君天下之道，得失較然矣。

晋武之不終也，惠帝之不慧也，懷、愍之不足以圖存，元帝之不可大有爲也，然其後王敦、蘇峻、桓温相踵以謀逆，桓玄且移天步以自踞，然而遲之又久，非安帝之不知飢飽而劉裕功勳赫奕，莫能奪也。謂非大封同姓之有以維繫之乎，宋文帝寵任諸弟，使理國政、牧方州，慮亦及此，而明帝誅夷之以無遺，蕭道成乃乘虛而攘之。嗣是而掇天位者如拾墜葉，臣不以易主爲慚，民不以改姓爲異。垂及唐宋，雖權臣不作，而盜賊夷狄進矣。然則以八王之禍咎晋氏之非，抑將以射肩請隧咎文昭武穆之不當裂土而封乎？法不可以守天下而賢於無法，亦規諸至仁大義之原而已。

二　專設諫官與分諫職之得失

諫必有專官乎？古之明王，工瞽庶人皆可進言於天子，故《周官》無諫職以廣聽也。諫之有官，自漢設諫議大夫始。晋初立國，以傅玄、皇甫陶爲之，唐之補闕拾遺、宋之司諫皆放此而立也。諫有專官，而人臣之得進言於君僅矣。雖然，古今之時異，而廣聽之與慎聽也不得不殊；進言之迹同，而受益之與防邪也亦各有道：未可以一概論也。

古之民樸矣，農工商賈各世其業；士之遊於庠序者亦各有常學，不能侈聞見、飾文詞以動當世。迨及戰國，教衰而人自爲學，揣摩當世之務者競尚其說，縱之以言，則偏私逞而是非亂，則必擇其忠直而達治理者任之，而後無稽之言不敢破聖道、紊綱紀以熒主聽。則專官之任亦未可謂盡非，時使然也。

諫官專立，職專諫矣，然非專諫於其官而禁外此者之諫也，不淫聽於辨言而不塞聽於偏聽。苟得忠直知治者司其是非之正，則懷忠樂進者相感以興；乃若聽之之道，群言競奏而忠佞相殽，存乎君之辨之，不徒在言者也。諫者，以諫君也。邇聲色，殖貨利，狎宦戚，通女謁，怠政事，廢學問，崇佛老，侈宮室，私行遊，媟威儀，若此者諫官任之；大小群臣下逮於庶人苟有言焉，則固天子所宜側席而聽者也，即言之過而固可無尤也。外此，人與政其亟矣。然而人之賢不肖，銓衡任之；政之因革，所司任之。雖君道之所必詳，而清諸其源則是非著而議論一，争於其流則議論繁而朋黨興。貞邪利害各從其私意，辨言邪説將自此以起，固不可不慎防之，而廣聽適以召姦，尤明主所深懼也。

以要言之，言而譏非乎我者，雖激雖迂而不可忽也；言而褒貶於人、辨説乎事者，辨雖詳辭雖切而未可信也。士之受規於朋友者且然，而況君天下者乎？然則選忠直知治者任諫職於上，而主意昭宣，風尚端直，則群言博采，而終弗使主父偃、息夫躬之流矜文采以讎其姦邪。慎之也，即所以廣之也，又何必執《周官》之不設諫臣以下訪芻蕘哉？

近者分諫職於臺省，聽亦廣矣，而六科司抄發之任，十三道司督察之權，糾劾移於下而君德非所獨任，故詭隨忿戾，迭相進退，而國是大亂，則廣之適以廢之。黨人交争，勢臣掣肘，將諫官之設，以諫下而非諫君乎？拂其立諫之經而予以譖言之徑，乃至僉人游士獻邪説以爲用人行政之蟊賊，不專不慎，覆軌已昭，後世尚知鑒哉！

三　王肅學勝鄭氏

晉始建國，立七世之廟，除五帝之座，罷圜丘方澤之祀，合之於郊，皆宗王肅而廢鄭玄也，於是而知王肅之學醇正於鄭玄遠矣。後世經學傳鄭氏，肅之正義没而不傳，則賈公彦、孔穎達之怙專師而晦道也。

周之祀典，組紺以上不廢也，而限天子之廟於五世，合兩世室而始爲七，玄之託於義而賊仁也。《周禮》合樂於圜丘方澤者非祭也，所以順陰陽、合律吕而正樂也，而謂郊之外有圜丘方澤之大祀，玄之淫於樂以亂禮也。其尤妖誣而不經者，爲上帝之名曰耀寶魄，又立靈威仰、赤熛怒、白招矩、叶光紀之名爲四方之帝，有若父名而賓字之者，適足以資通人之一哂。而以之釋經，以之議禮，誣神媟天，黷祀惑民，玄之罪不容貸矣。託之於星術而實傳之於讖緯，夫且誣爲孔氏之書，王肅氏起而辨之，晋武因而絀之，於是禁星氣讖緯之學以嚴邪説之防，肅之功，大矣哉！惜乎世遠俗流，師承道圮，而肅學不傳也。如其傳，則程朱興起，尚有所資以闢鄭氏之淫辭與？

四　羊祜務德信祖逖宗澤所不逮

三代以下，用兵以道而從容以收大功者，其唯羊叔子乎！祖逖之在雍丘，宗澤之在東京，屹立一方以圖遠略，與叔子等。乃逖卒而其弟稱兵以犯順，澤卒而部衆瓦解以爲盜，皆求功已急而不圖其安，未嘗學於叔子之道以弭三軍之驕氣，驕則未有能成而不亂者也。

或曰：叔子之時，晋盛而吴衰，擁盛勢以鎮之，則敵亡可以坐待；而逖與澤抗方張之虜，未可以理折，則時異而不可相師矣。曰：叔子之可以理服，而逖、澤不能者，遇陸抗耳。若夫敵國之氓信其仁厚而願歸附之，則逖與澤之鄰壤猶晉、宋之遺黎，而叔子則晉、吴異主，義不相下者也。使逖與澤以此臨之，不愈效乎？夫陸抗亦智深謀遠，不與叔子争一日之利耳，使其狂逞如石勒、女直之爲，則其亡愈速，是遇陸抗者，兩碁逢敵之難，而非易制於石勒、女直也。石勒雖驍而志不及於江淮，且未幾而國内大亂，甚於孫皓之猶安處也；女直雖競而斡離不、撻懶、兀朮各懷猜忌，豕突鹿奔，無有能如陸抗之持重以相制者。使二子以道御兵，以信撫民，以緩制敵，垂之數十年，趙有冉閔之亂，金有完顏亮之變，以順臨逆，以静待動，易於反掌矣。叔子之功亦收之身後者也，何至於子弟爲梟獍以伏誅，部曲竄萑葦而僨起哉？故曰：逖與澤求之已急而未圖其安也。逖有雍丘之可據，而郭默、邵續之流皆相倚以戴晉；澤有東京之可恃，而兩河忠義皆相待以效功。與爲憤興而不與爲固結，二子之志義尚矣，惜乎其不講於叔子之道也。

五 佞人禍甚於苛政

用人與行政，兩者相扶以治，舉一廢一而害必生焉，魏晉其驗已。雖無佞人而亟行苛政以鉗束天下，而使亂不起，然而人心早離，樂於易主，而國速亡；政不苛而用佞人，其政之近道足以羈縻天下使不叛，然而國是亂，朋黨交争，而國速以亂。

曹孟德懲漢末之緩弛而以申韓爲法，臣民皆重足以立，司馬氏乘之以寬惠收人心，君弑國亡，無有起衛之者。然而魏氏所任之人，自謀臣而外，如崔琰、毛玠、辛毗、陳群、陳矯、高堂隆之流，雖未聞君子之道，而鯁直清嚴，不屑爲招權納賄、驕奢柔諂猥鄙之行，故綱紀粗立，垂及於篡而女謁宵小不得流毒於朝廷，則其效也。

晋武之初立，正郊廟，行通喪，封宗室，罷禁錮，立諫官，徵廢逸，禁讖緯，增吏俸，崇寬弘雅正之治術，故民藉以安，内亂外逼，國已糜爛，而人心猶繫之。然其所用者，賈充、任愷、馮勗、荀紞、何曾、石苞、王愷、石崇、潘岳之流，皆寡廉鮮恥、貪冒驕奢之鄙夫。即以張華、陸機錚錚自見，而與邪波流，陷於亂賊而愍不畏死；雖有二傅、和嶠之亢直，而不敵群小之翕訿。是以彊宗妒后互亂，而氐羯乘之以猖狂。小人濁亂，國無與立，非但王衍輩清談誤之也。是用人行政，交相扶以圖治，失其一則一之僅存者不足以救，古今亂亡之軌所以相尋而不舍也。

以要言之，用人其尤亟乎？人而苟爲治人也，則治法因之以建，而苟刻、縱弛之患兩亡矣。魏之用人抑苟免於邪佞爾，無有能立久長之本、建弘遠之規者也。孟德之智，所知者有涯，能別於忠佞之分而不能虛衷以致高朗宏通之士。爭亂之餘，智術興，道德墜，名世之風邈矣。僅一管寧，而德不足以相致也。晋承魏之安處，時非無賢，而奬之不以其道，進之不以其誠，天下頹靡而以老莊爲藏身之固，其法雖立，文具而已。使二代之君德修而勤於求治，天下群趨於正，而豈患法之不立乎？宋太祖、太宗之所以垂統久長，而天下懷其德於既亡之餘，庶幾尚已！

六　杜預議心喪終制

杜預欲短太子之喪，而曰：「君子之於禮，存諸内而已。」安得此野人之言而稱之哉？今有人焉，心不忘乎敬父而坐則倨以待，情不恝乎愛兄而怒則紾其臂，亦將曰存諸内而已乎？内外，交相維、交相養者也，既飾其外，必求其内，所以求君子之盡其誠；欲動其内，必飭其外，所以導天下而生其心也。今使衰麻其衣，疏糲其食，倚廬其寢處，然而馳情於淫侈以忘其哀慕者鮮矣，耳目制之，心不得而動也；藉令錦其衣，肉其食，藻井綺疏、金樞玉户其寢處，雖有哀慕之誠，不蕩而忘者鮮矣，耳目移而心爲之蕩也。故先王之制喪禮，達賢者之内於外以安其内，而制中材之外以感其内。故曰：直情徑行，戎狄之道也。夫鳥獸之啾啁以念死，内非不哀而外無所飾，則未幾而忘之矣。野人之内存而外不著見者亦如是而已矣。

杜預之於學也亦博矣，以其博文其不仁，六經之旨且以之亂。諒闇者，梁菴也，有梁無柱，茅苄垂地之廬也，而誣之曰心喪。叔向之譏景王曰：「有三年之喪二。」謂之有喪矣，非謂存諸内者之徒戚也，而誣之曰不譏除喪而譏其燕樂之已早。預之存諸内者，誣聖欺天，絶人而禽之，猶曰君子之於禮，存諸内而已乎？故曰：「以禮制心。」心有不存，而禮制之。其外無别，則内之存與不存，又奚以辨哉？邪説逞，人道息。凡今之人皆曰臣忠子孝、兄友弟恭，求其心而已，而心之不可問者多矣。不仁哉，杜預之言！以賊天下，有餘也。

七　嵇紹不可仕晋

嵇紹可以仕晋乎？曰：不可。仕晋而可爲之死乎？曰：仕而惡可弗死也？仕則必死之，故必不可仕也。父受誅，子雠焉，非法也；父不受誅，子不讎焉，❶非心也。此猶爲一王之下君臣分定，天子制法，有司奉行而有受誅不受誅者言也。嵇康之在魏，與司馬昭俱比肩而事主，康非昭之所得殺而殺之，亦平人之相賊殺而已。且康之死也，以非湯武而見憚於昭，是晉之終篡，康且遺恨於泉下，而紹戴之以爲君，然則昭其湯、武而康其飛廉、惡來矣乎？紹於是不孝之罪通於天矣。

沈充以逆伏誅，而子勁爲晉效死。《蔡仲之命》曰：「爾尚蓋前人之愆。」沈勁克當之矣。紹蓋前人之美，而以父母之身糜爛而殉怨不共天之亂賊，愚哉其不仁也！湯陰之血何不洒於魏社爲屋之日，何不洒於叔夜赴市之琴，而洒於司馬氏之衣也？

八　范粲較管寧陶潛尤烈

魏晉之際有貞士曰范粲，較管寧、陶潛而尤烈，而稱道絶於後世。士之湮没而志不章者，古今不知凡幾也！寧以行誼著，潛以文采傳，粲無他表見，而孤心隱矣。乃其亢志堅忍，則二子者未之逮焉。送魏主芳而哀動左右，三十六年佯狂不言，卒於車中，子喬侍疾，足不出邑里，父子之志行誠末世之砥柱矣。文采行誼無所表見，志不存焉耳。寧之不若此也，寧未仕漢而粲已受禄於魏也；潛之不若此也，知晉之將亡而去之，不親見篡奪之慘也。故二子無妨以文行表見，而粲獨不可。難哉，其子之賢也！晉賜禄以養

❶「不」，邵陽曾氏抄本作「弗」。

疾，賜帛以治喪，而不受。嵇紹聞之，尚爲仇讎之子孫捐父母之身，人之賢愚相去有若此哉？粲之所爲，難能也，非但難能也，其仁矣乎！

九　晋授兵宗室卒以召禍

晋詔諸王大國置三軍，次國二軍，小國一軍。其所依倣之名曰，周制也。古之諸侯皆自有兵，周弗能奪而非予之也。其自周始建之國，各使有兵，彼有而此不得獨無也。郡縣之天下，兵皆統於天子，州郡不能自有其人民，獨假王侯以兵，授以相競之資，何爲也哉？夫晋豈果循周制以追三代之久安長治也乎？懲魏之虧替宗室而使權臣乘之耳。乃魏之削諸侯者，疑同姓也；晋之授兵宗室以制天下者，疑天下也。疑同姓而天下乘之，疑天下而同姓乘之，力防其所疑而禍發於所不疑，其得禍也異，而受禍於疑則同也。

嗚呼！以疑而能不召亂亡之禍者無有。天下皆以爲疑己矣，而孰親之？其假以防疑者且幸己之不見疑而窺其疏以乘之，無可親而但相乘，於是而庸人之疑終古而不釋。道不足於己則先自疑於心，心不自保而天下舉無可信。兄弟也，臣僚也，編氓也，皆可疑者也。以一人之疑敵天下而謂智計之可恃以防，其愚不可瘳，其禍不可救矣。親親而以疑則親非其親，尊賢而以疑則賢非其賢，愛衆而以疑則衆非其衆。夫何疑哉？君子樂得其道，小人樂得其欲而已矣。交君子以道，給小人之欲，孤遊於六合而荆棘不生。無有聖賢而無豪傑之度者也。

十　李熹欲假劉淵將軍號征樹機能

天下惡有無故殺人而可以已亂者哉？齊王攸欲殺劉淵，王渾曰：「奈何以無形之疑殺人？」其説是也。舍殺而無以馭之也，淵之所以終亂晉而殘之也。不殺淵而淵反，則咎王渾；殺淵而胡叛，則抑且咎齊王。舍本循末，兩俱有咎，而孰能任之？曹魏之居匈奴於内地，使若淵者得以竊中國文事武備之緒餘，濟其姦而啓雄心，其禍久矣。淵即死，若聰若曜若猛若宣，挾怨以求逞，能旦殺一人夕殺一人，皆無罪而翦之乎？契丹之所以深女直之怨而激之起，豈有幸哉？

夫晉承魏失，固未可急驅除之矣。王濟欲任淵以平吳，縱虎自衛之術也。李憙欲發匈奴五部，假淵將軍之號征樹機能，此策之善者而孔恂諫止之，何也？恂誠憂淵之叵測，抑必有術以制之，而但色變於談虎哉？涼者，中國之贅餘也，河湟之閒，夷狄之所便也，淵西征而蕩平樹機能之墟，即割其地以安之，而淵之心戢矣。淵即不戢，五部之心亦戢矣。馭得其道則且不敢竊河西而據之，即其不然，我據蕭關以距之，其極逞也，亦但如元昊而止耳。孰如近在汾晉之閒，使我不軌之士民教猱張虎，河決魚爛於腹心乎？故知李憙之謀非但以平樹機能也，實以斥淵而遠之也，此弭禍於將然之善術也。一疑之，一畏之，無可如何而姑置之；淵且自危，且自矜，尤且自信也，是召之以必反之道也。嗚呼！晉之失政，賄賂已耳，交遊已耳。王渾父子得賄而保淵，孔恂、楊珧不得賄而惎淵，故李憙之深識不庸。非淵之能亡晉也，晉自亡耳。

十一　荀勗議省官長於傅咸

傅咸之忠、荀勗之佞判然别矣，而其議省官也，則勗之説爲長。故聽言者不惟其人，惟其言而已矣。咸剛直而疾惡已甚，見閒曹之吏或怠傲而廢功，或舞文以牟利，憤然曰：「焉用此爲而以費農夫之粟，空國家之帑哉？」其言非不快於一時之心，而褊衷以宰天下，天下又惡能宰哉？

古者方五十里之國，卿大夫士府史胥徒具，群聚以上食於公下食於民，而不憂其乏。天下之大，庶官僅供其職而曰「公私不足」，此翁嫗之智不出簞豆之閒。故曰：褊衷以宰天下，天下弗能宰也。

古之建官以治事治民，固也，而君子野人，天秩之以其才，敘之以其類，率野人以養君子，帖然奉之而不靳，豈人爲哉？王者以公天下爲心，以扶進人才於君子之塗爲道。故一事而分任之，十姓百家而即立之長以牧之，農人力耕而食之無媿，君不孤貴而養之必周，乃使一藝一經、一能一力者皆與於君子之列而相奬以廉恥。雖有荑稗，不盡田而芟刈，使扶良苗以長，但勿令奪苗之滋，可矣。

官省而人之能與於選者其塗隘，力不任耕、志不安賤之士末繇分天之禄以自表異，則且淫而爲姦富，激而爲盜賊。君子之塗窮而小人之歧路百出，風俗氾濫於下，國尚孰與立哉？惟用人之塗廣而登進之數多，則雖有詭遇於倖門者，而惜廉隅、慎出處之士亦自優游以俟而自不困窮以没世。如其省官而員數減，則入仕也難；入仕難，則持選舉之權者益重。數十人而爭一軌，苟有捷徑之可趨，雖自好者不能定情以堅忍；而秉銓苟非其人，則自尊如帝，操吉凶也如鬼，託澄汰以爲壟斷，而所裁抑者類修潔之士，所汲引者皆躁佞之夫。士氣萎，官邪興，流沔而無所立，即使傅咸任之，且不能挽頽波以從綱紀，況莫保司銓之得盡如咸乎？故君子甚患夫剛直者之婞婞以忿疾當世，而欲以刻覈重抑天下之心也。

況其言曰：「公私不足，併官以務農。」則尤悖甚。爲吏者幾何人而廢天下幾何之頃畝？有天下而汲汲憂貧，奪天所貴重之君子，使爲農圃之小人以充府庫，非商鞅之徒，孰忍爲此哉？治天下有道，非但足食而遂足以立也。荀勗曰：「清心省事。」庶幾經國之弘猷，詎可以其人而廢之？

十二　賈充蓄姦以力阻伐吴

賈充之力阻伐吴也，不知其何心，或受吴賂而爲之閒，或忌羊、杜、二王之有功而奪其寵，皆未可知，抑以充之積姦之情度之，不但然也。曹操討董卓、勦黄巾、平袁紹，戰功赫然，而因以篡漢；司馬懿拒諸葛、平遼東，司馬昭滅蜀漢，兵權在握，而因以篡魏。充知吴之必亡而欲留之以爲己功，其蓄不軌之志已久，特畏難而未敢發耳。乃平吴之謀始於羊祜，祜卒，舉杜預以終其事，充既弗能先焉，承其後以分功而不足以逞，惟阻其行以俟武帝之没，己秉國權，而後曰吴今日乃可圖矣，則諸將之功皆歸於己，而己爲操、懿也無難。此其情杜預、張華固已知之，憚武帝之寵充而未敢言爾。觀其納女於太子，知惠帝之愚而以甥舅畜之。曹操之妻獻帝、楊堅之妻周主，皆此術也。其謀祕，其姦伏，時無有摘發之者而史亦略之。千載之下，有心有目，灼見其情，夫豈無故以撓大猷也哉？

嗚呼，晉感充之弑君以戴己而不早爲之防，求其免於亂也難矣！所幸充死七年而武帝始崩，賈謐庸才，且非血胤，不足以爲司馬昭耳。不然，高貴鄉公之刃豈有憚而不施之司馬氏乎？一女子猶足以亡晉，充而在，當何如也？項羽非侯生之君也，漢高以其誑羽而遠之若蛇虺；石守信、高懷德之流未嘗任弑君之惡也，宋太祖以其戴己而防之若仇敵。變詐凶很不知有名義者，君不可以爲臣，士不可以爲友。孫秀洒南嚮之涕，諸葛靚懷漆身之忠，晉弗能用焉，其不再傳而大亂，有以也夫！

十三　罷州郡兵而大亂

秦滅六國而銷兵，晉平吳而罷州郡兵，未幾而大亂以亡。《泰誓》稱武王克殷，放牛歸馬，衅甲櫜弓，示天下弗用，秦、晉與周將無同道？而成敗迥異，何也？

紂之無道，虐加於民，而諸侯或西嚮歸周，或東留事紂，未嘗日尋干戈，競起爲亂也。天下之志相胥以靜，而弄兵樂禍之民不興。及乎紂虐革，周政行，而皆仍故服，無與煬之，不待撲之也。戰國之爭，逮乎秦、項，凡數百年，至漢初而始定；三國之爭，逮乎隋末，凡數百年，至唐初而始定；安、史之亂，延乎五代，凡百餘年，至太平興國而始定；靖康之禍，延乎蒙古，凡二百餘年，至洪武而始定。其間非無暫息之日若可以定者，然而支蔓不絶，旋踵復興。非但上有暴君，國有姦雄，抑亦人心風俗一動而不可猝静，虔矯習成，殺機易發，上欲撲之而不可撲也。夫秦與晋惡能攝天下之心與氣而斂之一朝哉？故陳勝有輟耕之歎，石勒有東門之嘯，争乘虚而思起。此兵之不可急弭者，機在下也。

且夫周之興也，文王受鈇鉞而專征，方有事於密、阮、崇、黎，而早已勤修文德，勤聖學，演《周易》，造髦士，養國老，采南國之風，革其淫亂，兒童嬉遊而掇芣苢，女子修事以采蘋蘩，未嘗投戈而始論道，息馬而始講藝也。優而柔之以調天地和平之氣，而於兵戎之事特不得已而姑試之，上弗之貴，而下且賤之，聖人之所以潛移人心而陶冶其性者如此其至也。而後戎衣甫著而弓矢旋弢，天下以爲實獲我心，可澡雪以見榮於文治。秦之并六國、滅宗周，晋之篡魏而吞吴也，謀唯恐其不險，力唯恐其不競，日進陰鷙殘忍之夫，皇皇以圖弋獲，而又崇侈奔欲，以敗人倫之撿柙，其與於成功共富貴者抑奢淫以啓天下之忌，無以滌天下之淫邪而畜其彊狡於艸澤。幸而兵解難夷，遂欲使之屈首以奉長吏之法，未有能降心抑志以順從者也。上無豫教而欲飾治安於旦夕，召侮而已矣。此兵之不可急弭者，❶教在上也。

陶璜、山濤力排罷兵之議，從事後而言之，驗矣。然抑豈於天下甫離水火之日尋兵不已，而日取其民納之馳驟擊刺之中乎？盍亦求諸其本矣。故聖人作而亂不難已，商周是也，道之馴也；聖人不作，待其敝之已極，人皆厭苦而思偃武，帝王乃因而撫之，則

❶「者」，原脱，今據邵陽曾氏抄本補。

漢唐以後之一統是也，幾之復也。庶幾商周之治者，其唯光武乎？寇盜方横，而奬道敦禮，任賢愛民，以潛消民氣之戾於擾攘之中，兵不待弭而自戢。然而黎陽之屯，固不敢藉口於放牛歸馬以自擬於周也。

十四　郭欽徙戎論爲教猱升木

子曰：「不在其位，不謀其政。」夫士苟有當世之略，一言而可弭無窮之禍，雖非在位，庶幾見用而天下蒙其休，何爲其祕之哉？而孰知其固不可也！言之不切，而人習以爲迂遠之談而不聽；言之切而見用矣，天下測其所以然而且以其智力與上相扞格；如其不用也，則適以啓姦邪而導之以極其凶忒矣。

漢魏之際，羌、胡、鮮卑雜居塞內，漸爲民患，徙之出塞，萬世之利也。雖不在秉國大臣之位，固且憂憤積中而不容已於切言之。即不用矣，後世且服其早識，而謂晋有人焉，此郭欽、江統所以慷慨言之，無所隱而論之詳也，故傳之史策，而後世誦之不衰。乃欽之言曰：「有風塵之警，胡騎自平陽、上黨不三日而至孟津，北地、西河、太原、馮翊、安定、上郡盡爲夷狄之庭。」其後劉淵父子、石勒皆踐其言，而晋遂亡。嗚呼，豈非郭欽之言教猱升木乎？劉宣、張賓之謀皆師欽之智而灼見晋之可襲取者，非一日也。言之不用，而徒導人以亂矣，藉晋用之，因而下徙戎之令，群胡知其畏己而已有可乘之勢，於方徙之際潰爛以逞，又將奚以制之，使弭耳以聽邪？

故使欽而在坐論之列，與君若相密謀之內庭，則極言之而不嫌。言即不用，猶不致啓戎心以增益其惡。惡有忘屬垣之耳，揚於大庭曰人將若何以加我，將若何以使我莫敵，我其終無如何哉？非其位也，謀不得而盡也，姑緘默以俟其變可也。雖義激於中而不敢快於一發，誠慎之也。孔子曰：「吾其爲東周乎？」所以爲者不言也。聖人且慎於未可有爲之日，況偶有所知者乎？

十五　留齊王攸不如揭荀勗馮紞之姦

西晉之亡，亡於齊王攸之見疑而廢以死也。攸而存，楊氏不得以擅國，賈氏不得以逞姦，八王不得以生亂。故舉朝爭之，爭晉存亡之介也。雖然，盈廷而爭者，未得所以存晉之道也。

攸之不安於國，武帝初無猜忌之心，荀勗、馮紞間之耳。勗與紞，賈充之私人，非但佞以容身，懷鬻國異姓之心久矣。忌攸者，非徒忌攸，實忌晉也。攸之賢固足以託國，然豈果有周公之德哉？即微攸，而晉固可存。漢唐宋之延祚數百年，亦未嘗有親賢總己以制天下於一人，而卒不可亂，無他，無姦臣之在側而已。劉放、孫資在魏主之奧窔，而司馬氏援之以攘臂。勗與紞之於賈謐、楊駿未知其誰屬，而要其市司馬氏之宗社於人，則早作夜思以謀逞志者也。攸即廢，晉不必亡；勗、紞不除，晉無存理。修賈充之餘怨則陰擯張華，排博士之忠言而顯斥曹志，苟有圖存晉室者，小不惜官爵，大不惜軀命，揚於王廷，揭勗、紞之姦，迸之裔夷，則不待交章訟攸而攸固以安，抑不待措攸於磐石之安而晉固以存。今乃舉尊卑疏戚之口合訟攸，而彊帝持天下以任攸。荀勗固曰：「陛下試詔齊王之國，必舉朝以爲不可。」墮其術中而猶競以争，尚口乃窮，攸之困，晉社之危，諸臣致之矣。

夫一時徇名依附之衆不足言也，李憙、劉毅、傅咸忠直爲當時之領袖，而不能取前讒後賊爲宗社效驅除，晉之廷不可謂有人矣。植君子則小人自遠，則以進賢爲本，斥姦爲末，此自姦邪未逞之日言也；不逐小人則君子不安，則以斥姦爲本，進賢爲末，此爲姦邪已盤踞於内之日言也。二者互相爲本末，而君子知擇焉，乃以明於人臣之義而爲社稷所賴。非然，則相激以益其亂而已矣。

讀通鑒論卷十一終

讀通鑒論卷十二

衡陽王夫之譔

惠帝

一 惠帝朝無可託天下之人

惠帝之愚，古今無匹，國因以亡。乃唐順宗之瘖而無知，宋光宗之制於悍妻而不知有父，其愈於惠帝無幾，而唐宋不亡，有人焉耳。四顧晉廷之士，有可託以天下者乎？齊王攸之得物情也，其能爲慕容恪與否？不敢信也；傅咸、劉毅諫諍之士，可任以耳目而未可任以心膂，非能持大體者也；張華謀略之士，可與立功而未可與守正，非能秉大節者也。託國於數子之手，不能救惠帝之危，況荀勗、馮紞、賈謐、楊駿之驕佞，挾戈矛以互競者乎？傅咸、劉毅能危言以規武帝之失矣，賈充之姦，與同朝而不能發其惡。張華秉國，朝野差能安靜，而楊后之廢，且請以趙飛燕之罪罪之，依賈謐浮慕之推重而弗能止其邪，華不能辭亡晉之辜矣。

或曰：狄仁傑廁身淫后姦賊之閒，與周旋而不恥，論者以存唐之功歸之，惡知華之非有密用，特不幸而未成耳？曰：仁傑驟貴於武后之朝，當高宗之世，未嘗位大臣、秉國政，權固輕矣，故不能不假權於武后以濟大難。華被武帝之深知，與平吳之大計，以開國元老出典方州，入管機要，爲天下所傾仰，僅託淫邪之黨塗飾治迹，而可稱大臣之職哉？體先隳，望先失，志先奪，求有爲於後，斡旋於已亂之餘，其將能乎？ 謂盈晋之廷無一人焉，非已甚之辭也。

夫晋之人士，蕩檢踰閑驕淫愞靡而名教毁裂者，非一日之故也。 魏政之綜核，苛求於事功而略於節義，天下已不知有名義，晋承之以寬弛而廉隅益以蕩然。 孔融死而士氣灰，嵇康死而清議絶，名教爲天下所諱言，同流合污而固不以爲恥。 其以世事爲心者則毛舉庶務以博忠貞幹理之譽，張華、傅咸、劉毅之類是已；不然則崇尚虚浮，逃於得失之外以免害，則阮籍、王衍、樂廣之流是已。 兩者交競，而立國之大體、植身之大節置之若遺，國之存亡亦孰與深維而豫防之哉？ 故與賈充偕而不慚，與楊駿比而不忌，如是則雖得中主，難持以永世，況惠帝之愚無與匹者乎？ 董養升太學之堂而歎曰：「天人之理既絶，大亂將作。」誠哉，其言之也！

二　拓拔猗㐌西略諸夷三十餘國

惠帝之七年，索頭猗㐌西略諸夷三十餘國，拓拔氏入主中國之始基也。❶ 夷狄居塞内，乘中國之虚，竊爲主於中國，而邊遠之地虚，於是更有夷狄乘之而爲主於所虚之地。 夫夷狄所恃以勝中國者，朔漠荒遠之鄉，耐飢寒、勤畜牧、習射獵以與禽獸争生死，故麤獷悍厲足以奪中國膏粱豢養之氣。 而既入中國，沈迷於膏粱豢養以棄其故，則乘其虚以居其地者又且麤獷悍厲而奪之。 故劉、石、慕容、姚、苻、赫連迭相乘而迭相襲。 猗㐌之裔乃養其鋭於西北，徐起而收之，奄有群胡之所

❶「始基」，原爲空格，今據邵陽曾氏抄本補。

有而享國以長，必然之勢也。契丹入燕、雲而金人乘之於東，金人有河北而蒙古乘之於北，知奪人而不知見奪之即在此矣。

嗚呼！其養鋭也久則其得勢也盛，其得勢也盛，則其所竊也深。自拓拔氏之興，假中國之禮樂文章而冒其族姓，隋唐以降，胥爲中國之民，且進而爲士大夫以自旌其閥閲矣。高門大姓，十五而非五帝三王之支庶，婚宦相雜，無與辨之矣。漢魏徙戎於塞内，空朔漠以延新起之夷，相踵相仍，如蟹之登陸，陵陵藉藉以繼進，天地之紀亂而不可復理，乾坤其將毁乎？❶謀之不臧，莫知其禍之所極，❷將孰尤而可哉？

三　可郡可縣之地宜經畫

「流民」之名自晋李特始。《春秋》所書戎狄，皆非塞外荒遠控弦食肉之族也，其所據横亘交午於中國之谿山林谷，遷徙無恒，後世爲流民爲山寇，皆是也。澤、潞以東，井陘以南，夾乎太行、王屋，赤白狄也；夾淮之藪，淮夷也；商、雒、淅、鄧、房、均，戎蠻陸渾也；夔、巫、施、黔，濮人也；漢、川、秦、鞏，姜戎也；潛、霍、英、六、光、黄、隨、均，群舒也；宣、歙、嚴、處，島夷也。其後以郡縣圍繞，羈縻而附之版圖之餘。而人餘於地，無以居之，地餘於人，因而不治，遂以不務耕桑，無有定業而爲流民，相沿數千年而不息。

緬惟禹之奠下土也，刊山通道，敷其文命，聲教訖乎四海，盡九州之山椒水曲而胥爲大夏。延及三代，納之政教之中而制其貢

❶「毁」，原爲空格，今據邵陽曾氏抄本補。
❷「禍」，原爲空格，今據邵陽曾氏抄本補。

賦，蓋以治之者綏之也。❶殷周斥之爲戎狄，簡其禮，薄其貢，而侵陵始作。後世附之郡縣版圖之餘，略其頃畝，蠲其征役，而爲流民爲寇盜乃益猖狂而逞。所以然者非但驕之而使狠也。其屬繫於郡縣者，率數百里而爲不征、不繇、不教不治之鄉，其土廣，其壤肥，鹵莽以耕，滅裂以耘，而可以獲。有溪泉而不爲之陂池，有澤藪而土曠人稀，爲虎兕蛇虺所盤踞。於是乎苟幸豐年之多獲，而一遇凶歲則無以自食，一有征調則若責己以不堪而怨咨離散。其鈍者不以行乞爲恥，其黠者則以蕩佚爲姦。遵義、平越建，而播州之夷禍平；天柱、嘉禾、新田建，而武、靖、郴、桂之寇賊消。然則階、文、秦、徽、英、六、隨、黄、漢、雒、淮浦、夔、鄖之可郡可縣者移人之餘，就地之曠，分畫其田疇，收教其子弟，定其情，達其志，使農有恒産，士有恒心，國有恒賦，勞費於一時而利興於千載，大有爲之君相裁成天地以左右民，用夏變夷，迪民安土，非經世之大猷乎？而何弗之講？明王作，名世興，其尚此之圖哉？

四　張華智有餘而義不足

知事幾、察物情者可與謀國乎？未可也，抑不可以謀身。故張華終死而晋以大亂。華之決策平吴，何其明也；執政於淫昏之廷而庶務粗舉，民猶安之，何其審也；拒劉卞之説，不欲爲陳蕃之爲以冀免於禍，抑不可不謂工於全身。然而身卒殞、國卒危者，何也？智有餘而義不足也。

華之言曰：「權戚滿朝，威柄不一。」知

❶「綏」，原誤作「緌」，今據邵陽曾氏抄本改。

此矣而受侍中之位以管機要，何爲乎？又曰：「吾無阿衡之任。」夫既任不在己矣而與賈氏周旋終始，何心乎？華嘗爲賈充所忌而置之外，如其欲全身而免於罪戾，則及此而引去可也。賈模，賈氏之黨也，知賈氏之必亡晉，❶而以憂死，華且從容晏處，託翰墨記問以自娱，固自信其智足以游羿彀中而恃之以無懼。不清不濁之閒，天下有餘地焉以聽巧者之優游乎？天下有自謀其身，處於無餘之地，而可與謀國者乎？故晉之亡非賈謐能亡之，華亡之也。何也？君昏后虐，讒言高張，寇賊伏莽，天下所縣望者，唯一華耳。劉卞進扶立太子之説，非不知人而妄投，亦舍華而更無可與言者。華無能爲矣，然後志士灰心而狂夫乘舋。棟折榱崩，則瓦解而室傾，豈更有望哉？

且華之居勢，非陳蕃比也。蕃依竇武以圖社稷，武不得宦官之腹心爲之内應；華則賈模、裴頠以賈氏之姻族爲内援以相輔，其成也可八九得。然而不能者，華於賈氏廢姑殺其母之日委順其閒，則氣不可復振。氣已茶而能有爲者，未之有也。蓋華者，離義爲智而不知不義者之未有能智者也。是非之外無禍福焉。義利之外無昏明焉。懷禄不舍，浮沈於其閒，則更不如小人之傾倒於邪而皆可偷以全身。是以孔光、胡廣得以瓦全而華不免，若其能敗人之國家則一也，是以君子於其死也不閔之。

五　陸機詞翰自累

士有詞翰之美而樂以之自見，遂以累其

❶「必」，原無，今據邵陽曾氏抄本補。

生平而喪之，陸機其左鑒已。機之身名兩隕，瀕死而悔，發爲華亭鶴唳之悲，惟其陷身於司馬穎不能自拔，而勢不容中止也；其受穎之羈紲而不能自拔，惟受穎辯理得免之恩而不忍負也。機之爲司馬倫撰禪詔也，無可貰其死。人免之於鈇鉞之下，肉其白骨，而遽料其敗，速去之以避未然之禍，此亦殆無人理矣。故機之死不死於爲穎將兵之日，而死於爲倫撰詔之時，其死已晚矣！

雖然，機豈愚悖而甘爲賊鵠乎？謝朝華，披夕秀，以詞翰之美樂見於當世，則倫且資其諛頌以爲榮，蓋有求免而不得者。其不能堅拒之而仗節以死，固也。雖然，不死則賊，不賊則死，以瑣瑣之文名迫之於必死必賊之地，詞翰之美爲累也若斯！「虎豹之文來藉」，遂將託於不才之樗而後以終天年乎？❶ 而抑奚必其然邪？君子之有文，以言道也，以言志也。道者，天之道；志者，己之志也。上以奉天而不違，下以盡己而不失，則其視文也莫有重焉；樂以之自見，則輕矣；樂以自見而輕以酬人之求，則人不擇而借之以爲美。爲人借而以美乎人，是翡翠珠璣以飾婦人也。倚門者得借，豈徒象服是宜之之子哉？

嗚呼，苟有文焉，人思借之矣，遑恤其道之所宜與志之所守乎？班固之《典引》，幸也，揚雄之《美新》，不幸也，漢明之欲借固與王莽之欲借揚雄，一也。李白永王東巡之歌，永王借之也，陸游平原園林之記，韓侂胄借之也，不幸也；蔡邕之於郭有道，蘇軾之於司馬溫公，幸也：然苟借焉，幸不幸存乎人，而焉能自必哉？君子之有文，以言道

❶「才」，原作「材」，今據邵陽曾氏抄本及下文改。

也，以言志也，以承天盡己而匡天下之邪淫者也。守己嚴，待物以正，勿以諛人、勿以悦人，爲天下侮，奚足爲累，而效不才之㮞爲？

六　惠帝非可仕之時

有必不可仕之時，則保身尚矣。外患已深，國危如綫，亟得君而事之，身非所恤也；權臣擅於下，孤主立於上，扶弱圖存，功雖不立而志不可忘，苟非因權臣而進，身非所恤也：皆可仕也。必不可仕而以保身爲尚者，其唯無天子之世乎？

所謂無天子者，非人逐失鹿、天位未定之謂也。擇主而奉之以已亂，而定君臣之分，故張良歸高帝、鄧禹追光武，允矣。即不然而爲范增之從項羽，郭嘉、荀攸之依曹操，猶足以自見焉。唯至於晉惠帝之時，有天子而無之，人欲爲天子而不相下，群不知有天子而若可以無天子者。於斯時也，順逆無常理，成敗無定勢，彊臣林立，怙愚以逞，逆者逆，順者亦逆也，敗者敗，成者亦敗也。欲因之以事孤危之天子而不能，即欲掖之以爲天子而亦必不得。生人殺人而皆操天子之權，夫然後納身於狂蕩凶狡之中，寄命於轉盼不保之地，果矣其爲大惑而自貽以死亡也。王戎之免，幸也；王衍、陸機、潘岳之死，自賊者也；顧榮、張翰、戴淵、賀循褰裳而急去之，非過高絶人之智也，未有無天子而可仕者也。

七　江南之能早定由孫吴時未嘗以名法爲治

晉有天下，初并蜀、吴，二方之民習於割

據之餘，未有以綏之也，而中朝内亂，故趙廞、李特、張昌、石冰乘之以興。乃特之子孫竊蜀者數十年，而江南早定，劉弘之功茂矣哉！故以知國有干城，雖亂而弗難定也。雖然，豈獨弘之功哉？其地有人而後可以相資而理。李特之亂，蜀士風靡而從之，盡三巴之士，僅一譙僻之范長生而已。吴則賀循、華譚、周玘、顧榮皆潔身退處而爲州郡所倚重，民亂而士不與俱，則民且荼然而自廢，張昌、石冰之首不難馘已，而陶侃得以行其志於不疑。嗚呼，此非晋能得之，其所繇來者舊矣！

孫氏之不足與言治理也，而未嘗立一權謀名法之標準，則江介之士民猶且優游而養其志。諸葛公賢於孫氏遠矣，乃尚名法以鉗束其下，人皆自困於名法之中而急於事功以爲賢，則涵泳從容之意不復存於風俗，安所得高視遠覽以曙於貞邪逆順之大者哉？諸葛之張也，不如孫氏之弛也。孫氏不知道而道未亡，諸葛道其所道而道遂喪。自其隆中養志之日以管、樂自比，則亦管、樂而已矣。齊之所以速亂而燕旋敝也。管、樂者，自其功而言；申、商者，自其學而言也。申、商法行而民有賊心，君子所以重爲諸葛惜也。

八　司馬穎啓劉淵之亂由王浚之結鮮卑

劉淵雖挾桀敖不逞之材，然其始志亦豈遽爾哉？觀其譏隨、陸之無武，絳、灌之無文，則亦自期於隨、陸、絳、灌之中而已矣。其既歸五部，聞司馬穎之敗，尚欲爲之擊鮮卑、烏桓，則猶未必遽背晋而思滅之也。司馬穎延而挑之，劉宣等推而嗾之，始以流毒天下而覆晋室。乃匈奴自款塞以來，蓄育於西河有年矣，淵匪茹而逞，不再世而子孫宗族及其種類駢死於靳準，❶無孑遺焉，則淵毒天下還以自毒，淵亦何利有穎之挑、宣之嗾以糜爛冒頓以來數十傳之苗裔部落於崇朝也？司馬穎一潰其防而河決魚爛，滅其宗而赤淵之族，亦憯矣哉！

而推禍原所啓，則王浚之結務勿塵先之也。司馬氏自訌於室，固未嘗假外援而召之亂也。浚狡有餘而力不足，乃始結鮮卑而開千餘年之釁；穎懼鮮卑，乃晉淵以敵之。交相用夷，穎不救死而浚伏其誅。流毒天下者，殃必及身。及身者，殃之券也；禍延百世者，殃之餘也。石敬瑭之妻子殲於契丹而無遺種，豈或爽哉！故王浚者，千古凶人之魁也，而效之者何相踵以自滅也？

九　嵇紹死不得其所

死而不得其所者謂之刑戮之民，其嵇紹之謂與？紹之不可死而死，非但逆先人之志節以殉讎賊之子孫也。惠帝北征，徵紹詣行在，豈惠帝之闇能知紹而任之乎？司馬越召之耳。冏也、乂也、穎也、顒也、越也，安忍無親而爲至不仁，一也，偶然而假託於正，奉土木偶人之孱主以逞，君子逆風，猶將避其腥焉。紹曰：「臣子扈衛乘輿，死生以之。」妄言耳；樂爲司馬越之廝役而忘其死

❶「靳準」，邵陽曾氏抄本作「冉閔」。按劉毓崧校勘記「駢死於冉閔」條云：「劉淵之族至劉粲時大半爲靳準所殺；其僅存者至劉熙時復爲石虎所殺，靡有孑遺，非駢死於冉閔也。冉閔所殺者，石虎之子孫宗族。」然則底本已據改。

也。不知有父者，惡知有君？名之可假，勢之可依，奉要領以從之，非刑戮之民而誰邪？秦準謂紹曰：「卿有佳馬乎？」導之以免於刑戮而不悟。妄人之妄，以自斃而已矣。

十　琅邪王睿王導用老莊之術

宋高宗免於北行而延祀於杭州，幸也；琅邪王免於劉、石之禍而延祀於建康，非幸也。當潁、顒、騰、越交訌之日引身而去，歸國以圖存，卓矣哉！王之歸，王導勸之也。導之察幾也審，王之從諫也決，王與導之相得自此始，要其所以能然者有本矣。八王鬨争之日，晉室紛紜轇轕，人困於其中而無術以自免。乃王未歸國之先，一若無所短長、浮沈於去就者，導以望族薄仕東海，而邪正順逆之交一無所表見。嗚呼，斯所以不可及也！

老子曰：「静爲躁君。」非至論也。乃所謂静者，於天下妄動之日端凝以觀物變，潛與經綸而屬意於可發之幾，彼躁動者固不知我静中之動，而我自悠然有餘地矣。天地亦廣矣，物變有所始，必有所終矣。事之可爲者，無有禁我以弗爲。所難者，身處於葛藟臲卼之中而酒食相縻，赤紱相繫，於是而戈矛相尋不覺矣。静者日悠然天宇之内，用吾才成吾事者無涯焉，安能役役與人争瀠洄於漩澓之中乎？澄神定志於須臾而幾自審，言之有當者從之自決矣。此王與導之得意忘言而莫逆於心者也。是術也，老莊以之處亂世而思濟者也。得則馳騁天下之至剛，不得，抑可以緣督而不近於刑。琅邪之全宗社於江東，而導昌其家世，宜矣。

雖然，此以處争亂雲擾之日而姑試可也，既安既定而猶用之，則不足以有爲而成德業。王與導終始以之，斯又晉之所以絶望於中原也。孔子思小子之簡而必有以裁之，非精研乎動静之幾、與時偕行者不足以與於斯。

十一　劉弘保晉

晉保江東以存中國之統，劉弘之力也。弘任陶侃、誅張昌、平陳敏，而江東復爲完土。侃長以其才而弘大以其量，唯弘能用侃，侃固在弘帡幪之中也。夫弘又豈徒以其量勝哉？弘無往而不持以正者也。司馬越之討顒，顒假詔使弘攻越，弘不爲顒攻越，亦不爲越攻顒，而但移書以責其罷兵，正也，顒逆而越亦不順也。惡張方之凶悖，不得已擇於二者之閒而受越節度，亦正也；受越節度，終不北嚮以犯闕誅顒，亦正也；張光者，顒之私人，討陳敏有功，不以顒故而抑之，亦正也。天下方亂而一之以正，行乎其所當行，止乎其所當止，不爲慷慨任事之容，不操偏倚委重之心，千載而下，如見其嶽立海涵之氣象焉。使晉能舉國而任之，雖亂而可以不亡，惜乎其不能獨任，而弘亦早世以終也。

微弘，則周玘、顧榮、賀循無所憚以保其貞；微弘，則陶侃無所託以盡其才；微弘，則琅邪南遷，王導亦無資以立國。晉不能用弘而弘能用晉。嗚呼！當危亂之世，鎮之以静，慮之以密，守之以大正，而後可以爲社稷之臣。挾才而急於去就者，益其亡爾。有土可憑，有人可用，而徧心詭億以召亂，曰：吾以行權。權其可與「未可與立」者道乎？

十二　司馬越鴆惠立懷無篡心

惡有天子中毒以死而不能推其行弒之人者哉？惠帝之爲司馬越鴆也，無疑。越弒君，而當時天下不能窮其姦，因以傳疑於後世而主名不立。當其時，司馬模、司馬騰皆唯恐無隙而不足以逞者，然而胥中外爲諱之，而模與騰不能藉以爲名，史臣於百世之後，因無所據以正越弒逆之罪，何也？天下胥幸惠帝之死也。惠帝死，而亂猶甚，國猶亡；惠帝不死，則琅邪雖欲存一綫於江東也，不可得矣。

惠帝，必不可爲天子者也，武帝護之而不易儲，武帝病矣。然司馬氏之子孫特不如惠帝之甚耳，無一而不可以亡天下者，則將孰易而可哉？惠帝之必亡也，使晉有社稷之臣，行伊、霍之事，而庶其定乎？司馬越固亦有此心矣，然而不能者，司馬倫已嘗試焉而爲天下僇，司馬穎、司馬顒皆將爲之而先伏其辜。越而行伊、霍之事，則顒與穎所不敢爲者而身任其咎以召天下之兵。越慮之熟矣。無如此土木之闇主何，不得已而聽人之斃之，越之情亦苦矣。

貴戚之卿有易位之責而越不能；養昏汶之主以速即於亡而抑不可。顧懷帝之尚可有爲，而非惠帝之死弗能立也。決出於倒行之一計而扳懷帝以立，❶已無私焉，故天下且如釋重負而想望圖存之機。故一時人心翕然胥爲隱諱以免越宫官之辟，後世亦存爲疑案而不推行鴆之人。夫人苟處不得已之勢而志非逆者，則天討不加而清議不相摘

❶「決」，原誤作「快」，今據邵陽曾氏抄本改。

發。弗能事也，弗能廢也，社稷且岌岌焉，爲天下任惡，天下所矜而容之者也。懷帝立五年而越無篡心，其專殺而畏寇，則司馬氏驕昏之習也，不足深責也。

十三　劉弘王導倚江東世族以定基

孟子言保國之道，急世臣，重巨室，蓋惡游士之徒亂人國也。夫游士者即不亂人國，而抑不足以繫國之重輕，民望所不歸也。主其地，習其教，然後人心翕然而附之。陳敏之亂，甘卓反正而告敏軍曰：「所以戮力陳公者，正以顧丹陽、周安豐耳，今皆異矣，汝等何爲？」顧榮羽扇一麾而數萬人潰散。琅邪王鎮建業，榮與紀瞻拜於道左，而江東之業遂定。夫此數子者皆孫氏有國以來所培植之世族也，率江東而定八王已亂之天下，抗五胡窺吞之雄心，立國百年而允定，孟子之言於斯爲烈矣。

嗚呼！地皆有人也，民皆有望也，用人者迫求之驟起喜事之人而略老成物望之士，求民之歸也難矣。光武所與興者，南陽崛起之流輩，而其收河北以爲根本，則唯得耿弇、寇恂，吴漢而大業定。劉焉倚東州兵爲腹心以淩駕蜀人而内亂，馴至於先主，所與者皆平原初起之爪牙，故兩世而不收蜀一士之用，其亡也，民且去之若遺也。劉弘、王導知此而以樹建業百年之基，就其地，得其人，定天下之大略也，允矣。

懷　帝

一　惜夷狄以爲競而晉亡

晉武分諸王使典兵，晉不競矣。彼皆膏

粱紈袴之子也，教練不親，束伍不禁，瓦合而徒炫其軍容，足以亂爾而不足以競。乂、穎、顒、越之交相殘殺，鬨然而前，頹然而熸，未嘗有經旬之戰守而橫尸萬計，其以民命爲戲久矣。不足以競而欲相競，於是乎不得不借夷狄以爲彊。劉淵之起，司馬穎召之也；石勒之起，苟晞用之也；拓拔氏之起，劉琨資之也。皆不足以競，不獲已而藉之以競，而晉遂亡，中國之禍遂千餘年而不息。使競在中國而無待於彼，不示以弱而絶其相陵之萌，則七國之反，赤眉、黄巾之亂，袁、曹、公孫、韓、馬之争，中國亦嘗鼎沸矣，既折既摧而還歸於定，亦惡至此哉？

武帝無百年之算，授兵於孺子，司馬穎之頑愚，延異類以逞，不足誅也；若夫劉琨者懷忠憤以志匡中國，而亦何爲爾邪？琨進索虜，將以討劉淵也。拒一夷而進一夷，事卒不成，徒延拓拔猗盧於陘北，不亦傎乎？夫琨不能驅市人以敵大寇也，誠難，然君子之自靖以忠於所事，亦爲其所可爲而已矣。智索力窮則歸命朝廷，如魏勝、辛棄疾，斯亦可矣，未有急一時而忘無窮之禍者也。蓋琨亦功名之士耳，志在功名而不聞君子之道，則功不遂、名不貞而爲後世僇，自貽之矣。前有不慮之君，後有不慮之臣，相仍以亂天下，國速亡，夷夏之防永裂。嗚呼，將誰咎哉？

二　石勒寇襄陽司馬越失在不奉懷帝親將

司馬越出屯於項，非無策也，其敗則越非濟險之人，外爲苟晞所乘而内任王衍以僨事耳。劉聰、石勒繞雒陽而南侵襄、鄧，使晉君臣兵庶食絶援孤，晝雒而困，其必蹙以待盡也無疑。重兵屯於外則聰、勒進而越擬其後，必不敢憑陵而遽通三川。故苟晞内訌，越死，衆無主，王衍不敢任事，而後聰始決起以犯王都。越之出屯不足以爲越罪，明矣。雒陽之孤危，越不能辭其責，其失也，在秉國之日不能推誠任賢，輯和東南以互相夾輔，一出而無有可倚者。山簡縱酒自恣而忘君父，苟晞挾私争權而内相攻奪，張駿所遣北宫純之一旅且屢戰而疲矣，懷帝又惡越，必欲滅越而不恤。自齕之，還以自斃，越之處勢如此，亦安得不鬱鬱以死而以潰哉？

夫越非無心者，而特昧於從違耳。一秉政而唯王衍、庾敳、謝鯤、郭象、胡母輔之虚浮之徒進，以是爲可靖兵戎之氣乎？一旦而欲建非常之功，跳出孤危，反兵内援，必不可得者。然其曰：「臣出，幸而破賊，國威可振，猶愈於坐待困窮。」亦何遽非死地求生之長算哉？嚮令劉弘不死，使任山簡之任，劉琨不北掣於王浚，張軌不遠絶於涼州，東連琅邪，視聰、勒所嚮而自外擊之，晉且可以不亡。其不能者，越非其人，非策之不善也。❶

若夫越之不奉懷帝以出而置之危地，則罪也。玄宗往蜀，太子在靈武，而安、史不能安於長安。誠使懷帝親將以御狄於外，苟晞雖驕，山簡雖慢，自不敢亢鈇鉞而坐視。琅邪輸江東之粟，飽士馬以急攻，聰、勒其能入據空城以受四方之敵乎？越出而帝留，惴惴以居，藉藉以斃，越之罪大矣。雖然，或亦國君死社稷之説誤之也。若君臣同死孤城而置天下於膜外，雖獵衛主之名，亦將焉用此哉？

❶「也」，原作「者」，今據邵陽曾氏抄本改。

三　苟晞欲盡誅流民杜弢挾以作亂

民愚無知，席安飽以爲勢，陵蔑孤弱，士大夫弗能止焉，與之俱流而斁其仁恕之心，忘出反之報，自貽死亡，以爲國病，禍發不可御矣。

夷狄非我族類者也。❶蝨賊我而捕誅之，則多殺而不傷吾仁；如其困窮而依我，遠之防之，猶必矜而全其生，非可乘約肆淫、役之殘之而規爲利也。漢縱兵吏殘蹂西羌而羌禍不解，夷狄且然，況中國之流民乎？夫其闌入吾土，不耕而食以病吾民，褊人視之，其忿忮也必深。上無能養也，無能安也，棄墳墓，離親戚，仰面於人以求免於凍餒，又豈其情之得已哉？役則役焉矣，毆則毆焉矣，不敵我十姓百家之相爲朋比矣。愚民於是而以侮之爲得計，士大夫於是而以制之爲得勢，有司於是以箝束驅除之爲保我士民之功。一王之天下無分土，天地之生非異類，而摧殘之若仇讎，傷和氣，乖人理，激怨怒，則害於而家，凶於而國，皆自取之焉耳。

西晉之末，蜀已覆於前矣。劉弘薨，山簡闇，荆湘之士民虐苦流民，而若馮素者且持保固鄉里之邪説，惑狂愚殘忍之苟晞欲盡誅之。四五萬家一時俱起，杜弢挾之以作亂，天道之必然，人情之必致也。嗚呼！晞欲盡誅之，獨非人乎？事即成而何忍？況其祇以自賊也。迨其已反，則又或咎之曰：殺之之不速也。不仁者不可與言，有如是夫？

❶「族類」，原爲空格，今據邵陽曾氏抄本補。

四　劉聰困帝雒陽公卿止壽春倉垣之幸

劉聰陷雒陽，執懷帝，百官無一死者。嗚呼，若此之流而可責以仗節死義之道乎？雒陽之困危也，周馥請幸壽春而不聽，苟晞請幸倉垣而不果，迨其後欲出而不能，悲哉！帝將遷而公卿止之，爲之辭曰：效死以守社稷也。乃若其情，則有二焉：弗能固守而依於所遷，則遷壽春而周馥爲公輔矣，遷倉垣則苟晞爲公輔矣，從遷之臣弗能據尊榮也，此一情也。久宦於雒而治室廬、置田園，具器服，聯姻戚，將欲往而徘徊四顧，弗能捐割，此又一情也。故《盤庚》曰：「無總於貨寶，生生自庸。」總其心於田廬器服之中，仰不知有君，俯不知有軀命，故曰：若此之流，惡可責以仗節死義乎？

十金之產，卒逢寇亂，不忍捐其雞豚甕缶而肝腦塗地，妻子爲俘，汴京士庶擁李綱以讙呼者，此情而已矣。玄宗將奔蜀，楊國忠列炬請焚府庫，帝曰：「留此以與賊，勿使掠奪百姓。」其輕視貨貝之情，度越尋常遠矣。是以唐終不亡也。

五　劉琨送石勒母非愚

劉琨送石勒之母以招勒而勒不服，高齊送宇文護之母而護旋攻之。不拘以爲質，而欲以仁義動狡悍之寇，不已愚乎？曰：此未足以誚琨也。執人之父母，脅之以降，不降則殺之以快意，此夷狄盜賊之行，有心者其忍效之乎？送之歸雖不足以懷之，而彼亦無辭以決於致死。曹嵩死而徐州屠，陶謙愚矣。琨非愚也，琨所以不能制勒者，懷、愍弱，琅邪孤，王浚撓之，其勢不振。琨雖伉慨，❶而舊爲賈謐、司馬越所污染，威望不足以動人，抑且沈毅不如劉弘，精敏不如陶侃，勒是以睥睨之，知非己敵，而孰其聽之？使琨而能如郭子儀也，則香火之誓動回紇而有餘。回紇豈果畏鬼神、恤信義哉？有以制之而又持名義以臨之，蔑不勝焉。仁義有素，而聲靈無拂，則此一舉也足以折勒之狡而制其死命，故曰：「仁者無敵。」琨未全乎仁也，非仁過而愚也。若拘人之父母以脅其子，非人之所爲也，固琨之所不忍而不屑者也。

六　王導不聽陳頵改西晋舊制

王導秉江東之政，陳頵勸其改西晋之制，明賞信罰、綜名責實以舉大義，論者韙之而惜導之不從。然使導亟從頵言，大反前軌，任名法以懲創久弛之人心，江東之存亡未可知也。語曰：「琴瑟之不調，必改而更張之。」非知治之言也。絃之不調，因其故而爲節其緩急耳，非責之絃而亟易其故也。不調之絃失之緩矣，病其緩而急張之，大絃急，小絃絶，而況可調乎？

晋代吏民之相尚以虚浮而樂於弛也久矣，一旦操之已蹙，下將何以堪之？且當其時，所可資以共理者，周顗、庾亮、顧榮、賀循之流皆雒中舊用之士，習於通脱玄虚之風，未嘗慣習羈絡者。驟使奔走於章程，不能祗承而固皆引去。於是虔矯束濕之人拔自寒流以各逞其競躁，吏不習，民不安，士心瓦解，亂生於内而不可遏矣。夫卞壼、陶侃固

❶「伉」，邵陽曾氏抄本作「慷」。

端嚴劼毖之士也，導固引壺於朝端，任侃於方岳矣。潛移默化，豈在一旦一夕哉？宋嘗病其紀綱之寬、政事之窳矣，王安石迫於改更而人心始怨，元祐、紹聖、建中靖國屢懲屢改，而宋乃亡。鍛鐵者急於反則折。褊人憾前圖之不令，矯枉而又之於枉，不可以治無事之天下，而況國步方蹙、人心未固之時乎？

且不但此也，漢末尚聲譽而曹操矯之以嚴，魏氏急名實而司馬矯之以寬，彼皆樂翹前人之過，形君人之非，以快人心而使樂附於己。當導之世，王敦嘗用此術矣，其後桓溫又用此術矣，所以進趨利徼功之人而與爲逆也。導唯無此不軌之志，故即因爲革，從容調御而不自暴其能，夫導豈無顗之心哉？桓彝品藻之曰管夷吾，則其不襲王衍諸人之蕩泆以靡天下可知也，又惡知其不服膺陳頵之諫而特不露其鋒鋩爾？有當世之略者好惡不激，張弛不迫，褊人不知，求快一時而怪其弗能爲也，愚者何足與深言邪？

七　劉曜石勒不據雒陽壽春

王彌勸劉曜都雒，曜不從，彌以是輕曜而背之。彌，盜魁之智耳，惡足以測狡夷之長算哉？石勒視劉曜而尤狡，張賓之慧非彌所能測也。勒在葛陂，孔萇請夜攻壽春，據之以困江東，勒笑之而從張賓北歸據鄴。勒橫行天下，豈惴惴於紀瞻者？然而知瞻可勝而江淮之終不可據以爲安，勒之智也。

江淮之春有霖雨，常也，紀瞻與相持，不以雨爲困而勒困，於此可以知地氣、可以知天情矣。三代以上淑氣聚於北而南爲蠻夷，漢高帝起於豐、沛，因楚以定天下，而天氣移於南。郡縣封建易於人，而南北移於天，天人合符之幾也。天氣南徙而匈奴始彊，漸與幽、并、冀、雍之地氣相得。故三代以上華夷之分在燕山，三代以後在大河，非其地而闌入之，地之所不宜，天之所不佑，人之所不服也。是故拓拔氏遷於雒而六鎮據其穴以殘之，延及於齊、周而元氏之族赤，守緒遷於蔡而完顏氏之族殲；耶律亡而其支庶猶全於漠北，蒙古亡而其苗裔種姓君長塞外者且數百年。舍其地之所可安以犯天紀，則未有能延者。枳橘貉鴝之性，黠者自喻之，昧者弗知也。王彌、孔萇之所以愚而徒資曜、勒之笑也。

夫江淮以南，米粟魚鹽金錫、卉木蔬果絲枲之資，彼豈不知其利？而欲存餘地以自全其類也，則去之若鶩。然則天固珍惜此土以延衣冠禮樂之慧命，❶明矣。天固惜之，夷且知之，而人弗能自保也。悲夫，中華之敗類罪通於天矣。雖然，夷而有曜、勒之識也，則自知此非其土而勿固貪之爲利以自殄其世也。

八　劉殷事君幾諫爲諂佞口實

劉聰之臣有劉殷者，論史者或稱以爲賢。殷飾女以進於聰而固其寵，不足比數於人類者也。故其言曰：「事君當幾諫，凡人尚不可面斥其過，況萬乘乎？」論者以爲賢，則且爲諂佞者排摘忠直之口實。殷雖不足比數於人類，而不可以不辨。

事父母而幾諫者，既以不忍傷恩爲重矣，且子曰侍父母之側，諫雖不切而娓娓以

❶「衣冠」，原爲空格，今據邵陽曾氏抄本補。

繼進，父母雖愎，亦無如其旦夕不相舍者何而終必從之，非君之進見有時，言不伸而君且置之者也。父母之過無安危存亡決於俄頃之大機，旦過而夕改，無過矣；君操宗社生民之大命，言出而天下震驚，行出而臣工披靡，一失而貽九州億萬姓百年死亡之禍，待之宛轉徐圖，雖他日聽之而悔無及矣。父母之過即有導諛之者，淫朋而已矣，奴妾而已矣，其勢不張，其徒不盛，其飾非簧惑之智，不能淩我而出其上，微言而告父母以所未覺，彼未能結黨强辯以折我；君而不善，則聚天下之僻而辯、巧而悍者稱天人、假理勢以抗我，而孤忠固憂其不勝，微言如吶，奪之者喧豗，而氣且爲奪矣。凡此數者，諫父母易而諫君難。處其難而柔顏抑氣，操瓦全之心以若吐若茹而伺君之顏色，此懷禄固寵之便計，其爲小人之道也無疑。况乎君臣義合，非有不可離之去就哉？

劉聰凶暴嗜殺，殷以是爲保其富貴之計則得矣。以獻女媚夷之禽心而姑取譽於天下，❶其術巧矣。本不足與深論，而邪説一倡，若蘇軾《諫臣論》之類師其説以爲詭遇之術，君臣之義廢，忠佞之防裂矣。

愍帝

一　愍帝西入長安處必亡之地

愍帝之西入長安，必亡之勢也。劉聰雖去雒陽，石勒雖去江淮，而聰在平陽，勒在鄴，雒陽已毁，襄、鄧已殘，勒一踰河而即至雒，聰一踰河而即犯關中。長安孤縣於一

❶「夷」，原作「人」，今據邵陽曾氏抄本改。

隅，亘南北而中絶，二虜夾之，旋發而旋至。張軌遠在河西，孤軍無輔；李特又割據巴蜀，而西南之臂斷。天下所僅全者江東耳，而汝、雒荒殘，則聲勢不足以相及，賈疋、索綝、麴允崛起乍合之旅不足以繫九鼎，明矣。周顗等之中道而遁，非葸怯而背義也，知其亡在旦夕而江東之猶可爲後圖也。

長安自漢以來，蕪曠而不可爲奥區久矣，聰、勒之不急犯而據之也，以其地之不足恃也，名之爲天子之都而後劉聰欲固獲之矣。帝不入關，長安未即亡也。當其時，石勒已舍淮、襄而北矣，雒陽雖生蔓草，而陳、汝、蔡、鄧猶憑楚塞以爲固，東則連壽、泗而與江東通其津梁，西則連關、陝而與雍、涼、繫其絡脈，此率然之勢，首尾交應之形也。使愍帝不舍中州而權定都於陳、許、宛、汝之閒，二虜之不敢即犯輦轂明矣。疋、綝懷土而挾之以西，人無能與争而但思遁散，則不亡何待焉？故嗣興於喪亂之餘者，非果英武之姿不可亟處危地以徼幸，非怯也，所繫者重，一危而天下遂傾也。

夫夷狄亦何嘗不畏中國哉？人所胥戴之共主一再爲其所獲，而後知中夏之無人，不足憚也。苻堅自將以趨淝水，高緯親行以救晋陽，皆以自速其亡，況素不知兵、徒以名義推奉之愍帝乎？智者知此而已，而愚以躁者乃挾天子爲孤注而誚人畏沮，不量力，不度勢，徒敗人國家，豈有救哉？

然則肅宗擁朔方一隅之地，與天下相隔絶，何爲而成收復之功邪？曰：禄山悍而愚，已據長安，意得而無遠志，輕去幽、燕而喪其根本，是朝露將晞者也，故一隅攻之而已足。聰與勒各據狡兔之窟以相淩壓，方興而未戢，豈孤立之勢所可敵哉？勢因乎時，理因乎勢，智者知此，非可一概以言成敗也。

二　陳頵正綱紀之説當自天子大臣先自儉讓始

職官賤而士去其廷，封賞濫而兵逃其汛。天子之權輕，物無與勸，而忠貞幹理者羞與匪人爲伍，其情中涣。此成敗之樞機，持之不謹則瓦解而莫能止。陳頵諫琅邪以金紫飾士卒、符策委僕隸非所以正綱紀，其言得矣。雖然，天下方亂，人心愈競，死亡相枕，益不厭其榮寵之情；天子蒙塵，夷盗充斥，乃躁人得志以求名位之時也。重抑之，力裁之，項羽刓印而韓信、陳平閒行亟去，張元、吴昊斥於韓、范而導西夏以猖狂。即才不如韓、陳，狡不加張、吴，乃以效於我而不足，以附夷狄盗賊而有餘。守頵之説，抑無以斂躁動之人心而使順於己。

然則術其窮乎？曰：此非立法於寬嚴之兩塗所可定也。天子者，化之原也；大臣者，物之所效也。天子大臣急於功則人以功爲尚矣，急於位則人以位爲榮矣。儉者先自儉也，讓者先自讓也，非可繩人而卑約之者也。其爲崛起而圖王，則緩稱王、緩稱帝而衆志不争；其爲承亂以興復，則緩於監國、緩於繼統而人心不競。漢高之戰成皋也，項羽一日未平則一日猶與韓、彭、張、吴齒，故韓信請王，終奪之而不敢怨；光武聽耿弇而早自立，故赤眉已降而天下之亂方興。帷幕翼戴之臣驟起而膺三公之位，其下愈貴，己愈踞其上而益尊，其上益尊；其下愈扳援而上以競貴。更始之廷，人銜王爵，則關内侯、騎都尉之充盈不可禁也。

嗚呼！得而成，失而敗。成而生，敗而

死。宗族縣於刀俎，烏鳶睨其肉骨。奮志以與天爭成敗，與人爭生死，此志皎然與天下見之，則必有塵視軒冕、銖視金玉之心，而後可鼓舞天下於功名之路。諸葛公曰：「惟淡泊可以明志。」君與大臣之志明則天下臣民之志定，豈恃綜核裁抑以立綱紀哉？倚於寬，倚於嚴，其失均，其敗均矣。

三　琅邪不奉愍帝造雒陽之詔

愍帝詔琅邪王睿爲左丞相，南陽王保爲右丞相，分督陝東西諸軍，令保帥西兵詣長安，睿發江東造雒陽，此危急存亡相須以濟之時也。琅邪方定江東，不從北伐，視君父之危若罔聞，姑置之而自保其境，信有罪矣。雖然以純忠盛德之事責琅邪而琅邪無辭，若其不能，則愍帝此詔，戲而已矣。帝之於二王也，名不足以相統，義不足以相長，道不足以相君。其爲皇太子，非天下之必歸心，而賈疋等之所奉也；其爲天子也，非諸王之所共戴，麴允、索綝之所扳也。琅邪承八王之後，幸不爲倫、穎、顒、越之爭，繇王導諸人有觀時自靖之智而琅邪之度量弘遠也。曾是一紙之詔、丞相分陝之虛名遂足以鼓舞而折箠使之者哉？名爲愍帝之詔，實則索綝、麴允之令而已。以琅邪爲君，以王導諸人爲輔，而恬然唯綝與允之令以奔走恐後乎？

綝與允有效忠之心而不知道也。度德、量力、相時者，道也。使二子擁愍帝於長安而不舍秦王之號，與二王齒，且虛大位以俟有功而論定，則猶可弗使孤危以免帝於俘虜，二子亦自救其死以立勳名；而二子方施施然貪佐命之功而不自度也，是以其亡無與救也。元帝聞長安之破，司馬氏已無餘矣，南陽王僻處而日就於危，不足賴也，然後徐即王位以嗣大統。讀劉琨勸進之表，上下哀籲，求君之心切矣，然周嵩猶勸其勿亟急。得人心者徐俟天命，非淺人所可與知也。

四　王浚言石勒之奉表而死於勒

好諛者大惡在躬而猶以爲善，大辱加身而猶以爲榮，大禍臨前而猶以爲福。君子以之喪德，小人以之速亡，可不戒哉？

石勒之横行天下，殺王彌如圈豚，背劉聰如反掌，天下聞其名，猶爲心惕，而一爲卑諂之辭以媚王浚，浚遂信之而不疑。唐高祖之起晋陽，疾下西京，坐收汾、晋而安輯之，豈爲人下者？一爲屈巽之辭以誘李密，密遂信之而不疑。浚死於勒、密禽於唐在指顧之閒，不知避也。浚之凶悖，迷此也宜矣；密起兵敗竄，艱難辛苦已備嘗矣，而一聞諛言，如狂醉而不覺。天下之足以喪德亡身者，耽酒嗜色不與焉，而好諛爲最。元祐諸君子，且爲蔡京所惑，勿僅以責之驕悖黠姦之浚與密也。

五　元帝不任陶侃使王敦都督江湘

建大業者必有所與俱起之人，未可忘也，乃厚信而專任之，則亂自此起。元帝之得延祚於江東，王氏贊之也，而卒致王敦之禍，則使王敦都督江、湘軍事，其禍源矣。

王氏雖有翼戴之功，而北拒石勒於壽春者，紀瞻以江東之衆捍之於淮右，相從渡江之人未有尺寸之效也。若夫輯寧江、湘，奠上流以固建業者，則劉弘矣。弘之所任以有功，則陶侃矣；平陳敏、除杜弢皆侃也，侃功甫奏而急遣王敦奪其權而踞其上，左遷侃於廣州以快敦之志，使侃欲效忠京邑而敦已扼其吭而不得前，何其悖也？侃之得成功於荆、湘者，劉弘推誠不疑有以大服其心爾，至是而侃不可保矣。迨其後有登天之夢，而蘇峻之亂躊躕不進，固將曰專任侃而侃且爲敦，而不知其不然也。敦殺其兄而不恤，侃則輸忱劉弘而不貳，其貞邪亦既較然矣。侃之不得爲純忠，帝啓之，敦又首亂以倡之，而侃終不忍爲敦之爲。疑之制之，王氏之私豈晋之利哉？

俱起之臣，雖無大權而固相親暱；新附者，雖權藉盛而要領非其所操，腹心非其所測。故蕭、曹與高帝俱興，而參帷幄、定危疑則授之張良、陳平，握重兵、鎮重地則授之韓信、彭越，新附者喜於見信而俱起者安焉。韓信曰：「陛下善於將將。」此之謂也。元帝懷翼戴之恩，疑才臣而疏遠之，幸王導之猶有忌而敦之凶頑不足以餌人心使歸己，不然，司馬氏其能與王氏分天下乎？有陶侃而不知任，帝之不足有爲，内亂作而外侮終不能御也，不亦宜乎？

六　損聰明以延訪嘉言自至

受諫之難也，非徒受之之難，而致人使諫之尤難也。位尊矣，人將附之而恐逆之，然附尊位者非知諫者也；權重矣，人將畏之而早已惴之，然畏重權者非能諫者也。位尊而能屈以待下，權重而能遜以容人，可以致諫矣而固未可也。所尤患者，才智有餘而勤於幹理，於是乎懷忠欲抒者夙夜有欲諫之心而當前以沮，遂以杜天下之忠直而日但見人之不我若，則危亡且至而不知。

夫人之有才，或與吾等，而有所長則有所短矣。且人之有才而或出吾下，見吾之長則自有長焉而疑其短矣。夫言之得、計之善，固有其理顯著，人各與知，而才智有餘者或顧不察者矣；且有才不逮，智不若，偶然一得而允合於善者矣；抑有謀之協，慮之深，而辭不足以達意者矣；尤有彼亦一善，此亦一善，在我者揮斥而見長，在彼者遲回而見絀者矣。然而君子所樂聞者非必待賢智多聞之能爲我師者也，正此才智出己之下而專思一理、順人情而得事之中者也。彼且聞我之恢恢有餘，獻其所長而恐摘以所短，則悃愊自好之士不欲受迂闊淺鄙之譏以資我之笑玩，而抑慮我之蒐幽摘微，以窮己於所未逮，則夙夜之懷忠，必不能勝當前之恧縮，我即受之而彼猶歆焉恐其不當。此教人使諫之難，君子之所慮而隱惡揚善、樂取於人之所以聖與！

隗瑾之告張寔曰：「明公爲政，事無巨細，皆自決之，群下受成而已。宜少損聰明以延訪，則嘉言自至，何必賞也？」允矣！其知道之言乎？

讀通鑒論卷十二終

讀通鑑論卷十三

衡陽王夫之譔

東晉元帝

自此至陳，凡僭僞諸國事俱附六代編年下論之。

一　元帝不急於踐阼改元

扶危定傾以得人心爲本務。國破君亡，天下喁喁然願得主而事之，人心爲易得矣而未易也。非但其慰安之者非其道也，天下方喁喁然而願得主，抑必天下之固喁喁矣，如其遽自信曰天下固喁喁然願得我而爲主，則天下之情解矣。非其情之所迫求而後應者，則賢者且不能伸其忠孝之願，下此者擁戴之勳名不歸焉。於是乎解散躊躕曰彼且自立乎其位而責我之效功以相保，則雖名分正、威望立而天下之奔走也不迫，乃始下獎勸聯絡之詔以縻天下之歸己而天下不應。我以獎勸聯絡之情辭縻天下，而天下惡得不驕？故當國破君亡之餘，不待天下之迫而迫自立者，非外逼以亡則內争以叛。此豈挾機僞讓之足以動天下哉？無宗國之痛而乘亂以興，則欲爲謙讓也不能，其情疑，其氣囂，則其事躁而不以禮，必矣。

愍帝之立，賈疋等扳之以立而遂自立，則琅邪之在江東、南陽之在秦隴，雖不與争而坐視其亡而不救。匪直二王也，劉琨、慕容廆之在北，張寔之在西，陶侃之在南，皆坐視其亡而不恤。長安破，愍帝俘，司馬子孫幾於盡矣，琅邪擁衆而居江左，削平内寇，安靖東土，未有舍琅邪而可别爲君者。然而聞長安之變，官屬上尊號而不許，固請而不從，流涕而權即晉王之位。已而劉琨屢表陳痛哭之辭，慕容廆、段匹磾且合辭以勸進，豫州荀組、冀州邵續、青州曹嶷、寧州王遜合南北以協請，江東人望紀瞻之流皆敦迫焉，然後踐阼而改元，於是而元帝之位定矣。無求於天下而天下求之，則人不容有異志而允安。東晉之基成乎一年之需待，此人情天理之極致，其讓也即國之所以立也。然且有未及待者，張寔也。寔之戴晉也堅而擇主也審，南陽王保無待而立，寔舍之而屬望乎江東。寔表至，帝已先立，而寔之志反爲之貳，稱建興年號而不舉太興之正朔。寔豈不願得君而事之哉？亦惡其不待己求而迫自君也。即此而人心向背之幾可知矣。爲人臣子抑奉君親之痛而有浮慕弋獲之心，天下測其隱而鄙之，非天理之在秉彝者不容纖芥之差乎？❶彼且不自知，而合離之情理自迥别也。因是而推戴無功者生其忮忌，翼贊有力者挾以驕陵，皆末流之必然矣。遠人擅命以自尊，權姦懷逆而思逞，國欲存也，其可得乎？

二 寵任刁協劉隗王氏之黨益堅

元帝之立也，王氏逼王室而與亢尊，非但王敦之凶悍也，王導之志亦僭矣。帝乃樹刁協、劉隗於左右以分其權而自固。然而卒以取禍者，非帝之不宜樹人以自輔，隗、協之不宜離黨以翼主也，其所以尊主而抑彊宗者

❶「是」，邵陽曾氏抄本作「非」。

非其道也。

承傾危以立國，倚衆志以圖存，則爲勢已孤。或外有挾尊親之宗藩，或内有挾功名之將相，日陵日夷而伏篡弒之機，此正君子獨立以靖宗社之時，而縻軀非其所恤。然君之所急與吾之所以事君者在是則專心致志以彌縫之而恐不逮，即有刑賞之失、政教之弛、風俗之敝，且置之以待主權既尊、國紀既立之後，而必不可迫爲張弛、改易前政以解臣民之心，使權姦得挾以爲辭而誘天下以歸己。協與隗未足以知此，氣矜而已矣，恃其剛決之才，標名義以爲名而鉗束天下，一言之非、一事之失張皇而摘之，於是乎盈廷之怨起而王氏之黨益堅。非臣民之叛上而即彼也，乍拂其情者激之也。

孟子曰：「不得罪於巨室。」非謂唯巨室之是聽也，不得罪於臣民，巨室弗能加之罪也。沈静以收人心而起衰救敝之人作，且從容以俟人心之定，則權臣自戢而外侮以消。況名法綜核，爲物情所駭者，其可迫求之以拂衆怒也乎？方正學未之逮也，隗與協又何足以及此？

三　劉琨託於段匹磾爲所夷滅

宗國淪亡，孤臣遠處，而求自靖之道豈有他哉？直致之而已矣。可爲者爲之，爲之而成，天成之也；爲之而敗，吾之志初不避敗也。如行鳥道者，前無所畏，後無所却，傍無可迤，唯遵路以往而已爾。旁睨焉而欲假一徑以行吾志，甚則禍及天下，不甚則喪其身，爲無名之死而已，劉琨之託於段匹磾是也。

非我類者心不可得而知，迹不可得而

尋，頃刻之變不可得而測，與處一日而萬端之詭詐伏於談笑，而孰其知之？琨乃以孤立之身游於豺狼之窟，欲志之伸也，必不可得。即欲以頸血濺劉聰、石勒，報晉之宗社也，抑必不能，是以君子深惜其愚也。以琨之忠，身死族夷，抱志長埋於荒遠，且如此矣，下此者陷於逆而爲天下僇，亦終以不保其血胤。功則無功也，死則必死也，何樂乎其爲此也？故曰：直致之而已矣。

四　祖逖厚遇陳川將李頭川殺頭以降石勒

忌裨將之有功，惡人之奬之，恐爲人用，背己以去，且將軋己而上之，此武人之恒態也。陳川之將李頭力戰有功，祖逖厚遇之，頭感逖，願爲之屬，川疑忌而殺頭以降石勒，於是而汴、晉之閒大亂而不能定。嗚呼，此將將者之所以難也！

知武人之情而不逆其所忌者，則知權矣。非但畏彼之怨怒而曲徇之也，道固存焉，權即正也。三軍之士，智者、勇者、勤敏而效死者多矣，智勇以效死而踰於主帥者有矣，而既已隸於人而受命，則綱紀存焉。綱紀者，人君之以統天下、元戎之以統群帥、群帥之以統偏裨者也。夫既已使之統，而又以不測之恩威唯一時之功罪以行賞罰，則雖得其宜而綱紀先亂。綱紀亂，則將帥無以統偏裨，元戎無以統將帥；失其因仍絡貫之條理，而天子且無以統元戎。故韓信下燕、趙，平三齊，豈一手一足之烈哉。其智勇效死以成信之功者多矣。然而漢高知信而止，以李左車之賢智，信方北面受教，而高帝未嘗拔之以受一邑之封。信曰：「陛下不能將兵，而善將將。」此之謂與？

既已爲其偏裨，則名義存焉，其智勇效死而或爲主將之所抑，因之以徐懲其主將可也，非能率吾意而亟行之也。好惡雖當而有所不可任，刑賞雖公而不敢輕。鳩合數十萬人而爲之長，一一察其能否以用其恩威，力窮而争以起。逖之使頭願爲之用以背陳川者，任情以行好惡，自謂至公而不知綱紀爲維繫人心之樞紐也。夫逖慷慨英多而未達大體，即不隕折，吾不敢信其匡復之功可成。稱周公者曰：「訢訢休休，見善不喜，見惡不怒。」英君哲相，規模弘遠，豈易及哉？

五　高瞻知慕容廆不終戴晋不爲所用

忠臣志士善保其忠貞者尤不可以無識，苟無其識則易動而不謀其終。謂荀彧之黨曹操以篡漢者，已甚之辭也。不揣其終而相沿以往，變故日深而弗能自拔，或以是死而不能避不韙之名，急於行志而識不遠也。當漢帝困於群凶之日，唯曹操能迎而安之，悠悠天下，舍操其何適焉？操之不可終任，人具知之，而轉念之圖惟昏於初念。其爲智也，不能決兩端於俄頃，迎刃以解，而姑爲嘗試，且自謂他日之可有變計，乃不知其終不能也。是以能早決以潔其身者之謂大智，高瞻其當之矣。

慕容廆之始戴晋也，既定遼東，欲以瞻爲將軍，撫心而告之曰：「孤欲與君共清世難，翼戴王室。」廆慷慨而言之，瞻漠然而應之，鬱鬱以死，終不爲屈，疑爲已甚矣。夫瞻秉戴主之忠而廆有可因以效忠之牖，姑聽而觀其後也未晚，然而瞻固知其不可恃也。廆之不可恃以終戴晋也，豈難知哉？抱忠而欲亟試之，則一念遲回，忘魔之能用己而己不能用魔也，則且如荀彧之不決以敗其名節矣。處空谷而聞足音則躍然而喜，惡知夫是音之非熊羆猱彪之相擾也？懷忠而憤宗國之傾没，聞有義聲者欣然而就之，其不爲亂賊所陷者鮮矣！高瞻之智決於俄頃，粲然若黑白之不相淆，迎刃而解，捷於桴鼓，死於不屈之前而不死於自拔末繇，❶力窮志沮之日。嗚呼，可不謂賢哉！劉琨所不逮也，況荀彧乎？

六　祖逖聽石勒互市

祖逖立威河南，石勒求與通好，逖不報書而聽其互市，可謂善謀矣。兩軍相距而絶其市，非能果絶之也。豈徒兵民之没於利而趨者雖殺之而不止哉？吾且有時而需彼境之物用而陰購之矣。絶市者能絶吾之不往，而不能絶彼之不來也。吾之往市者，非一日而即能致於彼，畜之牧之，舟車數百里而輸之，未至於疆埸而早已洩，故雖不能必絶而多所絶。若彼之來也，授受於疆埸，一夕而竟千金之易，而自我以逮吏士編氓無不仰給焉，惡可絶也？於是而吾之金錢與其輕齎之貨賄盡輦以歸敵，而但得其日就消亡之物，則敵日富而我日貧，金錢暗耗而不知，欲三軍之無匱也不能，而民貧怨起矣。

且絶市者曰：憂閒諜也。閒諜之往來恒於歧徑，乃名爲絶市而必不能禁下之私通，則歧徑四闢而閒諜之往來無忌。互市通而關津有吏焉以譏其出入；交易有期焉以限其往復，軍民之志欲得而私徑蕪，則閒諜

❶「拔」，原作「投」，今據邵陽曾氏抄本作改。

之出入阻矣。且閒諜者非必畜不軌之志以走險者也，私市通，歧徑四出，人知官禁之疏而漸與敵狎，則因而玩死以讎姦者，多矣。一之於互市，市之外無相狎之門，自非深姦巨慝忘死以僥幸者，孰敢嘗試焉？以通之者絶之，遏之慮此密矣。此兩軍相距，贍財用、杜姦人之善術，用兵者不可不知也！

七　王導私庇宗族

王導之不得爲純臣也，殺周顗而不可掩，論者摘之，允矣。然謂王敦簒而導北面爲佐命之臣，以導生平揆之，抑必其所不忍。且王敦之凶忍，賊殺其兄而不忌，藉其簒立，導德望素出其上，必不能終保其死，導即愚，豈曾此之不察哉？

乃導之淟涊兩端，不足以爲晉之純臣也，則有繇矣。蓋導者，以庇其宗族爲重而累其名節者也。王氏之族自導而外未有賢者，而驕横不軌之徒則多有之。乃其合族以隨帝渡江，患難相依而不離，於此而無協比之心焉，固非人之情矣。然而忠臣之衛主、君子之保家，則有道焉。愛之以其情也，親之以其道也，因其賢不肖而用舍之，以其才也，盡己所可爲，而國家之刑賞非己所得而私也。當其時，紀瞻、卞壼、陶侃、郗鑒之儔林立於江左，而以上流兵柄授之於王敦。導豈有不逞之謀哉？恤其宗族而不欲抑之焉耳。

將謂管叔之逆，周公且不忍防之於早乎？乃管叔者非但周公之兄也，周公非但以己兄之故而使之監殷也。管叔者固文王之子、武王之弟、成王之叔父也。俱爲天子之懿親而以己之賢疑彼之不肖而早制之，於是乎不可。而導豈其然哉？天下者，司馬氏之天下，非王氏之天下也。惜其閥閱之素盛，念其辛苦之共嘗，以人之天下而慰己之情，未有不陷於惡者。而其究也，乃至親統六師，名爲賊而推之刃，又何足以救名義而全天性哉？

嗚呼，豈徒如導者，繫國家安危之大故、人臣貞邪之大辨哉？凡人之親愛其宗族也，亦各有道矣。己所得爲，無不可推也。上而君，降而友，又降而凡今之人與凡天下之物，非吾所得私者，不得以自私則抑不得以私其諸父昆弟。妄欲者何厭之有哉？教以正，迪以自立之方，士習爲士，農習爲農，黠者戢之，弱者振之，非徒無傷於天下，而抑可以保躍冶之子弟而予之安，則可以上告祖考而無憾矣。徇族黨好惡之私，己雖正而必陷於邪，辱身不孝之罪，又奚逭哉？

明帝

一　明帝手詔徵王敦可謂神武

明帝不夭，中原其復矣乎？天假五胡以亂中夏，氣數之窮也，帝乃早世！王敦之橫，元帝惴惴而崩，帝以幼沖當多難，舉動偉然，出人意表，可不謂神武哉？

王敦謀篡而諷朝廷徵己，使帝疑畏憂戚不欲徵而待其黨之相迫，則敦之橫逞矣。帝坦然手詔徵之，若人主徵大臣之故事，無所疑畏，而敦固心折不敢入也。敦欲以王導爲司徒，聽之也。導本可爲司徒，無所疑也，抑以此奬導爲君子，使浣濯其同逆之恥以乃心王室而解散群臣阿比王氏之戾氣。於是而導之志移，敦之黨孤，奄奄且死而以篡爲下計。區區爲難者，錢鳳輩亡賴之徒而已，殄滅之如摧枯矣。導貽王含之書曰：「昔年佞臣亂朝，人懷不寧，如導之徒，心思外濟。今則不然，聖主聰明，德洽朝野，凡在人臣，誰不憤歎？」導之情可見；從王氏者之情可見，天下之大勢，明帝之大略，從可知矣。

折大疑者處之以信，奠大危者予之以安。天假明帝以年，以之收北方離合不定之人心，而乘冉閔之亂，吹枯折槁，以復衣冠禮樂之中夏，知其無難也。帝早没而不可爲矣！悲夫！

二　王導議贈周札以文已過

君子之過不害其爲君子，唯異於小人之文過而已。王敦稱兵犯闕，王導荏苒而無所匡正；周顗、戴淵之死，導實與聞。其獲疚於名教也，無可飾也，故自言曰：「如導之徒，心思外濟。」蓋劉隗、刁協不擇逆順，逞其私志，欲族誅王氏，而導勢迫於家門之隕穫，不容已於詭隨，此亦情之可原而弗容隱飾以欺天下者也。及敦死而其黨伏誅，譙王丞、戴淵、周顗以死事褒贈，豈非導悔過自反以謝周、戴於地下之日乎？而導猶且狎開門延寇之周札，違卞壼、郗鑒之讜議，而曰：「札與譙王、周、戴見有異同，皆人臣之節。」導若曰：札可盡人臣之節，則吾之於節亦未失也。假札以文已之過，而導乃終絶於君子之塗矣。

郗公愛子死而不哭，卞令力疾戰而喪元，二君子者無諸已、非諸人，危言以定褒貶，非導之所能也。而引咎知非，以無異説於論定之後，夫豈不可？怙慝而欲蓋彌章，不學於君子之道，雖智弗庸也。

成帝

一 庾亮引西陽王羕王導卞壼温嶠郗鑒並受明帝遺詔輔政

少主立而大臣尸輔政之名，雖周公之聖不能已二叔之亂，況其下焉者乎？庾亮不專於己，而引西陽王羕、王導、卞壼、郗鑒、温嶠與俱受託孤之遺詔，避漢季竇、梁之顯責，亮其愈矣。雖然，惡有俱爲人臣，徒崇此數人者持百尹之進退，而可以服天下哉？陶侃之貳，祖約、蘇峻之逆，所必然矣。

夫主少則國政亦必有所裁，大臣不居輔政之任而惡乎可？而有道於此，則固無事立輔政之名，授之以獨馭之權而疑天下。無他，唯官常數定，官聯相屬，法紀豫立，而行其所無事焉耳。三公論道而使涖庶事，則下侵六卿；百執不相越而不守其官，則交争。故六卿百執之可否，三公酌之，而三公唯參可否，不制六卿百執以行其意。則盈廷多士若出一人，州牧軍帥適如其恒。天子雖幼，中外自輯以協於治，而惡用輔政者代天子而制命邪？

夫古之天子未嘗任獨斷也，虛静以慎守前王之法，雖聰明神武，若無有焉，此之謂無爲而治。守典章以使百工各欽其職，非不爲而固無爲也。誠無爲矣，則有天子而若無；有天子而若無，則無天子而若有。主雖幼，百尹皆贊治之人，而惡用標「輔政」之名以疑天下哉？

是以三代之聖王定家法朝章於天下初定之日而行之百世，主少國疑之變皆已豫持之矣。故三代千八百年，非無沖人踐阼，而大臣無獨攬之威福。若夫周公之輔政，則在六官未建、宗禮未定之日，武王末受命而不遑，不得已而使公獨任之也。雖然，讀《鴟鴞》之詩而周之危、公之難亦可見矣。有聖主興，慮後世不能必長君令嗣之承統也，豫定奕世之規，置天子於有無之外以虛静而統天下，則不恃有貴戚舊臣以夾輔。既無竇、梁擅國之禍，而亦不如庾亮之避其名而啓群争。不然，主幼而國無所受裁，雖欲無輔政者，不可得也。

二　石勒與劉曜相攻不暇應祖約於壽春

潰於内者必決於外。蘇峻反歷陽而入建業，祖約據壽春以通石勒，然而勒不乘之以入犯者，非勒無狡焉之志也。劉曜破石虎於蒲坂，進圍金墉，勒方急曜而不暇及也。咸和三年九月斬蘇峻，十二月勒執曜於雒陽，使遲之一年峻、約始破，則約迫而導勒以東，晋其糜矣。故夷狄之相攻或爲中國之利，利以一時耳，而據之以爲利，相攻久而相滅，滅而併於一，害乃不救，何利之有乎？

「池之竭矣，不云自瀕」，外迫而内難起也；「泉之竭矣，不云自中」，内亂而外患乘也。昧者乃曰：「外寧必有内憂。」謂以外患警内而内憂可弭，則抑有内憂而可弭外之侵陵邪？嚮令曜、勒不逼，江東不孤，若峻、約之流又何敢輒生其心？勒、曜之相攻而未相併，幸也，謀國者不敢恃也。

三　卞壺可維名教未可安社稷

東晉之臣可勝大臣之任者，其唯郗公乎？卞令，忠貞之士，朝廷之望也，以收人心、易風俗，而安社稷則未之敢許。晉之敗，敗於上下縱弛，名黄老而實惟貪冒淫逸之是崇。王衍、謝鯤固無辭其責矣，乃江左初立，胡寇外偪，叛臣内訌，人士之心習於放佚而憚於拘維，未易一旦革也。卞令執法紀以糾之，使人心震慴而知有名教，誠不可無此中流之砥柱。然充其所爲，以懲創而無已，則乍强以所不習而人思解散，便給之小人日飾以進，抑不保人心之永固而國勢之能安也。

王敦之反，刁協、劉隗之操切激之；蘇峻之反，庾亮之任法激之。障狂瀾而陻之，鯀績之所以弗成也。故先王憂人心之易弛而流也，勞來之以德教而不切覈之以事功，移易之以禮樂而不督責之以刑名。《臨》之象曰：「咸臨，吉，无不利。」非其感也，不可以臨也。殷末之俗淫，而二《南》之化游之於《芣苢》，安之於《摽梅》。大弛者反之以大張，大張必窮而終之以大弛，名爲王道而實爲申商，不覆人之家國者無幾也。故卞令厲色立朝以警群臣之蕩佚，不可無也，而任之以統馭六宇，厝社稷之安，定百官之志，則固未可也。「夬，揚於王廷。」暮夜之戎，可勿恤乎？

四　劉曜撤金墉之圍

劉曜圍雒陽，撤金墉之圍陳於雒西，一戰而被禽以亡。其敗也，飲博而不恤士卒，輕撤圍以西，狂醉以自陷也，非不聽諫者以阨勒於成皋之失計也。使曜深溝高壘，斷勒入雒之路，内外不相應，勒一往之鋭氣且折而弗能解金墉之圍，曠日持久，上下有惰歸之氣，求歸不得，亦竇建德之見禽於東京而已。假令曜分兵以扼成皋，御人於百里之外，所遣拒勒之將固非勒敵，必先挫而潰，則圍雒之軍心盡解，其敗決矣。勒曰：「盛兵成皋，上策也；❶阻雒水，次也；坐守雒陽，成禽耳。」此勒畏曜堅壁以老己，姑爲此言以安衆耳，非果然也。曜撤圍而陳於雒西，望蒲坂以爲退步，勒曰：「可賀我矣！」此則勒之果所欣幸耳。

千里縣軍，攻人於圍城之下，兵之大忌也。撤圍分軍以拒人於險，險非我有而軍心不固。陳友諒解南昌之圍而死於鄱湖。軍一分而不可合，一動而不可止，勒之智足以測此，姑爲反語以安衆心。或遂信其實然，勒且笑人於地下矣。

五 建業殘敝王導獨不聽廷議遷都

蘇峻之亂，建業殘敝。廷議遷都，王導獨持不可，江左百年之基，導一言以定之，審乎難易之數也。梁元帝憚建業之凋殘，據江陵之富庶，而速以亡。然則曹操棄雒陽，遷獻帝於許，其一時之姦謀，以許爲兗州之域而挾天子爲己私，非果厭雒陽之敝也。乃緣此而不能終一天下，亦有繇矣。

所謂難易之數者，宮闕燬敗，邑里蕭條，人民離散，粟貨罄乏，乍然見之以爲至難而未可收攝者也。乃夫人驚懼之情移時而定

❶「也」，原脱，今據邵陽曾氏抄本補。

矣，定則復思安其居而贍其生，不待上之贍之也。故《鴻鴈》之詩曰：「雖則劬勞，其究安宅。」莫之擾也。莫之擾則民各有心，豈必勞來安集之殷勤？而加以勞來安集則益勸矣。此似難而實易者也。

若夫固然其難者，則已動而不可復靜之人心是已。人莫不歆於一時之利用而競趨之，絲粟鹽酪、酒漿雞豚、廬舍帷帟之便利，婦人稚子之所歆而人情之莫能奪者也。此凋敝而移之彼，雖徙如歸焉，彼凋敝而又移之他。君民朝野日唯延頸四望，睨樂土而苟安，窮年累歲志在游移而無定情，其不愈窮愈蹙以之於絕地也，無幾矣。

楚遷陳而困，遷壽而危，遷吴而亡，非徒地形之不利也，趨利偷安之情如回河而西之，必不可得也。導之言曰：「鎮之以靜，群情自安。」知人情物理消長往復之幾，而防衆心之流以止之於早，規之已大，持之已定。豈有難知之數哉？庸人未之察耳。

六　温公論庾亮首發禍機

庾亮徵蘇峻而激之反，天下怨之，固不能辭其咎矣。雖然，其志有可原者也。亮受輔政之命而不自擅也，尊王導於己上而引郗鑒、卞壼、温嶠以共濟艱難，竇武之所不逮，非直異於梁冀、楊駿已也。晉之東遷，王氏執國而敦倡爲逆，執兵柄者皆有侵上之志而不可信。陶侃登天之夢，天下疑焉。祖約之悖、蘇峻之姦，尤其不可揖盜以入室者也。以是爲侃所怨，以激約、峻之速逆，特其識量不充，未足以乘高墉而解群悖耳，如必委曲以延不軌之姦宄於沖人之側，則禍遲而大。亮免於激成之責，而孔光延王莽、褚淵推道成之罪，其可逃乎？

亮以衛國無術而任罪，司馬温公乃欲明正典刑以窮其罪，則何以處夫延王敦殺周、戴以偪天子之王導乎？温嶠，人傑也，亮敗竄而嶠敬之不衰，必有以矣。峻雖反，主雖危，而終平大難者郗鑒、温嶠也，以死殉國者卞壺也，皆亮所引與同衛社稷者也。抑權臣，扶幼主，亮與諸君子有同心，特謀大而智小，志正而術疏耳。原其情，酌其罰，何遽以典刑加之？温公曰：「晉室無政，任是責者，非王導乎？」導豈能劾功罪以伸求全之法者？卞敦觀望逆黨，擁兵不赴，導且不能加誅，有諸己不能非諸人，況庾亮哉？

七　石勒起明堂辟雍靈臺

天下所極重而不可竊者二：天子之位也，是謂治統；聖人之教也，是謂道統。治統之亂，小人竊之，❶盜賊竊之，❷夷狄竊之，❸不可以永世而全身。其幸而數傳者，則必有日月失軌、五星逆行、冬雷夏雪、山崩地坼、雹飛水溢、草木爲妖、禽蟲爲蠥之異，天地不能保其清寧，人民不能全其壽命，以應之不爽。道統之竊，沐猴而冠，教猱而升木，尸名以徼利，爲夷狄盜賊之羽翼，以文致之爲聖賢，而恣爲妖妄，方且施施然謂守先王之道以化成天下，而受罰於天，不旋踵而亡。嗚呼，至於竊聖人之教以寵匪類，❹而禍

❶「小人」，原爲空格，今據邵陽曾氏抄本補。

❷「盜賊」，原爲空格，今據邵陽曾氏抄本補。下同，不一一出校。

❸「夷狄」，原爲空格，今據邵陽曾氏抄本補。下同，不一一出校。

❹「匪類」，原爲空格，今據邵陽曾氏抄本補。下同，不一一出校。

亂極矣！論者不察，猶侈言之，謂盜賊爲君子之事，君子不得不予之。此浮屠之徒但崇敬土木、念誦梵語者即許以佛種，而無所擇於淫坊酒肆以護門牆、貪利養者。猥賤之術而爲君子者效之，不亦傎乎？石勒起明堂、辟雍、靈臺，拓拔弘修禮樂、立明堂，皆是也。敗類之儒鬻道統以教之竊，而君臣皆自絕於天。故勒之子姓駢戮於冉閔，元氏之苗裔至高齊而無噍類。天之不可欺也，如是其赫赫哉！

雖然，敗類之儒鬻道統於夷狄盜賊而使竊者，豈其能竊先王之至教乎？昧其精意，遺其大綱，但於宮室器物、登降進止之容造作纖曲之法，以爲先王治定功成之大美在是，私心穿鑿，矜異而不成章，財可用，民可勞，則擬之一旦而爲已成。故夷狄盜賊易於竊而樂竊之以自大，則明堂、辟雍、靈臺是已。明堂之説見於《孟子》，辟雍、靈臺詠於周《詩》。以實考之，則明堂者，天子肆覲諸侯於太廟，即廟前當扆之堂也；辟雍者，雍水之側，水所環遶之别宫，爲習樂之所也；靈臺，則游觀之臺與囿沼相間者也：皆無當於王者之治教明矣。漢儒師公王帶之邪説而張皇之，以爲王者法天範地，布月令、造俊髦，必於此而明王道，乃爲歆零四出、曲徑崇臺、怪異不經之制以神之。此固與夷狄盜賊妖妄之情合，而升猱冠猴者鬻之以希榮利，固其宜矣。

夫使先王之果於此三宫而興教化也，然亦偶有便於此也。一學宫而庠、序、校異矣，一大樂而《夏》、《濩》、《武》異矣，一大禮而忠、質、文異矣。若夫百王不易、千聖同原者，其大綱，則明倫也，察物也；其實政，則敷教也，施仁也；其精意，則祗臺也，躋敬也，不顯之臨、無射之保也；此則聖人之道統，非可竊者也，敗類之儒惡能以此媚夷狄盜賊而使自擬先王哉？勞民力，殫國帑以黷聖而嚚然自大，則獲罪於天。天災之，人奪之。聖人之教明明赫赫，豈有爽乎？論者猶曰君子予之，不亦違天而毀人極也哉？

八　慕容翰止段蘭追慕容皝

公山洩導吴枉道，使魯有備，慕容翰止段蘭之追慕容皝而恐亡其國，皆良心發見於牿亡之餘不容泯者，然其視紾兄之臂而姑徐徐也何別哉？

夫人欲自免於不忠不孝也，唯初心之足恃而已矣。狄仁傑之事逆后而可善其終，未嘗與於篡唐之謀，抑未與李勣諸人同受宗社之託也。宋齊愈手書張邦昌之名而無痛哭不寧之色，則斬於市而非李綱之過。君父之大，順逆之分，如黑白之昭著於前。「道二：仁與不仁而已矣。」已移足於不仁之泥淖，畏其陷染而姑自踸踔，終不可得而洒然。故極仁道之精微，有所未逮，雖有過焉而君子諒之，未嘗不可改也；設仁不仁之顯途而去順即逆，雖有乍見之惻隱，君子弗聽，所從者不仁，終不可與於仁也。

若翰者，身爲叛人，已自立於不仁之中矣，雖欲自拔，徒不信於段氏而危其身，抑必終爲皝所忌而死，百悔叢心，又何補哉？

九　帝幸王導府拜導及其妻曹氏

成帝以幼沖嗣立，委政王導，拜導及其妻曹氏，魏晉君臣之際陵夷至此！石勒曰：「曹孟德、司馬仲達狐媚以取天下。」誠有謂也。

古禮之見於今者，燕射之禮，君皆答拜，爲諸侯於大夫言也。諸侯於大夫不得視天子於諸侯，猶大夫於陪臣不得視諸侯於大夫。等殺之差，天秩之矣。天子於諸侯，《禮》不概見，僅存者《覲禮》一篇，侯氏肉袒稽首，天子不答，分至嚴矣。天子之不驕倨以臨臣下者，唯當宁立而不坐，天揖同姓，時揖異姓，土揖庶姓，而不聽其趨蹌。此三代之以禮待臣而異於暴秦之已亢者也，惡有屈一人之至尊拜其下而及其婦人哉？

禮者，過、不及之準也。抑之極則矯而爲揚之甚，勢之必反也。垂及於女直、蒙古之世，鞭笞之，桎梏之，奴虜斥詬之，於是而有「者厮可惡」之惡聲施於詔令，廷杖鎖拏之酷政行於殿廷。三綱裂，人道毁，相反相激，害亦孔烈哉！三代之後必欲取法焉，舍趙宋待臣之禮，其誰與歸？

十　張駿疏請北伐

張駿能撫其衆，威服西域，有兼秦、雍之志，疏請北伐，莫必其無自利之心也。而其言曰：「先老消落，後生不識，慕戀之心，日遠日忘。」則悲哉其言之矣！

嬰兒之失其母也，使婢妾飼之，受其狎侮，未嘗不泣也。已而聽之矣，已而安之矣，已而語之以母而不信矣，過墓而若有若無，且歸而亟依婢妾矣。夫人至忘其母而不知悲，則僅留之家老，垂死而有餘哀，亦將誰與言之而誰聽之乎？於是而人心之迷終不可復。復者，其唯天地之心乎？

宇文氏鮮卑之運已窮，天乃默移之而授之楊氏，以進李氏而主中國。故楊氏之篡，君子不得謂之賊，於宇文氏則逆，於中國則順。非楊氏之能以中國爲心，而天下之戴楊氏以一天下也，天地之心默移之也。消落之故老弗及見焉，而如之何弗悲？

十一　龔壯宛曲明心其志即父叔之志

《困》之象曰：「君子以致命遂志。」致命矣而志不得遂，弔古者所爲深悲不已也。然有致命者，志亦奚不可遂哉？文王安天下之志困矣，而武王、周公遂之，猶文王也。「上帝臨汝，勿貳爾心」，致命之謂也。巴西龔氏兄弟不屈於李特，爲特所殺，其子龔壯積年不除喪，思以報特，特死，因李壽殺李期與其腹心，滅李雄之裔，而讎以復，勸壽稱藩於晉。事雖不成，而父叔之志以白於天下。壽既僭位，徵壯爲太師，壯終不就，贈遺一無所受，壽亦弗能忌焉。壹其心，執其義，守其恒，雖困而亨，金紱豈能亂，葛藟豈能縈哉？

夫志者，執持而不遷之心也。生於此，死於此，身没而子孫之精氣相承以不閒。壯之志即父叔之志也，死而無不可遂也。所可悲者，嵇康之有嵇紹耳。然而天之以亨困而不亨其不困者，未嘗假也。壯懷報讎之心以説壽而壽不疑借己以快其私，説壽以歸晉，壽雖不從而壽不以爲侮，却壽之爵禄金帛，而壽不以爲亢，抗章責壽之負約而不稱藩而壽不以爲恨：志無往不伸，而龔氏兩世之忠孝與蜀山而並峙。若紹也，濺血湯陰，徒爲仇讎之篡主死，則朱紱酒食爲其葛藟，而惡望其亨哉？有志而不遂，有先人之志而不遂之，非所據而據焉，身之不保而人賤之矣。此則可爲抱志以先亡者悲也！

十二　顔含辭筮

顔含，可謂知道之士矣。郭璞欲爲之筮，含曰：「修己而天不與者，命也。」此猶人之所易知也。又曰：「守道而人不知者，性也。」淵乎哉，其言之！非知性而能存者不足以與於斯矣。夫人能知其所知而不知其所不知，必矣，欲人之知吾之性也實難，非吾之性異於人，彼不能知也，彼不自知其性，抑將知何者爲性而知吾性之然哉？不知仁，以爲從井救人而已；不知義，以爲長彼之長而已。性固人所不知而急於求人之知，性則非性也。夫郭璞有所測知於理數之化迹而迫於求人知之，是以死於其術。苟其知性爲人所不可知，則懷道以居貞，何至浮沈凶人之側，弗能止其狂悖而衹以自戕？無他，有所測知而亟欲白之，揣摩天命而忘其性之中含者也。

庸人之所欲知而亟問之鬼神象數者，貧富、窮通、壽夭已耳，皆化迹也。仁之惻隱痛癢喻於心，義之羞惡喜怒藏於志，動以俄頃，辨於針芥，而其發也，横天塞地不能自已，君子以信己者信之，尚弗能盡知也，而況凡今之人乎？子曰：「知我者，其天乎？」謂以心盡性，皎然於虛靈之無迹，非夫人耳目聞見之逮也。含庶乎其與聞此矣，出處以時，守禮以不屈，宜乎其爲君子矣！

十三　什翼犍即位繁峙北有衆數十萬人

鯨鯢不脱於淵，豺虎不脱於林，失其所據，力殫而無所歸。石虎據鄴，慕容皝據盧龍，於是而東自濊貊，西及破落，南距陰山，北盡沙漠，皆爲什翼犍之所有。拓拔氏之興延及百年，此基之矣。何也？虎與皝以其深淵叢林授之什翼犍，而自處於非據之地也。

天以洪鈞一氣生長萬族，而地限之以其域，天氣亦隨之而變，天命亦隨之而殊。中國之形如箕，坤維其膺也，山兩分而兩迤，北自賀蘭，東垂於碣石，南自岷山，東垂於五嶺，而中爲奥區、爲神皋焉。故裔夷者如衣之裔垂於邊幅而因山阻漠以自立，地形之異即天氣之分，爲其性情之所便即其生理之所存。濫而進宅乎神皋焉，非不歆其美利也，地之所不宜，天之所不佑，性之所不順，命之所不安。是故拓拔氏遷雒而敗，完顔氏遷蔡而亡。游鱗於沙渚，嘯狐於平原，將安歸哉？待盡而已矣。

延之入者，中夏之人也，❶不足以保彼之命而徒自潰亂也。聰明神武者知其得據而祇以失據也，無足懼也。筌之蹄之，不能有餘種矣。❷

十四　蔡謨議駁止庾亮經略中原當受名教之誅

取東晋之勢與南宋絜論，東晋愈矣。江東立國以荆湘爲根本，西晋之亂，劉弘、陶侃勤敏慎密，生聚之者數十年，民安食足兵精，芻糧、舟車、器仗旦求之而夕給，而南宋無此也。東晋所用以保國而御敵者，紀瞻、祖逖、溫嶠所鼓舞之士勇，王敦、蘇峻雖逆，而其部

❶「中夏」，原爲空格，今據邵陽曾氏抄本補。下同，不一一出校。

❷「種」，原爲空格，今據邵陽曾氏抄本補。

曲猶是晋之爪牙也，以視韓、岳收烏合之降賊，見利而動，見害而沮者，不相若也。王導歷相四君，國事如其家事，而深沈静定，規恢遠大，非若李伯紀、趙惟重、張德遠之乍進乍退，志亂謀疏，而汪、黄、秦、吕結群小以閒之也。則東晋之内備裕於南宋遠矣。劉、石之凶悍雖不減於阿骨打，而互相忌以相禁且相吞也，固無全力以與晋争；慕容、苻、姚、段氏皆依晋爲名以與劉、石競；李特雖竊，李壽折於龔壯，不敢以一矢加於晋之邊陲；張氏雖無固志，而稱藩不改；仇池楊氏亦視勢以爲從違，爲劉、石之内患：非若金源氏之專力以吞宋，無所掣也。則東晋之外逼輕於南宋遠矣。

然而宋之南渡，自汪、黄、秦、湯諸姦而外無不以報讎爲言，而進畏懦之説者皆爲公論之所不容。若晋則蔡謨、孫綽、王羲之皆當代名流，非有懷姦誤國之心也，乃其侈敵之威，量己之弱，創朒縮退阻之説以坐困江東，而當時服爲定論，史氏侈爲訏謨，是非之舛錯亦至此哉？讀蔡謨駁止庾亮經略中原之議，苟有生人之氣者未有不憤者也，謨等何以免汪、黄、秦、湯之誅於天下後世邪？

夫彼亦有所爲而言矣。庾亮之北略，形王導之不振也，而左袒導者詘亮以伸導；桓温之北伐，志存乎篡也，而惡温之逆者忌其成而抑之。於是而中撓之情深於外御，爲宰相保其勳名，爲天子防其篡奪，情繫於此則天下胥以爲當然，而後世因之以無異議。嗚呼！天下之大防、人禽之大辨、❶五帝三王之大統，即令桓温功成而篡，猶賢於戴異類

❶「人禽」，原爲空格，今據邵陽曾氏抄本改。

以爲中國主，❶況僅王導之與庾亮爭權勢而分水火哉？則晉之所謂賢、宋之所謂姦，不必深察其情，而繩以古今之大義，則一也。蔡謨、孫綽、王羲之惡得不與汪、黄、秦、湯同受名教之誅乎？

十五　諸葛恢抗疏拒慕容皝求封燕王

慕容皝求封燕王，晉廷遲回不予，諸葛恢抗疏拒之，義正而於計亦得矣。慕容氏父子之戴晉，其名順矣，則以韓信王齊之例權王之而奚不可？曰：廆與皝非信之比，而其時亦非劉、項之時也。六國初亡，封建之廢未久，分土各王，其習未泯，而漢高固未正位爲天下君，且信者漢所拜之將，爲漢討項，雖王，固其臣也。慕容氏則與劉、石等爲異類，蓄自帝之心久矣。晉業已一統而特承其亂，非與劉、石交爭而競得者也。若慕容氏之奉晉也，則與石虎角立而勢不敵，因其國士民與趙、魏之遺黎睠懷故主，故欲假晉以收之，使去虎而歸己。晉割燕以封之矣，乃建鼓以號於衆曰：吾，晉之王也。則虎之黨孤而己得助矣。歸己已定則業入其籠中而不能去，又奚復須晉之王而不自帝哉？諸葛恢曰：「借使能除石虎，是復得一石虎。」灼見其心矣。劉翔雖辯，亦惡能折此乎？當是時，石虎惡極而嚮於衰，皝謀深而日以盛，除虎得皝，且不如存虎以制皝。觀其後冉閔之亂，慕容遂有河北而爲晉勁敵。恢之說，驗於未事之前矣。

或曰：晉不王皝，皝且自王自帝而奚不

❶「異類」，原爲空格，今據邵陽曾氏抄本改。「中國」，原爲空格，今據邵陽曾氏抄本改。

可？曰：我不授以名而資之餌衆，發其姦以折之於早，國尚有人焉，知晉之所以御虎者，不恃皝也，則皝之氣奪矣，奚必禁其自王自帝哉？嗚呼！王導、郗鑒、庾亮相繼而亡，何充、庾冰、蔡謨皆庸材也，皝乃敢以此言試中國之從違。諸具臣者畏其暴己罪狀而徇之，諸葛恢不能固持其説，而晉事去矣。皝不死，慕容氏不亂，苻堅不起，吾未見晉之不折入於鮮卑也。

十六　劉翔説晉圖巴蜀

劉翔北歸，謂晉公卿曰：「石虎、李壽志相吞噬，王師當從事巴蜀，一旦石虎併壽，據形便以臨東南，智者所不能善其後。」非爲晉計深遠也，恐虎併壽而益彊，慕容氏不能敵也。雖然，又豈非晉人保固江東之要策哉？

陳軫説秦以滅蜀而臨夷陵，楚乃失鄢、郢，東徙以亡；司馬昭滅漢而臨西陵，吳乃受王濬順流之兵而中絶以亡；梁失成都於宇文氏，而江陵困、湘東死，陳氏終以滅。蓋江東據江淮以北拒，而巴蜀既失，橫江而中潰，方衛首而中折其腰膂，未有不殞者也。李昪之得割據，王建爲之蔽也；南宋之得僅延，吳玠、吳璘捍之也；孟昶滅而李煜坐斃，合州失而陽邏之渡不可防：皆明驗也。故據全蜀以出秦、鞏而欲定關中，則不得；扼秦、鞏以保全蜀而遥衛江南，則有餘。何充、庾冰聞言不警，待桓温而後興伐蜀之師。翔言之，温爲之，雖非忠於晉者，而大造於江東，不可誣也。聽其言，紀其功，亦奚必深求其心哉？

康　帝

一　殷浩風流不得與謝安並論

風會之所趨，賢者不能越也，君子酌其貞淫以立身而不可執以論人。孟子之遊，後車數十乘，從者數百人，多所辨以折異端，曲爲説以動人主。使前乎此而爲西周，後乎此而爲兩漢，必不然矣。然而有以異於田駢、慎到、蘇秦、張儀者，即時所尚而邪正之分自存也。

劉向、貢禹，經術同也；諸葛、司馬，方略同也；二程、三蘇，議論同也：不可以與賢者同而獎匪人，不可以與庸人同而疑君子。殷深源、謝安石風流相似，名望相匹，而殷虛枵以致敗，謝寧静以立功。或以江左風流爲亂階而謂此中之無人，亦皮相而已矣。

自西晋以來，風會之趨固然矣。其失也，浮誕而不適於用；其得也，則孔子之所謂狂簡也。狂者不屑爲鄉原之暖姝，簡固可以南面者也。當時之士，得焉失焉，貞焉邪焉，皆託迹而弗容自異，故陶侃、卞壼、郗鑒、庾翼力欲矯之而不可挽。夫三四君子者自卓立於風會之外，以不詭於正，則愈矣；若必以此而定人之品騭，則殷浩之短暴而謝、傅不足以庸矣。知人者别有獨鑒存焉，而不問風會之同異。故曰：「知人則哲，唯帝其難之。」

二　燕慕容翰見殺於駣

慕容翰不安於國而出奔，則固以所寓者

爲所託矣。始依段氏，沮段氏之追慕容皝而貽其害，猶曰：懼宗國之亡也。段氏滅，宇文氏逸豆歸恤而安之，乃既歸於燕，即説皝以滅宇文，輸其上下之情形、地形之險阻以決於必得。然則翰在宇文之日，鷹目側注，蠆尾潛鉤，窺伺其舉動而指畫其山川，用心久矣。逸豆歸走死，宇文氏散亡，翰得全功以歸而皝急殺之，非徒皝之忍也，翰之挾詐陰密而示人以叵測，天下未有能容之者也。

身之所託，心之所依，不與謀傾覆宗國之事可矣。身依之，心早去之，且伏不測之機以窺之，非人之不能容也，心自不容其身也。翰之將死，曰：「欲爲國家蕩一區夏。」豈果然哉？皝有可圖，禍先及之矣，而惡得以免於死？關羽之解白馬圍也，身依焉而不能不爲之效，是以先主委誠焉。雖然，胡不若徐庶之置身事外而不與共功名也？

穆帝

一 何充疑庾氏而任桓温

王導且卒而薦何充，所以制庾氏也；庾翼卒，充授桓温以荆、梁軍事，所以奪庾氏也。亮之疏也，翼、冰之隘也，皆不足以託社稷，而抑爲后族，非可世委以國柄，固矣。然亮之責導，詞正而理得。導薦充而亮不疑，充面折冰之廢子立弟而冰不怨，則庾氏之不爲晉患，明矣；導修私怨而充怙之，以貽桓温之逆而終成桓玄之篡：謀國而恩怨惟心，未有不貽國以憂者也。劉惔惡温而沮之，深識也；充持之，會稽王昱持之，以爲唯温之英略可以鉗束庾氏不能與争耳。斯心也，温已見之，曰：區區一白面少年之庾爰之，且如猛虎之在側而惴惴以需我之控制，君相若此，何憚而不遑哉？

疑其所不必疑，則可疑者進矣；疑其所不必疑，則姦雄知我之徒疑而無能制矣。故畜疑者，召禍之門也，而況乎其加之以忌也？王氏既衰，庾氏又替，王彪之、謝安方在下位而不足以持權，何充不謀固其國，唯庾氏之是競，晉之亡肇於此矣。故唯無疑者可以當大任而不傾。

二　劉惔恐桓温克蜀之後專制朝廷以爲憂

蜀之宜伐久矣，劉翔爲晉言之，謝廣亦知之夙矣。至李壽死，李勢立，驕淫虐殺，此天亡李氏之日，不待再計而宜興師者也。桓温西討，晉廷惴惴然憂其不克。温目笑而心鄙之，拜表即行，知晉之無人也。劉惔曰：「但恐克蜀之後，專制朝廷。」其言驗矣。

乃其遂無以處此哉？温表至，朝廷信之而不疑，下詔奬之以行而命重臣率大師以繼其後，則温軍之孤可無慮，而專制之邪心抑不敢萌。惴惴憂之，漠然聽之，敗則國受之，克則温專其功。惔誠慮及，而胡不爲此謀也？蓋惔者，會稽王昱之客，非能主持國計者也。昱與殷浩皆虛誕亡實而茶然不振者，惔即爲此謀而固不聽，徒爲太息而無可如何。晉非無人，有人而志不能行也。

三　胡睦爲晉遺民而阻冉閔之戴晉

冉閔盡滅羯胡，而曰：「吾屬故晉人，請

各稱牧守，奉迎天子。」雖非果有效順之誠，然慮趙人之不忘中國而不戴己，未敢遽僭也；有胡睦者稱閔功德，謂晋人遠竄江左而不足戴，然後閔無所復忌而僭以成。嗚呼，睦固晋之遺民也而其逆如此，肉蟲自生而自食，豈自外至哉？

睦之喪心失志至此極也，夫亦有其故矣。自劉淵起，中國人士詘於勢而事之，❶始亦有不得已之心焉。已而食其餘以有富貴，假其威福以陵孤寡而齧齕之，改易禮法以狎其俗，口甘其味、身便其服者數十年矣，故心盡亡而習之也安。藉使歸故版而奉正朔，則江東人士羞與爲伍而無以自容，於是聞中國衣冠之名而恧然沮矣。❷自絶歸正之路而偷安於萑苻以自雄，❸蓋遥想王、謝、何、庾之風流而汗流浹背，則何如侈擁戴之功以矜於其穴哉？斯心也，亦恥心之不容泯者也，而怙無恥以爲恥，且貪權藉以自榮焉，於是而迷復之凶終不可反矣。《詩》云：「無縱詭隨，以謹無良。」無縱者，非必以法繩之也，制於其早而全其僅存之初心也；宕佚之，使習而安之，將奚及乎？

四　辛謐勸冉閔歸身晋朝

辛謐可謂得死所矣。歷劉、石之世，徵辟不就，然而害不及焉，則可以不死，而死爲激。冉閔，中國之人也，其盡誅羯胡而有歸正之言，雖非果可與言者，而言亦不辱矣。

❶「中國」，原爲空格，今據邵陽曾氏抄本改。

❷「中國衣冠」，原爲空格，今據邵陽曾氏抄本改。

❸「萑苻」，邵陽曾氏抄本作「芄萯」。

其説閔曰：「因兹大捷，歸身晋朝，必有繇、夷之廉，享松、喬之壽。」非徒效忠於晋，其爲閔計，亦忠之至、識之遠者也。似可與言而與言，懷數十年之積悃，表見於一時，而非以辱吾言於犬羊之耳。可言也，斯可死也。襲壯宛曲以明心，辛謐直言以旌志，各以其所遇而自靖，君子之酌時宜以屈伸，道固然也。

或曰：謐言之矣，閔未必殺之，而何以死？曰：謐固知其不聽也，不聽而生，是爲閔所容也。言出而志伸，志伸而生事畢，事畢，不死奚俟乎？士懷孤志，不遇可死之時而奄奄以存，可哀也夫！

五　王羲之謂區區江左天下寒心已久

蔡謨之諫北伐，爲庾亮言也；王羲之之諫北伐，爲殷浩言也。亮與王導不協而欲立功以抑導於内，浩與桓温不協而欲立功以折温於外，内不協而欲制勝千里也，必不可得，故二子之言當其時而中於事會。雖然，君子之爲言，計及當時，計及後世，時有不可明言者則微言以動之，密謀以正之，而不因一時之急傷久長之計。亮之正不足以服導，浩之才不足以制温，迫於立功，反致潰敗，徒以沮撓人心而貽姦雄之笑，一時之事會也。王業之不可偏安，羯胡之不可縱佚，忘自彊之術而益召其侮，偷寡弱之安而日蹙其亡，百世之大防也。羲之言曰：「區區江左，天下寒心固已久矣。」業已成乎區區之勢，爲天下寒心，而更以陵廟丘墟臣民左衽爲分外之求，昌言於廷，曾無疚媿，何弗自投南海速死以延羯胡而進之乎？宋人削地稱臣，面縛乞活，皆師此意，以爲不競之上術，閉户塞牖，幸盜賊之不我窺，未有得免者也。譙周仇國之論成，而劉禪之降旗旋竪。邪説之誣人，亦酷矣哉！

若夫浩之欲折温也，亦非謀之不忠也，而折温之術莫善於收温而用之。北伐之舉，温先請之而浩沮之，既乃自行而置温於局外，不資其一旅之援，温亦安坐上流而若罔聞，固温之樂禍以乘權，抑浩擯之而使成乎坐視。嚮令東西並進而吾擁中樞之制，温固吾之爪牙，抑又惡足以逞？浩非其人而羲之等不能以此説之，疑温忌温而温之逆乃有所資以自雄。此所謂微言之，密謀之，制勍敵彊臣於尊俎者，淺人不足以及此也。

六　殷浩襲擊姚襄謀未爲失

苻健請命而殷浩不能控，姚襄來歸而殷浩激之以叛，浩之咎也。然使浩開關納之而倚以收復中原，則亦梁之進侯景也。夫健與襄而可收以爲用也哉？健之請命，殺麻秋而懼；弋仲之使襄歸晉，勝冉閔而懼也。健孤而畏冉閔之勇，弋仲死，襄孤而畏慕容之彊，中立而無寧居，睨晋之弱而可誘以爲後圖，受其餌則爲侯景，覺其機則引去而無傷，若此者亦惡能撫之使爲吾效用乎？何怪乎浩之不撫健而欲襲襄也？

浩力不足、智不逮耳，其謀未甚失也。拒之襲之，禍速而輕；納之任之，禍遲而大。弋仲將終，忠順之言孰聞之？襄述之耳。其辭愈遜，其情愈詭。議者乃以拒健激襄爲浩罪，何古今樂進豺虎以自衛者之多也？夫不見健一入關而即自王，浩北伐而襄伏甲於山桑以邀之乎？使當健、襄納款之日閉關而却之曰吾無所用爾爲也，則二夷之氣折矣。雖然，徒爲大言無裨也，必自立之有本也。非若光武，亦安能驕語盆子曰「待汝以不死」哉？

七　殷浩不能用桓温

桓温能用殷浩，殷浩不能用桓温。温曰：「浩有德有言，爲令僕，足以儀刑百辟，朝廷用違其才耳。」此温之能用浩也。温請北伐而浩沮之，浩之不能用温也。能用之而後能制之，能制之則予之奪之、生之殺之而唯吾意；不能用矣而欲制之，必敗之道也。

温之逆也，劉惔料之矣，非必温之逆爲不可制也，惔知何充、殷浩之不足以制温也。夫温之始，豈有必不可制之情形哉？嫌隙已成，王彪之説會稽王，馳一紙書而即斂跡以退。其終於逆也，浩貽之也。惴惴然相恐於廷，若猛虎之且咥，温乃見人之疑我之簒，退必無以相容，乃疑我而不能制我，將與我競功。而一敗於許昌，再敗於山桑，能事見矣，於是而技癢情興，簒逆之志始奰發而不戢。微謝安、王彪之之夷猶淡漠，視猛虎如麋鹿，温必簒矣。

虎不攖則不攫，不走則不追；蠭不撲則不螫，不避則不觸。豈徒温哉？董承不奉衣帶之詔，曹操不敢犯及宫闈；曹爽不爭顧命之權，司馬氏不敢擅爲廢立。制之有道，用之有方，則温嶠以新附之臣，而義旗回指之言折久任方州、上流倚重之陶侃而有餘。浩任將相之重，物望所歸，夫豈難於用温者？而徒爾惴惴也，謀愈深，禍愈成矣。

八　桓温入關復雒以孤軍無繼亟還

晋之失，久矣！殷浩廢，桓温受征討之

命，敗苻萇於藍田，進軍灞上，敗姚襄於伊水，收復雒陽，亦壯矣哉！ 當是時，石、冉初亡，苻、姚乍興，健雖驁而立國未固，襄甫飈去，乍集平曠之壤，勢益飄揺，故挫之也易。善攻者攻其瑕，乘瑕以收功，而積衰之氣以振。温可謂知所攻矣。 其入關也，糧匱而還；其復雒也，置戍而返。 説者曰：温有逆心，舍外而圖内。 此以劉裕例之而逆其詐也。 温之歸鎮，未嘗内偪朝廷如裕之爲也。浩既廢，會稽才弱而不足相難，王、謝得政新而望淺，非温内顧之憂也。 温何汲汲焉？乃其所以不能進圖全功而亟撤以還者，孤軍乘鋭氣，快於一擊而無以繼其後也。

晉偏安於江左而又分焉，建業擁天子以爲尊而力弱，荆、襄挾重兵以爲彊而權輕，且相離以相猜而分爲二。 温以荆、襄之全力爲孤注，其進其退一委之温而朝廷置之若忘，温即有忠誠，亦莫能自遂，而況乎其懷二心哉？ 臣與主相離也，相與將相離也，東與西相離也，以此而欲縣軍深入，争勝於蠭起之寇，萬不可得之數矣。

尤可嗟異者，温方有事於關、雒，而荀羨東出山茌以伐燕，欲與温競功而忘其力之不逮。且燕非苻、姚新造之比也，慕容儁三世雄桀而植根深固，攖勢重難揺之虜以自取敗衄，曾不知以一旅翼温，乘勝以復故都，豈不傎乎？ 秦寇平，燕之氣奪；兩都復，晉之勢成。合天下之力以嚮燕，則燕不能孤立以相抗；協於温以成將就之功，則温之心折而不足以騁。 乃彼方西嚮，我且東指，徒爲立異而生其欺怨。 謝萬之愚、荀羨之妄、會稽之闇，懷忮以居中，欲温之成功於外，其可得乎？ 謀國若此，不亡爲幸耳。其不亡也，❶猶温兩捷之威有以起萁茶之氣，讐凶狡之心也。

九　慕容恪緩攻廣固

五胡旋起旋滅，而中原之死於兵刃者不可殫計；殫中原之民於兵刃，而其旋起者亦必旋滅。其能有人之心而因以自全者，唯慕容恪乎？故中國之君，一姓不再興，而慕容氏既滅而復起。恪圍段龕於廣固，諸將請亟攻之，恪曰：「龕兵尚衆，未有離心，盡鋭攻之，殺吾士卒必多矣。自有事中原，兵不暫息，吾每念之，夜而忘寐，要在取之，不必求功之速。」嗚呼，惻悱之言自其中發，功成而人免於死，恪可不謂夷中之錚錚者乎？

古之用兵者，於敵無欲多殺也；兩軍相擊，追奔俘馘者無幾也。於敵且有靳焉，而況其人乎？戰國交争，毆步卒以併命，殺敵以萬計，而兵乃爲天下毒，然猶自愛其民而不以其死嘗試也。尉繚之徒至不仁而始爲自殺其人之說，於是楊素之流力行其說以毆民於死而取勝。突圍陷陣者有賞，肉薄攻城者前殞而後進，則嗜殺者非嗜殺敵而實嗜殺其人矣。晨與行，夕與息，環拱聽命於牙旌之下，方且呴呴然相聚以相保，而威之誘之，激之迫之，唯恐其不自投於死。嗚呼，均是人也而忍至此哉？用兵之殺人也，其途非一，而毆人爲無益之死者莫甚於攻城。投鴻毛於烈焰而亟稱其勇以奬之，有人之心，尚於此焉變哉？

讀通鑒論卷十三終

❶「亡」，邵陽曾氏抄本作誤作「存」。

讀通鑒論卷十四

衡陽王夫之譔

哀帝

一 桓温非真欲遷都雒陽

桓温請遷都雒陽，誠收復之大計也。然温豈果有遷都之情哉？慕容恪方遣吕護攻雒，温所遣援者，舟師三千人而止。温果有經略中原之志，固當自帥大師以鎮雒，然後請遷未晚。惴惴然自保荆、楚而欲天子渡江以進圖天下，夫誰信之？爲此言也，特以試朝廷所以答之者。而舉國驚憂，孫綽陳百姓震駭之説貽温以笑。温固曰：吾一言而人皆震恐，吾何求而不得哉？王述曰：「但從之，自無所至。」温説折矣。而周章議論之情形已早入温之目中。其云「致意興公，何不尋《遂初賦》而知人家國事」，非憚綽也，笑晋人之不足與人家國也。

夫温以虚聲動朝廷，朝廷亦豈可以虚聲應之？王述之議亦虚聲也。使果能率三吴、兩淮之衆渡江而嚮壽、譙，詔温移屯於雒，繕城郭，修塢戍，爲戰守計，而車駕以次遷焉，温且不能中止。外可以捍燕、秦，而内亦可以折温之逆志，乘其機而用吾制勝之策，誠百年一日之會，而晋不能也。燕、秦測之，温諒之，晋不亡者幸耳！

内寧而外可無憂，一道也，處治安之世以建威銷萌之道也；外無憂而内可寧，一道也，處紛亂之日以彊幹弱枝之道也。夫桓温者，何足慮哉？慕容恪之沈鷙、苻堅之恢豁，東西交逼以相吞而唯與温相禁制於虚聲，曾不念彊夷之心馳於江介也，是足悲也。晋不成乎其爲君臣，而温亦不固爲操、懿者也。

二　哀帝欲爲所生服期

爲人後者爲所生父母服期，亦天下之通喪也。僅見於《士喪禮》，而以情理推之，固可通於天子。天子喪禮無傳文，後世執期喪達乎大夫之説以屈厭而議短喪，非也。哀帝欲爲所生周太妃服三年則過，既而欲服期，是已。江霦執服緦之説抑帝而從之，邪説也，天子絶期而又何緦乎？爲人後而繼大宗，承正統，上嚴祖考，而不得厚其私親，此以君臣之義裁之也。故歐陽修、張孚敬稱考、稱皇、稱帝之説紊大綱而違公義，固不若漢光武稱府君之爲允矣。

位號者，天下之公尊，非人子所得以己之尊加於其親，義也；若夫死而哀從中發，哭踊服食之節達其中心之不忍忘，則仁也。降而爲期，止矣；過此而又降焉，是以位爲重而輕恩，戕性之仁矣。哀死者，情也；情之所自生者，性也。稱尊者，名也；名之所依者，分也。秩然不可干者，分以定名；愴然不容已者，情以盡性。舜視天下猶艸芥，而不得於親，不可以爲人，霦獨非人之子與？必欲等之於疏屬而薄之，則何如辭天子之位而可盡一日之哀也？王子母死，請數月之喪，而孟子曰：「雖加一日，愈於已。」生而爲庶子，莫如之何也；哀帝不立乎天子之位而可致其哀，非生而詘者也。然則天子之位，其爲帝之桎梏乎！《周禮》殘缺而往聖之精義不傳，保殘之儒徒紛紜以賊道，奚足取乎？

三　苻堅禁富商

苻堅之世，富商趙掇等車服僭侈，諸公競引以爲卿，堅惡而禁之。天下之大防二：中國、夷狄也，君子、小人也。非本未有別而先王强爲之防也。中國之與夷狄，❶所生異地，其地異，其氣異矣。氣異而習異，習異而所知所行蔑不異焉。乃於其中亦自有其貴賤焉，特地界分、天氣殊，而不可亂。亂則人極毁，中國之生民亦受其吞噬而憔悴。❷防之於早，所以定人極而保人之生，因乎天也。君子之與小人，所生異種，異種者，其質異也。質異而習異，習異而所知所行蔑不異焉。乃於其中亦自有其巧拙焉，特所産殊類、所尚殊方，而不可亂。亂則人理悖，貧弱之民亦受其吞噬而憔悴。防之於濫，所以存人理而裕人之生，因乎天也。嗚呼，小人之亂君子無殊於夷狄之亂中國，或且玩焉，而孰知其害之烈也？

小人之巧拙自以類分，拙者安拙而以自困，巧者銜巧而以賊人。拙者，農圃也，自困而害未及人者也。然夫子未嘗輕以小人斥人而特斥樊遲，惡之甚、辨之嚴矣。漢等力田於孝弟以取士而禮教淩遲，故曰：三代以下無盛治。夫以農圃亂君子而弊且如此，況商賈乎？商賈者於小人之類爲巧，而蔑人之性、

❶「中國之與夷狄」，原作「夷狄之與華夏」，今據邵陽曾氏抄本及上文改。

❷「中國」，原作「華夏」，今據邵陽曾氏抄本及上文改。下二「中國」同。

賊人之生爲已亟者也。乃其氣恒與夷狄而相取，其質恒與夷狄而相得，故夷狄興而商賈貴。許衡者，竊附於君子者也，且曰：「士大夫居官而爲商，可以養廉。」嗚呼，日狎於金帛貨賄，盈虚子母之籌量，則耳爲之聵，目爲之熒，心爲之奔，氣爲之蕩。衡之於小人也，尤其巧而賊者也，而能溷廁君子之林乎？

以要言之，天下之大防二，而其歸一也。一者，何也？義利之分也。生於利之鄉，長於利之塗，父兄之所熏，肌膚筋骸之所便，心旌所指，志動氣隨，魂交神往，沈没於利之中，終不可移而之於中國君子之津涘。故均是人也而夷夏分以其疆，君子小人殊以其類，防之不可不嚴也。夫夷之亂華久矣，狎而召之，利而安之者，嗜利之小人也，而商賈爲其最。夷狄資商賈而利，商賈恃夷狄而驕，而人道幾於永滅。無磁則鐵不動，無珀則芥不黏也。

帝　奕

一　慕容暐罷蔭户

慕容暐罷蔭户至二十萬。以東北一隅而二十萬户爲權貴所蔭，不受公家之役，民户減少則賦役偏重而民之疲瘠甚矣。蓋夷狄之初起也，上下無章，資部族之彊力以割據而瓜分之，狎爲已有，舊矣。故暐從悦綰之請，糾擿還郡縣而舉國怨怒。然暐之亡，自以疑慕容垂使外叛而致敗，既非罷蔭户之所致，國無紀而民困，積弊雖去而害已深，故苻堅假仁義以動衆而席捲之。則悦綰之言亦憾其不夙爾。

嗚呼，豈獨夷狄之不綱者爲然哉？四海之民力自足以給天下之用而衛宗社，乃上不在國，下不在民，居閒而爲蠹賊者，中涓也，戚畹也，債帥也，勳舊也：皆頑民竄卒之所依以耗國而墮重於民者也。劉忠宣一搜隱占之禁旅而怨謗已騰，卒致撓敗，君明臣忠，卒不能施釐正者，親疏遠邇之勢殊而輕重以移也。❶其如此之浮言胥動者，何哉？夫此瑣瑣者之恩怨何足以繫國家之安危？人主不審，曾不如慕容暐之能斷矣。制之有法而慎於始，且不能持於其後。祖宗之法未可恃也。中葉之主能不惑者，未見其人也，天下所以鮮有道之長也。

二　孫盛書桓温枋頭之敗

桓温伐燕，大敗於枋頭，申胤料之驗矣。胤曰：「晉之廷臣必將乖阻以敗其事。」史不著乖阻之實，而以孫盛《陽秋》直書其敗觀之，則温之敗，晉臣所深喜而樂道之者也。會稽王昱不能自彊而徒畏人之軋己，王彪之弗能正焉。嗚呼，人之瑣尾而偷也，亦至是哉？

秦檜之稱臣納賂而忘讎也，畏岳飛之勝而奪宋也。飛亦未決其能滅金耳。飛而滅金，因以伐宋，其視囚父俘兄之怨奚若？而視臯亭潮落、硇門颶發、塊肉無依者又奚若也？温亦未能舉燕之爲憂耳。温而舉燕，

❶「以」，原作「已」，今據邵陽曾氏抄本改。

其簒不簒亦未可知也。爲君相者居重以不失人望之歸，盡道以得民，推誠以得士，以禮待温，以道馭温，静正而不驚，建威以自固，温抑惡能逞志以逆而不恤天下之公討？不然，則王莽、蕭道成固無毫髮之勳庸而竊大寶如拾芥矣。庸主陋臣如嬰兒之護餌而徒忌其姊娣，尚能安於位以有爲乎？處堂以嬉，授兵柄於温而又幸其敗，温之怨且深，其輕朝廷也益甚。故會稽立而憤盈以逞，非其死之速也，晋必移社於桓氏矣。舍夷夏之大防，置君父之大怨，徒爲疑忌以沮喪成功，庸主具臣之爲天下僇，晋宋如合一轍，亦古今之通憾已。《春秋》予桓文之功，諱召王請隧之逆，聖人之情見矣。若孫盛之流，徇流俗而矜直筆，幸災樂禍，亦惡足道哉？

三　王猛非豪傑

王猛請慕容垂之佩刀，紿其子使叛逃，期以殺垂。司馬温公譏其非雅德君子所爲，何望猛之厚而責之薄也？猛者，亂人之雄者耳，惡知德哉？猛以桓温爲不足有爲而不歸晋，將謂苻堅之可與定天下乎？乃堅亡而晋固存，果孰短而孰長邪？使猛隨温而東也，歸晋也非歸温也。猛而果有定天下之略，則因温以歸晋而因可用晋以制温。然則其不隨温而東，乃智量出乎温之下而欲擇易與者以獲富貴耳。慕容垂奔秦，慕容評以鬻薪賣水之猥賤而握重兵，猛滅之，非智勇之絶人，摧枯折朽之易也。苻堅之不欲殺垂，猛豈能間之？而徒爲撓亂，忌其寵而已矣。其誓三軍曰：「王景略受國厚恩，任兼内外，受爵明君之廷，稱觴父母之室，不亦美乎？」猛之涯量盡於此矣。紿無知之稚子而陷其死，商鞅、張儀之術也。朱子曰：「三秦豪傑之士，非猛而誰？」伏戈矛於談笑，激叛亂以殺人，妾婦耳，奚豪傑之云？

簡文帝

一　簡文聽桓温擁立

簡文爲琅邪王，相晋五年，桓温外拒燕、秦，内攻袁瑾，而漠然不相爲援，蓋其惡温而忌之夙也。既惡温矣，抑不能樹賢能、修備御以制温，温視之如視肉，徒有目而無手足，故惎之而猶擁立之，以爲是可談笑而坐攘之者也。蓋至於聽温之扳己以立而遂立焉，則生人之心、生人之氣無有存焉者矣。

帝奕未有失德，温誣其過而廢之，於斯時也，簡文既不能折之以衛奕，則以死拒温而必不立，奉名義之正，涕泣以矢之，温亦豈能遽殺己者？如其不擇而推刃於己，則温之逆受衆惡而不足以容，即令己殺而温篡，亦可無咎於天下。乃雖靦然南面而旋隕天年，位與壽皆朝露耳。等死也，爲晋恭、齊順之飲酖，何如誓死不立，以頸血報宗社哉？

温，賊也；簡文相其君而篡之，亦賊也。賊與賊以智力爲勝負而不敵者受吞，必然之勢也。病而一日一夜四發詔召温入輔，遺詔且云「君自取之」，乃語王坦之曰：「天下儻來之運，卿何所嫌？」非但闇弱如謝安所云似惠帝者耳，得一日焉服衮冕正南面而心已惬，易其忌温之心而戴温不忘，欒以祖宗之天下奉之而酬其惠也。洵哉，簡文之爲賊也！

孝武帝

一　王坦之封還居攝詔

簡文以懿親任輔相而與賊同逆，尸天子之位，名器在其手而唯其所與，雖有王彪之、謝安、王坦之忠賢而無可如何也。天不祚逆，使之速殞，而諸賢之志伸矣。坦之裂居攝之詔，惟簡文篤疾，不能與之争也。太子之立，廷臣欲待温處分，太子既立，太后猶有居攝之命，彪之抗議不從，温入朝，謝安談笑而視之若無，惟簡文之已死也。孝武方十歲，抑非英武之姿，諸賢之志可伸，而於簡文也則不能。但責簡文以闇弱，豈其出於十歲嬰兒之下乎？故謂簡文與人同逆而私相授受，非苛論也。

簡文篡而彪之不能止者，温與之協謀，內外之權交失也。簡文死，温雖有淫威而內無爲之主者，於是彪之乃得伉慨以正之，謝安乃得從容以潛消之，不足爲深憂矣。簡文居中以掣曳，諸賢之困不在阢隉而在葛藟。晋祚未終，天奪匪人之速，亦快矣！若桓温者，無簡文，則雖十歲嬰兒而不能奪，固在諸賢局量之中而弗能躍冶。雖決裂而成乎篡，亦必有以處之矣。

二　王敦桓温垂死謀篡

嗚呼，人苟移情於富貴而沈溺以流焉，

何所不至哉？天子之尊、四海之富，亦富貴也，簿尉之秩、百金之獲亦富貴也，垂至於死而苟一日得焉，猶埋心引吭以幾幸之。不知其何所爲也，不知其何所利也，垂至於死而不已。人而不仁，將如之何哉？《易》曰：「不鼓缶而歌，則大耋之嗟，凶。」大耋矣，何嗟乎？名之未得、利之未遂焉，俄而嗟矣，俄而並忘其嗟而埋未冷之心、引將絶之吭以思弋獲矣。有涯之日月，廢鼓缶之歡，營營汲汲，笑駡集於厥躬而不恤。簿尉一天子，百金一四海也，人盡如馳，塗窮焉而後止。嗚呼，亦何所不至哉？

王敦、桓温皆於老病奄奄、旦暮且死之日而謀篡不已。以爲將貽其子孫，則王含、王應奴隸之才，敦已知之，桓熙弱劣，玄方五歲，温亦知之矣。王導知敦之將死，起而討敦，王、謝諸賢知温之將死而坐待其斃，敦與温亦何嘗不自知也？其心曰：吾一日而居天子之位，雖死猶生。嗚呼，天下之不以敦、温之心爲心者，吾見亦罕矣哉！

孟子曰：「萬鍾於我何加焉？宮室之美、妻妾之奉、窮乏之得我，失其本心。」雖然，猶人生之有事也。至於奄奄垂死而三者皆不任受，然且鼓餘息以蹶起而圖之，是何心哉？一念移於不仁，内忘其心，外忘其名，沈湎淫溺自不能已而不復問欲此之何爲也。謀天下者曰：簿尉之秩、百金之獲何足以死求之也？謀簿尉百金者曰：天子之尊、四海之奉何易求焉？吾所求者，旦暮未死而可得也：而不知其情同矣，易地則皆然也。幼而忘身以貪果餌，長而忘身以貪温飽，相習相流，愈引愈伸而不可中止。自非立志於早，以名義養其心而生惻悱，未有老死而能忘者也。苟不志於仁，勿怪亂臣賊子之怙惡以没身也。

三　謝安反經合道

漢儒反經合道，程子非之，謂權者審經之所在而經必不可反也。於道固然，而以應無道之世則又有不盡然者。母后之不宜臨朝，豈非萬世不易之大經乎？謝安以天子幼沖，請崇德皇后臨朝攝政，灼然其爲反經矣。王彪之欲已之而安不從，彪之之所執者經也，安之所行者權也，是又反經之得爲權也。

桓温雖死，揚、豫、江三州之軍事桓沖督之，沖不終逆而克保臣節，世遂以忠順歸之。夫沖特不爲王含耳。含之逆，於未敗之前已有顯蹟。温死，人心乍變，郗超之流折伏沮喪，惡知沖非姑順巽以縻繫人心而徐圖之邪？且沖果有懷忠效順之情，當温存日，沖固與相得而爲所付託者，何不可以規温而使守臣節？則沖之無以大異於温，審矣。若温既亡而或説以誅逐時望，沖不聽者，不能也，非不爲也。王、謝諸賢非劉隗、刁協之倫匹，温且不敢決於誅逐，沖亦量力而止耳。外人遽信其無他，謝安固察見之而不早有以制之哉？奉太后爲名以引大權歸己，而沖受裁焉，安蓋沈思熟慮，執之堅固，而彪之不能奪也。

或曰：安爲大臣，任國之安危則任之耳，何假於太后？曰：晋之任世臣而輕新進也，成乎習矣。王導之能秉政也，始建江東者也；庾亮，后族也；何充則王導所引重而授以政者也。至穆帝之世，權歸桓氏非一日矣。謝安社稷之功未著而不受託孤之顧命，其兄萬又以虚名取敗。安之始進，抑受桓温之辟，雖爲望族，無異於孤寒。時望雖隆，而蔡謨、殷浩皆以虚聲貽笑，固群情之所不信。而乍秉大權，桓沖之黨且加以專國自用之名而無以相折，則奉母后以示有所承，亦一時不獲已之大計也。

或曰：安胡不引宗室之賢者與己共事，而授大政於婦人邪？曰：前而簡文之輔政，其削國權以柔靡已如此矣；後而道子之爲相，其僭帝制以濁亂又如彼矣。司馬氏無可託之人，所任者適足以相撓，固不如婦人之易制也。此之謂反經而合道，又何傷哉？雖然，王彪之之議不可廢也。安雖不從，而每嘆曰：「朝廷大事，王公無不立決。」服其正也。審經以爲權，權之常；反經以行權，權之變。當無道之天下，積習深而事勢違，不獲已而用之，一用而不可再者也。故君子慎言權也。

四　除度田收租制

太元元年，謝安録尚書事，除度田收租之制。度田收租者，晋之稗政，魯宣公税畝之遺弊也。安罷之，可謂體天經以定民制矣。

王者能臣天下之人，不能擅天下之土。人者，以時生者也。生當王者之世而生之厚、用之利、德之正，待王者之治而生乃遂，則率其力以事王者而王者受之以不疑。若夫土，則天地之固有矣。王者代興代廢而山川原隰不改其舊，其生百穀卉木金石以養人，王者亦待養焉，無所待於王者也，而王者固不得而擅之。故井田之法，私家八而公一，君與卿大夫士共食之而君不敢私。唯役民以助耕，而民所治之地，君弗得而侵焉。

民之力，上所得而用；民之田，非上所得而有也。

助、徹者，殷、周之法也，夏則貢矣。貢者非貢其地之産，貢其人力之所獲也。一夫而所貢五畝之粟，爲之制耳。曰五十而貢者，五十爲一夫而貢其五也。若夫一夫之耕或溢於五十畝之外，或儉於五十畝之中，爲之一易、再易、萊田之名以寬其征。田則自有五穀以來民所服之先疇，王者惡得有之而抑惡得稅之？地之不可擅爲一人有，猶天也。天無可分，地無可割，王者雖爲天之子，天地豈得而私之而敢貪天地固然之博厚以割裂爲己土乎？知此則度而征之者，人之安也；不可度而征之者，天之體也。此之謂「體天經」矣。

以治民之制言之，民之生也，莫重於粟；故勸相其民以務本而遂其生者，莫重於農。商賈者，王者之所必抑；游惰者，王者之所必禁也。然而抑之而且張，禁之而且偷，王者亦無如民何。而惟度民以收租而不度其田。一户之租若干，一口之租若干，有餘力而耕地廣、有餘勤而獲粟多者無所取盈，窳廢而棄地者無所蠲減，民乃益珍其土而競於農。其在彊豪兼并之世尤便也。田已去而租不除，誰敢以其先疇爲有力者之兼并乎？人各保其口分之業，人各勸於稼穡之事，彊豪者又惡從而奪之？則度人而不度田，勸農以均貧富之善術，利在久長而民皆自得，此之謂「定民制」也。

太元之制，口收稅米三斛，不問其田也。不禁兼并而兼并自息，舉末世之制而除之。安之宰天下，思深而道盡，復古以型今，豈一切苟簡之術所可與議短長哉？

五　晋設北府兵

荆、湘、江廣據江東之上流，地富兵彊，東晋之立國倚此也。而權姦内逼、邊防外匱，交受制焉，亦在於此。居輕而御重，枝彊而幹弱，是以權臣窺天而思竊，庸人席富以忘危，其不殆也鮮矣！上流之形勢，❶以趨建業也則易，王敦、桓温之所以莫能御也；以度楚塞爭淮表也則難。舟楫之利困於平陸，守險之長詘於廣野，庾亮、桓温之所以出而即潰也。謝安任桓沖於荆、江，而别使謝玄監江北軍事，晋於是而有北府之兵，以重朝權，以圖中原，一舉而兩得矣。安詠《詩》而取「訏謨遠猷」之句，是役也可不謂謨猷之訏遠者與？

江北、河南之衆，紀瞻嘗用之以拒石勒而石勒奔，祖逖嘗用之以嚮汝、雒而汝、雒復。所以不永其功者，王導之弗能任也。導之弗能任者，專任王敦於上流而不欲權之分也。紀瞻一出而不繼，祖逖始成而終亂，王敦、桓温乃挾荆、湘以與晋爭。内亂而外荒，積之數十年矣。安起而收之，雖使桓沖牧江、荆，而自督揚、豫。北府兵彊而揚、豫彊於江、荆，勢之所趨，威之所建，權歸重於朝廷，本根固矣。況乎中原南徙之衆，尤多磊落英多之士，重用之，以較楚人之僄而可蕩者，相什百也。《書》曰：「迪惟有夏，乃有室大競。」競以室，非競以户庭也。安於是而知立國之弘規矣。故淝水之役，桓沖遣兵入援而安却之，示以荆、江之不足爲輕重而可無藉於彼，沖其能不終乎臣節哉？

❶「形」，原無，今據邵陽曾氏抄本補。

宋高、秦檜之愚也，憂諸帥之彊而不知自彊，殺之削之而國以終敝。檜死，張浚任恢復而敗潰於符離，無可用之兵也。此殷浩之覆軌也。謝玄監軍江北，擇將簡兵，六年而後用之，以破苻堅於淝水，非一旦一夕之效矣。

六　苻堅作教武堂教陰陽兵法

先王之教，覿文匿武，非徒以静民氣而崇文治也，文可覿，武不可覿。不可覿者不可以教，教之而武黷，黷則衰。苻堅作教武堂，命太學生明陰陽兵法者教諸將，狄道也，而適足以亡。其爲狄道者，獎武以蕩人心而深其害氣，言治者或知其不可矣而妄人猶以迂疏誚之，其適足以亡也，則人未有能信其必然者。善哉，岳武穆之言曰：「運用之妙，存乎一心。」武而可以教教者哉？教之習之，其志玩，其氣愒，其取敗亡必矣。

兵之所尚者勇，勇非可教而能者也；所重者謀，謀非可豫設而爲教者也。若其束伍之嚴、訓練之勤、甘苦與共之以得士心，則取之六經而已足。其他詭誕不經而適以僨軍殺將者，則陰陽時日、壬遁星氣之嘖嘖多言，非可進而進，可乘而不乘，以鬼道敗人之謀者也。至於騎射技擊之法雖可習焉，而精於態者不給於用。口授而目營之，規行矩止，觀天畫地，疑鬼疑神，以沮其氣而蕩其心，不敗何待焉？自非狂狡虛妄之士，孰敢任爲之師；自非市井亡賴竄身干進之徒，孰樂爲之弟子？官爲之制，妄人嘗試焉，祇以亂天下，而武備日以玩而衰。苻堅之好虛名而無實用，若此類者衆矣，國破身死而後人猶效之，愚不可瘳，一至此乎？

七　桓玄之禍始於謝安分荊豫江三州以授諸桓

桓沖死，謝安分荊、豫、江三州以授諸桓，桓玄之禍始於此矣。安之慮桓氏已熟矣，折桓沖而令其無功媿死，其勢可以盡削桓氏之權以奬晉室。然而爲此者，自以父子名位太重，貽桓氏以口實，不得已而平其怨忌也。夫桓氏抑豈以私怨怨安而危安者乎？憂不在桓氏，而在司馬道子、王國寶也。二姦伏於蕭牆，蠱孝武以忌安而不足以相勝，則必假手桓氏以啓釁。主昏相妒，以周公之聖且不能塞不利孺子之口，而況安乎？故以知安之於此，有大不獲已者在也。所任者，石虔也、石民也、伊也，以爲差愈於玄而可免於亂，然而終不能免，則安窮矣。

雖然，安豈遂無道處此以保身而靖國乎？安秉國政於此十年矣，太后歸政而己録尚書八年矣。夫豈晉廷之士舉無可大受之人材，使及早而造就之以儲爲國之柱石者？沖死之後，内不私之於子弟，外不復假於諸桓，君無可疑，相無可謗，而桓氏亦無所倚以爭權。安之識早弗及此也，則臨事周章，亦其必然之勢矣。量不宏而慮不周，有靖國之忠而惘於大臣之道，安不能免於責矣。

《鴟鴞》之詩曰：「既取我子，勿毀我室。」周公長育人才之心，至於疑謗居東而哀鳴益切。人才者，大臣之以固國之根本者也。時未有賢，則教育之不夙也。不此之務，惴惴然求以弭謗而貽國家之患，可深惜也夫！

八　徐邈責范寧采求風政

問，次於學者也；問之道，尤重於學也。三代以下，於學也博，於問也寡；三代以上，於學也略，於問也詳。故稱舜之大知，好問其至矣。雖然，學者，自爲學也；問待人，而其塗有二：有自問者，有問人者。自問者，恐其心之所信非其身之所宜，身之所行非其心之所得，處事外者，公理之衡也，不問而不我告，問而猶恐其不我告焉，孜孜以求之，舜之所以爲大知也，聖之津梁也。問人者，舍其是非而求人之是非，舍天下之好惡而求一人之好惡，察焉而愈昏，詳焉而愈詖，君子之喜怒有偏者矣，小人之愛憎未有不私者也，急於求短以疑其長，亂國闇主猜忌之臣所以惑焉而自奪其鑑也，愚者之狂藥也。

夫人之心行有小略而大詳者，有名污而實潔者，有迹詭而心貞者。君子於此，鑒之真，信之篤，不忍求人於隱曲，抑不屑也。而流俗之口好摘舉以矜其慧辨，姦邪之醜正者勿論焉。不擇人而問之則善惡互亂，有所偏任則讒閒行。問之君子則且對以不知，問之小人則盡言而若可倚。於是而賢才之心疑畏而不爲用，姦僞之士塗飾以掩其惡；則有讒不見，有賊不知，皆好問者之所必致矣。居官而敗其官，有天下而敗天下，必也。故曰：愚者之狂藥也。舍其躬之得失，不考鏡於公非，日取人之貞邪，待左右以爲耳目，其亡速於桀紂，不亦傷乎？

范寧爲豫章太守，遣十五議曹下屬城采求風政，吏假還，訊問官長得失。是道也，不自問己過而問人，以聾爲聰之道也。徐邈責之曰：「欲爲左右耳目，無非小人，善惡倒置，讒諂並進，可不戒哉？」治道學術，斯言盡之矣。

九　謝安不能樹人以貽後

有才皆可用也，用之皆可正也，存乎樹人者而已矣。操樹人之權者，君也。君能樹人，大臣贊之；君弗能樹人，責在大臣矣。君弗能樹人而掣大臣以弗能有爲，大臣有辭也；君不令而社稷之安危身任之，康濟之功已著見而爲天下所倚重，乃及身而止，不能樹人以持數世之危，俾免於亡，大臣無可辭矣。

王導、謝安，皆晉社稷之臣也。導庇其族而不能公之天下，故庾亮得而閒之。然其没也，猶有郗鑒、王彪之、謝安以持晉室之危，雖非導之所託，而樹之者猶導也。安以

族盛而遠嫌，不私其子弟可矣，當其身而道子以亂，迨其後而桓玄以篡，廷無端方嚴正之士居端揆以鎮姦邪，不於安責，將誰責而可哉？

老氏曰：「功成身退，天之道。」安學於老氏者也，故能以力建大勳之子弟，使遠引以全名，而宗族雖有賢者，皆無列於朝右，以是爲順天興廢之理與？夫君子之進也，有先之者；其退也，有後之者。退而無以後之，則已成之緒與身俱没，而宗社生民被其澤。既已爲公輔，建不世之勳，則宗社生民即厥躬之休戚矣。全身而避名，知衰而聽命，抑豈所謂善退者哉？退之難於進也，久矣，未退之日而早爲退之地，非樹人其何以退乎？

或曰：時未有人也。夫王雅、王恭、殷仲堪、王珣之徒，躁而敗者，望不重也，養不

純也。養其剛烈之氣，檃括以正之，崇其位望以止其浮夸，此諸人者固皆可用，用而皆可正者也。安弗能養以戢其驕，授之昏湎之主以導於詖，於是乎輕慓以從主之私而激成上下相争之勢。安存而政已亂，安没而國以傾，❶則舉生平之志操動名與廟社河山而消隕，安之退，一退而無餘矣。天之道，功成而退，春授之夏，冬授之春，元氣相嬗於無垠，豫養其穉而後息其老，故四序循環而相與終古。老氏不足以見此，而安是之學也。史魚不能進蘧伯玉，死以爲慚，此則老氏所謂死而不亡者也。

十　慕容寶以夷狄竊先王之法而亡

慕容寶定士族舊籍，分清濁，閲户口，罷軍營封蔭之户，而士民嗟怨。夷狄而效先王之法，未有不亡者也。以德仁興者以德仁繼其業；以威力興者以威力延其命。沐猴冠而爲時大妖，先王之道不可竊，亦嚴矣哉！以威力起者始終尚乎威力，猶一致也。絀其威力則威力既替矣，竊其德仁，固未足以爲德仁也。父驢母馬，其生爲驘，驘則生絶矣。相雜而類不延，天之道、物之理也。自苻堅之敗，北方瓜分而雲擾，各恃其部曲以彈壓士民而用之，無非濁也。純乎濁而清之，清者非清，濁者失據，人民不靖，部曲離心，不亡何待焉？雖然，天下之濁極矣，威力横行而貧弱無告，固不可以永也。慕容氏以亡而拓拔氏承之以稍息，喚喁汙薉之氣相延相俟以待隋唐，則寶取亡之道，又未必非天下之生機也。士民怨之，彼士民者又惡足與計恩

❶「以」，原作「已」，今據邵陽曾氏抄本改。

怨哉？

十一　薛彊降姚興斬其先澤

君子之澤五世而斬，小人之澤五世而斬或且不及五世而無餘，君子深悲其後也。永嘉之亂，中原淪陷，劉琨不能保其軀命，張駿不能世其忠貞，而汾陰薛氏聚族阻河自保，不仕劉、石、苻氏者數十年。姚興稱帝於關中，禮徵薛彊，授以將軍之號，遂降興而導之以取蒲坂。悲夫！志士以九族殉中夏，經營於鋒刃之下，貽子孫以磐石之安、衣冠之澤，而子孫隕落之也。虛名小利動不肖之心魂而忘其祖父，彼先世英拔峻毅之氣怨恫於幽而子孫或且以爲榮焉，有如是夫？

姚興之盛也不如苻氏，其暴也不如劉、石，遲之數年而興死矣、泓滅矣，拓拔氏尤能容我而無殄滅之憂者，俟之隋興而以清白子孫爲禹甸之士民，❶豈遽不可？然而終不及待也。一失其身，而歷世之流風以墜。前之人亦自靖而已矣，遑恤我後哉？溧陽史氏以建文舊臣，三世不入庠序，而史鑑之名淩王鏊而上之，何史氏之多幸也？

安帝

一　安帝之亡國同於惠帝

國之亡，類亡於淫昏暴虐之主，而晋獨不然。前有惠帝，後有安帝，皆行尸視肉，口不知味、耳不知聲者也。與子之法，定於立

❶「禹甸」，原爲空格，今據邵陽曾氏抄本補。

適，二君者皆適長而豫建爲太子，宜有天下者也。藉廢之而更立支庶之賢者，則抑淩越而爲彝倫之斁。雖然，爲君父者，苟非寵嬖孽以喪元良，念宗社之安危，亦奚恤哉？抑非徒前君之責也，大臣有社稷之任，固知不可，而選賢以更立焉，自靖而憂國如家者所宜然也。

乃惠帝之嗣也，衛瓘爭之矣，和嶠爭之矣，賈氏飾僞以欺武帝，而武帝姑息以不決。若安帝，則上下無異辭而坐聽此不知寒暑飢飽者之爲神人主。夫孝武之淫昏，誠無百年之慮矣，而何大臣之漠然不念也？

司馬道子利其無知而擅之，固已。王恭猶皎皎者，而抑緘默以處此也，何哉？恭方與道子爲難，恐道子執廢適以爲名而行其誅逐，天下不知安帝之果不勝任而被恭以逆名，恭所不敢任也。道子爭權而人皆懷貳，豈徒恭哉？謝安且不敢任而抱東山之志。舉國昏昏，授天下於聾瞽，而晉以亡，天也，抑人任其咎矣。

夫安功在社稷，言即不庸而必無覆宗之禍，何恤而不爲君父任知罪之權？若恭也，與其稱兵而死於劉牢之之手也，則何如危言國本以身殉宗社乎？見義不爲而周章失措，則不勇者不可與託國，信夫！

二　舉朝不斥道子王國寶之姦王殷因而搆難

公論者，朝廷之柄也。小人在位，天下未聞其惡，外臣未受其傷，而臺諫爭之，大臣主之，斥其姦而屏逐之，則臣民安於下而忘言。即其擊之不勝，而四方猶靜處以聽，知朝廷之終有人而弗難澄汰也。如是，則不保國之無姦邪而四海無争衡之禍。公論之廢於上也，臺諫緘唇，大臣塞耳，惡已聞於天下而倒授公論之柄於外臣，於是而清君側之師起而禍及宗社。

劉隗、刁協以苛刻失人心而王敦反，庾亮以輕躁損物望而蘇峻反，晋廷之臣未有持片辭以與隗、協、亮争者。貽彊臣以犯順，宗社幾亡，固有以召之也。然猶曰隗、協之持論非不正也，庾亮之秉心非不忠也。若夫司馬道子、王國寶，荒淫貪葴，灼然爲晋之蟊賊，孝武雖與同昏，既而疑忌之、疏遠之矣，乃在廷之士持禄取容，無或以片言摘發而正名其爲姦邪者。於是而外臣測國之無人以激其不平之氣，王恭、殷仲堪建鼓以鳴，而不軌之桓玄藉之以逞。公論操於下，而朝廷爲養姦之淵藪，天下靡然效順於逆臣，誰使之然邪？

或曰：道子，帝之母弟，國寶居奥窔以交熒，未易除也。夫苟懷忠自靖，則以頸血濺姦邪，而何憚於彊御？道子者，尤昏庸而弗難控制者也。孝武崩，國寶扣宫門求入，王爽拒之則止矣；王恭反，車胤以危言動之，國寶即解職待罪，而道子弗難殺之矣，是可鞭箠使而銜勒馭者也。孝武疑道子之專，而徐邈進漢文、淮南之邪説；國寶就王珣與謀，而珣猶有卿非曹爽之游詞：在廷之臣胥若此矣。遠邇憤盈之氣決發以逞，非特恭與仲堪，即桓玄之蓄逆不可掩，而天下從之以風靡，勢之所必至也。謝安没而晋無大臣，謝安爲門户計以退處，而晋早無親臣矣。諫諍之職久廢，士相習於迂緩，相尚以苟容，晋更不得謂有群臣矣。

方州重於朝廷，是非操於牧督，相尋而亂，終六代之世，假趙鞅晋陽之名以行篡弒，至唐而後定。故言路者，國之命也，言路蕪絶而能不亂者，未之有也。

三　魏王珪割地封爾朱氏

割地以封功臣，三代之制也，施之後世則危亡之始禍矣。而割邊徼之區以與有功之酋，害尤烈焉。古諸侯之有國，自其先世而已然，安於侯服，舊矣。易姓革命而有所滅以有所建，授之於功臣而大小相錯，同姓異姓庶姓相閒，互相制而不相下，抑制其貢享覲問之禮，納之於軌物而厚用其材，❶則封殖自大以窺伺神器之心無從而作。然而荆、吴、徐、越抗顔以亂中夏，高宗憊於三年，宣王勞於南伐，迄春秋之季，愈無寧日矣。

自秦罷侯置守，而天下皆天子之土矣。天子受土於天而宰制之於己，亦非私也；割以與人，則是私有而私授之也。邊徼之有閒地，提封不得而畝之，疑爲委餘而不足惜。然而在我爲委餘者，在彼爲奥區，經理其物産，生聚其人民，未有不爲我有者也。拓拔氏以秀容川酋長爾朱羽健攻燕有功，割地三百里以封之，其後爾朱氏卒爲拓拔氏之憂而國因以亡，非千秋之明鑒也乎？建州之棄二百餘年而禍發不救，❷胡未之考也？

或曰：「荒遠之土，委諸其人，若蜀滇黔粤之土官，雖有叛者而旋滅，其何傷？」非也。蜀滇黔粤土夷之地，本非吾有也，羈縻之而已。世其土，服其官，彼亦有保宗全世之情而不敢妄以逞。一逞而固有反顧之心，戀其棧豆，則迫而攻之也易。若土已入我職

❶「材」，邵陽曾氏抄本作「財」。

❷「建」，原爲空格，今據邵陽曾氏抄本補。

貢，而以驍悍爲我立功矣，取非其所世有者裨益之而長其雄心。其始也，徼幸而無所恤，其繼也，屢進而無所止，一有怨隙，乘事會以狂起，其尚有所顧忌乎？拓拔氏虚六鎮不爲郡縣，自秀容川始也，禍之所必生也。棄地者棄其國，寧有爽與？

四　王凝之鬼兵御賊

天下多故，言兵者競起。兵，不可以言言者也。孫、吴之言切於情勢，近於事理矣，而當時用之，偶一勝而不足以興。讀其書者，未有能制勝者也，況其濫而下者乎？道不足則倚謀，謀不足則倚勇，勇不足則倚地，地不足則倚天，天不足則倚鬼。倚鬼則敵知其舉無可倚矣，倚鬼則將吏士卒交釋其憂勤，智者知其無成而心先亂，愚者幸其有成而妄自驕，兵敗身死以殉術士巫覡之妖，未有免者。然而術士巫覡之説終淫於言兵者之口，其説炙轂，其書汗牛，天下多故，乘之以興，無亂人非亂世也。

王凝之奉天師道，請鬼兵御賊，而死於孫恩；殷仲堪奉天師道，不吝財賄以請禱，而死於桓玄；段業信卜筮巫覡，而死於沮渠蒙遜。鬼者，死之徒也，與鬼爲徒而早近於死。況以封疆人民倚於恍惚無實之妖邪，而貽國以亡，陷民於死。若是者，見絶於天，未有不喪其身首者也。段業，竊也；仲堪，叛也。天奪其魄以迷於鬼，而死也固宜。王凝之清族雅士，分符治郡，以此戕身而誤國，不亦愚乎？凝之之奉妖也，曰其世奉也，則王羲之不能辭其咎矣。

妖邪繁興，附於兵家之言，世所號爲賢者且惑焉。郭京以陷城，申甫以喪師，金御史聲秉大節以不貳於生死而亦惑焉，白圭之玷也。丁甲也，壬遁奇禽也，《火珠林》也，乞靈於關壯繆及玄武之神也，皆言兵者之所倚也。其書不焚，其祀不毀，惑世誣民亂人，不可戢矣。

五　劉牢之一人三反

論史者之獎權謀、墮信義，自蘇洵氏而淫辭逞，近有李贄者，益鼓其狂瀾而惑民倍烈。諫則滑稽也，治則朝四暮三也，❶謀則陽與陰取也。幸而成，遂以誚君子之誠慤，曰：未可與權。其反覆變詐之不讎以禍於國、凶於家、戮及其身，則諱之而不言。故溫嶠之陽親王敦而陰背之，非無功於晉矣，然非其早卒，君子不能保其終爲晉社稷之臣也，何也？嚮背無恒而忠孝必薄也。前有呂布，後有劉牢之，勇足以戡亂而還爲亂人。嗚呼！豈有數月之閒，俄而爲元顯用，而即叛元顯，俄而爲桓玄用，而即圖桓玄，能不禍於國、凶於家、戮及其身也乎？劉襲曰：「一人三反，何以自立？」使牢之幸讎其詐而桓玄受戮，論者將許之以能權，乃牢之之殺玄而牢之之禍晉益深，君子豈受其欺哉？

夫君子之道，成則利及天下，不成而不自失。其諫也，用則居其位，不用則去之。又不然則延頸以受暴君之刃而已，無可譎也。其定亂也，可爲則爲，直詞正色以衛社稷，不濟則以身殉而已。死者，義也；死不死，命也。有命自天而俟之以義，人之所助，天之所祐。故曰：「履信思乎順，自天祐之，吉无不利。」大《易》豈不可與權者哉？秉信

❶「暮」，原作「莫」，今據邵陽曾氏抄本改。

非以全身而身或以保，非以圖功而功或以成。託身失所而爲郗超，欲自免焉則爲温嶠，加之以反覆之無恒則爲牢之。嶠成而牢之敗，牢之死而超生。天之所以禍福者，尤在信與不信哉？論人者以是爲準而已矣。獎譎詐以徼功，所謂刑戮之民也。

六　劉裕未篡之先有大功

蕭道成、蕭衍、楊堅、朱温、石敬瑭、郭威之篡也，皆石勒所謂狐媚以取天下者也，劉裕其愈矣。裕之爲功於天下也不一，而自力戰以討孫恩始。破之於海澨，破之於丹徒，破之於郁洲，蹙之窮而赴海以死。當其時，桓玄操逆志於上流，道子、元顯亂國政於中朝；王凝之、謝琰以庸劣當巨寇，若鴻毛之試於烈焰。微劉裕，晉不亡於桓玄而亡於妖寇；即不亡，而三吳全盛之勢，❶士民所集，死亡且無遺也。裕全力以破賊而不恤其他，可不謂大功乎？

天子者，天所命也，非一有功而可祗承者也。雖然，人相沈溺而無與爲功，則天地生物之心亦困於氣數而不遂，則立大功於天下者爲天之所不棄，必矣。故道成、衍、堅、温、敬瑭、威皆不永其世而劉宋之祚長，至於今，彭城之族尤盛。若夫謝安却苻堅而懷滄海之心，郭子儀平安史而終汾陽之節，豈可概望之斯人乎？裕，不學者也。裕之時，僭竊相乘之時也。裕之所事者，無信之劉牢之；事裕者，懷逆徼功之劉穆之、傅亮、謝晦也。是以終於篡而幾與道成等伍。當其奮不顧身以與逆賊爭生死之日，豈嘗早畜覬覦

❶「勢」，邵陽曾氏鈔本作「土」。

之情，謂晉祚之終歸己哉？於争亂之世而有取焉，舍裕其誰也？

七　劉裕能料桓玄劉牢之

成敗之數亦曉然易見矣，而苟非閒世之英傑無能見者，氣焰之相取相軋有以蕩人之心神，使之回惑也。天下不可易者，理也；因乎時而爲一動一静之勢者，幾也。桓玄豎子而干天步，討之必克，理無可疑矣。然君非君，相非相，則理抑不能爲之伸，以力相敵而力尤不可恃，惡容不察其幾哉？玄犯歷陽，司馬休之走矣，尚之潰矣，玄所畏者，劉牢之擁北府之兵爾。牢之固曰：「吾取玄如反手。」牢之即有不軌之心，何必不誅玄而挾功以軋元顯？忽懷異志以附玄，甚矣牢之之詐而愚也！唯劉裕見之也審，故與何無忌、劉敬宣極諫牢之以決於討玄。斯時也，剛決而無容待也，幾也。玄已入建業，總百揆，督中外，布置腹心於荆、江、徐、兖、丹陽以爲鞏固，而玄抑矯飾以改道子昏亂之政，人情冀得少安。牢之乃於斯時欲起而奪之，不克而爲玄所削，衆心瓦解，尚思渡江以就高雅之於廣陵，其敗必也。敬宣且昏焉，又唯劉裕見之也審，直告牢之以不能而自還京口，結何無忌以思徐圖。斯時也，持重而無患其晚也，幾也。

夫幾亦易審矣，事後而反觀之，粲然無可疑者。而迂疏之士執一理以忘衆理，則失之；狂狡之徒見其幾而别挾一機，則尤失之。無他，氣焰之相取相軋，信亂而不信有已亂之幾也。裕告無忌曰：「玄若守臣節，則與卿事之。」非僞説也，亂有可已之幾，不可逆也。又曰：「不然，當與卿圖之。」則玄已在裕目中矣。所謂開世之英傑能見幾者，如此而已矣，豈有不可測之神智乎？

八　桓玄遏糴餒三吴以弱朝廷

三吴之苦飢，自昔已然。晉元興中，承桓玄閉糴、孫恩阻亂之餘，遂至填溝委壑，幾空城邑，富室衣羅紈、懷金玉而坐斃。或曰「俗奢亡度以使然」，固也而不盡然也。三吴之命縣於荆、江，上流有變，遏抑而無與哺之，則立槁耳。自晉之南遷也，建業擁大江而制其外，三吴其腹裏也。人懷其安，而土著者不移，僑寓者争託，於是而士民之殷庶甲乎天下。地有限而人餘於地，地不足於養人，歷千餘年而一軌。乃三吴者豈徒東晉之腹裏、建業所恃以立國哉？財賦之盈歷六代、唐宋而於今未替，則休養之以固天下之根本，保全千餘年之生齒而使無凋耗，爲元后父母者惡容不汲汲焉？

夫人聚則營作之務繁興，財恒有餘而粟恒不足；猶荆、湘土廣人稀，力盡於耕而它務不遑，粟恒餘而財恒不足。以此籌之，則王者因土作貢，求粟於荆、湘而薄責以財，需財於吴、會而儉取其粟，是之謂損益盈虚之大經，因地因人而不違其理。而念此者鮮矣。

夫既厚責粟於三吴矣，無已則嚴遏糴之禁以互相灌注，有粟者得貨賄焉，有貨賄者得粟焉，一王之土合以成一家之盈縮，亦兩利之術也。是故惡莫大於遏糴，桓玄之惡烈於孫恩矣。夫玄據上流，餒三吴以弱朝廷，自以爲得計矣，又惡知已既竊晉而有之，則三吴者又已他日之根本也。使玄能撫之以乘京口之後，何至一敗而無餘哉？故殃人者未有不自殃者也。

九　司馬休之劉敬宣高雅之爲棄人由自取

桓玄將篡，殺北府舊將之異己者，司馬休之、劉敬宣、高雅之相率奔燕，棄故國而遠即於異類，爲劉昶、蕭寶寅之先驅。夫諸子亦各有其志行，豈其豫謀此汙下之計爲藏身之固哉？迫於死而不暇擇爾。雖然，其爲棄人於兩間，固自取之也。桓玄之逆非徒禍在所必避也，禍即不及而豈忍爲之屈？諸子據山陽以討玄，雖不必其忠於晉而固丈夫之節也，何至周章失措而逃死於鮮卑邪？

夫劉裕亦北府之傑，劉牢之之部曲也，坦然自立於京口而無所懼，玄豈與裕無猜乎？裕自有以爲裕而玄不足以爲裕憂也。裕之還京口也，以徐圖玄也。乃置玄不較，急擊盧循於東陽而破走之，旋擊徐道覆而大挫之，追盧循至晉安而又敗之，未嘗一日弛其軍旅之事也。爲晉用而若爲玄用，爲玄用而實爲晉用。威伸於賊，兵習於戰，若不知玄之將篡者而玄亦無以測其從違。非徒莫測也，雖測之而亦無如之何也。故玄妻劉氏勸玄除裕，而玄曰：「吾方平蕩中原，非裕莫可用者。」既思用裕，亦固知裕威已建，非己所得而除也。玄知裕之不可除，故隱忍而厚待之以俟其隙；裕亦知玄之不能除己，故公然入朝而不疑。唯浹歲之閒三破妖賊，所行者正，所守者堅，人不得而疑，雖疑亦無名以制之也。裕居不可勝之地而制玄有餘矣。

嗚呼！士當逆亂垂亡、憂危沓至之日，詭隨則陷於惡，躁競則迷於所嚮，亦唯爲其所可爲，爲其所得爲，而定大謀、成大事者在此，全身保節以不顛沛而逆行者亦在此。休之、敬宣、雅之舍己所必爲，則雖懷討逆之心而終入於幽谷矣。英雄之略，君子有取焉，安其身而後動，定其交而後求，正用之，可以獨立於天綱裂、地維坼之日而無疚媿矣。

十　王謐以晋公輔爲桓玄佐命

廉耻之喪也，與人比肩事主而歆於佐命之榮賞，手取人之社稷以奉姦賊而北面之，始於西漢劉歆、公孫禄之徒，其後華歆、郗慮相踵焉，然天下猶知指數之也。幸而不遇光復之主，及身爲戮，而猶無奬之者。上有奬之者，天下乃不知有廉耻，而後廉耻永亡。

王謐世爲晋臣，居公輔之位，手解安帝璽綬以授桓玄，爲玄佐命元臣，位司徒，此亦華歆、郗慮之流耳。義兵起，桓玄走，晋社以復，謐以玄司徒復率百官而奉迎安帝，此誠豺虎不食、有北不受之匪類矣。劉毅詰之，逃奔曲阿，正王法以誅之，當無俟安帝之復辟。而劉裕念疇昔之私好，追還復位，公然鵠立於百僚之上，則其崇奬姦頑以墮天下之廉耻也，唯恐不夙。苟非志士，其孰不相率以即於禽獸哉？俄而事此以爲主而吾之富貴也無損，俄而事彼以爲主而吾之富貴也無損。奪人之大位以與人，見奪者即復得焉而其富貴也抑無損。奬之以敗閑喪檢而席榮寵爲故物，則何怪謝晦、褚淵、沈約之無憚無慚，唯其所欲易之君而易之邪？

嗚呼，忠與孝非可勸而可懲者也！其爲忠臣孝子矣，則誘之以不忠不孝，如石之不受水而不待懲也；其爲逆臣悖子矣，則奬之以忠孝，如虎之不可馴而不可懲也。然則勸懲之道，唯在廉耻而已。不能忠而不敢爲逆臣，不能孝而不敢爲悖子。刑齊之也，而禮之精存焉。刑非死之足懼也，奪其生之榮而小人之懼之也甚於死。天子正法以誅之，公卿守法以詰之，天下之士衣裾不襒其門，比閭之氓望塵而笑其失據，則懼以生恥。始恥於名利之得喪而漸以觸其羞惡之真，天子大臣所以濯磨一世之人心而保固天下者在此也。手解其璽綬而復延之坐論之列，兩相覿而不慚，則恥先喪於上，而何望其下乎？裕之不戮謐也，人心風俗之禍延及百年。唐黜蘇威，而後老姦販國之惡習以破。惜老成，徇物望以爲悖逆師，禍將自及矣！

十一　李暠從政之訓能自求以求福

李暠之後興於唐，於是而知天道之在人心，非君子徒爲之説以誘人於善也。《易》曰：「履信思乎順，是以自天祐之，吉，无不利。」夫人亦豈好爲疑詐而與人相逆哉？愛憎亂之也。亦既見爲可爲而爲之，見爲可言而言之，則孰遽背其初心而自相剌戾；見可愛而移，見可憎而止，而後心不能以自保，寧棄信也，且以快一時之情也。愛憎者非以順物，而求物之順己也，求物順己而不順於物，勿恤也。順己者愛之而賞醲，逆己者憎之而罰濫，罰濫既已大傷乎人心，賞醲則得者自詑其邀取之工而不以爲恩，不得者抱怏邑以不平者積矣。是故履信思順者不求之物理而但求之吾情，知吾情之非物理而物理在矣。

暠之戒諸子曰：「從政者審慎賞罰，勿任愛憎，折獄必和顏任理，用人無閒於新舊，計近不足，經遠有餘。」是説也，豈徒其規模之宏遠哉？内求之好惡之萌以治其心，與天相順，循物以信，三代以下不多得之於君子者，而暠以偏方割據之雄能自求以求福。推此心也，可以創業垂統，貽百世之休矣。求治理而本諸心，昧者以爲迂也，《詩》《書》所言豈欺我哉？

言綜核者任憎也，世之言法者盡此耳；言寬大者任愛也，世之言恩者盡此耳。法近義而非義以妨仁，恩近仁而非仁以害義。秦政以剛而亡，漢元以柔召亂，非仁義也，且非法也，抑非恩也，任愛而淫，任憎而戾也。三代之王者不立治天下之術而急於學，克此心之愛憎而已矣。一不學而以愛憎爲師，苻堅之厚慕容垂，恩不足以爲恩，況諸暴虐者之淫刑以逞乎？暠未嘗學者也而冥合於道，學豈以文哉？梁陳之主旦《墳》夕《典》而身爲僇，國爲滅亡，求之物而不求之己也。暠雖未學，吾必謂之學矣。一心得御而太和之氣歸之，貽爾後昆於無窮，勿謂三代以下無其人也。

十二　史氏以劉裕誅仲文爲憾

殷仲文推戴桓玄，諂以求容，哀章之徒也。義兵起，隨玄西走，復與俱東下以抗順，及峥嵘洲之敗，玄且誅殛，乃叛玄而降，挾二婦人以求免，此宜膺黨賊之誅而勿赦者也。幸逃於死，復守東陽，曾不赧而更以出守不執權爲怨望。仲文之敢爾者，何也？王謐爲三公而人喪其恥心，故干榮之情不息也。劉裕、何無忌按法而誅之而時論不協，史氏尤憾裕之擅權以枉法，何也？謐登庸而仲文受戮，裕任愛憎之情，仲文死而無以服其心也。

雖然，謐之辱人賤行，疲懦無能爲者也，

借令重用仲文，而假之以權，禍豈有極哉？始與玄共逆者仲堪也，繼爲玄佐命者仲文也，挾其門族與其虚譽，摇動人心以恣狂逞，不能有劉裕之功而篡謀更亟，天下之爚亂如沸羹，愈不知其所止矣。仲文之誅也，並誅桓胤，前此桓氏滅而胤以沖之子獨免，謂沖忠耳。桓温死，謝安、王彪之正綱紀以匡晋室，北府兵彊，荆、江氣折，沖自保其軀命，不敢嘗試，而遂許之以忠，蛇蠍冬蟄而無毒於人，其許之爲祥麟威鳳乎？謝玄破苻堅而沖鬱抑以死，推此心也，滅其族焉非濫也。

十三　慕容超獻樂伎於秦以求母

慕容超，鮮卑也而無道以取死亡，不足道矣。苟有當於人心天理之宜者，君子必表出之以爲彝倫之準則。超母段氏在秦，姚興挾之以求太樂諸伎，段暉言不宜以私親之故降尊自屈，先代遺音不可與人。封逞言大燕七葉重光，奈何爲豎子屈？嗚呼，此豈有人之心者所忍言乎？超不聽而盡奉伎樂，北面受詔，而興禮其母而遣之，超於是乎合人心之安以順天理之得矣。超之竊據一隅而自帝，非天命也；慕容氏乘亂而世濟其凶，非大統也。即其受天之命，承聖王之統，亦豈以天下故而棄置其親於異域哉？舜之視天下也猶艸芥也，非超之所企及也，而不忍其親之心則充之而舜也。舜與蹠之分豈相懸絶乎？離乎蹠，上達則舜矣。

然則宋高宗之迎母后而割地稱臣於女直，亦許之孝乎？宋高不可以超自解也。慕容暐之亡，亡於苻氏，苻氏其讎也，姚氏非其讎也。國非其所滅，君父不爲其所俘係。超乘亂而有青土，姚興乘亂而有關中，兩俱割據，以彊弱相役而固無首足之分，以母故而下之，非忘親而自屈也。而宋高豈其然乎？況乎其未嘗割世守之土，輸歲幣以自敝，僅以工伎之賤者易己罔極之昊天邪？

或曰：「超之迎母，並迎其妻，非純孝也。」嗚呼，君子之求於人也，可以苛察而無已乎？其爲迎母矣，而於妻何嫌？且超即欲迎其妻而自屈，亦異於人之爲妻而屈者。慕容備德隨垂反叛之日，❶超母方娠，苻堅囚之，獄吏呼延平竊以逃於羌中而超生，超母感平全其子母之恩，爲超娶平女，則呼延氏肉超母子之白骨，而恩亦大矣。妻爲平女而屈己以迎之歸，亦厚道也，而何嫌焉？段暉、封逞矜血氣以争而不恤天性之恩，夷之鷙戾者也，不可與岳鵬舉、胡邦衡同日並論也！

十四　劉裕抗表伐南燕不當與桓温專擅並論

有一人之正義，有一時之大義，有古今之通義。輕重之衡，公私之辨，三者不可不察。以一人之義視一時之大義，而一人之義私矣；以一時之義視古今之通義，而一時之義私矣。公者重，私者輕矣，權衡之所自定也。三者有時而合，合則亘千古、通天下而協於一人之正，則以一人之義裁之而古今天下不能越。有時而不能交全也，則不可以一時廢千古，不可以一人廢天下。執其一義以求伸，其義雖伸而非萬世不易之公理，是非愈嚴而義愈病。

❶「慕容備德」，邵陽曾氏抄本作「當慕容德」。

事是君而爲是君死，食焉不避其難，義之正也。然有爲其主者非天下所共奉以宜爲主者也，則一人之私也。子路死於衛輒而不得爲義，衛輒者，一時之亂人也。推此則事偏方割據之主不足以爲天下君者，守之以死而抗大公至正之主，許以爲義而義亂；去之以就有道，而譏其不義而義愈亂。何也？君臣者，義之正者也，然而君非天下之君，一時之人心不屬焉，則義徙矣。此一人之義不可廢天下之公也。

爲天下所共奉之君，君令而臣共，義也；而夷夏者，義之尤嚴者也。五帝三王勞其神明，殫其智勇，爲天分氣，爲地分理，以絶夷於夏，即以絶禽於人，萬世守之而不可易，義之確乎不拔而無可徙者也。《春秋》者，精義以立極者也。諸侯不奉王命而擅興師則貶之；齊桓公次陘之師、晉文公城濮之戰非奉王命，則序其績而予之；乃至楚子伐陸渾之戎，猶書爵以進之；鄭伯奉惠王之命撫以從楚，則書逃歸以賤之：不以一時之君臣廢古今夷夏之通義也。

桓温抗表而伐李勢，討賊也。李勢之僭，潰君臣之分也，温不奉命而伐之，温無以異於勢。論者惡其不臣，是也，天下之義伸也。劉裕抗表以伐南燕，南燕，鮮卑也。慕容氏世載凶德以亂中夏，晉之君臣弗能問而裕始有事，暗主不足與謀，具臣不足與議，裕無所可奉也。論者亦援温以責裕，一時之義伸而古今之義屈矣。如裕者，以《春秋》之義予之，可也。若其後之終於篡晉，而後伸君臣之義以誅之，斯得矣。於此而遽奪焉，將聽鮮卑之終污此土，而君尚得爲君，臣尚得爲臣乎？

十五　司馬國璠兄弟奔秦

國之將亡，懼内逼而逃之夷，自司馬國璠兄弟始。楚之、休之相繼以走歸姚興，劉昶、蕭寶寅因以受王封於拓拔氏，日導之以南侵。於家爲敗類，於國爲匪人，於物類爲禽蟲，偷視息於人閒，恣其忿戾以徼幸，分豺虎之餘食而猶自號曰忠孝，鬼神其赦之乎？

夫尊則君也，親則祖若考也，宗祏將毁，不忍臣人而去之，義也。雖然，苟其忠孝之情發爲義憤，如漢劉信、劉崇蹀血以起，捐脰領而報宗祊，斯則尚矣。若其可以待時而有爲，則南陽諸劉大則帝而小則侯，仇讎之首不難斷於漸臺也。抑或勢無可爲而覆族之足憂乎？山之椒，海之澨，易姓名、混耕釣，以全身而延支裔，夫豈遂無道以處此哉？然則國璠之流，上非悼宗社之亡，下非僅以避死亡之禍，貪失其富貴而倒行逆施以徼幸，乃使中夏之士相率而不以事夷爲羞，罪可勝誅乎？國璠之始奔慕容氏也，以桓玄之篡，玄固可旦暮俟其亡者而遽不能待；繼奔姚氏也，劉裕之篡固尚未成，可静俟其成敗者也。不能一日處於蕭條岑寂之中，望犬羊而分餘食，❶廉恥滅而天良無遺矣。

丕之篡，劉氏之族全；炎之篡，曹氏之族全，山陽、陳留令終而不逢刀鴆。劉裕篡而恭帝弑，司馬氏幾無噍類。豈操、懿、丕、炎之凶慝淺於劉裕哉？司馬氏投夷狄以亟病中夏，劉裕之窮凶以推刃也，亦有辭矣，

❶「犬羊」，原爲空格，今據邵陽曾氏抄本補。下同，不一一出校。

曰：「彼將引封豕長蛇以蔑我冠裳者也。」❶而中夏之士亦不爲之抱憤以興矣。紀季以酅入於齊，《春秋》無貶詞焉。齊，紀讎也，寧附於齊而不東走萊夷，南奔句吳，則猶能知其類也。

十六　劉穆之胡藩導劉裕以逆

劉裕之篡，劉穆之導之也；其殺劉毅，胡藩激之也。不逞之士遊於帷幕而干戈起於几席，亦可畏矣哉！誠其爲姦雄矣，既能識夫成敗之機，則亦知有名義也，故孫權勸曹操以僭奪而操有踞鑪著火之歎，既畏人之指摘，抑有愼動之思焉。而不逞之士迫欲使之嘗試，以幸得而己居其功，於是揣摩情形，動之以可疑而懾之以可畏，則且謂天下之士業已許我而事會不得不然。錢鳳、郗超僅失之，而詭得者多矣，禍不可止矣。

先王收之於膠庠而奬之以飲射，非以鉗束之也，凡以養其和平之氣而潛消其險詐也。王澤既斬，士非游説不顯，流及戰國，蔑宗周，鬬群雄，誅夷親臣，斬艾士民，皆不逞之士讎其攀附之私以爚亂天下。嗣是而後，上失其道則游士蠭起。朱温之爲梟獍，敬翔、李振導之也；石敬瑭之進犬羊，❷桑維翰導之也。乃至女直、蒙古之吞噬中華，皆衣冠無賴之士投幕求榮者窺測事機而勸成之。廉希憲、姚樞、許衡之流又變其局而以理學爲捭闔，使之自躋於堯舜湯文之列而益無忌憚。游士之禍至於此而極矣！故婁敬、馬

❶「封豕長蛇」、原爲空格，今據邵陽曾氏抄本補。「冠裳」，原爲空格，今據邵陽曾氏抄本補。

❷「犬羊」，原爲空格，今據邵陽曾氏抄本改。

周不遇英主，不值平世，皆足以亂天下而有餘。李沆以不用梅詢、曾致堯爲報國，解縉言雖可賞，必罷遣歸田以老其才而戢其躁。聖主賢臣所以一風俗、正人心、息禍亂者，誠慎之也，誠畏之也。

十七　劉裕表請省流寓郡縣申土斷

開創之君則有鄉里從龍之士，播遷之主則有舊都扈蹕之人。念故舊以敦仁厚者所必不能遺也，然而以傷治理爲天下害亦在此焉。夫其捐棄墳墓、僑居客土以依我，亦足念也，而即束以法制，概以征役，則亦不忍也，❶而抑不能。然以此席富貴、圖晏安、斥田宅、畜僕妾、人王人、土王土而蕩佚於賦役之外，河潤及於姻亞，登仕版則處先，從國政則處後，不肖之子弟倚閥閱，營私利，無有厭足，而新邑士民獨受重役而礙其進取之途。夫君若臣既託迹其地，恃其財力以相給衛，乃視爲新附而屈抑之以役於豪貴，則以光武之明，而南陽不可問之語已爲天下所不平，又甚則劉焉私東州之衆以離西川之人心而速叛，豈徒國受其敗，彼僑客者之榮利又惡足以保邪？西人之子，隨平王而東遷者也，譚大夫致怨於酒漿佩璲而東諸侯皆叛。驕逸者之不可長，誠君天下者所宜斟酌而務得其平也。

晉東渡而有僑立之州郡，選舉偏而賦役減，垂及安帝之世已屢易世，勿能革也。江東所以不爲晉用而視其君如胡越，外莫能經中原，內不能捍篡賊，誠有以離其心也。劉裕舉桓溫之法，省流寓郡縣而申土斷，然且

❶「亦」，邵陽曾氏抄本作「非」。

格而不能盡行。其始無以節之，後欲更之，難矣。

十八　崔浩小慧非智

崔浩智以亡身，其智也適以亡其身，適以亡其身則不智莫大焉。君子之所貴於智者，❶自知也、知人也、知天也，至於知天而難矣。然而非知天則不足以知人，非知人則不足以自知。「天聰明自我民聰明，天明威自我民明威。」即民之聰明、明威而見天之違順，則秉天以治人，人之可從可違者審矣。故曰：非知天則不足以知人。所事者君也，吾義之所不得不事也；所交者友也，吾道之不得不交也。不得不事、不得不交者，性也；事君交友，所以審用吾情以順吾性，而身之得失繫焉。故曰：非知人不足以自知。繇此言之，極至於天而豈難知哉？善，吾知其福；淫，吾知其禍。善而禍，淫而福，吾知其時；時有不齊，貞之以自求之理，吾知其復。絪緼之化無方，陰陽而已；陰陽之變化，進退消長而已。其徵爲象數，象數有不若而静俟必反；其用爲鬼神，鬼神不測而誠格不違。❷故象數可以理貞而鬼神可以正感，象數不可以術測也，鬼神不可以私求也。知此者恒守而無渝，則象數鬼神赫赫明明昭示於心而無所惑。難矣，然而知此者之固無難也。非是者謂之玩天而媟鬼，則但讎其術而生死於術之中，於人無擇，於己不審，不亡其身何待焉？

❶「之」，邵陽曾氏抄本作「以」。

❷「鬼神不測」，馬宗霍校記：「按上文『象數有不若』，與此文相對。疑此當作『鬼神有不測』，則句法一律。傳寫奪『有』字。」

浩之見知於拓拔嗣也，以《洪範》，以天文。其《洪範》非《洪範》也，非以相協厥居者也；其天文非天文也，非以敬授民時者也。及其後與寇謙之比，崇淫祀以徼福於妖妄而已矣。故浩之時非開治之時也，而浩不知。吉凶者，民之聰明所察，民之明威所利用者也，而浩不知。嗣非高帝，己非子房，自以其占星媚鬼之小慧逢迎僞主，因而予智焉，此所謂驅之阱而莫避也，不智孰甚焉？

無是非之心非人也，非人則禽也。禽非不能與於象數鬼神之靈也，鵲知戊己而不知風撼其巢，燕知太歲而不知火焚其室。風火之撼且焚者，天也；戊己、太歲，象數之測也。蜮能射而制於鷙，梟能呪而食於其子。鷙以氣制蜮，子以報食梟，天也；妖而射，淫而呪，鬼神之妄也。舍其是非而從其禍福，舍其禍福之理而從其禍福之機，禽也，非人矣。浩之不別於人禽久矣，無足道者。爲君子者捐《河》、《雒》之精義而曲測其象數，忘孝敬之合漠而比昵於鬼神，天在人中而不能察於知人而自知，其能賢於浩者幾何也？此邵康節、劉文成之所以可惜也。

十九　劉裕料拓拔不救姚泓

慕容超求救於姚興，姚泓求救於拓拔嗣。夫豈無脣亡齒寒之理足以動之乎？然而興與嗣徒張虛聲，按兵不動，坐視其亡。劉裕縣軍深入，詬姚興擊魏兵於河上，弗慮其夾攻，挑其怒而終無患。蓋超與泓之愚以自亡，興與嗣審於進退，而裕料敵之已熟也。崔浩曰：「裕圖秦久矣，其志必取。若遏其上流，裕心忿怒，必上岸北侵，是我代秦受敵也。」其說韙矣。空國興師，越數千里而攻人，豈畏戰者哉？ 竇建德輕舉以救王世充，世充未破而建德先禽，其明驗也。 攻者志於攻也，三軍之士皆見爲必攻；守者志於守也，乘陴之人皆見爲必守。 兩俱不相下而生死縣於一決，怒則果怒，懼則果懼也。 若夫人不我侵，兩相鬭而我往參之，君與將無致死之心，士卒亦見爲無故之勞，情先懈、氣先不奮，取敗而已矣。

嗚呼，君子之所望於人者，以禮相獎、以情相好已耳，非若小人之相倚以雄也！ 己所怒而欲人怒之，己所憂而欲人憂之，父不能得之於子也。 愚者不知，呼籲而冀人之爲我怒、爲我憂也，弗獲已而應之，安足恃乎？ 若其不揣而爲人憂怒以輕犯人者，則必妄人也。 妄人先以自斃，而奚以拯人之危？ 齊桓次於聶北，能遷邢以存之而不能爲邢與狄戰；吴爲蔡請，全力以攻楚，而夫概先亂吴國，蔡亦終滅於楚。 恃人而忘己，爲人恃而捐己，皆愚也。 君子不入井以望人之從，則不從井以救人，各求諸己而已矣。 嵇叔夜不能取必於子，文信國不能喻志於弟，忠孝且然矣；顔淵曰：「夫子步亦步，趨亦趨，已瞠乎其後矣。」子曰：「當仁，不讓於師。」學問且然矣。 況一己之成敗利鈍而恃人之我援哉？ 明者審此，自彊之計決而不怨他人之不我恤，而後足以自立。「謂他人父，亦莫我顧，謂他人昆，亦莫我聞。」情也，勢也，即理也。 不得而怨，何其晚也！

二十　劉裕當孝武末年乘閒以收人望

劉裕初自廣固歸，盧循直逼建康，勢甚危，而裕方要太尉黄鉞之命；朱齡石方伐蜀，破賊與否未可知也，而裕方要太傅揚州牧之命；督諸軍始發建康以伐秦，滅秦與否未可知也，而裕方要相國宋公九錫之命；則胡不待盧循已誅、譙縱已斬、姚泓已俘之日，始挾大功以逼主而服人乎？此裕之狡於持天下之權而用人之死力也。

夫能用人者，太上以德，其次以信，又其次則惟其權耳。人好逸而不憚勞，人好生而不畏死，自非有道之世，民視其君如父母，則權之所歸，冀依附之以取利名而已。裕若揭其懷來以告衆曰：吾且爲天子矣，可以榮人富人而操其生死者也。於是北歸之疲卒、西征之孤軍皆倚之以效尺寸而分利禄。如其不然，則勞爲誰勞，死爲誰死，則嚴刑以驅之而不奮。裕有以揣人心而固持之，劉穆之雖狡且不測其機而欲待之凱還之日，其媿懼而死者，智不逮也。

因是而知晉之必亡也，久矣。謝太傅薨，司馬道子父子昏愚以播惡，而繼以飢飽不知之安帝。雖積功累仁之天下，人且去之，況晉以不道而得之，延及百年而亡已晚乎？晉亡決於孝武之末年，人方周爰四顧而思爰止之屋，裕乘其閒以收人望，人胥冀其爲天子而爲之效死，其篡也，時且利其篡焉。所惡於裕者，弒也，篡猶非其大惡也。

二十一　劉裕始欲留長安而卒東歸

劉裕滅姚秦，欲留長安經略西北，不果而歸，而中原遂終於淪没。史稱將佐思歸，裕之飾説也。王、沈、毛、傅之獨留，豈繫不有思歸之念乎？西征之士，一歲而已，非久役也。新破人國，子女玉帛足繫其心，梟雄者豈必故土之安乎？固知欲留經略者，裕之初志；而造次東歸者，裕之轉念也。夫裕欲歸而急於篡，固其情已。然使裕據關中，撫雒陽，捍拓拔嗣而營河北，拒屈丐而固秦、雍，平沮渠蒙遜而收隴右，勳愈大，威愈張，晋之天下其將安往？曹丕在鄴而漢獻遥奉以璽綬，奚必反建康以面受之於晋廷乎？蓋裕之北伐，非徒示威以逼主攘奪而無志於中原者。青泥既敗，長安失守，登高北望，慨然流涕，志欲再舉，止之者謝晦、鄭鮮之也。蓋當日之貪佐命以弋利禄者既無遠志，抑無定情，裕欲孤行其志而不得，則急遽以行篡弒，裕之初心亦絀矣。

裕之爲功於天下烈於曹操，而其植人才以贊成其大計，不如操遠矣。操方舉事據兗州，他務未遑而亟於用人，逮其後，而丕與叡猶多得剛直明敏之才以匡其闕失。裕起自寒微，以敢戰立功名，而雄俠自喜，與士大夫之臭味不親，故胡藩言：一談一詠，搢紳之士輻湊歸之，❶不如劉毅。當時在廷之士無有爲裕心腹者，孤恃一機巧汰縱之劉穆之而又死矣，傅亮、徐羨之、謝晦皆輕躁而無定情者也。孤危遠處於外，求以制朝廷而遥授以天下也既不可得，且有反面相距之憂，此裕所以汔濟濡尾而僅以偏安艸竊終也。當代無才而裕又無馭才之道也，身殂而弒奪興，況望其能相佐以成底定之功哉？曹操之所以得志於天下而待其子始篡者，得人故也。豈徒姦雄爲然乎？聖人以仁義取天下，亦視其人而已矣。

恭帝

一　隱士韋祖思以恭懼過甚見殺

赫連勃勃徵隱士韋祖思而殺之，暴人之

❶「湊」，邵陽曾氏抄本作「輳」。

恒也。祖思不免於死，凡尸隱士之名以處亂世而無其實者幸而不死，殆行險以徼幸之徒與？祖思之殺，以恭懼過甚而逢勃勃之怒。恭懼非死道也，故莊周《人閒世》有養虎之説，動色相戒，譬諸游羿之彀中，誠哉其言乎，而非也。若周之説，亦懼已甚而與死爲徒者也。孔子之於陽貨，義不屈而身不危，雖聖人哉而固無神變不測之用，求諸己而已。君子之於人也，無所傲，無所徇，風雷之變起於前而自敦其敬信。敬者自敬也，信者自信也，勿論其人之暴與否也。貞敬信者行乎生死之塗而自若，恂慄以居心而外自和，初無與閒也。其於暴人也，遠之已夙矣；不可遠而居正以自持，姚興之與勃勃又奚擇焉？

嗚呼！即不幸而終不免於死矣，以正死，以諂死，均死，而以正處死者，❶不猶愈乎？以正爲道，其與死違者常也，不免者變也；以懼而諂，諂而死，蹈乎死之道也，即不死而生理不足以存，幸而免也。剛柔之外有自立之本，而後行乎進退而不迷。莊周之説亦舍其自立者以憂天下而徼幸乎免者爾，又惡知祖思之恭懼非聞莊周之説以戒心於羿彀而增其葸怯哉？

乃若祖思之竊隱士之名而亡實，則於其行見之矣。處夷狄爭亂之世，一徵於姚興，再徵於勃勃，隨聲而至，既至而不受禄，以隱爲顯名厚實之囮，蹠之徒也。中國無主，❷索虜、羌胡迭爲雄長，而桓温、劉裕兩入關中，獨不可乘其時以南歸邪？如曰温與裕不可託也，則管寧歸漢亦何嘗受羈絡於曹操乎？

❶「均死而」，原誤作「而死均」，今據邵陽曾氏抄本改。

❷「國」，原作「夏」，今據邵陽曾氏抄本改。

如其不能，身絶天下之交，口絶天下之言，莫爲之先容者，興與勃勃抑豈能有獨知之契以相求於夢遇哉？

二　徐廣爲晉室流涕謝晦謂其小過

人之不肖，有賢者以相形，見賢而反求之己，改而從之，上也；雖弗能改，猶知媿焉而匿其不善，次也；以其相形，忮忌而思害之，小人之惡甚矣。然其忮忌之者猶知彼之爲賢而慚己之不肖，則抑其羞惡之心銷沈未盡，橫發而狂者也。若夫與賢者伍，己之不肖無所逃責，而坦然忘媿，視賢者之痛哭流涕以哀世者若弗聞焉，若弗見焉，進不知改，退不知忌，而後羞惡之心蕩然無餘，果禽獸矣，非但違之不遠矣。

劉裕篡晉而徐廣流涕，此涕也，豈徐氏之私怨而衋然傷心者乎？通國之變、盈廷之恥，苟有人之心者宜於此焉變矣。謝晦者，晉之世臣也，從容謂廣曰：「徐公得無小過？」廣曰：「君爲宋佐命，身是晉遺臣，悲歡固不可同。」則已置晦於人倫之外而絶之矣。晦亦若置廣於物理之外而任之，無媿也，無忌也。人自行，禽自飛，蘭自芳，蕕自臭，同域而不驚，同時而不掩。嗚呼，天下若此，而君子所以救世陷溺之道窮矣！微獨晦也，宋君臣皆夷然聽廣之異己而無忌之者。嗣是而劉彧、蕭道成、蕭鸞、蕭衍相襲以怙爲故常，君臣義絶，廉恥道喪，置忠孝於不論不議之科，爲其所爲而是非相忘於無迹。不知者以爲寬厚，而孰知其天良滅絶之已極哉？❶ 曹操之殺孔北海、司馬昭之殺嵇中

❶「而孰」，原誤作「亦」，今據邵陽曾氏抄本改。

散，恥心存焉。至於晉宋之際而蕩盡已無餘，❶「八表同昏，平路伊阻」，陶元亮之悲，豈徒爲晉室之存亡哉？

讀通鑑論卷十四終

❶「已」，邵陽曾氏抄本作「以」。

讀通鑑論卷十五

衡陽王夫之譔

宋武帝

一　論正統者不宜升晉黜宋

宋得天下，與晉奚若？曰：視晉爲愈矣，未見其劣也。魏晉皆不義而得者也，不義而得之，不義者又起而奪之，情相若，理相報也。雖然，曹氏有國，雖非一統天下而亦汔可小康矣，芳與髦，中主也，皆可席業以安；而司馬氏生其攘心以迫奪之，視晉之桓玄內篡、盧循中起、鮮卑羌虜攘臂相加，而安帝以行尸視肉離天下之心，則固不侔矣。宋乃以功力服人而移其宗社，非司馬氏之徒幸人弱而掇拾之也。論者升晉於正統，黜宋於分爭，將無崇勢而抑道乎？

固將曰：「晉平吳蜀，一天下矣，而宋不能。」魏吳皆僭也，而魏篡則平吳不可以爲晉功。若蜀漢之滅，固殄絕劉氏二十餘世之廟食，古今所畫然而傷心者。混一不再傳而已裂，土宇之廣又奚足以雄哉？中原之失，晉失之，非宋失之也。宋武興，東滅慕容超，西滅姚泓，拓拔嗣、赫連勃勃斂迹而穴處。自劉淵稱亂以來，祖逖、庾翼、桓溫、謝安經營百年而無能及此，後乎此者，二蕭陳氏無尺土之展而浸以削亡。然則永嘉以降僅延中國生人之氣者，唯劉氏耳。舉晉人坐失之中原責宋以不蕩平，没其撻伐之功而黜之，亦大不平矣。

君天下者道也，非勢也。如以勢而已矣，則東周之季，荆、吴、徐、越割土稱王，遂將黜周以與之等，而嬴政統一六寓，賢於五帝三王也遠矣。拓拔氏安得抗宋而與並肩哉？唐臣隋矣，宋臣周矣，其樂推以爲正者，一天下爾。以義，則假禪之名以篡，而與劉宋奚擇焉？中原喪於司馬氏之手，且愛其如綫之緒以存之，徒不念中華冠帶之區而忍割南北爲華夷之界？❶半以委匪類而使爲君，顧抑撻伐有功之主以不與唐宋等倫哉？漢之後唐之前，唯宋氏猶可以爲中國主也。

二　劉裕篡繼以弑

宋可以有天下者也，而其爲神人之所憤怒者，惡莫烈於弑君。篡之相仍，自曹氏而已然，宋因之耳；弑則自宋倡之，其後相習，而受奪之主必死於兵與酖。夫安帝之無能爲也，恭帝則欣欣然授之宋而無異心，宋抑可以安之矣，而決於弑焉，何其忍也？宋之邪心固有自以萌而不可戢矣。宋武之篡也，年已耄，不三載而殂，自顧其子皆庸劣之才，謝晦、傅亮之流抑詭險而無定情，司馬楚之兄弟方挾拓拔氏以臨淮甸，前此者桓玄不忍於安帝而二劉、何、孟挾之以興，故欲爲子孫計鞏固而弭天下之謀，以決出於此。嗚呼，躬行弑而欲子孫之得免於弑，躬行弑而欲其臣之弗弑，其可得乎？徐羨之、傅亮、謝晦之刃已擬其子之脰而俟時以逞耳。蕭道成繼起而殄劉氏之血胤，又何怪乎？

❶「中華冠帶」，原爲空格，今據邵陽曾氏抄本補。

夫人孰有不欲其子孫之安存者也？試之危乃以安之，忘其亡乃以存之。日暮智衰，徬徨顧慮而生其慘毒，皆柔荏不自振之情爲之也，而身已陷乎大惡以弗赦。「日昃之離，不鼓缶而歌，則大耋之嗟，凶。」嗟歎興而妄慮起，妄慮無聊而殘害生，惡不戢矣。君子之老也，戒之在得。得之勿戒，躬親大惡，不容於天地鬼神，可弗畏哉？

三　宋武與謝晦密謀大計

舉宗社子孫之大計而與人謀之，必其人之可託而後可徵之色而見之辭，不然則禍自此而生。漢高帝疑於所立，乃進而謀者張良、叔孫通耳。良雖多智而心固無私，通雖詭合而緣飾儒術，且皆從容諷議之臣，未嘗握兵而持國柄者也。外此則蕭、曹不得與焉，陳平、周勃但委任於既定之後，先固未嘗參議論焉。晉武所謀者，衛瓘也，是可與謀者而不聽，是以失也。隋高祖之謀於楊素、唐太宗之託於李勣，皆鷙賊性成而適足以賊其後裔。然二主之失，未能深知素、勣之姦耳，若宋武之於謝晦，知其機變而有同異矣。太子不足爲君，乃密與晦謀而使覘廬陵之能否，是以營陽、廬陵之腰領授之於晦而唯其生死之，不亦惑乎？

故有天下者崇儒者以任師保，若無當於緩急，而保宗祊、燕子孫、杜禍亂者必資於此。《詩》《書》以調其剛戾之氣，名義以防其邪僻之欲，雖有私焉，猶不忍視君父之血胤如雞鶩而唯其齰礫。若夫身爲人國之世臣，無難取其社稷，唯所推奉而授之。若謝晦者，又居高位、擁兵柄，足以恣其所爲，吾即可否不見於辭，喜怒不形於色，尚恐其窺測淺深而乘隙以逞，況以苞桑之至計進與密謀乎？至慎者幾也，至密者節也。衡鑑定於一心，折衷待之君子。唐德宗謀於李泌、宋英宗決於韓琦而禍亂允戢，其明效也；拓拔嗣詢崔浩而國本定，亦庶幾焉。知謝晦之險而信之，國不亡，幸也。

營陽王

一　謝晦以顧命大臣蔑視廬陵弑營陽

亂臣賊子敢推刃於君父，有欲篡而弑者，有欲有所援立而弑者，有禍將及身、迫而弑者，又其下，則女子小人狎侮而激其忿戾，愍不畏死，遂成乎弑者。若夫身爲顧命之大臣，以謀國自任，既無篡奪之勢，抑無攀立之主，身極尊榮，君無猜忌，而背憎翕訿，晨揣夕謀，相與協比而行彌天之巨惡，此則不可以意測，不可以情求者矣，而徐羨之、傅亮、謝晦以之。

營陽王狎群小而耽嬉遊，誠不可以君天下，然其立踰年耳，淫昵之黨未固，狂蕩之惡未宣，武帝託大臣以輔弼之任，夫豈不望其撿柙而規正之？乃范泰諫而羨之、亮、晦寂無一言。王誠終不可誨矣，顧命大臣苟盡忠夾輔以不底於大惡，亦未遽有必亡之勢也。惡有甫受遺詔以輔之，旋相與密謀而遽欲弑之，抑取無過之廬陵而先淩蔑之？至於弑逆已成，乃左顧右眄，迎立宜都。處心如此，誠不可以人理測者。視梟獍之行如兒戲，視先君之子如孤豚，嗚呼，至此極矣！是舉也，羨之以位而爲之首，而謀之夙、行之堅、挾險惡以干大惡者，實謝晦也。人至於機變以爲心術而不可測矣，俛而彼焉，俛而此焉，目數動，心數移，殫其聰明才力以馳騁於事物之閒隙，蹈險以爲樂而游刃於其肯綮，則天理不足顧，人情不足恤，禍福不足慮，而唯得逞其密謀隱毒之爲愉。國有斯人，禍不中於宗社者鮮矣。

晦之初起，劉穆之之所薦也；其從軍征伐，宋武之所與謀也。穆之者，固機變之魁，而宋武之誅桓玄、滅慕容超、勝盧循、俘姚泓，皆以入險而震人於不覺者爲功。晦且師之，無所用之，則以試之君父而已。當其進言武帝，睥睨太子，側目廬陵，賊殺之鋒刃已回繞於二王之頸，曰「是可試吾術」，而二王不覺也，武帝亦不覺也。機變熟而心魂數動，一念猝興，殺機不遏，如是之憯哉！至於宜都既立，晦乃問蔡廓曰：「吾其免乎？」則亦自知其徒以膺天誅爲萬世罪人矣。然而不悔也，機變之得逞，雖死而固甘之也。故天下之惡至於機變而止矣。

二　宋武知王華王曇首而任晦亮羨之

知人之難也，非不知而猶姑試之，詘於時而弗能爲變計，則亂矣。武帝於謝晦，知其心挾異同而猶委以六尺之孤，使二子駢首以受刃，其失較然也。雖然，帝豈盡惘於品藻哉？使文帝督荊州，以王曇首、王華爲參佐，而謂文帝曰：「曇首沈毅有器度，宰相才也。」其後徐羨之等迎立文帝，衆志疑殆，王華決行而大計定。元嘉之治幾至平康，皆華、曇首所飭正之規模。邂逅片言，生平遂決，帝之知人亦尚矣哉！而卒以伊、周之任付之晦、亮、羨之者，當是時，華、曇首之流年尚少，名位卑，不足以彈壓朝右，故且置之上流而徐收其效。荆州者，建康之根本也。荆土有人，社稷雖危而不傾矣。乃其盈廷充位，他無可謀，而必任諸機變異同之人者，其時端直貞亮之士若徐廣、蔡廓、謝瞻者既不屑爲宋用，其餘則庸沓苟容屈於權貴之下風者。不得已而姑授之機變之人，時詘之，不知變計所從出也。

江東自謝安薨，道子、元顯以昏濁亂於内，殷仲堪、王恭以嬛薄亂於外，闇主尸位，寇攘相仍，王謐之流，黨同幸免，廉恥隳，志趨下，國之無人久矣。非天地之不生才也，風俗之陵夷壞之也。苟非機變，則庸沓而已。迨乎機變之術已窮，庸沓之人已老，然後華、曇首、殷景仁、謝弘微脱穎以見。使宋之初有此數子者侍於密勿之地，晦等之惡何足以逞，而武帝亦惡役役於此數人而任之乎？

文帝

一　酋長楊盛不改晋義熙年號

蠻夷之長有知道者，中國之人士媿之。故子曰：「夷狄之有君，不如諸夏之亡。」甚悲夫中國也。宋之篡晋，義熙以後以甲子紀而不奉宋之元朔，千古推陶公之高節，而武都王楊盛於晋之亡，不改義熙年號。盛，仇池之酋長耳，與元亮頡頏於華夷。晋氏衣冠之族聞栗里之風而不媿者，又何以對偏方之渠帥也？盛臨卒謂其世子玄曰：「吾老矣，當終爲晋臣，汝善事宋。」子之從違可與己而爲變計哉？盛過矣。雖然，此非可以詘盛也。盛遠在荒裔，雖受晉爵而不純乎其爲臣，進則不必爲晉爭存亡，退自有其不可亡之世守，則孤立而攖宋之怒，力不能敵，且以覆先人之宗社，固不可也。是以告其子以事宋而無貽危亡於後世，是亦一道也。

若夫戴高天，履厚土，世依日月之光，有君父之深讎，無社稷人民之世守，潔其身於山之椒、水之涯，耕讀以終身，無凶危之見逮，如溧陽史氏者，屢世不干仕進，而抑可不墜其宗。處此而曰「終吾身而已，子孫固當去事他人以希榮利」，雙收名利以爲壟斷，豈可援盛以自解哉？民之多辟，不可如何者也；自立辟焉以兩全於義利，又將誰欺？

二　文帝誅羨之亮晦

承大難之餘，居大位，秉大權，欲抑大姦以靖大亂，論者皆曰：「非權不濟。名不可急正，義不可急伸，志不可急行，姑含忍以聽其消而相安於無事，國乃可靖。故晉弑厲公，迎悼公，公掩荀偃、欒書、士匄之惡而從容馭之，晉乃以寧。」其說非也。夫不見悼公之掣於群賊，邢丘一會而天下之政移於大夫，晉乃以終亡於八卿之裔。無他，名不正，義不伸，志不行，苟免於亂，亂之所以不息也。叔孫婼殺豎牛而安其宗。漢獻帝不能正董卓之罪，待其驕橫而始殺之，故李傕、郭汜得以報讎爲名殺大臣，逼天子，而關東州郡坐視不救，韓馥、袁紹且以其爲賊所立，欲廢之而立劉虞。夫唯弑君之罪爲神人所不容，而兄弟之痛根於性而弗容隱，受其援立，與相比暱，名不正，義不伸，志不行，忘親貪位，如是而曰權也，是豈君子之所謂權乎？

文帝初立，百務未舉，首復廬陵王之封

爵，迎其柩還建康，引見傅亮，號泣哀慟，問少帝、廬陵薨廢本末，悲哭嗚咽，亮、晦、羨之自危之心惴惴矣。自危甚，則將相比以謀全，而蠆毒再興，固非其所憚爲者。文帝之處此，將無慮之疏而發之躁乎？而非然也。明明在上者，天理也；赫赫在下者，人心也。無幸災徼利之心而自行其性之哀戚，視三凶如犬豕，而孰恤其恩怨之私哉？故天下無不可伸者，義也，義以正名而志卒以行。彼三凶者方將挾迎立之恩以制帝，帝舍其私恩，伸其公怨，奪三凶之所恃而消沮以退。是以擒羨之、亮如搏雞豚，謝晦雖居上流、擁徒衆，一旦瓦解，自伏其辜。名其爲賊以行天討，凡民有心，無復爲之效死者，黨孤而自潰矣。於帝得乘權止亂之道焉。不貪大位，不恤私恩，不憚凶威，以伸其哀憤，則一夫可雄入於九軍，況業已爲神人之主而何所懼哉？惟能居重者之謂權，委而下移則權墜而衡昂矣。故程子曰：「漢以下無知權者。」

三　親臨延賢堂聽訟

文帝親臨延賢堂聽訟，非君天下之道也，然於其時則宜也。自晉以來，民之不治也久矣。君非幼沖則昏闇耳，國事一委之宰輔者幾百年。乃其秉政之大臣，圖篡逆者既以餌天下爲心而成乎縱弛，賢如王導、郗鑒、何充、謝安，亦唯内戢彊臣，外御狄患，暇則從容談説，自託風流，而貪鄙如司馬道子又弗論也。[1] 及晉之亡而法紀隳，風俗壞，於斯極矣。宋武以武功獵大位，豪邁而不悉治理，固未遑念及於親民也。劉穆之、傅亮區

[1] 「也」，邵陽曾氏抄本作「已」。

區機變之小人，視斯民之治亂漠然不與相關，有司之貪濁惛亂者不知其若何也。文帝承其敝而欲理已亂之絲，則更不得高拱穆清以養尊貴。而況羨之、亮、晦殺君立君，威震朝野，民且不知有天子。苟不躬親延訪，則虛縣於上，廢置惟人，亦惡足以制權姦、保大位乎？故急於親臨以示臣民之有主，抑求己自彊之道也。以是知文帝之志略已深，而正逆臣之誅，成元嘉之治，皆繇此昉焉。

雖然，以是爲君人之道，則已末矣。國之大政，數端而已：銓選也，賦役也，刑獄也，乃其緒之委也，則不勝其冗，擇得其人而飭之以法，事不廢、❶民不困而權亦不移。若必屈天子之尊，撤瑱纊以下問錐刀子女之淫慝，與民競智而撓之者益工，與庶官爭權而竊之者益密，明敏之過，終之以惛，求以起百年之頹靡，致旦暮之澄清，不亦難乎？帝之遣使行郡縣訪求民隱，詔郡縣各言利病，斯可謂得治理矣；親臨聽訟，暫爾權宜，非可法者也。王敬弘曰：「臣得訊牘，讀之正自不解。」其辭傲矣而猶不失相臣之體。相臣執體要，佐天子以用人修法而天下寧，況天子乎？

四　宋不能乘時攻魏

赫連勃勃，權謀勇力皆萬人敵也，立國於險要之地，大修城池，宜足鞏固以居而末如之何，乃至其子而遂亡。故夷狄惡其起而若未足憂也，不患其盛而若不可拔也。赫連氏亡而五胡雜糅之中原皆爲拓拔氏所有，并劉、石、慕容、苻、姚、乞伏、赫連、沮渠、馮、

❶「事」，原作「士」，今據邵陽曾氏抄本改。

高、吕、段、秃髮之宇而合於一，固將挾全力以爲南國憂，然而無足憂也。夷狄之未入中國，❶則憂其相併而合；既入中國，則患其雜冗而不適所治，不患其合一極盛而以相壓也。故宋武之時，難矣！奮勇以滅慕容超而姚興又競，全力以滅姚泓而赫連、拓拔又乘閒以爭，欲再舉以爭關中，而鄭鮮之曰：「江南士庶引領以望返旆。」蓋二夷既滅，❷人心乍弛，不能再振矣。拓拔氏血戰以克統萬，窮兵以破蠕蠕，精甲鋭師半消折於二虜，是亦勃勃死而昌無能爲之勢也。宋能乘之，此其時矣。坐困江東，憚其威而不進，進而不敢與之敵，蓋失此一時而六代之偷安不足以興。文帝非英武之君，到彦之之流不足以有爲，惜哉！

五　拓拔燾得用財之道

拓拔燾惜財而不輕費，親戚貴寵未嘗横有所及，其賞賜勳績死事之臣則無所吝，用財之道盡於此矣。有天下而患貧，豈惟其不當患也，抑豈有貧之可患乎？天之時、地之澤、人之力以給天下之用者，自沛然而有餘。乃患貧而愈窘於用，則崔浩之言審矣。國之貧，皆貧國之臣使之然也。貧國之臣有二：一則導君以侈者，其姦易知也；一則誘君於吝者，其姦難測也。誘君以吝者使其君以貧告臣民而使爲我吝，君一惑之則日發不足之歎，言之熟而遂生於心，必不以帑藏之實使

❶「狄」，原作「裔」，今據邵陽曾氏抄本改。
❷「夷」，原作「國」，今據邵陽曾氏抄本改。

其臣知之。君匿於上，姦人乃匿於下，交相匿而上不敵下之姦，浸淫日月，出入委沓，且使其君並不知有餘不足之實。猝有大兵大役、饋饟賞賜之急需，皆見爲不足而吝於出納，而國事不可言矣。

凡爲此者皆君之親戚貴寵，而君以爲真愛我者也。經用吝而其賞賜不吝，匪直賞賜耳，上下相匿而大臣不能問，群臣不敢問，姦人且暗竊之以去而上下皆罔所聞知。延及於子孫，則上無所匿於下而專聽姦人之匿以罔上，固必曰：吾國貧也。大兵大役之猝至，非吝於用以釀潰亂，則横取之百姓而民怨不恤，曰：吾實貧而不能不取之民也。則不徒親戚貴寵之竊以厚藏者不可問，其所未竊者湮沈填塞於古屋積土之中，至於國亡以資亂民之掠奪、新主之富有而初不自知。嗚呼！財一濫施於權貴，而事廢於國，民怨於下，兵潰於境，國卒以亡，皆導吝之説爲之，亦孰知導吝之情爲竊國之祕術哉？庸主惑之，察主尤惑之，喪亡相踵而不悟，悲夫！

六　陶靖節託辭去官

陶靖節之不仕，不可仕也，不忍仕也。其小試於彭澤，以世家而爲仕，道在仕也。仕而知其終不可而去之，其用意深矣。用意深而終不可形之言，故多詭其辭焉。不可形之於言而託之詭詞者非畏禍也，晋未亡、劉裕未篡而先發其未然之隱，固不可也。萬一裕死於三年之前，義符輩不足以篡，一如桓温死而謝安可保晋以復興，何事以未成之逆加諸再造晋室之元勳而爲已甚之辭哉？此君子之厚也。故其歸也，但曰：「豈能爲五斗米嚮鄉里小兒折腰？」如是而已矣。

雖然，此言出而長無禮者之傲，不揣而樂稱之則斯言過矣。君子之仕也，非但道之行也，義也；其交上下必遵時王之制者，非但法之守也，禮也。縣令之束帶以見督郵，時王之制、郡守之命，居是官者必繇之禮也。知其爲督郵而已矣，豈擇人哉？少長也、賢不肖也皆非所問也。孔子之於陽貨，往拜其門，非屈於貨，屈於大夫也。屈於大夫者，屈於禮也。賢人在下位而亢，雖龍猶悔，靖節斯言悔道也。莊周曰：「無所逃於天地之閒。」君子猶非之。君臣之義、上下之禮，性也，非但不可逃也，亢而悔則蔑禮失義而不盡其性，過豈小哉？非有靖節不能言之隱而信斯言以長傲，則下可以陵上，下可以陵上則臣可以侮君，臣可以侮君則子可以抗父。言不可不慎。誦古人之言，不可以昧其志而徇其詞，有如是夫！

七　崔浩折群議之倏然倏不然

擴其情以統初終而彙觀其同異，則聽言也固不難矣。非堅持一背戾之説，不然之效已著，而迷謬不解者之難辨也。言煩而競，詭出而相違，莫可端倪，而唯其意之所營以恣其辯，惑人甚矣，而尤無難辨也。凡言之惑人也，必有所動以興：下者動以利，其次動以情，其次動以氣。利者灼見之而辨矣，或倡之遂或和之，然皆私利之小人也，於人辨之而已。情之動也無端，偶見爲然而然之，偶見爲不然而不然之，因而智計生焉，因而事之機、物之變、古人之言皆可爲其附會之資，而説益長、情益流，非有所利也。而若瀝血以言之，不獲已而必强人以聽，此疑於忠而難辨者也。然人之情無恒者也，倏而然之，倏而不然之，則知其情之妄而非理之貞也。至於氣之動，而尤不可御矣。若或鼓之，若或颺之，一人言之而群囂然以和之，言者不知其所以言，和者愈不知其所以和，百喙争鳴，若出一口，此莊周所謂「飄風則大和而聽其自已」者也。既自已矣，則前後之不相蒙，還以自攻也，而不恤。雖然，亦豈有難辨者哉？觀於拓拔氏伐蠕蠕之議，而鼓以氣、盪以情者直可資旁觀者之一哂而已。

當其議伐赫連氏，則曰宜置赫連而伐蠕蠕，崔浩持之；伐赫連而滅其國，俘其君矣，已而議伐蠕蠕，則又曰蠕蠕不可伐也。何前之伐蠕蠕也易而今難，何前之克蠕蠕也利而今無利？一言而折之有餘而群喙争鳴不息，有如是夫？人以爲不可伐則曰可伐，人以爲可伐則曰不可。氣之爲風也，倏而南倏而北；氣之爲冬夏也，倏而寒倏而暑。調之爲暄，清之適者，因乎時而已矣。言之善者，調其偏而適以其時，崔浩之言則可謂知時矣。風不可得而飄，寒有衣襦暑有箑也。拓拔燾之能用崔浩也，而猶疑之。情興氣動，難乎其不撼，況智不如燾者乎？雖然，無難辨也，統其初終，析其同異，以其所然攻其所不然，擴然會通以折中之，豈難辨哉？豈難辨哉！

八　元嘉北伐無可用之將才

元嘉之北伐也，文帝誅權姦，修内治，息民六年而用之，不可謂無其具；拓拔氏伐赫連，伐蠕蠕，擊高車，兵疲於西北，備弛於東南，不可謂無其時。然而得地不守，瓦解蝟縮，兵殲甲棄，並淮右之地而失之，何也？將非其人也。到彦之、蕭思話大潰於青、徐，邵宏淵、李顯忠大潰於符離，一也，皆將非其人，以卒與敵者也。文帝、孝宗皆圖治之英君，❶大有爲於天下者，❷其命將也，非信左右佞幸之推引，如燕之任騎劫、趙之任趙葱也；所任之將亦當時人望所歸，小試有效，非若曹之任公孫彊、蜀漢之任陳祗也。意者當代有將才而莫之能用邪？然自是以後，未見有人焉愈於彦之、思話而當時不用者。將天之吝於生材乎？非也。天生之，人主必有以鼓舞而培養之。當世之士以人主之意指爲趨，而文帝、孝宗之所信任推崇以風示天下者皆拘葸巽謹之人，謂可信以無疑而不知其適以召敗也。道不足以消逆叛之萌，智不足以馭梟雄之士，於是乎摧抑英尤而登進柔輭，則天下相戒以果敢機謀而生人之氣爲之坐痿，故舉世無可用之才。以保國而不足，況欲與猾虜争生死於中原乎？

夫江東之不振也，久矣。謝玄監軍事，始收驍健以鼓勵之，於是北府之兵破苻堅而威震淮北；宋武平廣固、收雒陽、入長安，而姚興、拓拔嗣不能與之敵，皆恃此也。已而宋武老矣，北府之兵，老者退，少者未能興也。宋武顧諸子無駕御之才而慮其逼上，故鬬王鎮惡、沈田子諸人於關中，使自相殘劉而不問。文帝入立，懲營陽之禍，急誅權謀之士，區區一檀道濟而劍已擬其項領。上之意指如彼，下之禍福如此，王曇首諸人雍容談笑以俟天下之澄清，雖有瑰瑋之才，不折節以趨荏苒者，幾何也？乃於其中擇一二錚錚者使與猾虜競，拓拔燾固曰：「龜鼈小豎，夫何能爲？」其墮彼目中久矣。孝宗之

❶「英」，邵陽曾氏抄本無此字。
❷「大」，邵陽曾氏抄本作「篤志」。

任邵、李以抗女直，亦猶是也。岳誅韓廢，天下戒心於有爲，風一靡而弗能再振矣。❶身無英武之姿，外有方張之寇，獎柔順以挫英奇，雖抱有爲之志，四顧無可用之人。前以取敗而不自知，及其敗也，抑歸咎於天方長亂而虜勢之不可攖也，愈以衰矣。

九　崔浩策宋兵形分勢弱

闇而弱者之用兵，其防之也如張幬帳以御蝨蠓，薄絺疏綌使弗能入焉，則鼾睡以終夕。若此而不棄師失地以近於亡也，不可得矣。崔浩策宋兵之易敗也，曰：「東西列兵，徑二千里，一處不過數千，形分勢弱，可席捲而使無立草之地。」❷宋終不出其所料，金墉破而到彦之走，滑臺敗而蕭思話走，守者分，攻者聚，一方潰而諸方之患在腹心，不可支矣。故以戰爲守者，善術也；以守爲戰者，敗道也。無他，將無略而以畏謹爲萬全之策也。

然則孔子之於戰也慎，於行軍也懼，又何以稱焉？夫列兵千里，尺護而寸防之，豈其能懼哉？櫛比株連以外蔽而安處其中，則心爲之適然而忘憂，寇之來也，於彼乎於此乎，我皆有以防之，則一處敗而聲息先聞，固可自全以退而無忽出吾後以夾攻之患，於是乎而懼之情永忘，弗懼也則亦無所慎矣。若夫懼以慎者，一與一相當，虔矯三軍，履死地而生之，曾是瓜分碁布爲能慎也與？不戰而慎，未臨事而懼先之，不敗何待焉？

❶「一」，原無，今據邵陽曾氏抄本補。
❷「草」，邵陽曾氏抄本作「足」。

十　拓拔敗宋求和

滑臺陷，青州没，宋師熸而拓拔氏旋遣使人聘宋以求和親，踰年而宋報禮焉，此南北夷夏講和之始也。宋大敗而劉振之且棄下邳以奔逃，拓拔氏乘之以捲江淮也易矣。顧斂兵以退而先使請和，豈其無吞宋之心哉？力疲於蠕蠕而固不能也。乃乘宋之惴慄以收宋，知宋之得釋重憂，必欣然恐後，此虜之狡也。夫宋新敗之餘弗能急與之爭，則姑受其和而緩敵以待時，庸詎非策？且其於拓拔氏也，既非君父之讎，又無割地稱臣之辱如趙宋然者，則抑非義之所不許。顧亦思彼之先我以求和者何心乎？和者，利於夷狄而不利於中國，利於屢勝之兵而不利於新敗之國者也。

夷狄，以戰而彊、以戰而亡者也。其能悔禍以息兵，則休息其兵，生聚其民，蓄育其馬，而其騎射技擊則性焉習焉而不以不用而廢。中國則恃和以安而忘危矣，士争虚名於廷，兵治生計於郊，人心解散，冀長此輯睦而罷兵以偷安。一旦聞警而魂摇，其敗亡必矣。屢勝之餘，敗之幾也，雖屈己以和人，不以爲辱而喪其氣，抑以免驕兵之取敗也，善居勝者也。若敗矣，君方悔前者之妄動以致衄，而情不競，惴惴危慄，得和以無虞而涣然冰釋，於是乎戒戰之危而歆和之利，雖不弭兵，兵必弭矣。邊陲戍守之士皆贅設而聊以逍遥，尚足恃以御非常之變邪？驕貪無厭之虜方養全力以乘我，而我幸其馴擾，抱虎而望其息機牙，不亦愚乎？

劉宋以和而罷兵，趙宋欲罷兵而講和，趙宋尤憊矣。以和而弭兵者志不在弭兵，弭於外未忘於內，故劉宋猶可不亡；以弭兵而和者唯恐己之不弱也，故趙宋君臣竄死於海濱而莫能救。且曰：「君無失德，民不知兵。」可勝悼哉？

十一　魏舉逸民所徵皆世胄

拓拔氏詔舉逸民而所徵皆世胄，民望屬焉，其時之風尚然也。江左則王、謝、何、庾之族顯，北方則崔、盧、李、鄭之姓著，❶雖天子莫能抑焉，雖夷狄之主莫能易也。士大夫之流品與帝王之統緒並行而自爲興廢，風尚所沿，其猶三代之遺乎？

夫以族姓用人者，其途隘；舍此而博求之，其道廣。然而古之帝王終不以廣易隘者，人心之所趨即天敘天秩之所顯也。堯求人於側陋而舜固虞幕之裔，文王得賢於屠釣而太公固四嶽之嗣。降及於周衰而游士進，故孔子傷陪臣之僭而憂庶人之議，《春秋》於私變驟起之臣，善則書人，惡則書盜。孟子惡處士之橫逆而均之於洪水猛獸。耕商駔儈胥史之徒起而爲大倫之蟊賊，誠民志之所不順也。

漢高起自田間，蕭、曹拔於掾吏，上意移而下俗亂，故江充、主父偃、息夫躬、哀章之徒得以干主行私，亂君臣父子之彝倫而禍人宗社。然而古道之在人心者，不可泯也。六代南北分而此意獨傳，以迄於唐，世胄與寒門猶相持而不下。及朱溫肆清流之毒，五季摧折以無餘，宋因陋而不復。然其盛也，呂、范、韓、陳猶以華胄而登三事，列清要，天下咸想望之，其卓然立大勳、明聖學者，類能不

❶「鄭」，邵陽曾氏抄本作「邢」。

墜家聲而爲國所恃賴。至於文及甫、程松之爲敗類者，百不得一也。女直、蒙古更主中國，而北面事之者皆猥陋無行之鄙夫，❶無有能如崔浩之不惜怨禍以護士大夫之品類者，而古道埽地無餘。以迄於今，科舉孤行，門閥不擇，於是而市井錐刀、公門糞除之子弟彫蟲詭遇，且與天子坐論而禮絕百僚。嗚呼，君子之於小人猶中國之於夷狄，其分也，天也，非人之故別之也，一亂而無不可亂矣！

六代固嘗以夷狄主中國矣，而小人終不雜於君子，彼廢而此不廢焉，至於兩俱廢而後人道之不滅者無幾矣。拔濁流而清之，將謂引小人而納於君子之途，道至大也，乃其弊也，夷君子於小人而道遂喪。道大則荒，故先王畏其荒而不嫌其隘，譬之治津塗者，無逕隧而任人之行，則蔓草徧於周行而無所謂津塗矣。其位，君子也；其職，君子也；其飾文物以希當世者，君子也。而錢刀囂訟之聲習而聞之，役父誶母之色狎而安之，則廉恥喪於天下而人無以異於禽。故曰：將引小人而納之君子，實夷君子於小人也。小人雜於君子而仕與同官，學與同師，遊與同方，婚姻與同種姓，天下無君子，皆小人矣，中國皆夷狄矣，可勝痛哉！有王者起，無仍朱溫惡清流之惡；名世興，無避崔浩清流品之怨：庶以扶乾坤於不毀乎？

十二 吏民得告守令之制亂綱紀壞人心

吏民得告守令，拓拔氏之制也。拓拔燾自謂恤弱民而懲貪虐以伸其氣，自以爲快而無知者亦將快之，要爲夷狄駤戾之情，橫行

❶「陋」，原誤作「類」，今據邵陽曾氏抄本改。

不顧以亂綱紀、壞人心，奈之何世主不擇而效之也？ 以事言之，能於天子之闕、大吏之廷告守令者，必非愚懦可侮、被守令之荼毒而無告者也。 奉公有式，守憲有常，守令猶以苛斂殘虐枉抑之而無所忌，此其人見守令而惴慄弗敢逆者，而能叩天子之闕、登大吏之廷以告守令乎？ 此詔行而姦猾脅守令以橫行，守令且莫敢誰何，鄉閭比族之弱民登其刀俎者敢有或爲喘息者哉？ 若夫貪墨之守令免此亦易爾，寬假姦頑而與相比，則愚懦者之肉恣食之而固無憂也。 其害於拓拔氏之世已著見矣，而君子所甚惡者尤不在此。 逆大倫、裂大分也，獎澆薄而導悖亂也，賤天之所貴，夷堂廉而天子且不安其位也，此則君子之所甚惡也。

夫人君誠患守令之殘民與，則亦思其殘民也何所自，而吾欲止其惡也，何以大正而小不能違？ 夫流品不清而紈袴貲郎、胥史駔儈得以邀墨綬，銓選不審而輦金懷綺、姻亞請謁得以獵大邑，秉憲不廉而糾參會察施於如水之心，薦剡吹噓集於同昏之黨，皆教貪獎酷之所自也。 原其所本，則女謁興，宦寺張，戚畹專，佞幸進，源濁於上，流污於下，其來久矣。 腥聞熏天，始從而怒之，假手於告訐之民以懲之。 必民之是假也，亦惡用天子與大臣哉？ 夷狄不能禁其部曲，漸以流毒於郡邑，無已而此法行焉。 堂堂代天而理民者，明大倫、持大法以激濁揚清而弗傷其忠厚和平之氣者，焉用此爲？

十三　闞駰劉昞諸人存儒者之統於北方

儒者之統與帝王之統並行於天下，而互爲興替。 其合也，天下以道而治，道以天子而明；及其衰而帝王之統絶，儒者猶保其道以孤行而無所待，以人存道而道可不亡。

魏晉以降，玄學興而天下無道，五胡入而天下無君，上無教，下無學，是二統者皆將斬於天下。乃永嘉之亂，能守先王之訓典者皆全身以去，西依張氏於河西，若其隨琅邪而東遷者，則固多得之於玄虛之徒，滅裂君子之教者也。河西之儒雖文行相輔，爲天下後世所宗主者亦鮮，而矩矱不失，傳習不廢，自以其道崇而不隨其國以榮落。❶ 故張天錫降於苻秦，而人士未有隨張氏而東求榮於羌、氐者。呂光叛，河西割爲數國，禿髮、沮渠、乞伏，蠢動喙息之酋長耳，殺人生人、榮人辱人唯其意，而無有敢施殘害於諸儒者，且尊之也。非草竊一隅之夷能尊道也，儒者自立其綱維而莫能亂也。至於沮渠氏滅，河西無復孤立之勢，拓拔燾禮聘殷勤，而諸儒始東。闞駰、劉昞、索敞師表人倫，爲北方所矜式，然而勢屈時違，祗依之以自修其教，未嘗有乘此以求榮於拓拔，取大官、執大政者。嗚呼，亦偉矣哉！

江東爲衣冠禮樂之區，而雷次宗、何胤出入佛老以害道，北方之儒較醇正焉。流風所被，施於上下，拓拔氏乃革面而襲先王之文物，宇文氏承之而隋以一天下。蘇綽、李諤定隋之治具，關朗、王通開唐之文教，皆自此昉也。一隅耳而可以存天下之廢緒，端居耳而可以消百戰之凶危，賤士耳而可以折嗜殺橫行之異類。其書雖不傳，其行誼雖不著，然其養道以自珍，無所求於物，物或求之而不屈，則與姚樞、許衡標榜自鬻於蒙古之廷者，相去遠矣！

❶ 上「其」字，原作「爲」，今據邵陽曾氏抄本改。

是故儒者之統，孤行而無待者也，天下自無統而儒者有統。道存乎人而人不可以多得，有心者所重悲也。雖然，斯道亘天垂地而不可亡者也，勿憂也。

十四　廢罪彭城王義康

營陽弑，廬陵死，而文帝之心戚矣。環任諸弟以方州而託國政於彭城，非但以爲不拔之基也，顧瞻兄弟，不忍爲權臣所屠割，相獎以共理，冀以服天下而保本支，衰世之君能爾者鮮矣。不然，營陽廢而己興，豈不早憂姦人之援立以加我者而峻防之乎？然則彭城之伏罪以廢棄，彭城之不仁也，於帝何尤焉？

義康之入辭也，唯對之號泣而無一語，義康而有人之心也，其何以自容也？義康奉顧命之詔，劉湛即昌言幼主之不可御天下。義康而無篡奪之心乎？即不能執湛以歸司寇，自可面折而斥絶之。方且愛湛彌篤而不自斂約，義康之心路人知之矣！或曰："義康非固有其意而湛以傾險導之，義康固可原也。"親則兄弟，尊則君臣，此立身何等事而可謝咎於人之誘之也哉？扶令育諫文帝以保全義康則可矣，欲使召還而授以政，是亦一劉湛也，其見殺亦自取之也。

十五　范曄儒素子謀取大位

當其重也，則孔子之車，顔淵無椁而不可得也；當其輕也，則天子之尊、四海之富，如野蔌之在山麓水湄而人思掇之也。謝靈運、范曄，彫蟲之士耳，俱思蹶然而興、有所廢立而因之以自篡。天子若是其輕哉？何昉乎？昉於司馬懿也。

王敦、桓温死而不成，桓玄狂逞遂志而終以授首，傅亮、謝晦、徐羡之甫一試其凶而身膏鈇鉞。而靈運、曄猶不恤死以思僨興，唯視天下之果輕於一羽而尪夫舉之無難也。范曄之志趨無常，❶何尚之先知之，其處心非一日也。靈運猶倚先人之功業，而曄，儒素之子弟耳，一念怏怏而人主縣命於其佩刀之下，險矣哉！蕭道成、蕭衍之佹得也，靈運、曄之佹失也，一也。大位之輕若此，曹操所經營百戰而不敢捷得者也，故曰：司馬懿昉之也。

位不重，姦不戢，天下之禍亂不已，君臣之分義不立，故《易》曰：「聖人之大寶曰位。」思所以服天下之心而早戢其異志，必有道矣，愛名器、慎選舉以重百官。賈生曰：「陛尊，廉遠，堂高。」知言也夫！

十六　高允以亢龍有悔戒拓拔丕

高允幾於知《易》矣。《易》曰：「其出入以度入聲。外內，句。使知懼。」故聖人之作《易》也，使人度也，使人懼也；使人占也，即使人學也。子曰：「不占而已矣。」謂不學也。拓拔丕從劉絜而欲謀簒，夢登白臺，四顧不見人，使董道秀筮之，而道秀曰：「吉。」此以占爲占而不知以學爲占也。允曰：「亢龍有悔，高而无民，不可以不戒。」此以學爲占而不於得失之外言吉凶也。

天下無所謂吉，得之謂也；無所謂凶，失之謂也；無所謂得失，善不善之謂也。然而聖人作《易》以前民用者，兩俱仁而有不

❶「無」，邵陽曾氏抄本作「異」。

廣，兩俱義而有不精，時位變遷而爭之於毫末，思慮窮而《易》以何思何慮之妙用折中以協乎貞，則《易》之所以神而筮之所以不可廢也。若夫臣之忠、子之孝，義之必爲，利之必去，昭然揭日月於中天，非偶然朽骨枯莖，乘不誠不道者之私以妄動，任術士之妄，謂之吉而遽信爲吉以禍天下而自戕者，❶所可竊以億中也。

然而《易》亦未嘗絶小人而不正告之也。通其義，裁之以理，使小人亦知懼焉。夫小人之爲不善，行且爲天下憂，故《易》不爲小人謀而爲天下憂，懲小人之妄而使之戢則禍亂不作，故大義所垂以遏小人之惡者亦昭著而不隱。嗚呼，知此者鮮矣而高允能知焉，不亦善乎？朱子乃謂《易》但爲筮卜之書，非學者所宜學，何其言之似王安石而顧出允下也？

十七　何承天曆法得天

曆法至何承天而始得天。前此者未逮，後此者爲一行、爲郭守敬，皆踵之以興而無能廢承天之法也。子曰：「行夏之時。」傷周曆之疏也。曆莫疏於周，莫亂於秦，惟其簡而已矣。《春秋》所書日食三十六，有未朔、既朔、月晦而食者，簡故疏也。秦以建亥爲歲首，置閏於歲終，簡故亂也。曆無可簡者也，法備而後可合於天。承天之法以月食之衝知日之所在，因日躔之異於古，知歲之有差，以月之遲疾置定朔以參合於經朔，精密於前人。天之聰明以漸而著，其於人也，聰明以時而啓，唯密以察者能承之。拘葸之儒

❶「遽」，邵陽曾氏抄本作「遂」。

執其習見習聞以閉天之聰明而反爲之謗毀，嵬瑣之士偶得天明之一端，自詡其神奇而欲廢古人之規矩以爲簡捷，皆妄也。

古之所未至，可益也，以益之者改之，可改也；古之所已備者，不可略也，略之而使亡焉，則道因之而永廢矣。廢古而亡之，取便於流俗，苟且之術，秦之所以亂天下者，君子之所惡也。郭守敬廢曆元，俾算者之簡便，徇流俗爾。曆元廢則甲子何所從始，奚以紀年而奚以紀日邪？近乃有欲廢氣盈朔虛，以中氣三十日有奇紀孟仲季而廢閏並廢月者，是天垂二曜而蔑其一也。❶夫人仰而見月，以月之改矣知四時寒暑之且更矣，舍之而以中紀歲，非據曆之成書而人莫能知時之變遷矣。故古之以朔紀月而爲閏以通之於歲者，所以使人仰觀於月而知時，猶仰觀於日而知晝夜，何可廢也？備古之所未逮，則自我而始，垂之無窮；古法廢，則自我而且絕：此通蔽之大端。君子之所不敢恃己以逆天人也，豈徒曆法爲然哉？

十八　觀王玄謨言兵知其必敗

王玄謨北伐之必敗也，弗待沈慶之以老成宿將見而知之也，今從千餘歲以下繇其言論風旨而觀之，知其未有不敗者也。文帝曰：「觀玄謨所陳，令人有封狼居胥意。」坐談而動遠略之雄心，不敗何待焉？

兵之所取勝者，謀也、勇也，二者盡之矣。以勇，則鋒鏑雨集、車馳騎驟之下，一與一相當而後勇怯見焉。以言說勇者，氣之浮也，侈於口而餒於心，見敵而必奔矣。若謀，

❶「二」，原誤作「三」，今據邵陽曾氏抄本改。

則疑可以豫籌者也，而豫籌者，進退之大綱而已。兩相敵而兩相謀，扼吭抵虛，聲左擊右，陽進陰退之術皎然於心目者，皆不可恃前定以爲用。唯夫呼吸之頃，或斂或縱、或虛或實，念有其萌芽而機操於轉眄，非沈潛審固、凝神聚氣以内營，則目熒而心不及動，辨起而智不能決。故善謀者未有能言其謀者也。指天畫地，度彼參此，規無窮之變於數端而揣之於未事，則臨機之束手，瞀於死生而噤無一語也，必矣。

玄謨之勇，大聲疾呼之勇也；其謀，雞鳴而寤、畫衾捫腹之謀也，是以可於未事之先，對人主而拄笏掀髯，琅琅驚四筵之衆。今亦不知其所陳者何如，一出諸口，一濡之筆，而數十萬人之要領已塗郊原之草矣，況又與江、徐文墨之士相協而鳴也哉？

薛安都之攻關、陝而勝也，魯方平謂安都曰：「卿不進，我斬卿；我不進，卿斬我。」流血凝肘而不退，兵是以勝。武陵王駿之守彭城而固也，張暢謂江夏王義恭曰：「若欲棄城，下官請以頸血污公馬蹄。」駿聽之，誓與城存亡，❶城是以全。繇此觀之，拓拔氏豈果有不可當之勢哉？勇奮於生死之交，謀決於安危之頃，武帝之所以滅慕容、俘姚泓，罵姚興而興不敢動，奪拓拔嗣之城以濟師而嗣不敢遏，亦此而已矣，皆玄謨所引以自雄者。而心妄度之，目若見之，口遂言之，反諸中而一無虛静靈通之牖以受情勢之變，❷而生其心，則事與謀違，倉皇失措，晋寇以屠江淮，不待智者而早已灼見之矣。

言兵者必死於兵，聽言而用兵者必喪其

❶「誓」上，邵陽曾氏抄本有「而」字。
❷「一無」，原作「無一」，今據邵陽曾氏抄本改。

國。趙括之所以亡趙、景延廣之所以亡晋，一也。最下而郭京、申甫之妖誕興焉，有國家者亟正以刑，可也。但廢不用，猶且著爲論説以惑後世而戕民於無已。《易》曰「弟子輿尸」，坐而論兵者之謂也。❶

十九　崔浩國書存直筆

於崔浩以史被殺而重有感焉。浩以不周身之智爲索虜用，乃欲伸直筆於狼子野心之廷以速其死，其愚固矣。然浩死而後世之史益蔑，則浩存直筆於天壤，亦未可没也。直道之行於斯民者，五帝三王之法也、聖人之教也。禮樂刑政之興廢、夷狄盜賊之緣起，❷皆於史乎徵之，即有不典而固可徵也。若浩者仕於魏而爲魏史，然能存拓拔氏之所繇來，詳著其不可爲君師之實與其乘閒以入中國之禍始，❸俾後之王者鑒而知懼以制之於早，後世之士民知媿而不屑戴之爲君，❹則浩之爲功於人極者亦偉矣！浩雖殺，魏收繼之，李延壽繼之，撰述雖蔑而詰汾、力微之蔑迹猶有傳者，皆浩之追叙僅存者也。

前乎此而劉、石、慕容、苻、姚、赫連之所自來，佚矣，後乎此而契丹、女直、蒙古之所自出，泯矣。劉、石、慕容、苻、姚、赫連之佚也，無史也；契丹、女真之泯也，❺蒙古氏諱其類，脱脱隱之也。然猶千百而存一也。宋濂，中華之士，與聞君子之教，佐興王以復中

❶「論」，邵陽曾氏抄本作「談」。
❷「夷狄」，原作「荒隅」，馬宗霍校記云：「按，此亦刻本諱而改之，當從鈔本。」今據邵陽曾氏抄本改。
❸「入」下，邵陽曾氏抄本有「主」字。
❹「世」，邵陽曾氏抄本無此字。
❺「真」，邵陽曾氏抄本作「直」。

華者也。非有崔浩族誅之恐，而修蒙古之史，隱其惡，揚其美，其興也若列之漢唐宋開國之君而有餘休，其亡也則若無罪於天下而不幸以亡也。濂史成而天下之直道永絶於人心矣！濂其能無媿於浩乎？浩以赤族而不恤，濂以曲徇虞集、危素而爲蒙古掩其腥穢，❶使後王無所懲以厚其防，❷後人無所媿以潔其身。❸人之度量相越有如此哉？後之作者雖欲正之，無徵而正之，濂之罪延於終古矣。

二十　袁淑死難惜去官不早

生人之大節，至於不憚死而可無餘憾矣。然士苟不憚死，則於以自靖也何不可爲？而猶使人有餘憾焉，是可惜也。

袁淑死於元凶之難，從容就義以蹈白刃，其視王僧綽與廢立之謀，變而受其吏部尚書，以迹露而被殺者，遠矣。雖然，元凶劭之與君父有不兩立之勢也，自其怨江、徐而造巫蠱已然矣。淑爲其左衛率，無能改其凶德，辭宮僚而去之，不可乎？可弗死也。及其日饗將士，親行酒以奉之，梟獍之謀決矣，發其不軌而聞之於帝，不可乎？言以召禍。於此而死焉，可也。伐國不問仁人，其嚴氣有以讋之也。風稜峻削嶽立而爲元凶所忌，或殞其身，可也。何至露刃行逆之時，元凶尚敢就謀成敗乎？且其官衛率也，將士之

❶「腥穢」原爲空格，今據邵陽曾氏抄本補。

❷「懲」，原爲空格，今據邵陽曾氏抄本補。「厚」，原爲空格，今據邵陽曾氏抄本補。「防」，原爲空格，今據邵陽曾氏抄本補。

❸「媿」，原爲空格，今據邵陽曾氏抄本補。「潔」，原爲空格，今據邵陽曾氏抄本補。

主也，元凶不逞，握符麾衆，禽之以獻，不濟而死焉，可也。何躊躕永夜，而被其脅使登車而泯泯以受刃乎？傷哉，淑之能以死免於從逆而荏苒以徒亡也！

子曰：「見義不爲，無勇也。」淑之於義曙矣而勇不足以堪之，將無有掣其情而使無勇者存邪？勇於定亂，勇於討賊，難矣；勇於去官，決於一念而唯己所欲爲者也，此之不決則死有餘憾。爲君子者可不決之於早哉？養勇以處不測之險阻，無他，爵禄不繫其心則思過半矣。

二十一　斬斌梟濬存父子之倫

晉宋以降，國法圮、大倫斁而廉恥喪，非一日矣。周札應王敦而與卞壼、桓彝同其贈恤，王謐解天子璽綬以授玄，玄死反歸而任三公，天討不加而榮寵及之。數叛數歸，靦顔百年而六易其主，無惑也。如是，宜速殲以亡，而其君猶能傳及其世，其士大夫猶能全其族者，何也？蓋君臣之道喪而父子之倫尚存也。

元凶爲逆，孝武起兵以致討。元凶敗矣，蕭斌解甲帶白幡來降，逆濬就江夏王義恭以降，而但問來無晚乎，固自謂得視王謐，斌猶可立人之朝，濬猶可有其封爵也。於是斬斌於軍門，梟濬於大航，法乃伸焉，則人知覆載不容之罪無所逃於上刑。於斯時也，義憤所激，天良警之，人理不絶於天下，恃此也夫？故延及齊梁而父子之倫獨重。梁武於服除入見者，無哀毁之容則終身坐廢。區區孱弱之江左，擁衣冠而抗方張之拓拔，存一綫人理於所生而若或佑之，於此可以知天，可以知不學不慮之性矣。蕭正德、蕭綜捐父事賊而無有正天誅者，然後江東瓦解以澌滅。興亡之故繫於彝倫，豈不重與？

孝武帝

一　江夏王義恭導孝武以殘忍

勢變情移而有无妄之災，恬不知警，違時任意則禍必及，庸夫之恒態也。惟然而巧者測之，急改其常度以迎當時之意指，乃至殘忍甚害，爲同類所飲恨而不顧，以是爲自全之策，幸而全也，小人之尤也，而究以得全者亦鮮矣。

孝武以藩王起兵而受臣民之推戴，德望素爲諸王所輕，不自安也，於是殺鑠、誅義宣，忍削本支以快其志。江夏王義恭誘逆劭棄南岸，單騎南奔，上表勸進，斬逆濬，厥功大矣。於是畏禍之及己也，條奏裁損王侯九事以希合孝武未言之隱，削剥諸王以消疑忌。夫義恭豈無葛藟之恩？利非在己而滅天性以任骨肉之怨者，何也？以爲先自我發而人不得挾短長以議己，全軀保禄位之術，自詑爲工矣。

或曰：遇暴人，丁險運，不授異姓以制我之權而自任之，則禍泯於無形，亦知時度勢者之不廢乎？浸不若此而以篤懿親、固根本之言投於猜忌之衷，無救於時而祇以自害，奚可也？曰：君子之處此，固有道矣。物激矣而持之以定，禹之所以抑洪水也；勢危矣而居之以安，孔子之所以解匡圍也。聖人豈有以異於人哉？出乎聖即疾入乎狂，義恭之狂也，無以持物而自奠其居也。君多忌而寡恩矣，義宣等之不輯非必妄干天位，而貪權勢以啓忮人之釁矣。義恭以有功居百僚之上，誠危矣，而遠嫌以消疑忌，固無難也。自謝不敏，翩然而去之，養疾丘園，杜口朝政，則於以自全焉有餘矣，而何事導君以殘刻而已爲不仁之俑哉？

主自疑也，吾自信也；諸王自競也，吾自静也。或有聞風而相效者，則宗族以保而帝亦且消其猜防骨肉之邪心。其不然也，爲孝武獻殘忍之謀者，豈伊無人？而我處無咎之中，不已裕乎？唯其欲爲功以固榮寵也，而違心以行顛倒之政，引君以益其慝，斂衆怨以激其争，而後天理亡，民彝絶，國亦以危矣。身雖苟免，其喙息亦何異於禽獸哉？其究也，逃孝建、大明之網羅，翺翔百僚之上，而終授首於子業。狂者之自斃也，未有免者也。道二：仁與不仁而已矣。一念之貪，天理之賊，聖、狂之界也。

二　魏先殺太子之母

拓拔氏將立其子爲太子則殺其母，夷狄殘忍以滅大倫，亦至此哉？然其後卒以未殺之淫嫗擅國而召亂以亡，徒以椓杙天性而無救於亡，何爲者邪？且夫母后者豈特不可殺，而亦不必過爲防者也。周之過其曆也，化始於《關雎》，琴瑟鐘鼓，唯是樂以友之，而内治修、國政不紊。彼爲聖王之化，不可及矣，雖不及此，取供祭祀、奉皇天、先祖之伉儷而視之如仇讎，是可忍也，亦孰不可忍也？將必如浮屠氏之盡棄家室而後可治也邪？

内教之修，尚矣。迪之以陰禮而可使見德，統之以婦職而可使見功。夫婦人亦猶是人也，無所見其功德而後預外事以爲榮。故先王勤飭以躬桑漬種之儀，勸獎以亞獻饋籩之禮，有餘榮焉。雖樂於自見之哲婦，亦不患其幽閟深宮如圈豚籠鳥之待飼，而其志寧矣。其次則后族雖賢弗任也，內豎之服勤於宮中者弗庸也，大臣得箴其舉動，嗣子不託以匡扶，制之之道，亦豈無術而必以爲患哉？不然，人主六御在握，方將舉天下之智勇而馭之，取草澤之雄、夷狄之狡而制之，匹夫亦有一匹偶，而惴惴然唯恐戕我國家也，不亦陋乎？

拓拔氏，不足誅者也，有天下者非猜而鉗之則昵而縱之。道二：仁與不仁而已，非取法於齊家之聖化，亦惘悵而不得其術也。

三　減死罪者充卒戍邊

源賀請減過誤入死罪者充卒戍邊，拓拔濬從之，而獎賀曰「一歲所活不少」，是也；又曰「增兵亦多」，則亂政也。拓拔氏自此而衰矣。兵者，宗社生民所倚以爲存亡生死者也。古者寓兵於農，兵亦農也。王者莫重乎農則莫重乎兵，於風有《東山》焉，於雅有《杕杜》焉，相與勞來而詠歌之，如此乎其貴之也。後世召募興，而樸者耕耨以養兵，彊者戰守以衛農，相爲匹而不相下，坐食農人勤穫之粟而不以爲厲農；其有功則立朝右，與士伍而不以爲辱士。抑如此乎其重之也。乃使犯鈇鑕之刑、爲生人所不齒者，苟全其命而以行伍爲四裔之徒，則兵之賤也，曾不得與徒隸等？求其不厭苦而思脫、決裂而自恣、幸敗而潰散者幾何也？兵賤則將亦賤矣，授鉞而專征者，一岸獄之長而已，廉恥喪，鹵掠行，叛離易於反掌，辱人賤行者之固然，又何怪焉？

夫兵，惟其精也，不惟其多也。士皆千

金之士，將專閫外之尊，爲國干城，一旅而敵百萬。烏合之衆，罪人無行，苟免而無慚，雖多何補哉？ 若以矜全過誤而貸其命，則有流放之辟在焉。賀之説塗飾以爲兩得，而不知其餒國之神氣以嚮於衰也。 後世免死充軍，改流刑爲僉伍，皆祖賀之術而建之爲法。行之未久而武備墮，盜賊夷狄横行而無與守國，夫亦見拓拔氏之坐制於六鎮而以亡也乎？

四　孝武寵近臣以閒大臣

自魏晋以來至於宋大明之世，而後權移於近臣。戴法興、戴明寶、巢尚之皆賜爵掌中書事。前此者權歸大臣，天子雖有所寵信而不能伸；孝武以疑忌行獨制，義恭等畏禍以苟全，於是而其法始變。春秋之季，世卿執國，非其族屬則謂之嬖大夫，以孔子之聖，位至下大夫而止，弗能爲卿也；魏晋以後，流品重，世族興，而非門閥以進者謂之幸臣，即人主之所委任，弗能登之三事也。乃以其時考之，春秋篡弑相仍，晋宋權臣繼攘，上用一人而下遠之也若將汙己，讎之也若不兩立，人君孤立而興廢死生不能自保。蓋嬖幸之名立以禁錮天子之左右，流俗之稗政、奪攘之禍媒也。

然而爲人主所親幸者率多邪佞貪饞、導君於惡而弄威福以讎姦利，卒不能收一人之用可恃爲股肱者，何也？ 物之所貴因而自貴者，道也；物之所賤因而自賤者，機也。豐年穀賤而多莠稗，陂澤魚賤而多臭腐。物論之所趨，物情之所競，而物理之所繇以良楛，必然之勢也。九品之外無清流，世族之外無造士，於是而不在此數者知不足以應當世之寵光，穨然自放而已，其慧者又將旁出歧趨以冀非分之福澤，故天子欲拔一士於流品之外而果無其人。即有明辨之智、幹理之才，喻利焉耳，稔惡焉耳。於是而天下後世益信孤寒特起之士果爲佞幸，適以破國亡家而不可用，亦惡知摧抑而使習於汙下者，雖有才智，不能自拔也。

故人主之好尚不能不隨風俗以移，而聖王崛起，移風易俗，抑必甄陶漸漬之有日，而不可旦夕期其速革。孝武以近臣閒大臣而終於亂，非天子不可有特用之人，其馴致之者，無以豫養之也。

五　孝武削制諸王

一動而不可止者，勢也。太上以道處勢之先而消其妄，靜而自正也；其次坦然任之，不得已而後應，澄之於既波之後，則亦可以不傾。元凶造逆，天下同讎。孝武援戈而起，以臣子而恤君父之慘，行戮兄弟而非忍，夫孰謂其非正者？然而諸王擁方州以自大，義宣反於江州，誕反於廣陵，休茂反於襄陽，乘之以動而不可止，於是而孝武之疑忌深矣。削之制之，不遺餘力，而終莫能戢。嗣子雖不道，而禍速發於同姓之操戈，垂及明帝，殺戮逞而劉宗遂亡。波濤觸乎崖石，逆風而歕薄，亦至此哉？揆厥所繇，不可謂非孝武之師先之也。

夫孝武之師，動以正也，乃一動而不可止，卒以倡亂者，豈謂其不宜縣逆劭之首於都市哉？度之於先而與物相安以息争也，固有道矣。義兵之至建業也，劭將授首，君父之怨釋，臣子之職亦庶幾盡矣。乃以次，則非長也；以望，則不足以服人也。於此頓兵於宮闕，正告諸王曰：「吾之決於稱兵也，以君父不忍言之慘、古今不再見之禍也。今元凶已伏誅矣，孤豈忍有利天下之心？以齒以德，必有所歸。社稷不可以無主，吾將與諸王奉之。」使衆意他有所屬，臣子之道盡，雖不爲天子而志已遂矣；如臣民以功而不我釋與，抑引咎含哀，不得已而受命，推怵惕之忱，厚撫諸父昆弟以廣先君之愛，則天下既服其仁，而抑知大位之不可以力争也，天下定矣。乃聽義恭之諂，元凶未斬而先即位於新亭，然則起兵也，非果有割肝裂膽之痛，而幸兄弟之逆以獲大寶也。波自我揚而欲遏之也，得乎？

既急於自立而莫能待矣，則抑可自信曰：「均爲臣子，而諸王偃蹇於逆劭之世，我既誅賊子而得之，人情所歸，非我貪也。有諒我者，其知順逆者也，不足慮也；其横逆而逞者，狂飆之拂水而已，懷之以恩而尚不可革，天下臣民自不迷於嚮背，夫孰與我爲敵者？」坦然無懼於彼，而不軌者之意亦消；即有妄動之狡童，而義詘援孤，亦不崇朝而沮喪矣。乃孝武，忮人也，甫一踐阼而殺其弟鑠，視諸父昆弟若人可爲己之爲而削奪禁制以亟掣曳之，夫而後告諸王以不自保之情，啓其覬覦。徒樹荆棘於寸心以相捍御，非能御也，教之而已矣。及身三叛而嗣子速亡，不亦宜乎？嗚呼，以忠孝始，以惡縮終，懷惡縮於心，啓戈矛於外，惜哉！孝武有仁孝之資而自流於薄惡，天子之位猶可居之不安而卒於亂，亂其可止哉？遏之乃獮也，孝子之實不可襲也。反諸中而不誠，❶以揚之。得免於及身之戮，幸矣！

❶「諸」，原作「居」，今據邵陽曾氏抄本改。

六　張岱一心可事百君之説惑人心壞風俗

張岱歷事宋之諸王，皆敗度之紈綺也，岱咸得其歡心，免於咎惡，❶而自詡曰：「吾一心可事百君。」夫一心而可事百君，於仕爲巧宦，於學爲鄉原，斯言也以惑人心、壞風俗，君子之所深惡也。晋宋以降，君屢易而臣之居位也自若，佐命於亂賊而不恥，反歸於故主而不怍，皆曰：吾有所以事之者也。廉恥蕩而忠孝亡，其術祕而不敢自暴，岱乃昌言之而以爲得計。嗚呼，至此極矣！

且夫事君之心，其可一者，忠而已矣，其他固有不容一者也。岱曰：「明闇短長，更是才用之多少耳。」才可以隨方而詭合，遇明與之明，遇闇與之闇。假令桀爲傾宫，將爲之飾土木；紂爲炮烙，將爲之爇鑪炭乎？故有順而導之者，有徐而導之者，有正而折之者，有曲而匡之者，心不容一也。若逆天悖道之君，自非受託孤之寄、任心膂之重，義不可去，必死以自靖者，則亦引身以退而必不可與同昏，惡有百君而皆可事者乎？則惡有一心以事君而君可百者乎？游其心以逢君，無所往而不保其禄位，此心也，胡廣、孔光、馮道之心也。全軀保榮利，而亂臣賊子、夷狄盗賊亦何不可事哉？心者，人之權衡也，故有可事有不可事，畫然若好色惡臭之不待圖惟也。苟其有心而不昧，則宋之諸王無一可事者，而百云乎哉？女而倚門也，賈而居肆也，皆一於利而無不可之心也。故

❶「咎」，原作「舊」，今據邵陽曾氏抄本改。

曰：充岱之説，廉恥喪，忠孝亡，惑人心、壞風俗至此極矣。

七 郡縣無擅興專殺

郡縣之天下，有利乎？曰：「有，莫利乎州郡之不得擅興軍也。」郡縣之天下，有善乎？曰：「有，莫善於長吏之不敢專殺也。」諸侯之擅興以相侵伐，三代之衰也，密、阮、齊、晋莫制之也；三代之盛，王者禁之，而後不能禁也。若其專殺人也，則禹湯文武之未能禁也，而郡縣之天下得矣。

人而相殺矣，諸侯殺之，大夫殺之，庶人之彊豪者殺之，是黿鼉之相吞而鯨鯢之相吸也。夫禹湯文武豈慮之未周、法之不足以立乎？自邃古以來各君其土，各役其民，若今化外土夷之長，名爲天子之守臣而實自據爲部落，三王不能革，以待後王者也。至於戰國，流血成渠，亦剥極而復之一機乎？漢承秦以一天下，而内而司隸外而刺守，若嚴延年、陳球之流，亢厲以嗜殺爲風采，其貪殘者無論也，猶沿三代之敝而未能革也。宋孝武猜忌以臨下，乃定「非臨軍毋得專殺，非手詔毋得興軍」之制，法乃永利而極乎善，不可以人廢者也。嗣是而毒劉之禍以減焉。至於唐宋，非叛賊不敢稱兵，有司之酷者惟以鞭笞殺人而不敢用刀鋸，然後生人之害息而立人之道存。不然，金元之世，中國遺黎其能勝千虎萬狼之搏噬乎？❶

❶「金元之世中國」，原爲空格，今據邵陽曾氏抄本補。

前廢帝

一　沈慶之不從廢立之謀杜門待死

沈慶之縛綺以入而收劉斌，斥顏竣而決誅逆劭，何其決也！及子業昏虐，柳元景首倡廢立之謀而慶之發之，蔡興宗苦説以舉事，沈文秀流涕以固請，而慶之終執不從，坐待暴君之鴆，又何濡輭不斷以自斃也？嗚呼，六代之臣能自靖以不得罪於名教者，慶之一人而已。

慶之曰：「但當盡忠奉國，始終以之。」又曰：「非僕所能行，固當抱忠以没耳。」斯言也斯心也，抱孤忠以質鬼神而無欺者也。君而不道，天下固將叛之，要亦無可如何者。比干、箕子豈不能剸紂之首以奉微子哉？而不爾者，天下之惡無有踰於臣弑其君者。安社稷者亦以靖乃心耳，如之何其干之？如興宗之言，取青溪之鎧仗，率攸之輩驅三吴勇士以入，其能容子業，使爲昌邑王之從容以去乎？宋之社稷且以之而傾，而慶之已允爲戎首矣。懼禍杜門，安居而俟命，嘖嘖之言豈知慶之之心者哉？死生，命也；國之存亡，天也。己與孝武艱難同起，嗣子敗類而遽以其血染刀劍，天良冏冏於心，安能與阮佃夫、壽寂之同爲逆乎？

嗚呼！董卓推陳留之刃，司馬懿解曹芳之璽，桓温奪帝奕以與簡文，劉裕弑安帝以立琅邪，皆假伊、霍以爲名而成其篡。後此者，道成之弑蒼梧，蕭衍之戕東昏，皆已弑而必篡者也。慶之三朝宿將，威望行於南北，扶孝武以誅元凶，位三公而冠百辟，將吏皆出其門。撲子業之淬凶以解朝野之焚溺，此乃乘時以收人心而獵大位之一機也。嚮令獨夫已殄，衆望聿歸，且有騎虎不下之勢。宋太祖所謂黃袍加身不繇汝者，劉氏之宗祏且移於沈而不可辭。慶之慮此而忍以其身爲莽、操乎？進則帝矣，退則死矣，決之於心而安於抱忠以死，故曰：抱孤志以質鬼神，六代之臣，慶之一人而已。如曰愚以亡身，則箕子、比干先慶之而愚矣。

明帝

一　明帝殺孝武二十八子因以失淮汝州郡

殺機動於內，禍亂極於外。宋之季世，拓拔氏未有南侵之謀也，而淮西、淮北席捲而收之，薛安都一反面北嚮，風靡萍散而不可止。謂明帝不從蔡興宗之言以重兵迎薛安都而使疑懼，猶末論也。

帝與子勛爭立而盡殺孝武二十八子，是石虎之所以殲其種類者。宋之不亡，幸耳，尚能撫有淮甸哉？二十八王非皆挾爭心者也，以子勛故而遷忿怒以殲之，骨肉之恩斬絕不恤。則夫淮、汝州郡應子勛而起者，雖剖心瀝血以慰勞之，固將懷芒刺於寤寐，奚更待重兵之見脅乎？夫子業不道，而孝武恩在人心，人未忘也。子業死，明帝與子勛兩俱有可立之勢，而子勛兄弟爲尤正。明帝據非所有，逞甚毒以殄懿親，寧養假子而必絕劉氏之宗。明於義者去之若污，審於害者逃之若鶩，尚孰與守國而不亟颺以飛邪？孝武忌同姓亦至矣，子業虐諸父亦酷矣，至於明帝而抑甚焉。其後高湛、陳蒨相踵以行其殘忍，皆不能再世。小人不知恩義而抑不知禍福，將謂鬼神之可欺也。夫鬼神而可欺也哉？

二　夏侯詳説止殷琰降夷狄

自宋以來，貞人志士之言絶於天下。夏侯詳者，名不顯於當時而能昌言以救劉勔之失，殆跫然空谷之足音矣。殷琰在壽陽，畏明帝之誅己，欲降於拓拔氏。詳曰：「今日之事，本效忠節，何可北面左衽乎？」至哉，言乎！司馬楚之、王琳而知此，不爲千載之罪人矣。

以宋事言之。子業之弑，宵小挾怨毒而弑之，起明帝於囚繫之中而扳之以立。爲賊所立，乘閒以竊位，不能正其始矣。子勛雖反，乃以獨夫之將覆宗社而起，未純乎不正也。孝武以討賊而爲神人主，一子不肖，以次而仍立其子，位固子勛之位也。應子勛而起者，名亦近正，志亦近義。詳曰「本效忠節」，皎皎初心，豈自誣哉？夫既以名義爲初心，則於義也當審。爲先君爭嗣子之廢興，義也；爲中國爭人禽之存去，亦義也。兩者以義相衡而並行不悖，如其不可兩全矣，則先君之義猶私也，中國之義，人禽之界，天下古今之公義也。不以私害公，不以小害大，則恥臣明帝而歸拓拔，奚可哉？

嗚呼！人莫急於自全其初心，而不可任者，一往之意氣。欲爲君子，勢屈而不遂其志，抑還問吾所自居者何等也。情之所流、氣之所激、勢之所迫，倒行逆施，則陷於大惡而不知，而初心違矣。故迫難兩全之際，捐小以全大，乃與其初心小異而不傷於大同。故管仲事讎而夫子許之爲仁，以其知小大公私之辨也。使懷子糾之怨，忿戾以去其故國，北走戎，南走楚，必與桓公爲難而雪其悁悁之忿，則抑匹夫匹婦之不若，禽獸而已矣。君子之稱管仲曰「徙義」，徙而不傷君子之素，則合異於同而無媿於天下。詳曰「本效忠節」，大正而固不昧其初也。

三 宋以金贖義陽王昶於魏

宋以金贖劉昶於拓拔氏，其情慝，其志憯矣。懷不肖之心於隱微而千里之外見之，人不可罔也如斯夫！

何言乎其情慝也？昶之北奔，畏孝武之疑忌而見殺也。明帝既殺孝武之子以洩其忿娼，恐人懷孝武之恩而致怨於己，故召回昶以暴孝武之過，曰「彼欲滅兄弟而我復之」，託於昶以揚孝武之惡，懷慝而故爲之名也。

何言乎其志憯也？休仁者亦其兄弟，所與爭國而有功者也。疑忌既深，休仁自解揚州牧以免禍而終不免於鴆，禕與休祐、休若無毫髮之嫌而先後被殺，所僅全者，庸劣之休範耳。昶才非休範之匹而又有拓拔氏之外援，畏其在外，且挾彊敵之勢以入爭其養子，姑召之歸。使其反邪，鴆殺之禍必不在休仁兄弟之後，欲加之罪而何患無辭乎？故曰：其志憯也。

於是而魏人知之矣，昶亦知之矣。亢兄弟之詞而無來歸之志，魏以全昶而昶以自全。灼見其惡而遠之唯恐不夙，人其可以罔乎哉？論者乃曰：「贖昶，義也。」亦嘗見明帝滅絕天性之惡已著而不可掩者乎？

四　魏置僧祇佛圖户

佞佛者皆非所據而據，心危而附之以安者也。自古帝王至於士庶，其果服膺於釋氏之説而篤信者，鮮矣。其爲教也，離人割欲，內滅心而外絶物。而佞佛者反是，何爲其篤信之？篡弑而居天子之尊，夷狄而爲中國之主，德薄才菲，自顧而不知富貴所從來，懷慝負慚，叨竊而覺夢魂之不帖，始或感冥報之我祐，繼或冀覆餗之無憂，於是而佛氏宿命之因緣、懺除之功德足以慰藉而安之。故夷狄之君、篡逆之主屈身降志，糜國殃民以事土木之偶，而士大夫之徼幸顯榮乃至庶民之姦富者，亦惑溢分之榮膴所自致而幸災眚之不及。其有因而述其空寂之説者，則以自文其陋而已，非果以般若涅槃爲身心之利而思證入之也。於是而浮屠之爲民害也，不可止矣。

拓拔氏置僧祇佛圖户，奪國之民而委賦役於貧弱之農民。其主倡之，州鎮因而效之，偏天下以爲民害。讀楊衒之《伽藍記》，窮奢競靡，而拓拔氏以亡。非所據而據焉，身必危，浮屠氏其蒺藜矣。然則拓拔燾之誅沙門，又何也？彼乞靈於僊鬼，事異而情同，皆懷歉於人而徼福於鬼，《夏書》所謂巫風也。

五　蕭道成虚張魏寇以自重

無可信之邊將者，國必危。掩敗以爲功，匿寇而不聞，一危也；貪權固位，懷憂疑以避害，無寇而自張之，❶以自重於外，二危

❶「自」，邵陽曾氏抄本作「故」。

也。二者均足以危國，而張虛寇以怙權者尤爲烈焉。邊將之言曰：無寇則朝廷輕我；夷狄盜賊之言曰：❶無我則汝之爲將也，削奪誅殺隨之矣。於是而挑寇也，養寇也，縱寇也，無所不至，玩弄人君於股掌之上，一恐喝而唯我所欲。嗚呼，此固猜疑防制自以爲智之主也而玩弄之如嬰兒，不亦傷乎？

宋明帝欲除蕭道成，荀伯玉爲之謀，使輕騎挑魏之游兵而遽以警聞，繇是而道成終據兖州以立篡弑之基。故掩敗以爲功，匿警而不聞者，視此而禍猶小也。擇人而任之，既任而信之，坦衷大度以臨之，彼敢欺我哉？故莫愚於猜疑防制之主，而闇者猶次也。

六　魏顯祖授位於子自稱太上皇

趙武靈王授位於子而自稱主父，廢長立少，恐其不安於位也；拓拔弘授位於子而自稱太上皇，帝子幼而恐爲人所篡奪也。宗愛弑兩君而濬幾不立，乙渾專殺無君，弘幾死其手，故弘年甫二十，急欲樹宏於大位以素統臣民，而己鎮撫之。猶恐人心之貳也，故先遜位於子推，使群臣争之，而又陽怒以試之，故子推之弟子雲力争以爲子推辭，而陸馥、源賀、高允皆犯顏以諫而不避其怒。其怒也，乃其所深喜者也。其退居而事佛老，猶武靈之自將以征伐，皆託也，不欲明示其授子之意旨而以此爲辭也。此二主者皆彊智有餘，事功自喜，豈憚勞而舍國政者乎？弘好黄老而得老氏之術，其欲遜位子推也，老氏欲取固與之術也；其託於清謐而匿其建立嗣子之旨也，老氏守兑之術也。所欲立

❶「夷狄」，原作「邊荒」，今據邵陽曾氏抄本改。

者非不正而詭道行之，巧籠宗室大臣之心，亦狡矣哉，而抑豈君人之道哉？

雖然，其以傳位籠子推而制之，猶賢於宋明帝之賊殺兄弟以安其養子遠矣，黄老之術所繇賢於申韓也。然而疑慮以鉗制天下，則一也。故曰：黄老之流爲申韓，機詐興而末流極於殘忍，故君子重惡之也。夫古之明王豈不欲安其冢嗣以奠社稷乎？唯豫教而游之於太學，一時之俊士皆有恩紀以相結，而擇師保傅以輔之，學以成、德以修而援益以固，❶奚事此哉？

或曰：宋高宗之内禪，論者何以無譏也？曰：高宗以孝宗爲太祖之裔，疏遠已甚，不得不早正位以防争，而高宗年已及耄也，唯其時、唯其人而已矣。

七　魏詔守令勸課農事

有不待勸者，士之學也、農之耕也。勸士以學，士乃習爲爲人之學；爲人而學，學乃爲道術之蠹、世道之患。升俊有常典，養士有常法，人主尊師問道以倡之，士自勸矣。若旦命而夕飭之，賞罰行而教令繁，徒有勸學之名而士日以偷。果有志於學者，豈待勸哉？宋立僞學之禁而士趨朱子之門也如歸，禁之不止，何容勸邪？

雖然，士無志於學，勸之而不學，弗能爲益而猶無傷於士，若農則無不志於得粟者矣。其窳者既勸之而固不加勸，而勸之也還以傷農。方其恪共於耕之日，士女營營，匪

❶「援」，原誤作「授」，今據邵陽曾氏抄本改。

朝伊夕從事於隴首，而吏擁車騎喧豗於中野以貳其心，則民傷；於是刻覈之吏搜剔墾萊以增益其賦，苛求餘丁以增益其役，而民愈傷。夫古之省耕者，君與民親，而天子之圻、諸侯之國提封既狹，不容委之有司，且君有公田，自省其獲而以餘惠民也。後世盡地以與民而但收其賦稅，薄賦則可弗補助，息訟輕徭則可弗省督，胡爲委貪廉不可信之有司以擾婦子於耕饁哉？

拓拔氏，夷也，聞中國有聖人之道焉，取其易行者而行之，於是奔走郡縣而名爲勸農，又勒取民牛力之有餘者以借惰窳之罷民。其撓亂紛紜以使民無寧志也不知何若，守令乃飾美增賦以邀賞，天下之病尚忍言哉？蒙古課民種桑而桑絲之税加於不宜桑之土，害極於四百餘年而不息。讀古人書而不知通，旦識而夕行之以賊道而害及天下，陋儒之妄，非夷狄之主，❶其孰聽之？

後廢帝

一　劉休範以獨夫求干天位

紂之亡也，正名之曰獨夫。獨夫者，有天下而國必亡、身必戮，大分之尊不足以居之，先王之澤不足以庇之。況在下位而爲獨夫，未有能得人之天下者也。

劉休範以庸劣而免於忮主之殺，乃乘君死國亂之際而求干天位，張敬兒以一健卒入二萬人之中斬其首，無衛之者，此其爲獨夫

❶「主」，原爲空格，今據邵陽曾氏抄本補。

也奚疑，而可爲天子乎？然且幾陷建業爲天子。甚哉，晋宋之末天子之易爲而人思爲之，其賤曾不如有道之世一命試爲邑宰者，何足謂爲大寶哉？草芥而已矣。

天子如草芥而人思爲之，爲之不克而爲獨夫以死者，休範也，爲之克而終爲天子者，蕭道成也。以小慧小才言之，則道成之愈於休範也遠矣；以君天下言之，則休範、道成一也，皆獨夫也。道成弑君，張敬兒取白帽加其首，曰：「事須及熱。」爲道成之腹心者，敬兒之流，一休範之許公輿、丁文豪也。褚淵雖貴而無稱於宋。止此三數人而掇宋之宗社如一羽，授之道成而道成居之以安。嗚呼，至於此而天下猶有貴賤之等差哉？賢不肖尤非所論矣。

曹氏之篡也，威服群雄而有討董卓之義，有迎駕於蒙塵之功焉；劉宋之篡也，滅鮮卑，俘羌夷，蕩妖賊，夷桓玄，恭帝所被奪而不怨者也；司馬氏姦矣，而平遼東，滅蜀漢，四世而後得之。道成者，胠篋之盜，媚一褚淵而已，裒然正南面而立。論者以罪褚淵，未盡也。淵，一亡賴之鄙夫耳，安能以天下與人哉？微淵而道成固足以篡，無他，唯天子之如草芥而人可爲之者也。前有道成後有霸先，五代有石敬瑭、劉知遠、郭威，而篡奪亦將息矣。未有天之所子、人之所君而人思爲之者也。君子於此，遠之唯恐不速。陶弘景其知此矣，「唯可自怡悦，不堪持贈君」，目笑而心憐之已爾。

二　魏覆鞫罪人囚繫積年

邊外之輕於殺人，其天性然也。有時乎思所以生人，而非果有不忍人之心，乃以生之之道殺之，遂自信爲矜恤。嗚呼，民之遇此也，可悲也夫！

拓拔弘重用大刑，多令覆鞫以自詫其矜恕，而囚繫積年不爲決遣，其言曰：「幽苦則思善，故智者以囹圄爲福堂。」哀哉，民之瘠瘐死於犴獄者不知凡幾，而猶謂之福堂邪？《易》曰：「君子以明慎用刑而不留獄。」明慎矣，速斷之，而刑者刑，免者免，各得其所而無所連逮。即或明慎未至，而枉者固千百而什一也。何也？擇折獄之吏，申畫一之法，除條例之繁，嚴失入之罰，枉者固千百而什一矣。夫人之情僞不可掩於初犯之日，證佐未累，其辭尚直，情窮色見，猶可察也；迨及已久，取案牘而重複理之，移審於他署而互相同異，犯者之辨且屢屈屢伸而錯舛益甚，目眩心疑，愈以亂矣。不留者，取人之初心而驗其誠也，非今歲一官，明歲一吏，顛倒反覆之所能得其情也。徒以饑寒疾疫死之於叢棘之下，不亦慘乎？如是以爲矜恤，亦嗜殺之轉念而已矣。

若其罷門房之誅則得之矣。乃門房之誅所自來，亦有繇也。夷狄而主中國，王侯將相皆其種類，群起於馳逐之中，儦俟俟以爲群友，則一人富貴而合族驕盈，耕者不耕，獵者不獵，依倚勢門，互相煽虐，非被誅者之陷及門房而門房之陷人於誅者多矣。安與同其噬搏，危與共其誅夷，亦自取之矣。前之立法者深惡夫合族之蠭集，待食於將吏，衆爲虐而一人獨嬰其禍，弗與懲之，而門房之敗類橫逞益烈也。罷其誅，不禁其朋從之惡，拓拔氏之所以斂怨而終亡也。

順帝

一　袁粲劉秉素無剛決深謀

國無人焉則必亡。非生才之數於將亡之國獨儉也，上多猜則忠直果斷之士不達，上多猜而忠直果斷者詘則士相習於茸靡，雖有貞志發焉而不成。宋自孝武迄於明帝，懷猜忌以待下，四十餘載矣，又有二暴君之狠毒以閒之，❶人皆惴惴焉旦夕之不保，而茸靡圖全之習已成。其不肖者靡而之於惡，以戴叛逆、戕君父而不媿，則褚淵之流是已；其賢者雖懷貞而固靡，其敗也則不足立皎皎之節，即使其成而抑無以收底定之功，則袁粲、劉秉是已。粲與秉孤立而思抗悍鷙多徒之蕭道成，不愛死以報劉氏，則固無容深求者；粲聞道成廢立之謀而不能抗辭以拒之，❷秉以軍旅一委道成，授之以篡逆之柄，且置勿論；徒其決計以誅道成，幸而克矣，不知二子者何以處沈攸之而終延宋祚也？

蒼梧之昏虐、安成之巽愞皆道成所不以置諸目中者，所與爭天下者，攸之而已。攸之又豈有劉氏之子孫在其意中乎？攸之之欲爲道成也非一日也，兵已順流直下而道成授首於內，則攸之歌舞而入，挾重兵，居大功，握安成於股掌，二子欲與異而固不能。委社稷於攸之、擲宗祊於道成，有以異乎？吾知二子者歧路倉皇，欲如今日之捐生以報

❶「君」，原作「爲」，今據邵陽曾氏抄本改。

❷「拒」，邵陽曾氏抄本作「招」。

國，不可得已。此無他，以剛決爲嫌，以深謀爲諱，自孝建以來，士大夫釀成雍容觀變之習，蔡興宗已啓其源而流不可止也。故興宗之死，無可爲宋惜者。興宗存，得則爲袁、爲劉，❶否則爲謝朏而已。史稱粲簡淡平素，無經世材，非無材也，狎於全身避咎之術以逃猜主之鼎鑊，氣已茶而不可復張。宋末之人材，大抵然也。故以猜馭下者，其下慴焉而旁流，剛化爲柔，直化爲曲，密化爲疏，禍伏而不警，禍發而無術，爲君子者無以救其亡，而小人勿論已。

讀通鑑論卷十五終

❶「得」，原脱，今據邵陽曾氏抄本補。馬宗霍校記云：「按，『得』字與『否』字相對，鈔本是也。」

讀通鑒論卷十六

衡陽王夫之譔

齊 高 帝

凡篡位者，未即位皆稱名，已即位則稱帝，史例也。蕭齊無功竊位，不足列於帝王之統系而以帝稱者，以北有拓拔氏之稱魏，故主齊以存中國。

一 竟陵王子良表停臺使

天下之治，統於天子者也，以天子下統乎天下則天下亂，故封建之天下分其統於國，郡縣之天下分其統於州；後世曰道、曰路、曰行省、曰布政使司，皆州之異名也。州牧刺史，統其州者也，州牧刺史統一州而一州亂，故分其統於郡；隋唐曰州，今曰府。郡守，統其郡者也，郡守統一郡而一郡亂，故分其統於縣。上統之則亂，分統之則治者，非但智之不及察、才之不及理也。民至卑矣，其識知事力情僞至不齊矣。居尊者下與治之，褻而無威則民益亢而偷，以威臨之則民恇懼而靡所騁，故天子之令行於郡而郡亂，州牧刺史之令行於縣、郡守之令行於民而民亂。彊者玩焉，弱者震掉失守而困以死。唯縣令之卑也而近於民，可以達民之甘苦而悉其情僞；唯郡守近於令，可以察令之貪廉敏拙而督以成功；唯州牧刺史近於守，可以察守之張弛寬猛而節其行政。故天子之令不行於郡，州牧刺史之令不行於縣，郡守之令不行於民，此之謂一統。上侵焉而下移，則大亂之道也。而暴君污吏恒下求以迫應其所欲，於是牧刺不能治守，守不能治令，令抑不能治民。其尤亂者，天子之令，下與編氓相督責，守令益曠，姦民益逞，懦民益困，則國必亡。故統者，以緒相因而理之謂也，非越數累而遥繫之也。

江左之有天下，名爲天子而其時之人已曰：適如平世之揚州刺史而已。雖然，荆、揚、徐、梁四州之土廣矣而又益之以交、廣、寧三州之地，視商周之天下，版圖不隘也。而天子急奔其欲，日遣臺使下郡縣以徵求於民，則天子一縣令，臺使一胥隷也。乃既名爲天子之使而有淫威，則民之死於督迫者積矣；實爲天子之令而威已媟，則民之無憚於上以亢守令者又多矣。齊高立，令群臣言事，而竟陵王首以爲言，知治道矣。

將亡之國必頻遣使以徵求於天下。遣御史矣，遣給諫矣，且遣卿貳矣。民愈怨，事愈廢，守令愈偷，未有不亡者也。畫尊卑而限之，乃以聯四海而一之。故《春秋》書武氏子、家父、毛伯之來求，以著天王之不君而自絶其紐也。

二　宋劉昶求雪大讎義不足以服人

義不可襲者也，君子驗之於心，小人驗之於天。心所弗信，君子弗爲；天所弗順，小人無成。徒曰義而遂執言以加人，則義在外也，故闢外義之邪説而亂以不生。

齊無寸功於天下，乘昏虐而竊其國、弑其君，盡滅其族，神人之所不容、義之必討者也。劉昶以宋室懿親擁拓拔氏之衆三十萬以嚮壽陽，流涕縱横，徧拜將士，求洩其大讎，❶於義無不克者也。而困於垣崇祖之孤軍，狼狽而退，再舉以嚮甬城，周盤龍父子兩

❶「洩」，邵陽曾氏抄本作「雪」。

騎馳騁萬衆之中，朒縮旋師。然則智力伸而義詘，將天之重護蕭齊以佑亂賊、挫忠孝哉？蓋昶者非可以義服人者也，其奔也不仁，其仕於拓拔氏也不正，而其假於報讎以南侵也，又豫爲稱藩於魏之約以蔑中夏之餘緒，則其挾彊夷以逞也，乘國之亡而遂其私也。

嗚呼，昶誠拊心而自問，果閔宗國之亡、祖考之不血食、合族之殲死邪，否也？昶方流涕之時，不能自喻，而天下又惡從而喻之？然而天鑒之矣。故憤盈以出而疲茶以歸，天奪之也。若夫昶之耽榮寵於索虜，則千載以下可按迹以知心者也。義不義，決於心；而即徵於外，驗之天而益信，豈可掩哉？

三　褚淵忌袁粲終喪黨逆陷粲

魏晉以降，臣節隳，士行喪，擁新君以戕舊君，旦比肩而夕北面，居之不疑，而天下亦相與安之也久矣。獨至於褚淵而人皆賤之，弟炤視其早死，劉祥斥其障面，沈文季責其不忠，且其子賁以封爵爲大辱而屏居不仕。華歆、王祥、殷仲文、王弘、傅亮之流均爲黨逆，淵獨不齒，何也？此天理之權衡發見於人心者，銖兩之差不昧也。

黨簒逆而叨佐命之賞者多矣。有志同謀合而悦以服焉者，有私恩固結而不解者，有不用於時而奮起以取高位者，❶其下則全軀、保禄位、被脅而詭隨者。凡此，以君子之

❶「舊」，邵陽曾氏抄本作「憤」。

道責之則無可容，以小人之情度之則猶相諒，而淵皆不然。淵者，聯姻宋室，明帝任之爲冢宰者也。其時齊高一巴陵王休若之偏裨耳，淵不藉之以貴，抑未嘗與協謀而相得，恩所不加，志所不合，勢不相須，權不相下。乃其決於黨逆而終始成乎篡弒者無他，已則不孝，脱衰干進，而忌袁粲之終喪，欲奪粲以陷之死。宋不亡、齊不篡則粲不死，遂以君授人而使加以刃，遂傾其祚，皆快意爲之而不恤，於是永爲禽獸，不足比數於人倫。故閨門之內，弟願其死，子畏其污。子弟不願以爲父兄，而後雖流風穨靡之世亦不足以容。不然，何獨於淵而苛責之邪？

褚賁之辭父爵，疑非人子之道矣，而屏居墓下，終身不仕，則先自靖而不傷父子相隱之恩。❶無他，忘利禄而後可曲全於人倫之變也。以名位權勢而繫其心者，❷於君親何有哉？張居正以沖主爲辭，楊嗣昌以滅賊自詫，幸而先填溝壑，不及見國之亡爾，不然，其爲褚淵，必也。❸絶其本根，見棄於天，人之賤之也夙矣，不待惡已著見而後不容於天下也。❹

武帝

一　范縝闢浮屠立論未審

范縝作《神滅論》以闢浮屠，竟陵王子良餌之以中書郎使廢其論，縝不屑賣論以取

❶「隱」，原誤作「其」，今據邵陽曾氏抄本改。
❷「權」，原誤作「待」，今據邵陽曾氏抄本改。
❸「其」，原誤作「權」，今據邵陽曾氏抄本改。
❹「徒」，原誤作「嗣」，今據邵陽曾氏抄本改。

官，可謂偉矣。雖然，其立言之不審，求以規正子良而折浮屠之邪妄，難矣。

子良，翩翩之紈袴耳，俯而自視，非其祖父乘時而竊天位，則參佐之才而已。而爵王侯、位三公，驚喜而不知所從來，雖欲不疑爲夙世之福田而不可得，而縝惡能以寥闊之論破之？夫縝「樹花齊發」之論，卑陋已甚而不自知其卑陋也。子良乘篡逆之餘潤而位王侯，見爲茵褥而實糞溷；縝修文行而爲士流，茵褥之資也而自以爲糞溷。以富貴貧賤而判清濁，則已與子良驚寵辱而失據者同其情矣，而惡足以破之？夫以福報誘崇奉學佛之徒，黠者且輕之矣；謂形滅而神不滅，學佛之徒，慧者亦謂爲常見而非之矣。無見於道而但執其緒論以折之，此以無制之孤軍撩鼇屯之寇盜，未有不衄者也。

子良奚以知神之不滅哉？謂之不滅，遂有說焉以成乎其不滅；縝又奚以知神之必滅哉？謂之滅，遂有說焉以成乎其滅。非有得於性命之原而體人道之極，知則果知，行則果行，揭日月而無隱者，詎足以及此？浮游之論一彼一此，與於不仁之甚，而君子之道乃以充塞於天下。後之儒者之於浮屠也，或惑之或闢之，兩皆無據，而闢之者化爲惑也不鮮。韓愈氏不能保其正，豈縝之所克任哉？夫其辨焉而不勝，争焉而反屈者，固有其本矣。范縝以貧賤爲糞溷，韓愈以送窮爲悲歎。小人喻利之心不足以喻義，而惡能立義？浮屠之慧者且目笑而賤之。允矣，無制之孤軍必爲寇盜禽也！

二　魏法義贓一疋坐死

官無常禄，贓則坐死，日殺人而貪彌

甚；有常禄矣，贓乃坐死，可無辭於枉矣，乃抑日殺人而貪尤彌甚。老氏曰：「民不畏死，奈何以死威之？」❶誠哉，是言也！拓拔氏之未班禄也，枉法十疋、義贓二十疋，坐死；其既班禄也，義贓一疋、枉法無多少皆死，徒爲殘虐之令而已。

夫吏豈能無義贓一疋者乎？非於陵仲子之徒，大賢以下未有免焉者也。人皆遊於羿之彀中，則將詭遁於法而上下相蒙以幸免，其不免者則無交於權貴者也，有忤於上官者也，繩姦胥之過、拂猾民之欲者也。狎姦胥、縱姦民，媚上官、事權貴，則枉法千疋而免矣；反是，不患其無義贓一疋之可搜摘者也。於是乎日殺人而貪彌甚。不知治道而刻覈以任法，其弊必若此而不爽。故拓拔令群臣自審不勝貪心者辭位，而慕容契曰：「小人之心無常，帝王之法有常。以無常之心奉有常之法，非所克堪，乞從退黜。」蓋以言乎常法之設徒使人人自危而人人可以免脱，其意深矣！宏不悟焉，死者積而貪不懲。豈但下之流風不可止哉？以殺之者導之也。

三　魏焚圖讖禁巫覡

拓拔氏之禁讖緯凡再矣，至太和九年詔焚之，留者以大辟論。蓋邪説乘一時之淫氣，氾濫既極，必且消亡，此其時也。於是並委巷卜筮非經典所載而禁之。卓哉，爲此議者，其以迪民於正而使審於吉凶也。禮於卜筮者問之曰：「義與，志與？義則可問，志則否。」又曰：「假於時日卜筮以疑衆，殺。」

❶「何」，原誤作「可」，今據邵陽曾氏抄本改。

蓋卜筮者君子之事，非小人之事，委巷之所不得與也。君子之於卜筮，兩疑於義而未決於所信，問焉而以履信；事逆於志、己逆於物，未能順也，問焉而以思順。得信而履，思效於順，則自天佑之，吉无不利。若此者豈委巷小人所知，亦豈委巷小人所務知者哉？其當嚴刑以禁之也，非但姦宄之妄興以消其萌也，即生人之日用亦不可以此亂之也。

死生，人道之大者也。仰而父母，俯而妻子，病而不忍其死，則調持之已耳。乃從而卜筮之，其凶也，將遂置之而廢藥食邪；其吉也，將遂慰焉而疏侍省邪？委巷之人以此而妨孝慈以致之死，追悔弗及矣。婚姻，人道之大者也。族類必辨，年齒必當，才質必堪，審酌之已耳。乃從而卜筮之，其吉也，雖匪類而與合邪；其凶也，雖佳偶而與離邪？委巷之人其以此亂配偶而或致獄訟，追悔弗及矣。抑如寇至而避之，不容已者也。避之必以其時而不可待，避之必於其地而不可迷。深思而謀之，有識者雖不免焉，鮮矣。乃從而卜筮之，其吉也，時地兩失，必趨於陷阱邪；其凶也，時地兩得，必背其坦途邪？委巷之人以此而蹈凶危，追悔弗及矣。繇此言之，委巷之有卜筮，豈但納天下於邪乎？抑且陷民於凶危咎悔之塗。而愚民無識，方且走之如鶩。❶王者安全天下而迪之以貞，故《王制》以爲非殺莫能禁也。

且委巷卜筮之術背於經典者，於古不知何若，而以今例之，則先天序位也、世應游魂也，竊卦氣於陳摶也，師納甲於魏伯陽也，參六神生克神煞於星家之瑣説與巫覡之妖術

❶「鶩」，原誤作「騖」，今據邵陽曾氏抄本改。

也。自焦、京以來，其誣久矣。沿流不止，爲君子儒者不能自拔流俗之中以守先王之道，亦且信其妄而躋之羲文周孔之閒，蕪其微言，叛其大義，徒以惑民而導之於險阻。嗚呼，拓拔氏，夷也而知禁之，爲君子儒者文之以淫辭而尊之爲天人之至教，不謂之異端也，奚可哉？程子鄙康節之術而不屑學，康節之術，委巷之師也。

四 魏立黨里鄰三長

拓拔氏太和九年，從李沖之請，五家立鄰長，五鄰立里長，五里立黨長，此里長之名所自昉也。沖蓋師《周禮》之遺制而設焉。乃以周制考之，❶王畿爲方千里，爲田九萬萬畝。以古畝百步今畝二百四十步約之，爲田三萬七千萬有奇；以今起科之中制準之，爲糧大約二百二十萬石，視今吴縣、長洲二邑之賦而不足，則其爲地也狹，爲民也寡矣。周之侯國千八百，視今州縣之數而尤儉也，以甚狹之地任甚寡之民，區别而屑分之也易；且諸侯制賦治民之法固有不用周制者，如齊之軌里、楚之牧隰，不能强天下以同也。以治衆大之法治寡小則疏而不理，以治寡小之法治衆大，則瀆而不行。故《周禮》之制行之一邑而效，行之天下而未必效者，多矣。

三長之立，李沖非求以靖民，以覈民之隱冒爾。拓拔氏之初制，三五十家而制一宗主，始爲一户，略矣，於是而多隱冒。沖立繁密之法，使民無所藏隱，是數罟以盡魚之術，商鞅之所以彊秦而塗炭其民者也。且夫一切之法不可齊天下，雖聖人復起，不能易吾

❶ 「之」，原脱，今據邵陽曾氏抄本補。

說也。地有肥瘠，民有淳頑，而爲之長者亦異矣。民疲而瘠，則五家之累耑於一家；民悍而頑，則是五家而置一豺虎以臨之也。且所責於三長者，獨以課覈賦役與，抑以兼司其訟獄禁制也？兼司禁制則弱肉彊食，相迫而無窮；獨任賦役則李代桃僵，交傾而不給。黠者因公私斂，拙者奔走不遑，民之困於斯極矣，非商鞅其孰忍爲此哉？

夫民無長則不可也，隱冒無稽而非違莫詰也。乃法不可不簡，而任之也不可不輕，此王道之所以易易也。然則三五十家而立宗主，未嘗不爲已密；而五家櫛比以立長，其禍豈有涯乎？民不可無長而置長也有道，酌古今之變，參事會之宜，簡其數而網不密，遞相代而互相制，則疲羸者不困而彊豪者不橫。若李沖之法，免其賦役，三載無過則升爲黨長，復其三夫，吾知姦民之恣肆無已矣。❶

要而論之：天下之大、田賦之多、人民之衆，固不可以一切之法治之也。有王者起，酌腹裏邊方、山澤肥瘠、民人衆寡、風俗淳頑，因其故俗之便使民自陳之，邑之賢士大夫酌之，良有司裁之，公卿決之，天子制之，可以行之數百年而不敝。而不可合南北、齊山澤，均剛柔、一利鈍，一概强天下以同而自謂均平。蓋一切之法者，大利於此則大害於彼者也，如之何其可行也？

五　齊行糴買亦權宜之法

齊以民間穀帛至賤而官出錢糴買之，亦權宜之法可以救偏者也。民之所爲務本業

❶「吾」，原作「而」，今據邵陽曾氏抄本改。

以生，積勤苦以獲，爲生理之必需，佐天子以守邦者莫大乎穀帛。農夫終歲以耕，紅女終宵而紡，徧四海，歷萬年，唯此之是營也。然而婚葬之用、醫藥之需、鹽茗之資、親故鄉鄰之相爲醻酢，多有非穀帛之可孤行，必需金錢以濟者。乃握粟抱布，罄經年之精髓適市，而姦商雜技揮斥之如土芥，故菽粟如水火而天下之不仁益甚。孟子之言，目擊齊、梁之餓莩充塗、仇殺相仍者言也，非通論也。

乃當其貴，不能使賤，上禁之弗貴，而積粟者閉糴則愈騰其貴；當其賤，不能使貴，上禁之勿賤，而懷金者不讎則愈益其賤。故上之禁之不如其勿禁也，無已，賤則官糴買之而貴官糶賣之，此「常平」之法也，而猶未盡也。官糴官買，何必凶年而糶賣乎？以餉兵而供國用，蠲民本色之徵而折金錢以抵穀帛之賦，則富室自開廩發笥以斂金錢而價自平矣。故曰：權宜之法，可以救偏者也。

乃若王者之節宣也有道，則亦何至穀帛之視土芥哉？金錢不斂於上而散布民閒，技巧不淫於市而游民急須衣食，年雖豐，桑蠶雖盛，金錢賤而自爲流通，亦何待官之糴買而後使農夫紅女之不困邪？故粟生金死而後民興於仁，菽粟如水火何如金錢之如瓦礫哉？

六　李彪封事言父兄子弟繫獄被刑

拓拔弘詔群臣言事，李彪所言幾於治道，君子所必取焉。其善之尤者曰：「父兄繫獄，子弟無慘容；子弟被刑，父兄無媿色。宴安自若，衣冠不變，骨肉之恩，豈當如此？父兄有罪，宜令子弟肉袒詣闕請罪；子弟有坐，宜令父兄露板引咎，乞解所司。」以扶人倫於已墜，動天性於已亡，不已至乎？夫父兄之引咎、子弟之請罪，文也，若其孝慈惻怛之存亡，未可知也。役於其文亦惡足貴乎？而非然也。天下騖於文則反之於質以去其僞，天下喪其質則導之於文以動其心。故質以節文，爲欲爲君子者言也；文以存質，所以閔質之亡而使質可立也。

天下之無道也，質固澆矣而猶有存焉者，動止色笑之閒，對人而生其媿怍。不知道者曰：「忠孝慈友之淺深厚薄，稱其質而出之，而何以文爲？」則坦然行於忻戚之便安，而後其質永喪而無餘。今且使父兄被罪者肉袒於闕，子弟坐刑者退省於官，則雖不肖者亦願其父兄子弟之免而已可以即安。此情一動而天性之孝慈相引而出，小人之惡斂而君子之志舒，此非救衰薄、挽殘忍之上術與？

近世有南昌熊文舉者爲吏部郎，其父受賕於家，貽書文舉，爲人求官。邏者得之，其父逮問遣戍，而文舉以不與知匄免，涖事如故，漸以遷官，未三年而天下遂淪。悲哉，三綱絶，人道蔑，豈徒一家之有餘殃哉？

七　魏群臣議五德之次

正統之論始於五德，五德者，鄒衍之邪説以惑天下，而誣古帝王以徵之，秦漢因而襲之，大抵皆方士之言，非君子之所齒也。漢以下，其説雖未之能絶，而爭辨五德者鮮，唯正統則聚訟而不息。拓拔宏欲自躋於帝王之列，而高閭欲承苻秦之火德，李彪欲承晋之水德。勿論劉、石、慕容、苻氏不可以德言，司馬氏狐媚以篡，而何德之稱焉？夏尚玄，殷尚白，周尚赤，見於禮文者較然。如衍之説，玄爲水，白爲金，赤爲火，於相生相勝，豈有常法哉？ 天下之勢，一離一合、一治一亂而已。離而合之，合者不繼離也；亂而治之，治者不繼亂也。 明於治亂合離之各有時，則奚有於五德之相禪，而取必於一統之相承哉？

夫上世不可考矣！ 三代而下，吾知秦隋之亂、漢唐之治而已，吾知六代五季之離、唐宋之合而已。 治亂合離者，天也；合而治之者，人也。 舍人而窺天，舍君天下之道而論一姓之興亡，於是而有正閏之辨，但以混一者爲主。 故宋濂作史以元爲正而亂大防，❶皆可託也。 夫漢亡於獻帝、唐亡於哀帝，明矣，延旁出之孤緒，以蜀漢繫漢，黜魏、吳而使晉承之，猶之可也，然晉之篡立又奚愈於魏、吳而可繼漢邪？ 蕭督召夷以滅宗國，竊據彈丸，而欲存之爲梁統。 蕭衍之逆且無以愈於陳霸先，而況於督？ 李存勗，朱邪之部落，李昪，不知誰氏之子，必欲伸其冒姓之妄於諸國之上以嗣唐統而授之宋，則劉淵可以繼漢，韓山童可以繼宋乎？ 近世有李槃者云然。 一合而一離，一治而一亂，於此可以知天道焉，於此可以知人治焉。 過此而曰五德曰正統，嚚訟於廷，舞文以相炫，亦奚用此嘵嘵者爲？

八　竟陵推西昌侯鸞輔政

篡逆之臣不足誅，君子所惡者，進逆臣而授以篡弑之資者也。 夫唯曹操、劉裕自以其能迫奪其君。 操不待荀彧之予以柄，而劉穆之、傅亮因裕以取富貴，非裕所藉以興也。

❶「大防」，原爲空格，今據邵陽曾氏抄本補。

司馬懿之逆，劉放、孫資進而授之也。放、資之罪無所逭矣，然放、資固天下之險人也，亦無足誅也。蕭道成之逆，誰授之？劉秉也；蕭鸞之逆，誰授之？蕭子良也。夫秉之忠、子良之賢，其於放、資薰蕕迥別矣。而優柔恇怯，修禮讓之虛文以成實禍，於是而後爲君子之所甚惡，以二子者可以當君子之惡者也。金日磾之讓霍光也，曰：「臣胡人，且使匈奴輕漢。」自揣審，知光深，而爲國亦至矣。然終日磾之世，霍光不敢受封，上官桀不敢肆志，則日磾固毅然以社稷爲己任而特避其名耳。秉以宋之宗室，子良以齊之懿親受託孤之重，分位可以制百官，品望可以服天下，忠忱可以告君父。而迂回退巽，知姦賊之叵測而賓賓然修禮讓之文，宗社之任在躬，憯忘而不恤。豈徒其果斷之不足哉？蓋亦忠誠之未篤也。是以君子惡之也。《易》曰：「謙，德之柄也。」君子以謙爲柄而銷天下之競，豈失其柄以爲謙而召姦宄以得志乎？秉終受刃而子良鬱鬱以亡，亦自悔之弗及矣。史稱「子良仁厚，不樂世務，故以輔政推鸞」。誠不樂世務也，山之椒、水之湄，獨寐寤歌，胡爲乎立百僚之上而不早退也？

鬱林王

一　史文致鬱林王之惡

孟子曰：「盡信《書》則不如無《書》。」《尚書》刪自仲尼，且不可盡信，況後世之史哉？鬱林王昭業之不足爲君，固已，然曰「世祖積錢及金帛不可勝計，未期歲而用盡」，則誣矣。夷考期歲之中，未嘗有傾宮璇室、裂繒鑿蓮之事也，徒以擲塗賭跳之戲，遂蕩無窮之帑乎？隋煬之侈極矣，用之十三年而未竭，鬱林居位幾何時而遽空其國邪？當其初立，王融先有廢立之謀矣；蕭鸞排抑子良，挾權輔政，即有篡奪之心矣。引蕭衍同謀而徵隨王子隆，於是而其謀益亟。鬱林坐卧於刀鋸之上而愚不知耳。鸞已弒主自立，王晏、徐孝嗣文致鬱林之惡以掩鸞滔天之罪，欲加之罪何患無辭乎？

史於宋主子業及昱，皆備紀其惡，窮極蔑媟，不可以人理求者。而言之已確，❶豈盡然哉？亂臣賊子弒君而篡其國，詎可曰君有小過而我固不容？則極乎醜詆而猶若不足，固其所矣。夫宋孝武之懲於逆劭也、明帝之必欲立昱而固其位也、齊武之明而儉也，夫豈不知子孫之不肖而思有以正之乎？大臣挾人人可爲主之心，不以戴賊爲恥，誰與進豫教之道於先，獻箴規之言於後者？待其不道，暴其惡以弒之已耳。此三數君者亦嘗逆師保之訓，殺忠謀之臣否邪？此可以知在廷之心矣！人道絶，廉恥喪，公然訐數其君之惡而加以已甚之辭，曰：此其宜乎弒而宜乎篡者也。惡足信哉？

二　鬱林諸臣至不仁

人而不仁，言動皆非人之所測；天下而不仁，嚮背皆任其意之所安。不仁者，非但殘忍忮害之謂也。殘忍忮害者抑必先蒙昧其心、漠然於身、漠然於天下，而後敢動於惡而無忌。雖然，猶或有時焉遇大不忍之事，

❶「已」，邵陽曾氏抄本無此字。

若鬼神臨之而惻惻以不寧，則人亡其仁而仁未遽去其心也。唯夫爲善不力，爲惡不力，漠然於身，漠然於天下，優游淌瀁而夷然自適者，則果不仁也，如死者之形存而哀樂不足以感矣。此其爲術，老聃、楊朱、莊周倡之，而魏晋以來，王衍、謝鯤之徒鼓其狂瀾以蕩忠孝之心，棄善惡之辨，謂名義皆前識也，謂是非一天籟也，於我何與焉？漠然於身而喪我，漠然於天下而喪耦，其説行而天下遂成一刀刺不傷、火焚不爇之習氣，君可弑，國可亡，民可塗炭，解散披離，悠然自得，盡天下以不仁，禍均於洪水猛獸而抑甚焉。

蕭鸞之弑鬱林也，謝瀹與客圍棋，局竟，遂卧而不問。虞悰聞變，但曰：「王、徐縛袴廢天子，天下豈有此理邪？」江斆則託疾吐噦而去，謝朏出爲吴興守，致酒數斛與其弟，曰：「可力飲此，勿豫人事！」此數事者，當時傳之以爲高，而立人之朝，食人之禄，國亡君弑若視黄雀之啄螳螂，付之目笑，非至不仁者其能若此乎？故刻薄殘忍者，情之不戢，禍及君親，而清宵一念猶有媿悔之萌，唯若瀹、悰、斆、朏之流恬然自適，生機斬而痛癢不知，仁乃永不生於其心，而後人理盡絶。士大夫倡之，天下效之，以成乎不仁之天下。追原禍始，唯聃、朱、莊、列「守雌」「緣督」之教是信，以爲仁之賊也。君子惡而等之洪水，惡此而已。

明帝

一　董僧慧陸超之出自寒門武吏

人才之靡也，至齊梁而已極，非盡靡也，

尸大官、執大政者靡於上焉耳。明帝之凶悖，高、武之子孫殺戮殫盡而後止，而大臣談笑於酒弈之閒，自若也。乃晋安王子懋之死，其防閤陸超之、董僧慧先與子懋謀舉兵者，獨能不昧其初心。僧慧則請大斂子懋而就死。業已無殺之者，而視子懋幼子訊父之書，一慟而卒。超之或勸其逃，而曰：「吾若逃亡，非唯孤晋安之恩，亦恐田横之客笑人。」端坐以待囚，而爲門生所殺，頭隕而身不僵。夫二子者非但其慷慨以捐生也，審於義以遲回，瀕死而不易其度，使當託孤寄命之任，其不謂之社稷之臣與？乃皆出自寒門，身爲武吏，其視王、謝、徐、江世胄華門、清流文苑之選，世且以爲涇渭之殊，而以較彼之轉面忘君、安心助逆者，果誰清而誰濁也？故曰：尸大官、執大政者靡於上，而下未盡然也。

永嘉之後，風俗替矣。而晋初東渡，有若郗鑒、卞壼、桓彝之流秉正而著立朝之節，紀瞻、祖逖、陶侃、温嶠忘身以弘濟其艱危。乃及謝傅薨、王國寶用事以後，在大位者若有衣鉢以相傳，擅大位以爲私門傳家之物，君屢易，社屢屋，而磬石之家自若。於是以苟保官位爲令圖，而視改姓易服爲浮雲之聚散。唯是寒門武吏無世業之可憑依，得以孤致其惻隱羞惡之天良。繇此言之，爵禄者，天子齊一人心、移易風俗之大權在焉，不可與下以固然而使據之以爲己重，其亦明矣！世業者，天子之守也，非下之所得怙也。閭井之子弟受一頃田於祖父而即以賦税怨縣官，亦何以異於此哉？拓拔宏曰：「君子之門無當世之用，要自德行純篤。」純篤云者，豈不恤名義、長保其富貴之家世而已乎？

二　史備紀拓拔宏之僞政

拓拔宏之僞也，儒者之恥也。夫宏之僞，欺人而遂以自欺，久矣。欲遷雒陽而以伐齊爲辭，當時亦孰不知其僞者？特未形之言，勿敢與争而已。出其府藏金帛衣器以賜群臣，下逮於民，行無故之賞以餌民而要譽，得之者固不以爲德也。皆欺人而適以自欺也，猶未極形其僞也。至於天不雨而三日不食，將誰欺？欺天乎？人未有三日而可不食者，況其在豢養之子乎？高處深宫，其食也，孰知之；其不食也，孰信之？大官不進，品物不具，宦官宫妾之側孰禁之？果不食也歟哉？而告人曰：「不食數日，猶無所感。」將誰欺？欺天乎？

宏之習於僞也如此，固將曰：聖王之所以聖，吾知之矣，五帝可六，三王可四也。自馮后死，弘始親政，以後五年之閒，作明堂，正祀典，定祧廟，祀圜丘，迎春東郊，定次五德，朝日養老，修舜禹周孔之祀，耕藉田，行三載考績之典，禁胡服胡語，親祠闕里，求遺書，立國子大學、四門小學，定族姓，宴國老庶老，聽群臣終三年之喪，小儒争豔稱之以爲榮。凡此者，典謨之所不道，孔孟之所不言。立學終喪之外，皆漢儒依託附會、逐末舍本、雜讖緯巫覡之言，塗飾耳目，是爲拓拔宏所行之王道而已。尉元爲三老，游明根爲五更，豈不辱名教而羞當世之士哉？故曰：儒者之恥也。

德立而後道隨之，道立而後政隨之。誠者德之本，欺者誠之反也。漢儒附經典以刻畫爲文章，皆不誠之政也；而曰帝之所以帝、王之所以王在是而已。乃畢行之以欺天下後世者，唯弘爾。後之論者猶豔稱之以爲斯道之榮，若漢唐宋之賢主俱所無逮者。不恤一日之勞，不吝金錢之費，而已爲後世所欣慕，則儒者將以其道博寵光而侈門庭乎？故曰：儒者之恥也。

雖然，抑豈足爲君子儒之恥哉？君子儒之以道佐人主也，本之以德，立之以誠，視弘之所爲，沐猴之冠、優俳之戲而已矣。備紀弘之僞政於史策，所以示無本而效漢儒附託之文具，則亦索虜欺人之術也，可以鑒矣！

三　謝朓非陷人以自陷

王敬則之子幼隆，以謝朓其姊壻也，告以反謀。而朓發之，敬則敗死，朓遷吏部，則夫婦之恩絶。其後始安王遥光要與同反，復以告左興盛，爲遥光所殺，則保身之計亦迷，故論者以咎朓之傾險。雖然，使朓從幼隆而祕其謀，從遥光而受衛尉卿之命以爲内應，於義既已不可，而事敗駢誅，又何足以爲全身之智乎？嗚呼，士之處亂世、遇亂人也，難矣！若朓者非有位望之隆足爲重輕、幹略之長可謀成敗者也，徒以詞翰之美見推流輩而已，而不軌以徼幸者必引與偕而不相釋。

夫朓亦豈幸有此哉？無端苦以相加，而進有叛主之逆，退有負親戚、賣友朋之憾。「握粟出卜，自何能穀？」朓之詩曰：「大江流日夜，客心悲未央。」誠哉，其可悲乎！夫朓直未聞君子之教、立身於寡過之地而已，非懷情叵測、陷人以自陷之僉人也，而卒以不令而死。夫君子之處此則有道矣。可弗仕，勿仕也；仕可退，無待而退也；無可退焉，静而若愚，簡而若蕩。既已爲文人矣，山川雲物之外，言不及於當世，交不狎於亂人，則莊周所謂才不才之閒者近之。而益之以修潔，持之以端嚴。亂人曰：此沈酣詞藝而木彊不知通者，❶未足與謀也。則雖懷慝而欲相告，至其前而默然已退。榮不得而加，辱不得而至，福不得而及，禍不得而延，庶其免夫？朓之不能及此也，名敗而身隨之，宜矣。雖然，又豈若范曄、王融、祖珽與魏收之狂悖猥鄙乎？諺曰：「文人無行。」未可概以加朓也。

東昏侯

一　何胤何點見免於王敬則東昏侯

揚雄曰：「鴻飛冥冥，弋者何篡焉？」雄未能踐其言也，若其言則固可深長思也。冥冥者時也，飛者道也。鴻以飛爲道，不待冥始飛也，而所以處冥者得矣。弋者之不篡，非有篡之之心，限於冥而罷其機牙也，苟有可篡則於冥而篡之也滋甚。唯使弋者忘其篡之情，而後鴻以安於雲逵，其以銷弋者之情已久矣。

王敬則反，欲劫何胤爲尚書令。敬則長史王弄璋曰：「何令高蹈，必不從，不從便應殺之。舉大事，先殺名賢，必不濟。」敬則乃止。夫胤何以得此於弄璋乎？至何點而尤危矣。崔慧景反，逼點召之，點弗能脱，唯日與談佛義，不及軍事。慧景敗，東昏侯欲殺點，蕭暢曰：「點若不誘賊共講，未易可量。」東昏乃止。點又何以得此於暢邪？點與胤之時冥矣，上有亂君，下有亂臣，而二子若罔

❶「通」，原作「道」，今據邵陽曾氏抄本改。

知也，守其飛之恒而已。❶二子者，學於浮屠氏者也，而守其恒以自安於道且若此矣，❷況君子之忠信爲甲胄、禮義爲干櫓者乎？飛絶於地而非有擇地，故二子迫處於吴越之閒而不必浮海濱而居荒嶠；飛無求於人而人自仰之，故暢、弄璋不必與相知而曲爲之護。亂君亂臣弋之不可，而弋之之志自消。二子豈以飛爲避弋之術哉？自翔於雲路而弋固莫能篡也。

故飛者非怙之以不可篡也，冥者非可乘以飛之機也。天下無道，吾有其道，道其所道而與天下無與。然而道之不可廢也，不息於冥，亦不待冥而始決也。持己自正，修其業而人心自順，生死禍福俟之天、聽之世，己何知焉？是故揚雄氏之言可深長思也，而非固爲暗晦以圖全之陋術也，愈於莊生曳塗之説遠矣。

二　蕭懿盡忠東昏

齊之逆非曹、馬、劉氏之比也，東昏之虐非蒼梧、鬱林之比也，故蕭衍雖篡而罪輕於道成。乃自宋以來，天下之滅裂甚矣。一帝殂，一嗣子立，則必有權臣不旋踵而思廢之，伺其失德則暴揚之以爲奪之之名。當扆之席未暖，今將之械已成。謝晦一啓戎心而接跡以興者不絶，至於東昏立而無人不思攘臂以仍矣。江祏也、劉暄也、蕭遥光也、徐孝嗣也、沈文季也、陳顯達也、崔慧景也、張欣泰也，死而不懲，後起而益烈，汲汲焉唯手刃其君以爲得志爾。身爲大臣，不定策於顧命之

❶「飛」，原作「機」，今據邵陽曾氏抄本改。
❷「以」，原作「而」，今據邵陽曾氏抄本改。

日，不進諫於失德之始，翹首以待其顛覆，起而殺之。嗚呼，君臣道亡，恬不知恤，相習以成風尚，至此極矣！

拓拔氏聞風而起。元禧無故而乘其主之出獵，遂欲舉兵以内亂。自有天地以來，人道之逆，未有甚於此時者也。能挽其狂波而扶名義於已墜者，顧不偉與？於是而蕭懿獨秉耿耿之忠，白刃臨頭而不易其節，弟衍説之而不聽，張弘策説之而不聽，徐曜甫説之而不聽。禍將及矣，曜甫知之，勸其奔襄陽，而奮然曰：「自古皆有死，豈有叛走尚書令邪？」可不謂皎皎炎炎，天日在心而山嶽孤立者乎？沈慶之不忍廢子業而死，猶有低回之心焉；懿則引領受刃以全大臣之節，尤爲烈矣。一人風之而天下之心亦動，故自是以後，自非決志篡奪，不敢視嗣君如圈豚，旋擁立而旋執殺之。懿之爲功於名教，大矣哉！煬之者謝晦，撲之者懿也。晦罪滔天，而懿之功又豈可泯乎？

三　蕭衍於諸篡主差近正

孟昶與劉裕同起，盧循寇逼而昶懼以死；蕭穎胄與蕭衍同起，蕭璝兵逼江陵而穎胄懼以死。庸人輕動而喪其神守，裕與衍固不以其存亡爲輕重也。乃昶、穎胄之無定情固矣，假令不死而裕、衍之勢成，昶、穎胄其能終匡晉、齊乎，抑知己之非裕、衍之敵而不争乎？昶且爲劉毅，穎胄且爲沈攸之也無疑。則其死也，又裕、衍之幸也。昶死而劉毅無援，穎胄死而衍安坐以有國，天下稍寧，免於兵争者五十餘年。❶則潁胄之死非徒衍之幸，抑天下之幸也。

潁胄之立南康王也，非衍志也，潁胄挾以制衍也。故於諸篡主，唯衍差爲近正者有二。潁胄恇怯，欲請救於魏，其時元英方欲乘亂以襲襄陽，幸其主不從耳，而請援以挑之，是授國於索虜也。衍毅然曰：「丈夫舉事，欲清天步，豈容北面請救戎狄？」則其視劉文静之引突厥以貽後患者爲正矣。潁胄之立南康也，果不忘蕭鸞之血祀乎？抑道成立順帝、蕭鸞立海陵之故智耳。已正君臣之分而又奪而弑之，則君臣之道遂淪喪而無餘。衍之東下也，東昏已死於張稷之手，衍乃整勒部曲以入建康，自以宣德太后令承制受百僚之敬，而非受命於南康；南康王至姑熟而衍已自立，未嘗一日立於南康之廷。非己立之，未嘗臣之，則視唐之奉代王而逼之禪也，又有閒矣。故曰：視諸篡者爲近正也。藉令潁胄不死，必陽奉南康以與衍争而規滅衍以自篡，不勝則北引索虜以殘中國僅存之統。王琳之禍，潁胄先之矣。故潁胄之死非徒衍之幸，抑天下之幸也。

乃若衍之惡不可掩者，則弑和帝是已。衍固欲置之南海而沈約以危詞動之。然衍以是惡約，奪其權而加以惡謚，則衍且有自艾之心矣。若潁胄之茸頑而欲師道成、鸞之故轍，死而其慝隱耳，衍之所不屑也。

讀通鑒論卷十六終

❶「於」，邵陽曾氏抄本作「斥」。

讀通鑒論卷十七

衡陽王夫之譔

梁武帝

一　齊亡有志節之士

齊梁之際，天下始有志節之士。馬仙琕之不降也，何胤、何點之召而不赴也，顔見遠之死也，梁武能容之，而諸君子者森森自立於人倫，晋宋以來頑懦之風漸衰止矣，非待梁武之獎勸之也。夫齊之得國也，不義之尤者，東昏之淫虐亦殊絶而非他亡國之主所齒，齊亦何能得此於天下士哉？

風教之興廢，天下有道則上司之，天下無道則下存之，下亟去之而不存，而後風教永亡於天下。大臣者，風教之去留所託也。晋宋以降，爲大臣者怙其世族之榮，以瓦全爲善術而視天位之去來如浮雲之過目，故晋之王謐、宋之褚淵、齊之王晏、徐孝嗣皆世臣而託國者也，乃取人之天下以與人，恬不知恥而希佐命之功。風教所移，遞相師效以爲固然，而矜其通識。故以陶潛之高尚而王弘不知自媿，强與納交。己不媿而天下孰與媿之？則非凛秋霜、懸白日以爲心，亦且徜徉而有餘地。至於東昏之世，尸大位、秉大政，傳此鬻君販國之衣鉢者如江祏、劉暄、沈文季、徐孝嗣之流皆已死矣，東昏所任茹法珍、梅蟲兒諸宵小又皆爲人賤惡而不足以惑人。其與梁武謀篡者，則沈約、范雲，於齊無胏附之寄而發跡於梁以乍起者也。於是而授受之際，所號爲薦紳之領袖者皆不與焉。則世局一遷，而夫人不昧之天良乃以無所傳染而孤露。梁氏享國五十年，天下且小康焉。舊習祓除已盡而賢不肖皆得自如其志意，不相謀也，不相溷也。就無道之世而言之，亦霆雨之旬乍爲開霽，雖不保於崇朝之後，而草木亦蓁蓁以嚮榮矣。

「人之云亡，邦國殄瘁。」故黨錮興而漢社移，白馬沈而唐宗斬。世臣之重繫安危也，繼治之世然也。宿草不除，新荑不發，故宋齊鬻君販國之老姦絶，而齊有自靖之臣。世臣不足倚而亟用其新也，繼亂之世然也。若夫豪傑之士，豈有位大權尊、名高族盛者在其目中哉？「八表同昏，平路伊阻。」陶令之風不能以感當時而可以興後世，則又不可以世論者也。

二　謝朏迫於子弟不終其節

謝朏與何點、何胤同徵不赴，而朏忽自至，角巾白輿，拜謁以受司徒之命，人知醜之，亦知朏之不終其節者，何以冒天下後世之譏而不恤邪？朏於時老矣，且受三事之命，終不省録職事。當無所希冀之暮年而未嘗貪權利以自裕，朏何昧於名實哉？蓋有迫之者也。孰迫之？子弟之迫之也。蓋謝氏於此歷三姓而皆爲望族，朓死而勢衰，朏終隱而其族之氣焰熄矣。當鬱林且弒之日，朏戒弟瀹以勿與，齊明篡而不與推戴之功，子弟方且怪焉。迨東昏虐殺而幸保其宗，朏可以先見服其子弟。及梁篡而朏猶遠引，子弟又不能弗怪也。已而梁位定，梁政行，粲然可觀，則子弟觀望之心釋而競進之志不可遏。朏不出而見絶於當世，則閨門之内相迫以不容，朏於此亦無可如何，而忍恥包羞，不憚以老牛爲犧而全其舐犢之恩也。是可悲也。

至尊者君而或能抗之矣，至親者父而或且違之矣。瑣瑣禽犢敗人之名節，垂老而喪其本心，亦可畏也夫！悠悠天下，孰有如王思遠之於兄晏勸其自裁而免於逆死者乎？「母也天只，不諒人只！」父母之不諒可形之歌歎，而子弟之相煎，其威更踰於天。白首扶笻，唯其所遣，一至此哉？陶令之子不愛紙筆，幸也，而何歎焉？

三　梁武抑沈約廢王亮

晉武任賈充而亂其國，宋武任謝晦、傅亮而翦其子，故梁廢王亮爲庶人，用徐勉、周捨而抑沈約，誠有鑒於彼也。充、晦、亮，魏晉之世臣也，何怨於故君？而望風獻款，屋其社，餒其鬼，殲其血胤，不問而可爲寒心。晉宋之主舉國而聽之，何其愚邪？

或曰：人爲我犯難以圖，我因以得天下，既得而忘之，疑於寡恩。晉宋之主所以沾沾而不忍，亦過之失於厚者也；漢高之斬丁公，則過之失於薄者也。失之厚而禍非所謀，亦奚必不可哉？

曰：此不可以小人懷惠之私爲君子之厚也。亂人不死，天下不寧。怙惡相比，懷其私恩則禍亂弗懲，豈區區較量於厚薄者乎？晉惠公殺里克，傳《春秋》者謂里克非惠公之所得殺，非也。亂臣賊子，天下無能正其罰而假手於所援立之君，天道也，非人之所可用其厚薄之私者也。梁武之於此，天牖之，弗容自昧矣。沈約之於齊，仕未顯也，故其罪輕於王亮。亮，大臣也。約雖抑而不廢，亮永廢而不庸，天理之差也。張稷逃於刑而死於叛民，惡尤烈於亮與約也。天之所罰，梁不逆焉，故得免於賈充、謝晦之禍。若不能免媿於己，因以怨人，相勸以惡，而禍乃不訖。以之爲厚，自賊而賊世，庸有救乎？

四　後世不敢效緹縈吉翂代父

緹縈、吉翂之事人皆可爲也，而無有再上漢闕之書、撾梁門之鼓者，曠千餘年。坐刑之子女亦無敢聞風而效之，何也？不敢也。不敢者非畏也。父刑即不可免，弗聽而已矣，未有反加之刑者，亦未有許之請代而殺之者。本無足畏，故知不畏也。不畏而不敢者，何也？誠也。平居無孺慕不舍之愛，父已陷乎罪，抑無驚哀交迫之實。當其撾鼓上書之日而無決於必死之心，青天臨之，皎日照之，萬耳萬目交注射之，鬼神若在其上而鑒觀之，而敢飾説以欺天欺鬼、欺人欺己以欺天子與法吏也，孰敢也？緹縈、吉翂之敢焉者，誠也；天下後世之不敢效者，亦誠也。誠者，天之道也，人之心也。天之道，其敢欺也乎哉？

於是而知不敢之心大矣。天有所不敢，故冬不雷而夏不雪；地有所不敢，故山不流而水不止；聖人有所不敢，故禹、湯不以天下與人，孔子述而不作。人皆有不敢之心行於惻隱羞惡辭讓是非之中，君子以立誠而居敬。昧其所不敢而效人之爲以欺天下，則違天而人理絶。王莽自以爲周公，曹丕自以爲舜、禹，敢也；揚雄以《法言》擬《論語》，王通以《元經》擬《春秋》，敢也。聞古有之，不揣而倣之，愚夫愚婦所不自欺之心，僻而辨、僞而堅者無所憚而爲之，皆自絶於天者也。然則有效緹縈、吉翂之爲者，明主執而誅之可也。

五　甄琛王顯諂事趙修後附高肇殺之

惟以勢利爲心則無所不至，故鄙夫而與事君，上以危國而下以亡身也，必矣。趙修得幸於元恪，甄琛、王顯諂附之，高肇忌修，將發其姦，琛、顯懼而背修附肇，助肇攻修，密加重刑，殺修以滅口，險而很也如是，亦可畏哉！雖然，無足怪也，鄙夫之情所必至也。小人之與鄙夫，氣相翕而忘其相害，機相制而不畏其相傾，非異也。所異者，君子不審，見其反面相攻而信以爲悔過自新，撫而收之，則愚矣。過有可悔，有不可悔。沈溺佞幸，擅穢之中，與相膠漆，過之不可悔者也，而何爲聽之？《易》曰：「君子豹變。」言豹文蔚紆勿切。而不章，雖能變物，而小人之所革者徒面而已，中固未革，莫之變也。蔡京不旬日而盡改新法，司馬公何爲而信之哉？工於面者忍於心，疾叛其所與交狎者，致之死亡而心不爲之怵，斯人也雖在脅從罔治之科，而防之也必嚴。故聖人之待人，恕矣，而斥言其不可與事君，絶之唯恐其不至也。開以悔過之科，則鄙夫之悔也捷於桴鼓，一無所不至之情耳。君子而爲其所罔哉？

六　梁武選學士就何胤受業

三代之教，一出於天子所立之學宫而下無私學。然其盛也，天子體道之精、備道之廣，自推其意以爲教而師儒皆喻於道，未嘗畫近小之規，限天下之聰明以自畫於章程之內。其道略見於《大學》。若是乎，其淵深弘博而不以登天爲疑也！且自天子之子以降無異學，公卿大夫士之子弟自以族望而登於仕，非以他日受禄，歆之以利而使學，故學者亦無苟且徇時，求合於章程以徼名利，則學雖統於上，而優游自得者無一切之法以行勸懲，亦猶夫人之自爲學焉而已也。乃流及於三季之末，文具存而精意日以泯忘，國家之教典抑且爲有志之士所鄙，而私學興、庠序圮矣。非但其法之弛也，法存而以法限之，記問之科條愈密而愈偷也。以三代之聖王不能持之於五世之後，而況後之有天下者，道不本諸躬，教不盡其才，欲以齊天下之英才而羈絡之，不亦難乎？

乃或爲之説曰：「先王以學域天下之耳目心思而使不過，然則非以明民而以愚民，學其桎梏乎？」後世之學，其始也爲桎梏，而其後愈爲君子所不忍言，故自周衰而教移於下。夫孔子豈爲下而倍，尸天子之道統乎？教亡於天下，聖人之所重憂，不容不身任之，亦行天子之事，作《春秋》而任知、罪之意也。教移於下，至秦而忌之，禁天下以學而速喪道以自亡。然則後之有天下者，既度德、量力，因時而知不足以化成天下，則弘獎在下之師儒，使伸其教，雖未足以幾敬敷五教、典胄教樂之盛，而道得以不喪於世。梁武帝既置五經博士於國學，且詔州立學矣，而不敢自信爲能培養天下之俊士，一出於鄉國之教也，又選學士往雲門山就何胤受業，知教之下移而不錮之於上，亦賢矣哉！

三代以還，道莫明於宋，而溯其所始則孫明復、胡安定實開其先，至於程、朱而大著。朱子固嘗推孫、胡之功矣。夫宋於國學郡縣之學，未嘗不詳設而加厲也，而教之所自興必於孫、胡，道之所自明必於程、朱，何也？國家以學校爲取舍人才之徑，士挾利達之心，桎梏於章程以應上之求，則立志已荒而居業必陋，天子雖欲游學者之志於昭曠之原而莫繇。固不如下之爲教爲學也，無進退榮辱之相禁制，能使志清而氣亦昌也。韓侂胄、張居正亟起而陻塞之，嗚呼，罪浮於桀紂矣！

或曰：「教出於下，無國家之法以糾正之，則且流於異端而爲人心之害。」是固然也。即如何胤者，儒而詭於浮屠氏者也。然所惡於異端者，爲知有學而擇術不審者言耳；若夫壞人心、亂風俗、釀夷狄盜賊篡弒危亡之禍者，莫烈於俗儒。俗儒者，以干祿之鄙夫爲師者也，教以利，學以利，利乃沁入於人心而不知何者之爲君父，固異端之所不屑者也。即如何胤者，以浮屠亂道矣，然王敬則欲召與同反而不敢召，武帝徵與謀篡而終不就，大節固不踰矣。若彼守國家教術之章程，桎梏於仕進之捷徑者，則從亂臣賊子而得顯榮，亦曰：「吾之所學求利達者本無擇也，誦《詩》讀《書》以徼當世之知而已矣。」則其清濁之相去不已天地懸隔哉？故孟子之論楊、墨曰：「歸斯受之。」歸而可受者，所學非而爲己之初心可使正也。俗儒奉章程以希利達，師鄙夫而學鄙夫，非放豚也，乃柙虎也，驅之而已矣，又何受焉？教移於下而異端興，然逃而歸焉可俟也，非後世學宮之教，柙虎而傅之翼者比也。上無禮，下無學，而後賊民興。學之統在下，久矣。

七 魏弛鹽禁

弛鹽禁以任民之採，徒利一方之豪民而不知廣國儲以寬農，其爲稗政也無疑。甄琛，姦人也，元恪信之，罷鹽禁，而元勰、邢巒之言不用。夫琛之欺主而恪聽其欺，固以琛爲利民之大惠，而捐己以從之也。人君之大患，莫甚於有惠民之心，而小人資之以行其姦私。夫琛之言此，非自欲乾没，則受富商豪民之賂而爲之言爾。於國損，於民病，奚恤哉？

嗚呼，民之殄瘁也，生於竊據之世，爲之主者，惠民之心，其發也鮮矣。幸而一發焉，天牖之也。天牖之，小人蔽之，蔽焉而尼之不行，雖有其心，如無有也，猶可言也；蔽焉而借之以讎其姦私，則惠民之心於以賊民也，無可控告也。上固曰：「吾以利民也，其以我爲非者，必不知恩者也，必撓上而使不得有爲者也，必懷私以牟利者也。」而小人之藏慝終不覺其爲邪。哀此下民，其尚孰與控告哉？不信仁賢而邪佞充位，仁而祇以戕，義而祇以賊，毒流天下，而自信爲無過。於是而民之死積而國之危亡日迫而不知。太平之歌頌盈於耳而鴻鴈之哀鳴徧於郊，其亡也，不足恤也。民亦何不幸而生斯世也？

八　敕曹景宗敬韋叡

將不和則師必覆。將豈易言和者哉？武人之才不競則不足以争勝，有功而驕，其氣鋭也；無功而忮，其恥激也。智者輕勇者而以爲爪牙，勇者藐智者而譏其嘯諾，氣使之然也。呴呴然易與而於物無争，抑不足稱武人之用矣。韓信任爲大將而羞伍樊噲，關羽自命親臣而致忿黄忠。不和也而導之以和，非君與當國大臣善爲調馭，安能平其方剛之氣乎？漢高能將將矣而不能戢韓信之驕，無以得信之情也；武侯、費詩能消關羽之戾，能得羽之情也。

曹景宗，驍將也。韋叡執白角如意、乘板輿以麾軍。夫二將之不相若，固宜其相輕矣。武帝豫敕景宗曰：「韋叡，卿之鄉望，宜善敬之。」得將將之術矣。敕叡以容景宗易，敕景宗以下叡難。然而非然也，叡能知景宗之鷙而景宗不能知叡之弘，景宗之氣斂，而何患叡之不善處景宗邪？且其詔之曰「韋叡，卿之鄉望」，動之以情，折之以禮，而未嘗有所抑揚焉。叡以景宗之下已而讓使先己告捷，景宗乃以叡之不伐而變盧雉以自抑。如其不然，叡愈下而景宗愈亢，叡抑豈能終爲人屈乎？武帝曰：「二將和，師必濟。」自信其御之之道得也。鍾離之勝，功侔淝水，豈徒二將之能哉？擲盧作簺係韋叡事。篇中屬景宗，誤。❶

九　令史皆用士流不如法簡之可久

梁制：尚書令史並以才地兼美之士爲之，善政也而亦不可繼也。何也？掾史之任，凡簿書期要、豪毛委瑣，一或差謬，積之久則脱漏大，而下行於州郡吏民者爭訟不已，其事褻矣，故修志行者不屑問焉。刑名錢穀、工役物料之紛亂無賞罰以督其後，則不肖者縱以行私，賢者抑忽而廢事，若必覈以賞罰，則以細故而傷清流之品行，人士終厭棄而不肯爲，其屑爲之者，必其冒昧而不惜廉隅者也，則其勢抑必於令史之下別委簿書之職於胥役，而令史但統其綱。是以今之部郎仍置吏書以司案籍，則令史虛懸而權仍

❶ 據劉毓崧校勘記云，小字出湘潭歐陽曉、岑兆熊校語。

下替。蓋自有職官以來，皆苦胥吏之姦詭而終莫之能禁。夫官則有去來矣而吏不易，以乍此乍彼之儒生仰行止於習熟之姦吏，雖智者不能勝也。於是而吏亦有三載考成、別遷曹署之例，然而無補也。官者唯朝廷所命，不私相授受者也；吏雖易，而私相授受者無從禁止。且其繁細之章程，必熟嘗而始悉，故其練達者欲弗久留其司而不得，易之而欲禁其授受也，抑必不能。則其玩長上以病國殃民，如尸蚘之在腹，殺之攻之而相續者不息。此有職官以來不可革之害，又將奚以治之邪？

夫姦吏亦有畏焉，訶責非所畏也，清察非所畏也，誅殺猶非所畏也，而莫畏於法之簡。法簡而民之遵之者易見，其違之者亦易見，上之察之也亦易矣。即有疏漏，可容侵罔者亦纖微耳，不足爲國民之大害也。唯制法者以其偶至之聰明，察絲忽之利病而求其允協，則吏益争以繁密詰曲銜其慎而讎其姦。雖有明察之上官，且爲所惑蔽，而昏窳者勿論矣。夫法者，本簡者也。一部之大綱，數事而已矣；一事之大綱，數條而已矣。析大綱以爲細碎之科條，連章屢牘，援彼證此，眩於目而熒於心，則吏之依附以藏慝者，萬端詭出而不可致詰。惟簡也，劃然立不可亂之法於此，則姦與無姦如白黑之粲然。民易守也，官易察也，無所用其授受之密傳。而遠郊農圃之子苟知書數，皆可抱案以事官。士人旦絃誦而暮簿領，自可授以新而習如其故，雖閒有疏脱而受其愚蔽，不亦鮮乎？則梁以士流充令史之選，治其末而不理其本，乍一清明而後必淆亂，故曰：不可繼也。語曰：「有治人，無治法。」人不可必得者也，人乃以開治而法則以制亂，安能於令史之中求治人乎？簡爲法而無啓以亂源，人可爲令史也，奚必士哉？

十　梁修五禮賢於漢

聖王之教，絶續之際大矣哉！醇疵之小大姑勿苛求焉，❶存同異於兩閒而使人猶知有則，功不可没已。其疵也，後之人必有正之者矣。故君子弗患乎人之議己，而患其無可議也。周公而後，至漢曹褒始有禮書。又閲四姓，至齊伏曼容始請修之，梁武帝乃敕何佟之、伏暅終其事，天監十一年而五禮成。其後嗣之者，唯唐開元也。宋於儒者之道，上追東魯，而典禮之修，下無以繼梁、唐，是可惜也。朱子有志而未逮焉，蓋力求大醇而畏小疵，慎而葸，道乃息於天下矣。夫以彝倫攸斁之張乎敬而小有釐定，抑可矯歷代之邪誣而反之於正。若懼其未盡物理而貽後人之摘發，則又何所俟而始可愜其心乎？有其作之，不患其無繼之者。秦滅先王之典，漢承之而多固陋之儀，然叔孫通之苟簡，人見而知之，固不足以惑天下於無窮也；若叔孫通不存其髣髴，則永墜矣。曹褒之作亦猶是也，要其不醇，亦豈能爲道病哉？至於梁而人知其謬，伏曼容諸儒弗難革也。如封禪之説成於方士，而諸儒如許懋者正名其爲緯書之邪妄，辨金泥玉簡之誣，闢鄭玄升中之誤。繇此推之，梁之五禮，其賢於漢也多矣；然非有漢之疵，則亦無據以成梁之醇。故患其絶也，非患其疵也，疵可正而絶則不復興也。

夫禮之爲教，至矣大矣，天地之所自位

❶「苛」，邵陽曾氏抄本作「苟」。

也,鬼神之所自綏也,仁義之以爲體,孝弟之以爲用者也。五倫之所經緯,人禽之所分辨,治亂之所司,賢不肖之所裁者也。舍此而道無所麗矣。故夷狄蔑之,盜賊惡之,佛老棄之,其絶可懼也。有能爲功於此者,褒其功、略其疵可也。伏曼容諸子之功偉矣,梁武帝不聽尚書庶務權輿欲罷修明之議,固君子之所重嘉,而嗣者其誰邪?

十一 梁武惡助逆之沈約張稷

與人同逆而旋背之,小人之恒也。利其同逆而親任之,比於匪人,必受其傷,則晋於賈充、宋於謝晦是已。己謀逆而人成之,因殺其人以掩己之惡,其惡愈大,楊廣殺張衡、朱温殺氏叔琮而死亡旋踵,天理之不可誣也。使司馬昭殺賈充以謝天下,天下其可謝,而天其弗亟絶之邪?己謀逆而人成之,事成而惡其人,心之不昧者也。存人心於百一者,惡其人則抑且自惡,坐惡其影,夢惡其魂,乃於同逆者含惡怒之情,而抑有所禁而不能發。心難自誣,無可如何而聽其自斃。則梁武之於沈約、張稷是已。

沈約非齊之大臣,梁武辟之,始與國政,惡固輕於賈充、謝晦矣。然和帝方嗣位於上流,梁武猶有所疑,而約遽勸之以速奪其位。梁武欲置和帝於南海而約勸梁以決於弑,蓋帝猶有憚於大逆之情而約決任天下之惡以成之,是有人心所必憤者也。若張稷者,自以己私與王珍國推刃其君,固梁武之所幸而實非爲梁武而弑,若趙穿之於趙盾、賈充之於司馬昭也。故此二逆者,梁武深惡之而果其所宜惡者也。雖然,梁武抑豈能伸罪以致討於約與稷哉?徒惡之而已。惡之深,因以自惡也；於惡之深，知其自惡也。置稷於青、冀而弗任紂以秉均，抑安能違其不可盡泯之秉彝乎？不殺稷而稷失志以死於叛民，不殺紂而紂喪魄以死於齗舌之夢。帝語及稷而怒形於色，紂死而加以惡謚。推斯情也，帝之自疚自赧於獨知之隱，雖履天子之貴，若無尺地可以自容也，可知矣。然而終不能殺稷與紂者，則以視楊廣、朱温爲差矣，己有慝而不能伸討於人矣。己有慝而殺助逆之人，然後人理永絕於心。均之爲惡而未可以一概論，察其心斯得之矣。

十二　壅水以灌壽陽梁人十餘萬漂入海

壅水以灌人之國邑，未聞其能勝者也。幸而自敗，不幸而即以自亡。自亡者智伯，敗者梁武也。智伯曰：「吾今而知水之可以亡人之國。」前乎智伯者未之有也，而趙卒不亡，智自亡耳。後乎智伯者，梁人十餘萬漂入於海而壽陽如故，宋太祖引汾水以灌太原而劉氏終未有損。天下後世至不仁者或以此謀獻之嗜殺之君，其亦知所鑒乎！

人有相殺之具而天不廢之，天有殺物之用，人不得而用之。虎豹犀象，天之所産，於人爲害者也，紂用之，王莽用之，而皆以速亡。彼其以勢用而不可以情使，能激之以勢而不能感其情以爲我用，一發而不聽人之收，自且無如之何，而可使如我之志以效功乎？水無擇湮，獸無擇噬，以其無擇也，故禹與周公抑之驅之，爲功烈矣。從而狎之，因而自斃，惡孰甚焉？且夫人之相殺，一與一相當而已，曲直因乎理，彊弱因乎勢，殺戮雖多，固一與一相當也。阻滔天之浸，不擇順逆而逞其欲以使殲焉，方謂我能殺彼而彼不能加我也，然而還自殺矣。志憯而行逆，豈有生理哉？

或曰：「以水灌城而城不壞，退水而城必圮，後世必有行是謀者，引師退水以進攻，彼城圮而我無漂溺之憂。」乃軍行泥淖之中，樵蘇無備，以攻必死之敵，城雖圮，終不能入而先爲敵禽矣。殘忍之謀愈變而愈左，勿惑其說，尚自免於敗亡乎？

十三　魏袁翻李崇請重鎮將守令之選

債帥横於邊而軍心離，贓吏横於邊而民心離。外有寇則速叛，外無寇則必反。邊任之重，中主具臣必輕之。袁翻、李崇憂六鎮之反，請重將領守令之選，匪特驗於拓拔氏，亦萬世之永鑒已。

均是將領也，而在邊之將，貪殘駑闒者甚於腹裏；均是守令也，而在邊之守令，污墨冒昧者甚於内地。夫將領或挾虜寇以恣其所爲，猶有辭也；守令之理民也無以異而貪虐甚焉，無他，才望有餘之士據善地以易奏成勞，則清華之擢必其所捷得，而在邊者途窮望盡，姑偷利以俟歸休也。於是而邊方郡邑永爲下劣之選，才望之士且恥爲之，亦惡望其有可任之人乎？且也大帥近而或挫於武人矣，監軍出而或辱於中涓矣，芻糧庤而或疲於支給矣，重臣臨而或瘁於將迎矣，非夫塗窮望盡，不獲已而姑受一命者，固不屑爲也。人士之習見既然，司銓者遂因之以爲除授之高下，於是沿邊之守令莫非士流不齒之材，其氣苶，其情偷，苟且狼戾，至於人之所不忍爲而爲之不恥。及邊民之憔悴極，反叛起，然後思矯其弊，重選人才以收拾之，禍已發而非旦夕可挽矣。

唯開國之始，無長慮以持其終，愈流愈下而極重難回也，故袁翻、李崇危言之而不能動當事之心。至於破六韓拔陵、胡琛、莫折大提稱戈競起，而後追用崇言，改鎮爲州，徒以殘危之地，强才臣而致之死地，何嗟及矣？大河以北，人狎於羯胡；五嶺以南，民習於寇攘。無人以治之而中華愈蹙。但此荆、揚、徐豫之土，蟻封其垤，雀安於堂，不亦悲乎？

十四　梁武自知不容於聖教而就浮屠

武帝之始，崇學校，定雅樂，斥封禪，修五禮，六經之教蔚然興焉，雖疵而未醇，華而未實，固東漢以下未有之盛也。天監十六年，乃罷宗廟牲牢，薦以疏果，沈溺於浮屠氏之教，以迄於亡而不悟。蓋其時帝已將老矣，疇昔之所希冀而圖謀者皆已遂矣，更無餘願而但思以自處。帝固起自儒生，與聞名義，非曹孟德、司馬仲達之以雄豪自命者也，尤非劉裕、蕭道成之發跡兵閒，茫然於名教者也。既嘗求之於聖人之教，而思有以異於彼。乃聖人之教非不獎人以悔過自新之路，而於亂臣賊子，則雖有豐功偉績，終不能蓋其大惡，登進於君子之途。帝於是徬徨疚媿，知古今無可自容之餘地，而心滋戚矣。浮屠氏以空爲道者也，有心亡罪滅之説焉，有事事無礙之教焉。五無閒者，其所謂大惡也，而或歸諸宿業之相報，或許其懺悔之皆除，但與皈依，則覆載不容之大逆，一念而隨皆消隕。帝於是欣然而得其願，曰唯浮屠之許我以善而我可善於其中也，斷内而已，絶肉而已，捐金粟以營塔廟而已，夫我皆優爲之，越三界，出九地，翛然於善惡之外，弑君篡國漚起幻滅而何傷哉？則終身沈迷而不反，夫誰使之反邪？不然，佞佛者皆愚惑失志之人，而帝固非其倫也。

嗚呼！浮屠之亂天下而徧四海，垂千年，趨之如狂者，唯其納天下之垢汙而速予之以聖也。苟非無疚於屋漏者，誰能受君子之典型而不舍以就彼哉？淫坊酒肆，佛皆在焉，惡已貫盈，一念消之而無餘媿，儒之駁者竊附之以奔走天下，曰無善無惡良知也。善惡本皆無，而躭酒漁色、罔利逐名者皆逍遥淌瀁，自命爲聖人之徒，亦此物此志焉耳。

十五　魏吏部停年格未爲大失

元魏神龜二年，其吏部尚書崔亮始立停年格以銓除，蓋即今之所謂資也。當時議其不問賢愚而選舉多失，夫其時淫后亂於宫闈，彊臣恣於政府，賄賂章，廉恥喪，吏道雜而姦邪逞，用人之失，豈亮立法之不善專尸其咎哉？停年之格雖曰不揀，然必歷年無過而後可以年計，亦未爲大失也。國家有用人之典，有察吏之典，不可兼任於一人明矣。吏部司進者也，防其陵躐而已。競躁者不先，濡滯者不後，銓選之公，能守此足矣。以冢宰一人而欲知四海之賢不肖，雖周公之聖弗能也。將以貌、言、書、判而高下之乎？貌、言、書、判，末矣；將以毁譽而進退之乎？毁譽，不可任者也。以一人之耳目受天下之賢愚，錯亂遺忘，明者弗免，偶然一譽，偶然一毁，謹識之而他又熒之，將何據哉？唯夫挾私罔利者則以不測之恩威讎其貪僞，而藉口拔尤，侈非常之藻鑒，公而慎者弗敢也。故吏部唯操成法以獎恬抑躁，而不任喜怒以專己行私，則公道行而士氣静，守此焉足矣。若夫大賢至不肖之舉不崇朝、懲弗姑待，自有執憲之司徵事採言以申激揚之典，固非吏部之所能兼也。考無過以積年，升除惟其成法；察賢姦而薦劾，清議自有特操：並行不悖而吏道自清。停年之格何損於治理，而必欲以非常之典待尋常守職之士乎？

或曰：《周官》黜陟專任冢宰，非與？曰：此泥古而不審以其時者也。周之冢宰，所治者王畿千里，儉於今之一省會也，其政績易考，其品行易知，豈所論於郡縣之天下，一吏部而進退九州盈萬之官乎？停年以除吏，非一除而不可復退也，有糾察者隨其後也。責吏部者以公而已矣，明非所可責也。

十六　魏莫折念生反李苗請勒大將堅壁勿戰

莫折念生反於秦州，元志亟攻之，李苗上書請勒大將堅壁勿戰，謂「賊猖狂非有素蓄，勢在疾攻，遲之則人情離沮」，此萬世之長策也。

天下方寧而寇忽起，勿論其爲夷狄爲盜賊，皆一時僄悍之氣，智不畏死者也。譬如勇戾之夫，岔起而求人與鬭，行數里而不見與鬭者，則氣衰而思遁矣。故乍起之兵，所畏者莫甚於曠日而不見敵。其資糧幾何也？其器仗幾何也？其所得而擄掠者幾何也？稱兵已久而不能殺吾一卒，則所以搖惑人心而人從之者又幾何也？乃當事者輕與急争也，其不肖之情有二：一則畏怯，而居中持議者唯恐其深入，則必從臾人以前御而冀緩其憂；一則乘時徼利，而擁兵柄者欲詫其勇，輕用人以試而幸其有功。且不但此也，司農憚於支給，郡邑苦於輸將，頑民吝其芻粟，不恤國之安危，唯思速竟其事，於是而寇之志得矣。冒突以一逞，乘敗而進，兵其兵也，食其食也，地其地也，氣益鋭，人益附，遂成乎不可撲滅之勢。然後驕懦之帥反之以不戰，坐視其日彊而國因以亡。

嗚呼！以天下敵一隅，以百年之積、四海之輓敵野掠，坐以困之，未有不日消月萎而成擒者，六鎮豈能如魏何哉？魏自亡耳。彊弱衆寡虚實之數較然也，彊可以壓弱，衆可以制寡，實可以困虚，而亟起以授之掠奪，惴惴然驚，悻悻然起，敗軍殺將，破國亡君，愚者之情形古今如一，悲夫！

十七　爾朱榮奉子攸入雒山偉拜赦

人士之大禍三，皆自取之也。博士以神僊欺嬴政而謗之，元魏之臣阿淫虐之女主而又背之，唐臣不恤社稷，陰陽其意於汴、晉，惡朱全忠而又迎之。故坑於咸陽，殲於河陰，沈於白馬，皆自取之也。

君子有必去以全身，非但全其生之謂也，全其不辱之身也。拓拔氏以僞飾之《詩》《書》禮樂誘天下之士而翕然從之，且不徒當世之士爲所欺也，千載而下，論史者猶稱道之而弗絶。然有信道之君子，知德而不可以僞欺，則抑豈可欺邪？而鄙夫無識，席晏安，規榮利，滔滔不反，至於一淫嫗殺子弑君而屏息其廷，懷禄不舍。則相率以冥行，蹈凶危而不惜，其習已浸淫膠固而不解，欲弗群趨於死地，其可得乎？

河陰之血已塗郊原，可爲寒心甚矣。爾朱榮奉子攸入雒，而山偉孑然一人趨蹌而拜赦，吾不知偉之不怖而欣然以來者何心也，蓋不忍捐其散騎常侍而已。則二千餘人賓賓秩秩，奉法駕以迎子攸於河陰者，皆山偉也。廉恥喪而禍福迷，二千餘人豈有一人焉戴髮含齒、血在皮中者乎？ 如其道則日游於兵刃之下而有餘裕，喪其恥則相忘於處堂之嬉，白刃已加其脰而赴之如歸。 挾《詩》《書》禮樂之迹而怙之，聞聲望影而就之，道之賊也，德之棄也。 蛾螘之智，死之徒也，自取之也。

十八　高歡勸爾朱榮稱帝賀拔岳請殺歡

姦雄之相制也，互乘其機而以相害，然而有近正者焉。 亦非徒託於名以相矯而居勝也，儀度其心，固有正者存焉，見爲可據而挾之以爲得也。 乃其機則險矣，險則雖有正焉而固姦雄之爲也，特其禍天下者則差焉耳。

爾朱榮挾兵肆虐，狂暴而不足以有爲，高歡、賀拔岳皆事之，而歡與岳之意中固無榮也。 榮拘子攸於幕下，高歡遽勸榮稱帝，歡豈欲榮之晏居天位而已徼佐命之功以分寵禄乎？ 榮稱帝而速其亡，歡之幸也。 乃榮恍惚不自支而悔曰：「唯當以死謝朝廷。」賀拔岳勸榮殺歡，岳豈果欲榮之忠魏以保榮之身名乎？ 知歡之納榮於死地而己藉以興，歡興而已且爲歡下，殺歡而榮在岳之股掌也。 歡之權力不如榮，岳之詐力不如歡，榮敗而歡可逞，歡死而岳可雄，相忌相乘以相制，亦險矣哉！ 此機一動而彼機應之，叢毒矢利刃於一堂，目瞬心生，鍼鋒相射。 莊生曰：「其發也，如機括。」此之謂也。 然而岳之言爲近正矣，爲魏謀，爲榮謀，執大義以誅歡，則他日之叛爾朱兆、陷雒陽、走元修之禍亦息。 岳即爲歡，固不如歡之狡悍以虔劉天下於無窮也。何也？岳之心猶有正焉者存也。

十九　梁有可攻魏之時勢而委雒陽於元顥

張駿傷中原之不復，而曰：「先老消謝，後生不識，慕戀之心，日遠日忘。」嗚呼，豈徒士民之生長於夷狄之世者不知有中國之君哉？❶江左君臣自忘之，自習而自安之，固不知中原爲誰氏之土，而畫河山以不相及之量矣！拓拔氏封劉昶爲宋王、蕭贊爲齊王而使之爭。拓拔氏遣將出兵，助劉昶、蕭寶寅以南侵，梁亦使陳慶之奉元顥而北伐。以爲宋、齊之主，使自爭也，梁亦以元顥爲魏相襲也，相報也，以雒陽爲拓拔氏固有之雒陽，唯其子孫應受之而我不能有也。嗚呼，梁之喪心失志，一至此哉？

六鎮亂，冀、并、雍皆爲賊藪，胡后弒主，爾朱榮沈其幼君，分崩離析，可乘而取也，梁之時也；下廣陵，克渦陽，郢、青、南荆南嚮而歸己，元悦、元彧、羊侃相率而來奔，梁之勢也。時可乘，勢可振，即未能盡復中原，而雒陽爲中國之故都，桓温、劉裕兩經收復，曾莫之念而委諸元顥，聽其自王，授高歡以納叛之詞，忘晉室淪没之恨，恬然爲之，漫不知恥。浸令顥之終有中原也，非梁假之羽翼以授之神州也哉？雒陽已拔，子攸已走，馬佛念勸慶之殺顥以據雒而慶之猶不能從，則其髡髮以逃，固喪心失志者之所必致也。君忘其爲中國之君，臣忘其爲中國之臣，割棄山

❶「夷狄之世」，原作「邊遠之地」，今據邵陽曾氏抄本改。

河，恬奉非類，❶又何怪乎士民之視衣冠之主如寇賊而戴殊族爲君父乎？❷至於此而江左之不足自立，決矣。幸宇文、高氏之互相吞齕而不暇南圖也，不然，豈待隋之横江以濟而始亡邪？

二十　元顥爲天子於雒陽兩月而死

宗國危而逡巡畏死以墮其忠孝，是懦夫也。而更有甚焉者，憯不懲而乘之以徼非望，如蛾之自赴於火，相逐而唯恐後也。夫人不知義矣，或知害矣；心不能知，目能見矣；目熒於黑白，耳能聞矣。目見之，耳聞之，然且不知害焉，貪夫之閔不畏死，其將如之何哉？

爾朱榮之暴横，不擇而狂噬，有目皆見，有耳皆聞也。立元子攸以爲君而挾之犯闕，以榮之勢如彼，而子攸其能自許爲榮之君乎？孑然一身，孤危無輔，而爾朱天光一往告，子攸遽欣然潛渡，謂榮之且以己爲君也，榮已目笑之矣。然猶曰榮惡未著而不察也。榮伏誅而爾朱兆修怨於其主，兆之凶横又倍於榮矣。子攸廢死，元曄以疏遠之族又欣然附兆以立，立未數月，兆又廢之，而元恭以陽瘖幸免之身，褰裳而就之恐後。高歡之狡又倍於榮與兆者也。歡起兵而元朗以一郡守急起而爲歡之君，立之數月，元修已聞斛斯椿「變態百端，何可保也」之語，曾不懼而又起而奪朗之位也。五年之中，子攸也、曄也、恭也、朗也、修也，或死或幽或廢，接跡相仍，而前者覆，後者急趨焉。元顥且倚梁七千之

❶「非」，原爲空格，今據邵陽曾氏抄本補。
❷「殊」，原爲空格，今據邵陽曾氏抄本補。

孤旅，相謀相猜之陳慶之，高拱雒陽，爲兩月之天子，卒以奔竄而死。元氏之欲爲天子，自信其能爲天子，信人之以己爲天子者，何其多也？

嗚呼！欲爲天子者多而民必死，欲爲將相大臣者多而君必危，欲爲士大夫者多而國必亂。其亂也，始於欲爲士大夫者之多也。士大夫不厭其欲而求爲將相大臣矣，爵禄賤，廉恥隳，其苟可爲天子者皆欲爲天子矣。是以先王慎之於士大夫之途而定民之志，所以戢躐等猖狂之心而全其軀命，義之盡、仁之至也。

二十一　元修畏高歡就宇文泰

國無與立，則禍亂之至，無之焉而可，雖有智者，不能爲之謀也。元修畏高歡之逼，將奔長安就宇文泰以圖存，裴俠曰：「雖欲投之，恐無異避湯入火。」王思政再問之，而俠亦無術以處，雖知之，又何裨焉？高歡者，爾朱榮之部曲也；宇文泰，葛榮之部曲也。拓拔氏有中原數世矣，而其挾持天下者唯秀容之裔夷、六鎮之殘胡，此外更無一人焉，而其主舍此而更將何依？爾朱榮河陰之殺，魏之人殫矣。雖然，彼駢死於河陰者皆依違於淫后女主之側，趨赴逆臣戎馬之閒，羶以迷心，柔若無骨，上不知有君國，內不惜其身名者也。即令幸免而瓦全，亦惡有一人焉可倚爲社稷之衛哉？

夫拓拔氏之無人也，非但胡后之虐，鄭儼、徐紇之姦，耗士氣於淫昏也，其繇來漸矣。自遷雒以來，塗飾虛僞，始於儒，濫於釋，皆所謂沐猴而冠者也。縻天下於無實之文，自詑昇平之象，彊宗大族以侈相尚而上莫之懲，於是而精悍之氣銷矣，樸固之風斲矣。內無可用之禁兵，外無可依之州鎮，部落心離，浮華氣長。一旦群雄揭竿而起，出入於無人之境，唯其所欲爲，拓拔氏何復有尺土一民哉？此亦一寇讎也，彼亦一寇讎也，舍此而又奚之也？《詩》《書》禮樂之化所以造士而養其忠孝，爲國之楨幹者也。拓拔氏自以爲能用此矣，乃不數十年之閒而君浮寄於無人之國，明堂辟雍、養老興學，所爲德成人、造小子者安在哉？沐猴之冠，冠敝而猴故猴矣，且並失其爲猴矣，不亦可爲大笑者乎？高歡、宇文泰適還其爲猴而跳梁莫制，冠者欲復入於猴群而必爲其所侮，不足哀而抑可爲之哀也！

故鬻《詩》《書》禮樂於非類之廷者，其國之妖也。其迹似，其理逆，其文詭，其說淫，相帥以嬉，不亡也奚待？虞集、危素祗益蒙古之亡而爲儒者之恥，姚樞、許衡實先之矣。雖然，又惡足爲儒者之恥哉？君子之道，六經《語》《孟》之所詳，初不在文具之浮榮、談說之瑣辯也。

二十二　元修元善見兩俱爲賊

元修依宇文泰而居關中，元善見依高歡而居鄴，將以何者爲正乎？曰：君子所辨爲正不正者，其義大以精，而奚暇爲修與善見辨定分邪？拓拔氏以夷而據中原，❶等竊也，不足辨，一也。修之在關中，宇文泰之贅疣也；善見之在鄴，高歡之贅疣也；不足辨，二也。乃即置此而尤有大不足辨者焉。就

❶「夷」，原爲空格，今據邵陽曾氏抄本補。「中原」，原爲空格，今據邵陽曾氏抄本補。

拓拔氏之緒而言之，亦必其可爲君者而後可嗣其世，非但其才之有爲與否也。修之淫亂，不齒於人類；善見孱弱，而其父亶以躁薄爲高歡所鄙，等不可以爲君，而尤非此之謂也。修之立，豈其分之所當立者？即令當立，而豈如光武之起南陽，晋元帝、宋高宗之特爲臣民所推戴者哉？魏有君矣，修微寵於高歡，乘時以竊位，曄也、恭也、朗也皆修所嘗奉以爲君者而皆弑之，修亦元氏之賊而已矣。修入關中，未死也，未廢也，元亶固修之臣，介高歡之怒而亟欲自立其子，君存而自立，其爲篡賊也無辭，是善見又修之賊也。兩俱爲賊，而君子屑爲之辨哉？

凡亂臣之欲攘奪人國也，其君以正而承大統，則抑不敢蔑天理以妄干之。其蔑理以妄干者則速以自滅，王莽、朱泚是已。劉彧乘君弑而受命於賊，蕭鸞與蕭衍比而弑其君，皆賊也，而後賊乘之以進。繇此言之，則漢獻帝之所以終見脅於權臣者，董卓弑其君兄而己受之，則亦賊之徒也，故袁紹、韓馥欲不以爲君而曹操姑挾以爲自篡之資。「其身不正，雖令不從。」承平無事之日，天子不能行之於匹夫，而況權姦之在肘腋乎？已爲賊而欲弭人之弗賊也，不能。賊者，互相利而互相害者也。修之於泰，善見之於歡，且不足辨其孰君而孰臣，況修與善見而屑爲之軒輊哉？假修以正而絀善見者，隋人得國於宇文，宇文得國於修，因推以爲統，而君子奚擇焉？

二十三　梁授何敬容朱异以國政

梁武之始立也，懲齊政之鄙固而崇虛文以靡天下之士，尚寬弛以佚天下之民，垂四十年，而國政日以偷廢。於時拓拔衰亂，高歡、宇文泰方争鬬於其穴，梁多收其不守之土、不服之人，高歡西掣而請和，蓋中原大有可圖之機矣。帝知其可圖，亟思起而有事，而吏治荒，軍政圮，舉目無可共理之人才，乃揀何敬容、朱异簿領之才而授之以國。敬容、异之不可大受，固也，然舍之而又將誰託也？徐勉、周捨稱賢矣，以實求之，一觴一咏，自謂無損於物而不知其損之已深者也。敬容勤於吏事，而「持荷作柱，持荷作鏡」之誚已繁興於下。自非貪權嗜利之小人如异者，誰甘犯當世之非笑而僕僕以爲國效功？大弛之餘，一張而百害交生，則勉與捨養癰不治，而敬容、异亟用刀鉞以傷其腠理，交相殺人，而用刀鉞者徒尸其咎也。

史稱晋宋以來，宰相皆以文義自逸，豈其然哉？王導、謝安勿論已，王華、王曇首、謝弘微，夫豈無文義者？而政理清嚴，一時稱治，虔矯苛細之小人又何足以乘墉而攻之？有解散紀綱以矜相度者，而後刻覈者以興，老莊之弊激爲申韓，庸沓之傷反爲躁競，勢也。一柔一剛，不適有恒而小狐濟矣。思患而豫防之，豈患至而急反之哉？

二十四　梁分諸州爲五品

梁分諸州爲五品，以大小爲牧守高下之差而定升降之等。立此法者，朱异也。然唐制：州縣有畿、赤、望、緊、雄、上、中、下之别，垂及於今，亦有腹、邊、衝、疲、繁、簡、調除之法皆祖此焉。夫异之爲此，未可以其人而盡非之也。古者諸侯之國，以提封之大小差五等之尊卑，以疆域之遠近定五服之内外，固不名之爲諸侯而一之矣。州郡亦猶是也。政有勞逸，民有淳澆，賦役有多寡，防御有緩急，而人才有長短，惡容不爲之等邪？顧其爲法，爲治之求得其理也，非爲人之求遂其欲而設也。大非以寵，小非以辱也。腹裏之安，雖大而非安危之寄；邊方之要，雖小而固非菲薄所堪。大而繁者以任才臣，而非以裕清流而使富；小而簡者以養貞士，而非以窘罣議者而使偷。而不然者，人競於饒而疲者以居孤陋無援之士，則窮鄉下邑，守令挾日暮途遠之心，倒行逆施。民重困而盜以興，職此繇矣。

朱异之法，以異國降人邊陲之地爲下州，則亂政也。以安富遂巧宦之欲而使頑懦之夫困邊民、開邊釁，日蹙國而國因以危。後世北鄙南荒，寇亂不息，莫不自守吏召之。非分品之制不善，而所以分之者逆其理也。邊之重於腹也，瘠之重於饒也，拔邊瘠之任置之腹饒之上，以勸能吏，以賤貪風，是在善通其法而已矣。

二十五　陶弘景何敬容舍浮屠而惡玄談

武帝以玄談相尚，陶弘景作詩以致譏，何敬容對客而興歎，論者皆謂其不能諫止而託之空言，非可以責二子也。弘景身處事外，可微言而不可切諫，固已；彼其沈溺已深，敬容雖在位，其能以口舌爭乎？至謂二子舍浮屠而攻老莊，則尤非也。自晉以來，支、許、生、肇之徒皆以莊生之說緣飾浮屠，則老莊、浮屠說合於一久矣。嘗覽昭明太子二諦義，皆以王弼、何晏之風旨詮浮屠之說。空玄之說息則浮屠不足以興，陶、何之論，拔本之言也。夫浮屠之禍人國，豈徒糜金錢、營塔廟、縱游惰、逃賦役已乎，其壞人心、隳治理者，正在疑莊疑釋、虛誕無實之淫辭也。

蓋嘗論之，古今之大害有三：老莊也，浮屠也，申韓也。三者之致禍異，而相沿以生者，其歸必合於一。不相濟則禍猶淺，而相沿則禍必烈。莊生之教，得其氾濫者則蕩而喪志，何晏、王衍之所以敗也；節取其大略而不淫，以息苛煩之天下，則王道雖不足以興而猶足以小康，則文、景是已。若張道陵、寇謙之、葉法善、林靈素、陶仲文之流，則巫也。巫而託於老莊，非老莊也。浮屠之修塔廟以事胡鬼，設齋供以飼髡徒，鳴鐘吹螺，焚香唄呪，亦巫風爾，非其創以誣民，充塞仁義者也。浮屠之始入中國，用誑愚氓者，亦此而已矣。故淺嘗其説而爲害亦小，石虎之事圖澄、姚興之奉摩什以及武帝之糜財力於同泰，皆此而已。害未及於人心而未大傷於國脈，亦奚足爲深患乎？其大者求深於其説，而西夷之愚鄙，猥而不逮。自晉以後，清談之士始附會之以老莊之微詞，而陵蔑忠孝、解散廉隅之説始熺然而與君子之道相抗。唐宋以還，李翺、張九成之徒更誣聖人性天之旨，使竄入以相亂。夫其爲言，以父母之愛爲貪癡之本障，則既全乎梟獍之逆，而小儒狂惑，不知惡也，樂舉吾道以殉之。於是而以無善無惡、銷人倫滅天理者謂之良知；於是而以事事無礙之邪行，恣其奔欲無度者爲率性而雙空人法之聖證；於是而以廉恥爲桎梏，以君父爲萍梗，無所不爲爲游戲，可夷狄，可盜賊，隨類現身爲方便。無一而不本於莊生之緒論，無一而不印以浮屠之宗旨。蕭氏父子所以相戕相噬而亡其家國者，後世儒者沿染千年以芟夷人倫而召匪類。嗚呼，烈矣！是正弘景、敬容之所長太息者，豈但飾金碧以營塔廟，恣坐食以侈罷民，爲國民之蠹賸矣哉？

夫二氏固與申韓爲對壘矣，而人之有心猶水之易波，激而豈有定哉？❶心一失其大中至正之則，則此倡而彼隨，疾相報而以相濟。佛老之於申韓，猶鼙鼓之相應也，應之以申韓而與治道彌相近矣。漢之所謂酷吏，後世之所謂賢臣也，至是而民之弱者死、彊者寇，民乃以殄而國乃以亡。嗚呼，其教佛老者，其法必申韓！故朱异以亡梁，王安石、張商英以亂宋。何也？虚寂之甚，百爲必無以應用，一委於一切之法，督責天下以自逸，而後心以不操而自遂。其上申韓者，其下必佛老。故張居正蹙天下於科條，而王畿、李贄之流益横而無忌。何也？夫人重足以立則退而託於虚玄以逃咎責，法急而下怨其上則樂叛棄君親之説以自便，而心亡罪滅，抑可謂叛逆汨没，初不傷其本無一物之天真。繇此言之，禍至於申韓而發乃大，源起於佛老而害必生，而浮屠之淫邪附莊生而始濫。端本之法自虚玄始，區區巫鬼侈靡之風不足誅也。斯陶、何二子所爲舍浮屠而惡玄談，未爲不知本也。

二十六　蘇綽六條詔書首以清心次以敷化

蘇綽之制治法，非道也，近乎道矣；宇文泰命綽作《大誥》，爲文章之式，非載道之文也，近乎文矣。其近焉者，異於道方明而襲之以飾其邪僞也，謂夫道晦已極，將啓其

❶「猶水之易波激而豈有定哉」，邵陽曾氏抄本作「猶水之易波也澄而止之庶幾其定矣湧而西則必激而東統之乎爲波而豈有定哉？」

晦，不能深造而乍與相即也。天下將嚮於治，近道者開之先，此殆天乎？非其能近，故曰：近道；天開之，使以漸而造之，故曰：乍與相即也。

治道自漢之亡，而晦極矣。非其政之無一當於利病也，謂夫言政而無一及於教也。綽以六條飭官常，首之以清心，次之以敷化，非其果能也，自治道亡，無有以此爲天下告者而綽獨舉以爲治之要領。自是而後，下有王仲淹，上有唐太宗，皆沿之以起，揭堯舜周孔之日月而與天下言之，綽實開之先矣。文章之體，自宋齊以來，其濫極矣。人知其淫豔之可惡也，而不知相率爲僞之尤可惡也。南人倡之，北人和之，故魏收、邢子才之徒與徐、庾而相彷彿。懸一文章之影迹，役其心以求合，則弗論其爲駢麗、爲輕虛，而皆僞。人相習於相擬，無復有繇衷之言以自鳴其心之所可相告者。其貞也非貞也，其淫也亦非淫也，而心喪久矣。故弗獲已，裁之以六經之文以變其習。夫苟襲矣，則襲六經者亦未有以大愈於彼也，而言有所止，則浮蕩無實之情抑亦爲之小戢。故自隋而之唐，月露風雲未能衰止，而言不繇衷、無實不祥者蓋亦鮮矣，則綽實開之先矣。宇文氏滅高齊而以行於山東，隋平陳而以行於江左，唐因之而治術文章咸近於道，生民之禍爲之一息，此天欲啓晦，而泰與綽開先之功亦不可誣也。非其能爲功也，天也。

嗚呼，治道之裂，壞於無法；文章之敝，壞於有法！無法者，惟其私也；有法者，惟其僞也。私與僞横行，而亂惡乎訖？胡元之末，亂極矣，而吴越之俊士先出其精神以蕩滌宋末淫靡繁亂之文。文章之繫，❶亦大矣哉！六代之敝，敝於淫曼，淫曼者，花鳥錦綺爲政而人無心；宋之敝，亦敝於淫曼，淫曼者，多其語助，繁其呼應而人無氣。無心而人尋於篡弒，無氣而人屈於禽狄。徐、庾、邢、魏之流波，綽挽之矣；孰有能挽蘇洵、曾鞏之流波者乎？俟之來哲。

二十七　賀琛論聽百司莫不奏事之患

賀琛上書論事，其他亦平平耳，最要者，聽百司莫不奏事，使斗筲詭進壞大體以竊威福，此亡國敗家必然之券也。妄言干進者，大端有二：一則毛舉小務之興革也，一則鉤索臣下之纖過也。若此者，名爲利國而實以病國，名爲利民而實以病民，害莫烈焉。法雖善，久而必有罅漏矣，就其罅漏而彌縫之，仍一備善之法也；即聽其罅漏，而失者小，全者大，於國民未傷也。妄言者指其罅漏以譏成法，則必滅裂成法而大反之，歆之以斯須之小利，亦洋洋乎其可聽矣。不知百弊乘之，蠹國殃民而壞風俗，此流毒於天下而失民心之券也。賢者之周旋視履而無過者亦鮮矣，剛柔之偏倚、博大謹嚴之異志，皆有過也。貪廉之分判於雲泥，似必不相涉矣，而欲求介士之纖微，則非夷、惠之清和，必有可求之瑕釁。君天下者因其材，養其恥，勸進於善，固有所覆蓋而不章，以全國體、存士節。非不審也，乃小人日伺其隙而糾之於細微，言之者亦鑿鑿矣，士且側足求全而不逸於罪罟，則人且塗飾細行以免咎，

❶「繫」，邵陽曾氏抄本作「繁」。

曲徇胥小以求容，而鍥刻之怨獨歸於上，此流毒於薦紳而失士心之券也。民心離，士心不附，上有餘怨，下有溢怒，國家必隨之以傾。

故非舜之智不能取善於耕徒釣侶也，非孔子之聖不能擇善於同行之三人也。是以垂纊塞耳，垂旒蔽目，心持天下之大公，外杜辯言之邪徑，然後潤色先型，甄別士品，民安於野，吏勸於廷。至治之臻，豈其察小辨微之瑣瑣者哉？周德長而秦祚短，非千秋之永鑒與？武帝不納琛之格言而爲之辭曰：「專聽生姦，獨任成亂。乃二世之委趙高，元后之付王莽。」抑豈知秦法密而後趙高得志，王莽秉國，頌功德者皆疏賤之吏民邪？琛言未冷，梁社旋亡。圖存保國者尚以察察爲戒哉？

二十八　梁武耄荒納侯景

神智乘血氣以盛衰，則自少而壯，自壯而老，凡三變而易其恒。貞於性者正，裕於學者正，則藏之密，植之固，而血氣自盛，智不爲蕩；血氣自衰，智不爲耗。衛武公之所以爲睿聖也。

梁武帝之初，可謂智矣。裴叔業要之北奔，則知群小之害不及遠；蕭穎胄欲請救於魏，則知示弱戎狄之非策；蕭淵藻誣鄧元起之反，則料其爲誣；敕曹景宗下韋叡，則知師和必克。任將有功，圖功有成，雖非宋武之習兵而制勝，而其籌得喪也，堅定而無回惑，於事幾亦孔晰矣。至其受侯景之降，居之內地，蕭介危言而不聽；未幾聽高澄之紿，許以執景，傅岐苦諫而不從。旋以景爲腹心，旋以景爲寇讎，旋推誠而信非所信，旋背約而徒啓其疑，茫乎如舟行霧中而不知所屆，截然與昔之審勢度情者明暗杳不相及。蓋帝於時年已八十有五矣，血氣衰而智亦爲之槁也。

智者非血氣之有形者也，年愈邁，閱歷愈深，情之順逆、勢之安危尤輕車熟路之易爲馳也，而帝奚以然也？其智資於巧以乘時變而非德之慧，易爲涸也。且其中歲以後薰染於浮屠之習，蕩其思慮。夫浮屠既已違於事理矣，而浮慧之流溢爲機變，無執也，可無恒也；無礙也，可無不爲也。恍惚而變遷，以浪擲其宗社人民而無所顧恤，斯豈徒朱异、謝舉之熒之哉？抑非老至耄及之神智衰損之爲也。神不宅形，而熟慮却顧之心思蕩散而不爲内主矣。夫君子立本於仁義而充之以學，年雖邁，死則死矣，智豈與之俱亡哉？

二十九　梁武惑於浮屠致子孫無父子兄弟之恩

父子兄弟之恩，至於武帝之子孫而絶滅無餘矣。唯蕭綜凶忍而疑於東昏之子，其他皆非蠭目豺聲如商臣，帝亦未有蔡景之慝。所以然者，豈非慈過而傷慈之致哉？正德之逆也，見帝而泣；蕭綸之悖也，語蕭確而亦泣。繹也、範也、譽也、詧也，雖無致死以救君父之心而皆援戈以起。然而遷延坐視，内自相圖，骨肉相吞，置帝之困餓幽辱而不相顧也。且其人非無智可謀，無勇可鼓，而大器之篤孝以安死，方等之忘身而自靖，咸有古烈士之風焉。敘之以禮，誨之以道，約之以法，掖之以善，皆王室之輔也。抑豈若晋惠之愚、劉劭之凶，不可革易也乎？ 慈而無節，寵而無等，尚婦寺之仁，施禽犢之愛，望恩無已則挾怨益深，諸子之惡非武帝陷之，而豈其不仁至此哉？

而不但此也。人主之廢教於子者，類皆縱之於淫聲美色、狗馬馳逐之中。而帝身既不然，教且不爾，是以諸子皆有文章名理之譽而固多智數。然而所習而讀者，宫體之淫詞；所研諸慮者，浮屠之邪説。二者似無損於忠孝之大節，而固不然也。子不云巧言鮮仁？則言巧而仁忘，仁忘而恩絶矣。若浮屠者，以緣生爲種性，自來自去於分段生死之中。父母者，貪欲癡愛之障也，以衆生平等視之，見其危亡，悲愍而已，過此又奚容捐自有之生緣以殉其難乎？二者中於人心，則雖禽呴魚沫，相合以相親，而相離以相叛，不保之於勢窮力蹙之日矣。然則謂帝慈之已過者，非果慈也，視其子無殊於虎，以大慈普攝投身飼之而已。其學不仁，其教無父，雖得天下，不能一旦居，豈有爽與？

簡文帝

一　齊命守宰設棓捶殺屬請之使

至治之世無請託，至亂之世無請託，故囑託之禁雖設於律而不嚴，以其非本治也。漢靈帝立三互之法，高洋賞房超棓殺趙道德請託之使，命守宰設棓以捶殺屬請之使，蓋其時請託公行，獄訟大亂有激而然也。

至亂之世，守宰專利於己，惡民之行賂屬請而不薦賄於己，則假秉公守法以總貨賄於一門。上既爲之嚴禁矣，雖致怨於人而可弗懼，無有敢擿舉其污者也。劉季陵不與公府之事而陳蕃誚之，季陵正也，蕃非正也。然蕃且有辭於季陵矣，其時請託盛行而季陵孤也。至治之世，在官有養廉之典，退居有尸祝之尊，賢士大夫亦何忍以身納於垢濁？而亂世不能也。於是而擅利淫刑之守亢厲以爲能，請託絶而賄賂益濫，況乎絶其所絶而不能絶其所不絶者哉？任守宰而重其廉隅，教行而俗美，請託不足禁也。禁之而民之枉也益甚，靈帝之世是也。若高洋樂殺人以逞威，又無足論已。

二　宇文泰府兵非善制

唐之府兵，言軍制者競稱其善，蓋始於元魏大統十六年宇文泰創爲之。其後籍民之有才力者爲兵，免其身租庸調，而關中之彊，卒以東吞高氏，南併江陵。隋唐因之，至天寶而始改。人胥曰府兵改而邊將驕，故安史亂，河北終不能平，而唐訖以亡，而不知其不然也。府兵不成乎其爲兵而徒以厲民，彍騎雖改而莫能盡革其弊，唐乃無兵而倚於邊將。安史之亂，府兵致之也，豈府兵不改而安史不亂，安史亂而府兵能蕩平之也哉？

三代寓兵於農，封建之天下相承然也。周之初，封建亦替矣，然其存者猶千八百國也，外無匈奴、突厥、契丹之侵偪，兄弟甥舅之國以貪憤相攻而各相防爾。然忿忮一逞，則各驅其負耒之愿民以蹀血於郊原。悲夫！三代之季，民之瘽以死者，非但今之比也。禹、湯、文、武之至仁，僅能約之以禮而禁其暴亂，而卒無如此鬭農民以死之者何也。上古相承之已久矣，幸而聖王善爲之法，以車戰而不以徒戰，追奔斬馘不過數人，故民之死也不積。然而農民方務耕桑、保婦子，乃輟其田廬之計，奔命於原野。斲其醇謹之良，相習於競悍，虔劉之，燴亂之，民之憔悴亦大可傷矣。至於戰國，一戰而斬首者至數十萬，豈樂爲兵者哉？皆南畝之農夫欲免而不得者也。漢一天下，分兵民爲兩途，而寓兵於農之害乃息。俗儒端居佔畢而談軍政者復欲踵而行之，其不仁亦慘矣哉！身幸爲士，脱耒耜之勞，不耕而食農人之食，更欲驅之於白刃之下，有人心者宜於此焉變矣。

宇文泰之爲此也，則有説也。據關中一隅之區，欲并天下，乃興師以伐高洋，不戰而退，豈畏洋哉？自顧寡弱而心早寒也。南自雒、陝，西自平陽，北極幽、薊，東漸青、兖，皆洋之有，衆寡之形，相去遠矣。且梁氏方亂，抑欲起而乘之以吞襄、郢，而北尚不支，勢不足以南及。雖前乎此者，屢以寡而勝衆，而内顧終以自危。故其所用者仍恃其舊所習用之兵，而特欲多其數以張大其勢。且關中北擁靈、夏，西暨河、湟，南有武都、仇池、羌、氐之地，雖耕鑿之甿，皆習戰鬭，使充行伍，力足而情非不甘，泰可用權宜以規一時之利，未盡失也。若夫四海一，戰争休，爲固本保邦之永計，建威以銷夷狄盜賊之萌，則用武用文，剛柔異質，農出粟以養兵，兵用命以衛農，固分途而各靖。乃欲舉天下之民旦稼穡而夕戈矛，其始也，愚民貪免賦免役之利，蹶起而受命，迨其後一著於籍，欲脱而不能。故唐之府兵業更爲彍騎矣，乃讀杜甫《石壕》、《三别》之詩，流離之老婦宛轉於縲絏，垂死之病夫負戈而道仆。民日蹙而兵日窳，徒死其民，而救如綫之宗社者，朔方邊卒、回紇援兵也。然則所謂府兵者，無益於國而徒以殃民，審矣。

不能反三代封建之制，幸而脱三代交争之苦，農可安農，兵可安兵，天别之以材，人别之以習，宰制天下者因時而利用，國本堅而民生遂，自有道矣。佔畢小儒稱説寓兵於農而弗絶，其愚以禍天下亦至此哉？農之不可兵也，厲農而祇以弱其國也；兵之不可農也，弱兵而祇以蕪其土也。故衛所興屯之法，銷天下之兵而中國弱，以坐授洪圖於異域，❶所繇來久矣。且所謂屯田者鹵莽滅裂，化肥壤爲磽土，天下皆是也，可弗爲永鑒乎？

三　大器張嵊死侯景之難

魏晋以降，廉恥喪而忠孝泯。夫豈無慷慨之士，氣堪一奮者哉？無以自持，而因無以自繼，則雖奮而終餒也。持其廉恥以養其忠孝於不衰者，自歸諸從容蹈義之君子，非慷慨之能也。於梁之亡而得二君子焉，太子大器及吴興太守張嵊是已。

吴興兵力寡弱而嵊不閑於軍旅，然矯舉自奮，以弱抗彊，豈不足以自暴其忠哉？既無畏死之心，自可與賊争一旦之命，而嵊不爲也，慮夫爲之而不繼，則氣挫而志以摇也。徼幸於俄勝俄敗之閒，神無定守而不能保其必死之心，知死矣，知死之外無所容心矣，整服安坐，待執而捐生已矣。此嵊之所守也。

侯景之不能容簡文與太子明矣。太子可去而不去，不忍離其父也。於景之黨未嘗屈意，而曰：「若必見殺，雖百拜無益也。」神色怡然，及於難而不改其度。死生，其命也；忠孝，其性也；端凝尊重，其道也。既知

❶「異域」，原爲空格，今據邵陽曾氏抄本補。

必死則崛起於中，若獻帝衣帶之詔、高貴鄉公援戈之舉，夫豈不可？而太子不爲也。既不欲爲，則養晦以冀免於凶逆以俟外援，亦一道也，而太子抑不爲也。臣子之道、居身之節若是焉止矣，過此則亂矣。不欲自亂以喪己，猶張嵊也。此太子之守也。

二子之守，君子之守也，樂天者也，安土者也，俟命者也，求諸己而不願乎外者也。嗚呼！使太子早正乎位而得若嵊者以爲之輔，朱异何能惑之，侯景何能欺之，高澄何能紿之？而武帝耄以荒，簡文弱而忌，同姓諸侯叛君親而戕骨肉，太子擁儲貳之虛名，張嵊守貧弱之僻郡，居無可爲之地，雖有可君可相之道而無能爲也，天亡梁也。無能爲，則不喪己而永爲君子焉已耳。

君子者，知之審而居之安也。生死也，成敗也，居之安者所不爲時勢亂也。不亂而後可以安死，可以安死而後可以貴生，貴生而後可以善其敗，善其敗而後可以圖其成。故晉明帝可以折王敦，謝安可以制桓溫，氣先定、神先凝也。太子未履晉明之位，張嵊不秉謝安之權，而梁亡必矣。下此則武陵、湘東、邵陵而已矣，柳仲禮、韋粲而已矣，雖矯舉以興，徒速其亡，而何裨焉？國無君子則無以立信夫！

元帝

一　江陵失襄陽成都

元帝忌岳陽王詧而欲滅之，遂失襄陽，襄陽失而江陵之亡可俟矣；及武陵王紀稱帝於成都，復請於宇文泰使襲紀，而成都又入於周，則江陵未有不亡者。非宇文能取之，皆自亡也。蜀亡，江陵陷，襄陽北折而爲宇文之先驅，江左之能延數十年者，幸也。高齊未滅，關中之勢未固，宇文之篡未成，故猶幸而存也。夫地利非有爲者之所恃，固已，曹操據兗州四戰之地而制群雄，李勢、譙縱據蜀而江東不爲動摇。雖然，得地利而人不和，地未可恃；人不和以内潰，未有能保其地利者，失地之利而後其亡也必也。故非英雄特起，視天下無不可爲者，則地利亦其所必争。梁元殘忍忿戾，捐地利以授人而卒以自滅，其明驗矣。

梁之不和以内潰，非武陵、岳陽之罪也，元帝一起而即殺其弟慥矣，殺其兄之子譽矣，襲其兄綸矣，殺其從孫棟矣。武陵遣子圓照入援，聽其節度，而阻之於白帝；圓正合衆以受署，而囚之岳陽，起兵而盡力以攻之。舍侯景之大讎而亟戕其骨肉，皆帝挾至不仁之情以激之，使不相下也。嗚呼！帝即不念一本之愛而安忍無親，抑思夫二王者一處襄陽，一處成都，爲江陵生死之所自操者乎？故不仁者未有能保其地利者也。一念之乖而上流失、咽吭奪，困孤城以自斃，舉劉弘、陶侃以來經營百年之要地委之鮮卑，亦憯矣哉！江東四易主而不亡，劉子業、蕭寶卷之凶頑猶知地之不可棄，而帝棄之如贅疣。至不仁之人至於棄地利而極矣，不恤己之死亡，而奚有於兄弟邪？

二　梁元帝讀書萬卷猶有今日

江陵陷，元帝焚古今圖書十四萬卷。或問之，答曰：「讀書萬卷，猶有今日，故焚之。」未有不惡其不悔不仁而歸咎於讀書者，曰：書何負於帝哉？此非知讀書者之言也。帝之自取滅亡非讀書之故，而抑未嘗非讀書之故也。取帝之所譔著而觀之，搜索駢麗，攢集影迹以誇博記者，非破萬卷而不能。於其時也，君父懸命於逆賊，宗社垂絲於割裂，而晨覽夕披，疲役於此，義不能振，機不能乘，則與六博投瓊、耽酒漁色也又何以異哉？夫人心一有所倚，則聖賢之訓典足以錮志氣於尋行數墨之中，得纖曲而忘大義，迷影迹而失微言，且爲大惑之資也，況百家小道，取青妃白之區區者乎？

嗚呼！豈徒元帝之不仁？而讀書止以導淫哉？宋末胡元之世，名爲儒者，與聞格物之正訓而不念格之也將以何爲。數五經《語》《孟》文字之多少而總記之，辨章句合離呼應之形聲而比擬之，飽食終日以役役於無益之較訂，而發爲文章，侈筋脈排偶以爲工，於身心何與邪，於倫物何與邪，於政教何與邪？自以爲密而傲人之疏，自以爲專而傲人之散，自以爲勤而傲人之惰，若此者，非色取不疑之不仁、好行小慧之不知哉？其窮也以教而錮人之子弟，其達也以執而誤人之國家，則亦與元帝之兵臨城下而講《老子》、黄潛善之虜騎渡江而參圓悟者奚别哉？抑與蕭寳卷、陳叔寳之酣歌恒舞、白刃垂頭而不覺者又奚别哉？故程子斥謝上蔡之玩物喪志。有所玩者，未有不喪者也。梁元、隋煬、陳後主、宋徽宗皆讀書者也，宋末胡元之小儒亦讀書者也，其迷均也。

或曰：「讀先聖先儒之書，非雕蟲之比，固不失爲君子也。」夫先聖先儒之書豈浮屠氏之言，書寫讀誦而有功德者乎？讀其書，察其迹，析其字句，遂自命爲君子，無怪乎爲良知之説者起而斥之也。乃爲良知之説，迷於其所謂良知以刻畫而髣髴者，其害尤烈也。夫讀書將以何爲哉？辨其大義以立修己治人之體也，察其微言，以善精義入神之用也。乃善讀者有得於心而正之以書者，鮮矣；下此而如太子弘之讀《春秋》而不忍卒讀者，鮮矣；下此而如穆姜之於《易》，能自反而知媿者，鮮矣。不規其大，不研其精，不審其時，且有如漢儒之以《公羊》廢大倫，王莽之以譏二名待匈奴，王安石以國服賦青苗者，經且爲蠹而史尤勿論已。讀漢高之誅韓、彭而亂萌消，則殺親賢者益其忮毒；讀光武之易太子而國本定，則喪元良者啓其偏私；讀張良之辟穀以全身，則鑪火彼家之術進；讀丙吉之殺人而不問，則怠荒廢事之陋成。無高明之量以持其大體，無斟酌之權以審於獨知，則讀書萬卷止以導迷，顧不如不學無術者之尚全其樸也。故子曰：「吾十有五而志於學。」志定而學乃益，未聞無志而以學爲志者也。以學而游移其志，異端邪說、流俗之傳聞、淫曼之小慧，大以蝕其心思而小以荒其日月，元帝所爲至死而不悟者也，惡得不歸咎於萬卷之涉獵乎？儒者之徒而效其卑陋，可勿警哉？

敬帝

一　王僧辯屈節蕭淵明

義以生勇，勇以成義。無勇者不可與立義，猶無義者不可與語勇也。

王僧辯非不知義者。元帝使之攻湘州、殺蕭棟而不從。身建平賊之大功，受大任而鎮京邑，可以有爲之資也。高洋遣邢子才帥一旅納蕭淵明使爲梁主，淵明非武帝之子孫而挾異類以闌入，使其成也，則蕭詧附庸於宇文，淵明述職於高氏，中分梁國，效臣妾於二虜，此王僧辯肝腦塗地以報宗社而爲中原留一綫之日也。僧辯既遣裴之横御之於東關，亦已知敬帝已正位爲君而淵明爲賊矣。乃之横敗死，遽屈節而迎淵明以入，何其餒也？

夫高氏方與宇文争存亡之命，不能乘釁以窺梁，明矣。其以偏師奉淵明而入，直戲焉耳。邢子才，雕蟲之士，據長江而待其斃也有餘。顧乃震掉失守，廢君奉賊，唯虜志之是殉，卒以此受大惡之誅，授首於陳霸先，爲千古笑，則何如仗節臨江以與高洋争一旦之生死乎？無勇之夫，義不能固而身名俱毁，不亦傷哉？

故未知義者可使之知也，知有義而勇不足以決之，然後明君不能爲之鼓厲，信友不能爲之獎掖，陷於大惡以亡身。故曰：勇者天德也，與仁、智並峙而三也。

二　宇文泰依周禮更定六官

法先王者以道。法其法，有拂道者矣；法其名，並非其法矣。道者因天，法者因人，名者因物。道者生於心，法者生於事，名者生於言。言者，南北殊地，古今殊時，質文殊尚，各以其言言道言法。道法苟同，言雖殊，其歸一也。法先王而法其名，唯王莽、宇文泰爲然。莽之愚，劉歆導之；泰之僞，蘇綽導之。自以爲《周官》而《周官》矣，則將使天下後世譏《周官》之無當於道，而謂先王不足法者，非無辭也，名固道、法之所不存者也。泰自以爲周公，逆者喪心肆志之恒也；綽以泰爲周公，諂者喪心失志之恒也。李弼、趙貴、獨孤信、于謹、侯莫、陳崇，何人斯而與天地四時同其化理？悲夫，先王之道陵夷亦至此哉？

高洋之篡也，梁、陳之偷也，宇文氏乃得冠猴舞馬於關中而飾其羶穢以欺世。非然，則王莽之首剸於漸臺，泰其免乎？以道法先王而略其法，未足以治；以法法先王而無其道，適足以亂；以名法先王而並失其法，必足以亡。泰之不亡，時不能亡之也。至於隋，革泰之妄，因時以命官，垂千餘年，有損益而弗能改，循實之效可睹矣。《周禮》六官有精意焉，知之者奚有於法，而況名乎？

三　臨川民周迪起兵據上塘

權臣，國之蠹也而非天下之害也，小則擅而大則篡。聖人豈不慮焉？而五經之文無防制權臣之道。胡氏傳《春秋》，始惴惴然制之如檻虎，宋人猜忌之習卒以自弱，而授天下於夷狄。❶使孔子之意而然也，則爲司寇攝相事之日，必以誅三桓爲亟，而何惡乎陪臣執國命，何憂乎庶人之議也？故知胡氏之傳《春秋》，宋人之私，非聖人之旨也。岳侯之死，其説先中於庸主之心矣。

自晉東渡以來，王敦始逆，桓温繼之，代有權臣，而司馬、劉、蕭之宗社以移。其逆未成而稱兵搆亂者，王恭、殷仲堪、劉毅、沈攸之、蕭穎胄，皆憤起以與京邑相競。然而兵屢亂、國屢危，而百姓猶能相保，亂民無掠奪之惡，羸弱無流離之苦，則禍止於上而下之生遂不驚也。非其世族與其大勳，不秉朝權；非秉朝權，不生覬覦。艸野非無桀驁之雄，憯伏下風而固不敢騁也。❷至於侯景之

❶「夷狄」，原作「異族」，今據邵陽曾氏抄本改。

❷「憯」，原作「摺」，邵陽曾氏抄本作「習」，今據《四部備要》本、《萬有文庫》本改。

亂，羊侃卒，韋粲死，柳仲禮無能而敗，蕭氏子孫分典州郡，相尋自賊，而梁無虎臣，於是而陳霸先以吴下寒族、嶺表卑官，糾合粤嶠之民，起救國難，王僧辯資之成功，於是而建業、荆江、北府、三吴之牧守皆倒授其權於山谿峒壑之豪。國無世族尊貴、居中控外之大臣，而崛起寒微如霸先者駸駸爲天子矣；其次則分州典郡，握符分閫，爲重臣矣。然後權移於下，窮鄉下邑之中有魁磊梟雄之士，皆翹然自命曰：丈夫何所爲而不可成哉？故周迪、留異、熊曇朗、陳寶應奮臂以興，乃至十姓百家稍有心機膂力者，皆嘯聚其閭井之人，棄農桑，操耰鉏以互相掠奪。於斯時也，彊者自投於鋒刃，弱者坐受其刀鈇，而天下之亂極矣。弗待有建威銷萌、衛社稷、安生民之大臣，如劉弘、陶侃、謝玄、檀道濟、沈慶之之流也，即有王敦、桓温、劉裕、蕭道成之權姦執魁柄以臨之，亦安至是哉？

以在下之義而言之，則寇賊之擾爲小而篡弑之逆爲大；以在上之仁而言之，則一姓之興亡，私也，而生民之生死，公也。故明王之涖臣民也，定尊卑之秩，敦忠禮之教，不失君臣之義而未嘗斤斤然畏專擅以削將相之權。子孫賢，何畏於彼哉？其不肖也，則寧喪天下於廟堂，而不忍使無知赤子窺竊弄兵以相吞齧也。魯之末造，三桓之子孫既弱，陽虎、公山不狃狂興而魯國多盜，孔子傷之矣，徒以抑彊臣爲《春秋》之大法乎？故以知胡氏之説，宋人之陋習也。

讀通鑒論卷十七終

讀通鑑論卷十八

衡陽王夫之譔

陳高祖

一　陳氏篡梁功劣曹劉罪亦較輕

自曹魏以迄於宋，皆名爲禪而篡者也。蓋嘗論之，本以征誅取天下，狃於習而假迹於篡者，唐高祖也。其名逆，其情未詐，君子惡其名而已。以雄桀之才起而圖功，其圖功也，以覬得天下爲心，功既立而遂攘之，曹魏、劉宋也，而劉宋之功偉於曹魏矣。受推誠託孤之命，遂啓逆心，非不立功而功不在天下，以威福動人而因竊者，司馬氏也。無固獲之心，天下亂而無紀，一旦起而攘之者，宋太祖也。無功於天下，天下已亂，見爲可奪而奪之者，梁武帝也。既無功矣，蓄姦謀以從人於弑逆，因而奪之者，蕭齊也。本賊也而名爲禪者，朱梁也。

若夫陳氏之篡梁，功劣於曹、劉而抑有功焉。天下之亂已極，可攘而攘之，亦無固獲之心，如是則不足以頡頏於劉宋而優於趙宋，有討平侯景之義；愈於曹、馬者，無素蓄之姦；賢於梁武者，無犯順之兵也。是故其爲君也雖微，而其罪亦輕矣。却淵明而復辟於敬帝，非果念武帝之子孫而固立之，然當其時，江左之不能自立甚矣。蕭詧稱藩於宇文，以殺叔父而保一隅以號爲君；淵明稱藩於高氏，以蔑君之遺孫而擁虛號以爲君：皆非君也，宇文、高氏守藩之臣也。使淵明得立，則舉江東以屬服於高洋，尤慘也。陳高非忠於蕭氏而保中國之遺民，延數十年以待隋之一統，則功亦偉矣哉！

夫陳高始起嶺表之日，逮乎入討侯景之初，固知其未有妄干天位之志也。蕭氏子孫自相戕賊，天下莫適爲主而後思攘之，其罪既輕。雖無赫赫之功而功亦不可泯，視隋之居中狐媚以奪宇文氏者遠矣。若夫君子之有恕於隋者，則以中國代夷狄，得之不以其道而終不可名爲篡也，此陳隋之後天下所以定也。惜乎唐之不正名爲誅弒父虐民之獨夫而託之乎禪，以自居乎篡也。

二　王琳虛擁討賊之名

君子之善善也，豪毛必取，唯其豪毛之果善也。若夫赫然著一善之名而實無非惡，役於其名而取之，則受罔於非其道，爲愚而已矣。

陳氏篡梁，王琳起兵，至湓城以伐陳，赫然討賊之義舉也。自君子論之，子之篡燕，齊宣王興師伐之，而孟子曰：「以燕伐燕。」若琳者豈但以陳伐陳哉？琳起兵以救元帝於江陵，正也。蕭詧導宇文氏以戕元帝而毀其宗社，詧者，琳之仇讎也，而詧不能獨成其惡，元帝死於宇文氏之刃，則宇文氏尤琳之不共戴天者也。侯平不受琳之指麾，琳遂奉表於高洋，去華即夷，惡已大矣，猶曰高氏非吾讎也。以妻子陷入於關中，復奉表稱臣而西嚮，身爲盟主，二三其德，荏苒妻子之私愛，北面稽顙於殺吾君、亡吾國之索虜鮮卑。斯人也，陳主所籧篨視之，不以爲人類者也，而何能奉詞以討陳邪？蕭詧，琳之讎也，敬帝非琳之讎也，元帝死亡，敬帝以武帝之孫、元帝之幼子立於建業，琳既兩奉表於二虜，復稱臣於敬帝以縻繫於梁，梁徵之爲司空而不至，何爲者也？ 使琳果有匡復之心，則身既爲上流之盟主，應司空之召，入奉敬帝，折陳氏之邪心，夫豈不能？ 既懷貳心，親高齊而忘故國，及陳之篡，乃竊討賊之名以與陳氏爭，倚高氏之援，求蕭莊以借爲主，一人之身，倏彼倏此，廉恥蕩然，而尚可許爲討賊之師乎？ 幸而陳氏勝矣，陳而敗也，高洋乘亂而取江東，琳不能禁，固琳之所不恤也。 假令蕭莊得入建業而君梁，琳因起而奪之，勢所必然，抑琳志之固然者也。 無恒之小人旦夕莫測，而許之以討賊之義乎？ 即後事而觀之，陳遣謝哲往説，而琳又還湘州。 陳高祖殂，復背約而奉蕭莊屯湓城以稱帝，大敗於侯瑱而奔齊之志決矣。 此琳始終變詐之情形也，故曰：非但以陳伐陳也。

嗚呼！ 人至於無恒而極矣。 無恒者於善無恒也，於惡亦無恒也。 於惡無恒而有時乎善，其果善與？ 猶不可據也，況乎其徒以名邪？ 爲君也忠而死，爲父也孝而死，非爲君父而忠孝也，吾臣吾子不忍自廢者也，豈忍以忠臣孝子爲可獵取之浮名乎？ 失身於異類則已無身矣，無身而君誰之君，父誰之父，遑及忠孝哉？ 且若琳者，則又失身於異類而亦無據也，倏而禽，倏而人，妖魅而已矣。 今有妖魅於此，衣冠粉澤而遂樂推之以爲人，非至愚者不然。 然則假琳以梁臣之名而嘉予其伐陳之義，又何以異於是？ 人之别於禽獸，恒而已矣。 君子之觀人，絜其初終以定其貞邪，持論之恒也。 乍然見其襲義之虚聲而矜異之，待其惡已敗露而又貶之，亦持論之無恒者也，無恒則其違琳也不遠矣。善善而無一定之衡，可不鑒與？

三　韋夐十徵不出與种放相肖

被徵不屈，名爲徵士，名均也而實有辨。守君臣之義，遠篡逆之黨，非無當世之心而潔己以自靖者，管寧、陶潛是也；矯厲亢爽，恥爲物下，道非可隱而自旌其志，嚴光、周黨是也；閒適自安，蕭清自喜，知不足以經世而怡然委順，林逋、魏野之類是也；處有餘之地，可以優游全身保名而得其所便，則韋夐、种放是也。考其行，論其世，察其志，辨其方，則其高下可得而覩矣。

夐者，孝寬之兄，放者，世衡、師道之族也，故二子者尤相肖。其家赫然著顯名、居厚實於天下，而已得以高卧，邀人主之尊奬，則亦何求於一命之榮哉？二子者尤相肖也，此爲逍遥公、豹林處士而已矣。

文　帝

一　文帝既立宇文氏遣高祖之子昌歸陳

文帝既以從子繼高祖而立，宇文氏遣高祖之子昌歸陳。文帝與侯安都斃之於江，帝之貪位安忍，其惡無所逃矣。所可重傷者，昌之愚而爲狡夷投之死地以亂陳也。

昌在關中，高祖屢請之而宇文氏不遣，持重質以脅陳。高祖殂，乃亟遣之歸，知其兄弟必爭，則己乘之以收其利。蕭紀爭而得巴蜀，蕭詧爭而得江陵，其術兩讎，復以試之建業，其情曉然易見而何昌之不覺也？侯安都之戕賊行而昌死於道，喪一亡公子耳。

宇文氏無一旅之援，一使之逆，於己無損也。昌不死而陳有奉之者，則必求援於己，捲土而奉藩，昌不能違，不復有陳矣。昌何利於此而徒爲宇文氏倀乎？昌不聽而終老於關中，雖居異域，自以梁亡被虜，非投身幽谷如劉昶、蕭寶寅之迷也。仲雍斷髮文身以全孝友而大周祚，則委贄於宇文氏，其又何傷？晋文公謝秦伯得國於斯之命，豈忘君晋哉？秦奉己以入而己制於秦，惠公之所以見獲於韓原，文公不屑爲也。父死之謂何，而忍利其國，秦人之謀折矣，故晋以寧而文公終以霸。天命在己，惡知其不爲晋文？其不然也，以亡公子優游於南山渭水之閒，可以全身而不貽禍於宗國，又何怨乎？

或曰：此仁者之事，非昌之所及也。道二：仁與不仁而已矣，出乎仁則入乎不仁，危其國，亡其身。不仁不可與言而爲人所顛倒，一閒而已。身死則爲陳昌，國危則爲蕭詧。昌不仁而文帝、安都以不仁應之，昌先之矣。

二　孫瑒始入援江陵後堅拒宇文降陳

國破君危，志士奮興以圖匡復，此決起一朝，無暇豫計其始終者也，豫計則不果矣。雖然，亦有不容不豫計者。亂一起而不知所届，事會之變，未可測矣，所可豫計者，已有其初心，道有其大常也。或死乎，或弗死乎？死有所爲死，生有所爲生，變雖生於始謀之外，而心自依乎其初，此之謂豫計。志不定，義不明，以義始，以亂終，利害亂其中，從違失其則，則爲王琳而已矣。

孫瑒之始，與琳俱起，本以蕭詧引宇文攻元帝於江陵，急於入援以拯元帝之危而存梁之宗社。不及而江陵陷，元帝死，事雖不克，而爲吾大讎者，宇文氏也。陳氏攀敬帝以立而又篡之，則其意計不及，忽然之變也，於是而琳志亂矣。外既偪而内復潰，琳乃首施兩端，徧奉表於二夷，覬望以拒陳，遂受高齊驃騎之命，終爲異類矣。而瑒異是。宇文氏授瑒以刺史，瑒誓死以拒，守孤城而不降。使城陷而死焉，瑒得死所矣。乃陳兵至，周圍解，兵力已疲，民情已釋，旁徨四顧，故國已亡而無可託足，乃集將佐而告之曰：「吾與王公同奬梁室，勤亦至矣，時事如此，豈非天乎？」乃舉州以降陳。非降也，不降而無所歸也。救江陵拒宇文者，瑒之初心也；陳之篡、梁之亡，非瑒始計所及也。瑒非敬帝之臣，陳高有篡弒之逆，而敵怨不在後嗣，文帝非躬篡之主，不辱其身於加刃吾君之狡夷，瑒可以無死，而又爲誰死邪？若此者瑒不能豫計於先，而抗宇文以全郢城，則其素所立之志終始初無異致，瑒何病哉？

無他，王琳雖名爲義而圖功徼幸之心勝，則遇變而不知所擇；瑒義在心而不僅以名，事雖不濟而義終不墜也。決死一旦而挾功利以爲心，物必敗之，亦惡知變之所生而早計之哉？

三　王晞不貪翼戴之賞仍行弒逆

《詩》云：「大風有隧，貪人敗類。」類之已敗，則雖非貪人，相習於亂，大風之隧，當其隧者無不靡也。貪人之所吹拂成乎風，而類無不敗，且不自知其爲大惡，捐名義以成乎亂賊，而後人道絶矣。

華歆、賈充、劉穆之、謝晦、沈約、褚淵、崔季舒，胥貪人也。扶人爲亂賊，居篡弒之功而身受佐命之賞，弗足責也。王晞曰：「非不好作要官，但思之爛熟耳。」高演報其翼戴之功，使爲侍郎，苦辭不受，知貪人之不保令終而静退以全身，非華歆輩之匹也。乃首倡逆謀，力爲贊畫，夜入帷幕，忘生蹈險以奪高殷而弑之。晞不自爲榮膴也，徒焦肺困心，不恤族誅之禍，唯恐演之不成乎簒，何爲者邪？功成而不受賞，安下位以終身，使移此心以盡誠於君父而奬掖人於忠孝之途，則於諸葛公桑株八百、薄田十頃之節，又奚讓焉？然而晞憯不畏疚以爲亂賊之腹心者，何也？簒奪之風已成乎隧，當其隧者靡焉，習以爲安而不知其動摇之失據也。

民彝泯矣，天理絶矣！百年之内，江東、河北視弑君父如獵麕鹿，簒國如掇蜩蟬，無有名此爲賊而驚心動魄者。晞固曰：吾爲其所應爲而不受佐命之賞，則道在是矣。悲哉，華歆輩之敗人類而人類無能更存也！士不引千秋之公義以自擇所趨，習染時風以爲固然，從後而觀之，惡豈有瘳？而一曲之操，其能掩不赦之辜哉？

四　虞寄居東山寺不屈陳寶應

以亂人爲可畏者，懦夫也；以亂人爲不可畏者，妄人也。莊周氏自謂工於處亂人矣，一以爲猛虎，一以爲嬰兒，一以爲羿之彀中而不可避也，一以爲大浸稽天而可不溺也。懦夫聞之，益喪其守；妄人聞之，益罹於凶。則唯失己而謂輕重之在物也。

虞寄僑處閩海，陳寶應連周迪、留異以作亂，寄著居士服，屏居東山寺，危言不屈，竇應縱火焚寺以脅之，威亦熯矣，而寄愈危，責竇應也愈厲。如寄者豈不戒心於亂人之鋒刃而任氣以行邪？乃終嶽立千仞而不以竇應之凶悖爲疑，非妄以輕生、狎暴人而姑試也，求諸己者正而已矣。浸令不然，心非之，抑詭隨之；私議之，而面諱之；亟於求去，而多方以避之；放言毁度，佯狂閔默以順之：皆莊周所謂緣督之經也，而早爲亂人之所測，祇以自辱而無補於禍難。妄之興，懦之變也。夫君子正己而已矣，可爲者奚惴而不爲，可言者奚憚而不言？亂人雖逆，凋喪之天良未盡絶於夢寐，天可恃也；即不可恃，而死生有命，何所用吾術哉？是以知虞寄之可爲君子矣。

歐陽紇反於廣州，流寓人士惶駭失措，而蕭引恬然曰：「管幼安、袁曜卿亦安坐耳，直己以行義，何憂懼乎？」寄近竇應而危，引遠紇而安，寄直己之道行，引直己之志定，其歸一也。反是則韋思祖以畏葸爲赫連勃勃所惡而死，趙崇以輕薄爲朱温所怒而死，崇呼槖駝爲「山驢王」以誚温。剛柔無據而可，惟其處己者未正也。

五　于謹助宇文護弑君而爲其三老

儒爲君子者也，君子不可欺者也。儒而受欺於人，則不惟無補於世教，而其自立也，亦與欺爲徒，因以欺人而自欺也，甚矣！養老之典，儒者重言之，不審於何以養也，則宇文邕胡孫而優俳，遂謂其可登簫韶之綴兆也。漢儒飾文而迷其本，於是桓榮、李躬受割牲躬饋之榮施。今且未知明帝之果可以養老，而榮、躬之果可爲老更否邪。雖然，當東漢之初，天下可無捐瘠離散之苦，而榮與躬非從弑父與君之臣，猶可尸此而無大慚也。宇文氏日糜爛其民以與高齊、陳氏争，丁壯捐尸於中野，農人没命於輓運，父老孤煢無告者不知幾千萬，而于謹以機詐傾危之士左袒宇文護以弑其君，乃靦然東面登降，坐食於太學，掇拾陳言如樂人之致語，遂施施然曰：此文王敦孝尊賢之道也。儒者榮之，稱説於來今，爲君子儒者其然乎？文王之養老，孟子言之備矣，非飾衣冠、陳尊俎、贊拜興於伯夷、太公之前也。且其爲伯夷、太公而後爲國老，桓榮、李躬何足以稱？而況于謹者，固伯夷所與言而視如塗炭者乎？

先王之政，紀於《尚書》，歌於《雅》《頌》，論定於孔孟，王者之所宜取法，儒者之所宜講習，無得而或欺，亦無得而自欺者也。語雖略，而推之也，建天地、考三王、質鬼神、俟後聖，無不在矣。漢儒之説欲以崇道而但侈其榮利，賓賓然，夫我則不暇也。

臨海王

一　殷不佞矯敕出安成王頊

觀於陳氏之代，抑不知當世之無才何以至此極也！侯安都、周文育、程靈洗戰而獲，獲而囚，囚而繫以長鎖，鼠竊而逃，仍爲大將而不慚，其武人可知矣。劉師知、到仲舉奉詔輔政，忌安成王之逼上，乃使殷不佞孤銜口敕入相府，麾王使退，内不令太后幼主知，外不與群臣謀，而不慮其拒命。五尺之童所不爲者，身爲託孤大臣，謀君國之安危而漫同兒戲，其爲執政者又可知矣。夫當世豈遂無才，而至此極者，何也？

人主者以臭味養賢，以精神感衆者也。道以導之，德以得之。道德者，即其臭味；導之得之者，其精神也。陳高祖，一偏裨之才耳，任之爲大將而固不勝者也，而使爲天子，其僅足以致拳勇無廉之武夫、文墨不害之文吏，非是，臭味莫相親，精神不相攝矣。偏求其時而無其人，僅一虞寄而出爲藩王之記室，天下之士相帥以趨於偷，天生之，人主不成之，當世不尚之，何怪其不碌碌哉？故江東王氣之將盡也，爲之主者氣先疲也。所知所志、所好所惡不出於頽，則人胥奔走於頽中，夕陽之照，晨星之光，趨於盡而已矣。

宣　帝

自太建十三年以前，論高齊、宇文周事皆附陳下；自太建十三年隋文帝紀號開皇，凡論隋事皆附隋下，唯論陳事則列卷中。陳、隋皆中國之君，南北分疆，義無偏勝也。

一　周齊爭宜陽韋孝寬請防汾晋

小人之爭也，至於利而止矣。而更有甚焉者，始見爲利而爭之，非必利也，爭之以不相下，氣競而不能止。有國家者毒衆連兵、暴骨如莽而不止，匹夫匹婦訐訟操戈、兩敗交傷而不止。乃不知因此而害不弭，舍此而固有利也。明於計者方爭之頃，一念旁及而早知改圖矣。

晉悼公與楚爭鄭，用兵十年，連十二國之諸侯，三分四軍以疲於道路，僅服一鄭，而中國之力已憊。當其時，若舍鄭而無可以制楚者，乃服鄭而晉遂不競，楚亦惡能制哉？幸楚之不覺而亦相競於鄭耳，使其舍鄭而他圖，三川危，天下裂矣。夫晉與楚非擇利而趨也，氣不相下，捐軀命以求贏，匹夫匹婦之情也。

宇文氏與高齊相持於宜陽，經年不解，韋孝寬以宜陽一城不足損益，彼若棄之來圖汾北，我必喪地，欲罷宜陽之兵以防汾、晉。力窮於所爭之地而流念以旁營，孝寬可謂智矣。宇文護不能從，斛律光果棄宜陽而築十三城於汾北之西境，拓地五百里，孝寬撤宜陽之兵以奔命而大敗於汾北，定陽失，楊敷擒，而其所爭者亦敗，悁悁忿戾之情亦惡足以逞哉？孝寬之機甫動，斛律光之情已移，所爭者俄頃之閒耳，迷於一往者固不覺也。

夫孝寬、光皆趨利之徒也，然於忿戾相乘之頃，返念以自謀成敗，思以免無益之死傷而不徒糜爛生靈於尺寸之土，則又豈徒工於計利哉？利不可競也，忿尤不可不戢也。兩固執必勝以快其忿，幸而敗，不幸而亡。兩俱迷，則徒爲斯人之困以自困，將有旁起者坐而收之。匹夫之乘潮競渡，以身飽魚腹而不懲，事有大於此者，爲千古笑。不知不仁，君子之所深惡也。

二　韋孝寬謠言閒斛律光

爲五行之説者曰：「熒惑之精，降爲童謠。」言雖非實而固有指也。熒惑者，以熒熒之光、熒熒之智惑人者也。火之光，熒熒而已，煬之而興，撤其膏薪而息矣。然當晦也，則闇行者依之以求明，故曰：月固不勝火。大明有耀，不足以熒熒矣。故智者求明於日月而不求明於火，惡其有煬之者也。童謠者，熒熒而惑人者也，是之謂熒惑之精，非必天之星降爲童之謠也。善通其義者，可以垂鑒。

祖珽欲殺斛律光而無其隙，韋孝寬密爲童謠以閒之而光坐誅。夫天下之爲童謠者，皆姦人之造也，豈果禍福之幾，鬼神早洩其祕於童稚之口哉？鸜鵒之謠，師己造之，爲季氏解逐君之惡也。故童謠者必有造之之人，即其果中於事理，若河閒姹女、千里草之屬，亦時有志疾惡而葸弱畏禍，師婦姑詛咒之智，喋喋於烓饔之閒而已。若靈帝之國必亡、董卓之身必戮，又豈待童謠而知邪？晉文公城濮之師，勢不容於姑已者也，「原田每每」之誦，惡知非楚人之反閒哉？故曰：「先民有言，詢于芻蕘。」芻蕘可詢也，出其所不意而對以公也；民之譌言不可聽也，先爲之成言，必其熒熒而惑人者也。祖珽之姦、高緯之愚、孝寬之詭，一童謠而光以死，高氏以亡，可畏也哉！上愈察，下愈譎，愬譖不行而童謠興，惑乃益不可解。王洽、李邦華以死竄於小豎之口，可爲痛哭者，豈徒高緯之愚乎？崇禎己巳，都城被圍，兵部尚書王洽、戎政李邦華搜簡軍政，宦官忌之，爲童謠曰：「殺了王洽，韃子容易殺；❶殺了李邦華，走破韃子韡。」播令上聞，洽被誅，邦華削奪，軍政益紊以底於亡。

❶「韃子」，原作「敵人」，今據邵陽曾氏抄本改。下一「韃子」同。

三　宇文歲給突厥繒絮錦綵十萬毒延後世

中國輸歲幣於夷，自宇文氏始。突厥挾兩端以與宇文、高氏市，宇文畏其爲高氏用也，歲給繒絮錦綵十萬以縻之，高氏亦畏其爲宇文氏用而厚賂焉。夫宇文與高於突厥，何中外高卑之有哉？弱役於彊，屈者其常也，而突厥固曰：宇文、高氏，中國之君也，中國之奉我，常也。此驕夷狄之始禍也。宇文、高氏朘削中國以奉於其類，非其土，非其民，無不可也，而後世篡竊之君臣且曰：宇文、高氏，中國之君也，不惜悉索之於民以奉突厥而國以安，吾亦奚不可邪？此啓惰君陋臣之禍始也。

地之力、民之勞，男耕女織之所有，殫力以營之，積日以成之，委輸以將之，奉之異類，❶而民力盡、民怨深矣。無財無以養兵，無人無以守國，坐困而待其吞吸，日銷月鑠而無如之何，自亡而已矣。而不但此也，方其未入中國之日，已習知中國之富而使朵頤久矣。中國既自亡而揖之以入爲主，其主臣上下皆固曰：此畇畇之原隰，信天地之沃壤也，肥甘之悅口、輕煖之適體、錦綵佳麗之炫目、繁聲冶奏之娛耳，求焉而即得，取焉而即盈。昔之天子奉我而如不及，今爲我之臣妾而何求不克邪？故淫虐婪取，川吸舟吞，而禹甸爲荒郊，周黎爲道殣，皆宇文氏之毒，延及千年而益烈。悠悠蒼天，其如此皮骨空存之赤子何也？所爲推禍始而爲之痛哭者也。

❶「類」，原作「域」，今據邵陽曾氏抄本改。

四　陳助周滅齊適以自滅

度德量力相時以沮有爲之氣，君子弗取。而當積衰已久，立本未堅，求自保以徐圖有爲也，則度德量力相時之説伸矣。高緯不道，亡在旦夕，陳與接壤於淮右，宣帝決策遣吴明徹帥師北伐，庸詎非所宜爲、非所可爲者？顧使陳深計而思其所竟，緯雖必亡，吴明徹能以積弱之孤軍擣鄴、并而滅之，如宋武之於姚泓否邪？用兵三年而不能越吕梁一步，與高氏一彼一此，交敝於兩淮，徒爲宇文氏掣高氏之肘而利其呑齕耳。

宇文之決於滅緯也，韋孝寬固曰：「齊自長淮之南悉爲陳氏所取，與陳氏共爲犄角，必當所嚮摧殄。」則其用陳而陳爲所用，可知矣。巴蜀失，江陵陷，陳之大患在宇文而不在高氏。爲高氏犄角而拒宇文，不可爲而尚可爲也；爲宇文犄角而滅高氏，宇文無北顧之憂而地益廣，兵益衆，氣益張。昔者齊爲陳蔽，而今則陳受周衝，去狐狸而鄰豺虎，❶則他日者既下巴、荆以乘上流，臨江介而擣建業，旁無所撓而勢無不便，是滅齊適以自滅，不待智者而知也。

當斯時也，天下之勢在宇文而不在高氏，明矣；陳所急者在江、郢、庸、蜀而不在淮右，明矣。即無能奮興以決圖荆、襄，抑惟固境輯民，治兵積粟，聽二虜之争，而我以暇豫圖久遠之計，悉三吴、湘、廣之力，尚可爲也。計不出此，乘人之危，收曠莽難守之地以自居功，殆猶鼠也潛出而掠人之餘也。高氏爲己之捍衛而急撤之，陳何恃以抗宇文

❶「狐」，邵陽曾氏抄本作「孤」。

哉？高氏亡而明徹敗，金人告宋曰：「吾亡而蒙古之禍移於宋。」其愚同，其禍同也。舍周無慮，貪得以逞，有可爲而不可爲，爲其所不可爲以自詫，禍已及，乃跼蹐而自縮，晚矣。高氏不滅，陳氏不亡。叔寶雖不足以固存，尚可俟他姓之興以延江左衣冠之統。劉子業、蕭寶卷不滅而叔寶滅乎？

五　宇文邕行三年喪仍自聽軍國重務

諒闇不言。孔子曰：「古之人皆然。」古謂殷也。周公定禮，於此闕焉，意者其不然邪？故孔子但言古。夫周公推至孝以立極，豈三年之愛不逮古人哉？時有易而道有詘也。殷道立弟，國恒有長君，則冢宰雖非伊、傅而不能擅命以亂天下；周道立子，而沖人踐阼，冢宰持權，則苟非其人，固不可託也。即其人可託矣，而小子同未在位，以周公之忠，二叔之流言且不可遏，非貪權罔恤之姦，未有不懲周公之難而敢於自危以危天下者也。故殷道至周而易，道大易則一端不得以獨存，時詘之矣。

若後世之天下，尤非三代之比也。三代有天下者，名而已矣，其實則亦一國也。王畿千里，政教號令所及，今之一大省會耳，諸侯固自爲治也，則其事簡。諸侯受制於天子而無所詘於天子之大臣，天子之卿視侯，視云者，仰而躋及之之謂也，則其任輕。諸侯入相，自有宗社而不敢嘗試，非諸侯而相則夾輔之公侯可入正之，而相臣不敢自恣，則其權分。郡縣之天下，統四海於一人，總已則總天下矣，其事繁，其任重，其權壹。冢宰已總天下之職官，司農已總天下之田賦，司馬已總天下之兵戎，司寇已總天下之刑罰，而又總而歸之一人。此魏晋以降，録尚書事輔政之所以篡奪相仍也。州牧郡守待命而不能仰詰，四海無誰何者，三年之内以收人心而移宗社，後雖挽之，禍已發於肘腋矣。人子受先王之託而委之他人，庸詎可以爲孝？此後世之詘於時者，尤非僅如周而已也。

夫法有常而人無常。當周之季，皇甫、尹氏之流，君親政而猶爲天下僇，詎可不言而唯其所爲？容容自保者且以誤國而召疑叛，況其爲竇憲、梁冀之跋扈者乎？又況其爲司馬懿、傅亮、徐羨之、楊堅也乎？乃先王既使之在大臣之位矣，欲别委而弗使之總己也不得，陶侃且怨，不徒祖約也。煢煢在疚之孺子豈能求側陋之忠賢，拔起而授之大任，其不畀宗社生民於姦邪也，鮮矣。故匹夫不能逮天子之養，天子不能盡庶民之哀，情無已而量有涯，雖聖人不能盡滿人子之心，亦無如之何也。故孟子詔滕文公行三年之喪而未有命戒者五月爾，於此見《周禮》之既葬而親政也。宇文邕之令曰：「衰麻之節，苫廬之禮，遵前典，申罔極，軍國務重，須自聽朝。」庶乎其情理之兩得與？五服之内依禮，百僚既葬而除，亦稱其情也。雖然，此唯天子而不得不詘爾。翟方進妄自尊以短喪，李賢、張居正怙權而喪其心，豈能託以爲辭哉？

六　宇文破齊鄴城熊安生掃門待幸

賊聖人之道以召異端之侮，而堅其邪辟者，小人儒也。異端則既與我異爲端矣，不相淆也，然異端亦固有其端，非沈溺於流俗之利欲而忘其君父以殉其邪者也。若楊朱、墨翟、莊周、列御寇以及乎陸子静、王伯安，苟自有其端，則卑汙趨利、瞀不畏死而盡捐其惻隱羞惡之行，固醉夢之餘念所不屑及者也。君子小人之大辨、人禽之異，義利而已矣。小人之趨利而無恥，君子惡之，異端亦從乎君子之後而惡之，不敢謂君子之惡非正也。唯小人而託於儒，因挾儒以利其小人，然後異端者乃挾以譏吾道之非，而曰：爲小人資者，儒也。夫異端之始念未至於無父無君，而君子窮其所歸，斥爲禽獸。乃小人冒儒者之迹，挾《詩》《書》禮樂爲寵利之資，則頑鄙殘忍，公然忘君父而不恤以詑於天下，曰：爲道衛也。其可賤而可惡，又奚但異端之比哉？故曰：「無爲小人儒。」小人儒者，異端之所不屑爲也。

桓榮耀車服之榮以勸門人曰「稽古之力」，君子賤之，以其侈乎利而有禽心也。況如熊安生者，業以儒術爲高氏國子博士矣，於高氏固有君臣之義也，宇文滅齊，鄴城方破，安生遽令埽門，語家人曰：「周帝重道尊儒，必將見我。」悲夫！其所事之君已走，其所從班行以奉祀之宗社且毀且屋，其同列之官僚且死且竄，其比閭連居之婦子且殺且俘，漠然無一念之悲閔，乞高氏之餘不足，又顧而之宇文氏之墦閒，以是爲儒之道也，異端之徒稍知自好者鄙夷之如犬豕，況君子哉？不絶小人於儒，不正儒者之誼，以使小人不敢干，君子之責也。無他，義利而已矣。議者苛求於吳康齋、陳公甫而引姚樞、許衡於同類，不亦傎乎？

七　陳遣吳明徹伐周彭城自取覆亡

彊敵在前而以輕軍試之，非徒敗也，其國必亡。故吳明徹一潰於彭城而江東有必亡之勢，其幸而延之十年者，宇文邕殂，宇文贇無道，楊氏謀篡而不暇及也。不然，亡之亟矣。爲兵家之言者曰：「知彼知己，百戰百勝。」未然也。誠知彼而知己，則有不戰者矣。吴明徹可以當宇文憲、韋孝寬乎？蕭摩訶、任忠、周羅睺可以當梁士彦、王軌乎？宣帝可以當宇文邕乎？宇文氏其如高緯、祖珽、穆提婆之君臣，可以姑試而幸獲乎？己不自知，知之而又何以戰邪？不可以戰而何以勝邪？

然則坐而待其相加與？曰：善爲國者不師。非不師而即善也，爲國善則可以不師也。江東至是而無可取中原之勢矣，固本靖民，養兵擇將，遲之數十年而不輕挑之以益其勢，則尚可爲也。故孫綽、王羲之之論在東晋之初則爲自棄，在陳之末造則善矣。東晋雖草創，人咸憤激以圖存，有死之心則有生之氣也。至於陳，而江東之生氣齊凋之，梁萎之，侯景摧之，蕭詧、王琳中起而滅裂之，陳氏偷存而銷鑠之，劉宋吞廣固、擣長安之鋒穎蕩盡無餘矣。然使固本圖安而尚可爲者，以高緯之淫昏，宇文邕遲之又久，再進再退而始決，陳能自立而不授以俘大將、覆全軍之勢，宇文君臣慎動者也，且以苻堅、拓拔佛狸爲大戒，而遽輕試席捲之雄心乎？陳僅一蔡景歷而不能用，一潰而舉國之人皆靡，引領以望北師之渡而已矣。

八　鄭譯導宇文贇殺其天性之親

奚以辨大姦而必覆人之邦家者乎？則勸其主以殺人者是也，至於勸人以殺其兄弟子孫而甚矣。仁絶於心，心絶於天，而後勸人以殺其兄弟子孫；欺其人之終迷不復，而後敢勸人以殺其天性之親。不然，雖懷忮忌而挾私怨，不忍也，抑不敢也。

鄭譯初用而導宇文贇殺其叔父，則於滅宇文以戴楊堅也，何靳而不爲？而堅知之矣，摘其不孝之罪，不比數之於人類，而後譯之惡窮。宇文贇之不肖也，宇文孝伯對其君曰：「父子之際，人所難言。臣知陛下不能割愛，遂爾結舌。」孝伯之可託也，宇文邕之不可導以不慈也，於斯言驗之矣。鼂錯忠於袁盎，而居心之厚薄則不若盎也，不順於父而父亟去之，其於父子可知矣。故求可託之臣，求之於根本之地，而思過半矣。

九　宇文邕没甫二年其大臣李德林等遽奉楊氏

宇文邕之政，洋溢簡册，若駕漢文景明章而上之，乃其没也甫二年，而楊氏取其國若掇。贇雖無道，然其修怨以濫殺，唯宇文孝伯、王軌而止，其他則固未嘗人立於鼎鑊之上也。淫昏雖汰，在位兩浹歲而已。邕果有德在人心，詎一旦而遽忘之？乃其大臣如韋孝寬、楊惠、李德林、高熲、李穆皆能有以自立者，翕然奉楊氏而願爲之效死。堅雖有后父之親，未嘗久執國柄如王莽之小惠偏施也，抑未有大功於宇文如劉裕之再造晋室、滅虜破賊也，且未嘗如蕭道成僅存於誅殺之餘，人代爲不平而思逞也；堅女雖尸位中宫而失寵天元，不能如元后之以國母久秉朝權也。然而人之去宇文也如恐不速，邕骨未冷而宗社已移，則其爲君也可知矣。德無以及人而徒假先王之令名以欺天下，天下其可欺乎？

史之侈談之也，記其迹也；論史者之黜

稱之也，爲小人儒者希冀榮寵而相效以襲先王之糟粕，震矜之以藻帨其門庭也。故拓拔弘、宇文邕幾於聖，而禹、湯、文、武之道愈墜於阱而不能自拔。試思之，惡有盛德如斯，不三歲而爲權姦所奪，臣民崩角以恐後者乎？

十　尉遲迥奉趙王招之少子非宇文氏忠臣

尉遲迥可以爲宇文氏之忠臣乎？宇文闡稱帝已二年矣，父死而正乎其位。楊氏雖逼，闡未有失德也，迥乃奉趙王招之少子以起兵。曹操所不敢奉劉虞以叛獻帝者而迥爲之不忌，迥之志可知矣。迥可爲忠臣，則劉裕之討劉毅、蕭道成之拒沈攸之，使其敗而死也，亦晉宋仗節死義之臣乎？楊堅無功而欲奪人之國，於是乎有兵可擁者皆欲爲堅之爲，迥亦一堅也，司馬消難亦一迥也，王謙亦一消難也。志相若，事相競，則以勢之彊弱、謀之工拙、所與之多寡分勝敗矣。勝者，幸也；敗者，其常也。抑此而伸彼，君子而受姦雄之罔矣。

君子不逆詐而未嘗不先覺，以情度之，以理衡之而已矣。王淩、諸葛誕不保其不爲司馬懿，況迥輩之紜紜者乎？宇文氏之亡，虞運之衰已訖也。楊堅無德以堪，而迥、謙、消難愈不可以君天下。「民亦勞止，汔可小康。」三方滅而楊氏興，民之小康豈迥之所能競乎？自此以後，北朝事歸《隋論》。

十一　高熲南侵陳愚而請和隋智而班師

高熲南侵而陳宣帝殂，陳請和於隋，高熲以不伐喪班師。陳之愚而必亡、隋之智而克陳，皆於此徵之矣。

陳、隋彊弱不相敵，明矣。宣帝殂，叔陵狂逞，嗣子傷，内不靖而未遑外御，權下隋以紓難，何言愚也？弱者示人以弱，則受陵乘也無已。高熲之兵，固不足畏者也。隋主初篡而位未固，以司馬消難之在陳，有戒心焉。熲之南侵，聊以御陳，非能有啓疆之志也。既分兵以南侵，千金公主、高寶寧又挾沙鉢略以入寇，隋固急欲輟南軍而防北塞。陳於此正可晏坐以全力固封守，待其疲敝而空返，乃葸怯柔巽，暴其虚枵惶遽之情實，使隋得志以班師而測其不自振之隱，使洋洋而盗名以去，故愚甚也。

熲不伐喪，義也，而何但言智也？奪人之國而無慚，欺人之孤而不恤，以女事人而因攘其宗社，不以爲恥，隋之君臣豈能守規規之義，閔人之喪而不伐也哉？乘喪而急攻之，固敗道也，非勝術也。陳雖弱，江東之立國久矣，非其可以必得，未易傾也。庸人之情，當危而懼，稍定而忘。君薨，嗣子初立，内難方作而彊敵壓境，君臣皆惴惴焉，外雖請和而内固不自寧也。知其且亡而迫於不容已，則人有致死之心以争存亡於一決。熲以偏師深入，攖必死之怨憤，而吾軍欺其煢弱，挾驕以徼幸，猝與困獸相當於其内地，未有不敗者也。幸而請和之使至矣，假不伐喪之美名以市陳，實收全師不敗之功以養威而俟時，故隋智甚也。

不伐喪矣，許之和矣，陳之廷，愚者曰「隋有仁義之心，不吾并也」，黠者曰「隋有隙而不能乘，無能爲也」。於是而君驕臣怠，解散其憂懼，枵然以自即於安。信使往來，禮文相匹，縻其主於結綺、臨春、賦詩行樂之中，則席捲而收之也易於拾芥。善勝敵者不乘其憂危而乘其已定之情、已衰之氣，隋之智非陳之所能測也。自弛於十年而國必亡，姑待之十年而必舉其國，一智一愚，一興一亡，於此決矣。

故善謀國者不憂其所憂，而憂其所不憂，不震掉失守於一朝，不席安自弛於彌日，孰得而乘之哉？而庸人不能也。庸人之愚，智人之資。嚮令陳人請和之使不出，高熲且進退無據而茶然以返，隋氣挫而陳可以不亡，夫豈陋君具臣之所及哉？

後主

一　傅縡章華小臣危言見殺以速陳亡

大臣不言而疏遠之小臣諫，其國必亡。小臣者，權不足以相正，情不足以相接，驟而有言，言之婉則置之若無，言之激則必逢其怒，大臣雖營救而不能免，能免矣，且以免爲幸而言爲徒設，況大臣之媢忌以相排也乎？大臣者苟非窮凶極悖之主，不能輕殺也，故言可激也；苟非菽麥不辨之主，從容乘牖以入，故言可婉也。大臣秉正於上而小臣亦恃之以敢言，然後可切言之以曲成大臣之婉論，交相須也而所恃者終大臣也。大臣不言，小臣乃起而有言，觸昏昏者之怒以益其惡，未有不亡矣。

夫大臣既導君以必亡矣，則爲小臣者將何如而可哉？去而已矣。陳後主國垂危而縱欲以敗度，傅縡、章華危言而見殺，陳之亡，遲之十年而猶晚，而二子者亦捨身飼虎之仁，君子所弗尚也。《春秋》書「陳殺其大夫洩冶」，説經者謂洩冶失語默之節，不如高哀之全身，非也。微者名姓不登於《春秋》，曰殺其大夫而著其名，洩冶，貴大夫也，諫而死，允矣。高哀名姓登於史策，亦貴大夫也，而去之，失臣節矣。綷與華非洩冶比也，胡爲其以身試酲人之暴怒邪？其情忿，其言訐，唯恐刃之不加於項，而無救於陳之亡，何爲也哉？誠不忍故國之淪没而恥爲隋屈，山之涯，水之涘，庸詎無潔身之所，而必於刑人之市以置此父母之遺體乎？於是而江總之邪益成，於是而施文慶、沈客卿之勢益張，於是而盈廷之口益箝，於是而隋人問罪之名益正。故陳，必亡者也，殺二子而更速也。羸瘵者浮火方張，投以梔芩而斃逾速。二子之以自處而處人之宗社，無一可者也。

二　袁憲許善心諸子以名教自盡

名教之於人，甚矣！國雖破，君雖降，而下猶以降爲恥，不能死而不以死爲憂，行其志以免於慚，名教未亡於心也。

陳亡，袁憲侍後主而不忍去，許善心奉使未返而衰服以臨，周羅睺大臨三日而後放兵散仗，陳叔慎置酒長歎而謝基伏而流涕，任瓌勸王勇求陳後立之，不聽而棄官以隱：於仗節死義未能決也，而皆有可勸者焉。慕容、姚苻、高氏之滅，未有此也，其或擁兵而起，則皆挾雄心以徼利者爾。晋南渡而衣冠移於江左，賢不肖之不齊，而風範廉隅養其恥心者，非暴君簒主之能銷鑠也。諸子之不死，隋不殺之耳，皆無自免於死之道也。無求免於死之道而不死，不死不足以爲其節累。且陳氏之爲君，微矣，其得國也不以義，非有不可解君臣之分也；所不忍亡者，永嘉以來中原士大夫之故國、先代僅存之文物，不忍淪没於一旦也。雖然，陳不能守而隋得之，固愈於五胡之種多矣。諸子者視家鉉翁、謝枋得而尤可不死，然而毅然以名教自盡也，不尤賢乎？

讀通鑒論卷十八終

讀通鑑論卷十九

衡陽王夫之譔

隋文帝

一 蘇威讀《孝經》成乎鄉原

聖人之道，有大義，有微言。故有宋諸先生推極於天而實之以性，覈之心得，嚴以躬修，非故取其顯者而微之、卑者而高之也。自漢之興，天子之教、人士之習，亦既知尊孔子而師六經矣，然薄取其形迹之言而忘其所本，則雖取法以爲言行，而正以成乎鄉原，❶若蘇威、趙普之流是已。

蘇威曰：「讀《孝經》一卷足以立身治世。」趙普曰：「臣以半部《論語》佐太祖取天下。」❷而威之柔以喪節，普之險以斁倫，不自知也，不自媿也。以全軀保妻子之術爲立身揚名之至德，以篡弑奪攘之謀爲内聖外王之大道。竊其形似而自以爲是、歆其榮寵者，衆皆悦也。挾聖言以欺天下而自欺其心，闒然求媚於亂賊而取容，導其君以欺孤寡、戕骨肉而無忌。嗚呼！微有宋諸先生洗心藏密，即人事以推本於天，反求於性以正大經、立大本，則聖人之言，無忌憚之小人竊之以徼幸於富貴利達，豈非聖人之大憾哉？

普之於《論語》，以奪人爲節用，以小惠

❶「正」，邵陽曾氏抄本作「止」。
❷「語」，邵陽曾氏抄本作「話」。

爲愛人，如斯而已，外此無一似也。威則督民誦五教，而謂先王移風易俗之道畢於此矣。子曰：「鄉原，德之賊也。」託於道，所以賊德也。正人心，閑先聖之道，根極於性命而嚴辨其誠僞，非宋諸先生之極微言以立大義，《論語》、《孝經》爲鄙夫之先資而已矣。

二　定黄爲上服之尊迄今不易

可以行之千年而不易，人也，即天也，天視自我民視者也；民有流俗之淫與偷而相沿者矣，人也，非天也，其相沿也，不可卒革，然而未有能行之千年而不易者也。天不可知，知之以理。流俗相沿，必至於亂，拂於理則違於天，必革之而後安。即數革之，而非以立異也。若夫無必然之理，非治亂之司，人之所習而安焉，則民視即天視矣，雖聖人弗與易矣，而必爲一理以奪之，此漢儒之所以纖曲塗飾而徒云云也。

改正朔，易服色，漢儒以三代王者承天之精意在此，而豈其然哉？正朔之必改，非示不相沿之説也。曆雖精，而行之數百年則必差。夏商之季，上敖下荒，不能釐正，差舛已甚，故商周之興，懲其差舛而改法，亦猶漢以來至於今，曆凡十餘改而始適於時，不容不改者也。若夫服色，則世益降，物益備，期於協民瞻視，天下安之而止矣。彼三王者何事汲汲於此，與前王相競相壓於染繪之閒哉？小戴氏之記《禮》，雜矣，未見《易》、《書》、《詩》、《春秋》、《儀禮》、《周官》之斤斤於此也。其曰夏尚玄、殷尚白、周尚赤，吾未知其果否也。莫尊於冕服，而周之冕服，上玄而下纁，何以不赤也？牲之必騂也，純而易求耳，非有他也。夫服色者，取象於天，而天之五色以時變，無非正矣；取法於地，而地之五色以土分，無非正矣。自非龐奇黯靡足以淫人者，皆人用之，不可廢。理無定，吾惡從知之？其行之千餘年而不易者，民視之不疑，即可知其爲天視矣。

開皇元年，隋主服黃，定黃爲上服之尊，建爲永制。以義類求之，明而不炫，韞而不幽，居青赤白黑之閒而不過，尊之以爲事天臨民之服可矣，迄於今莫之能易，人也，即天也。於是而知漢儒之比擬形似徒爲云云者，以理律天而不知在天者之即爲理，以天制人而不知人之所同然者即爲天。凡此類，《易》、《書》、《詩》、《春秋》、《周官》、《儀禮》之所不著、孔孟之所不言，詘之斯允矣。

三　裴政定律

今之律，其大略皆隋裴政之所定也。政之澤遠矣，千餘年閒非無暴君酷吏而不能逞其淫虐，法定故也。古肉刑之不復用，漢文之仁也。然漢之刑多爲之制，故五胡以來，獸之食人也得恣其忿慘。至於拓拔、宇文、高氏之世，定死刑以五：曰磬、絞、斬、梟、磔，又有門房之誅焉，皆漢法之不定啓之也。政爲隋定律，制死刑以二：曰絞、曰斬，改鞭爲杖，改杖爲笞，非謀反大逆無族刑，垂至於今，所承用者，皆政之制也。若於絞、斬之外，加以淩遲，則政之所除，女直、蒙古之所設也。❶

❶「所」，邵陽曾氏抄本作「復」。

夫刑極於死而止矣。其不得不有死刑者，以止惡，以懲惡，不得已而用也。大惡者不殺而不止，故殺之以絶其惡；大惡者相襲而無所懲，故殺此以戒其餘。先王之於此也，以生道殺人也，非以惡惡之甚而欲快其怒也。極於死而止矣，梟之、磔之、轘之，於死者又何恤焉？徒以逞其扼腕齧齦之忿而怖人已耳。司刑者快之，其仇讎快之，於死者何加焉？徒使罪人之子孫或有能知仁孝者，無以自容於天地之閒。一怒之伸，慘至於斯，無裨於風化而衹令腥聞上徹於天，裴政之澤斬而後世之怒淫，不亦憯乎？隋一天下，蠲索虜鮮卑之虐以啓唐二百餘年承平之運，非苟而已也。蓋有人焉足以與於先王之德政，而惜其不能大用也。

四　制左右僕射分判六部各治三官

周制：六卿各司其典而統於天子，無復制於其上者，然而後世不能矣。《周禮》曰：「惟王建國。」言國也，非言天下也。諸侯之國，唯命之也聽於宗伯，討之也聽於司馬，序之也聽於司儀行人；若治教政刑，雖頒典自王，而諸侯自行於國内，不仰決於六官。如是則千里之王畿，政亦簡矣，其實不逾今一布政使之所理也。郡縣之天下，攬九州於一握，卑冗府史之考課、升斗銖絫之金粟、窮鄉下邑之獄訟、東西萬里之邊防、四瀆萬川之堙洩，其繁不可勝紀，總聽於六官之長而分任之於郎署。其或修或廢，乃至因緣以讎私者，無與舉要以省其成，則散漫委弛而不可致詰。故六卿之上必有佐天子以總理之者，而後政以緒而漸底於成，此秦以下相臣之設不容已也。

乃相臣以一人而代天子，則權下擅而事亦冗而不給於治；多置相而互相委，則責不專而同異競起以相撓。於是而隋文之立法爲得矣。左右僕射皆相也，使分判六部以各治三官，夫然則天子統二僕射，二僕射統六卿，六卿統庶司，仍《周官》分建之制而以兩省分宰相之功，殆所謂有條而不紊者乎？繇小而之大，繇衆而之寡，繇繁而之簡，揆之法象，亦太極生兩儀，兩儀生四象八卦，以盡天下之至賾而曲成乎亹亹者也。法者非必治，治者其人也。然法之不善，雖得其人而無適守，抑末繇以得理，況乎未得其人邪？以法天紀，以盡人能，以居要而治詳，以統同而辨異，郡縣之天下，建國命官，隋其獨得矣乎？不可以文帝非聖作之主而廢之也。

五　沿河置倉遞運勝於漕輓

開河以轉漕，置倉以遞運，二者孰利？事固有因時因地而各宜，不能守一說以爲獨得者，然其大概則亦有一定之得失焉。其迹甚便，其事若簡，其效若速，一登之舟，旋運而至，不更勞焉，此轉漕之見爲利者也。然而其運之也必爲之期，而勞甚矣。閘有啓閉以爭水之盈虛，一勞也；時有旱澇以爭天之燥濕，二勞也；水有淤通以勤人之濬治，三勞也；時有凍沍以待天之寒温，四勞也；役水次之夫奪行旅之舟以濟淺，五勞也。而又重以涉險飄沈、重賠補運之害，特其一委之水，庸人偷以爲安而見爲利耳。

夫無漸可循而致之一塗以幾速效，政之蠹稗也。歲月皆吾之歲月，紆徐之，則千鈞之重分爲百而輕甚矣。置倉遞運者，通一歲以輸一歲之儲，合數歲以終一歲之事，源源相因，不見有轉輸之富，日計不足，歲計有餘。在民者易登於倉，在倉者不覺而已致於内，無期會促迫之苦而可養失業之民、廣馬牛之畜，雖無近功而可經久以行遠，其視强水之不足，開漕渠以圖小利，得失昭然矣。

隋沿河置倉，避其險，取其夷。唐仍之，宋又仍之，至政和而始廢，其利之可久，見矣。取簡便而勞於漕輓者，胡元之亂政也。況乎大河之狂瀾，方憂其氾濫而更爲導以迂曲淫漫，病徐、兗二州之土乎？隋無德而有政，故不能守天下而固可一天下。以立法而施及唐宋，蓋隋亡而法不亡也，若置倉遞運之類是已。

六　義倉名美非善政

有名美而非政之善者，義倉是也。隋度支尚書長孫平始請立之，家出粟麥一石儲之當社，凶年散之。使其行之而善，足以賑之也。抑一鄉一社，有君子長者德望足以服鄉人而行之十姓百家焉，可矣。不然，令之嚴而祇以病民，令之不嚴，不三歲而廢矣。且即有君子長者主其事，行乎一鄉，亦及身而止耳。惡有一鄉之事、數十年之規而可通之天下、爲一代之法也哉？

行之善，而猶不足以賑荒者。假使社有百家，歲儲一石，三年而遇水旱，曾三百石之足以濟百家乎？倘水旱在三年之外，粟且腐壞蟲蝕而不可食也。且儲粟以一石爲率，將限之邪，抑貧富之有差邪？有差而人詭於貧，誰尸其富？家限之則歲計不足，而遑計他年？均之爲農而有餘以資義倉，其勤者也；及其受粟而多取之者，其惰者也。非果有君子長者以仁厚化其鄉，而惰者亦勸於耕，以廉於取，則徒取之彼以與此，而誰其甘之？不應，抑將刑罰以督之，井里不寧而訐訟興，何義之有？而惰窳不節之罷民且恃之以益其驕怠。況乎人視爲不得已而束於法以應令，穅覈濕腐雜投而速蠹，僅以博好義之虛名，抑何爲者邪？況行之久而長吏玩爲故常，不復稽察，里胥之乾没，無與爲治，民大病而匄免不能，抑其必致之勢矣。

夫王者之愛養天下，如天而可以止矣。寬其役，薄其賦，不幸而罹乎水旱，則蠲征以蘇之，開糴以濟之。而防之平日者，抑商賈，禁賃傭，懲游惰，修陂池，治隄防。雖有水旱，而民之死者亦僅矣。賦輕役簡，務農重穀，而猶有流離道殣者，此其人自絶於天，天亦無如之何，而何事損勤苦之民，使不軌之徒懸望以增其敖慢哉？故文王發政施仁，所先者鰥寡孤獨，所發者公家之廩，非取之於民而以飽不勤不節之惰農也。孟子曰：「惠而不知爲政。」捐己以惠民，且不知養民之大經，況强以義脅民而攘之爲己惠乎？夫義倉者，一鄉之善士當上失其道、横征困民之世，行之十姓百家以苟全一隅者，可也。爲人上者而行之，其視梁惠王之盡心，奚愈哉？

七　隋文拒叛臣逆子以忠孝立教身死梟獍

立教之道，忠孝至矣。雖有無道之主，未有不以之教其臣子者，而從違異趣，夫亦反其本而已矣。以言教者，進人子而戒之曰「爾勿不孝」，進人臣而戒之曰「爾勿不忠」，舌敝穎禿而聽之者藐藐，悖逆猶相尋也。弗足怪也，教不可以言言者也。獎忠孝而進之，抑不忠不孝而絶之，不納叛人，不恤逆子，不懷其惠，不歆其利，伸大義以昭示天下之臣子，如是者，殆其好也，非其令也，宜可以正於家、施於國，推於天下而消其悖逆矣。然而隋文帝於陳，郢州之叛而請降，則拒而弗納。突厥莫何可汗生擒阿波歸命於隋，請其死生，高熲曰：「骨肉相殘，教之蠹也，存養之以示寬大。」帝則從之而禁勿殺。吐谷渾妻子叛其主請降，帝則曰：「背夫叛父，不可收納。」夫帝之欲并陳而服二虜，其情也，抑且顧君臣父子夫婦之大倫，捐可乘之利而拒之已峻，以是風示臣子，俾咸順於君父而蠲其乖悖，夫豈不能？然制於悍妻，惑於逆子，使之兄弟相殘，終以梟獍之刃加於其躬，一室之内，戈矛逞而天性蔑，四海之稱兵，不旋踵而蠭起，此又何也？繇此而知忠孝者非可立以爲教而教人者也。以言教者不足道，固已；徒以行事立標準者，亦迹而已矣。

夫忠孝者，生於人之心者也，唯心可以相感。而身居君父之重，則唯在我之好惡，爲可以起人心之惻隱羞惡而遏其狂戾之情。文帝以機變篡人之國，所好者争奪，所惡者馴謹也。制之於外，示彝倫之則；伏之於内，任喜怒之私。其拒叛臣、絶逆子也一，挾名教以制人者也。幽曖之地，鬼神瞰之而妻子尤熟嘗之。好惡之私始於拂性而任情，既且違情而殉物。悍妻逆子或餌之或脅之，顛倒於無據之胸，則雖日行飭正人倫之事，而或持之或誘之，終以怨毒而賊害之。無他，心之相召、好惡之相激也。嗚呼，方欲以綱常施正於裔夷，而濺血之禍起於骨肉，心之幾亦嚴矣哉！好惡之情亦危矣哉！故藏身之恕、防情之辟、立教之本，近取之而已。政不足治，刑賞不足勸懲，況欲以空言爲求亡子之鼓乎？

八　蘇威仿周官置鄉正里長徒以殃民

《周禮》：鄉則比、閭、族、黨，遂則鄰、里、酇、鄙各有長司其教令，未詳其使何人爲之也。就農民而爲之，則比户之中，樸野之氓非所任也，其黠而可爲者又足爲民害者也。且比鄰之長雖微而列於六官之屬，則既列於君子而別於野人矣，舍其耒耜而即與於班聯，不已媟乎？意者士之未執贄以見君而小試之於其鄉，凡飲射賓興所進於君之士皆此屬也，固不耕而有禄食，士也，非民也。唯然，則可士可大夫而登進之塗遠，則當其居鄉而任鄉之教，固自愛而不敢淫泆於其鄉，庶幾不爲民病而教化可資以興。然《周禮》但記其職名而所從授者無得而考焉，則郡縣之天下，其不可附託以立鄉官也，利害炳然，豈待再計而決哉？

成周之治，履中蹈和以調生民之性情，垂爲大經大法以正天下之綱紀者，固不可以意言求合也。故曰：人也，非政也。但據缺略散見之文，强郡縣之天下銖絫以肖之，王莽之所以亂天下也。而蘇威效之，令五百家而置鄉正，百家而置里長，以治其辭訟，是散千萬虎狼於天下以攫貧弱之民也。李德林争之，而威挾《周禮》以鉗清議之口，民之膏血殫於威佔畢之中矣。悲夫！

封建之天下分而簡，簡可治之以密；郡縣之天下合而繁，繁必御之以簡。春秋之世，萬國併，五霸興，而夫子許行簡者以南面，況合中夏於一王而欲十姓百家置聽訟之長以爚亂之哉？周之衰也，諸侯僭而多其吏，以漁民而自尊，蕞爾之鄒，有司之死者三十三人，未死者不知凡幾，皆鄉里之猾，上慢而殘下者也。一國之提封抵今一縣耳。卿大夫士之食禄者以百計，今一縣而百其吏，禄入已竭民之産矣；卿一行而五百人從，今丞尉一出而役民者五百，其徭役已竭民之力矣。仁君廉吏且足以死民於賦役，汙暴者又奚若也？況使鄉里之豪測畜藏以側目，挾恩怨以逞私，擁子弟姻亞以横行，則孤寒樸拙者之供其刀俎又奚若也？《易》曰：「通其變，使民不倦。」君子所師於三代者，道也，非法也。竊其一端之文具以殃民，是亦不容於堯舜之世者也。

九　萬寶常斥何妥亡國之音

聲音之動，治亂之徵，《樂記》言之而萬寶常以驗隋之必亡。顧其説非可一言竟也。有聲動而導人心之貞淫者，有心動而爲樂之正變者，其感應之機相爲循環而各有其先後。謂聲動而心隨之，則正樂急矣；謂心動而樂隨之，則樂固不能自正而待其人矣。倘於無道之世按韶、夏之音而奏之，遂足以救其亡乎？不可得也。雖然，未有無道之世不崇淫聲、侈哀響，而能以韶、夏之音爲樂者。於是而知志氣之交相動，而天人之互爲功矣。且以寶常之言直斥何妥之樂爲亡國之音，隋文何以不悦？終廢寶常而謂何妥之樂曰「滔滔和雅，與我心會」，則盛世之音必不諧於衰世之耳。其諧不諧者，天也，非人也。乃唯帝任詐以取天下，昵悍妻，狎逆子，任其好惡於非僻，則心流於邪而耳從心爾。然則治心而後可以審音，心者其本也，音者其末與？乃何妥衰亂慆淫之樂作，遂益以導煬帝邪淫無厭之心而終亡其國，則樂之不正，流禍無涯，樂又本而非末矣。

古先王之作樂也，必在盛德大業既成之後，以志之貞者斟酌於聲容之雅正而不先之於樂，知本也。然必斟酌於聲容之雅正以成一代之樂，傳之子孫，而上無淫慝之君流之天下，而下無乖戾之俗，則德立功成而必正樂，亦知本也。嗚呼！自秦廢先王之典而樂亂，自契丹、女直、蒙古入中國，毀棄法物而樂永亡。唯聲音之自然者流露於人心耳手口之閒，時亦先兆其治亂興亡之理。於是樂唯天動以感人，而人不能以樂治心，召和平之氣。凡先王所以治、聖人所以教俱無可爲功於天下，固有心者所留憾於無窮也。天不喪道，又惡知無聖人者興，無師而得天之聰明以復移風易俗之大用乎？

古之教士也以樂，今之教士也以文。文有詠歎淫泆以宣道蘊而動物者，樂之類也。蘇洵氏始爲虔矯桎梏之文，其子淫蕩以和之，而中國遂淪於夷，亦志氣相召之幾也。取士者有權，士之以教以學也有經，舍其大經，矜其小辨，激清繁繞，❶引哀怨以趨偷薄，亦惡知其所底止哉？

十　辛公義劉曠詭激飾詐

以德化民，至矣哉！化者，天事也。天自有其理氣行乎其不容已，物自順乎其則而

❶「清」，邵陽曾氏抄本作「情」。

不知。聖人之德非以取則於天也，自修其不容已而人見爲德；人亦非能取則於聖人也，各以其才之大小純駁行乎其不容已而已化矣。故至矣尚矣，絶乎人而天矣！謂其以德化者，人推本而爲之言也，非聖人以之如以薪煬火，以勺㪺水，執此而取彼之謂也。夫以德而求化民，則不如以政而治民矣。政者，所以治也。立政之志本期乎治，以是而治之，持券取償而得其固然，非僞也，❶則猶誠也；持德而以之化民，則以化民故而飾德，其德僞。❷挾一言一行之循乎道而取償於民，頑者侮之，黠者亦飾僞以應之，上下相率以僞，君子之所甚賤，亂敗之及，一發而不可收也。

夫爲政者，廉以潔己，慈以愛民，盡其在己者而已。至於内行之脩，則尤無與於民而自行其不容已，夫豈持此爲券以取民之償哉？自漢龔、黃、卓、魯之見褒於當代，於是有僞人者假德教以與民相市，民之僞者應之，遂以自標而物榜之，❸曰：此德化之效也。東漢之末，矯飾之士不絶於策。至於三國，迄乎梁陳，豈無循良之吏？而此風闃然，時君之所不尚，褒寵不及，僞人茶然而返耳。至隋而蘇威剽襲六經之膚説以干文帝，帝利其説以詫治定功成之盛，始奬天下以僞，而辛公義、劉曠詭激飾詐之爲絶然表見以徼榮利。公義則露坐獄中以聽訟，訟者繫獄則宿廳事，❹不歸寢閤；曠則稱説義理曉

❶「非僞」，原脱，今據邵陽曾氏抄本補。馬宗霍校記：「按下文云『則猶誠也』，誠與僞對，則此當從鈔本補『非僞』二字。」
❷「僞」下，邵陽曾氏抄本有「矣」字。
❸「而」，邵陽曾氏抄本作「於」。
❹「廳」，原作「聽」，今據邵陽曾氏抄本改。

諭訟者而不決其是非。遂以獵無訟之虚名，遷美官而傳於史册。嗚呼！當是時也，君臣相戕，父子相夷，兄弟相殘，將相相傾，其上若此，則閭巷之民相惎相仇、相噬相螫不知其何若，而公義與曠取美譽、弋大官而止，後無聞焉。無訟者，孔子之所未遑；德化者，周公之所不敢居。區區一俗吏以掉舌於公庭，暴形於寢處，遂勝其任而愉快乎？何易繇言而重爲僞人之欺邪？

夫德者，自得也；政者，自正也。尚政者不足於德，尚德者不廢其政。行乎其不容已，而民之化也，俟其誠之至而動也。上下相蒙以僞，姦險戕奪，若火伏油中，得水而焰不可撲。隋之亡也，非一旦一夕之致也，其所云德化者，一廉恥蕩然之爲也。

十一　隋均田爲虐民之政

天下分争之餘，兵戈乍息，則人民之生必蕃，此天地之生理。屈者極，伸者必驟，往來之數，不爽之幾也。當其未定，人習於亂而偷以生，以人之不足食地之有餘，民之不勤於自養也，且習以爲常。迨其亂定而生齒蕃，後生者且無以圖存，於斯時而爲之君者將如之何？蕃庶而無以綏之則亂，然則人民之乍然而蕃育也，抑有天下者之憂也。雖然，王者又豈能他爲之賜哉？抑豈容作聰明、制法令以爲之所哉？唯輕傜薄賦，擇良有司以與之休息，漸久而自得其生以相忘而輯寧爾。

五代南北之戰争，民之存者僅矣。周滅齊而河北定，隋滅陳而天下一，於是而户口歲增。京輔、三河地少人衆且無以自給，隋乃遣使均田，以謂各得有其田以贍生也。唯然，而民困愈亟矣。

人則未有不自謀其生者也。上之謀之，不如其自謀；上爲謀之，且弛其自謀之心，而後生計愈蹙。故勿憂人之無以自給也。藉其終不可給，抑必將改圖而求所以生，其依戀先疇而不舍，則固無自斃之理矣。上唯無以奪其治生之力，寬之於公，而天地之大、山澤之富，有餘力以營之而無不可以養人。今隋之所謂户口歲增者，豈徒民之自增邪？蓋上精察於其數以斂賦役者之增之也。人方驟蕃，地未盡辟，效職力於爲工爲賈以易布粟、園林畜牧以廣生殖者未遑，而亟登之版籍，則衣食不充。非民之數盈、地之力歉，而實籍其户口者之無餘，而役其户口者不酌其已盈而減其賦也。乃欲奪人之田以與人，使相傾相怨以成乎大亂哉？故不十年而盜賊競起以亡隋。民之不輯也久矣，考其時，北築長城，東巡泰嶽，作仁壽宮，而丁夫死者萬計。別宮十二，相因營造，則其搜剔丁壯以供土木也，不待煬帝之驕淫而民已無餘地以求生矣。乃姑爲均田以塞其匃免之口，故曰：唯然而民困愈亟也。

夫王者之有其土若無其土也，而後疆圉以不荒；有其民若無其民也，而後御衆而不亂。夫豈患京輔、三河地少而人貧哉？鄧禹之多男子也，各授以業而宗以盛，不奪此子之餘以給彼子也。寬之恤之，使自贍之，數十年而生類亦有序而不憂人滿。漢文、景得此道也，故天下安而漢祚以長。隋之速亡也，不亦宜乎？均田令行，狹鄉十畝而籍一户，其虐民可知矣，則爲均田之説者，王者所必誅而不赦，明矣。

十二　職田之法不可行

開皇十四年，詔給公卿以下職田。其時天下已定，民各守其先疇，不知何所得田以給之。史無所考，大抵其爲亂政無疑矣。先是，官置公廨錢，貸民收息，誠稗政也。於是蘇孝慈請禁止之，給地以營農，意且謂此三代之法可行無弊者，而豈其然哉？三代之國，幅員之狹，直今一縣耳。仕者不出於百里之中，而卿大夫之子恒爲士，故有世禄者有世田，即其所世營之業也，名爲卿大夫，❶實則今鄉里之豪族而已。世居其土，世勤其疇，世修其陂池，世治其助耕之氓，故官不侵民，民不欺官，而田亦不至於汙萊。郡縣之天下，合四海九州之人以錯相爲吏，官無定分，職無常守，升降調除，中外南北，月易而歲不同。給以田而使營農，將人給之乎？貴賤無差，予奪無恒，而且不勝給矣；將因職而給之乎？有此耕而彼穫者矣。而且官不習於田，一授其權於胥隸，胥隸橫於阡陌，務漁獵而不恤其荒瘠，閱數十年而農非其農，田非其田，徒取沃土而滅裂之，不足以養士而徒重困乎民也。故職田者，三代以下必不可行之法也。

放公廨錢以收息，所以毀官箴而殃民，在所必禁者，君子與小人義利之疆畛，不可亂耳。力耕者亦皇皇求利之事也，故夫子斥樊遲爲小人，而孟子以不耕而食爲不素餐之大。有天下者總制郡縣之賦税，領以司農而給百官之禄入，俾逸獲而不與民争盈縮，所以靖小人而迪君子於正道之不易者也。禄

❶「名」，邵陽曾氏抄本誤作「各」。

入豐而士大夫無求於民，猶恐其不廉也，乃導之以與襏襫之夫爭升斗於秉穗乎？❶蘇孝慈者知公廨錢之非道，胡不請厚其禄以止其貪，而非三代之時，循三代之跡，以徒亂天下爲邪？　隋文帝錙銖之主也，以爲是於國無損而可以益吏，且可竊師古之美名，遂歆然從之，溺古之士且以爲允。後世有官田，有學田，有藩王勳戚之莊田，皆沿此以貽害於天下。創制宜民者盡舉以授民而作賦，庶有瘥乎！

十三　楊素殺人爲事與文帝之慘毒合

文帝畜疑御下，芟夷有功於己者不遺餘力矣。鄭譯、盧賁、柳裘或黜或死，防其以戴己者戴人，固也。其戮力以混一天下者，若史萬歲、王世積、虞慶則誣訐一加而斧鑕旋及。至於賀若弼、高熲、李德林倚爲心膂，不在楊素之下，而弼下吏幾死，熲除名，德林終廢。徒於楊素投膠漆之分，舉天下以託之，何坦然無疑而盡易其猜防之毒也？乃素卒比附逆廣以推刃於帝。夫豈天奪其衷與？不然，何疑其所可不疑，信其所必不可信，如斯之甚也？

隋之諸臣，唯素之不可託也爲最，非但熲、弼、德林之不屑與伍，即以視劉昉、鄭譯猶有懸絶之分。何也？素者，天下古今之至不仁者也。其用兵也，求人而殺之以立威，使數百人犯大敵，不勝而俱斬之。自有兵以來，唯尉繚言之，唯素行之，蓋無他智略，唯忍於自殺其人而已矣。其營仁壽宮也，丁夫死者萬計，皆以殺人而速奏其成。

❶「以」，邵陽曾氏抄本無此字。

曠古以來，唯以殺人爲事者更無其匹。嗚呼，人之不仁至於此極，而猶知有君之不可弑乎，猶知子之不可弑父而已弗與其謀乎？文帝之項領日懸於素之鋒刃而不知，豈徒素之狐媚以結獨孤后而爲之覆翼乎，抑帝慘毒之性臭味與諧而相得也？

故曰：君不仁則不保其國，臣不仁則不保其身，不仁者樂與不仁者狎而信之篤，雖天子不保其四體。素之族至其子而乃赤，猶晚矣。故惻隱之心，存亡生死之幾也。夫人性之弗醇、習之不順，惻隱之心不足以發。唯好惡之不迷，不樂與不仁者處而利賴之，惡其可損，禍其可輕乎？

十四　文帝廢勇立廣

太子勇耽聲色、狎群小，而逆廣立平陳之功，且矯飾恭儉以徼上寵、釣下譽，聲施爛然。文帝廢勇而立廣，雖偏聽悍妻，致他日有「獨孤誤我」之歎，然當廣惡未著、勇德有愆之日，參互相觀，亦未見廢立之非社稷計也，而奚以辨之哉？廣之所以惑獨孤者，曰阿麼大孝耳。婦人喜囁嚅呴沫之愛，無足怪者，帝固熟察人情者，而何亦懵焉？天下有孝於父母而忍賊害其兄弟者乎？勇雖不德，然知廣之陷己，終未嘗求廣之過暴之父母之前。廣則伏地流涕曰：「不知何罪，失愛東宫。」勇無言而廣亟於譖，勇猶自處於厚，而廣之不仁不可掩矣。

故人之甚不仁也，易見也；父子兄弟之不若，夫人所無可如何者也。非其懿親與其執友，則雖禍且相及而固不可許之相告，使觸其怒以傷天性之恩；即其懿親與其執友不容不告，而必謀其曲全之術；若直訐其陰私以激吾之譴責，則必其人天性固絶於己而忿戾以求快其私者也。夫人且然，而況同生兄弟，均爲父母之子，而浸潤膚受交致以激吾之怒，尚可信爲大孝而可以生死存亡託之者乎？

勇於見廢之日，再拜泣下，舞蹈而出，終不訟廣之見誣而擿其隱慝。然則使勇嗣立，隋尚可以不亡；藉令不然，亦何至逞梟獍之凶如廣之酷邪？故勇與廣之賢不肖未易辨也，而廣訴勇，勇不訴廣，其仁心之僅存與其澌滅則灼然易知也。天下未有忍奪其兄之孝子，古今無有讒毁我子弟，勸令殺戮屏棄而爲可託之人。兩言而決之有餘矣。

十五　以仁壽宮成賞德彝勅盜邊糧一升以上皆斬

《傳》曰：「儉，德之共也；侈，惡之大也。」所謂德之共者，謂其斂耳目口體之淫縱以範其心於正也，非謂吝於財而積之爲利也；所謂惡之大者，謂其蕩心志以外熒，導天下於淫曼也，非謂不留有餘以自貧也。儉於德曰儉，儉於財曰吝，儉、吝二者迹同而實異，不可不察也。吝於財而文之曰儉，是謂貪人。諺曰：「大儉之後，必生奢男。」貪吝之報也。若果節耳目、定心志，以恭敬自持，勿敢放逸，則言有物、行有恒。即不能必子之賢，亦何至疾相反而激以成侈哉？隋文帝之儉非儉也，吝也，不共其德而徒厚其財也。富有四海，求盈不厭，侈其多藏，重毒天下，爲惡之大而已矣。

奚以明其然邪？仁壽宮成，賞封德彝而擢爲内史，耳目之欲，力制而不能制也；盜邊糧者升以上皆斬，積聚之貪，誇富彊而唯恐不豐也。宋武藏農服以示子孫，齊高欲黄金與土同價，皆此而已矣。是下邑窮鄉銖積絲絫以豪於閭井者之情，而奚足爲儉哉？視金粟也愈重，則積金粟也愈豐；取之於人也愈工，而愈不憂其匱。而後不肖之子孫無求弗獲，而以爲天下之可以遂吾志欲者莫財若也。太子勇之飾物玩、耽聲色，逆廣之離宫别館，塗金堆碧，龍舟錦纜，翦采鋪池，裂繒衣樹，皆取之有餘，而倉粟陳紅，以資李密之狼戾，一皆文帝心計之所聚，而以豐盈自侈者也。祇速其亡，又何怪乎？

若夫賢者之儉，豈其然哉？視金玉若塵土，錦綺若草芥，耳目不淫，心志不惑，澹然與之相忘，而以金粟給小人之欲，君臣父子相競於義以賤利，其必不以爲誨奢之媒，審矣。夫唯大吝之後乃生奢男，豈儉之謂哉？

十六　王伽縱囚擢雍令

文帝之察也，肘腋有楊素之姦而信之篤，宫闈有逆廣之凶而愛之專，卒以殺身而亡國。無他，以塗飾虛僞籠天下，情以移，志以遷，而好惡皆失其本心，樂與僞人相取，狎焉而不自知也。

王伽者，天下古今之僞人也。罷遣防送之卒，縱流囚李參等七十餘人，與約期至京，而曰：「如致前却，當爲汝受死。」參等皆如期而至。夫參等身蹈重法，固桀敖不軌之徒也，伽何恃而以死嘗試其誠僞？前乎此者，未聞伽有盛德至行足以孚豚魚也，一旦而以父母之身與罪人市，豈其愚至此哉？且李參等已至京而待配於有司矣，孰使帝聞之而驚喜？則伽與參等探知帝之好虛僞以飾太平，而相約以成詭異之行，標榜自衒於帝之左右，俾得上聞。帝果爲之下詔曰：「官盡如王伽，刑措其何遠哉？」伽乃擢爲雍令矣，參等乃予宴而赦矣。帝已爲伽持券而取償而帝不知也，非不知也，知之而固喜其飾平康以昭吾治功之盛而欺天下也。是其爲情，與王劭上《靈感志》而焚香歌誦以宣示之無以異。唯然，故楊素僞忠，而帝且曰吾有忠臣；逆廣僞孝，而帝且曰吾有孝子。情與之相得，心與之相習，不復知此外之有心理。亦將曰：文王之孝亦廣，周公之忠亦素而已矣；孔子之綏來動和，亦伽而已矣。古今惡有聖賢哉？飾以爲之而即可傳之萬世，則懷姦畜逆者方伏刃以擬其項領，固迷而不覺。始以欺人，終於自罔。身弒國亡，若蹈火之必灼，狎水之必溺也，豈有爽哉？

夫聖人者，同於人者也。爲創見之事，舉世驚之，必有僞焉，秉正者所弗惑也。若伽者，固不容於堯舜之世。唯不容焉，斯以爲堯舜之智與。

煬帝

凡六代不肖之主皆仍其帝稱，篇内獨稱煬帝曰「逆廣」，以其與劉劭同其覆載不容之罪。且時無夷狄割據，不必伸廣以明正統。

一　劉炫論周禮士多府史少而事治

牛弘問劉炫以《周禮》士多府史少而事治，後世令史多而事不濟。炫答以古之文案簡而今繁，事煩政弊，爲其所繇。此得其一於末，而失其一於本也。文繁而覆治重疊，追證荒遠，於是乎吏求免纖芥之失而朦朧游移，上下相蔽，不可致詰，此治道之所以敝，教令之所以不行，民人之所以重困，姦頑之所以不戢者，而非府史之勞也。苟求無摘而粗修文具，一老吏任之而有餘矣，乃府史之所以冗多而不理者，權移賄行而役重，民之貪頑求利與竄名避役者競趨於府史胥役之一途，則固有目不識文案、身不親長官者篡入其中而未嘗分理事之勞，事惡得而理也？

《周禮》之所以可爲萬世法者，其所任於府者謹其蓋藏，所任於史者供其纂寫，而法紀典籍一委之士，士多而府史固可少也。士既以學爲業，以仕爲道，則苟分任於六官之屬者，皆習於吏事而嫻於典故，政令雖繁，無難給也。周之所以久安長治而政不稗、官不疵、民不病者，皆繇於此。士則既知學矣，學則與聞乎道矣，進而爲命士，進而爲大夫，皆其所固能致者，則名節重而官坊立，雖有不肖，能喪其廉隅而不能忘情於進取，則吏道不汙，而冒法以讎姦者十不得一。

且夫國家之政雖填委充積，其實數大端而已：銓選者，治亂之司也；兵戎者，存亡之紐也；錢穀者，國計之本也；賦役者，生民之命也；禮制者，人神之紀也；刑名者，威福之權也。大者舉其要，小者綜其詳，而莫不繫於宗社生民綱紀風俗之大，其纖微曲折皆淳澆仁暴之機也。而以委之刀筆之猥流，謀盡於私而智窮於大，則便給於一時而遺禍於久遠，雖有直剛明哲之大臣，未能勝也。如唐滑涣，一堂後小吏耳，鄭餘慶一斥其姦而旋即罷相，其可畏而不可挽也如此。乃舉國家之事，不屬之名義自持之清流而委之鄙賤乾没之宵小，豈非千金之堤潰於螘壤哉？參佐清談而濁流操柄，愈免小失而愈釀大憂，然後知《周禮》之法卓然非後世所及。炫，儒者也，何不曙於先王立教之本而長言之以垂爲永鑒？區區以文之繁簡爲言，九州混一之世，文法何易言簡也？

二　高熲賀若弼之誅

人以才自旌，以智先人，功亦立，名亦著，所行亦不大遠於正。而及其成局已終，歲時已過，則猥末跼蹐，名節不立而抑不保其身，則漢朱儁、皇甫嵩，隋之高熲、賀若弼是已。嗚呼！士苟無卓然自立之志以輔其氣，而禄位子孫交集而縈之，則雖以儁與嵩秉正以匡亂者，尚困於董卓而不能立義以捐生，況熲與弼乎？當其盛也，智足以見事幾，才足以濟險阻，年力方强，物望方起，又遇可與有爲之主推奬以盡其用，則億而中，爲而成，心無顧恤而目空天下，可爲也則爲也，於是而功名赫然表見於當世。曾不知其時遷世易，智盡才枯，而富貴已盈，子孫相累，暗爲銷謝，苶然一翁嫗之姝暖，則誅夷已及，既不能奮起以蹈仁，復不能引身而避禍，昔之所爲英豪自命者安往哉？此志士之所深悲，而君子則早知其衰氣先乘，莫能自勝也。

楊廣之弑君父，殺兄弟，驕淫無度，其不可輔而不相容，塗之人知之矣。熲之料敵也，目懸於千里而心喻若咫尺，弼輕楊素、韓擒虎而自詡以大將，夫豈不能知此而遂無以處此者？乃不能知也，不能處也，囁嚅於李懿、何稠佞幸之側以訐廣之失，其所指摘而重歎之者，又非廣之大惡必致敗亡者也。徵散樂而已，厚遇啓民可汗而已。舍其大，訐其小，進不能抒其忠憤，退不能守以緘默，騈首以就狂夫之刃。悲哉，曾熲與弼之錚錚，而僅與王胄、薛道衡雕蟲之腐士同膏鈇鑕乎？其愚不可警，其懦不可扶，還令熲與弼自問於十年之前，而豈屑爾哉？高堂曲榭，金玉紈綺，老妻弱子，繫累相嬰，銷耗其丈夫之氣，則雖有憂世之心，徒喁喁嘖嘖於匪人之側，禍之已及則瘖死屠門，如在胎之羔犢矣。故曰：「血氣既衰，戒之在得。」血氣之剛足以犯難而立功者，豈足恃哉？儁與嵩扶義以行，且不能保於既衰之後，況二子之區區者乎？衰矣而不替其盈，唯方剛而豫謹其度，制其心於田廬妻子之中，身輕而志不靡，則迨其老也，伏櫪不忘千里之心以皦皦垂光於白日，而亦奚至此哉？君子者非以英豪自見者也，然於道義名節之中，自居於大矣。年彌逝而氣彌昌，非熲與弼之所與也，然觀於熲與弼而益知所戒已。

三　高麗知懼隋文攻之不克

高麗，弱國也，隋文攻之而不克，逆廣復攻之而大敗，其後唐太宗征之而喪師。廣雖不道，來護兒、宇文述雖非制勝之將，而北摧突厥、吐谷渾之彊，南渡海俘殺流求，則空國大舉以加高麗，亦有摧枯拉朽之勢焉。況唐太宗以英武之姿，席全盛之天下，節制興兵以加蕞爾之小邦。然而終不可勝者，非隋、唐之不克，而麗人之守固也。隋方滅陳，高麗聞之而懼，九年而隋文始伐之，二十二年而廣復伐之，則前此者，皆固結人心、擇將練兵，積芻糧、修械具之日也，故不可克也。何以知其然邪？陳非高麗之與國，恃之以相援而固圉者，乃聞陳亡而懼，懼於九年之前，機發於九年之後，效著於二十三年之餘，而施及於五十餘年之久。其君臣之懼以終始，則能抗彊大以保邦也，不亦宜乎？

《易》曰：「其亡其亡，繫于苞桑。」孰繫之？能懼之心繫之也。夫既有其國，即有其民，山川城郭米粟甲兵皆可給也。尊俎之謀臣、折衝之勇士，役意以求，激獎以進，抑不患其無才，不知懼者莫與繫之耳。蜀漢亡而孫皓不懼，高緯亡而叔寶不懼，孟昶亡而李煜不懼，迨及兵之已加，則惴惴然而莫知所應，旁皇四顧，無所謂苞桑矣；朽索枯椿雖繫之，其將何濟焉？雖然，懼者自懼也，非懼人也。智者警於心以自彊，愚者奪其魄以自亂。突厥之震慴而降服爭媚以交攻，抑不如其無懼也。譙周畏魏而撓姜維之守，蜀漢以亡，亦懼者也；宋高畏女直而忍稱臣之辱，大讎不雪，亦懼者也。懼而忘其苞桑，與不懼者均，聞麗人之已事，尚知媿夫！

四　王薄等聚衆攻剽

秦與隋虐民已亟，怨深盜起，天下鼎沸而以亡國，同也，然而有異焉者。胡亥高居逸樂於咸陽，銷兵孤處，而陳勝、吳廣起於江淮，關中懸遠，弗能急爲控制，迨其開關出擊，而六國之兵已集，勢不便也。隋方有事於高麗，九軍之衆一百一十三萬人連營漸進，首尾千餘里，會於涿郡，而王薄擁衆於長山，劉霸道集黨於平原，張金稱、高士達、竇建德群起於漳南、清河之閒，去涿數百里耳。平蕪相屬，曾無險隘之隔，此諸豪者不顧百萬之師逼臨眉睫，而糾烏合之衆，昪立於其旌麾相耀、金鼓相聞之地，則爲寇於秦也易，而於隋也難。夫豈隋末諸豪之勇絕倫而智不測乎？迨觀其後，亦如斯而已，而隋卒無如之何，聽其自起自滅、旋滅旋起以自斃於江都。且逆廣非胡亥匹也，少長兵閒，小有才而戰屢克，使與群雄角逐於中原，未必其劣於群雄也，則隋末之起兵者尤難也。然而群雄之得逞志以無難者無他，上察察以自聾，下師師以自容，所急在遠而舍其近，睨盜賊爲疥癬而自倚其彊。若是者，乘其所忽而回翔其閒，進可以徼功，退固有餘地以自藏，而又何惴焉？

虎之猛也，而制於蝟；即且之毒也，而困於蝸：其所輕也。故楊玄感、李密以公侯之裔，世領樞機，門生將吏半於朝右，金錢衣幣富將敵國，而兵起兩月，旋就誅夷。唯隋之忌之也夙而防之也深，一聞其反，全力以争生死，而山東諸寇起自草萊，不在獨夫心目之中，夫且曰：「以玄感之勢傾天下而可如韓盧之搏兔，此區區者，其如予何哉？」故群雄敗可以自存，而連兵不解，卒無如之何也。高熲、賀若弼而既誅夷矣，正逆廣驕語太平、鞭笞六寓之日也。群雄不於此而興，尚奚待哉？於是而王薄等之起兵二年矣，僅有一張須陁者與戰而勝，逆廣君臣直視不足畏而姑聽之。然則諸起兵者無漢高、項羽耳，藉有之，豈待唐公徐起太原，而後商辛自殪於牧野哉？

至不仁而斂天下之怨，非所據而踞天位之尊，起而撲之，勿以前起者之敗亡疑其彊不可拔也。楊玄感死而隋旋以亡，大有爲者知此而已。

五　大業之亂

聖人之大寶曰位，非但承天以理民之謂也。天下之民非恃此而無以生，聖人之所甚貴者，民之生也，故曰大寶也。秦之亂，天下蠭起；三國之亂，群雄相角。而殺戮之慘不劇，掠奪之害不滋。唯王莽之世、隋氏之亡，民自相殺而不已。王莽之末，赤眉、尤來、銅馬諸賊徧於東方，延於西隴，北極趙魏，南迤江淮，而無有覬覦天步僭名號以自雄者。赤眉將敗，乃擁劉盆子以盜名，而盆子不自以爲君，賊衆亦不以盆子爲君也。大業之亂，自王薄、張金稱起於淄、濟，竇建德、劉元進、朱燮、管崇、杜伏威、劉苗王、王德仁、孟讓、王須拔、魏刀兒、李子通、翟讓攘臂相仍，凡六年矣，無有以帝王自號者。其尤妖狂者則有知世郎、歷山飛、漫天王、迦樓羅王之號，非徒無定天下之心，而抑無草竊割據之志，非徒不爲四海所推奉，而抑不欲爲其類之雄長。於是而淫掠屠割，舉山東、河北、淮左、關右之民互相吞齕，而愿弱者縮伏以枕藉，流血於郊原，其慘也，較王莽之末而加甚焉。至大業十二年，而後林士弘始稱帝於江南，竇建德、李密踵之，自命爲王公，署官僚，置守令，雖胥盜也，民且依之以延喘息。而捋采既劉，萌蘖稍息，唐乃起而收之，人始知得主之爲安而天下以漸而定矣。

夫盜也而稱帝王，悖亂之尤，名實之舛甚矣。然而虛擁其名尚不如其無名也，既曰帝矣曰王矣，爲之副者曰將相矣曰牧守矣，即殘忍顛越，鄙穢足乎訕笑，然且曰此吾民也，固不如公然以蛇豕自居，唯其突而唯其螫也。故位也者，名也，雖聖人有元后父母之實，而天下之尊之以位者，亦名而已。君天下而天下保之，君天下而思保其天下。盜竊者聞風而强效焉，則名位之以斂束暴人之虔劉而翕合離散之餘民者，又豈不重哉？寶也者，保也，人之所自保也。天下有道，保以其德；天下無道，保以其名。故陳勝起而六王立，漢室淪而孫、曹僭，禍且爲之衰滅。人不可一日而無君，天佑下民，作之君，作之師。僞者愈於無，況崛起於厭亂之餘以乂安四海者哉？

六　李淵以縱酒納賄自晦

忌天下之彊而獎之以弱，則以自弱而喪其天下，趙宋是已。然弱者，暴之反也，故外侮不可御而內不失民也。忌天下之賢，而驅之不肖，❶於是而毒流天下，則身戮國亡，不能一朝居矣。逆廣之殺高熲、賀若弼也，畏其賢也；薛道衡、王冑、祖君彥，一詞章吟詠之長耳，且或死或廢而無以自容。非以天子而求勝於一夫也，謂賢者之可軋己以奪己，而不肖者人望所不歸，無如己何也。故虞世基、宇文述、裴矩、高德儒之猥賤則委之腹心而不疑，乃至王世充之凶頑亦任之以土地甲兵之重，無他，以其耽淫嗜利、爲物之所甚賤而無與戴之者也。唐高祖以才望見忌，幾於見殺，乃縱酒納賄，託於汙行，則重任之，使守太原，以爲崛起之資。夫人君即昧於賢不肖之分，爲小人之所撓亂，抑必僞爲節制之容，飾以貞廉之迹，而後可以欺昏昏者以讎其姦，未有以縱酒納賄而推誠委之者，此豈徒逆廣之迷亂哉？自隋文以來，欲銷天下之才智，毀天下之廉隅，利百姓之怨大臣以偷固其位者，非一朝一夕之故矣。

嗚呼！爲人君者唯恐人之修潔自好，竭才以用，擇其不肖而後任之，則生民之荼毒，尚忍言乎？以宇文化及之愚劣，可推刃

❶「之」下，邵陽曾氏抄本有「以」字。

以相嚮，夫豈待賢於己者而後可以亡己哉？祇以賊天下，使父子離而爲塗殍。故天下之惡，莫有甚於惡天下之賢而喜其不肖者也。天子以之，不保天下；士庶人以之，不保其身。斬宗滅祀，鬼禍不解者，皆此念爲之也。可不畏哉？

七　廣聚穀黎陽雒口諸倉

語曰：「明君貴五穀而賤珠玉。」五穀之所以貴者，不可不務白也。迷其所以貴而挾之以爲貴，則違天殃人而禍必及身。所以貴者何也？人待之以生也。匹夫匹婦以之生而天子以生天下之人，故貴，若其不以生天下之人，而奚貴焉？積則不可以約爲藏，藏則易以腐敗而不可久，不能如珠玉之韞千金於一匱，數百年而緘之如新也。故聚之則不如珠玉遠矣，散之則以生天下而貴莫甚焉。《傳》曰：「財聚則民散，財散則民聚。」謂五穀也。若夫錢布金銀之聚散，猶非民之甚急者也。聚錢布金銀於上者其民貧，其國危；聚五穀於上者其民死，其國速亡。天之生之也，不擇地而散，而斂之以聚，是違天也；人之需之也，不終日以俟，而積之以久，是殃民也。故天下之惡，至於聚穀以居利而極矣。

爲國計者曰：「九年耕，必有三年之蓄。」此謂諸侯有百里之封，當水旱而告糴於鄰國，一或不應而民以餒死，故導民以蓋藏，使各處有餘以待匱也。四海一王，舟車銜尾以相濟，而斂民之粟積之窖穽，鬱爲麴塵，化爲蛾螘，使三旬九食者茹草木而咽穅秕，睨高廪大庾以餒死，非至不仁，其忍爲此哉？隋之毒民亟矣，而其殃民以取滅亡者，僅以兩都六軍宮官匠胥之仰給爲數十年之計，置雒口、興雒、回雒、黎陽、永豐諸倉,斂天下之口食貯之無用之地,於是粟窮於比屋,一遇凶年則流亡殍死而盜以之亟起,雖死而不恤,旋撲旋興,不亡隋而不止。其究也,所斂而積者,祇爲李密聚,衆唐公得民之資,不亦愚乎? 隋之富,漢唐之盛未之逮也,逆廣北出塞以驕突厥,東渡海以征高麗,離宮徧於天下,錦綺珠玉狼戾充盈,給其窮奢,尚有贏餘以供李密、唐公之撝散,皆文帝周於攘聚之所積也。粟者,財之本也,粟聚則財無不聚。召奢誨淫,皆此粟爲之也。貴五穀者如是以爲貴,則何如無貴之爲愈哉? 天子有四海之賦,可不憂六軍之匱;庶人有百畝之田,可不憂八口之飢。靳枵腹者之饔飧,奪勤耕者之生計,居賤糴貴,徒以長子弟之驕奢,召怨家之盻望,❶何如珠玉者非人之所待以生而思奪之者之鮮也。上好之,下必甚焉。粟朽於倉,人殣於道,豪民逞,貧民斃,爭奪興,盜賊起,有國破國,有家亡家。愚惛不知,猶託之曰莫貴於五穀,悲夫!

八 唐高可行弔伐而僞託禪讓

隋之得天下也逆而楊廣之逆彌甚,李氏雖爲之臣,然其先世與楊氏並肩於宇文之廷,迫於勢而臣隋,非其所樂推之主也,則遞相爲王,懲其不道而代興,亦奚不可? 且唐公幸全於猜忌而出守太原以避禍,未嘗身執朝權,狐媚以欺孤寡如司馬之於魏、蕭氏之於宋也。奉詞伐罪,誅獨夫以正大位,天下孰得而議其不臣? 然其始起,猶託備突厥以募兵,誣王威、高君雅以反而殺之,不能揭

❶「盻」,邵陽曾氏抄本誤作「盼」。

日月而行弔伐，何也？ 自曹氏篡漢以來，天下不知篡之爲非而以有所授受爲得，上習爲之，下習聞之，若非託伊、霍之權不足以興兵，非竊舜禹之名不足以據位，故以唐高父子伐暴君、平寇亂之本懷而不能舍此以拔起。嗚呼，機發於人而風成於世，氣之動志，一動而不可止也如此夫？

自成湯以征誅有天下，而垂其緒於漢之滅秦；自曹丕僞受禪以篡天下，而垂及於宋之奪周。 成湯秉大正而懼後世之口實，以其動之相仍不已也，而漢果起匹夫而爲天子；若夫曹丕之篡，則王莽先之矣，莽速敗而機動不止者六百餘年。 天下之勢，一離一合，則三國之割裂始之，亦垂及於五代之瓜分而後止。 金元之入竊也，❶沙陀及捩臬雞先之也，不一再傳之割據耳，乃亘五百餘年而不息，愈趨愈下，又惡知其所終哉？ 夫乘唐高之勢、秉唐高之義以行伐暴救民之事，唐高父子固有其心矣而終莫能更絃改轍也，數未極也。 非聖人之興則俟之天運之復，王莽、沙陀之區區者乃以移數百年之氣運而流不可止。 自非聖人崛起，以至仁大義立千年之人極，何足以制其狂流哉？

九　劉文靜勸用突厥

唐起兵而用突厥，故其後世師之，用回紇以誅安史，用沙陀以破黃巢，而石敬瑭資契丹以篡奪，割燕雲，輸歲幣，亟病中國而自絶其胤，乃至宋人資女直以滅遼，資蒙古以滅金，卒盡淪中原於夷狄，禍相蔓延，不可復止。 夫唐高祖則已早知之矣，既已知之而不

❶「竊」，原爲空格，今據邵陽曾氏抄本補。

能不用突厥者，防突厥爲劉武周用以襲己於項背，可與劉文静言者也；假突厥之名以恐喝河東、關中而遥以震驚李密，則未可與劉文静言者也。乃所資於突厥者數百人，而曰「無所用多」，則已灼見非我族類者之不可使入躪中國，以戕民而毁中外之防，故康鞘利僅以五百人至而高祖喜，其破長安，下河東，上隴以擊薛仁杲，出關以平王世充，皆不用也，則高祖豈疏於謀而不憂後患者？然而機一發而不可止，則大有爲於天下者，一動一静之際不容不謹，有如是哉？

勿恃勢之盈而可不畏也，勿恃謀已密而可不虞也，勿恃用之者淺而禍不足以深也。矢之發也，脱於彀者毫末而相去以尋丈；三峽之漩投以勺米而不息，則大舟沈焉。事會之變不可知而不可狎，固若此也。能用突厥者，高祖耳，不能用者，相習而用之，無其慎重而貪其成功，又惡容辭千古禍媒之罪乎？若夫唐之用突厥而終未嘗用者，則固難一二與庸人言也。

十　温大雅復李密殪商辛執子嬰書

言，生乎心者也，成乎言而還生其心。繇心而生言，心之不貞發於言而漸洩矣，其害淺；繇言而成事，繇事而心益以移，則言爲貞邪之始幾，而必成乎事，必蕩其心，其害深，故曰：「生於其心，害於其政。」卒然言之以爲可爲而爲之，未有不害於政者也。故君子之正天下，恒使之有所敬忌而不敢言；小人之無忌憚也，卒然言之而禍不可戢也。

李密之與唐公皆隋氏之世臣也，逆廣雖不道，俱嘗北面事之，未嘗如嵇紹之於晉，有父母之讎也。逆廣不可以君天下，密欲奪之，唐公欲奪之，一也。唐公起，明知掩耳盜鈴之不足以欺天下，而必令曰：「犯七廟及代王宗室者，夷三族。」密則任祖君彥怨懟之私，昌言之曰：「殪商辛於牧野，執子嬰於咸陽。」於是而唐公得挾義以折之曰：「所不忍言，未敢聞命。」嗚呼，密與唐之興喪，自此決矣！❶夫唐豈不以逆廣爲紂而睨代王侑爲懷璽面縛之子嬰乎？然令其遽出諸口，而有所不能也。其不能者何也？不敢與不忍也。非畏逆廣與微弱之代王也，自畏其心之鬼神也。故人至於言之不怍而後人無可如何矣，人無可如何而鬼神之弗赦必矣。

故聖人欲正人心，而亟正者人之言。心含之，口不能言之，則害止於心；心含之，口遂言之，則害著於外；心未必信之，口遽言之，則還以增益其未至之惡，而心與事猖狂而無所訖止。言之有怍而心有所忌，事有所止則事雖不順，鬼神且諒其不敢不忍之猶存而尚或祐之。心叛於理，言叛於心，可言則言以摇動天下於蔑彝倫、逞志欲之大惡，然後惡滿於天下而天之殛之也不爽。故唐之報密而折之也，非果有不忘隋之忱悃也，挈不敢不忍以告天下而還自警其心，卒以保全楊氏之族而賓之。其享有天下而李密授首於函谷，言不可逞，天不可欺，不亦信夫？

十一　徐洪客勸李密嚮江都取獨夫

徐洪客者不知其爲何許人，即其言而察之，大要一險陂無忌之游士，史稱莫知所之，蓋亦自此而死耳，非能蠖屈鴻飛於圖功徼利之世者也。其上書李密曰：「米盡人散。」以

❶「自」，邵陽曾氏抄本作「而」。

後事驗之，人服其明矣。乃曰：「直嚮江都，執取獨夫。」密爲隋氏世臣，假令趨江都執楊廣，又將何以處之哉？ 項羽，楚之世族，秦其讎也，而殺子嬰、掘驪山之墓，則天下叛之。楊廣儼然君天下者十三載，密以親臣子弟侍於仗下，一旦屠割之如雞豚，以密之很，於是乎固有躊躇而不敢遽者。故殪商辛、執子嬰乃祖君彦忿懟之讕言，非密之所能任也。天下之大難，以身犯之者死。業已爲人君而斬刈之者凶，業已爲人臣而直前執殺其君者必殲其類。夫密亦知搗江都殺楊廣徒受天下之指數而非可得志也，洪客險陂而不恤名義之小人惡足以知此乎？

或曰：楊廣之逆均於劉劭，非但紂匹也，執殺之也何傷？ 曰：密之起也，乘其亂而思奪之乎，抑憤其覆載不容之罪，爲文帝討賊子如沈慶之之援戈而起乎？ 此密所不能自誣其心而可假以爲名者也。

或曰：慕容超、姚泓亦嘗君其國矣，宋武直前破其國而俘斬之都市，又何也？ 曰：宋武未嘗臣彼，而鮮卑與羌不可以君道予之者也。徐魏公之縱妥懽，拘此義而不知通，而豈以例隋氏哉？ 懸紂首於太白，未知其果否也，即有之，而三代諸侯之於天子不純乎臣，非後世之比也。君彦忿戾以言之，洪客遂欲猖狂而決行之，自絶於天，竄死草閒而無以表見，宜矣。或乃躋之魯仲連之高誼，不已過與？

十二　煬帝不道見弑有死賊之人

擇君而後仕，仕而君不可事則去之，君子之守固然也。失身於不道之君而不能去，則抑無可避之名義矣。徒人費、石之紛如、賈舉、州綽之不得爲死義，以其從君於邪也，苟不從君於邪，則其死也不可更責以失身。故宋殤、宋閔皆失德之君而無傷乎孔父、仇牧之義。當凶逆滔天、君父橫尸之日，而尚可引咎歸君以自貸其死乎？

楊廣之不道而見弑於宇文化及，許善心、張琮抗賊以死，❶當斯時也，雖欲不死而不得也。麥孟才、沈光討賊而見擒，麾下千人無一降者；李襲志保始安，聞弑哭臨，堅守而不降於蕭銑。豈隋氏之能得人心而頓異於宋齊以來王謐、褚淵恬不知媿之習者，何也？十三載居位之天子，人雖不道，名義攸存，四海一王，人無貳心，苟知自念，不忍目擊此流血宮庭之大變也。唐高祖聞變而痛哭，豈楊廣之澤足以感之，而又豈高祖之僞哀以欺世乎？臣主之義生於人心，於此見矣。故莊周曰：「無所逃於天地之閒。」君子惡其賊人性之義，有以夫！

讀通鑑論卷十九終

❶「張琮」，劉毓崧校勘記云：「與善心同抗化及而死者，乃仲琰之弟琮，非仲琰也。」則底本已徑改「仲琰」作「琮」。邵陽曾氏抄本作「李仲琰」。

讀通鑑論卷二十

衡陽王夫之譔

唐高祖

一　高祖不遽取天下

《易》曰：「湯武革命，應乎天而順乎人。」聖人知天而盡人之理，《詩》《書》所載有不可得而詳者，千世而下亦無從而知其深矣。乃自後世觀之，承天之祐，受人之歸，一六寓而定數百年之基者，必有適當其可之幾，蓋亦可以知天、可以知人焉。得天之時則不逆，應人以其時則志定。時者，聖人之所不能違也。唐之取天下，遲回以起，若不足以爭天下之先，而天時人事適與之應以底於成，高祖意念之深，誠不可及也。

天之理不易知矣，人之心不易信矣，而失之者恒以躁。楊廣之播虐甚矣，而唐爲其世臣，受爵禄於其廷，非若湯之嗣契、周之嗣稷，建國於唐虞之世，元德顯功，自有社稷，而非純乎爲夏商之臣也。則隋雖不道，唐未可執言以相詰。天有綱則理不可踰，人可有辭則心不易服也。故楊廣甚高祖而屢欲殺之，高祖處至危之地，視天下之分崩，有可乘之機，以遠禍而徼福，然且斂意卑伏而不遽起。天下怨隋之虐，王薄一呼而翟讓、孟海公、竇建德、李密、林士弘、徐圓朗、蕭銑、張金稱、劉元進、管崇、薛舉、劉武周、梁師都、朱粲群起以亡隋，唐且安於臣服，爲之守太原、御突厥而弗動。至於楊廣棄兩都以流蕩於江都，李密已入雒郛，環海無尺寸之寧土。於斯時也，白骨丘積於郊原，孤寡流離於林谷，天下之毒痛又不在獨夫而在群盜矣。唐之爲餘民爭生死以規取天下者，奪之於群盜，非奪之於隋也。隋已亡於群盜，唐自關中而外，皆取隋已失之宇也。然而高祖猶慎之又慎，遲回而不迫起，故秦王之陰結豪傑，高祖不知也，非不知也，王勇於有爲而高祖堅忍自持，姑且聽之而以靜鎮之也。不貪天方動之幾，不乘人妄動之氣，則天與人交應之而不違。故高祖以五月起，十一月而入長安立代王侑，其明年二月而宇文化及遂弑楊廣於江都。廣已弑，代王不足以興，越王侗見逼於王世充，旦夕待弑，隋已無君，關東無尺寸之土爲隋所有，於是高祖名正義順，蕩夷群雄以拯百姓於凶危，而人得主以寧其婦子，則其視楊玄感、李密之背君父以反戈者，順逆之分相去縣絶矣。

故解楊廣之虐政者，群盜也，而益之深熱；救群盜之殺掠者，唐也，而予以宴安。惟唐俟之俟之，至於時至事起而猶若不得已而應，則叛主之名可辭；而聞江都之弑，涕泗交流，保全代王，録用隋氏宗支，君子亦信其非欺。人謂唐之有天下也，秦王之勇略志大而功成，不知高祖慎重之心，持之固，養之深，爲能順天之理、契人之情，放道以行，有以折群雄之躁妄，❶綏民志於來蘇，故能折箠以御梟尤而繫國於苞桑之固，非秦王之所可及也。

嗚呼！天子之尊，非可志爲擬也；四海之大，非可氣爲壓也。相時之所疾苦，審

❶「有」上，邵陽曾氏抄本有「自」字。

己之非橫逆，然後可徐起以與天下休息，即毒衆臨戎而神人罔爲怨恫。降李密，擒世充，斬建德，俘蕭銑，皆義所可爲、仁所必勝也，天下不歸唐而誰歸哉？ 慎於舉事，而所争者群盜也，非隋也；非惡已熸而將熄之楊廣也，毒方興而不戢之僞主也。有唐三百載之祚，高祖一念之慎爲之，則湯武必行法以俟命，❶其静審天人之幾者，亦可髣髴遇之矣。

二　李密斥隋爲商辛子嬰後復降隋

李密以殺翟讓故，諸將危疑，一敗於邙山而邴元真、單雄信亟叛之。密欲守太行、阻大河以圖進取而諸將不從，及相帥以降唐則欣然與俱，而密遂以亡。項羽殺宋義，更始殺伯升，皆終於敗，其轍一也。然則令項羽殺漢王於鴻門，犯天下之忌，愈不能以久延。而昧者猶稱范增爲奇計，鄙夫之陋惡足以知成敗之大綱哉？

夫馭物而能釋其疑忌者，雖未能昭大信於天下而必信之於己。信於己者謂之有恒，有恒者歷乎勝敗而不亂。己有以自立則無懼於物，而疑忌之情可以不深。李密者，乘人以鬬其捷而無能自固者也。密，隋之世臣也，無大怨於隋而已抑無可恃之勢，無故而畜亂志以干楊玄感，玄感敗，亡命而依翟讓。隋有恨於密，密固無恨於隋，而檄數其君之罪，斥之如僕隸。且既已欲殪商辛、執子嬰矣，則與隋不兩立而君臣之義永絶，乃宇文化及弒立而趨黎陽以逼之於河上，密懼雒陽之議其後，又幸蓋琮之招己，奉表降隋以緩須臾之困而受太尉、尚書令之命。夫煬帝，

❶「必」，邵陽曾氏抄本作「之」。

密之所欲殪之於牧野者也，而責化及曰「世受隋恩，反行弑逆」；越王侗，密之所欲執之於咸陽者也，而北面稱臣，受其爵命。則諸將視之如犬豕而知其不足有爲，尚誰爲之致死以冀其得天下哉？其降隋也，非元文都之愚，未有信之者也；其降唐也，唐固不信其果降也。反而自問，唐公見推之語而不慚，念起念滅而莫知所據。匹夫無志，爲三軍之帥而可奪，其何以自立乎？《易》曰：「不恒其德，或承之羞。」咎可補也，凶可貞也，人皆可承以羞而死亡不可逸矣。故諸將之亟於背密而樂於歸唐也，羞其所爲而莫之與也。密死而不能掩其羞，豈有他哉？無恒而已矣。

三　李密降唐高祖授以光祿卿

制天下有權。權者，輕重適如其分之準也，非詭重爲輕、詭輕爲重以欺世而行其私者也。重也而予之以重，適如其數；輕也而予之以輕，適如其數。持其平而不憂其忒，權之所審，物莫能越也。

李密棄土釋兵，擁二萬人以降唐。密之亂天下也有必誅之罪，而解甲以降，殺之則已重矣。北有建德，東有世充，密獨閒關來歸，爲天下倡，當重獎之以勸天下者也，而本爲隋之亂臣、天下之殘賊，厚待之則又已重矣。密之狙詐樂禍而驕，雖降唐而無固志，緩之須臾則跳梁終逞，宜乎厚防以制其姦，不可遽抑而激之怨。❶而衆叛援孤，力窮智屈，疑之重則又本輕，視爲輕而又若重，審其所適然之數者，權也。高祖授之以光祿卿，一閒冗之文吏而司進食之褻事，使執臣節於

❶「抑而激之怨」，邵陽曾氏抄本作「抑之而激之以怨也」。

殿陛，一若不知其狡黠凶很者然，此之謂能持權以制天下者也。非故揚之，非故抑之，適如其稽顙歸命之情形而澹然待之若進若退之閒。嗚呼，此大有爲者之所以不可及也！

於是而密無可怙之恩，抑無可訟言之怨，詐無所讎，惡無所施，不得已而孤騎叛逃，一有司之禽捕而足矣。❶使其志悛而終順與，則飽之以禄，安之以位，一如孟昶、劉繼元之在宋，而不至如黥布、彭越之葅醢以傷恩也。密之不然，自趨於死，而抑無怨矣。於是而知天下之至很者，無很也；至詐者，無詐也：量各有所止，機各有所息，以固然者待之而適如其分，❷則於道不失而險阻自消。天下定於一心之平。道本易也，而非大有爲者不足以與於斯。

四　徐世勣不獻黎陽爲盜賊之信義

徐世勣，始終一狡賊而已矣。其自言曰「少爲亡賴賊」，習一定而不可移者也。夫爲盜賊而能雄長於其類者，抑必有似信似義者焉，又非假冒之而欺人亡實也。相取以氣，相感以私，亦將守之生死而不貳。如螢之光，非自外生，而當宵則燿，當晝則隱。故以其似信似義者，予之以義之能執、信之能篤而重任之，則一無足據而適以長亂。其習氣之所守者在是，適如其量而止，過此則顛越而不可致詰。其似信似義者亦非僞也，愈真而愈不足任也。

❶「禽」，邵陽曾氏抄本作「擒」。
❷「以」下，邵陽曾氏抄本有「其」字。

世勣受李密之命守黎陽，魏徵安集山東，勸之降唐，而世勣籍户口士馬之數啓密使獻之，己不特修降表，高祖稱之曰：「不背德，不邀功，真純臣也。」遂寵任之，以授之於太宗而終受託孤之命。世勣之於此，亦豈盡出於僞以欺高祖而邀其寵遇乎？其所見及是，其所守在是，蓋嘗聞有信義而服膺焉，以爲是可以卓然自命爲豪傑也，故以坦然行之，而果爲高祖之所矜奬。若其天性之殘忍，僅與盜賊相乎，而智困於擇君，心迷於循理，可以稱英君之任使，不可以折闇主之非僻，則祇以錚錚於群盜之中，而遽許之以純臣，高祖、太宗知人之鑒，窮於此矣。夫不見其降於竇建德，質其父而使爲將，遂棄父而欲襲曹旦以歸唐乎？故其爲信義也，盜賊之信義也，察於利以動，任於氣以逞，戕性賊恩亦一往而不恤，遽信其爲純臣而任以安定國家之大，鮮不覆矣。曾子曰：「臨大節而不可奪，君子人也。」惟君子而後可以履信而守義，非小人之所能與，殆魚躍之不可出沼，鳥步之不可越域也矣。

五　蘇威必不可容

拔魏徵於李密，脱杜淹、蘇世長、陸德明於王世充，簡岑文本於蕭銑，凡唐初直諒多聞之士皆自僭僞中祓濯而出者也。封德彝、宇文士及、裴矩不伏同昏之誅，而猶蒙寵任。蓋新造之國，培養無漸漬之功，而隋末風教陵夷，時無巖穴知名之士可登進之以爲楨幹，朝儀邦典與四方之物宜，不能不待訪於亡國之臣。流品難以遽清，且因仍以任使，唐治之不古在此，而得天下之心以安反側者亦此也。乃何獨至於蘇威而亟絶之？蓋蘇威者必不可容於清明之世，苟非斥正其爲匪人，則風教蔑，廉恥喪，上下亂，而天下之禍不可息也。

隋文之待威也，固以古大臣之任望之；威之所以自見者，亦以平四海、正風俗爲己功。天下翕然仰之以爲從違，隋可亡而威不可殺。故宇文士及、王世充、李密皆倚威以收人望，威亦倚其望以翱翔凶竪之庖俎，鋒鏑雨集、膏血川流而威自若也。是則兵不足以爲彊，險不足以爲固，天子之位不足以爲尊，而無有如威之重者，士亦何憚而不學威，迂行腐步，奡岸以逍遥邪？媚於當世也似慎，藏於六藝也似正，隨時遷流也似忠，❶以老倨驕而肆志也似剛。殺之無名，遠之不得，天下且以爲道之莫尚者，而導世以偷汙，爲彝倫之大賊，是可容也，孰不可容也？明王之所必誅勿赦者，唐姑拒之而弗使即刑，其猶姑息憐老、仁過而柔乎？若德彝、士及、裴矩之流，天下知賤惡之矣，雖復用之，不足以惑人心而壞風化，殺之可也，赦之而器使之，亦詎不可哉？

六　徙王世充於蜀

薛仁杲、蕭銑、竇建德或降或殺而皆斬，唯王世充赦而徙蜀，此不可解之惑也。唐高君臣當大法可伸之日而執生殺之權，夫豈茫焉而罔正如此？世充，隋之大臣也，導其主以荒淫，立越王而弑奪之，其當辜也，固也。乃世充力守東都，百戰以扞李密，而其篡也在煬帝已弑之後，使幸而成焉，亦無以異於陳霸先。而唐立代王，旋奪其位，有諸己者

❶「忠」，邵陽曾氏抄本作「中」。

不可非諸人，唐固不能正名以行辟也。且取世充與仁杲、建德、蕭銑較，世充者，操、懿以後之積習也；建德、仁杲以匹夫，銑以縣令，忽乘喪亂，遂欲竊聖人之大寶以自居，則張角、黃巢之等匹，尤不可長之亂而無可原之情矣。

《春秋》於里克、甯喜弑其君而其伏誅也，書曰「殺其大夫」；齊豹殺公兄，陽虎竊玉弓，未有弑逆之大惡也，而書曰「盜」。貴近之臣或以親，或以舊，或以才，爲國之柱石，先有成勢於國而人心歸之，然後萌不軌之心以動於惡，欲效之者固未易也。且人主與之相邇，賢姦易辨而可防之於早也。辨之弗明，防之不夙，漸釀堅冰之至，人主亦與有罪焉。若夫疏遠小臣如蕭銑，亡賴細民如建德、如仁杲，始於掠奪，攫窮民而噬之，烏合勢成，遂敢妄窺天位，則四海之廣，梟桀飲博之徒苟可爲而無不可爲，人君居高而莫察，有司拘法而難誅，決起一旦而毒流天下，則雖人主之失道有以致之，而螘穴一穿，金隄不保，祁寒暑雨之怨咨皆可爲耰耝棘矜之口實。及其潰敗乞降，猶可以降王之禮恣其徜徉，則人何憚而不殺越平人以希富貴？況當初定之天下，衆志未寧，此撲而彼興，豈有艾乎？

自東漢以後，權臣之簒者，成而爲曹魏、六朝；未成而敗，爲王敦、桓温、劉毅、沈攸之、蕭穎胄、王僧辯；俛成而速敗，爲桓玄、侯景；乃及隋之亡而天下之勢易矣，人皆可帝，户皆可王，是匹夫狂起之初機也。唐及早懲之，正草澤稱尊之大罰，然且有黃巢之禍，延於朱温而唐以亡；使弗懲焉，則暗主相承，政刑無紀，閭井之匹夫幾人帝而幾人王，生民之流血終無已日矣。若權臣受將相之託，爲功於國而逼奪孤幼，則不待正鈇鉞於世充而無有繼之者。高祖相世運之遷、大權之移、禍萌之變，而貰世充、誅三僭，其亦審矣，而豈貿貿以張弛乎？已天下之亂者，義也，而義固隨時以制宜者也。世充可誅也，建德、銑、仁杲尤不可貸者也。非昧於治亂之幾者可執一切之義以論得失也。

七　封德彝策突厥

言有不可以人廢者，封德彝之策突厥是已。突厥擁衆十五萬寇并州，鄭元璹欲與和，德彝曰：「不戰而和，示之以弱；擊之既勝而後與和，則恩威並著。」斯言也，知兵籌國，相時之善術也。唐之不能與突厥爭，始於劉文静之失策，召之入而爲之屈，權一失而弗能速挽矣。中國初定而突厥席安，名有可挾，機有可乘，唐安能遽與突厥爭勝哉？然當百戰之餘，人猶習戰，故屢挫於劉黑闥而無朒縮之心，則與戰而勝可決也，所難者鋭氣盡於一戰而繼此則疲耳。奮起以亟爭而藏拙於不再，速與戰而速與和，則李神符、蕭顗之功必成，而鄭元璹之説必讎矣。

夫夷狄者，不戰而未可與和者也，犬縶項而後馴，蛇去齒而後柔者也。以戰先之，所以和也；以和縻之，所以戰也。惜乎唐之能用戰以和，而不用和以戰耳。知此則秦檜之謀與岳飛可相輔以制女直，而激爲兩不相協以偏重於和，飛亦過矣。抗必不可和之説而和者之言益固，然後墮其所以戰而一恃於和，宋乃以不振而迄於亡。非飛之戰，檜亦安能和也；然則有檜之和，亦何妨於飛之戰哉？戰與和兩用則成，偏用則敗，此中國制夷之上算也。夫夷狄者詐之而不爲不信，乘之而不爲不義者也，期於遠其害而已矣。

八　唐初官制

唐初定官制，三公總大政於上，六省典機務於中，九寺分庶政於下。其後沿革不一，而建國之規模於此始基之矣。一代興，立一代之制，或相師或相駁，乃其大要，分與合而已。周建六官，純乎分也，秦統以一相一尉而合，漢承之而始任丞相，後任大將軍，專合於一，而分職者咸聽命焉。唐初之制，三公六省與九寺之數相匹，所重在合，而所輕在分。於九寺之上制之以六省，六省之上涖之以三公，統攝之者層纍相仍，而分治者奉行而已，長短以時移，得失各有居也。然而唐多能臣，前有漢後有宋，皆所不逮，則勸獎人才以詳治理，唐之斟酌於周者，非不審也。

國家之務，要不出於周之六官，分其事而各專其職，所以求詳於名實也。因名責實，因實課功，無所諉而各效其當爲，此綜核之要術也。然而有未盡善者存焉，官各有司，司各有典，典各有常，而王之聽治，綜其實，副其名，求無過而止。因循相襲，以例爲師，苟求無失，而敬天勤民、對時育物、揚清激濁、移風善俗之精意無與消息以變通之。實可稽也，不必其順乎理；名可副也，不必其協於實。於是而任國家之大政者且如府史之飾文具以求免譴，相爲緣飾以報最於一人之聽覩，而人亦不樂盡其才。故周制使冢宰統六典以合治之，而冢宰既有分司，又兼五典，則大略不失，亦不能於文具之外，斟酌人情物理、天時事變之宜，與賢不肖操心同異之隱，以求詳於法外。自非周公之才，亦畫諾坐嘯而已。於是而知唐初之制未嘗不善也。

六省者皆非有執守者也，而周知九寺之司；三公者雖各有統也，而兼領六省之治。九寺各以其職循官守、副期會、依成法以奉行，而得失之衡、短長之度，彼此相參以互濟。與夫清濁異心，忠佞異志，略形迹以求真實之利病，則既以六省秉道而酌之，又有三公持綱而定之，互相融會以求實濟於宗社生民之遠圖。豈循名按實、緣飾故例以苟免於廢弛之誅者所能允協於宗社生民之大計哉？故責名實於分者，詳於法而略於理；重辨定於合者，法或略而理必詳。不責人以守法拘文之故轍而才可盡，能會通於度彼參此之得失而智日生。於是乎人勸於天下之務而恥爲塗飾，以下委於諳習法律之胥史，致令天下成一木偶衣冠、官廚酒食之吏治，則唐之多能臣也，其初制固善也。

夫郡縣之天下，其治九州也，天子者一人也。出納無諷議之廣，折中無論道之司，以一人之耳目心思臨六典分司之煩冗，即有爲之代理者，一二相臣而止，幾何不以拘文塞責、養天下於痿痹，而大姦巨猾之胥史得以其文亡害者制宗社生民之命乎？國家之事如指臂之無分體也，夫人之才如兩目之互用，交相映而合爲一見也。取一體而分責之，無所合以相濟，將司農不知司馬之緩急，司馬不知司農之有無，競於廷而債於邊，所必然者。刑與禮爭而教衰，撫字與催科異而政亂，事無以成，民無以靖，是猶鼻不擇味，口不擇香，背擁重纊而不恤胸之寒，雖有長才，徒爲太息，固將翱翔於文酒琴弈之中，而不肖者持禄容身，不復知有清議。賢愚無別，誰復戮力以勤王事哉？是故三公六省無專職而盡聞國政以佐天子之不逮，國多才臣而雖危不亡，唐之所以立國二百餘年，有失國之君而國終存，高祖之立法持之也。

後世合六官而聞政者，臺省也，乃職在糾參，則議論失平而無先事之裁審；聯六官而佐治者，寺監也，乃仰承六官，則任愈析而專一職之節文。故言愈棼而才愈困。鑒古酌今以通天下之志而成其務，非循名責實、泥已迹者之所與知久矣。

九　初定均田租庸調法

租庸調之法，拓拔氏始之，至唐初而定。户賦田百畝，所輸之租粟二石，其輕莫以過也；調隨土宜，庸役兩旬，不役則輸絹六丈。重之於調、庸而輕之於粟，三代以下郡縣之天下，取民之制，酌情度理，適用宜民，斯爲較得矣。

地之有稼穡也，天地所以給斯人之養者也。人之戴君而胥匡以生也，御其害，協其居，坊其彊以淫，撫其弱以萎。君子既勞心以治人，則有力可勞者當爲之效也。地產之有餘者，桑麻金錫茶漆竹木椶葦之屬，人不必待以生，而或不勞而多獲以資人君爲民立國、經理綢繆之用，固當即取於民以用者也。酌之情，度之理，租不可不輕而庸、調無嫌於重，豈非君以養民、民以奉公之大義乎？故曰：「明君貴五穀。」穀者，民生死之大司也。箕斂以聚之上，紅朽盈而多豢不耕之人，下及於犬馬，則賤矣。開民之利，勸之以耕，使裕於養而流通其餘以供日用之需，所以貴之也。示民以不愛其力以事上而重愛其粟，雖君上而不輕與，則貴之也至矣。故惟重之於庸而輕之於租，民乃知耕之爲利，雖不耕而不容偷窳以免役，於是天下無閒田而田無鹵莽。耕亦征也，不耕亦征也，其不勸於耕者鮮矣。

且按唐開元户數凡九百六十一萬九千有奇，户租二石，爲租千九百二十三萬有奇，以萬曆清丈所定夏秋税糧二千六百六十三萬有奇較之，其差無幾也。田百畝而租二石，幾百而取一矣，而可給二百二十萬人之食以饟兵而不止三年之餘一。粟之取也薄而庸、調之取絹綿土物也廣，則官吏胥役百工之給皆以庸、調之所輸給之，使求粟以贍其俯仰，皆出貨賄以雠糴於農民，而耕者鹽酪醫藥昏喪之用，粟不死而貨賄不騰。調、庸之職貢一定於户口而不移，勿問田之有無而責之不貸，則逐末者無所逃於溥天率土之下以嫁苦於農人。傜不因田而始有，租以薄取而易輸，汙吏猾胥無可求多於阡陌，則人抑視田爲有利無害之資，自不折入於彊豪以役耕夫而恣取其半。以此計之，唐之民固中天以後樂利之民也。此法廢而後民不適有生，田盡入於彊豪而不可止矣。

役其人，不私其土，天之制也；用其有餘之力，不奪其勤耕之獲，道之中也；效其土物之貢，不斂其待命之粟，情之順也；耕者無虐取之憂，不耕者無幸逃之利，義之正也。若夫三代之制，田税十一，而二十取一，孟子斥之爲小貉，何也？三代沿上古之封建，國小而君多，聘享征伐一取之田，蓋積數千年之困斂，而暴君横取無異於今川、廣之土司，吸齕其部民，使鵠面鳩形，衣百結而食草木。三代聖王無能疾出其民於水火，爲撙節焉以漸蘇其生命，十一者，先王不得已之爲也。且天子之畿，東西南北之相距，五百里而已，舟車之輓運，旬日而往還；侯國百里之封，居五十里之中，可旦輸而夕返。今合四海以供一王而饋餫周於遠塞，使輸十一於京邊，萬里之勞，民之死者十九，而誰以軀命殉一頃之荒瘠乎？弗獲已而折色輕齎之制以稍寬之，乃粟之貴賤無恒而定之以一切之準，墨吏抑盡廢本色，於就近支銷而厚取其值，且使賤糴以應非時之誅求，自非姦詭豪彊，未有敢名田爲己有者。若且不察而十一征之，誰爲此至不仁之言曰中正之制以勦絶生民之命乎？

乃若唐之庸，重矣，以後世困農而恣游民之逋役則重也，以較三代則尤輕。古者七十二井而出長轂一乘，步卒七十二人，九百畝而一人爲兵。畝百步耳，九百畝今之四百畝而不足也。以中則準之，凡糧二十石有奇而出一兵，無歲不征，無年不戰，死傷道殞，復補伍於一井之中。唐府兵之未盡革也，求兵於免租免庸之夫，且讀杜甫《無家》、《垂老》、《新婚》三别之詩，千古猶爲墮淚，則三代之民其死亡流離於鋒矢之下亦慘矣哉！抑且君行師從，卿行旅從，狩覲、會盟、聘問、逆女、會葬乃至遊觀、畋獵，皆奔走千百之耕夫於道路，暑暍凍瘃，飢渴勞敝而死者不知凡幾，而築城、穿池、營宫室、築苑囿之役不與焉。其視一歲之庸，一户數口而折絹六丈者，利害奚若也？論者不體三代聖王因時補救不得已之心，而猶曰十一取民、寓兵於農之可行於今也，不智而不仁，學焉而不思，亦忍矣哉！後王參古以宜民，唐室租庸調畫一仁民之法，即有損益，無可廢矣。

十　張鎮周都督本州

古者士各仕於其國，諸侯私其土、私其

人，既禁士之外徙，而羈旅之臣，新君有其情不固之疑，三代聖王欲易之而不能也。乃其爲卿大夫者類以族升，則役於相習之名分，而民帖然以受治。農之子恒爲農，雖有儁才，觖望之情不生，賞罰施於比鄰而恩怨不起。乃逮周之季，世禄之家迭相盛衰，於是陳、鮑、高、國、欒、郤、趙、范且疑忌積而起尋戈矛，兄弟姻亞互修怨於顧盼之閒而蹀血覆宗，亦人倫之大戮矣。法與情不兩立，亦不可偏廢者也。閭井相比，婚媾相連，一旦乘權居位而逮繫之，鞭笞之，甚且按法以誅戮之，憯焉不恤，曰「吾以奉國法也」，則是父子、昆弟、夫婦、朋友之恩義皆可假君臣之分誼以摧抑之，而五倫還自相賊矣。於是乎仁心牿喪而民競於權勢以相離散，非小禍也。若欲曲全恩義而骫法以伸私，則法抑亂而依倚以殃民者不可勝詰。然則除諸侯私土私人之弊政於九州混一之後，典鄉郡、刺鄉州、守鄉邑，其必不可，明矣。

張鎮周，舒州人也，爲其州都督，召親故酣飲十日，貽以金帛，泣與之别，曰：「今日得與故人歡飲，明日都督治百姓耳。」此何異優人登場，森然君臣父子之相臨，而歌舞既闋，相聚而食，相狎而笑邪？惻隱不行而羞惡之心亦澌滅盡矣。故官於其鄉，無一而可者也。君欲任賢以治民也，奚必其鄉；欲爲民以擇吏也，奚必其鄉之人；士出身事主而效於民也，又豈易地之無以自效？君不爲士謀安，士抑不自謀其安，致法與情之兩掣，甚矣，其昧於理也！韓魏公以守鄉郡而養老，亦朱買臣衣繡之榮耳，況如鎮周之加刑罰於父老子弟而憯莫之恤乎？

十一　建成世民之廢立

謂高祖之立建成爲得適長之禮者，非也。立子以適長，此嗣有天下，太子諸王皆生長深宫，天顯之序不可以寵嬖亂也。初有天下而創制自己，以賢以功，爲天下而得人，作君師以佑下民，不可以守法之例例之矣。抑謂高祖宜置建成而立世民者，亦非也。❶睿宗舍宋王成器而立隆基，討賊后以靖國家，隆基自冒險爲之，事成乃奉睿宗以正位，睿宗初不與聞，而况宋王？則宋王固辭而睿宗決策，可也。太原之起雖繇秦王，而建成分將以嚮長安，功雖不逮，固協謀而戮力與偕矣。同事而年抑長，且建成亦錚錚自立，非若隋太子勇之失德章聞也，高祖又惡得而廢之？故高祖之處此難矣，非直難也，誠無以處之，智者不能爲之辯，❷勇者不能爲之決也。君子且無以處此，而奚翅高祖？

處此而無難者，其唯聖人乎？泰伯之成其至德者，豈徒其仁孝之得於天者厚乎？太王、姜女以仁敬孝慈、敦彝倫修内教於宫中者，其養之也久矣。《詩》之頌王季也，曰「則友其兄」。王季固不以得國而易其兄弟之歡也。王季無得國之心而泰伯可成其三讓之美，一門之内，人修君子長者之行而静以聽夫天命。故王季得國，猶未得也；泰伯辭國，猶未辭也。内教修而禮讓興，讓者得仁而受者無疑於失義。邠人之稱太王，曰「仁人也」。豈一朝一夕之故哉？

唐高祖之守太原，縱酒納賄以自薉，宫

❶「亦」，原作「抑」，今據邵陽曾氏抄本改。
❷「辯」，邵陽曾氏抄本作「辨」。

人私侍而嘗試生死以殉其嗜欲，則秦王矯舉以奮興，一唯其才之可以大有爲而馳騁俠烈之氣，蕩其天性，固無名義之可繫其心，建成尤劣焉而以望三后忠厚開國之休，使遜心以聽高祖之命，其可得乎？高祖之不能式穀其子既如此矣，而所左右後先者又行險徼幸若裴寂之流而已。東宮、天策士各以所知遇爲私人，目不覩慈懿之士，耳不聞孝友之言，導以争猜而亟奪其惻隱，高祖若木偶之尸位於上而無可如何，誠哉其無可如何也！源之不清，其流孰能澄汰哉？

後世之不足以法三代者，此也，非井田封建飾文具以强民之謂也。王之所以王、霸之所以霸、聖之所以聖、賊之所以賊，反身而誠，不言而喻。保爾子孫，寧爾邦家，豈他求之哉？自非聖人，未有能免於禍亂者。立適之法、與賢之權皆足以召亂，況井田封建之畫地爲守者乎？

十二　魏徵王珪不能早辭宫僚

魏徵、王珪必死於建成之難乎？曰：未見其可也。事太宗而效忠焉，有以異於管仲之相桓公乎？曰：有異焉而未爲殊異也。《傳》曰「食焉不辟其難」，非至論也。君子之身，天植之，親生之。生死者，名義之所維、性情之所主，而僅以殉食乎？君臣之義，生於性者也。性不隨物以遷，君一而已，猶父之不可有二也。管仲，齊之臣，齊侯其君也；徵、珪，唐之臣，高祖其君也。仲之事子糾，齊侯命之；徵、珪之事太子，高祖命之。天之所秩、性之所安、義之所承，君一而已。即以食論，仲食齊侯之食，徵、珪食高祖之食，子糾、建成弗與焉，而況君子之死必不以殉食乎？故無知者，齊襄之賊，管仲不共戴天之讎也。使唐高而蒙篡弒之禍，徵、珪有死有亡，而必不可一日立於其廷，子糾、建成君臣之分未定，奚足爲之死邪？爲之死，是一日而有二君矣。胥爲君之子也，或廢或立，君主之，當國之大臣引經衷道以裁之，爲宮僚者不得以所事者爲適主而隨之以争。❶君建成以長，世民以功，兩俱有可立之道。君命我以事彼則事彼而已矣，君命我以事此則事此而已矣。高祖初未嘗以苟息之任任徵與珪，使以死拒世民也，則建成死，高祖立世民爲太子，非敵國也，非君讎也，改而事之，無傷乎義，無損乎仁，奚爲其不可哉？

然則徵、珪之有異於管仲者，何也？襄公弒，糾與小白出亡於外，入而討賊，不幸而兄弟争，仲之所不謀也。子糾敗，仲囚於魯，桓公釋之而使相，仲未嘗就公求免以自試也。建成、世民之含毒以争久矣，知其必有蹀血宮門之慘，不能弭止其慝，抑不能辭宮僚以去之，欲徼幸以觀變，二子之志偷矣。太子死，遽即秦王而請見，尤義之所不許也，斯則其不得與管仲均者也。夫魏徵起於群盗之中，幸自拔以歸唐，功名之士耳。「介於石，不終日」，而後可以知幾，亦惡足以及此哉？

太宗

一　魏徵謂隋煬自恃雋才

《書》曰：「能自得師者王，謂人莫己若者亡。」夫人即喪心失志、迷惑之尤者，長短、

❶「主」，原作「王」，今據邵陽曾氏抄本改。

虚實、大小、有無、清濁、得失、明暗皎然分晝於前，知則知之，能則能之，眇者窮於視，跛者困於趨，惡得誣其心之所未喻而謂多聞善慮者之不若己哉？ 然則謂人不己若者，抑實有不己若者在也。 太宗曰：「煬帝文辭奥博，是堯舜，非桀紂，行事何其相反？」魏徵曰：「恃其儁才，驕矜自困，以至覆亡。」然則煬帝之奥博固有高出於群臣之上者，不己若誠不若己矣，而人言又惡足以警之哉？

夫人主之怙過也，有以高居自逸而拒諫者矣，有以憑勢淩人而拒諫者矣。 然忠直之士卓然不撓，雖斥竄誅夷而不恤以言黜，而暴君不能奪其理，則身雖詘而道固伸也。 且恃位而驕、恃威而横，浮氣外張而中藏恧縮，迨乎虚憍稍息，追憶前非，固將曰： 是吾所不知不能而終不可誣者也，則諫者之言或悔而見庸矣。 唯夫多聞廣識而給於辯者知是其所是而非其所非，則言者不憚其威而憚其小有才之辯慧。 言之大則以爲誇也，言之切則以爲隘也。 察情審理，擬議窮年，而彼已一覽而見謂無餘；引古證今，依類長言，而時或旁徵之有誤。 則自非明燭天日，斷若雷霆者，恒惴惴焉恐言出而反爲所折，抱忠而前，括囊而退者十且八九矣。

且夫堯舜之是，彼且是之矣，吾惡得以堯舜進之；桀紂之非，彼且非之矣，吾惡得以桀紂戒之？ 彼固曰：使我而爲人臣以稱説于人主，吾之琅琅鑿鑿以敷陳者，更辯於此也，彼誠不我若而愛我若父、責我若子，爲笑而已矣。 天下雖大，賢人君子雖衆，誰肯以强智多聞見屈於我而不捫舌以自免於辱乎？ 故人不己若，危亡之媒也，謂人不己若而其危亡必矣。 太宗君臣之知此也，是以興也。不然，太宗之才，當時之臣無有能相項背者，唯予言而莫違，亦何所不可乎？

嗚呼，豈徒人主哉？士而賢智多聞，當世固出其下，則欲以取擇善之益也難矣。「以能問於不能，以多問於寡」，顔子之所以大也。雖然，人知其能與多矣，問之雖勤，且欲告而中訥，則問爲虚設而衹益其驕。惟若無若虚之情發於不容已而問必以誠，然後人相忘於寡與不能以昌言而不怯。太宗之問孔穎達也，幾知學矣，乃固以多能有實自居而矜其能問，亦何足以測顔子之心哉？孔穎達不能推極隱微以格君心，太宗之驕所繇未戢也。

二　太宗從封德彝言不勞百姓以養宗族

宗室人才之盛，未有如唐者也；天子之保全支庶而無猜無戕，亦未有如唐者也。蓋太宗之所以處之者得其理矣。高祖欲彊宗室以鎮天下，三從昆弟之屬皆封王爵，使循是而不改，則貴而驕，富而溢，邪佞之士利賴之而導以放恣，欲彊之，適以貽其災而必至於弱，晉宋之所以自相戕滅而終於孤立也。太宗從封德彝之言而曰天子養百姓，豈勞百姓以養己之宗族乎？以公天下者，即以安本支而勸進其賢能。德彝，佞人也，於此而幾乎道矣。

爲天子之懿親，妾媵廣，生養遂，不患其不蕃衍也；遠於十姓百家雞犬錐刀之鄙猥，不患其無可造之材也。而彊慧者得勢而狂，願樸者温飽而自廢，於是乎非若劉濞、司馬倫之自斃以亡，則菽麥不分如圈豚之待飼而已矣。夫節其位禄之數，登之仕進之塗，既免於槁項無聞之憂，抑獎之於德業文章、吏治武略之美，使與天下之英賢彙進而無所崇替，固將蒸蒸勸進而爲多士之領袖以藩衛天家。故唐宗室之英，相者將者、牧方州守望郡者臻臻並起而恥以紈袴自居，亦無有夢天吠日、覬大寶而干甸師之辟者。施及於今，隴西之族猶盛焉，不亦休乎？孟子曰：「親之欲其貴也，愛之欲其富也。」富貴者，其可以非所宜而長有之乎？制之有等、授之有道，而後欲貴者之果能貴，欲富者之果能富也，義之至，仁之盡也，大公行而私恩亦遂矣。

然則周道親親而文昭武穆，施及邢、茅、蔣、胙與畢、召之裔皆分茅土，豈非道與？曰：此武王、周公定天下之微權而千古之未喻者也。古之天下，人自爲君，君自爲國，百里而外，若異域焉，治異政，教異尚，刑異法，賦斂惟其輕重，人民唯其刑殺，好則相昵，惡則相攻，萬其國者萬其心而生民之困極矣，堯舜禹湯弗能易也。至殷之末殆窮則必變之時而猶未可驟革於一朝，故周大封同姓而益展其疆域，割天下之半而歸之姬氏之子孫，則漸有合一之勢。而後世郡縣一王，亦緣此以漸統壹於大同，然後風教日趨於畫一而生民之困亦以少衰。

故孔孟之言治詳矣，未嘗一以上古萬國之制欲行於周末，則亦灼見武王、周公綏靖天下之大權，而知丘民之欲在此而不在彼。以一姓分天下之半而天下之瓦合萍散者漸就於合，故孟子曰「定於一」。大封同姓者未可即一，而漸一之也。春秋之戰亟矣，而晉、魯、衛、蔡、曹、滕之自相攻也鮮，即相攻而無掬指舟中、焚茨侵海之虐。當其時，異姓庶姓猶錯立於外而同姓者不能絕援以自戕，此周之所以親親。而親親者非徒親也，實以一姓之興定一王之禮制，廣施於四海而漸革其封殖自私、戕民搆亂之荼毒也。

至於漢，六國廢，韓、彭誅，而欲以周道行之，則七國、衡山、淮南之禍，骨肉喋血而不容已。然則人主即欲建本支以鎮天下，亦無如節其位禄、奬其仕進、公其黜陟之足以育才勸善，而祐子孫之令祚以鞏固維城，奚必侈予以棧櫪之豢養，假借以優俳之衮黼，使之或僨而狂，或茸而萎哉？鄧禹享大國之封，且使諸子各分一藝以自立，曾有天下者以公天下爲道，將使人競於姱修而授子孫以沈溺之具，亦仁過而流於不仁矣。是故親親之殺與尊賢互用而相成，唯唐爲得之，宜其宗室之多才，獨盛於今古也。

三　諫官隨宰相入閣議事非永制

太宗制諫官隨宰相入閣議事，故當時言無不盡而治得其理。然則以是爲盡聽言行政之理乎？抑有未盡然者。治惟其人，不惟其法。以王珪、魏徵爲諫議大夫，房玄齡、杜如晦爲宰相，而太宗之明足以折中群論而從違不爽，則可矣。必恃此以立爲永制，又奚可乎？命官圖治之道，莫大乎官各明其守而政各任於其人。庶務分治於六官，其屬詳其目，其長持其綱，皆有成憲之可準也。或舉或廢或倚法而挾姦私，或因時而爲斟酌，各以其所效之成能爲得失。然而有待於天子宰相之裁成者，則太宗之制，令五品以上更宿内省以待訪問，固善術也。下有利病得達於上而上得詰其勤怠公私以制其欺，若夫小有過誤，則包含教戒而俟其改。如使諫官毛舉細過以相糾，則大體失而爭黨起於細微，亂世之所以言愈棼而事愈圮也。

宰相者，外統六官，内匡君德，而持可久可大之衡以貞常而馭變者也。君心之所自正、國體之所自立、國本之所自固、民生之所自安，非宏通於四海萬民數百年之規而不役於一時之利病者，不足以勝其任。故古者三公論道，所論者道耳，不能與任氣敢言之士爭一言一事之可否。而論道於君，抑不在摘人閒細政，繩舉動之小愆，發深宮之纖過以與君競，徒自媟而與天子不親。故與諫官同者未必是，而其異者未必非也。詭隨諫官而避其彈射，則可以應一事而不可以規大全；逆折諫官而伸其獨見，則幾事不密而失其正色立朝之度。若夫宰相而果懷私以病國，固諫官所必抗正以爭，而非可使與辯訟於一堂，競偶然之得失者也。

夫諫官職在諫矣，諫者，諫君者也。徵聲逐色，奬諛斥忠，好利喜功，狎小人，耽逸豫，一有其幾而必犯顏以諍。大臣不道，誤國妨賢，導主賊民，而君偏任之，則直糾之而無隱。若夫群執事之修墜，則六官之長覈其成，執憲之臣督其失，宰相與天子總大綱以裁其正，初不藉諫官之毛舉鷙擊、搜剔苛求以矜辨察。老成熟慮之訏謨，非繁稱曲說、矯舉異同於俄頃者所可詫風裁以決定者也。

故天子誠廣聽以求治，則宰相有坐論之時，群臣有待問之時，諫官有請對之時，而不可有聚訟一堂、道謀築舍之時。官各有其守，政各任其人，分理而兼聽之，惟上之虛衷以廣益，豈立一成法以啓爭端，可爲不易之經乎？

四　旱蝗赦非仁

旱飢而赦，以是仁民，非所以仁之也。太宗曰：「赦者小人之幸，君子之不幸。」亦既知之矣，而貞觀二年以旱赦天下，信道不篤，知不可而復爲，非君師之道矣。

夫赦亦有時焉而可者，夷狄盜賊僭據上國，蚩蚩之氓脅從以徼幸，上不能固保其民，使群陷於逆，則盪滌而矜全之可耳。旱飢之民流離道殣者類不能爲姦惡，而姦惡之徒雖旱飢而固不至於餒瘠者也。如曰衣食不足而非僻以起，則夫犯者在未飢以前，固非爲飢所迫而奚所恤哉？省囚繫以疏冤滯，宥過誤以恤惷愚，止訟獄以專農務，則君上應行之政無歲不宜而不待旱飢。至於旱飢之歲，豪民擅粟以掠市子女，遊民結黨以彊要糴貸，甚且競起爲盜以攘殺愿懦。非法不懲，非刑不戢，而更縱不軌之徒，使無所創艾以横行郊邑，又豈非凶年之大蠹哉？

蠲逋欠減租庸，所以救荒也。困於徵輸者，樸民也。蠲免與赦罪並行於一紙，則等樸民於姦宄，名不正、實不符，亦重辱吾衽席之赤子矣。不雜赦罪之令於蠲租之詔，尤人君扶正人心之大權。而時君不察，曰「以此答上天好生之心」，天其樂佑此頑民以賊凋零之孑遺乎？體天心以達民隱，非市恩之俗吏所得與焉，久矣。

五　駁正當設於雜判既陳宰相方審敕旨未下之際

唐制：軍國大事，中書舍人各陳所見，謂之五花判事，而宰相審之，此會議之始也；敕旨既下，給事中、黄門侍郎駁正之，則抄參封駁之始也。夫六官之長貳各帥其屬、庀其事以待軍國之用，乃非體國如家者，則各炫所長、匿所短，互相推移而避其咎。使無總攝而通計之者，將飾文具以應，而不恤國事之疏以傾也。此不可聽庶司之汎應而無與折中之者也。統之以宰相，而推諉自私之弊去矣。然宰相之賢者且慮有未至而見有或偏，不肖者之專私無論也。先以中舍之雜判，盡群謀以迪其未達而公論以伸，則益以集而權弗能擅，其失者庶乎鮮矣。猶且於既審之餘，有給事之駁正以隨其後，於是而宰相之違以塞而人主之愆以繩，斯治道之至密而恃以得理者也。

雖然，雜判者，陳於其先也；駁正者，施於其後也。中舍之議已集、宰相之審已定，始起而駁之，自非公忠無我之大臣、純白知通之給諫，參差相左而給事與宰相爭權，則議論多、朋黨興而國是以亂。然則駁正之制當設於雜判陳而宰相方審、敕旨未下之際以酌至當之宜，是非未著而從違皆易，斯群臣之能盡而宰相之體不傷。唯公議已允而宰相中變以舞法者，然後給事封還而駁正之，不尤可達人情、定國是而全和衷之美乎？太宗謂王珪曰：「論難往來，務求至當。舍己從人，亦復何傷？或護己短，遂成怨隙。」蓋慮此矣。立法欲其徹乎賢不肖而俱可守，法不精研而望人之能舍己從人也，亦不可得之數已。中舍各抒所見而給事折之以從違，宰相持衡而斷之，天子裁成以行之，合人心於協一而宮省息交競之情，事理得執中之用，酌古鑒今，斯可久之良法與？

近世會議偏及九卿而唐之雜判專於中舍，其得失也孰愈？夫九卿，各有典司者也，既與其屬參議其所修之職以待舉行，固有一成之見而執爲不可易者，假有大兵大役，司馬、司空務求其功之成，而司農務求其用之省，則其不相協而異同競矣。唐宋之給舍皆歷中外、通衆理而待枚卜之選者也，兼知盈詘成敗之數以酌時之所可行，則彼此不相妨而以相濟，雜判而駁正之足矣，何用詢及專司之官以生囂訟哉？ 如有議成敕下而九卿不可奉行者，自可復陳利病以更爲酌改，無容於廟議未審之前豫爲異論以相掣。國事之所繇定，惟其綱紀立以一人心而已。會議者，大臣免咎之陋術，其何利之有焉？至於登進大臣、參酌大法、裁定大禮，則惟天子之乾斷與宰相之贊襄，而參以給舍之清議，六官各守其典章而不可有越位侵官之妄。如使采紛呶之説，以模稜而求兩可，則大臣偷，群臣競，朋黨興，機密洩，其弊可勝言哉？

不周知天下之務，不足以決一事之成，宰相給舍無所偏私，以周知爲道者也；不消弭人情之競，不可以定國事之衡，雜判駁正慎之於前而畫一必行於後，議論雖詳而不至於争競者也。 太宗曰：「或成怨隙，或避私怨，順一人之情，爲兆民之患，亡國之政，煬帝之世是也。」斯言韙矣。

六　太宗善於論治而斁倫虧德

讀太宗論治之言，我不敢知曰堯、舜之止此也，以視成湯、武王，其相去無幾矣。乃其斁彝倫，虧至德，雜用賢姦，從欲規利，終無以自克而成乎大疵。讀史者鑒之，可以知治，可以知德，可以知學矣。

氣者，發以噓物而斂以自攝其心者也。聞見之善啓其聰明而隨氣以發斂，其發也，泄其藏以加於物。❶ 故言者所以正人，而非以正己也。己有餘而不忍物之不足，則出其聰明以迪天下之昏翳而矯之以正。子不忍

❶「泄」，邵陽曾氏抄本作「洩」。

於父，臣不忍於君，士不忍於友，聖人君子道不行而不忍於天下後世，於是而言之功大矣。若夫受天命作君師，臣民之責，服於躬、載於一心，則斂氣以攝聰明而持天下於心以建中和之極，故曰：「湯、武，身之也。」身正而天下正，不以言也。故《仲虺之誥》，仲虺言之也；《咸有一德》，伊尹言之也；《旅獒》，召公言之也；《無逸》，周公言之也：而湯、武無言以自鳴其道而詔群臣。推而上之，大禹、皋陶、益、稷各盡言以進堯、舜，而堯、舜執中之訓迨及倦勤遜位之日，道不在己而後以詔舜、禹。然則堯、舜惟不忍於後世，禹、皋、益、稷、伊、萊、周、召惟不忍於君而不容已於言。下此者雖躬行未逮而進忠於上，亦不必以言過其行責之，其忠也即其行也。今太宗之言非堯、舜、湯、武之言，而伊、萊、周、召之言也。任堯、舜、湯、武之任而奪伊、萊、周、召之言以爲己言，則下且何言之可進？而聞善之路窮。蓋太宗者，聰明溢於聞見而氣不守中，以動而見長者也。其外侈，其中枵，其氣散，其神瞀，其精竭，其心馳，迨乎彝倫之攸斁、至德之已虧，佞幸外熒，利欲内迫，而固無以自守，及其衰年而益以氾濫，所必然矣。

嗚呼，豈徒帝王爲然哉？自修之士，有見而亟言之，德不崇，心不精，王通之所以不得爲真儒也。況揚雄、韓愈之利欲熏心者乎？故《魯論》之言言也，曰慎、曰後從、曰訥、曰訒、曰恥、曰怍。聖狂之辨辨於筆舌，可畏也哉？

七　突厥既亡太宗命安撫西突厥種落

夷狄之勢，一盛一衰，必然之數也。當其衰而幸之，忘其且盛而無以御之，故禍發而不可止。夫既有其土則必有其人以居之，居之者必自求君長以相保，相保有餘而必盛，未有數千里之土曠之百年而無人保之者也。已盛者而已衰矣，其後之能復盛者鮮矣。而地已曠，人必依之，有異族、有異類，而無異土。衰者已衰，不足慮也，繼之以人，依其土而有之，則族殊類異而其偪處我邊徼也同。突厥之盛，至頡利而衰，既分爲二，不能相比，於是乎突厥以亡，迄於五代而遂絶。夫豈特夷狄爲然哉？五帝三王之明德，漢唐宋之混一，❶今其子孫僅存者不再興而君天下者不一姓，況恃彊不逞之部落乎？

夫其人衰矣亡矣，其土則猶故也。天不能不爲之生種姓，地不能不爲之長水草，後起者不能戢止其戎心。曾無慮此，而可以其一族之衰爲中國幸邪？其族衰，其地無主，則必更有他族乘虛而潛滋暗長於灌莽之中。故唐自貞觀以後，突厥之禍漸息矣而吐蕃之害方興，繼之以契丹，皆突厥兩部之域也。頡利禽而御樓受俘，❷君臣交慶，其果以是爲中國永安之祚哉？

西突厥種落散在伊吾，太宗命李大亮安撫之，貯糧磧口以賑之，未嘗非策也。而大亮之不奉行也，何居？施之以德者，制之以威也。已衰者，存之不足爲憂。存已衰者，則方興者不能乘無主以擅其地，則前患息而後釁可弭。盛衰之形，我得而知，而無潛滋暗長之禍，雖暫勞暫費，而以視糜財毒衆以守邊、割地納賄以丐免，其利害奚若邪？株守安内之説爲訏謨，豈久遠之大計哉？

❶「王」，邵陽曾氏抄本誤作「工」。

❷「禽」，邵陽曾氏抄本作「擒」。

偉哉，其爲通論已！

八 魏徵淳澆之論

魏徵之折封德彝曰：「若謂古人淳樸，漸至澆譌，則至於今日，當悉化爲鬼魅矣。」偉哉，其爲通論已！

立說者之患，莫大乎忿疾一時之流俗，激而爲不必然之慮，以鄙夷天地之生人而自任以矯異，於是刻覈寡恩成乎心而刑名之術利用以損天地之和。荀卿性惡之說，一傳而爲李斯，職此故也。且夫樂道古而爲過情之美稱者，以其上之仁而羨其下之順，以賢者匡正之德而被不肖者以淳厚之名。使能揆之以理，察之以情，取僅見之傳聞而設身易地以求其實，則堯舜以前，夏商之季，其民之淳澆、貞淫、剛柔、愚明之固然，亦無不有如躬閱者矣。唯其澆而不淳、淫而不貞、柔而疲、剛而悍、愚而頑、明而詐也，是以堯舜之德、湯武之功以於變而移易之者，大造於彝倫，輔相乎天地。若其編氓之皆善邪？則帝王之功德亦微矣。

唐虞以前無得而詳考也，然衣裳未正，五品未清，昏姻未別，喪祭未修，狉狉獉獉，人之異於禽獸無幾也。故孟子曰：「庶民去之，君子存之。」舜之明倫察物，存唐虞之民所去也。同氣之中而有象，況天下乎？若夫三代之季，尤歷歷可徵焉。當紂之世，朝歌之沈酗、南國之淫奔，亦孔醜矣。數紂之罪曰「爲逋逃萃淵藪」，皆臣叛其君、子叛其父之梟與豺也。至於春秋之世，弒君者三十三，弒父者三，卿大夫之父子相夷、兄弟相殺、姻黨相滅，無國無歲而無之。蒸報無忌，黷貨無厭，日盛於朝野，孔子成《春秋》而亂賊始懼，刪《詩》《書》、定禮樂而道術始明。

然則治唐虞三代之民難，而治後世之民易，亦較然矣。

封德彝曰：「三代以還，人漸澆譌。」象、鯀、共、驩、飛廉、惡來、楚商臣、蔡般、許止、齊慶封、魯僑如、晋智伯豈秦漢以下之民乎？子曰：「斯民也，三代之所以直道而行也。」春秋之民無以異於三代之始。帝王經理之餘，孔子垂訓之後，民固不乏敗類，而視唐虞三代帝王初興、政教未孚之日，其愈也多矣。戰國之末，諸侯狂逞，辯士邪誣，民不知有天性之安而趨於澆，非民之固然也。秦政不知而疾之如寇，乃益以增民之離叛。五胡之後，元、高、宇文駤戾相踵以導民於澆，非民之固然也。隋文不知而防之若讎，乃益以增民之陷溺。逆廣嗣之，宣淫長佞，而後民爭爲盜。唐初略定，夙習未除，又豈民之固然哉？倫已明、禮已定、法已正之餘，民且願得一日之平康以復其性情之便，固非唐虞以前茹毛飲血、茫然於人道者比也。以太宗爲君，魏徵爲相，聊修仁義之文，而天下已帖然受治，施及四夷，解辮歸誠，不待堯舜湯武也。垂之十餘世而雖亂不亡，事半功倍，孰謂後世之天下難與言仁義哉？邵子分古今爲道、德、功、力之四會，帝王何促而霸統何長？霸之後又將奚若邪？泥古過高而菲薄方今以蔑生人之性，其説行而刑名威力之術進矣，君子奚取焉？腥風扇，民氣傷，民心之待治也尤急，起而爲之，如暑之望浴也，尤易於隋唐之際哉！

九　能受諫乃能諫人

太宗曰：「未能受諫，安能諫人？」此知本之論也。夫唯窮凶之主淫虐無擇，則雖以虛衷樂善之君子陳大公無我之言，而亦祗以危身。非此者，君之拒諫而遠君子，洵失德矣，諫者亦惡能自反而無咎哉？凡能極言以諫者，大抵其氣勝者也，自信其是而矜物以莫及，物莫能移者也。其氣勝則其情浮，自矜而物莫能移則其理窒。上以事君，下以涖衆，中以交於僚友，可其所可而否其所否，堅於獨行而不樂物之我違，唯如是也，乃以輕寵辱、忘死生而言之無忌。其賢者，有察理未精、達情未適之過，而執之也堅；其次則氣動而不收，言發而不止，攻異己而不遺餘力，以墮於娼忮而傷物已甚，則人主且窺其中藏，謂是嘵嘵者之但求利己也。其言不可奪而心固不爲之感，奚望轉石移山於片語乎？

惟虛則公，公則直；惟明則誠，誠則動。能自受諫者，所以虛其心而廣其明也，諫者之能此者鮮矣。事上接下，其理一也。君不受諫則令焉而臣民不從，臣不受諫，則言焉而天子不信。位不可恃，氣不可任，辯不可倚，理不可挾。平情好善、坦衷遜志者早有以動人主之敬愛而消僚友之疾忌，聖而周公，忠而孔明，用此道也。婞直予智，持一理以與當宁爭得失，自非舜禹以芻蕘之道待之，其不以啓朋黨而壞國是也，難矣哉！

十 魏徵馬周非能格君之大人

唯大人爲能格君心之非。君心之非亦易見也，所以格之者，天理民彝之顯道，人皆與知，亦易能也。然而斷之於大人之獨得而諫諍之臣不足與焉，於魏徵、馬周見之矣。君心無過而過在事，則德不足而言有當，下逮於工瞽而言無不效；若夫心則與心相取者也，心之有非，必厚自匿而求以勝物。進言者，其言是也，其人非也，其人雖無大非而心不能自信，於是則匿非求勝者將曰：旁觀而言之，吾亦能爲此言，試以此言於汝，汝固不受也。言還其言而心仍其心，交相譎而祇益其怨惡。如能隱忍以弗怨惡，足矣，奚望格哉？

唐太宗不恤高祖之温凊視膳，處之卑湫之大安宮而自如九成宮以避暑，嫁其女長樂公主，敕資送倍於長公主。此豈事之失哉？其憯不知恤者，仁孝忘於心也。馬周言之，魏徵言之，皆開陳天理民彝之顯教以思動其惻悱也。乃周言不聽，決駕以行；於徵之言，則入謀之長孫皇后而後勉從。使后而如獨孤、武、韋也，徵死矣。人自有父子，人自有兄弟，一念之蔽，忽焉不覺，直辭以啓之以自親其親，豈難知而難從者乎？而二子者，君所信受者也，卒不能得此於君，則其故可思矣。徵之起也，於群盜之中，事李密而去之，事隱太子而去之；周則挾策干主，餘於才而未聞其修能之自潔者也。以此而欲警人子之心於不容已之媿疚，奚可得哉？

夫大人者苟以其言格君心之隱慝，賢主樂之，中主媿之，庸主弗敢侮之，何至以太宗之可與言而斥爲田舍翁邪？不幸而遇暴主以殺身，亦比干之自靖自獻於先王而非滕口説以聽凶人之玩弄，豈易言哉？大人者正己而物正。己之正，非一旦一夕之功矣。

十一　太宗用權術縱囚

言治者而亟言權，非權也，上下相制以機械，互相操持而交讎其欺也。以儀、秦之狙詐行帝王之大法，亂奚得而弭，人心風俗奚得而不壞哉？王伽之詐也，與李參朋姦而徼隋文之賞，唐太宗師之以縱囚三百九十人，而三百九十人咸師參之智，如期就死。嗚呼，人理亡矣！好生惡死，人之情也，苟有可以得生者，無不用也。守硜硜之信，以死殉之，志士且躊躕而未決，況已蹈大辟之戮民乎？

太宗之世天下大定，道有使，州有刺史，縣有令尉，法令密而廬井定，民什伍以相保，宗族親戚比閭而處，北不可以走胡，南不可以走粵，因之縱者雖欲逋逸，抑誰爲之淵藪者？太宗持其必來之數以爲權，因亦操其必赦之心以爲券，縱而來歸，遂以侈其恩信之相孚，夫誰欺？欺天乎？夫三百九十人之中，非無至愚者不足以測太宗必赦之情而徼幸以逃，且當縱遣之時爲此駭異之舉，太宗以從諫聞，亦未聞法吏據法以廷争，則必太宗陰授其來歸則赦之旨於有司，使密諭所縱之囚，交相隱以相飾，傳之天下與來世，或驚爲盛治，或詑爲非常，皆其君民上下密用之機械所籠致而如拾者也。

古所未有者，必有妄也；人所争誇者，必其詐也。王道平平，言僻而行詭者不容於堯舜之世。蘇洵氏樂道之，曰「帝王之權」，惡烈於洪水矣。

十二　罪上封事者訐人細事

《傳》曰：「爲人君而不知《春秋》之義，前有讒而不見，後有賊而不知。」《春秋》之義，何義也？適庶明，長幼序，尊卑别，刑賞定，重農抑末，進賢遠姦，貴義賤利，端本清源，自治而物正之義也。知此則讒賊不足以逞，而違此者之爲讒賊，不待擿發而如觀火。

舍是乃求之告訐以知之，告讒告賊而不知告者之爲讒賊也，宜其迷惑失守，延讒賊於肘腋而以自危亡也。

人主明其義於上以進退大臣，大臣奉此義以正朝廷，朝廷飭此義以正郡邑，牧之有守令，覈之有觀察、採訪之使，裁之有執憲之大臣，苟義明而法正，姦頑不軌者惡足以恣行而無忌？即有之，亦隱伏於須臾而終必敗，奚事告訐乎？告訐興則賞罰之權全移於健訟之匹夫，而上何貴有君，下何貴有執憲之臣哉？

且夫爲人告訐者洵不道矣，而愿樸柔懦之民能奮起以與姦頑争死命者，百不得一也。非夫險詖無憚之徒，惡有暇日以察人之隱慝而持短長，操必勝之術以與官吏豪彊角逐？忘尊卑，輕禍福，背親戚，叛朋友，吏胥脅其長官，奴隸制其主伯，正《春秋》之義所斥爲讒賊，必杜絶其萌蘖者也。知其害而早絶之，則讒無不見，賊無不知，昭昭然揭日月以與天下相守於法紀，吞舟漏網之姦，其得容於政簡刑清之日者蓋亦寡矣。太宗曰：「朕開直言之路以利國也，上封事者訐人細事，當以讒人罪之。」而其時吏不殃民，民不犯上，韙矣哉！

十三　斥權萬紀請采銀

銀之爲用，自宋以上，用飾器服，與黄金珠玉等而未得與錢布粟帛通用於民閒。權萬紀請采銀宣、饒而太宗斥之，亦猶罷采珠以懲侈耳。後世官賦民用以銀爲主，錢布粟帛皆受重輕之命於銀。夫銀藏畜不蝕，錬鑠不減，藏之約而遠齎之也易，人習於便利，知千百年之無以能易之矣。則發山采礦無大損於民而厚利存焉，庸詎不可哉？然而大害存焉者，非庸人之所知也。

奚以明其然邪？銀之爲物也，固不若銅鐵爲械器之必需，而上類黄金，下同鉛、錫，亡足貴者。尊之以爲錢布粟帛之母而持其輕重之權，蓋出於一時之制，上下競奔走以趨之，殆於愚天下之人而蠱之也。故其物愈多而天下愈貧也。采之自上而禁下之采，則上積其盈以籠致耕夫紅女之絲粟，而財亟聚於上，民日貧餒而不自知。既以殫民之畜積矣，且大利之孔，未可以刑法禁塞之也。嚴禁民采，則刑殺日繁而終不可戢；若其不禁而任民之自采乎，則貪惰之民皆舍其穡事以徼幸於詭獲，而田之汙萊也積。且聚游民於山谷而唯力是視以取盈，則争殺興而亂必起。一旦山竭澤枯，游民不能解散，而亂必成。即幸不亂也，耕者桑者戮力所獲，養游民以博無用之物，銀日益而絲粟日銷，國不危，民不死，其奚待焉？自非參百年之終始以究利病者，奚足以察此哉？

嗚呼，自銀之用流行於天下，役粟帛而操錢之重輕也，天下之害不可訖矣！錢較粟帛而齎之輕矣、藏之約矣，銀較錢而更輕更約矣。吏之貪墨者，暮夜之投、歸裝之載，珠寶非易致之物，則銀其最便也，不然，汎舟驅車銜尾載道，雖不恤廉隅者不敢也；民之爲盗也，不能負石粟、持百縑，即以錢而力盡於十緡矣，穴而入、篋而胠者，其利薄，其刑重，非至亡賴者不爲，銀則十餘人而可挾萬金以去。近自成化以來，大河南北單騎一矢劫商旅者，俄頃而獲千緡之值。是銀之流行，汙吏箕斂、大盗晝攫之尤利也，爲毒於天下，豈不烈哉？無已，杜塞其采鍊之源而聽其暗耗，廣冶鑄以漸奪其權，而租税之入以本色爲主，遠不能致而後參之以錢，行之百年，使銀日匱而賤均鉛錫，將耕桑廣殖，墨吏有所止而盜賊可以戢，尚有瘥乎？

天地之産，難得而不易貿遷者，以安民於所止而裕之也；帝王之政，繁重而不取便安者，以息民之偷而節其溢也。旦斸諸山，夕煅諸冶，徑寸而足數十人之衣食，姦者逞，愿者削，召攘奪而棄本務，飢不可食、寒不可衣而走死天下者，唯銀也。采礦之禁惡可不嚴哉？權萬紀之削奪，有餘辜矣。

十四　太宗以府兵弱天下

貞觀十年定府兵之制，大約與秦隋銷兵、宋罷方鎮之意略同。府兵者，猶之乎無兵也，而特勞天下之農民於番上之中，是以不三十年，武氏以一婦人輕移唐祚於宮闈，李敬業死而天下靡然順之，無有敢伸義問者。非必無忠憤之思興，力不能也。唐之亂亟矣，未有三十年而無大亂者，非能如漢宋守成之代晏安長久也。非玄宗罷府兵，改軍制，則安史、懷恩、朱泚、河北、西川、淮、蔡之蠭起，唐久爲秦隋，惡能待懿、僖之昏亂，黄巢起而始亡哉？

府軍之制，散處天下，不論其風氣之柔剛，任爲兵與否也。多者千二百人，少者百人，星列碁布於隴畝，乃至白首而不知有行陳，季冬習戰，呼號周折，一優人之戲而已。三百人之團正、五十人之隊正、十人之火長，編定而代襲之，無問其堪爲統率否也。尤可嗤者，兵械甲裝無事則輸之庫，征行而後給之，刃鏽不淬，矢屈不檠，晴燥不潤，雨溽不暴，甲齣胄穿，刀刓弓解。典守之吏取具而止，倉卒授之而不程以其力，莫能詰也。甲與身不相稱，攻與守不相宜，使操不適用之頑金、衣不蔽身之腐革，甚則剡撓竹以爲戈矛，漆敗紙以爲盾櫓，其不覆軍陷邑者幾何也？狃爲故事而應以虛文，徒疲敝其民於道路，一月而更而無適守者無固志，名爲有兵六百三十四府而實無一卒之可憑，故安史一擁番兵以渡河而兩都瓦解。蓋天寶初改府兵易彍騎，而因循舊習，未能蠲積玩之弊以更張也。

後世論者泥古而不知通，猶曰兵制莫善於唐，則何如秦隋之盡銷弭而猶不驅農民以淪死地乎？詳考府兵之制，知其爲戲也，太宗之以弱天下者也。欲弱天下以自弱，則師唐法焉可爾！

十五　無忌等以免受茅土爲幸

太宗以荆王元景、長孫無忌等爲諸州刺史，子孫世襲，而無忌等不願受封，足以達人情矣。夫人之情，俾其子孫世有其土、世役其民，席富貴於無窮，豈有不欲者哉？知其適以殄絶其苗裔而禍天下，苟非至愚，未有不視爲陷阱者也。周之大封同姓與功臣也，聖如周公，賢如吕、召，而固不辭，其餘非不知居内之安，而無不利有其國以傳之奕世，何至於無忌等之以免受茅土爲幸乎？❶時爲之則人安之，時所不可爲，非貪叨無已、懷姦欲叛者，固永終知敝而不願也。

馬周曰：「孩童嗣職，萬一驕愚，兆庶被殃，國家受敗。」則不忍毒害見存之百姓，寧割恩於已亡之一臣，稍有識者固聞之而寒心也。故夫子之論治，參《魯論》而居其一，而不及於封建；作《春秋》，明王道，而邾、郳之

❶「於」，邵陽曾氏抄本作「如」。

受爵不登於策，城衛遷杞皆不序其功。然則當春秋之世，固有不可復行者矣，況後世乎？柳宗元之論出，泥古者猶競起而與争。勿庸争也，試使之行焉，而自信以必行否也？太宗曰：「割地以封功臣，古今通義，而公薄之，豈强公以茅土邪？」强人而授之國，爲天下嗤而已矣，惡足辯？

十六　制嫂叔之服

貞觀改服制，嫂、叔、夫之兄、弟之妻皆相爲服，變周制也。古之不相爲服者，《禮》、《傳》言之詳矣。嫂不可以母道屬，弟之妻不可以婦道屬，所以定昭穆之分也；嫂叔生而不通問，死而不爲服，所以厚男女之别也。唐推兄之敬而從兄以服嫂，推弟之愛而從弟以服其妻，所以廣昆弟之恩也。周謹乎禮之微，唐察乎情之至，皆道也，而周之義精矣。

雖然，抑有説焉。禮以定萬世之經，則必推之天下而可行，盡乎事之變而得其中者也。有人於此，少而失其父母，抑無慈母乳母之養，而嫂養之，長而爲之有室，則恩與義兩不得而忘也。生藉之以生，死則恝然而視若行道之人，心固有所不安矣。在禮，舅之妻、從母之夫，無服者也，而或曰：「同爨緦，鞠我之恩而不如同爨乎？」其不忍不爲服，必也。有人於此，少孤而兄養之，已而爲之納婦，自納采以至於請期，稱主人者皆兄也，既娶而兄猶爲家政之主，未異宫而兄死，其婦視夫之兄有君道焉。且兄而居長，則固小宗之宗子也，合小宗之男女爲之服而弟之妻獨否，一家之所統尊，顧可傲岸若賓客乎？繼父無服者也，同居而爲之成室家、立親廟，則服期。夫之兄可爲小宗，而成其家室，以視繼父之同居而異姓者奚若？抑義之不得不爲服者也。禮有之，子思之哭嫂也，爲位而哭，不容已於哭也。可爲之哭則可爲之服。君子惡夫涕之無從，而服之不亦可乎？

上古之世，男女之别未正，昭穆之序未審，故周公嚴之於此而辨之精。後世男女正而恩禮睽，兄弟之離，類起於室家之猜怨，則使相爲服以奬友睦之誼，亦各因其時而已。禮曰：「時爲大。」百王相承，所損益可知也。聖人許時王以損益，則貞觀之改周制，可無疑已。

十七　岑文本引黄石公使貪説

自言兵者有使貪之説，而天下之亂遂不可弭。岑文本引黄石公之言以請釋侯君集私高昌珍寶之罪，用此説也。乃阿史那社爾以降虜而獨能不受君集之貽，夷狄之法嚴於中國，中國安能不爲夷狄屈哉？敗其軍、拔其城、滅其國而貪其所獲，武人之恒也。然而君以之怒其臣，臣以之叛其君，主帥以之惡其偏裨，偏裨以之懟其主帥，兵以之戀剽獲而無戰心，民以之受掠奪而争反畔。功已成，亂已定，不旋踵而大潰，古今以此而喪師失地、致寇亡國者不一也。貪人敗類而可使司三軍之命以戡亂寧民而定國乎？

漢高之於項羽，非其偏裨也；其於懷王，君臣之分未定也。而封府庫以待諸侯，樊噲屠狗者能明此義，乃以平項羽之怒而解鴻門之厄。項羽不知，終以取怨於天下。誨盜而人思奪之，大《易》豈欺我哉？唐下侯君集於獄，宋徽王全斌而使之待罪，法所必飭也；終釋君集而薄罰全斌，示不與争利也：兩得之矣。故言兵者之言皆亂人之言爾，岑文本惡足以知此哉？

十八　詔諸州有犯十惡者勿劾刺史

太宗詔諸州有犯十惡罪者勿劾刺史，則前此固有劾之之法，而戴州所部有犯者，御史以劾刺史賈崇，亦循例以劾之也。此法不知所自昉，意者蘇威當隋之世假儒術、飾治具以欺世，其創之乎？

曾子曰：「上失其道，民散久矣。」久者，周失道而後魯失之，魯君失而後卿大夫無不失也；上者，端本清源，歸責於天子之辭也。民有大逆，君踰月而後舉爵，自艾而已。治之不隆、教之不美，天子不自慚恧而以移罪於刺史乎？民犯大逆而劾及刺史，於是互相掩蔽，縱梟獍以脱於網罟，天下之亂、風俗之壞乃如河決魚爛而不可止。隋末寇盜徧天下而煬帝罔聞，刃加於頸，尚不知爲誰氏之賊，皆蘇威之流置苛細之法，自詡王道而以塗飾耳目、增長讒賊者致之也。

懲貪而責保薦之主，戢盜而嚴漏捕之誅，詳刑而究初案之枉：皆教之以掩蔽而縱姦以賊民之法也。必欲責之上以矜民之散，亦自天子之自爲修省而已，下者其何責焉？

十九　命呂才刊定陰陽雜書適以長亂

小道邪説惑世誣民，而持是非以與之辯，未有能息者也，而反使多其游詞以益天下之惑。是與非奚準乎？理也，事也，情也。理則有似是之理，事則有偶然之事，情則末俗庸人之情，易以歆動沈溺不能自拔者也。以理折之，彼且援天以相抗，天無言，不能自辯其不然；以事徵之，事有適與相合者，而彼挾之以爲不爽之驗；以情奪之，彼之言情者在富貴利達、偷生避死之中，爲庸人固有之情，而惻隱羞惡之情不足以相勝。故孟子之辯楊墨，從其本而正其罪，曰「無父無君」，示必誅而不赦也，若其索隱於心性、穿鑿於事理者不辯也。君子之大義微言，簡而文，温而理，固不敵其淫詞之曼衍也。

太宗命吕才刊定陰陽雜書，欲以折其妄而納民於正。然而妄終不折，民終不信，流及於今，日以增益，且託爲吕才之所定以疑民者。折之於末而不拔其本，宜其横流之不止矣。夫此鄙猥不經之説，何足定哉？定之而孰必信之？乍信之而孰與守之？且託於所定以亂人道之大經，如近世擇婚以年命而使配耦非其類者，僉曰才所定也。曆官乃以贅敬授民時之簡末。嗚呼，禍亦烈哉！

夫才所據理、徵事、緣情以折妄者，宅經也，葬法也，禄命也。三者之不可以妖妄測陰陽，而賊民用、蔑彝倫、背天理、干王制，不待智者而洞若觀火。先王慮愚民之受罔而迷也，爲著於《禮經》曰：「假於時日卜筮以疑衆，殺。」刑當其辜，勿與辯也。然且貪懦之俗徼幸鋒端之蜜，苟延蟪蛄之生，日嚮術人而謀行止，忘親蔑性，暴骨如莽而不收，争奪競訟以求得。爲君師者尚取其言而删定之，不亦傎乎？

夫王者正天下之大經以務民義，在國則前朝後市，在野則相流泉、度夕陽以利民用，而宅經廢矣；賢者貴，善人富，有罪者必誅，詭遇幸逃之塗塞，而禄命窮矣；慎終追遠，導民以養生送死之至性，限以時，授以制，則葬法詘矣。然而有挾術以鬻利者，殺其首，竄其從，焚其書，而藏之者必誅不赦，以剛斷裁之，數十年而可定。舍此不圖，屑屑然與較是非於疑信之閒，咸其輔頰舌以與匪人爭，其以感天下亦已末矣。呂才之定適以長亂，言雖辯，誰令聽之？

二十　知高宗不能克家而拘於嫡長

立子以適而適長者不肖，必不足以承社稷，以此而變故起於宮闈，兵刃加於骨肉，此人主之所甚難，而雖有社稷之臣，不能任其議也。魏王泰投太宗之懷，曰：「臣今日始得爲陛下子。」褚遂良即以此折泰之姦，偉矣；而唐幾亡於高宗，遂良致命以自靖，弗能靖國焉。故曰：人主之甚難而社稷臣不能任其議也。

丹朱不肖，堯以天下與舜。聖人創非常之舉，非後世所可學也。舜立而丹朱安虞賓之位，魏王不竄，能帖然於高宗之世哉？太宗能保高宗之容承乾與泰，而不能必泰安於藩服以承事高宗，則抑情伸法以制泰，事有弗獲已者。自投於牀，抽刀欲刎，嗚呼！英武如太宗而欷歔以求死也，亦可悲矣哉！

或曰：「立適長而不能賢，擇人以輔之，勿憂矣。」似也，太宗之世，忠直老臣無有過魏徵者，固以師保之任任之矣。乃徵嘗爲建成之宮僚，效既可覩，徵以正月卒而承乾以四月反，徵即不死，固無能改於其德。大難興，徵爲袁淑而已，紇干、承基之流於徵何憚焉？

教者，君父之反身也，非可僅責之師保也。光武廢東海、立明帝而漢道昌，東海亦保其福禄，不待竄也。光武之爲君父者無媿也。太宗蹀兄弟之血於宮門，早教猱以升木，竄逐其所寵愛以徇長孫無忌之請，知高宗之不能克家而姑授之，置吳王恪之賢以陷之死。夫亦反身不令，故無以救其終也。漢文守藩代北，際內亂而無窺覬之心，迎立已定猶三讓焉，然有司請建太子，猶遲久而不定，誠慎之也，非敢執嫡長以輕天位。況太宗之有慚德也乎？

二十一　無忌言太子仁恕

長孫無忌曰：「太子仁恕，實守文之德。」此佞者之辯也。太宗不能折之，遽立治而不改，唐幾以亡。仁恕者，君德之極致，以取天下而有餘，況守文乎？無忌惡知仁恕哉？不明不可以爲仁，不忠不可以爲恕。

仁者，愛之理也，而其發於情也易以動，故在下位而易動於利，在上位而易動於欲。君子之仁，廓然曙於情之貞淫而虛以順萬物之理，與義相扶而還以相濟。故仁，陰德也而其用陽。若遇物而即發其不忍之情，則與嚅唲呴沫者相取，而萬物之死生有所不恤。陰德易以陰用，而用以陰乃仁之賊，此高宗之仁也。

恕者，推己以及人，仁之牖也；以己之欲推之於物，難之難者也。難之難者，以其所推者己之欲也。故君子之恕，推其所不欲以勿施於人而不推其欲以必施，以所欲者非從心而不踰矩，未可推也。

然而不欲者，亦難言矣。奪己之聲色臭味而使不集於康，固人之所不欲也。以此而不欲奪人，則屈己之道、屈天下之情以求免於人之怏悒皆可曰恕，而以縱女子小人僉壬讒佞者彌甚。忠也者，發己、自盡之謂。盡己之所可爲，盡己之所宜爲，盡己之所不爲而弗爲，而後可以其不欲者推於物而勿施。不然，人且呼籲以請，涕泣以干，陳其媟狎之私以俛伏而待命，女子小人僉壬讒佞未能得志之日方挾此術以怵我，而已於義利理欲之情未定，則見爲不可拂而徇之以恣其姦邪，皆曰：是不可欲者勿施焉，恕也。

故仁恕者，君子之大德，非中人以下所能居之不疑者也。高宗竟以此而不庇其妻子，不保其世臣，殃及子孫，禍延宗社。長孫無忌惡足以知仁恕哉？挾仁恕之名以欺太宗而太宗受其罔，故曰：佞者之辯也。太宗明有所困，忠有所詘，遂無以折佞人之口而使讎其邪，此三代以下學不明、德不修所以縣絶於聖王之理也。

二十二　太宗命直書六月四日事

負慝而畏人知，掩之使不著以疑天下，小人之僞也。其猶畏人知也，有不敢著、不忍著之心，則猶天良之未盡亡也。抑不著而使天下疑，則使天下猶疑於大惡之不可決爲，而名教抑以未熸；無所畏，無所掩，而後惡流於天下、延及後世而心喪以無餘。太宗親執弓以射殺其兄，疾呼以加刃其弟，斯時也，窮凶極慘，而人之心無毫髮之存者也。史臣修高祖實録，語多微隱，若有怵惕不寧之情焉，夫人皆有之心也，且以示後世與宋太宗燭下斧影之事同其傳疑，則人固謂天倫之不可戕也。而太宗命直書其事，無畏於天、無憚於人而不掩，乃以自信其大惡之可以昭示萬世而無慚，顧且曰「周公誅管、蔡以安周，季友鴆叔牙以存魯」，誰欺乎？周公之誅管、蔡，周公不奪管、蔡之封也；季友鴆叔牙，季友不攘叔牙之位也。建成、元吉與己爭立而未嘗有劉劭之逆，貽唐室以危亡而殺之以圖存，安忍無親，古人豈其口實哉？

且周公之不得已而致天討也，《鴟鴞》之怨、《東山》之悲有微辭，有隱痛，歸禍於商、奄而不著二叔誅竄之迹，❶東人之頌公者亦曰「四國是皇」，不曰「二叔是誅」也。過成於不忍疑，事迫於不獲已，志窘於不能遂，言詘於不忍明。天下後世勿得援以自文其惡，觀過而知仁，公之所以無慚於夙夜也。若夫過之不可掩而君子謂其如日月之食者，則惟以聽天下後世之公論而固非己自快言之以獎天下於戕恩。況太宗之以奪大位爲心，有不可示人之巨慝乎？至於自敕直書，而太宗不可復列於人類矣。

既大書特書以昭示而無忌矣，天子之不仁者曰：吾以天下故殺兄弟也；卿大夫之不仁者亦曰：吾以家故殺兄弟也；士庶人亦曰：吾以身故殺兄弟也。身與家之視天下也孰親？則兄弟援戈矛以起，爭田廬絲粟之計，而彊有力者得志焉，亦將張膽瞋目以正告人曰：吾亦行周公、季友之道也。蛇相吞，蛙相啖，皆聖賢之徒，何憚而弗爲哉？史者，垂於來今以作則者也。導天下以不仁，而太宗之不仁蔑以加矣。萬世之下豈無君子哉？無厭然之心，惻隱羞惡兩俱灰燼，功利殺奪横行於人類，乃至求一掩惡飾僞之小人而不易得也，悲夫！

二十三　太宗以親征高麗困於安市

隋之攻高麗而不克也，君非其君，將非其將，士卒怨於下，盜賊亂於內，固其宜矣。唐太宗百戰以蕩群雄，李世勣、程名振、張亮

❶「歸禍」，原作「禍歸」。馬宗霍校記：「鈔本『禍歸』二字互易，是也。」今據乙正。

皆戰將也，天下抑非楊廣狼戾以疲敝之天下，太宗自信其必克，人且屬目以待成功。乃其難也無異於隋，於是而知王者行師之大略矣。

太宗自克白巖，將舍安市不攻，徑取建安，策之善者也，而世勣不從；高延壽、高惠真請拔烏骨城，收其資糧，鼓行以攻平壤，而長孫無忌不可。乃以困於安市城下而狼狽班師。夫世勣、無忌豈不知困守堅城之無益而阻撓奇計？太宗自策既審，且喜聞二高之言，而終聽二將以遷延，何也？唯天子親將，勝敗所繫者重，世勣、無忌不敢以萬乘嘗試，太宗亦自顧而不能忘豫且之戒也。嚮令命將以行，則韓信之度井陘、劉裕之入河渭，出險而收功。即令功墮師撓，固無繫於安危之大數，世勣、無忌亦何憚而次且哉？

苻堅不自將以犯晉，則不大潰以啓鮮卑之速叛；竇建德不自將以救雒，則不被禽而兩敗以俱亡；❶完顏亮不自將以窺江，則不挫於采石而國內立君以行弒。佛狸之威折於盱眙，石重貴之身禽於契丹。區區盜賊遠方之主且輕動而召危亡，❷況六宇維繫於一人，而輕試於小夷乎？怯而無功，世勣、無忌尚老成持重之謀也。不然，土木之禍，天維傾折，悔將奚及邪？王欽若詆寇準以孤注，欽若誠姦，準亦幸矣。鼓一往之氣，以天子渡河爲準之壯猷，幾何而不誤來世哉？《春秋》書從王伐鄭，諱其敗以譏之。射肩而後王室不可復興，桓王自貽之也。故曰：天子討而不伐。

❶「禽」，邵陽曾氏抄本作「擒」。下一「禽」字同。
❷「遠方」，邵陽曾氏抄本作「夷狄」。

二十四　劉洎見殺非淫刑

劉洎之殺，謂褚公譖之者，其爲許敬宗之汙誣，固已。乃使褚公果以洎之言白於太宗，亦詎不可哉？太宗征高麗，留守西京者，房玄齡也；受命輔太子於定州者，高士廉、張行成、高季輔、馬周，而洎以新進與焉，非固爲宗臣，負伊、周之獨任也。兵凶戰危，太宗春秋已高，安危未決也，太子柔弱，固有威福下移之防。洎於受命之日，遽亢爽無忌而大言曰：「大臣有罪，臣謹即行誅。」然則不幸而太宗不返，嗣君在疚，玄齡之項領且懸於洎之鋒刃，而況士廉以下乎，又況其餘之未嘗受命者乎？

人臣而欲擅權以移國者，必立威以脅衆。子罕奪宋公之柄，用是術也。而曹操之殺孔融，司馬懿之殺曹爽，王敦之殺周顗、戴淵，無所稟承，猶無擇噬。矧洎已先言於當宁，挾既請之旨，復何所忌以戢其專殺乎？魏王泰未死，吴王恪物望所歸，洎執生殺之權以誅異己，欺太子之柔，唯其志以逞，何求而不得？然則伊、霍之事，洎即不言，抑必有其情焉，且又惡知洎之狂悖不果有是言哉？

或曰：洎謹即行誅之對，剛而戇耳，非能有不軌之情也。曰：所惡於彊臣者，唯其很耳。戇者，很之徒也。無所忌而函之心，乃可無所忌而矢諸口，遂以無所忌而見之事。司馬師、高澄、朱温、李茂貞唯其言之無忌者有以震懾乎人心，而天下且詫之曰：此英雄之無隱也。當其曰「謹即行誅」，目無天子，心無大臣，百世而下猶不測其威之所底止，而可留之以貽巽輭之沖人乎？使褚公果勸太宗以殺洎，亦忠臣之效也。

或曰：唐處方興之勢，而長孫無忌、房玄齡、李世勣以開國元臣匡扶王室，洎雖狂，無能爲也。曰：人之可信以無妄動者，唯其慎以言、慮以動而已。不可言而言之，則亦不可爲而爲之。朱泚孤軍無助而走德宗，苗傅、劉正彦處張浚、韓世忠之閒而廢宋高，皆愚戇而不恤禍福者也。藉曰洎爲文吏，兵柄不屬焉，范曄、王融亦非有兵之可恃，又孰能保洎之無他乎？ 使伏其辜，非過計而淫刑，審矣。

二十五　太宗信祕記成武氏之篡奪

星占術測，亂之所自生也。史言《祕記》云：「唐三世之後，女主武王，代有天下。」誰爲此《祕記》者，其繇來不可考也。太白之光，群星莫及，南北之道去日近則日奪其光，❶去日遠則日不能奪而晝見。五緯之出入，曆家所能算測，而南北發斂，曆法略而古今無考，使有精於步測者，亦常耳。而太史守其曲説曰「女主昌」，與所謂《祕記》者相合，太宗不能以理折之而橫殺李君羨以應之。李淳風又曰「天之所命，人不能違」以決其必然，武氏之篡奪實斯言教之也。

凡篡奪之禍，類乘乎國之將危而先得其兵柄，起而立功以拯亂，然且遲回疑畏而不敢驟。抑有彊幹機智之士若荀攸、郗慮、劉穆之，傅亮、李振、敬翔之流贊其逆謀，而多畜虎狼之將佐爲之爪牙，然後動於惡而人莫能御。今武氏以一淫嫗處於深宮，左右皆傅粉塗朱猥媟之賤士，三思、懿宗、承嗣輩固耽

❶「則」，原作「而」，今據邵陽曾氏抄本改。

酒嗜色之紈袴，一彊項之邑令可鞭笞而殺之庸竪也。乃以炎炎方興之社稷，淫風一拂，天下歸心，藏頭咋舌於枷棓薰灼之下，莫之敢抗，武氏何以得此於臣民哉？天下固曰：前聖之《祕記》然也，上天之垂象然也，先知如淳風者已曰天之所命，人不能違也。淳風曰當王天下，武氏曰吾當王也；淳風曰殺唐子孫殆盡，武氏曰吾當殺也。嗚呼，搖四海之人心，傾方興之宗社，使李氏宗支駢首以受刃，淳風一言之毒，滔天罔極矣！

甚哉，太宗之不明也！正妖言之辟，執淳風而誅之，焚《祕記》，斥太史之妄，武氏惡足以惑天下而成乎簒哉？有天下而不誅逐術士，敬授民時以定民志，則必召禍亂於無窮。人有生則必有死，國有興則必有亡，雖百世可知也，惡用此嘵嘵者爲？

二十六　敕高宗親任世勣

以利爲恩者，見利而無不可爲。故子之能孝者，必其不以親之田廬爲恩者也；臣之能忠者，必其不以君之爵禄爲恩者也；友之能信者，必其不以友之車裘爲恩者也。懷利以孝於親、忠於君、信於友，利盡而去之若馳，利在他人則棄君親、背然諾不旋踵矣，此必然之券也。故慈父不以利畜其子，明君不以利餌其臣，貞士不以利結其友。

太宗遷李世勣爲疊州都督而敕高宗曰：「汝與之無恩，我死，汝用爲僕射以親任之。」是已明知世勣之唯利是懷，一奪予之閒而相形以成恩怨，其爲無賴之小人，灼然見矣，而委之以相柔弱之嗣君，不亦愚乎？長孫無忌之勳戚可依也，褚遂良之忠貞可託也，世勣何能爲者？高祖不察而許爲純臣，太宗不決而託以國政，利在高宗則爲高宗用，利在武氏則爲武氏用，唯世勣之視利以爲歸，而操利以籠之，早已爲世勣所窺見以益歆於利，「家事」一言而社稷傾於武氏，所必然矣。若謂其才智有餘，任之以邊陲可矣。錮之於疊州，唐惡從而亂哉？

讀通鑒論卷二十終

讀通鑑論卷二十一

明衡陽王夫之譔

高宗

一　太宗與高宗舅無忌謀立吳王恪致恪罹禍

房遺愛狂騃，與婦人謀逆以自斃，而荊王元景、吳王恪駢首就戮，李道宗亦坐流以死。嗚呼，元景之長而有功、恪之至親而賢、道宗之同姓而爲元勳，使其存也，武氏尚未能以一婦人而制唐之命也！夫長孫無忌之決於誅殺，固非挾私以争權，蓋亦衛高宗而使安其位爾。乃衛高宗而不恤唐之宗社，則私於其出無忌之惡也，原其所自失，其太宗之自貽乎？

承乾廢，魏王絀，太宗既知恪之可以守國也，則如光武之立明帝，自決於衷而不當與無忌謀；如以高宗爲嫡子而分不可紊，則抑自決於衷而尤不當與無忌謀。疑而未決，則在廷自有可參大議之臣，如德宗之於李泌、宋仁宗之於韓琦，資其識以成其斷。唯無忌者，高宗之元舅也，而可與辨高宗與恪之廢立乎？乃告無忌曰：「雉奴弱，恪英果類我，我欲立之。」事既不果，無忌所早作夜思以疑恪、忌恪、畏恪之怨已而欲勦絶其命者，終不忘矣。唐無夾輔之親賢，而已以先后已謝之威靈不能敵房帷之親寵，終亦必亡者，皆其所憎焉不顧者矣。太宗一言之失，問非其人，而不保其愛子，不永其宗祧。《易》曰：「君不密則失臣。」豈徒君臣？父不密，且失其子矣。無忌怙外戚以爲鞏固之圖，太宗不察焉，顧謂無忌曰：「公以恪，非己之甥邪？」愈發其隱而無忌之志愈憯矣。房玄齡、褚遂良之贊立高宗，義之正也；太宗之疑於立恪，道之權也；無忌之固請立高宗，情之私也。挾私而終之以戕殺，無忌之惡稔，而太宗不灼見而早防之，不保其子，不亦宜乎？

或曰：褚公受顧命輔國政，不能止無忌之姦，且道宗之竄，公實與謀，豈亦挾私以翦宗子乎？夫房遺愛已探無忌之意旨，誣恪以求自免，言已出而若有徵，褚公未易任其無患。恪且死，罵無忌而不及公，則謂公之陷道宗者，亦許敬宗之誣，史無與正之與？

二　無忌疾李義府之姦不密不決致禍

劉文成公自言疾惡太甚，不可爲相。相者，賢不肖之所取裁以操治亂之樞機者也。好善不篤，惡惡不嚴，奚可哉？劉公之言，何以云邪？今繹其語而思之，太甚云者，非不能姑縱之謂也，謂夫惡之而不如其罪之應得，不待其惡之已著而擿發之已亟也。形於色、發於言，無所函藏而早自知其不容，一斥爲快而不慮其債興以旁出也。如是以贊人主賞罰之權而君志未定，必致反激以生大亂。趙高邑爲總憲，欲按崔呈秀之貪，而考覈未速，瞋恨先形，乃使投權奄以殺善類。古今之如此者多矣，然後知劉公之自知明而審幾定也。

長孫無忌之惡李義府，正矣。既熟察其

凶險之情，則不宜輕示以機而使之自危。乃不待其罪之著見而無可逃，而遽欲謫之於蜀徼，抑不能迅發以決行而使得展轉以圖徼幸，於是義府之姦迫以求伸，用王德儉之謀，請立武氏。一旦超擢相位，而無忌不能不坐受其窮。然則爲相臣者不能平情以審法，持法以立斷，徒挾惡惡之心，大聲疾呼，赬顏奮袂，與小人争邪正，以自禍而禍國也有餘。好惡賞罰，治亂之樞機，持之一念，豈易易哉？

韓魏公之處任守忠也，其氣不迫而後其斷不疑，函之從容而決之俄頃，故守忠弗能激出以反噬。申屠嘉一失之鄧通，再失之鼂錯，皆疾惡甚而無持重之斷，以一洩而易窮也。劉公之言爲萬世大臣之心法，允矣！

三　高宗偶怒武氏上官儀不能持重漸導

至弱之主必有暴怒，至暗之主必有微明。使弱以暗者必無偶見之明、無恒之怒，則巨姦猶不測其所終而未敢淩乘以逞。明乍啓而可蔽，怒忽動而旋移，然後伎倆畢見，可迫駕其上而無所復忌。君子之欲輔之以有爲也難矣，而抑有道焉：苟知其明之不審而怒之易移，則豫防其明與威之不可繼，而因閒抵隙，徐以養之，使積之厚而發之以舒，庶乎其有濟矣。即其不濟，而在我有餘地以待他日之改圖，在彼無增長之威以成不可拔之勢。故惟慎重以持權者，能事昏主、宰亂朝而消其險阻，斯大臣之所以不易得也。

高宗以厭禱故怒武氏而欲廢之。使其廢也，社稷之福也。雖然，廢后，大事也，惡有倏然怒之、倏然言之而即倏然廢之者乎？倏然言之即可倏然廢之，則其人雖不廢，亦無能害於國凶於家矣。悍狡如武氏，而可以偶然之忿黜之須臾乎？懦夫之懦也，惟其忿怒偶發而悻悻不能俄頃待也。暴雨之盈溝澮，操舟而汎之以指江海。上官儀之不審，愚亦甚矣哉！使於此持重以處而漸導以機，從容謂帝曰：后之不可爲天下母，臣等固知之而未敢言也，今幸上知之矣而固未可輕也，姑寬之以觀其驕，漸疏之以觀其怨，斟酌於心而正告群臣，悔前此之過，然後正祖宗之家法，與天下共黜之，臣且達上意於公忠體國之大臣，咸使昌言以昭天下之公論，今未可以一紙詔書快須臾之怒也。如此則高宗之志可漸以定，武氏之惡可察而著，忠直之言可牖而納，倖幸之黨可次而解，而懦夫易消之怒以無所發而蘊於中，武氏之涕泣無所施而危機自阻。其終廢也，社稷以寧，即不終廢也，亦何至反激其搏噬、劫群臣以使風靡哉？上官儀之不及此也，識不充，守不固，躁率而幸成於一朝，喪身殃國，儀欲辭其咎而不能矣。雖然，論者曰：「彼昏不知，不可與言。儀之不智以亡身，與京房等。」則非也。身爲大臣，有宗社之責焉，緘口求容，鄙夫而已矣。儀忠而愚者也，未可以苛求也。

四　高宗見脅悍婦内不能忍

張公藝以百忍字獻高宗，論者謂其無當於高宗之失而增其柔懦，亦惡知忍之爲道乎？《書》曰：「必有忍，乃克有濟。」忍者，至剛之用，以自彊而持天下者也。忍可以觀物情之變，忍可以挫姦邪之機，忍可以持刑賞之公，忍可以畜德威之固。夫高宗乍然一怒，聽宦者之辭而立命上官儀草詔以廢武氏，是惟無激，激之而不揣以憤興，不忍於先則無恒於後，所以終脅於悍婦者，正此也。

夫能忍者豈桎梏其羞惡是非之心以使不行哉？不任耳而以心殉之而已矣。任耳而以心殉之者如急水之觸磯、沸膏之蘸水，譖愬甫及而顔頳耳熱，若高天厚地之無以自容，正哲婦姦人所乘之以制其命者也。故王后伉儷之恩，太子賢、太子忠、毛裏之愛，長孫無忌渭陽之情，聞譖即疑而死亡旋及，一激即不能容，他日悔之而弗能自艾，不忍於耳即不忍於心，高宗之絶其天良，惡豈在忍哉？

公藝之忍而保九世之宗，❶唯聞言不信而制以心也，威行其中矣。不然子孫僕妾噂沓背憎以激人於不可忍，日盈於耳，尺布斗粟可操戈戟於天倫，而能飭九世以齊壹乎？

五　五品以上同御史往邊州注擬

居重馭輕，先內後外，三代之法也。諸侯各君其國，勢且伉乎天子，故縣內之選優於五服，天子得人以治內而莫敢不正，端本之道也。郡縣之天下以四海爲家，奚有於遠近哉？

畿輔之內與腹裏尚文之郡邑去朝廷也近，吏之賢不肖易以上聞，且其人民近天子之光而畏法深，名教興而風俗雅，雖中材涖之亦足以戢其逸志而安其恒度。至於荒遠雜夷之地，其民狃於頑陋獷戾，而《詩》《書》禮樂之文非所喻也。其吏欺其愚而漁獵之，

❶「忍」上，邵陽曾氏抄本有「以」字。

民固不知有天子而唯知有長吏，則貪暴之吏唯其所爲而清議不及，乃民夷積怨，一激以興，揭竿冒死而禍延於天下。如是則輕邊徼長吏之選，就近補調，使充員數，善不加擢，惡不降罰，俾其貪叨，恣日暮塗窮之倒逆，離叛相尋，兵戈不戢，內治雖修，其能遥制之哉？前之定天下者芟箐棘，夷谿峒，威服而恩撫之，建郡縣以用夏變夷，推行風教，力甚勤，心甚盛也。乃割棄不理，授之卑茸狼戾之有司以毆之於亂，溥天之下特有此蟊賊之區宇，是亦可爲長太息矣！故與其重內也，不如具重外也。內雖不綦乎重而必不輕也，外不重則永輕之矣。

唐初桂、廣等府，官之注擬一聽之都督而朝廷不問，治之大累也。邊徼之稍習文法者居其土，知其利，則貪爲之而不羨內遷；中州好名干進之士，惡其陋而患其絕望於清華，則鄙夷之而不屑爲。儀鳳元年，始遣五品以上同御史往邊州注擬，庶得之矣，猶未列於吏部之選也。後世統於吏部以聽廷除，尤爲近理。然而縣缺以處劣選，且就地授人，而雖有廉聲，不得與內擢之列。吏偷不警，夷怨不綏，民勞不復，迨其叛亂，乃勤兵以斬刈之，❶亦慘矣哉！千年之積弊，明君良相弗能革也，可勝悼哉！

八閩、東粵，昔者亦荒陋之區也，重守令之選而賢才往牧，今已化爲文教之邦，何獨邕、桂、滇、黔、階、文、邛、雅之不可使爲善地乎？不勤兵而服遠，不勞中國而化夷俗，何所嫌而弗爲也？人士厭薄之私心，假重內

❶「勤」，原作「勤」，邵陽曾氏抄本作「勤」，較「勤」少一筆，較「勤」又多一筆，蓋即「勤」字，今據改。下同，不一一出校。

輕外之説以文之，明主之所弗徇，而尚奚疑焉？

六　遣使賑飢宜亟察有司之廉能

賑飢遣使，民有迎候之勞如劉思立所言者，未盡然也，所遣得人則民不勞矣。若其不可者，飢非一邑而生死之命縣於旦夕，施之不急則未能速徧而餒者已死矣，施之急則甫下車而即發金粟，唯近郭之人得踰分以霑濡，而遠郊不至。且府史里胥，黨無籍之游民，未嘗飢而冒受；大臣奉使尊高不與民親，安能知疾苦之爲何人而以有限之金粟專肉白骨邪？此徒費國而無救於民之大病也。

且不特此也。飢民者，不可聚者也。餌之以升斗錙銖而群聚於都邑以待使者，樸拙之民力羸而恤其婦子，餒死而不願離家以待命；豪捷輕猥之徒則如跋扈之魚，聞水聲而鼓鬣，棄其采橡梠、捕禽魚可以得生之計而希求自至之口實，固未能厭其欲而使有終年之飽也。趨使者於城郭，聚而不散，失業以相噂沓，掠奪興以成乎大亂，所必然已。

夫亦患無良有司耳。有良有司者就其地，悉其人，行野而進其紳士與其耆老，周知有無之數而即以予之，旦給夕歸，仍不廢其桑麻耕種、采山漁澤之本計，則惠皆實而民奠其居，仁民已亂之道，交得而亡虞也。故救荒之道，蠲租税、止訟獄、禁掠奪、通糴運，其先務也，開倉廩以賑之，弗獲已之術也。兩欲行之則莫如命使巡行，察有司之廉能爲最亟。守令者，代天子以養民者也。民且流亡，不任之而誰任乎？授慈廉者以便宜之權而急逐貪昏敖惰之吏，天子不勞而民以蘇，舍是無策矣。

七　李世勣爲姊一念之仁

李世勣之安忍無親也：置父於竇建德之刃下而不恤，强其壻杜懷恭與征高麗而欲殺之以立法，付諸子於其弟而使怒則撾殺之。顧於其姊病，爲之煮粥燎鬚，而曰：「姊老勣亦老，雖欲爲姊煮粥，其可得乎？」藹然天性之言，讀之者猶堪流涕。繇此言之，則世勣上陷其父於死而下欲殺其子與壻，非果天理民彝之絶於心也。天下輕率寡謀之士躁動而忘其天性之安，然其於不容已之慈愛，是惟弗發，發則無所掩遏而可遂其情。唯夫沈鷙果決者，非自拔於功利之陷溺，則得喪一繫其心而期於必得，心方戚而目已怒，淚未收而兵已操，梟獍之雄心不可復戢。彼固自詫爲一世之雄也而豈其然哉？蓋無所不至之鄙夫而已。剛則不恤其君親，柔則盡捐其廉恥，明知之而必忍之，雖聖人亦無如之何也。有時而似忠貞矣，有時而似孝友矣，非徒似也，利之所不在則抑無所吝而用其情也。世勣之於單雄信，割肉可也，爲姊而燎鬚，何所吝邪？利無可趨，害無可避，亦何爲而不直達其惻隱之心以發爲仁者之言哉？

籍甲兵户口上李密而使獻，知高祖之不以爲己罪也；太宗問以建成、元吉之事而不答，事未可知，姑爲兩試，抑知太宗之不以此爲嫌也；年愈老，智愈猾，高宗問以群臣不諫，而曰「所爲盡善，無得而諫」，知高宗之不以己爲佞也。則以黨義府、敬宗，贊立武氏，人自亡其社稷，己自保其爵禄，惻隱羞惡是非之心非不炯然内動，而力制之以護其私。安忍者自忍其心，於人何所不忍乎？故一念之仁不足恃也，正惡其有一念之仁而矯拂之也。夫且曰：吾豈不知忠孝哉？至於此而不容不置忠孝於膜外也。爲鄙夫、爲盜賊，爲篡弒之大逆，皆此而已矣。

八　魏玄同改銓選爲辟召實不可行

魏玄同上言欲復周漢之法，命内自三公省寺，外而府州，各辟召僚屬而不專任銓除於吏部。其言辯矣，實則不可行也。一代之治，各因其時建一代之規模，以相扶而成治，故三王相襲，小有損益而大略皆同。未有慕古人一事之當，獨舉一事，雜古於今之中足以成章者也。王安石惟不知此，故偏舉《周禮》一節雜之宋法之中，而天下大亂。

周之所以諸侯大夫各命其臣者，封建相沿，民淳而聽於世族，不可得而驟合併以歸

天子也。故孔子之聖，天子不得登庸；求、路之賢，魯、衛之君不能託國：三代之末流亦病矣。漢制：三公州郡各辟掾曹，時舉孝廉以貢於上，辟召一聽之長官，朝廷不置冢宰。蓋去三代未遠，人猶習於其故，而刺史太守行法於所部，刑殺軍旅賦役祀典皆得以專制，則勢不得復爲建屬吏以掣之。其治也，刑賞之施於三公州郡者，法嚴明而誣上行私者不敢逞；迨其亂也，三公州郡任非其人而以愛憎黜陟其屬吏，於是背公死黨之習成，民之利病不得上聞，誅殺橫行，民胥怨激而盜賊蠭起。則法敝而必更，不可復矣。

漢之掾吏，視其長官猶君也，難而爲之死，死而爲之服衰，各媚其主而不知有天子。然則使爲公歛處父之據成不墮、祝聃之射王中肩，皆可自命爲忠而無忌，大倫不明，倒行逆施，何所不可哉？且其貢於天子者，一唯

長吏之市恩，而天子無以知其賢姦，抑無考覈之成憲以衡其愚哲，三公之辟召則唯采取名譽於州郡，於是虛譽日張，雌黄在口，故處士之權日重，朋黨興而成乎大亂。故曹孟德懲其敝而改之，總其任於吏部，此窮則必變之一大機會也。既變矣，未有可使復窮者矣。

法無有不得者也，亦無有不失者也。先王不恃其法而恃其知人安民之精意，若法則因時而參之禮樂刑政，均四海、齊萬民、通百爲者，以一成純而互相裁制。舉其百，廢其一，而百者皆病；廢其百，舉其一，而一可行乎？浮慕前人之一得，夾糅之於時政之中而自矜復古，何其窒也？

魏晋以下，三公牧守不能操生殺兵農之權，教化不專司於己，而士自以其學業邀天子之知。乃復使之待辟於省寺府州之衆吏，取舍生乎恩怨，奔競盛於私門，於此不讎，自媒於彼，廉恥喪，朋黨立，國不能一日靖矣。唐之亂也，藩鎮各樹私人以爲爪牙，或使登朝以爲内應，於是敬翔、李振起而亡唐。他如羅隱、杜荀鶴、韋莊、孫光憲之流，皆效命四方而不爲唐用，分崩瓦解，社稷以傾，亦後事之明驗矣。

夫吏部以一人而周知士之賢否，誠所不能，如玄同之慮者。然士之得與於選舉也，當其初進，亦既有諸科以試之矣。君子不絶人於早，而士之才能亦以歷事而增長，貪廉仁暴亦以束於法而磨礪以勸於善。其有壞法亂紀、蠹政虐民者，則固有持憲之臣操準繩以議其後。若夫偏材之士有長此短彼之疑，則因事旁求，初不禁大臣之薦舉。然則吏部總括登進之法，固魏晋以下人心事會之趨，而行之千年不可更易者也。

讀古人之書以揣當世之務，得其精意，而

無法不可用矣。於此而見此之長焉，於彼而見彼之得焉，一事之效、一時之宜、一言之傳，偏據之，而曰三代之隆、兩漢之盛恃此也。以固守而行之者王安石，以假竊而行之者王莽而已，何易繇言哉？ 知人安民，帝王之大法也，知之求其審也，安之求其適也，所以知、所以安，非一切之法竄亂於時政變遷之中，王不成王、霸不成霸而可不僨亂者也。庸醫雜表裏、兼溫涼以飲人，彊者篤，弱者死，不亦傷乎？

中宗 僞周武氏附於內。

一 武氏能亟廢中宗繇高宗無可託之大臣

中宗嗣位兩月，失德未著，而武氏與裴炎亟廢而幽之。三葉全盛之天子如掇虛器於井竈之閒，任其所置，百官尸位，噤無敢言者。武氏何以得此於天下哉？ 國必有所恃以立，大臣者，所恃也。大臣秉道而天子以不傾，即其懷姦而猶依天子以自固，唯其任重而望隆，交深而位定，休戚相倚而情不容不固也。而高宗之世大異於是。高宗在位三十四年，尚書令僕、左右相、侍中、同平章事皆輔相之任，爲國心膂者也，而乍進乍退，尸其位者四十三人，❶進不知其所自，退不知其所亡，無有一人爲高宗所篤信而固任者。大臣之賤，於此極矣。長孫無忌、褚遂良、于志寧、高季輔、張行成，太宗所任以輔己者也，貶死黜廢，不能以一日安矣；保祿位以

❶ 劉毓崧校勘記：「按下文所數人名共得四十有三。然唐高宗朝宰相，徵諸《唐書·高宗紀》、《宰相表》並《通鑑》，除所數之外，尚有任雅相、盧承慶、李敬元、李義琰四人。此未言及者，蓋檢閱之誤。」

令終，唯懷姦之李勣耳。自是而外，若韓瑗、來濟、杜正倫、劉仁軌、上官儀、劉祥道較無覆餗之傷而斥罪旋加，幸免者亦託於守邊以免禍。若其他竊位懷禄之宵小，勿論李義府、許敬宗之爲通國所指數，即若宇文節、柳奭、崔敦禮、辛茂將、許圉師、竇德玄、樂彦瑋、孫處約、姜恪、閻立本、陸敦信、楊弘武、戴至德、李安期、張文瓘、趙仁本、郝處俊、來恒、薛元超、高智周、張大安、崔知温、王德真、郭待舉、岑長倩、魏玄同者，皆節不足以守筦庫，才不足以理下邑，或循次而升，或一言而合，或趨歧徑而詭遇，競相踵以贊天工。至其顧命託孤委畀九鼎者，則裴炎、劉景先、郭正一三無賴之徒也。嗚呼，惡有任輔弼大臣如此之輕而國可不亡者乎？

夫高宗，柔懦之主也。柔者易以合，然而難以離也，乃合之易而離之亦易者，何也？惟其疑而已矣。疑者，己心之所自迷、人情之所自解者也。剛而責物已甚也，則疑；柔而自信無據也，則疑。兩者異趣同歸，以召敗亡一也。剛不以決邪正，而以行猜忮；柔不以安善類，而以聽讒諛。猜忮生於心，讒諛興於外，於是乎人皆可相，人皆不可相也，人皆可斥而可誅也。爲大臣者視黄閣爲傳舍，悠悠於來去而陌路其君親，不亦宜乎？孟子曰：「王無親臣矣。」無親臣則不可以爲父母，裴炎片語之失意，而廢中宗如捫蝨於褌中，復奚恤哉？夫相代天工，天之所畀、人之所歸也。天下不能知其姓字，廷臣不屑奉爲蓍龜，❶黷妻宵小怙長存之勢以役驟進驟退之鄙夫，談笑而移宗社，一多疑之所必致也。審察亂源，可以知所繇

❶「廷」，原作「逆」，今據邵陽曾氏抄本改。

來矣。

二　李敬業非討武氏之人

伸天下之大義而執言者非其人，適以墮義而義遂不可復伸。齊桓公不責楚之僭王，自反其不足以伸大義，寧闕焉而若有所俟，雖無可俟，楚終惴惴然疑且有責之者，天下亦顒顒然幾有責之者，故曹、檜之大夫猶敢秉公論以謳吟，而楚終不敢滅宗周、遷九鼎，義以不褻而未遽墮也。夫齊桓，方伯也，固執言伸義之人也，奚爲不可？然而不可者，內省其情，求以雄長諸侯而霸之，非果恤宗周，欲以復宗周之緒也。非其情則非其人矣，自問而知之，天下皆知之，亂賊亦具知之。其情不至，其人不足畏，乃徒號於天下曰「吾以伸大義也」，天下弗與，亂賊弗憚，孤起無援，終以喪敗，則亂賊之焰益炎而天下之勢一撲而不可復張。義之不可襲取而必本於夫人之心，亦嚴矣哉！

李敬業起兵討武氏，所與共事者，駱賓王、杜求仁、魏思温，皆失職怨望而非果以中宗之廢爲動衆之忱也。敬業以功臣之裔世載其姦，窺覦閒隙，朝權不屬，懷忿以起。觀其取潤州、向金陵以定霸基而應王氣，不軌之情，天地鬼神昭鑒而不可欺。待建鼓以號於天下曰：「吾爲霍子孟、桓君山之歌哭也。」內挾代唐之私，外假存唐之迹，義可取也，則宵人之巧譎但能淋漓慷慨爲忠憤之言，而即佑於天、助於人，天其夢夢、人其胥有耳而無心乎？於是兵敗身死，而嗣是以後，四海兆人之衆無有一夫焉爲唐悲宗社之淪没，皆曰：義不可伸，賊不可討，天移唐祚，抑將如之何哉？

大義之墮，墮於敬業之一檄也。無情之文，巧言破義，貞人之淚，爲姦人之誹笑，而日月昏霾，妖狐晝嘯，復誰與禁之哉？故敬業之敗，武氏之資也；敬業之起，賓王之檄，必敗之符也。忠臣孝子以無私之志伸不容已之義，雖敗雖殲，不患無繼我以興者。唯孤情之在兩閒，焄蒿絪緼，百衄百折，流血成川，積骸如莽，而不能奪也。群不逞之徒託義以求盈，而後義絕於人心，悲夫！

三　裴炎請武后歸政被殺

自霍光行非常之事，而司馬懿、桓温、謝晦、傅亮、徐羨之託以讎其私。裴炎贊武氏廢中宗立豫王，亦其故智也。不然，惡有嗣位兩月，失德未彰，片言之妄，而爲之臣者遽更置之，如僕隸之任使乎？炎之不自揣也，不知其權與姦出武氏之下倍蓰而無算，且謂豫王立而己居震世之功，其欲僅如霍氏之乘權與懿、温之圖篡也，皆不可知。然時可爲則進而窺天位，時未可，抑足以壓天下而永其富貴。豈意一爲武氏用，而豫王浮寄宮中，承嗣、三思先己而爲捷足也哉？其請反政豫王也，懿、温之心，天下後世有目有心者知之，而豈武氏之不覺邪？家無甔石之儲，似清；請反政於豫王，似忠；從子伷先忘死以訟冤，似義。以此而挾滔天之膽，解天子之璽紱以更授一人，則其似是而非者視王莽之恭儉誠無以過。而武氏非元后，己非武氏之姻族，妄生非分之想，則白晝攫金，見金而不見人，其愚亦甚矣。

自炎姦不讎而授首於都市，而後權姦之詐窮，後世佐命之姦無有敢藉口伊、霍以狂逞者。劉季述、苗傅、劉正彦以内豎武夫驟試之而旋就誅夷，不足以動天下矣。炎之誅死，天其假手武氏以正綱常於萬世與？

四　府兵不置監軍

將各有其軍而國彊，將各有其軍而國亂。唐之季世，外夷之禍淺，國屢破、君屢奔而不亡，然天下分裂以終於五代，皆此繇也。

將各有其軍，於是監軍設焉。中人監軍，唐之大蠹也。其始以御史監之，較中人爲愈矣，然即以御史監軍而軍不敗者，亦鮮矣。既命將以將兵而必使御史監之者，亦勢之不容已也。將各有其軍而驕悖以僭叛者勿論已，即其不然，朝廷之意指不行於疆場，而養寇以席權，恧縮以失機，遷延以糜饟，情事之所必有而爲國之大患。天子大臣不能坐受其困，則委之監軍以決行上意，故曰：不容已也。然而其軍必敗，未有爽焉者矣。

監軍者而與將合，則何取於監軍？而資將以口實曰：夫監軍者目擊心知而信以爲必然矣。監軍者而與將異，於是將不能自審其進止，以聽之與兵不習、於敵不審之人。《傳》有之曰：「將得其人，而使剛愎不仁者參焉，則敗。」監軍者非必剛愎不仁也，而御史者，以風裁無憚於大吏，持文法以責功效者也。責功效者必勇於進則剛，持文法而無所憚則愎；居朝端、習清晏而不與士卒之甘苦相喻，則不仁。業任之以剛愎不仁之任，雖柔和之士亦變其素尚而勉爲決裂。且柔和之士固不樂受監軍之任，其樂任者必其喜功好競，以嘗試爲能者也。

且夫朝廷之使監軍，其必有所屬意矣。天子有欲速之心，宰相有分功之志，計臣恤饋餉之難，近寇之薦紳冀驅逐之速。將雖無養寇畏敵之情，而在廷固疑其前却。操此爲慮，則自非少年輕鋭、挾智自矜以傲忽元戎者，固莫之使也。無敢死之心，無必勝之謀，無矜全三軍之生死以固邦本之情，抑無軍覆受誅之法以隨其後，如是而不撓將以取敗也，必不得矣。乃其設之之繇，則惟將各有其軍而天子大臣不能固信之也。

唐初府兵方建，軍政一統於天子。授鉞而軍非其軍，振旅而衆非其衆，故雖武氏之猜疑而任將以勿貳，李孝逸、程務挺以分閫立效之元戎，殺之流之而不敢拒命，❶則亦無所用監軍爲矣。非武氏之能將將也，府兵定，軍政一而指臂之形勢成也。然其始府兵初建於用武之餘而兵固競，則將可無兵而唯上之使。一再傳而府兵之死者死、老者老矣，按籍求兵而弱不堪用矣，勢必改爲召募，不得不授將以軍矣，故監軍復設而中人任之，庸主忮臣所不容已之亂政也。夫任將以軍而精於擇將、慎於持權，天子之明威行於萬里，而不假新進喜功之徒撓長子之權，夫乃謂之將。將唯西漢爲能然，豈武氏所可逮哉？

五　狄梁公仕武氏以正自處

涉大難，圖大功，因時以濟，存社稷於已亡而無決裂之傷，論者曰：「非委曲以用機權者不克。」而非然也，亦唯持太正以自處於不撓而已矣。以機權制物者，物亦以機權應之，君子固不如姦人之險詐而君子先傾；以正自處，立於不可撓之地，而天時人事自與之相應。故所謂社稷臣者無他，唯正而已

❶「而」，邵陽曾氏抄本無此字。

矣。孔融之不能折曹操以全漢者，忼慨英多而蕩軼於準繩者不少，操有以倒持之也。周顗、戴淵密謀匡主而死於王敦，幾以亡晋，夫亦自有咎焉。憤而或激，智而或詭，兩者病均，而智之流於詭者其敗尤甚。雖有奇姦巨憝、殺人如莽之氣焰，而至於山喬嶽峙、守塞不變之前，則氣爲之斂而情爲之折。嗚呼，斯狄梁公之所以不可及也！

或曰：「公之所以得武氏之心而唯言是聽，樹虎臣於左右而武氏不疑，此必有巽入之深機以得當於武氏，而後使爲己用。」考公之生平，豈其然乎？當高宗時，方爲大理丞，高宗欲殺盜伐昭陵柏者，公持法以抗争，上怒洊加而終不移。及酷吏横行之際，爲寧州刺史，以寬仁獲百姓之心；再刺豫州，按越王貞之獄，密奏保全坐斬者六七百家，當籍没者五千餘口免之。此豈嘗有姑尚委隨而與世推移以求曲濟之心乎？其尤赫然與日月争光者，莫若安撫江南而焚淫祠一千七百餘所。是舉也，疑夫輕率任氣者亦能爲之，而固不能也。鬼神者，即人心而在者也。一往而悍然以興，氣雖盛，心之惴惴者若或掣之，昧昧之士民競起而撓之，非心服於道而天下共服其心者，未有不踟躕而前却者也。故曰：赫然與日月争光者也。繇此思之，唯以道爲心，以心爲守，坦然無所疑慮，其視妖淫凶狠之武氏猶夫人也，不見可憂，不見可懼。請復廬陵而樹張柬之等於津要，武氏灼見其情而自不能違，豈有他哉？無不正之言，無不正之行，無不正之志而已矣。

或曰：「公苟特立自正，無所用其機權，則胡不潔身不仕，卓然而無能浼辱？乃姑事之而後圖之，則抑權也而非正也。」曰：武氏無終篡之理，唐無可亡之勢，天下憤憤弗之察耳。三思、承嗣以無賴小人淫昏醉夢而結市井椎埋之黨，逐聲狂吠。庸人視之，如推車於太行之險；大人君子視之，一葦可杭之淺者也。秉正治之而有餘，何爲棄可爲之時，任其爚亂，以待南陽再起，始梟王莽於漸臺而貽中原之流血乎？天下無正人而後有妖亂，叢狐山獠足以惑人之視聽，武氏亦猶是而已。範我馳驅，無求不獲。公亦坦然行之，而何機權之足云？

六　陳子昂諫開道雅州擊蕃

夷狄之蹂中國，非夷狄之有餘力，亦非必有固獲之心也，中國致之耳。致之者有二：貪其利、貪其功也。貪其貨賄而以來享來王爲美名，於是開關以延之，使玩中國而羨吾饒富以啓竊掠之心。故周公拒越裳之貢而曰：「德不及焉，不享其貢。」謂德能及者，分吾利以賚之，使受吾豢養而父老子弟樂效役使以不忍叛也。不然，貪其利而彼且以利爲餌，惑吾臣民之志，則猝起而天下且利賴之以不與爭，且其垂涎吾錦綺珍華而不得遂者畜毒已深，發而不可遏也。契丹、女直皆始以貢來而終相侵滅，其必然者一也。貪不毛之土而以闢土服遠爲功名，於是度越絶險，踰沙磧，梯崇山，芟幽箐以徼奇捷，不幸而敗則尾之以入，幸而勝而饋餉相尋，舟車相接，拔木夷險，梁水淩冰，使爲坦道。蔿賈曰：「我能往，寇亦能往。」推此言之，我能往，寇固能來，審矣。故光武閉關而河、湟鞏固。天地設險以限華夷，人力不通，數百里而如隔世，目阻心灰，戎心之所自戢也。中國之形勢，東有巨海，西有崇山，山之險不敵海之十一也。然胡元泛舟以征倭，委數萬生靈於海島而示以巨浪之可淩，然後倭即乘仍以犯中國，垂至於嘉靖而東南之害爲曠古所未有。巨海且然，況山之蹠實以行，相躡以進者乎？ 剷夷天險以啓匪類之横行，其必然者又一也。二者害同，而出於貪君佞臣不知厭足之心，一而已矣。

吐蕃之爲唐患，禍止於臨洮，則專力以捍之也猶易。武氏欲發梁、鳳、巴、蜑，自雅州開道以擊之，陳子昂曰：「亂邊羌，開隘道，使收奔亡之衆爲鄉導以攻蜀，是借寇兵而爲賊除道，舉全蜀以遺之也。」其言偉矣！事雖暫止，而此議既出，邊臣潛用之以徼功，嚴武、韋皋雖小勝而終貽大害。明而熟於計者見終始之全局，洞禍福之先幾，可爲永鑒。然而後世君臣猶不悟焉，天維傾，地極坼，❶有自來矣。

七　陳子昂非但文士之選

陳子昂以詩名於唐，非但文士之選也，使得明君以盡其才，駕馬周而頡頏姚崇以爲大臣，可矣。其論開閒道擊吐蕃既經國之遠猷，且當武氏戕殺諸王、凶威方烈之日，請撫慰宗室，各使自安，攖其虓怒而不畏，抑陳酷吏濫殺之惡，求爲伸理，言天下之不敢言，而賊臣凶黨弗能加害，固有以服其心而奪其魄者，豈冒昧無擇而以身試虎吻哉？故曰：以爲大臣任社稷而可也。

載觀武氏之世，人不保其首領宗族者蔑不岌岌也，而子昂與蘇安恒、朱敬則、韋安石

❶「傾」，原爲空格，今據邵陽曾氏抄本補。「極」，原爲空格，今據邵陽曾氏抄本補。

皆犯群凶、持正論而不撓，李昭德、魏元忠、李日知雖貶竄，而終不與傅游藝、王慶之、侯思止、來俊臣等同受顯戮。繇是言之，則武氏雖懷滔天之惡，抑何嘗不可秉正以抑其妄哉？ 而高宗方没、中宗初立之際，舉國之臣縮項容頭以樂推武氏，廢奪其君，無異議者。嚮令有子昂等林立於廷，裴炎、傅游藝其能讎姦慝以移九鼎乎？

夫人才之盈虚視上之好惡。無以作之，其氣必萎；無以檠之，其體必戾。乃武氏以嗜殺之淫嫗而得人之盛如此，高宗承貞觀之餘澤，有永徽之初治，而流俗風靡，不能得一骨鯁之士，何也？ 善善而不用，惡惡而不去，目塞而闇，耳塞而聾，其足以挫生人之氣，更甚於誅殺也。人之有心，獎之而勸，故盛世之廷多正士；激之而亦起，故大亂之世有忠臣。廢鍼石以養癰而後成一痿痹之風俗，則高宗之柔闇以壞人心、毒天下，劇於武氏之淫虐，不亦宜乎？ 滅唐者，文宗也；滅宋者，理宗也。唐之復興於開元，尚太宗未斬之澤與？ 不然，何以堪高宗三十餘年噎噎之陰邪？

八　武氏廷試貢士市私恩

策貢士於殿廷自武氏始。既試之南宮，又試之殿廷。任大臣以選士，不推誠以信而以臨軒易其甲乙，終未見殿廷之得士優於南宮，徒以市恩遇於士而離大臣之心。故至於宋而富鄭公欲請罷之，其説是已。雖然，勿謂貢士之策異於漢武之策問賢良也。貢士之取舍，人才進退之大辨，❶輕於其始則不得

❶「辨」下，邵陽曾氏抄本有「别於一日」四字。馬宗霍校記：「若依鈔本則『辨』字當屬下讀。」

復重之於後。天子以天之職求天之才而登進之，使委之有司，弗躬親以涖之，則玩人而以褻天，其弊也，士愈輕而貢舉愈濫，又奚可哉？有道於此，付試事於南宮，而所拔者緘其文以獻之上，上與大臣公閱而定其甲乙，庶乎不疑不褻，得進賢之中道，惜乎當公之言不及此也。

士之應科而來者，賢愚雜而人數冗，故授之所司以汰其不經不達之冒昧。而天子親定其甲乙，則以崇文重爵，敬天秩，獎人才，而示不敢輕。此亦易知易行之道，而自武氏以來，迄千餘年，議選舉者言滿公車而計不及此者，後世人主之心無以大異於武氏也。夫武氏以婦人而竊天下，唯恐士心之不戴己，而奪有司之權，鬻私惠於士，使感己而忘君父，固懷姦負慝者之固然也。後世人主承天命，纘先猷，作君作師，無待私恩以固結而與大臣爭延攬以籠絡天下，顧使心膂猜疑，互相委卸，不亦誖乎？天子而欲收貢士爲私人，何怪乎舉主門生懷私以相市也？此朋黨之所以興，而以人事主之誼所繇替也。

九　上表請改唐爲周者六萬人

王莽之後，合天下士民頌功德、勸成篡奪者，再見於武氏。傅游藝一授顯秩而上表請改唐爲周者六萬人，功若漢唐，德若湯武，未聞有此也。孟子曰「得乎丘民爲天子」，其三代之餘，風教尚存，人心猶樸，而直道不枉之世乎？若後世教衰行薄，私利乘權，無不可爵餌之士，無不可利囮之民，丘民亦惡足恃哉？盜賊可君，君之矣；婦人可君，君之矣；夷狄可君，君之矣。孔子曰：「天下有道則庶人不議。」後世庶人之議，大亂之歸也。旦與之食而旦謳歌之，夕奪之衣而夕詛咒之。恩不必深，怨不在大，激之則以興，蠱迷其故。利在目睫而禍在信宿，❶則見利而忘禍；陽制其欲而陰圖其安，則奔欲而棄安。贅壻得妻而謂他人爲父母，猾民受賄而訟汙吏之廉平。❷上無與懲之，益進而聽之，不肖者利其易惑而蠱之，丘民之違天常、拂至性也無所不至，而可云得之爲天子哉？

以賢治不肖，以貴治賤，上天下澤而民志定。澤者，下流之委也，天固無待於其推崇也，斯則萬世不易之大經也。

十　武攸緒非隱逸不可曲貸

逸民之名，君子所甚珍也。商周歷年千歲而《魯論》授以其名者七人，則固與湯武頡頏，爲不世出之英。流風善世，立清和之極，非其人豈勝任哉？辭禄歸老，保身家，要美名，席田園之樂，遂許之爲逸民，則莽可爲周公，操可爲文王，朱泚、黃巢逐無道之君可爲湯武矣。

武攸緒者，武氏之族，依逆后而起，無功可録，竊將軍之號，冒安平王茅土之封，與攸曁等乘武氏之篡，擁衮冕而南面稱孤，凡六年矣。唐之子孫殺者囚者殆無遺類，而攸緒兄弟以皇族自居，不知此六年之内，何面目以尸居於百僚之上而猶自矜曰恬澹寡欲，將誰欺乎？官扈衛而位侯王，雖極天下之多欲者亦厭足矣，猶曰寡欲，將必爲天子而後

❶「睫」，邵陽曾氏抄本作「前」。

❷「而訟汙吏之廉平」，原作「而訟廉吏之貪污」，今據邵陽曾氏抄本改。

爲多欲邪？蓋至是而武氏之勢已浸衰矣。三思、承嗣淫昏而非懿、操之才，武氏知天下之必歸於唐而意已革，踰年而中宗召返東都矣。攸緒畏禍之且及，引身以避禍，席安榮尊富於嵩山之下，免脱禄、産之誅，福則與諸武共之，禍則全身以違衆。就小人而論之，三思、承嗣之愚猶可哀矜，而攸緒之狡尤甚矣哉！使三思、承嗣而爲曹丕、司馬炎也，攸緒儼然以懿親保其社稷，其肯就峯陰溪側冬茅椒而夏石室乎？予之以隱逸之名，名何賤也？以法論之，免其殊死可爾，流放之刑不可曲爲貸也。

十一　狄梁公薦張柬之敬暉

知人之哲，其難久矣。狄公之知張柬之、敬暉，付以唐之宗社，何以知其勝任哉？夫人所就之業，視其器之所堪；器之所堪，視其量之所函；量之所函，視其志之所持。志不能持者雖志於善而易以動，志易動則纖芥之得失可否，一觸其情而氣以勃興。識以之而不及遠，才以之而不及大，苟有可見其功名即規以爲量，事溢於量則張皇而畏縮。若此者，授之以大而枵然不給，所必然矣。

夫以宗社之淪亡，而女主宣淫，姦邪窺伺，嗣君幽暗，刑殺横流，天下延頸企踵以望光復，此亦最易動之情矣。則欲立拔起之功以反陰霾之日月，似非鋭於進取者不能。狄公公門多士而欲得此義奮欻興之人，夫豈難哉？然前此者李敬業、駱賓王以此致敗，徒以增逆焰而沮壯夫之氣，其成敗已可覩矣。故雖有慷慨英多、捐生效節之情，公弗與也。張柬之爲蜀州刺史，奏罷姚州之戍，瀘南諸鎮一切廢省，禁南夷之往來。敬暉爲衛州刺史，突厥起兵，欲取河北，諸州發民修城，暉不欲舍收穫而事城郭，罷使歸田。公於此乃有以得二公之器量而知其可以大任焉。

持之不發者，藏之已固也；居之以重者，發之不輕也；斂之以密者，出之不測也；不爲無益之功名者，不避難成之險阻也。故武氏任之而不疑，群姦疑之而不敢動，臣民胥信其舉事之必克而樂附以有成。善觀人而任之者，於此求之而失者，鮮矣。

十二　崔神慶請召太子用手敕玉契

讀《文王世子》之篇，而知古者天子諸侯之元子日侍於寢門，而損益衣食皆親執其事，無異於庶人之父子。天性之恩既不以尊位而隔，孝養之禮抑且以居高而倡。乃當大位危疑、姦邪窺伺之日受顧命、傳大寶，亦相與面授於衽席之側，德不偷而道立，道不失而禍亦消，皇哉弗可及已！

後世子道之衰，豈盡其子之不仁哉？君父先有以致之也。宮嬪多，嬖寵盛，年已逾邁而少艾盈前，於是不肖者以猜妒懷疑，即其賢者亦以嫌疑爲禮。太子出別宮而朝見有度，侍立有時，問安有節，或經旬累月而不得至君父之前，離析毛裏之恩，虛擁尊嚴之制，戕性斁倫，莫之能改。故其爲害也，父子不親而讒閒起，嬖寵怙權而宦寺張。秦政之於扶蘇，晉惠之於太子遹，隋高之於太子勇，坐困於姦賊，召之不爲召，誣之不能白，殺之不能知，而禍亂極矣。

道二：仁與不仁而已矣。絶父之慈，禁子之孝，尚安足與問禍福乎？無已則如崔神慶之請於武氏，太子非朔望朝參，應別召者，降手敕玉契以防姦慝。此三代以下仁衰恩薄，必不可廢之典也。神慶之言此者，慮諸武之假旨以召太子而害之也。其人雖不肖，其言之爲功亦偉矣！不然，夜半一人傳呼，而太子蹈白刃以瘖死，何從而知其真僞哉？後世人君處疏睽疑貳之勢，防姦杜禍，建爲永制可也。

十三　中宗君臣不得加刃於武氏

罪者因其惡而爲之等也，而惡與罪亦有異焉。❶故先王之制刑，惡與罪有不相值者，其惡甚而不可以當辜，其未甚而不可以曲宥，酌之理，參之分，垂諸萬世而可守，非悁悁疾惡遂可置大法以快人情也。

武氏之惡浮於韋氏多矣。鬼神之所不容、臣民之所共怨，萬世聞其腥聞而無不思按劍以起。韋氏之惡未如是之甚也。然以罪言，則不可以韋氏之罪加之武氏。法者非以快人之怒、平人之憤、釋人之怨、遂人惡惡之情者也，所以敘彝倫、正名分、定民志、息禍亂，爲萬世法者也。故唯弒父與君之賊，自其子之外，人皆得而殺之。苟其爲梟獍矣，則雖他惡無聞、人無餘怨而必不可貸。

玄宗起而斬韋氏於宮中，允矣，凡唐室之臣民嘗以母后事韋氏者無不可手刃以誅之。若武氏，則雖毒流天下，殲戮唐宗，惡已極，神人之怨已盈，而唐室之臣曾改面奉之爲君者不可操刃以相嚮；❷況中宗其子而張柬之其相乎？無已，則錮中宗於房州，廢豫王爲皇嗣之日猶可誅也。中宗歸而受皇太子之封矣，柬之奉太子以誅幸臣，非可殺武

❶「亦」，邵陽曾氏抄本作「抑」。

❷「室」，原作「氏」，今據邵陽曾氏抄本改。

氏之日矣。遷之別宮俟其自斃，行法如是焉可耳。許柬之以殺武氏，且北面而夕操戈，奉其子以殺其母而曰「法所宜伸也」，亂臣賊子因緣以起，何患無言之可執，而更孰與致詰乎？

惡武氏者責柬之之不行誅，求快惡惡之心而不恤法之伸詘，又何取焉？唯加以則天皇帝之稱而使三思等仍竊祿位，則失刑矣。文姜非躬弒而但與聞，哀姜與弒而所弒者其子，《春秋》不奪「夫人」之稱，許齊桓之討哀姜而不使魯人伸法，則中宗君臣不得加刃於武氏明矣。以上皆武氏時事。

十四　武氏遷居上陽姚元之流涕嗚咽

武氏遷於上陽宮，姚元之涕泗嗚咽，以是出爲亳州刺史。張柬之、敬暉惡足以察元之之智術哉？武氏廢，二張誅，而諸武安於磐石；中宗淫昏，得之性成，疢疾而不悟。其不能長此清晏也，衆人不知而智者先見之矣。元之之智，垂死而可以制張說。方在圖功濟險之日，百憂千慮，周覽微察，早知五王之命縣於諸武之手，固不欲以身試其戈矛，以一涕謝諸武而遠引以出，故其後五王駢戮而元之安。或持正以居功，或用智以祈免，忠直之士不屑智士之爲，而通識之士不尚婞直之節，其不相爲謀也久矣。

或曰：蔡邕一歎而受刑，元之弗慮，智亦疏矣。曰：邕不與誅卓之謀而元之贊興復之計。五王雖怒，不得以邕之罪罪元之，元之何惴焉？邕受董卓之辟於髡鉗之中，而王允不因卓而顯；元之雖見庸於武氏，柬之固武氏之相也，元之無憚而稱武氏曰舊君，武氏豈但元之之舊君乎？不得執以爲辭，苛責以蔡邕之罪，元之所熟審而無嫌者也。夫其詭於自全而貞概不立，誠不足爲忠矣，而五王際國步之傾危，誅二豎子，廢一老嫗，謀定崇朝，事成指顧，非有補天浴日之艱難，乃得意以居，環列相位，裂土稱王，鳴豫以翺翔，心忘憯怛，則以視大臣孫膚引咎之忱，陰雨苞桑之計，道亦褊矣。廢其母，立其子，姦人未翦，宗社飄摇，不可涕也，亦未可笑也！又惡知元之之涕，非以悲五王之終窮而唐社之未有寧日也與？

十五　張柬之不誅諸武

狄公之與張柬之皆有古大臣之貞焉，故志相輪、信相孚也。中宗初復，薛季昶曰：「産、禄猶在，草根復生。」而柬之不誅諸武，欲使上自誅之以張天子之威。以斯言體斯心，念深禮謹，薄一己之功名，正一王之綱紀，端人正士所繇異於功名之士，遠矣。

中宗之不可與有爲而不知揣，非闇也。趙汝愚曰：「社稷有靈，當無此患。」人臣爲其所可爲而謹守臣節，不與天子争威福之柄，知此而已。其不濟與，社稷之不幸也，榮辱生死又何恤焉？且使中宗之淫昏不如是之甚乎，春秋已富，曾正位於受終之日矣，乃既斬二張，復誅諸武，王鈇在手，唯己所爲，無所待命。懷貞事主者自怵惕而不敢寧，固非薛季昶以利害居心者所能知也。

劉幽求曰：「三思尚在，公等終無葬地。」成何等事而早以葬地繫其心乎？絳侯之盡誅諸吕，文帝尚在藩服而國無君，非中宗不違咫尺之比也。然絳侯且不免對吏之辱而幾不保，中宗而果有爲也，柬之不待天子之命，廣行誅戮，又足以保其勳名乎？乃其淫昏如彼矣，❶其後三思伏誅，且割太子首以獻宗廟，宗楚客復起而亂唐，相王幾不免焉，則諸武雖誅，未見五王得免於走狗之烹也。均之不免而秉臣節以蒙大難，不尤無疚於心與？

論者惜季昶、幽求之言不用而嗤柬之之愚，其愚不可及也。豫謀禍福者不足以見貞士之心，久矣。唐多能臣而鮮端士，於柬之有取焉，所以與狄公有芥珀之投也。

十六　李日知魏元忠諸人隳節韋氏

李日知、魏元忠、唐休璟、韋安石，當武氏之世，折酷吏之威，斥宣淫之魂，制凶豎之頑，懷興復之志，張撻伐之功，皆自命爲偉人而爲天下所屬望者也。及其暮年，潦倒於韋氏淫昏之世，與宵小旅進旅退，尸三事之位，濡需於豢養，殆無異於鄙夫。嗚呼，士之欲保名義於桑榆，誠如是之不易乎？義者無往而不與人並立者也，旦取之而義立於旦矣，夕取之而義立於夕矣，天下服之而已亦樂以自見。夫然，則可辱、可窮、可死而無所息，故曰：「怯夫慕義，無不勉焉。」若夫歷乎險阻之餘，❷回念疇昔，而復自歎其昔之危也，則百鍊之剛必有繞指之柔相爲終始者矣。

武氏之殺人亟矣，殺愈慘而人愈激，激以爲義，非必出於僞而義終不固。迨乎武氏已老，殺心已滅，韋氏繼起，柔姦不酷，激之也不甚，而義之不固者潛消暗餒以即於亡。於是後起之英已笑其衰頹，顧夷然曰：「此

❶「乃」，邵陽曾氏抄本作「況」。

❷「歷」，原作「立」，今據邵陽曾氏抄本改。

吾少壯之所嘗爲，而今不爾者也。」則一茶然以退而不可復興矣。故君子養之以靜，持之以堅，審於大小輕重之宜而參終始於一念，無激也斯無隨也。「知柔知剛，百夫之望」，夫乃謂之精義以利用而志不渝也。

十七　武韋之世無黨禍

唐自顯慶迄乎景龍，五十有五年，朝廷之亂極矣，豔妻接跡，昏主死亡而不悟，嬖倖之宣淫，酷吏之恣殺，古今所未有也。取唐之懿、僖，宋之徽、欽而絜之，十不敵一焉，然而彼速亡而此猶安者，其故何也？人之邪正不兩立，政之善惡不並行，純則治，雜則亂，所固然矣。雖然，尤惡其相激相反而交爲已甚也。已甚者，小人之忮毒也，進而陷君子以反其類，於是而國爲之空。國既空矣，乃取君子之政，無論宗社生民存亡死生之所繫，抑非必其心之所不欲，而概反之以洩其忿怒，推以及於言語文字之不合者皆架以爲罪而坐之死亡，天下乃箝口絶筆以成乎同惡相扇之勢，此唐宋之所以亡，與漢末黨錮之禍若出一轍也。

武韋之世，自長孫無忌、褚遂良以忠蒙誅夷之禍，亦憯矣，然殺是人則禍盡於其人，爲其所汲引與所同事者安處無驚也，則苟不力觸姦邪之畏怒，而猶綽乎其有以自居。若夫貞觀、永徽之善政雖不能釐定而修明之，初不聽姦邪之變易。武、韋所自爲異議以亂典常、蠱衆志者，喪祭之虛文、選舉之冒濫而已，邊疆之守、賦役之制猶是太宗之遺教也。殺君子而不蔓引其類，故斬艾雖憯，而陳子昂、蘇安恒、李邕、宋務光、蘇良嗣之流猶得抒悃昌言而無所詘，乃至守正不阿、效忠不貳如狄仁傑、宋璟、李日知、徐有功、李昭德皆列上位而時伸其志。其宣力中外者則劉仁軌、裴行儉、王方翼、吉頊、唐休璟、郭元振、姚元之、張仁愿悉無所掣曳以立功名，乃至楊元琰、張說、劉幽求諸人同事俱起而被害者不相及。姦邪雖執大權，終不礙賢臣登進之路，驅天下以一於淫慘，則亂自亂也，亡自可不亡也。或摧之，或扶之，兩不相掩而天下猶席以安也。

夫小人之毒不可撲者，莫甚於與君子爭名；君子之自貽以慼者，莫甚於與小人競氣。武、韋、太平淫虐方逞之日，小人利得其欲而自安於小人，君子自靖其誠而不待抑小人求伸其君子，故小人之毒淺而君子之志平，水火不爭，其毒不烈，所固然矣。夫名者，君子之實也；氣者，小人之恃以淩物者也。君子惜名已甚而氣乘之，小人於是恥榮名之去已而亦飾說以干譽，然後公忠正直之號皆小人之所弋獲，一旦得志以逞，則盡取君子題以姦黨而誅殛之，空其祿位，招致私人而朝廷倏易其故。及其敗露，直道乍伸，義激氣矜者抑用其術以剷絶敗類。數十年之中起伏相互，風靜而波猶不息，君無適信，吏無適守，民無適從，乃至取邊疆安危之機、小民膏血之資，旦此夕彼以各快其施，如痎瘧之炎抱火而寒履冰也。嗚呼，鍛鐵者屢反其鉗椎，療病者疾易其梔附，其不折以亡也，豈可幸哉？甚矣，使氣而矜名者之害烈也！

宋仁宗，賢主也，呂夷簡、夏竦非大姦也，相激以爭而石介以詩受斲棺之僇。流波所蕩，百年不息。無罪可加而蘇軾以文詞取禍，有罪可討而蔡確亦以歌詠論刑。免役非殃民之稗政，而司馬公必速改於一朝；維州非宗社之急圖，而李文饒堅持其偏見。雖君子之乍升亦且以斂怨而妨國家之大計，況小人之驟進，唯人是苛、唯政是亂者，又遑恤傾危之在旦夕乎？唐武、宣，宋神、哲之可與有爲也，顧不如高宗之柔闇、中宗之狂惑，觀其朝右之人與邦國之政而可知矣。國無黨禍而不亡，爲人君者弭之於其幾，奚待禍發而無以救藥乎？

十八　臨淄王誅韋氏不啓相王

臨淄王之誅韋氏，不啓相王，豪傑之識有闇合於君子之道者，此類是也。臣受命於君，子受命於父，勿敢專焉，正也；信諸心者非逆於理，成乎事者不疚於心，則君父雖加以尤而不避。唯豪傑以心爲師而斷之於事，夫君子之靖乃心以制義者，亦如此而已矣。推而至於聖人，舜之不告而娶，亦如此而已矣。理者，生於人之心者也，心有不合於理而理無不協於心。故豪傑而不可爲聖賢者有矣，未有無豪傑之識而可爲聖賢者也。

臨淄王曰：「事不成，以身死，不以累王。」亦未有以信其必然也。然以相王之温厚柔巽，全身於刑殺横行之日，則亦可冀其或然耳。且微臨淄之舉事，王亦岌岌矣。宗楚客、葉静能日謀殺王，奉韋氏以奪唐祀，韋氏不誅，王固不能再全於凶嫗之手，臨淄不忍言耳。實則謂事不成而王危，不舉事而王亦危，以必危之勢求全王而使嗣大統，勢不兩立，徒畏王之優柔而撓成算，告則兵不得起，寧無告也。以安社稷，以討亂賊，以救王於顛危，在此舉矣。崔日用業以宗楚客害王之謀告，而猶需遲不決乎？故臨淄之不告，孝子之道也。即一事一念而言之，大舜之不告而娶，奚必遠哉？是以知臨淄之可與大有爲也。生於蕺亂之世，馳逐於聲色狗馬之中，而所與遊者王琚之流，故終於濁亂而虧其天彝，亦不幸而不奉教於君子乎！

讀通鑒論卷二十一終

讀通鑑論卷二十二

衡陽王夫之譔

唐睿宗

一　韋湊請奪太子重俊謚

國無正論，不可以立。睿宗表韋死於武、韋之禍者，太子重俊與焉。韋湊斥之爲亂賊，請奪其節愍之謚，論之正者也。

重俊之惡非但蒯聵之比也。或曰：韋氏不誅而中宗弑，禍深於南子；三思逸産、禄之誅而亂天下，惡劇於宋朝。重俊誅之，視蒯聵爲愈矣。曰：非然也。君子之惡惡也，誅其意；而議刑也，必以其已成之罪，而不可先其未事早施以重辟。三思謀篡於武氏之世，既不成矣，韋氏之行弑在重俊死後之二年，當其時篡弑未形而億其必然以稱兵嚮闕，欲加刃於君母，其可乎？且夫重俊之起非果憂社稷之危、爲君父除伏莽之賊也。韋氏以非其所出而惡之，三思、崇訓逢其惡而欲廢之，重俊不平而快一朝之忿，恐不得立而持兵脅君父以争之，據鞍不下，目無君父，更何有於嫡母？充其惡之所至，去商臣、劉劭也無幾，非但如蒯聵之惡醜聲而逆行也。則重俊之惡浮於蒯聵，奚容以韋氏、三思之罪爲之末減哉？

韋氏淫縱以蠱上，三思、崇訓懷逆以思逞，其已露也，人得而誅之，非但臨淄王也；其未露也，唐有社稷之臣廢韋氏、討諸武，法之所得行也而獨重俊則不可。申生自靖而不得謚爲孝，重俊何節之可稱而奚足愍乎？

夫韋氏、三思之謀危宗社，重俊興兵之名也。苟有其名，子得以犯父而殺母，亂臣賊子誰則無名而大逆安所戢乎？韋湊之論，所以大正人紀而杜亂萌也，惜乎睿宗之知而不能決也！

二　蘇頲終制

奪情之言揚於廷，人子之心喪於室矣。蠅蚋不嘬生而嘬死，有以召之也，而況紛呶自辯以與公論相仇？史嵩之、李賢、張居正、楊嗣昌之惡，滔天而無可逭矣。

唐欲奪蘇頲之情，李日知銜睿宗之命至頲家諭之。日知見其哀毁，不敢發言，人子於此豈更有言之可出諸口乎？耳聞命而心裂，目對客而神傷，人且自疚曰：斯言也，胡爲而至於我之前？君不我諒，我之爲臣可知矣；友不我恤，我之爲子可知矣。我誠禽獸也乎，而忍使吾親有禽獸之子乎？至於敦趣不已而待我之固辭，罪已通於天矣，又從而爲之辭以冀苟留，則犬豕不食其餘，弗問人也。

夫人之惡有待吹求而始顯者，有不待吹求而無不著者。奪情之惡，一言以折之，一峯、念菴、幼玄之參劾，其猶贅辭乎？子曰：「女安，則爲之。」奚足辯哉？喪親若蘇頲者，可矣。

三　姚宋不早誅竇懷貞徒請安置公主

太平公主謀危太子，宋璟、姚元之請令於東都安置，睿宗曰：「朕唯一妹，豈可遠置東都？」悲哉，其言之乎！　自武氏之殄唐宗，慘殺其子而不恤，於是高宗之子姓，上及於兄弟，芟夷嚮盡，所僅存者三人而已。父闇而不能庇其生，母憯而不難置之死，又繼以韋氏、宗楚客之淫凶，睿宗之與公主，其不與中宗同受刃者，幸也。原隰之裒，伊誰相惜？凋殘已盡，僅保二人。《詩》不云乎：「將恐將懼，惟吾與汝。」況其在同氣之親乎？故姚、宋之言，社稷之計也；睿宗之畫然傷心，亦詎可決於一旦哉？

公主之習於悍戾也，耳習於牝雞之晨，目習於傾城之哲，貞士且不保其貞而況婦人？其視宮人操廢置之權爲朝章家法，❶亦未可遽責以順者。雖然，豈遂無以處之哉？公主之忌太子也，尚含惡怒而未發，竇懷貞以遠州長史遽起不軌之心，導其邪而爲之結黨，俄而遷侍中矣、同三品矣、爲左僕射平章軍國重事矣，於是崔湜、蕭至忠、岑羲競起比附以取相，李日知、韋安石衰老庸沓而無能正，劉幽求孤立以爭而流竄及之。於斯時也，姚、宋位大臣、繫物望，得與睿宗之密勿，夫豈不可早聲懷貞之惡以弭湜、羲、至忠之姦？而黨援未削，遽欲取睿宗患難倚存之一妹，正國法以擯斥之，睿宗之心戚而群姦之計得矣。無懷貞、湜、羲、至忠，則公主之惡不足以發，徒遠公主而群姦在位，翟茀方涉蒲州，召命旋還京邸，其必然之勢矣。

睿宗之不忍於公主者，性之正也，情之不容已也；患難與偕，義之不可忘也。若懷貞輩之於唐，九牛之一毛耳，無德望之繫人心，無勳勞之在社稷，流放竄殛，旦命下而夕

❶「視宮人操廢置之權爲」，原作「蔑視宮闈操廢置之權」，今從邵陽曾氏抄本改。

伏辜，一白簡之勞而已。姚、宋何憚而不爲乎？卒使睿宗不能保其恩，玄宗不能全其孝，公主不能免於死。群姦惡已盈而始就誅，唐之社稷又岌岌矣，姚、宋不能辭其咎矣。

唐初之習氣，士大夫過惜其類而相容忍，賢姦並列而不相妨，寧得罪於天子而不結怨於僚友，以宋璟之剛，弗能免也。元之之智以圖全，又何望焉？

四　李景伯盧俌言既遣御史按察十道可罷置都督

按察使之設，自景雲二年始。觀李景伯、盧俌之言，則所遣者御史也。時議分天下爲十道，道遣一使按察；又分二十四都督，糾察所部刺史以下善惡。嗣以景伯、俌上言生殺之柄任太重，用非其人，爲害不小而罷之。罷之誠是也，而景伯、俌謂御史秩卑望重，姦宄自禁，則有未當者。何也？官之得人與不得，不繫乎秩之崇卑也。唐之刺史，漢之太守也，守郡而兼刺察之任，其權重矣。任重秩尊而使卑秩者臨其上以制之，則爵輕；爵輕，則不足以立事而規避以免責。刺史懷規避之心，則下吏侮之，豪民脅之，而刑政不修。新進之士，識不足以持大體而樂毛擊以詫風裁，賢者任私意而虧國計民生深遠之永圖，不肖者貪權利而無持綱挈領、匡扶之至意，秩卑者望奚重哉？徒獎浮薄以灰牧守之心。故景伯、俌之言非治理之經也。命卿貳以行，但任以糾察而不授以生殺兵戎財賦之權，又何任太重而專私爲害之憂乎？

按察使之設，後世踵之，而其法有二：

一專官也，一特遣也。專官者任之久而官於其地。其利也，久任則足以深究民情、博考吏治，不以偶爾風聞、瞥然乍見之得失而急施獎抑；其害也，與郡邑習處而相狎，不肖之吏可徐圖訢合以避糾劾。特遣者出使有時，復命有程，閒行亟返，不與吏親，事止參糾，他無適掌，使畢仍復其官。其利也，職有專司，威有獨伸，無狎習比昵之交，無調停遷就之弊；其害也，風土未諳，利病不親，據乍然之聞見定臧否於一朝，賢者任氣而不肖者行私。此二者利害各半，而收其利，免其害，則無如特遣而緩之以期，任之大臣而不以爲升遷之秩，則代天子以時巡而民不勞，代諸侯之述職而事不廢。因時制宜，慎擇人而飭法以簡，斯爲得中之道乎？

若夫過任都督，使之畸重，則天下且不知有朝廷而唯知有都督。節度分疆而唐室以裂，行省制命而元政不綱，皆此繇也。則景伯、俌之請罷之，誠定論也。

玄宗

一　楊相如疏言法貴簡而能禁

言治道者，至於法而難言之矣。有宋諸大儒疾敗類之貪殘、念民生之困瘁，率尚威嚴，糾虔吏治，其持論既然，而臨官馭吏亦以扶貧弱、鋤豪猾爲己任，甚則醉飽之愆、簾幃之失、書箑之餽，無所不用其舉劾用快輿論之心。雖然，以儒者而暗用申韓之術，將仁恕寬平之言，堯禹、湯文、孔孟其有獎亂之過與？

仁而弱，寬而縱，崇情以骪法，養姦以病

民，誠過矣。然使其過也果害於國、果賊於民，則先王既著之於經，後世抑守之以律，違經破律，取悦於衆而自矜陰德，則誠過矣。欲謝其過，抑豈毛舉瘢求、察人於隱曲，聽惰民無已之怨讟，信士大夫不平之指擿，辱薦紳以難全之名節，責中材以下以不可忍之清貧，矜纖芥之聰明，立難攖之威武也哉？老氏以慈爲寶，以無爲爲正，言治言學者所諱也。乃若君子之言，曰寬、曰簡，曰不忍人，曰哀矜而勿喜，自與老氏之旨趣相似而固不同科，如之何以羞惡是非之激發妨其惻隱邪？

絶人之腰領，死者不可復生矣；輕人之竄逐，棄者不可復收矣；壞人之名節，辱者不可復榮矣。唯夫大無道者怙終放恣，自趨死而非我殺之，自貽辱而非我辱之，無所容其欽恤耳；苟其不然，於法之中字櫛而句比之，於法之外言吹而行索之，酒漿婢妾之失，陷以終身，當世之有全人者其能幾也？惡非衆惡，害未及人，咎其已往，億其將來，其人雖受罰而不服，公議亦或然而或否，欲堅持以必行而抑自詘矣。徒爲繁密之深文，終以沮撓而不決，一往惡惡之鋭氣亦何濟於懲姦而祇以辱朝廷羞當世之士邪？

夫曰寬，曰不忍，曰哀矜，皆帝王用法之精意，然疑於縱弛藏姦而不可專用。以要言之，唯簡其至矣乎？八口之家不簡則婦子喧争，十姓之閭不簡則胥役旁午，君天下、子萬民而與臣民治勃谿之怨，其亦陋矣。簡者，寬仁之本也；敬以行簡者，居正之原也。敬者，君子之自治，不以微疵累大德；簡者，臨民之上理，不以苛細起紛争。禮不下於庶人，不可以君子之修論小人之刑辟；刑不上於大夫，不可以胥隸之禁責君子以逡巡。早塞其嚴刻之源，在創法者之善爲斟酌而已。

玄宗初親政，晉陵尉楊相如上言曰：「法貴簡而能禁，刑貴輕而必行。小過不察則無煩苛，大罪不漏則止姦慝。」斯言也不倚於老氏，抑不流於申韓，洵知治道之言乎！後世之爲君子者十九而爲申韓，鑒於此而其失不可掩已！

二 張九齡言淺中弱植之徒有才無恥

夫苟欲自全其志行以效於國，則樂黨淫朋以敗官常也，必其所不欲爲。乃立身無玷而於邪佞終不得而遠，究以比匪受傷，勢成於無可如何而正志不伸、修名有累者，抑何多也！ 張九齡抱忠清以終始，夐乎爲一代泰山喬嶽之風標，爲李林甫所側目，而遊冥寥以消矰弋。觀其始進奏記於姚崇，可以得其行己待物之大端矣。其言曰：「君侯登進未幾，而淺中弱植之徒已延頸企踵而至。豈不有才？所失在於無恥。」至哉，其言之乎！

夫以鴻才偉望一旦受天子之知，爰立三事，隆隆炎炎，熏蒸海内，物望之歸如夏雲之轟興、春流之奔湊，所不待言矣。於斯時也，有所求而進者進矣，無所求而進者進矣。有所求而進者，志在求而無難窺見其隱也；無所求而進者，徐而察之，果無所求也，是其爲樂我之善、玉我於成以共宣力於國家者乎？於是樂與之偕而因以自失。夫惡知無所求而進者爲熏蒸之氣所鼓動，不特我不知其何求，使彼自問亦不知其何以芸芸而不自釋也。無他，淺中者其量之止此，而弱植者自無以立，待人而起者也。俄而勢在於此則集於此矣，俄而勢在於彼則移於彼矣，害不及而避其故也如驚，福不及而奔其新也如醉。君子小人一伸一屈，數之常也。言爲之易其臧否，色爲之易其顰笑，趾爲之易其高下，則凡可以抑方屈而揚方興者無所不用。與斯人居而上不病吾君、下不病吾民、中不貽他日之恥辱者，鮮矣。故天下之可賤可惡、君子遠之必夙者，唯此隨風以驅、隨波以逝、中淺而不知事會之無恒、植弱而不守中心之所執者也。

生於教衰行薄之日，履物望攸歸之位，習尚已然，弗能速易，惟有杜門却迹，寧使怨謗，勿與周旋，以自立風軌而已耳。天下方亂而言兵，天下初定而言禮，時急於用而言財，乃至教興道顯而相倣以談性學，皆中之淺植之弱，足以玷君子之修名，而或一違時則反唇相詆而不遺餘力者也。乍與周旋，容其旅進，一爲其所顛倒，欲不病於而國、累於而身、敗於而名也，其可得乎？司馬温公失之於蔡京，唯察此之未精耳。九齡唯早曙於此也，故清節不染於濁流，高蹈不傷於鉗網。其詩曰：「弋者何所慕？」無可慕也，鴻飛之冥冥，所以翔雲逵而爲羽儀於天下也。

三　宋璟盧懷慎張九齡清而不激

唐多才臣而清貞者不少概見，貞觀雖稱多士，未有與焉。其後如陸贄、杜黄裳、裴度，立言立功，赫奕垂於没世，而寧静淡泊，固非其志行之所及也。唯開元之世，以清貞位宰相者三：宋璟清而勁，盧懷慎清而慎，張九齡清而和，遠聲色，絶貨利，卓然立於有唐三百餘年之中，而朝廷乃知有廉恥，天下乃藉以乂安。開元之盛，漢宋莫及焉。不然則議論雖韙，法制雖詳，而永徽以後，奢淫貪縱之風不能革也。

抑大臣而以清節著聞者，類多刻覈而難乎其下，掣曳才臣以不得有爲，亦非國民之利也。漢宋之世多有之矣，孤清而不足以容物，執競而不足以集事，其於才臣如水火之相息，而密雲屯結之不能雨也。乃三子之清又異於是，勁者自彊，慎者自持，和者不流，而固不争也。故璟與姚崇操行異而體國同，懷慎益不欲以孤介自旌而礙崇之設施，九齡超然於毁譽之外，與李林甫偕而不自失，終不與競也。唯然，而才臣不以己爲嫌，己必不替才臣以自矜其素履，故其清也異於漢宋狷急之流，置國計民生於度外而但争涇渭於苞苴竿牘之閒也。嗚呼，偉矣！楊震也，包拯也，魯宗道也，軒輗、海瑞也，使處姚崇、張説、源乾曜、裴耀卿之閒，能勿金躍於冶、冰結於胸否邪？治無與襄，功無與立，徒激朋黨以啓人主之厭憎，又何賴焉？

夫三子之能清而不激以永保其身、廣益於國者，抑有道矣。士之始進也，自非猥鄙性成、樂附腥羶者，則一時名之所歸、望之所集，争託其門庭以自處於清流之選，其志皆若可嘉，其氣皆若可用也。而懷清之大臣遂欣受之以爲臭味，於是乎和平之度未損於中而激揚之情遂移於衆，競相獎而交相持，則雖有邊圉安危之大計、黎民生死之遠圖、宗社興衰之永慮，皆不勝其激昂之衆志而但分流品爲畛域，以概爲廢置。夫豈抱清貞者始念之若斯哉？唱和迭增，勢已成而弗能挽也。於是而知三子者之器量遠矣，其身不辱，其志不骫，昭昭然揭日月而行者，但以率其固然之儉德而不以此歆召天下，奉名節爲標榜，士固無得而附焉。不矜也亦不黨也，不黨則不争矣。

嗚呼！士起田閒，食淡衣麤，固其所素然矣。若其爲世禄之子，則抑有舊德之可食而無交謫之憂。讀先聖之書，登四民之上，則不屑以身心陷錐刀羶薉之中，豈其爲特行哉？無損於物而固無所益，亦惡足以傲岸予雄而建鼓以求清流之譽聞乎？天下之事自與天下共之，智者資其謀，勇者資其斷，藝者資其材，彼不可驕我以多才，我亦不可驕彼以獨行，上效於君，下逮於物，持其正而不厲，致其慎而不浮，養其和而不戾，天下乃賴有清貞之大臣，磽磽者又何賴焉？故君子秉素志以立朝，學三子焉斯可矣。有伯夷之廉而驕且吝，亦人道之憂也。

四　崔日知因李傑之糾反搆傑罪

姦人被發而誣發姦者以罪，其罪不貰；兩俱有姦，而因人之發，還相爲發，則後發者之罪姑置勿論，而先發之姦，罪在不貰。誠彼之有姦也，奚不早聲其罪以論奏之，而待己慝已彰，乃相反噬乎？

京兆尹崔日知貪墨不法，御史李傑糾之，日知反搆傑罪。勿論傑罪之有無也，傑不可以日知之言而坐，日知不可以訐傑而寬。玄宗納楊瑒之言，釋傑而竄日知，允矣。雖然，有説焉。御史、京兆尹，皆法吏也。尹之貪暴，御史之所必糾；御史汰縱於輦轂，尹亦習知而執官守以論劾之。假令傑敗官箴、藏姦宄以下撓尹權，知日知之必擿己愆而先掇拾其過以鉗制之，將亦唯傑之搏擊而拑日知之舌乎？則楊瑒所云「糾彈之司，姦人得而恐喝，則御史臺可廢」者，亦偏護臺臣之黨而非持平之論也。

夫日知之罪不可以搆傑而減，固也，而

傑罪之有無抑不可以不察。傑果無罪，則日知既以貪暴抵法而益之以誣賢之惡，加等之刑，不但貶爲丞而足蔽其辜；若傑而有罪也，亦不可以糾日知故而概不加察。今瑒不辨傑罪之有無，但以護臺臣而護傑。且當開元之始，群賢皆有以自見而傑無聞焉，傑之爲傑亦可知矣。瑒爲御史臺存綱紀而不爲朝廷别賢姦，非平允之論也。天子虚衷以詳刑，則姦人自無所藏姦；士人正己以匡世，則小人自弗能置喙，又非可以禁恐喝、斥反搆一切之法彈壓天下者也。

五　敕鄭銑郭僊舟爲道士

君與臣爲謔則朝無章，朝無章則邪佞玩而巧讎其慝。故聞以道裁物者矣，其次則以法禁下矣。道不可揆，法無所飭，君謔其臣而以資淺人之慶快。慶快者淺人也，乘之以交謔者姦人也，道法之君子知其不足以君天下，而奚快焉？

鄭銑、郭僊舟投匭獻詩，述游僊之旨以媟上聽，按法而竄殛之，或姑貸而斥罷之，允矣。堂堂爲天下君，弗能秉道以飭法，懲姦止邪，乃度之爲道士，聊與之謔，以供淺人之一笑，然則貪人聚斂而賜之金粟，淫人勸蒇而畀以少艾乎？且銑與僊舟奉勅而爲道士矣，惡知其不栩栩然集徒衆、建樓觀、采鉛汞以鳴得意而獵厚利哉？玄宗之爲此，聊以謔也，小人得天子之謔而以謔爲榮，無知者競榮之，未數年而張果、葉法善、邢和璞輻輳於天子之廷，非此致之哉？

君可以謔其臣，臣抑可謔其君，交相謔則上無章而下無忌。蕭瑀，大臣也，太宗聽其出家，亦謔也，此唐之所以無政也。論者快之，謂足以懲姦而警俗，國憲官箴、法律刑紀皆可不用而以詎懲姦，天下其誰警哉？淺人之所快，君子之所羞稱，久矣。

六　放姜皎歸田

姜皎與誅逆之功，玄宗聞宋璟之諫，放之歸田，下制曰：「南陽故人，以優閒自保。」其於劉幽求、鍾紹京，胥此道也。所以裁抑私勞、防其僭亂，得矣，而或病其寡恩。夫以遠之者全之而國家不受其敗，誠無取於涓涓之惠也，奚病哉？

帝之討韋氏也，幽求與薛景暕、崔日用與有贊襄之功。其見忌於太平公主、竇懷貞也，則宋璟、姚崇、張説、陸象先、王琚與皎或力争於睿宗，或決計以誅公主。然而帝之待之也則異。非但璟、象先之清忠，崇、説之才幹，可任以大，非餘子所及也。此諸君子者，昌言於睿宗之廷，持正論以定社稷，從則君受其福，不從則已嬰其禍，非行險貪功、以太子爲孤注者也。若夫紹京、幽求、皎、琚之流，雖曰仗正，而密謀相結，露刃以嚮宮闈，亦險矣哉！夫國家之治亂不恒也，大臣之安危無定也，所奉者之貞邪未可據也。韋氏雖逆而亦一國母，公主雖逆而亦一懿親。求遂其擁戴之勳而推刃於君之骨肉，其可與久居密勿而弗慮其恩怨之數遷乎？故數子者幸而不爲謝晦、楊素耳，即有姚崇、張説之能，近趙普而已。普爲開國元臣，不足以容身於太宗之世，數子者又何微功之足倚邪？璟、崇、説、象先之諫，安玄宗即以安睿宗矣，忠臣效也；幽求、紹京、皎、琚，其去亂人也無幾。君子忘身以徇國，❶亦爲其所可爲者而已，過此未有不以召憎惡於明主者。若遇猜忍之君，則里克、甯喜之服刑亦其自取，而不可但咎其君之刻薄。明乎此，君知所以待有功之臣，臣知所以立節而全身矣。❷

七　發糶太府及府縣粟斂民閒惡錢銷毁

經國之遠圖存乎通識。通識者，通乎事之所繇始、弊之所繇生，害之所繇去、利之所繇成，可以廣恩，可以制宜，可以止姦，可以裕國，而咸無不允，於是乎而有獨斷。有通識而成其獨斷，一旦毅然行之，大駭乎流俗，而庸主具臣規目前之損益者則固莫測其爲，而見爲重有損。如宋璟發太府粟及府縣粟十萬石糶之，斂民閒惡錢送少府銷毁是已。

散粟於民而取其值，疑不足以爲仁之惠；君與民市，疑不足以爲義之宜；以粟易錢而銷毁之，徒取值於民而無實於上，疑其病國而使貧。一旦爲之，不可測而可駭，庸主具臣聞言而縮舌，固其所必然矣。以實求之，夫豈然哉？取值不有而散十萬之粟於待食之人，不費之惠也；下積惡錢將隨敝壞，上有餘粟將成紅朽，而兩易之，制事之宜也。乃若大利於國者，則尤非淺見褊衷之所易知也。惡錢之公行於天下，姦民與國争利而國恒不勝。惡錢充斥則官鑄不行，人情趨輕而厭重，國錢之不能勝私鑄久矣。惡錢散積於人閒，無所消歸，而欲人決棄之也，雖日

❶ 上文「所以裁抑私勞」至「君子忘身以」，此三七八字原無，今據《船山全書・船山詩文拾遺》卷一補。

❷ 此句下原有小字「此篇疑有脱誤」六字，今既補足，故删。

刑人而不可止；發粟以收惡錢者，使人不喪其利而樂出之也。銷毀雖多未盡，而民見上捐十萬粟之值付之一炬，則知終歸泯滅而不肯藏，不數年閒，不待棄捐而自不知其何往矣。惡錢不行則國錢重，國錢重則鼓鑄日興，姦民不足逞而利權歸一，行之十年，其利百倍十萬粟之資，暗償之而贏餘無算，又豈非富國之永圖乎？

乃當其時，愚者不測也，吝者不決也，非玄宗之倚任，姚崇、蘇頲之協恭，則璟言出而訕笑隨之矣。司國計而知大體者之難，小人以環堵之識惜目睫之錙銖，吝於出而急於納，徒以削民斂怨，暗耗本計於十年之後，而吮之如蜜。王安石之以病宋者，此也。不耕而思穫，爲盜而已，爲乞而已。盜與乞，其可與託國哉？

八　制五服並依喪服傳文

黃帝正昏姻而父子定。《周禮》，父在爲母服齊以體黃帝之精義，而正性以節情非聖人莫能制也。武氏崇婦以亢夫而改爲斬衰，於是三從之義毀而宮闈播醜，禍及宗社。開元七年，勑五服並從《禮》傳，乃士大夫議論紛起，各從其意，迷先聖之典，逆時王之命。褚無量歎曰：「俗情膚淺，一紊其制，誰能正之？」傷哉，言之而無能知也，知之而無能信也，信之而無能從也！聖人不足以垂訓，天子不能以行法，天下之錮人心、悖天理者莫甚於俗，莫惡於膚淺，而姦邪悖逆者不與焉，有如是哉？

姦邪悖逆之壞法亂紀也，其惡著，其辨不能堅，勢盡情窮，及身而止，無以亂天下後世也，俗則異是。其始爲之倡者亦懷姦耳，亦行邪耳，亦悖王章、逆天理以逞其私耳，乃相沿而成，末流之汜濫，則見以爲非而亦有其是也，見以爲逆而亦有其順也。其似是而順乎人情者，何也？人莫不有所溺而利以爲歸也。夫人之用愛也易而用敬也難，知情者衆而知性者少，於養也見恩而於德見憚，皆溺也。而不但此也。出而議禮於大庭，入而謀可否於妻子，於是而父之得與母同其尊親，亦僅存之法紀使然耳。不然，伸母以抑父，父齊而母斬，又豈非其所可爲、所忍爲者哉？於是親繼父而薄繼母，怙母黨以賊本支，茫然幾不知爲誰氏之子。「何知仁義？以享其利者爲有德。」猶且自詡孝慈以倡率天下，中國之不狄、人之不禽也幾何哉？

天性者，藏密者也，非引聞見以歸心、潛心以體性、順性以窮理者不能喻也。膚淺以交於人倫，十姓百家浮動之志氣違天理而與姦邪悖逆者之情相合，所必然已。故曰：惡莫大於俗，俗莫偷於膚淺。無量之歎垂之千年，而帝王不能正，士大夫不能行，嗚呼，人道之淪亡，吾不知其所終已！

九　流裴虛己於新州而貸岐王

論魯莊公者曰：「母不可制，制其侍御之人。」以此而事不順之父母，未盡善也，以施之不令之兄弟，則義正而恩全，道莫尚焉。舜使吏治象國而不得暴其民，聖人亦如是而已，不謂玄宗之能及此也。駙馬都尉裴虛己私從岐王遊，挾圖讖，坐流新州，離其婚，法嚴而無所貸，於岐王則不以此懷疑而慰安之如故。夫虛己挾邪説以私交而岐王容之，王豈無罪乎？而虛己之辟既伸，則遊王門者咸知畏忌。以生長深宮之帝子居宦官宮妾之閒，旦歌夕飲以戢其邪心，固不待加威而自安侯服矣。

無左吴、趙賢則淮南不能謀逆，❶無宇文述、楊素則楊廣不能奪嫡，無張公謹、尉遲敬德則太宗不能殺兄。天下之亂釀成於徼幸功名者之從臾者，類然也。博望啓而戾太子之項縣於湖城，天策開而隱太子之血流於玄武。事成則禍及於國，不成則殃及於身。玄宗日遊諸王於鬭雞吹笛之閒，而以雷霆之威亟施之挑激之小人，諸王保其令祚，王室無所震驚，不亦休乎？不能殛逐爚亂之姦，繼乃摧殘其同氣，睿宗所以縱竇懷貞而僅存一妹，終以傷心也。周公以頑民授管叔，固不如舜之與象，以天子之吏治其國而永保其恩也。故曰：「聖人，人倫之至也。」法其一端，可以盡倫，可以已亂。堯舜之道人皆可學，亦爲之而已矣。

十　京外官各舉縣令未可據以爲法

漢之太守去古諸侯也無幾，辟除賞罰、兵刑賦役皆得以專制，而縣令聽命如其臣，故宣帝詔曰：「與我共天下者，其二千石乎？」太守之權重則縣令之任輕，故天子詳於二千石之予奪而治道畢舉矣。唐宋以降，雖有府州以統縣，有稟承稽核之任而誅賞廢置之權不得而專，縣令皆可自行其意以令其民，於是天下之治亂、生民之生死惟縣令之仁暴貪廉是視，而縣令之重也甚矣。玄宗敕在京官五品以上、外官刺史四府上佐各舉縣令，誠重之也。重之於舉之之始，必將以保

❶「左吴趙賢」，邵陽曾氏抄本作「八公二被」。

任分功罪。其得也，但得文飾治具之士，葸弱免咎而無以利民；其失也，舉主畏連坐之罰而互相掩蔽以蓋其姦。則保舉之法不足以肅官常、澤民生，固已。重之者豈徒在選舉之日乎？

夫縣令之任重矣而其秩則卑，故後世多以爲筮仕之官。才不才非有前效之可驗，欲先辨而使克副其職，雖具知人之鑒者未易也。然士當初受一命，初試一邑，苟非繇胥史異途而升，則其不畏清議、甘爲敗類以病國虐民者固鮮矣。無以激之，其濁不懲；無以揚之，其清不展。軋於上官，其用不登；責以奔趨，其節不立。夫亦存乎上之所以用之者耳。重憲紀以糾其不若，則有所戒也；縣清要以待其拔擢，則有所勸也。成法之外，許以因地而便民，則權可任也；供頓驛遞之役，委之簿尉而弗效褻役之勞，則節可礪也。夫然則賢者志得而不才者亦勉而自惜，若其尤不肖者，固比類相形，愆尤易見，持法以議其後，亦不患稂莠之難除矣。何事於未試之前，以不可保之始終繩薦舉者而責以所難知哉？開元之制，乍行之以昭示上意之所重，可也，據以爲法而弊即在焉。重者，用之重也，非一選舉而可畢任賢養民之道也，用之重而治可幾矣。

十一　張説平麟州奏罷邊兵二十萬人

罷兵必有所歸。兵罷而無所歸，則爲盜爲亂。張説平麟州叛胡，奏罷邊兵二十萬人而天下帖然，蓋其所罷者府兵也。府兵，故農人也，歸而田其田，廬其廬，父子夫婦相保於穹窒栗薪之閒，故帖然也。於是而知府兵之徒以毒天下而無救於國之危亂，審矣。

說之言曰：「臣久在疆場，具知其情，將帥苟以自衛及役使營私而已。」夫民之任爲兵者，必佻宕不戢、輕於死而憚於勞之徒，然後貪釃酒椎牛之利而可任之以效死。夫府兵之初，利租庸之免而自樂爲兵，或亦其材勇之可堪也。迨其後著籍而不可委卸，則視爲不獲已之役，而柔弱愿樸者皆垂涕就道以赴行伍。若此者，其鈍懦之材既任爲役而不任爲兵，畏死而不憚勞，則樂爲役以避鋒鏑，役之而無不受命，驕貪之將領何所恤而不役以營私邪？團隊之長役之矣，偏裨役之矣，大將役之矣，行邊之大臣役之矣，乃至紈袴之子弟、元戎之僕妾役之矣，幕府之墨客，過從之游士，彈箏擊筑、六博投瓊、調鷹飼犬之徒皆得而役之。爲兵者亦欣然願爲奴隸以偷一日之生。嗚呼，府兵者惡得有兵哉？舉百萬井疆耕耨之丁壯爲奴隸而已矣，縱遣歸田，如奴隸之得爲良人，而何弗帖然邪？

無彊悍不受役之氣，有偷安不恤役之情，因其有可役之資而幸收其效役之利，行則役於邊臣，居則役於長吏，一時不審，役以終身，先世不謀，役及後裔，天下之苦兵也，不待矢石相加、骴骼不返而後怨毒填胸矣。是張說所奏罷之二十萬人無一人可供戰守之用，徒苦此二十萬之農民於奉拚除、執虎子、築毬場、供負荷之下。故軍一罷而玄宗知其勞民而弱國也，而募兵分隸之議行，漸改爲長從，漸改爲彍騎。窮之必變，尚可須臾待哉？而論者猶責玄宗、張說之改制異於古法，從事於君子之道以垂法定制而保國安民者不宜如此之鹵莽也。

所患者，法弊已極，習相沿而難革，雖與更張，害猶相襲。故自說罷邊兵而邊空，長從、彍騎制未定而不收其用，邊將承之，畜私人，養番兵，自立軍府，以釀天寶之亂。蓋自府兵調戍之日，早已睥睨天下之無兵，而一旦撤歸，芻糧贏餘唯其所爲，而朝廷固莫之能詰也。數十年府兵之流禍而改制之初受之，乃舉而歸過於召募，胡不度人情、循事理，而充耳塞目以任浮游之説輕談天下事邪？

十二　張説議大臣不可笞辱而曰行及我輩

一議也而以私與其閒，則成乎私而害道。唐宋以下所稱持大體、務遠圖之大臣未有不雜公私以議國事者，故忮主姦臣倒持之以相撓而相脅。玄宗與宰相議廣州刺史裴伷先之罪，張嘉貞請杖之，張説曰：「刑不上大夫，爲其近於君也，且所以養廉恥也。」其言韙矣，允爲存國體、勸臣節之訏謨矣。既而又曰：「宰相時來則爲之，大臣皆可笞辱，行及吾輩。」此與宋人「勿使人主手滑」之説同。苟懷此心以倡此説，傳之上下，垂之史策，人主將曰：士大夫自護其類以抗上而避害，蓋古今之通習，其爲存國體、獎士節，皆假爲之辭，不可信也。賈誼以不辱貴大臣諫文帝，亦與説略同。而誼以新進小臣，非絳、灌之伍，自可昌言而無諱。説懷「行及我輩」之心，與同官噂沓以語，則不可令人主聞而開後世臣主猜防之釁。念一移而言隨得咎，過豈在大哉？

且夫士之可殺不可辱者在己也，非挾持以覬上之寬我於法也。居之以淡泊，行之以寧静，絶賄賂之門，飭子弟之汏，謝游客之邪，息黨同之争，卓然於朝右，而奚笞辱之足憂？誠有過也，則引身以待罪；言不庸也，則辭祿以歸耕。萬一遇昏暴之主、觸婦寺權姦之忌而辱在不免，則如高忠憲攀龍之池水明心，全肢體以見先人於地下。又其不幸，固義命之適然，雖辱而榮者。規規然計及他日之見及而制人主以不我辱，士大夫有門庭而君不能有其喜怒，無怪乎暴君之益其猜忌，偏以其所不欲者加之也。說自詡其識之及遠，而自君子觀之，何以異於胥史之雄，鉗制其長吏，爲不可拔之根株也乎？

天下之公理以私亂之，則公理奪矣。君臣之道喪，唐宋之大臣自喪之也。於是而廷杖詔獄之禍，燎原而不可撲矣。

十三　敕州縣安集逃人

《春秋》紀晉盟諸侯於商任以錮欒氏，譏其不能撫有而又重禁之於人國爲已甚也。封建之天下，國各私其人，去其國則非其人，於是而有封疆之界以域之。而《碩鼠》之詩曰：「逝將去女，適彼樂土。」亦挾去以抗其君。上下交相疑貳，衰世之風不可止矣。

天下而一王矣，何郡何縣而非一王之土？爲守令者暫相事使而固非其民，民無非天子之民也。土或瘠而不給於養，吏或虐而不恤其生，政或不任其土之肥瘠而一概行之以困其瘠，於是乎有去故土、脫版籍而之於他者。要使耕者耕，工者工，賈者賈，何損於大同之世？而目之曰逃人，有司者之誣辭也，惡足聽哉？

民不可使有不服籍者也。客勝而主疲，不公也，而新集之民，不可驟役者也，生未定而力不堪也。若夫撿括之而抑還故土，尤苛政也。民不得已而遠徙，抑之使還，致之死也。開元十一年，敕州縣安集逃人，得之矣，特未問其所以安集之者奚若也。安集之法必令供所從來而除其故籍，以免比閭宗族之代輸，然後因所業而徐定其賦役，則四海之内均爲王民，實不損，而逃人之名奚足以立乎？

然則邑有逃亡，可罪其守令乎？曰：未可也。地之肥磽，既其固然矣；征徭之繁簡，所從來者非一日也。轉徙多則相其陂池隄防之便而化其土，問其徭役墮積之敝而平其政，非守令之能專，乃撫治大臣所任也。邑多新附之民，可賞其守令乎？曰：未可也。守令之賢不肖能及於版籍之民而不能加之新附，若其以小惠誘人之來徙者，又非法之所許也。無曠土，無曠民，解法禁以任所在，而士者仕，農者氓，安集之令猶爲贅設也乎？

十四　裴耀卿漕運可法萬世

唐多才臣，唯其知通也。裴耀卿之於漕運，非可爲萬世法者乎？壅水以行舟莫如易舟以就水，冒險以求便莫如因時而避險，徑行以求速莫如轉遞以相續。江河各一其理，南北舟工各一其習，水之漲落各一其時，舟之大小各一其制。唯不知通也，以一舟而歷數千里之曲折，崖闊水深而限之以少載，灘危磧淺而强之以巨艘，於是而有修閘之勞、撥淺之擾，守凍之需遲、決隄之阻困。引洪流以蝕地，亂水性以逆天，勞劬生民，糜費國帑，强遂其徑行直致之拙算，如近世漕渠歷江、淮、汶、泗、河、濟、漳、沽，曠日持久，疲民耗國，其害不可勝言，皆唯意是師而不達物理者也。

成天下之務者因天之雨暘，就地之險易，任人之智力，爲其所可爲，不强物以自任，則以理繁難、試艱危、通盈虛、督偷窳、禁盜侵，無不勝也。自宋以後，議論猥多而不可用者，唯欲以一切之術求勝於天時、人事、物力，而强以從己而已矣。唯唐有才臣，方之後世，何足述哉？

十五　貢舉改授禮部

帝王立法之精意寓於名實者，皆原本仁義以定民志、興民行，進天下以協於極，其用隱而化以神，固不在封建井田也。井田封建，因時而爲一切之法者也。三代貢舉之法不傳，唯周制之散見者有大略之可考。任以其職，正以其名，寓其納民於善之心，使習之而相因以興行，且以昭示人君、君師天下，非徒會計民産以求利用。故領之以司徒而冢宰宗伯不偏任焉。其意深遠，雖百世可師也。

夫貢舉者，一事而兩道兼焉。選天下之才任天下之事，以修政而保國寧民，此一道也；别君子於小人，榮之以爵，養之以禄，俾天下相勸於善，而善者不抑，不善者以悛，此又一道也。兩俱道，而勸民以善之意尤聖人之所汲汲焉。人勸於善，國以保民以寧，此本末之序也。故冢宰者，任治者也；宗伯者，任已登已進之賢才，修其軌物者也；而進賢之職，一任之司徒。徒之爲言，衆也，合君子野人而皆其司。司君子之教以立野人之則，而天下萬有之衆庶皆仰沐風化以成誠和。徒豈易司者哉？乃其鼓之舞之、揚之抑之，不待刑而民自戒，不待禮而民自賓，則唯操選舉之權以爲之樞機，一授之司徒而天下咸諭天子之心，曰：上之使牧我養我而疆理我者，莫匪欲吾之善，而咸若於君子之道也。故選舉領於司徒，其措意之深切而弘通，誠萬世不易之至道與！

唐之舊制，貢舉掌於考功，是但爲官擇人而非求賢於衆矣。開元二十四年，改以授禮部侍郎，是以貢舉爲緣飾文治之事，而浮華升進，民行不興矣。風俗之陵夷暗移於上之所表著，而不知名之所存，實之所趨，未有爽焉者也。自貢舉不領於司徒而貢舉輕，一人之予奪私而兆民之公理廢矣。自司徒不領貢舉而司徒輕，但爲天子頭會箕斂之俗吏，而非承上天協君敘倫之天秩矣。士競於浮華以棄其實行，民迫於賦役，以失其恒心。一分職任事之閒，循名責實，治亂之大司存焉。良法改而精意亡，孰復知先王仁義之大用，其不苟也如此乎？善師古者，凡此類勿容忽焉不察也；其他因時隨土以立一切之法者固可變通以行其化裁者也，而又何成法之必倣乎？

十六　李林甫譖殺太子瑛及二王爲壽王地

李林甫之譖殺太子瑛及二王，爲壽王地也。武惠妃薨，壽王寵漸衰，而林甫欲樹私恩，怙權勢，志終不移，謀之愈很，持之愈堅，凡可以熒惑主聽、曲成邪計者尤劇於惠妃未死之前，以其爲己死生禍福之樞機也，可以得當者無所不用。然而玄宗終以忠王年長好學，聞高力士乘閒片言，儲位遂定，林甫莫能置一喙焉。繇此觀之，姦邪自詡得君，劫廷臣以懼己，其誇誕無實之伎倆概可知矣。非徒玄宗中載未甚淫昏也，即極闇懦之主，一聽姦臣之然然否否而唯其牽曳，亦情之必不能而勢之不可得者。且姦臣狐媚以容身，抑豈若董卓、高澄威脅上以必徇己志而俾君懟怨哉？唯探其意之所欲爲於前，祕其事之所自成於後，舉凡其君之用舍從違皆早測而知其必爾，乃以號於衆曰：天子固未然而吾能使之然也。恩者其恩，威者其威，群工百姓待命於勅旨既下之餘，不得親承顧問，則果信恩威之一出於姦臣而人主唯其牽曳，乃以恐喝天下，籠絡而使歸己，雖有欲斥其姦者，弗敢發也。

然則苟有忠智之士知其術之僅出乎此，則以武氏之悍淫，周、來、侯、索之驟銜天憲，諸武、二張之密侍内廷，而攻擊者弗傷，按殺者無憚，直言請斥遠之者反見任使，況其亂非武氏之世，猶可與言者乎？特患無明理察情之士灼見而不惑耳，豈果有不可拔之勢哉？惡之恨之、疑之畏之，私議於下，徒罹於禍以瘐死屠門，姦邪之所以益逞、忠貞之所以益替、人君之所以益迷，可勝悼哉？

十七　置備邊十節度使彊枝弱幹

天寶元年置十節度使，其九皆西北邊徼也，唯河東一鎮治太原，較居内地。別有嶺南經略，長樂、東萊、東牟三守捉，亦皆邊也，而權抑輕。若畿輔内地，河、雒、江、淮、汴、蔡、荆、楚、兖、泗、魏、邢，咸弛武備，幸苟安，而倚沿邊之節鎮以冀旦夕之無虞，外彊中枵，亂亡之勢成矣。蓋自一行立兩戒之説，分用文用武之國，於是居輕御重、彊枝弱幹之術行而自詑其鞏固。方玄宗之世，吐蕃、突騎施、奚、契丹雖倔强不賓而亦屢挫衄以退，本無可用防御者。無故而若大患之在邊，委專征之權於邊將，其失計固不待言矣。即令外寇果彊，侵陵相迫，抑必内屯重旅，以時應敵，而不容棲重師於塞上，使玩寇失防，一敗而無以爲繼。況周漢之亡，癰先内潰。覆車不遠，豈盡繇四裔乎？

寇之起於内也，非能亟聚數萬人以横行天下，其或爾者，又皆烏合而弗難撲滅者也，唯中原空其無人，則旋滅旋起而無所彈壓。撤邊兵以入討，必重虐吾民而人心離叛。偶一折喪，乘勢以收潰卒，席捲以行，而邊兵皆爲賊用，然後鼓行而入無人之境，更無有挾一矢以抗之者，社稷丘墟在旦晚之閒耳。

夫使禄山之亂，兩河、汝雒淮楚之閒有大臣屯重旅，拊其入關之背而迫之以前却兩難之勢，賊其敢輕窺函谷哉？ 封常清一身兩臂，募市人於倉卒以授賊禽，其爲必敗無疑矣。二顔之起河北，張、許之守睢陽，皆率市人以戰，賊之所望而目笑者也。李、郭雖出，九門克捷而不救潼關之敗。觀於此，則虚其腹心以樹彊援於四末，一朝瓦解，大厦旋傾，勢在必亡，無可拯救，必然之券矣。

且重兵之在邊也，兵之彊弱，朝廷不得而知也；將之忠姦，中樞不得而詰也。兵唯知其將之恩威而不知有天子，將一失其所守而自放爲游兵，潰而散，靡而降，反戈而内訌，豈徒禄山犯闕、天子奔蜀爲然乎？ 楊、劉一潰而朱友貞匹馬無投，恒州一衄而石重貴束身待縛，种師道入援不振而宋徽父子憑孤城以就獲。千古敗亡之一軌，自犬戎遽起，烽火無援，其來久矣。東漢黎陽之屯，差爲有恃，乃其亡也，亦以邊彊腹弱而山東義旅不敵董卓之胡騎。後之謀保天下者可弗鑒諸？

十八　開元之治不終

唐政之不終者凡三：貞觀也，開元也，元和也，而天寶之與開元，其治亂之相差爲尤縣絶。夫人之持志以務修能，亦難乎其始耳。血氣未定，物誘易遷，智未開，守未固，得失貞淫治亂之故未熟嘗而易生其驕惰。及其年富力彊，見聞益廣，浮蕩之志氣已斂，聲色之娱樂已厭，而好修之成效有可居，則靡而淫，玩而弛，縱而暴，皆日損以嚮於善。此中人之恒也。太甲、成王終爲令主，亦此而已矣。唐之三君既能自克以圖治於氣盈血溢、識淺情浮之日矣。功已略成，效可自喜，而躁烈之客氣且衰、漁色耽遊之滋味已飫，乃改而逆行，若少年狂蕩之爲者，此又何也？於是而知修德之與立功，其分量之所至，各有涯涘，而原委相因也。

夫苟以修德爲心與，德者，無盡之藏也。未之見則一善成而已若有餘矣，天下之可妨吾善者相引以遷而不自覺；既見之矣，既習之矣，仁不熟不安於心，義未精不利於用，浩乎其無涯矣，森乎其不可犯矣，亹亹乎相引以深密，若登高山，愈陟而愈見其峻，勿容自釋也。故所患者，始之不自振也，繼之不自省也，而不患其終之不自保也。師保在前，疑丞在後，古人之遺文相督而不假。一窺其精意，欲從而末繇，則雖未日進於高明而可不失其故步，奚憂末路之猖狂哉？

苟其以立功爲心，而不知德在己而不在事與，則功者，有盡之規也。內賊未除，除之而內見清矣；外寇未戢，戢之而外見寧矣；百姓未富，富之而人有其生矣；法制未修，修之而國有其典矣。夫既內無肘腋之姦，外無跳梁之敵，野鮮流亡而朝有綱紀，則過此以往，復奚事哉？志大而求盈則貪荒遠之功，心滿而自得，則偷晏安之樂。所願者在是，所行者及是，所成者止是，復奚事哉？邪佞進，女寵興，酣歌恒舞而曰與民同樂，深居晏起而曰無爲自正。進厝火積薪之説者無可見之徵，抱蟻穴金堤之慮者被苛求之責。智淺者不可使深，志小者不可使大，度量有涯，淫溢必汎，蓋必然之勢矣。

是以古之聖王後治而先學，貴德而賤功，望之天下者輕而責之身心者重。故耄修益勤，死而後已，非以爲天下也，爲己而已矣。爲己者功不欲居，名不欲立，以天子而無殊於巖穴之士，志日專，氣日斂，欲日憺忘，心日内守。則但患其始之未正也，師保任之也；不患其終之不永也，無可見之功勳則無告成之逸豫也。唐以功立國，而道德之旨，自天子以至於學士大夫置不講焉。三君之不終，有以夫！

十九　崔昌請求殷周漢後爲三恪

大義不可易，顯道不可誣。苟且因仍，無能改者，不容終隱於人心而不幸發自德薄望輕之口，又或以纖曲邪妄之説附會之，遂以不伸於天下，君子之所重歎也。

商周之德，萬世之所懷，百王之所師也。祚已訖而明禋不可廢、子孫不可替，大公之道也。秦起西戎，以詐力兼天下，蔑先王之道法，海内争起，不相統一，殺掠相尋，人民無主。漢祖滅秦夷項，解法網，薄征徭以與天下更始，略德而論功，不在湯武下矣。漢祚既終，曹魏以下二百餘年，南有司馬、劉、蕭、陳氏，皆竊也；北有五胡、拓拔、宇文，皆狄也。❶隋氏始以中國族姓一天下而天倫絶，❷民害滋，唐掃群盜，爲中國主，滌積重之暴政，予兆民以安，嗣漢而興，功亦與漢埒等矣！

天下之生，一治一亂。帝王之興以治相繼，奚必手相授受哉？道相承也；若其亂也，則天下無君，而治者原不繼亂。故夏之末造，有韋、顧、昆吾乘暴君而霸；殷之將殄，崇、密攘臂而争；周之已衰，六國彊秦、陳涉項籍挾兵以逞；漢之已亡，曹、吴、司馬、劉、蕭、陳、楊，五胡、索虜、宇文，割裂僭號：皆彗孛之光前不繼西没之日，後不啓東生之月者也。若以一時僭割、乘郄自雄者可爲帝王授受之統系，則三蘗、崇、密可爲商周之所紹嗣矣，而豈天之所許、人之所懷哉？

王者褒崇先代，隆其後裔，使修事守，待以賓客，豈曰授我以天下而報其私乎？德足以君天下，功足以安黎民，統一六寓，治安百年，復有賢子孫相繼以飾治，興禮樂、敷教化，存人道、遠禽狄，❸大造於天人者不可忘，則與天下尊之而合乎人心之大順。唐欲法古帝王之德意，崇三恪之封，自應以商、周、漢爲帝王相承而治之緒，是不易之大義、不誣之顯道也。

自武德至天寶，百餘年矣，議禮之臣無能昌言以釐正，猶奉拓拔、宇文犬羊之族、❹楊氏悖亂之支爲元后父母之淵源，何其陋也！天寶九載，乃求殷、周、漢後立爲三恪，而廢拓拔、宇文、楊氏之封，雖曰已晚，堂堂乎舉久湮之墜典，立百王之準則，亦偉矣

❶「狄」，原作「夷」，今據邵陽曾氏抄本改。
❷「國」，原作「原」，今據邵陽曾氏抄本改。
❸「狄」，原作「獸」，今據邵陽曾氏抄本改。
❹「犬羊」，原作「偏隅」，今據邵陽曾氏抄本改。

哉！乃非天子所能念也，非大臣所能正也，非儒者所能議也，而出於人微言輕之崔昌。又以以土代火，五德推遷，襲鄒衍之邪説參之。爲儒如衛包者，抑以「四星聚尾」無稽之言爲徵，不能闡元德顯功、民心天理之秩序以播告來茲者爲永式。主之者又李林甫也，故林甫死，楊國忠之黨又起而撓之，後此弗能伸其義者。聖帝明王之祀廢永絶於世，不亦傷乎？

唐之既亡，朱温以盜，朱邪、臬捩雞以夷，劉知遠、郭威瑣瑣健兒瓜分海内，而僅據中州稱帝稱王，賤於丞尉。至宋而後治教修明，賢君相嗣，以爲天下君師，是於周、漢與唐猶手授也。曾不能推原治統，自躋休美，而以姑息之恩獨崇柴氏。名儒林立，此議無聞，大義隱，顯道息，垂及劉伯温、宋景濂，不復知有乾坤之綱紀，弗能請求劉、李、趙氏之裔以作賓于王家，而不正奇渥温氏蚩尤之罰。❶曾李林甫之弗若，豈非千古之遺憾哉？雖然，人紀不容終絶，王道不容永弛，豪傑之士申其義，明斷之主決於行，夫豈難哉？敬以俟之來哲。

二十　安禄山之亂官軍所募義勇凡數十萬人

秀者必士，樸者必農，僄而悍者必兵。天與之才，習成其性，不可移也。此之謂天秩，此之謂人官。帝王之所以分理人物而各安其所者，此而已矣。

唐之府兵，世著於伍。垂及百年而違其材質，强使即戎，於是而中國無兵。安禄山以蓄

---

❶「而不正」至「之罰」，原脱，今據邵陽曾氏抄本改。

騎渡河，入無人之境，直叩潼關，豈中原之民一皆脆弱，無可奮臂以興邪？ 顔魯公一振於平原，旬日之閒而得勇士萬餘人，於是盧全誠於饒陽，李奂於河閒，李隨於博平，而顔常山所收河北義旅凡二十餘萬，張睢陽所糾合於雍邱者一日而得數千人，皆蹀血以與賊爭死命。 斯固三數公忠勇之所激，而豈此數十萬比屋之民皆義憤填胸，思拯國難者乎？ 慓輕驁悍之材誠思得當以自效，不樂於負耒披蓑，寧忘身以一逞，其材質不任農而任兵，性以成，情以定也。然則拘府兵之故紙，疑彍騎爲虚文，困天下材勇於隴首，蕩泆游閒，抑不收農民之利者多矣。違其性，棄其長，强其短，徒弱其兵，復窳其農，唐安得有兵與民哉？

唯其不能收天下之材勇以爲國用，故散在天下而天下皆得以收之。 忠者以之效其忠，邪者以之黨其邪，各知有所募之主帥，而順之與逆，唯其馬首是瞻。 於是乎藩鎮之勢成，而唐雖共主，亦與碁立以相敵。 延及五代，天下分崩，互相吞滅，固幽、燕叛逆之所倡，抑河北、山東義兵之所啓也。 若夫高僊芝、封常清迫而募於兩都者，則市井之罷民，初不足爲重輕者也。 民懲府兵之害，聞召募出於朝廷，則畏一登籍而貽子孫之禍，固不如河北、山東、雍、睢牧守之號召，人樂於就而能得其死力也。

宰天下者因其可兵而兵之，因其可農而農之，民不困，兵不枵，材武之士不爲將帥所私畜而天下永定。 因天也，因人也，王道之所以一用其自然也。

二十一　散積於州得理財之道

李萼説顔魯公陳清河之富云：「有布三

百餘萬匹，帛八十餘萬匹，錢二十餘萬緡，糧三十餘萬斛，甲兵五十餘萬事。」一郡之積充牣如此，唐之富可知矣。唐之取民，田百畝而租二石，庸調絹六丈、綿四兩而止。宇文融、韋堅、王鉷、楊慎矜雖云聚斂，未嘗有額外之征也。取民之儉如此，國儲之富如彼，其君若臣又未嘗修《蟋蟀》、《葛屨》之風，方且以侈聞矣。繇此觀之，有天下者豈患無財哉？憂貧者徒自憂而益其貧耳。

夫大損於民而大傷於國者，莫甚於聚財於天子之藏而枵其外，窘百官之用而削於民。二者皆以訓盜也，盜國而民受其傷，盜民而國爲之乏矣。輂天下之金粟錢貨於內帑，置之無用之地，積久而不可用，愈積愈冗而數不可稽，天子莫能問也，大臣莫能詰也，則一聽之宦豎戚畹及主藏之姦胥，日竊月匿以致於銷耗。且復以有爲無，欺嗣君之闇而更加賦以殫民之生計，是盜國而民傷也；❶有司無可贍之用，不得不爲因公之科斂以取足於民，於是而蔽上以盜民者相習爲故。且有司之科斂者一，而姦吏猾胥以及十姓百家之魁長乘之而交相爲盜。官盜一而其下之層纍以相剝者不但二也，民乃急其私科，緩其正稅，逋欠頻仍以徼幸於恩貸，匿田脱户，弊百出以欺朝廷，而歲之所入十不得五，是盜民而因以乏國也。

唐散積於州，天下皆内府，可謂得理財之道矣。已散之於天下而不繫之於一方，❷則天子爲天下措當然之用，而天下皆爲天子司不匱之藏。有司雖不保其廉隅，而無所藉口於經用之不貲，與姦胥猾吏相比以横斂於

❶「民傷」，邵陽曾氏抄本作「傷民」。
❷「已」，邵陽曾氏抄本無此字。

貧民，而民生遂矣。官守散而易稽，不積無用以朽蠹，不資中貴之隱竊，而民之輸納有恒，無事匿田脱户、縱姦欺以墮樸氓而虧正供，則國計裕矣。故天寶户口之數，古今莫匹。兵興之初，州縣財餘於用，非地之加廣、生之加蕃也，非虐取於民、儉吝於用也。散則清，聚則漏，昭然易見之理，自宋以來弗能察焉。富有四海而患貧，未有不以貧亡者也。

二十二　天子出奔避寇亂不至亡

天子出奔以避寇自玄宗始，其後代、德、僖三宗凡四出而卒返，雖亂而不亡。平陽之青衣行酒，五國之囚繫終身，視此何如邪？《春秋傳》曰：「國君死社稷，正也。」國君者，諸侯之謂也。棄其國寓於他人之國，不得立宗廟、置社稷，委天子之命，絶先祖之祀，殄子孫之世，不若死之愈矣。諸侯之侯度固然，非天子之謂也。自宋李綱始倡誤國之說，爲君子者喜其詞之正而不察《春秋傳》大義微言之旨，欲陷天子於一城而棄天下，乃以終滅其宗廟之血食。甚矣，持一切之論者，義不精，學不講，見古人之似而迷其真，以誤天下有餘矣。

天子者，❶天下之望也。❷前之失道而致出奔，誠不君矣，而天下臣民固倚以爲重而視其存亡爲去就。固守一城而或死或辱於寇賊之手，於是乎寇賊之勢益張而天下臣民若喪其首，而四支亟隨以仆。以此爲正而不恤四海之淪胥，則幽王之滅宗周、元帝之

❶「子」，原誤作「下」，今據邵陽曾氏抄本改。
❷「下」，原誤作「子」，今據邵陽曾氏抄本改。

斬梁祀，可許以不辱不偷之大節乎？天子撫天下而爲主，❶都京師者，❷其擇便而安居者爾。九州莫非其土，率土莫非其人，一邑未亡則猶奉宗祧於一邑，臣民之望猶繫焉，弗難改圖以光復也。而以匹夫硜硜之節，輕一死以瓦解天下乎？

嗚呼，非徒天子然也！郡縣之天下，守令爲天子牧民，民其所司也，土非其世守也。禄山之亂，守州郡者如郭納、達奚珣、令狐潮之流望風納欵，乃至忠貞如顔杲卿、袁履謙、張巡者亦初受脅迫而始改圖，困守孤城而不知變計，幾陷於逆，莫能湔滌。力不能如顔魯公之即可有爲也，則何如潔身以避之，徐圖自效可也。身居危困之外，自有餘地以致身盡瘁，而濡忍不決，勢迫神昏，自非與日月争光之義烈，「艮其限，厲熏心」，亦危矣哉！不保其終無玷也。故守令無三軍之寄而以失城坐大辟，非法也。去亦死守亦死，中人之情，畏死其恒也，迫之以必死則唯降而已矣，是毆郡邑以從逆也。故曰：非法也。

讀通鑑論卷二十二終

❶「爲」下，邵陽曾氏抄本有「之」字。

❷「都」，邵陽曾氏抄本無此字。

讀通鑑論卷二十三

衡陽王夫之譔

肅宗

一　裴杜貪功勸肅宗自立

肅宗自立於靈武，律以君臣父子之大倫，罪無可辭也。裴冕、杜鴻漸等之勸進，名爲社稷計，實以居擁戴之功取卿相，其心可誅也。史稱顏魯公頒赦書於諸郡，河南、江、淮知肅宗之立，徇國之志益堅，若以此舉爲收拾人心之大計，豈其然乎？

玄宗之召亂也，失德而固未嘗失道也。淫荒積於宮闈，用舍亂於朝右，授賊以柄而保寇以滋，斁倫傷教，誠不足以任君師、佑下民。而誅殺不淫，未嘗如漢桓、靈之搒掠，宋哲、徽之竄逐也；賦役不繁，未嘗如秦之築長城，治驪山，隋之征高麗、開汴渠也。天不佑玄宗而人不厭唐德，禄山以凶淫狂騃之胡雛，縣軍嚮闕，得志而驕，無終日之謀以固其勢，無錙銖之惠以餌其民。蟪蛄之春秋，人知其速隕，豈待靈武之詔始足動天下以去逆效順哉？

雖然，肅宗不立，而天下抑有不可知者；幸而不然，人不知其變之必至耳。國雖不固，君雖不令，未有一寇甫興而即滅者。秦之無道，陳涉不能代之以興，況唐立國百年，民無荼毒，天寶之富庶甲乎古今，豈易傾哉？而有不可知者，亂者所以召亂也，止亂者尤亂之所自生也。袁、曹討董卓而漢亡於袁、曹，劉裕誅桓玄而晉亡於劉裕。禍發而不戢，惡知其極？定之不早，意外之變繼起，而天下乃以分崩，是則安史雖平，唐尤岌岌也。

於稽其時，玄宗聞東京之陷，既欲使太子監國矣；其發馬嵬，且宣傳位之旨矣。乃未幾而以太子充元帥，諸王分總天下節制以分太子之權。忽予忽奪，疑天下而召紛争，所謂「一言而可以喪邦」者在此矣。盛王琦、豐王珙皆隨駕在蜀，吴王祇、虢王巨皆受專征之命，永王璘之出江南，業已抱異志而往：是蕭梁骨肉分争之勢也。河北、雍、睢之義旅，罔測所歸；河西李嗣業，且欲保境以觀釁；安西李栖筠，愈遠處而無適從；李、郭雖心王室且斂兵入井陘，求主未得而疑；同羅叛歸，結諸胡以内窺，僕固玢敗而降之爲内導，以掣河東、朔方之肘：此漢末荆益、西晋河西之勢也。使一路奮起討賊，而諸方不受其統率，則争競以生：又李克用、朱全忠不相下之形也。諸王各依一鎮以立，諸鎮各挾之以爲名：抑西晋八王之禍也。居今驗古，不憂安史之不亡，而亡安史者即以亡唐。託玄宗二三不定之命，割裂以雄長於其方，太子雖有元帥之虚名，亦惡能統一而使無參差乎？玄宗之猶豫不決，吝以天下授太子，不盡皆楊氏銜土之罪也，其父子之閒離忌而足以召亂久矣。

肅宗亟立，天下乃定歸於一，西收凉、隴，北撫朔、夏，以身當賊而功不分於他人，諸王諸帥無可挾之勛名以嗣起爲亂，天未厭唐，啓裴、杜之心。使因私以濟公，未嘗不爲唐幸也。蓋肅宗亦未嘗不慮此矣，而非冕、鴻漸之所能及也。肅宗自立之罪無可辭，而猶可原也；晃、鴻漸斁大倫以徼擁戴之功，唐雖繇之以安，允爲名教之罪人，惡在心，奚容貸哉？

二　李長源辭相爲唐室興亡大機

李長源間關至靈武，肅宗命爲相而不受，以白衣爲賓友。疑乎其潔身高尚也，而其後歷仕中外，且終相德宗矣，此論者所未測也。抑而下之，則譏其無定情，始以賓友自尊，而終喪其所守；推而高之，則謂其鄙肅宗之乘危自立，紊大倫而恥與翼戴之列。夫長源志深識遠，其非始自尊而終耽寵祿也明甚；若鄙肅宗之自立，則胡爲冒險間行以參帷幄？既與大謀，又惡可辭推戴之辜邪？夫長源之辭相，乃唐室興亡之大機，人心離合、國紀張弛之所自決，悠悠者惡足以知之？

玄宗之幾喪邦也，惟其以官酬功，而使祿山懷不得宰相之忿，讎忮廷臣，怨懟君父，而逞其毒。玄宗出奔，肅宗孤起於邊陲，以待匡救於群臣。於斯時也，人競乘時以希高位而不知所厭止者也。凡天下一敗而不能復興之禍，恒起於人覬貴寵而君輕爵位。貴寵可覬則賢不肖無別，而賢者不爲盡節；爵位既輕則勸與威無以相繼，而窮於勸者怨乃以生。長源知亂之必生於此也，故玄宗知其才欲官之而早已不受；抑知必反此而後可以立功也，故肅宗與商報功之典，而曰：「以官賞功，非才則廢事，權重則難制。莫若疏爵土使比小郡，而不可輕予以宰相之名。」唯然，猶恐同功共事之人，侈望之積習不化，故己以東宮之友、倚任之重、聯鑣對榻之隆而居然一布衣也，則人不以官位爲貴而貴有功，不以虛名爲榮而榮有實，天寶濫竽之敝政，人恥而不居，而更始「羊頭關内」、高緯「鷹犬儀同」敗亡之覆軌，不復蹈焉。

嗚呼！此長源返極重之勢，塞潰敗之源，默挽人心、扶危定傾之大用，以身爲鵠，而收復之功所自基也。深矣遠矣，知之者鮮矣！以示人臣遇難致身、非貪榮利之大節，以戒人主邂逅相賞、遽假威福之淫施，不但如留侯智以全身之比也。其後充幕僚、刺外州而不嫌屈，馴至德宗之世，始以四朝元老任臺鼎之崇。進有漸也，士君子登用之正，當如此爾。昭然著見而人不測，乃疑其詭祕無恒也。吴聘君一出山而即求枚卜，視此能勿慚乎？

三　第五琦取資江淮害延千載

自唐以上，財賦所自出，皆取之豫、兖、冀、雍而已足，未嘗求足於江淮也。恃江淮以爲資，自第五琦始。當其時，賊據幽、冀，陷兩都，山東雖未盡失，而隔絶不通，蜀賦既寡，又限以劍門棧道之險，所可資以贍軍者唯江淮，故琦請督租庸自漢水達洋州，以輸於扶風，一時不獲已之計也。乃自是以後，人視江淮爲腴土，劉晏因之輦東南以供西北，東南之民力殫焉，垂及千年而未得稍紓。嗚呼！朝廷既以爲外府，垂腴朵頤之官吏亦視以爲羶場，耕夫紅女有宵匪旦以應密罟之誅求，乃至衣被之靡麗、口實之珍奇，苛細煩勞以聽貪人之侈濫，匪舌是出，不敢告勞，亦將孰與念之哉？

自漢以上吴越、楚、閩皆荒服也，自晉東遷而江、淮之力始盡。然唐以前姚秦、拓拔、宇文，唐以後自朱温以迄宋初，❶江南割據，

❶「迄」下，邵陽曾氏抄本有「於」字。

而河雒、關中未嘗不足以立國。九州之廣，豈必江濱海澨之可漁獵乎？祖第五琦、劉晏之術者，因其人惜廉隅，畏鞭笞，易於弋取，而見爲無盡之藏。竭三吴以奉西北，而西北坐食之。三吴之人不給饘粥之食，抑待哺於上游，而上游無三年之積，一罹水旱，死徙相望。乃西北蒙坐食之休而民抑不爲之加富者，豈徒天道之虧盈哉？坐食而驕，驕而佚，月倍三釜之餐，土無再易之力，陂堰不修，桑蠶不事，舉先王盡力溝洫之良田，聽命於旱蝗而不思捍救。仍飢相迫，則夫削妻骸，弟烹兄肉，其彊者彎弓馳馬以殺奪行旅，而猶睥睨東南，妬勞人之采梠剥蟹也。誰使之然？非偏困東南以驕西北者縱之而誰咎邪？驕之使横，佚之使惰。貪欲可遂，則笑傲以忘所自來；供億不違，則忮忿而狂興以逞。其野人惡舌喑噁，以脅羸懦之馴民；其士大夫氣涌膽張，恫喝以淩衣冠之雅士。於是國家無事則依中涓、附戚里而不惜廉隅，天下有虞則降盜賊、戴夷狄而不知君父。何一而非坐食東南者之教猱豢虎，以使農非農，士非士，日漸月靡，俾波逝而無回瀾哉？

冀土者，唐堯勤儉之餘澤也；三河者，商家六百載奠安之樂土也；長安者，周漢之所久安而長治也。生於此遂，教於此敷，一移其儲偫之權於江介，而中原幾爲無實之土。第五琦不得已而偶用之，害遂延於千載。秉國之均，不平謂何？非均平方正之君子以大公宰六合，未易以齊五方而綏四海。邵康節猶抑南以伸北，亦不審民情天化之變矣。

四　李長源制治未亂

制治於未亂，保邦於未危，乃可以爲天

子之大臣。《易》曰：「其亡其亡，繫于苞桑。」九四捍御之功，不如上九之豫防，足以傾否；九五之不亡，上九繫之也。李長源當之矣。

其與肅宗議功臣之賞，勿以官而以封邑，故賊平而無挾功以逼上之大臣，此之謂保邦於未危。不然則如劉裕之誅桓玄、李克用之驅黄巢，社稷隨之以傾矣。其諫肅宗以元帥授廣平勿授建寧也，故國儲定而人心一。全二王兄弟之恩，息骨肉猜疑之釁，此之謂制治於未亂。不然則且如太宗宫門流血之慘、玄宗太平搆禍之危，家國交受其傷矣。

太原之起，秦王謀定而乃以告；韋氏之誅，臨淄不告相王而行：非適非長而獨建大功，變起宫庭，高祖、睿宗亦無如之何也，非君父之舍適長而授庶少以權也。使肅宗以元帥授建寧，則業受命於己矣，是他日之争端，肅宗自啓之也。乃肅宗之欲命建寧，非有私寵之情，以建寧英果之姿，成功較易，則爲當日平賊計者，固得命帥之宜，廷臣自以爲允。乃長源於圖功之始，豫計未有之隙，早塗塈以泯其迹，決之一言而亂萌永塞，所貴於天子之有大臣者，唯此而已矣。事已舛，禍已生，始持正以争於後，則雖以身殉，國家不蒙其佑，奚足賴哉？

且夫逆賊有必亡之勢，諸將有克敵之能，廣平雖才讓建寧，亦非深宫豢養無所識知者也。假元子之寵靈爲將士先，自可制賊之死命，無待建寧而始勝其任，長源知之審矣。廣平爲帥，兩京旋復，亦非拘名義以隳大功。知深慮遠，與道相扶，「仁人之言其利溥」，此之謂也。故曰：必如是而後可以爲天子大臣也。

五　肅宗欲疾建收京之功假援回紇

借援夷狄，導之以蹂中國，因使乘以竊據，❶其爲失策無疑也。然而有異焉者，情事殊而禍之淺深亦别焉。

唐高祖知突厥之不可用，特以孤梁師都、劉武周之黨，不得已從劉文静之策，而所借者僅五百騎，未嘗假以破敵也，故乍屈而終伸。渭上之役，太宗能以數騎却之，突厥知我之彊而無可挾以逞也，故其禍尤輕。

石敬瑭妄干大位，甘心臣虜以逞其欲，破滅後唐者，皆契丹之力也。受其册命，爲附庸之天子，與宋之借金亡遼，借元亡金，胥仰鼻息於匪類以分其濡沫，則彼已操我之存亡生死而唯其吞吸者也，故其禍尤重。

肅宗用朔方之衆以討賊收京，乃唯恐不勝，使僕固懷恩請援回紇，因脅西域城郭諸國徵兵入助，而原野爲之蹂踐。讀杜甫擬絶天驕、花門蕭瑟之詩，其亂大防而虐生民，禍亦棘矣。嗣是而連吐蕃以入寇，天子爲之出奔，害幾不救。然收京之役，回紇無血戰之功，一皆郭汾陽之獨力，唐固未嘗全恃回紇，屈身割地以待命也。則愈於敬瑭遠矣，有自立者存也。

夷考其時，西京被陷，而禄山留雒不敢入關，孫孝哲、安守忠、李歸仁、張通儒、田乾真之流日夜縱酒宣淫而無戰志，搜索民財。人皆怨憤，顒首以望王師。薛景僊破賊於扶風，京西之威已振，畿内豪傑殺賊應官兵者四起，肅宗既擁朔方之衆，兼收河西、安西之旅，以臨欲潰之賊，復何所藉於回紇而後敢

❶「竊據」，原爲空格，今據邵陽曾氏抄本補。

東嚮哉？此其故有二，皆情勢之窮，慮不能及於遠大也。

其一，自天寶以來，邊兵外彊，所可與幽燕、河北並峙者，唯王忠嗣之在朔方耳。玄宗自削其輔，奪忠嗣而廢之，奉忠嗣之餘威收拾西陲者，哥舒翰也。翰爲禄山屈而稱病閒居，朔方之勢已不振，既且盡撤之以守潼關，而陷没於賊。郭、李雖分節鉞，兵備已枵，同羅叛歸，又扼項背以掣東下之肘，故郭、李志雖堅，名雖盛，而軍孤且弱，不足壓賊勢於未灰。陳濤之敗，繼以清渠，不得專咎房琯而謂汾陽之所嚮無前也。推其致弱之繇，玄宗失計於前，肅宗不能遽振於後，積弱乍興，不得不資回紇以壯士氣而奪賊膽，其勢然也。

其一，肅宗已至鳳翔，諸軍大集，李泌欲分安西、西域之兵並塞以取幽燕，使其計行，則終唐之世，河北跋扈之禍永消。而肅宗不從，急用回紇疾收長安者，以居功固位不能稍待也。其言曰：「切於晨昏之戀，不能久待。」徒飾説耳。南内幽居，父幾死於宦豎之手，猶曰功在社稷，「晨昏」之語，將誰欺乎？蓋其時上皇在蜀，人心猶戴故君，諸王分節制之命，玄宗且無固志，永王璘已有琅邪東渡之雄心矣。肅宗若無疾復西京之大勳，孤處西隅，與天下懸隔，海岱、江淮、荆楚、三巴分峙而起，高材捷足，先收平賊之功，區區適長之名未足以彈壓天下也。故唯恐功不速收，而日暮倒行，屈媚回紇，縱其蹂踐，但使奏效崇朝，奚遑他恤哉？決遣燉煌王以爲質而受辱於虜帳，其情然也。

乃以勢言之，朔方之軍雖弱，賊亦散處而勢分，統諸軍嚮長安者凡十五萬，回紇六千耳，卒之力戰以破賊者，非回紇也，固愈於石敬瑭之全恃契丹，童貫、孟珙之僅隨虜後也，故回紇弗敢睥睨而乘之以奪中國。唯其情之已私，則奉回紇以制人，與高祖之假突厥而實不用者殊。是以原野受其荼毒，而僕固懷恩且挾之以入爲寇難，非汾陽威信之能服彊夷，唐亦殆矣。故用夷者未有免於禍者，用之有重輕而禍有深淺耳。推其本原，劉文静實爲厲階。僅免於危亡且爲愚夫取滅之嚆矢，不亦悲乎！

六　建寧不宜惡張良娣

「資於事父以事君而敬同」，但言敬也，則以臣之事君者事父焉可矣，乃抑曰「資於事父以事母而愛同」。愛同於母，奚徒道之必盡，抑亦志之必從，飲食男女非所得閒也，豈容以事君者事父乎？責難於君，敬之大者也；責善賊恩，傷愛之尤者也。至於此，則以臣之事君者事父，陷於不孝以傷天性，辱死及身而不足以贖其愆矣。均一事也，君父有過，臣諫之，則納者十之三四也。雖不納，而不施以刑殺者十之五六也；遇暴君而見戮見殺，十之一二耳，抑雖死而終不失其忠。子則不然，子諫而父納，自非至仁大聖，百不得一焉。況乎寵妾媚子，君所溺愛，位相逼，勢相妨，情相奪，豈人子所能施其檠括乎？申生以君安驪姬之故，不忍辯而死，君德失，宗社危，而以不忍君失其寵嬖之情，任其煽惑，瘖死無言。臣而若此則非臣也，臣以責難爲敬者也。子之事父，愛敬並行，而敬繇愛起，牀笫之歡，私昵之癖，父安而不得不安之，忍以臣道自居哉？非徒禍之及己而陷父以不慈也，言焉而未有聽焉者也，争焉而未有能勝者也，❶徒爲無益以召死亡，庸詎非一朝之忿乎？

肅宗方在軍中，而張良娣以護庇見嬖，黨於李輔國以亂政。李長源惡之，建寧王倓亦惡之。嗚呼！良娣雖不可容，豈倓之所得惡者邪？長源秉臣道之正以匡君，倓違子道之常以逆父。故肅宗雖惑良娣，輔國雖伏機械以求害長源，而終保全恩禮，悠然以去。於倓則發蒙振落擠之死，而肅宗不生瘣木之悲。其道異，其情殊，其得失不同而其禍福亦别，豈有爽與？

《小弁》之怨所以不害乎爲君子者，幽王無忠直拂弼之臣，而平王之傅亦徒訟己誣，不斥褒姒之惡也。當此之時，肅宗任長源以腹心，長源業不恤良娣之怨以與争成敗，則倓授規正之責於長源，而可平情以静聽。乃欲殺良娣以爲長源效，不已傎乎？相激而陷父以殺子之大惡，自貽之矣。

所惜者，長源於倓投分不淺，而不能固諫倓以安人子之職。倓死乃追悔而力止廣平之忿怒，至於他日涕泣以訟倓之冤，亦已晚矣。豈倓之剛愎不可與深言邪？不然，則長源善處人父子兄弟之閒，功屢著矣，而徒於倓失之，抑又何也？

七　肅宗請就東宫之惡不可逭

肅宗表請上皇，自求還東宫修人子之職，雖其飾詞，亦子道之常耳。而李長源料玄宗之咈然，果徬徨不進，得群臣就養之表而後欣然就道，抑何至於此哉？

言之必如其事也，事之必如其心也，君

❶「勝」下，邵陽曾氏抄本有「焉」字。

子之以立誠而動物，無有不然者也。然有時乎以交天下之人，猶出之以遜讓，飾之以文詞，抑以昭雍容謙挹之度，而遠直情徑行、草野倨侮之惡，君臣朋友賓主之閒蓋亦擇其可用而用之矣。獨至於父子之際，固無所容此也。幼而哺以乳，未嘗讓乳也；長而食以食，未嘗讓食也；壯而授以室，未嘗讓室也：天性自然之愛，不忍欺也。可欲者欲之，可得者得之，以誠請以誠受，天子雖尊，天下雖大，亦將徹之巵酒豆肉而已矣，父猶父也，子猶子也，奪之非怨，予之非恩，父母而賓客之，豈復有人之心哉？

肅宗自立於靈武，其不道固矣，天下不可欺，而尤不可自欺其心以上欺其父。僞爲辭讓以告天下，人亦孰與諒之？乃於拜表奉迎之日，悲歡交集之頃，爲飾説以告父，此何心邪？賊未破，京未收，寸功不見於社稷，則居大位而不疑；已破賊收京，歛至論功，正南面之尊，乃曰退就東宫，歸大位於已稱上皇之老父乎？肅宗之爲此也，探玄宗失位怏悒之情而制之也。若曰：吾非不欲避位，而天命已去，人心已解，父且不能含羞拂衆以復貪大寶，折服其不平之氣而使箝口戢志以無敢復他也。嗚呼，天理滅，人心絶矣！玄宗固曰：彼已自立而復爲此辭者，不以父待我，而以相敵之情相制，心叵測矣。司馬懿稱病以謝曹爽，唐高祖輸款以推李密，其後竟如之何也，尚能忘憂以安寢食哉？不孝之大者莫甚於匿情以相脅，故自立之罪可原而請就東宫之惡不可逭。非鄴侯之善處，則南宫禁錮不待他日，且使自斃於成都，惡尤烈於衛輒矣！群臣表至，玄宗乃曰：「今日爲天子父乃貴。」所以明其不復願爲天子而自保其餘年也。悲哉！

八　張巡食人非仁

張巡捐生殉國，血戰以保障江淮，其忠烈功績固出顔杲卿、李澄之上，尤非張介然之流所可企望。賊平，廷議褒録，議者以食人而欲詘之。國家崇節報功自有恒典，詘之者非也，議者爲已苛矣；雖然，其食人也，不謂之不仁也不可。

李翰爲之辯曰：「損數百人以全天下。」損者，不恤其死則可矣。使之致死則可矣，殺之臠之，齕而吞之，豈「損」之謂乎？夫人之不忍食人也，不待求之理而始知其不可也，固聞言而心悸，遥想而神驚矣。於此而忍焉，則必非人而後可。巡抑幸而城陷身死，與所食者而俱亡耳。如使食人之後，救且至，城且全，論功行賞，尊位重禄不得而辭，紫衣金佩，赫弈顯榮，於斯時也，念齧筋噬骨之慘，又將何地以自容哉？

守孤城，絶外救，糧盡而餒，君子於此，唯一死而志事畢矣。臣之於君，子之於父，所自致者，至於死而蔑以加矣。過此者則愆尤之府矣，適以賊仁戕義而已矣。無論城之存亡也，無論身之生死也，所必不可者，人相食也。漢末餓賊起而禍始萌，隋末朱粲起而禍乃烈，然事出盜賊，有人心者皆惡之而不忍效。忠臣烈士亦馴習以爲故常，則後世之貪功幸賞者且以爲師，而惡流萬世。哀哉！若張巡者，唐室之所可褒，而君子之所不忍言也。李翰逞游辭以導狂瀾，吾滋懼矣。

九　力不足制史思明受降致亂

史思明降而復叛，肅宗使烏承恩陰圖

之，而給阿史那承慶鐵券以離其黨，事覺而速其反。謀之不臧，祗以速亂。雖然，亂自速耳，即弗然，而思明豈悔過自新，終於臣服者哉？張鎬之策、李光弼之請，非過計也。安慶緒欲圖思明，耿仁智、烏承玼乘其危疑而誘之以降，於時慶緒孤保鄴城，不亡如綫，思明既甚其圖己，抑料其必亡，姑爲自全之計，持兩端以觀釁，其不可恃也亦較著矣。慶緒之心既非不可解之仇，無難數易，而唐室君臣復東京而志已滿，回紇歸，子儀弱，威力不足以及河朔，明矣。思明何所憚，復何所歆，而已張之爪距弭耳受柙乎？曠歲無北伐之師，思明目已無唐矣，不反何待焉？

討賊易，平亂難；誘賊降已易，受賊之降難。能受降者，必其力足以殲賊，而姑容其歸順者也；威不足制，德不足懷，賊以降餌己，已以受降餌賊，方降之日，即其養餘力以決起於一旦者也。非高位厚祿、温言重賜之所能撫也，非輸粟輦金、安插屯聚之所能戢也，非深謀祕計、分兵散黨之所能制也，誠視吾所以致其降者何如耳。重兵以臨之，屢挫而奪其魄，如諸葛公之於孟獲，岳鵬舉之於群盜，而後可開以自新之路而不萌反復之心。故肅宗之失在不聽鄴侯之策，並塞以攻幽燕，使諸賊失可據之穴，魂銷於奔竄，而後受其歸命之忱，薄録其將，解散其兵，乃可以受降而永綏其亂。失此不圖，遽欲挽狂瀾以歸壑，庸可得哉？鄴侯去國，兵無謀主；郭、李之威，盡於一戰。思明再叛，河北終不歸唐，非但烏承恩之謀淺、李光弼之計左也。梁武之威不足以壓侯景，唐肅之威不足以制思明。養寇與激亂均爲失策，張鎬雖能先知，亦將如之何也？嚮令承恩之計行，與承慶共斬思明，而承慶、承恩又一思明矣。數叛之人不保其繼，愈疑愈紛，愈防愈潰。河決而塞之，癰潰而斂之，其亡速矣！

十　節度使死遣中使察軍中所欲立

將與兵必相得也，兵不宜其將，非弱則訌。唐節度使死，因察軍中所欲立者授之，亦未爲過也。其事自肅宗以平盧授侯希逸始，於是唐權下移，終其世於亂，而國以亡。蓋人君之心有可洞然昭示使天下共見者，雖雄猜如曹孟德而亦無所隱；有藏之密慮之熟，決於一旦而天下莫測者，雖孔子之墮郈、費亦未嘗示人以欲墮之志，非疑於人，信之在己者深也。

唐之中葉，節度使各有其兵而非天子所能左右，其勢成矣。察三軍之志，立其所願戴者，使軍效於將，將效於國，亦不容已之勢也，非可以漢高旦馳入營奪韓信、張耳之軍行焉者也。惟然，而此意可使將與兵知之乎？軍有帥，有偏裨，帥死而偏裨之可任與否，非不可以豫知者也。其爲忠爲逆、爲智爲愚、爲寬爲嚴，天子與大臣辨之審而慮之早，則帥一死，而赫然以軍中所欲奉之主授以節鉞而不待其陳請。則帥既感其特恩，兵亦服其夙斷，既憚其明見萬里之威，復懷其實獲我心之德，雖有桀驁，敢生攜貳乎？天下止此數鎮，鎮之偏裨止此數人，天子大臣曾不察其可否，而待迫以詢之群小邪？劉後主之闇也，猶能使李福問帥於諸葛方病之日；若祭遵、來歙死於倉卒，而兵柄有歸，尤先事以防不測：其計定矣。惡有縣三軍之任，摇摇不知所付，帥死而後就軍中以謀用舍哉？又況所遣者奄人，賄賂行，威權替，李懷玉得逞其姦，而唐無天子，養亂以垂亡。

寄生之君，尸禄之相，不足與有爲久矣。將有材而不能知，軍有情而不能得，浸使不問軍中自爲予奪，其召亂尤速也。操大權者，非一旦之能也。

十一　郭汾陽闇與道合非李光弼智勇所能及也

安史之滅，自滅也，互相殺而四賊夷，唐不能俘馘之也。前之復兩京，後之收東都，皆乘其敝而資回紇之力，李、郭亦因時以取大勳，非有血戰之殊勞焉。以戰功論，李光弼奮其智勇，克敵制勝之功視郭爲多。郭則一敗於清渠，再潰於相州，功尤詘焉，然而爲唐社稷之臣，天下倚以重輕，後世無得而議者，又豈徒徼虚譽乎？

任天下之重者，莫大乎平其情以聽物之順逆，而不挾意以自居於勝，此唯古之知道者能之。故《詩》稱周公之德曰「赤舄几几」，言其志定而於土皆安也。夫有攬天下於己之心，其心危；有疑天下而不自任之心，其心誠。心者，藏於中而不可掩者也。藏於中而固不可掩，故天下皆見之，而思與戮、疑與信，報之以不爽。汾陽以翹關負米起家而暗與道合，其得於天者，三代以下莫與之倫矣。

能任也則不能讓，所謂豪傑之士也，韓信、馬援是已；能讓也則不能任，所謂保身之哲也，張子房、李長源是已。汾陽於位之崇替、權之去留，上之疑信，讒佞之起滅，乃至功之成與不成，俱至則受之，受則任之，而無所容心於其閒，情至平矣而天下不能測其所爲。山有陂陀則測其峯之起伏，水有灘磧則測其波之回旋。平平蕩蕩，無高無下，無曲無奇，而物惡從測之哉？天下既共見之，而終莫測之。大哉，平情之爲用也！四海在其度中，賢不肖萬殊之情歸其範圍矣。

相州師潰，汾陽之威名既損，魚朝恩之譖行，肅宗奪其兵柄授李光弼，數年之内，光弼以元帥擁重兵戮力中原，若將駕汾陽而上之也。乃許叔冀叛於汴州，劉展反於江淮，段子璋反於梓州，楚州殺李藏用，河東殺鄧景山，行營殺李國貞、荔非元禮，内亂蠭起，此撲彼興。迨乎寶應元年，汾陽受王爵、知諸道行營，而天下帖然，内既寧而外自戢，史朝義釜魚之游不能以終日，弗待血戰之功也。嗚呼，是豈光弼智勇之所能及，漢魏以下將相大臣之能得於天下者乎？

董卓不足以亡漢，亡漢者關東也；桓玄不足以亡晉，亡晉者北府也；黄巢不足以亡唐，亡唐者汴、晉也。然則安史非唐之憂，而乘時以蠭起者，鹿不知死於誰手。汾陽一出而天下熄，其建威也不過斬王元振四十餘人而已，天下莫敢復亂。唯其平情以聽權勢之去來，可爲則爲，不可爲則止，坦然無我之大用，人以意揣之而不能得其要領，又孰知其因其心而因物以受寵辱之固然者乎？僕固懷恩，亂人也，張用濟欲逐光弼，而懷恩曰：「鄴城之潰，郭公先去，朝廷責帥，故罷公兵。」引咎以安衆心，何其似君子之言也！非公安土敦仁、不舍几几之度淪浹於群心，懷恩詎足以及此哉？

人臣之義，憂國如家，性之節也；社稷之任，在己而不可辭，道之任也。篤忠貞者汲汲以謀濟，而勢詘力沮，則必有不平之情。此意一發於中，必動於外，天下乃争鶩於功名而忘其忠順，姦人乘之，亂因以起。唯並取立功匡主之情夷然任之，而無取必於物之念，以與天下相見於冰融風霽之宇，可爲者無不爲焉，則雖有桀驁不軌之徒，亦氣折心灰而不敢動。不言之言，無功之功，回紇稱之曰「大人」，允矣其爲大人矣。以光弼之忠勇不下於公，而天下不蒙其祐，兩將相衡，度量較然矣。

十二　肅宗歷疢疾而冥頑

孤臣孽子歷疢疾而憤興，雖然，亦存乎其人爾。抱倜儻不平之姿者，安樂易以驕，憂危乃以惕，則晉重耳、越句踐是已。其不然者，氣折則神益昏，心危則志益溺，使駕輕車、騁康莊，猶不免於折輹輪載也。❶

中宗幽辱於房州，因與韋氏暱以自安而制於韋氏，身爲戮，國幾喪，固無足道矣。肅宗之明能任李泌，其斷能倚廣平，雖不廢寵樂而無淫荒之癖，是殆可與有爲者。其在東宮，爲李林甫、楊國忠所離間，不廢而死者幸耳。靈武草創，履行間者數年，賊逼於外，援孤於內，亦可謂與憂患相終始，險阻備嘗者也。而既歸西京，討賊之功方將就緒，苶然委順制於悍妻，迫於家奴，使擁兵劫父，囚處別宮，唯其所爲，莫之能禁，乃至蒙面喪心，慰李輔國曰：「卿等防微杜漸以安社稷。」天倫泯絕若此之酷者，豈其果有梟獍之心乎？畏輔國之擁六軍，禍將及己，而姑以自全耳。黜蕭華，相元載，罷子儀，乃至聞李唐之諫，泫然流涕，而不敢修寢門之節，與冥頑不慧之宋光同其陷溺，豈非憂患深而鋒稜絀，以至於斯哉？

其任輔國也，徇良娣也；其嬖良娣也，亦非徒悅色也，當在靈武時，生子三日而起

❶「不」，原脱，今據邵陽曾氏抄本補。

縫戰士之衣，畏刺客而寢於外，以身當之。患難之下，呴沫相保，惻然之心一動，而沈酣不能自拔，縱遺驕橫，莫能復制，日銷月靡，志不守而神不興，不復有生人之氣，岌岌自保之不遑，於是而泯忘其天性，所必然矣。鄉使以元子之尊早受册立，無姦臣之摇動，無巨寇之摧殘，嗣天位，撫金甌，則固可與守文，而豈其喪心失志之爾爾邪？

嗚呼，豈獨天子爲然乎？士起孤寒之族，際荒亂之世，與炎寒之流俗相周旋，凍餒飄摇，激而特起，念平生之坎坷，懷恩怨以不忘。主父偃曰：「日暮途遠，倒行而逆施之。」一飯千金，睚眦必報，蘇秦、劉穆之、元載身陷大惡，爲千古僇，皆疢疾之深，反激而愈增其狂戾也。故曰：「不仁者不可以久處約。」處約而能不以女子小人醉飽金錢爲恩怨者鮮矣，此亂世所以多敗德也。

代宗

唐諱「世」，「代宗」猶言「世宗」。近人欲以加景皇帝，其不學如此。

一　流殺來瑱當在其違命之日

代宗聽程元振之譖，流來瑱殺之，而藩鎮皆懷叛志，僕固懷恩以是樹四降賊於河北，養亂以自固，終始爲唐巨患。其上書自訟，指瑱之死爲口實，用拒入朝之命。夫來瑱之誅，豈其無辜而僅以請託不從致元振之怨乎？瑱之誅，亦法之所不貸者也。

其鎮襄陽也，以李輔國之私人奪韋倫而得之，引降賊張維瑾等爲爪牙，收人心以據大鎮，召赴京師而不至，徙鎮淮西而不行，縱兵擊裴茙，禽送京師，脅朝廷以行辟。唐藩鎮之抗不受代圖不軌者，蓋自瑱始。殺瑱而藩鎮怨，縱瑱而藩鎮抑驕，兩俱致亂之道。殺之而咎其刻，不殺則必聽之而抑咎其偷。已成之咎，怨之所歸，不知反此而咎又將在彼矣。肅宗以來驕縱養癰，勢將必潰，飭法以誅瑱，固非淫刑以召叛也。瑱不死，僕固懷恩谿壑之欲又豈易厭乎？

乃若代宗之所以不克懲亂而反以致亂者，殺之非所以殺也。刑者，帝王所以懲天下之不恪也。刑濫於不當刑，人固自危而猶不敢欺。且冀其偶失而終能不濫，則疑怨不深。唯刑施於所當刑而不以其道，天下乃測其刑之已窮而怨其以機相陷也，乃始挾毒以相報。

當來瑱襄陽跋扈之日，唐不倚之以討賊，瑱固無恃以脅唐。藩鎮林立，勢不相下，瑱即叛，祇以速亡，則使正名聲罪以致天誅，夫豈有大害於社稷哉？而惴惴然將迎之不違，殺裴茙以媚之，虛相位以餌之，魚脫於淵，然後假通賊之誣辭，加以不當辜之辟。藩鎮之怨非徒怨也，固將曰：瑱擁兵不入，唐固無如瑱何；唯倔强者可以免禍，而瑱自投其囮，吾知戒矣。留賊以爲援，抗命而不朝，鷹隼揚於寥天，豈矰弋之能加哉？

蘇峻曰：「吾寧山頭望廷尉，不能廷尉望山頭。」孱主庸臣之伎倆，在姦雄心目之中，以怨爲名而非怨也，倒持魁柄以相制而相持也。藉令當瑱違命之日，下尺一之詔，責以不可貰之法。使束身歸闕則姑貸其死而貶之，不則舉六師以急清内賊，則河北群醜且震動以弭其邪心，況方在立功，反謀未決之懷恩哉？

二　楊綰欲復孝廉之舉終不可行

以文取士而得真才，以行取士而得篤行，則行愈於文多矣；以文取士而得僞飾之文，以行取士而得僞飾之行，則僞行之以害人心、壞風俗、傷政理者，倍於僞飾之文支離浮曼，而害止於言也。且設科以取士，則必授之以式矣。文者言治而要之事，言道而要之理，即下至駢偶聲韻之文，亦必裁之以章程，可式者也；行而務爲之成法，則孝何據以爲孝之程，廉何據以爲廉之則邪？不問其心，而但求之外非梟獍皆可云孝，非盜賊皆可云廉，不可式者也。極其弊，委之守令而奔走於守令之門，臨以刺史而奔走於刺史之門，以聲譽相獎，以攀援相競，乃至以賄賂相要，父母爲羔鴈，廉恥爲優俳，其不率天下以狂趨者能幾也？

鄉舉里選，三代之法也。而殷之大國方百里，周之大國五百里而止，其小者五十里耳。即其地，選其人，官其士，君大夫世與相狎，而賢姦易辨，猶今置鄉耆於一村一社而已，則公議固不容掩也。乃以四海之遼絶，刺史守令三載之乍臨，求知巖穴之行履，責以知人之哲，而升朝以任天下之大，何易易邪？又況曲士之垂腴而干請，賕吏之鬻民以徼利者哉！

漢之舉孝廉，舉其爲吏於州郡者也。既爲吏而與一鄉之政，能否可知其大凡矣。而清濁異流，臭味異合，請託易集，黨比相怙，孝者固非孝，廉者固非廉也。漢末之得士，概可見矣。況使求升朝而理、易地而官者於未登仕籍之處士乎？楊綰懲進士之亡實，欲復孝廉之舉，終不可行，論者惜之。惜之者未嘗體人情、揆事理，周世變、究終始，浮慕古昔而徒以空言居勝者也。綰未幾而奏罷孝弟力田科，以無實狀、多僥倖故廢之，綰亦自知其前之失言矣。

然則行不足以取真士，而以文取者可得士乎？夫非謂文之可以得士也，設取士之科者，止以别君子野人而止耳。雖有知人之哲，不能於始進而早辨其賢姦也。故三代之法，觀之於飲，觀之於射，觀其比禮比樂内正外直之度、拜起揖讓之容而已；疇爵行而合語，觀其稱古昔、道先王而已。觀之於此，而君子野人之辨可十九得也。過此以往，敷奏以言，明試以功，皆論定後官之餘，乃以察其賢不肖而進退之。然則立法以取士，試之以策問，試之以詩賦，試之以經義，亦飲射之遺意而變通之，豈期於此而遽得真士哉？習文教而與聞乎德言之緒論，爲野人之所不勝，既繇乎君子之途，則可望以循此而上達耳。授之以政，而智愚勤惰忠佞貪廉，自有秉憲者執法以議其後。其可縣行誼爲標格，使之讎僞以藏姦乎？

若夫學校之設，清士類於始進，不當專求之文，而必考其閨門之素履；正士習育賢才，嚴不淑之懲，又不待登進之日也。然而方在子衿之列，修子弟之敬愛，絶公門之請謁，亦士之常耳。或既貴而喪其所守，詎可遽以此爲賢而授之大官大邑乎？以行按不肖之罰，而以文求君子之度，流品清而僞行抑不敢冒，斯其於取士之法，殆庶幾與！

三　唐廷惟一博士發程元振之姦

盈唐之廷而發程元振之姦者，太常博士柳伉也，唐可謂廷無人矣。抑考古今巨姦之在君側，大臣諫官緘默取容，小臣寒士起而擊去之，若此類者不一，夫人君亦何賴有心膂股肱之臣哉？誠足悲已！乃其閒抑有辨焉。如其姦邪得勢，執闇主之權，生殺在手，士大夫與争而不勝，因起大獄，空君子之群，誅戮流竄，流血盈廷，檻車載道，而綸扉卿署偏置私人，故姦已露、勢將傾而無有能詰者，於是一介之士迎其機而孤起以攻之，此固無容深怪已。

程元振得權以來，所譖而誅者來瑱，瑱固有可誅之罪也；所忌而逐者裴冕，猶得刺州以去，未有大傷也；李峴與相不協，柳伉之事峴且與謀，未嘗先發制峴而安位自若；省寺臺端，類非繇元振以升而害亦不及，士大夫固優游群處於朝右，誰禁之使瘖，而讓搏擊之舉於一博士乎？通國痿痺，無生人之氣，何其甚也！

宋之諫臣，遷謫接踵於嶺南而諫者日進；唐無貶竄之禍，而大姦根據，莫之敢摇。無他，上委靡而下偷容，相養以成塞耳蔽目之天下，士氣不伸，抑無有激之者也。伸者固伸矣，挫者激而不相下者也。❶進無聽從之益以仰庇宗社，退無誅逐之禍以俯著直聲，雖欲扼腕昌言，一蜚吟而蛩泣耳。無惑乎視糾謬鋤姦爲迂闊之圖，人棄廉隅而保容容之福也。是以薰蕕並御之朝廷，不如水火交争之士氣也。

四　過任僕固懷恩致其叛逆

擁重兵，居高位，立大功，而終叛，類皆有激之者，唯僕固懷恩不然。來瑱雖誅，然

❶「伸者」至「者也」，原脱，今據邵陽曾氏抄本補。

無功於唐而據邑脅君，上下之猜嫌久矣，非彭、韓在漢，蘇、祖在晉比也。雖誅十瑱，懷恩自可坦然無危疑也。代宗推心以任懷恩，至於已叛猶眷眷不忘，養其母，鞠其女，且曰：「朕負懷恩。」程元振、魚朝恩雖不可久恃，而方倚懷恩以沮汾陽，抑不如楊國忠之於禄山矣。懷恩不叛，優游擁王爵於朔方，何嫌何懼，不席富貴以終身邪？河北初平，大功已集，薛嵩等迎拜馬首，乞隨行閒，正其策勳鳴豫之日矣。遽起異心，養寇樹援，爲叛逆之地，辛雲京閉城自衛，豈過計哉？駱奉仙雖爲雲京行説以發其反謀，亦非縣坐以本無之志而陷以醢菹，辛雲京、李抱玉先事之知耳，非激之也，然而冒昧以逞，決志不回，此何心哉？《傳》曰：「狼子野心。」洵懷恩之謂與？

乃若唐之召叛也，其失在過任懷恩耳。許回紇之昏而以懷恩之女妻之，使結戎狄以爲援，有藉而得起，一失也；命雍王爲元帥進收東京，不置帥副，而以懷恩領諸營節度爲雍王副，二失也；奪汾陽兵柄，以朔方授懷恩，三失也。功已立，權已張，位已極人臣而逼上，內有河北之援，外結回紇之好，睥睨天下，莫己若也，汾陽亦不得不解元帥之任以授之，汾陽且爲之屈，懷恩目中不復有唐矣。鷹飽則颺，豈待激之而後叛哉？雲京不發其姦，懷恩之逆特遲耳。禍速則其根本未固，河北四鎮初分土得兵，尚未有生聚固結之資，以擁懷恩而蠭起。使其羽翼已成，群凶翕聚，幸而爲禄山，不幸而爲石敬瑭矣，唐之不亡，其餘凡幾也？

夫人之所受，如其器而止，溢於器則汎濫不可復收，並其器而亦傾。懷恩可使爲偏裨，聽汾陽之頤指者也。故當李光弼入軍之日而能止軍中之亂，過此則溢矣，雖自速其亡，亦所不恤也。叛之速而禍止於太原與奉天，河北不與俱起，猶雲京、抱玉之功也。借曰勿激，則其反也在程元振既誅之後，徒委罪於元振，豈定論乎？以大任委人，不揆其器，未有不亂者也。

五　廣德户口凋耗非盡由死亡

廣德二年，户部奏户口之數二百九十餘萬，較天寶户九百六萬九千有奇，僅存者三之一也而猶不足。叛賊之所殺掠，蕃夷之所蹂踐，亂軍之所搜刷，死絶逃亡而民日以耗，固也。然天地之生，盈而必消，消而抑長，民之自惜其生，驚竄甫定，必即謀田廬、育婦子，筋骸以習苦而彊，婚嫁以殺禮而易，亦何至凋零之速是哉？

蓋國家所以安集其人民而足其賦役者，恃夫法之不亂，政之不苛，汙吏無所容其姦，猾胥無所讎其僞耳。喪亂猝興而典籍亂，軍徭數動而遷徙雜，役繁賦重，有司以消耗簿徵輸不及之責而利報逃亡，單丁疲户徼幸告絶，而黠民乘之，以衆爲寡，以熟爲萊，墮賦於僻遠愿樸之鄉，席腴産、長子孫者公爲籍外之游民，墨吏鬻版籍，猾胥市脱漏，乃使奉公畏法之愿民代姦人以任國計，户日減，科斂不得不日增，昔以三而供太平之常賦，今以一而應軍興之求索，故其後兩税行而税外之苛徵又起，杜甫所爲哀寡婦誅求之盡者，良有以也。

民之重困，豈徒掠殺流亡之慘哉？第五琦、元載之箕斂愈酷，疲民之詭漏愈滋，官胥之欺誣愈劇，此二百九十餘萬者猶弗能盡隱而聊以塞上之搜求者也。以此知廣德之凋殘，上損國而下病民，誠有以致之，蓋亂世必然之覆軌矣。賦輕役簡，官有箴，民有恥，雖兵戈之餘，十年而可復其故，亦何至相差之邈絶乎？

六　第五琦行什一中正之法民多流亡

讀古人書，不揆其實，欲以制法，則殃民者亦攀援附託以起，非但耕戰刑名之邪説足以禍天下也。

三代取民之法皆曰什一，當其時必有以處之者，民乃不困。其約略可考者，則有中地下地、一易再易、田萊相參之法，名爲什一，非什一也。以國之經費言之，天下既自上古以來封建相沿，而各君其國以與天子相頡頏，以孟子所言，率今一小縣而有五世之廟、路寢三門之制；百官有司，則以周初千八百國計之，以次國三卿爲準，南不盡楚塞，西不踰河隴，東不有吴越，中原侯甸未訖六州，而爲卿者已三千六百人，人食一千六百之粟，而大夫士府史胥徒坐食無算，今天下十不得一也。幣帛饗飱見於聘禮者如此其繁，比年三年數舉而徧於友邦，皆民之晝耕夕織，勤苦而僅獲者也。後世而幸免此矣，則無三王寬恤之仁，而欲十取其一以供貪君之慢藏，哀哉！苟有惻隱之心者，誰忍言此哉？

然而第五琦竊其語以横徵，欲詰其非，則且曰此禹、湯、文、武裁中正之法以仁天下，而孟子謂異於貉道者也，胡不可行也？乃代宗行之三年，而民皆流亡，卒不可行而止。以此推之，後世無識之士欲撓亂成法，謂三代之制一一可行之今，適足以賊民病國，爲天下僇，類此者衆矣。不體三代聖人之心，達其時變，而徒言法古者，皆第五琦之徒也，惡逾於商鞅矣。何也？彼猶可鉗束其民而民從之，此則旦令行而夕哭於野，❶無有能從之者也。三十取一，民猶不適有生，況什一乎？

七　郭汾陽之見回紇以死爲道

以道宅心者，天下所不能測也。兵凶戰危，以死爲道者也。以死爲道然後審乎所以處死之道，審乎所以處死之道然後能取威制勝，保國全民，不戰而屈人之道，咸裕於中而得其理。繇其功之已成，觀其所以成功，若有天幸；乃其決計必行之際，甚凶甚危，而泰然不疑，若不曙於禍福生死以徼幸，皆人之所不測也。不測之，則疑其智之度越而善操利鈍之樞，夫豈然哉？知死爲其道而處之也不惑耳。

回紇要郭汾陽相見，汾陽知戰之必敗，而唯以身往赴之之一策可以抑鋒止鋭而全宗社。於斯時也，固不謂往之必死也，亦不謂往之必不死也，雖死而無所恤焉而已。故藥葛羅情窮而辭屈，慴於其不畏死之氣，則未知殺公以後勝敗奚若，而心已折，氣已餒矣。決於死則情志定，情志定則神氣平而條理現。免冑投鎗之際，一從容就義者大雅之風裁也。

處死之道，致一而已。致一則神全，神全則理裕。理處其至裕，而事必應乎其心。凡人之情局於目前而迷於四際者，固不足以測之，遂相與詫之曰：「其不可測也有若是哉？不則其有天幸乎？」夫惡知所守之約，

❶「行」，邵陽曾氏抄本無此字。

爲恐懼疑惑之所不得乘哉？

其謂子晞曰：「戰則父子俱死，不然則身死而家全。」聊以慰晞而已，非公之本志也。告藥葛羅曰：「挺身聽汝殺之，將士必致死與汝戰。」亦示以不可勝耳，非挾將士之報讎死戰，足以慴回紇也。公之心則惟極致於死，而固無必生之計也爾。

八　代宗以老氏深機驕縱藩鎮不可復制

代宗委權以驕藩鎮，而天下瓦解。其柔弱寬縱也人具知之，抑豈知其失也非徒柔弱不自振之過哉？惟握深險之機以與天下相劘相制，而一人之機固不足以敵天下也。代宗之機得之於老氏。老氏曰：「將欲取之，必固與之。」「天下之至柔，馳騁天下之至剛。」此至險之機也，而代宗以之。固爲寬弱以極悍戾者之驕縱，驕縱已極，人神共憤，而因加之殺戮也不難；將自以爲善制姦慝，而必死於其手。乃天下習知其術，而受其與，不聽其取，乘弱制之以不復剛，終處於無何而權以倒持，安足以馳騁哉？自敝而已矣。

李輔國惡已極而殺矣，程元振惡已極而流矣，魚朝恩惡已極而誅之俄頃矣。假手元載以殺朝恩，復縱元載以極其惡而載又族矣。當其姑爲隱忍，則輔國忝三公而王，唯其志也；程元振位驃騎，激怒群情，挫抑汾陽，唯其志也；魚朝恩總禁兵，判國學，隸視宰相，發汾陽之墓，鉗制朝政，唯其志也。然猶曰宦官已掌禁軍，有不測之防，弗能驟計也。元載以一書生貪猥無狀，自可折箠以鞭笞之者，乃顏真卿爲之坐貶，楊綰爲之左遷，李少良爲之杖死，且寄鄴侯於江外，一唯其荼毒而莫之禁。其處心積慮，欲甘心於載者已非旦夕，且必俟其惡盈而後殛，使害已播於天下，乃以快刑殺於俄頃。凡誅四肘腋之臣，皆以老氏之深機圖之，而藉口以號於天下曰：吾非忍殺之也，彼自殺而我因之也。亦險矣哉！

夫四姦者，依附左右，弗難制者也，不若是而誅殛之也有餘，即若是而誅殛之也亦弗能抗也，故代宗得以用其機而終投其阱。乃怙此以爲脅持天下之具，餌藩鎮而徐圖之，則愚甚矣。

來瑱不臣已著，舉天下以討一隅，易矣，而餌之以宰相，誣之以通賊，然後殺之。僕固懷恩已反，勢且潰敗，而猶爲哀矜之説以恤之。於是梟雄之帥皆測其險詐，即乘其假借之術，淫威既得而不復可制。故懷恩受副元帥而後叛，田承嗣受平章事而終不入朝，李靈曜、崔旰、❶朱希彩、李正己、李寶臣皆姑受其牢籠而終逸於柙阱。一人之險，何足以勝天下哉，徒寬縱之而莫之能收。故曰：其愚尤甚也。

元載死，晉楊綰而任之，意且與綰深謀制群雄而快其夙恨。綰早卒，乃戢意而廢然返耳；藉其不然，誅夷行於一方，則四方愈爲摇動，然而無慮也。元載殺朝恩而帷蓋之恩不保，綰雖忠，亦必慮及於此以自處於不才之散木，挾詐之主未有敢與深謀者也。信乎老氏翕張取與之術適以自敝，孰謂漢文几杖賜吴之智爲能制吴之死命乎？帝王之誅賞，奉天無私，猶寒暑之不相貸也。邪説興，詖行逞，寶此以爲術，而天下之亂日生，可勿

❶「旰」，原作「旴」，今據《通鑑》、兩《唐書》改。

戒與？

九　李長源避元載不歸衡山

李長源當肅宗之世，深觸張良娣、李輔國之怒，拂衣而歸衡山，何其快也！其於元載也，未嘗斥其惡以糾責之，徒以賢姦不可並處而去之，則引身歸嶽，不猶便乎？乃置身參佐，託魏少遊以自全，又何屈也！夫豈葸畏無端而不能自持也哉？達人之通識，度己度人，因時以保明哲之身而養國家和平之福，非一概之説所可執爲得失也。

長源之於肅宗，在東宮則定布衣之交，在靈武則冒難首至，參大議於孤危，坐寢與偕，成收復之元功，其交固矣。良娣、輔國雖惡其斥己，而所欲者但令長源一日不居左側，弗爲己難，則意得而無餘恨。於此而翺然已逝，全終始之交，綽有餘裕矣。其於代宗也，雖與謀元帥有翼戴之功，而其早不侍青宮，其後不參帷帟，交未固也。復東京，拒吐蕃，返陝州之駕，誅殛三閹以清宮禁，又未有功也。代宗以畜疑之主，離合不可終憑；元載雖見忌於君，而旁無相逼以升之朝士，唯長源以宗臣入參謀訪，唯恐軋己而代之。且載文辯足以濟姦，朋黨樂爲效命，衆忌交集，深謀不測，抑非如婦人奄豎褊衷陋識，一去而遂釋然也。載與長源立於兩不相下之勢，而禍機所發不可預防，岣嶁煙雲，祝融冰雪，其能覆蔭幽人使之安枕哉？

且夫山亦未易居也。其唯弢光未試、混迹漁樵者，則或名姓上達於天子而鋒稜未著，在廷忘猜妒之心，乃可怡情物外，世屢變而不驚。其不然者，名之所趨，世之所待，功之已盛，地之已危，即欲抗志煙霄、杜口時事，而講説吟咏以迨琴酒弈畫之流，聞風而輻輳，乃有偏遊戎幙拓落不偶之士，争其長短以恣其雌黄，甚且挾占星卜氣讖緯之小技者，亦浪迹溪山而附高人以自重，絶之則怨生而謗起，納之則禍發而蔓延，孰謂山之厓、水之涘非風波萬疊、殺人族人之險阻哉？如稗説所傳，嬾殘十年宰相之説已足深元載之媢嫉，而可坐以結納妖人之大法，則衡山一片地，正元載横施網罟之機也。自非有所託於外援，優遊軍府而屈志下僚，示以不相逼代之勢，其能免乎？代宗慮此已熟，而長源何勿俛首以從也？夫長源非無意於當世之務，明矣。相唐以定天下者，其志也，固且誅逐元載而戴之以匡王國者也。❶進退之閒，豈容不審，而但以冥飛之鴻矯志林泉也哉？

十　代宗君臣不能察朱泚之姦終失河北

辨姦者，辨於其人而已。故曰：「君子而不仁者有矣，夫未有小人而仁者也。」

大曆之季年，河北降賊之抗衡久矣。田承嗣連昏帝女，致位元宰，一再召而必不踰魏博一跬步，李正己、李寶臣黨叛而自相襲奪，不復知唐之有天下也。乃盧龍彊悍可憑，凶逆成習，而朱泚一授節鉞，隨遣朱滔入衛，繼且自請釋鎮歸朝，病而有輿尸赴闕之語。代宗於此雖欲不驚喜失措，隆禮以待之，廁之汾陽之列，使冠百僚，不能也。桀驁者如彼，而抒忠者如此，其誠也。

雖然，亦思其何爲而然哉？德有以懷

❶「戴」，邵陽曾氏抄本作「代」。

之與威有以震之與？處置之宜有以服其心與？三自反求而皆無其具，則意者其人之忠貞素篤，超然於群類之中，而可信以無疑邪？❶乃泚之非其人也明甚矣，託胎於亂賊之中，熏染於悍戾之俗，而狡凶尤甚，假手於李懷瑗殺朱希彩，而使其弟滔蠱三軍以戴己。柔媚藏姦，乘閒而竊節鎮，既有明驗矣，飾忠歸順，遂倚爲心膂之大臣。嗚呼，何其愚也！

田承嗣、李正己株守一隅，阻兵抗命，雖可負固以予雄，終非良久之謀也。而泚尤岌岌，驟竊幽燕，衆志未戢，而李寶臣有首丘之志，日思攘臂輕兵入其郛，弗能遏也。於是張皇四顧，睨朝廷爲藏身之窟，使朱滔倚內援以安枕於北平，已乃居不世之功，狎天子大臣而伺其閒隙以逞狂圖。自彊藩割據以來，人所未及謀者，泚竊得之以僥幸。代宗不能知，汾陽不能制，常袞、崔祐甫之褊淺莫能致詰，而泚果能優游巖廊以觀變，亦狡矣哉！代宗崩，汾陽總己，德宗初政，未有釁也。是以遲久而始發，不然，泚豈能鬱鬱久居此哉？若此者一望而知之，而唐之君臣固夢夢也，夫豈姦之難辨哉？問泚之何以得帥盧龍，而能不爲之寒心乎？非但如安禄山之初起，非有猾逆之易窺者也。

然則如之何？於其入而待之以禮，榮之以秩，而不授以政，使受統於汾陽。而汾陽得以制之，豈徒泚之惡不足以逞乎？河北諸逆知天子之不輕於嚬笑，而意亦消沮矣。得失之機、昏昭之別，判於持重審固者之心，非庸主具臣浪爲驚喜者之所能與也！

❶「而」，邵陽曾氏抄本作「自」。

十一　楊綰行法於可行之日

法未足以治天下，而天下分崩離析之際則非法不足以定之。故孟子言仁天下而歸之法，爲七國分争十二失守不定之天下而言也。有法不可施之日，而後法亦無能以行，則孔北海欲復王畿千里之制徒爲空言，而身以喪，國終以亡。若其猶可治也，法可施，而惡容不亟建乎？

唐自天寶以後，天下分裂而無紀，至於大曆，亂少息而泮散尤甚。雖然，可爲之幾正在是矣。逆臣之逆横已極矣，唯意所爲，而不能以非法之法亂法也；邪臣之邪貪已極矣，唯利是崇，然其亂法者莫能改法也。故楊綰一相，三月之閒而天下爲之震動，恪共以從乂，綰於是得立法之本而行之有序。綰不死，知其可以定天下矣。河北之逆未也，西川、嶺南之亂尤未也，鳳翔、涇原、汴宋、河陽之釁起猶非本也。三豎亂於前，元載亂於後，朝廷無法而天下從風。綰清修自飭，立法於身，而增百官之奉以養官廉，罷團練守捉以肅軍政，禁諸使之擅召刺史以孤悖逆之黨，定諸州兵數以散聚衆之謀。行之朝廷，可行而行矣；行之内地，可行而行矣。且姑置抗拒之逆藩於不論，使其允行之，十年之後，内寧而外患亦無藉以生，天下將秩秩然兵有制、吏有守，則據土叛君者明其爲化外之跡，而不敢以中逆貌順覬朝廷之寵命，河北梗化之凶豎不斂手而聽命者，未之有也。

夫代宗非果無能爲者，一受制於李輔國，而二豎因之，元載乘之。懷情以待，得綰以相，而志將伸，綰遽卒，常衮不足以勝任，而代宗又崩矣。唐之不振，良可悼已！然建中之初，天下姑安者，猶綰之餘休也。法先自治以治人，先治近以及遠，綰清慎自持，汾陽且爲之悚惕，孰敢不服哉？法猶可行，治猶可定，天奪綰而代宗終爲寄生之君，過此無可爲矣。

讀通鑒論卷二十三終

讀通鑑論卷二十四

衡陽王夫之譔

德宗

一　德宗初政過驟不克有終

驟爲震世之行者，其善必不終。震世之善，驟爲之而不疑，非其心之能然，聞人之言善者亟信之也。聞人之言善而信以爲必行，則使聞人之言不善者抑不審之於心而亟從之；聞人不善之言而信，則人之言善者無不可疑也。交相疑信，而善者恒不敵不善者之巧給，奚望其善之能有終邪？且夫事之利病豈其有常，人之賢不肖豈易以一概論哉？胥一善而或爲之而效，或爲之而不效，義難精也。亟於信者期其必效矣，期之太過，不遂其望而或至於隳功，遂以疑善之不足爲也。胥爲君子而或不爽其名，或大爽於其名，志難知也。亟於信者期君子之必善矣，期之太過，不慰其所求而或至於敗行，遂以疑君子之不可用也。若此者，欲其善之終也，必不可得矣。夫明主之從善而進賢，寬之以取效之塗，而忍其一時之利鈍。諒小人之必不仁而知君子之有不仁者，但黜其人而不累於其類。然後其決於善也以從容而收效，決於用賢也以闊略而得人。無他，審之於心，百折迂回，詳察乎理之必有與事之或然而持其志以永貞，非從人聞善而遽希驟獲之功也。

唐德宗之初政，舉天寶以來之亂政疾改於旬月之中，斥遠宦寺，閒制武人，慎簡賢才以在位，其爲善也如日不足。察常衮之私，速奪其相位以授所斥謫之崔祐甫，❶因以震動中外，藩鎮有聰明英武之言，吐蕃有德洽中國之譽。乃不一二年，而大失其故心以庇姦臣、聽讒賊，而海内鼎沸，幾亡其國。人徒知其初吉終亂之善不長，而不知其始之善非固有之，道聽而襲取之。迨乎物情之變固不可知，期效迫而不副其所期，則懲往而急於改圖，必然之勢也。罷轉運鹽鐵使而省職廢。命黜陟使巡天下而洪經綸激田悦之軍，使之痛哭。任文臣以分治而薛邕以文雅舊臣盜隱官物巨萬，張涉以舊學師友坐贓放黜。所欲行者齟齬，所相信者二三，猶豫於善敗臧否之無據，姦佞起而熒之，無惑乎窮年猜忌，内蠱而外離也。嚮令德宗於踐阼之始，曲體事幾之得失而權其利害之重輕，深察天人之情才而別其名實之同異，析理於心，窮心於理，鄭重研精，不務皎皎之美名以需效於歲月，則一事之失不以沮衆事，一人之過不以疑衆人。其失也正其所以得也，其可疑也正以無不可信也。堯不以共、驩而防舜、禹，周公不以管、蔡而廢親親。三折肱爲良醫，唯身喻之而已。躁人浮慕令名，奚足以及此哉？故於德宗之初政，可以決其不克有終也。

二　唐威福已下移沈既濟猶欲令州府辟用僚佐

法爲賢者設乎？誠賢矣，雖不授之以法

❶「謫」，原作「責」，今據邵陽曾氏抄本改。

而可矣。故先王之制法所以沮不肖者之姦私，而賢者亦循之以寡過。唐既於牧守之外置諸道諸使，使自擇任寮吏，於是其末亂也，人樹黨以營私，其亂也，聚徒以抗命。沈既濟上選舉議，猶欲令州府辟用僚佐而不任宰相吏部兵部之銓除，且曰今諸道諸使自判官副將以下，皆使自擇辟吏之法，何其不恤當時之大害至此極也！自天寶兵興以後，迄於宋初，天下浮薄之士置身私門，背公死黨以逆命謀篡、割據分争者，誰邪？既濟以爲善政，而論者奬之爲三代之遺法。甚矣，其貽禍之無窮矣！

夫環天下之賢不肖待銓除於吏部，不足以辨不齊之材品，此誠有未允者，而亦事理之不得不然者也。操黜陟之權於一人者，天子憲天以立極，猶萬彙之榮枯統於真宰也。分進退之衡，使宰相部臣司其進，牧守使臣糾其退者，各有所司而不相侵，猶春夏之司生、秋冬之司殺互成歲功也。牧守既臨下以考功罪矣，又使兼爵人禄人之權焉，則誣上行私，政散人流而不可止。唐之以判官、副將聽諸使之自擇，其威福下移之害既可睹矣。激安禄山以反者，幽燕部曲也；黨劉展以反者，江淮親舊也；勸李寶臣以抗命者，王武俊也；導李惟岳以自立者，畢華也；説朱滔以首亂者，王侑也；奉四叛以稱王者，李子千也。自非端士，必懷禄以爲恩。足不涉天子之都，目不睹朝廷之法，知我用我，生死以之，而遑問忠孝哉？故自田承嗣、薛嵩、李正己、李希烈以洎乎李克用、朱温、王建、楊行密，皆有盡心推戴之士以相煽而起。朝廷孤立，無與爲謀，唐之亡亡於人之散，明矣。抑令天下無釁，❶牧守無妄動之心，而互

❶「抑」，邵陽曾氏抄本作「即」。

相輔倚以貪縱虐民、蕩佚法制，亦孰與禁之？而國民之交病不可詰矣。既濟倡爲邪説以破一王之法制，意者其爲藩鎮之内援以禁天子不得有一士之用乎？不然，何大綱已失，必取其細目而裂之也？❶其曰「辟吏之法已試於今」，不軌之情已不可掩矣。

三　令狐峘稱代宗遺詔止厚葬

不欲以其死累天下者，君子之義也；不忍於送死之大事而不以天下故儉其親者，人子之心也。兩者並行而各盡。故尸子曰：「夫已多乎道。」豈必唯父命之是從哉？況乎有固吝之心而託之遺命以自飾也！秦殫天下之力以役驪山，窮奢戕民，洵無道矣。乃欲之者，嬴政之自縱其惡，非胡亥之矯父命以崇侈虐民也。且秦之毒民而以自亡，豈但驪山之役哉？

《檀弓》出於漢儒之雜記，有非聖人之言者矣。其曰：「葬也者，藏也，欲人之弗見之也，封樹云乎哉？」夫人不媿於天，不怨於人。死，天下知其死；葬，天下知其葬。懷其恩者過墓而欷歔，聞其風者望阡而愾想。即其不然，亦相忘於林巒之下，何所抱恨，何所含羞而託鼠穴以深匿，欲人之弗知之邪？如其負大惡、施大怨，死而人且甘心焉，則不封不樹，裒然平土，而操斸以椓之猶易易也。故以知《檀弓》之言非夫子之言也。

曾子曰：「人未有自致者，必也親喪乎？」士庶人有財而得爲，皆可致而無弗致也，況四海兆民之元后，父終母亡，終古止此一事，而爲天下吝乎？喪禮之見於《士喪》

❶「而」，邵陽曾氏抄本無此字。

者且如彼其慎以周矣，遣車抗木，茵翣明器，空中人之産，士貧且賤，猶且必供。以此推而上之至於天子，率萬國以送其親而迪民以歸厚，不可過也，而矧可不及邪？遺命雖嚴，在先君以自章其儉德，惟不朘削斯民致之死亡，而已善承先志矣。若挾此爲辭，吝財力以違可致之心，薄道取法於墨者，充塞仁義，其視委壑而聽狐蠅之嘬食也無幾，非不仁者，孰忍此哉？

唐德宗葬代宗於元陵，詔從優厚，而令狐峘曰：「遺詔務從儉薄，不當失顧命之意。」不仁哉，其言之乎！爲人子者當親存之日，無言不順，無志不養，没而無遺訓之不奉，姑置此言焉可也。他不具遵而唯薄葬之言爲必從，將誰欺也？邪説誣民若此類者，殆仁人之所必誅勿赦者與？

四　楊炎兩税基後世之賦役虐民

政莫善於簡，簡則易從，抑唯上不憚其詳而後下可簡也。始之立法者，悉取上下相需、大小常變之條緒而詳之，乃以定爲畫一而示民以簡，則允易從矣。若其後法敝而上令無恒，民以大困，乃苟且以救一時之弊，舍其本而即其末流之弊政約略而簡之，苟且之政，上與民亦暫便之矣。上利其取給之能捷，下利其期會之有定，稍以戢墨吏猾胥豪民之假借，民雖殫力以應而亦幸免於紛擾。於是天下翕然奉之，而創法者遂自謂立法之善，又惡知後之汎濫而愈趨於苛刻哉？

蓋後世賦役虐民之禍，楊炎兩税實爲之作俑矣。夫炎亦思唐初租庸調之成法，亦豈繁苛以困民於旬輸月送乎？自天寶喪亂以後，兵興不已，地割民凋，乃取僅存之田土户口，於租庸調之外横加賦斂，因事取辦而無恒，乃至升斗錙銖皆洒派於民，而暴吏乘之以科斂，實皆國計軍需，在租庸調立法之初已詳計而無不可給者也。舉天下之田畝户口以應軍國之用，而積餘者尚不可以數計。量其入以爲出，固不待因出而求入也。因出以求入，吏之姦、民之困遂浸淫而無所止。然一時喪亂之權計，有司亦乘時以破法而不敢以爲一定之規。民雖勞，且引領以望事之漸平，而輸正供者猶止於其數也。兩税之法乃取暫時法外之法收入於法之中，於是而權以應迫者皆以爲經。當其時，吏不能日進猾胥豪民而蹤指之，猾胥豪民不能日取下户樸民而苛責之，膏血耗而夢寢粗安，故民亦甚便也；非時非法之箕斂併於上而操全數以待用，官亦甚利也。乃業已爲定制矣，則兵息事已，國用已清，而已成之規不可復改。人但知兩税之爲正供，而不復知租庸調之中自餘經費，而此爲法外之征矣。既有盈餘，又止以供暴君之侈、汙吏之貪，更不能留以待非常之用，他日者變故興，國用迫，則又曰：「此兩税者正供也，非以應非常之需者也。」而横征又起矣。以此思之，則又何如因事加科，旬輸月送之無恒？上猶曰此一時不獲已之圖，不可久者也；民猶知租庸調之爲正供，而外之苛征，事已用饒，可以疾苦上聞，邀求蠲貸者也。唯據亂法以爲法，則其亂不已。嗚呼，苟且以圖一時之便利，則其禍生民亦至此哉！

兩税之法行之數百年，至宋而於庸外加役焉，役既重派於民，而作輟猶無定也。至成化中，而朱都御史英者又爲一條鞭之法，於夏秋税糧之外取濫派之雜徭編於正供，箕斂益精而漏卮愈潰。迨乎兵興用棘，則就條鞭之中裁減以輸京邊，而地方之經費不給，又取之民而莫能禁制。英且以法簡易從居德於天下，夫孰知其爲楊炎之續以貽害於無窮乎？

夫立法之簡者，唯明君哲相察民力之所堪與國計之必畜，早有以會其總於上。而瓜分縷別，舉有司之所待用者統受於司農。以天下之富自足以給天下之需，而不使群司分索於郡縣，則簡之道得矣。政已敝，民已疲，乃取非常之法，不恤其本而横亘以立制，其定也乃以亂也，其簡也乃以繁也。民咸死於苟且便利之一心，奚取於簡哉？楊炎以病民而利國，朱英以利民而害民，後之效之者則以戕民蠹國而自專其利，簡其可易言乎？炎不足誅，君子甚爲英惜焉。

五　論劉晏者不得以其理財爲小人

言治道者諱言財利，斥劉晏爲小人。晏之不得爲君子也自有在，以理財而斥之則倨驕浮薄之言，非君子之正論也。夫所惡於聚財者，以其殃民也。使國無恒畜而事起倉卒，危亡待命，不能坐受其斃，抑必横取無藝以迫民於死，其殃民又孰甚焉？故所惡於聚財之臣者，唯其殃民也，如不殃民而能應變以濟國用，民無横取無藝之苦，詎非爲功於天下哉？

晏之理財於兵興之日，非宇文融、王鉷、元載之額外苛求以困農也，察諸道之豐凶，豐則貴糴，凶則賤糶，使自有餘息以供國，而又以蠲免救助濟民之餒瘠，其所取盈者，姦商豪民之居贏與墨吏之妄濫而已。仁民也，非以殃民也。榷鹽之利得之姦商，非得之食鹽之民也；漕運之羨得之徒勞之費，非得之輸輓之民也。上不在官，下不在民，晏乃居中而有租庸不加，❶軍食以足。晏死兩年而括富商、增税錢、減陌錢、税閒架，重剥餘民之政興，晏爲小人則彼且爲君子乎？

抑考當日户口虚盈之數，而晏體國安民之心不可没矣。兵興以來户不過二百萬，晏任財賦之季年增户百萬，非晏所統者不增，夫豈晏有術以餌之，使鄰民以歸己邪？户口之耗非果盡死亡也，貪汙之吏舉百費而一責之農民，猾胥持權，以私利爲登耗，民不任其誅求，賄吏而自詭於逃亡死絶，猾胥鬻天子之民以充囊橐，偷窳之守令亦以户少易徵，免於催科不足之罰，而善匿者長子孫，據阡陌，徵徭不及，以爲法外之民，其著籍而重受荼毒，皆窮鄉愿樸者爾。户日耗，賦必日增，僅存之土著日斃於杖箠囚繫之下，此其所以增者百一而減者十三也。晏唯通有無、收鹽利、清輓兑以給軍用，而常賦有經以不濫，且所任以理租庸者一皆官箴在念之文士，而吏不得以持權。則彼民也既優游於奉公之不擾，自不樂受猾胥之脅索，抑安居晏寢，無漏逃受戮之隱憂，有田而租，有口而庸調，何憚而不爲版籍之良民以康乃身心邪？然則非晏所統而户不增者，非不增也，增於吏而不增於國也。晏得其樂於附籍之本情以杜姦胥之詭，使樂輸者無中侵之傷，故民心得而户口實。仁人君子所以體民而生聚者，亦此而已。豈乞靈於造物而使無夭札，遥呼於胡越而使受戎索哉？然則晏之於財賦，君子之用心也，不可以他行之瑕責之也。

❶「有」，原作「使」，今據邵陽曾氏抄本改。

六　劉晏榷鹽之法百王莫易

無利於國，無補於民，聽姦人之挾持，爲立法禁以驅役天下而桎梏之，是謂稗政。能知此者，可與定國家之大計矣。

劉晏庀軍國之用，未嘗有搜求苛斂於民，而以榷鹽爲主。鹽之爲利，其來舊矣。而法愈繁則財愈絀，民愈苦於淡食，私販者遂爲亂階，無他，聽姦商之邪説以擅利於己，而衆害叢集矣。官榷之，不能官賣之也；官賣之，而有抑配、有比較、有增價、有解耗，殃民已亟，則私販雖死而不懲。必也，官於出鹽之鄉，收積以鬻於商，而商之姦不雠矣。統此食鹽之地，統此歲辦之鹽，期於官無留鹽、商無守支、民無缺乏踊貴而止耳。官總而計之，自竈丁牢盆薪芻糧值之外，計所得者若干，足以裕國用而止耳。一入商人之舟車，其之東之西，或貴或賤，可勿問也，而姦商乃脅官以限地界。❶地界限，則姦商可以唯意低昂，居盈待乏而過索於民。民苦其貴而破界以市於他境，官抑受商之餌，爲之禁制，徽纆日纍於廷，掠奪日喧於野，民乃激而走鋌，❷於是結旅操兵，相抗相殺，而盜賊以起。元末泰州之禍亦孔烈矣。若此者，於國無錙銖之利，君與有司受姦商之羈豢以毒民而激之亂，制法之愚莫甚於此而相沿不革，何也？朝廷欲鹽之速雠，不得其術，而墨吏貪姦商之賄，爲施網罟以恣其射利之壟斷。民窮國亂，皆所弗恤也。

晏知之矣，省官以省掣查支放之煩，則

❶ 此句旁邵陽曾氏抄本有「千古積弊」四小字。
❷ 「鋌」，原作「挺」，今據邵陽曾氏抄本改。

商既不病，一委之商而任其所往，商亦未嘗無利也。相所缺而趨之，捷者獲焉，鈍者自咎其拙，莫能怨也。而私販之刑不設，争盜抑無緣以起。其在民也，此方挾乏以增價而彼已至，又唯恐其讎之不先，則踊貴之害亦除。守此以行，雖百王不能易也。晏決策行之而後世猶限地界以徇姦商，不亦愚乎？

持其大綱，疏其節目，爲政之上術也。統此一王之天下，官有煮海之饒，民獲流通之利，片言而決耳。善持大計者豈有不測之術哉？得其要而姦不能欺。千載莫察焉，亦可歎已！

七　天下復亂非由不許李惟岳嗣位

德宗不許李惟岳之嗣位而亂起，延及數年，身幾危，國幾亡，天下鼎沸，是豈可謂德宗之宜聽其嗣，使假我之爵位，據我之土地甲兵以抗我哉？而不許之，則又兵連禍結而不解。論者至此而議已窮，謂不先其本而急圖其末，是已。顧處此迫不及待之勢，許不許兩言而判，徒追咎於既往而無以應倉卒，是亦塵羹土飰之言耳。

粤自田承嗣等勢窮而降，罪可誅，功無可録，授以土地甲兵者，僕固懷恩姦矯上命而擅予之也。起家無賴之健兒，爲賊已蹙，偷竊土壤，乃欲效古諸侯之世及，延其福祚，其愚而狂以自取滅亡也，本可折箠以收之者也。寶臣先死，惟岳首爲難端，闇弱無能，而張孝忠、王武俊又與離心而伏戈相擬，則首抑之以懲李正己、田悦、梁崇義於未發也，誠不可不決之一旦者矣。不許而四凶表裏以佐亂，癰之必潰，養之奚可哉？曾未逾年，而田悦大衄，李納勢蹙，惟岳之首縣於北闕，天下亦且定矣。悦與納株守一軍，無難坐待其斃。然則惟岳之叛不足以爲唐社稷病，而德宗之不許，事雖勞而固有功矣。天下復亂，固非不許惟岳之所致也。

謂殺劉晏而群叛懷疑以競起者，非也。晏自不當殺耳，不殺晏而河北能戢志以聽命乎？誰其信之？不殺來瑱而僕固懷恩固反，不殺劉晏而河北固叛，賊指爲名以激衆怨耳，實則了不相及之勢也。抑欲天子不敢殺一人以媚天下而取容乎？惟岳既誅，成德已平，而處置朱滔、王武俊者乖方以致亂，則誠過已。雖然，滔、武俊之志猶之乎承嗣、寶臣也，平一賊而進一賊，又豈易言哉？嗚呼，蓋至是而所以處此者誠難，論者設身處此，又將何以處之與？

且德宗之初政，猶勵精以求治，盧杞初升，其姦未逞，固本治内，即不逮漢光武、唐太宗之威德，亦可無咎於天下。以此言之，癰久必潰，河壅必決，代宗以來養成大患，授之德宗，誠有無可如何者。固非天數之必然，亦人事漸漬之下游成乎難挽，豈一事之失宜所猝致哉？

乃若德宗之不能定亂而反益亂者，則有在焉。當時所冒昧狂逞以思亂者數人耳，又皆紈袴子弟與夫偏裨小將無能爲者也。若環海内外戴九葉天子以不忘，且英明之譽早播於遠近，賊之宗黨如田庭玠、邵真、谷從政、李洧、田昂、劉怦，下至幽燕數萬之衆，無欲叛者，德宗誠知天下之不足深憂，則群逆之黨固可静待其消。而德宗不能也，周視天下，自朝廷以至於四方，無一非可疑者。樹欲静而撼之，波欲澄而抇之。❶ 疥癬在四末，而鍼石施於膏肓；可談笑以收功，必震驚以召侮。愈

❶「抇」，邵陽曾氏抄本作「拍」。

疑愈起，愈起愈疑，乃至空腹心之衛以争勝於東方。憂已深，慮已亟，禍愈速而敗愈烈。梁州之奔，斯致之有繇而非无妄之災矣。

蓋河北之勢不能不亂者，代宗積壞之下游也，而於德宗則爲偶起之波濤。事窮而變，變則有通之幾焉。田承嗣、李寶臣、李正己、朱希彩之毒大潰而且竭矣，其潰也正其所以痊也。嗚呼！能知苟安之必爲後患，禍發之可待消亡。守順逆之經，居高乘權，因窮變通久之時，無震動懾悚之惑，而後天下静於一人之心。一發不效，惴惴焉迫爲改圖，「載鬼一車」而「弧張不説」，庸人之識量，所爲自貽伊慼者，唯此而已矣。

八　諸叛窮蹙乞降授以節鉞

劉盆子請降，光武曰：「待以不死耳。」大哉，言乎！理正而法明，量弘而志定，無苟且求安之情，則威信伸而亂賊之膽已戢，天下之寧也必矣。《詩》云：「我徂惟求定。」定者非一旦之定也。志惟求定，未定而不以爲憂，將定而不以爲喜。所以求之者，持之心者定也。

史朝義窮蹙東走，官軍追敗之於衛州，而薛嵩、李寶臣降；再敗於莫州，窮蹙無歸，而田承嗣降；獨與數百騎北奔塞外，而李懷僊殺之以降。馬燧、李抱真、李晟大敗田悦於臨洺，梁崇義俘斬於襄陽，李惟岳援孤將潰而張孝忠降；馬燧等大破田悦於洹水，朱滔、張孝忠攻拔束鹿，惟岳燒營以遁，而王武俊殺惟岳以降。凡此皆梟雄狡獪，爲賊爪牙以成其亂者，火熸水平則賣主以圖僥倖，使即不降，而欲燼之灰、欲澄之浪終不足以復興。且其反面無親，旦君夕虜，憯焉絶其不忍之心者，允爲亂人，非一挫可消其狂猘。以視赤眉盆子，其惡尤甚，而既俯首待命，則制之也尤便。待以不死而薄給以散秩微禄，置之四裔，則禍於此而訖矣。官軍將士血戰以摧彊寇，功未及録，而窮乃投懷之鷙獸寵以節鉞，授以土疆。義士心灰，狂徒得志，無惑乎效忠者鮮而犯順者日滋也。

語有之曰「受降難於受敵」，而非此之謂也。兩國相距，勢埒力均，乍然投分，誠僞難知，則信難矣。以天下之全力，奉天子之威，討逆臣而蹙之死地，得生爲幸，雖僞何爲？操生死榮辱之權於吾腕掌，夫何難哉？夫光武初定雒陽，寇盜林立，統孤軍以遏歸寇之衝，則誠難耳。而一言折盆子之覬覦，易且如彼，況朝義、惟岳焚林之浮焰已滅，天下更無餘爝乎？

惡已滔天而戮其身，固非不仁也。且使以不死待之，而劉盆子終老於漢，固可貸其生命，則其爲恩也亦厚矣，非若白起、項羽坑殺之慘也。乃唐之君臣迫於亂之苟定，一聞瓦解，驚喜失措，納蠭蠆於懷中，其愚也足以亡國，不亡者幸爾。朱温叛黄巢以歸而終篡唐，郭藥師叛契丹以來而終滅宋。代、德之世，唐猶彊盛，是以得免於亡，然其浸以亂而終亡於降賊，於此始之矣。寵薛嵩等以分土者，僕固懷恩之姦也；君與大臣聽之者，其偷也。孝忠、武俊則德宗自假之威而又猜忌以裁抑之，馬燧等不能與賊爭功，尚何能奪其寵命哉？

九　德宗空國以與希烈争

君闇相佞，天下有亂人而無姦雄，則亂必起，民受其毒，而國固可不亡；君闇相姦，有姦雄以芟夷亂人，而後國之亡也不可復支。漢唐之亡，皆姦相移政而姦雄假名義以中立，伺天下之亂，不輕動而持其後，是以其亡決矣。

田悅、李納、李惟岳、朱滔，皆狂騃躁妄、自取誅夷者也，雖相煽以起，其能如唐何邪？又況李希烈、朱泚之狂愚已甚者乎？希烈之鎮淮寧，獵得旌節，非能如河北之久從安史，豢養梟雄，修城繕備之已夙。梁崇義脆弱無難平者，幸而有功，固不足以予雄。淮寧處四戰之地，東有曹王皐，西有哥舒曜，北有馬燧、李抱真、張孝忠、李懷光雲屯之旅，希烈憯無所畏，據彈丸之地，橫骾其中而稱帝，擬之袁術而又非其時也。朱泚兵權已解，與朱滔縣絶一方，旁無可恃之黨，乘無主之亂兵，一旦而遽登天位，保長安片土，爲燕雀之堂，以視桓玄，百不及一也。此二豎者，白晝而攫市金，直不足以當姦雄之一笑。自非李元平、源休、張光晟輩之愍不畏死，誰則從之？盧杞邪矣，而挾偏私以自怙，然未嘗如郗慮、崔胤之與賊交謀也。以此言之，德宗能持以鄭重，而不括民財，空扈衛以争旦夕之功於外，此豎子者惡足以逞哉？

夫群賊之中狡黠而知忖者，王武俊耳。擒惟岳，反朱滔，皆其籌利害之已夙而能留餘地以自處者也。天子不恃以爲依，宰相不結以爲黨，抑有李晟、馬燧力敵勢均而懷忠正以扼之，故其技止此而不足以逞其邪心。不然，進而倚之以立功，則桓玄平而劉裕篡，黄巢馘而朱温逆，不知武俊之所止矣。

夫戡亂之主、拯危之將相，慮患不可不密也，尤不可無鎮定之量以謹持其所不必防。李抱真得武俊之要領而示之以誠，李晟蔑視懷光之反而安據渭橋，不爲妄動，皆能忍暴集之奔湍，堅以俟其歸壑者也。有臣如此，賊不足平矣。德宗之召亂也，視希烈之惡已重，而捐社稷之衛爲孤注以與争也。田悦、李納、武俊皆降，而希烈稱帝，奄奄日就於斃，何足以煩空國之師乎？可以知已亂之大略矣。

十　顔魯公責盧杞以孝

人而不仁，所最惡聞者，忠孝之言，而孝爲甚。君子率其性之誠然而與言，則必逢其怒；加之以欷歔垂涕、行道酸心之語，而怒愈不可攖矣。陳天彝之言於至不仁者之前，勿論其怒與否也，不可與言而與言，先失言矣。

顔魯公謂盧杞曰：「先中丞傳首至平原，真卿以舌舐其面血，公忍不相容乎？」近世高邑趙冢宰以魏廣微叔事逆奄而歎曰：「崑溟無子。」魯公陷死於賊中，冢宰没身於遠戍，取禍之繇，皆君子之過也。

雖爲小人而猶知有父，猶知其父之忠清而恥貽之辱，則與父所同志者雖異趣殊情，而必不忍相忮害，此不待人言而自動於心。蓋牿亡之餘，夜氣猶存，不能泯没者也。既不自知矣，知之而且以其父爲戒矣，則忠臣孝子固其不必有怨，而挾蠆以唯恐不傷者也。蔡京，小人耳，使京而爲君子，蔡攸豈但執手診視、迫其病免已乎？故夫子之責宰予，待其出而斥其不仁，弗與盡言也。使以三年之懷面折其逆心，震喪其貝，而彼且躋於高陵，與於不仁之甚矣。君子於此，知其人理之已盡，置之而勿與言也。漠然若蘧蠆之過前，不問其誰氏之子也。權在則誅殛之，權不在則遠引以避之，如二胡之於秦檜，斯得矣。盧奕、魏允成之生豺虺，腹悲焉可也。

十一　樊系死名節已虧之後

樊系受朱泚之僞命，爲譔册文，乃仰藥而死。其愚甚，其汙不可浣，自度必死而死於名節已虧之後，人所怪也。嗚呼，人之能不爲系者，蓋亦鮮矣！以爲從賊譔册，法所不赦，光復之後必罹刑戮，懼而死者，未盡然也。待至光復議法之日，止於死耳，螻蛄之春秋且苟延以姑待，亦庸人所必不能引決者，則系之死實以自顧懷慚，天彝之未盡忘者也。

乃既慚而有死之心矣而必自玷以兩虧者，其故有三，苟非持志秉義以作其氣，三者之情，中人以下之所恒有，而何怪於系焉：懷疑而有所待，一也；氣不勝而受熏灼以不自持，二也；妻子相縈而不能制，三也。泚之僭逆出於倉卒，所與爲黨者，姚令言一軍耳。在廷之臣固有勸泚迎駕者，不徒段司農也。系於此不慮泚之必逆而姑俟之，一旦僞命見加，册文見委，驚惶而迫無以應，退而後念名義之已虧而憤以死也。此無他，其立朝之日茫然於貞邪之辨，故識不早而造次多疑也。

迨乎僞命及身，册文相責，斯時也，令言之威已張，源休、蔣鎮、張光晟、李忠臣實繁有徒，出入烜赫於系左右，誇之以榮，怖之以禍，揮霍談笑，天日爲迷。系於此時，心知其逆而氣爲所奪，口呿目眩，不能與之爭勝，雜遝憑陵，弗能拒也，魂揺神蕩，四顧而無可避之方，伸紙濡毫，亦不復知爲己作矣。此無他，立義無素，狎小人而爲其所侮，乍欲奮志以抗凶鋒，直足當凶人之一笑。義非一旦之可襲，鋒稜不樹者欲振起而不能，有含羞以死而已矣。

當德宗出奔之際，姜公輔諸人皆宵馳隨蹕，李晟在北，家固居於長安，弗能恤也，系徒留而不能去。既而陷身賊中矣，段司農、劉海賓擊賊而死，一時百僚震慴，固可想見。而婦人孺子牽裾垂涕，相勸以瓦全，固有不忍見聞者。系濡遲顧恤，以譔册保全其家，以一死自謝其咎，蓋無如此呴呴囁囁者何也。

嗚呼，至於此而中人以下之能引決者，百不得一矣！捐身以全家，有時焉或可也，郭汾陽之斥郭晞而自入回紇軍中是也。捐名義以全妻子，則無有可焉者也。身全節全而妻子勿恤，顧其所全之大小以爲擇義之精而要不失爲志士；身死節喪而唯妻子之是徇，則生人之理亡矣。此亦有故，素所表正於家者無本，則狎昵嚅唲、敗亂人之志氣以相牽曳也。夫若是，豈易言哉？怪系之所爲者，吾且恐其不能爲系。即偷免於他日，亦幸而爲王維、鄭虔以貽辱於萬世已耳。段司農自結髮從軍以來，其光昭之大節，在軍中而軍中重，在朝廷而朝廷重，夫豈一旦一夕之能然哉？

十二　德宗好與人違盧杞以孤立讎姦

姦佞之惑人主也，類以聲色狗馬嬉遊相導而掣曳之，以從其所欲，不則結宮闈之寵、宦寺之援爲内主以移君之志。唯盧杞不然。蠱惑之具一無所進，婦寺之交一無所附，孤恃其機巧辯言以與物相枝距，而德宗眷倚如此其篤。至於保朱泚以百口而泚旋反，命靈武、鹽夏、渭北援兵勿出乾陵而諸軍潰敗，拒李懷光之入見而懷光速叛：言發禍隨，捷如桴鼓，而事愈敗，德宗之聽之也愈堅。及乎公論不容，弗獲已以謫之，而猶依依然其不忍舍。杞何以得此於德宗邪？德宗謂「人言杞姦邪，朕殊不覺」者，亦以其無勸淫導侈之事，無宦官宮妾之援也。夫杞豈不欲爲此哉？德宗之於嗜欲也輕，而宮中無韋后、楊妃之寵，禁門無元振、朝恩之權也。

德宗之所以求治而反亂，求親賢而反保姦者，無他好與人相違而已。樂違人者決於從人。一有所從，雷霆不能震，魁斗不能移矣。杞知此而言無不與人相違也。其保朱泚也，非與泚有香火而爲賊閒也，衆言泚反則曰不反而已矣。其令援軍勿出乾陵也，非於諸將有隙而陷之死地也，渾瑊言漠谷之危則曰不危而已矣。故顏魯公涕泣言情而益其怒，李揆以天子所恤而必驅之行：人所謂然則必否之，人所謂非則必是之。於是德宗周爰四顧，求一力矯衆論如杞者而不可得。志相孚也，氣相協也，孰有能閒之者？蓋德宗亦猶杞而已。已偏任之，衆力攻之；衆愈攻之，已益任之。其終不以杞爲姦邪者，抑豈別有所私於杞哉？嚮令舉朝譽杞，而杞不足以容矣。故姦邪必有黨，而杞無黨也。挾持以固寵於上者，正以孤立無援，信爲忠貞之敻絶耳。

夫人之惡，未有甚於力與人相拂者也。王安石學博思深，持己之清，尤非杞所可望其肩背。乃可人之否，否人之可，上不畏天，下不畏人，取全盛之天下而毀裂之。可畏哉，孤行己意者之惡滔天而不戢也！鯀以婞直而必殛，夫豈有貪惏媕婀之爲乎？

十三　德宗不亡天下非僅由罪己一詔

德宗之初，天下鼎沸，河北連兵以叛，李希烈橫亘於中，朱泚内逼，天子匿於褒、漢，李楚琳復斷其右臂，韓滉收拾江東以觀成敗，其有必亡之勢者十九矣。李晟、馬燧以孤軍援之，非能操全勝之勢。而罪己之詔一下，天下翕然想望清謐。陸敬輿之移主心以作士氣、存國脈者，功固偉矣。然所以言出而效隨者，繇來有二，不然，則漢之將亡亦有忠靖之臣，宋之將亡亦下哀痛之詔，而何以訖於不救邪？

其一則德宗之爲君也，躁愎猜忌以離臣工之心，而固無奢淫慘虐之暴行以失其民，故亂者自亂，德宗固居然四海之瞻依也。倉皇北出，而段司農追韓旻以返，得安驅以入奉天。趙昇鸞劫駕之謀尤亟矣，渾瑊一洩其謀，復得徐行以入梁州。天下知吾君之尚在，故罪己詔下，咸翹首以望蕩平，河北群逆亦知唐室之必興而有所歸命。皆乘輿無恙足以維繫之也。嚮令帝之出也不速或爲逆賊所害，則如梁氏父子死於侯景之手而梁速熸；或爲逆賊所劫，則如漢獻困於董卓，辱於李傕、郭汜，而漢遂夷。唐於是時，無宗藩之可倚，如琅邪之在江東；無儲貳之可扶，如肅宗之在靈武。敬輿將何託以效忠？天下無主可依則戴賊以安，亦必然之勢矣。唯唐之君臣不倡死社稷之邪說，沮捲土重來之計，故維繫人心者亦不僅在慷慨淋漓之一詔也。

其一則惑德宗以致亂者盧杞也，敬輿與杞忠佞不兩立，而其奔赴行在也與杞同至。當是時，敬輿所欲除帝根本之蠹以滌舊惡者，莫杞若也；杞所深知，危言切論雖未斥訟其姦而必將逐己者，唯敬輿也。顏真卿、李揆、崔寧，杞皆先發而制之矣，唯敬輿以患難同奔之侶，迫不及排，而氣焰丰采、直辭正色非杞之可投閒以相攻。乃猶不僅此也，凡姦臣知不容於正士而反噬無已，雖見迸逐，猶將僨起者，唯其有黨也。故蔡京誤國已有明徵，而靖康之初，小人猶沮抑君子以不得伸其忠悃。杞則執拗專横之性不與人相親而唯與人相忮，恃君之寵如山嶽而視百僚如培塿，雖引裴延齡、白志貞以與同污而未嘗以天子之爵禄市恩餌衆。故敬輿一受上知，杞旋放黜，而在廷在外，舉倚敬輿以求安，無有暗護杞以沮撓敬輿者。德宗偏聽之性一移，而中外翕然不然。宋室垂亡而王倫、陳宜中之黨猶沮文信國之謀，吾未見敬輿之得行其志以歷數德宗之失，暢言之而無所撓也。

是故天下無君，則後立之君必不固；小人有黨，則君子之志必不行。非此二者，則人心不搖，廷議不亂，内靖而外不離，叛寇之起縱如亂絲，亦有緒而無難理矣。人臣而知，則勿爲李綱之詖辭，陷其主以寒天下之心；人君而知，則勿任結黨之小人塞君子以效忠之路。存亡之樞決於毫髮，蓋可忽乎哉？

十四　陸敬輿修辭立誠再安唐室

《詩》云：「辭之輯矣，民之洽矣。辭之懌矣，民之莫矣。」輯云者，合集事理之始終，序次應違之本末，無有偏伸、無有偏屈，詳析而得其要歸也。如是則物無不以類辨，事無不以緒成，而智愚賢不肖之情皆沁入而相感，故曰「民之洽」也。懌云者，推於其心之所以然，極於其事之所必至，宛轉以赴其曲，開朗以啓其迷，雖錮蔽之已深，而善入其中則自悦，雖危言以相戒，而令其易改則自從。如是則君與臣不相抗，智與愚不相拒，意消氣静，樂受以無疑，故曰「民之莫」也。如是者無他道焉，辭不以意興，意不以氣激，盡其心以達人之心，誠而已矣。故《易》曰：「修辭立其誠。」誠立而後辭可修，抑必辭修而後誠乃立。不然，積忠悃於咽膈，輪囷猝發，浮動而不本於心，甚則反激以召禍而不莫，不然亦悠悠聽之而固不洽也。辭之爲用，大矣哉！

今有説於此，其爲理之必然明矣，見爲是而毅然決之曰是，其所以是者未之詳也，其疑於非而必是者未之辨也，則人亦挾其所是者以相抗矣；見爲非而憤然斥之曰非，其所以非者未能摘也，其疑於是而固非者莫能詰也，則人亦報我以非而相折矣。是與非立於未事之先，未有定也；觀於已事之後而非者非，是者亦難全其是也。恃氣以言之，一言以斷之，無體驗成熟之實而出之也厲，父不能得之於子，師不能得之於弟子，而況君臣之際乎？故修辭而足以感人之誠者，古今不易得也。非陸敬輿，其能與於斯哉？今取其上言於德宗者而熟繹之：推之使遠，引之使近，達之以其情，導之以其緒，曲折以盡其波瀾而徑捷以御之坦道，擴其所憂，暢其所鬱，排宕之以盡其變，翕合之以歸於一，合乎往古之經而於今允協，究極於中藏之密而於事皆徵，其於辭也，無閒然矣。貞元以後棼亂之宇宙、孤危之社稷、涣散之人心、彊悍之戾氣，消融蕩滌，而唐室爲之再安，皆敬輿悟主之功也。故曰：辭之爲用大矣哉！

前乎此者，董仲舒正而浮，賈誼奇而偏，魏徵切而俗，莫能匹也；後乎此者，蘇軾辯而詭，真德秀詳而迂，莫能及也。不主故常而不流，不修藻采而不鄙，六經逖矣，巵言日進，欲以辭立誠而匡主安民、撥亂反正，三代以下，一人而已矣。

十五　盜賊以利餌衆

亂與治相承，恒百餘年而始定，而樞機之發繫於一言，曰利而已。盜賊之與夷狄亦何以異於人哉？志於利，而以動人者唯利也。

唐自安史以後，稱亂者相繼而起，至於德宗之世而人亦厭之矣。故田悅、李惟岳、朱滔、李懷光之叛，將吏士卒皆有不願從逆之情，抗凶豎而思受王命。然而卒爲所驅使者，以利啗之而衆暫食其餌也。田緒殺田悅，慮將士之不容，乃登城大呼，許緡錢千萬，而三軍屏息以聽。李懷光欲奔據河東，衆皆不順，而許以東方諸縣聽其俘掠，於是席捲渡河。嗣是以後，凡據軍府、結衆心以擅命者，皆用此術而蠱衆以逞志。嗚呼，此以利貿片時之歡者，豈足以窺非望而成乎割據哉？以此爲藏身之固，利盡人離，旋以自滅，蓋亦盜賊之算而已矣。

老子曰：「樂與餌，過客止。」夫君子豈不知人情之且然哉？乃得天下而不爲，身可死國可亡，而必不以此訢合於愚賤之心者，則所以定天下之志而安其位也。以利動天下而天下動，動而不可復止，有涯之金粟不足以填無涯之谿壑，故唐之亂也無已期。利在此而此爲主矣，利在彼而彼爲主矣。鬻權賣爵之柄，天子操之，且足以亂；庶人操之，則立乎其上者之岌岌何如也？天子聽命於藩鎮，藩鎮聽命於將士，迄於五代，天子且以賄得，延及宋而未息，郊祀無名之賞，幾空帑藏，舉天下以出没生死於錢刀。嗚呼！利之亡國敗家也，盜賊一倡其術，而無不效之尤也，則亂何繇已也，而其愚已甚矣！

盜賊散利以餌人，夷狄聚利以制人，皆利乘權以制生人之命也。誰生厲階，意者其天乎！抑亦宇文融、王鉷、楊慎矜、楊炎之徒導其源邪？是故先王賤利以納民於名義，節其情，正其性，非計近功者所能測。而孟子三斥梁王，杜簒弑奪攘之萌，其功信不在禹下也。

十六　以爵代賞適以長亂

漢有推恩之詔，則賜民爵，不知當時天下何以位置此盈廷盈野之有爵者也。或者承三代之餘，方五十里之小國，卿大夫士亦林立於比閭之中，民之無爵者遂不得比數於人類，漢亦聊以此謝其觖望邪？無禄之爵、無位之官浮寄於君子野人之閒而天下不亂者，未之有也。

德宗蒙塵梁、漢，國儲已空，賞無可行，以爵代賞，陸敬輿曰：「所謂假虛名以佐實利者也。」夫爵而僅以佐利之窮，名而詭於虛以誘人之悦，天子尚誰與守官，而民志亦奚以定乎？且夫唐之所以自喪其柄而亂生不已者，何邪？輕虛名以召實禍也。一降賊而平章矣、御史大夫矣，其去天子直尋丈之閒耳。李惟岳之求節鉞，德宗固曰：「賊本無資，假我位號以聚衆耳。」是明知爵命之適以長亂矣。時蹙勢窮，不得已而又用之，則人主之能操魁柄以制四方者，誠難矣哉！

獻瓜果之民賜以試官，敬輿以爲不可，

誠不可矣。要其實，豈但獻瓜果者乎？奏小功小效於軍中而驟予以崇階，使與功臣能吏相齒以進，下傲上，賤妨貴，以一日之微勞掩生平之大節，甚則伶人厮養陵乘清流積閥之閒，又惡足以勸忠而鼓士氣哉？敬輿此論猶爭於其末而遺其本也。賊以利啗，我以名餌，術相若矣；利實名虛，勢不敵矣。夫亦恃唐祚未窮，而朱滔、李懷光皆猥陋，人無固志耳。不然，是術也允足以亡矣。

慎重其賞，則一縑亦足以明恩，一級固足以昭貴。如其汜濫無紀，人亦何用此告身以博酒食邪？故當多事之秋，倍重名器之予，非吝也。禄以隨爵，位以隨官，則效節戮力以拔自寒微、登於顯秩者，無近功而有大利，固無患人之不勸也。德宗始於吝而終於濫，中無主而一發遂不能收，敬輿欲挽之而不能邪，抑其謀之未足以及此邪？爵冗名賤，欲望天下之安，必不可得之數也。

十七　陸敬輿言役智彌精失道彌遠

奚以知其爲大智哉？爲人所欺者是已；奚以知其能大治哉？不憂人之亂我者是已。故堯任伯鯀，而聖不可知；子産信校人，而智不可及。蓋其審乎理亂安危得失之大綱，求成吾事、求濟吾功、求全吾德焉而止，其他是非利害百説雜進於前，且姑聽之。必不可者我既不爲之移矣，彼小人之情，有愚而不知者焉，有躁而不審者焉，有隨時傾動而無適守者焉，有規小利而覬幸得之者焉，凡此皆不足以撓我之大猷，傷我之經德。無論其得與不得，情識有涯而善敗亦小，欣然笑聽以徐俟其所終，即令其姦私讎而事有妨，要亦於我無傷，而惡用窮之哉？所欺者小，竊吾之霑濡而止，校人之詐僅食一魚也；所欺者大，自有法以議其後，禹不能爲鯀庇也。持大法，捐小利，以聽小人之或徼薄福而或即大刑；志不撓，神不驚，吾之所以敕幾於理亂安危得失者如日月之中天，不驅雲以自照也。智者知此，而其智大矣，以治天下，罔不治矣。

德宗言自山北來者，張皇賊勢，頗似窺覘。陸敬輿曰：「役智彌精，失道彌遠。」智哉，言乎！夫張皇者之情大要可見矣：愚而驚躁而懼，隨時傾動而道聽塗説，其言不足信，其情可矜也。吾之彊弱在人耳目之閒，何必窺覘而始悉？吾所欲爲者，大義在討賊而無所隱，進止之機在俄頃而必不輕示初至之人。即使其爲窺覘邪，亦何足以爲吾之大患？且將情窮迹露，自趣於死，而奚容早爲防制哉？敬輿之説非徒爲闊略之語以誇識量也，取天下之情僞而極之，誠無所用其彌縫之精核矣。

十八　德宗謂姜公輔指朕過以求名

名者，實之所自薄也，故好名爲士之大戒。抑聞之曰：「三代以下，唯恐不好名。」斯亦非無謂之言，蓋爲人君取士、勸獎天下於君子之途而言也。士以誠自盡而遠乎名，則念深而義固；上以誠責下而忌其名，則情睽而恥刓。故名者亦人治之大者也。因義而立，謂之名義；有節而不可踰，謂之名節。人君之求於士者，節義而已。

名固有相因而起者矣，皋、夔、逢、比，皆名之可慕者也。惟所好在名，則非必皋、夔而必爲皋、夔之言，彼固不足爲皋、夔，而君可與於堯、舜矣。非必逢、比而必爲逢、比之言，彼固不足爲逢、比，而君可免於桀、紂矣。夫導君以侈，引君以貪，長君之暴，增君之淫，讎害君子而固結小人，取怨兆民而邀歡戚宦，亦何求而不得？所不得者名耳。則好名者所畏忌而不欲以身試者也。於名而不好，則好必有所移。榮寵，其好矣；利祿，其好矣；全身保妻子，其好矣。人君而惡好名，將謂此仳仳有屋、蔌蔌有穀、享厚實之小人爲誠樸無飾，而登進之乎？

夫所言非道，不足以爲名；君未有過，不足以爲名；時未有危，不足以爲名。取善言而效之，乘君瑕而攻之，知時危而先言之，既而其言驗矣，天下相與傳誦之，然後忠直先識之名歸焉。夫士苟非自好之有素、憂國之有誠，但以名之所在，不恤惡怒、不避罪罟而力争於廷，誠爲臣之末節而君子之所恥爲。然其益於人主也，則亦大矣。忠信誠慤，端静和平，格心非而略人政，以遠名而崇實者，閒世而一遇，如有其人，固宅揆亮工、託孤寄命之選也。諫省部寺以降，有官守言職者，豈必盡得此而庸之乎？則汲汲焉求好名之士，唯恐不得。而加之罪名曰「沽直好名」，安得此亡國之語哉？

德宗惡姜公輔之諫，謂其指朕過以求名。誠指過以求名，何惜不予之名而因自懲其過乎？陸敬輿曰：「掩己過而過彌著，損彼名而名益彰。」所以平愎諫者之浮氣也，實不盡然也。予士以名，則上收其實也。

十九　陸敬輿以吐蕃歸國爲慶

德宗之闇也，舍李晟、渾瑊不信而信吐蕃也。吐蕃歸國，陸敬輿以爲慶快，其識卓矣！借兵於夷以平寇，賊闌入而掠我人民，乘閒而窺我社稷，二者之害易知也。愚者且爲之辭曰：「掠奪雖弗能禁，然忍小害以除大患，亦一時之權計也。」若夫乘閒吞滅之害，則或輕信其不然而究亦未必盡然，愚暗者且以香火要之矣。故二者之害易知，而愚者猶有辭以争。若夫其徒勞而祇以弛我三軍之氣，驕我將帥之心，旋以僨敗，則情勢之必然，不必其滅我掠我而禍在眉睫，猶弗見也。古今之以此致覆軍殺將失地之害者不一矣，豈難知哉？

夫我有危亡之憂，而借人之力以相援，邢、衛且不能得之於齊桓，而況夷乎？兩軍相當，鋒矢相及，一死一生，以力相敵，以智相距，以氣相淩，將不能自保，兵不能求全，天下之至凶至危者也，豈有人焉唯他人之是恤，而君忘其敗、將忘其死以致命於原野哉？孫臏之爲趙敗魏，自欲報魏也；項羽之爲趙破秦，自欲滅秦也。不然，則君欲之而將不欲，將即欲之，三軍之士必嗤其强以肝腦殉人而固不聽也。故吴結蜀以爲援，蜀待吴以交起，而俱滅於魏。諸葛誕、王淩、毋丘儉倚吴而斃於孤城，竇建德不揣以奔赴王世充之難，軍心不固而身爲俘虜。恃人與爲人所恃者之成敗，概可見矣。

兩軍相距，乞援於外而外亟應之者，大抵師鄧析教訟之智，兩敵恒輕而己居其重，其所援者特未定也。此以情告，彼亦以情告，此以利餌，彼亦以利餌，兩情俱可得，兩利俱可收，相其勝者而畸與之，夫豈有抑彼伸此之情哉？斂兵旁睨，於勝者居功，於敗者亦可無怨，翱翔於其閒，得厚實以旋歸，弱者之敗自不瘳也。藉令無爲之援者無所恃以生玩敵之心，而量力以自奮，亦何至狂起無擇，以覆師失地於一朝哉？

故凡待援於人者，類爲人所持以自斃，況夷狄之唯利是趨，不可以理感情合者乎？宇文、高氏之用突厥也，交受其制而不得其一矢之力，其明驗已。回紇之爲唐討安史也，安慶緒、史懷義之愚不能反用回紇以敝唐也。德宗乃欲效之以用吐蕃，朱泚狡而據充盈之府庫，我能與争媚狡夷，使必親我乎？吐蕃去，軍心固，將任專，大功必成，敬輿知之審矣。古人成敗之已迹著於史册，愚若王化貞者尚弗之省，而以爲祕計？天奪妄人之魄以禍人國，亦至此哉？

二十　敬輿不條陳進取規畫戒德宗以中制

德宗以進取規畫謀之陸敬輿，而敬輿無所條奏，唯戒德宗之中制，俾將帥之智勇得伸以集大功。其言曰：「鋒鏑交於原野而決策於九重之中，機會變於斯須而定計於千里之外，上掣其肘，下不死綏。」至哉言乎！要非敬輿之創説也。古者命將推轂之言曰：「閫以外，將軍制之。」非帝王制勝之定法乎？而後世人主遥制進止之機以取覆敗，則唯其中無持守而辯言亂政之妄人惑之斯惑也。

惑之者多端，而莫甚於宦寺。宦寺者膽劣而氣浮，以肥甘紈繡與輕佻之武人臭味相得，故輒敢以知兵自命。其欲進也如游魚，其欲退也如驚鹿。大言炎炎，危言惻惻，足以動人主之聽。人主習聞之，因以自詫曰：「吾亦知兵矣。」此禍本也。既已於韜鈐之猥説略有所聞矣，又以孤立於上、兵授於人而生其猜防。弗能自決也，進喋喋仡仡之士屑屑以商之，慎重而樸誠者弗能合也，於是有甫離帖括，乍讀孫吴者即以其章句聲韻之小慧，爲尊俎折衝之奇謀。見荷戈者而即信爲兵也，見一呼一號一跳一擊者而即詡爲勇也。圖畫之山川，管窺之玄象，古人偶一試用之機巧而寶爲神祕。以其雕蟲之才、炙轂之口，言之而成章，推之而成理，乃以誚元戎宿將之怯而寡謀也，競起攘袂而争之。猜闇之君一入其彀中，遂以非斥名帥，❶而亟用其説以遥相迫責。軍已覆，國已危，彼瑣瑣云云之子功罪不及，悠然事外。彼固以人國爲嬉者，而奈何授之以嬉也？庸主陋相以寡識而多疑者古今相襲而不悟，嗚呼，亦可爲大哀也已！

一彼一此者，死生之命也；一進一退者，反覆之機也；一屈一伸者，相乘之氣也。運以心，警以目，度以勢，乘以時。矢石雹集，金鼓震耳之下，蹀血以趨而無容出諸口者，此豈揮箑擁罏於高軒邃室者所得與哉？以敬輿之博識鴻才，豈不可出片語以贊李晟、渾瑊之不逮，而杜口忘言，唯教其君以專任。而白面書生不及敬輿之百一，乃敢以談兵惑主聽，勿誅焉足矣，而可令操三軍之生死、宗社之存亡哉？宦寺居中，辯言日進，亡國之左券未有幸免者也。

二十一　唐之安西北庭不可棄

西域之在漢，爲贅疣也；於唐，則指之護臂也。時勢異而一概之論不可執，有如此夫！

匈奴之大勢在雲中以北，使其南撓瓜、沙，則有河、湟之隔，非其所便。而西域各有

❶「非斥名帥」，邵陽曾氏抄本作「菲視帥臣」。

君長，聚徒無幾，僅保城郭，貪賂畏威，兩袒胡漢，皆不足爲重輕，故曰「贅疣」也。至唐，爲安西，爲北庭，則已入中國之版。置重兵，修守御，營田牧，屹爲重鎮。安史之亂，從朔方以收兩京，於唐重矣。代、德之際，河、隴陷没，李元忠、郭昕閉境拒守，而吐蕃之勢不張。其東侵也，有所掣而不敢深入，是吐蕃必争之地也，於唐爲重矣。惟二鎮屹立，扼吐蕃之背以護蕭關，故吐蕃不得於北，轉而南嚮，松、維、黎、雅時受其衝突。乃河、洮平衍，馳驟易而防御難；蜀西叢山沓嶂，騎隊不舒，扼其從入之路以因之於山，甚易易也，故嚴武、韋皐捍之而有餘。使割安西、北庭以畀吐蕃，則戎馬安驅於原、洮，而又得東方懷歸怨棄之士卒爲鄉導以深入，禍豈小哉？

拓土非道也，棄土亦非道也，棄土而授之勁敵，尤非道也。鄴侯決策而吐蕃不能爲中國之大患，且無轉輸、戍守、争戰之勞，胡爲其棄之邪？永樂謀國之臣無有如鄴侯者，以小信小惠割版圖以貽覆亡之禍。觀於此，而可爲痛哭也。

二十二　李鄴侯赴闕後敬輿寂無建白

陸敬輿自奉天得主以來，事無有不言，言無有不盡，而德宗之不從者十不一二也。興元元年，車駕還京，徵鄴侯自杭赴闕，受散騎之命，日直西省，迄乎登庸，逮貞元五年，凡六載，而敬輿寂無建白，唯鄴侯出使陜、虢，敬輿一謀罷淮西之兵。及鄴侯卒，敬輿相，舉屬吏，減運米，廣和糴，止密封，却饋贈，定宣武，敬輿復娓娓長言之。李進而陸默，李退而陸語，是必有故焉。參觀求之，可以知世，可以知人，可以知治理與臣道矣。

夫鄴侯豈妨賢而窒言路者哉？敬輿之所陳，又豈鄴侯之所非而疑不見庸以中止者哉？蓋敬輿所欲言者鄴侯早已言之，而鄴侯或不得於君者，敬輿終不能得也。德宗之倚敬輿也重，而猜忮自賢之情暫伏而終不可遏，勢蹙身危，無容不聽耳。而敬輿盡其所欲言，一如魏徵之於太宗者以争之，德宗不平之隱特折抑而未著，故一歸闕而急召鄴侯者，固不欲以相位授敬輿也。鄴侯以三世元老定危亡而調護元良，德望既重，其識量弘遠，達於世變，審於君心之偏蔽，有微言，有大義，有曲中之權，若此者皆敬輿之所未逮也。小人以氣相制，君子以心相服。使敬輿於鄴侯當國之日而嘖嘖多言，非敬輿矣。故昔之犯顔危諫以與德宗相矯拂者，時無鄴侯也，夫豈樂以狂直自炫而必與世相違哉？

論者或加鄴侯以詭祕之譏。處人天倫斁敘之介，謀國於傾危不定之時，而奮激盡言於猜主之前，以博人之一快，大臣坐論格心之道，固不然也。使鄴侯而果挾詭祕之術，則敬輿何爲心折以忘言邪？鄴侯卒而敬輿又不容已於廷争，其勢既然，其性情才學抑然。無有居中之元老主持而静鎮之，如冬日乍暄，草木有怒生之芽，雖冰雪摧殘，所弗恤也，則又敬輿之窮也。

二十三　以中官統神策軍

天子禁衛之兵，得其人而任之以處多虞之世，四末雖敗，可以不亡。唐自肅、代以來，倚神策一軍以彊其幹。及德宗亟討河、汴，李晟將之而北，白志貞募市井之人以冒名而無實，於是姚令言一呼，天子單騎而走，中先痿也。及李懷光平，李晟移鎮鳳翔，神策一軍仍歸禁衛。於斯時也，任之得人與不得，安危存亡之大機會也。德宗四顧無所倚任而任之中官，終唐之世，宦寺挾之以逞其逆節而迄於亡。當德宗初任中官之日，鄴侯、敬輿無一言及之，何其置大計於緘默也？所以然者，自李晟而外，亦無可託之人也。

禁兵操於宦寺而天子危於內，禁兵授之帥臣而天子危於外。外之危，篡奪因之，宋太祖驟起於一旦而郭、柴之祀忽諸，此李、陸二公所不能保也。晟移鎮而更求一如晟者，不易得也。即有一如晟者，而抑難乎其爲繼。蓋當日所可任者，唯鄴侯耳。鄴侯任之，則且求能爲天子羽翼，終無逆志者以繼之。法制立而忠勤徧喻於吏士，雖有不順者，弗能越也。如是乃可保之數十年而居重馭輕之勢以成。然而鄴侯不可以自言也，敬輿亦不能以此爲鄴侯請也。德宗之欲任竇文場、王希遷也，固曰「猶之乎吾自操之也」。漢靈帝之任蹇碩，亦豈不曰「猶吾自將之也」乎？君畜疑自用，則忠臣心知其禍而無爲之謀。李、陸二公救其眉睫之失，足矣，惡能取百年之遠猷，爲之辰告哉？

二十四　鄴侯入抱暉軍中拒賓佐屏人白事

前有讒而不見，後有賊而不知，可謂天下之至愚矣。夫其所以不知者何也？瞻前而欲察見其讒，顧後而欲急知其賊也。可見者既見而知之矣，未可見者惡從而知之？必將樂聞密告之語以摘發於所未形。此勿論密告者之即爲讒賊也，即非讒而不爲賊，而人之情僞亦灼然易見矣。當反側未安之際，人懷危疑未定之情，苟非昏溺，豈遽安心坦志以盡忘物變之不可測哉？惟其然也，明者持之以静，乃使迹逆而心順者、憂危而失措者、有過而思改者、爲惡而未定者皆得以久處徐思而定其妄慮。然而終不悛焉，則其惡必大著，不待摘發而無可隱。如是則讒賊果讒賊也，在前在後而無不周知也，斯乃謂之大智。

達奚抱暉殺節度使張勸，據陝州，要求旌節。東與李希烈相應，鄴侯單騎入其軍中，於時賓佐有請屏人白事者，鄴侯拒之曰：「易帥之際，軍中煩言乃其常理，不願聞也。」夫抱暉之逆既著矣，必有與爲死黨者亦無容疑矣，或有陰謀乘閒以作亂者亦其恒矣，要可一言以蔽之曰：「技止此耳。」河東之軍屯於安邑，馬燧以元戎偕行，威足以相制。鄴侯之慮此也周，持此也定，屏人以白者即使果懷忠以思效，亦不過如此而已，惡用知哉？拒之勿聽，則挾私而謗毁者、道聽而張皇者、淺中而過慮者言雖未出，其懷來已瞭然於心目之閒。若更汲汲然求取而知之，耳目熒而心志亂，讒賊交進，復奚從而辨之哉？

天下之變多端矣，而無不止於其數。狐，吾知其赤；烏，吾知其黑。虎，吾知其搏；蛇，吾知其螫。蛙，吾知其鳴；鼃，吾知其瘖；涇，吾知其清；渭，吾知其濁。冬，吾知其必霜；夏，吾知其必雷。故程子之答邵堯夫曰：「吾知雷之從起處起也。」天地之變可坐而定，況區區讒賊之情態乎？獻密言以效小忠者，即非讒賊，亦讒賊之所乘也，況乎不保其不爲讒賊也。知此者可以全恩，可以立義，可以得衆，可以已亂，夫是之謂大智。

二十五　李懷僊殺主假以旌節

禄山、思明父子旋自相殺，而朝義死於李懷僊，田悦死於田緒，李惟岳死於王武俊，朱泚死於韓旻，李懷光死於牛名俊，李希烈死於陳僊奇，而李懷僊旋死於朱希彩，陳僊奇旋死於吴少誠：惡相師，機相伺，逆相報，所固然也。殺機之動，天下相殺於無已。愍不畏死者擁兵以自危，莫能自免。習氣之熏蒸，天地之和氣銷爍無餘。推原禍始，其咎將誰歸邪？習氣之所繇成，人君之刑賞爲之也。

安史之迭爲梟獍，夷狄之天性則然，無足怪者，夫亦自行吾天誅焉可矣。史朝義孤豚受困，有必死之勢，李懷僊與同逆而北面臣之，一旦反面而殺之以爲功，此豈可假以旌節、躋之將相之列者？高帝斬丁公，光武誅彭寵之奴。❶豈不念於我有功哉？名義之所在，人之所自定，雖均爲賊而亦有大辨存也。盡天下之兵力以殲垂亡之寇，豈待於彼之自相呑齕以殺其主而後亂可訖乎？降可受也，殺主以降不可貰也。偏裨不可以殺主帥，則主帥不可以叛天子之義明矣。幸而成，則北面擁戴以爲君；及其敗，則剸其首以博禄位而禄位隨之，韓旻、陳僊奇惡得而不效尤以徼幸乎，朱希彩、吴少誠又何憚而不疾爲反戈邪？一人偷於上，四海淫於下，我不知當此之時，天下之彝倫崩裂，父子婦姑兄弟之閒若何也？史特未言之耳。幽燕

❶ 劉毓崧校勘記：「光武封彭寵之奴爲不義侯，雖以不義寓貶詞，然既封爲侯，則不但不誅，而且加重賞，宜權文公議其失也。此言『誅』者，蓋因竇建德曾誅王軌之奴，誤記爲光武事耳。」

則朱滔、朱泚迭爲戎首，淮西則少誠、少陽踵以怙亂，而唐受其敗者數十年而不定。代宗毀坊表於前而德宗弗能改也，惡積而不可復掩矣。

二十六　李懷光既誅陸敬輿不欲乘勝討淮西

陸敬輿之籌國，本理原情，度時定法，可謂無遺矣。其有失者，則李懷光既誅之後，慮有請乘勝討淮西者，豫諫德宗罷諸道之兵也。諸道罷兵八閱月，而陳僊奇斬李希烈以降，一如敬輿之算，而何以言失邪？乃參終始以觀之，則淮西十餘年勤天下之兵血戰以爭，暴骨如莽者，皆於此失其樞機也。

安危禍福之幾，莫不循理以爲本。李懷光赴援奉天而朱泚遁，盧杞激之而始有叛心，雖叛而引兵歸河東，猶曰「俟明春平賊」。據守一隅，未敢旁掠州縣，僭稱大號也。所惡於懷光者，殺孔巢父而已，抑巢父輕躁之自取也。德宗欲赦之，蓋有自反恕物之心焉。李晟、馬燧、李泌堅持以爲不可，斯亦過矣。若希烈者，勝孤弱狂愚之梁崇義，既無大功於唐室。且當討崇義之日，廷臣爭其不可任，而德宗推誠以任之。賊平賞渥，唐無毫髮之負，遽乘危以反，僭大號以與天子競存亡，力弱於祿山而惡相敵矣。此而可忍，萬世之綱紀裂矣。何居乎，敬輿之欲止其討也？乘河中已下之勢，河北三帥斂手歸命，蹙已窮之寇易於拉朽，乃吝一舉之勞而曰：「不有人禍，必有鬼誅。」爲天下君而坐待鬼誅，則亦惡用天子爲也？俟人禍之加，則陳僊奇因以反戈而吳少誠踵之，淮西數十年不戢之焚皆自此啓之矣。

原情定罪而罪有等差，飭法明倫而法有輕重。委之鬼誅則神所弗佑，待之人禍則衆難方興。懷光可赦，希烈必不可容。法之所垂、情之所衷、道之所定，抑即勢之所審，而四海之觀瞻、將來之事變皆於此焉決也。故敬輿之於此，失矣。隨命李晟、渾瑊、馬燧一將臨之而淮、蔡蕩平，天下清晏，吴少誠三世之禍不足以興，而淄青、平盧、魏博之逆志亦消矣。失之垂成，良可惜哉！

二十七　德宗疑李晟以夙忿攻張延賞

細行不矜，終累大德。三代以下，名臣正士志不行而道窮者，皆在此也。君以之而不信，民以之而不服，小人以之反持以相抗，而上下交受其詘。歐陽永叔以困於閨帷之議，而陶穀之挫於南唐，尤無足怪也。

張延賞，姦佞小人，爚亂天下。吐蕃劫盟之役幾危社稷，廷臣莫能斥其姦而李晟抗表以論劾之，正也。晟之告李叔度曰：「晟任兼將相，知朝廷得失而不言，何以爲臣？」推此心也，其力攻延賞之志，皎然可正告於君父，而在廷將繼之以助正抑姦者不患其孤鳴矣。乃德宗疑其抱夙忿以沮成功，終任延賞，聽之以受欺於吐蕃，晟雖痛哭陳言，莫能救也。平涼既敗，渾瑊幾死，延賞之罪已不可掩，然且保禄位以終而譴訶不及。無他，成都營妓之事，延賞早有以持晟之長短，而上下皆惑也。晟之論延賞也，且忘其有營妓之事。即不忘，而豈得以纖芥之嫌置相臣之賢姦與邊疆之安危於不較哉？而君與廷臣既挾此爲成心，以至史官推原釁郄，亦謂自營妓而開。晟之心終不白於天下，唯其始不謹而微不慎也。飲食醉飽、琴書弈博之微，皆有終身臧否、天下應違之辨存焉。故昔人以在官抄書亦爲罪過，而不可不慎。觀於李晟，可以鑒矣。

二十八　句勘墨吏所科斂盡納於上

亂國之財賦，下掊克於民而上不在官，民乃殄，國乃益貧，民罔不怨。天子聞之，赫然以怒，皆所必然，而無不快其發覺者。然因此而句勘之以盡納於上，則害愈浸淫而民之死也益劇矣，是所謂「牽牛以蹊人之田而奪之牛」也。

假公科斂者，正以不發覺而猶有所止耳。發覺矣，上顧因之而收其利，既無以大服其心，而唯思巧爲掩飾以自免。上抑謂民之可多取而必應也，據所句勘於墨吏者歲以爲常，則正賦之外，抑有句勘之贏餘列於正供，名爲句勘，實加無藝之征耳。且上唯利其所獲而不抵科斂者於法，則句勘之外又有横征，而誰能禁之？民之無知，始見墨吏之囊畢輸之内帑，未嘗不慶快焉，孰知昔之剥牀以辨者，後且及膚乎？故用之一時而小利，行之數世而殃民之酷殆不忍言。李長源以此足防秋之國用，欲辭聚斂虐民之罪，不可得已。

誠惡墨吏之横征，恤民困而念國之匱也，句勘得實以抵來歲之賦，可以紓一時之急而民亦蘇矣，民知税有定額而吏亦戢矣，斯則句勘之善政與？

二十九　鄴侯以《小弁》之詩悟德宗

《小弁》所以爲君子之詩者，太子欲廢未廢之際，其傅陳匡救之術於幽王也。故其所以處父子君臣之際，曲盡調停之理而奪其迷惑浸淫之幾。鄴侯用之以全德宗之恩而奠其宗社。故《小弁》爲君子之詩，其利溥也。

其詩曰：「君子不惠，不舒究之。」但言究，則聽讒而惑者固自以爲究矣，乃其彌究而彌惑者，惟其不舒也。淺人之情，動於狂而不可挽，無他，聞言而即喜，聞言而即怒耳。以其躁氣與讒人之深機而相觸，究之迫，則雖有至仁大孝之隱皆弗能自達。鄴侯曰：「願陛下從容三日，究其端緒。」用此詩也。氣平而讒人之機斂，抱忠欲言者敢於進矣，故閒一日而德宗果悟也。

其詩又曰：「君子無易繇言，耳屬于垣。」易言者，不必信之於心也。心非必惑而偶觸於讒言以有喜怒過情之辭，亦將曰「吾爲君父之尊」，言即失而無大過也。乃一出而人信以爲固然矣。匪直懷姦者幸有閒之可乘，即觀望而無定情者亦謂君子之喜在此而怒在彼，即此以迎合之而將得其心。在旁在側者見爲不足憚而言之也無擇，惡知一入於其耳以生其心，伏莽之戎怙此言以爲依據而旋相搆扇於無已哉？惟慎於口而人不得窺其際，則讒人之氣愈斂而抱忠欲言者敢於進矣。鄴侯曰：「陛下還宮當自審思，勿露此衷於左右。」用此詩也。故德宗流涕曰：「太子仁孝，實無他也。」

《小弁》垂訓於千載之上，而鄴侯以收曲全慈孝、安定國家之至仁大孝於千載之下，故曰：《小弁》，君子之詩也。自非幽王之喪心失志，循其道而無不可動。《詩》之爲教，至矣哉！知用君子之道者，君子也。鄴侯之爲君子儒，於斯見矣。

三十　鄴侯言君相造命

君相可以造命，鄴侯之言大矣！進君相而與天爭權，異乎古之言「俟命」者矣。乃唯能造命者而後可以俟命，能受命者而後可以造命，推致其極，又豈徒君相爲然哉？

天之命，有理而無心者也。有人於此而壽矣，有人於此而夭矣，天何所須其人之久存而壽之，何所患其人之妨己而夭之？其或壽或夭不可知者，所謂命也。而非天必欲壽之、必欲夭之，屑屑然以至高大明之真宰與人爭蟪蛄之春秋也。生有生之理，死有死之理；治有治之理，亂有亂之理；存有存之理，亡有亡之理。天者，理也；其命，理之流行者也。寒而病，暑而病，飢而病，飽而病，違生之理，淺者以病，深者以死。人不自知，而自取之，而自昧之，見爲不可知，信爲莫之致而束手以待之，曰天之命也，是誠天命之也。理不可違，與天之殺相當，與天之生相背，自然其不可移矣，天何心哉？

夫國家之治亂存亡亦如此而已矣，而君相之權藉大，故治亂存亡之數亦大，實則與士庶之窮通生死、其量適止於是者，一也。舉而委之於天，若天之有私焉，若天之纖細而爲蟪蛄爭春秋焉。嗚呼，何其不自揣度而謂天之有意於己也？故鄴侯之言非大也，非與天爭權，自知其藐然不足以當天之喜怒，而天固無喜怒，惟循理以畏天則命在己矣。

雖然，其言有病。唯君相可以造命，豈非君相而無與於命乎？修身以俟命，慎動以永命，一介之士莫不有造焉。禍福之大小，則視乎權藉之重輕而已矣。

三十一　鄴侯將卒不薦敬輿自代

陸敬輿之在翰林，言無不從；及其爰立，從違相半。其從也，皆有弗獲之色焉，何也？大權者，人主之所慎予，小人之所爭忮，君子之所慎處者也。敬輿之忠直明達，允爲社稷之臣。而鄴侯將卒，不急引以自代，蓋鄴侯知此位之不易居，爲德宗謀，爲敬輿謀，固未可遽相敬輿也。

宰相之重，仕宦之止境也，苟資望之可爲，皆垂涎而思得。董晉、竇參、苗晉卿所不敢相排以相奪者，徒鄴侯耳，❶非能忘情而甘出其下也。鄴侯以三朝元老立翼戴之功，而白衣歸山，屈身參佐，無求登臺輔之心，其大服不肖者之心夙矣。肅宗欲相之，而李輔國忌焉則去；代宗欲相之，而元載忌焉則去。君輪忱以延佇，己養重以徘徊，乃以大得志於多猜之主，宵小盈廷而俛首以聽命。敬輿豈其等倫哉？自扈從以來無日不在君側，無事不參大議，雖未授白麻，而鄴侯既卒，其必相也無疑矣。嗚呼！欲相未相之際，姦窺邪伺，攢萬矢以射一鵠，亦危矣哉！鄴侯之不薦以自代，全敬輿即以留德宗法家拂士於他日，而敬輿不知也。

今爲敬輿計，鄴侯在位，國政有託而敬輿忘言，未可以去乎？董晉、竇參受平章之命，未可以去乎？竇參以貪敗，物望益歸於己，未可以去乎？參死，參黨疑敬輿之譖，未可以去乎？與忮陋之趙憬同升，未可以

❶ 劉毓崧校勘記：「晉卿卒於代宗永泰，初不及事德宗，至於鄴侯、宣公之爲相，更不及見。此必因宣公曾爲晉卿及其諸子辨明誣謗，遂誤記爲晉卿猶在也。」

去乎？沾沾然若留身於巖廊以待枚卜之來，則倒授指摘於人，而敬輿之危益岌岌矣。及既相也，裴延齡判度支，苦諫而不從，吴通玄騰謗書於中外，姜公輔以洩語坐貶，賈耽、盧邁相繼而登三事，及是而引身，已晚矣。然且徘徊不決，坐待貶斥，幾以不保其腰領。以自全也，不宜；以靖國也，尤不可矣。何也？已被罪而忠直之黨危，邪佞之志得，禍必中於國家也。

宰相者，位亞於人主而權重於百僚者也。君子欲盡忠以衛社稷，奚必得此而後道可行乎？至於相，而適人閒政之道詘矣。欲爲繩愆糾謬之臣，則不如以筆簡侍帷帟之可自盡也。鄴侯知之，敬輿弗知也。二賢識量之優劣於此辨矣。

三十二　京兆邊鎮和糴非立國令圖

貞元八年，江淮水潦，米價加倍，畿輔公儲委積，陸敬輿請減江淮運米，令京兆邊鎮和糴，酌一時之緩急，權其重輕，信得之矣，然未可爲立國之令圖也。豐凶者不定之數，田畝所出則有定之獲也。豐而餘，凶而不足，通十年之算，豐而有餘，凶而猶無不足，則遠方之租米畢令輕齎，京邊之庸調悉使納米可也。如其不然，則豐年之所偶餘留之民閒以待凶歲，使無頓竭之憂，奈何乍見其豐遽糴之，以空在民之藏乎？

爲國用計者，耕九餘三，恒使有餘以待凶歲。如其饋餉有限，吏禄軍食，豐僅給而凶則乏，又值京邊穀餘而價賤，則抑以錢絹代給，使吏與軍自糴於民，猶之可爾。何也？自糴則食有節而支不糜，民尚不至虛廩困以自匱。若官與和糴，就令無抑買捐民之弊，而必求如額以供坐食者之狼戾與窖藏之紅朽，不復念此粟者，他日小民炊煙屢絶，求粒米而無從者邪？況乎立國有經，恒畜有餘以待水旱，則江淮薦飢自可取足太倉，捐歲運以蘇民，何事斂民之積以虛根本哉？

敬輿所陳，令江淮斗米折錢八十，計其所贏餘錢十萬四千緡，一時行之，覺爲公私之兩利。而國無常守之經，官操商販之計，空内地之積，奪凶歲之儲，使牟利之臣因得營私以殃民，其失也大矣。以要言之，京邊之盈餘不可聚於上而急食之也，此不易之定論也。

三十三　召募屯田勝府兵番戍

陸敬輿請罷關東諸道防秋戍卒，令供衣糧，募戍卒願留及蕃漢子弟，廣開屯田，官爲收糴，自戰自耕於其所守之地，此亦以明府兵番戍之徒勞而自弱，不如召募之得也。論者於敬輿所陳則韙其説而惜德宗之不從，乃於府兵則贊其得三代之良法而謂不可易。貪爲議論，不審事理，自相齟齬，罔天下後世以伸其無據之談，如此者亦奚必他爲之辯哉？即其説以破之而足矣。

夫折中至當之理，存其兩是而後可定其一得，守其一得而後不惑於兩是。誠不易也，就今日而必法堯舜也，即有娓娓長言爲委曲因時之論者，不可聽也；誠不容不易也，則三代之所仁，今日之所暴，三代之所利，今日之所害，必因時而取宜於國民，雖有抗古道以相難者，不足聽也。言府兵則府兵善，言折衣糧以召募則召募善，心無衡而聽之耳，耳無準而聽紙上之迹與脣端之辯，受奪於彊辭而傲岸以持己之是，唯其言而自謂允愜於天下。嗚呼！小言破道，曲説傷理，衆訟於廷，文傳於後。一人之筆舌，旦此夕彼，其以萬世之國計民生戲邪？不然，奚爲此喋喋哉？持其前後彼此之論以相參，則其無目無心，如籬竹得風之鳴，技自窮矣。

三十四　絹繒纊布令仍輸本色事理未允

自米粟外，民所輸者，本色、折色奚便？國之利不宜計也而必計利民，利民者非一切之法所可據爲典要，唯其時而已。唐之初制，租出穀，庸出絹，調出繒纊布，其後兩税法行，繒纊布改令納錢。陸敬輿上言：「所徵非所業，所業非所徵，請令仍輸本色。」執常理以言之，宜無以易也；揣事理以言之，則有未允者焉。

絹繒纊布之精粗，至不齊矣，不求其精，則民俗之偷也且以行濫之物輸官而吏以包容受賕，既損國計、導民姦。而取有用之絲枲爲速敝之絹布，滅裂物産，於民亦病矣。如必求其精且良與？而精粗者，無定之數也，墨吏猾胥操權以苛責爲索賄之媒，民困不可言矣。錢則緡足而無可挾之辭矣，以絹布綿縷而易錢，愚氓雖受欺於姦賈而無恐喝之威，則其受抑者無幾，雖勞而無大損也，此折錢之一便也。

樹桑者，先王之政，後世益之以麻枲、吉貝，今綿花。然而不能所在而皆植也。桑枲之土，取給也易，而不産之鄉轉買以充供，既以其所産者易錢，復以錢而易絹繒纊布，三變而後得之，又必求中度者以受姦商之騰踊，愚氓之困費十而不能得五也。錢則流通於四海而無不可得，此又一利也。

丁田雖有定也，而析户分産，畸零不能齊一，勢之所必然也。絹繒纊布必中度以資用，單丁寡産尺寸銖兩之分不可以登於府庫，必計值以求附於豪右。不仁之里、不睦之家挾持以虐孤寒，無所控也。錢則自一錢以上，皆可自輸之官，此又一利也。

絲枲者皆用其新者也，民儲積以待非時之求，而江鄉雨濕，山谷煙蒸，色黯非鮮，則吏不收而民苦於重辦。吏既受而轉輸之役者民也，舟車在道，霧雨之所霑濡，稍不謹而成黦黴，則上重責而又苦於追償。其支給也非能旋收而旋散之也，有積之數十年而朽於藏者矣。以給吏士，不堪衣被則怨起於下，是竭小民機杼之勞委之於糞土矣。錢則在民在官，以收以放，雖百年而不改其恒，此又一利也。

積此數利，民雖一勞而永逸，上有支給而下有實利。金錢流行之世所不能悉使折輸者，❶米粟而已，然而民且困焉，況欲使之輸中度之絲麻，累遞運之勞以徒供朽壞乎？

唐初去古未遠，銀未登於用，鑄錢尚少，故悉徵本色可也。敬輿之言，惜舊制之湮，順愚民不可慮始之情耳。金錢大行於上下，固無如折色之利民而無病於國也。故論治者貴於知通也。

三十五　敬輿論税限迫促

陸敬輿論税限迫促之言曰：「蠶事方興，已輸縑税；農功未畢，遽斂穀租。上責既嚴，吏威愈促。急賣而耗其半直，求假而

❶「金」上，邵陽曾氏抄本有「當」字。

費其倍償。」悲哉，亂世之民；愚哉，亂世之君也！

民之可悲者，聶夷中之詩盡之矣。其甚者，不待二月而始賣新絲，五月而始糶新穀也。君之愚也，促之甚則民益貧，民益貧則稅益逋。耕桑之獲止有此數，促之速盡，後雖死於桁楊而必無以繼。流亡日苦，起爲盜賊，而後下蠲逋之令。計其所得，減於緩徵者十之三四矣。何其愚也！迫促之令，君惛而不知計，民惴而不敢違，墨吏得此以張其威焰，猾胥得此以讎其罔毒，積金屯粟之豪民得此以持貧民之生死而奪其田廬子女。亂世之上下胥以迫促爲便，而國日蠹，民日死，夫誰念之？

孟子曰：「用其一，緩其二。」緩之爲利，溥矣哉！所謂緩者非竟置之謂也，通數十百年而計之，緩者數月而已。絀邪臣急功之謀，斥掊臣吝發之説，燭計臣卸責之私，姑忍之，少待之，留一春夏之閒，俟之秋冬，而明歲之春夏裕矣，源源相繼，實亦未嘗有緩也。統計之於累歲之餘，初何有濡遲之憂哉？國家當急遽之時，自有不急之費，取此而姑忍之，少待之，可省以應急需者不患乏也，而奈何遽責之千里之遥、轉輸之不逮事者也？緩者，驕帥姦臣、墨吏猾胥豪民之大不便，而人君深長之益也，愚者自不知耳。君愚，而百姓之可悲無所控告矣。

三十六　德宗好疑而信諛

德宗始召叛臣之亂，中徇藩鎮之惡，終授宦豎之權，樹小人之黨，其不君也足以亡而不亡者，幸也。乃夷考其行，非有徵聲逐色、沈溺不反之失也，非有淫刑濫殺、暴怒不戢之惡也，抑非有聞善不知、遇事不察之暗也。疑其可進中主而上之，以守成而保其福祚；然而卒爲後世危亡之鑒者，論者以爲好疑之過，是已。雖然，好疑者，其咎之流也，非其源也，窮本探源則好諛而已矣。故陸敬輿欲釋其疑，而不足以奪其心而使之悛。蓋其厚有所疑者，唯其深有所信也，非無所信而一用其疑也。於盧杞則信，於裴延齡則信，於竇文場、霍仙鳴則信，於韋渠牟則信，敗而不怒，貶而不釋，死而猶追念之。推心置腹，群言交擊，而愛之益堅。且不僅是也，陸贄之始、李泌之終，亦未嘗不唯言是聽而無有二三也。然則豈好疑爲其不可解之惑哉？

敬輿之在奉天也，有排難之顯功，言無不中，則秉義雖直，處時雖危而志得神怡，發之於辭氣顏色也必温和而浹洽，故罪己之詔雖暴揚其過而不以爲侮。若長源，則宛曲從容之度足以陶鑄其驕氣而使其意也消。盧杞諸姦豈有别術以得當哉？無宫壼之援，無中涓之助，唯面柔口澤，探意旨而不相違拂耳。是故德宗之得失恒視所信而分，專有所信則大有所疑。嗚呼，千古庸人膏肓不起之病，非以失所信而致然哉？有大信者必有厚疑，有厚疑者必有偏信。或信或疑，賢姦俱不可恃，唯善諛者能取其深信，而天下皆疑矣。

夫人之多所疑也，皆生於不足。智不足則疑人之己誑，力不足則疑人之己淩。先自疑而旁皇無據，四顧不知可信之人，於是諛者起而乘之，諒其所易爲，測其所易知，淺爲嘗而輕爲辨，則不足者亦優爲之而掩其所短。固將曰：「非與我合者言我所不知不能以相欺。彼即亦一道與，固非我之攸行，且惡知其非矯誣以奪人於所不逮而讎其異志乎？」直者之疑愈厚則諛者之信愈堅，於是偏信而無往不疑，乃以多疑召天下之離叛。故曰：疑者其弊之流也，信者其失之源也。

道處於至足者，知從我者之非誠而違我者之必有道也。故堯無疑於群臣之薦鯀，而鯀不足以病堯。下此者皆有不足也。知不足而不欲掩，則諛我者之情窮矣，流俗之言、苟且之計惡足以進於前哉？此中材救過之善術也。能知此，則天下皆與善之人而奚疑乎？天下皆與善之人而又奚有所偏信乎？故德宗之失，失於信也。好諛而信之，雖聖哲痛哭而不救其敗。紂之惡無他，好諛而信飛廉、惡來者深也。

讀通鑒論卷二十四終

讀通鑑論卷二十五

衡陽王夫之譔

順宗

一　史氏過貶韋執誼等

王伾、王叔文以邪名古今。二韓、劉、柳皆一時之選，韋執誼具有清望，一爲所引，不可復列於士類。惡聲一播，史氏極其貶誚，若將與趙高、宇文化及同其凶逆者。平心以考其所爲，亦何至此哉？

自其執政以後，罷進奉、宮市、五坊小兒，貶李實，召陸贄、陽城，以范希朝、韓泰奪宦官之兵柄，革德宗末年之亂政以快人心、清國紀，亦云善矣。順宗抱篤疾，以不定之國儲嗣立，諸人以意扶持而冀求安定，亦人臣之可爲者也。所未審者，不能自量其非社稷之器而仕宦之情窮耳，初未有移易天位之姦也。於時宦官乘德宗之危病，❶方議易儲以危社稷。順宗瘖而不理，非有夾輔之者，則順宗危而憲宗抑且不免。代王言，頒大政，以止一時之邪謀，而行乎不得已，亦權也。憲宗儲位之定雖出於鄭絪，而亦倶文珍、劉光琦、薛盈珍等諸内豎修奪兵之怨以爲誅逐諸人之地，則韋執誼之驚、王叔文之憂色雖有自私之情，亦未嘗別有推奉，思摇國本，如謝晦、傅亮之爲也。乃史氏指斥其

❶「時」，邵陽曾氏抄本作「是」。

惡，言若不勝，實覈其詞，則不過曰「采聽謀議，汲汲如狂，互相推奬，僴然自得，屏人竊語，莫測所爲」而已。觀其初終，亦何不可測之有哉？所可憎者，器小而易盈，氣浮而不守，事本可共圖而故出之以密，謀本無他奇而故居之以險，膠漆以固其類，亢傲以待異己，得志自矜，身危不悟。以要言之，不可大受而已矣。因是而激盈廷之怨，寡不敵衆，謗毁騰於天下，遂若有包藏禍心爲神人所共怒者，要亦何至此哉？

伾、叔文誠小人也，而執誼等不得二人不足以自結於上，伾、叔文不得於牛昭容、李忠言不足以達於篤疾之順宗。嗚呼，漢唐以後能無内援而致人主之信從者鮮矣！司馬温公之正而所資以行志者太后，楊大洪之剛而所用以衛主者王安。蓋以處積亂之朝廷，欲有所爲，弗獲已而就其可與言者爲納約之牖也。叔文、伾之就誅，八司馬之遠竄，事所自發，亦以宦官倶文珍等怨范希朝、韓泰之奪其兵柄，忿懟急洩而大獄疾興。諸人既蒙不赦之罪，神策監軍復歸内豎，唐安得有斥姦遠佞之法哉？宦官之争權而迭相勝負耳。杜黄裳、袁滋不任爲主也。故執誼等有可黜之罪，而遽謂爲千古之敗類則亦誣矣。

繇此以觀，士之欲有爲當世者，可不慎哉？天下之事，昭昭然揭日月而行者，與天下共之。其或幾介危疑，事須密斷者，則緘之於心而制之以獨。若驟得可危之機，❶震驚相耀，以光大之舉動爲詭祕之聲容，附耳躡足，晝呼夜集，排群言，斂衆怨。自詡爲憂國如家，乃不知旁觀側目者且加以不可居之大慝。事既祕，言不能詳，欲置辯而末從，身

❶「危」，邵陽曾氏抄本作「爲」。

受天下之惡，自戕而已矣。《易》曰「不出户庭，无咎」，慎之於心也，不出門庭則凶矣。門内之密謀，門外之所疑爲叵測者也。流俗之所謂深人，君子之所謂淺夫也。讀柳宗元謫後之書，「匪舌是出」，其愚亦可哀也已！

憲宗

一　德宗啓殯日發母沈太后之喪

禮何爲而作也？所以極人情之至而曲盡之也。古禮之佚不傳者多矣，見於《三禮》者，唯《喪禮》爲略備，達於古今，無不可繇也。然而猶有闕焉，時之所不然，事之所未有，情之所不生，禮之所未及也。於是而後儒折中論定之道有可參酌以極得其中，則遭亂失其父母，尋求不得，生死莫能知，而爲之追服是已。

禮文之未及此也有故。古者分土建侯，好問不絶，偶爲仇敵而禮之往來不廢，聲問相逮，無有阻也。故諸侯失國而爲寓公，大夫去國而有羈禄，即其爲行人而見執、臨戰伐而見俘，其生其死，必相聞矣。則生而遥告以吉凶，死而得奔喪還葬，奚有尋求不得而待追服者哉？

王莽之世，盜賊坌起；永嘉而後，胡、漢分割。於是而貴賤均於俘囚，老弱隨其轉徙。千里無人，音問既絶；轉掠不定，蹤跡莫稽。乃有父子殊天，終相睽隔，母妻漂散，不審存亡者。嗚呼！生不得聚，死不得知，疏衰者非人子之可用報親者，而猶不克盡三年之哀慕，亦慘矣哉！晉庾蔚之等始建議尋求三年之外，俟中壽八十而服之，此亦以禮定情之極致，周公復起，不能易也。

德宗母沈太后因亂陷賊，不知所在。德宗即位，尋求數十年不得，迨德宗之葬，禮官乃申蔚之之議，以德宗啓殯日發沈后之喪，因此而祔廟之禮行焉。夫蔚之限尋求以三年，俟發喪於中壽，而德宗終身不廢尋求者，以德宗已正位臨民爲宗社主，不容因母而廢大政，即位尋求，兩不相礙也。而士大夫既含重哀，必廢婚宦，盡心力爲尋求地，期以三年，則人子之志伸而生人之理亦無崩壞之憂矣。晉宋以來有因此而永絶婚宦者，其志可尚而其道不可常，殆亦賢者之過。蔚之裁之以中，不亦韙與？不宦則祭祀不修，不婚則繼嗣不立，抑非所以廣孝也。且夫尋求不得而生死固無據焉，銜恤靡至，一以喪禮居之，萬一親幸而存，豈非之生而致之死乎？即位而尋求，臨朝不廢之典，宜於天子；限求以三年，權停婚宦，宜於士夫。酌中壽之年以服喪，生存之望可絶；以啓殯之日而爲忌，人子之道以終。變而不失其常，補古禮之未有，合先聖之大經，此其選已！

二 黄裳元衡乘時討劉闢李錡

杜黄裳之請討劉闢，武元衡之請徵李錡，李絳之策王承宗、田興，不待加兵而自服，皆時爲之也。知時者可與謀國矣。

自僕固懷恩以河北委降賊而僭亂不可復制者，安史之誅非唐師武臣力制其死命而殪之，賊自敗亡而坐收之也。幽、燕、河、濟，賊所糾合之蕃兵、突騎皆生存，而梟雄之心未艾，田承嗣、薛嵩、朱希彩之流，狼子野心，習於戰鬬，狃於反覆。於斯時也，雖李、郭固無如之何，而下此者尤非其敵也。代宗驕之，德宗挑之，俱取敗辱，雖有黄裳、元衡之能斷，李絳之善謀，我知其未易爲籌度也。

至於元和而天下之勢變矣。嚮所與安史同逆、矯厲自雄者死亡盡矣，嗣其僭逆者皆紈袴驕憨、弋色耽酒之豎子也，其偏裨則習於叛合、心離志怠、各圖富貴之庸夫也，其士卒則坐糜粟帛、飲博遊宕之罷民也。而狃於兩代之縱弛，不量力而輕於言叛，乃至劉闢以白面書生、李錡以貴游公子，苟得尺寸之土而妄尋干戈，此其望風而仆、應手而糜者，可坐策之而必於有功。韋丹、李吉甫且知西川之必下以勸興師，況黄裳、元衡之心社稷而有成謀者乎？故德宗奮而啓禍，憲宗斷而有功，事同而效異也。

夫既知其可以討矣，則亦知其可以不戰而屈之矣。姑試其威於西川而西川定，再試其威於鎮海而鎮海平。河北豢養之子弟固不測朝廷之重輕而苟求席安以自保，衆心俱弛，群力不張，於斯時也，唐雖不自信其有必勝之能，而魏博、成德非王武俊、田悦之舊，彼自知之亦可衆量之矣。吉甫目擊杜、武之成績，欲效之以徼功於河北，是又蹈德宗之覆轍也。李絳之洞若觀火，又豈有絶人之智計哉？故代宗之弛而失御，憲宗之寬而能安，亦事同而效異也。所以異者無他，惟其時也。

時者，方弱而可以彊，方彊而必有弱者也。見其彊之已極而先自震驚，遂朒縮以絶進取之望；見其勢之方弱而遽自踸踔，因興不揣之師：此庸人所以屢趨而屢躓也。焚林之火達於山椒則將熸。撲之易滅而不敢撲，待之可熄而不能待，亦惡知盈虚之理數以御時變乎？劉淵、石虎、苻堅、耶律德光、完顔亮，天亡之在眉睫矣，不知乘時者猶以爲莫可如何，而以前日之覆敗爲懲，悲夫！

三　制科取士得元白

制科取士，唐之得元、白，宋之得二蘇，皆可謂得人之盛矣。稹、居易見知於裴中立，軾、轍見重於司馬君實，皆正人君子所嘉與也。觀其應制之策與登科以後忼慨陳言，持國是，規君過，述民情，達時變，洋洋乎其爲昌言也。而抑引古昔，稱先王，無悖於往聖之旨，則推重於有道之士而爲世所矜尚，宜矣。推此志也以登三事，任密勿，匡主而庇民，有餘裕焉。乃此數子者既獲大用，而卞躁譸張，彙引匪人以與君子相持而害中於國，雖裴、馬秉均以臨之，弗能創艾也。然則制科求士於言將不足采，而可以辯言亂政之責斥之乎？

夫此數子者非其言之有過，善觀人者不待其敗德之已章而早已信其然矣。奚以明其然也？此數子者類皆酒肉以溺其志，嬉遊以蕩其情，服飾玩好書畫以喪其守。凡此，非得美官厚利則不足以厭其所欲。而精魄既搖，廉恥遂泯，方且號於人以爲清流之津逕，而輕薄淫泆之士樂依之以標榜爲名士。如此而能自樹立以爲君之心膂、國之楨幹、民之蔭藉者，萬不得一。

文章之用，以顯道義之殊塗，宣生人之情理，簡則難喻，重則增疑。故工文之士必務推盪宛折，暢快宣通，而後可以上動君聽，下感民悅。於是游逸其心於四維上下、古今巨細，隨觸而引伸，一如其不容已之藏，乃爲當世之所不能舍。則蘇軾所謂「行雲流水，初無定質」者，是也。始則覃其心以達其言，既則即其言以生其心，而淫泆浮曼、矜誇傲辟之氣日引月趨以入於酒肉嬉遊服飾玩好書畫之中，而必争名競利以求快其欲。此數子者，皆以此爲尚者也，而抑博覽六籍，詭遇先聖之緒説以濟其辯，則規君過、陳民情、策國事皆其所可沈酣以入，痛快以出，堂堂乎言之，若《伊訓》、《説命》、《七月》、《東山》之可與頡頏矣。則正人君子安得不斂衽以汲引爲同心而流傳簡册？淺學之士能勿奉爲師表乎？乃有道者沈潛以推致其隱，則立心之無恒、用情之不正，皆可即其述古昔、稱先王之中察見其詖淫，況其濫於浮屠、侈於游冶者，尤不待終篇而知其爲羊羶蟻智之妄人哉！

若其淋漓傾倒，答臨軒之問，陳論劾之章，若將忘辱忘死，觸忌諱，犯衆怨，以爲宗社生民計者，固可取爲人主之龜鑑而不得斥之爲非。則唯上之所以求之者以直言敢諫設科，則以應知遇、取名位者在此，慧足以及，膽足以勝，固無難伸眉引吭以言之無怍而可取者不乏也。

是故明主之求言，大臣之廣益，無擇於人也。言而可聽者，樂取其言以釋吾回而增吾美也。若其用人也，則不以言也，言而可聽，必考其用心之貞淫，躬行之儉侈，而後授以大任也。《書》曰「敷奏以言」，言無不盡；若其黜陟，則必「明試以功」而後定。子曰「君子不以言舉人」，誠千古片言之居要矣。然則策賢良以問政，明王廣聽大智之道也。設制科以取士，唯其言以登用之，則國是亂、佞人進，治道之大蠹也。制科而得才士如元、白、二蘇而止，元、白、二蘇長於策問奏疏而止，不恣其辨以終爲君子傷。節宣之權，人主大臣司之，可弗慎與？

四　元稹欲使諫官各獻其謀

廟謨已審，采諍臣之弼正以決行止，其於治也有失焉，鮮矣；廟謨無據，倚群臣之道謀以相爭辯，其於亂也幸免焉，鮮矣。何也？貿貿然於得失利害之林，一事至而無以自主，天子有耳而無心，大臣辭謗而避罪，新進之士氣浮而慮短，「彼亦一是非，此亦一是非」，苟可言焉則言之，不能言者亦學語而言之。勿論其挾私也，即其無私，而讀古人數策之書，輒欲引據，憑寤寐偶然之慧見爲實然，聽曲士末俗之言妄爲歆動，念生平身受之累推爲利害，琅琅然挾持以爲口實，理亦近是，情亦近是，以與深謀熟慮相齟齬，言出氣盈，不任受詘，於是而誤國殃民，終無可救也。

以憲宗之時事言之，一藩鎮之逆也，言討者並欲加兵於歸命之魏博，言撫者遂欲屈志於窮凶之淮、蔡。彼以爲飭法之王章，此以爲懷柔之文德。彼以此爲養寇而失權，此以彼爲生事而釀禍。河漢無涯之口，窮年靡定，究將誰與適從哉？謀之已煩，傳之將徧，一端未建，四海喧騰。幕士遊人測衆論之歸以揣摩而希附會，姦胥猾吏探在廷之蹤指以豫爲避就。左掣右牽，百無一就，迨其論定，而弊已叢生。況乎多事之秋，夷狄盜賊閒諜伏於輦下，❶機密播於崇朝，授以倒持之樞，而危亡必矣。

唐制：詔令已下，有不便者，諫官上封事駮正改行。駮之於後以兼聽得中，而不議之於先以喧囂致亂，道斯定矣。元稹甫受拾

❶「夷狄」，原作「彊藩」，今據邵陽曾氏抄本改。

遺之命，輒欲使諫官各獻其謀，復正牙奏事及庶司巡對，唯欲奪宰相之權，樹己之威福而已。諫官者，諫上之失也。議方未定，天子大臣未有失也，何所諫也？論道者，三公之職；辰告者，卿士之司；糾謬者，諫官之責：各循其分而上下志通，大猷允定。積，小人，惡足以知此哉？

五　憲宗樞密之設不可廢

樞密之名，自憲宗以任宦官劉光琦始。繹其名，思其義，責以其職，任以其功。軍之生死、國之安危，毫釐千里之差、九地九天之略，皆繫焉。三代而後，天子與夷狄盜賊爭存亡，非復古者大司馬掌九伐之法，鳴鐘擊鼓，馳文告以先之，整步伐以涖之，所能已天下之亂也。則此職之設，有其舉之不可廢已。所宜致慎而杜旁落之害者，但在得其人耳。惟若憲宗委之宦官，則吐突承璀、王守澄資以擅廢立而血流宮禁，乃因此而謂分宰相之權，奪兵部之職，所宜廢也，豈非因噎廢食而不憂其餒乎？五代分中書、樞密爲二府，雖狃於戰爭而敧重戎事，然準漢大將軍、丞相之分職，固三代以後保國之善術也。

國之大事，在祀與戎。夫祀既宗伯之所司矣，而禮部之外必設大常，蓋以禮部統邦禮，職既繁委，分心力以事神則恪恭不摯，專責之大常而郊廟之事乃虔。以此例戎，其可使宰相方總百揆而兼任之乎？抑可使兵部統銓敘功罪、稽核門廕，制卒伍之踐更、清四海之郵傳，覈屯田之租入、督戎器之造作，百端交集，宵旦不遑，乃欲舉三軍生死之命，使乘暇而謀之，其不以國與寇也，不亦難乎？兵部所掌者，兵籍之常也；樞密所領者，戰守之變也。進止奇正，陰陽互用。存亡之大決於呼吸，經畫之密審於始終。文字不得而傳，語言不得而洩。上承人主帷帟之謀，遥領主帥死生之命，大矣哉！專其事而恐不勝，乃以委諸守章程而綜衆務者乎？

樞密一官必舉而不可廢，審矣。時或宇内方寧，兵戈不試，則縣其職以令宰相兼之，可耳。而官屬必備，儲才必夙，一旦有疆埸之事，則因可任之人授以固存之位，與天子定謀於尊俎。至其爲謀之得失，有宰相以參酌於前，有諫官以持議於後，亦不患其擅國柄而誤封疆矣。漢舉朝政盡委之大將軍而丞相聽命，五代使樞密察宰相，固攲重而貽權姦之禍。唐宋之失在任劉光琦、童貫，蓋所任非人，而非其設官之咎。若《周官》大司馬總戎政、攝祀事，兼任征伐，則唯封建之天下，無夷狄盜賊之防則可耳，後世固不得而效也。

六　直言極諫科登進浮薄

牛僧孺、李宗閔、皇甫湜皆以直言極諫而居顯要，當其極陳時政之得失，無所避忌，致觸李吉甫之怒，上累楊於陵、韋貫之以坐貶而三人不遷，豈不人擬爲屈、賈，代之悲憤，望其大用以濟時艱乎？乃其後竟如之何也？故標「直言極諫」之名以設科試士，不足以得忠直之效，而登進浮薄，激成朋黨，撓亂國政，皆緣此而興。漢唐之末造，蔡邕髡鉗，劉蕡絀落，論者深爲憤惋。而邕以黨賊亡身，蕡亦無行誼可見，則使登二子於公輔，固不能救漢之亡、起唐之衰，亦概可覩矣。

人君之待諫以正，猶人之待食以生也。

絶食則死，拒諫則亡，固已。然人之於食也，晨而饔，夕而飧，源源相繼，忘其爲食而安於其所固然。如使衰瘠之夫求穀與芻豢而驟茹之，實非其所勝受也，則且壅滯於中而益增其病。故明王之求諫也，自師保宰弼、百司庶尹下至工瞽庶人，皆可以其見聞心得之語因事而納誨。以道諫者不毛舉其事，以事諫者不淫及於他。漸漬從容，集衆腋以成裘，而受滋培於霢霂。未有驟求之一旦，使傾倒無餘，盡海内之事而纖悉言之，概在廷之人而溥偏刺之，馳騖曼延，藻帨文華，取悦天下，而與大臣争用舍之權者也。非浮薄之士，孰任此爲截截之諞言哉？夫唯言是求，無所擇而但奬其競，抑又委取舍於考官，則憸人辨士揣摩主司之好惡以恣其排擊。若將忘禍福以抒忠，實則迎合希求爲登科之捷徑，端人正士固恥爲之。牛僧孺等之允爲姦邪，不待覆轍折轂而有識者信之早矣。夫李吉甫之爲邪佞也，楊於陵、韋貫之身爲大臣，不能以去留争其進退，既與比肩事主，而假手舉人以詆斥之，則其懷諼以持兩端，亦可見矣。於陵、貫之以舉人爲摇擠之媒，僧孺、宗閔以考官爲奥援之託，則使擊去吉甫而於陵、貫之之爲吉甫可知也。若僧孺、宗閔、湜之並不能爲吉甫，則驗之他日，亦既章章矣。何也？上之所以求諫者不以其道，則下之應之也言直而心固曲也。無人不可諫，而何待於所舉之人；何諫不可納，何必問之考官之選？以道格君者匪搏擊之是快，以理正事者非泛指而無擇。朝而漸摩，夕而涵濡，何患忠言之不日徹於耳？乃市納諫之名，招如簧之口以侈多士之美哉？三代之隆無此也，漢唐之盛無此也。此科設而争辨興，抑揚迭用以激成朋黨。其究也，謇直者爲枉之魁，徒以氣焰鋒鋩鼓動天下而成不可撲之勢。僧孺等用，而唐乃大亂以訖於亡，有識者於其始進決之矣！

七　盧坦不抑飢歲穀價

歲豐穀熟而減其價，則糶者麇集，❶穀日外出而無以待荒；歲凶穀乏而減其價，則販者杜足，穀日內竭而不救其死。乃減價者，小民之所樂聞而吏可以要民之譽者也。故俗吏樂爲之，夫亦念聞減價而讙呼者何民乎？必其逐末游食、不務稼穡、不知畜聚之民也。若此者，古謂之「罷民」，罰出夫布而寘之圜土者也。男勤於耕，女勤於織，洿池時修，穫藏必慎者，歲雖凶不致於餒。❷即爲百工負販以自養，而量腹以食，執勞不倦，無飲博歌咢、晝眠晨坐驕佚之習，歲雖凶不致於餒。即甚乏矣，而采蔌於山澤，賃傭於富室，亦亟自計其八口之飦粥，而必不鬨然於河濱路隅，望價之減以號呼動衆。然若彼者實繁有徒，一唱百和，猝起哀鳴，冀官之減價。乃不念價即減，而既減之金錢顧其橐而何有也？如是者徇其狂妄而以拒商販於千里之外，居盈之豪民益挾持人之死命以坐收踊貴之利。罷民既自斃，而官又導之以趨於斃。嗚呼，俗吏得美名而饑民塡溝壑，亦慘矣哉！

盧坦爲宣歙觀察使。歲飢，穀價日增，或請抑之，坦持不可，而商販輻輳，民賴以生。知治道者之設施，固俗吏之所疑也。俗吏者，知徇「罷民」而已。故罷士不可徇之以

❶「糶」，邵陽曾氏抄本作「糴」。
❷「致」，邵陽曾氏抄本作「至」。

謀道，罷民不可徇之以謀生。罷士憚登天之難而欲廢繩墨以可企及，則必陷於愚陋；罷民恤斯須之苦而欲忘長慮以競目前，則必陷於死亡。君子之弗徇之，尸其怨而不恤，誠有其大不忍者矣。

八　李絳請釋恒冀困申蔡

憲宗志平僭亂，李絳請釋王承宗於恒、冀，而困吴少誠於申、蔡，韙已。有攻堅而瑕自破者，有攻瑕而堅漸夷者，存乎其時而已矣。當是時，國家積弱而藩鎮怙彊，河北，其輪囷盤錯以折斧斤者也。攻其瑕而國威伸，瑕者破而逆氣折，故西川、江、淮叛而速平，唯其瑕也。然而堅者自若，則以申、蔡逼近東都，中天下而持南北之吭，河北以窺朝廷之能否，故用兵之所宜先者莫急於淮、蔡。吴少誠處四戰之地，旁無應援，李師道殫力以爲之謀，爲盜而已，弗能出一卒以助其逆，彼瑕易脆而國威可伸，申、蔡平而河北震驚。不於此而攻瑕，將安攻乎？

若當時之最宜緩而不可急攻者，莫恒、冀若矣。王武俊首聽李抱真之約，發憤討逆，功固可念也。而南有魏博以爲之障，北有幽、燕以爲之援，東有淄青以爲率然之首尾，吐突承璀不揣而加兵，徒以資盧從史之逆，自取之也。自申、蔡而外，所可申討者唯淄青耳。淄青者，南接淮、海，而西與燕、魏相縣千里，勢不足以相救。故劉裕之滅慕容超也，一入大峴而直搗其郛，窮海必亡之勢也。李納無尺寸之功，有丘山之惡，而師道繼之，以鼠竊之小醜，力不足以大逞，但恃穿窬之徒以脅宰相、駭中外，焚帑藏、犯陵廟，宵起晝伏，幸免於天誅。堂堂正正以九伐之法臨之，如山壓卵，莫之能御矣。舍此不圖而遽求多於難拔之恒、冀，不亦愚乎？

《詩》不云乎：「池之竭矣，不云自頻？」池者，無源之水也，故頻竭而中隨之。藩鎮之逆，池水之溢耳。元和之世，溢者將涸，竭其頻而池自無餘。憲宗持疑不決，廟議亂於中涓，故歷年久而後平，賊雖平而國亦憊矣。

九　譚忠游説持兩端禍及天下

揣摩情勢、游移捭闔之士，其術得讎而天下之亂不可止。戰國之分爭，垂數百年而不定，暴骨連野，人之死者十九，皆此等心機所動，持天下而徇己説者成之也。至於唐之季世，而游士之口復騰。河北兵連，宇内騷擾，一言偶中，狂夫捐久長之利害而一意徇之，險矣哉！若譚忠之爲田季安、劉濟謀者是已。

於斯時也，爲季安謀萬全者豈有他哉？陳王承宗之逆而必敗，淮蔡、淄青之自速其亡，使二鎮合兵蹙承宗，使就縛歸命，改鎮修職，則季安、濟長保其富貴。而承宗既禽，淮蔡不敢窮兵以抗命，淄青不敢仗盜以黨姦，天下亦蒙其安平之福矣。其後田弘正一逼鄆州而李師道旋授首於劉悟，其明效矣。而譚忠持兩端之策，揣朝廷之舉動，姑順天子之命，實保承宗之姦以上免朝廷之怒，下結叛逆之心。自謂謀之已工而昧於久長之計者驚其揣度之中，無定之衷固不勝其如簧之舌，於是取堂邑以市交，收饒陽、束鹿以謝咎。二鎮固可處堂而嬉也，而天下之禍乃以此而深。使微忠也，則二鎮順而歸命，一言而決耳；逆而助賊，亦一言而決耳。癰已潰，收之而固無難也。故曰忠之爲謀險矣哉！

故士之傾危而禍及天下者，莫甚於善揣中外之情形而持之不失。李巨川之亡唐，張元、吴昊之亂宋，皆此也。杜荀鶴、韋莊之流，始於容身，終於倖利，然技止於雕蟲，猶不尸爲戎首；而兀朮欲走，一書生揣岳、秦之釁，言如持券，以終陷東京而不復。當國者之御此曹也難矣，獎之則群起而撓國是，抑之則反面而事寇讎。惟當禍亂繁興之日，庠序仍修，貢舉不輟，使有坦道之可遵，而旁蹊庶其可塞乎！將帥不得薦幕士，督府不得用參謀，亦拔本塞源之一道也。

十　李絳屢折吉甫啓朋黨之爭

李吉甫之專恣，憲宗覺之而拜李絳同平章事以相參酌。自謂得馭之之道矣，乃使交相持以啓朋黨之爭，則上失綱而下生亂，其必然也。絳貞而吉甫邪，弗待辨也。雖然，謂絳爲得大臣之道，又豈能勝其任哉？《秦誓》曰：「唯截截善諞言。」言者，小人之所長也，非君子之所可競也。小人者不畏咎於人，不懷慚於己。君以爲是，滔滔日進而益騁；君以爲非，詆訶面承而更端以進，無媿咎之容。若君子則言既不聽，恥於申說，奚瑣瑣尚口之窮乎？君子而以言與小人角長短，未有貞勝者也。《易》曰：「咸其輔頰舌。」應非不以正也，然相激而愈支，於以感上下之心，難矣。

夫大臣者，衷之以心，裁之以道，持之以權，邦之榮懷與其杌楻繫焉者也。❶不得已而有言，言出而小人無所施其脣舌，乃可定

❶「楻」，邵陽曾氏抄本作「隉」。

衆論之歸而扶危定傾於未兆。若其一再言之，君已見庸而衆嚚莫止者，必君志之未定而終且受詘，則所謂「不可則止」者矣。夫吉甫豈安於受挫，不思變計者乎？言出而絳必折之，憲宗且伸絳而抑之矣。然而屢進不已，蹻蹻争鳴者，何也？彼誠有所恃也，恃憲宗之好諛在心，乍咈而終俞。絳之相尚以口，言多而必躓也，如是而可以辯論之長與争消長哉？「彼亦一是非，此亦一是非」，各得其朋以相牴牾而黨禍成矣。此大臣之道所不欲以身任天下之紛紜者也。

絳而知此，則當命相之日，審吉甫之植根深固，不可卒拔，辭平章不受，使人主知貞邪之不可並立而反求其故，吉甫可逐也。即受之而姑舍他務，專力昌言，斥吉甫之姦，必不與同謀國事。聽則留，否則去，不但無自辱之憾，且正邪區分，可俟小人之僨輈折軸而徐伸其正論，於國亦非小補也。不此之務，屈身以與同居論道之席，一盈一虚，待下風者隨之而草偃，朋黨交持，禍延宗社，絳能辭遇雨之濡哉？

嗚呼！言固未有方也，論固未有定也，失其大正，則正邪之遷流未有據也。吉甫、絳君子小人之辨分矣，他日德裕欲掩父之惡以修怨，而牛僧孺、李宗閔、李逢吉、元稹之徒愈趨以與德裕争勝，則君子之名實又歸於李氏。一波而萬波隨，不知所屆，要皆口舌文字之争勝負於天下，而國之安危、俗之貞淫淌滉而無據。言之得失，可爲善惡之衡乎？盡臣道者不可不知，正君道者尤不可不知也！

十一　李絳能致田興之效悃

魏博田季安死，其子擅立，李吉甫請討

之而李絳請俟其變。籌之堂上而遥制千里，度之未事而驗之果然，不兩月而田興果請命奉貢，效其忠貞，一如絳言，不差毫髮。古今謀臣策士徵驗疾速，未有如此之不爽者也。

河朔自薛嵩、田承嗣以來，世怙其逆，非但其帥之稔惡相仍也，下而偏裨，又下而士卒，皆利於負固阻兵，甘心以攜貳於天子。故帥死兵亂，殺奪其子，擁戴偏裨者不一，而終無有恃朝廷爲奥援者。絳即知田懷諫之必見奪於人，亦惡知其不若朱希彩、吴少陽之相踵以抗王命哉？而堅持坐待之説，不畏事機之變，咎將歸己，無所顧畏者，豈果有前知不爽之神智，抑徼天幸而適如其謀邪？言而允中，固有繇來，絳祕不言而無從致詰耳。

田興之得軍心，爲季安所忌久矣。與季安不兩立而特詘於季安，待其死以蹶起，奄有魏博，謀之夙矣。欲定交於鄰鎮以成其竊據，乃四顧而無有可託之彊援，念唯歸命朝廷爲足以自固。乃欲自達於天子，而盈廷道謀，將機洩而禍且至。知唯李絳之可因效悃也，信使密通以俟時相應，舉國不知而絳之要言已定，非一日矣。絳言諸將怨怒，必有所歸，而不斥言興者，爲興祕之耳。逐懷諫而有魏博，絳與有謀焉；請命修貢，皆絳之成謀也。絳自策之，自言之，何憂乎事之不然哉？能致之者，絳之忠也；能持之者，絳之斷也；能密之者，絳之深也：要非以智揣度，幸獲如神之驗也。

故大臣之以身任國事也，必熟識天下之情形，接納邊臣之心腹，與四方有肺腑之交，密計潛輸，盡獲其肝膽，乃可以招攜服遠，或撫或勦而罔不如意。夫以一人之憂爲憂，以天下之安危爲安危者，豈孤立廷端，讀已往之書，聽築室之謀，恃其忠智而無僨事之虞哉？

大臣之謀國也既如此矣，則天子命相，倚之以決大疑、定大事，亦必有道矣。殿閣之文臣既清孤遠物而與天下素不相接，部寺之能臣，錢穀刑名雜冗而於機事有所未遑，危疑無定之衷，竭智以謀，愈詳而愈左。故人主之命相，必使入參坐議，出接四方。如陸贄、李絳之任學士也，早有以延攬方鎮而得其要領。天下亦知主眷之歸、物望之集，可與爲因依而聽其頤指，無患乎事機之多變而周章以失據矣。不能知人而厚防之，嚴宰執招權之罰，禁邊臣近侍之交，以漠不相知之介士馭萬里之情形，日削日離，待盡而已矣。

十二　神策軍割隸本鎮不如使隸兵部

唐置神策軍於京西、京北，雖以備御吐蕃，然曾倚此軍削平叛寇，則資以建國威、捍非常，實天子之爪牙也。德、憲以來，權歸中涓與西北節鎮，虜至莫能奔命，李絳所爲欲據所在之地割隸本鎮，使聽號召以擊虜之猝至，不致待請中尉，遲延莫救也。憲宗聞絳之言，欣然欲從而終於不果，識者固知其必不果也。

唐於是時，吐蕃之禍緩矣，所甚患者，内地諸節度分擁彊兵，畫地自怙，而天子無一爪牙之士。於此而欲奪之中涓之手，授之節鎮，中涓激天子以孤危，辭直而天子信之，又將何以折之邪？是軍也，昔嘗以授之白志貞矣，朱泚之亂，瓦解而散。外臣之無功而不足倚，有明驗也，故付之於宦官，亦無可委任而姑使其聽命宮廷耳。如復分割隸於節鎮，則徒爲藩鎮益兵，而天子仍無一卒之可使。有若朱泚者猝起於肘腋，勿論其能相抗制也，即欲出奔而踉蹌道路，將一車匹馬而行乎？絳不慮此，欲削中涓之兵柄而强人主以孤立，操必不可行之策，徒令增疑，何其疏也！

絳誠慮之深，策之審，則當抗言中涓攬兵之非宜，取神策一軍隸之兵部，簡選而練習之。猝有邊警，馳遣文武大臣將之以策應，外有寇則疾應外，内有亂則疾應内，與節鎮相爲呼應而功罪均之。如此則天子有軍，應援有責，而中涓之權亦奪矣。奈之何舍内廷之憂而顧外鎮之患乎？如曰待邊將之奏報而後遣救，無以防虜寇之馳突，則偵探不密、奏報不夙，邊鎮之罪也，非神策之需遲而不及事也。唐室之患不在吐蕃而在藩鎮，已昭然矣，如之何其弗思？

十三　李絳用親故

人臣以社稷爲己任而引賢才以共事，不避親戚，不避知舊，不避門生故吏，唯其才而薦，❶身任疑謗而不恤，忠臣之效也。周公遭二叔之流言，既出居東，而所汲引在位者皆摧殘不安於位。公身之不恤而爲之哀吟曰：「既取我子，勿毀我室。」小人動摇君子，取其爲國所樹之人指之以朋黨，毁之以私親，誠可爲衋然傷心者矣。雖然，公以叔父受託孤之任，撫新造之國，收初定之人心以衛社稷，故必近取休戚相倚者以自輔，固未

❶「薦」下，邵陽曾氏抄本有「之」字。

可概爲人臣法也。

立賢而先親知，非無説以處此矣。狎習已夙，則其性情易見而賢否易知，非遥采聲聞者之比也。且吾權藉既尊，風尚既正，屬在肺腑者苟非甚不肖若李虞、李仲言之於李紳，亦將習見正人，習聞正論，順風而偃，樂出於清忠之塗。則就親知而拔用之，非無得也。然而有大患者，苟其端亮忠直，憂國如家也，則其議論風旨恒毅然外見，而人得測其喜怒從違之所嚮。於是所與親知者熟嘗其肯綮以相迎合，亦習爲亢爽之容、高深之説以自旌而求讎。如牛僧孺、元稹、李宗閔、劉栖楚之流，危言碎首，亦何遽出賈誼、朱雲之下？杜欽、谷永，徒觀其表見，且可以欺後世而有餘。蘇舜欽、石延年、黄庭堅、秦觀游大人之門，固宜受特達之知遇，杜祁公、司馬温公所不能却也。而後竟如之何也？未遇則飾貌以相依，已讎則操戈以入室，凶終之禍，成乎比匪，不亦傷乎？

憲宗詰宰相「當爲朕惜官，勿用之私親」。此必有先入之言誣絳以受私者。絳曰：「非親非故，不諳其才。」言之誠是，憲宗弗能奪也。而李吉甫因之指斥善類爲朋黨以利攻擊者，即在於此。非盡吉甫之誣也，使牛僧孺、李宗閔、元稹、劉栖楚之徒早爲絳之親故而備聞其忼慨之論，絳能勿引與同升乎？而傾危爚亂之禍始，將誰歸邪？自非周公以至聖有知人之哲，以叔父居攝政之尊，則未可亟引親知，開小人姻亞膴仕之端。況乎人主方疑，同官方忌，爲嫌疑之引避者乎？進以樹特立之操，退以養和平之福，大臣之常度也。絳雖忠，未講於此，上不能靖國而下以危身，抑有以致之矣。

十四　環攻淮蔡四年始克

吴元濟，一狂騃豎子耳，中立於淮泗之閒，僅擁三州不協之衆，延晨露之命，所恃者王承宗既不能出一步以躡官軍之後，李師道獨以狗盜之姦刺宰相、焚陵邑，脅朝廷以招撫而莫救元濟之危，非能如嚮者河北連衡之不易撲也。而唐舉十六道之兵四面攻之，四年而後克，何其憊邪？論者責分兵如連雞，參差不齊，以致師老而無功，似矣。然使專任一將，四鄰諸道旁觀，坐聽其成敗，則勢益孤而覆敗尤速，則專任固不如分任，審矣。

乃詳取其始末而究之，元濟豈有滔天之逆志如安、史哉？待赦而得有其旌節耳，王承宗、李師道亦猶是也。兵力不足以抗衡，唯恃要結閒貳以求得其欲，師道遣三數匹夫入京邸殺宰相，燬陵寢，焚屯聚，挾火懷刃而大索不獲者，爲之淵藪者誰也？非大臣受三寇之金錢以相阿庇而詎能爾邪？則其行賂諸鎮，觀望不前，示難攻以脅天子之受降，概可知已。外則韓弘之阻李光顔，内則韋貫之、錢徽、蕭俛、李逢吉等之阻裴度，皆醉飽於三寇之苞苴而爲之脣舌者也。故蔡州一空城，元濟一獨夫，李愬一夕而縛之如雞鶩，其易也如此；而環攻四年，其難也如彼。唐安得有將相哉？皆元濟豢飼之鷹犬而已。僅裴、武兩相立於百僚之上，爲疑謗之招，弗能勝也。其遲久而後克，不亦宜乎？

故國家當寇難相臨之日，才臣有不足任之才，勇將有不可鼓之勇。夷狄盜賊所以蠱天下者皆豆區之惠，而人爲之風靡。非有清貞之大臣，前不屑千金，後不恤猛虎，則天子終無可寄之心膂。諸葛公曰：「唯澹泊可以明志。」人君尚知所託國哉！

十五　裴晋公同平章事請私第見客

德宗令廷臣相過從者，金吾伺察以聞。愚矣哉！夫苟納賄營私，則公庭可以密語，暮夜可以叩户，姻族游客可以居閒，乃至黄冠緇流、優俳僕隸一言片紙而可通，奚必過從哉？裴晋公同平章事，以平寇須參衆議，請罷其禁，於私第見客，憲宗許之。則豈徒收集思之益以周知閫外之情形？而洞開重門，陰慝無所容其詭祕。杜私門、絶倖竇之善術莫尚於此也。

然而處此也亦難矣。懲猜防之失，則以延訪爲公；戒築室之謀，則又以慎交爲正。兩者因其時而已。李太初群言雜陳而漠然不應，寧蒙天下之譏怨，自以不用游談之士爲報國。蓋截截諞言，非執中有權者未易使之日進於前也。嘗覽元、白諸人之詩，莫不依附晋公以自矜善類，乃至歸休緑野，猶假風韻以相激揚。然則當日私第之所接納，其能益於公以益於國者，蓋亦尠矣。

以要言之，人君不可禁大臣之交游，而大臣固當自重其嚬笑。論辨也，文章也，韻度也，下至於琴尊書畫山川玩好鑒賞之長也，皆勞視聽、玩時日以妨遠略，而僉人可託以求讎者也。若夫一邑一鄉之利害，此長彼短之策略，危言之而欲亟行之，祇以病國殃民而開無窮之害。延訪者可務好士樂善之虚名，爲宵人讎利達乎？周公下士至矣，而《七月》、《東山》惟與農夫戍卒咏室家田廬之憂樂，何有於指天畫地之韜鈐、月露風雲之情態哉？故延訪之公必以慎聽之，正持之，勿徒矜虚名而損實事也。

十六　裴公歷事暗主終留不去

憲宗之用裴公也深，而信之也淺，所倚以謀社稷之大計，協心合德而不貳者，獨淮蔡一役而已。然當其時，已與李逢吉、王涯旅進而無別。及乎淮蔡既平，公居首輔，而宦官承寵爲館驛使，賜六軍辟仗使印，公不能以一言規正。皇甫鎛、程异以聚斂與公分論道之席，公力争，而以朋黨見疑。浚龍首池，起承暉殿，張奉國、李文悦白公諫止，而二人坐貶。凡此數者，有一焉即宜拂衣以去，乃層累相違，公終栖遲於朝右，夫豈貪榮寵以苟容哉？蓋亦有其故矣。

公開閣以延士，而一時抱負之士皆依公以利見，❶公去則不足以留，必群起而爲公謀曰：公不可去也，委任重而受知深，志雖不伸，自可因事納忠以大造於家國，公姑隱忍以鎮朝廷，使吾黨得竭股肱之力以持危而争勝。此言日進，公且不能違，而偃仰以息其浩然之志，所必然矣。故公俛仰中外，歷事暗主，狎邇宵人，乍屈乍伸，終留不去，皆附公之末光者相從臾以羈遲也。公之浮沉前却不謂無補於昏亂，則從臾者之言亦未爲無當矣。乃通數代之治亂而計之，則所補者小，所傷者大。起水火之争，釀國家之禍，公未及謀也。爲公謀者，其志其量其識皆不足以及此，而公大臣之道以詘矣。

國家之患，莫大乎君子以若進若退之身與小人迭爲衰王而祗以堅小人之惡。何也？君子之道，不可則去耳，小人乃不以君子爲憂。而聚族以謀攻擊，則忌娼之惡，所

❶「負」，邵陽曾氏抄本作「貞」。

遝者即自起於其朋儔而同歸於消滅。鄴侯一歸衡山，而張良娣、李輔國之首交隕於白刃。唯君子終留於位，附君子者猶森森嶽嶽持清議於廷閒，且動暗主之心而有所匡正。小人乃自危而益固其黨以爭死命，抑且結宮禁、挾外援以制人主，而其勢乃成乎不可拔。《泰》之「拔茅以彙」也，《否》亦「拔茅以彙」也，而君子之彙終詘於群策群力之險毒。故劉向不去而王氏益張，李膺再起而宦官益肆，司馬溫公入相而熙豐之黨益猖。

大臣之道，不可則止，非徒以保身爲哲也，實以靜制天下之動而使小人之自敝也。彼附末光者躍冶爭鳴，恃爲宗主以立一切之功名，而足聽哉？是晉公之不去，公之褻也，唐之病也，朋黨之禍所以迄於唐亡而後止也。惟澹泊可以明志，惟愛身乃以體國，惟獨立不受人之推戴，乃可爲衆正之依歸。惜乎公之未曙於此也，而後知鄴侯之不可及矣。

十七　韓愈諫佛骨表不足以衛道

韓愈之諫佛骨，古今以爲闢異端之昌言。豈其然哉？衛道者衛道而止。衛道而止者，道之所在，言之所及；道之所否，言之所慎也。道之所在，義而已矣；道之所否，利而已矣。是非者，義之衡也；禍福者，利之歸也。君子之衛道，莫大乎衛其不謀禍福以明義之貞也。今夫佛氏之説浩漫無涯，纖微曲盡而惑焉者非能盡其説也。精於其説者歸於適意自逸，所謂「大自在」者是也，則固偷窳而樂放其心者之自以爲福者也。其愚者或徼壽禄子孫於弋獲，或覬富貴利樂於他生，唯挾貪求幸免之心，淫泆坌起以望不然之得。夫若是者，豈可復以禍福之説與之爭衡而思以易天下哉？

愈之言曰：「漢明以後，亂亡相繼，運祚不長。梁武捨身，逼賊餓死。」若以推究人心貞邪之致、世教隆替之源，固未嘗非無父無君之教流禍所及，然前有暴秦之速滅，哀、平之早折，則盡舉而歸罪於浮屠，又何以服嘵嘵之口哉？愚者方沈酣於禍福，而又以禍福之説鼓動以啓爭，一彼一此，莫非貪生畏死、違害就利之情競相求勝，是惡人之焚林而使之縱火於室也，適以自焚而已矣。

夫君子之道所以合天德、順人心而非異端之所可與者，森森鼎鼎卓立於禍福之外。比干之死，不羨文王之壽考；❶陳、蔡之厄，不慕甥館之牛羊。故曰「無求生以害仁」。於是帝王奉之以敷教於天下，合智愚賢不肖納之於軌物，唯曰義所當然，不得不然也。飢寒可矣，勞役可矣，褫放可矣，囚繫可矣，刀鋸可矣。而食仁義之澤以奠國裕民於樂利者，一俟其自然而無所期必。若愚者之不悟，亦君子之無可如何；而道立於己，感通自神，俟之從容，不憂暗主庸臣、曲士罷民之不潛消其妄。

愈奚足以知此哉？所奉者義也，所志者利也，所言者不出其貪生求福之心量，口辨筆鋒順此以遷流，使琅琅足動庸人之欣賞，愈之技止此耳，惡足以衛道哉？若曰深言之而憲宗不察，且姑以此怖之，是譎也欺也，「謂吾君之不能」也，爲賊而已矣。

十八　憲宗見弑陳弘志非戎首

憲宗之崩，見弑已明，而史氏以疑傳之，

❶「羨」，原作「信」，今據邵陽曾氏抄本改。

莫能中畫一之法。謂内侍陳弘志爲戎首者，非無據矣，而流觀終始，則弘志特推刃之賊，而污瀦之首辟不僅在弘志也。

繇前事而觀之。郭氏受册先皇，爲廣陵王妃，伉儷已定。憲宗立，群臣屢請正位中宫，而憲宗不從。已而與吐突承璀謀廢穆宗，立澧王惲，事雖未行，而郭妃母子亦岌岌矣。穆宗憂而謀於郭釗，釗曰「俟之」，則「今將」之志藏之久矣。

繇後事而觀之，陳弘志者，非能執中外之權如吐突承璀、王守澄之殺生在握也。憲宗雖服藥躁怒，而固爲英主，不至如敬宗之狂蕩昏虐也。承璀倚憲宗以執大命而志在澧王，弘志以幺麽乍起而行弑，正承璀執言討賊擁立澧王一機會，而奈何聽其凶逆，莫爲防制？如謂承璀力所不逮，則王守澄當因之以誅弘志，而分罪於承璀以夷滅之，其辭尤順。今皆不然，在宫在官，相率以隱，俯首結舌，任弘志之優游，則豈弘志之能得此於盈廷乎？

帝弑未幾而郭氏皇太后之命行矣，穆宗非能孝者而奉之極其尊養。郭氏雖飾賢聲以自暴，而侈靡遊佚，固一不軌之婦人，其去武、韋無幾也。憲宗未殯，承璀殺矣，澧王亦相繼而含冤以死矣。穆宗母子擁帝后之尊，恬然而不復問，舉朝卿士默塞而不敢言，裴度雖出鎮河東，固尸元老之望，韓愈、柳公權、崔群皆有清直之譽，而談笑以視先君之受刃。區區一埽除之弘志，安能得此於天下？則上下保姦之情形又不可掩矣。

考諸稗官之傳記，宣宗既立，追憲宗之讎，郭氏迫欲墜樓。弑逆之蹟暴露於論定之後，則憲宗之賊非郭氏、穆宗而誰哉？釁之所自生，則惟承璀惑主以易儲，故激而生變，郭釗所云「俟之」者，正俟此一日也。穆宗以適長嗣統，逆出祕密，故大臣不敢言，史臣不敢述，而苟且塗飾。不唯郭氏逭韋后之誅，穆宗逃劉劭之戮，陳弘志抑以逸罰爲千秋之疑案。嗚呼，唐至是，猶謂國之有人乎？而裴度、張弘靖、柳公權、韓愈之爲人臣，亦可知矣！

讀通鑒論卷二十五終

讀通鑒論卷二十六

衡陽王夫之譔

穆宗

一 河北樂爲盜賊

元和十四年，李師道授首，平盧平；其明年，王承宗死，承元歸命，請别除帥，成德平；又明年，劉總盡納其土地士馬，送遣部將於京師，爲僧以去，盧龍平；田弘正徙鎮成德，張弘靖出帥盧龍。自肅、代以來河北割據跋扈之風消盡無餘，唐於斯時可謂曠世澄清之會矣。乃未三載，而朱克融囚張弘靖以起，王庭凑殺田弘正以據成德，亂更酷於前代，終唐之世訖不能平。穆宗荒宴以忘天下而君非君，崔植、杜元穎闒淺不知遠略而相非相，張弘靖驕貴不接政事而帥非帥：求以敉寧天下也，誠不可得。雖然，亦何至如此之亟哉？

田弘正之輸忱於王室，非忠貞之果摯也，畏衆之不服而倚朝廷以自固也。劉悟之殺李師道，師道欲殺悟而悟先發制之也。王承元之斬李寂等而移鎮義成，懲師道之死而懼也。劉總之棄官以去，見淄青、魏博之瓦解，黨援既孤，而抱弑父與兄之巨慝不自保也。是憲宗之世河北之漸嚮於平者，皆其帥之私心違衆以逃内叛外孤之害，而非其偏裨士卒之所願欲，則暫見爲定而實則隍滔天之水以數尺之堤耳。王遂一入沂州而王弁即反，王承元欲去趙而諸將號哭。撫斯勢也，雖英君哲相，不可以旦暮戢其凶頑，豈徒駕馭之非人以激成倉卒之禍乎？嗚呼！天地有遷流之運，風俗有難反之機，非大有爲者化行海寓，若舜之分北三苗而洞庭、彭蠡之狂波永息，則必待天地之有悔心而正人之氣倍勝於邪慝。以力爭其勝，豈易言哉？

河北者，自黄帝誅蚩尤以來，堯、舜、禹敷文教以薰陶之，遂爲諸夏之冠冕，垂之數千年而遺風泯矣。永嘉之亂，司馬氏不能撫有，委之羯胡者百餘年，至唐而稍戢。乃未久而玄宗失御，進軋犖山之凶狡使爲牧帥，淫威以脅之，私恩以啗之，披堅執鋭、競彊爭勝以習之，怒馬重裘、割生飲湩以改易其嗜欲而熒眩其耳目，於是乎人之不獸也無幾。故田承嗣、薛嵩、李寶臣之流非有雄武機巧之足以抗天下，而唐之君臣目睨之而不能動摇其毫髮。非諸叛臣之能也，河北之驕兵悍民氣焰已成而不可撲也。師道死，惡足以懲之？弘正、承元之順命惡足以化之？其復起而樂爲盜賊，必然之勢也。垂及於石敬瑭而引契丹以入，欣奉之爲君親。金元相襲，凶悍相師，日月不耀，凡數百年。而數千里之區，士民無清醒之氣，凡背君父、戴夷盜、結宫闈、事奄宦、爭權利、誇武虓者，皆其相尚以雄、恬不知恥之習也。天氣昌則可以移人，人氣盛亦可以熏天。胎之乳之，食其食，衣其衣，少與之嬉，長與之伍，雖有和粹文雅之姿亦久而與化。耒甫釋而即尋戈，經方横而遽躍馬，欲滌除以更新，使知有君親以效順也，難矣。

自開元以後，河北人材如李太初、劉器之、司馬君實者，蓋晨星之一見爾，而類皆遊宦四方，不思矜式其鄉里。邵康節猶以南人爲相爲亂階，其亦誣矣。雖然，無往不復之幾必將變也。薛河東、趙高邑、魏南樂三數君子者以清剛啓正學，其有開必先之兆乎？非章志貞教之大儒一振起之，洗滌其居食衣履、嚬笑動止之故態，而欲格其心，未有勝焉者也。論世者屬目而俟之久矣。

二 貢舉恩怨

貢舉者，議論之叢也。小人欲排異己，求可攻之瑕而不得，則必於此焉摘之，以激天下之公怒而脅人主以必不能容。李德裕修其父之夙怨，元稹佐之以擊李宗閔、楊汝士，長慶元年進士榜發而攻訐以逞，於是朋黨爭衡，國是大亂，迄於唐亡而後已。近者溫體仁之逐錢謙益，奪其枚卜，廷訟日爭，邊疆不恤，以底於淪胥，蓋一轍也。

貢舉之於天下，群人士而趨之者也，其不讐者皆能多其口說以動衆者也。抑他日之可在位以持彈射之權，公卿貪勢位、暱子孫、私姻亞莫此著明，而其犯群怒也爲烈。❶故張居正之子首臚傳，王錫爵之子冠省試，搖群心，起議論，國以不靖，禍亦劇矣。李德裕自以門廕起家，遠嫌疑而名位亦伸，既有以謝薦紳之怨怒，其知貢舉，榜發而有「相將白日上青天」之譽，追其貶竄而有「八百孤寒齊下淚」之思。❷ 持此以摘發姦私而快其誅鉏，何求而不克乎？幸而德裕之於唐，功過

❶「群」，邵陽曾氏抄本作「衆」。

❷劉毓崧校勘記云：「據新舊《唐書》及《唐摭言》等書，杜悰曾勸李宗閔以德裕知貢舉而未果。其所以致八百孤寒之感者，則因當國數年頗爲孤寒開登進之路耳。至於『相將白日上青天』之詩，作於李逢吉知貢舉之時，與德裕無涉。」

相半也，使德裕而爲温體仁之姦，唐亡於其手而衆且欣戴焉，又孰懲哉？

夫翹舉曖昧以報夙怨者，誠小人之術矣。然所以致此者，其情固私，其事固鄙，苟知義之所不許，亦何爲而授人以口實乎？夫以賄相援者勿論已，以知交言，知其人之才而有薦賢之任，揚之王庭，固無吝也；如其不能，則亦相愛以道，使知命而待時耳。如行能心迹，他無足取，僅以文筆之長乍然相賞，不保衆論之諧，又奚足汲汲爲之謀利達哉？以子弟言，其才足用也，門廕有可進之資，而何須貢舉？既以文就有司之試，則才而見抑，自有司之過，而於己何尤？然而相承不舍，關節公行，雖才望之大臣，他端不枉而於此荏苒無慚，士習不端，成千餘年之惡俗，伊可歎也！

内不勝婦人孺子之嚅呪，外不勝姻亞門生之洽比，恤暮年之炎冷，念身後之榮枯，一中其隱微而情不能禁，賢者不免，勿問壟斷之賤丈夫矣。宗閔之於壻蘇巢，汝士之於弟殷士，固也。鄭覃行誼無大疵而庇其弟朗，李紳以賢見忌而有所請託，乃至裴中立以耆德元勳，何患其子不與清華之選，而使其子譔膺冒昧之榮，尤可惜也。習尚之移人，特立不染者，伊何人邪？有之，則允爲豪傑之士矣。

三 獎朱克融張弘靖史憲誠三叛裴中立可去不去

朱克融首亂，囚張弘靖，而授以盧龍；史憲誠脅忠孝之田布以死，而授以魏博；王庭湊殺推誠平賊之田弘正，而授以成德：唐之不足以興而迤邐以亡，在此矣。河北之亂始於僕固懷恩之割地以授降賊，成於崔植、杜元穎、王播之因亂以奬叛人。懷恩之姦，植、播、元穎之陋，固無足責者。郭汾陽位兼中外，裴中立身任安危，而坐視失圖，莫能匡救，抑又何也？

夫汾陽固有不可力争者矣。前乎河北之降，汾陽以朔方孤旅崛起勤王，威望未能大著也。清渠之敗、相州之潰，亦稍挫矣。宦官忌公，奪其兵柄以授其偏裨。一出而復東京、馘朝義，方且揶揄公以功不若人，使公於此持異議以與懷恩相牴牾，吝予降賊以節鉞，既嫌於忌懷恩而毁其方略，且使懷恩蠱朔方之將士，謂公壓己以絀三軍之勞績。他日者懷恩叛，而朔方之衆惡能戴公如父母以效於國乎？公戢意以静持之，知不可挽則姑聽之，而有餘地以圖他日之蕩平。公之慮深而志謹，國危君竄而社稷終賴以安，非淺衷之所易測也。

若中立以元臣受專征之命，而元稹、魏弘簡居中掣之，中立抗辨以争而不能奪其寵任，其受三叛之歸，錫以方鎮，非徒庇三叛也，不欲公復收前日淮蔡之功名而解其兵柄也，則中立豈容伸其遠慮哉？三叛受封而公罷爲東京留守，不恤唐室之安危，唯抑公之是圖，❶稹之志也。植、元穎輩且無能爲異同，況中立可自與争得失乎？用兵，危事也，内有攜貳之宰執而危乃滋甚。使中立力争弗與，決志以進討，敗者十九矣，徒殺士卒、虚帑藏。討之不克而復封之，身爲戮而國愈蹙，此一往自任之淺圖而中立其肯身執其咎乎？

雖然，君如此其昏也，相如此其劣也，犨

❶「抑」，原作「裴」，今據邵陽曾氏抄本改。

者不可使聰，狺者不可使馴，如中立者可以去乎，而豈其未也？ 中立之兼將相也與汾陽異。汾陽，將而相者也，其相，寵之也，去就不關其名節，留身於浮沈之閒以爲他日社稷之寄，將臣之道也。中立，相而將者也，其將，假以秉鉞爲三軍之重而固非將也，留身於浮沈之閒則道以身輕而不足爲宗社生民之衛。李逢吉、元稹乃至無賴之鄭注皆可頡頏以爲伍，身即留而固不足建他日補天鎮海之功，多言數窮以激小人而堅護其惡，豈徒無補，而害且因之益滋矣。元稹、魏弘簡用而三叛罷征，三叛割據而元稹復相，沃膏救火，火乃愈熾，斯君子所重爲中立惜也。汾陽默而唐安，中立屈而唐亂，時各有權，道各有分，人各有司，故二公者地異而不可並論者也。

四　穆宗之世賢姦更迭進退

君子小人忽屈忽伸，迭相衰王，其亂也更甚於小人之盤據而不可摇。何也？君子體國固自有其規模，小人持權亦自有其技術。小人驟進，深忌君子，固樂翹小過而盡反其道；君子復升，深惡小人，抑疾惡已甚而概絀其謀。夫既執國政而行其所欲爲矣，疆場之或戰或守，寇盜之或勦或撫，征徭之或罷或興，禮制銓除之或隆或替，邊臣受而行之將士，部寺受而行之庶司，郡邑受而行之百姓。其善者固樂從之矣，小人之稗政亦既不得已而奉行之，財已費，力已勞，習之已成，因之免害。乃忽於此焉忽於彼焉，將無定略，官無定守，士無定習，民無定從，姦人緣之以持兩端，愿民因之而無準則，豈特小人之病國殃民已亟矣哉？君子之以搖蕩天下之視聽而俾蹙蹙靡騁者，亦不保其不導以亂也。機事之洩、姦弊之興，窮民之左右救過而不遑、士大夫之疑殆而交相囂訟，然而政不亂、民不窮，封疆不僨、國不危亡者，未之有也。

夫小人之能固君寵、結衆心，幸成勞以侈功績者，亦嘗取天下之大略而籌之，有鉗制之術而下不敢違，有從欲之餌而或享其利，有揣摩之機而夷狄盜賊亦可相持以苟安。未幾而盡易之，汲汲焉唯恐其復進，不循其序而操之已蹙，乃易之未久而小人果復起矣，取已洩之機、已亂之緒而再用之，外之必訌，内之必困，君子小人交受其咎，非但小人之亂之也。

穆宗在位四年耳，以君子則裴度也、李紳也、韓愈也；欲爲君子而不馴者，李德裕也；以小人則李逢吉也、元稹也、牛僧孺也、王播也、李宗閔也；庸靡不能自固而居其閒以浮沈尸大位者，崔植也、杜元穎也；雖無大過而不克有爲者，蕭俛也、鄭覃也：或正或邪，或才或窳，無所擇而皆執國政，俄而此庸矣，俄而又黜矣，俄而此退矣，俄而又進矣，一言之忤合、一事之得失搖搖靡定，而宦豎與人主爭權，諫官與將相爭勢，任賢貳，去邪疑，害不可言也。並其任小人者，亦使小人無自固之地，一謀不遂，一語未終，早已退而憂危，求閃爍自全之術。嗚呼！晴雨無恒而稻麥腐於隴首，蔆連雜進而血氣耗於膻中。不知其時之人心國事旦改夕更以快一彼一此之志欲，吏乘之以藏姦，民且疲於奔命，夷狄盜賊得閒而乘之者，奚若也？唐之不即傾覆也，亦幸矣哉！

李林甫之姦也，非楊國忠大反之，而猶

可不亂；靖康賢姦争勝，而國以速亡。極亂之國有治人，有治人而益亂。靖亂者自有道焉，非相反之謂也。

敬　宗

一　大臣不可以援立居功

君父之志未定，姦邪之機方張，嗣子幼沖，或掖之以踐阼，不以戴己者爲恩、摇己者爲怨而過用其刑賞，非德若舜禹、有天下而不與者不能。一飯之德猶求報之，貢舉之知猶終事之：中人之情，君子不禁，可謂之私，亦可謂之厚也。反此者廓然大公，天下一人而已。叔孫昭子不賞私勞，夐絶之行也；抑豎牛讒賊，公憤所歸，雖欲賞之而衆必争。故以此而責人主合同異、泯恩怨於參大議之大臣也誠難。乃以此而醲賞重罰，失政理而亂國是，則大臣之受之者實任其咎。循天理、飭王章以靖衆志，非翼戴大臣之責而誰責哉？

翼戴者可以居功矣，則異議者惡得而無罪？知異議之必按是非爲功罪而非異議之即罪，則翼戴者之不可以援立爲功審矣。今夫薦賢才以在位，拔寒素而躋榮，意甚盛也。然苟爲靖共之君子，則必曰吾以事君也而不敢尸其報以牟利。況夫天子者，天之所命也，天下臣民所欲得以爲父母者也。竊天之權，斂臣民之志欲，而曰我自立之，我可以受翼戴之賞。自以爲功而求天子之弗我功也，不可得也。自以爲功，天子功之，則不與其議而疑於異己者惡得而免於罪乎？始之者，大臣也，迨其濫觴，而宦官宮妾進矣。援一人而立爲天子，小人之奇貨也。於是孫程、王守澄、仇士良乘隙而徼之，於是而賈充、傅亮因而專之，於是而華歆、郗慮、王謐、柳璨不難移人之宗社以貿己之寵榮。篡奪相仍，皆貪功者之一念爲之也，而徒以咎人主之賞私勞無太公之德哉？

穆宗保王守澄之逆而厚賜神策軍士，敬宗聽李逢吉之譖而竄李紳，其相襲以亂刑賞，非一日之故矣。於是而知金日磾之不以託孤受爵，卓哉其不可及已！周勃居功相漢而致袁盎驕主之譖，楊廷和居功受爵而貽門生天子之讒。英主覺之於事後而不能慎之於當時，勃與廷和自任已堅，氣焰上奪其君，有不能遽抑者在也。識卑器小，忠貞不篤，以天子爲墨莊，自貽凶危而害流後世。三代以下無大臣，究其情實，一鄙夫而已矣。居密勿之地，與促膝之謀。國本不定，竭忠貞以立正議；事定國安，引身而去以杜絶私勞之賞。則傾危之禍，其尚息乎！

二　穆敬二朝小人之術愈巧

小人之情愈趨而下，小人之僞愈變而升，故徵事考言以知人於早，未易易也；讀遺文、觀已迹以論昔人之賢姦，亦未易易也。古今所謂小人者，導君以徵聲逐色、黷貨淫刑，其恒也；持禄容身，希旨獻諛而不敢觸犯人主、乖忤宦妾，其恒也；生事徼功，掊克興利以召天下之怨，其恒也。乃自元和以來至穆、敬之世，所爲小人者術益進，而竊忠貞正大之迹以制天下而不得以爲非，後世誦其奏議，且將有味乎其言而想望其風采。嗚呼，至此而小人之姦可勝詰哉？

李吉甫之始執政也，以推薦賢才致天下

之譽，上國計簿，以人主知財用之難而思節省，尤大臣之要術也。其他則媢疾導諛，心違其言，不可勝道矣。元稹、李宗閔起而對策，詰吉甫之姦，推奥援之託，堂堂侃侃，罷黜不以爲憂，充斯志也，何有於崔潭峻、魏弘簡、王守澄之刑餘？又何有於李逢吉、王播之貪鄙？言之也不怍，尤不懼也。一旦改面而事佞倖以傍趨，有倍蓰於吉甫諸人之爲者。觀其始進，覽其遺文，亦惡知其滅裂之至於此哉？

若夫劉栖楚者，則尤異矣。敬宗晏朝，百官幾至僵仆，栖楚危言以諫，至於以首觸地，流血被面而不退。迹其風采，均等朱雲，固李渤之所不逮也。王播賂王守澄求領鹽鐵，復與獨孤朗等延英抗論，尤不畏彊御、鉏姦衛國之丰標也。而栖楚之爲栖楚，何如邪？姦諂之尤而冒剛方之迹，有如此夫！

然其所建白，猶一時一事以氣矜勝耳。至於牛僧孺，而所託愈難測矣。韓弘薦賄，中外咸食其餌而僧孺拒之，其律己也，君子之守也；悉怛謀據地以降，李德裕力請受納，而僧孺堅持信義，其持議也，君子之正也。則且許以果爲君子而與於帝王之文德，以無忝於大臣，固無多讓。而僧孺之爲僧孺，又何如邪？結李宗閔爲死黨，傾異己，壞國事，姑自成削以建門庭而讎其險毒，又如此。

夫穆、敬二帝雖曰淫昏，而是非之心未能全泯，故此諸姦者亢厲自飾而揣無誅殛之憂，唯是冒忠直正大之迹，欺天下以自容於公論。蓋自唐中葉以後，韓愈氏依傍六經之説以建立標幟，則非假聖賢之形似，不足以鼓吹後起之人才爲之羽翼。因時所尚，憑其浮動之氣、小辨之才，而栖楚且爲忠讜之領袖，僧孺且爲道義之儀型。小人之竊也，至於此而窮工極變，上欺人主，下欺士民，延及後世，猶使儒者史臣以周公不享越裳、《春秋》不登叛人之義濫許僧孺，而栖楚叩頭流血之姦無有能摘發之者。嗚呼，小人之惡滔天，尚誰與懲之哉？孔子曰：「未有小人而仁者也。」小人之仁，正其不仁之甚者，辨者不可不審也。

文宗

一　元和以後大臣有門户無天子

唐自元和以後，國之無人久矣。王守澄、陳弘志推刃天子，無有敢斥言之者。縱横兩代，至文宗之季年而後以他罪誅之。則劉克明何憚而不滅燭以弑少年之天子邪？克明滔天之罪，發之者，王守澄等四宦豎也；斬之者，神策飛龍宦豎所將之兵也。路隋以學士而爲逆賊草制，韋處厚俛仰而推討賊之功於江王。如是，尚可謂唐之有人乎？

孫明復之治《春秋》，曰：「稱國以弑者，國之人皆不赦也。」胡氏譏其已酷，非也。所謂國之人者非下逮於庶人，亦其當國之臣、允膺在宫在官之辟者也。然則憲、敬二君之弑，唐之大臣所可逭不赦之誅者誰也？韓弘、張弘靖、李逢吉、王播、皇甫鎛、韋處厚賢不肖無得而免焉，而李絳、裴度忠貞爲衆望所歸，亦何面目立新主之廷焉？當其時，宦豎之勢張矣。然未至如漢末諸奄斬艾忠良，空天下之群而無遺也，且未如肅、代之世，程元振、魚朝恩殺來瑱如圈豚，奪郭子儀之權位如奪嬰兒之弄具也。劉蕡一攄其忠憤，抗言不忌，雖不擢第，而抑無蔡邕髡鉗、張儉亡命之禍。則唐室諸臣亦何憚而不孤鳴其公憤？嗚呼，國之無人至於此極！而抑何以致此哉？

國家之大患，人臣之巨慝，莫甚於自相朋比，操進退升沈於同類之盈虛，而天子特爲其酬恩報怨、假手以快志之人。所謂正人者唯以異己相傾之徒爲雌雄不並立之敵，其邪者則以持法相抑之士爲生死不戴天之讎。而非天子莫能代之以行其志，非左右持權之宦豎莫能助己以快其欲。藉令當憲宗之弒而建討賊之旌，則豈徒弘志哉？守澄其渠帥也；匪徒守澄，郭后其内賊也；匪徒郭后，穆宗其戎首也。推究至極，不容中已。而守澄尸威福之柄，兩立於邪正之交，以持衡而顛倒之。郭后挾國母之尊，穆宗固世適之重，天位既登，動搖不可。則發義問者此黨之人，而彼黨即乘瑕而進。功隳名敗，身不保而禍延同類。於是素有忠直之望者亦惴惴然惜門户以圖伸，而依附之士咸齧指捫舌以相勸止。低回一起，慷慨全消，方且尊太后、肆大赦以掩其惡而飾之，因循安位以求遂其汲引同彙、拒絶異己之情。爲君子者固曰吾以是爲善類地也，而況匪人之比哉？宦豎乃以知外庭之情志，視君父之死如越人之肥瘠，閉户自保而以不與爲安。敬宗雖無劉子業、蕭寶卷之凶淫，一失其意而刃剚其胸，何不可使路隋、韋處厚泚筆弄舌以文其大惡乎？嗚呼，盈廷若是，而按孫氏《春秋》之法，非誣也！李絳、裴度雖云賢者，其能逃於法外哉？

李長源歸卧衡山，而李輔國不敢竟其惡；郭汾陽罷兵閒處，而魚朝恩不敢肆其毒。君子不浮沈於爵禄權勢之中，亂臣賊子自有所畏忌而思戢。元和以降，所號爲大臣者皆荏苒於不進不退之交，而白刃兩加於天子之脰。唐之無人，厥有繇矣。文宗進李訓、鄭注而謀誅内賊，非盡不明也，人皆知有門户而不知有天子，無可託也。

二　朋黨倏忽離合

朋黨興而人心國是如亂絲之不可理，將孰從而正之哉？邪正無定從，離合無恒勢，欲爲伸其是，詘其非，畫一是非以正人之趨嚮，智弗能知，勇弗能斷。故文宗曰：「除河北賊易，去朝廷朋黨難。」亦非盡暗弱之説也。

李宗閔、牛僧孺攻李吉甫，正也；李德裕修其父之怨而與相排擯，私也。乃宗閔與元稹落拓江湖而投附宦官以進，則邪移於宗閔、稹；而德裕晚節功施赫然，視二子者有薰蕕之異矣。李逢吉之惡，夫人而惡之，德裕不與協比，正也，而忽引所深惡之牛僧孺於端揆以抑逢吉而睦於僧孺，無定情矣。❶德裕惡宗閔，訐貢舉之私以抑之，累及裴度，度不以爲嫌而力薦德裕入相，度之公也。李宗閔與度均爲被訐之人，乃背度而相傾陷，其端不可詰矣。宗閔與稹始皆以直言進，既皆與正人忤而一争進取，則稹合於德裕以沮宗閔，兩俱邪而情固不可測矣。楊汝士之汙濁，固已，德裕以私怨蔓延而訐之使貶，俾與

❶ 劉毓崧校勘記云：「歐陽曉岑曰：李德裕無引牛僧孺於端揆事，篇内疑有誤。按，《通鑑》云時僧孺與李德裕皆有入相之望，德裕出爲浙西觀察使，八年不遷，以爲李逢吉排己，引僧孺爲相，由是牛李之怨愈深。此言逢吉引僧孺於端揆，非言德裕引僧孺於端揆。船山誤會其意，故移逢吉之事於德裕，此檢閱之疏也。」

裴度、李紳同條受謗，汝士之爲貞邪不決矣。白居易故爲度客，而以浮華與元稹爲膠漆之交，積之傾度，居易不免焉，而德裕亟引其從弟敏中，抑又何也？ 李訓、鄭注欲逐德裕而薦宗閔以復相，乃未幾陷楊虞卿而竄宗閔於明州，何其速也？ 聚散生於俄頃，褒貶變於睚眦，是或合或離，或正或邪，亦惡從而辨之哉？ 上無折中之宸斷，下無臧否之定評，顛倒天下以胥迷亂，智者不能知，果者不能決也。 揆厥所繇，則自李絳恃其忠直而不知大臣之體，與小人比肩事主而相角以言。 口給之士聞風争起，弄其輔頰，議論興而毛舉起，權勢移而嚮背乖，貿貿焉馳逐於一起一伏之中，驚波反濺，罔知所届。 國家至此，其將何以立綱紀而保宗祏哉？

唐宋以還，敗亡一軌，人君尸居太息而末可如何。 嗚呼，亂之初生，自所謂君子者開之，不但在噂沓之小人也！ 呂吉甫、章惇之害未去，而首擊伊川者，司馬公之門人蘇軾、蘇轍也；奄黨之禍未除，而特引阮大鋮以傾衆正者，温體仁所擊之錢謙益也。 當王介甫惡二蘇之日，體仁陷謙益之時，豈料其速變之如斯哉？ 烈火焚原而東西，不知所極，公忠體國之大臣慮之已早，鎮静慎默以贊天子之獨斷，而人心戢，風俗醇。 苟非其人，弗能與於斯也。

三　文宗思討宦豎非訓注申錫無可倚任

文宗恥爲弑君之宦豎所立，惡其專横而畏其害己也，旦夕思討之。 四顧而求託其腹心，乃擢宋申錫爲相。 謀之不克，申錫以死，禍及懿親，而更倚李訓、鄭注、王涯、舒元輿以致甘露之變。 申錫之淺躁，物望不歸，訓、注則無賴小人，繇宦豎以進，傾危顯著，可畏而不可狎，涯、元輿又貪濁之鄙夫也。文宗即不足與於知人之哲，亦何顛越乃爾哉？於其時，非無勛望赫奕之元臣如裴中立、英果能斷之偉人如李文饒，而清謹自持如韋處厚、鄭覃者，猶不致危身以僨國。文宗俱未進與密謀以籌善敗，獨決意以託匪人，夫亦有故存焉。

唐之諸臣皆知有門户而不知有天子者也。寵以崇階，付以大政，方且自詫曰：此吾黨之争勝有力而移上意以從己。其心固漠然不與天子相親，恃其朋類争衡之戰勝耳。故以裴中立之譽望崇隆，爲四朝之元老，而陳弘志之弒，杜口包羞；若李文饒則假宦豎王踐言以内召，而李宗閔、元稹、牛僧孺之恃陰腐爲奥援者，又勿論也。

外有不相下之仇敵，則内不可更有相忤之中人。争衡於一進一退之閒，則不能復問大貞大邪之辨。文宗蓋流覽躊躇，知其無可與謀也。而宋申錫以輕狷不審去就之庶尹，爲兩黨所不推；舒元輿、王涯、賈餗，則首鼠兩端，持禄免咎者也；訓、注之邪，上知之矣，乃其不擇而擊之力，一試之德裕，再試之宗閔，兩黨皆其所搏噬，庶謂其無所固執而可借爲爪牙者耳。

悲夫！自長慶以來，所敢以一言觸宦豎者，獨一劉從諫而已，而固防其且爲董卓也，則文宗不以委之申錫、訓、注而誰倚乎？藉令謀之中立，而中立未必應也；謀之文饒，而文饒固不從也；謀之處厚、覃，而處厚、覃且戰栗以退也；謀之宗閔、僧孺，而比於宦官以反噬也。故文宗交不敢信而託之匪人，無他，環唐之廷，大小臣工賢不肖者皆知有門户而忘其上之有天子者也。弒兩君，殺三相，裴中立且自逍遥於緑野，而況他人乎？

四　牛李維州之辨

牛、李維州之辨，仲牛以詘李者，始於司馬温公。公之爲此説也，懲熙豐之執政用兵生事，敝中國而啓邊釁，故崇奬處錞之説以戒時君。夫古今異時，彊弱異勢，戰守異宜，利害異趣。據一時之可否定千秋之是非，此立言之大病，而温公以之矣。

乃所取於牛僧孺之言抑德裕者，曰誠信也。誠揭誠信以爲標幟，則謀臣不能折，貞士不能違，可以懾服天下之口而莫能辯。雖然，豈其然哉？夫誠信者，中國邦交之守也。夷狄既踰防而爲中夏之禍矣，殄之而不爲不仁，奪之而不爲不義，掩之而不爲不信。使恤彼相欺之香火而養患，以危我社稷，殺掠我人民，毁裂我冠裳也，則太王當終北面於獯鬻，文王可永奉幣於昆夷，而石敬瑭、桑維翰、湯思退、史彌遠允爲君子矣。

突厥、回紇，唐曲意以下之者，皆有功於唐，舍其暫時之惡而以信綏之，猶之可也。然而且有不必然者，其順逆無恒，馭之有制，終不可以邦交之道信其感孚也。況乎吐蕃者爲唐之封豕長蛇，無尺寸之效，有丘山之怨，偶一修好，約罷戍兵，而於此言誠信乎？僧孺曰：「徒棄誠信，匹夫之所不爲。」其所謂誠信者，蓋亦匹夫之諒而已矣。其以利害言之而曰：「彼若來責，養馬蔚茹川，上平涼坂，萬騎綴回中，不三日至咸陽橋。」是其張皇虜勢以相恐喝也，與張儀誇秦以脅韓楚之游辭同爲千秋所切齒，而言之不忌。小人之横亦至此哉？

夫吐蕃自憲宗以後，非復昔之吐蕃久矣。元和十四年，率十五萬衆圍鹽州，刺史李文悅拒守而不能下，杜叔良以二千五百人擊之，大敗而退。其明年，復寇涇州，李光顔鼓厲神策一軍往救，懼而速退。長慶元年，特遣論訥羅以來求盟，非慕義也，弱喪失魄，畏唐而求安也。其主彝泰多病而偷安，不數年繼以荒淫殘虐之達磨，天變於上，人叛於下，寖衰寖微，而論恐熱、婢婢交相攻以迄於亡。安得如僧孺之言，扣咸陽橋，深入送死而無擇哉？斂手頫顔，取悉怛謀獻之，使磔於境上以寒嚮化之心。幸吐蕃之弱也，浸使其彊，目無唐，而鏃刃之下豈復有唐乎？

僧孺又曰：「吐蕃四面萬里，失一維州，未損其勢。」則其欺彌甚矣。吐蕃之彊，以其盡有北境也。於憲宗之世，全力南徙，以西番重山深谷，地險而腴，據爲狐兔之窟，於是而始衰，沙陀、黠戛斯、回紇侵有其故疆矣。故韋皋一振於西川而隴右之患以息。其南則南詔方與爲難，而碉門、黎、雅之閒乃其扼要之墟，得之以制其咽吭，則潰散臣服，不勞而奏功。西可以收岷、洮，南可以制南詔，北可以捍黠戛斯、回紇之東侵，而唐無西顧之憂。其在吐蕃，則大害之所逼也，而豈無關於損益哉？

夫夷狄聚則逆，而散則順，事理之必然者也。拒歸順者以堅其黨，故婢婢曰「我國無主則歸大唐」，然與論恐熱百戰而終不歸者，懲悉怛謀之慘，知唐之不足與也。以是爲誠信將誰欺乎？夫僧孺豈果崇信以服遠，審勢以圖寧乎？事成於德裕而欲敗之耳。小人必快其私怨，而國家之大利、夷夏之大防皆不勝其恫疑之邪說。文宗弗悟而從之，他日追悔而弗及。溫公抑遽許之曰：

「僧孺所言者義也。」使然，則周公之兼夷狄、孔子之作《春秋》必非義而後可矣。

五　宣出除鄭覃御史大夫

李宗閔欲逐鄭覃而李德裕亟薦之，文宗自內宣出，除覃爲御史大夫。宗閔曰：「事皆宣出，安用中書？」其妨賢之情固不可掩，然以官守言則職之所宜争，以國事言則內降斜封之弊所宜早杜其漸也。崔潭峻以「八年天子聽其行事」折之，詎足以服宗閔哉？鄭覃經術議論果勝大任，人主進一善士，昭昭然揭日月而行之，制下中書，孰敢違者？假令宗閔抗命而中沮，即可按蔽賢之辟施以斥逐。乃若有所重畏而偷發於其所不及覺，以與宰相争勝負之機，其陋有如此者。宗閔得持國憲官常以忿懟於下，以此而求折朋黨之危機，宜其難矣！故司馬温公曰：「明不能燭，彊不能斷，使朝廷有黨人，主當以自咎。」其説韙矣。乃又曰「不當以罪群臣」，則於君子立身事上、正己勿求之道，未協於理，而奬輕儇、啓怨尤、激紛争之害不可復弭。元祐、紹聖之際，狺狺如也，卒以滅裂國事，取全盛之宋而亡之。一言之失，差以千里，可不慎哉？

黜陟之權，人主之所以靖國也；格心之道，大臣之所以自靖也；進退之節、語默之宜，君子之所以立身也。居其位，安其職，盡其誠而不踰其度。故人主不審於賢姦之辨而用舍不決，使小人與君子交持於廷，誠宰相之所深憂。然小人者豈能矯君心之必不然者而脅上以從己哉？則格心者本也，適人者末也。但令崇奢佞鬼、耽酒漁色、牟利殃民、狎宦豎、通女謁之害一一檠括於宮庭之嗜好，則事之可否、理之得失、人之貞邪無所蔽窒，而小人自不足以群聚而争勝。若其格心之道已盡，而君惛不知，容小人之相牴牾，則引身以退，杜口忘言用養國家之福，而禍不自我而興。故孔子去魯，不争季孫之權，孟子去齊，不折王驩之佞。在國則忘身，去國則忘世。身之安也，天下之福也。如或不得於君，不容於小人，乞身事外，猶且紛紜接納，進人士而與結他日之援：爲憂國計與？適以激國事之非；爲進賢計與？適以貽賢者之傷。氣盈技癢，憤懣欲舒，且與浮薄之士流連於山川詩酒之中，播歌謡以洩悁疾。抑或生而有再用之情，没而有子孫之計，樹人自輔，悦己者容，乃使詭躁之夫依附以希他日之進。黨禍乃成，交争並峙，立身之不慎也，事上之不誠也，素位不安，害延於國。爲人臣而若此，咎亦奚辭？乃曰「不當以罪群臣」，不已過與？

即其在位之日，道在匡君，而人才之進退，國有常典，官有定司，固非好惡欲伸，唯己所任。一大臣進，而望風飾行以求當於端揆者，千百其群也。言論相符、行止相應者，不使退就銜勒，奚必利民而衛國，特以競勝於異己耳。苟可以取盈，然且破法而爲非常之舉，汲引而懷取必之心，則唯以所好者之升沈爲憂喜，而君父生民或忘之矣。質之夙夜，詎可云「精白乃心」乎？

夫德裕之視宗閔，其得失迥矣，而内不能却崔潭峻、王踐言之奥援，外不能忘牛僧孺、楊虞卿之私怨，則使文宗推心德裕，使汲引其所好者置於要地，而宗閔不敢或違也，終不可得。其後武宗亦既獨任之矣，未久而白敏中、令狐綯復起以盡反其局。豈非德裕乘權之日，恃主知之深厚，聚朋好以充廷，而不得志者如伏火石中，得水而爆烈哉？

夫元祐亦猶是也，皆爲君子者進則呴呴、退猶躍躍，導人心於嚚訟而不可遏也。以宰相之進退歸人主，以卿尹之黜陟歸所司，正己盡誠，可則行，否則止，絶新進之攀附，聽天命之廢興，雖有小人，何所乘以自立爲黨？其不然也而曰「不可以責群臣」也，無惑乎温公之門有蘇軾諸人之尋戈矛於不已也。

六　唐初制十六衛猶勝府兵

杜牧憤河朔三鎮之跋扈，傷府兵之廢敗，而建議欲追復之，徒爲卮言，貽後世以聽熒耳。牧知藩鎮之彊在府兵既廢之後，而不知惟府兵之積弱，是以蕃兵重，邊將驕，欺唐之無兵，以馴致於桀驁而不可復詰也。且當太和之世，豈獨河北之抗命哉？澤潞、山南無非擁彊兵以傲岸者。❶ 而欲取區區聽命之州郡，勞其農而兵之，散其兵而農之，則國愈無兵，民愈困，亂將愈起。甚矣！空言無實，徒以熒慕古者之聽而流禍於來今，未有已也。

府兵之害，反激而爲藩鎮，勢所必然，禍所必趨，已論之詳矣。乃若杜牧所言有可取而唐之初制尚可支百年者，則十六衛是已。十六衛以畜養戎臣、儲將帥之用者也，天下之兵各分屬焉，而環王都之左右，各有守駐以待命，蓋分合之勢，兩得之矣。分之爲十六則其權不專，不致如晉宋以後方州撫領擁兵而篡逆莫制也；統之以十六

❶「南」下，邵陽曾氏抄本有「以放」二字，馬宗霍校記：「若依鈔本，則『放』當讀如『放乎四海』之『放』。」

則其綱不弛，不致如宋之廂軍解散弱靡以成乎積衰也。

夫邊不能無兵，邊兵不可以更戍而無固心，必矣。兵之爲用，有戰兵焉，有守兵焉。守兵者欲其久住，而衛家即以衛國者也，而守之數不欲其多，千人乘城，十萬之師不能卒拔，而少則無糧薪不給之憂；戰兵者欲其遄往而用其新氣者也，一戰之勇，功賞速效，虜退歸休，抑可無長征怨望之情。然則十六衛之與邊兵，互設以相濟。寇小入則邊兵守而有餘，寇大入則邊兵可固守以待，而十六衛之帥唯天子使以帥其屬而戰焉。若夫寇盜有竊發之心，逆臣萌不軌之志，則十六衛中天下以林立，而誰敢恣意以逞狂圖乎？

唯是十六衛之兵，必召募挑選，歸營訓練，而不可散之田畝，則三代以下必然之理勢，不可以寓兵於農之陳言坐受其弊者也。就其地食其食，無千里飛輓之勞；就其近屬其衛，無居中遥制之病。衛率巡之，所司練之，有司供億之，皆甚便也。此則唐初之善制，不必府兵而可行之後世者也。以杜牧之時尤可決行於一朝，非若府兵之久敝而不可再興者。何也？河朔之叛臣不可遽奪，而内地猶可爲也。且自憲宗以來，淄青、淮蔡、西川、淮南賊平之日，兵不可散，固可移矣；成德、盧龍、魏博歸命之日，兵不能罷，亦可調矣。以恩恤之，以威臨之，仍使爲兵而稍移易之，固皆不安南畝、習於戎行者，又何難於措置之有哉？朝無人焉，慮不及此，而後天下終不可得而平。牧固不足以及此，而漫無憂國之心者又勿論已。

七　李石鄭覃受宰相之命於中尉以安社稷

甘露之變，殺生除拜皆決於中尉，文宗不得與知，而李石、鄭覃於其時受宰相之命。二子病矣！君子之進退必以其正，其以身任國家之大政也，必以其可爲之時。血濺於獨柳之下而麻宣於殿陛之閒，二子者，譽望素隆而何爲其然邪？曰：此未可以爲二子病也。夫二子於此雖欲辭相，而義之所不許也。

梅福之棄官、申屠蟠之辭召，位未高，君未知有我，且時已敝極而無可爲也。留正出國門而宋幾危，陳宜中奔占城而宋遂亡，偷免於危殆以倡人心之離散，無生人之氣矣。夫二子者，唐之大臣，而爲文宗所矜重者也。天子不勝於宦豎，兵刃交加於黼扆，掠奪縱橫於內省，三相囚繫以磔徇，天子之僅保其首領者，一閒耳。二李之黨分析以去，裴中立以四朝元老俯首含羞。二子不出而薄收其潰敗之局以全天子、安社稷，將付之誰氏而可哉？幸而二李之黨與宦豎之未相結納，而訓、注始事宦官而中叛之，故仇士良輩無心腹之大臣引與同惡，特循資望而授政柄於二子，是以匪人不進，誅殺止於數人而不濫及。使二子者畏避而引去，宵人乘隙投中尉之門以驟起而執政，其禍更當何如邪？

夫二子之受相位而不辭，非乘閒以希榮，蓋誅夷在指顧之閒而有所不避也。六巡邊使疾驅入京，聲言盡殺朝士以恐喝搢紳，李石安坐省署以弭其暴横。於斯時也，石固以腰領妻孥爲社稷争存亡，爲衣冠争生死，可不謂忠誠篤悱、居易俟命之君子乎？江西、湖南欲爲宰相召募衛卒而石不許，刺客横行，刃及馬尾，固石所豫知而聽之者也。薛元賞之能行法於神策軍將，恃有石也；宋申錫之枉得以復伸，覃爲之也。止滔天之水者因其潰濫而徐理之，卒之仇士良之威不敢逞，文宗得以令終，而武宗能弭其亂，自二子始基之矣。皎皎硜硜之節，惡足爲二子責邪？唐無静正誠篤之大臣，李石其庶幾乎，覃其次矣。

八　楊嗣復託宦官諷用李宗閔

聽言以用人，不惑於小人而能散朋黨以靖國，蓋亦難矣。雖然，無難也。有人於此，而或爲之言曰：是能陳善道、糾過失以匡君德者也，是能決大疑、定大計以固國本者也，是能禁姦邪、裁佞倖以清國紀者也，是能紓民力、節浮費以裕國用者也，是能建國威、思遠略以靖邊疆者也。如此則聽之而試之察之，驗其前之所已效，審其才之所可至，而任之也可以不疑。假不如其言，而覆按之、遠斥之，未晚也。有人於此，而或爲之言曰：是久抑而宜伸者也，是資望已及、當獲大用而或沮之者也，是其應得之位禄與某某等而獨未簡拔者也，是嘗蒙恩知遇而落拓不偶、爲人所重惜者也。如此則挾進退以爲恩怨，視榮寵爲己應得以與物競而相奬於富貴利達，以恤私而不知有君父者矣，不待辨而知其爲朋黨之姦、小人之要結矣。

楊嗣復託宦官諷文宗以召用李宗閔，而文宗欲量移之。計其爲辭，不過曰：是固陛下宰輔，流落可矜而已矣；抑不過曰：是蓋李德裕之以朋黨相抑，李訓、鄭注之以邪佞相陷而已矣。夫德裕之所逐，固無可辭於小人，而訓、注之所排，豈必定爲君子？抑問其昔居輔弼之任，所建立者奚若耳。若夫無益於國而徒尸顯秩，則已概可知矣，其黨固不能爲之辭。而但以曾充宰相，遂不可使失寵禄，將天子以天位任賢才使修天職，而止於屈者伸之，邑鬱欲得者憐而授之，是三公論道之尊僅如黄葉以止兒啼矣。

嗣復曰：「事貴得中。」洵如其言，亦以平二李之不平，使無偏重而已；其以平其不平者，各厭其富貴利達之欲而已。天子無進賢退不肖之權，但爲群臣謀爵禄之去留以消怨忌，是尚得謂天下之有天子乎？況其所謂得中者祗以漸引小人而撓善類邪？宋徽宗標建中之號而姦邪遂逞，無他，其所謂中者，夫人欲富貴利達，兩相敵而中分之謂也。上無綱，下無恥，習以成風，爲君子者亦曰是久處田閒、宜爲汲引者也。朋黨惡得而禁，士習惡得而端，國是惡得而定乎？

武宗

一　李德裕賂遺楊欽義

嗚呼，士生無道之世而欲自拔於流俗，蓋亦難矣！文宗憑几之際，李珏等扳敬宗子成美而立之。仇士良廢成美，立武宗。武宗立，珏與楊嗣復以是竄逐，於是而李宗閔之黨不容於朝，政柄之歸必於李德裕，此屈伸之勢所必然者也。德裕即無内援，而舍我其誰？固非一樞密楊欽義之能引己也。然德裕終以淮南賂遺，騰交通之名於天下後世，而黨人且據以爲口實，雖欲辭託身宦豎之醜而不可得。前此者，崔潭峻、王踐言皆能白德裕之直，然則德裕之於中人，不能自立坊表以不受磷緇，亦已久矣。

夷考德裕之相也，首請政事皆出中書，仇士良挾定策之功而不能不引身謝病以去。唐自肅宗以來内豎之不得專政者，僅見於會昌。德裕之翼贊密勿、曲施銜勒者不爲無力，夫豈樂以其身受中人之援引者乎？然而唐之積敝已成乎極重難反之勢，在内則中書與樞密相表裏也，在外則節使與監軍相呼吸也。拒之而常在其左側，小不忍而旋受其大屈。踐言與於維州之謀，潭峻藉宣鄭覃之命，德裕固曰吾不爲宦者用而我用宦者也。楊欽義之内召，無所屈節，而以寶玩厭其欲，德裕固曰此以待小人而使忘機，非辱也。吾行吾志，何恤於磽磽皎皎之嫌疑乎？然而以視君子立身之大防，則終玷矣。生斯世也，士君子之防，君且毁之，不可急挽也，則抱有爲之志欲抒於國者誠難矣。然則如之何而可哉？潔己無可羡之貲，謀國無偏私之黨，以君命而接之以禮，秉素志而持之以正，進不觸其深忌，退不取其歡心，俟時以得君而無求成求可之躁願，庶其免乎？乃德裕，功名之士也，固不足以及此也。以德裕之材當德裕之世，勿容深責焉可矣。

二　仇士良等以至柔之道縻繫中主

老氏曰：「天下之至柔，馳騁天下之至剛。」此女子小人滔天之惡所挾以爲藏身之固者也。

唐之宦官，其勢十倍於漢宋。李輔國驅四十年御世之天子如逸豚而苙之。其後憲宗死焉，敬宗死焉，太子永死焉，絳王悟、安王溶、陳王成美死焉，三宰相、一節度合九族而死焉。庖人之於雞鶩，唯其操鸞刀而割之也。文宗垂涕而歎，自比於周赧、漢獻而以爲不如，鬱鬱飲醇酒以成疢而崩。其凶悍之鋒不可嚮邇也如此。以爲神策六軍在其指掌，故莫之能制，是已，而未盡然也。當其時，節鎮林立，大臣分閫，合天下之全力以視六軍豢養之罷民，豈不相敵，而奚惴惴焉？及觀仇士良之教其黨曰：「天子不可令閒，日以奢靡娛其耳目，無暇更及他事。」然後知其所以毆中材之主入於其阱而不得出者，唯以至柔之道縻縶之，因而馳騁之，蔑不勝矣。

夫耳目之欲、筋骸之逸，狎而安之，順而受之，亦曰此人主之所應得，近侍之所宜供者耳。於國無損，於事非專，即不以爲彼功，而抑非可爲彼罪也。乃當其驕橫著見，人主亦含忿不堪而思翦滌，俄而退息於深宮，則娛樂迭進而氣不覺其漸平矣，稍定焉而姁姁嫗嫗、百出以相靡，竟不知夙忿之何以遽蠲也。氣一往而衰，安望其復振哉？

凡孌童稚女、清歌妙舞捐煩解憤者，皆其戈矛鴆毒之機也。正人端士沮喪而不得以時進獻其忱，則皆廢然返曰：出而與吾謀屏除者，入而且與之歡笑，吾惡能勝彼哉？徒自誅夷貶竄而弗能摇動之也。未有不緘口息機，聽其孤危而莫恤者也。則臣非其臣，兵非其兵，狎媚旦進而白刃夕張，莫能測焉。至柔之馳騁至剛，綽乎其有餘矣。

然則群奄之勢重丘山而弑逆相尋也，豈恃神策之孤軍哉？恃此而已矣。漢宋之閹主受制於家奴者皆此，而唐之立國，家法不修，淫聲曼色，自太宗以來，漫焉進御而無防閒之教，故其禍爲尤酷焉。口鼻非藉之不安臭味，肢體非藉之不宜清暎，煩勞菀結非藉之不能穆耳而愉心。林池魚鳥、書畫琴弈、張弧怒馬各有所嗜，而皆能爲奪情息怒之媒。機械之張，烈於彊秦，密於曹操。彼以剛爭，此以柔制，雖欲如周赧、漢獻而不能，果不如矣。人主而能知此，則勿曰宦官之惡不可撲也。以一念之無欲塞滔天之橫流，有餘裕矣。然而知之者鮮，能之者尤百不得一也。是以難也。

三　李德裕決討劉稹先許鎮魏傳襲

河北三鎮之不戢也，豈其富彊足以抗天下，不可制哉？唐無以制之耳。盧龍之亂，陳行泰、張絳相繼擁兵以脅節鉞，張仲武起而討之，問其所有士卒幾何，合軍士、土團，千餘人而已；問其兵食所出，則仰給於嬀州以北而已。卒如仲武之料，幽州下，叛人得。然則唐果制勝得理，以天下之力舉三鎮，如拾芥耳。而終困於不能者，廟謨不定，諸帥離心，且逆黨私人奔走京國，賄賂行於廷臣，皆爲張皇賊勢以勸姑息，囂張不輯，亂其成謀也。君暗臣偷，視蕞爾之叛臣莫之能勝，而曰：河朔習亂已久，人心難化。惡，是何言也？

劉稹阻兵擅立，李德裕決策討之，是已。而復曰：「但得鎮魏不與之同，則稹無能爲。」何其視鎮魏之太重也！張仲武既以盧龍歸命，拊鎮魏之背矣，何弘敬、王元逵非有田承嗣、王武俊之梟桀，即令納稹賂以陰相脣齒，而朝廷宣昭義問以臨之，又豈敢北不畏盧龍之乘其後，南不畏宣武之逼其前，西不畏河中之制其腋，顯相抗拒以黨逆而蹶興哉？戰即不力，亦持兩端以視勢所趨耳。

然則劉稹既滅，移弘敬、元逵於他鎮，不敢違也；召弘敬、元逵以赴闕，不敢拒也。彼雖驕蹇而惛瞀，抑且念昔之負固以長子孫者，不死於天誅則死於帳下，何如束身歸闕，席富貴而保後昆？部曲雖或囂張，帥心弛而氣亦頹矣。威可服也，恩可懷也，張仲武之令圖可羨，劉稹之狂謀可鑒也。區區數州之土，兩豎子尸居其上，而曰終難化也。德裕之於此懵矣，乃遣重臣輸悃於二鎮曰：「河朔自艱難以來，列聖許其傳襲，已成故事。」則既明輸左券，授以不拔之勢，儼若敵國。此言出後，其可追哉？

澤潞，王土也；其人，王人也。鎮魏，亦非北胡南蠻自爲君長之國也。鎮魏可，澤潞奚其不可？又何以折劉稹而服澤潞之人心乎？夫鎮魏西扼壺關，東連曹、鄆，南一涉河而即汴宋中原之堂奥也。橫骨頤中而欲食之下咽也，必不可得。唐之所以一亂而不可再興，皆此等成之也。德裕苟且以成一時之功，曾不恤禍結兵連之無日。習之難化，豈在河朔哉？在朝廷耳。武宗聽之，詔二鎮曰：「澤潞一鎮與卿事體不同。」言不順，事不成。嗚呼，唐終不可爲矣！

四　楊弁納賄中使

楊弁稱亂河東，逐李石，結劉稹，而其所恃者，納賄於中使馬元實。元實歸，大言於廷曰「弁有十五里光明甲」，以恐喝朝廷，徼求節鉞，李德裕折之而後沮。以此推之，凡唐之藩鎮，類以數州之土、一旅之衆抗天下之威，而朝廷僶俛以從其欲，非兵力之果彊也，皆賄也。非李德裕折元實之姦，則弁之納賄亦掩而不著，史氏亦無從記之矣。

賄行於中涓而天子懾，賄行於宰相而百官不能争，賄行於省寺臺諫，而天子宰相亦不能勝。前此之討淮蔡、討平盧，廷議紛然，唯恐兵之不罷者，此也；德宗窺見其情，厚疑群臣，孤憤興兵，而中外坐視其敗者，亦此也。唐之亂，賄賂充塞於天下爲之耳。凡三百餘年，自盧懷慎、張九齡、裴休而外，唐之能飾簠簋以自立於金帛之外者，無有。雖賢者固不能保其潔清，特以未敗露而不章，實固不可問也。藩鎮之叛，峙若敵國，相惎若仇讎，且唯以金錢貿中外之心，而天子不能自固，況州郡群有司之廢置哉？

蓋唐自立國以來競爲奢侈，以衣裘僕馬、亭榭歌舞相尚，而形之歌詩論記者誇大言之而不以爲怍。韓愈氏自詡以知堯舜孔孟之傳者，而戚戚送窮，淫詞不忌，則人心士氣概可知矣。迨及白馬之禍，凡錦衣珂馬、傳觴挾妓之習熸焉銷盡，繼以五代之凋殘，延及有宋，羶風已息。故雖有病國之臣，不但王介甫之清介自矜、務遠金銀之氣，即如王欽若、丁謂、吕夷甫、章惇、邢恕之姦，亦終不若李林甫、元載、王涯之狼藉，且不若姚崇、張説、韋皐、李德裕之豪華。其或毒民而病國者又但以名位争衡，而非寵賂官邪之害。此風氣之一變也。

乃唐之率天下以奔欲崇貨而遲久不亡者，何也？朝士以賄而容姦，逆臣亦以賄而自固，志氣俱偷，其欲易厭，故稱兵犯順者皆護其金穴以自封，而無問鼎登天之志。其尤幸者，回紇、吐蕃唯以侵掠爲志，浸淫久而自敝，亦無劉淵、石勒之雄心。斯以幸存而已矣。使如宋也，三虜迭乘以壓境，豈能待一遷再遷三遷而後亡哉？賄賂之敗人國家，如鴆之必死，未有能生之者也。

五　誅背劉稹之郭誼非殺降不信

「殺降者不仁，受其降而殺之不信。」古有其言，誠仁人君子之言也。雖然，言各有所指，道各有所宜，不揆其時，不察其故，不審諸順逆之大義，不度諸好惡之公心，而唯格言之是據，則仁人君子之言皆成乎蔽。仁蔽而愚，信蔽而賊，不可不辨也。

所謂「殺降不仁而無信」者，爲兩國交爭，戰敗而倒戈，與夫夷狄盜賊之脅從而自拔者言也。或黨惡之志固不堅，或求生之外無餘志，則亦生全之或且録用之，而蠲忿怒以予維新，斯允爲敦仁而崇信矣。劉稹之叛，郭誼爲之謀主。及夫四面合圍，三州已下，稹守孤城而日蹙，誼與王協説稹束身歸朝。稹既從之欲降矣，誼乘其懈殺之以自爲功。武宗與李德裕決計誅之，夫豈非允愜人心之公惡者以行大法？而司馬温公譏其失信。其信也，非其所以蔽而愚且賊者乎？

亂人者不殄絶之，則亂終不已者也。懷以仁，而即乘吾仁以相犯；結以信，而即怙吾信以相欺者也。而唐藩鎮之亂率因此而滋。自禄山爲逆以來，擁戴之者豈果僥倖其主之成大業而已爲鄧禹之效尺寸哉？人挾好亂之心而嗾其主帥以爲逆魁，以弋利於已。故李寶臣、薛嵩、田承嗣首自反噬，而果獲分土擁尊之厚利。蓋當勸亂之日，已挾自私之計。上脅朝廷，下睨其主，流血千里，主族亦赤，無非可罔利之左券。而朝廷果以姑息而厚酬之，位兼將相，澤及子孫，人亦何憚而不日導人以叛逆哉？賣主之腰領以求榮，主族夷而已詫元功。計當日之爲藩鎮者側目而寒心，自非狂騃如劉稹者，未有不以殺王協、郭誼爲大快者。頻年身膏原野之鬼與痛哭郊原之寡妻孤子，固且不怨稹而怨協、誼。故三賊伏誅，而後武、宣之世藩鎮無叛者。既有以大服其心，而裨將幕僚知無他日幸免僥功之轉計，則意亦戢而不敢導其主以狂狺。殺一二人而全天下，仁也；殺無恒之人以行法，信也。高帝斬丁公而今古稱其義，況躬爲逆首者乎？

且劉稹既從誼、協之謀以欲降矣，誼可容，稹獨不可降乎？殺降者，誼也；殺誼者，所以殺殺降者也，而何尤焉？唯項羽施之於敵國之赤子，李廣施之於解辮之夷狄，❶則誠惡矣，未可以爲反覆傾危之亂人引以求曲宥也。施大仁、惇大信，各有其時，各有其情，各有其理。以一言蔽千古不齊之事變，適以自蔽而已，君子所弗尚也。

六　李德裕奏罷宦者監軍

宦者監軍政於外而封疆危，宦者統禁兵於內而天子危。監軍之危封疆，李德裕言之至悉矣。乃天子之危，非宦者之統禁兵遽能脅之而死生廢立之也。天子之兵散布於天下，將皆其臣，卒皆其民也。其在內而爲禁兵如唐神策軍者但百之一耳，又非百戰立功，能爲天下雄者也。宦者雖握固之以爲己有，而勢不能與天下争衡。脅君自恣乃至弑刃橫加，豈能無畏於四方之問罪乎？其無所憚而血濺宮庭、居功定策者，實恃有在外監軍之使深結將帥而制其榮辱生死之命，指麾吏士而市以呴嘔宴犒之恩也。故王守澄、

❶「夷狄」，原作「荒服」，今據邵陽曾氏抄本改。

陳弘志、楊承和躬行大逆，不畏天下有問罪之師，乃至四朝元老分符持節之裴中立亦視君父之死，噤口而不敢誰何，獨一劉從諫執言相加，而懷來又不可問。無他，諸帥之兵皆宦者之爪牙，舉天下而在其掣肘，雖仗義欲鳴而力窮於寡助也。於是而知德裕之爲社稷謀，至深遠矣。其以出征屢敗爲言者，指其著見之害以折之，使不敢争耳。顯糾其沮撓軍事之失而不揭其攬權得衆之禍，使無所激以相牴牾，則潛伏之大慝暗消於忘言矣，此德裕之所以善於安主而防姦也。

然抑豈徒其立言之善哉？仇士良忌之而不能傷，乃乞身以去。敕監軍不得預軍務、選牙隊，而楊欽義、劉行深欣然唯命而不敢争。極重之弊反之一朝如此其易者，蓋實有以制之也。唐之相臣能大有爲者，狄仁傑而外，德裕而已。武宗不夭，德裕不竄，唐其可以復興乎？

七　禁浮屠宜使與巫者等

後世有天下者欲禁浮屠之教以除世蠹也，良難。會昌五年，詔毀寺及招提蘭若四萬餘區，歸俗僧尼二十六萬五百人，可謂令之必行矣。然不數年而浮屠轉盛，於是所謂黄檗者出，而教外别傳之邪説充塞於天下，禁之乃以激之而使興，故曰：難也。

武宗聽道士趙歸真之説而闢佛，以邪止邪，非貞勝之道，固也。未幾而武宗崩，李德裕逐，宣宗忌武宗君相而悉反其政，浮屠因緣以復進，其勢爲之也。雖然，假令武宗永世，德裕安位而行志，又豈可以舉千年之積害一旦去之而消滅無餘哉？何也？以一日矯千年之弊，以一君一相敵群天下狂惑氾濫之情，而欲剷除之無遺，是鯀之陻洪水以止其横流，卒不能勝者也。

夫群天下積千年而奔趨如騖，自有原委，亦自有消歸。故天下之僧寺蘭若欲毁之則一旦毁之，此其無難者也。勒二十餘萬僧尼使之歸俗，將奚歸哉？人之爲僧尼者，類皆孤露惰游無賴之罷民也，如使有俗之可歸而晏然爲匹夫匹婦，以田爾田，廬爾廬，尚寧幹止也，則固十九而不爲僧尼矣。一旦壓之使無所往而得措其身，則合數十萬伏莽之戎，黠者很者陰聚於宵旦，憒濨圖惟，謀歧塗以旁出，若河之決也，得螘穴以通而奔流千里，安可復遏哉？故浮屠之教至大中以後，乃益爲幽眇閃爍之論、弔詭險畸之行，以聳動生人而莫測其首尾，以相詑而翕從之，皆其擯逐無聊之日，潛身幽谷，思以争勝而求伸者也。

夫欲禁浮屠氏者，亦何用深治之哉？自有生民以來，有四民則有巫。巫之爲術不一，要皆巫也，先王不能使無也。浮屠之以扇動天下者，生死禍福之報應而已，則亦巫之幻出者而已。若其黠者雜莊列之説，竊心性之旨以與君子之道相競，而見道未審者惑之，然亦千不得一也。故取浮屠之説與君子之道較黑白，而衰王固不能保於末俗；取浮屠與巫者等而以巫道處之，則天下固多信巫而不信浮屠者，其勝負相敵也。浮屠而既巫矣，人之信之也猶巫，則萬室之邑，其爲巫者凡幾？而人無愛戴巫如父母者，且猶然編户征徭之民也。如此，則浮屠熸矣。

故寺院不容不亟毁也，笵金冶銅之像不容不亟銷也，田園之税、丁口之徭不容不視齊民也。無廣廈長寮以容之，無不税之田以豢之，無不徭之政以逸之，無金碧丹漆以豔其目，無鐘磬鈴鐸以淫其耳，黯淡蕭條，而又驗其老幼，使供役於郡邑，則不待勒以歸俗而僧猶巫也，巫猶人也。進無所安，退思自便，必將自求田廬，自畜妻子以偕於良民。數十年之中，不見其消而自無幾矣，即有存者，亦猶巫之雜處，弗能爲民大病者也。禁其爲僧尼則傲岸而不聽，含怨以圖興；弗禁其僧而僧視耕夫之賦役，弗禁其尼，而尼視織女之縷征，無所利而徒苦其身以茹草而獨宿，未有不翻然思悔者。徒衆不依，而爲幽眇之説、弔詭之行者亦自顧而少味。先王之不禁天下之巫而不殊於四民之外，以此而已。然則有天下而欲禁浮屠以一道德、同風俗者，亦何難之有哉？特未之思耳。

宣宗

一　宣宗猜忌李德裕由中尉先入之言

宣宗初識李德裕於奉册之頃，即曰：「每顧我，使我毛髮洒淅。」夫宣宗非孱主，德裕非有跋扈之氣發於聲色如周勃之起家戎伍、梁冀之世習驕倨者，豈果見之而怵然哉？有先入之言使之猜忌者在也。武宗疾篤，旬日不能言，而詔從中出，廢皇子而立宣宗。宣宗以非次拔起，忽受大位，豈旦夕之謀哉？宦官貪其有不慧之迹而豫與定謀，竊竊然相嚅呪於祕密之地，必將曰太尉若知，事必不成。故其立也，惴惴乎唯恐德裕之異己，如小兒之竊餌，見廚婦而不寧也。語曰：「盜憎主人。」其得志而欲誅逐之，必矣。

此抑有故。德裕當武宗之日，得君而行志，裁損内豎之權自監軍始。監軍失權而中尉不保神策之軍，於時宦官與德裕有不兩立之勢。德裕爲之有序，無可執以相撓，而上得武宗之信任，下有楊欽義、劉行深之内應，故含怨毒也深而不敢發。迨乎武宗疾篤不能言之日，正其河決癰潰，可乘以快志之時也。不廢皇子立宣宗則德裕不可去，不訹宣宗以德裕威稜之可畏，則宣宗之去德裕也不決。其君惴惴然如捍大敵之不能姑待，而後德裕必不能容。蓋德裕之所能控御以從己者，楊欽義、劉行深而已，二人者，其能敵宮中無算之貂璫乎？皇太叔之詔一下，德裕無可措其手足，待放而已矣。唐之亡，亡於宦官，自此決矣。

或者謂德裕事英斷之君，相得甚歡，而不能於彌留之際請憑玉几、受顧命以定冢嗣，使姦人得擅廢立之權，非大臣衛國之誼，是已，然有説焉。武宗春秋方富，雖有疾而非必不可起之危候，方將大有所爲，而不得遽謀身後。迨及疾之已篤，昏不能言，雖欲扣閤請見，而誰與傳宣以求必得哉？所可惜者，先君之骨未寒，太尉之逐已亟，環唐之廷無有一人焉昌言以伸其忠勳者。豈徒無爲之援哉？白敏中之徒且攘臂而奪相位，崔、楊、牛、李抑引領以望内遷，而鄭肅、李回莫能御也。意者德裕之自矜已甚，孤傲而不廣引賢者以共協匡贊邪，抑自朋黨興，唐之士風披靡於榮辱進退之閒而無賢可薦邪？二者皆國家危亂之券也。必居一於此，宜乎唐之不復興矣！

二　馬植首導宣宗苛刻

宣宗初立，以旱故，命大臣疏理繫囚，而馬植亟以刻覈之言進，請官典犯贓及殺人者不聽疏理。夫二者之不可遽釋，是已，而並不聽其疏理，唯法吏之文置之辟而莫辯。宣宗用申韓之術束濕天下以失人心，植實首導之矣。

唐自高宗以後，非弑械起於宮闈，則叛臣訌於肘腋。自開元二十餘年粗安而外皆亂日也，而不足以亡者，人心固依戀而不忍離，雖役繁賦重、死亡相接，抑且戴奕葉之天子於不忘。無他，自太宗以寬容撫士庶，吞舟漏網，則游鱗各呴沫於浦嶼，即有弱肉彊食之害而民不怨其上也。羅希奭、吉温以至窮凶如侯、索、周、來，抑但施慘毒於朝士而以反叛爲名，未嘗取吏民瑣細之愆苛求而矜其聰斷。馬植之徒導主以淵魚之察，而後太宗之遺澤斬矣。

植之言曰：「貪吏無所懲畏，死者銜寃無告。」亦近乎情理之説也。乃上方下寬恤之政用答天災，而遽以綜覈虔矯之令參之，則有司相勸以武健，持法律以核吏民，廣逮繫以成鍛鍊，有故入而無矜疑，士怨於官，民愁於野，胥史操生死以取貨賄，可勝言哉？

夫申韓之以其術破壞先王之道者，豈不以爲情理之宜誅有罪以恤無辜乎？而一倚於法，天下皆重足而立。君子之惡其賊天下而殄人國脈者，正以其近於情理，易以惑人也。

以贓吏論，古今無道之世，人士相習於貪叨，而其得免於逮問者蓋亦鮮矣夫。苟舍廉恥以縱朵頤，則白晝攫金而不見人，豈罪罟之所能禁乎？無道以止之於未淫，則察之愈密，誅之愈亟，貪緣附託行賄以祈免之塗愈開，賄不給而虐取於民者愈劇。究其抵法而無爲矜宥者，一皆拙於交游、吝於薦賄、谿壑易厭之細人而已。以法懲貪，貪乃益滋，而上徒以召百官之怨讟，下益以甚窮民之朘削，法之不可恃也明矣。

以殺人論，人即不伏歐刀於市，亦未有樂於殺人者也。已論如法而苟全於疏理之下，雖不死而生理亦無幾矣。若其忿懟發於睚眦，則當揮拳操刃之下，惡氣薰心，固且自忘其死，抑豈暇念他日之抵法而知懲；若云死者含冤，則天地之生，業已殺一人矣而又殺一人以益之，奚補哉？且一人抵坐而證佐之株連、寡妻孤子之流離於寺署者凡幾也？

故貪吏伏法，殺人者死，法也。法立於畫一，而張弛之機操於君與大臣之心。君子之道所爲迥異於申韓之刻薄者，不欲求快於一時之心也。心苟快，而天地和平之氣已不足以存。俗吏惡知此哉？綜覈行而上下相督，還相蔽也。炫明者瞀，炫聰者聾。唐室容保之福澤，宣宗君臣銷鑠之而無餘，馬植實首導之。苛刻一行而莫之知止，天下粗定而卒召吏民之叛以亡，固不如曏者之姑息，亂而可存也。

三　白居易爲元稹死黨李德裕引用其弟敏中

知人之難久矣而抑有其可知者，君子持之以爲衡，而失亦鮮矣。人之爲不肖也，其貪惏賊害、淫溺憒亂、得之氣質者什不得一，類皆與不善者習而隨之以流，因以氾濫而不可止。故君子之觀人於早也，持其所習者以爲衡。視其師友，視其交游，視其習尚，未嘗無失而失者終鮮。拔騂角於犂牛之中，非聖哲弗能也。

李德裕引白敏中入翰林，既爲學士，遂乘武、宣改政之初奪德裕之相，竭力排之，盡反其政，以陷德裕於貶死而亂唐室。夫敏中之不可引而使在君側，豈待再計而决者哉？德裕之初引敏中也，以武宗聞白居易之名，欲召用之，居易老而德裕以敏中進。然則知敏中者以居易，用敏中猶其用居易也。居易以文章小技而爲嬉遊放蕩、徵聲逐色之倡，當時則裴中立悦其浮華而樂與之嬉，至宋則蘇氏之徒喜其縱逸於閑撿之外而推尚之，居易之名遂喧騰於天下後世。乃覈其人，則元稹之死友也。稹聞謫九江而垂死驚坐，胡爲其然哉？以蕩閒踰撿相暱於聲色，而爲輕浮俗豔之詞以蠱人於淫，縱當其時如杜牧者，已深惡而欲按以法矣。稹鬻身奄宦，排抑正人以使河北終叛，而爲唐之戎首。居易護爲死黨，不得則託於醉吟以洩其青衫之淚。敏中爲其從弟，與居與遊，因之而受君相之知，夢寢之所席而安者，居易耳。若此而欲引爲同心以匡君而衛社稷，所謂放虎自衛者也，而德裕胡弗之知也？

使武宗欲用居易之日正色而對曰：此浮薄儇巧之小人，耽酒嗜色，以淫詞壞風教者，陛下惡用此爲？則國是定矣。李沆、劉健之所以允爲大臣也而德裕不能，其尚有兩端之私與？不然，則己習未端，心無定衡之可持而易以亂也。先儒謂蘇軾得用，引秦觀之徒以居要地，其害更甚於王安石，唯其習尚之淫也。舍是而欲鑒别人才以靖國家、培善類，未有能免於咎者也。

四　宰相不可無權

周墀爲相，韋澳謂之曰：「願相公無權。」傷哉，斯言！所以懲李相、朱崖之禍而歎宣宗之不可與有爲也。宰相無權則天下無綱，天下無綱而不亂者，未之或有。權者，天子之大用也，而提權以爲天下重輕，則唯慎於論相而進退之。相得其人，則宰相之權即天子之權，挈大綱以振天下，易矣。宰相無權，人才不繇以進，國事不適爲主，奚用宰相哉？奉行條例，畫敕以行，莫違其式而已。宰相以條例行之部寺，部寺以條例行之鎮道，鎮道以條例行之郡邑，郡邑以條例行之編氓：苟且塗飾以應條例，而封疆之安危，群有司之賢不肖，百姓之生死利病交相委也，抑互相容以雠其姦也。於是兵窳於邊，政弛於廷，姦匿於側，民困於野，莫任其咎，咎亦弗及焉。宰相不得以治百官，百官不得以治其屬，民之愁苦者無與伸，驕悖者無與禁，而天子方自以爲聰明，偏察細大，咸受成焉。夫天子亦惡能及此哉？摘語言文字之失，按故事從違之迹而已矣，不則寄耳目於宵小，以摘發杯酒尺帛之愆而已矣。天下惡能不亂哉？

上攬權則下避權，而權歸於宵小；天子爲宵小行喜怒，而臣民率無以自容。其後令狐綯用一刺史，而宣宗曰：「宰相可謂有權。」其奪天下之權使散寄而無歸，固不可與有爲也。韋澳見之審矣。無權則焉用相哉？弗問賢不肖也，但可奉行條例，皆可相也，其視府史胥徒也又奚以異？周墀又何用相爲？生斯世也，遇斯主也，不能褰裳以去而猶貪白麻之榮，墀亦不可謂有恥矣。

五　宣宗懷疑致禍更甚德宗

德、宣二宗皆懷疑以御下者也，而有異，故其致禍亦有殊焉。德宗疑其大而略其小，故於安危大計不信忠諒之言，姦邪得乘之而亂遂起。然略於細小之過，忘人於偶然之失，則人尚得以自容。於盧杞之姦傾聽之，於陸贄之忠亦傾聽之，故其臣無塗飾耳目、坐釀禍原之習，其敗亂終可拯也。宣宗則恃機警之耳目，聞一言而即挾爲成心，見一動而即生其轉念，賢與姦俱岌岌不能自保，唯蔽以所不見不聞，而上蠹國、下殃民，徼幸免於譏誅則無所復忌。雖有若陸贄之忠者在其左右，一節稍疏，群疑交起，莫敢自獻其悃忱。其以召亂也緩，而一敗則不可復救矣。馬植之貶，以服中涓之帶也；蕭鄴之命相，旨已宣而中止，以王歸長之覆奏也；崔慎繇之罷，以微露建儲之請也；李燧之鎮嶺南，旌節及門而返，以蕭倣之一言也；李遠之不用，以長日碁局之一詩也。李行言以樵夫片語而典州，李君奭以佛祠數老而遽擢。舉進退刑賞之大權，唯視人罄欬笑語、❶流目舉踵之閒而好惡旋移，是非交亂。荆棘生於方寸，忮害集於俄頃。自非白敏中、令狐綯之戀寵喜榮，❷誰敢以身試其喜怒而爲之用乎？天下師師，交相飾以避過，則朝廷列土偶之衣冠，州郡恣穿窬之長吏，養姦匿慝，窮民其奚恃以存哉？嗚呼，懷疑以察纖芥之短長，上下離心，而國不亡者，未之有也。其待懿宗而禍始發，猶幸也，又惡足以比德

❶「罄」，邵陽曾氏抄本作「謦」。
❷「喜榮」，邵陽曾氏抄本作「善訾」。

宗哉？

雷，至動也；火，至明也。以灼灼之明爲非常之動，其象爲《豐》。「豐其蔀，日中見斗。」以星之明亂日之明，則窺其户而無人。《易》之垂訓，顯矣哉！

六　大中五年民起爲盜由有司虐害

古今之亡國者有二軌焉，姦臣篡之，夷狄奪之也，而禍各有所自生。夷狄之奪，晉、宋是已。君昏將懦，兵弱而無紀，則民雖帖然圖安乃至忠憤思起爲之效命，而外逼已危，不能支也。姦臣之篡則不能猝起而遽攘之也，必編民積怨，盜賊繁興，而後姦臣挾平寇之功以鉗服天下而奉已爲主，漢、唐是也。張角起而漢裂，黃巢起而唐傾。而漢則有公孫舉、張嬰以先之，唐則有鷄山妖賊、浙東裘甫以先之。一動而戢，再動而囂，三動而如火之燎原，不可撲矣。

唐之立國，至宣宗二百餘年，天下之亂屢矣，而民無有起而爲盜者。大中六年，鷄山賊乃掠蓬、果、三川，言辭悖慢。民心之離，於是始矣。崔鉉之言曰：「此皆陛下赤子，迫於饑寒。」當是時也，外無吐蕃、回紇之侵陵，内無河北、淮蔡、澤潞之叛亂，民無供億軍儲、括兵遠戍之苦，宣宗抑無宫室游觀、縱欲斂怨之失，天下亦無水旱螽螟、千里赤地之災，則問民之何以迫於飢寒而遽走險以自求斬艾乎？然則所以致之者，非有司之虐害而誰耶？李行言、李君奭以得民而優擢，宜足以風厲廉隅而坊止貪濁矣，然而固不能也。君愈疑，臣愈詐。治象愈飾，姦蔽愈滋。小節愈嚴，大貪愈縱。天子以綜覈御大臣，大臣以綜覈御有司，有司以綜覈御百姓，而弄法飾非者驕以玩，樸愿自保者罹於凶，民安得不飢寒而攘臂以起哉？

小説載宣宗之政，琅琅乎其言之，皆治象也。温公亟取之登之於策，若有餘美焉。自知治者觀之，則皆亡國之符也。小昭而大聾，官欺而民敝，智攫而愚危，含怨不能言而蹶興不可制。一寇初起，翦滅之；一寇踵起，又翦滅之；至再至三而不可勝滅，亂人轉徙於四方，消歸無地，雖微懿宗之淫昏，天下波摇而必不能定。宣宗役耳目、懷戈矛，入黠吏之囮，驅民以凍餒，其已久矣。至是而唐立國之元氣已盡，人垂死而六脈齊張，此其候矣。

七　宣宗欲除宦官韋澳謂外廷不可與謀

韋澳者，以藏身自固爲道者也，異於貪進病國、儌幸危身之鄙夫遠矣，而不足以謀國。宣宗屏左右與商處置宦官之法，而澳曰：「與外廷議之，恐有太和之變，不若擇其中有識者與之謀。」此其爲術也甚陋，澳之識豈不足以知此之非策？而云爾者，不敢身任其事以自全而已矣。

太和之變所以主辱而臣死者，李訓、鄭注本無藉小人，舒元輿、賈餗皆貪庸，爲朝野所側目，與宦官以機械相傾而不勝，其宜也，而豈宦官之終不可受治於外廷哉？舍外廷而以宦官治宦官，程元振嘗誅李輔國矣，王守澄嘗誅陳弘志矣，是以毒攻毒之説，前毒去而後毒更烈也。蓋宦官之亂國而脅君也，與外廷之小人異。小人誅則其黨亦離，能誅小人者即不必爲君子，而亦懲小人之禍以反其爲者也。若宦官則自爲一類而與外廷爭盈虚衰王之數，其自爲黨也，一而已矣。勿論進而與謀，謀之必洩，祇以成乎禍亂。即令抒心盡力爲我驅除，而誅彼者即欲行彼之事，天子恃之，外廷拱手而聽之，後起之禍倍溢於前，又將何所藉以芟夷之哉？故曰：其術陋矣。

夫天子而果欲斷以行法，誅不順之奄孽，正綱維以自振也，豈患無其術哉？外廷非盡無人也，即如李文饒者優游諷議而解諸道監軍之兵柄，則使制此刑餘也優有餘裕，而摧抑之以嚮於死。充位之大臣則爲白敏中、爲令狐綯懷禄固寵之鄙夫，既陰結内援而不敢任誅鋤之事，使其任之，又舒元輿、王涯、賈餗之續耳。蓋其炫小明而矜小斷，以纖芥之嫌疑爲轉眄之刑賞。其以爲慎名器者，匹夫之吝也；其以爲察吏治者，老婦之聰也。佞人亟進而端士離心，故僅一守正之韋澳而唯計全身於事外。如使推誠待下，拔功業已著、才望可委之大臣修法紀以飭中外，乃下明詔申太宗之禁制，廢中尉之官，以神策之軍授司馬；革樞密之職，以機要之務歸中書，奪其所本無而授以埽除之常職：是天子大臣所可昭昭然揭日月以行者。廷臣莫敢異議，百姓莫不欣悦，藩鎮莫不欽仰，一二懷姦之奄豎何所挾以相抗？亦奚用屏人私語若大敵之對壘，力不能支，思乘瑕而攻刼之乎？

或曰：習已成則，其黨已固，奪之遽則其怨必深，環左右者皆其徒也，伏弑械以求逞，宣宗所重慮者未爲過也。夫惡唯隱而益深，故孔子成《春秋》而亂賊懼，發其所匿而正名之，則惡洩而不能再興矣。夫憲宗、敬宗之不保其軀命，豈嘗斥而奪之，使激而成之乎？憲宗之弑，陳弘志雖伏辜而未正其惡；敬宗之弑，劉克明雖授首而未誅其黨：内外交相匿，而後伏莽之戎有所怙以相脅。

宣宗於此正告中外，詰先君之賊，申汚瀦之討，宣發其惡，顯然於天下之耳目，則使有「今將」之心，抑知其無所匿藏而逃不赦之辟，又孰敢睥睨君父以逞其狂圖哉？ 太和君臣唯不知此，是以伏兵殿幄，反受大逆之名，三相駢死於獨柳，非外廷與謀而事機必敗也。乃宣宗之爲君也，以非次爲宦官所扳立，反以貽怨於社稷之臣，故懷私恩、忍重辱，隱而不能發露耳。是以韋澳遷延自免而不能爲之謀，知其荏苒者之有所繫也。

八 宣宗之世賢智皆全身遠害不爲國用

國無可用之人則必亡。國之無人，非但其君不欲用之，抑欲用之而固無人也。錚錚表見者非迂不適用則小有才而不足任大，如是者不得謂之有人。夫其時，豈天地之吝於生才以亡人之國乎？ 秉道行義，德足以回天者，閒世而一出，亦安能必其有？ 或賢智之士宅心無邪而樂爲君用，則亦足以匡亂救亡。功成事定，而可卓然爲命世之英。此則存乎風尚之所移耳。故國之無人，惟賢智之士不爲國用，恬然退處以爲高，以倡天下置君父於罔恤，於是乎國乃終以無人。

夫一二賢智之士不爲國用而無損於當世，似未足以空人之國使忘君父也。乃唯賢智之士立身無瑕，爲謀多臧，天下且屬望之而以不爲國用爲道，其究也，置其身於是非休咎之外，天下具服其卓識而推以爲高。於是知有其身以求免於履凶蹈危者皆慕其風以爲藏身之固，則宗社安危生死一付之迂愚巧黠之人，而自好者智止於自全，賢止於不辱，志不廣，學不博，氣不昌，乃使數十年内盡士類皆成乎痿痺泮渙之習。自非懷祿徼幸、依附亂賊而不慚者，皆不可與有言、不可與有爲之人也，於是乎天下果於無人。而狐狸晝嘷，沐猴衣錦，尚誰與治之哉？

宣宗之世，上方津津然自以爲治也，而韋澳謂其甥柳玭曰：「爾知時事浸不佳乎？皆吾曹貪名位所致耳。」是其爲言夫非賢智者之言乎？於是上欲以澳判户部且將相之，而浩然乞出鎮以引去。蓋澳之不爲唐用非一日矣，周墀入相，問以所可爲，則曰：「願相公無權。」宣宗屏人語以將除宦官，則曰：「外廷不可與謀。」其視國家之治亂如越人之肥瘠，而以自保其身者始終一術也。蓋於時賢智之士周覽而俯計焉，擇術以自處焉，視朝廷如燎原之火不可嚮邇，非令狐綯之流容容以徼厚福者，無不戒心於謀國矣。此習一倡，故唯張道古、孟昭圖之愚忠以自危，魏謩、馬植之名高而實詘，姑試其身於險而罔濟，其不爾者率以全身遠害爲風軌。故鄭遨、司空圖營林泉以自逸，而梁震、孫光憲、羅隱、周庠、韋莊之流寄身偏霸以謀安。其於憂世愛君之道夢寐不及而談笑不涉，天下惡得有人哉？

宣宗之世，唐事猶可爲也，而何以人心之遽爾也？宣宗甫踐阼，而功著封疆、謀匡宮府之李文饒貶死於萬里之外，其所進而與圖政者，又於一言一笑一衣一履之閒苛責其應違。士即忘身以殉國，亦何樂乎受不令之名以褫辱哉？人君一念之煩苛而四海之心瓦解，則求如李長源、陸敬輿履艱危、受讒謗以自靖者，必不可得。非唯不得賢智之士，固且以爲戒也，不亡何待焉？

九　東南稱亂由觀察使之殘民

安史作逆以後，河北亂，淄青亂，朔方亂，汴宋亂，山南亂，涇原亂，淮西亂，河東亂，澤潞亂而唐終不傾者，東南爲之根本也。唐立國於西北而植根本於東南，第五琦、劉晏、韓滉皆藉是以紓天子之憂，以撫西北之士馬而定其傾。東南之民自六代以來，習尚柔和，而人能勸於耕織，勤儉足以自給而給公，故不輕萌猖狂之志。永王璘、劉展一妄動而即平，無與助之者也。劉展既誅，席安已久，竭力以供西北而不敢告勞，至於宣宗之季年而後亂作。大中九年，浙東軍亂，逐李訥。越三年而嶺南亂矣，湖南逐韓悰矣，江西逐鄭憲矣，宣州逐鄭薰矣，不謀而合，並起於一時。其稱亂者皆游惰之兵，非兩河健戰之雄；所逐者皆觀察使，奉朝命以牧軍民，非割據擅命之雄，倚牙兵以自立，倡偏裨以犯上，非所據而人思奪之者也。蓋於是而唐之所以致此者可知矣。在昔之日，軍興旁午，供億繁難而不叛；大中之世，四海粗安，賦役有經而速反。豈宣宗之刑民而無醉飽者使然哉？觀察使慢上殘下，迫民於死地，民乃視之如仇讎，不問而知李訥輩之自取之也。

雖然，又豈非宣宗之縱蝨賊以害良稼哉？觀乎張濳之言曰：「藩府財賦所出有常，苟非賦斂過差及減削衣糧，則羨餘奏於代移之際者何從而致？」蓋進奉者，兵民之所繇困，而即其所繇叛也。及懿宗之初，始禁州縣税外科率。而薛調上言：「所在群盜，半是逃户。」故軍亂方興，民亦相尋而爲盜。裘甫之聚衆，旬日而得三萬，皆當年晝耕夜織、供縣官之箕斂者也。貨積於上而怨流於下，民之瓦解非一日矣。王仙芝、黄巢一呼而天下鼎沸，有司之敗人國家不已酷乎！

夫宣宗之於吏治，亦勤用其心矣，徒厚疑其臣而教貪自己。令狐綯父子黷貨於上，省寺相師而流及郡縣。塗飾耳目者愈密，破法以殃民也愈無所忌。唐之亡，宣宗亡之，豈待狡童繼起始沈溺而莫挽哉？於是藩鎮之禍且將息矣，河北諸帥皆庸豎爾，是弗難羈靮馭者。彼昏不知，惴惴然防之，而視東南爲噬膚不知痛，瀝血不知號之圈豚池鶩也。「人莫躓於山，而躓於垤。」豈不信夫？民者，兵之命也；安者，危之府也；察者，昏之積也；弱者，彊之徒也。可不慎哉？可不慎哉！

讀通鑒論卷二十六終

讀通鑑論卷二十七

衡陽王夫之譔

懿宗

一　討平亂軍叛民宜使有所歸

王式之平裘甫、康承訓之平龐勛，史據私家之文張大其功，詳著其略。嗚呼，是亦吹劍首者之一吷而已矣！但以一時苟且收拾之近效言之，則童貫之勦方臘且非無可紀之績也，至於朱儁、皇甫嵩之平黄巾則尤赫然矣。乃皆不旋踵而大亂作，國隨以亡。爝火之温不能御冰雪，久矣！飢寒之民猝起弄兵，志不固，力不堅，大舉天下之兵以臨之，其必克者，勢也。所難者，盡取而斬艾之則降不可殺，即盡取而斬艾之而其潰逃以免者猶衆也。既不得爲良民而抑習於掠奪，則狂心不可卒戢，夫何能使之洗心浣慮以服勤於田畝哉？況有司之暴虐不革，復起而擾之，則乍息之火得風而燎原。未可以賊首既俘，信煙波之永息也。

靖康之世，京東之賊亦蠭起矣，宗汝霖收之而帖然者，使自效於行伍而拔用其梟雄，俾仍合其部曲也。汝霖卒，賊且復潰矣，重起而收之者，韓、岳也，咸有所歸而不復雜之耕桑市肆之中，使鞅掌而思浮動，故宋以寧。王式乃於裘甫之既擒，不復問數萬之頑民消歸何處，爪牙乍斂而睥睨於人閒，則後日之從龐勛以亂徐州，隨王仙芝、黄巢以起曹、濮者，皆脱網之魚游沙汀而鼓浪。式曰：非吾事也。甫一擒而策勳飲至，可以鳴豫於當時，書功於竹帛矣。

夫亂軍叛民與藩鎮異。藩鎮之反雖舉軍同逆，而必倚節度使以起伏，渠帥既誅，新帥撫之，三軍仍安其故籍而不失其舊。故裴中立曰：「蔡人亦吾人也，綏之則靖矣。」亂民者雖有渠帥，❶而非其夙奉之君長，人自爲亂，渠帥自誅，衆志自競，非有以統攝之，而必更端以起。當斯時也，非分别其彊弱之異質，或使之歸耕或使之充伍，又得良將吏以安存之，則愈散而禍愈滋。以式爲將，以白敏中之徒爲相居中而御之，何功之足紀哉？徒以長亂而已矣，又況康承訓之進沙陀以亡唐邪？

二　姦民得逐刺史觀察

古之稱民者曰「民碞」。上與民相依以立，同氣同倫而共此區夏者也，乃畏之如碞也哉？言此者，以責上之善調其情而平其險阻也。唐至懿宗之世，民果碞矣。裘甫方馘而懷州之民攘袂張拳以逐其刺史，陝州繼起，逐觀察使崔蕘，光州繼起，逐刺史李弱翁。狂起而犯上者，皆即其民也。觀察刺史而見逐於民，其爲不肖固無可解者。雖然，貪暴之吏何代蔑有？一牓違其情而遽起逐之，上且無如之何？天下惡得而不亡？夫民既如此矣，欲執民而治其逐上之罪，是不

❶「亂民」，邵陽曾氏抄本作「叛軍」，馬宗霍校記：「上文有『亂軍叛民』語，疑此文當同。」

矜其窮迫而激之亂也；欲誅觀察刺史以撫民，而民之不道又惡可長哉？小失豪民之意，狺狺而起，脅天子以爲之快志，抑不大亂不已。然則反此而欲靖之也無術，則抑追詰其所繇來，而知畏民之嚚者，調制其性情於早，不可唯意以亂法也。

人君所恃以飭吏治、恤民隱者，法而已矣。法者，天子操之，持憲大臣裁之，分理之牧帥奉若而守之。牧帥聽於大臣，大臣聽於天子，綱也；天子咨之大臣，大臣任之牧帥，紀也。天子之職，唯慎選大臣而與之簡擇牧帥。既得其人而任以郡邑之治矣，則刑賞予奪一聽大臣。所訪於牧帥者，實考其淑慝功罪而決行之。於是乎民有受墨吏之荼毒者昂首以待當宁之斧鉞，即其疏脱而怨忿未舒，亦俯首以俟後吏之矜蘇。而大臣牧帥既得其人，天子又推心而任之，則墨吏之能疏脱以使民含怨者，蓋亦鮮矣。

而宣宗之爲君也不然。其用大臣也，取其飾貌以求容者而已；其任牧帥也，取其拔擢自我無所推引者而已；至於州縣之長，皆自我用焉而抑不能周知其人，則微行竊聽，以里巷之謡詠爲朝章。李行言、李君奭之得遷，惡知非賄姦民以爲之媒介哉？乃決於信，而謂廷臣之公論舉不如塗人之片唾也，於是刑賞予奪之權一聽之里巷之民，而大臣牧帥皆尸位於中，無所獻替。民乃曰：此褎然而爲吾之長吏者，榮辱生死皆操之我，天子而既許我矣。其黠者得自達於天子，則訐奏而忿以洩，姦亦以讎；其很者不能自達，則聚衆號呼，逐之而已。曰：天子而既許我以予奪長吏矣，孰能禁我哉？不曰天子固愛我，即稱兵犯上而不忍加罰於我；則曰天子固畏我，即稱兵犯上而不敢加刑於我。長是不懲，又何有於天子哉？ 耰鉏棘矜以攻城掠野，無不可者。 民非本碞，上使之碞。既碞，孰能反之蕩平哉？ 裘甫方平，龐勛旋起，皆自然不可中止之勢也。 山崩河決，周道荆榛，豈但如碞哉？ 宣宗導之横流，非一朝一夕之故矣。 懿宗又以昏頑濟之，禍發遲久而愈不可息。 民氣之不可使不静，非法而無以静之。 非知治道者且以快一時之人心爲美談，是古今之大惑也。

三　宣宗攬天下之利權以軍帑空虚致亂

龐勛之亂，崔彦曾以軍帑空虚不能發兵留戍而起，蓋至是而唐之所以立國者，根本盡矣。 夫財上不在國，下不在民，爲有國者之大蠹。 而唐養天下之力以固國者正善於用此。 其賦入之富有，自軍府以至於州縣皆有豐厚之積存於其帑，而節度、觀察、刺史、縣令皆得司其出納之權。 故一有意外之變，有司得以旋給而聚人以固其封守。 乃至内而朝廷亂作，外而寇盜充斥，則隨所取道因便以輸者，舟車銜尾而相繼。 而不但此也，官用所資不責以妄支之罪，則公私酬贈宴犒、輿服傔從沛然一取之公帑。 軍吏不待削軍饟以致軍懟，守令不致剥農民以召民怨。故唐無孤清之介吏，而抑無婪縱之貪人。 官箴不玷，官秩不鐫，則大利存焉。 雖貪鄙之夫亦以久於敭歷爲嗜欲之谿壑，而白晝攫金、褫奪不恤之情不起。 觀於李蕘所稱清河一郡之富及劉晏、韓滉咄嗟而辦大兵大役之需者，可知已。

自德宗以還，代有進奉，而州郡之積始虧。 然但佞臣逢欲以邀歡天子，爲宫中之侈費，未嘗據以爲法，斂積内帑，恃以富國也。

宣宗非有奢侈之欲，而操綜覈之術，欲盡攬天下之利權以歸於己。白敏中、令狐綯之徒以斗筲之器逢君之欲，交贊之曰：「業已徵之於民而不歸之於上，非陳朽於四方則侵漁於下吏。盡輦而輸於天府者，其宜也。」於是搜括無餘，州郡皆如懸罄，而自詡爲得策，曰：吾不加斂於民而財已充盈於內帑矣。亂乃起而不可遏矣。唯其積之已盈也，故以流豔懿宗之耳目而長其侈心。一女子子之死而費軍興數十萬人之資，帛腐於笥，粟陳於廩，錢苔於砌。狡童何知，媚子因而自潤，狂蕩之情，泰然自得，復安知天下之空虛哉？一旦變起，徵發繁難，有司據空帑而無可如何，請之於上，而主暗臣姦，固不應也。號呼已亟而或應之，奏報彌旬矣，廷議又彌旬矣，支放轉輸又彌旬矣。兵枵羸而不振，賊乘敝以急攻。輦運未集，孤城已潰，徒遲回道路，爲賊掠奪。即捐鉅萬，何當一錢之用哉？

且當官而徒守空橐也，公私之費未能免也，貪欲之情未可責中人之能窒也。必將減額以剥其軍，溢額以奪其民。此防一潰，泛濫無涯，田野之雞豚不給追胥之酒食，寡妻弱子痛哭郊原，而貪人之谿壑固未厭也。揭竿而起，且以延旦夕之生命，而以敝襦敗甲、茹艸啜飦之疲卒御之，有不倒戈而同逆者乎？官貧而民益貧，兵亂而民胥亂。徒聚天下之財於京邸，一朝失守，祇爲盜資。綜覈之政，攬利權以歸一，敗亡合轍，今古同悲。然後知唐初之積富於軍府州縣者，誠官天府地、四海爲家之至術也。

故曰：財散則民聚，散者非但百姓之各有之也，抑使郡邑之各有之也；財聚則民散，聚者既不使之在民，又不使之給用，積之於一帑而以有用者爲無用也。散則以天下之財供天下之用，聚則廢萬事之用而任天下之危。貪吝之説一中於君相之心，委生人之大計，爲腐艸塊石以侈富，傳及子孫，而驕淫奢溢，爲天下僇，不亦傷乎！故有家者惡其察雞豚也，有國者惡其畜聚斂也。庶人盡力以畜財，囷粟而朽蠹之則殃必及身，窖金而土壤之則子孫必絶。以有用爲無用，人怨之府，天之所怒也。況有天下者乎？

四　唐亡於康承訓之召沙陀

唐之亡不可救，五代之亂不可止，自康承訓奏使朱邪赤心率沙陀三部落討龐勛始。滅唐者，朱温也，而非温之能滅唐也。温自起爲賊，迄於背黃巢而降之日，未嘗有窺天之志也。僖、昭以爲之君，時溥、高駢以爲之將，張濬、崔胤爲奥援於内，而李克用、李茂貞、王行瑜各挾逐鹿之心，温乃内動於惡而無所忌。若沙陀者，介吐蕃、回紇之衰自雄於塞上，固將繼二虜而與中國爲敵者也。羽翼未成而陽受羈縻，與劉淵之在河西也無以異。因其未叛，聊使僦居沙徼，絶其窺覦，目不知中國之廣狹，心不喻唐室之彊弱，則自以爲僅可羃立於邊陲而忘情於中夏。則唐之不振，雖有朱温輩之梟逆，且將與朱泚同其銷歸。唐即不足以自存，尚可苟延以俟命世之英以代興，而中原之禍不極。承訓乃揖而進之，使馳騁於河淮江海之閒，與中國之兵相參而較勇怯，平賊之功獨居最焉，禍其有能戢之者乎？

龐勛擁數萬之衆横行，殫天下之師武臣力莫能挫抑，而沙陀以千騎馳突其閒，如薙靡艸。固將睥睨而笑曰：是區區者而唐且無如之何，吾介馬奔之而遽成齏粉，則唐之爲唐可知矣；舉江淮沂泗千里之郊，堅城深池，曾不足以御藐爾之龐勛而待命於我，則唐之唯我所爲而弗難下也，又可知矣；澤潞、淄青，所稱東西之藩屏也，坐擁旌旄，據千里之疆，統甲兵以自固，坐視逆寇之披猖，曾莫肯以一矢相加而徒仰待於我，則中國之衆叛孤立、弗爲捍衛也，又可知矣。振旅而歸，分茅朔野，吾亦何求而不得哉？國昌老而克用興，目已無唐，固將奮袂而起曰：是可取而代也。沙陀可以主中國，則契丹、女直、蒙古之彊倍於沙陀者，愈無不可也，而禍延於無極矣。乃論者曰：克用父子盡忠於唐以賜姓而收爲宗支，又何陋邪？然則承訓召寇以入，爲滅唐之戎首，罪其可逭乎？朱温甫滅，沙陀旋竊，石敬瑭、劉知遠皆其部落，延至於郭威而中國始有得主之望，禍亦烈矣哉！

夫承訓之力即不足以敵龐勛，而河北諸帥自張仲武、王元逵、何敬弘歸命以來皆有效順之成勞，無抗衡之異志。則胡不請移鎮魏、淄青之兵，下兖南，出曹、宋，拊勛之背，承訓從汝、亳以擣其膺，少需日月，游魚之釜可坐待其焦也。而承訓貪功亟進，當國大臣又茸鄙無謀以聽之。爝火入積薪之下，沃之以膏，待其焰發而始悔，莫能及也。故唐之滅非朱温滅之，沙陀滅之也；非沙陀之能滅之也，唐自滅也，而承訓其禍原矣！

五　諫臣殺身以伸道

穆宗、敬宗之無道也，諫之者極言其失，雖不能行，未嘗不以爲允而矜全之也。至於懿宗，私路巖而流陳蟠叟於愛州，❶同昌公主死，欲族醫官，而貶温璋爲振州司馬，使仰藥以死，且寄恨於劉瞻而再貶之。傳及僖宗，侯昌業、孟昭圖、張道古皆死焉。❷温璋臨仰藥而歎曰：「生不逢時，死何足惜？」嗚呼！生不逢時而林泉可以養志，上有耽欲無人理之君，下有黷貨無人心之相，以項領試之，憒不自惜，將弗過乎？故傳《春秋》者以洩冶不去而諫死爲不合於默語死生之道，❸則此數子者，其不免於譏矣。抑考《春秋》書殺大夫洩冶於前，而記陳平國身弑國亡於後。比事以觀，則聖人以大洩冶之死爲陳存亡之本，固未嘗以責備賢者之例責冶也。

夫人臣之諫君，有愛君無已而諫者，有自伸其道，自不忍違其心而諫者。君而可諫與，或有所不審而違於圖存之理，或不戒而心佚於道以成乎非僻。爲臣者不忍其誤入於邪而必檠括之以歸於正。則危言亟進，❹不避惡怒而必爭。君爲重也，而身輕矣。君而不可諫矣，乃吾性之清不能受物之濁，吾學之正不能同世之邪。生而爲士，仕其義矣；出而事君，忠其節矣。立於人之廷，與鄙夫旅進，視其淫昏而固若汙濊之加於其身，有言不可隱也，有心不可昧也，所學不可忘也。以畏禍爲情而有懷不吐，笑當世之迷而全身以去，則七尺之軀無以答上天，生我之恩無以酬父母，内顧此心，無可容其汶沕

❶「於」，邵陽曾氏抄本作「于」。

❷劉毓崧校勘記云：「據史、《鑑》，張道古在昭宗時官左拾遺，乾寧四年上疏稱國家有五危二亂，貶施州司户。據《北夢瑣言》，道古後入蜀，爲王建所害，非死於僖宗時也。周夢漁曰：僖宗殺三諫臣，侯昌業、孟昭圖、常濬也，張道古乃常濬之誤。」

❸「默語」，邵陽曾氏抄本作「語默」。

❹「危」，原作「微」，今據邵陽曾氏抄本改。

者，憤盈以出而不能緘。等死耳，何必三日不汗之可忍而此不可忍也？則危言切論之，死而無憾者。心爲重也，而身尤輕矣。韓偓、司空圖處無可救藥之時也，君即唯我之是聽，而我固無如之何也，去之可也。蟠叟諸人，君聽我而亂猶可治也，亡猶可存也，望望然而去之，匪君是愛，固不可以爲心矣。

夫洩冶當春秋之世，大夫於諸侯不純乎爲臣，故禮有不用而去之，去猶可也。四海一王，寰宇士大夫共戴一主，不能南走粵、北走胡，而即其宇内之林泉以偷生而坐視其敗，斯亦不成其丈夫矣。傳《春秋》者謂非貴戚之卿則去，亦據侯國之有世臣者言耳。後世同姓之支庶食禄而不與國政，天子所倚爲心膂股肱者皆艸茅之士也，將誰諉而可哉？故諸君子之或竄或死而不去以全身也，不繫乎君之可諫與否也。

僖宗

一　有司徵已蠲之税以奉上

君暴而天下尚有生也，君貪而天下尚有財也，有司違詔令以横征蠲免之税，而後民乃無可免之死。國家重斂以毒民而民知毒矣，乃且畏督責、避箠楚，食淡茹艸，暑而披裘以負薪，寒而衣葛以履霜，薄昏葬之情，竭耕織之力，以冀免於罪罟，猶可逃也。既頒明詔予之蠲免矣，於是而心乃釋然，謂有僅存之力可以飽一食而營一衣，而不知有司積累以督責其後者之尤迫也，夫乃無可以應，而伐木撤屋、鬻妻賣子，終不給而死於徵纆之下，是蠲免之令驅民於死之阱也。

僖宗元年，關東旱饑，有司徵已蠲之稅倍急，盧攜痛哭陳之，敕已允停重徵，而有司之追呼自如。是縱千百暴君貪主於天下，而一邑之長皆天子也，民其能不死，國其能不亂乎？夫以天子而制有司甚易也，乃一墨敕下，吏敢於上方王命以下賊民而不忌者，何恃而然也？上崇侈而天下相習以奢，郡邑之長所入凡幾，而食窮水陸，衣盡錦綺，馬飾錢珂，妾被珠翠，食客盈門，外姻麕倚，若一有不備而憔悴不足以生。上吏經過之饔飧，賓客之贈賄促之於外，豔妻逆子、驕僕汰妾謫之於內，出門入室無往非脅之以剽奪，中人以下且視死易而無以應此之尤難，尚何知有天子之詔？而小民之怨讟勿論已。

懿、僖之世相習於淫靡，上行之，下師師以效之，率土之有司胥然，誅不勝誅而無可如何者，一也。

盡天下之吏咸習於侈以貪矣，前者覆車，後者知戒，抑豈無自艾以奉法而生不忍斯民之心者？乃自令狐綯、路巖、韋保衡執政以來，唯貨是崇而假刑殺以立威，莫之敢抗，宰相索之諸道，諸道索之州縣，州縣不索之窮民而誰索哉？執此以塞上官之口而仰違詔旨，不得不爲之護蔽；下虐窮民，不得不爲之鉗服。天子孤鳴，徒勞筆舌而已。此其竟不能行者，二也。

即以情理而論，出身事主，寓家於千里內外。耕桑之計已輟，仰事俯畜、冠昏喪祭、姻亞歲時之酬酢亦猶夫人也，又加以不時經過之貴顯，晨夕相偕之上官，卮酒簋飧、一縑一箑無可絶之人理，既不可傲岸自矜而大遠乎人情，又況學校橋梁、舟車廨舍之修建愈不可置之罔聞，馹遞戍屯轉漕之需且相迫而固其官守，夫豈能捐家以代用哉？恃朝廷之制，儲有餘以待之耳。乃自宣、懿以來，括羨餘以充進奉，銖算尺量，盡輦而歸之内府，需者仍前而給之無策，唯取已蠲之税以償之，而貪人因求盈以自潤，雖下蠲除之令，竟無處置之方，姑以虚文塞言路之口，而天子固有偷心，終不能禁之懲之，俾民受其實者。三也。

懿、僖之世，三者備矣。盧攜雖痛哭流涕以言之，抑孰令聽之哉？天子不爲有司坊而有司無坊，天子不爲有司計而有司自爲天子。害之積也，亂之有源也，非一天子暴且貪之故也。是以唐民迫於必死而揭竿以起也。

二　令天下鄉村各置刀兵而盗益横

秦銷天下之兵而盗起，唐令天下鄉村各置弓刀鼓板而盗益横。故古王者之訓曰：「覿文匿武。」明著其迹曰覿，善藏其用曰匿。其覿之也，非能取五禮之精微大喻於天下也，宣昭其迹，勸爲可興而不可廢之典，以徐引之而動其心；其匿之也，非能取五兵之爲人用者遽使銷亡也，聽民置之可用不可用之閒以自爲之，而知非上之所亟也。夫銷之則無可藏也，無可藏非匿也；令民置之則覿之矣，雖覿之而固不爲我用也。非上能匿，亦非上能覿也，是以其速亂以亡，均也。

秦併天下於一己，而信爲無用武之日；唐見裘甫、龐勛、王仙芝之接跡以起，而遽驚爲不可戢之亂。庸人無舒徐之識，有所見而暴喜，有所見而暴懼，事異情同，其速以亂亡，均也。秦銷兵而民操耰鉏棘矜以起，後世知鑒之笑之，而效之者鮮；唐令天下鄉村各置刀兵以導人於亂，其爲亂政，有著見之禍矣，而後世言御盜之術以鄉團保甲爲善策，相師於不已，匪徒庸主具臣恃爲不得已之計，述古昔、稱先王者亦津津焉。嗚呼，無識而言政理，盈於古今，亦至是乎！

馴良之民授之兵而不敢持以嚮人，使之置兵，徒苦之而已。有司督之，猾胥里魁督之，小則罰，大則刑，輟衣食之資、棄耕耘之日以求免於誅責，究則閉目搖手，雖有盜入其室，劫其父、縛其子而莫敢誰何，鄉鄰又勿問也。其爲彊悍勝兵之民與，則藉之以弄兵而爭習技擊以相尋於私鬭，豪右之長又爲之渠帥以號召，奪樸民，抗官吏，大盜至則統衆以應之。鄧茂七之首亂於閩者，其明驗已。受命於天以爲之君，弗能綏民使弗盜也；奉命於君以爲之長，弗能衛民使盜戢也；資民之食以爲將爲兵，盜起殃民，弗能捕馘使民安也。乃取廛居井牧之編氓，操凶器以與不逞之徒爭生死，民何利乎有君，君何取於有吏，國何務於有兵哉？君不君，吏不吏，兵不衛民，瓦解競彊，不群起而逐中原之鹿，尚奚待哉？故言鄉團保甲者，皆唐僖宗、韋保衡之徒也，❶

❶ 劉毓崧校勘記云：「此即上文所言天下鄉村各置弓刀鼓板也。事在僖宗乾符三年正月，其時宰相乃鄭畋、盧攜、李蔚、崔彥昭等人。若韋保衡，已於懿宗咸通十四年十月賜自盡。是歲七月僖宗即位，其時保衡攝冢宰，至九月即罷相貶官，下距置弓刀鼓板之事二載有餘。此記憶之誤。」

三　唐不亡於群盜而亡於沙陀

《陰符經》，術人之書也，然其測物理之幾以明吉凶之故，使知思患豫防之道，則君子有取焉。其言曰：「火生於木，禍發必尅。」謂夫禍發於有本，資之起者還以自賊而不可復撲也。盈天地之閒皆火也，而必得木以爲其所生之本，故發而相害者果也。

古今亡國之禍，唯秦暴殄六國而天下怨，蒙古入主中原而民不從，則艸澤之崛起者足以相代而不必有所資。自非然也，亡漢者黄巾而黄巾不能有漢，亡隋者群盜而群盜不能有隋，亡唐者黄巢而黄巢不能有唐。其爲火也非不烈也，而爲雷龍之光、火井之焰，乍爾熺然而固易熸也，唯沙陀則能亡唐而有之者也。禍發之必尅也，發而尅矣不可復撲，垂之數傳而餘焰猶存。朱邪亡矣，邈佶烈、石敬瑭、劉知遠皆其部落也，垂及於宋太宗之世而後劉鈞之餘焰熄焉。禍之必尅，豈不信夫？

如黄巢者，何足爲深慮哉？裘甫馘矣，龐勛斬矣，王仙芝死於曾元裕之刃，黄巢亦終懸首於闕下矣。浮動之害，氣已洩而還自燼，奚能必尅也？沙陀據雲中、鴈塞之險，名爲唐之外臣，薄效爪牙之力。而畜梟繕備，秣馬練士，收餘蓄，結鞬靼，聚謀臣，糾猛將，以伺中國之閒，爲日久矣。介黄巢之亂，聚族而謀，李盡忠、康君立、薛志勤、程懷信、李存璋所共商擁戴者，與劉宣等之推戴劉淵也若出一轍。於是而奪唐之志或伏或興，或挫或揚，或姑爲順或明爲逆，三世一心，群力並聚，盤踞雲中，南據太原以爲根本，雖欲拔之而必不勝矣。劉淵之在離石、西河也，尒朱榮之在六鎮、❶秀容也，唐高祖之在晉陽、汾陽也，皆此地也。外有北狄之援，內有士馬之資，而處於中國邊鄙之鄉，當國者置之度外而不問其彊弱逆順之情勢。歲而積之，月而漸之，狎而親之，進而用之，虛吾藏以實之，偶一爲功而無識之士大夫稱說而震矜之，使之睥睨四顧，熟嘗吾之肯綮。幸一旦之有變，人方競逐於四戰之地，而己徐徐以起，是正所謂「厝火積薪之下」者也。然且合中外之早作夜思，竭四海、疲九州之力以與無根之寇爭生死而亟求其安，夫惡知拊吾背、乘吾危以起者，火已得風而薪必盡也？木資火以生而旋以自焚，豈有爽哉？李克用殺段文楚以據大同，唐不知戒，他日寇急又延之以入，而沙陀之禍幾百年而始滅，悲夫！

四　富貴之徒情欲得而才亦窮

無忘家爲國、忘死爲君之忠，無敦信及豚魚、執義格鬼神之節，而揮霍踊躍、任慧力以收效於一時者，皆所謂小有才也。小有才者，匹夫之智勇而已。小效著聞而授之以大任於危亂之日，古今之以此亡其國者不一，而高駢其著也。唐自宣宗以後委任非人以啓亂而致亡也亦不一，而任高駢於淮南，兼領鹽鐵轉運，加諸道行營都統，其尤也。

使駢而無才可試，無功可録，則雖暗主庸相偶一任之而不堅。而駢在天平，以威名著矣；在嶺南，破安南矣；在西川，拒群蠻矣。計當日受命專征之將相如曾元裕、王鐸

❶「尒」，邵陽曾氏抄本作「爾」。

者，聲望皆不能與之相伉，以迹求之，鄭畋且弗若也。而唐之分崩滅裂以趨於灰燼者，實駢爲之。何以明其然也？王仙芝、黄巢雖横行天下，流寇之雄耳。北自濮、曹，南迄嶺海，屠戮數千里而無尺地一民爲其所據。即至入關犯闕，走天子，僭大號，而自關以東，自邠、岐以西北，自劍閣以南，皆非巢有。將西收秦、隴而縱酒漁色於孤城，誠所謂游釜之魚也。使駢收拾江、淮，趨河、雒，扼其東奔之路，巢且困死於駢之掌上，而何藉乎逆蹙懷姦之朱温、畜志窺天之李克用乎？唐可不亡矣。即不然而若劉弘之在荆州，又不然而若韓滉之在江東，息民訓士，峙芻粟以供匱乏，則温與克用且仰哺於駢而可制其生死。二凶亦不敢遽逞其欲，唐亦可不亡矣。而一矢不加於汴、蔡，粒粟不出於河、淮。夫駢固非有温與克用乘時擅竊之成謀也，貴已極，富已淫，匹夫之情欲已得，情欲得而才亦窮矣。

駢之所統，天下之便勢也。有三吴之財賦，有淮徐之勁卒，而繇後以觀，若錢鏐、楊行密、王潮者，皆可與共功名者也。駢忠貞不足以動人，淡泊不足以明志，偃蹇無聊，化爲妖幻，閉於閨中，邑邑以死，回視昔之懸軍渡海、深入蠻中者，今安在哉？受制妖人，門無噍類，一旦而爲天下嗤笑。繇是觀之，才之不足任也審矣。

但言才則與志浮沈，與情張弛，一匹夫而已矣。童貫亦有平方臘之功而使當女直，熊文燦亦有定海寇之效而使撫流賊，乃至朱儁、皇甫嵩之蕩除黄巾而束縛於董卓。亂國之朝廷所倚賴、亂世之人心所屬望，皆其不可與有爲者也。然後知狄公之能存唐，唯有保全流人、焚毁淫祠之大節；汾陽之靖亂，唯其有聞亂即起、被謗不貳之精忠。大人君子，德牣於中而後才以不窮。富貴不淫，衰老不怯。偶然奮起之小績，遽委以大猷，「鼎折足，覆公餗，其形渥」，此之謂已。

五　武臣養寇脅上繇上之不能先喻以義

劉巨容大破黃巢於荆門，追而殲之也無難。即不能殲，亟躡其後，巢亦不敢輕入兩都。而巨容曰：「國家喜負人，有急則撫存將士，不愛官賞，事寧則棄之。」遂逸賊而任其馳突，使陸梁於江外，此古今武人養寇以脅上之通弊也。國亡而身家亦隕，皆所弗恤，武人之愚，武人之悍，不可瘳已！

乃考唐之於功臣也，未嘗有醢菹之禍，而酬之也厚，列土封王，澤及子孫。汾陽、臨淮、西平赫然於朝右，懿、僖無道，抑未嘗輕加罪於效績之臣，康承訓之貶固有逗撓之實，非厚誣之也，朱邪赤心、辛讜皆褎然節鉞矣。巨容所云「負人」者，姦人之游辭耳，豈果負之哉？則巨容負國之罪無可逃於天憲矣。

雖然，抑豈非爲之君者弗能持正以正人有以致之乎？人君操刑賞以御下，非但其權也，所以昭大義於天下而使奉若天理也。天下莫喻乎義，則上以勸賞刑威悚動其心，而使行其不容已。故曰：「上好義，則民莫敢不服。」巨容曰：「有急則撫存將士，不愛官賞。」是以官賞誘將士於未有勳勞之日，使喻於利而歆動之。寇賊方起，爵賞先行，君臣之義，上先自替以市下。唯天下有亂，不必有功而可以徼非分之寵榮，賊一日未平則可脅一日之富貴，惡望其知有君臣之義、手足頭目之相衛者乎？巨容之情非以防他日之見薄也，實以要此日之見重也。

如使寇難方興之日，進武臣而責以職分之所當爲，假之事權而不輕進其爵位，大正於上以正人心，奬之以善，制之以理，而官賞之行必待有功之日，則義立於上，皎如日星，膏血塗於荒郊而亦知爲義命之不容已。及其策勳拜命，則居之也安而受之也榮。雖桀驁之武人，其敢有越志哉？宋太祖以河東未平不行使相之賞，而曹彬不曰國家負人，誠有以服之者也。

六　李克用陰謀亡唐

取亡唐之賊加之李克用，非深文也。克用父子潰敗奔韃靼，語韃靼曰：「黃巢北來，必爲中原患，一旦天子赦吾罪，與公輩南嚮共立大功，誰能老死沙漠？」論者謂以此慰安韃靼而自全者，非也。克用之持天下也固，而知必入其掌中，揣之深、謀之定而言之決也。故其後所言皆驗，而卒以此陵唐室，終爲己有，夫豈姑以此慰韃靼之心哉？

當李琢、李可舉討之之日，國昌已老，克用之力未固，黃巢尚在江淮之閒，唐室尚寧，合西北之全力以攻新造之一隅，不敵也。克用知所可用者，從未挫於中國之韃靼也，故不難舍兩鎮以去而北收韃靼以爲己資，又遣李友金僞背己以降而爲之内謀。其布腹心之黨於忻、代、雲中以結人心者，祕密而周悉。可舉、琢一勝而幸其逃，弗能問也，赫連鐸乃欲賂韃靼以取之，爲其所笑而已。及巢已陷京，李友金募雜胡三萬，睥睨偃蹇，陽不聽命，而曰：「若奏天子赦吾兄罪，召以爲帥，則代北之人一麾響應。」既得召命，克用果以韃靼萬人疾驅而入，士卒皆爲用命。則内外合謀，玩唐於股掌，卒如其意，豈一朝一夕之能得此哉？外有韃靼，内有友金，雖逃奔，愈於固守以抗争也多矣。此克用之險狡，人莫能測其藏者也。

嗚呼！使當日者唐室文武將吏能合困黄巢於長安而殲夷之，則克用之謀奪矣，唐以存而沙陀之禍息矣。然而克用料之而必中，圖之而必成者，何也？沙陀自隨康承訓立功於徐、泗之日，已目空中國之無人，不能如黄巢何而必資於己也。姦人持天下之短長以玩而收之，至克用而極，非劉淵、石勒之能及也。所據者一隅而睨九州如橐中之果餌，視盈廷之將吏如痿痹之病夫，黄巢、朱温皆其借以驅人歸己之鸇獺，是之謂狼子野心，封豕之方伏、長蛇之方蟄者也。

七　鄭畋遽嚮長安而成效毀

黄巢之亂，唐中外諸臣戮力以效節者，唯鄭畋一人而已。畋以將佐不聽拒賊，悶絶仆地，刺血書表，誓死以斬賊使，不可謂非忠之至；以文吏率數千人拒尚讓五萬之衆，敗之於龍尾陂，傳檄天下，諸道争應，貢獻蜀中者不絶，不可謂非勇之甚，抑不可謂非智之尤。然而一嚮長安，旋即潰敗，鳳翔内亂，孤城不保，諸鎮寒心，賊益鞏固，卒使王鐸假手於反覆横逆之朱温、包藏異志之李克用，交起滅賊，因以亡唐，而畋忠勳之成效亦毁，則唯不明於用兵之略也。

郭汾陽之收西京、李西平之擒朱泚也，奮臂以前，氣可吞賊，而遲回鄭重，合兵四集，旁收其枝蔓，乃進而拔其根本，夫豈怯懦而忘君父之急、虛士民之望乎？賊之初終彊弱洞然於心目之閒，如果之在枝，待其熟而撲之，易落而有餘甘，斯以定紛亂而措宗社於磐石，所謂用兵之略也。

善制勝者審之明，持之固，智無所矜，勇無所恃，静如山而後動如水，不可御矣。而畋異是。唐弘夫龍尾陂之捷，尚讓恃勝而驕，故弘夫得施其智，惡足恃爲常勝哉？賊之據長安也方五月，其獷悍之氣未衰，其剽掠之毒未徧，其荒淫之欲未逞，其睽離之心未生。畋收新集之孤旅，王處存、王重榮之衆方鳩，高駢擁兵而觀望，王鐸遲鈍而不前，乃欲遽入長安，搏爪牙方張之鷙獸，宜其難矣。

且黄巢之易使坐斃也，非禄山、朱泚之比也。禄山植根於幽燕者已固，將士皆其部曲，結之深，謀之協矣。而自燕徂秦，收地二千餘里，逐在皆布置軍糧以相給，禄山且在東都，爲長安之外援，而不自試於羅網。朔方孤起，東北無援，以寡敵衆，以五圍十，猶似乎宜急攻而不宜圍守以待其困。朱泚雖乍起爲逆，而朱滔在盧龍以爲之外援，李納、王武俊與爲脣齒，李希烈又梗汴、蔡以斷東南之策應，泚雖孤守一城，固未困也。則李西平以一族孤懸，疑持久而生意外之變。若黄巢，則陷廣州旋棄之矣，蹂湖湘旋棄之矣，渡江淮旋棄之矣。申、蔡、汴、宋無尺地爲其土，無一民爲其人，無粒粟爲其餽餫。所倚爲爪牙者朱温、尚讓皆非素所統御，同爲群盜，偶相推奉爾。而以官軍計之，王鐸擁全師於山南，未嘗挫衄，固可以遏賊之逸突。藉令畋戢其怒張之氣，按兵而逼其西，處存、重榮增兵以壓其北，檄鐸自商、雒扼同、華以絶其歸路，縈之維之，蹙之淩之，思唐之民守壁塢以絶其芻粟。夫黄巢者，走天子，據宫闕，僭大號，有府庫，裦然南面，而賊之量已盈矣。淫縱之餘，加以震疊，衆叛群離，求爲脱鉤之魚，萬不得矣。朱温即降，而魄落情窮，但祈免死，貸其命而授以散秩，且弭耳而聽命。沙陀後至，知中國之有人，亦得赦前愆，復徼邊鎮之爲厚幸，何敢目營四海，竊賜姓以覬代興乎？斯時也，誠唐室存亡之大樞，而畋未能及此也，深可惜也！

古今文臣授鉞而墮功者，有通病焉，非怯懦也。怯懦者固藏身於紳笏而不在疆埸之事矣。其憂國之心切而憤將士之不效死也，爲懷已夙，一旦握符奮起，矜小勝而驚喜逾量，不度彼已而目無勍敵，聽慷慨之言而輕用其人冒昧以進。一潰而志氣以頽，外侮方興，内叛將作，士民失望而離心，姦雄乘入而鬬捷，乃以自悼其失圖而歎持重者之不可及，則志氣愈沮而無能爲矣。易折者武士之雄心，難降者文人之躁志。志節可矜，尚不免於僨敗，況其忠貞果毅之不如畋者乎？用兵之略，存亡之介也，豈易言哉！豈易言哉！

八　克用朱温寇唐皆繇王鐸之假借

朱温夜襲李克用，其凶狡固不待論，雖然，克用、温之曲直亦奚足論哉！蓋克用、温自決雌雄以逐唐已失之鹿而不兩立，猶之乎袁紹、曹操之争奪漢，沈攸之、蕭道成之争奪宋也。故曰：其曲直不足論也。

當是時，黄巢雖敗而僖宗之不能復興，王鐸輩之不能存唐也，已全墮温與克用心目之中。温目無唐之君臣，克用之目更無温，又豈復有唐之君臣乎？使克用不得脱於温之鋒刃，則温之篡也必速。然而篡之速，則其敗也可立待也。爲賊初降，無功可紀，未得一見天子、受朝廷之命，但仰濡沫於王鐸。一旦而襲殺援己之功臣，早已負不直於天下而爲衆所指攻，即逼天子而奪之，亦黄巢之續，不旋踵而亡，唐尚可存也。且沙陀之衆爲克用效命也久矣，存勗、嗣源俱年少而有雄才，温亦奚足以逞哉？藉此以正温之罪，奮起而誅權藉未成之姦，而唐亡一賊矣；克用死，而唐固亡一賊矣。唯其襲殺之不克也，遲温之篡以養其姦，挫克用之逆而歸謀自固，是以唐再世而後亡，一亡而不可復。若夫二人之曲直，亦惡足論哉！

無克用而温之篡也不必成。成温之篡者，僖宗之昏、昭宗之躁，自延而進之，張濬、崔胤之徒又多方以搆成之。抑且指沙陀以爲兵端，而唐君臣不愜於沙陀者假手於温以成其惡。不然則温且不能爲董卓，而其乞降之初志固望爲田承嗣、李寶臣而志已得矣。

無温而克用之爲劉淵，必也。首發難於大同，其志不吞唐而不已。從韃靼以來歸，一矢未加於賊，早已矯僞詔，脅帥臣，掠太原，陷忻、代，自立根本。及其歸鎮也，乘孟方立之内亂奪取潞州，歲出兵争山東，而三州皆爲俘掠，野絶稼穡。使不忌朱温之險悍，則回戈内嚮，僖宗之青衣行酒於其庭，旦暮事也。

温，賊耳，狡詐而無定情，吕布之儔也。克用以小忠小信布私恩、市虚名而養叵測之威，卒使其部落四姓代興，以異族而主中夏，流毒數世，豈易制哉！豈易制哉！要此二賊之狂奰，皆王鐸無討賊之力，委身而假借之，及其相攻，坐視而不能制，則鐸延寇之罪又出康承訓之上。使二賊者視唐爲虚懸之器，相競以奪。其曲其直，又孰從而辨之乎？

九　士大夫蠱忿懟之民以讎君致盡遭屠割之慘

「作善，降之百祥；作不善，降之百殃。」善不善之分歧不一矣，而彝倫爲其綱。彝倫攸敘，雖有不善者寡矣；彝倫攸斁，其於善也絶矣。君臣者，彝倫之大者也。「君非民，罔與立；民非君，罔克胥匡以生。」名與義相維，利與害相因，情自相依於不容已，而如之何其斁之！君惟縱欲則忘其民，民惟趨利則忘其君。欲不可遏，私利之情不自禁，於是乎君忘其民而艸芥之，民忘其君而寇讎之，夫乃殃不知其所自生而若有鬼神焉驅之而使赴於禍。❶君之身弑國亡、子孫爲戮，非必民之戕之也，自有戕之者矣；民之血膏原野、骴暴風日者，非必君之勦絶之也，自有勦絶之者矣。故曰「百殃」。百云者，天下皆能戕之、勦絶之而靡所止也。

唐自宣宗以小察而忘天下之大恤，懿、僖以淫虐繼之，民怨盜起，而亡唐者非叛民也，逆臣也。奔竄幽辱，未酬其怨，而昭宗死於朱全忠之手，十六院之宗子駢首而受彊臣之刃，高祖、太宗之血食一旦而斬。君不仁以召百殃，既已酷矣，而豈徒其君之酷哉？李克用自潞州争山東，而三州之民俘掠殆盡，稼穡絶於南畝。秦宗權寇掠焚殺，北至滑、衛，西及關、輔，東盡青、齊，南屆江、淮，極目千里，無復煙火，車載鹽屍以供餱糧。

❶「驅」，原作「趨」，邵陽曾氏抄本點去，另寫「驅」，今據改。

孫儒攻陷東都，環城寂無雞犬。楊行密攻秦彦、畢師鐸於揚州，人以堇泥爲餅充食，掠人殺其肉而賣之，流血滿市。李罕之領河陽節度，以寇鈔爲事，懷、孟、晉、絳數百里閒，田無麥禾，邑無煙火者殆將十年。孫儒引兵去揚州，悉焚廬舍，驅丁壯及婦女渡江，殺老弱以充食。朱温攻時溥，徐、泗、濠三州之民不得耕穫，死者十六七。若此者凡數十年，殃之及乎百姓者，極乎不忍見、不忍言之慘。夫豈僅君之不善，受罰於天哉？不善在君而殃集於君，殺其身、赤其族、滅其宗祀，足相報也。天豈無道而移禍於民哉？則民之不善，自貽以至於此極，而非直君之罪矣。

天子失道以來，民之苦其上者，進奉也，復追斸稅也，額外科率也，榷鹽稅茶也。民輒疾首以呼，延頸以望，曰：惡得天誅奄至，易吾共主，殺此有司，以舒吾怨也？及乎喪亂已酷，屠割如雞豚，野死如蛙蚓，驚竄如麏鹿，餒瘠如鳩鵠，子視父之剖胸裂肺而不敢哭，夫視妻之彊摟去室而不敢顧，千里無一粟之藏，十年無一薦之寢，使追念昔者稅斂取盈、桁楊乍繫之苦，其甘苦何如邪？則將視暗君墨吏之世如唐虞三代而不可復得矣。乃一觸其私利之心，遽以不能畜厚居盈爲大怨，詛君上之速亡，競戴賊而爲主，舉天下狺狺薨薨而相怨一方，忘乎上之有君也。忘乎先世以來，延吾生以至今者，君也；忘乎偷一日之安，而尚田爾田、廬爾廬者，君也。其天性中之分誼泯滅無餘而成乎至不仁之習也，久矣！積不善而殃自集之，天理周流，以類應者不測，達人洞若觀火而怙惡者不能知。一旦沓至，如山之隕，如水之決，欲避而無門，故曰「百殃」也。

夫民之愚夙矣，移之以使作善者君也，則

君固不得辭其咎矣；而匡維世教以救君之失，存人理於天下者，非士大夫之責乎？從君於昏以虐民者勿論已，翹然自好者以詆訐爲直，以歌謡諷刺爲文章之樂事，言出而遞相流傳，蠱斯民之忿懟以詛呪其君父，於是乎乖戾之氣充塞乎兩閒，以干天和而獎逆叛，曾不知莠言自口而彝倫攸斁，橫尸流血百年而不息，固其所必然乎！古之君子遇無道之君，去國出奔，不説人以無罪，故三代立國千年而無屠割赤地之慘。作善之祥，豈徒在一人哉？

十　社稷不存以能保民者爲重❶

孟子曰：「民爲貴，社稷次之，君爲輕。」因時之論也。當其時，文、武之澤已斬，天下忘周而不以爲君，周亦忘天下而不自任爲君，則君子雖欲自我君之而不能。若夫六王者，非簒逆之臣則介在戎狄，無異於酋帥。殺人盈野以求君天下而建社稷，君非君而社稷亦非社稷矣，故輕也。君與社稷輕，而天所生之人，不可以無與立命，則苟有知貴重其民者，君子不得復以君臣之義責之，而許之以爲民主可也。

黄巢既滅之後，僖宗樂禍以逞志，首挑釁於河東。朱温，賊也，李克用，狄也，起而交争。高駢、時溥、陳敬瑄各極用其虐，秦宗權、孫儒、李罕之、畢師鐸、秦彥之流殺人如將不及。當是時，人各自以爲君而天下無君。民之屠剥橫尸者，動逾千里，馴樸孤弱之民僅延兩閒之生氣也無幾。而王潮約軍

❶ 原第九、十兩篇誤合，今據邵陽曾氏抄本分。

於閩海，秋毫無犯；王建從綦毋諫之說，養士愛民於西蜀；張全義招懷流散於東都，躬勸農桑；楊行密定揚州，輦米賑饑；成汭撫集凋殘於荆南，通商勸農。此數子者，君子酌天地之心，順民物之欲，予之焉可矣。存其美，略其慝，不得以拘致主帥之罪罪王潮，不得以黨賊之罪罪全義，不得以僭號之罪罪王建，不得以争奪之罪罪行密，不得以逐帥自立之罪罪成汭。而其忘唐之尚有天子，莫之恤而擅地自專者，概可勿論也。

非王潮不能全閩海之一隅，非王建不能保兩川於已亂，非全義不能救孫儒刃下之餘民，非行密不能甦高駢虐用之孑黎。且其各守一方而不妄覬中原以糜爛其民，與暴人争衰王，以視朱温、李克用之竭民肝腦以自爲君而建社稷，仁不仁之相去豈不遠哉？嗚呼，至是而民爲重矣！非倚之以安君而衛社稷之謂也，視其血染溪流、膏塗原艸者，雖欲不重之，而有人心者固不忍也。君怙惡以殃民，賊乘時而行其殘忍，民自不靖而旋以自戕，三者皆禍之府也，而民爲可矜也。何也？屠刈流離之民固非盡怨上行私、延首待亂之民也。天且啓數子之心救十一於千百，而亦可以爲民之主矣。

昭宗

一　衰世妖風所襲失人精魄

「國家將亡，必有妖孽。」妖孽者非但艸木禽蟲之怪也，亡國之臣允當之矣。唐之亂以亡也，宰執大臣實爲禍本。大中以來，白敏中、令狐綯，始禍者也，繼之以路巖、韋保衡之貪叨無厭而已極。然其爲人，鄙夫耳，未足以爲妖孽也。艸木之妖亦炫其華，禽蟲之孽亦矜其異，未嘗一出而即害於人。及其後也，艸木之妖還以自萎，禽蟲之孽，還以自斃，無救於己而徒以亂天下。人而如斯，其中不可測，其得失不可致詰，竭慧盡力，冒險忘身，薨薨煢煢，唯以亡國敗家爲見長之地。身爲戮，族爲夷，皆其所弗慮也。斯則爲妖孽而已矣。張濬、崔昭緯、崔胤、孔緯、李谿是已，而蕭遘、杜讓能心知不可，僶勉而從之波靡，亦妖風所襲，失其精魄者也。

華歆、郗慮之亡漢以建魏也，劉穆之、傅亮之亡晋以建宋也，皆有爲爲之也。而此數人者未嘗有夾輔朱温以篡唐之定計。當張濬勸州牧以輸糧，孔緯捐病妻而赴闕，不謂有效忠於國之勞而不得；其激昭宗以挑釁於晋、召禍於汴也，抑非有亡唐以成他人篡奪之心。不知其何所挾持，而唯恐兵之不起、亂之不滋，宗社之不危、生民之不死。宗社危，生民死，則身戮族夷亦其所甘心而快志者，非妖孽而何爲狂迷之如此哉？進而詳覈其心，有小慧而欲試耳，有小才而思讎耳，貪一日宰輔之權，使克用、温之或畏己或親己以聳動天下而已耳。桃李不蘂而乍榮於冬，麏麚無擇而遊於市，使天下知己之能爲禍福於亂世，則死固不憂。嗚呼，人之如斯，晋而與謀國，國欲不亡，必不可得矣！

僖宗未自蜀歸之日，天下尚可爲也。鄭畋即未能定亂，而慷慨忠憤，爲天下人望之歸。受將相而不辭，誠有弗容辭者，非技癢熱中而貪高位也。僖、昭之際豈復得爲朝廷哉？河東叛，朱邪攘臂而仍之，岐、邠搆難於肘腋，關以東，朱温、時溥、孫儒、高駢、李罕之、朱瑾戰壘相望。天子孤守一城，不能當一縣令。即爲宰相，如鄙夫之志欲安富尊榮者，何有於是？稍有知者，非誓以一死報宗廟，則必視爲荆棘犴狴而不能一朝居，豈忍效濬、昭緯、胤、緯、谿之奔鶩如狂哉？蕭遘、杜讓能且以端人自命，夫亦念何忠之可效、何功之可成而營營汲汲於平章之虚號，何爲者也？非愚也狂也，是亦桃李之榮於冬，麏麚之遊於市也。妖風方熺，盪之扇之，相逐而流，自好者不免焉，亦可悲矣！

生斯時也，鄭遨尚矣；陳摶託遊僊以自逸，其亦可矣。司空圖、韓偓進不能自靖而退以免於汙辱，其尚瘥乎？又其下者，梁震、羅隱、孫光憲之寓食於偏方而不爲亂首；更不能，然則周庠、嚴可求、韋莊小效於割據之主，猶知延禍之非而苟免於天人之怨怒。若張濬之流，竊衛主之名，貪晨霜之勢，含毒起檝以速君之死亡而血流於天下，嗚呼，至此極矣！故曰：妖也。

二　爲僞以欺天下鬼神弗赦

劉巨容能燒藥爲黄金，田令孜求方不與而見殺，非巨容之吝於與也，其術甚陋不可以告人也。術之甚陋者，蓋即今市井小人以汞與銅爲贋金銀，欺不識者以讎其姦而已矣。天下豈有能燒藥爲金者哉？土之可爲甓也，木之可爲炭也，米之可釀爲酒，鉛之可煉爲粉也，天下别無甓、炭、酒、粉而待人以成之。若夫金，則既有之矣。生於礦中者自有其質，煉於火、汰於沙者自有其方，成乎形質者自有其物。煮桔梗以甘香之味，似蔆而固非蔆；煉硝石爲輕白之狀，似硇而固非碙。市井小人之術欲以欺人，則必祕之而不告人以方，告人以方則姦窮不讎，而有識者且唾其面矣，是以方士祕之，以死護之。繇其祕可以知其姦，可以知其陋矣！

夫其姦以藏陋者爲術甚易，而理固無難辨也。自漢武帝惑於方士而天下惑之，劉子政以儒者而淫焉，施及後世，天子以服食喪身，匹夫以燒丹破產。畏死而得夭，貪富而得貧，則何如市井小人公然爲僞，雖伏罪而不至於死亡哉？

且夫金銀之貴，非固然之貴也。求其實，則與銅、鉛、鐵、錫也無以異，以爲器而利用則均而尤劣也。故古者統謂之「五金」。後世以其約而易齎也，遂以與百物爲子母而持以求償，流俗尚之，王者因之，成一時之利用。惡知千百世而下，無代之以流通而夷於塊石者乎？本不足貴，而豈有神異之術化他物以成之者？然則銅、鉛、鐵、錫逮於塊石，抑將有藥術焉可化而成哉？甚矣，貪而愚者之不可瘳也！劉巨容可自致於高位而能奮勇以破黃巢，然且身死而族滅，蓋爲僞金以欺天下，鬼神之所弗赦也。要其術，則市井小人爲鍛工者之陋技而已矣！

三 朱温務搆天下之亂而已亦速亡

曹操、袁紹皆漢賊也，朱温、李克用皆唐賊也，其爭欲篡奪之心、兩不相下之勢，一轍也。乃曹操挾天子爲名以攻袁紹而勝，張濬奉天子倚朱温攻克用而敗。蓋獻帝之在許也，四方無一旅之可指使，一唯操之是聽，故操無所掣而得行其意；昭宗猶有河朔三鎮及昭義之軍與韓建之衆，濬持兩端，忌温而撓之，且恐昭義爲温所得，争先輕進，是以温志不決而獨受敵以潰。繇此言之，則漢處必不能存之勢而唐猶可存，謀國非人以致傾覆，所謂「匪降自天」也。

藉令得賢主良相懷輯未叛之藩鎮，收拾禁旅居關中以静持之，斥汴、晋之姦交，絶其奏訐，聽其自相搏噬，乘其敝而折之，二寇之氣僨張而必竭，不難制也。而昭宗君臣非其人也，是以速亡。

乃繇温、克用而言之，温豈能爲曹操乎？操假名義以行而務植根於深固，温則賊耳，凶狡以逞，利人之鬭，乘之以竊利，力不足以勝天下而挑天下以敝，乃以自雄。

其與張濬合謀而攻克用也，朝廷方倚河朔以擣晋陽之東北，而温攻魏博以幸其疲而收利。蓋其許昭宗以討克用，有兩利之術焉，不必其亡克用也。克用而敗邪，是張濬爲我滅一巨敵也。克用既亡，己乃服羅弘信於魏博，收張全義於東都，扼唐而困之關中，北無晋陽之難，專力以起亡唐，此一利也。克用而勝邪，克用且負抗拒王師之辜於天下，而己可因之以餌唐而折入於己。且克用勝唐已殘而不復能振，是克用爲我效驅除之力也。

曹操務定天下之亂，而居功於己以收之；温則務搆天下之亂，而己乘其紛以制之。利天下之亂者未有能成者也，是以温能滅唐，僅有中原之一綫，而速亡於李存勗之手。藉令温乘張濬之謀，舉全力以攻克用，克用平而河北三鎮固不能與争，持定難之大功以挾天子、令諸侯，同華、西川孰能與競？徐起而收曹操、劉裕之成局，温之於天下可八九得也。夫温於時不臣之惡未著，所負不義之名於天下者，獨悖援己之惠於克用耳。

克用於温有恩，而於唐則固賊也。凶狡不知名義，抑無尺寸定亂之功，霸業終以不成，徒逞梟獍之心以食君父，故曰：温，賊也，非曹操所屑與後先者也。

國雖將亡，猶有圖存之道；臣雖甚逆，猶有居勝之術。兩俱不能，而後使沙陀四姓交亂中國者數十年而契丹乘之，意者其天乎？

四　智者非挾機取捷倖勝亂世

所謂智士者，非乘人而鬭其捷以倖勝之謂也，周知於得失成敗之理而避人之所競，棄人之所取，以立本而徐收安定之功也。李左車欲扼韓信於險，一戰之克耳，非必能全趙也，未足稱智也；而説韓信以不戰而收河北，民以寧，軍以全，保勝而服未平之寇，則真大智之用也。信能聽之以成功，功歸信矣，於西川、淮南得兩智士焉。王先成説王宗侃以招安而下彭州；高勗説楊行密通商鄰道，選守令，課農桑，而保淮南。智矣哉！非祗以成王建割據之資，贊行密定霸之業也，而救民於鋒刃之下以還定而安集之，仁亦溥矣！

蓋所謂智者非挾機取捷之術，而是是非非之準也。挾機取捷以雠術於亂世，一言而死者積矣，害且伏於利之中矣；是是非非者所以推行其惻隱之大用，平英雄之氣，順衆庶之欲，功不速、利不小而益无方者也。此兩者固相妨矣。小智之所争，大智之所不屑也。天下方紜紜以起，利害生於俄頃，雖有英傑之姿，目眩心熒，貪逐於利害之小數而忘其大。智者立於事外以統舉而周知之，辨仁暴之大司，悉嚮背之殊致，見穴中之角逐皆鷸鬬螘争之末技，乃以游於象外而得其圜中。苟非其人，則且笑以爲迂拙之圖而孰令聽之？王建、楊行密之決從二子也，亦不可謂非智也。何也？智者之言，愚者之所笑也。

五　楊行密聽高勗通商鄰道江淮富庶

據地以拒敵，畫疆以自守，閉米粟絲枲布帛鹽茶於境不令外鬻者，自困之術也，而抑有害機伏焉。夫可以出市於人者，必其餘於己者也。此之有餘，則彼固有所不足矣；而彼抑有其有餘，又此之所不足也。天下交相灌輸而後生人之用全，立國之備裕。金錢者，尤百貨之母，國之貧富所司也。物滯於內則金錢拒於外，國用不贍，而耕桑織紝採山煮海之成勞委積於無用，民日以貧。民貧而賦税不給，盜賊內起，雖有有餘者，不適於用，其困也必也。

如其曰「閉關以扼敵於枵乏」，言之似是而適足爲笑耳。凡諸物産之爲人所待命以必求其相通者，莫米粟若矣，閉糴則敵可餒，此尤説之可據者，而抑豈其然哉？苟迫於饑饉而金錢可支也，則踰絶險以至者，重利存焉，豈至懷金以坐斃哉？即有餒而道殣者，抑其老弱耳，國固未嘗乏可用之丁壯也。夫差許越糴而越滅之，夫差之驕悖、宰嚭之姦邪自足以亡國，而豈許糴之故乎？晉惠公背秦施而閉糴，兵敗身俘，國幾以亡。勦絶生人之命以幸災而徼勝，天之所怒、人之所怨，三軍萬姓皆致死於我，而吾國之民抑以徒朽其耕穫之資，不獲贏餘之利，怨亦歸焉，欲不敗亡，不可得已。米粟者，彼己死生之命，勝敗之司也，其閉之也而害且若此，又況其他餘於己而待讎之貨，得以轉易衣被器械養生送死之具者，爲立國之資，而金錢去彼即此，尤百爲之所必需，以裕國而富民，舉在是乎！

且不徒此也。禁之者，法之可及者也；不可禁者，法之所不可及者也。禁之於關渡之閒，則其讎之也愈利，皇皇求利之民四出而趨荒險之徑以私相貿，雖日殺人而固不可止。彊豪貴要於此府利焉，則環吾之封域無非敵人來往之衝，舉吾之人民無非敵人結納之黨。闌入已成乎熟徑，姦民外告以腹心，閒諜交午於國中而莫之能御，夫且曰吾禁之已嚴，可無慮也，不亦愚哉？

夫唯通市以無所隱，而視敵國之民猶吾民也，敵國之財皆吾財也，既得其歡心，抑濟吾之匱乏，金錢內集，民給而賦稅以充，耕者勸耕，織者勤織，❶山海藪澤之產皆金粟也。本固邦寧，洞然以虛實示人，而姦宄之徑亦塞。利於國，惠於民，擇術之智，仁亦存焉。善謀國者何憚而不爲也？

高勗勸楊行密悉我所有、鄰道所無者相與貿易以給軍用，選守令，課農桑，數年之閒倉廩自實。行密從之，垂至於李氏有國，而江淮之民富庶甲天下，文教興焉。田頵稱之曰：「賢者之言，其利溥。」不洵然與？

六　昭宗合聚諸王於孤城一敗而殲

藩鎮交横於外則任親軍以制之，乃李茂貞以親軍跋扈尤甚於藩鎮，昭宗凝目四注，無可任之人，乃出曹誠等於外而令諸王統兵以宿衛，蓋不得已之極思耳，然亦未嘗非計

❶「勤」，邵陽曾氏抄本作「勸」。

也。南陽諸劉，卒滅王莽矣；琅邪渡江，晋以延矣；康王南避，宋以支矣；劉焉、劉表不救漢亡，而高帝之祀後曹氏而斬者猶豫州也。故《詩》曰：「宗子維城。」豈虚也哉？

乃昭宗聚群宗子使領親兵而任之，卒以陷之死地，至於哭呼宅家而莫之能救，宗子盡而身隨以弑，國隨以亡，豈天厭李氏而不足以動天下之心乎？朱邪、存勗以異類，徐知誥以不知誰氏之子孫，冒宗支而號召以興，然則李氏之裔僅有存者，人心未盡忘唐也。而駢死凶刃，至於卒斬，則昭宗實使之然而非宗子之不可任也。任之已晚，而抑非其地也。

樹宗子於四方，各有所據以立基，而即用其人，人皆爲用也，則成敗不可知，抑此仆而彼起。劉虞死於燕，劉琮降於楚，而先主可興於蜀；南陽王敗死於隴右，而元帝可興於吴。昭宗不早圖此，而待分崩孤立之日合聚諸王於孤城，擁烏合之罷民，號令不出於國門，以與封豕長蛇争生死，一敗而殲焉，李氏安得有餘燼哉？蓋至是而欲衆建之方隅以與王室相維繫也，難矣。

僖宗之自蜀返也，天下雖已割裂，而山南、劍南、河西、嶺南猶王土也。西川雖爲逆奄之黨，而車駕甫旋，人猶知有天子。於斯時也，擇諸王之賢者分領節鎮，收士民、練甲兵以爲屏翰，尚莫之能御也。至於昭宗之世，王建據西川矣，王潮據劍南矣，劉隱據嶺南矣，成汭、周岳、鄧處訥先後分有荆南及湖南矣，河西爲邠、岐所阻，不能達矣。即欲散置諸王爲牧守以留李氏子孫不絶之系，不可得矣。不予之以兵則落拓民閒而降於編氓，予之以兵則召禍不敵而闔室芟夷。時非可爲，地無足恃，其不如賜姓之夷族、冒宗之庶姓猶堪以虛號詫天潢而自帝自王也，必矣。讀史者所爲覽存勗、知誥之稱唐而重爲李氏悲也！

七　王建絶覘南詔之淺蠻群蠻戢服

兩國相距而介其閒者輸敵情以相告，唯智者爲能拒之，闇於計者倚之爲耳目，則大害伏於左側而不知。夫於我無大德，於彼無大讎，而蹈危機以與人勝敗安危之大故，不慮其洩而禍必及己也，此則何心，不待再計，知其動於利而已矣。利者，無往而不得者也。姦人窺之而知其微，因而持之而得其妙。利在此則輸彼之情以與此，利在彼則輸此之情以與彼，反掌之閒而已。而不但然也，方其輸彼情於我，即可得我情而輸於彼；必其輸我之情於彼，而後得彼之情以輸於我。操之縱之，陽之陰之，可以立小信，可以詫先幾，浮弋而獲以僥功，誇大其辭、容易其談以誘引，微示以利而導敵以實其言，於彼無怨，於此無罪，悠然於凶危之地而無所忌畏。如是者，得利於我而即得利於彼，一挑一引，迷亂人之大計以迄於危敗，乃其利則已兩得之矣。此不待再計而知者也。

言兵者曰「知彼知己」，恃吾之知而已。其大勢如此，其要歸如此耳，惡用此囁嚅耳語、乍驚乍喜者哉？是以智者堅拒之而不使亂我之耳目，自非懷忠感德、得當而爲內應者與夫猝至不期問而答者，勿容聽也。此兩敵相距勿貳爾心之樞要也，而中國之用夷也爲尤甚焉。與爲難者一夷也，介於其側、伏而未動者又一夷也，則且兩持其命而蠱我以效順之忱。實欲傾我而姑與我通以市利於彼，閒輸彼浮薄之情以堅吾之信。我進則老之，我守則誘之，我大敗而不能責彼之相誤。至愚者詫爲祕密之機而自矜外助，卒之小以殘我邊疆，大則害及宗社。古今之庸主闇臣墮其阱中者敗亡相積，而傾覆之後，徒增追論之痛哭。使能早却其游詞而絶之，豈至是哉？

於是而王建之識不可及矣。黎、雅三部淺蠻，歲賜繒帛，使覘南詔蠻，反取賂南詔，詗我虛實。建絶其賜而斬部將之與蠻交通者，自此群蠻戢服，而終五代以迄宋，南詔不入寇擾，皆建之善謀善斷以窒亂源也。

嗚呼，豈徒守邊御夷、阻關拒敵者之宜然哉？君有不聽令之臣，父有不若訓之子，上有交相搆之友。順則綏之，逆則折之，存乎情與理而已。宵小居中，乘吾惡怒以居閒而發其隱慝以相告者，皆樂人之禍以取利者也。旦此暮彼，遞相詗扇，固無恒也。以此而賊恩釀禍，如陳侯溺之於公子招、隋文帝之於楊素，身死其手而猶以爲忠者，古今相積，不可勝道。則拒塞游説以一軍心，豈徒將兵者之宜然？而瑱纊以塞耳目，又豈徒爲君父者之當慎哉？

八　温克用不能爲曹操

挾天子以令諸侯而威服天下自桓、文始，曹操襲其迹，因以篡漢，二袁、吕布、劉表不能與之争，此姦雄已試之成效，後起者所必襲也。乃克用連兵入寇，朱温方搆難徐、鄆而不問。王行瑜、韓建、李茂貞劫逐天子，朱温坐視而不恤，李克用既討平之，乃聽蓋寓之言，不入見而還鎮。李茂貞犯順，昭宗如華州，困於韓建，全忠在汴，扣關以奔駕也甚易，而方南與楊行密争，❶不一問也。及劉季述以無援之宦豎廢天子幽之，崔胤召温以入，而尚遲回不進，讓復辟之功於孫德昭，克用則方治城自保而念不及此。何此二凶者置天子於三數叛人之手，不居之以爲奇貨，而善謀如蓋寓亦不能師荀彧之智，以成其主之簒奪？ 豈其智之未逮而力之不能也與？

天下之理，順逆而已。順者，理之經也，逆者雖逆而亦有逆之理焉。泝危灘而上者，楫折牽絶而可濟，以其所沿之流猶是順流之津也。夫桓、文之津，豈温與克用之所可問哉？ 桓、文定王嗣反王駕，北討戎、南服楚，通諸侯之貢於周京，故召王受錫而諸侯斂衽，誠有以服天下之心，固非温、克用之所可企及已。

即若曹操，奮起以討董卓，幾捐生於滎陽，袁紹、韓馥欲帝劉虞而堅於西嚮，退居許下，未嘗敢以一言忤天子也。獻帝爲李、郭諸賊所逼，露處曹陽，煢然一夫耳，漢室群臣救死不遑而奚問天子？ 董承、楊奉微弱而徒然驕蹇，操以禮奉迎，使即一日之安。雖心懷逆節，而所循之迹固臣主之名義，是逆而依理之順以行，以其初未有逆也。

李克用以異類而懷野心，父子承恩，分受節鉞，忽動劉淵之逆志，起而據雲中以反。既敗而走，結韃靼以窺中國，幸黄巢之亂以闌入。寸效未展，先掠河東，黄巢困蹙已極，薄收收復之績，結王重榮以拊長安之背，流矢及於御座，公爲國賊而莫之忌。其偶勝岐、邠，斬行瑜也，天下固知其非爲國討賊而祇以自雄也。乃欲襲義以奉天子、制雄藩，立敗之術耳。蓋寓知而止之，克用亦自知其

❶「方」，邵陽曾氏抄本誤作「万」。

非曹操矣。

朱温，則盜耳。王鐸無識而假之以權，掠擊自擅，無絲髮之功於唐室。若令遽起乘危，握天子於股掌，天下群起而攻之，曾王行瑜、韓建之不若也。故温自知其不可，而李振、敬翔亦不以此爲之謀。假義者必有在己之義可託，身爲叛賊之魁，負大不義於海内，而奚託哉？故唯坐待人之亡唐而後奪之，其志決也。

以勢言之，温與克用所亟争者，河北也。河北歸汴則扼晋之吭，河北歸晋則壓汴之脊。劉仁恭、王鎔、羅弘信、李罕之、朱瑄、朱瑾横亘於其閒，温屢敗矣，克用則危矣。藉令竭全力以入關中而空其巢穴，温入長安則克用會河東以牽河北，渡河以擣汴，而温坐斃；克用入長安則温率雒、蔡、山南以扣關，而燕、趙、魏、潞擣太原以拔其本根，而克用立亡。義不可假、名無可尸而抑失形勢以自傾，故皆知其不可，且畜力以求功於河北，置孤危之天子於狡豎奄人之手，使促之以亡而後收之。是以劉季述之逆，温且遲回不進；朱温之篡弒，李克用不興縞素之師。温利克用之逆，克用亦利温之弒，其情皆穿窬也。豈徒不能託迹桓、文哉，曹操之所爲，抑其不能以身任之者也。故崔胤已爲内主，李振諫使入討，温尚聊遣蔣玄暉因胤以謀而自引兵嚮河中，置長安於緩圖，如此其不遽也。然且篡唐而僅得天下八九之一，不十年而遽亡。不能如曹操，則固不能如其雄峙三分而傳之數世也。

至仁大義者起，則假仁假義者不足以動天下，商、奄之所以速滅也。無至仁大義之主，則假仁義者猶足以鉗制天下，❶袁紹之所以不能勝曹氏也。至於欲假仁義而必不得，然後允爲賊而不足與於雄傑之數，視其所自起與其所已爲者而已。以曹操擬桓、文，杜蘅之於細辛也；以朱温、李克用擬曹操，瓦礫之於碔砆也：此其不可强而同者也。

九　克用自保晉陽訓兵勸農以待變

李克用按兵自保，大治晉陽城塹。劉延業諫其不當損威望而啓寇心，克用賞以金帛，而修城之役不爲之輟。夫自處於不亡之勢以待天下之變，克用之處心擇術，以此爲謀，久矣。其明年，朱温果陷澤、沁、潞、遼，直抵晉陽城下，攻不能克而返。克用知温之志，固思滅己而後篡唐，抑知温之所急者在篡唐，固不能持久以敝我也。城堅不可拔，而温且折矣。

李茂貞之刼駕，温篡之資也；温挾主以東而篡之，克用之資也。幸之以爲資，而克用之爲謀也尤固。身既數爲叛逆，不能假存唐之名以利於篡；威望未張，又不能尸篡唐之名以召天下之兵。遲回斂翼，置天下於不問以聽其陸沈，而可謝咎以持温之短長，克用之狡也，然至是而克用爲稍循於理矣。修守備、休士卒以自彊，而納李襲吉之言，訓兵勸農以立開國建家之本，則不但李茂貞、韓建輩之所弗逮，朱温亦遠出其下矣。訓兵務農者，圖王之資也；修城治塹者，保國之本也。劉延業惡足以知之？而曰「宜揚兵以嚴四境」，楬於內而張於外，亡而已矣。

然而克用之賞延業者，何也？其自保

❶「義」上，邵陽曾氏抄本有「假」字。

以觀變之心不可令部曲知之，知之則衆志偷矣。延業能爲誇大之言以作將士之氣，故賞之以勸厲士心，此克用之所以狡也。己不然而怒之，己所然而喜之，則庸人之所以危亡也。

十　王摶進言似陸敬輿而非其等倫

王摶之爲相也，以明達有度量見稱於時。觀其進言於昭宗者，亦正大明愷而有條理，似有陸敬輿之風焉。嗚呼！唐於是時，敬輿在，亦必不欲居密勿以任安危。不能也故不欲也，而況於摶乎？

德宗多猜而信讒矣，然遇事能思，不至如昭宗之輕躁以無恒也。德宗之廷，姦佞充斥矣，然心存固寵如盧杞、裴延齡耳，不至如張濬、崔昭緯、崔胤之外結彊藩以蠹國也；德宗之側，宦豎持權矣，然惡正導欲如霍仙鳴、竇文場耳，不至如劉季述、韓全誨之握人主死生於其掌也；德宗之叛臣交起縱橫矣，然蹶起無根如朱泚、李希烈耳，不至如朱温、李克用之植根深固，必於篡奪也。而德宗抑有李晟、渾瑊、馬燧之赤心爲用，故李懷光雖叛，不敢逼上而屏跡於河中，而昭宗則無人不起而劫之，曾無一旅之可依也。夫時異而勢殊既如此矣，然則敬輿而處昭宗之世，君篤信之且不能救唐之亡，況摶之於敬輿，其賢愚之相去本非等倫，不可以言之近似而許之也乎！

敬輿之爲學士筦中制也，一言出，一策行，中外翕然以聽，盧杞之姦莫之掣曳。豈徒其言之得哉？有以大服其心者在也。摶之筮仕不知幾何時，而一旦躋公輔之列，天下初不知有其人，則素所樹立者可知。德不如也，則威不如矣。敬輿於扶危定傾之計規畫萬全，上自君心，下達民隱，錢穀兵刑、用人行法，皆委悉其條理，取德宗之天下巨細表裏一一分析而經理之。而摶則唯一計之得耳，其曰「宜俟多難漸平，以道消息」是已。顧問多難何恃以漸平，則摶亦窮矣。❶才不如也，則權不如矣。敬輿之得君也至矣，然逐盧杞、吴通玄，而敬輿仍守學士之職，匪直讓鄴侯於首揆已也，並竇參、董晉而不欲躐居其上。摶德威不立，才望不著，一旦而立於百僚之上，於時天子雖弱而宰相猶持天下之權，逆臣且仰其進止，固有恩怨交加、安危繫命之鉅責焉。不揣而遽任之，與頑鄙無藉之李谿、朱朴旅進而不慚，是亦冒昧榮名，不恤死辱者耳。以視敬輿之棲遲內制，不易爰立者何如？節不如也。節不如而以任扶危定傾之大計，「負且乘，致寇至，盜思奪之」，凶其可免乎？

人臣當危亂之日，欲捐軀以報主，援亡國而存之，抑必謹其進退之節，不苟於名位，而後其得也可以厭服姦邪之心，即其不然，身死國亡而皎然暴其志行於天下。今置身其列，凝目而視之，居此位者，非崔胤之逆則朱朴輩之蠅營狗苟者，而屑與之並立於臺座哉？且即其言而論之，以止昭宗之躁率，置宦寺於緩圖，昭宗弗聽，惑於崔胤以召禍，摶乃伸其先見之明耳。然令如摶之言，養宦官之姦，姑任其惡，又將何所底止邪？激李克用之反者，田令孜也；成韓建之惡，肆囚主之凶者，劉季述也；通李茂貞以劫駕者，韓全誨也。至此時而宦官與外鎮逆臣合而相

❶「摶」，原作「道」，今據邵陽曾氏抄本改。馬宗霍校記：「此承上文王摶而言，鈔本是也。」

尋於禍亂，唐不亡，宦官不自趨於殺盡而不止，安得有外難平而以道消息之日乎？其言似也而又驗，雖然，抑豈有可採之實哉？

十一　韓偓蹈死道以抗群凶

唐之將亡，無一以身殉國之士，其韓偓乎？偓之貶也，昭宗垂涕而遣之，偓對曰：「臣得貶死爲幸，不忍見篡弑之辱。」斯聞者酸心、見者裂肝之日也，而偓不仰藥絕吭以死於君側，則偓疑不得爲捐生取義之忠矣，然而未可以責偓也。君尚在，國尚未亡，無死之地，而時方貶竄，於此而死焉，則是以貶故死也，匹夫匹婦之悻悻者矣。

偓去國而君弒，未幾而國亡。偓之存亡無所考見，而不聞絕粒赴淵以與國俱逝，此則可以死矣。建文諸臣所以争光日月也，而偓不逮。乃以義審之，偓抑可以無死也。僞命不及，非龔勝不食之時而謝枋得賣卜之日也。湮没鬱抑以終身，則較家鉉翁之談經河上爲尤遂志耳。紂亡而箕子且存，是亦一道也。

人臣當危亡之日，介生死之交，有死之道焉，有死之機焉。蹈死之道而死者，正也；蹈死之道而或不死者，時之不偶也；蹈死之機而死者，下愚而已矣。

昭宗反辟，劉季述伏誅之謀，偓與贊焉，蹈死之道一也。王摶請勿聽崔胤之謀殺宦官以賈禍，胤怒而誣殺之。偓爲昭宗謀，亦云：「帝王之道當以重厚鎮之，此曹不可盡誅以起禍。」其忤胤也與摶同，蹈死之道二也。韋貽範求宦官與李茂貞，起復入相，命偓草制，偓堅持不草，中使曰：「學士勿以死爲戲。」茂貞曰：「學士不肯草制，與反何異？」蹈死之道三也。從昭宗於播遷幽辱之中，白刃之不加頸者一綫耳，而守正不撓，季述不能殺，崔胤不能殺，茂貞不能殺，非偓可取必於凶人之見免也，偶然而得之也。乃偓之終不蹈死之機，則愛其生以愛其死，固有超然於禍福之表者也。

姚洎之將入相也，謀於偓，而偓告以不就。爲人謀者如是，則自爲之堅貞可知矣。蘇檢欲引爲相，而怒曰：「君奈何以此相污？」昭宗欲相之，則薦趙崇、王贊以自代。其時之宰相皆汴、晉、邠、岐之私人，樹以爲内主者也，權雖倒持於逆藩，而唐室一即一離之機猶操於宰相，尸其位則已入其彀中，而姦貪之小人趨入於阱中，猶見榮焉，此所謂死之機也。偓惟堅持必不爲相之節，抑知雖相而無救唐亡、祗以自危之理，且知雖不爲相而可以盡忠，唯不爲相而後可盡忠於主之勢。故晉人不疑其黨汴，汴人不疑其黨岐，宦官不疑其附崔胤，胤不疑其附宦官。立於四虛無倚之地以衛孤弱之天子而盡其所可爲，疑忌淺，怨毒不生，雖茂貞且媿曰：「我實不知書生禮數。」而惡亦息矣。此其可生可死、可抗群凶而終不蹈死之機者也。

無死之機，是以不死；履死之道，是以不辱。若偓者，其以處危亡之世，誠可以自靖焉矣。其告昭宗曰：「萬國皆屬耳目，不可以機數欺之。推誠直致，日計不足，歲計有餘。」其奉以立身也，亦此道也夫？

十二　僖宗以來求入相者樂以身試禍

宰相數易則人皆可相人皆可相則人皆可爲天子之漸也。宰相之於天子，廉陛相躡者也，下廉夷而上陛亦陵。唐高宗用此術也以輕於命相，故一婦人談笑而滅其宗祀，替其冢嗣。裴炎、傅遊藝夷之，武三思、承嗣因而陵之，相因之勢也。高宗承全盛之宇，戴太宗之澤而不保其子，況昭宗當僖宗喪敗之餘，彊臣逆奄交起相乘之世乎？

自龍紀元年至唐亡天祐三年凡十九歲，而張濬、孔緯、劉崇望、崔昭緯、徐彥若、鄭延昌、杜讓能、韋昭度、崔胤、鄭綮、李谿、陸希聲、王摶、孫偓、陸扆、朱朴、崔遠、裴贄、王溥、裴樞、盧光啓、韋貽範、蘇檢、獨孤損、柳璨、張文蔚、❶楊涉或起或廢者二十七人，彊臣脅之，奄人制之，而朝廷不能操黜陟之權，固矣。抑昭宗輕率無恒，任情以爲喜怒，聞一言之得而肝膽旋傾，幸一事之成而營魂不定，乃至登進可驚可愕之人，爲天下所姗笑，猶自矜特達之知，餗覆無餘而猶不知悔。其識闇而自用，以一往之情爲愛憎，自取滅亡，固千古必然之僨軌也。

抑就諸人言之。人之樂居尊位者，上之以行其道，次之以成其名，其下則榮利之饜足耳。當高宗之世，天下方寧而宰相尊，名之所歸，利之所擅，貿貿然群起而相淩奪以覬得，鄙夫之情類然，無足怪者。自僖宗以來，天子屢披荆榛，兩都鞠爲茂艸，國門之外，號令不行，雖有三臺之號，曾無一席之安。計其恫喝塗人而招納賄賂者，曾不足當李林甫、令狐綯之傔從。不安而危，不富而貧。其尊也，藩鎮視之如衙官；其榮也，奄宦得加以呵詈。一旦有變，則天子以其頸血而謝人，或殺或族，或斥遠方而斃於道路。此諸人者，稍有識焉，何樂以身試沸鬵之鼎而思霑其滴瀝乎？故蘇檢欲經營韓偓入

❶「蔚」，原誤作「尉」，今據邵陽曾氏抄本改。

相，而偓怒曰「以此相污」。誠哉，其污也！而一時風會所淫，如飲莨菪之酒，奔馳恐後而莫之能止，前者殊死，後者彈冠，人之無良，亦至是哉？

嗚呼，士貴有以自立耳！無以自立而寄身於炎寒之世局，當塾教之始則以利名爲鵠矣，當賓興之日則以仕宦爲津矣。一涉仕宦之塗，進而不知所終，退而無以自處，則紫閣黄扉，火城堂食，人擬爲生人之止境。而自此以外，前有往古，後有來今，上有高天，下有厚地，仰有君父，俯有黎民，明有名教，幽有鬼神，凡民有口，妻子有顏，平旦雞鳴有不可自昧之惻隱羞惡，皆學所不及、心所不辨，耳聞之而但爲聲響，目見之而但爲文章，漠不相關，若海外三山之不我即也。

嗚呼！士若此而猶不以宰相爲人生不易得之境，鼎烹且俟之崇朝，鼎食且僥於此日，其能戒心戢志如韓偓者，凡幾人也？世亂君昏正其逞志之日，又何怪焉？世教衰，民不興行，天下如狂，而國以亡，君以屠，生民以殄。是以先王敦廉恥、尚忠孝，後利先義，以養士於難進易退之中，誠慮周而道定也。

十三　昭宗求救李王楊三鎮

昭宗爲朱温所劫遷，流離道左，發閒使求救於李克用、王建、楊行密，是垂死之哀鳴不擇而發，惟足悲悼而已。夫三鎮者其可以抗朱温遏其篡弒之惡而責以君臣之大義者乎？使三鎮猶然唐之臣子而兵力足以勝温也，則温亦不敢遽圖凶逆。王行瑜、李茂貞、韓建之無成，温稔知之，故遲回而待之今日，則熟審彼己之形勢，目中已無三鎮，知唯予志而莫違矣。

克用而可抗温邪，豈一日忘温者？昭宗嘗和解之而不聽，而況有言之可執，卷甲疾趨，豈待閒詔之求援乎？克用於時方修城塹，保太原、澤、潞、邢、洺之不遑恤，其必不能踰太行以嚮汴、雒明矣。王建北倚劍閣，東扼瞿唐，乘人之所不争，據險以自存，身未習百戰之勞，而所用者，兩川之士著不能出穴以鬭者，如之何其能與彊暴之朱温争生死也？楊行密雖嘗挫温矣，而舟楫之利失水則困，故僅可以保江淮而不能與騎步争逐於平野。新得朱瑾兖、鄆之餘衆，騎兵稍振，而瑾又温所魚肉之殘耳。且使出汝、亳而西討，錢鏐乘其東陲，馬殷乘其南界，田頵之徒又從中而訌，進不利而退失守，爲温之擒而已。是三鎮之力不足以進取爲昭宗而興師也，明矣。

抑以君臣之義責望三鎮，夫三鎮又何足以言哉？克用之思奪唐，其與朱温先後之閒耳，委唐之亡於温以嫁不道之辜，而已徐起以收之，克用之懷挾久矣。浸令其力可任，假密詔以興師，勝温而挾天子，亦温之於茂貞也，況乎其處心積慮之固不然也。王建得蜀而早有公孫述、劉備、李特之全局在其意中，羈縻於唐不敢先發以招天下之彈射耳。其逼顧彦暉逐韋昭度而走之，逆節已著，昔固嘗託勤王之名而陽出兵以掠地，非李茂貞阻之，則乘長安之虚而收洮、鞏，臨秦、鳳以稱西帝，豈復於唐有源本之思以效桓、文之勳乎？

克用，狄也，王建，奄宦之私人也，不足援名教以望之，所固然矣。然昭宗妄億而號呼，猶有説也。沙陀承恩三世，李國昌起騎將而分節鉞，克用逋逃朔漠，赦其族誅之辜而賜以國姓。王建隨駕奔蜀，負璽以從，艱難與共之君臣，親若父子。則克用、建自逆，而唐固篤恩義以爲之君，當危急之秋，迫而呼之，非過望也。

若夫楊行密者，於昭宗何有哉？高駢據千里之腴壤，一矢不加於賊，而坐擁富貴，土芥其人民，使無所控告，畢師鐸、秦彦、孫儒競起爭奪，血流盈壑，彌望蒿萊，唐弗能問也。行密足未嘗履王都，目未嘗見宫闕，起於卒伍，無尺寸之詔可銜，削平之而撫僅存之生齒，是艸澤崛起，無異於陳勝、項梁之於秦也。霸局已成，唐不能禁，授以爵命而姑爲維繫，其君臣之義蓋已淺矣。天下已非唐有而人民必有恃以存，力捍凶鋒，保江淮之片土，抗志崛立，獨能不附逆賊，甘奉正朔如王師範、羅紹威、韓建之所爲，亦可謂之丈夫矣。唐一日未亡，行密一日不稱王，而帝制賞罰之事聽命於朝，循分自揣，安於其位，而特不屑臣服於逆賊之廷，亦可謂之不妄矣。唐何德以及行密而望其爲郭子儀、李晟之精忠，以抵觸凶人，争一綫之存亡哉？

如曰溥天率土，義不可逃也，湯、武且有慚德矣。項羽不弑懷王，漢高豈終北面？行密保境息民以待時變，唐可再興則爲竇融，唐不可興則爲尉佗，而但不爲梟獍之爪牙，斯已足矣。既不可以君臣之義苛求其效死，而昭宗又奚望其援己哉？

故三鎮者，無一可倚者也。昭宗先無自固之道，禍至而周章，「謂他人昆，亦莫我聞」，勢之所必然者也。屠門之悲號，不如其瘖矣。

昭宣帝

一　朱温所沈非清流

嬴政坑儒，未坑儒也，所坑者皆非儒也；朱温殺清流，沈之河，未殺清流也，所殺者非清流也。信爲儒則嬴政固不能坑之矣，信爲清流則朱温固不能殺之矣。

温誠誅鋤善類不遺餘力，而士大夫無可逃之彀中邪？乃於韓偓弗能殺也，於司空圖弗能殺也，於鄭綮亦弗能殺也，又下而爲梁震、羅隱之流，且弗能殺也。凡此見殺者，豈以身殉國而與唐偕亡者乎？抑求生於暴人之手而不得其術者耳。天下不知其誰氏之士，天子不知有幾日之生。情逆而恣炰烋者，腥臊之臭味逼人；無賴而充班行者，醉夢之眉目疑鬼。猶且施施然我冠子佩，旦聯綴以充庭，夕從容而退食。若此之流，謂之清也，則誰復爲濁流邪？

朱温爲之主，李振爲之輔，必殺矣，明天子在上，賢執法在列，亦未可貰而弗誅也。游於濁而自炫其清，斯所謂「静言庸違」者，四裔之投，其可宥乎？而歐陽永叔謂裴樞等惜一太常卿不與伶人，使其不死，必不以國與人，過矣。

晉、宋、齊梁之護門第，唐人之護流品，其席榮據要之習氣耳。門第流品横亘其肺腸而怙衆以喧呶，仰不知有君父，俯不知有廉隅，皆此念爲之也。王謐解璽紱以授桓玄，不欲自失其華族耳。樞等不死，勸進朱温者豈待張文蔚、楊涉哉？但使不失其清流之品序，則人人可奉之爲天子矣。忠孝之存去、名位之重輕則清濁之大界也，非永叔之所知也。

二　羅紹威聽朱温計坑殺牙兵以弱魏博

彊國非安天下之道，而取天下之彊摧殘之、芟夷之以使之弱，則天下之亂益無已。故養天下之力於不試，不見其彊而自不可弱者，王道也；國方弱而張之，相獎以武健而制之以其方使聽命者，霸功也。因其彊而彊之，莫之能戢而啓其驕，亂之所自生也；畏其民之彊而摧之夷之乃至殄滅之以使弱，則既以自弱而還以召亂。無彊無弱，人皆可亂，則天下瓦解而蠭起以相殘，禍之最烈者也。戰國之彊也，天下以亂。嬴政惡其彊而思弱之，既弱六國之衆，並弱其關内之民，銷其兵刃，疲以力役，彊者虔劉殆盡而耰鉏棘矜之徒以起，椎埋黥配之夫尸王號而長吏民。天下一無可畏而皆可畏矣，民乃爭趨於死而莫之救矣。

唐之亂，藩鎮之彊爲之也。藩鎮之彊始於河北，而魏博爲尤。魏博者，天下彊悍之區也。自光武用河北之兵以平寇亂，遂屯兵黎陽，定爲永制，而東漢以彊。故其民習於彊而以弱爲恥，天下資之以備患。垂及於唐，上未加以訓練，而驍桀之習未嘗替也，然亦何嘗爲天下患哉？安史之平，代宗不能撫有，田承嗣起而收之以自雄，爲藩鎮之戎首。幽、燕、滄、冀、兖、鄆、淄、青之不逞，皆恃魏博之彊，扼大河以亘塞河南而障蔽之。田興一受命而河北瓦解，其爲天下重久矣。

廣明以後，黃巢橫行天下而不敢側目河朔，恃此也；汴、晉交呑以窺唐室，而王鎔、劉仁恭既不敢南嚮以爭天下，抑不至屈於汴、晉而爲其僕隸，恃此也。羅紹威以狂騃豎子聽朱温之蠱，一夕而坑殺牙兵八千家，於是而魏博爲天下弱，天下蔑不弱也。

嗚呼，豈徒紹威之自貽幽辱危亡也哉？天下之一治一亂也，其亂則上激下之怒而下以驕，驕氣僨張，無問彊弱也，彊者力足以逞而怨憤淺，弱者怨毒深，藻聚萍散，不慮死亡以姑嘗試其譸張，而蠭起以不可遏。《詩》云：「無拳無勇，職爲亂階。」唯無拳勇者之亂，亂不可弭也，有彊者以制其左右則猶有憚焉。天下胥弱而驕，固不可戢也。無藉以興，旋滅而旋起，既無所憚，何人不可踔躍以爲難哉？

故自魏博牙兵之殲也而朱温之計得，於是一時割據之雄相奬以爲得計，日取天下智計勇猛之將吏軍卒而殺之，唯恐彊者之不盡也。故迨乎温、存勗交爭之世而天下皆弱，蹶然而起者猝然而仆，不能一朝自固也。胥天下而皆弱矣，勿待彊者之驕，而弱者無不驕也。於是而割天下而裂之，苟有十姓百家可持白梃、張空拳者，皆棄耒耜以讙呼。高季興、孟知祥、王延政、董昌、劉龑、鍾傳、馬希萼、雷滿、張文表、危全諷之瑣瑣者，翦婦人之衣繡以爲韎韐，伐空山之曲木以爲戈矛，或以自帝，或以自王，或以自霸。而石敬瑭羸病之懦夫、劉知遠單寒之孤雛且褎然宅中土以稱元后。❶嗚呼！勿論其不足以君也，抑勿論其不足以霸也，即與群盜齒，曾不足與張角、齊萬年、方臘爭雄長，皆無憚而自

❶「中土」，原誤作「土中」，今據邵陽曾氏抄本改。

詫爲劉項孫曹也，風淫艸靡，乃進契丹而爲君父。弱天下者之召亂於無已，固如是夫！「赳赳武夫，公侯干城。」文王之仁也，且求武夫於中林中逵之下，曾是撫有果毅彊御之衆而可屠割俾盡，以啓不量力者之驕悖乎？紹威之愚、朱温之慘不足誅也，天有大亂之數，彊者先殲焉，匪寇匪讎，殺之若將不及，亦衰氣之使然與？

三　丁會受朱温舉拔而不忍戴賊

昭宗雖暗，不足以圖存，而無淫虐之慝足以亡國。朱温起於群盜，凶狡如蛇虺，無尺寸之功於唐而奪其三百年磐石之社稷。乃盈天下世胄之子、薦紳之士、建牙分閫之帥，無有一人感愴悲憤，不忍戴賊以爲君者，而獨得之丁會。會之帥澤潞也，温脅昭宗授之旌節，則固温之私人，而於昭宗無恩禮之孚、倚爲腹心者也。帥昭義者六年，温拔潞州而授之。乃聞昭宗凶問，帥將吏縞素流涕，幸李嗣昭之來攻而降河東，曰：「雖受梁王舉拔之恩，誠不忍見其所爲。」蓋漢、宋之亡，忠節不勝書；而唐之亡也，唯此一士耳。

或曰：克用亦唐賊也，去温而即克用，奚愈焉？

曰：會於此時無可歸矣。以獨力而思討賊昭宣帝刀俎之餘肉，無能輔矣。保境以自固，汴、晋夾焉而必不可以終日，則兵民且殲於凶人之刃。乃在温篡弒未成之日，則克用之去温也無幾；在温弒主之後，則克用猶未有此滔天之逆，而相依以自全焉可矣。不北面以推戴弒君之賊、爲佐命之勳臣，而身亦可以無辱矣。項羽殺韓王而張良歸漢，韓王不死於項羽，漢抑豈能分天下以王韓者？

歸其爲我報君父之讎者，則雖不能存我故國而志亦可以伸。況乎篡弑之賊，覆載不容之大憝。雖有其心，未有其事，君子可許其改而弗亟絶之，則克用可歸，會亦舍此而奚歸乎？知有君而爲之哀，知其賊而不爲之臣，天下無君而聊以謝黨逆之罪，志士忠臣之處此，亦如是而已。唐之亡，盈天下而唯一士也，會奚讓焉？

讀通鑒論卷二十七終

讀通鑑論卷二十八

衡陽王夫之譔

五代

合稱「五代」者，其所建之國號皆不足稱也。朱温，盜也，與安禄山等；李存勗、石敬瑭、劉知遠，沙陀三部之小夷；郭威攘竊無名：故稱名。周主榮始不與謀簒逆，受命爲嗣而有平一天下之志，故稱周主，愈於夷盜之流，要之皆不足以爲天子。

一　五代不足稱代

稱「五代」者，宋人之辭也，夫何足以稱代哉？代者，相承而相易之謂。統相承，道相繼，創制顯庸相易，故湯、武革命，統一天下，因其禮而損益之，謂之三代。朱温、李存勗、石敬瑭、劉知遠、郭威之瑣瑣，竊據唐之京邑，而遂謂之代乎？郭威非夷非盜，差近正矣，而以黥卒乍起，功業無聞，乘人孤寡，奪其穴以孱立，以視陳霸先之能平寇亂，猶奴隸耳。若夫朱温，盜也；李存勗、石敬瑭、劉知遠，則沙陀犬羊之長也。温可代唐，則侯景可代梁，李全可代宋也；沙陀三族可代華之主，❶則劉聰、石虎可代晋也。

且此五人者，何嘗得有天下哉？當朱温之時，李克用既與敵立，李茂貞、劉仁恭、王鎔、羅紹威亦擁土而不相下，其他楊行密、徐知誥、王建、孟知祥、錢鏐、馬殷、劉隱、王潮、高季興先後並峙，帝制自爲，分土而守，雖或用其正朔，究未嘗奉冠帶、祠春秋、一日奔走於汴雒也。若云汴、雒爲王者宅中出治

❶「華」上，邵陽曾氏抄本有「中」字。

之正，則舜、禹受禪不仍陶唐之室，湯、武革命，不履夏、商之都，而苻健、姚興、拓拔弘奄有漢晋之故宫，將以何者爲正乎？倘據張文蔚等所撰之玉册而即許朱温以代唐，則尤獎天下之逆而蔑神器矣。

且夫相代而王天下者，必其能君天下而天下君之，即以盡君道也未能，而志亦存焉。秦隋之不道也，抑嘗立法創制，思以督天下而從其法令。悖亂雖多，而因時救弊者亦有取焉。下至王莽之狂愚，然且取海宇而區畫之，早作夜思，汲汲於生民之故。今石敬瑭、劉知遠苟竊一時之尊，偷延旦夕之命者固不足論，李克用父子歸韃靼以後，朱温帥宣武以來，覬覦天步已非一日，而君臣抵掌促膝、密謀不輟者，曾有一念及於生民之利害、立國之規模否也？所竭智盡力以圖度者，唯相搏相噬、毒民争地以逞其志欲。其臣若敬翔、李振、周德威、張憲之流，亦唯是含毒奮爪以相攫。故温一篡唐，存勗一滅温，而淫虐猥賤，不復有生人之理，迫脅臣民，止供其無厭之求，制度設施因唐末之稗政而益以藩鎮之狂爲。則與劉守光、孟知祥、劉龑、王延政、馬希萼、董昌志相若也，惡相均也，紜紜者皆帝皆王而何取於五人，私之以稱代邪？初無君天下之志，天下亦無君之之心。燎原之火旋起旋灰，代也云乎哉？

必不得已，於斯時也而欲推一人以爲之主，其楊行密、徐温、王建、李昪、錢鏐、王潮之猶愈乎？尚有長人之心而人或依之以偷安也。周自威烈王以後，七國交争，十二侯畫地以待盡，赧王納土朝秦，天下後世固不以秦代周而名之曰戰國。然則天祐以後建隆以前謂之戰國焉允矣，何取於偏據速亡之盗夷而推崇爲共主乎？中國不可無君，猶人不可無父也。孤子未能克家，固無父矣，不得晉悍僕彊鄰而名之曰父。是以有無父之子，有無君之臣民。人之彝倫，天之顯道，不可誣也。

宋之得天下也不正，推柴氏以爲所自受，因而溯之，許朱温以代唐，而「五代」之名立焉。名不可以假人。天下裂而不可合，夷盜竊而不可縱，奪其國號，該之以五代，聊以著宋人之濫焉云爾。

二　御戎狄難言信義

夷狄以劫殺爲長技，中國之御之也以信義。雖然，豈易言哉？獲天之祐，得人之助，爲天下君，道周仁至，萬方保之，建不試之威，足以服遠，於是奮赫然之怒，俘係而殄滅之，弗能拒也，乃可修信義以綏之，任其來去而與相忘，弗能背也。李克用之在河東，奚足以及此哉？

沙陀之與契丹，猶麏之於鹿也，捷足者先耳。阿保機背七部更代之約而踞漢城，克用父子受大同之命而窺唐室，其以變詐凶狡相尚又相若也。素所懷挾者無以相踰，而克用爲李可舉所挫，投命韃靼，素爲殊族所輕，威固不足以相制。阿保機帥三十萬之衆以來寇，目中已無克用，克用與之連和，力屈而求安耳。克用短長之命，阿保機操之，而東有劉仁恭與爲父子，南有朱温遥相結納，三雄角立，阿保機持左右手之權以收其壟斷之利，以其狡毒，不難滅同類世好之七部，而何有於沙陀之杯酒？當是時，朱温彊而克用弱。助温以夾攻克用，滅之也易；助克用以遠攻温，勝之也難。克用乃欲以信結之，約與滅温，直一哂而已。契丹於時未可得志於河東，姑許之而弗難旋背之，克用乃曰：「失信夷狄，自亡之道。」拒謀臣之策，不擒之於酣飲之下，何其愚也！

阿保機初併七部，衆心未固，德光，孤雛耳，突欲闇弱而莫能爲主，阿保機死則七部各懷其故主，分析以去，而契丹之勢衰，李從珂、石重貴之敗亡不速，趙宋無窮之禍亦以早捐，豈非中華之一大幸與？以克用之機變雄桀而持老生之常談，假帝王之大義，以成乎三百餘年中原之毒螫，意者其天邪？不然，何其愚也？

以帝王之惇信義也，三苗來格矣，舜必分北之；昆夷可事矣，文王必拒駾之；東夷既服矣，周公必兼并之：未嘗悻硜硜以姑縱也。晉文公棄楚之小惠，敗之於城濮，而《春秋》大之，宗周以安，宋、鄭以全，所繇異於宋襄遠矣。故曰：夷狄者，欺之而不爲不信，殺之而不爲不仁，奪之而不爲不義者也。以一夫擒之而有餘，舉天下之全力經營二百餘年而終不克，無可歸咎而不容已於重惜，故曰：意者其天也。不然，克用之狡，豈守老生之談、附帝王之義者哉？

三　羅隱梁震馮涓能自伸其志

士之不幸，生亂世之末流，依於非所據之地以保其身，直道不可伸也，而固有不可屈者存。不可伸者，出而謀人之得失也；必不可屈者，退而自循其所守也。於唐之亡，得三士焉。羅隱之於錢鏐，梁震之於高季昌，馮涓之於王建，皆幾於道矣。胥唐士也，則皆唐之愛養而矜重者也。故國舊君熸滅而無可致其忠孝，乃置身於割據之雄，亦惡能不小屈哉？意其俯仰從容於幕帟者，色笑語言必有爲修士所不屑者矣。以此全身安土，求不食賊粟而踐其穢朝已耳。至於爲唐士以閔唐亡，則幽貞之志無不可伸者，鏐、建、季昌亦且媿服而不以爲侮，士苟有志，亦孰能奪之哉？

馮涓尚矣！爲建參佐，抗建稱帝之妄曰：「朝興則未爽臣節，賊在則不同爲惡。」迪建以正，而以自守其正也。建不從而杜門不出，建弗能屈焉，則其素所樹立有以服建者深矣。

梁震無能規正季昌使拒賊而自立，非震之計不及此也，季昌介群雄之閒，形勢不便而寡弱，固無能爲也。震居其國，自全焉足矣。以前進士終老於土洲，季昌屈而已自伸，祇恤其躬而不暇及人，是亦一道也。

羅隱之說錢鏐討朱温也，曰：「縱無成功，退保杭、越，可自爲東帝。」隱非欲帝鏐也，動鏐以可歆，冀雪昭、哀之怨而正君臣之義也。其曰：「奈何交臂事賊，爲終古羞？」偉哉，其言乎！正名温之爲賊，不已賢於後世史官之以梁代唐而名之曰帝曰上乎？隱固詼諧之士，而危言正色，千古爲昭。鏐雖不用，隱已伸矣。

唐之重進士也，貴於宰輔。李巨川、❶李振之流皆以不第而生其怨毒。涓既起家幕佐，隱與震皆以不第無聊依身藩鎮，而皎皎之節、炎炎之言，下視天祐末年自詭清流之姦輔猶豚鶩然。一列爲士，名義屬焉，受禄與否何較哉？天秩之倫，性植之正，周旋曲折，隱忍以全生，而耿耿清宵者不昧也。唐

❶「李巨川」，邵陽曾氏抄本作「李山甫」。劉毓崧校勘記《自序》列船山「記憶之誤」時云：「卷二十八云：『李山甫、李振之流皆以不第而生其怨毒。』山甫乃巨川之誤。」然則底本已徑改。

之亡，三十而已，公卿大夫惡足齒乎？司馬子長有言：「伯夷雖賢，得孔子而名益著。」三子者降志辱身，非可望伯夷之清塵者也，而能自標舉於濁亂之世，不易得也。後世無稱焉。宋人責人無已而幽光掩，可勝歎哉？

四　嚴可求不懼張顥凶威

極乎凶頑不逞之徒，皆可守吾正而御之以不迫，然則孔北海抗曹操而不勝，亦其恢廓不拘之有以致之，況裴樞、趙崇輩之以輕薄犯朱温哉？張顥、徐温公遣牙兵攻其主而殺之，庭列白刃，集將吏而脅以奉己，其暴橫不在曹操、朱温下也。嚴可求以幕僚文筆之士從容而進，折張顥吼怒之氣，使之柔以悦從。顥之凶威不知何以遽若春冰之消釋，唯其羈靮而莫之能違。勿謂淮南小國也，楊渥非天子也，張顥無董卓、蕭道成之位尊權重也。白刃當前，一叱而腰領已絶，奚必卓、道成而後能殺人哉？可求所秉者正，所忘者死，夷然委命而不見有可懼者，即不見有可爭，其視顥猶蜂蠆耳，不觸之、不避之，徐用其割制而怒張之氣自消。朱瑾曰：「瑾橫戈衝犯大敵，❶今乃知匹夫之勇不及公遠矣。」無他，瑾雖勇於殺人而不能無畏死之心，憤然一往，理不及而莫持其終也。

嗚呼，亂世豈乏人傑哉？可求當之矣。神閒則智不窮，志正則神不迫，卒使楊隆演不喪其世家，乃至感刺客而斂刃以退。漢、唐之將亡而得若人焉，郗慮、柳璨無所施其蟊賊，操、温之焰亦將撲矣。唐不能用可求，可求不爲唐用而小試之淮南，僅爲霸府之砥

❶「衝」，邵陽曾氏抄本作「衡」。

柱，則何也？朝廷多噂沓浮薄之士，沮賢才而不達，而割據偏安之小國無之也。

五　高郁説馬殷以茶易繒纊戰馬

高郁説馬殷置「回圖務」運茶於河南北，賣之于梁，易繒纊戰馬，而國以富。此後世茶馬之始也。古無茶税，有之自唐德宗始。文宗時，王涯敗，矯改其政而罷之。然則茶税非古，宜罷之乎？非也。古之所無，後不得而增，增則病民者，謂古所可有而不有者也；古不可以有而今可有之，則通古人之意而推以立法，奚病哉？

茶者，古所無也，無茶而何税也？《周禮》僅有六飲之制，孟子亦曰「冬則飲湯，夏則飲水」而已。至漢王褒《僮約》，始有武都買茶之文，亦僅産於蜀，唯蜀飲之也。六代始行於江南，而河北猶斥之曰「酪奴」。唐乃徧天下以爲濟渴之用，而不能隨地而有，唯蜀、楚、閩、粤依山之民畦種而厚得其利，其利也有十倍於耕桑之所獲者矣。古之取民也，耕者十一，漆林之税則二十而五，以漆林者非飢寒待命之需也。均爲王民，不耕不桑而逸獲不貲之利，則天下將舍耕桑而競於場圃，故厚征之以抑末務、濟國用，而寬吾南畝之氓。則使古而有茶，其必厚征之以視漆林，明矣。

府其利於僅有之鄉，而天下日輦金錢絲粟以歸之不稼不穡之家，其豪者籠山包阜而享封君之奉。乃天下固無茶，而民無凍餒之傷，非有大利於民，而何恤其病？誠病矣，廢茶畦而不采，弗能税也；雖税之，而種者不休，采者不輟，何病之有哉？即其病也亦病夫射利之黠民，而非病吾旦耕夕織、救死不贍之民也。則推漆林之法，重税而以易繒馬於不産之鄉。使三代王者生飲茶之世，未有於此而沾沾以市恩也。

故善法三代者，法所有者問其所以有，而或可革也；法所無者問其何以無，而或可興也。跬遵而步效之，黠民乃驕，樸民乃困，治之者適以亂之。寬其所不可寬者，不恤其所可恤，惡足以與於先王之道乎？

六　朱温不能撫綏魏博以北臨鎮定幽燕

汴、晋雌雄之勢決於河北，故李克用坐視朱温之吞唐而莫之能問，以河北未收，畏其乘己也。朱温下兖、鄆以西臨趙、魏，勢亦便矣。乃河北者自天寶以後，倔彊自立，不可以勇力機謀猝起而收之者也。魏博爲河北彊悍之最，羅紹威愚騃而内猜，欲自戕其心膂。温於斯時撫魏博而綏之，發紹威之狂謀，順衆志而逐之，擇軍中所悦服者授以節鉞，則帥與兵交感以樂爲用。以此北臨鎮定，乘劉仁恭父子之亂蕩平幽、燕，則克用坐困於河東，即得不亡，爲盧芳而已矣。而温固賊也，殘殺之心聞屠戮而心喜，烏合之衆忌勝己而唯恐其不亡，八千家數萬人之命，黄口不免，於是而鎮定幽燕人憂駢死而怨温徹骨矣。石公立曰：「三尺童子，知其爲人。」王鎔雖愚，通國之人無有不争死命者，羅紹威且悔而離心，王處直不待謀而自合，西迎克用，下井陘以撫趙、魏，而僞梁之亡必矣。

弱魏博以失輔者，温自取之也；激鎮定以離心者，温自取之也；魏博弱而鎮定無所憚者，温自取之也；隔劉守光於冀北，使驕悖而折入於晋者，温自取之也。禍莫大於樂殺人，危莫甚於殺彊以自弱。而盜以此爲術，惡足以容身於天地之閒哉？温之亡，不待群雛之還相翦滅也，惜乎無命世之英起而收之也。

七 孫鶴諫劉守光稱帝

不仁者不可與言，非徒謂其無益也。言之無益，國亡家敗，而吾之辯説自伸於天下後世，雖弗能救，禍亦不因我而烈。則君子固有不忍緘默者，而不仁者不但然也，心之至不仁也如膏之沸於鑊也，噀之以水而焰乃益騰。唯天下之至愚者，聞古人敢諫之風，挾在己偶然之得，起而强與之争，試身於沸鑊，焚及其躬而焰延於室，則亦可哀也已。若孫鶴之諫劉守光是已。守光囚父殺兄，據彈丸之地而欲折李存勗，南面稱帝，與朱温争長，不仁而至此極也，尚可與言哉？孫鶴懷小惠而犯其必斬之令，屢進危言，寸斬而死。鶴斬而守光之改元受册也愈堅，鶴之愚實釀之矣。

羅隱之諫錢鏐，鏐雖不從而益重隱，惟其爲鏐也；馮涓之諫王建，建雖不從而涓可引去，惟其爲建也。鏐與建猶可與言，言之無益而二子之義自伸，鏐與建猶足以保彊土而貽子孫，夫亦視其心之仁尚有存焉者否耳。至不仁者置之不論之科尚懷疑畏，觸其怒張之氣必至横流戈矛，乘一旦之可施，死亡在眉睫而不恤。是以箕子佯狂，伯夷遠避，不欲自我而益紂之惡也。況鶴與守光無君臣之大義，而以腰領試暴人之白刃乎？

且夫羅隱、馮涓之説，以義言之也；鶴之説，以勢言之也。以義言，言雖不聽而義不可屈，且生其内媿之心；以勢言，則彼暴人者方與天下争勢，而折之曰汝不如也，則暴人益憤矣。匹夫搏拳相控，告以不敵而必忘其死。守光有土可據，有兵可恃，旦爲天子而夕死，鶴惡能諒以不能哉？鶴，小人也，不知義而偷安以徼幸之智也。徒殺其身，激守光而族滅之，與不仁者相暱，投以肺腸，則亦不仁而已矣。故曰：「不仁者不可與言。」戒君子之夙遠之以勿助其惡也。

八　李存勗遣使賀劉守光

張承業請李存勗遣使賀劉守光之稱帝以驕之，唐高祖驕李密之故智也。密終降而授首，守光終虜而伏誅，所謂獸之搏也必蹲其足，禽之擊也必戢其翼：權謀之險術，王者所弗尚也。

存勗聞守光之自尊，欲伐之矣。然則伐之爲正乎？可伐之罪在彼已極，執言申討，師則有名矣。而徒恃其名以責人之逆，反之於己，既無天與人歸之實，亦無撥亂安民之志，且於固本自彊之術未有得也，憑氣而争，奚必勝之在己哉？

王者以義興師而四方攸服，非徒以其名也。唐高初定長安，殘隋未翦，怒李密之妄而挑之，密且扼關以困己而内受劉武周、薛舉之逼，則唐高之事敗矣。李存勗孤處河東，鎮定之交未固，朱温之勢方張，空國以與狂騃之豎子争虚名於幽、薊，鎮、定疑而河中起擣其虚，則存勗之亡必矣。

繇是言之，推尊以驕之，非義之所許；憤怒而攻之，抑爲謀之不臧。使王者而處此，將如之何哉？王者正己而不求於人者也。彼枵然自大者何足比數乎？脆弱者必折，暴興者必萎，冥行者必躓，天怒人怨者必見絶於天人。知之既審，視之如蠉動之蟲，無待吾之争而抑無容驕之也。其來也，以非禮加我而未甚也，姑應之以禮而告之以正可也；其以非禮加我而不可忍也，閉關以絶其使命而已。欲犯我而我無啓釁之端，欲狎我而我居是非之外，秉義以自彊，固本以待時，飭邊陲之守，杜小利之争，凝静不撓而飄風疾雨坐視其消散。或人亡之而爲我驅除，或惡已窮而徐申吾天討，則兩者之失亡而貞勝之理得矣。天下莫敢不服，後世無得而訕矣。張承業何足以及此哉？克用父子之終以詐力窮而不能混一區宇，國祚不延，與假義挑兵者均之失也。

莊生曰：「人莫鑒於流水而鑒於止水。」勇而悻怒，智而詐諼，皆流水之波也。稍静以止而得失昭然，豈難知哉？唐高姑以一紙報李密，差賢於存勗之往賀，雖非王者之道而猶足以興，毫釐之差，亦相懸絶矣！

九　馮道挾小慧以賣主

李存勗據河東與朱温争天下，亦已久矣。所任者皆搏擊之雄，無有人焉贊其大計、爲立國之規者也；其略用士人參帷幕者，自馮道始。沙陀之不永，四易姓而天下終裂，於此可知已。

劉守光之凶虐，觸之必死，其攻易、定，犯彊晋，道諫之而繫獄。然免於刀鋸，逸出而西奔者，何也？孫鶴之流力争得失，是以滅身；道之諫之也，其辭必遜，且脂韋之性，素爲守光所狎，而左右宵人固與無猜，是以全也。守光囚父殺兄而道不言，其有言也，皆舍大以規小，留餘地以自全，而聊以避緘默之咎者也。

豈徒於守光爲然哉？ 其更事數姓也，李存勗之滅梁而驕，狎倡優、吝糧賜也，而道不言；忌郭崇韜，激蜀兵以復反，而道不言；李從珂挑石敬瑭以速禍，而道不言；石重貴不量力固本以亟與虜争，而道不言；劉承祐狎群小，殺大臣，而道不言；數十年民之憔悴於虐政，流離死亡以瀕盡，而道不言。其或言也，則摘小疵以示直，聽則居功，不聽而終免於斥逐，視人國之存亡若浮雲之聚散，真所謂讒諂面諛之臣也。劉守光不能殺，而誰能殺之邪？ 克用父子經營天下數十年，僅得一士焉，則道也，其所議之帷帟而施之天下者，概可知矣。

嗚呼！ 人知道之墮節以臣人，不知其挾小慧以媚主，國未亡而道已讎其賣主之術非一日矣。此數主者顛倒背亂於黼扆，道且尸位而待焉，不知其何以導諛也？ 然而不傳者，摘小過以炫直，自飾而藏姦，世固未易察也。

十　朱温易於勦絶

篡弑以叨天位，操、懿以下亦多有之，若夫惡極於無可加而勢亦易於勦絶，無有如朱温者。時無人焉亟起而伸天討，誠可歎也。

其弑兩君也，公然爲之而無所掩飾；其篡大位也，咆哮急得而並廢虛文。其禽獸行徧諸子婦也，而以此爲予奪；其嗜殺也，一言一笑而流血成渠。尒朱榮、❶高洋、安禄山之所不爲者，温皆爲之而無忌。乃以勢言之，而抑不足以雄也。西挫於李茂貞，東折於楊行密，王建在蜀，視之蔑如也；羅紹威、

❶「尒」，邵陽曾氏抄本作「爾」。

馬殷、錢鏐、高季昌，雖暫爾屈從，而一兵尺土、粒米寸絲不爲之用。其地，則西不至邠、岐，東不逾許、蔡，南不過宛、鄧，北不越宋、衛。自長安達兗、鄆，横亘一綫，界破天中，而四旁夾之者皆擁堅城、率勁卒以相臨。其將帥則楊師厚、劉鄩、❶王彦章之流，皆血勇小慧而不知用兵之略；其輔佐則李振、敬翔，出賊殺、入諂諛而不知建國之方，乃至以口腹而任段凝爲心膂，授之兵柄，使抗大敵而不恤敗亡。取其君臣而統論之，貪食漁色，樂殺蔑倫，一盜而已矣。而既篡以後，日老以昏，亦禄山在東都、黄巢踞長安之勢也。於是時也，矯起而撲滅之，不再舉而功已就矣，所難者，猶未有内釁之可乘耳。未幾而朱友珪梟獍之刃已剸元惡之腹，兄弟尋兵，國内大亂，則乘而薄之，尤易於反掌。然而終無其人焉，故曰：誠可歎也。

李存勗方有事於幽、燕而不遑速進，天討之稽，有自來矣。蓋存勗，一將帥之才耳，平一海寓之略、討逆誅暴之義非其所可勝任也。使能滅朱温父子，定汴、雒，劉守光瑣瑣狂夫坐窮於絶塞，將焉往哉？困吾力以與守光争勝負，朱友貞乃復以寬緩收離散之衆，相持於河上，梁雖滅而存勗之精華已竭矣。

嗚呼，楊行密不死於朱温淫昏之前，可與有爲者，其在淮南乎？乘彼自亡之機，掩孤雛於宛、雒，存勗弗能抗也。行密死，楊渥弑，隆演寄立人上，徐温挾内奪之心，不能出睢、亳以行天討，尚誰望哉？行密者尚知安民固本、任將録賢，非存勗之僅以斬將搴旗爲能者也。故天祐以後天下無君，必欲與

❶「鄩」，原誤作「尋刂」，今據邵陽曾氏抄本改。

之，淮南而已。然而終弗能焉，故曰：誠可歎也。

十一　善謀之名不可有

夫人，無一可恃者也。已恃之，人亦以名歸之。名之所歸，人之防之也深，御之也力，而能終有其所恃者，無有。以勇名者人以勇御之，而死於勇；以謀名者人以謀御之，而死於謀。二者俱自亡之道也，而謀爲甚。何也？勇者一與一相當者也，萬刃林立而所當者一二人，其他皆疏隔而不相及者也，故抑必以謀勝之而不易以勇相御。謀則退而揣之者，盡人可測也，合千萬人一得之慮，晝忖而夕度之，制之一朝而非一朝之積也。一人有涯之機智應無涯之事變，而欲以勝千萬人之忖度乎？夫惟明於大計者，其所熟審而見爲然之理勢皆可與人共知之而無所匿，持之甚堅，處之甚静，小利不争，小害不避，時或乘人之瑕而因機以發。其謀雖奇，人且玩之而不覺；事竟功成，而人乃知其不可測也：此之謂善謀。若夫機變捷巧，自恃其智而以善謀名矣，目一瞬而人疑之，手一指而人猜之，知其静者非静而動者非動也，於是此謀方起，人之測之也已先，既已測之，無難相迎而相距，猶且自神其術曰吾謀不可測也，其不敗也鮮矣。

劉鄩與晉兵相距於魏，鄩乘虚潛去以襲晉，奇謀也。然使鄩素以持重行師，御堂堂正正之衆，無諼詐出没之智名，則晉人抑且與相忘，偶一用謀而晉陽且入其彀中矣。乃鄩固以謀自恃，而人以善謀之名歸之也，存勗曰：「吾聞劉鄩一步百計。」嗚呼，斯名也而詎可當哉？語亦人窺之，默亦人窺之，進亦人窺之，退亦人窺之，無所不用其窺，雖有九地九天之變計，無不在人心目中矣。無不見制於人，而遑足以制人乎？

是以小勇者，大勇之所不用；小智者，大智之所不事。固吾本，養吾氣，立於不可勝之地，彼且自授我以勝而我不勞。王者之用兵無敵於天下，唯此也。故《牧誓》之戒衆也，唯申以步伐之法，作其赳桓之氣，而謀不與焉。夫豈但用兵爲然哉？兵，險道也而猶然，況乎君子之守身涉世以出門而交天下，其可使人稱之曰此智士也乎？

十二　韓延徽拘留契丹貽毒中國

夷狄之彊也，以其法制之疏略，居處衣食之粗獷，養其驃悍之氣。弗改其俗而大利存焉，然而中國亦因之以免於害。一旦革而以中國之道參之，則彼之利害相半矣。其利者可漸以雄長於中國，而其害也，彼亦自此而弱矣。

故曰：「魚相忘於江湖，人相忘於道術。」彼自安其逐水艸、習射獵、忘君臣、略昏宦、馳突無恒之素，而中國莫能制之。乃不知有城郭之可守、墟市之可利、田土之可耕、賦稅之可納、昏姻仕進之可榮，則且視中國爲不可安之叢棘，而中國之人被掠以役於彼者亦怨苦而不爲之用。❶兩相忘也，交相利也。此順天之紀，因人之情，各安其所之道也。

中行衍説匈奴不貴漢之繒帛而匈奴益彊，然其入寇之害亦自此殺矣。單于雖有不逞之志，而中國之玉帛子女既爲其俗之所不貴，城郭宮室既爲其居之所不安，則其名王

❶「不」下，邵陽曾氏抄本有「樂」字。

大人至於部衆咸無所歆羨，而必不效死以爲單于用。匈奴自彊，而漢亦以安此相忘之利也。

曹操遷匈奴餘衆於河西，婚宦寢食居處變其俗而雜用中國之法，於是乎啓懷、愍之禍，然而劉石、慕容、苻姚、赫連之族亦如朝菌之榮，未久而萎。其俗易，其利失，其本先弱也。

韓延徽爲劉守光所遣，入契丹拘留不返，因教以建牙築城、立市墾田、分族類辨昏姻、稱帝改元，契丹以是威服小夷，而契丹之俗變矣，阿保機之悍亦自此而柔矣。非石敬瑭延而進之，莫能如中國何也。雜華夷而兩用之，其害天下也乃烈。中國有明君良將，則夷以之衰；無人焉，則導之以中國之可欲而人思掠奪，則中國以亡。延徽雖曰：「我在此，契丹不南牧。」然其以貽毒中國者，不如中行衍之彊匈奴即以安漢也。

女直之陷汴，張瑴、郭藥師之使之也；蒙古之滅宋，吕文煥、劉整之使之也。❶阿骨打、鐵木真彊悍可息也，宋之叛臣以朝章國憲之煇煌赫奕者使之健羨，則彼且忘其所恃，奔欲以交靡。亂人之害亦酷矣哉！又況許衡、虞集以聖人之道爲沐猴之冠，而道喪於天下，尤可哀也夫！尤可哀也夫！

十三　劉巖擁海曲一隅自號爲帝

劉巖曰：「中國紛紛，孰爲天子？」此唐亡以後五十餘年之定案也。巖既已知之矣

❶ 劉毓崧校勘記云：「張瑴雖反覆於遼金之閒，然降宋之後，因金人索取，宋人斬首送金。至陷汴之時，瑴死已久。其末路與郭藥師、吕文煥、劉整判然不同，此誤紀趙良嗣之事爲瑴事也。」

而又擁海隅一曲之地，自號爲帝，趙光裔、楊洞潛、李殷衡之瑣瑣者冒宰輔之榮名。鄭綮曰：「歇後鄭五爲宰相，時事可知矣。」而終就之然後乞身而去，則亦歸田之相矣。自知之，自哂之，復自蹈之，苟徼一日之浮榮，爲天下僇，爲天下笑而已矣。

嗚呼，人可不自念也哉？於人則智，自知則愚。事先則明，臨事而暗。隨世以遷流，則必與世而同其敗。人可不自念也哉？勿論世也，且先問諸己；勿徒問之己也，必有以異乎世。桀、紂方繼世以守禹、湯之明祀，而湯、武之革命不疑；周敬王方正位於成周，齊、晉且資其號令，而孔子作《春秋》，操南面命討之權：夫豈問世哉？若其不可，則孫權勸進而曹操猶知笑之，唐高祖推戴李密而爲光禄卿以死，皆夫人之炯鑒也。

無德而欲爲君，無道而欲爲師，無勇而欲爲將帥，無學而欲爲文人，曰：天下紛紛，皆已然矣，吾亦爲之，詎不可哉？始而慚，繼而疑，未幾而且自信，無患乎無人之相誘以相推也。鑒於流水者，固無定影也。童子見伎人之上竿而效之，或悲之，或笑之，雖有愛之者，莫能禁也。悲夫！

十四　王建以樞密使授士人可師後世

湯纘禹服，武反商政，王道以相師而底於成。夫湯豈但師禹，武豈但師湯哉？必師禹者其祇臺，必師湯者其聖敬也，德不可降也。若夫立法創制之善者，夏殷之嗣王不必其賢於我，而可師者皆師也。故曰：「君子不以人廢言。」《尚書》録秦穆之誓，《春秋》序齊桓之績，以爲一得之賢可以爲萬世法也。必規規然守一先生之言步之趨之，外此者皆曰不足法也，何其好善之量不弘、擇善之情不篤也？

唐始置樞密使以司戎事而以宦官爲之，遂覆天下。夫以軍政任刑人，誠足以喪邦，而樞密之官有專司，固法之不可廢者也。王建割據西川，卑卑不足與於王霸之列。而因唐之制，置樞密使以授士人，則兵權有所統，軍機有所裁，人主大臣折衝於尊俎，酌唐之得失以歸於正，王者復起，不能易也。於是一時僭僞之主多效之，而宋因之。建其允爲王者師矣。

兵戎者，國之大事。汎然而寄之六卿一官之長，執其常不恤其變，變已極猶恐不守其常，文書期會，煩苛瑣屑，以决呼吸之安危，兵無異於無兵，掌征伐者無異於未嘗掌矣。屬吏各持異議，胥史亦握樞機，奏報會議喧騰於廷，閒諜已輸於寇。於是天子有所欲爲而不敢洩者，不得不寄之奄人。故曰：無異於無兵，無異於無掌征伐者也。

宋設樞密使而不救其弱喪者，童貫等擅之耳。高宗以後懲貫之失，官雖設而權不歸。藉令建炎之世有專任恢復之事者爲韓、岳之宗主，而張俊、劉光世之儔莫敢不聽命焉，秦檜、湯思退惡得持異議以沮之哉？

宋季之虚設猶不設也，自是以還，竟廢之，而以委之次登八座、株守其職之尚書與新進無識之職方。將無曰：此唐之敝政，王建之陋術，不足取法，而吾所師者，周官之王道也。以之箝天下言治者之口則足矣，弱中國，孤天子，皆所弗恤。石敬瑭廢之而速亡於契丹，庸徒愈乎？

十五　丁稅悉輸穀帛惟可行於割裂之水國

宋齊邱請徐知誥除輸錢代折之法，令丁稅悉輸穀帛，繇是江淮曠土益闢，國民兩富，其故何也？ 楊氏之有國也，西北不踰淮，東不過常州，南不過宣州，❶皆水國也。 時無冬夏，日無晝夜，舟楫可通，無浹旬在道之久，❷無越山閘水之難，則所輸粟帛無黦敝紅朽之患，民固無推轂經時之費，無耗蠹賠償之害，惡得而不利也？ 地無幾，稅亦有涯，上之受而藏之也，亦不致歷年未放、淹滯陳腐之傷，上亦惡得而不利也？ 且於時天下割裂，封疆各守，戰爭日尋，商賈不通，民有有餘之粟帛，無可貿遷以易金錢，江淮之閒無銅鉛之產以供鼓鑄，而必待錢於異國，粟帛滯而錢窮，取其有餘，不責其不足，耕夫紅女得粒米寸絲而可應追呼，非四海一家，商賈通而金錢易得之比也。 是以齊邱言之，知誥行之，因其時、就其地以撫其人民，而國民交利，❸豈虛也哉？

惟然，而不可以爲古今天下之通法，亦較然矣。 轉輸於數千里之外，越崇山，踰絕險，堰涸水，犯狂濤，一石之費動踰數倍，漂流濕壞，重責追償，山積藪藏，不堪衣食，謂齊邱、知誥爲良法而師之，民以死，國以貧，豈有爽乎？ 舟行而汲者以盂斞水，林居而樵者以手折薪，市廛而欲效之，其愚也，不待哂也。 十畝之農計粒而炊乃不餒，鬻蔬之子

❶「宣」，邵陽曾氏抄本誤作「宜」。
❷「久」，邵陽曾氏抄本作「勞」。
❸「利」，邵陽曾氏抄本作「賴」。

以囊貯錢乃不失，陶、猗而欲師之，其窮也可立待也。聞古人一得之長，據陳言而信爲良法，若此類者衆矣。困天下以自困，不足與有言，久矣！

十六　據江淮之楊行密徐温先後戢兵息民

徐温大破錢鏐，知誥請乘勝東取蘇州，温念離亂久而民困，因鏐之懼戢兵息民，使兩地各安其業，而曰「豈不樂哉」，藹然仁者之言乎！自廣明喪亂以來，能念此者誰邪？而不謂温以武人之能爾也！

均與人爲倫則不忍人之死，人之同心也，而習氣能奪之。天方降割於民，於是數不仁之人倡之而鼓動天下以胥流於殘忍，非必有利存焉，害且隨之如影響。而汶汶逐逐，唯殺是甘，群起以相爲流轉。乃習氣者，無根株者也。有一人焉，一念之明、一言之中、一事之順，幸而有其成效則相因以動，而惻隱羞惡之天良復伸於天下，隨其力之大小、心之醇疵以爲其感動之遠近，苟被其澤，無不見功於當時，延及於數世，則楊行密是已。

當行密之時，朱温、秦宗權、李罕之、高駢之流，凶風交扇於海内。乘權者既忘民之死，民亦自忘其死；乘權者既以殺人爲樂，民亦以相殺爲樂。剽奪争劫，有不自知其所以然而若不容已者，莫能解也。行密起於卒伍，亦力戰以有江淮，乃忽退而自念，爲固本保邦之謀，屢勝朱温，顧且畫地自全而不急與虎狼争食，於是江淮之寡妻弱子幸保其腰領以授之徐温。温乃以知全民之爲利，而歆動以生其不忍昧之心。蓋自是江淮之謀臣戰士，乘暴興之氣，河決火延，以塗人肝腦於原野者，皆廢然返矣。故撫有江淮，至於李煜而幾爲樂土。温之所謂樂者，人咸喻焉而保其樂；温且幾於仁者，要皆行密息浮情、斂狂氣於習氣熾然之中所培植而生起者也。則行密之爲功於亂世，亦大矣哉！

嗚呼！習氣之動也，得意則驕以益盈，失勢則激而妄逞，仰不見有天，俯不見有地，外不知有人，内不知有己。《易》曰：「迷復，凶。」唯其迷，是以不復，有能復者，然後知其迷也。「十年不克」，「七日而反」，存乎一人一念而已矣。當乾坤流血之日，而温有是言以留東南千里之生命於二十餘年，雖一隅也，其所施及者廣矣！極亂之世，獨立以導天下於惻隱羞惡之中，勿憂其孤也，將有繼起而成之者。故行密之後，必有徐温。此天地之心也，❶不可息焉者也。

十七　楊廷式按縣令受贓請先械繫取財轉獻之張崇

嚴下吏之貪而不問上官，法益峻，貪益甚，政益亂，民益死，國乃以亡。群有司衆矣，人望以廉，必不可得者也。中人可以自全，不肖有所憚而不敢，皆視上官而已。上官之虐取也，不即施於百姓，必假手下吏以爲之漁獵，下吏因之以讎其箕斂，然其所得於上奉之餘者亦僅矣。而百姓之怨毒詛呪乃至叩閽號愬者，唯知有下吏而不知賊害之所自生。下吏既與上官爲鷹犬，復代上官受縲紲法之不均，情之不忍矣。

將責上官以嚴糾下吏之貪，可使無所容

❶「也」，原誤作「地」，今據邵陽曾氏抄本改。

其私乎？此尤必不可者也。胥爲貪，而狡者得上官之心，其虐取也尤劇，其餽獻也彌豐。唯瑣瑣簞豆之闒吏，吝纖芥以封殖，參劾在前而不恤，顧其爲蠹於民者亦無幾也，且有慎守官廉，偶一不撿而無從置辯者矣。故下吏之貪非人主所得而治也，且非居中秉憲者之所容糾也，唯嚴之於上官而已矣。嚴之於上官而貪息於守令，下逮於簿尉胥隸，皆喙息而不敢逞。君無苛核之過，民無訟上之愆，豈必炫明察以照窮簷哉？吏安職業，民無怨尤，而天下已平矣。

下吏散於郡邑如彼其遼闊也，此受誅而彼固不戢，巧者逃焉，幸者免焉。上官則九州之大，十數人而已，司憲者弗難知也；居中司憲者，二三人而已，天子弗難知也。顧佐潔身於臺端而天下無貪吏，握風紀之樞以移易清濁之風者，止在一人。慎之於選任之日，獎之以君子之道，奚必察於偏方下邑而待小民之訐訟其長上乎？楊廷式按縣令之受賕，請先械繫張崇，而曰「崇取民財，轉獻都統」，歸責於徐知誥也，可謂知治本矣。

十八　張承業非忠於唐

張承業之忠，忠於沙陀耳，或曰「唐之遺忠」，豈定論哉？李存勗得傳國寶，將稱帝，承業亟諫止之，欲其滅朱氏，求唐後復立之，削平吳蜀，則天下自歸，雖高祖、太宗復生，不敢復居其上，以立萬世之基，此其以曹操、劉裕處存勗而使長有天下也明甚，豈果有存唐復辟之心乎？使能求唐後以立邪，則朱温篡奪之日可早立以收人心，承業噤不一語，而必待朱氏既滅之後，此則何心？

惡莫大於弒君，而篡國次之。篡者，北

面稱臣而又攘奪之之謂也。若夫故主已亡，乘天下無君以自立，則抑可從末減矣。使沙陀滅逆賊定天下而退守臣服，洵忠臣之效也。沙陀即不能然，而承業以此爲志，功雖不就，自不損其孤忠。乃承業不然，陽奉李氏，爲沙陀欺天下之囮。藉令果如其言，朱氏滅，吴蜀平，建不世之功，擁震主之威，然後脅贅疣之君奉神器以歸己。爲之君者柔懦而安於亡，則如晋恭帝之欣然執筆而終不免於鴆；如其挾不平以圖存，則成濟之刃且剚其胸。存勗之果成乎篡弑，而李氏之子以頸血易一日之衮冕，不已慘乎？

躁人之意計，偷求一旦之尊榮；姦人之權謀，敢竊欺天之名義。承業，奄人耳，盡心於沙陀而欲欺天下，無足怪者，君子固不可罔也。存勗不從其策，猶得免於篡弑之元惡，而李氏之苗裔不致如元魏、宇文之赤族。飾虛名以伏隱慝，猶且謂承業之忠於唐也，導天下以僞而賊仁義，必斯言也夫！

十九　相輕則君不重

朱温滅後，五姓之主中土者皆旋奪於握兵之臣，即不能奪，而稱兵以思奪者此撲而彼興，無他，唯無相而已。無相者，非必其時之無人也，抑非偏任武人而相不能操國柄也，藉令有其人，欲授之國柄，固將不能。何也？崛起之日初不與聞大計，一旦稱帝，姑且求一二人以具員而置之百僚之上，如仗象然，誰從而聽之哉？

李存勗之欲爲帝久矣，日率將士以與朱氏爭存亡，而內所任者故奄張承業，外則姑以馮道司筆墨而已，未嘗一日運目遊心於天下士，求一可任者與定大謀、經畫天下之治理。至於梁勢將傾，衆爭勸進之日，乃就四鎮判官求一二人以爲相。大謀非所與聞，大任非所夙擬，其主雖聞名而非所矜式，其將相雖覿面而不與周旋，一旦加以枚卜之虚名，使處百僚之上，彼挾百戰之功匡扶以起者固曰：何從有此忽起在位之人居吾上邪？彼固藉我以取富貴，而惡能不唯我是從乎？漢高相蕭何乃至叱諸將之功爲狗而不怒者，實有大服其心者，非一朝一夕之故也。豆盧革、盧程依戎幕以起家，惡足勝其任哉？名之曰相，實均於無相。樞密得操其行止，藩鎮直視爲衙官，天子孤立，心膂無託，奪之也如吹槁，弗復有難焉者矣。

天下可無相也，則亦可無君也。相輕於鴻毛，則君不能重於泰山也。故胡氏曰：「人主之職在論相而已。」大有爲者求之夙，任之重，得一二人而子孫黎民世食其福矣。

二十　李存勗徐知誥冒號李唐

君臣、父子，人之大倫也。世衰道喪之日，有無君臣而猶有父子者，未有無父子而得有君臣者也。自朱温以至柴氏，七姓十五人據中土而稱帝，天下後世因而帝之。乃當時之臣民固不傾心奉之以爲君，劫於其威而姑號之曰天子，君臣之倫至此而滅裂盡矣。尤可憫者，併其父子而亂之。漫取一人而子之遂謂之子，漫推一鬼而祖考之遂謂之祖考，於是神怒於上，人迷於下，父子之恩以名相假，以利相蒙，其與禽獸之聚散也奚别？如是而猶望天下之有君臣也，必不可得之數矣。

沙陀，夷酋耳，唐蔑天逆理而賜之姓，遂假以競於朱温，曰：吾李氏子也。存勗稱帝，仍號曰唐，以高祖、太宗、懿宗、昭宗雜朱邪執宜、朱邪赤心之中而祖之，唐之祖宗能不恫怨於幽乎？嗣是而徐知誥者不知爲誰氏之子，乃自撰五世名諱，選吴王恪而祖之。嗚呼！蔑論隴西之苗裔猶散處於人閒，天之弗祐，亡則亡耳，絶則絶耳，何忍取夷狄盜賊之子而以爲子孫哉？所謂辱甚於死亡也。後世史官猶從而奬之，曰：此，唐也，可以紹李氏之統者也。天理無餘，人心盡椓至此，而人不足以存矣。《詩》不云乎：「謂他人父，終莫我顧。」逆風所煽，號爲天子者且然，又何怪乎賈謐、秦熺之倫亂天常也？

二十一　存勗用兵如韓信

李存勗不可以爲天子，然固將帥之才也。知用兵之略矣，得英主而御之，與韓信齒。奚以明其然邪？譬之走也捷於虎，卒爲虎獲者，數反顧也。規規恃其穴以爲所據，其偶敗也，急奔而護其穴，其勝也，復慮人之乘己而内熒，於是内未潰而外失可乘之機，敵且躡之，使自斃於穴中，未有不敗者也。存勗知此矣。

自克用以來，太原其根本也，則澤、潞其喉吭也。太行之險一失，則井陘之道且危。存勗殫全力以圖東方，澶、鄆懸隔千里之外，閒以趙、魏，潞州叛，澤州陷，太原内躄，而東出之師若脊斷而不能舉。於斯時也，不知兵者必且舍澶、鄆以旋師而西顧，乃一受其掣而踉蹌以返，王彦章之流躡其跡而乘之，太原其委命之墟矣！而存勗之計此決矣：李繼韜之内叛視若疥癬，澤州之失唯惜裴約，而棄若贅疣，急攻楊劉，疾趨汴、雒，一戰而朱氏以亡，其神矣哉！太原自克用修繕城隍以來，非旦夕可拔者，大兵集於東方，繼韜雖狡，梁人雖鷙，必不敢遽爾合圍，不憂歸師之夾逼。敵見吾視澤、潞之亂若罔聞，則益不測吾之所爲，膽先自破，沮其乘虛之計，❶而河上之師終恃此以爲撓我之令圖，則慮我之情緩而相防之計疏。此一舉而襲梁都，夷友貞，平河南，規恢之大略也。微韓信，孰足以及此？謂存勗爲將帥之才，非虛加之矣。

納其身於內而外日陵乘而不能御，投其身於外則內雖未固而自可無虞。大略可以不傾，則姑置之而縱橫游衍，無不可以自得，此處身之善地即安心之妙術也。嗚呼，知此者鮮矣！項羽急返西楚，而漢追之；唐置太原，聽劉武周、梁師都之侵犯以亟攻東都，而三寇皆夷。得失之機，決於此耳。庸人恬其所已得，志士忘其所已能。志量之不齊，善敗之所自殊也。知此者可與立功，可與定亂，可與進善，可與廣業。明此者哲，昧此者愚，豈徒用兵爲然哉？

二十二　存勗量不足以持勝

成而不傾，敗而不亡，存乎其量之所持而已，智非所及也。量者，心之體；智者，心之用。用者用其體，體不定則用不足以行，體不定而用或有所當，惟其機也。機者發而可中而不足以持久，雖成必敗，苟敗必亡。故曰：非智所及也。項羽、李存勗戰而必勝，犯大敵而不撓，非徒其勇也。知機之捷亦智矣，然而卒以傾亡者，豈智之遽窮乎？智則未有不窮者也。

❶「沮」上，邵陽曾氏抄本有「愈」字。

項羽不足以持敗。一摧於垓下，遂憤恚失守而自剄，量不足以勝之也。藉令戢悻悻之怒，渡江東以爲後圖，韓、彭、英布非不可移易而必忠於漢者，收餘衆，鬨群雄，更起而角死力，漢亦疲矣。而羽不能者，量止於一勝之威，敗出於意外而弗能自固也。羽可以居勝而不可以持敗，故敗則必亡；存勗可以忍敗而不足以處勝，故勝則必傾，一也。李嗣源定入汴之策，既滅朱友貞，一入汴而以頭觸嗣源曰：「天下與爾共之。」卒爲嗣源所迫，身死國亡，量不足以受之也。藉令忍沾沾之喜以從容論功而行賞，人且喻於君臣之義，雖有大勳，亦分誼所當盡。嗣源雖挾不軌之心，無有爲之效命者，自斂雄心以俯聽。而存勗不能者，量盡於爭戰之中，勝出於意外而弗能自抑也。

漢高一敗於彭城，再敗於滎陽，跳身孤走而神不爲怵，故項羽終屈其難折之鋒。宋祖端居汴京，曹彬爲下江南，收六十餘年割據不服、數千里之疆土，而不輕授以使相，故功臣終安臣節而天下定。成大業者在量而不在智，明矣。量者，定體於恒者也。體定於百年之長慮，而後機不失於俄頃之利鈍。憂喜變遷，須臾不制，轉念知非，而勢已成乎莫挽，唯定體之不立故也。敗則唯死而已，勝則驕淫侈靡，無所汔止。羽、存勗之以傾敗終也，決於此耳。

生之與死、成之與敗，皆理勢之必有，相爲圜轉而不可測者也。既以身任天下，則死之與敗非意外之凶危，生之與成抑固然之籌畫。生而知其或死，則死而知其固可以生；敗而知有可成，則成而抑思其且可以敗。生死死生、成敗敗成流轉於時勢而皆有量以受之，如丸善走，不能踰越於盤中，其不動也如山，其決機也如水，此所謂守氣也。氣守而心不動，乃以得百里之地而覲諸侯，有天下，傳世長久而不危。豈徒介然之勇，再鼓而衰，不足恃哉？智足以制勝，而俄頃之閒，大憂大喜之所乘，聲音笑貌傳其搖蕩無主之衷，傾敗即成乎莫挽。豪傑之與凡民，其大辨也在此夫！

讀通鑒論卷二十八終

讀通鑒論卷二十九

五代中

衡陽王夫之譔

一　郭崇韜自全之計適以自滅

伐蜀之役，郭崇韜諫止段凝爲帥，議正而事允矣。其復止李嗣源之行，則崇韜之自滅與滅唐也皆在於此。

崇韜請遣繼岌，固知繼岌之不可獨任而必需己副之，名爲繼岌，實自將也。崇韜之辭鎮汴州也，曰：「臣富貴已極。」至此而又貪平蜀之功利，豈冒昧不止哉？蓋以伐蜀爲自全之計。而反以此自滅者，何也？位尊權重，其主已疑，內有豔妻，外多宵小，稍稍裁正，衆方側目，故憂內之不可久居而欲息肩於閫外。上挾冢嗣，下結衆將，相倚以安，冀可遠讒人之怨以自立於不拔之地，可謂謀之已工矣。乃不知讒佞交加之日，顧離人主左右，握重兵，據腴土，成大功，媢忌益深，在廷者又以睽離不親，心皆解散，固將益附姦邪而聽其嗾噬。況乎奄有王建畜積之藏，多受降將邀歡之賄，躡鍾會之已迹而益以貪，則必罹衛瓘之網羅而弗能辯。誅死在眉睫而不悟，其工也正其愚矣。

李嗣源有河上先歸之釁，載入汴決策之功，假之以兵，資之以蜀，則且爲王建，而爲朱邪氏樹一勁敵於西方。故崇韜身任之以抑嗣源，損其威望而使易制，俾存勗無西鄉之憂，其爲存勗謀也亦可謂工矣。而不知蠶叢一隅，以叛易，以守難，若欲窺秦隴、出劍閣以爭衡於中國，則諸葛且不能得志，故曹丕曰：「因亮于山。」嗣源即懷異志，惡能度越重險以犯順，何似擅河朔之富彊，拊汴雒之項背，建瓴南下，勢無與遏邪？畏虎豹之在山林，乃驅之以居園垣之右，便其噬攫，而崇韜不知也。

朱邪氏之寇，深於腹心矣。繼岌，欲使立功以定儲者也，而殺崇韜者，繼岌；董璋、孟知祥，所倚以鎮撫諸將而定蜀者也，而亂蜀者璋與知祥。抒忠而逢怒，推信而召逆，自後觀之，其愚甚矣。乃一皆崇韜之夜思早作，自謂十全之遠慮也。繇此思之，退而全身，進而已亂，豈智計之能勝任哉？抑彊止逆、弭妬消嫌之術豈有他焉？勿尸功，勿府利，靖諸已以立於危亂之中，則猜主佞臣與震主之權皆翕伏於鎮定之下。崇韜固不足以與於斯也，禍敗速於反掌，❶足爲永鑒已！

二　崇韜滅蜀貨寶充庭而以讒死

受命專征，伐人之國而滅之，大功之所歸，尤大利之所集也。既已據土而有國，其畜積必饒；既已有國而又亡之，其黷貨而寶珠玉也，必多藏以召奪。且其權貴納款，欲免誅夷而徼新寵，其薦賄也必輦載以湊大帥之門。其爲大利之所集也，必矣。大功不可居，而非不可居也。曹彬與平西蜀，獨下江南，而任兼將相，世享榮名，大功灼然在己而豈容遜避？所以自免於危者，利耳。

且夫功成而上爲主忌、下召人疑者，唯

❶「敗」，原作「不」，今據邵陽曾氏抄本改。

恐其得衆而足以興也。十夫之聚，必以豚酒；蠱民歸己，必以私恩。籠絡智謀勇力之夫，必以餽贈；兵甲芻糧之費，必以家藏。藉令功成歸第之日車還甲散，行橐蕭然，遊士無所覬而不躡其門，百姓與相忘而不歆其惠，應門皆樸樕之人，宴會無珠璣之客，則雖猜主忮臣亦諒其不足有爲而坦然信之，左右佞幸亦知其無可求索而恩怨兩消。雖有震主之功名，亦何不逌然於曠夷之宇哉？

諸葛公曰：「淡泊可以明志。」故薄田株桑所以踐其言而允保忠勳之譽，豈虛也哉？夫郭崇韜者，惡足以知此乎？其主既已忌之矣，哲婦壬人又爭變黑白以將置之死，而滅蜀之日，貨寶妓樂充牣其庭。以此而欲求免於死也，必不可得之數也。

嗚呼，豈徒爲人臣者受命專征以亡國之貨寶喪其身哉？人主之不以此而貽子孫黎民之害者，蓋亦鮮矣。漢高帝之入關也，秦併六國，舉九州數百年之貨寶填委於咸陽，古今之大利亦古今之至危，不可居者也。樊噲，一武夫耳，知其不可據而斥之如糞土。帝聽其言，爲封府庫，非但當時消項羽之惡怒、遠害於鴻門也，且自羽焚宮以後，秦之所積蕩然四散，而關中無鉤金尺帛之留，然而既有天下，古今稱富者，莫漢若也。唐起太原，而東都之藏已糜於李密、王世充之手，江都之積又盡於宇文化及之徒，蕩然一虛枵之天下，唐得之而海内之富上埒於漢。宋則坐擁郭氏世積之資，獲孟昶、李煜、劉鋹之積，受錢俶空國之獻，其所得非漢唐之比也，乃不數傳而子孫汲汲以憂貧，進王安石、吕惠卿以奪民之錙銖而不救其亡。合而觀之，則貧者富而富者貧，審矣。

所以然者何也？天子以天下爲藏者

也。知天下之皆其藏，則無待於盈餘而不憂其不足，從容調劑於上下虛盈之中，恒見有餘而用以舒而自裕。開創之主既挾勝國之財爲其私橐，愚昧之子孫規規然曰：此吾之所世守也。以天子而僅有此，則天下皆非其天下而任之貪窳之臣。貪者竊而窳者廢，國乃果貧，則虐取於民而民乃不免於死。侈者既輕於縱欲，吝者益競於厚藏。侈猶可言也，至於吝而極矣。朽敝於泥土之中，乾没於戚宦之手，猶且羨前人之富而思附益之。卒有水旱，民填溝壑，或遇寇亂，勢窮輸輓，乃更竊竊然唯恐所司望吾私積而蔽護益堅，若田野多藏之鄙夫畏人之求貸而蹙額以告匱，惡知有天下之爲天子哉？守其先世之寶藏以爲保家之懦夫而已。匹夫而懷是心，且足以亡家而喪其軀命，況天子乎？

漢唐之富，富以其無也；宋之貧，貧以其有也。國亡身戮，更留此以爲後起敗亡之媒。哀哉！武王散鹿臺、鉅橋之積，非徒以仁民也，不使腐穢之藏教子孫以侈吝也。李存勗之爲君、郭崇韜之爲將，斗筲耳。以利相怨而交詬以亡，又何足算哉？

三　李嗣源禍福委之於命

有一言可以致福，有一言可以召禍。聽其言，知其所以言，吉凶之幾決矣。言固有飾爲之者焉，從容擬議而撰之以言，行固不踐，心固不存。又有甚者，假義以讎利，假仁以讎忍，是非不生於心，吉凶固不應也。至於危困交於身，衆論摇於外，生死存亡、取舍趨避閒不容髮之際，於此而有言，則其心無他，而言非僞飾，此則吉凶之幾所自決也。李嗣源當郭崇韜、李存乂、李繼麟駢首夷族之日，朱守殷戒以震主之勳，勸爲遠禍之策，而嗣源曰：「吾心不負天地，禍福之來無可避，委之於命耳。」斯言也可以全身，可以致福。終以奄有朱邪氏之國，不亦宜乎？

奚以知其言之從心而非中懷毒螫、姑爲委命之説以欺世邪？李存勗耽樂昏昧，伶人操生死之柄，功臣之危，旦不保夕。於斯時也，嗣源非闇於術者，而思惟之路已絶，曠然遠念，惟有委命之一道可以自安。郭崇韜任氣於先而營私於後，禍已見矣，固有以知其無可奈何之下，唯宅心鎮定以不紛也。

奚以知其行之能踐也？委身昏亂之廷，死亡在旦夕，終不求脱身歸鎮、擁兵而待亂，受命討鄴乃從容以去。唯無求去之心，故廷臣得以推轂，存勗釋其猜疑，而晏然以行也。則當其正告守殷之日，嗣源之心無疑無隱，昭然揭以示人，消无妄之災，獲隕天之福，皆非以意計幸得，而終始所守者，委命之一言也。充斯言也，即許以知道焉可矣。故其得國以後，舉動多中於理。而焚香告天，求中國之生聖人，蓋亦知天之所佑必不在乘虚據位之異類，廓然曙於天命之常，而目睫之紛紜不爲目眩而心熒也。

君子於僭僞之主有取焉者，唯嗣源乎？苻堅、拓拔弘僞飾以誣天而罔人，其善也皆其惡也，何足論哉？夫不知命而飾爲之説曰「吾知命也」有之矣，不信有命而飾爲之説曰「吾委命也」未之有也。若嗣源者，信之真，故言之决也。

四　嗣源迫於石敬瑭以愚而受大惡

李嗣源之不欲犯順以攘國，非僞也。朱守殷勸其歸鎮而不從，趙在禮帥諸將迎奉而泣辭之，皆死生之際也。乃置身於宵小之中而不懼，跳出以集兵雪恥而不遑，固可信其立志之無他矣。然而終不免於逼君篡國之逆者，爲諸將所迫，而石敬瑭其魁也。敬瑭曰：「安有上將與叛卒入賊城而他日能免者？」此言出而嗣源窮矣。既不能保其腰領與妻子，而抑受從逆之罪以伏法，名實交喪，取生平而盡棄之，天高地厚，嗣源無餘地以自容。敬瑭所爲持其肯綮要以必從者，機深而言厲，嗣源惡得而不從邪？惟其然，而嗣源之昧於事幾以失斷，亦愚矣。

敬瑭之强使舉兵也，豈果盡忠效死戴主帥以定大業哉？自唐亡以來，天下之稱帝稱王者如春雨之蒸菌，不擇地而發，雖名天子，實亦唐之節度使焉耳。李存勗滅梁而奄有之，地差大於群雄，而視劉巖、錢鏐、王延翰也亦無以異。主無恒尊，臣無恒卑，民亦初無恒嚮。可奪也，則無不可奪也。以存勗之百戰成功如此其炎炎也，不數年而已熸，則嗣源一旦捲甲犯主以横有其國，又豈有長存之理？其旋起而可旋滅，人皆知之，而敬瑭料之熟矣。嗣源不反，存勗雖亡，烏必止於他人之屋，敬瑭輩部曲偏裨，望淺力微，安能遽爲弋獲乎？康義誠、李紹虔、王建立、李紹英咸有此心，而敬瑭以子壻之親，握牙之重，固將曰：嗣源之後，舍我其誰邪？蓋亦如史憲誠、朱希彩、朱滔之相因以奪節鉞耳。嗣源亦微測之，故祝天求生聖主以絶此淩奪之逆，自知其國不可永，而敬瑭決策犯順之邪心必不能保之身後，顧低回顧眄無以自主，荏苒而從之，識者固憐其柔以愚也。

夫嗣源之處此，一言而決耳。斬石敬瑭以息浮議，悉力以攻趙在禮而平之，待繼岌之歸而定其儲位，則亂亦自此而息。若存勗忌深而猶不免，則嗣源固曰「無負於天地，委之於命」，又何憂懼之有哉？

唐之亂甚而必亡也，朱温竭其姦謀十餘年而後篡；朱温之虐也，存勗血戰幾死幾生而後滅之。乍然蹶興，不折一矢、不需旬月而即帝於中土，自嗣源始。敬瑭、知遠、郭威皆旦北面而夕黼扆，如優俳之冠冕以成昏霾之日月，嗣源首受其惡以成敬瑭之姦。嗚呼，惟其愚也，辭大惡而不得矣！

五　嗣源詔諸使貢奉毋斂百姓禁刺史以下不得貢奉

李嗣源即位之初，詔諸使貢奉毋得斂於百姓，禁刺史以下不得貢奉。然則自此以前，諸使立貢奉之名以虐取於民，下至守令，亦可以財賄交於人主，久矣。

進奉始自唐德宗，至宣宗以後而愈濫。其始官有餘財，小人不知散於州府之固爲天子有，而以之獻諛。庸主懲於播遷之貪而恃爲非常之備，因而不拒，日加甚焉。及乎官不給而索之民，貢有涯而取無藝，龐勛之亂起於軍府之虛，黄巢之亂起於掊斂之急。垂至唐亡，天下裂，民力盡，而不能反。則其俛首剜肉以充獻納，蓋不知其流禍之何若矣。乃其率天下以無忌憚，蔑上下之等，視天子若亭長三老之待食於雞豚，則置之廢之、奉之奪之易於反掌者亦緣此爲致禍之源。何也？天子者，以絶乎臣民而尊者也，故曰：「天險不可升也。」刺史以下微賤之吏得以錙銖上交於殿陛，則所謂天子者亦下吏交遊之儕伍耳。置之廢之，奉之奪之，又何忌乎？

或曰：三代之王天下也，方五十里之小國亦得以幣玉上享於王，四海交媚於一人，一人未嘗輕也，進奉何病哉？曰：即此而推之，三代之法不可挾以爲名，治後世之天下，非一端而止矣。古之諸侯雖至小弱，然皆上古以來世有其土，不以天子之革命爲廢興，非大無道，弗能滅也。新王受命，雖有特建之國，亦必視此而不容獨異。故天子者，亦諸侯之長耳。列國取民之制，各從其舊，而不盡奉新王之法。其與諸侯以兄弟甥舅相往來，頡頏上下，法不能伸，故唯恃禮以綏之，使其賓服，大要視今安南、緬甸之稱臣奉貢而已。使享使聘，以財相接，亦王者因時服遠之權宜，非可必行於萬世者也。天下而既一王矣，上以禄養下而下弗能養上，揆之於理，亦法天之顯道也。天養萬物而物莫能致其養，以道相臨而交以絶，交絶而後法伸，法伸而後道建，清虚在上，萬彙咸受其裁成。使三代王者處後世之天下，憲天出治，亦如此而已，何事齪齪然受下邑小臣之壺觴簞笥哉？

且天下之賦税皆天子之有矣，不欲私之，而以禄賜均之於百官。既已予之，則不可奪之以歸己，於是而廉隅飭焉，風教行焉。推此而定上下之章，以内臨外，以尊臨卑，以長臨屬。司憲者秉法以糾百職，百職弗敢褻也；奉使巡宣者銜命以行郡邑，郡邑弗敢黷也。君子之廉以奬，而小民之生以遂。故爲之禁制以厚其坊。督撫監察郡守，不敢奉其壺飧；方面監司邑令，不敢呈其竿牘。以法相裁，以義相制，以廉相帥，自天子始而天下咸受裁焉。君子正而小人安，有王者起，莫能易此矣，而何得藉口三代之貢享上交以訓貪而啓漁民之禍哉？

且三代之衰也，天子求金車而中肩之難作，大國索裘馬而鞭尸之怨深。禹、湯、文、武承上古之流，不能遽革，其流弊亦可見矣。繼此而興者，塞源唯恐不嚴耳。通古之窮，乃可以御今；酌道之宜，乃可以制禮。故曰：「所損益，可知也。」使古有之，今遂行之，因流濫而莫之止，則唐宋之進奉何以遽召敗亡，而嗣源之禁，其上下不交之否道乎？

六　趙鳳諫止召術者

李嗣源召術者周玄豹，趙鳳諫止之，曰：「術者妄言，殺人滅族多矣。」偉哉，不易之論也！殺人滅族者，就謀逆不成者而言，鳳有所諱而偏舉之耳。謀而成，則李存勗斃於一矢，焚於樂器以亡國矣。謀而成，至於亡人之國；不成，則以自滅其族，固多有之。然天下之欲圖神器者無幾，而時之可乘、力之可亂者尤不數有，則術者之害疑於未烈，若不必嚴斥而厚禁之也。

雖然，奚必如玄豹之許嗣源以貴不可言，導以反逆，而後爲天下禍哉？舉古今，盡天下，通士庶，苟信術者，無不受其陷溺而蔑天理，裂人倫，趨利而得害，圖安而得危，無有不然者也。故《王制》曰：「假於時日卜筮以疑衆，殺。」夫術者志盡於衣食，非有大慝焉而使服上刑，不已過與？乃觀其惑民之流害所極，而後知先王之法以正人心、維風教，齊民以禮而全其恩義，誠至矣哉！

星相也，葬法也，壬遁時日也，《火珠林》觀梅河雒之數兆也，鬻之以受愚人之濡沫，乃使婚者失其配偶，居者去其樂土，死者暴其骴骼，兄弟相疑以相害，鄰里相軋以相吞，獄訟繁興，殺傷相踵，生人之禍至此而極，非殺之何足以當其辜哉？然則殺人滅族之禍非徒圖謀不軌者爲然，身以之殺、族以之滅而不知者多矣。身幸不殺，族幸不滅，而冒昧以趨於禽行，則盡古今天下之愚者胥然也。善推趙鳳之言以極其情事之必然，術者之可畏有如是哉！

解縉《庖西封事》請廢《大統曆》建除宜忌之文以絶術者之源，誠卓論也！鳳與縉非能知道者，而秉正以拒邪，守先王之典訓，賢於蔡西山遠矣。

七　王環存荆南爲楚扞蔽

王環爲馬殷攻高季興，大敗之，薄江陵城，斂兵而退，謂荆南爲四戰之地，宜存季興以爲楚扞蔽，策之善者也。季興雖存，不能復爲殷患，而委靡以苟存於吴、蜀、汴、雒之交，以閒隔長沙而不受兵，故殷得以保其疆土。雖然，藉此而圖固本自彊之術，息民訓兵以待天下之變，則雖大有爲焉可矣。無以善其後而徒幸兵之不我及以安旦夕，則所謂「無敵國外患者國恒亡」也。殷之陋也，非環之失計也。

天下當戰争不定之世，所甚患者，受天下之衝以犯天下之難，力未完，業不及遠，驟得勝而扼吭拊脊以召敵之攻，其敗也可立而待，而愚者幸之以居功。越之與楚，不相及也，句踐滅吴而後越受楚兵以亡。契丹滅而女直之禍中於汴，女直滅而蒙古之禍中於杭，皆弱不自量，撤藩籬而欣幸以召攻者。夫豈但弱者爲然哉？齊桓公而知要衝之地不可争也，姑置江、黄爲不侵不叛之國以隔楚，則陳、蔡、鄭、許可以安於北嚮。急收江、黄，授楚以兵端，而二國滅，於是楚一伸臂而旋及於泗上，無所礙矣。

彊弱之積，非一旦之復；偶然之勝，非持久之術。故曰：「地有所不争」，非散地之謂也。散地者，敵視之如贅疣，而我收其實利，得之也可以厚吾力而不犯敵之全力以相逼。唯夫南北之襟喉，東西之腰領，忽爲我有而天下震驚，得則可興，失則必危，興者百一而危者十九，竭吾財、殫吾力以保之，一仆而瓦解。策士無識，乃曰：此要地也，所必争者也。不揣而聽之，致死以争之，可爲寒心矣。

善用王環之謀以養吾全力，使彊敵相忘而可大得志於天下，惜乎馬殷之不足以及此也，爲怯而已矣。雖然，猶可以不亡，待之再世也。

八　聽民造麴鑄農器按畝收錢

唐亡以後，不知始於何日，禁民造麴，官造賣之以收息。既自號爲帝王而所行若此，陋無以加矣。又其甚者，禁民鑄鐵，官鑄農器强市於民，則尤不仁之甚者也。雖然，猶未甚也。李嗣源天成三年，聽民造麴，而於秋税畝收五錢，又三年，聽民鑄農器，於夏秋税二畝收農具三錢，自謂寬政，而不知其賊民之益甚也。造麴者非必有田，有田者方待麴於人而不知造，無端而代鬻麴者以輸税，其税之也何名？至於鑄農器者，不耕而獲農人之粟，哀此貧農，輟餐褫衣以博一器，而又爲冶人代税。二者横征，而後農民之苦日積而月深矣。

作此俑者，其情易知也。居於上而號爲帝王，則民皆惟吾所取而無不可得也。而工賈善爲規避，則取之也勞心力而不能必得，唯農民者越陌度阡而不知所往，舍稼穡而無以爲生，人雖逃而田不移，田即蕪而額固存，宗族里井苟在籍者皆可責以代輸而無可避，奚暇問名之所宜、實之所允哉？簡易便捷，懸桁楊以擬其項背，取盈焉而已矣。

造麴鑄器者居贏以宴處，而經年不見麴，稱貸以買器者俯首而唯其箕斂。嗚呼，是尚有所控告乎？乃爲之説曰：畝五錢耳，一畝三錢耳，無大損於民而合以成多。哀哉！日益之，歲增之，不見多而已積矣。至不仁者自矜其得利之易，合併以責之田畝。此法一立，相仍者絫積而不已，明主弗能察也，惠主弗能蠲也，延及數百年而户口鹽鈔、桑絲錢息、車船木竹之税一洒散之於田畝。瘖不能言，蹇不能去，坐受工賈山澤之征，習焉而莫測其所以，皆自嗣源始之，孰謂嗣源爲有仁心而幾於小康乎？

九　嗣源託國安重誨

不能謀身而與之謀國，其愚不可瘳；不能謀國而許之以安民，則論史者之耳食而塗説者也。李嗣源，胡人之錚錚者耳，其篡奪也年已老矣，驕奢淫泆之事以血氣衰而且息，於是或一言焉有恤民之辭，閒一念焉有蘇民之志，乃其所託國者，則安重誨也！夫重誨之姦與忠勿論，而舉生殺予奪一任其喜怒，脅持其主以鉗制群僚，激董璋、孟知祥而唯恐不爲禍先，其主厭之而不戢，上下胥切齒怨之而不憂，碎首横尸而不知禍之所自發。其謀身之愚也如此，而嗣源所與託國者則重誨也。流血濺於宫庭，攘奪懸於眉睫，如是而欲求斯民一日之安，其可得乎？

當其時，天地閉，龍蛇争，固乏賢矣。然

文臣則如任圜之盡力以憂公，張文寶之秉禮以重國，趙遠之見禍於幾先；武臣則如康福之外遷而宣力，姚洪之抗節以致命。善用之，皆可以任大，而重誨媢疾以閒之，嗣源弗能用也。孫晟、韓熙載且南走吴以思反噬。夫豈無人哉？以權謀與同起者親之，以鱻獷與相叶者狎之，故久知重誨之惡，而復與相持泣下！詹詹之智，得國而已窮；呴呴之仁，昵愛而難割。乃至從燦血重誨之刃，爲從珂乞命於重誨，而幽辱無聊，血胤之不保，尚能推惻隱之心以施於邦國乎？且非徒重誨也，重誨誅而范延光、趙延壽踵之而進，姦頑且出重誨右矣，而後國以必亡，民之死者不知其幾千萬矣，尚曰可以安民也哉？

嗚呼！民之有生也，恃上之不絶其生也；上能保民之生也，必先知自保其生也。忘其身之死亡則無復念人宗社之存亡，任一往之氣，乘須臾之權，何不可爲也？愚者日與之居，臭味相移，則念偶動於慈柔而輒爲中沮，己在陷溺之中，何暇援人之溺也？風愆稍艾，虐政稍蘇，暫覺其有小康之德，而身死國亂，孽子悍壻狺争於中，而契丹乘之以入，皆自重誨啓之，嗣源召之。一言一事之惠澤，杯水之於車薪，孰能許之以仁邪？

十　錢氏孝友傳家保世滋永

仁者，有生之類所必函也；生者，上天之仁所自榮也。故曰：「本立而道生。」仁動於天，厚植於心以保其天性之親，於是而仁民愛物之德流行於天下，人道之生也；於是而傳世永久之福，垂及於百世，天道之生也。於吴越錢氏有足深取者。

錢鏐與董昌爲流匹，起群盜之中，其毆

人争戰，戕民逞志，屈志逆賊，受其僞册，與高季興、馬殷、劉巖、王延政、孟知祥互有長短而無以大異。則爝火之光，宜其速熠耳。而延及宋世，受爵王廷，保世滋永；垂及於今，猶爲華族，子姓蕃衍，徧於江東。夫亦何道而致然哉？

仁莫大於親親，非其私之之謂也。平夷其心，視天下之生皆與同條共貫，亦奚必我父兄子弟之必爲加厚哉？此固不可深求於物理，而但還驗其心之所存與所必發者而已。均之爲人而必親其親者，誰使之然也？謂之天而天未嘗詔之，謂之道而道亦待聞於講習辯説之餘矣。若其倏然而興，怵然而覺，惻然而不能忘者，非他，所謂仁也，人之所自生，生於此念而習焉不察耳。釋氏斥之爲貪愛之根，乃以賊人而絶其類。韓愈氏曰：「博愛之謂仁。」言博也，則亦逐流而失其源也，博則其愛也弛矣。

有人於此，可生也亦可殺也，見爲可生而生之也快，見爲可殺而殺之也亦快，即見爲不可殺而卒不能不殺也，則亦置之矣。至於父子兄弟，即不容已於殺，而必戚然以終身，如其見爲可生則必不如他人之唯力是視，盡吾道而付之無可奈何者。以此思之，仁天下也有窮，而父子兄弟之仁則不以窮而妨其愛也。唯不仁者舍其約以務於博，即有愛焉亦散漫以施而自矜其惠之溥。如其窮矣，則視父子兄弟亦博愛中之一二人而已，置之可也，殺之又奚不可哉？故與人争名，名不兩歸而殺心起；與人争利，利不兩得而殺心起；乃至與人争國争天下，勢不兩立而殺心愈熺。

嗚呼，漢文帝之賢也，且以尺布斗粟致不容之怨，況下此者？於是而曹丕、劉彧、高湛、陳蒨，自不欲全其本支而本支亦如其意焉以斬。天道之不忒，仁、不仁，一念之報焉耳。朱友珪、李從珂僭主中國，爲不仁之倡，而徐知誥、馬殷之子孫相效以自殄其族。夫此數不仁者，抑豈無愛以及人哉？愛之無擇而窮矣。視其屬毛離裏者皆與天下之人物無以異，無妨於己則生之，有礙於己則殺之。墨釋之邪、韓愈氏之陋，實中於不肖者之心以爲天理之賊，不可瘥也。

而錢元瓘獨全友愛以待兄弟。錢鏐初喪，位方未定，而元瓘與兄弟同幄行喪，無所猜忌。陸仁章以禮法裁之，乃不得已而獨居一幄。其於元璙也，相讓以誠，相對而泣，蓋有澹忘富貴、專致惻怛者焉。故仁風扇而天性行。施及弘俶，群臣廢兄立己，衆將不利於其兄，而弘俶以死保之，優游得以令終。自古被廢之主，昌邑而後，未有能如是者。孝友傳家，延於弈世，亦盛矣哉！推其源流，皆元瓘一念之仁爲之也。此一念者，愛之所凝，至約而無所窮也，非墨釋之所與知也。

十一　康澄不足懼之説爲王安石作俑

天人之際，難言矣！饑饉譌言、日月震電、百川山冢之變，《詩》詳舉而深憂之；日食地震、雪雹星孛、石隕鷁飛之異，《春秋》備紀而不遺：皆以納人君於憂懼也。乃其弊也，或失之誣，或失之鬼。其誣也，則如劉子政父子分析五行以配五事，區分而鑿證之，變復不惟其德而唯其占，有所倚而多所貸，寬猛徇其臆説而政愈淫；其鬼也，依附經義以亂祀典，如董仲舒土龍祈雨之術徒以褻天而導淫祀，長巫風敗風教，則懼以增迷，人事廢而天固不可格也。夫爲誣爲鬼既以資有識者之非笑，於是如康澄者乃爲之説曰：「陰陽不調，三辰失行，小人譌言，山崩川涸，蝨賊傷稼，不足懼也。」王安石之禍天下而得罪於名教，亦此而已矣。

夫人主立臣民之上，生殺在己，取與在己，興革在己。而或益之以慧力，則才益其驕；或相習於昏虐，則淫蕩其性。所資以息其敖辟而納於檠括者，唯懼之一念耳。故明主之於天下，無不懼也。況災異有凋傷之實，譌言乃播亂之媒，饑饉繫生民之命，而可云不足懼乎？民情何以定而譌言永息，餓殍何以甦而饑饉不傷？三辰失軌，川決山崩，當其下者，沴氣足以戕生，凶徵足以召亂，何以鎮撫而不逢其害？豈徒懼而已哉？又豈如《五行志》之隨徵修復，自詡以調燮而安其心；《春秋繁露》之媟用術法，苟求營禱而亡其實哉？

夫仲舒、子政惟不知懼而已，謂天地鬼神之可以意爲迎合而懼心忘矣。誠知懼者，即澄所謂「畏賢人之隱，畏民業之荒，畏上下之相蒙，畏廉恥隳而毀譽亂，忠言不進，謟諛日聞」者也。唯其懼之在彼而後畏之在此，天人之應非一與一相符而可以意計揣度者也。一懼而天在人之中，萬理皆繇此順矣。澄何足以與於此哉？王安石之學，外申韓而內佛老，亦宜其懵焉而爲此無忌憚之言也。孔子曰：「畏天命。」《詩》、《春秋》見諸行事，非意計之能量，久矣！

十二　李彝超挾盜術以彊固其國

銀、夏之亂，終宋之世，勤天下之力困於一隅，而女直乘之以入，其禍自李彝超之拒命始。彝超之地無幾，亦未能有戰勝攻取之威力也，而負嵎以抗天下，挾何術以自固而能然乎？

天下而已裂矣，苟非有道之主德威足以服遠，則有無可如何之人操甚卑甚陋之術，而智勇交受其制。高季興以無賴名，而孤立群雄之中，處四戰之地，據土不亡者兩世。彝超亦用此也，而地在絶徼，爲中國之所不爭，士馬尤彊焉。欲殄滅之，其可得乎？中國之亂也，十餘年而八姓十三君，❶倏興倏廢。彝超父子無所歸命，亦無所抗衡，東與契丹爲鄰，又委順以爲之閒諜。不但此也，中國有反叛之臣，無論其成與不成，皆挾可左可右之勢而利其賂遺。薄侵邊鄙而不深入以犯難，討之則城守堅而不下，撫之則陽受命而不來。如是者，雖大定之世未易治也，而況中國無君之天下，尤得以日積月累而滋大乎？是與荆南高氏彷彿略同而情勢異。❷中國之雄桀鄙夷而姍笑之，乃不知其竊笑群雄者之尤甚也。

夫其爲術，抑有可以自立之道焉。季興以盜掠諸國之貢享而得貨，彝超以兩取叛臣之賄賂而收利，其以繕城郭、修甲兵、養士卒者，皆取給於他國無名之餽遺而不盡苦剥其民，則民得以有其生而兵不匱。君子以大義裁之，則曰：此，盜術也。然當生民流亡憔悴之日，僭竊以主中國者方日括民財以養驕卒，以媚黠虜，用逞其不戢之凶威，至於釜甑皆彊奪以充賞，而季興、彝超奪彼不道之餘以蘇境内之民，則亦苟焉自全之便術也，惡亦淺矣！

❶「十餘年而八姓十三君」上，疑脱「五」字。「八姓十三君」，邵陽曾氏抄本作「七姓十五君」，與卷二十八《五代上》第二〇論「七姓十五人」之説一致。

❷「彷彿」，邵陽曾氏抄本作「仿佛」。

季興所處，必争之地耳，不然，與彝超均漸漬以歲月，雖宋全盛之天下，得韓、范以爲將相，亦羿立而不可下矣。彝超斂兵聚利，爲謀已深。李嗣源位未固，勢未張，遽欲挑之，其將能乎？徒以益其彊固而爲百餘年之大患已耳。制無賴者，非大有爲之君，未易易也。

十三　馮道勸進篡賊告盧導以事當務實

李從珂之入篡也，馮道遽命速具勸進文書。盧導欲俟太后命，而道曰：「事當務實。」此一語也，道終身覆載不容之惡盡之矣。

實者，何也？禽心獸行之所據也。甘食悦色，生人之情，生人之利用，皆實也。無食而紾兄臂，無妻而摟處子，務實而不爲虚名所礙耳。故義者人心之制，而曰「名義」；節者天理之閑，而曰「名節」；教者聖人率性以盡人之性，而曰「名教」。名之爲用，大矣哉！宰我以心安而食稻衣錦，則允爲不仁；子路以正名爲迂，而陷於不義。夫二子者，亦務實而以名爲緩者也。一言之失，見絶於聖人，推至其極，曾元務實以復進養親而不可與事親。賢者一務實而固陋偷薄，賊天理，滅風教，況當此國危君困之際，邀榮畏死，不恤君父之死亡，而曰此實也，無事更爲之名也。其惡豈有所艾哉？

夫所謂實者，理之不容已，内外交盡而無餘憾之謂也。有其實，斯有其名矣。若盧導者心摇而無所執，理不順而無能守，然幸有此一念之羞惡，不敢以人臣司天子之廢立，故欲調停掩飾以稍蓋其惡，而示天下以君之不可自我而予奪，則亦實之僅存者耳。道乃併此而去之，不滅盡其實而不止。

嗚呼，豈徒道之終身迷而不復哉？此言出而天下顧錙銖之利，求俄頃之安，蒙面喪心，上不知有君，內不知有親，公然以其貪猥亡賴、趨利耽欲之情正告天下而不泚其顙，顧欣然自得曰：吾不爲虛名所誤也。親死而委之大壑，曰：吾本無葬親之實心，勿冒孝名也；穴牆而盜鄰粟，曰：吾本有得粟之實情，勿冒廉名也。則人類胥爲禽獸，尚何嫌乎？但務實而不知有名者，犬豕之食穢以得飽也，麋鹿之聚麀以得子也。道之惡，浮於紂、禍烈於跖矣。

道死而擿之者起，顧未有窮其立念之差於「務實」之一言者，於是李贄之徒推奬以大臣之名而世教愈亂，亦憯矣哉！

十四　李從珂便殿密談敬瑭速反

《節》之初九曰：「不出户庭，无咎。」而夫子贊之曰：「幾事不密則害成。」乃所謂密者，難言之矣。緘之於心，杜之於口，籌慮既審，擇老成能斷之士而決之，一言而定矣。不審於此，囁囁嚅嚅，兩三促膝，屏人竊語，夜以繼日，而但不令人知其所言者何事，則戈矛叢於牆陰，猜防徧於宇內，何成之有哉？速敗而已矣。

宋文帝以君臣私語徹旦不休，而逆子推刃；李從珂屏侍臣於便殿，與馮贇、盧文紀等密談，而敬瑭速反。❶皆自謂密而以召禍者也。夫子固曰：「亂之所繇生，則言語以爲階。」竊竊然密談盡日而不已者，非言語乎？使其言之於大廷而衆聞之也，其機亦

❶ 劉毓崧校勘記云：「馮贇係離間從珂之人，閔帝時爲安從進所殺，未及見從珂即位。《通鑑》敘便殿召對宰相之事在清泰二年七月，彼時與盧文紀同相者有姚顗、張延朗，無馮贇也。」

止此而已。終日言而人不知其何所云也，然後雖一欬一笑，人皆見爲深機；是以兩人閉户下帷，婦姑附耳之智，敵群策群力之交加，其不相敵，久矣。今日言之，他日更言之，所圖度者未見之施行，則姦雄抑窺其言愈多而心愈惑，無能爲也，必矣。故密者，緘之於心，杜之於口，審慮而決以一言，必不以竊竊之談相縈聒者也。❶

石敬瑭之必反也，可撫而服之，一言而畢耳；可討而定之，一言而畢耳。以廓達無猜撫敬瑭，而敬瑭無辭以起釁；以秉順攻逆討敬瑭，而敬瑭亦無挾以爭。若疑若信，若勇若怯，計其所密謀者皆迂疏纖曲，以茅縛虎，以油試火之術耳，而後從珂之死亡終不可救。宋昌拒周勃之請閒而中外帖然，斯則善於用密者與！

十五　劉知遠勸敬瑭反爲己先驅

劉知遠之智，過於石敬瑭也遠甚。拒段希堯、趙瑩移鎮之謀而亟勸敬瑭以反，其情可知也。當其時，所謂天子者，苟有萬人之衆、萬金之畜，一旦蹶起而即袞然南面，一李希烈、朱泚之幸成者而已。范延光、趙延壽、張敬達之流智力皆出知遠下，而知遠方爲敬瑭之偏裨，勢不足以特興，敬瑭反而後知遠以開國元功居諸帥之右，睨敬瑭之篡而即睨其必亡，中州不歸己而奚歸邪？嗚呼！人之以機相制，陰陽取與伏於促膝之中，效死宣力皆以自居勝地，而愚者不悟，偷得一日之尊榮以亡其族，亦可愍矣哉！

❶「縈」，邵陽曾氏抄本點去改作「絮」。

知遠之於敬瑭，楊邠、郭威之於知遠，一也。楊邠貪居於内，自速其禍耳。敬瑭不知倚知遠爲腹心，愚已甚也。知遠知邠與威之將效已而不早爲之防，事勢已然，未可急圖也。知遠早殂，不及施葅醢之謀耳。使天假以年，邠、威之誅，豈待郭允明哉？然而樹劉崇於晋陽以延其血食，則知遠之智果遠過於敬瑭矣。稱臣納土於契丹，知遠固争不可，亦自爲計也。故繕城治兵，屹立晋陽以觀變，而徐收之。李存勗之後，其能圖度大謀以自立者，唯知遠耳。而終不能永其祚者，雖割據叨幸之天子，亦不可以智力取也。

十六　桑維翰請事契丹爲萬世罪人

謀國而貽天下之大患，斯爲天下之罪人，而有差等焉。禍在一時之天下則一時之罪人，盧杞是也；禍及一代則一代之罪人，李林甫是也；禍及萬世則萬世之罪人，自生民以來，唯桑維翰當之。劉知遠決策以勸石敬瑭之反，倚河山之險，恃士馬之彊，而知李從珂之淺輭，無難摧拉。其計定矣，而維翰急請屈節以事契丹，敬瑭智劣膽虚，遽從其策，稱臣割地，授予奪之權於夷狄，知遠争之而不勝。於是而生民之肝腦、五帝三王之衣冠禮樂驅以入於狂流。契丹弱而女直乘之，女直弱而蒙古乘之，貽禍無窮，❶人胥爲夷，非敬瑭之始念也，維翰尸之也。

夫維翰起家文墨，爲敬瑭書記，固唐教養之士人也，何讎於李氏而必欲滅之，何德於敬瑭而必欲戴之爲天子？敬瑭而死於從

❶「貽」，原爲空格，今據邵陽曾氏抄本補。「窮」，原爲空格，今據邵陽曾氏抄本補。

珂之手，維翰自有餘地以居；敬瑭之簒已成，已抑不能爲知遠而相因以起。其爲喜禍之姦人，姑不足責。即使必欲石氏之成乎，抑可委之劉知遠輩而徐收必得之功，乃力拒群言，決意以戴犬羊爲君父也。❶吾不知其何心，終始重貴之廷，唯以曲媚契丹爲一定不遷之策，使重貴糜天下以奉契丹，民財竭，民心解，帝昺厓山之禍習爲固然，毁夷夏之大防爲萬世患，❷不僅重貴縲繫、客死穹廬而已也。論者乃以亡國之罪歸景延廣，不亦誣乎？

延廣之不勝，特不幸耳。即其智小謀彊可用爲咎，亦僅傾梟捩雞徼幸之宗社，非有損於堯封禹甸之中原也。義問已昭，雖敗猶榮，石氏之存亡惡足論哉？正名義於中夏者，延廣也；事雖逆而名正者，安重榮也；存中國以授於宋者，劉知遠也。於當日之儔輩而有取焉，則此三人可録也。自有生民以來，覆載不容之罪，維翰當之。胡文定傳《春秋》而亟稱其功，殆爲秦檜之嚆矢與？

十七　維翰貪可賤不足貴之宰相

貴奚有定哉？當世之所不能有而有之者，安富尊榮則貴也。太上以行其道，其次以席其安，其下以遂其欲，至於遂欲而已賤矣。然利在其身，施及其子孫，猶得以有其榮利，猶流俗之貴也。無此數者，當時恥與爲徒，後世相傳爲笑，身危而如卧於棘叢，子孫轉眄求爲庶人而不可得，則亦無可欲之甚

❶「犬」，原爲空格，今據邵陽曾氏抄本補。「羊」，原作「族」，今據邵陽曾氏抄本改。

❷「防」，原爲空格，今據邵陽曾氏抄本補。「萬世」，原爲空格，今據邵陽曾氏抄本補。

者，然且耽耽逐逐以求得之，❶其狂愚不可藥已！

至貴者，天子也，其次則宰相也。朱友貞、李從珂、石敬瑭、劉知遠皆自曰：吾，天子也。悲夫！一日立乎其位而萬矢交集於夢寐，十年之內，幸鬼禍之先及者，速病以死，全其腰領，而子姓畢血他人之刃，其未即死者，非焚則縊。一如犴狴之戮民，待秋冬而伏法耳。刑賞不得以自主，聲色不得以自娛，血胤不得以相保，賤莫賤於此焉。而設深機、冒鋒刃以求一日之高居稱朕，襲優俳之衮冕，抑無其纏頭酒食之利賴，夫亦何樂乎此邪？於是既號爲天子矣，因而有宰相焉。其宰相者，其天子之宰相也。利禄在須臾，辱戮在眉睫，亦優俳之臺輔而已矣，馮道、盧文紀、姚顗、李愚、劉昫、趙瑩、和凝、馮玉之流皆是也。尸禄已久，磐固自如，其君見爲舊臣而不能廢，其僚友方畏時艱而不與爭，庸人忘死忘辱，乘氣運之偶及，遂亦欣然自任曰：吾，宰相也。無不可供人姍笑也。

雖然，猶未甚也。桑維翰一節度使之掌書記耳，其去公輔之崇既懸絶矣，必不可得而倒行逆施者無所不至，力勸石敬瑭割地稱臣，受契丹之册命。迫故主以焚死，驅遺民使暴骨，導胡騎打草穀，城野爲墟，收被殺之遺骸至二十餘萬，皆維翰一念之惡而滔天至此，無他，求爲相而已。耶律德光果告敬瑭曰：「維翰效忠於汝，宜以爲相。」而居然相矣。人恫於明，鬼哭於幽。後世有識者推禍始而懷餘怒，即在當日者，劉知遠、杜重威、景延廣亦交詆其非，楊光遠且欲甘心焉。荼毒已盈，卒縊殺於張彥澤之半組。計其徼契

❶「耽耽」，邵陽曾氏抄本作「眈眈」。

丹之寵，自號爲相之日，求一日之甘食、一夕之安寢也而不可得，而徒以殘劉數十萬之生靈，毁裂數千年之冠冕以博德光之一語。旦書記而夕平章，何爲者邪？

夫維翰以文翰起家成進士，即不能如梁震、羅隱之保身而不辱，自可持禄容身，坐待遷除，如和凝、李崧之幸致三事。乃魂馳而不收，氣盈而忘死，以驟獵不可據之浮榮。其實不如盛世之令録參佐也，而塗炭九州、陸沈千載，❶如此其酷焉。悲夫！天之生維翰也，使其狂猘之至於斯，千秋之戾氣集於一人，將誰怨而可哉？乞者乞人之墦，非是而不能飽；盜者穴人之室，非是而不能獲。維翰不相，自可圖温飽以終身；維翰即相，亦不敵李林甫、盧杞之掾史。即以流俗言之，亦甚可賤而不足貴，明矣。處大亂之世，君非君，相非相，攬鏡自窺，夢回自念，乞邪，盜邪？君邪，相邪？貴邪，賤邪？徒以殃萬民，禍百世，胡迷而不覺邪？

讀通鑒論卷二十九終

❶「陸沈」，原爲空格，今據邵陽曾氏抄本補。

讀通鑑論卷三十

五代下（自石敬瑭稱號之年起。）

衡陽王夫之譔

一　石敬瑭戴契丹爲君父

契丹之於石敬瑭，爲勞亦僅矣。解晉陽之圍敗張敬達者，敬達師老而無能如晉陽何也。敬瑭南嚮而耶律德光歸，河南内潰，張彥澤迎敬瑭以入，初未嘗資契丹之力戰勝以滅李氏而有之。且德光幾舍敬瑭而立趙德鈞，其待敬瑭之情亦不固矣，曾不如突厥之於唐也。乃敬瑭堅拒衆議，唯桑維翰之是聽，以君父戴之，而爲之辭曰信義也。嗚呼，敬瑭豈知人閒之有信義者哉？

古今逆臣攘奪人國者，類有偉伐以立威，而後人畏以服從而不敢動。無大功而篡者，唯蕭道成、蕭衍與敬瑭而已。然道成、衍遇淫昏之主，臣民不保其死，於是因衆怨以興，而爲節儉寬容之飾行以結納中外之心，天下且屬心焉。李從珂無劉子業、蕭寶卷之淫虐，敬瑭一庸駑之武人，杳不知治理爲何物，資婦勢以得節鉞，其據一隅以反也，自唐季以來，如梁崇義、劉稹之徒，無成而縣首闕下者非一矣，❶敬瑭幸得不伏其辜耳。在位八年，固無一言之幾道、一政之宜民，其識量之不足以服人，自知之，桑維翰亦稔知之，即

❶「縣」，邵陽曾氏抄本作「懸」。

與之四海一王之天下亦不能一朝居，而況此岌岌摇摇、不寧不令之宇，僅守國門以垂旒乘輅哉？故甫篡位而范延光、張從賓、符彦饒、李金全、安從進、安重榮蠭起以争，楊光遠、張彦澤殺人於前而不能詰，劉知遠且挾密謀以俟時而動，敬瑭蓋惴惴焉卧叢棘之上，不能自信爲天子也。

德不可恃，恃其功；功不可恃，恃其權；權不可恃，恃其力。俱無可恃，所恃以偷立乎汴邑而自謂爲天子者，唯契丹之虚聲以恐喝臣民而已。故三鎮繼起，張皇欲竄，而劉知遠曰："外結彊虜，鼠輩何能爲？"則契丹以外敬瑭無可依以立命也，可知矣。張從賓將逼汴州，從官洶懼，而桑維翰神色自若。夫豈有謝傅圍棊之雅量哉？心目之閒有一契丹隱護其脰領耳。而藉口曰信義，將誰欺乎？惟其無以自主而一倚於契丹，故人即持其長短以制之，趙延壽、杜重威皆效之而國以亡，血胤以斬，則維翰之謀適以促其絶滅而已矣。敬瑭之竊位號也，與張邦昌、劉豫也正等，又出於安禄山、黄巢之下，宋人獎之以紹正統，無惑乎秦檜之稱"臣構"而不怍也。

二　黄諷決死直諫而不肯受杖

《禮》曰："刑不上大夫。"古之大夫，方五十里之國有三人焉，次國倍之，大國四之。周千八百國，計爲大夫者萬人以上，蓋視漢之亭長、今之倉巡驛遞耳，而不以刑辱之，則所以養廉隅而厚君子小人之别至矣。天下惡得而不勸於善邪？

刑者，非大辟之謂也，罪在可殺，則三公不貸其死，而況大夫？唯是宫、刖、劓、墨之刑不使夷於小人，褫衣而殘肢體耳。漢以杖代肉刑，則杖之爲刑亦重矣哉！匍伏之，肉袒之，隸卒之賤淩蹴而箠之，於斯時也，煩冤污辱之下豈復有君子哉？王昶之僭號於閩也，淫虐不擬於人類，其臣黄諷訣妻子以進諫，不恤死也。至於昶欲杖之，則毅然曰：「直諫被杖，臣不受也。」昶不能屈，黜之爲民。充諷之志，豈黜是恤哉？觸暴人而死則死而已矣，而必不受者，辱也。於此而知後世北寺之獄殘掠狼藉，廷杖之辱號呼市朝，非徒三代以下虐政相沿，爲人君者毁裂綱常之大惡，而其臣惜一死以俯受，或且以自旌忠直，他日復列清班爲冠冕之望者，亦惡得而謝其咎與？

「士可殺不可辱」，非直爲君言，抑爲士言也。高忠憲公於緹騎之逮，投池而死，曰：「辱大臣即以辱國。」韙矣。立坊表以正君臣之義，慎遺體以順生死之常，蔑以尚矣。其次則屏居山谷，終身不復立於人之廷可也。士大夫而能然，有王者起，必革此弊政。而明盤水加劍之禮，人道尚足以存乎？

三　劉知遠用子罕專宋之故智

劉知遠之圖度深密也，石敬瑭其几俎閒物耳，惡足以測之哉？始而決勸敬瑭以反，爲己先驅也。三鎮兵起，敬瑭問計，而曰：「陛下撫將相以恩，臣戢士卒以威。」蓋子罕專宋之故智也。

自唐以來，人主之速趨於亡者，皆以姑息養彊臣而倒授之生殺之柄，非其主剛覈過甚而激之使叛也。今欲使敬瑭以呴沫之仁假借將相，則當時所宜推心信任、恣其淩轢而不問者，莫知遠若矣。恩徧加於將相，而可獨致猜防於知遠乎？柔而召侮，躁人先淩之以亂其心志，故安重榮之流急起以疲敬瑭之力，知遠乃乘其後席卷而收之已耳。威移於己，則三軍所畏服者知有知遠而忘有敬瑭；戢兵以衛民，則百姓所仰戴者不感敬瑭而唯感知遠。兵從令而民歸心，故可以安坐晉陽而俟契丹之倦歸，以受人之推戴。此知遠之成算，使敬瑭入其中而不覺者也。藉令石重貴而不爲契丹之俘虜邪，亦拱手而授之知遠爾。

傲岸不受平章之命，重爲其主之疑怒，而趙瑩爲之拜，請感其恩撫大臣之言也。敬瑭忍怒而使和凝就第勸諭，假借之恩寵者已素而威不足以張也。范延光、楊光遠、張彦澤驕橫以速石氏之亡，知遠收之也不待勞矣。契丹中起而亂之，故知遠之得之也難。當桑維翰獻割地稱臣之計，知遠已早慮之矣，慮己之難乎其奪之豎子之手也，而卒能自保以逐夷而少息其民。故自朱温以來，許其有志略而幾於豪傑者，唯知遠近之矣。

四　李昪彼民安吾民亦安之言幾於道

石氏之世，君非君，將非將，內叛數起，外夷日逼，地蹙民窮，其可掩取之也，八九得也。江南李氏之臣爭勸李昪出兵以收中原，而昪曰：「兵之爲民害深矣，不忍復言。彼民安，吾民亦安。」其言，仁者之言；其心，量力度德保國之心也。蓋楊行密、徐温息兵固國之圖，昪能守之矣。

興衰之數，不前則却。進而不能乘人者，退且爲人所乘。圖安退處，相習於偷，則弱之所自積也。李氏惟不能因石氏之亂而收中原，江淮之氣日弛，故宋興而國遂亡，此蓋理勢之固然者。而揆之以道，則固不然。若使天下而爲李氏所固有，則先祖所授，中葉而失之，因可收復之機，乘之以完故土，雖勞民以求得，弗能恤也，世守重也。非然，則争天下而殄瘁其民，仁人之所惡矣。徐知誥自誣爲吴王恪之裔，雖蒙李姓，未知爲誰氏之子，因徐温而有江淮，割據立國，義在長民而已。長民者，固以保民爲道者也。社稷輕而民爲重，域外之争奪尤非其所亟矣。以匹夫奄有數千里之疆，居臣民之上，揣分自全，不亦量極於此乎？苟爲善，後世子孫以大有爲於天下者，天也；如其弱不足立而浸以亡者，亦天也：非可以力争者也。李昪於是而幾於道矣。當其時，石敬瑭雖不競，而李氏諸臣求可爲劉知遠、安重榮之敵者亦無其人。陳慶之乘拓拔之亂以入雒陽而髠髮以逃，吴明徹乘高齊之亡以拔淮北而隻輪不返，皆前事之師也。即令幸勝石氏，而北受契丹之勍敵，東啓吴越之乘虚，南召馬氏之争起。❶外成無已之争，内有空虚之害，江淮亘立於中以攖衆怒，危亡在旦夕之閒，而誇功生事者誰執其咎乎？故曰：量力度德，自保之令圖也。

其仁民也雖不保其果有根心之惻悱，而民受其賜以延生理，待宋之興，全父老、長子孫、受昇平之樂，不可謂非仁者之澤矣。《詩》不云乎：「民亦勞止，汔可小康。」人之情也，勞不可堪也，死愈不忍言也。楊行密、徐温、李昪予民以小康，可不謂賢哉？高季

❶「李昪於是而幾於道矣」至「南召馬氏之争起」，邵陽曾氏抄本「吴越」作「錢鏐」，「馬氏」作「馬殷」。劉毓崧校勘記云：「此條論南唐不伐石晉之事，彼時吴越王爲錢元瓘，楚王爲馬希範。鏐與殷皆已没矣。」然則底本已徑改。

興之猥也，天下笑其無賴，而視王曦、劉龑之賊殺其民以自尊，愈矣。況江南之奠殘黎，使安枕於大亂之世，數十年民不知兵也乎？

五　江南按田定税

江南李氏按行民田之肥瘠以定税，凡調兵興役，非常事而猝求於民者，皆以税錢爲率。宋平江南，承用其法，延及於今，一用此式，故南方之賦役所以獨重，此《春秋》所謂用田賦也。

古者以九賦作民奉國，農一而已，其他皆以人爲率。夫家之征，無職事者不得而逸。馬牛車器一取之商賈，役則非士及在官者無不役也。是先王大公至正、重本足民之大法，萬世不可易者也。是故民樂有其恒産而勸於耕，苟非力不任耕、世習工賈者，皆悉安於南畝。無棄土，無游民，不俾黠巧惰淫者舍其先疇以避征徭而坐食耕夫之粟。民食足而習馴，無或凍餒流離而起爲巨寇。財足用，器足修，兵足使，而夷狄不能爲患。其爲天下利，亦溥矣哉！今變法而一以田税爲率，已税矣又從而賦之，非時不可測度之勞皆積墮於農。而計田之肥瘠以爲輕重，則有田不如無田而良田不如瘠土也，是勸民以棄恒産而利其萊蕪也。❶民惡得而不貧，惡得而不墮，惡得而不姦？國惡得而不弱，盜賊惡得而不起，戎狄惡得而不侵哉？故自宋以後，即其全盛，不能當漢唐之十一，本計失而天下瘠也。

夫有民不役而役以田，則等於無民；據按行之肥磽爲不易之輕重，則肥其田者禍之

❶「棄」下，邵陽曾氏抄本有「其」字。

所集，而肥者必磽；有稅有役則加於無已，而無稅則坐食游閒之福，民何樂而爲奉上急公之民？悖道拂經之政，且有甚於商鞅者。乃相承六百年而不革，無他，君偷吏窳，據地圖稅籍而易於考索。若以人爲登耗，則必時加清理以調其損益，非盡心於國計民生者不能也。簡便之法易以取給，而苟且以自恣。不知天子之允爲元后父母，命官分職以共天職，將何爲邪？王者起而釐正之，莫急於此矣！

六　石氏之亡在桑維翰不在景延廣

景延廣抗不稱臣，挑契丹之怒，而石晉以亡，古今歸罪焉。流俗之論無當於是非，若此類者，衆矣。

石氏之亡不亡，奚足爲有無哉？即以石氏論，稱臣稱男，責賂無厭，醜詬相仍，名爲天子，賤同僕隸，雖得不亡也奚益？重斂中國之所有以邀一日之歡，軍儲不給而軍怨於伍，流離載道而民怨於郊，將吏灰心，莫爲捍衛。更延之數年，不南走吴楚以息肩，則北走契丹以幸利，一夫揭竿而四方瓦解，石氏又惡保其不亡乎？石氏之亡，桑維翰實亡之，而奈何使延廣代任其咎也？

稱臣割地輸幣之議，維翰主之，敬瑭從之，一二人以往，唯依阿苟容之馮道、安彦威而已。劉知遠已異議於早，吴巒、王權或死或貶而不甘爲之屈，安重榮則不難剚敬瑭之首，刲心瀝血以謝萬世者也。延廣與知遠對掌馬步，爲親軍之帥，知遠懷異心以幸其敗而不力争，延廣扶孱主以恥其亡而獨奮起。延廣之忠憤雖敗猶榮，而可重咎之以折中國生人之氣邪？

夫契丹豈真不可敵而以鴻毛試爐火哉？敬瑭所倚以滅李氏者，徒晉陽解圍一戰耳。又張敬達已老之師也，遇險而懼，不敢渡河而返。從珂自潰，非胡騎之果能馳突也。楊光遠誘之，趙延壽導之，而中國水旱非常，上下疲於歲帑，❶乃敢舉兵南嚮，然且偉王敗而太原之兵遁。石重貴自將以救戚城，而溺殺過半，慟哭而逃。高行周拒之於澶州，而一戰不勝，收軍北去；安審琦救皇甫，遇慕容彦超於榆林店而自驚以潰。陽城之戰，符彦卿一呼以起，傾國之衆潰如山崩，棄其奚車，乘駝亟走。當是時也，中國之勢亦張矣，述律有蹉跌何及之懼，氣亦熸矣。而延廣罷去，留守西京，悲憤無聊，唯自縱酒；桑維翰固争於重貴，復奉表稱臣以示弱，然後孫方簡一叛，大舉入寇而重貴爲俘。繇此觀之，契丹何遽不可拒？延廣何咎？而維翰之貽害於中國，促亡於石氏，其可以一時苟且之人情頌其須臾之安，而貰其滔天之罪哉？

韓侂胄挾鷹犬之功，殺忠貞，逐善類，惡誠大矣，而北伐非其罪也。成敗，天也；得失，人也。或成而敗，或敗而成，視其志力而已。宋即北伐而小挫，自可更圖後效，乃以挑釁渝盟爲侂胄之罪，然後人心靡，國勢頹，至於亡而不復振。故延廣逐而石氏之亡決，侂胄誅而趙宋之衰成。身爲大帥，知有戰而不知有降，其官守也。延廣蒙譏，則岳鵬舉之殺，其秦檜再造之功乎？

七　劉知遠持重待變

石敬瑭起而爲天子，於是人皆可爲而

❶「帑」，邵陽曾氏抄本作「幣」。

人思爲之。石敬瑭受契丹之册命爲天子，於是人皆以天子爲唯契丹之命而求立於契丹，趙延壽、楊光遠、杜重威皆敬瑭之教也。欲爲天子而思反敬瑭之爲，拒契丹以滅石氏者，安重榮耳。雖兵敗身死，蒙叛臣之號，而以視延壽輩之腥污，猶有生人之氣矣。

劉知遠持重以待變，尤非可與敬瑭輩等倫者也。今且責知遠之擁兵晋陽，不以一矢救重貴之危，而知遠無辭。雖然，豈盡然哉？李守貞、杜重威、張彦澤兵力之彊，與不相上下，而交懷忮害之心。桑維翰居中持柄，怙契丹以制藩帥。石重貴輕躁以畜厚疑，前却無恒，力趨於敗。天之所壞，不可支也，徒以身殉，俱碎而已。

若夫君臣之義，固有不必深求以責知遠者。當日之君臣非君臣也。知遠之器識愈於敬瑭遠矣，爲其偏裨，以權勢而屈居其下，相與爲賊，以奪李從珂之宗社。一彼一此，衰王相乘，豈嘗受顧命輔重貴以保固石氏之邦家乎？敬瑭不推心以託，知遠亦不引以自任也，久矣。則護河東片土，休兵息民，免於打草穀之掠殺，而待契丹之退，收拾殘疆，慰安殺戮之餘民。知遠之於天下也，不可謂無功。杜重威、李守貞、張彦澤之惡已播而不可掩，桑維翰媚虜以虔劉天下而自殺其軀，於是人喻於從夷之凶危。而重貴已俘，國中無主，始徐起而撫之，知遠之成謀決矣。擯契丹以全中夏而授之郭氏，契丹弗敢陵也。蓋自朱温以來，差可許以長人者，唯知遠耳。嗣子雖失而猶延河東數十年之祀，亦其宜矣。然而不足以延者，知遠亦沙陀也。

於時天維地紀未全坼也，❶固不可以爲中國主也。

八　劉知遠安集自保之民賢於散兵

兵聚而散之，平天下者之難也。漢光武撫千餘萬之降賊使各安於井牧，遐哉！自武王戢干櫜矢之後，未有能然者矣！無仁慈之吏以撫之，無寬緩之政以綏之，無文教之興以移之，則夫習於憍悍、狃於坐食者，使之耕耘，不耐耰鉏之勞，使之工賈，不屑錙銖之獲。朵頤肥甘、流連飲博之性，夢寐寄於行閒。小有騷動觸，其雄心即如螽蝗之蔽日，無有能御之者矣。

河北自天寶以來，民怙亂而不安於田廬久矣。魏博之牙兵已殲，不能懲也。石晋置天威軍而不可用，遂罷之。乃雖不可用，而躍冶之情，仍其土習，則一動而復興。罷之，亦問其何所消歸邪？而抑不爲之處置。無賴子弟業已袴褶自雄於鄉里，無有餘地可置此身，能合而不能離，爲盜而已矣。梁暉起於相，王瓊起於澶，其起也，契丹掠殺之虐激之。❷即無契丹之掠殺，亦安保其爲井牧之馴民乎？敬瑭父子之爲君，虚中國以媚夷，❸縱驕帥以稱兵，而草澤之姦，能朝耕而暮織乎？

民不富，不足以容游惰之民；國無教，不足以化獷戾之俗。自非光武，則姑聽其著伍以待其氣之漸馴，而後使自厭戎行以思

❶「天」，原爲空格，今據邵陽曾氏抄本補。「地」，原爲空格，今據邵陽曾氏抄本補。「坼」，原爲空格，今據邵陽曾氏抄本補。

❷「之」下，邵陽曾氏抄本有「也」字。

❸「夷」，原作「虜」，今據邵陽曾氏抄本改。

返，乃可得而徐爲之所。劉知遠安集民之保山谷者，定其志氣以漸思本計，自是以後盜乃漸息。集之也，故賢於散之也。

九　沙陀劉氏無親賢之助

得國而速亡，未有如沙陀劉氏者也。反者一起，兵未血刃，衆即潰，君即死，國即亡，易如吹槁，亦未有如沙陀劉氏者也。其後宋奪柴氏而尤易，亦迹此而爲之耳。

劉氏之代石晋也，以視陳霸先而尤正。二蕭、石、郭皆懷篡奪之謀，興叛主之甲。知遠雖不救重貴之亡，而不臣之迹未著。重貴已見俘於契丹，石氏無三尺之苗裔可以輔立者。中原無主，兆人樂推，而始稱大號以收兩都、逐胡騎。然且出兵山左，思奪重貴，不克而始還。若是者，宜其可以代興而永其祚。然而不能者，其故有二：《詩》曰：「宗子維城，大宗維翰。」先王親親以篤天倫，而枝幹相扶之道即在焉。《易》曰：「開國承家，小人勿用。」先王尊賢以共天職，而心膂相依之道即在焉。漢唐之興，其親也不能如周、召之一心，而分土爲侯王者固不可拔也；其賢也不能如伊、吕之一德，而居中爲宰輔者固不可亂也。

劉氏起於沙陀，以孤族而暴興。承祐之外，僅一劉崇父子，而威望不能與郭威、楊邠、史弘肇相頡頏。舉國之人知孤雛一禽而其宗熸矣。郭氏亦猶是也。柴氏雖有宗黨，然不能正名爲皇族，亦一夫而已矣。一旦擁他姓以代之，孰相難者？而又何勞再舉乎？

親不可恃，天也，則庶幾恃有賢輔以左右之耳。知遠之命相，竟求之於軍幕執筆之客佐，天下賤之惡之，狎而蔑之。倏起旋滅，無爲太息者，尤無足怪矣。故劉氏之亡，亡於蘇禹珪、蘇逢吉之爲相，王章之爲三司使也。是郭威、楊邠、史弘肇所睥睨叱咤而使濡毫待命如胥史者也。四年而劉氏之廟蕩爲寒灰，尚誰拯哉？

天之下，民所仰者，君也；君之下，民所仰者，相也。君非君，則天不能息其亂；相非相，則君不能保其國。開國承家，小人亟用，人之所鄙，天之所棄，不能一朝居矣。二蘇從幕中賤士躐輔弼之榮，即求如敬翔、任圜，和凝而不可得，乃欲伸弱主以折彊臣，其待四年而亡，猶晚矣。

郭氏之相雖德不稱位，而范質、李穀之視二蘇，則雲泥也，是以後亡。而承祐既滅，劉崇猶能保一隅之祀者數十年，愈於郭、柴之頓斬，則同姓存亡之故也。親賢之得失，國祚之短長，豈不一如符券與？

十　劉氏殺大臣而速亡

李業、郭允明導其主以殺大臣，而劉氏速亡。人心未固，主勢不張，而輕用不測之威，翦推戴之臣。楊邠、史弘肇、王章雖死，郭威擁重兵，據雄藩，恩結將吏，權操威福。遽欲以一紙殺之，其以國戲也，愚不可詰矣。雖然，劉氏之存亡惡足繫天下之治亂哉？楊邠等就誅而天下始有可安之勢，則此舉也，論世者之所快也。

自唐以來，彊臣擅兵以思篡奪者相沿成習，無有寧歲久矣。朱温、李克用先後以得中原，而李嗣源、石敬瑭、劉知遠踵之以興。蓋其閒效之蹶起，或謀而不成，或幾成而敗者，鋒刃相仍，民以荼毒也，不可勝紀。當其始爲偏裨與贊逆謀也，❶已伏自竊之心，延及於石、劉之代，而無人不思爲天子矣。安重榮、安從進、楊光遠、杜重威、張彦澤、李守貞雖先後授首，而主臣蹀血以競雌雄，敗則族，勝則帝，皆徼幸於不可知之數。幸而伏誅，國亦因是而卒斬。流血成川，民財括盡，以僅夷一叛臣而叛者又起。彼固曰：與我並肩而起者資我以興，惡能執法以操我生死之柄？況其煢煢孺子而敢儼然帝制，秉鈇鉞以臨我乎？

自楊邠等以羽翼劉氏之宿將，威振朝廷，權行疆内，而一旦伏尸闕下，如圈豚之就烹。於是而所謂功臣者始知人主自有其魁柄，不待戰爭而可刈權姦若當門之草。故郭氏之興，王峻、侯益之流不敢復萌跋扈之心，而李穀、范質、魏仁浦乃得以文臣銜天憲制閫帥之榮辱生死。柴氏承之，樊愛能等疾趨赴市，伏死歐刀，而人不驚爲創舉，邠、章、弘肇之誅實倡其始也。有邠、章、弘肇之誅，而後樊愛能等之辟伸於俄頃，❷而衆心允服；有愛能等之戮，而後石守信輩以得釋兵、保禄位爲幸，宋之中外載寧者三百載。嗚呼，業、允明之不量而亟殺權臣也，殆天牖之以靖百年飛揚盤踞之惡習乎？抑事會已極，無往不復，自然之數也。

郭威以一頭子黜王守恩，用白文珂，而盈廷不敢致詰。楊邠、史弘肇斥其主以禁聲，而曰：「有臣等在。」此而不誅，劉氏其足以存乎？劉氏即存，天下之分崩狂競以日尋鋒刃也，寧可小息乎？邠、章、弘肇死，於是風氣以移，内難不生，而國有餘力，然後吴

❶「始」，原誤作「使」，今據邵陽曾氏抄本改。
❷「頃」，原誤作「傾」，今據邵陽曾氏抄本改。

蜀楚粵可次第而平。故此舉也，天下漸寧之始也，劉承祐之死生、國之存亡不足論也。

十一　郭氏毀宮中寶器可正人心端好尚

耳目口體之各有所適而求得之者，所謂欲也。君子節之，衆人任之。任之而不知節，足以累德而損於物。雖然，其有所適而求得之量以任之而取足，則亦屬厭而止，而德不至於凶，物不蒙其害。君子節情正性之功，未可概責之夫人也。況乎崇高富貴者可以適其耳目口體之需，不待損於物而給，且以是别尊卑之等而承天之祐，則如其量而適焉，於德亦未有瑕也。

天下有大惡焉，舉世貿貿然趨之，古今相狃而不知其所以然，則溢乎耳目口體所適之量而隨流俗以貴重之，所謂寶器者是已。耳目口體不相爲代者也，群趨於目而口失其味，體失其安，愚矣。群趨於耳，而目亦不能爲政，則其愚愈不可言也。寶之爲寶，口何所甘，體何所便哉？即以悦目，而非固悦之也。唯天下之不多有，偶一有之，而或詫爲奇，於是騰之天下，傳之後世，而曰此寶也。因而有細人者出，摘其奇瑰以爲之名，愚者歆其名，任耳役目口四體以徇傳聞之説，震驚而豔稱之曰：此，寶也。是舉五官百骸心腎肺腸一任之耳，而不自知其所以貴之重之，思得而藏之之故。嗚呼，其愚甚矣！

《傳》曰：「匹夫無罪，懷璧其罪。」孟子曰：「寶珠玉者，殃必及身。」何也？愚已甚，耳目口四肢不足以持權，則匹夫靡可衣可食之腴産以求易之，或且競之於人而戕天倫，淩孤寡，皆其所不恤。崇高富貴者則虚府庫、急稅斂、奪軍儲以資采覓，流連把玩，危亡不繫其心。「殃必及身」，非虛語也。乃試思之，聲音可以穆耳乎？采色可以娛目乎？味可適口，而把玩之下，四體以安乎？于闐之玉，馳人於萬里；合浦之珠，殺人於重淵；商周之鼎彝，毁人之丘墓：豈徒累德以黷淫哉？其貽害於人也，亦已酷矣！從吠聲之口，蕩亡藉之心，以禍天下而旋殃其身，愚者之不可致詰至此而極矣！郭氏始建國，取宫中寶器悉毁之，盡萬億之值碎之爲泥沙。不知者且惜之，抑知其本與泥沙也無以異。不留之於兩閒以啓天下之愚，亦快矣哉！

夫豈徒寶器爲然乎？書取其合六書之法，形聲不舛而已；畫取其盡山川動植之形、宫室器服之制，知所考倣而已；典籍取其無闕無譌，俾讀者不疑其解而已。晋人之字、宋元之畫、澄心堂之典籍，盡取而焚之，亦正人心、端好尚之良法也。

十二　郭氏禁車舟運糴淮南

閉糴以殺鄰國之民，至不仁也；徒殺鄰民而朽吾民之粟以趨於貧，至不智也。李氏淮南飢，周通糴以濟之，二者之惡去矣。其後復大旱，民度淮争糴，李氏遂築倉多糴以供軍，周乃詔舟車運載者勿予。夫禁舟車而但通負擔，則所及者近，而力弱不任負者死相積矣。郭氏方有吞併江淮之計，不欲資敵糧以困之，自謂得算，而不知此斗筲之智，徒損吾仁而無益也。

旱飢即至於縣罄，❶豈有餒死之兵哉？

❶「縣」，邵陽曾氏抄本作「懸」。

所餒死者，民耳。立國則必有積儲矣，即不給，而民之僅存者嚴刑迫之，無求不得也。又不給而坐食於民，或縱之掠奪而不禁也。則使其主多糴以爲軍食，亦以紓民之死爾。禁舟車之運，勿使糴充軍食者，亦適以重困其民也，豈果於救民者之所忍爲乎？

即以制勝之策言之：兩敵相壓，豐凶各異，所隔者一衣帶水耳。淮南之民，强欲糴者轉鬬而北，不可禁御；飢瘠瀕死睨飽食之鄉，欲與争一旦之命，死且不恤，弱瘠無制之民且如此矣。如使兵食不繼，彼且令於衆曰：誓死一戰，則禾粟被野者唯吾是飽，而兵之奮臂以呼、争先而進以自救死亡，復何易捍哉？

無德於民，不足以興；積怨於兵，則足以亡。晋惠公閉糴而秦師致死，身爲俘囚。大有爲者不與人争一飢一飽之利鈍也。故唯深研於人情物理之數者，而後可與盡智之用，全仁之施。郭氏固不足以及此，爲德不永而功亦不集。唯保天下者可以有天下，區區之算，奚當哉？

十三　有法勝於無法

法不可以治天下者也，而至於無法，則民無以有其生而上無以有其民。故天下之將治也，則先有制法之主以使民知上有天子，下有吏而己亦有守以謀其生。其始制法也不能皆善，後世仍之，且以病民而啓亂。然亦當草創之際，或矯枉太甚，或因陋就簡，粗立之以俟後起者之裁成。故秦法之毒民不一矣，而乘六國紛然不定之餘，爲之開先，以使民知有法，然後漢人寬大之政可因之以除繁去苛而整齊宇内。五胡蕩然蔑紀，宇文氏始立法，繼以蘇綽之緣飾，唐乃因之爲損益，亦猶是也。

自唐宣宗以後，懿、僖之無道也，逆臣盜賊紛紜割據，天子救死不遑，大臣立身不固。天下之無法，至於郭氏稱周，幾百年矣。唐之善政無一存者，其下流之蠹政則相沿而日以增。蓋所謂天子者彊則得之，弱則失之；所謂宰相者治亂非所任，存亡非所恤。其令於民也，桎梏之以從令，漁獵之以供軍，如此則安望其有暇心以問法紀哉？叛臣而天子矣，武人而平章矣，幕客而宰相矣，則其所爲庶司百尹、郡邑長吏者舉可知也。其薄涉文墨者，則亦如和凝之以淫詞小藻取譽花間而已。及郭氏之有國也，始有制法之令焉。然後爲之君者可曰：吾以治民爲司者也；爲之民者亦曰：上有以治我，非徒竭我之財、輕我之生以爲之争天下者也。

夫郭氏之法固不可以與於治者多矣。其寬盜一錢以上之死也，罷營田賦賦民而使均於民賦也，除朱温所給民牛之租也，皆除民之大蠹而蘇之，亦救時之善術矣。若其給省耗於運夫，則運者甦而輸者之苦未蠲也；禁民之越訴而弗能簡良守令以牧民，則姦民乍戢而州縣之墨吏逞，民弗能控告也；訟牒不能自書，必書所倩代書者姓名以懲教訟，而訟魁持利害以脅人取賄，姦民益恣而弱民無能控告也；其除賣牛皮者之税，令田十頃税一皮，徒寬屠賈而移害於農，加無名之征也。凡此皆以利民而病之，圖治而亂之，法之所立，弊之所生矣。

蓋其爲救時之善術者，去苛虐之政而未別立一法，故善也；其因陋就簡而生弊者，則皆制一法以飾前法，故弊也。法之不足以治天下不徒在此，而若此者爲尤。雖然，以視蕩然無法之天下，則已異矣。君猶知有民而思治之，則雖不中而不遠；民猶知有法而遵之，則雖蒙其害而相習以安。蓋郭氏懲武人幕客之樵蘇其民而任其荒薉，標掊克之成格以虐用之於無涯，於是范質、李穀、王溥諸人進，而王峻以翼戴之元功不能安於相位，故有革故取新之機焉。樞密不能操宰相之進止，宰相不復倚藩鎮以從違，君爲民之君，相爲君之相，庶幾乎天職之共焉。嗣是而王朴、竇儼得以修其文教，而宋乃因之以定一代之規。故曰：天下將治，先有制法之主，雖不善，賢於無法也。

漢承秦之法而損益之，故不能師三代；唐承拓拔、宇文之法而損益之，故不能及兩漢；宋承郭氏、柴氏之法而損益之，故不能踰盛唐。不善之法立，民之習之已久，亦弗獲已，壹志以從之矣；損其惡，益之以善，而天下遂寧。唯夫天下方亂而未已，承先代末流之稗政以益趨於下而盡喪其善者，浸淫相襲，使袴褶刀筆之夫播惡於高位而無爲之裁革者，於是雖有哲后而難乎其頓改，害即可除而利不可卒興，此湯武之繼桀紂與高皇帝之繼胡元所以難也。有法以立政，無患其疵，當極重難反之政令，移風俗而整飭之以康兆民，豈易言哉？上無其主，則必下有其學。至正之末，劉、宋諸公修明於野以操旋轉之樞，待時而行之，其功豈淺尠乎？

十四　郭氏立異姓爲後

無子而立族子，因昭穆之序爲子以奉宗祀，自天子達於士，一也，而天子因授以天下爲尤重。異姓者不得爲後，大法存焉。《春秋》莒人後鄫，❶而書之曰「滅」，至嚴矣。乃事有至變者焉，則郭氏是已。郭威起於卒伍，旁無支庶，年老無子，更無可立之群從。柴氏之子既其內姻，從之鞠養，而抑賢能可以託國，求同姓之支子必不可得，舍郭榮亦將孰託哉？既立宗廟，以天子之禮祀其先，神雖不歆非類，而豈自我餒之乎？故立異姓以爲後，未可爲郭氏責也。

或曰：威無同姓可立之後，知榮之賢，引而置之將相之位，以國禪之而不改其族姓，倣堯舜之道，不亦美乎？舜宗堯而祖文祖，祀亦可弗絕也。曰：時則上古，人則聖人，在位者則臯、夔、稷、契，而後舜禹之受禪，天下歸心焉。乃欲使篡奪之君、擾亂之世，彊藩睥睨以思弋獲之大位，取一大賢以下之少年，遽委以受終，庸詎得哉？舜穆四門，敘百揆，雷雨弗迷，而共、驩猶猾於廷，三苗猶叛於外。若禹平水土，定九州，大勳著於天人，群后之傾心久矣，舜抑承堯之已蹟而踵行之，而榮惡足以勝之？自朱、李以來，位將相而狂爭者非一人也。郭氏之興，榮無尺寸之功，環四方而眾立者皆履虎咥人之武人，榮雖賢，不知其賢也，孤雛視之而已。俄而將相矣，俄而天子矣，爭奪者攘臂而仍之，不能一朝居也，徒爲子噲、子之，而敢言堯、舜乎？

所難處者，榮既嗣立，而無以處柴守禮耳。論者乃欲別爲郭氏立後而尊守禮爲太上皇，則何其不審而易於言也？郭氏無可立之後明矣，將誰立邪？榮之得國，實以養子受世適之命，郭氏之恩何遽忍忘？身非漢高自我而有天下，則不得加皇號於私親。

❶「鄫」，邵陽曾氏抄本誤作「鄶」。

禮之所不許者，宋英宗且不得加於濮王，而況守禮乎？然則將如之何？守禮之爲光禄卿，先朝之命也。迎養宮中，正名之曰所生父；其没也，葬以卿，祭以天子；其服，視同姓之爲人後者爲之期，則庶乎變而不失其常矣，外繼竄宗之法不可執也。爲天子而旁無可立之支庶，古今僅一郭氏。道窮則變，變乃通也。

十五　郭氏誅貶功臣不可罪以葅醢韓彭

與人俱起，血戰以戴己爲君，功成位定而挾勳勞以相抗，亦武人之恒也。即慮其相仍以攘臂，自可以禮裁之，以道制之，使自戢志以寧居。遽加猜忮而誅夷之，刻薄寡恩，且抱疚於天人，漢高帝之所以不得與於純王之道也。郭氏因群力以奪劉氏之國，而王殷無罪受誅，王峻貶竄而死，其事與高帝同而時則異，未可以醢葅韓、彭之慝責郭氏也。

自唐天寶以來，上懷私恩而姑息，下挾私勞以驕横，擁之而興之日，早已伏奪之之心。位樞密、任節鎮者，人無不以天子爲可弋獲之飛蟲，敗者、成者、乍成而旋敗者相踵以興，無歲而兵戈得息。乃至延契丹以蹂中國，綱維裂，❶生民之血塗草野，極矣。李嗣源之於存勗也，石敬瑭之於嗣源也，郭威之於劉知遠也，皆自以爲功而相師以起者也，究不能安於其位以貽後昆，而徒辱中原之神，皐天闕，爲旦此夕彼之擅場。其他速敗而自滅其族者更僕而不勝數。至於郭氏有國，幸而存者鮮矣。高行周卒，慕容彦超滅，王峻輩擅國之兵，奪民之財，其以亂天下也

❶「綱維」，原爲空格，今據邵陽曾氏抄本補。

無疑。郭氏雖不可以行天誅，而天誅不容緩矣。亂人之未絶，其亂不衰，決意行法於廷而不勞争戰，事會已及，變極而復，尚奚容其遲疑乎？

殷、峻誅，而後樊愛能、何徽可伏法於牙門；武行德、李繼勳可就貶於國法。乃以施於有宋，而石守信、高懷德之流斂手以就臣服。天誅也，王章也，國之所以立，民之所藉以生也。故曰：不可以醢葅韓、彭之罪罪之也。百年以來，飛揚跋扈之氣習爲之漸息，一人死則萬人得以保其生，王殷、王峻俛首受誅，不亦快與？

十六　江南遣專使爲民害

國家有利國便民之政而遣專使以行，使非其人，則國與民交受其病，弗如其已之也。使者難其人而不容已，則弗如即責之所司而飭以違令之大法，固愈於專使之病國與民遠矣。

夫國家之置守令，何爲者也？豈徒以催科迫民而箕斂之乎？豈徒以守因陋就簡之陳格而聽其日即於廢弛乎？豈徒以聽民之訟，斂鈞金束矢之入以爲訟府，而啓民於争乎？下有疾苦而不能達則爲達之以不沮於上聞，上有德意而不能宣則爲宣之以不窮於下逮。於是有上言便宜以拯民而益國者，參廷議而決其可行矣，即以屬之守令，使進其邑之士大夫與其耆老，按行閲視，條奏其方略，而即責之以行。苟其玩上旨以違民心，專改革而違國憲，則有誅殛貶褫之法以隨其後。賢者勸，不肖者懲，蔑不可舉也！

夫既有悉治理以上言者，娓娓而盡其利病，貪猾暴虐之吏固無可容其欺蔽。即有老病疲茸、怠而坐弛之守令，監司得持課程以督其不逮；監司朋比飾説以罔上，司憲之臣得持公議以糾其不若。廷臣清，監司無枉，守令不敢失墜，有言者必有行者，取之建官分職之司而已足，夫何阻隔不宣之足慮哉？若夫言利病者徒取給於筆舌而固不可行，則守令得詳悉以上請而仍享無事之清晏，奚用專使督行而有不得其人之憂哉？

明君之治，擇守令而已；守令不易知，擇司銓司憲者而已。司銓司憲者日在天子之左右，其賢易辨也。而抑得賢宰相以持衡於上，指臂相使，綱維相挈，守令之得失無不可通於密勿，則天子有德意而疾通於海内，何扞格之有乎？此之不謹而恃專使以行上意，是臂不能使指而强以繩曳之也。一委之專使，則守令監司皆卸其利國利民之責，行之不順，國病民勞而不任其咎。即有賢者，亦以掣曳而廢其職，況不肖者之徒張威福，迫促煩苛，以苟且報奉行之績乎？

江南李氏聽刺史田敬洙之請，修水利於楚州，溉田以實邊，而馮延已使李德明任其事，因緣侵擾，興力役，奪民田，而塘竟不成。巡撫諸州以問民疾苦，而使馮延魯以淺劣輕狂任之，反爲民害，徐鉉、徐鍇論列其委任之失，顧得貶竄。夫豈特二馮之邪佞不可任哉？使守令牧民而別遣使以興事，未有可焉者也。

十七　周主威遺命以紙衣瓦棺爲斂

周主威疾篤，遺命鑒唐十八陵發掘之禍，令嗣主以紙衣瓦棺斂己，自謂達於厚葬之非而善全其遺體矣。其得國也不以正，既無以求福於天；其在位也雖賢於亂君，而固無德於天下以大服於人。惴惴然朽骨之是憂而教其臣子使不能盡一日之心力以效於君親，其智也正其愚也。尤可哂者，令刻石陵前，以紙衣瓦棺正告天下後世，吾惡知其非厚葬而故以欺天下邪？則亂兵盜賊欲發掘者，抑必疑其欺己，愈疑而愈思發之。漢文令薄葬，而霸陵之發，寶玉充焉。言其可信，人其以言相信邪？

陵墓之發，自嬴政始。驪山之藏，非直厚葬已也，金銀寶玉鼎彝鏡劍，玉以爲匣，汞以爲池，皆非生平待養之資而藏之百年，愈爲珍貴者，是以招寇。若夫古之慎終厚葬以盡人子之心者，斂襚之衣無算，遣車明器祭器柳衣茵罍贈帛見於《士喪禮》者如彼其備，等而上之至於天子，所以用其材而極孝養必具之物者，《禮》雖無考，而萃萬國之力以葬一人，其厚可知也。然皆先骨而朽，出於藏而不適於用，則人子之忱以舒而終鮮發掘之患。先王之慮之也周，取義也正，而廣仁孝以盡臣子之情也至，不可過也抑不可不及也。周主威不學無術，奚足以知此哉？墨氏無父，夷人道於禽獸，唯薄葬爲其惡之大者。藉口安親而以濟其吝物寡恩之惡，禽道也。爲君父者以遺命倡之，亦不仁矣。

十八　馮道欲賣周主力阻親征

高平之戰決志親行，群臣皆欲止之，馮道持之尤堅，乃至面折之曰：「未審陛下能爲唐太宗否？」夫謂其君爲不能爲堯舜者，賊其君者也。唐太宗一躬帥六師之能，而大聲疾呼，絕其君以攀躋之路，小人之無忌憚也一至此哉？道之心，路人知之矣，周主之責樊愛能等曰：「欲賣朕與劉崇。」道之心亦此而已。習於朱友貞、李從珂之朒縮困潰而亡，已不難袖勸進之表以迎新君而己愈重。賣之而得利，又何恤焉？周主憚於其虚名而不能即斬道以徇，然不旋踵而道死矣，道不死，恐不能免於英君之竄逐也。

若夫高平之戰則治亂之樞機，豈但劉、郭之興亡乎？郭氏奪人之國，失之而非其固有；劉氏興報讎之師，得之而非其不義。乃其繫天下治亂之樞機者，何也？朱友貞、李存勗、李從珂、石重貴、劉承祐之亡，皆非外寇之亡之也。驕帥挾不定之心，利人之亡，而因讎其不軌之志。其戰不力，一敗而潰，反戈内嚮，殪故主以迎仇讎，因以居功，擅兵擁土，尸位將相，立不拔之基以圖度非分。樊愛能等猶是心也，馮道亦猶是心也。況周主者尤非郭氏之苗裔，未有大功於國，王峻輩忌而思奪之夙矣。峻雖死，其懷峻之邪心者實繁有徒。使此一役也不以身先而坐守汴都，仰諸軍以御患，小戰不勝，崩潰而南，郭從謙、朱守殷之於李存勗，康義誠之於李從厚，趙德鈞之於李從珂，杜重威、張彦澤之於石重貴，侯益、劉銖之於劉承祐，皆秉鉞而出，倒戈而反，寇未入而孤立之君殪，周主亦如是而已矣。

且不徒長逆臣之惡以習亂於不已也。劉崇方挾契丹以入，周師潰，周國亡，草穀之毒再試而黎民無孑遺，德光且留不去而中國無天子，❶劉崇者又豈能保其不爲劉豫？而靖康汴梁、祥興海上之禍在此役矣。夫馮道亦逆知有此而固不以動其心，不失其爲瀛王者，而抑又何求哉？唯周主決志親征，而後

❶ 劉毓崧校勘記云：「北漢王劉崇挾契丹與周戰於高平之時，德光久歿，契丹王乃兀欲也。」

已潰之右軍不足以摇衆志，潰掠之逃將不足以劫宫闕，身立血戰之功而樊愛能等七十人之伏辜無敢爲之請命。於是主乃成乎其爲主，臣乃成乎其爲臣，契丹不戰而奔，中國乃成乎其爲中國。周主之爲天子非郭氏授之，自以死生爲生民請命而得焉者也，何遽不能爲唐太宗，而豈馮道之老姦所可測哉？

十九　周主罷巡檢使臣以治盜專責節鎮州縣

盜非可一時猝捕而弭者也，故漢武帝分遣繡衣持節逐捕而盜愈甚，盍亦思盜之所以能爲盜者乎？以爲倏聚倏散、出鬼入魅者，從其爲盜之頃，見其如此耳。其必有居也，必與民而雜處；其劫奪而衣食之也，必有所資於市易；其日遊行而無忌也，必與其鄉之人而相往來；其不能以盜自居、必有託以自名也，必附於農工商賈技術之流而曰所業在是。故鄉之人知其盜也，郡邑之胥吏莫不知其盜也，所不知者，朝廷猝遣之使。行芒芒原野之中，閲穰穰群居之衆，盡智殫威，祇以累疑似之民而終不知盜之所在耳。使臣逐捕之，則守令坐委之曰：「天子之使如此其嚴威，無可如何，而何易責之我邪？」則盜益游行自得而罔所忌畏。以秦皇漢武之威大索天下而一夫不可獲，況使臣哉？

盜者，天子之所不能治而守令任治之，守令之所不能知而胥役知之，胥役之所不盡知而鄉里知之。鄉里有所畏而不與爲難，胥役有所利而爲之藏姦。乃鄉里者，守令之教化可行；而胥役者，守令之法紀可飭者也。盜亦其民，胥役亦其胥役，舍此勿責而欲使使者以偶見之旌旄馳虚聲而早使之規避，則徒爲民擾而盜不戢，其自貽之矣。周主知其然，罷巡檢使臣，專委節鎮州縣，誠治盜之要術也。

二十　王朴畫策急幽燕而緩河東

王朴畫平一天下之策，先下江南，收嶺南，次巴蜀，次幽燕，而後及於河東。其後宋平諸國，次第略同。而先蜀後江南，晚收河東而置幽燕於不復，與朴説異。折中理勢以爲定論，互有得失，而朴之失小，宋之失大也。

以勢言之，先江南而後蜀，非策也。江南雖下，巫峽、夔門之險，水陸兩困，仰而攻之，雖克而兵之死傷也必甚。故秦滅楚、晋滅吴、隋滅陳，必先舉巴蜀，順流以擊吴之腰脊，兵不勞而迅若疾風之埽葉，得勢故也。以道言之，江南雖云割據，而自楊氏、徐氏以來，以休兵息民保其國土，不隨群雄力競以爭中夏。李璟父子未有善政，而無殃兆民、絶彝倫淫虐之巨慝，嚴可求、李建勳皆賢者也，先後輔相之，馮延巳輩雖佞而惡不大播於百姓。生聚完，文教興，猶然「彼都人士」之餘風也。孟知祥據土以叛君阻兵而無保民之志，至於昶，驕淫侈肆，縱嬖倖以虐民也，殆無人理。則興問罪之師以拯民於水火，固不容旦夕緩也。嶺南劉氏積惡三世，民怨已盈，殆倍於孟昶，而縣隔嶺嶠，江南未平，姑俟諸其後，則勢之弗容迫圖者耳。

先吴後蜀，理勢之兩詘者也，此宋之用兵賢於王朴之策也。若夫河東之與幽燕，則朴之策善矣。

劉知遠之自立也，在契丹横行之日，中土無君而爲之主以拒悍夷，於華夏不爲無功。劉崇父子量力自守，苟延血食，志既可矜，郭氏既奪其國而又欲殄滅其宗祀，則天理之絶已盡。撫心自問，不可以遽加之兵，固矣，雖在宋世，猶有可憫者存也。契丹乘石敬瑭之逆闌入塞内，據十六州以滅裂我冠裳，天下之大防、義之所不容隳者莫此爲甚，驅之以復吾禹甸，乃可以爲天下君。以理言之，急幽燕而緩河東，必矣。

即以勢言，契丹之據幽燕也未久，其主固居朔漠，以廬帳爲便安，視幽燕爲贅土，未嘗厚食其利而歆之也。而唐之遺民猶有存者，思華風，厭羶俗，如吴巒、王權之不忍陷身汙蔑者，固吞聲翹首以望王師，則取之也易。遲之又久，而契丹已戀爲膏腴，據爲世守，故老已亡，人習於夷，且不知身爲誰氏之餘民，畫地以爲契丹效死，是急攻則易而緩圖則難也。幽燕舉則河東失左臂之援，入飛狐、天井而夾攻之，師無俟於再舉，又勢之所必然者。王朴之謀理勢均得，平一天下之大略斯其允矣。

宋祖有志焉而不能追惟王朴之偉論，遂絀曹翰之成謀，以力敝於河東，置幽燕於膜外，則趙普之邪説蠱之也。普，薊人也，有鄉人爲之居閒，以受契丹之餌而偷爲其姻亞鄉鄰免兵戈之警。❶席犬豕以鼾睡，❷姦謀進而貽禍無窮。惜哉，其不遇周主，使不得試樊愛能之歐刀也！

二十一　周主裁損寺院僧尼

一日而欲挽數千年之波流，一人而欲拯群天下之陷溺，難矣哉！楊墨之賊道也，與

❶「警」，據文意疑當作「譬」。

❷「犬豕」，原爲空格，今據邵陽曾氏抄本補。

於春秋之世，至孟子而僅及百年，且爲之徒者唯彊力慧辨之士，能習之者亦寡矣，士或淫而民固無有信從之者。韓愈氏曰：「孟子辭而闢之，廓如也。」抑亦易爲廓如矣。浮屠之入中國，至唐宋之際，幾千年矣。信從之者自天子達於比户，貧寡之民、老稚婦女皆翕然焉。拓拔氏、宇文氏、唐武宗凡三禁之，威令已迫，天下顧爲之怨懫，不旋踵而復張，無惑乎愚者之言曰：是聖教之不可蔑者也。周主榮廢無額寺院，禁私度僧尼，而存寺尚二千有奇，僧尼猶六萬，説者或病其不力爲剷除，乃不知周主之漸而殺其滔天之勢也爲得其理。使有繼起者踵而行之，數十年而其邪必衰止，固非嚴刑酷令憑一朝之怒所可勝者也。

浮屠之惑天下也有三：士之慧而失教者，聞有性命之説，心儀其必有可以測知而不知所從，浮屠以浮動乍靜之罔光示之，遂若有所依據，而名利之勞役已疲，從之以乍息其心旌，若勞極而蔭於林，因謂爲吾宅也，熟寐而不知其倚於荆棘也。然而如此者十不得一。其次則畏死患貧、負疢逃刑之頑夫，或覬其即得，或望之身後，自無道以致福，無力以求安，而徼幸於不然之域，遂竭心力資財以販貿之。又其下則目炫於塔廟形像之煇煌，耳淫於鐘磬鼓鈸之鞺鞳，心侈於千人之聚百人之集、焚香稽首之殷勤，貿貿然而樂爲其徒者，盡天下而皆然，非知有所謂浮屠之法也，知寺院僧尼而已。而避役之罷民、逃伍之潰卒、叛逸之臧獲，營生不給，求偶不得，無藉之惰氓利其徒衆之繁有，可以抗句索、匿姓名，仰食而偷生。若此者，其勢殺，其額有限，其爲之師者遼戾寒涼而不振，則翕然夸燿之情移，蕭散以幾於衰滅。然後寬徭省罰以安小人，明道正誼以教君子，百年之內可使萍散而冰消也。急誅之而激以興，緩圖之而焰以熸，此制勝之善術，禹之所以抑洪水者，唯其漸而已矣。

拓拔、宇文固不足以及此，唐武之後繼以宣宗，抑流急必逆之勢然也。周主行裁損之法，得之矣，而宗社旋移。宋太宗天倫既斁，懷疚不寧，冀獲庇覆於心忘罪滅之邪說，是以法立未久，旋復嚚張。嗚呼，道喪不復，抑生人之不幸與！而導以猖狂者，李遵勗、楊億之爲世教蟊賊，亦不可勝誅也。趙抃、張九成皆清節之士也，而以身導其狂流，於是而終不可遏，豈周主除邪不盡之過乎？

二十二　周主立二稅徵限

周主立二稅徵限，夏稅以六月，秋稅以八月。兩稅既行，無有便於此矣。急於此則民病，易知也；緩於此則民亦病，未易知也。

夫惟富人之求而無不給也，則急之與緩勿擇也。貧民者，歲之所獲僅此而已矣，急之則稱貸而倍償，固也。獲之有量而須用者無方，乘其方有之日，使以其應輸者輸官，則所餘爲私家之養者或足或乏，皆可經度以節一歲之用。六月而蠶織成矣，十月而禾黍登矣，而上無期以限之，愚民忘他日之催科，婦子豔絲粟之有羨，游食之工賈、鄉鄰之醵會相與縻其贏餘，室已如縣而徵求始迫，於是移來歲未審之豐歉，倍息以貸而求免於桁楊。❶上且曰：吾已緩之而猶不我應，民之頑也。乃不知緩之正所以迫之也哉！

情不可不諒也，時不可不知也。役車其休之後，予以從容謀生之計，而暇豫以圖；

❶「貸」，原作「代」，今據邵陽曾氏抄本改。

方春于耜之勞，民不能自度，上爲度之。而當其緩也不容急，當其急也不容緩，憂民之憂者不可不察也。以六月徵者期成於八月，以十月徵者期盡於一冬。力可供則必之以速完，貧不可支，則蠲除於限末。嚴豪民玩上之罰，開貧寡自全之路。一歲畢一歲之徵，民習而安焉。王者復起，不能易也。

二十三　孫晟奉使屈己以請命

文信公奉使不屈，從容就死，推忠貞者莫之能踰也。求其先信國而興者，顏魯公而外，孫晟其無媿焉。

信國以儒臣起義，事中國之共主，敗而不撓，亡而不屈。而晟捐其故國，自北徂南，投身危邦，事割據之主，則出身次第不若信公之大正。江南非四海兆人之元后而爲之效死，蓋亦褊矣，而未可以此短晟也。晟雖非江南之人士，然其南奔也，石劉二氏以沙陀部落而僭大號，且進契丹以入踐中原，君劣臣離，上下蕩然無紀，雖云故土，固志節之士所不忍一日居也。江南承天下無君之乏，保境息民，頗知文教。士不幸生於其世，無可致身之地，則擇地而蹈，能用我者，爲盡臣節，委誠以舍命，初非叛故主、附新君，僅酬國士之知者。此亦奚足以此病晟哉？

乃若晟之奉表於周，請奉正朔，與信公之祈請於蒙古也，其事略同，而折中於義則晟愈焉。江南之與周齒也，小役大，弱役强，役焉而可保其宗社，則宗社重矣；宋之於蒙古，人禽之大辨也，❶屈志以祈請，雖幸而存，

❶「人禽」，原爲空格，今據邵陽曾氏抄本補。

爲犬豕之附庸，❶生不如其死，存不如其亡，而宗社抑輕矣。然則信公之爲趙氏宗社謀也則忠，而爲自謀其所以效忠者則失也。海上扁舟猶存中華之一綫。等死耳，擇死所而死之，固不如張、陸之徑行以自遂矣。晟之屈己以請命，志士之所弗堪，固勞臣之所必效。幸得當而延李氏一日之宗祊，屈不足以爲辱，但不以其私屈焉而志已光昭矣。此晟之死視信公爲尤正焉。若其堅貞之操、從容之度，前有魯公，後有信公，鴈行而翔於天步，均也，又何多讓與？

二十四　竇儼論相

竇儼論相之說，非也。天子之職，擇相而已矣。百爲之得失、百尹之貞邪，莫不以擇相爲之本。爲天下之元后父母，僅此二三密勿之大臣爲宗社生民效其敬慎，不知自擇而委之前在此位者以舉所知而任之，不知天之與以天下而天下戴之以爲大君，何爲者邪？既云令宰相舉所知矣，是信其有知人之明、靖國之忠也，又責以保任，而舉非其人，責其舉者，是何其辱朝廷而羞當世之士邪？保任之法，用之於庶官且徒滋比阿覆蔽之姦，況舉天下以授之調燮，而但恃緣坐舉主之峻法乎？又況人不易知，不保其往，乃以追責耆舊歸田之故老，借使王安石蒙壞法之譴，文潞公且被褫奪，秦檜正誤國之刑，胡文定與坐戮尸乎？

儼又云：「姑試以本官權知政事，察其職業之堪否而後實授。」則尤謬甚。以此法試始進之士，使宰一邑、司一職者，子産猶

❶「犬豕」，原爲空格，今據邵陽曾氏抄本補。

曰：「美錦不以學製。」與天子坐而論道，爲天下臣民所倚賴之一二人，乃使循職業以課能否而用舍之，知有恥者亦不願立於其廷，況其以道事君，進退在己，而不以天子之喜怒爲進退者哉？此法行，則惟兢兢患失之鄙夫忍隱以守章程，充於廉陛而已。

夫人臣出身事主而至於相，非一日之遽得之也；人君登進草萊之士而至於相，非一日驟予之也。或自牧守，或自卿貳，或自詞臣，業已爲群情所歆厭而數蒙人主之顧問。兵農禮樂皆足以見其才，出處取與皆足以徵其守，議論設施皆足以測其量，薦拔論劾皆足以試其交，而待諸已入綸扉、將宣麻敕之日始以職業考其優劣而進退之乎？甚矣，儳之罔於君人之道也！苛細以褻天職，猜疑以解士心。長君之偷，勸臣之黨而能尊主庇民，未之有也。漠然不相信之人，一人譽之即引而置之百僚之上，與謀宗社生民之大，使其歆實授而飾迹以求榮，天下其得有心膂之臣乎？

蓋自唐昭宗處傾危之世，廉恥道喪，楨幹已虧，而昭宗躁競，獎浮薄之風，故張濬、朱朴之流卒然拔起以尸政府，而所謂宰相者賤矣。儳習於陋俗之氾濫，固將曰：此朝廷執筆以守典章之掾史耳，姑試之而以程限黜陟之，奚不可哉？洵如其言，天下惡得而定邪？

二十五　周主伐江南志在契丹

周主南伐江南，勞師三載，躬親三駕，履行陣，冒矢石，數十戰以極兵力，必得江北而後止。江北既獻，無難席捲以渡江，而修好休兵，饋鹽還俘，置之若忘。嗚呼，此其所以明於定紛亂之天下而得用兵之略也！蓋周主之志不在江南，而在契丹也。

當時中原之所急者，莫有大於契丹也。石敬瑭割地以使爲主於塞内，南向而俯臨中夏，有建瓴之勢焉。叛臣降將導以窺中國之政令，而民且奉之爲主。德光死，兀欲、述律交相戕賊，至是而其勢亦衰矣，是可乘之機也。然其控弦馳馬獷悍之力，猶未易折箠以驅之出塞。且自朱温以來，所號爲中國主者僅横亘一綫於雍、豫、兖、青之中，地狹力微，不足以逞志。而立國之形，犬牙互入，未能截然有其四封以保其内而應乎外。則不收淮南江北之地，中國不成其中國。守不固，兵不彊，食不裕，强起而問燕雲之故壤，石重貴之覆軌，念之而寒心矣。

然而契丹不北走，十六州不南歸，天下終不可得而寧。而欲勤外略，必靖内訌。乃孟氏之在蜀，劉氏之在粵，淫虐已甚，下之也易，而要不足以厚吾力、張吾威也。唯江南之立國也固矣，楊、徐、李閲三姓而保境息民之謀不改。李璟雖庸，人心尚固，求以勝之也較難。唯其難也，是以勝其兵而足以取威，得其衆而足以效用，有其土而足以阜財，受其降而足以息亂。且使兵習於戰，以屢勝而張其勢；將試於敵，以功罪而擇其才。割地畫江，無南顧之憂，粵人且遥爲效順。於是踰年而自將以伐契丹，其志乃大白於天下，而中國之威因以大振。其有疾而竟不克者，天也，其略則實足以一天下而紹漢唐者也。王朴先蜀、粵而後幽燕之策非也，屢試而驕以疲矣。威方張而未竭，周主亟用之，天假之年，中原其底定乎！

二十六　王朴言樂得指歸之要

古樂之亡自暴秦始，其後大亂相尋，王莽、赤眉、五胡、安史、黄巢之亂，遺器焚毀，不可復見者多矣。至於柴氏之世，僅有存者又皆漢以後之各以意彷佛效爲者，於是周主榮鋭意修復，以屬之王朴。朴之説非必合於古也，而指歸之要庶幾得之矣。至宋而胡安定、范蜀公、司馬温公之聚訟又興，蔡西山掇拾而著之篇，持之確，析之精。雖然，未見其見諸行事者可以用之也。

孔子曰：「大樂必簡。」律吕之制，所以括兩間繁有之聲而歸之於簡也。朴之言曰：「十二律旋相爲宮以生七調，爲一均，凡十二均、八十四調而大備。」朴之所謂八十四調者，其歸十二調而已。計其鴻細長短、高下清濁之數，從長九寸徑三分之律，就中而損之，旋相生以相益，而已極乎繁密。九九之數盡於八十一，過此則目不能察，手不能循，耳不能審，心不能知，虚立至密至賾之差等，亦將焉用之也？蔡氏黄鐘之數十七萬七千一百四十七，推而施之大鐘大鎛，且有不能以度量權衡分析之者，而小者勿論矣。盡其數於九九八十一而止，升降損益，其精極矣，取其能合之調爲十二均足矣。故王朴律準從九寸而下次第施柱以備十二律，未爲疏也。然自唐以降，能用此者猶鮮，過此以推之於十七萬七千一百四十七之密，夫誰能用之哉？大樂必簡，繁則必亂，況乎其徒繁而無實邪？

夫兩間之聲而欲極其至賾之變，則抑豈但十七萬七千一百四十七而已乎？今以人聲驗之，舉一時四海之人，其脣、舌、齶、喉、齒、鼻舉相似也，引氣發聲其用均也，乃其人之衆爲十七萬七千一百四十七者不知凡幾也。雖甚肖者，隔垣而可别。乍相逼以相聆，似矣，而父母妻子則辨之也無有同者。是知天下之聲，無涯無算，以十七萬七千一百四十七該之，謂之至密而固不能盡其萬一，則其爲法也抑隘甚矣。

天地之生，聲也色也臭也味也，質也性也才也，若有定也，實至無定也；若有涯也，實至無涯也。唯夫人之所爲以範圍天地之化而用之者，則雖至聖至神研幾精義之極至，而皆如其量。聖者之作、明者之述，就其量之大端約而略之，使相叶以成用，則大中至和、厚生利用正德之道全矣。其有殘缺不修，紛雜相閒以成乎亂者，皆即此至簡之法不能盡合耳。故古之作樂者以人聲之無涯也，則以八音節之而使合於有限之音，抑以八音之無準也，則以十二律節之而合於有限之律。朴之衍爲七調，合爲十二均，數可循，度可測，響可别，目得而見之，耳得而審之，心得而知之，物可使從心以製，❶音可使大概而分，其不細也乃以不淫人之心志也，過此以往，奚所用哉？

嗚呼，王朴極其思慮，裁以大綱，樂可自是而興矣！至靖康之變，法器復亡，淫聲胡樂爚亂天下之耳，且不知古樂之爲何等也。有制作之聖建中和之極者出焉，將奚所取正哉？如朴之説，固可采也。九寸之黄鐘以絫黍得其度數，有一定之則矣，而上下損益盡之十二變而止。而用黄鐘以成衆樂也，不限於九寸，因而高之，因而下之，皆可叶乎黄鐘之律，則九其九而黄鐘之繁變皆在焉，則

❶「製」，邵陽曾氏抄本作「制」。

十一律、七調、十二均之繁變皆在焉。巧足以制其器，明足以察其微，聰足以清其紀，心足以窮其理，約舉之而義自弘，古樂亦豈終不可復哉？若苛細煩密之説，有名有數而不能有實，祇以熒人之心志而使不敢言樂，京房以下之所以爲樂之贅疣也。折中以成必簡之元聲，尚以俟之來哲。

讀通鑒論卷三十終

讀通鑑論卷末

敘論一

衡陽王夫之譔

不言正統

論之不及正統者，何也？曰：正統之說不知其所自昉也。自漢之亡，曹氏、司馬氏乘之以竊天下而爲之名曰「禪」，於是爲之說曰：必有所承以爲統，而後可以爲天子。義不相授受而强相綴繫以掩篡奪之迹，抑假鄒衍五德之邪說與劉歆曆家之緒論文其詖辭，要豈事理之實然哉？

統之爲言合而併之之謂也，因而續之之謂也，而天下之不合與不續也多矣。蓋嘗上推數千年中國之治亂以迄於今，凡三變矣。當其未變，固不知後之變也奚若，雖聖人弗能知也。商周以上有不可考者，而據三代以言之，其時萬國各有其君，而天子特爲之長。王畿之外，刑賞不聽命，賦税不上供，天下雖合而固未合也，王者以義正名而合之。此一變也，而湯之代夏，武之代殷，未嘗一日無共主焉。及乎春秋之世，齊、晉、秦、楚各據所屬之從諸侯以分裂天下，至戰國而彊秦六國交相爲從衡，赧王朝秦而天下並無共主之號，豈復有所謂統哉？此一合一離之始也。漢亡而蜀漢、魏、吴三分，晉東渡而十六國與拓拔、高氏、宇文裂土以自帝，唐亡而汴、晉、江南、吴越、蜀、粤、楚、閩、荆南、河東各帝制以自崇。土其土，民其民，或迹示臣屬而終不相維繫也，無所統也。六國離而秦苟合以及漢，三國離而晋乍合之，非固合也。五胡起，南北離，而隋苟合之以及唐。五代離，而宋乃合之。此一合一離之局，一變也。至於宋亡以迄於今，則當其治也則中國有共主，當其亂也，中國無君而並無一隅分據之土。❶蓋所謂統者絶而不續，此又一變也。夫統者，合而不離、續而不絶之謂也。離矣而惡乎統之？絶矣而固不相承以爲統。崛起以一中夏者，奚用承彼不連之系乎？

天下之生，一治一亂。當其治，無不正者以相干，而何有於正；當其亂，既不正矣，而又孰爲正？有離有絶，固無統也，而又何正不正邪？❷以天下論者必循天下之公，天下非夷狄盜逆之所可尸，而抑非一姓之私也。❸惟爲其臣子者必私其君父，則宗社已亡而必不忍戴異姓異族以爲君。若夫立乎百世以後，持百世以上大公之論，則五帝三王之大德，天命已改，不能强繫之以存，故杞不足以延夏，宋不足以延商。夫豈忘禹、湯之大澤哉？非五子不能爲夏而歌雒汭，非箕子不能爲商而吟麥秀也。故昭烈亦自君其國於蜀，可爲漢之餘裔，而擬諸光武，爲九州兆姓之大君，不亦誣乎？充其義類，將欲使漢至今存而後快，則又何以處三王之明德，降苗裔於編氓邪？

蜀漢正矣，已亡而統在晋。晋自篡魏，

❶「中國無君而並無一隅分據之土」，原作「中國並無一隅分據之主」，今據邵陽曾氏抄本改。

❷「而」，邵陽曾氏抄本無此字。「邪」上，邵陽曾氏抄本有「之云」二字。

❸「非夷狄盜逆之所可尸而抑」，原脱，今據邵陽曾氏抄本補。

豈承漢而興者？唐承隋，而隋抑何承？承之陳則隋不因滅陳而始爲君，承之宇文氏則天下之大防已亂，何統之足云乎？無所承，無所統，正不正存乎其人而已矣。正不正，人也；一治一亂，天也，猶日之有晝夜，月之有朔弦望晦也。非其臣子以德之順逆定天命之去留，而詹詹然爲已亡無道之國延消謝之運，何爲者邪？宋亡而天下無統，又奚說焉？

近世有李槃者，以宇文氏所臣屬之蕭歸爲篡弒之蕭衍延苟全之祀，而使之統陳。沙陀夷族之朱邪存勗，不知所出之徐知誥冒李唐之宗，而使之統分據之天下。父子君臣之倫大紊而自矜爲義，有識者一吷而已。若鄒衍五德之說，尤妖妄而不經，君子闢之，斷斷如也。

敘論二

不論大美大惡

天下有大公至正之是非焉，匹夫匹婦之與知，聖人莫能違也。然而君子之是非終不與匹夫匹婦爭鳴，以口說爲名教，故其是非一出而天下莫敢不服。流俗之相沿也，習非爲是，雖覆載不容之惡而視之若常，非秉明赫之威以正之則惡不知懲。善亦猶是也。流俗之所非而大美存焉，事迹之所闇而天良在焉，非秉日月之明以顯之則善不加勸。故《春秋》之作，游、夏不能贊一辭，而豈灌灌諄諄取匹夫匹婦已有定論之褒貶曼衍長言，以求快俗流之心目哉？莊生曰：「《春秋》，經世之書，聖人議而不辯。」若華督、宋萬、楚商臣、蔡般，當《春秋》之世，習爲故常而不討，乃大書曰「弑其君」，然止此而已，弗俟辯也。以此義推之，若王莽、曹操、朱温輩之爲大惡也，昭然見於史策，匹夫匹婦得以詬厲之於千載之下，而又何俟論史者之喋喋哉？

今有人於此，殺人而既服刑於司寇矣，而旁觀者又大聲疾呼以號於人曰：此宜殺者。非匹夫匹婦之褊躁，孰暇而爲此？孟子曰：「《春秋》成而亂臣賊子懼。」惟其片言而折，不待繁言而彼詐遁之游辭不能復逞。使聖人取中肩之逆、稱王之僭申明不已而自謂窮亂賊之姦，彼姦逆者且笑曰：是匹夫匹婦之巷議也。而又奚畏焉？

蕭、曹、房、杜之治也，劉向、朱雲、李固、杜喬、張九齡、陸贄之貞也，孔融、王經、段秀實之烈也，反此而爲權姦、爲宦寺、爲外戚、爲佞倖、爲掊克之惡以敗亡人國家也。漢文、景、光武、唐太宗之安定天下也，其後世之驕奢淫泆自貽敗亡也。漢高之興、項羽之亡，八王之亂，李、郭之功，史已詳紀之，匹夫匹婦聞而與知之。極詞以贊而不爲加益，聞者不足以興；極詞以貶而不爲加損，聞者不足以戒。唯匹夫匹婦悻悻之怒、沾沾之喜，繁詞累説，自鳴其達於古者，樂得而稱述之。曾君子誘掖人之善而示以從入之津，弭止人之惡而窮其陷溺之實，屑侈一時之快論，與道聽塗説者同其紛呶乎？故編中於大美大惡昭然耳目、前有定論者皆略而不贅。推其所以然之繇，辨其不盡然之實，均於善而醇疵分，均於惡而輕重別，因其時、度其勢，察其心、窮其效，所繇與胡致堂諸子之有以異也。

敘論三

不敢妄加褒貶

論史者有二弊焉：放於道而非道之中，依於法而非法之審。褒其所不待褒而君子不以爲榮，貶其所不勝貶而姦邪顧以爲笑，此既淺中無當之失矣，乃其爲弊尚無傷於教，無賊於民也。抑有纖曲嵬瑣之說出焉，謀尚其詐，諫尚其譎，徼功而行險，干譽而違道，獎詭隨爲中庸，誇偷生爲明哲，以挑達揺人之精爽而使浮，以機巧裂人之名義而使枉，此其於世教與民生也，災愈於洪水，惡烈於猛獸矣。

蓋嘗論之：史之爲書，見諸行事之徵也，則必推之而可行，戰而克，守而固，行法而民以爲便，進諫而君聽以從，無取於似仁似義之浮談，祇以致悔吝而無成者也。則智有所尚，謀有所詳，人情有所必近，時勢有所必因，以成與得爲期而敗與失爲戒，所固然矣。然因是而卑污之説進焉，以其纖曲之小慧樂與跳盪游移、陰匿鈎距之術而相取，以其躁動之客氣迫與輕挑忮忿、武健馳突之能而相依，以其婦姑之小慈易與狐媚猫馴、澳涊柔巽之情而相昵。聞其説者震其奇詭，歆其纖利，驚其決裂，利其呴嘔，而人心以蠱，風俗以淫，彝倫以斁，廉恥以墮。若近世李贄、鍾惺之流，導天下於邪淫以釀中夏衣冠之禍，豈非逾於洪水、烈於猛獸者乎？

溯其所繇，則司馬遷、班固喜爲恢奇震耀之言實有以導之矣。讀項羽之破王離，則鬚眉皆奮而殺機動；覽田延年之責霍光，則膽魄皆張而戾氣生。與市儈里魁同慕汲黯、包拯之絞急，則和平之道喪；與詞人游客共歎蘇軾、蘇轍之浮夸，則惇篤之心離。諫而尚譎，則俳優且賢於《伊訓》；謀而尚詐，則《甘誓》不齒於孫、吴。高允、翟黑子之言祇以奬老姦之小信，李克用三垂岡之歎抑以侈盜賊之雄心。❶甚至推胡廣之貪庸以抑忠直而惬鄙夫之志，伸馮道之逆竊以進夷盜而順無賴之欲。輕薄之夫妄以爲慷慨悲歌之助，雕蟲之子喜以爲放言飾説之資。若此之流，允爲殘賊，此編所述，不敢姑容。刻志兢兢，求安於心，求順於理，求適於用。顧惟不逮，用自慚恧，而志則已嚴。竊有以異於彼也。

敘論四

因時宜而論得失

治道之極致，上稽《尚書》，折以孔子之言，而蔑以尚矣。其樞，則君心之敬肆也；其戒，則怠荒刻覈，不及者倦，過者欲速也；其大用，用賢而興教也；其施及於民，仁愛而錫以極也。以治唐虞，以治三代，以治秦漢而下，迄至於今，無不可以此理推而行

❶ 「李克用」，邵陽曾氏抄本作「李存勖」。按劉毓崧校勘記《自序》列船山「記憶之誤」時云：「《讀通鑑論》卷末云『李存勖三垂岡之歎』，『存勖』乃『克用』之誤。」然則底本已徑改。

也；以理銓選，以均賦役，以詰戎兵，以飭刑罰，以定典式，無不待此以得其宜也。至於設爲規畫，措之科條，《尚書》不言，孔子不言，豈遺其實而弗求詳哉？以古之制治古之天下而未可概之今日者，君子不以立事；以今之宜治今之天下而非可必之後日者，君子不以垂法。故封建井田、朝會征伐、建官頒禄之制，《尚書》不言，孔子不言。豈德不如舜禹孔子者而敢以記誦所得者斷萬世之大經乎？

《夏書》之有《禹貢》，實也，而系之以「禹」，則夏后一代之法固不行於商周；《周書》之有《周官》，實也，而系之以「周」，則成周一代之規初不上因於商夏。孔子曰：「足食足兵，民信之矣。」何以足何以信，豈靳言哉？言所以足而即啓不足之階，言所以信而且致不信之咎也。

孟子之言異是。何也？戰國者，古今一大變革之會也。侯王分土，各自爲政，而皆以放恣漁獵之情，聽耕戰刑名殃民之説，與《尚書》、孔子之言背道而馳。勿暇論其存主之敬怠仁暴，而所行者一令出而生民即趨入於死亡。三王之遺澤，存十一於千百而可以稍蘇，則抑不能預謀漢唐已後之天下。勢異局遷，而通變以使民不倦者奚若？蓋救焚拯溺，一時之所迫，於是有「徒善不足爲政」之説，而未成乎郡縣之天下猶有可遵先王之理勢，所繇與《尚書》、孔子之言異也，要非以參萬世而咸可率繇也。

編中所論，推本得失之原，勉自竭以求合於聖治之本。而就事論法，因其時而酌其宜，即一代而各有弛張，❶均一事而互有伸詘，寧爲無定之言，不敢執一以賊道。有自相蹠盭者矣，無强天下以必從其獨見者也。若井田封建、鄉舉里選、寓兵於農、舍笞杖而行肉刑諸法，先儒有欲必行之者矣。襲《周官》之名迹而適以成乎狄道者，宇文氏也；據《禹貢》以導河而適以益其潰決者，李仲昌也。盡破天下之成規，駭萬物而從其記誦之所得，浸使爲之，吾惡知其所終哉？

釋資治通鑑論

旨深哉，司馬氏之名是編也！曰「資治」者，非知治知亂而已也，所以爲力行求治之資也。覽往代之治而快然，覽往代之亂而愀然。知其有以致治而治，則稱說其美；知其有以召亂而亂，則詬厲其惡。言已終，卷已掩，好惡之情已竭，頹然若忘，臨事而仍用其故心。聞見雖多，辨證雖詳，亦程子所謂「玩物喪志」也。

夫治之所資，法之善者也，❷善於彼者未必其善於此也。君以柔嘉爲則而漢元帝失制以釀亂，臣以戇直爲忠而劉栖楚碎首以藏姦。攘夷復中原，大義也，而梁武以敗；含怒殺將帥，危道也，而周主以興。無不可爲治之資者，無不可爲亂之媒，然則治之所資者，一心而已矣。以心馭政則凡政皆可以宜民，莫匪治之資，而善取資者變通以成乎

❶「弛張」，邵陽曾氏抄本作「張弛」。
❷「善者」，原作「所著」，今據邵陽曾氏抄本改。馬宗霍校記云：「下文云『善於彼者未必其善於此也』，則此當從抄本爲是。」

可久。設身於古之時勢爲己之所躬逢，研慮於古之謀爲爲己之所身任。取古人宗社之安危代爲之憂患，而己之去危以即安者在矣；取古昔民情之利病代爲之斟酌，而今之興利以除害者在矣。得可資，失亦可資也；同可資，異亦可資也。故治之所資，惟在一心，而史特其鑑也。

「鑑」者能別人之妍媸，而整衣冠、尊瞻視者可就正焉。顧衣冠之整、瞻視之尊，鑑豈能爲功於我哉？故論鑑者，於其得也而必推其所以得，於其失也而必推其所以失。其得也必思易其迹而何以亦得，其失也必思就其偏而何以救失，乃可爲治之資而不僅如鑑之徒縣於室，❶無與炤之者也。

其曰「通」者，何也？君道在焉，國是在焉，民情在焉，邊防在焉，臣誼在焉，臣節在焉，士之行己以無辱者在焉，學之守正而不陂者在焉。❷雖扼窮獨處而可以自淑，可以誨人，可以知道而樂，故曰「通」也。

引而伸之，是以有論；浚而求之，是以有論；博而證之，是以有論；協而一之，是以有論；心得而可以資人之通，是以有論。道無方以位物於有方，道無體以成事之有體。鑑之者明，通之也廣，資之也深，人自取之而治身治世肆應而不窮，抑豈曰此所論者立一成之例而終古不易也哉？

讀通鑑論卷末終

❶「縣」，邵陽曾氏抄本作「懸」。

❷「陂」，邵陽曾氏抄本作「詖」。

鳴謝

《儒藏》精華編惠蒙善助，共襄斯文；謹列如左，用伸謝忱。

本焕法師　壹佰萬元

智海企業集團董事長　馮建新先生　壹佰萬元

NE·TIGER 時裝有限公司董事長　張志峰先生　壹佰萬元

張貞書女士　壹佰萬元

北京大學《儒藏》編纂與研究中心

本册責任編委　甘祥滿

圖書在版編目(CIP)數據

儒藏.精華編.一七八/北京大學《儒藏》編纂與研究中心編.—北京：北京大學出版社，2014.2

ISBN 978-7-301-11896-2

Ⅰ.①儒… Ⅱ.①北… Ⅲ.①儒家 Ⅳ.①B222

中國版本圖書館CIP數據核字（2014）第062505號

書　　名	儒藏（精華編一七八） RUZANG
著作責任者	北京大學《儒藏》編纂與研究中心　編
責任編輯	趙　新
標準書號	ISBN 978-7-301-11896-2
出版發行	北京大學出版社
地　　址	北京市海淀區成府路205號　100871
網　　址	http://www.pup.cn　　新浪微博：@ 北京大學出版社
電子郵箱	編輯部 dj@pup.cn　總編室 zpup@pup.cn
電　　話	郵購部 010-62752015　發行部 010-62750672　編輯部 010-62756449
印 刷 者	北京中科印刷有限公司
經 銷 者	新華書店
	787毫米×1092毫米　16開本　67.25印張　695千字
	2014年2月第1版　2024年6月第2次印刷
定　　價	1200.00元

ISBN 978-7-301-11896-2

定價：1200.00元